Insel-Bibliothek

LUDWIG BÖRNE
BRIEFE AUS PARIS

Herausgegeben
von Alfred Estermann
Insel Verlag

Alle Rechte vorbehalten
Insel Verlag Frankfurt am Main 1986

BRIEFE AUS PARIS

Erster Brief
Karlsruhe, Sonntag, den 5. September 1830
Ich fange an, den guten Reisegeist zu spüren, und einige von der Legion Teufel, die ich im Leibe habe, sind schon ausgezogen. Aber je näher ich der französischen Grenze komme, je toller werde ich. Weiß ich doch jetzt schon, was ich tun werde auf der Kehler Brücke, sobald ich der letzten badischen Schildwache den Rücken zukehre. Doch darf ich das keinem Frauenzimmer verraten.

Gestern abend war ich bei S. Die hatten einmal eine Freude, mich zu sehen! Sie wußten gar nicht, was sie mir alles Liebes erzeugen sollten, sie hätten mir gern die ganze Universität gebraten vorgesetzt. Mir Ärmsten mit meinem romantischen Magen! Nicht der Vogel Rock verdaute das. Die W. hat einen prächtigen Jungen. Ich sah eine schönere Zeit in rosenroter Knospe. Wenn die einmal aufbricht! Wie gern hätte ich ihn der Mutter gestohlen und ihn mit mir über den Rhein geführt, ihn dort zu erziehen mit Schlägen und Küssen, mit Hunger und Rosinen, daß er lerne frei sein und dann zurückkehre, frei zu machen.

In Heidelberg sah ich die ersten Franzosen mit dreifarbigen Bändern. Anfänglich sah ich es für Orden an, und mein *Ordensgelübde* legte mir die Pflicht auf, mich bei solchem Anblicke inbrünstig zu ärgern. Aber ein Knabe, der auch sein Band trug, brachte mich auf die rechte Spur.

Ich mußte lachen, als ich nach Darmstadt kam und mich erinnerte, daß da vor wenigen Tagen eine fürchterliche Revolution gewesen sein soll, wie man in Frankfurt erzählte. Es ist eine Stille auf den Straßen, gleich der bei uns in der Nacht, und die wenigen Menschen, die vorübergehen, treten nicht lauter auf als die Schnecken. Erzählte man sich sogar bei uns, das Schloß brenne, und einer meiner Freunde stieg den hohen Pfarrturm hinauf, den Brand zu sehen! Es war alles gelogen. Die Bürger sind unzufrieden, aber nicht mit der Regierung, sondern mit den Liberalen in der Kammer, die dem Großherzoge seine Schulden nicht bezahlen wollen. Das ist *deutsches* Volksmurren, das lass' ich mir gefallen; darin ist Rossinische Melodie.

Wenn Sie mir es nicht glauben werden, daß ich gestern drei Stunden im Theater gesessen und mit himmlischer Geduld »Minna von Barnhelm« bis zu Ende gesehen – bin ich gar nicht böse darüber. Aber das Unwahrscheinlichste ist manchmal wahr. Auf der Reise kann ich alles vertragen.

Die Theaterwache in Darmstadt war gewiß fünfzig Mann stark. Ich glaube auf je zwei Zuschauer war ein Soldat gerechnet. Noch viel zu wenig in solcher tollen Zeit. Und diesen Morgen um sechs Uhr zogen einige Schwadronen Reiter an meinem Fenster vorüber und trompeteten mich und alle Kinder und alle Greise und alle Kranken und alle süßträumenden Mädchen aus dem Schlafe. Das geschieht wohl jeden Tag. Diese kleinen deutschen Fürsten in ihren Nußschal-Residenzen sind gerüstet und gestachelt wie die wilden Kastanien. Wie froh bin ich, daß ich aus dem Lande gehe.

Adieu, Adieu. Und schreiben Sie mir es nur auf der Stelle, sooft bei uns eine schöne Dummheit vorfällt.

Zweiter Brief

Straßburg, den 7. September 1830

Die erste französische Kokarde sah ich an dem Hute eines Bauers, der, von Straßburg kommend, in Kehl an mir vorüberging. Mich entzückte der Anblick. Es erschien mir wie ein kleiner Regenbogen nach der Sündflut unserer Tage, als das Friedenszeichen des versöhnten Gottes. Ach! und als mir die dreifarbige Fahne entgegenfunkelte – ganz unbeschreiblich hat mich das aufgeregt. Das Herz pochte mir bis zum Übelbefinden, und nur Tränen konnten meine gepreßte Brust erleichtern. Es war ein unentschiedenes Gemisch von Liebe und Haß, von Freude und Trauer, von Hoffnung und Furcht. Der Mut konnte die Wehmut, die Wehmut in meiner Brust den Mut nicht besiegen. Es war ein

Streit ohne Ende und ohne Friede. Die Fahne stand mitten auf der Brücke, mit der Stange in Frankreichs Erde wurzelnd, aber ein Teil des Tuches flatterte in deutscher Luft. Fragen Sie doch den ersten besten Legationssekretär, ob das nicht gegen das Völkerrecht sei. Es war nur der rote Farbenstreif der Fahne, der in unser Mutterland hineinflatterte. Das wird auch die einzige Farbe sein, die uns zuteil wird werden von Frankreichs Freiheit. Not, Blut, Blut – ach! und nicht Blut auf dem Schlachtfelde.

Gott! könnte ich doch auch einmal unter dieser Fahne streiten, nur einen einzigen Tag mit roter Tinte schreiben, wie gern wollte ich meine gesammelten Schriften verbrennen, und selbst den unschuldigen achten Teil von ihnen, der noch im Mutterschoße meiner Phantasie ruht! Schmach, Schmach über unser Andenken! Einst werden die siegesfrohen, siegesübermütigen Enkel spottend einen Gansflügel auf unseren Grabeshügel stecken, während glücklichere Tote unter dem Schatten der Lorbeeren ruhen. Ich begreife, wie man gegenwärtige Übel geduldig erträgt – es gibt kein gegenwärtiges Übel, es wird nach jeder Minute zur Vergangenheit – aber wie erträgt man zukünftige Leiden? das fasse ich nicht.

Diesen Mittag war ein junger Mensch bei Tische, der in Paris mitgefochten. Es war mir gerade, als brennten ihm die Haare, und unwillkürlich rückte ich von ihm weg, obzwar ich deutsches nasses Holz ihn eher ausgelöscht hätte, als er mich angezündet. Wir waren unserer neun, worunter drei alte Weiber, mich mitgerechnet, und ich habe in einer einzigen Stunde mehr sprechen hören als im »Englischen Hofe« während der zwei Monate, daß ich dort zu Tische ging.

Ich wollte hier einen Platz im Coupé nehmen, aber schon auf acht Tage voraus war das Cabriolet in Beschlag genommen, und so lange habe ich keine Geduld zu warten. Mich in den innern Wagen zu setzen, dazu kann ich mich nicht entschließen. Übrigens sind auch hier die Plätze schon auf mehrere Tage besetzt. Diese Frequenz kommt von den unzähligen Soliciteurs, die täglich nach Paris eilen, den jungen Freiheitsbaum zu schütteln.

Donnerstag, den 8. September 1830

Um zehn Uhr reise ich weiter. Ich habe mir einen Mietwagen bis Châlons genommen. Das ist zwei Dritteile des Weges. Mit dem nämlichen Kutscher und dem nämlichen Wagen ist vor kurzem Potter nach Paris gefahren. Ich wohnte hier in dem nämlichen Zimmer, das er bewohnte. Was das Zimmer betrifft, ist mir nicht bange; eine Nacht, das kann mir nicht schaden. Aber acht Tage in Potters Wagen? Ich werde ihn durchräuchern lassen.

Eben zog die Nationalgarde vorüber. Ich erstaunte über ihr gesundes und frisches Aussehen, da sie doch einige Jahre scheintot im Grabe gelegen. Aber die Freiheit lebt auch im Grabe fort und wächst, bis sie den Sarg sprengt. Das sollten sich die Totengräber merken.

Dritter Brief

Luneville, den 9. September 1830

Guten Morgen oder guten Abend? Ich weiß nicht, um welche Tageszeit Sie meine Briefe erhalten. Hier übernachte ich, morgen Mittag komme ich nach Nancy. Ich befinde mich sehr wohl und reise bequem. Es ist freilich eine Schneckenfahrt, doch hat das auch seine Vorteile. Während die Räder sich langsam drehen, hat man Zeit, manches zu bemerken und die Physiognomie des Landes zu beobachten. Aber nein, so ein leeres Gesicht ist mir noch gar nicht vorgekommen. Lebloseres, Langweiligeres, Verdrüßlicheres gibt es gar nicht als dieser ganze Weg von der deutschen Grenze bis nach Paris. Es ist jetzt das dritte Mal, daß ich ihn zurücklege. Mir kommt es vor wie ein langer, stiller Gang, nur gebaut, in das wohnliche Paris zu führen, und die mir begegnenden Menschen erscheinen mir als die Diener des Hauses, die hin und her eilen, die Befehle ihres Herrn zu vollziehen und ihm aufzuwarten. Die Bevölkerung in den Provinzen hat eine wahre Lakaienart; sie spricht von nichts als von ihrem gnädigen Herrn Paris. Die Städte, die Dörfer sind Misthaufen, bestimmt Paris zu düngen. Wenn auch die andern Provinzen Frankreichs denen gleichen, die ich kenne, so möchte ich außerhalb Paris kein Franzose sein, weder König noch Bürger.

Vitry-sur-Marne, den 12. September 1830
– Das menschliche Leben ist voller Rechnungsfehler, und ich weiß wahrhaftig nicht, wozu uns das Einmaleins nützt. Der Teufel ist Kontrolleur und hat seine Freude am Widerspruch, um jeden Abend den ehrlichen Buchhalter zu verwirren. Am zwölften September des vorigen Jahres war ich, wie ich aus meinem Tagebuche ersehe, in Soden der letzte Gast im Bade, der einzige Städter im Dorfe; saß gefangen auf meinem Zimmer, von dem schlechtesten Wetter bewacht, ward gefoltert von den boshaftesten Nerven. Es war abends acht Uhr; ich lag auf dem Sofa, das ungeputzte Licht brannte düster, Wind und Regen klopften leise an das Fenster; es war mir, als wenn die Elemente riefen: komm zurück, wir erwarten dich! Es war mir unendlich wehe. Ich fühlte mich wie fortgeschleppt von den gewaltigen Armen der Natur, und kein Freund kam zu meiner Hilfe... Wer mir damals gesagt hätte: heute über das Jahr bist du um diese Stunde in Vitry-sur-Marne, froh und gesund, und wirst dort schlafen und nicht unter der Erde – ich hätte ihn ausgelacht inmitten meiner Schmerzen. Und wer am nämlichen Tage dem Könige von Frankreich gesagt hätte: heute übers Jahr bist du nicht König mehr und schläfst in England?... Es ist doch schön, kein König sein! Daran will ich künftig denken, sooft ich leide. Armer Karl! Unglücklicher Greis! die Menschen – nein, unbarmherzig sind sie nicht, aber sie sind unwissende Toren. Sie begreifen gar nicht, was das heißt: König sein; sie begreifen nicht, was das heißt, auf schwachen menschlichen Schultern den Zorn und die Rache eines Gottes tragen; sie begreifen nicht, was es heißt, einem einzigen Herzen, einer einzigen Seele die Sünden eines ganzen Volkes aufladen! Denn warum haben die Menschen Könige, als weil sie Sünder sind? Ist das Fürstentum etwas anderes als ein künstliches Geschwür, welches die heilbedächtige Vorsehung den Völkern zuzieht, daß sie nicht verderben an ihren bösen Säften, daß ihre

giftigen Leidenschaften alle nach außen fliehen und sich im Geschwür sammeln? Und wenn es aufspringt endlich – wer hat es strotzend gemacht? Nicht schonen soll man verbrecherische Könige, aber weinen soll man, daß man sie nicht schonen dürfe. Doch erzählen Sie das ja keinem wieder. Denn die Toren anderer Art möchten sagen: da ist nun ein freiheitsliebender Mann, der doch noch sagt, es sei dem Könige von Frankreich unrecht geschehen! Was? Recht! Unrecht! leere, tolle Worte! Verklagt den Sturm, verklagt den Blitz, verklagt das Erdbeben, verklagt das Fieber, verklagt die spitzbübische Nacht, die euch um den halben Tag geprellt – und wenn ihr den Prozeß gewonnen, dann kommt ihr geschickten Advokaten und verklagt ein Volk, es habe seinem Könige unrecht getan!

– Ich habe schon viel in Frankreich geschlafen: in Straßburg, in Pfalzburg, Luneville, Nancy, Toul, Bar-le-Duc, und heute schlafe ich hier. Es ist eine schöne Erfindung, wie Sancho Pansa sagt; und wo man schläft, man schläft immer zu Hause, und wo man träumt, man hat überall vaterländische Träume. Aber was geht das mich an? Ich bin auch wachend nirgends fremd.

In den Niederlanden scheint es arg herzugehen. Was aber die Leute dort wollen und nicht wollen, begreife ich nicht recht. Ihr hättet mich nicht abhalten sollen, über Brüssel zu reisen. Es ist freilich kein Vergnügen, totgeschossen zu werden und nicht zu wissen wofür. Aber wenn man im Bette stirbt, wie die meisten, weiß man dann besser, wofür es geschieht? die Unannehmlichkeit dauert einige Minuten; das Vergnügen aber, nicht totgeschossen worden, der Gefahr entgangen zu sein, reicht für das ganze Leben hin. Man muß rechnen, zählen, wiegen. Auf mehr oder weniger, schwerer oder leichter kommt alles an. Die Qualitäten sind nicht sehr verschieden.

Ach! ich spüre es schon, es ergeht mir dieses Mal in Frankreich wie die beiden vorigen Male. Die feuchte Philosophie schlägt an mir heraus, wie, wenn warme Witterung eintritt, die Steinwände naß werden. Es ist mir recht; diese Hautkrankheit der Seele ist meiner betrübten Konstitution sehr heilsam.

– Soeben las ich in einem Pariser Blatte die aus einer englischen Zeitung entlehnte Nachricht: in Hamburg wären Unruhen gewesen; man hätte die Juden aus den Kaffeehäusern verjagt. Und in Hannover hätten sie geschrien: »*A bas la noblesse!*« Ich kann mir gar nicht denken, wie das im Deutschen gelautet haben mag; denn unsere guten Leute kennen keinen anderen Zornruf als das lateinische *Pereat*; was nun den Adel betrifft, so habe ich, bei aller Menschenfreundlichkeit, nichts dagegen. Mit guten Fallschirmen versehen, wird er herunterkommen, ohne sich sehr wehe zu tun. Aber die Juden! die Franzosen hatten ihre Julitage, wollen die Deutschen ihre August-, ihre Hundstage haben? Fängt man so die Freiheit an? O wie dumm! O wie lächerlich! O wie unästhetisch! Von der Niederträchtigkeit will ich gar nicht sprechen; die versteht sich von selbst. Ist es aber wahr?

– Die Kellnerin kam herauf und sagte mir: sie hätte meinem Bedienten ein ganz gutes Zimmer angewiesen, er verlange aber ein *Appartement*. Ich ließ ihn rufen und fragte, was das sein sollte. Da fand sich denn, daß er die bescheidenste Forderung gemacht und eine unschuldige Neugierde zu befriedigen gesucht, der kein Mensch, von welchem Stande er auch sei, lange widerstehen kann. Als feiner Nordländer war er gewohnt, das unartige Ding *Appartement* zu nennen.

Vierter Brief

Dormans, den 15. September 1830

Der Ort liegt 28 Stunden von Paris entfernt, hat 2300 Einwohner und 2 Seelen, die meinige mitgerechnet. Denn das weiß ich nun aus achttägiger Erfahrung, daß alle Franzosen eine gemeinschaftliche Seele haben, und die in der Provinz gar nur eine Mondseele, ein Licht aus zweiter Hand; Paris ist die Sonne.

Napoleon, Rothschild, schlimme Nachrichten und andere berühmten Kuriere haben den Weg von Frankfurt bis Paris schon in 48 Stunden zurückgelegt. Aber wer vor mir könnte sich rühmen, diesen Weg in *dreizehn* Tagen gemacht zu haben, wenn es vielleicht eintrifft, daß ich morgen nach Paris komme, was noch gar nicht entschieden ist? Bin ich ein Narr? Ach wie gern wollte ich einer sein, fände sich wenigstens ein Echo, das es mir bejahte. Aber nicht einmal eine menschliche Seele, die mich auslacht! Allein zu sein mit seiner Weisheit, das ist man gewöhnt, das hat man ertragen gelernt; aber allein mit seiner Torheit, das ist unerhörter Jammer, dem unterliegt der Stärkste! O teures Vaterland, wie einfältig verkannte ich deinen Wert! Dort fand ich in jedem Nachtquartier eine kleine Residenz oder den Sitz einer hohen Regierung oder eine Garnison oder eine Universität, und in jedem Gasthofe eine Weinstube mit scharf geprägten Gästen, die mir gefielen oder nicht gefielen, die meinem Herzen oder meinem Geiste Stoff gaben, der ausreichte bis zum Einschlafen. Aber hier in diesem vermaledeiten Rat-losen Lande! Seit acht Tagen saß ich jeden Abend allein auf meinem Zimmer und verschmachtete. Glauben Sie mir, man stirbt nicht vor Langerweile; das ist nur eine dichterische Redensart. Aber wie gern hätte ich für jeden Lieutenant einen Schoppen Wein bezahlt, für jeden Hofrat eine Flasche, für jeden Professor zwei Flaschen, für einen Studenten drei; und hätte ich gar einen schönen Geist, einen Theaterkritiker an mein Herz drücken können, nicht der ganze Keller wäre mir zu kostspielig gewesen. Hofräte, Hofräte! wenn ich je wieder eurer spotte, dann schlagt mir auf den Mund und erinnert mich an Dormans.

Dormans – wie das lieblich lautet! Wie Wiegen-Eiapopeia. Und doch steckt der Teufel in jedem Buchstaben. Aber lesen Sie nur erst das Stück dormantische Poesie, das *Gebet an die Geduld*, das ich diesen Vormittag in der Verzweiflung meiner Ungeduld niedergeschrieben, und dann sollen Sie meine Leiden erfahren.

Geduld, sanfte Tochter des grausamsten Vaters; schmerzerzeugte, milchherzige, weichlispelnde Göttin; Beherrscherin der Deutschen und der Schildkröten; Pflegerin meines armen kranken Vaterlands, die du es wartest und lehrest warten.

Die du hörest mit hundert Ohren und siehest mit hundert

Augen und blutest an hundert Wunden, und nicht klagest. Die du Felsen kochst und Wasser in Steine verwandelst.

Schmachbelastete, segenspendende Geduld; holdes mondlächelndes Angesicht; heiligste Mutter aller Heiligen, erhöre mich!

Sieh! mich plagt die böse Ungeduld, deine Nebenbuhlerin; befreie mich von ihr, zeige, daß du mächtiger bist als sie. Sieh! mir zucken die Lippen; ich zapple mit den Füßen wie ein Windelkind, das gewaschen wird; ich renne toll wie ein Sekundenzeiger um die schleichende Stunde; ich peitsche und sporne vergebens die stätige Zeit: die hartmäulige Mähre geht zurück und spottet meiner. Ich verzweifele, ich verzweifele, o rette mich!

Lösche mein brennendes Auge mit dem Wasserstrahle deines Blickes; berühre mit kühlen Fingern meine heiße Brust. Hänge Blei an meine Hoffnungen, tauche meine Wünsche in den tiefsten Sumpf, daß sie aufzischen und dann ewig schweigen. Deutsche mich, gute Göttin, von der Ferse bis zur Spitze meiner Haare und lasse mich dann friedlich ruhen in einem Naturalienkabinett unter den seltensten Versteinerungen.

Ich will dir von jetzt an auch treuer dienen und gehorsamer sein in allem. Ich will dir tägliche Opfer bringen, welchen du am freundlichsten lächelst. Die »Didaskalia« will ich lesen und das »Dresdner Abendblatt« und alle Theaterkritiken und den Hegel, bis ich ihn verstehe. Ich will bei jedem Regenwetter ohne Schirm vor dem Palaste der deutschen Bundesversammlung stehen und da warten, bis sie herauskommen und die Preßfreiheit verkündigen. Ich will in den Ländern das Treiben des Adels beobachten und nicht des Teufels werden, und nicht eher komme Wein über meine Lippen, bis dich die guten Deutschen aus dem Tempel jagen und dein Reich endiget.

Vorgestern gegen Mittag kam ich nach Châlons. Ich wollte meinen Straßburger Wagen, den ich einstweilen nur bis dahin gedingt hatte, nun weiter bis Paris mieten. Aber der Kutscher hatte keine Lust dazu, die Wege wären zu schlecht, oder was ihn sonst abhielt. Ich schickte nach einem andern Mietkutscher. Jetzt denken Sie sich die greuliche Statistik: In Châlons, einer Stadt von 12000 Einwohnern, gibt es nur eine einzige Mietkutsche, und für diese wurde für die Reise nach Paris, das nur zwanzig Meilen entfernt ist, 200 Franken gefordert! Da dieses viel mehr als die Reise mit Postpferden beträgt, entschloß ich mich zu letzterem. Da hatte ich mich wieder verrechnet. In Deutschland findet der Reisende auf jeder Post Kutschen, die ihn von Station zu Station führen. Hier aber hat die Post zu diesem Gebrauche nur zweiräderige bedeckte Wagen, die nicht in Federn hängen, uns leicht die Seele aus dem Körper schleudern und nicht einmal Platz haben, einen Koffer aufzupacken. So blieb mir nichts anderes übrig, als mit der Diligence zu reisen, die eine halbe Stunde vor meiner Ankunft in Châlons abgegangen war und die erst den andern Mittag wiederkehrte. Vierundzwanzig Stunden sollte ich warten! Ich war an diesem Tage ganz gewiß der verdrießlichste Mensch in ganz Europa und war schwach genug zu überlegen, was besser sei, Preßfreiheit ohne Retourwagen, wie in Frankreich, oder Retourwagen ohne Preßfreiheit, wie in Deutschland.

Ich machte einige Gänge durch die Stadt, aber in den Straßen war es so öde und stille, die Menschen erschienen mir so langweilig und gelangweilt, und selbst im Kaffeehause, sonst dem Pochwerke jeder französischen Stadt, hatte alles so ein schläfriges Ansehen, daß ich bald wieder nach Hause eilte. Dort zog ich Pantoffeln und Schlafrock an, um wenigstens mit Bequemlichkeit zu verzweifeln. Da erinnerte mich ein zufälliger Blick in den Kalender, daß es wieder Zeit sei, den guten Blutigeln, die zur Erhaltung meiner Liebenswürdigkeit so vieles beitragen, ihr kleines monatliches Fest zu geben. Es war mir eine willkommene Zerstreuung, und ich schickte nach einem Chirurgen. Statt dessen kam aber eine Frau von sechzig Jahren, die sich mir als Hebamme vorstellte und mich artig versicherte, der von mir verlangte Dienst sei eigentlich ihr Geschäft. Ich muß gestehen, daß die Französin die Operation mit einer Leichtigkeit, Sicherheit, Schnelligkeit und, ich möchte sagen, mit einer Grazie ausführte, die ich bei dem geschicktesten deutschen Chirurgus nie gefunden hatte. Sie zeigte so viel Anstand in ihrem Betragen, war so abgemessen in allen ihren Bewegungen, sprach so fein, so bedächtig und umsichtig, daß ich mich nicht enthalten konnte, sie mit der Oberhofmeisterin einer gewissen deutschen Prinzessin zu vergleichen, die ich vor vielen Jahren zu hören und zu beobachten Gelegenheit hatte. Vor meinem Bette sitzend, unterhielt sie mich auf das angenehmste und lehrreichste. Von der letzten Revolution sprach sie kein Wort, und dieses überzeugte mich, daß es keine Prahlerei von ihr war, wenn sie mich versicherte, daß sie nur die vornehmsten Krankenhäuser besuche. Sie erzählte mir viel von Unterpräfekten, von einem gewissen Colonel, von der Frau des Gerichtspräsidenten, und daß sie weit und breit als Hebamme gebraucht werde. Erst kürzlich wäre sie zu einer Entbindung nach St.-Denis geholt worden. Sie war die treueste und verschwiegenste Hebamme, verriet nichts, hatte aber eine so geschickte Darstellung, daß auch die schläfrigste Phantasie alles erraten mußte: zuweilen unterbrach sie ihren Bericht von den auswärtigen Angelegenheiten, warf einen Blick auf mich und rief mit Künstlerbegeisterung aus: *Ils travaillent joliment, ils travaillent joliment!* So ging mir eine Stunde angenehm vorüber, aber dreiundzwanzig Leidensstunden bis zur Ankunft der Diligence blieben noch übrig, und als die Hebamme fort war, jammerte ich armer Kindbetter, daß es zum Erbarmen war.

Ich nahm Reichards Reisebuch zur Hand, und da las ich, zu meinem Schrecken, daß Châlons einen Spaziergang habe, *Jard* genannt, und das wäre die schönste Promenade Frankreichs. Ferner: in der Nähe von Châlons wäre das Schlachtfeld, wo einst Attila von den Römern und Franken besiegt worden. Das hätte ich nun alles sehen mögen, war aber jetzt so schwach, daß ich nicht ausgehen konnte. Es war mir lieblich zumute! Aber alles geht vorüber; es kam der folgende Tag, und mit ihm die Diligence, auf der ich Platz nahm. Man fährt von Châlons in 24 Stunden nach Paris, aber ich fühlte mich unbehaglich, scheute die Nachtfahrt und faßte den rasenden Entschluß, mich nur bis Dormans, wo man abends ankommt, einschreiben zu lassen und da zu übernachten. So tat ich es auch.

Meine Gefährten im Coupé waren eine junge schöne Modehändlerin aus der Provinz, die ihre periodische Kunstreise nach Paris machte, und ein schon ältlicher Herr, der, nach seiner dunklen Kleidung und der Ängstlichkeit zu beurteilen, in welche ihn die kleinste schiefe Neigung des Wagens versetzte, wohl ein protestantischer Pfarrer oder Schulmann war. Diese beiden Personen von so ungleichem Alter und Gewerbe unterhielten sich, ohne die kleinsten Pausen, auf das lebhafteste miteinander; aber ich achtete nicht darauf und hörte das alles wie im Schlafe. In früheren Jahren war mir jede Reise ein Maskenballfest der Seele; alle meine Fähigkeiten walzten und jubelten auf das ausgelassenste, und es herrschte in meinem Kopfe ein Gedränge von Scherz und Ernst, von dummen und klugen Dingen, daß die Welt um mir her schwindelte. Was hörte, bemerkte, beobachtete, sprach ich da nicht alles! Es waren Wolkenbrüche von Einfällen, und ich hätte hundert Jahrgänge des »Morgenblatts« damit ausfüllen können, und hätte die Zensur nichts gestrichen, tausend Jahrgänge. Wie hat sich das aber geändert! ... Ich sitze ohne Teilnahme im Wagen, stumm wie ein Staatsgefangener in Österreich und taub wie das Gewissen eines Königs. In der Jugend bemerkt man mehr die Verschiedenheiten der Menschen und Länder, und das eine Licht gibt tausend Farben, im Alter mehr die Ähnlichkeiten, alles ist grau, und man schläft leicht dabei ein. Ich kann jetzt einen ganzen Tag reisen, ohne an etwas zu denken. Fand ich doch auf dem langen Weg von Straßburg hierher nichts weiter in mein Tagebuch zu schreiben als die Bemerkung, daß ich in Lothringen mit sechs Pferden habe pflügen sehen und daß mein Kutscher stundenlang mit Konrad von der Preßfreiheit und den Ordonnanzen mit einem Eifer gesprochen, als wäre von Hafer und Stroh die Rede. Und selbst dieses wenige schrieb ich nur kurz und trocken nieder, ohne alle satirische Bemerkungen gegen die Mietkutscher in der *großen Eschenheimer Gasse*, in der *kleinen Eschenheimer Gasse*, hinter der *Schlimmen Mauer* und den übrigen

Frankfurter Gassen, die in der Nähe des Taxisschen Palastes liegen. Den kleinen guten Gedanken: was würde Herr von Münch-Bellinghausen tun, wenn sich einmal sein Kutscher erkühnte, von Preßfreiheit zu sprechen, und würde ihm das nicht Anlaß geben, eine vertrauliche Sitzung der hohen Bundesversammlung zu veranstalten und darin auf schärfere Zensur in den Bundesstaaten anzutragen? – diesen habe ich jetzt in diesem Augenblicke erst, und ihn ganz allein der Verzweiflung der Langenweile zu verdanken; im Tagebuch steht nichts davon. Ist das nicht sehr traurig?

– Man reist jetzt auf der Diligence unglaublich wohlfeil. Der Platz von Straßburg bis Paris kostet nicht mehr als 20 Franken, im Cabriolet 26. Diese Wohlfeilheit kommt daher, weil es drei verschiedene Unternehmungen gibt, die sich wechselseitig zugrunde zu richten suchen. Bei solchen niedrigen Preisen haben die Aktionärs großen Verlust, den sie nicht lange ertragen können. Es kommt jetzt darauf an, wer es am längsten aushält. Von Châlons bis Paris gehen täglich, die Malle-Poste ungerechnet, sechs Diligencen, drei von Metz, drei von Straßburg kommend. Unter diesen sieben Losen habe ich schon drei Nieten gezogen; denn in den drei Wagen, welche diesen Mittag durchkamen, waren keine Plätze mehr. Heute abend kommen die andern, und wenn ich Glück habe wie bisher, werden sie gleichfalls besetzt sein und ich vielleicht acht Tage in Dormans bleiben müssen. Das wäre mein Tod. Und welcher Tod! Der Tod eines Bettlers. Denn man wird hier auf eine so unerhörte Art geprellt, daß ein achttägiger Aufenthalt meine Kasse erschöpfen und mir nicht so viel übrigbleiben würde, meine Begräbniskosten zu bestreiten. Hören Sie weiter, wie es mir ging.

Um, wenn der Wagen ankäme, nicht aufgehalten zu sein, verlangte ich diesen Vormittag schon meine Wirtshausrechnung. Die Wirtin machte die unverschämte Forderung von etlichen und zwanzig Franken. Ich hatte gestern abend nichts als Braten und Dessert gehabt, ein elendes Schlafzimmer und diesen Morgen Kaffee. Der Bediente das nämliche und wahrscheinlich alles noch schlechter. Ich sagte der Wirtin, sie sollte mir die Rechnung spezifizieren. Sie schrieb mir auf: Nachtessen 9 Fr., Zimmer 8, Frühstück 3, Zuckerwasser 1 Fr. und für einige Lesebücher, die ich aus der Leihbibliothek hatte holen lassen, 30 Sous. Ich fragte sie kalt und giftig, ob sie bei dieser Forderung bestände, und als sie erwiderte: sie könne nicht anders, nahm ich die Rechnung und ging fort, die Wirtin zu verklagen. Ich wollte einmal sehen, wie in einer auf eine Monarchie gepfropften Republik die Justiz beschaffen sei. Ich trat in den Laden eines Apothekers, um mich nach der Wohnung des Friedensrichters zu erkundigen. Die Apotheke sah derjenigen, welche Shakespeare in »Romeo und Julie« beschrieben, sehr ähnlich, und ich glaube, ich hätte da leicht Gift haben können. Der müßige Apotheker las die neue *Charte Constitutionelle*. Statt aber auf meine Frage nach der Wohnung des Friedensrichters zu antworten, fragte er mich, was ich da suche. Ich erzählte ihm meinen teuren Fall. Er erkundigte sich nach dem Wirtshause, und als ich es ihm bezeichnete, erwiderte er mir, er wisse nicht, wo der Friedensrichter wohne. Wahrscheinlich war er mit der spitzbübischen Wirtin befreundet. Ich ging fort und ließ ihm einen verächtlichen Blick zurück. So sind die Liberalen! Ich ließ mir von einem andern das Haus des Friedensrichters bezeichnen. Ich trat hinein, ein Hund sprang mir entgegen, der mich bald zerrissen hätte, und auf dessen Gebell eilte ein Knecht herbei, der mir sagte, der Friedensrichter wäre verreist, und ich sollte mich an den Greffier wenden. Mit Mühe fand ich die Wohnung des Greffiers. Der war über Land gegangen. Ich suchte den Maire auf; man sagte mir, der wäre zum Präfekten gerufen worden, und ich sollte zum Maire-Adjunkten gehen. Diesen fand ich zu Hause. Es war ein kleines altes Männchen in blonder Perücke, der einen großen Pudel auf dem Schoß hatte und ihn schor. Ein junges Frauenzimmer, Tochter oder Haushälterin, war mit Bügeln beschäftigt. Als ich eintrat, ließ der Maire-Adjunkt den Hund laufen, hörte meine Klage an und sah mir über die Schulter in die Rechnung, die ich ihm vorlas. Das Mädchen trat auf meine linke Seite, sah mir gleichfalls über die Schulter in die Rechnung,

VIERTER BRIEF

verbrannte mir mit dem heißen Bügeleisen den kleinen Finger und rief in größtem Eifer aus: »Nein, das ist unerhört, aber diese Leute machen es immer so.« Der Maire-Adjunkt fiel seiner wahrscheinlichen Haushälterin nicht ohne Schüchternheit in das Wort, bemerkte, er könne sich nicht in die Sache mischen, das ginge den Friedensrichter an. »Übrigens, mein Herr« schloß er seine Rede, »Sie werden schon öfter gereist sein.« Diese kurze und weise Bemerkung brachte mich zur Besonnenheit, ich strich meinen verbrannten Finger an der noch ungeschornen Seite des Pudels, welches mir sehr wohl tat, und ging fort.

Nach Hause zurückgekommen, erzählte ich der Wirtin, ich hätte sie verklagen wollen, aber die Behörden wären alle abwesend, und so blieb mir nichts übrig, als sie noch einmal zu fragen, ob sie sich denn gar nicht schäme, ich hätte ja ganz schlecht zu Nacht gegessen? Die Tochter der Wirtin erwiderte darauf: ich hätte sehr gut zu Nacht gegessen, ich hätte ein *Suprême de Volaille* gehabt. Dieses *Suprême de Volaille* war nichts als ein Dreieck von dem Leibe eines Huhns, in dessen einem Winkel eine kalte Krebsschere stak, welche irgendein Passagier vielleicht schon vor der Revolution ausgehöhlt hatte. Ich glaube, die Suprematie dieses Gerichts bestand bloß in dieser hohlen Krebsschere; denn das übrige war etwas ganz Gewöhnliches. Ich ward heftig und antwortete der Tochter: *Que me parlez-vous d'un Suprême de Volaille? Vous êtes un Suprême de Canaille!* Kaum hatte ich das Zornwort ausgesprochen, als ich es bereute. Erstens aus Höflichkeit, und zweitens aus Furcht; denn der Koch war mit seinem langen Messer hinzugetreten, und ich dachte, er würde mich auf der Stelle schlachten. Aber zu meinem Erstaunen achteten Wirtin, Tochter und Koch gar nicht auf mein Schimpfen, sie verzogen keine Miene, und es war, als hätten sie es gar nicht gehört. Ich kann mir diese Unempfindlichkeit nicht anders erklären, als daß ich zu feines Französisch gesprochen, welches die Kleinstädter nicht verstanden.

Ich bezahlte meine Rechnung; um mich aber an den Leuten zu rächen und sie zu ärgern, ließ ich meine Sachen in das gerade gegenüber liegende Wirtshaus bringen. Hier aß ich zu Mittag und ließ mir dann ein Zimmer geben, wo ich Ihnen schreibe und auf die Ankunft der Diligence warte.

Morgen oder übermorgen schreibe ich von Paris. Sollten Sie aber morgen wieder einen Brief mit dem Postzeichen Dormans erhalten, dann öffnen Sie ihn nur gleich mit weinenden Augen; denn Sie können voraus wissen, daß ich Ihnen meinen Tod melde.

Fünfter Brief

Paris, den 17. September 1830

Seit gestern bin ich hier, und alles ist vergessen. Ob ich *gesund* und *froh*, wie Sie es wünschen, in Paris angekommen oder durch mein Ankommen erst geworden bin, wüßte ich kaum zu bestimmen; doch glaube ich eher das letztere. Ich habe wunderliche Nerven. Wenn sie kein Lüftchen berührt, sind sie am unruhigsten und zittern wehklagende Töne gleich Elvirens Harfe in der »Schuld«. Diese Kränkelei macht mich so wütend, daß ich meine eigenen Nerven zerreißen möchte. Sooft sie aber ein grober Sturmwind schlägt, bleiben sie philosophisch gelassen, und verlieren sie ja die Geduld, brummen sie doch männlich wie die Saiten einer Baßgeige. Ich kann es Ihnen nicht genug sagen, wie mir so behaglich worden gleich von der ersten Stunde an. Das moralische Klima von Paris tat mir immer wohl, ich atme freier, und meine deutsche Engbrüstigkeit verließ mich schon in Bondy. Rasch zog ich alle meine Bedenklichkeiten aus und stürzte mich jubelnd in das frische Wellengefühl. Ich möchte wissen, ob es andern Deutschen auch so begegnet wie mir, ob ihnen, wenn sie nach Paris kommen, wie Knaben zumute ist, wenn an schönen Sommerabenden die Schule geendigt und sie springen und spielen dürfen! Mir ist es gerade, als müßte ich unserm alten Konrektor einen Esel bohren.

– Ich wohne hinter dem Palais Royal. Die Zimmer sind gut, aber die enge Straße mit ihren hohen Häusern ist unfreundlich.

FÜNFTER BRIEF

Kein Sonnenblick den ganzen Tag. Und doch ist es mir manchmal noch zu hell; denn ich habe merkwürdige *Gegenüber*. Erstens sehe ich in die Küche eines Restaurateurs. Schon früh morgens fangen die ungewaschenen Köche zu tüchten und zu trachten an, und wenn man so mit ansieht, wie die Grazie, die allen französischen Schüsseln eigen ist, zustande kommt, kann man die Eßlust auf eine ganze Woche verlieren. Dann sehe ich in das Zimmer einer Demoiselle; in eine Schneiderswohnung; in einen Roulettesaal und in eine lange Galerie von *Cabinets inodores*. Wie schön, freundlich und glänzend ist alles nach der Gartenseite des Palais Royal: nach hinten aber, wie betrübt und schmutzig alles! Ich werde mich eilen, aus diesen Kulissen zu kommen, und mich nach einer andern Wohnung umsehen.

Sie können es sich denken, daß ich nicht lange zu Hause geblieben, sondern gleich forteilte, die alten Spielplätze meiner Phantasie aufzusuchen und die neuen Schlachtfelder, die ihr Wort gehalten. Aber ich fand es anders, als ich erwartete. Ich dachte, in Paris müsse es aussehen wie am Strande des Meeres nach einem Sturm, alles von Trümmern bedeckt sein, und das Volk müsse noch tosen und schäumen. Doch war die gewohnte Ordnung überall und von der Verheerung nichts mehr zu sehen. Auf einigen Strecken der Boulevards fehlen die Bäume, und in wenigen Straßen wird noch am Pflaster gearbeitet. Ich hätte die Stiefeln ausziehen mögen; wahrlich, nur barfuß sollte man dieses heilige Pflaster betreten. Die vielen dreifarbigen Fahnen, die man aufgesteckt sieht, erschienen mir nicht als Zeichen des fortdauernden Krieges, sondern als Friedenspaniere. Die Fahne in der stolzen Hand Ludwigs XIV. auf dem *Place des Victoires* machte mich laut auflachen. Wir haben die Reiterstatue vor acht Jahren zusammen aufrichten sehen. Wer hätte das damals gedacht? Träume von Eisen und Marmor – – und doch nur Träume! – Noch schwebt jener Tag mir vor, noch höre ich den Polizeijubel, höre alle die Lieder mit ihren Melodien, welche bezahlte Bänkelsänger auf dem Platze sangen. Das eine Lied fing an: *Vive le roi, le roi, le roi, que chante le monde à la ronde* – jetzt müßte es heißen statt *que chante, que chasse le monde à la ronde.* Wenn er nur nicht so alt wäre! das verbittert mir sehr meine Freude. Gott segne dieses herrliche Volk und fülle ihm die goldnen Becher bis zum Rande mit dem süßesten Weine voll, bis es überströmt, bis es hinabfließt auf das Tischtuch, wo wir Fliegen herumkriechen und naschen. Summ, summ – wie dumm!

Alte deutsche Bekannte suchte ich gleich gestern auf. Ich dachte, durch sie mehr zu erfahren, als was ich schon gedruckt gelesen, aber nicht einer von ihnen war auf dem Kampfplatze, nicht einer hat mitgefochten. Es sind eben Landsleute! Engländer, Niederländer, Spanier, Portugiesen, Italiener, Polen, Griechen, Amerikaner, ja Neger haben für die Freiheit der Franzosen, die ja die Freiheit aller Völker ist, gekämpft, und nur die Deutschen nicht. Und es sind deren viele Tausende in Paris, teils mit tüchtigen Fäusten, teils mit tüchtigen Köpfen. Ich verzeihe es den Handwerksburschen; denn diese haben es nicht schlimm in unserm Vaterlande. In ihrer Jugend dürfen sie auf der Landstraße betteln, und im Alter machen sie die Zunfttyrannen. Sie haben nichts zu gewinnen bei Freiheit und Gleichheit. Aber die Gelehrten! Diese armen Teufel, die in Scharen nach Paris wandern und von dort mit dem »Morgenblatte«, mit dem »Abendblatte«, mit dem »Gesellschafter«, mit der »Allgemeinen Zeitung« korrespondieren; die das ganze Jahr von dem reichen Stoffe leben, den ihnen nur ein *freies* Volk verschaffen kann; die im dürren Vaterlande verhungern würden – diese wenigstens, und wäre es auch nur aus Dankbarkeit gegen ihre Ernährer, hätten doch am Kampfe teilnehmen sollen. Aber hinter einem dicken Fensterpfosten, im Schlafrocke, die Feder in der Hand, das Schlachtfeld begucken, die Verwundeten, die Gefallenen zählen und gleich zu Papier bringen; zu bewundern statt zu bluten, und die Leiden eines Volks sich von einem Buchhändler bogenweise bezahlen zu lassen – nein, das ist zu schmachvoll, zu schmachvoll!

– Die Pracht und Herrlichkeit der neuen *Galerie d'Orléans* im Palais Royal kann ich Ihnen nicht beschreiben. Ich sah sie gestern abend zum ersten Male in sonnenheller Gasbeleuchtung und war überrascht wie selten von etwas. Sie ist breit und von einem Glashimmel bedeckt. Die Glasgassen, die wir in früheren Jahren gesehen, so sehr sie uns damals gefielen, sind düstere Keller oder schlechte Dachkammern dagegen. Es ist ein großer Zaubersaal, ganz dieses Volks von Zauberern würdig. Ich wollte, die Franzosen zögen alle Weiberröcke an, ich würde ihnen dann die schönsten Liebeserklärungen machen. Aber ist es nicht töricht, daß ich mich schäme, diesem und jenem die Hand zu küssen, wozu mich mein Herz treibt – die Hand, die unsere Ketten zerbrochen, die uns frei gemacht, die uns Knechte zu Rittern geschlagen?

Sechster Brief
                    Paris, den 18. September 1830
– Ich komme aus dem Lesekabinett. Aber nein, nein, der Kopf ist mir ganz verwirrt von allen den Sachen, die ich aus Deutschland gelesen! Unruhen in Hamburg; in Braunschweig das Schloß angezündet und den Fürsten verjagt; Empörung in Dresden! Seien Sie barmherzig, berichten Sie mir alles auf das genauste. Und wenn Sie nichts Besonderes erfahren, schreiben Sie mir wenigstens die deutschen Zeitungen ab, die ich hier noch nicht habe auffinden können. Den französischen Blättern kann ich in solchen Dingen nicht trauen; nicht der zehnte Teil von dem, was sie erzählen, mag wahr sein. Was aber deutsche Blätter über innere Angelegenheiten mitteilen dürfen, das ist immer nur der zehnte Teil der Wahrheit. Hätte ich mich also doch geirrt, wie mir schon manche vorgeworfen? Wäre Deutschland reifer, als ich gedacht? Hätte ich dem Volke unrecht getan? Hätten sie unter Schlafmützen und Schlafrock heimlich Helm und Harnisch getragen? O, wie gern, wie gern! Scheltet mich wie einen Schulbuben, gebt mir die Rute, stellt mich hinter den Ofen – gern will ich die schlimmste Züchtigung ertragen, wenn ich nur unrecht gehabt. Wenn sie sich nur erst die Augen gerieben, wenn sie nur erst recht zur Besinnung gekommen, werden sie sich erstaunt betasten, werden im Zimmer umherblicken, das Fenster öffnen und nach

dem Himmel sehen und fragen: welcher Wochentag, welcher Monatstag ist denn heute, wie lange haben wir geschlafen? Unglückselige! nur der Mutige wacht. Wie hat man es nur so lange ertragen? Es ist eine Frage, die mir der Schwindel gibt. Einer erträgt es, noch einer, noch einer – aber wie ertragen es Millionen? Der Spott zu sein aller erwachsenen Völker! wie der kleine dumme Hans, der noch kein Jahr Hosen trägt, zu zittern vor dem Stöckchen jedes alten, schwachen, gräulichen Schulmeisters! ... Aber wehe ihnen, daß wir erröten! Das Erröten der Völker ist nicht wie Rosenschein eines verschämten Mädchens; es ist Nordlicht voll Zorn und Gefahren.

Sonntag, den 19. September 1830
Mitternacht ist vorüber; aber ein Glas Gefrorenes, das ich erst vor wenigen Minuten bei Tortoni gegessen, hat mich so aufgefrischt, daß ich gar keine Neigung zum Schlafe habe. Es war himmlisch! Das Glas ganz hoch angefüllt, sah wie ein langes weißes Gespenst aus. Nun bitte ich Sie – haben Sie je gehört oder gelesen, daß jemand ein Glas Gefrorenes mit einem Gespenste verglichen hätte? Solche Einfälle kann man aber auch nur in der Geisterstunde haben. Den Abend brachte ich bei *** zu. Es sind sehr liebenswürdige Leute und die es verstehen, wenn nur immer möglich, auch ihre Gäste liebenswürdig zu machen. Das ist das Seltenste und Schwerste. Es war da ein Gemisch von Deutschen und Franzosen, wie es mir behagt. Da wird doch ein gehöriger Salat daraus. Die Franzosen allein sind Öl, die Deutschen allein Essig und sind für sich gar nicht zu gebrauchen, außer in Krankheiten. Bei dieser Gelegenheit will ich Ihnen die höchst wichtige und einflußreiche Beobachtung mitteilen, daß man in Frankreich dreimal soviel Öl und nur ein Drittel soviel Essig zum Salate verwendet wie in Deutschland. Diese Verschiedenheit geht durch die Geschichte, Politik, Religion, Geselligkeit, Kunst, Wissenschaft, den Handel und das Fabrikwesen beider Völker, welches vor mir die berühmtesten deutschen Historiker, die sich doch immerfort rühmen, aus der Quelle zu schöpfen, leichtsinnig

übersehen haben. Sie sollen sich aber den Kopf darüber nicht zerbrechen. Es ist gerade nicht nötig, daß Sie alles verstehen, was ich sage, ich selbst verstehe es nicht immer. Wie herrlich wäre es, wenn beide Länder in allem so verschmolzen wären, als es beide Völker heute abend bei *** waren. In wenigen Jahren wird es ein Jahrtausend, daß Frankreich und Deutschland, die früher nur *ein* Reich bildeten, getrennt wurden. Dieser dumme Streich wurde, gleich allen dummen Streichen in der Politik, auf einem Kongresse beschlossen, zu Verdun im Jahre 843. Aus jener Zeit stammen auch die köstlichen eingemachten Früchte und Dragées, wegen welcher Verdun noch heute berühmt ist. Einer der Kongreßgesandten hatte sie erfunden und war dafür von seinem genädigen Herrn in den Grafenstand erhoben worden. Ich hoffe, im Jahre 1843 endigt das tausendjährige Reich des Antichrists, nach dessen Vollendung die Herrschaft Gottes und der Vernunft wieder eintreten wird. Wir haben nämlich den Plan gemacht, Frankreich und Deutschland wieder zu einem großen fränkischen Reiche zu vereinigen. Zwar soll jedes Land seinen eigenen König behalten, aber beide Länder eine gemeinschaftliche Nationalversammlung haben. Der französische König soll wie früher in Paris thronen, der deutsche in unsrem Frankfurt und die Nationalversammlung jedes Jahr abwechselnd in Paris oder in Frankfurt gehalten werden. Wenn Sie Ihre Nichte O*** besuchen, benutzen Sie doch die Gelegenheit, mit dem Koche des Präsidenten der Bundesversammlung von unsrem Plane zu sprechen. Der muß ja die Gesinnungen und Ansichten seines Herrn am besten kennen.

– Die lieben Tuilerien habe ich heute wiedergesehen. Sie hießen mich willkommen, sie lächelten mir zu, und alles dort war wie zu meinem Empfange glänzend und festlich eingerichtet. Ich fühlte mich ein Fürst in der Mitte des fürstlichen Volkes, das unter dem blauen Baldachin des Himmels von seiner Krönung zurückkehrte. Es ist etwas Königliches in diesen breiten, vom Goldstaube der Sonne bedeckten Wegen, die an Palästen vorüber, von Palast zu Palast führen. Mich erfreute die unzählbare

Menschenmenge. Da fühlte ich mich nicht mehr einsam; ich war klug unter tausend Klugen, ein Narr unter tausend Narren, der Betrogene unter tausend Betrogenen. Da sieht man nicht bloß Kinder, Mädchen, Jünglinge, Greise, Frauen; man sieht die Kindheit, die Jugend, das Alter, das weibliche Geschlecht. Nichts ist allein, geschieden. Selbst die mannigfachen Farben der Kleider erscheinen, aus der Ferne betrachtet, nicht mehr bunt; die Farbengeschlechter treten zusammen; man sieht weiß, blau, gün, rot, gelb, in langen breiten Streifen. Wegen dieser Fülle und Vollständigkeit liebe ich die großen Städte so sehr. Seine angeborne Neigung und Richtung kann keiner ändern, und um zufrieden zu leben, muß darum jeder, was ihm lieb ist, auf *seinem* Wege suchen. Aber das kann man nicht überall. Zwar findet man auch in der kleinsten Stadt jedes Landes Menschen von jeder Art, unter welchen man wählen kann; aber was nützt uns das? Es sind doch nur Muster, die zu keinem Kleide hinreichen. Nur in London und Paris ist ein Warenlager von Menschen, wo man sich versehen kann, nach Neigung und Vermögen.

Still, heiter, freundlich und bescheiden wie ein verliebtes glückliches Mädchen lustwandelte das Pariser Volk umher. Als ich dieses sah und bedachte: noch sind zwei Monate nicht vorüber, daß es einen tausendjährigen König niedergeworfen und in ihm Millionen seiner Feinde besiegt – wollte ich meinen Augen oder meiner Erinnerung nicht trauen. Es ist der Traum von einem Wunder! Schnell haben sie gesiegt, schneller haben sie verziehen. Wie mild hat das Volk die erlittenen Kränkungen erwidert, wie bald ganz vergessen! Nur im offenen Kampfe, auf dem Schlachtfelde hat es seine Gegner verwundet. Wehrlose Gefangene wurden nicht ermordet, Geflüchtete nicht verfolgt, Versteckte nicht aufgesucht, Verdächtige nicht beunruhigt. So handelt ein Volk! Fürsten aber sind unversöhnlich, und unauslöschlich ist der Durst ihrer Rache. Hätte Karl gesiegt, wie er besiegt worden, wäre das fröhliche Paris heute eine Stätte des Jammers und der Tränen. Jeder Tag brächte neue Schrecken, jede Nacht neues Verderben. Wir sehen ja, was in Spanien, Portugal,

Neapel, Piemont und in andern Ländern geschieht, wo die Gewalt über die Freiheit siegte. Seit Jahren ist der Sieg entschieden, und das Werk der Rache und die Verfolgung geht fort wie am Tage der Schlacht! Und es war ein Sieg, den man nur dem Meineide verdankte! Tausende schmachten noch im Kerker, Tausende leben noch in trauriger Verbannung, das Schwert des Henkers ist immer gezückt, und wo es schont, wo es zaudert, geschieht es nur, um länger zu drohen, um länger zu ängstigen. So entartet, so herabgewürdigt hat sich die Macht gezeigt, daß sie oft mit Grausamkeiten prahlte, die sie gar nicht begangen; sich der Gerechtigkeit schämend, manche ihrer Gefangenen nur heimlich schonte und es als Verleumdung bestrafte, wenn man sie mild gepriesen! Mich empört die niederträchtige Unverschämtheit der Fürstenschmeichler, welche die Völker als Tiger, die Fürsten als Lämmer darstellen. Wenn jeder Machthaber, sobald er zum Besitze der Macht gelangt, gleich seine Leidenschaft zur Regel erhebt, grausame Strafen für jeden Widerspruch vorausbestimmt und diese Regel, diese Anwendung sich herabrollt durch Jahrhunderte – nennen sie das *Gesetzlichkeit*. Das Volk hat seine Leidenschaft nie zum Gesetz erhoben, die Gegenwart erbte nie die Missetaten der Vergangenheit, sie vermehrt der Zukunft zu überlassen. Wenn dumme, feige oder bestochene Richter aus altem Herkommen und verblichenen Gesetzen nachweisen können, daß sie in gleichen Fällen immer gleich ungerecht gewesen – nennen sie das *Gerechtigkeit*. Wenn der schuldlos Verurteilte, durch Reihen schön geputzter Soldaten, durch die Mitte des angstzitternden Volkes, das nicht zu weinen, nicht zu atmen wagt, ohne Laut und Störung zum Blutgerüste geführt wird – nennen sie das *Ordnung*; und schnellen Tod in langsame Qual des Kerkers verwandeln – das nennen sie *Milde*.

– Ich eilte die Terrasse hinauf, von wo man in die Elysäischen Felder herabsieht. Dort setzte ich mich auf einen Traumstuhl, und meine Gedankenmühle, die wegen Frost oder Dürre so lange stillgestanden, fing gleich lustig zu klappern an. Welch ein Platz ist das! Es ist eine Landstraße der Zeit, ein Markt der Geschichte, wo die Wege der Vergangenheit, Gegenwart und Zukunft sich durchkreuzen. Da unten steht jetzt ein Marmorpiedestal, auf welches man die Bildsäule, ich glaube Ludwigs XVI., hat stellen wollen. Die dreifarbige Fahne weht darüber. Es ist noch nicht lange, daß Karl X. mit großer Feierlichkeit den Grundstein dazu gelegt. Die Könige sollten sich doch nicht lächerlich machen und noch ferner den Grundstein zu einem Gebäude legen. Sie täten besser, den letzten Ziegel auf dem Dache anzunageln; die Vergangenheit raubt ihnen keiner. Wahrlich, die Zeit wird kommen, wo die fürstlichen Köche, wenn sie morgens vor ihren Töpfen stehen, einander fragen werden: wem decken wir das wohl mittags? und in ihrer philosophischen Zerstreuung manche Schüssel verfehlen werden... Was kam mir da oben nicht alles in den Sinn! Sogar fiel mir ein, woran ich seit zwanzig Jahren nicht gedacht: daß ich vor zwanzig Jahren in Wien gewesen. Es war ein schöner Tag wie heute, nur ein schönerer, denn es war am ersten Mai. Ich war im Augarten, welcher schöner ist als die Tuilerien. Die Volksmenge dort war groß und festlich ausgebreitet wie die hier. Doch heute bin ich alt, und damals war ich jung. Meine Phantasie lief umher wie ein junger Pudel, und sie war noch gar nicht dressiert; sie hatte noch nie etwas dem »Morgenblatte« oder sonst einem Zeitblatte apportiert. Sie diente nur sich selbst, und was sie holte, holte sie nur, es als Spielzeug zu gebrauchen, und ließ es wieder fallen. Und da fragte ich mich heute in den Tuilerien: damals, im Frühlinge des Lebens und der Natur, was dachtest du mit deinem frischem Geiste, was fühltest du mit deinem jungen Herzen? Ich besann mich... *auf nichts.* Mir fiel nur ein, daß der Erzherzog Karl und noch andere kaiserliche Prinzen öffentlich im Gartensaale gefrühstückt und daß sie unter andern Schokolade getrunken und gleich darauf Spargel mit Buttersauce gegessen, worüber ich mich zu seiner Zeit sehr gewundert. Ferner: daß ich selbst gefrühstückt, und zwar ganz köstliche Bratwürstchen, nicht länger und dicker als ein Finger, die ich seitdem in keinem Lande mehr gefunden... Schokolade, Spargel, Bratwürste – das waren alle meine Jugenderinnerungen aus

Wien! Es ist ein Wunder! Und erst heute in den Tuilerien lernte ich verstehen, daß man auch die Freiheit der Gedanken fesseln könne, wovon ich oft gehört, es aber nie habe fassen können.

Als nun die Frau kam und für ihren Stuhl zwei Sous einforderte, sah ich sie verwundert an und gab ihr zehn. Für diesen Stuhl, diese Stunde, diese Aussicht, diese Erinnerung hätte ich ein Goldstück bezahlt. Das macht Paris so herrlich, daß zwar vieles teuer ist, das Schönste und Beste aber wenig oder gar nichts kostet. Für zwei Sous habe ich meinem Zorn einen Schmaus gegeben, habe hundert Könige und ein großes Reich verspottet und Taschen voll der schönsten Hoffnungen mit nach Hause gebracht.

– Es ist drei Uhr, und die Rasenden im Roulettezimmer gegenüber stehen noch in dicken Kreisen um den Tisch. Das Fenster nach der Straße ist durch ein Drahtgitter verwahrt. Die Unglücklichen dahinter sehen wie wilde Tiere aus. Ich hoffe, es ist keiner darunter, der im Juli mitgefochten. Gute Nacht.

Siebenter Brief

Paris, Dienstag, den 21. September 1830

Schreiben, Schriftstellern, Gedanken bauen – wie wäre mir das möglich hier? Der Boden wankt unter meinen Füßen, es schwindelt um mich her, mein Herz ist seekrank. Manchmal kommt es mir selbst spaßhaft vor, daß ich die Sorgen eines Königs habe und so angstvoll warte auf die Entscheidung der Schlacht, als hätte ich dabei eine Krone zu gewinnen oder zu verlieren. Ach, wäre ich doch nur König einen kurzen Monat! Wahrlich, ich wollte keine Sorgen haben, aber geben wollte ich sie.

Die tägliche, ja allstündliche Bemühung der stärksten Denkreize macht die Menschen hier endlich stumpf und gedankenlos. Wenn es nicht so wäre, man ertrüge nicht Paris sein ganzes Leben durch. Die Erfahrung, die anfänglich bedächtig macht, macht später leichtsinnig, und so erkläre und entschuldige ich den Leichtsinn dieses Volkes. Wir Deutschen, die wir am längsten unter einem sanften wolkenfreien Traumhimmel leben, sind rheumatisch, sobald wir wachen; wir spüren jede Erfahrung, und jeder Wechsel der Empfindung macht uns krank.

Diesen Mittag stand ich eine halbe Stunde lang vor dem Eingange des Museums und ergötzte mich an der unvergleichlichen Beredsamkeit, Geistesgegenwart und Keckheit eines Marktschreiers, der ein Mittel gegen Taubheit feilbot und mehrere aus der umstehenden Menge in Zeit von wenigen Minuten von dieser Krankheit heilte. Als ich unter dem herzlichsten Lachen fortging, dachte ich: mit diesem Spaß ernähre ich mich den ganzen Tag. Und er dauerte keine drei Minuten lang, keine dreißig Schritte weit!

Im Hofe des Louvres begegnete ich einem feierlichen Trauerzuge, dessen Spitze dort stillhielt, um sich zu ordnen. Voraus ein Trupp Nationalgarden, welche dumpfe Trommeln schlugen, und dann ein unabsehbares Gefolge von stillen, ernsten, bescheidenen, meistens jungen Bürgern, die paarweise gingen und in ihren Reihen viele Fahnen und Standarten trugen, welche mit schwarzen Flören behängt und deren Inschriften von Immortellen oder Lorbeeren bekränzt waren. Ich sah, fragte, und als ich die Bedeutung erfuhr, fing mein Blut, das kurz vorher noch so friedlich durch die Adern floß, heftig zu stürmen an, und ich verwünschte mein Geschick, das mich verurteilte, jeden Schmerz verdampfen zu lassen wie eine heiße Suppe und ihn dann löffelweise hinunterzuschlucken. Wie glücklich ist der Kämpfer in der Schlacht, der seinen Schmerz, seinen Zorn kann ausbluten lassen und der keine andere Schwäche fühlt, als die dem Gebrauche der Kraft nachfolgt!

Es war eine Todesfeier für jene vier Unteroffiziere, welche in der Verschwörung von Berton der Gewalt in die Hände gefallen und als wehrlose Gefangene ermordet wurden. Heute vor acht Jahren wurden sie auf dem Grève-Platz niedergemetzelt, und weil es ein Mord mit Floskeln war, nannte man es eine Hinrichtung. Abends war Konzert bei Hofe. Es ist zum Rasendwerden! Acht Jahre sind es erst, und schon hat sich in Tugend umgewandelt, was damals für Verbrechen galt. Wenn man, wie es die Menschlichkeit und das Kriegsrecht will, auch die im Freiheitskampfe Besiegten in Gefangenschaft behielte, statt sie zu töten, dann lebten jene unglücklichen Jünglinge noch. Mit welchem Siegesjubel wäre ihr Kerker geöffnet worden, mit welchem Entzücken hätten sie das Licht, die Luft der Freiheit begrüßt! Könige sind schnell, weil sie wissen, daß es keine Ewigkeit gibt für sie, und Völker sind langsam, weil sie wissen, daß sie ewig dauern. Hier ist der Jammer. Wie damals, als ich die fluchwürdige Hinrichtung mit angesehen, so war auch heute mein Zorn weniger gegen den Übermut der Gewalt als gegen die niederträchtige Feigheit des Volkes gerichtet. Einige tausend Mann waren zum Schutze der Henkerei versammelt. Diese waren eingeschlossen, eingeengt von hunderttausend Bürgern, welchen allen Haß und Wut im Herzen kochte. Es war kein Leben, kaum eine Wunde dabei zu wagen. Hätten sie sich nur so viel bemüht, als sie es jeden Abend mit Fröhlichkeit tun, sich in die Schauspielhäuser zu drängen; hätten sie nur rechts und links mit den Ellenbogen gestoßen: die Tyrannei wäre erdrückt und ihr Schlachtopfer gerettet worden. Aber die abergläubische Furcht vor der Soldatenmacht! Warum taten sie nicht damals schon, was sie acht Jahre später getan? Es ist zum Verzweifeln, daß ein Volk sich erst berauschen muß in Haß, ehe es den Mut bekommt, ihn zu befriedigen; daß es nicht eher sein Herz findet, bis es den Kopf verloren.

Mit solchen Gedanken ging ich neben dem Zuge her und begleitete ihn bis auf den Grève-Platz. Dort schlossen sie einen Kreis, und einer stellte sich auf eine Erhöhung und schickte sich zu reden an. Ich aber ging fort. Was an diesem Orte und über solche jammervolle Geschichten zu sagen ist, war mir bekannt genug. Ich ging die neue Kettenbrücke hinan, die jetzt vom Grève-Platz hinüberführt, und setzte mich auf eine der Bänke dort, um auszuruhen. Ich sah den Strom hinab, maß die kurze Entfernung zwischen dem Louvre, wo Frankreichs Könige herrschten, und dem Revolutionsplatze, wo sie gerichtet wurden von ihrem Volke, und ich erstaunte, daß die Gerechtigkeit, wenn auch eine

Schnecke, so lange Zeit gebrauchte, diesen kurzen Weg zurückzulegen. Zwischen der Bartholomäusnacht und der Eroberung der Bastille sind mehr als zwei Jahrhunderte verflossen. Heillos wuchert die Rache der Könige; aber die edle Rache der Völker hat niemals Zinsen begehrt! Man kann ungestört träumen auf dieser Brücke. Sie ist nur für Fußgänger, und sooft einer darüberging, zitterte die ganze Brücke unter mir, und mir zitterte das Herz in der Brust. Hier, hier an dieser Stelle, wo ich saß, fiel in den Julitagen ein edler Jüngling für die Freiheit. Noch ist kein Winter über sein Grab gegangen, noch hat kein Sturm die Asche seines Herzens abgekühlt. Die Königlichen hatten den Grève-Platz besetzt und schossen über den Fluß, die von jenseits andrängenden Studenten abzuhalten. Da trat ein Zögling der Polytechnischen Schule hervor und sprach: »Freunde, wir müssen die Brücke erstürmen. Folgt mir! Wenn ich falle, gedenket meiner. Ich heiße *d'Arcole*; es ist ein Name guter Vorbedeutung. Hinauf!« Er sprach's und fiel, von zehn Kugeln durchbohrt. Jetzt liest man in goldnen Buchstaben auf der Pforte, die sich über die Mitte der Brücke wölbt: *Pont d'Arcole*, und auf der andern Seite: *le 28 Juillet 1830*. Für Ossians Aberglauben hätte ich in dieser Stunde meine ganze Philosophie hingegeben. Wie hätte es mich getröstet, wie hätte ich mich versöhnt mit dem zürnenden Himmel, hätte ich glauben können: um stille Mitternacht schreitet der Geist des gefallenen Helden über die Kettenbrücke, setzt sich auf die eiserne Bank und schaut hinauf nach seinem goldnen Namen, der im Glanze des Mondes blinkt. Dann vernehmen die am Ufer wohnen ein leises seliges Jauchzen, süß wie sterbender Flötenton, und sagen: das ist d'Arcoles Freude.

Tugend, Entsagung, Aufopferung – ich habe dort viel darüber nachgedacht. Soll man oder soll man nicht? Der Ruhm; er ist ein schöner Wahnsinn, aber doch ein Wahnsinn *aller*. Was heißt Wahnsinn? Die Vernunft des *einzelnen*. Was nennt ihr Wahrheit? Die Täuschung, die Jahrhunderte alt geworden. Was Täuschung? Die Wahrheit, die nur eine Minute gelebt. Ist es aber die letzte Minute unsres Lebens, folgt ihr keine andere nach, die uns enttäuscht, dann wird die Täuschung der Minute zur ewigen Wahrheit. Ja, das ist's. O schöner Tod des Helden, der für einen Glauben stirbt! Alles für nichts gewonnen. Die Zukunft zur Gegenwart machen, die kein Gott uns rauben kann; sich sicherzustellen vor allen Täuschungen; unverfälschtes, ungewässertes Glück genießen; die Freuden und Hoffnungen eines ganzen Lebens in einen, einen Feuertropfen bringen, ihn kosten und dann sterben – ich habe es ausgerechnet bis auf den kleinsten Bruch – es ist Verstand darin!

Ich ging auf der andern Seite zurück. Dort fragte mich ein Bürger, der das Gedränge auf dem Grève-Platz bemerkte: *Est-ce que l'on guillotine?* Ich antwortete: *Au contraire, on déguillotine.* »Wird guillotiniert?« Ist das nicht köstlich gefragt? Ich glaube, daß ich darüber gelacht.

Achter Brief
Paris, den 28. September 1830
Es ist gräßlich, es ist zu gräßlich, was in Brüssel geschieht! Was Paris im Juli gesehen, war Tändelei dagegen. Man könnte rasend werden über die Niederträchtigkeit der Fürsten. Und der König von Holland ist noch einer der bessern. Männer erwürgen, weil sie sich nicht länger wie Schulbuben wollen behandeln lassen, über den Köpfen ihrer wehrlosen Weiber und Kinder die Dächer mit vergiftetem Feuer, mit Congrevischen Raketen anzünden – das ist die väterliche Liebe der Väter des Volkes, so tun sie sie kund! Ein Brüsseler Zeitungsschreiber fragt: »Wie viele Leichen braucht denn eigentlich ein König, damit er mit Behaglichkeit in seine Hauptstadt einziehe?« Unglückseliger Spötter! Wie viele Leichen braucht *ihr* denn, bis es euch unbehaglich wird, und ihr die Geduld verliert mit euren Unterdrückern? Sie machen es noch lange nicht arg genug. Ich habe kein Mitleid mit den Belgiern, mit keinem Volke. *Tu l'as voulu, tu l'as voulu, George Dandin!* Der Prophet Samuel hat sie schon vor dreitausend Jahren gewarnt. Sie haben nicht hören wollen, sie mögen fühlen.

Gestern habe ich zum ersten Male unsern König gesehen – *unsern* König, den wir gemacht haben. Es wird sich zeigen, ob wir geschickter sind als Gott, der die frühern Könige gemacht hat, wie Kunstkenner behaupten. Er zeigte sich auf einer offenen Galerie im Palais Royal und wurde vom Volke mit wahrer Herzlichkeit begrüßt. Sie lachten ihn an, ließen ihn hochleben, und es schien mir alles aus der innersten Seele zu kommen. Ich stimmte mit ein. Man liebt gern, wenn es einem nicht gar zu sauer gemacht wird.

Soeben erfahre ich, in Gera wäre eine Revolution ausgebrochen. Dem D., der mir diese freudige Nachricht brachte, habe ich zum Lohne ein Beefsteak holen lassen. Habe ich sie endlich einmal, die Fürsten *Reuß*, *Greiz*, *Schleiz*, und wie sie sonst heißen! Ist der Tag der Rache endlich erschienen! Schon dreißig Jahre gedenke ich es ihnen. Wie haben sie mich in meiner Jugend gequält mit der verworrenen Geographie ihrer Länderlein und den Verzweigungen ihrer Familie! Das war ein Linienwerk wie in der flachen Hand; man mußte eine Zigeunerin sein, um daraus klug zu werden. Die Familienhäupter heißen alle Heinrich, und sich voneinander zu unterscheiden, sind sie numeriert. Der eine heißt Heinrich XVIII., der andere Heinrich LX., der dritte Heinrich LXIII., der vierte Heinrich LXX. Das Einmaleins geht nicht weiter, und das sollten wir armen Kinder alle auswendig lernen für die nächste Osterprüfung. Ich lernte damals lieber die Geographie von Ägypten, wo gerade Buonaparte durchzog. Wenn mein sanfter Lehrer, Doktor Schapper, mich in den Pyramiden ertappte, sagte er mit feiner Kindbetterinstimme: »Das ist auch nützlich; aber mit der vaterländischen Geographie muß man den Grund legen.« Nun schwöre ich es Ihnen bei der heiligen Ignoranz, daß wenn ich jetzt auf der Stelle nach Kairo reisen müßte, ich ganz genau den Weg wüßte, den ich zu nehmen; wenn aber nach dem Lande Reuß, müßte ich erst hinüber und herüber im Postbuche nachschlagen. In welchem Teile von Deutschland Gera liegt, oben, unten, rechts, links – ich weiß es wahrhaftig nicht. Aber so viel weiß ich, daß man Gera mit allen seinen Einwohnern in die Richelieustraße stellen könnte. Jetzt stellen Sie sich vor, daß diese kleine Stadt zwei oder gar drei Fürsten hat, die sie gemeinschaftlich beherrschen. Ist es da ein Wunder, wenn es zur Revolution gekommen? Es ist schon mit einem Fürsten nicht auszuhalten. Der Doktor Schapper hat aber einen guten vaterländischen Grund in mir gelegt! Er wird sich freuen, wenn er es erfährt.

         Freitag, den 1. Oktober 1830
– Cotta will hier in Paris eine Zeitung herausgeben, wie mir eben D. erzählte, an den er sich vorläufig deswegen gewendet. Wenn es nur zur Ausführung kommt – es wäre himmlisch. Hundert deutsche Minister würden darüber verrückt werden. Was könnte dieser Mann mit seinem Reichtume, seiner Tätigkeit, seinem Geschäftskreise und seinen Verbindungen nicht alles wirken, wenn er wollte! Er allein versteht es, wie man die furchtsamen Federn beherzt macht und die verborgensten Schubladen der Geheimniskrämer öffnet. Wenn ich an die Zensur denke, möchte ich mit dem Kopfe an die Wand rennen. Es ist zum Verzweifeln. Die Preßfreiheit ist noch nicht der Sieg, noch nicht einmal der Kampf, sie ist erst die Bewaffnung; wie kann man aber siegen ohne Kampf, wie kämpfen ohne Waffen? Das ist der Zirkel, der einen toll macht. Wir müssen uns mit nackten Fäusten, wie wilde Tiere mit den Zähnen, wehren. Freiwillig gibt man uns nie die Preßfreiheit. Ich möchte unsern Fürsten und ihren Ratgebern nicht unrecht tun, ich möchte nicht behaupten, daß bei allen und überall der böse Wille, alle Mißbräuche, welche durch die Presse offenkundig würden, fortzusetzen, schuld an der hartnäckigen Verweigerung der Preßfreiheit sei; das nicht. Wenn sie regierten wie die Engel im Himmel und auch der anspruchsvollste Bürger nichts zu klagen fände: sie würden doch Preßfreiheit versagen. Ich weiß nicht – sie haben eine Eulennatur, sie können das Tageslicht nicht ertragen; sie sind wie Gespenster, die zerfließen, sobald der Hahn kräht.

– Die Frankfurter Bürgerschaft wäre ja rein toll, wenn sie dem

Senate die Anwerbung von Schweizertruppen bewilligte. Das gäbe nur eine Leibwache für die Bundesversammlung, und die steckt gewiß hinter dem Plane.

– Merkwürdig sind die Hanauer Geschichten! Wer hätte das erwartet? Kann sich die Freiheit in der Nähe von Frankfurt bewegen? Es gibt irgendwo einen See von so giftiger Ausdünstung, daß alle Vögel, die darüber fliegen, gleich tot herabfallen. So erzählt man, aber ich glaube es nicht.

– Es hat sich hier seit einiger Zeit eine religiöse Gesellschaft gebildet, welche die Lehren des *St.-Simon* zu verbreiten sucht. Ich habe früher nie etwas von diesem Simon gehört. Es werden Sonntags Predigten gehalten. Wie man mir erzählt, soll gleiche Verteilung der Güter eine der Grundlehren sein. Die Gesellschaft zählt schon viele Anhänger, und der Sohn meines Bankiers gehört zu den eifrigsten Mitgliedern. Wenn ich Geld bei ihm hole und ich ihm einen Wechsel anbiete, wird er mir gewiß sagen: das ist ja gar nicht nötig, sein Geld sei auch das meinige. Ich freue mich sehr darauf.

Gestern habe ich die Giraffe gesehen, die in einem Gehege frei umhergeht. Ein erhabenes Tier, das aber doch viel Lächerliches hat; eine tölpelhafte Majestät. Man muß oft lange warten, bis es ihr gefällig ist, die Beine aufzuheben und sich in Bewegung zu setzen. Gewöhnlich steht sie still, an Bäumen oder an der Mauer eines dort befindlichen Gebäudes und benagt die obersten Zweige oder das Dach. Das Tier sieht sehr metaphysisch aus, lebt mit dem größten Teile seines Wesens in der Luft und scheint die Erde nur zu berühren, um sie verächtlich mit Füßen zu treten. In dem nämlichen Gehege befanden sich auch noch andere Tiere, melancholische Büffel und sonstige. Zuweilen gingen diese unter dem Bauche der Giraffe weg, und dann sah es aus wie Schiffe, die unter einem Brückenbogen hinfuhren.

Neunter Brief
                    Paris, Mittwoch, den 6. Oktober 1830
Ob ich zwar vorher wußte, daß die deutschen Regierungen den Forderungen des Volkes nicht nachgeben, sondern Maßregeln der Strenge ergreifen würden; ob ich zwar vom Schauplatze entfernt bin, so hat mir Ihr heutiger Bericht von den Truppenbewegungen, von dem Mainzer Kriegsgerichte, doch die größte Gemütsbewegung gemacht. Ich hielte das nicht aus, und ich bin froh, daß ich mich entfernt habe. Gott hat die Fürsten mit Blindheit geschlagen, und sie werden in ihr Verderben rennen. Sie haben die ruhigsten und gutmeinendsten Schriftsteller mit Haß und Verachtung behandelt, sie haben nicht geduldet, daß die Beschwerden und Wünsche des Volkes in friedlicher Rede verhandelt würden, und jetzt kommen die Bauern und schreiben mit ihren Heugabeln, und wir wollen sehen, ob sich ein Zensor findet, der das wegstreicht. Die alten Künste, in jedes aufrührerische Land fremdes Militär zu legen, Nassauer nach Darmstadt, Darmstädter nach Nassau, werden nicht lange ausreichen. Wenn einmal der Soldat zur Einsicht gekommen, daß er Bürger ist eher als Soldat, und wenn er einmal den großen Schritt getan, blinden Gehorsam zu verweigern, dann wird er auch bald zur Einsicht kommen, daß alle Deutsche seine Landsleute sind, und wird nicht länger um Tagelohn ein Vater- und Brudermörder sein. Alle alte Dummheiten kommen wieder zum Vorschein, nicht eine ist seit fünfzehn Jahren gestorben. So habe ich in deutschen Blättern gelesen, man habe entdeckt, daß eine *geheime Gesellschaft* die revolutionären Bewegungen überall geleitet, und man sei den Rädelsführern auf der Spur. Die schlauen Füchse!

– Gestern abend war ich bei Lafayette, der jeden Dienstag eine Soiree gibt. Wie es da zuging, davon kann ich Ihnen schwer eine Vorstellung geben; man muß das selbst gesehen haben. In drei Salons waren wohl 300 Menschen versammelt, so gedrängt, daß man sich nicht rühren konnte, aber im wörtlichsten Sinne nicht rühren. Lafayette, der 73 Jahre alt ist, sieht noch ziemlich rüstig aus. Er hat eine sehr gute Physiognomie, ist immer freundlich und drückt jedem die Hand. Wie es aber der alte Mann den ganzen Abend in dem Gedränge und in der Hitze aushält, ist mir unbegreiflich. Dazu muß man ein Franzose sein. Als man ihm die Nachrichten aus... mitteilte, schien er sehr vergnügt und lachte. Ich habe den Abend viele Leute gesprochen, die ich natürlich nicht alle kenne. Auch viele Deutsche waren da, junge Leute, die sehr revolutionierten. Die ganze Gesellschaft würde im Österreichischen gehenkt werden, wenn man sie hätte. Es geht da sehr ungeniert her, ja ungenierter als im Kaffeehause. Und dabei hat man die Erfrischungen umsonst. Ich ging schon um zehn Uhr weg. Da waren noch die Treppen bedeckt von Leuten, die kamen. Wie die aber Platz finden mochten, weiß ich nicht. Es waren auch zwei Sofas mit Frauenzimmern da, meistens Nordamerikanerinnen. Talleyrand war neulich, ehe er nach London abreiste, in Lafayettes Salon; es hat aber kein Mensch mit ihm gesprochen. Ich sprach unter andern zwei Advokaten, welche die Verteidigung der angeklagten Minister übernommen. Sie sagten, die Sache stände schlimm mit ihren Klienten, und sie ständen in Lebensgefahr. Sie wären aber auch so dumm, daß sie nicht einmal so viel Verstand gehabt hätten, zu entwischen, was die Regierung sehr gern gesehen hätte. Jetzt sei es zur Flucht zu spät. Der Kommandant in Vincennes, wo die Minister eingesperrt sind, sei streng und lasse nicht mit sich reden. Man erzählte auch von einem Bauernaufstand in Hanau. Wissen Sie etwas davon?

– Ihre Briefe machen mir eigentlich nur Freude, ehe ich sie aufmache, und in der Erwartung, daß sie recht groß sind. Aber einmal geöffnet, ist auch alles vorüber. In einer Minute habe ich sie gelesen, es ist das kürzeste Vergnügen von der Welt. Ich werde durch Ihre langen Buchstaben und gestreckten Zeilen sehr übervorteilt. Ihre ganzen Briefe brächte ich in zwanzig Zeilen. Was können Sie aber dafür? Ihre Freundschaft reicht nicht weiter.

– Was mag jetzt nicht in Deutschland alles vorgehen, was man gar nicht erfährt, weil es nicht gedruckt werden darf! Ich habe den Abend oft das ganze Zimmer voll deutscher Jünglinge, die alle revolutionieren möchten. Es ist aber mit den jungen Leuten gar nichts anzufangen. Sie wissen weder, was sie wollen, noch was sie können. Gestern traf ich bei Lafayette einen blonden Jüngling mit einem Schnurrbarte und einer sehr kecken und geistreichen Physiognomie. Dieser war von ***, wo er wohnt, als dort die Unruhen ausgebrochen, hierhergekommen, hatte Lafayette, Benjamin Constant, Quiroga und andere Revolutionshäupter besucht und um Rat gefragt, gerade als hätten diese Männer ein Revolutionspulver, das man den Deutschen eingeben könnte.

– Was sagen Sie dazu, daß die Todesstrafe abgeschafft werden soll, vor jetzt wenigstens bei politischen Vergehen? Ist das nicht schön? Und das geschieht nur in der Absicht, die angeklagten Minister zu retten. Und nicht etwa die Regierung allein will das, sondern der bessere Teil des Volkes selbst. Diese Woche kam eine Bittschrift von hundert blessierten Bürgern, die alle die Abschaffung der Todesstrafe fordern, an die Kammer. Mich rührte das sehr, daß Menschen, welche von den Ministern unglücklich gemacht worden, um das Leben ihrer Feinde bitten. Wenn man bei unserer lieben deutschen Bundesversammlung um die Abschaffung der Todesstrafe in politischen Vergehen einkäme, würde man freundlichen Bescheid bekommen! Und doch, wenn sie klug wären, sollten sie schon aus Egoismus die alten blutigen Gesetze mildern. Heute noch haben sie die Macht; wer weiß, wie es morgen aussieht.

Zehnter Brief

Paris, den 19. Oktober 1830

Seit gestern bin ich in meiner neuen Wohnung. Ich wollte sie schon Freitag beziehen, aber meine Wirtin, eine junge hübsche Frau, machte eine ganz allerliebste fromme Miene, sagte: *C'est vendredi* und bat mich, meinen Einzug zu verschieben. Ich bot ihr an, alles Unglück, was daraus entstehen könnte, auf mich allein zu nehmen, doch sie gab nicht nach. Man sagte mir, dieser Aberglaube sei hier in allen Ständen sehr verbreitet. Es gibt zum Transport der Möbel beim Ein- und Ausziehen eine eigene Anstalt, ein besonderes Fuhrwesen. Bei den häufigen Wohnungsveränderungen, die hier stattfinden, sind jene Wagen nicht täglich zu haben, man muß oft wochenlang vorher seine Bestellung machen. An den Freitagen aber sind sie unbeschäftigt, weil da niemand sein Haus wechseln will. Sollte man das von Parisern erwarten?

Gestern, am achtzehnten Oktober, am Jahrestage der Leipziger Schlacht und der Befreiung Deutschlands, fing es mich zu frieren an, und da ließ ich zum ersten Male Feuer machen. Jetzt brennt es so schön hell im Kamine, daß mir die Augen übergehen. Der Preis des Holzes ist ungeheuer. Man kann berechnen, wieviel einem jedes Scheit kostet; die Asche ist wie geschmolzenes Silber. Dabei gedachte ich wieder mit Rührung meines nicht teuern, sondern im Gegenteile wohlfeilen Vaterlandes. Als meine Wirtin mich seufzen hörte und sah, wie ich aus Ökonomie die Hände über den Kopf zusammenschlug, tröstete sie mich mit den Worten: *Mais c'est tout ce qu'il y a de plus beau en bois!* Diese kleine Frau gibt einem die schönsten Redensarten, aber sie sind kostspielig. Den Mietpreis der Zimmer, den ich zu hoch fand, herabzustimmen, gelang aller meiner Beredsamkeit nicht. Sie widerlegte mich mit der unwiderreglichen Bemerkung: Der *englische Ort* sei doch ganz allerliebst – *mais vouz avez un lieu anglais qui est charmant*. Die reichen Engländer setzen viel Gewicht darauf, und der arme Deutsche muß das mit bezahlen.

Ich habe mit einigen deutschen Zeitungsredakteuren Verbindungen angeknüpft, um eine Korrespondenz zu übernehmen, die mir das allerschönste Holz und den anmutigsten aller englischen Orte bezahlen helfe; es ist aber nichts zustande gekommen. Die einen und die andern wollten nicht Geld genug hergeben oder können auch nicht mehr bei den armseligen Verhältnissen, in welchen sich die meisten deutschen Blätter befinden. Die *Hamburger Zeitung*, welche, da sie einen bedeutenden Absatz hat, mir meine Forderungen vielleicht bewilligt hätte, machte mir die

Bedingung, ich müßte mich auf *Tatsachen* beschränken und dürfe nicht *räsonieren*. Da ich aber nicht nach Frankreich gereist bin, um ein Stockfisch zu werden, sondern gerade wegen des Gegenteils, brach ich die Unterhandlung ab.

– – Eine ganze Stunde habe ich das Schreiben unterbrochen und darüber von dem langen Briefe, den ich im Kopfe hatte, den größten Teil vergessen. Mich beschäftigte eine Kritik meiner gesammelten Schriften, welche in den neuesten Blättern der Berliner Jahrbücher steht und die mir ein Freund zugeschickt. Es darf Sie nicht wundern, daß ich mich dadurch zerstreuen ließ; mit einer Rezension könnte man einen Schriftsteller selbst vom Sterben abhalten. Ich bin mit meinem Kritiker sehr zufrieden, und alles, was er sagt, hat mir Freude gemacht. Er lobt mich von Herzen und tadelt mich mit Verstand. Sooft von meinen politischen Ansichten und Gesinnungen die Rede ist, stellt er sich freilich an, als verstände er mich nicht, und widerspricht mir; doch wird es keinem Leser entgehen, wie das gemeint ist. Im Grunde denkt Herr *Neumann* (so heißt der Berliner Rezensent) ganz wie ich; aber ein königlich preußischer Gelehrter muß sprechen wie der Herr von Schuckmann. Das ist das *Preußentum*, das ist die *protestantierte* österreichische Politik. Das ist, was ich in meiner Broschüre über die Berliner Zeitung alles vorhergesagt.

– Vor einigen Tagen war ich zum ersten Male im Theater, und zwar in meinen geliebten Variétés. Ich wurde den Abend um einige Pfunde leichter, was bei einem deutschen Bleimännchen, wie ich eins bin, schon einen großen Unterschied macht. Es wird einem dabei ganz tänzerlich zumute, die Füße erheben sich von selbst, und man könnte sich nicht enthalten, selbst Hegel zu einem Walzer aufzufordern, wenn er gerade in der Nähe stände. Ich habe meine Freude daran, wie sich das leichtsinnige Volk alles so leicht macht. Sie schreiben schneller ein Stück, als man Zeit braucht, es aufführen zu sehen. Kaum waren acht Tage nach der Revolution verflossen, als schon zwanzig Komödien fertig waren, die alle auf das Ereignis Bezug hatten. Gewöhnlich ist kein gesunder Menschenverstand darin, aber wozu auch? Ist nicht jedes Volk ein ewiges Kind, und brauchen daher Volksschauspiele Verstand zu haben? Alle diese Gelegenheitsstücke sind nun jetzt wieder von der Bühne verschwunden – »die Toten reiten schnell« –, und ich eilte mich daher, eins der wenigen übriggebliebenen noch auf seiner Flucht zu erhaschen. Ich sah *Mr. de la Jobardière*. Das ist einer von den altadeligen geräucherten Namen, die schon Jahrhunderte im Schornsteine hängen und jetzt von der jungen Welt herabgeholt und gegessen werden. Der alte Edelmann ist ein guter Royalist, lang und hager und sehr gepudert. Seine Frau ist eine gute Royalistin, dick und rund und geschminkt. Der junge Hausarzt – versteht sich ein Bürgerlicher – ist in die Tochter verliebt. Jetzt kommt der Vorabend der Revolution. Der Arzt, ein Patriot, gibt den Eltern seiner Geliebten, teils um ihnen die Unruhe zu ersparen, teils um ihnen eine Überraschung zu bereiten, Opium ein, so daß sie während der drei Revolutionstage schlafen und erst am dreißigsten Juli aufwachen, da Karl X. schon auf dem Wege nach Rambouillet war. Der Royalist, im Schlafrocke, nimmt, wie gewöhnlich beim Frühstücke, seine Zeitungen vor. Da findet er ein Blatt *La Révolution*, ein anderes *Le Patriote* genannt, Blätter, die während seinem Schlafe erst entstanden waren. Er reibt sich die Augen und klingelt seinem Bedienten. Dieser tritt wie ein Bandit mit Säbel und Pistolen bewaffnet herein und trägt einen Gendarmhut auf dem Kopfe. Der Royalist fragt, ob er verrückt geworden, und als er von ihm die Erzählung der vorgefallenen Ereignisse vernimmt, fängt er an, an seinem eignen Kopf zu zweifeln, und schickt nach dem Arzte. Bald erscheint dieser in der Uniform eines Nationalgarden-Offiziers und bestätigt alles. Der Royalist wankt, aber seine festere Frau will noch nichts glauben, sagt: Der König verjagt – das könne nur ein Mißverständnis sein, und sie wolle in die Faubourg-St.-Germain gehen und Erkundigungen einziehen. Sie geht fort, kehrt nach einer Weile zurück, und zwar mit einer dreifarbigen Kokarde, groß wie ein Wagenrad auf der Brust, und sagt, leider sei alles wahr. Das royalistische Ehepaar tröstet sich aber sehr bald und ist der sehr vernünftigen Meinung, ein König sei wie der andere, der Herzog von Orléans sei König und darum das Unglück nicht so groß. *Le Roi est mort, vive le Roi!* schreien sie, und der Arzt bekommt die Tochter. Ist das nicht eine prächtige Erfindung?

Der dreißigste Juli war auch der Himmelfahrtstag Napoleons. Seitdem wird er als Gott angebetet. Ich sah *La redingote grise*. Es ist die bekannte Geschichte von der sogenannten kaiserlichen Großmut gegen die Prinzessin Hatzfeld in Berlin. Der Theaterlieferant hatte den Verstand, Napoleon nichts sprechen zu lassen. Er erscheint als Graumännchen auf einige Minuten und verschwindet dann wieder. Es ist recht schauerlich.

Die unheilige Dreieinigkeit vollständig zu machen, erschien nach der Volkssouveränität und Buonaparte am nämlichen Abende der leibhaftige Teufel selbst auf der Bühne, unter Voltaires Gestalt. Das Vaudeville heißt *Voltaire chez les Capucins*. Das Stück spielt in einem Kapuzinerkloster, worin Voltaire als ungekannter Gast eingekehrt war. Es sind heuchlerische Pfaffen, die dort ihr Wesen treiben. Voltaire entdeckt ihre Schelmereien, ihre geheimen Liebschaften, ihre Ränke und Missetaten; er schürt das Feuer und schwelgt ganz selig in Schadenfreude und Bosheit. Es war eine Lust, wie gut ihn der Schauspieler dargestellt – aber gottlos, sehr gottlos.

– Sie fragen mich, was ich erwarte, was ich denke? Ich erwarte, daß die Welt untergehen wird und daß wir den Verstand darüber verlieren werden. Ich zweifle nicht daran, daß bis zum nächsten Frühlinge ganz Europa in Flammen stehen wird und daß nicht bloß die Staaten über den Haufen fallen werden, sondern auch der Wohlstand unzähliger Familien zugrunde gehen wird. Zu ihren Lustbarkeiten laden die Fürsten nur Edelleute ein; aber wenn das Unglück über sie kommt, bitten sie auch ihre Bürger zu Gaste. *Dafür* sorgen sie voraus, zu diesem edlen Zwecke *machen sie Staatsschulden.* Wir können stolz darauf sein; es ist eine große Ehre, in so vornehmer Gesellschaft zu jammern.

Elfter Brief

Paris, den 30. Oktober 1830

Ich Unglücklichster muß meine Wohnung von neuem wechseln. Der Kamin raucht, und der Fußboden, obzwar parkettiert, ist von einer beleidigenden Kälte. Nicht ohne Grobheit machte ich meiner schönen Wirtin Vorwürfe, daß sie mir die geheimen Fehler der Zimmer verschwiegen. Sie stellte sich ganz überrascht und erwiderte: das wäre ihr unbegreiflich; ein junger Spanier habe doch zwei Winter bei ihr gewohnt und sich nie über das Geringste beschwert. Das will ich wohl glauben! Ich ließ mich durch die schönsten französischen Versprechungen von Teppichen und Kaminverbesserungen nicht täuschen, kündigte sogleich auf und ging fort, mich nach einer andern Wohnung umzusehen. Als ich unten von der Straße nach meinem geöffneten Fenster hinaufsah, bemerkte ich, daß mein Wohnzimmer über dem Torweg liegt und die Kälte des Fußbodens gar nicht zu heilen ist. Das war mir entgangen, sowohl beim Mieten als während der vierzehn Tage, daß ich im Hause wohne. Und doch bin ich Doktor der Philosophie! Wie dumm mögen erst gewöhnliche Menschen sein, die von Fichte und Schelling nie ein Wort gelesen! Ich schämte mich im stillen und nahm mir fest vor, mich nie mehr mit Staatsreformen zu beschäftigen.

– Eine Flinte möchte ich haben und schießen. Mit guten Worten, das sehe ich täglich mehr ein, richtet man nichts aus. Ich wünsche, daß es Krieg gäbe und der kränkelnde Zustand der Welt in eine kräftige Krankheit übergehe, die Tod oder Leben entscheidet. Wenn es Friede bleibt, wird die Zuchtmeisterei in Deutschland immer unerträglicher werden, und glauben Sie ja keinem Menschen das Gegenteil; ich werde recht behalten. Dem deutschen Bürgerstande wird Angst gemacht vor dem Pöbel, und er bewaffnet sich, stellt sich in seiner viehischen Dummheit unter das Kommando der Militärmacht und vermehrt dadurch nur die Gewalt der Regierungen. Hier und in den Niederlanden wird der Pöbel auch aufgehetzt. Die Nationalgarde hält ihn im

Zaum, läßt sich aber nicht zum besten haben, sondern verteidigt und beschützt seine eignen Rechte und seinen eignen Vorteil. Heute las ich in einer hiesigen Zeitung, daß ein Koch in Dresden zu sechzehnjähriger Zuchthausstrafe verurteilt worden, weil man bei einem Volksauflaufe ein Messer bei ihm gefunden. Als wenn es nicht ganz was Natürliches und Gewöhnliches wäre, daß ein Koch ein Messer bei sich führe! Auch hat man einen Grafen Schulenburg, der das Volk aufgewiegelt haben soll, arretiert und nach Berlin geführt. Es versteht sich, daß die deutschen Zeitungen nicht Graf Schulenburg schreiben durften, sondern nur Graf S. Nur in den französischen Blättern war der Name ausgeschrieben. Ich zweifle zwar nicht daran, daß es in Deutschland Menschen gibt, die aus Patriotismus oder Mutwillen das Volk aufwiegeln; aber gewiß haben sie die verschiedenen Insurrektionen nicht herbeigeführt, sondern höchstens benutzt. Die Regierungen aber, in ihrer alten bekannten Verstocktheit, werden glauben oder sich anstellen zu glauben, einzelne Aufwiegler wären an allen Unruhen schuld, und wenn sie nun diese in ihre Gewalt bekommen, werden sie denken, alles sei geendigt, auf die Klagen des Volkes ferner keine Rücksicht nehmen und in die alte Lage zurückfallen. Nur Krieg kann helfen.

Vor einigen Tagen stand in einem hiesigen Blatte ein sehr merkwürdiger Brief aus Deutschland, der über die dortigen Unruhen ein großes und neues Licht verbreitet. Es wird darin erzählt, wie Metternich diese Unruhen angefacht habe, und wozu er sie habe benutzen wollen. Er gedachte nämlich, die bayrischen Truppen und die der andern süddeutschen Staaten unter dem Vorwande, sie zur Dämpfung der ausgebrochenen Insurrektionen zu verwenden, in die Ferne zu locken und dadurch jene Länder wehrlos zu machen. Der König von Bayern habe aber den Plan durchschaut und ihn vereitelt. Der Bericht ist sehr interessant und ist, wie mich einer versicherte, von Herrn von Hornmayr in München eingesandt. Dieser war früher in Wien angestellt und ist ein großer Feind von Metternich. Es ist sehr traurig, daß in deutschen Blättern der genannte Artikel nicht erscheinen darf und er daher gar nicht bekannt werden wird. Ich hörte auch: die Liberalen in Bayern suchten den König zu revolutionieren, daß er sich an die Spitze der Bewegung stelle und sich zum Herrn von Deutschland mache. Die Sache ist gar nicht unmöglich. Überhaupt sollen geheime Gesellschaften, besonders der alte Tugendbund, gegenwärtig wieder sehr tätig sein. Mit geheimen Gesellschaften möchte ich nichts zu schaffen haben, am wenigsten mit dem Tugendbunde, der es auf eine heillose Prellerei angelegt hat. Er wird von Aristokraten geleitet und hat aristokratische Zwecke, die man vor den dummen ehrlichen Bürgersleuten, die daran teilnehmen, freilich geheimhält. Das heißt, mit der Heiligen Schrift zu reden, den Teufel durch Beelzebub austreiben.

Der heutige *Constitutionnel* meldet, ein Corps deutscher Bundestruppen, von einem Nassauer Generale kommandiert, würde zusammengezogen, und das Hauptquartier solle nach Frankfurt kommen. Haben Sie davon gehört? Das arme Frankfurt sieht doch einer traurigen Zukunft entgegen. Seit fünfzehn Jahren ist dort das Hauptquartier der Dummheit, und wenn diese einmal ihre Früchte trägt, wird es Frankfurt am ersten schmecken. Ich fange an einzusehen, daß ich die deutschen Verhältnisse falsch beurteilt. Ich habe den entgegengesetzten Fehler der Minister, ich bekümmere mich zu viel um Sachen und zu wenig um Personen. Mehrere unterrichtete Deutsche, die ich hier kennen gelernt, haben mir die Überzeugung beigebracht, daß in Deutschland alles zu einer Revolution reif sei. Wann und auf welche Art es losbrechen werde, könne man nicht wissen; aber es werde losbrechen, und das bald.

– Victor Hugos *Hernani* habe ich mit großem Vergnügen gelesen. Es ist wahr, daß ich Werke solcher Art bei einem französischen Dichter nach ganz andern Grundsätzen beurteile, als ich es bei einem deutschen Dichter tue. Das *Ding an sich* kümmert mich da gar nicht; sondern ich betrachte es bloß in seiner Verbindung, das heißt bei romantischen poetischen Werken, in seinem Gegensatze mit der französischen Nationalität. Also je toller, je besser; denn die romantische Poesie ist den Franzosen nicht wegen ihres

ELFTER BRIEF

schaffenden, sondern wegen ihres zerstörenden Prinzips heilsam. Es ist eine Freude, zu sehen, wie die emsigen Romantiker alles anzünden und niederreißen und große Karren voll Regeln und klassischem Schutte vom Brandplatze wegführen. Die Stockfische von Liberalen, deren Vorteil es wäre, die Zerstörung zu befördern, widersetzen sich ihr, und dieses Betragen ist ein Rätsel, das ich mir seit zehn Jahren vergebens zu lösen suche. Die armen Romantiker werden von ihren Gegnern verspottet und verfolgt, daß es zum Erbarmen ist, und man kann ihre herzbrechenden Klagen nicht ohne Tränen lesen. Aber warum klagen sie? Warum gehen sie nicht ihren Weg fort, unbekümmert, ob man sie lobe oder tadle? Ja, das ist's eben. Sie sind noch nicht romantisch genug; die Romantik ist nur erst in ihrem Kopfe, noch nicht in ihrem Herzen; sie glauben, ein Kunstwerk müsse einen unbestrittenen Wert haben, wie eine Münze, und darum seufzen sie nach *allgemeinem* Beifall. Victor Hugo wiederholt in der Vorrede zu seinem Drama folgende Stelle aus einem Artikel, den er vor kurzem, als ein romantischer Dichter in der Blüte seiner Jahre starb, in einem öffentlichen Blatte geschrieben hatte. Dieses Händeringen, dieses Wehklagen, dieser Lebensüberdruß – es ist gar zu wunderlich!

»Dans ce moment de mêlée et de tourmente littéraire, qui faut-il plaindre, ceux qui meurent ou ceux qui combattent? Sans doute, c'est pitié de voir un poète de vingt ans qui s'en va, une lyre qui se brise, un avenir qui s'évanouit; mais n'est-ce pas quelque chose aussi que le repos? N'est-il pas permis à ceux autour desquels s'amassent incessamment calomnies, injures, haines, jalousies, sourdes menées, basses trahisons; hommes loyaux auxquels on fait une guerre déloyale; hommes dévoués qui ne voudraient enfin que doter le pays d'une liberté de plus, celle de l'art, celle de l'intelligence; hommes laborieux qui poursuivent paisiblement leur œuvre de conscience, en proie d'un côté à de viles machinatures de censure et de police, en butte de l'autre, trop souvent, à l'ingratitude des esprits mêmes pour lesquels ils travaillent; ne leur est-il pas permis de retourner quelquefois la tête avec envie vers ceux qui sont tombés derrière eux et qui dorment dans le tombeau? – –

Qu'importe toutefois? Jeunes gens ayons bon courage! Si rude qu'on nous veuille faire le présent, l'avenir sera beau. Le romantisme, tant de fois mal défini, n'est, à tout prendre, et c'est là sa définition réelle, que le libéralisme en littérature.«

Was doch das Glück übermütig macht! Diese jungen Leute jammern und verwünschen sich das Leben, weil einige poetische Absolutisten nicht haben wollen, daß sie romantisch sind: Absolutisten, die doch keine andern Waffen haben als die Feder und den Spott, welchem man gleiche Waffen entgegensetzen kann – und wir unglückseligen Deutschen, alt und jung, sobald wir nur einen Augenblick *aufhören*, romantisch zu sein, und uns um die Wirklichkeit bekümmern wollen, werden gescholten wie Schulbuben, geprügelt wie Hunde und müssen schweigen und dürfen uns nicht rühren!

– Der Bundestag, wie ich höre, will in Deutschland die Preßfreiheit beschränken. Wie sie das aber anfangen wollen, möchte ich wissen. Wo nichts ist, hat der Kaiser sein Recht verloren.

Zwölfter Brief

Paris, den 3. November 1830

Ich habe bis jetzt noch sehr wenige Bekanntschaften gemacht, und wahrscheinlich werde ich es darin nicht weiter bringen als das vorige Mal auch. Man mag sich anstellen, wie man will, man fällt immer in sein Temperament zurück. Zu Menschenkennerei hatte ich immer die größte Unlust; meine sinnliche und mehr noch meine philosophische Trägheit hält mich davon zurück. Was die einzelnen Menschen der nämlichen Gattung voneinander unterscheidet, ist so fein, daß mich die Beobachtung anstrengt; es ist mir, als sollte ich einen kleinen Druck lesen. Und wird man bezahlt für seine Mühe? Selten. Darum halte ich mich lieber an Menschenmassen und an Bücher. Da kann ich fortgehen, die kann ich weglegen, wenn sie mir nicht gefallen, oder wenn ich müde bin. In Gesellschaften muß ich hören, was ich nicht Lust habe zu hören, muß sprechen, wenn ich nicht Lust habe zu sprechen, und muß schweigen, wenn ich reden möchte. Sie ist eine wahre Krämerei, die sogenannte gesellschaftliche Unterhaltung. Was man in Zentnern eingekauft, setzt man lotweise ab. Wie selten trifft man einen Menschen, mit dem man *en gros* sprechen kann! Wem, wie mir, seine Meinungen zugleich Gesinnungen sind, wem der Kopf nur die Pairskammer ist, das Herz aber die volkstümlichere Deputiertenkammer, der kann sich nicht in Gesellschaften behaglich fühlen, wo der aristokratische Geist allein Gesetze gibt. Drei, höchsten fünf Freunde, oder dann Markt oder ein Buch – so liebe ich es. Das ist die Philosophie meiner Trägheit. Dazu kommt noch, daß ich, wie gewöhnlich auf meinen Reisen, ohne alle Empfehlungsbriefe hierhergekommen. Zwar braucht man sie in Paris weniger als an andern Orten, hier wird man leicht von einem Bekannten zu einem Unbekannten geführt, und so geht es schnell fort; aber sich vorstellen zu lassen, mit anhören zu müssen, *wer* und *was* man ist, sich unverdient, und was noch schlimmer, sich verdient loben zu hören – das tut einem doch gar zu kurios!

– Was sagen Sie zu Antwerpen? Ist es nicht ein Jammer, daß einem das Herz blutet? Ist je so eine Schändlichkeit begangen worden?... Das ist nicht *der* und *der* Fürst, der es getan, das ist nicht der König der Niederlande, der nicht der schlimmste Fürst ist; das ist die *Fürstennatur*, die sich hier gezeigt, die wahnsinnige Ruchlosigkeit, die meint, ihrem persönlichen Vorteile dürfe man das Wohl eines ganzen Volkes aufopfern. Es ist nicht mehr zu ertragen, und ich fange an und werde ein Republikaner, wovon ich bis jetzt so weit entfernt war. Sie sollten heute nur (im Messager) de Potters Glaubensbekenntnis lesen und wie er sagt, der beste Fürst tauge nichts, und er wäre für eine Republik. Nie hat einer so klar und wahr gesprochen.

– Was sagt man denn in Frankfurt von der Pest (*Cholera morbus*), die jetzt in Moskau herrscht? Die Krankheit hat sich von Asien dorthin gezogen. Es ist eine Geschichte gar nicht zum Lachen. In der gestrigen Zeitung steht, der englische Gesandte in Petersburg habe seiner Regierung berichtet, diese fürchterliche

Krankheit werde sich wahrscheinlich auch über Deutschland und weiter verbreiten. Das ist wieder Gottes nackte Hand! Die Fürsten werden gehindert sein, große Heere zusammenzuziehen, und tun sie es doch... Es ahndet mir – nein ich *weiß* es, die Pest wird vermögen, was nichts bis jetzt vermochte: sie wird das trägste und furchtsamste Volk der Erde antreiben und ermutigen. Pest und Freiheit! Nie hat eine häßlichere Mutter eine schönere Tochter gehabt. Was kann der kommende Frühling nicht noch für Jammer über die Welt bringen! Tränen werden nicht ausreichen; man wird vor lauter Not lachen müssen. Und das alles um des monarchischen Prinzips, und das alles um eines Dutzends armseliger Menschen willen! Es ist gar zu komisch.

– Die Revue, welche verflossenen Sonntag auf dem Marsfelde über die Nationalgarde gehalten wurde, gewährte einen unbeschreiblich schönen Anblick. Hunderttausend Mann Soldaten, und wenigstens ebensoviel Zuschauer, alle auf einem Platze, den man auf den angrenzenden Höhen so bequem übersieht. Was mich besonders freute, war, daß hinter manchem Bataillon auch ein kleiner Trupp uniformierter Kinder zum Spaße mitzog. Die Offiziere hatten, wie ich bemerkte, oft ihre Not zu kommandieren, die Buben kamen ihnen immer zwischen die Beine. Dann zogen auch die Blessierten vom Juli an dem Könige vorüber, und darunter auch zwei Weiber mit Flinten, die damals mitgefochten. Der König wurde mit großem Jubel empfangen. Der Kronprinz (Herzog von Orléans) dient als gemeiner Kanonier bei der Nationalgarde und stand den ganzen Tag bei seiner Kanone und legte die Hände an wie die übrigen. Den fremden Gesandten, die alle bei der Revue waren, mußte die ganze königliche Pöbelwirtschaft doch wunderlich vorkommen. An den deutschen Höfen wird jeder Prinz, sobald er auf die Welt kommt, gleich in ein Regiment eingeschrieben, um von unten auf zu dienen, und so, während er ins Bett pißt, avanciert er immerfort, ist im siebenten Jahre Lieutenant, im zehnten Obrist und im achtzehnten General. Die Revue dauerte von morgens bis abends; ich hatte natürlich nicht so lange Geduld. Wie es nur die Leute aushalten, so lange auf den Beinen zu sein. Um acht Uhr morgens zogen sie aus, und es war acht Uhr abends, als die letzten Legionen noch über die Boulevards zogen. Viele Nationalgarden, um sich nicht zu ermüden, sind zur Revue hingefahren, und die vielen Cabriolets und Omnibus, aus welchen auf beiden Seiten Flinten hervorsahen, gewährten einen seltsamen Anblick.

Heute ist das Ministerium geändert, wie Sie aus den Zeitungen erfahren werden. Thiers, der Verfasser einer Geschichte der Französischen Revolution, wird Unterstaatssekretär der Finanzen, also ohngefähr soviel als Minister. Ich kannte ihn früher. Er ist kaum dreißig Jahre alt, kam zur Zeit, als wir in Paris waren, mit seinem Landsmann Mignet hierher, ganz fremd und unbeholfen. Ein Deutscher meiner Bekannten nahm sich der jungen Leute an und wies sie zurecht, und jetzt ist der eine Staatsrat, der andere Minister! Was man hier sein Glück macht! Möchte man nicht vor Ärger ein geheimer Hofrat werden! Es ist geradeso, als wäre der Heine Minister geworden oder der Menzel oder ich. Und was sind wir?

Freitag, den 5. November 1830

Mittwoch abend war ich bei Gérard, dem berühmten Maler, dessen Salon schon seit dreißig Jahren besteht und wo sich die ausgezeichnetsten Personen versammeln. Es ist eine eigentliche *Nachtgesellschaft*; denn sie fängt erst um zehn Uhr an, und man darf noch nach Mitternacht dahin kommen. Gérard ist ein sehr artiger und feiner Mann; aber er hat viel Aristokratisches. (Ich mußte darüber lachen, daß ich unwillkürlich *aber* schrieb.) Er sieht mir nicht aus, als hätte er je das mindeste von unserm deutschen Kunst-Katzenjammer gefühlt. Ich möchte ihm einmal die *Phantasien eines kunstliebenden Klosterbruders* oder so ein anderes schluchzendes Buch zum Lesen geben – was er wohl dazu sagte! Ich fand dort die Dichterin Delphine Gay; den dramatischen Dichter Ancelot; Humboldt; Meyerbeer; den Bildhauer David, der im vorigen Sommer in Weimar war, um Goethes Büste aufzunehmen; unsern Landsmann, den jungen Hiller, der hier als

Komponist und Klavierspieler in großer Achtung steht; Vitet; den Schriftsteller, der unter dem Namen Stendhal schreibt, und noch viele andere Gelehrte und Künstler. Ein armer deutscher Gelehrter wird gelb vor Ärger und Neid, wenn er sieht, wie es den französischen Schriftstellern so gut geht. Außer dem vielen Gelde, das sie durch ihre Werke verdienen, werden sie noch obendrein von der Regierung angestellt. Stendhal ist eben im Begriff, nach Triest abzureisen, wo er eine Stelle als Konsul erhalten. Vitet schreibt sogenannte historische Romane, die sehr schön sind: *Henri III*, *Les barricades*, *Les états de Blois*. Der hat jetzt eine Anstellung bekommen, um die ich ihn beneide. Er ist *Conservateur des Monuments d'antiquité de la France*. Diese Stelle bestand früher gar nicht, und der Minister Guizot, der Vitet protegierte, hat sie erst für ihn geschaffen. Sein Geschäft besteht darin, daß er jährlich ein paarmal durch Frankreich reist und die alten Bauwerke aus der römischen Zeit und aus dem Mittelalter, Tempel, Wasserleitungen, Amphitheater, Kirchen besichtigt und darauf sieht, daß sie nicht verfallen. Dafür hat er einen jährlichen Gehalt von fünfzehntausend Franken, und die Reisekosten werden besonders bezahlt. Gäbe es eine angenehmere Stelle als diese für einen Menschen wie ich bin, der faul ist und gern reist? Möchte man sich nicht den Kopf an die Wand stoßen, daß man ein Deutscher ist, der aus seiner Armut und Niedrigkeit gar nicht herauskommen kann? In Deutschland geschieht wohl manches für Kunst und Wissenschaft, aber für Künstler und Schriftsteller gar nichts. Hier verteilt die Regierung jährliche Preise für die besten Werke der Malerei, der Bildhauerkunst, Lithographie, Musik und so für alle. Der *erste* Preis besteht darin, daß der Gewinnende auf *fünf* Jahre lang jährlich 8000 Franken erhält, und dafür muß er diese Zeit in Rom zu seiner Ausbildung zubringen. Einem Deutschen würde dieses *Müssen* in Rom leben komisch klingen; denn er ist lieber in Rom als in Berlin, Karlsruhe. Aber Franzosen erscheint dieses oft als Zwang; denn sie verlassen Paris nicht gern. So hat die vorige Woche ein junger Mensch namens Berlioz den ersten Preis der musikalischen Komposition erhalten. Ich kenne ihn, er gefällt mir, er sieht aus wie ein Genie. Geschieht je so etwas bei uns? Denken Sie an Beethoven. O! ich habe eine Wut! Schicken Sie mir doch einmal eine Schachtel voll deutscher Erde, daß ich sie hinunterschlucke. Das ist ohnedies gut gegen Magensäure, und so kann ich das verfluchte Land doch wenigstens symbolisch vernichten und verschlingen. Neukomm, ein deutscher Komponist (ich glaube, er macht Kirchenmusik), lebt in Talleyrands Hause; aber nicht als Musiker, sondern als Attaché! Er begleitet Talleyrand überallhin und ist ihm auch jetzt nach England gefolgt. Es mag recht angenehm sein, in Talleyrands Nähe zu wohnen. Bei uns gelangt man gar nicht zu so etwas. Gérard sagte mir, daß er die Deutschen sehr liebe, und hielt ihnen eine große Lobrede. Es war Mitternacht, als man erst den Tee auftrug. Welche Lebensart! Ich muß Ihnen doch die statistische Merkwürdigkeit mitteilen, daß man hier zum Tee keine Serviette auflegt, sondern die Tassen, und was dazu gehört, auf den nackten Tisch stellt. Gefällt Ihnen das? Aber dem Liberalismus ist nichts heilig.

Dreizehnter Brief

Paris, den 9. November 1830

Spontini ist gegenwärtig mit seiner Frau hier. Sie waren vorgestern bei ***. Er kehrt wieder nach Berlin zurück. Ehe er von Berlin abreiste, erließ er an die Kapelle eine Art Tagesbefehl, worin er seine Zufriedenheit mit ihr zu erkennen gibt, und die Kapelle antwortete darauf. Beide Briefe sind gedruckt, und Spontini verteilt sie hier. Als ich sie bei *** las, hätte ich vor Wut bald eine Tasse zerbrochen. Von Seite Spontinis die größte französische Unverschämtheit; er spricht mit der Kapelle wie ein Fürst mit seinen Untertanen. Und von Seite der Kapelle die größte deutsche Niederträchtigkeit und Kriecherei. Es gibt nichts Bezeichnenderes als das. Spontini erzählte: in Berlin wird gegenwärtig Rossinis »Wilhelm Tell« aufgeführt, aber mit ganz verändertem Texte wegen des revolutionären Geistes darin, und

Schillers »Wilhelm Tell« dürfe gar nicht mehr gegeben werden. So weit schon ist es jetzt in Preußen gekommen, die zweimal in Paris waren!

> *Es flog ein Gänschen über den Rhein,*
> *Und kam als Gans wieder heim.*

– Die Theater werden jetzt freigegeben, das heißt: es darf jeder, der Lust hat, ein Theater errichten, und man braucht kein Privilegium mehr dazu, keine allergnädigste, keine hohe, keine hochobrigkeitliche Erlaubnis mehr. Seit der Revolution hat auch die Theaterzensur aufgehört, und es herrscht vollkommene Lachfreiheit. Das alte Zeug wandert aus, und Deutschland ist das große Koblenz, wo alle emigrierten Mißbräuche zusammentreffen. In Zeit von zehn Jahren werden die Freunde der politischen Altertümer aus allen Ländern der Erde nach Deutschland reisen, um da ihre Kunstliebhaberei zu befriedigen. Ich sehe sie schon mit ihren *Antiquités de l'Allemagne* in der Hand, Brille auf der Nase und Notizbuch in der Tasche, durch unsere Städte wandern und unsere Gerichtsordnung, unsere Stockschläge, unsere Zensur, unsere Mauten, unsern Adelstolz, unsre Bürgerdemut, unsere allerhöchsten und allerniedrigsten Personen, unsere Zünfte, unsern Judenzwang, unsere Bauernnot begucken, betasten, ausmessen, beschwatzen, uns armen Teufeln ein Trinkgeld in die Hand stecken und dann fortgehen und von unserm Elende Beschreibung mit Kupferstichen herausgeben. Unglückliches Volk!... wird ein Beduine mit stolzem Mitleide ausrufen.

– Es geht jetzt in der Kammer ganz erbärmlich her. Man hört da von den ehemaligen Liberalen Reden gegen die Preßfreiheit halten, wie sie der Metternich nicht besser wünschen kann. Es ist ein Ekel, und ich mag gar nicht davon sprechen. Benjamin Constant, Lafayette und noch einige wenige sind die einzigen, die der alten Freiheit treu geblieben. Das Ministerium und die Kammer haben Furcht und handeln darnach und haben freilich die *Masse* der Nation auf ihrer Seite, nämlich den Teig, aber ohne die Hefen, nämlich die *Industriellen*, das heißt auf Deutsch: die miserablen Kaufleute und Krämer, die nichts haben als Furcht und Geld. Da nun die letzte Revolution ihren Zweck nicht erreicht hat (denn die jetzigen Machthaber wollen darin nur eine Veränderung der Dynastie sehen) und man den Franzosen nicht freiwillig gibt, um das sie gekämpft haben, wird eine neue Revolution nötig werden; und die bleibt gewiß nicht aus.

Mittwoch, den 10. November 1830
Neulich bin ich bei Férussac eingeführt worden, der jede Woche Reunion hat. Er gibt ein Journal heraus, das in Deutschland bekannt ist. Er ist jetzt Deputierter geworden. Man findet in seinem Salon alle fremden und einheimischen Blätter und Journale, alle interessanten Bücher und Kupferwerke und Gelehrte von allen Formaten. Man vertreibt sich die Zeit mit Lesen und Kupferstiche-Betrachten. Er fragte mich, was mein literarisches Fach wäre. Antworten konnte ich darauf nicht, weil ich es selbst nicht wußte. Wenn Sie etwas Näheres davon wissen, teilen Sie mir es mit. – Ich habe in diesen Tagen gelesen: *Contes d'Espagne et d'Italie par Alfred de Musset.* Ein junger Dichter. Es ist merkwürdig, was der Ähnlichkeit mit Heine hat. Sollte man das von einem Franzosen für möglich halten? – Die Memoiren von St.-Simon machen mir erstaunlich viel Freude. Vom Hofe Ludwigs XIV. bekommt man die klarste Vorstellung. Es ist mir, als hätte ich dort gelebt. Aber auch nur vom Hofe. Vom Volke, von der Welt ist gar keine Rede. Welche Zeit war das! Ich glaube, das Buch hat zwölf Bände.

– Manchmal, wenn ich um Mitternacht noch auf der Straße bin, traue ich meinen Sinnen nicht, und ich frage mich, ob es ein Traum ist. Ich hätte nicht gedacht, daß ich noch je eine solche Lebensart vertragen könnte. Aber nicht allein, daß mir das nichts schadet, ich fühle mich noch wohler dabei. Ich war seit Jahren nicht so heiter, so nervenfroh, als seit ich hier bin. Die Einsamkeit scheint nichts für mich zu taugen, Zerstreuung mir zuträglich zu sein. Die langen Krankheiten der letzten Jahre haben mich noch mehr entmutigt als geschwächt, und hier erst bekam ich wieder Herz zu leben. Die geistige Atmosphäre, die *freie Luft*, in der man hier auch im Zimmer lebt, die Lebhaftigkeit der Unterhaltung und der ewig wechselnde Stoff wirken vorteilhaft auf mich. Ich esse zweimal soviel wie in Deutschland und kann es vertragen. Es kommt aber daher, daß ich mich beim Tische unterhalte, selbst wenn ich allein beim Restaurateur esse; die ewig wechselnden Umgebungen, die Kaumanieren aller europäischen Mäuler, das würzt die Speisen und macht sie verdaulicher. Und die Ferien, die schönen Ferien! Das Ausruhen von der Logik – das ist's vor allem, was meine Nerven liebkost. Aber dem Sauerkraute bleibe ich treu, das eine Band zerreiße ich nie, nie.

Dienstag, den 16. November 1830

Mit Belgien, denke ich, wird sich alles friedlich beilegen. Die großen Mächte haben seine Unabhängigkeit bereits anerkannt und dem Gedanken entsagt, ihm den Prinzen von Oranien aufzudringen. Nur das eine wird verlangt, daß es sich zu keiner Republik mache. Die meisten, wenigstens die einflußreichsten Belgier sollen freilich für die republikanische Regierungsform gestimmt sein; sie werden aber nachgeben müssen. Ich wollte, sie gäben nicht nach. Zwar halte ich eine Republik weder Belgien noch einem andern Lande unsers entnervten Weltteils zuträglich; doch wäre das an deutscher Grenze von großem Vorteile; es würde unsern Absolutismus etwas geschmeidiger machen. Die Furcht ist die beste Gouvernante der Fürsten, die einzige, der sie gehorchen. Die Furcht muß Deutschlands Grenze bilden, oder alle Hoffnung ist aufzugeben. Auf Talleyrand in London setze ich großes Zutrauen, und ich lasse mich hierin von den Pariser Manieristen nicht irremachen. Er setzt bestimmt alles durch; denn er ist der einzige Staatsmann, der keine Leidenschaften und kein System hat und darum die Verhältnisse klar erkennt, wie sie sind. Er wußte die Fehler der andern immer sehr gut zu benutzen, und an Fehlern wird es auch diesmal nicht fehlen. Ich muß lachen, sooft ich den Jammer in den liberalen Zeitungen lese, Talleyrand werde als ein Mitarbeiter an dem Wiener Frieden die Beschlüsse und Verträge der heiligen Allianz verteidigen. Das ist der rechte Mann, dem etwas heilig ist!

Ich will es wohl gern glauben, wie es auch hier von vielen behauptet wird, daß die Katastrophe von Antwerpen von den Insurgenten übermütig herbeigezogen worden; daß *Chassé* zum Bombardieren gezwungen worden ist; aber was ändert das? Man muß sich nur immer fragen: wem gehört Belgien oder jedes andere Land? Gehört es dem Volke, oder gehört es dem Fürsten? Die Belgier mögen vielleicht unrecht haben mit ihrem Könige – ich habe selbst nie deutlich eingesehen, worüber sie zu klagen hatten – aber es ist jeder Herr in seinem Hause, und ein König, den man nicht leiden kann, und wäre es auch bloß wegen der Form seiner Nase, den wirft man mit Grund zur Türe hinaus. Ich finde das ganz einfach. Der französische Gesandte in Holland, der nach dem Bombardement dem Könige Vorstellungen machte wegen des Schadens, den die französischen und andern Kaufleute in Antwerpen erlitten, erhielt vom Könige zur Antwort: *Mr. l'Ambassadeur, je ne sacrifierai jamais les droits de ma couronne aux intérêts particuliers.* Das soll erhaben sein! Ich finde es sehr lächerlich. Man macht noch viel zu viel Umstände mit den Königen, man heuchelt zu viel. Man sollte ihnen allen einen Termin von vier Wochen setzen, binnen welchen sie eine bessere Regierung einzuführen hätten, oder – fort mit ihnen.

– Das Buch der Lady Morgan habe ich noch nicht gelesen; ich will es mir aber heute noch holen lassen. Die Straße *Rivoli* verdient ganz die Begeisterung, mit der sie von ihr spricht. Es ist eine Straße einzig in der Welt, die schönste Symphonie von Kunst, Natur, Geist und Leben. Es ist ein Anblick, das kurzsichtigste Auge, die engste Brust zu erweitern. Ich wollte, unsere Philister wohnten alle Jahre vier Wochen lang in der Straße, statt nach Wiesbaden zu gehen: das würde nicht allein sie, sondern auch uns heilen, die wir krank von ihnen werden. Mich ärgert es, sooft ich hierher komme, daß ich nicht reich genug bin, mich da einzumieten. Den ganzen Tag stände ich am Fenster und blätterte in dem großen Buche mit den schönen Zeichnungen. Ich hätte gar nicht nötig, aus dem Hause zu gehen, die Welt käme zu mir in das Zimmer. Aber Geld, Geld! *nervus rerum gerendarum* – das heißt auf Deutsch: ich habe schwache Nerven. – Schicken Sie mir durch Gelegenheit meine Andachtsstunden.

Vierzehnter Brief
                              Paris, Mittwoch, den 17. November 1830
Gestern bin ich in mein neues Logis gezogen. Ich wohne – o der Schande! – wie eine Operntänzerin, die einen reichen Liebhaber hat. Alle Möbel von Mahagoni, Marmor und Bronze; prächtige Pendule; fünf große Vasen, voll der schönsten Blumen; stolze allerhöchste Flambeaus, die sich der bürgerlichen Talglichter schämen, die ich ihnen aufgesteckt; Stühle und Sofa, mit braunem gelbgeblümten Samt überzogen; die zärtlichsten Bergères, in die man eine halbe Minute einsinkt, ehe man den Grund erreicht; scharlachrote Fußdecken und die Wände mit Spiegeln bedeckt. Es ist alles so voll von Möbeln, daß ich kaum Platz zu wohnen habe. Unter den vielen Kostbarkeiten wage ich mich nicht zu bewegen, wage ich nicht, was sonst meine Lust ist, gedankenlos oder gedankenvoll im Zimmer auf und ab zu gehen; denn da steht überall umher so viel herabzuwerfen, so viel Zerbrechliches, daß die kleinste Zerstreuung mich zugrunde richten könnte. Einige Schlingels von Deutschen, welche mich besuchen, machen mir die größten Sorgen. Sie rauchen Zigarren, und die heiße Asche, welche herabfällt, brennt Löcher in die Fußdecke. Dann schaukeln sie sich mit vaterländischer Ungezogenheit und ausländischer Lebhaftigkeit auf den Stühlen und halten mich in beständiger Angst, daß sie einmal das Gleichgewicht verlieren und auf eine teure Vase oder einen, selbst vereinigtem Patriotismus unbezahlbaren Spiegel fallen möchten. Mein Schlafzimmer – das ist über alle Beschreibung. Die darin befindlichen Möbels und Toilettengerätschaften sind nach den schönsten herkulanischen Mustern, teils im hetrurischen, teils im griechischen Stile geformt. Ich wasche mich aus einem delphischen

Weihkessel und knüpfe mein Halstuch vor einem Altare der Venus. Mein Bett ist das Lager der Aurora. Morgenrote Wolken, von weißen und grünen Sonnenstreifen durchzogen, schmücken seinen Himmel. Die Wand, an welcher es steht, ist *ein* großer Spiegel; darin muß ich mich beschauen – da ist keine Rettung. Das Kopfkissen ist mit Spitzen garniert, die mir wie Spinnen im Gesicht herumkrabbeln und mich schon einige Male auf eine schauerliche Weise aus dem Schlafe geweckt haben. Kurz, es gibt nichts Schöneres, Anmutigeres, Adligeres als meine neue Wohnung; sie ist ein kostbares Etui, das nur viel zu zierlich ist für den unzierlichen Schmuck, den es einschließt.

– Sie werden gelesen haben, daß die französische Regierung die Juden auf gleichen Fuß mit den christlichen Staatsbürgern setzen und die Besoldung ihres Kultus übernehmen will. Es ist doch wieder ein Schritt vorwärts. Wie lange wird es noch dauern, bis man bei uns an so etwas nur *denkt* – von der Ausführung gar nicht zu sprechen. Die gefoppten Theologen des adligen Tugendbundes haben in ihrer Weisheit und Menschenliebe die Lehre zu verbreiten gesucht: die bürgerliche Gesellschaft sei eine Taufanstalt, und es könne daher ein Jude kein Staatsbürger sein. Diese frommen Herren haben schwere Köpfe und noch schwerere Füße. Erst dauert es Jahrhunderte, bis sie fortschreiten *wollen*, und dann andere Jahrhunderte, bis sie fortschreiten *können*. Es ist zum Erbarmen!

Aber die französische Regierung, wie jede andere, sieht ihre Entwickelung zur Freiheit als eine auferlegte Buße an, und gleich jenen Wallfahrern nach Rom macht sie einen Schritt zurück, sooft sie zwei Schritte vorwärts getan. Den Juden hat sie etwas gegeben, und dafür hat sie der Preßfreiheit viel genommen. Die Kautionen für die Journale, eine Tyrannei der vorigen Regierung, sollen beibehalten werden. Es ist dieses so sehr gegen den Geist der Freiheit, daß man die letzte Revolution als ganz fruchtlos ansehen kann. Wie merkwürdig! Diese Juliregierung, die kaum aus dem Ei gekrochen und noch ganz dottrig ist, kräht schon wie ein alter Hahn und tut stolz und fest wie ein unbestrittener Hofkönig! Die Majorität der Kammer unterstützt sie nicht bloß in ihren unbedachten Schritten, sondern sie verleitet sie noch dazu. Das sind die Gutsbesitzer, die reichen Bankiers, die Krämer, die sich mit einem vornehmen Worte die *Industriellen* nennen. Diese Menschen, die fünfzehn Jahre lang gegen alle Aristokratie gekämpft – kaum haben sie gesiegt, noch haben sie ihren Schweiß nicht abgetrocknet und schon wollen sie für sich selbst eine neue Aristokratie bilden: eine Geldaristokratie, einen Glücksritterstand. Wehe den verblendeten Toren, wenn ihr Bestreben gelingt; wehe ihnen, wenn der Himmel nicht gnädig ist und sie aufhält, ehe sie ihr Ziel erreichen. Die Aristokratie des Adels und der Geistlichkeit war doch nur ein Prinzip, ein Glaube; man konnte sie bekämpfen und besiegen, ohne den Edelleuten und den Geistlichen in ihrer sinnlichen Lebenssphäre wehe zu tun. War dieses in der Französischen Revolution doch geschehen, so war dieses nur Mittel, nicht Zweck, war eine zwar schwer zu vermeidende, doch keineswegs notwendige Folge des Kampfes. Werden aber Vorrechte an den Besitz gebunden, wird das französische Volk, dessen höchste Leidenschaft die Gleichheit ist, früher oder später das zu erschüttern suchen, worauf die neue Aristokratie gegründet worden – den *Besitz*, und dieses wird zur Güterverteilung, zur Plünderung und zu Greueln führen, gegen welche die der frühern Revolution nur Scherz und Spiel werden gewesen sein. Was mich aber an diesen Journalkautionen am meisten betrübt, sind die üblen Folgen, welche sie, wie ich sicher erwarte, für Deutschland haben werden. Unsere Regierungen werden gewiß, wenn sie den Forderungen der Preßfreiheit nicht länger ausweichen können, jene französische Erfindung der Kautionen benutzen, und dann ist Preßfreiheit nur ein trügerisches Wort. Wir haben keine reichen Schriftsteller, wie es deren so viele in Frankreich gibt; sie sind alle arm oder dem Staate dienstbar. Keiner wird daher imstande sein, die Kaution aus seinem eigenen Vermögen zu leisten, und man wird, um ein Journal zu gründen, sich in den Sold eines Buchhändlers geben müssen, der nur auf seinen merkantilischen Vorteil sieht und daher leicht durch Hoffnung des Gewinns bestochen oder durch Furcht vor Verlust eingeschüchtert werden kann.

– Das *Gebet* um Preßsklaverei in der Münchener *Flora* hat mich erquickt wie bayrisch Bier. Ich danke Ihnen dafür. Gerät diese holde Flora einmal in meine Gewalt, o wie will ich sie zerblättern und zerknittern! Sie können mir keine größere Freude machen, als wenn Sie mir deutsche Dummheiten mitteilen. Gestern las ich wieder etwas sehr Schönes von dem Berliner Korrespondenten in der Allgemeinen Zeitung, meinem Schätzchen. Er sagt unter andern: der Volksauflauf neulich in Berlin hätte gar nichts zu bedeuten gehabt, das wären bloß »*Neugierigkeitsaufläufe*« gewesen. So wird doch immer auf das beste dafür gesorgt, daß ich in Frankreich mein *Deutsch* nicht verlerne!

Samstag, den 20. November 1830
Ein Wiener Gelehrter hat mir in diesen Tagen geschrieben, und ich will Ihnen einiges aus seinem Briefe mitteilen. Eine Art Kerkerluft weht durch alle seine Worte, eine gewisse Trauer ist über seine Reden verbreitet, und so wahr und liebevoll ist alles, was er spricht, daß es mir in das Herz gedrungen. Wie sehr sind die armen Wiener Gelehrten zu bemitleiden! Sie leben im schnödesten Geistesdrucke, und darum und weil sie sich gar nicht aussprechen dürfen, müssen sie die freisinnigen Ideen in Philosophie und Politik weit lebhafter fühlen und müssen viel schmerzlicher von ihnen gequält werden als wir andern, die wenigstens klagen dürfen. Nachdem Herr *** von dem Eindrucke gesprochen, den meine Schriften auf ihn und einen andern gleichgesinnten Freund gemacht, und mir seine Übereinstimmung mit meinen Ansichten lebhaft zu erkennen gegeben, fährt er fort: »Es tut not in so zerspaltener, einheitsliebloser Zeit, daß ihre Besseren und Edleren sich finden, erkennen, lieben und vereinigen für ihr gleiches Ziel – das allein Rechte – die Freude des Menschen und das Wohl der einzelnen wie des ganzen Geschlechts, das ja nur die Summe aller einzelnen ist. Darum ist eben so schön und tief der Satz, den Sie im siebenten Bande Ihrer Schriften aussprechen und gegen

den nicht nur die Theologen, sondern alle, die selbstsüchtig und Feinde der Freiheit sind, aufstehen – der Satz: *die Menschheit ist um der Menschen willen da.*

Es ist wohl an der Zeit, daß der eingerissene Ideen-Götzendienst einmal aufhöre und daß der lebendige Mensch nicht mehr einem luftigen Ideal geopfert und mit ihm nicht mehr Experimente angestellt werden. Ihr ausgesprochener Satz, folgerecht durchgeführt, wirft alle Systeme über den Haufen, und statt des toten Begriffs *Menschheit* steht der *lebendige Mensch* schaffend im Mittelpunkt der Welt.

Diesen Satz kann aber eben nur wahrnehmen und aussprechen der Mensch, der in sich Kern, Wert und Würde trägt; wer selbst nichts ist, muß sich natürlich entweder unter den Schutz ich weiß nicht welcher Idee als einer eingebildeten Macht begeben, oder er muß geradezu, wenn es scheinbar etwas stärker ist, das Tierrecht des Stärkeren, d. h. die Selbstsucht schlechtweg für sich ansprechen.

Wir sehen auch die Zeit nach dieser Spaltung in zwei Teile geteilt. Der eine, die Gelehrten, brütet über Ideen und sucht im Trüben zu fischen; der andere, die Materiellen, als die Stärkern, spricht geradezu durch Wort und Tat die Selbstsucht aus und tritt den Begriff wie den lebendigen Menschen in allen Verhältnissen mit Füßen, wogegen die andern bloß die Hände ringen und die Vorsehung zum Zeugen der Frevel ausrufen. – Was uns am meisten not tut, ist – *Vereinigung* . . . «

Ich erstaune gar nicht, einen Wiener so sprechen zu hören; denn eigentlich ist Österreich die hohe Schule des Liberalismus. Wohin uns andere oft nur philosophische Spekulation führt, dahin bringt jene die *Not,* und Not ist eine bessere Lehrerin als Philosophie. Hören Sie ferner, was er von Goethe sagt, wobei ich nur nicht begreife, was ihn auf den Gedanken gebracht haben mag, daß ich hierin anderer Meinung sei als er selbst. Ich erinnere mich zwar nicht, je meine Abneigung gegen Goethe deutlich ausgesprochen zu haben; aber sie ist so alt und so stark, daß sie in meinen Schriften doch wohl einmal hervorgeschienen haben muß.

»Was mich aber wundert, ist dies, daß Sie den wilden *Goethe* öfters anführen. Dieser Mensch ist ein Muster von Schlechtigkeit; man kann in der Weltgeschichte lange suchen, bis man einen seinesgleichen findet. Töricht ist es, daß man immer sagt: Schiller und Goethe, wie Voltaire und Rousseau. Um soviel Rousseau mehr ist als Schiller, um so viel ist Goethe schlechter als Voltaire. Goethe war immer nur ein Despotendiener; seine Satire trifft weislich nur die Kleinen; den Großen macht er den Hof. Dieser Goethe ist ein Krebsschaden am deutschen Körper, und das Ärgste ist noch, daß alles die Krankheit für die üppigste Gesundheit hält und den Mephistopheles auf den Altar setzt und Dichterfürsten nennt. Ja Fürsten-, d. i. Despotendichter sollte er eigentlich heißen.«

Wie wahr, wie wahr das alles, und wie heilsam wäre es, solche Gesinnung – nicht zu verbreiten, sie ist verbreitet genug –, sondern den Mut zu verbreiten, sie auszusprechen. Goethe ist der König seines Volkes; ihn gestürzt, und wie leicht dann mit dem Volke fertig zu werden! Dieser Mann eines Jahrhunderts hat eine ungeheuer *hindernde* Kraft; er ist ein grauer Star im deutschen Auge, wenig, nichts, ein bißchen Horn – aber beseitigt das, und eine ganze Welt wird offenbar. Seit ich fühle, habe ich Goethe gehaßt, seit ich denke, weiß ich warum. Wir haben oft davon gesprochen, und Sie begreifen meine Freude, in einer Geisteswüste, wie Österreich ist, einem menschlichen Wesen begegnet zu sein, das fühlt und denkt wie ich.

– Saphir wurde von allerhöchsten Händen aus Bayern gejagt, weil er gegen einen Komödianten geschrieben! *C'est perruque* – würde ein Pariser sagen; aber ich kann nicht lachen darüber. Was helfen Barrikaden gegen solche *Charlesdischen*, gegen solche *Ordonnänzchen*? Das kriecht einem zwischen die Beine durch, das macht sich, wie Wasser, durch die kleinste Lücke Bahn. Es ist zum Verzweifeln, daß deutsche Tyrannei zugleich so viel Lächerliches hat: das lähmt den Widerstand. Warum aber unsere Fürsten sich so große Mühe geben, die französische Revolution, die viel Metaphysisches hat, den Bürgern und Landleuten durch Zeichnungen, Modelle und Experimente faßlich zu machen – das begreife ich freilich nicht. Es muß wohl Schickung sein.

– Wenn sich unsere Kaufleute, die viel dabei verlieren, über Belgien ärgern, so lasse ich das hingehen. Aber die andern – sie betrachten das alle aus einem falschen Gesichtspunkte. Es ist wahr, es fanden viel Pfaffenintrigen statt; aber was tut das? Die Belgier haben ihren König nicht länger behalten wollen, sie haben ihn fortgejagt und seine Leute geprügelt – ist das nicht schön und ein gutes Beispiel nachzuahmen? Ein König für Saphir, das ist billig. Herr Wellington ist auch abgesetzt. Wahrhaftig, mich dauern die armen Diplomaten; es kommt diesen Schwachköpfen gar zu viel auf einmal über den Hals; wie eine Sündflut gießen die Verlegenheiten auf sie herab. Die Änderung des englischen Ministeriums ist für uns auch gut. Lesen Sie im heutigen Constitutionnel, wie der belgische Gesandte in London, Herr v. Weyer, nach seiner Rückkehr öffentlich im Kongresse von seiner Sendung Rechenschaft abgelegt und wie er vor allem Volke erzählte, was Wellington, Aberdeen, der Prinz von Oranien und andere mit ihm verhandelt. Das hat mich sehr amüsiert. Diplomatische Geheimnisse öffentlich in einer Ständeversammlung auszuplaudern, und das während die Verhandlungen noch im Gange sind, das ist unerhört, das ist himmelschreiend – werden sie in Berlin, Wien und Frankfurt sagen.

– Der neue Minister des Innern, Montalivet, ist erst achtundzwanzig Jahre alt. Er war nie Referendär, nie Hofrat, nie Regierungsrat, nie Geheimer Regierungsrat, nie Kammerdirektor, nie Präsident – plötzlich ist er Minister geworden. Es gibt keinen Gott mehr.

Fünfzehnter Brief
Freitag, den 3. Dezember 1830
Es raucht heute wieder in meinem Zimmer, und ich schreibe Ihnen unter Tränen und Seufzern. Aber das ist nun einmal nicht zu ändern in Paris, es geht in vielen Häusern nicht anders. Man hat hier eine eigene Art Ärzte für kranke Kamine, *Rauchkünstler* (fumistes) genannt. Es sind aber eben Ärzte. Man weiß oft nicht, ob die Krankheit sie oder ob sie die Krankheit herbeigeführt. Gestern hat ein solcher Künstler an meinem Kamine gearbeitet, und als man ihn heute wieder holte, weil es noch stärker rauchte als vorher, sagte er, es läge am Wetter, und er wolle kommen, sobald es nicht mehr rauche, und dann helfen.

– Jetzt um diese Weihnachtszeit, was wird hier in den Läden nicht alles ausgestellt, das Größte und das Kleinste, für Könige und für Bettler. Es ist gefährlich, über die Straße zu gehen, es ist, als wenn Räuber, die Pistole auf der Brust, uns unser Geld abforderten.

– Ich lese mit großem Vergnügen Diderots nachgelassene Briefe an eine Freundin, die erst im Anfange dieses Jahres erschienen sind. Wenn ich Ihnen solche große Briefe schriebe, dann wären Sie mit mir zufrieden. Briefe, zwölf gedruckte Seiten lang, und über alles. Als er seine Freundin, seine Sophia, kennen lernte, war er schon 46 Jahre alt! Aber es ist nicht Freundschaft, es ist die heißeste jugendlichste Liebe, wenigstens in den Reden; denn es kann leicht sein, daß sie sich beide nur etwas weisgemacht. Die Briefe sind an eine Mademoiselle Volland gerichtet, ein Mädchen, das bei der Mutter lebte. Wie alt sie ist, erfährt man nicht. Aber die Liebe und die Korrespondenz dauern länger als zwanzig Jahre. Und Diderot war verheiratet! Ich habe keine Vorstellung davon, wie ein Mann von 46 Jahren, und der noch überdies an der Ehe leidet, welche doch immer eine Art Gicht ist, sich noch verlieben kann. Das kann aber auch nur ein Franzose. Der Deutsche hat gewiß mehr wahres Gefühl, mehr innere Wärme; aber die teilt sich nicht mit. Wir haben kalte Hände und sind kalt bei der Berührung. Die Briefe sind charmant, nur muß man beim Lesen die unverdaulichen Liebeserklärungen wie die Kirschkerne ausspeien. Schreibt doch einmal der alte Junge: *Que vos regards étaient tendres hier! Combien ils le sont depuis quelque temps! Ah! Sophie, vous ne m'aimiez pas assez, si vous m'aimez aujourd'hui davantage.* O! das ist noch kühl gegen das übrige; er schreibt oft mit kochender Tinte.

– Haben Sie in der gestrigen französischen Zeitung die Rede gelesen, welche August Périer für die Juden gehalten? darin bekommen auch die Frankfurter Kaufleute einen tüchtigen Hieb, indem gesagt wird, wie sie aus Handelsneid in den freien Städten die Juden verfolgen.

– Schreiben Sie mir doch genau und umständlich, ob man bei uns an den Krieg glaubt. Nach den gestrigen Nachrichten hätten Frankreich und England vor einigen Tagen eine Offensiv- und Defensivallianz geschlossen. Es wäre schön, wenn das wahr wäre; dann wäre es doch endlich einmal dahin gekommen, wohin es früher oder später kommen muß, zum strengen Gegensatze der feindlichen Elemente: die Freiheit hier, die Despotie dort – und jetzt schlagt euch, ich sehe zu. Ich weiß wahrhaftig noch nicht, was ich tue, wenn es Krieg gibt, ob ich unter die Kavallerie oder die Infanterie gehe oder unter dem Federvolk diene; denn tun muß ich etwas. Sie werden auf jeden Fall mein Knappe, tragen mir Pflastersteine zu oder versorgen mich mit feinen Federlappen.

– Diese Woche habe ich mich einen Abend sehr amüsiert. Ich war zu einem jungen Dichter namens *** eingeladen, um eine Übersetzung des »Macbeth« vorlesen zu hören. In Deutschland hätte mich schon der Gedanke, einen ganzen Abend auf dem Stuhle fest zu sitzen, um eine Vorlesung zu hören, zur Verzweiflung gebracht, und die Wirklichkeit hätte mich getötet. Aber hier wußte ich vorher, daß die theatralische Beleuchtung, die alle gesellschaftlichen Verhältnisse glänzend macht, mich unterhalten würde. Und so kam es auch. Da waren genau gezählt 32 Schriftsteller versammelt, meistens jüngere, alle Romantiker. Da war nichts zum Lachen, die Masse war zu groß, zu ehrfurchtgebietend, es war wie eine Kirche, wie eine Gemeinde. Ich habe mit vielen gesprochen, mit Victor Hugo und andern... Sie sprachen mir von Goethe und Schiller und von Schiller und Goethe ohne Ende. Sie meinten wohl, ich hätte Vergnügen daran. Einer fragte mich nach Klopstock, Kleist, Ramler, die ich alle nicht kenne. Jetzt setzte sich die romantische Gemeinde an den Wänden herum, und Herr *** stellte sich vor das Kamin, Rücken gegen Feuer gelehnt, und fing zu lesen an. Mir war doch ein bißchen Angst vor der Zukunft und was ich in den nächsten drei Stunden würde mit anhören müssen. Aber es ging alles gut. Die Übersetzung war ganz vortrefflich, ich hätte es nicht für möglich gehalten. Es war freilich immer nur durchgeschlagener Shakespeare, es blieb aber noch genug zu beißen übrig. Auch las er meisterhaft vor, und – applaudiert und bravo! wie auf dem Theater. Und da kam ein Zufall dazu, der die Sache noch theatralischer machte. In der Szene, wo sich Macbeth an den Tisch setzen will und vor dem Geiste des ermordeten Königs, der seinen Stuhl eingenommen, zurückschaudert, fing der Kamin zu rauchen an und bildete eine Wolke, die recht gut einen Geist vorstellen konnte. Mir, der am Kamine neben dem stehenden Dichter saß, gingen die Augen über, aber der begeisterte Vorleser merkte nichts eher, als bis sein grauer Star reif geworden war und er gar nichts mehr sehen konnte. Da mußte er sich unterbrechen und die Türe öffnen lassen. Spaßhaft war es mir, recht deutlich zu merken, daß alle die Herren da, welche den Shakespeare nicht so auswendig wissen als wir Deutschen, überrascht von den Schönheiten des Dramas in begeisterndes Lob ausbrachen, aber dieses Lob gar nicht dem Shakespeare, sondern dem Übersetzer zuwandten. Dreißig Schriftsteller in einem Zimmer, das findet man in Deutschland selten.

Mit den Lithographien von den französischen Revolutionsszenen, zu welchen ich gern den erklärenden Text geliefert, ist es anders, als ich mir gedacht. Es kommt kein Text dazu, sondern die Zeichnungen werden zu den schon vorhandenen Freiheitsliedern, der *Marseillaise*, der *Parisienne* und andern gemacht. Wenn nur die Zeichnungen nicht von altdeutscher, süßlicher, wehmütiger, romantischer Art werden, wie ich es von dem Zeichner, dessen frühere Arbeiten ich gesehen, fast erwarte. Die praktischste Sache von der Welt, die letzte Revolution, würde dann in lauter romantischen Rauch aufgehen, und die Deutschen, die sich ja daran begeisterten, würden lernen, wie sie einst in jener Welt, im Himmel, den Satan mit seinem Volk niederpflastern und verjagen, aber nicht wie in dieser die Minister und Polizei. Das Freiheitsgedicht von Simrock, das Sie mir geschickt, ist auch in diesem unseligen romantischen Geiste. Gar nichts Mutentflammendes darin, nur Muttötendes. Ich mag mit diesem Heiligen nichts mehr zu tun haben. Es ist aber eine schöne Erfindung mit den Pflastersteinen, dem Gegengift der Pulvererfindung!

Sechzehnter Brief

Paris, Mittwoch, den 8. Dezember 1830
– Es ist entsetzlich mit Goethes Sohn! Ich hätte weinen mögen. Wie hart mußte ein Schicksal sein, das diesen harten Mann mürbe machte. Nach dem letzten Berichte war er hoffnungslos, und jetzt ist er wahrscheinlich tot. Es ist mir, als würde mit Goethe die alte deutsche Zeit begraben, ich meine, an dem Tage müsse die Freiheit geboren werden. – – Heute stehen wieder schöne Lügen im Constitutionnel. In Berlin und in den Rheinprovinzen hätten aufrührerische Bewegungen stattgefunden, und die preußischen Truppen kehrten von den Grenzen zurück. Und in Metz hätten zwei Deutsche 2000 französische Kokarden gekauft, und das alles, wird versichert, käme aus achtungswerter Quelle. Aber in der Schweiz geht es ernsthaft her. Das wäre ein großer Schritt für Deutschland, wenn sich die Schweizer frei machten von ihren Aristokraten, die schlimmer sind als die Könige und gefährlicher. Dann hätte das südliche Deutschland einen Stützpunkt, und es könnte handeln. Auch wäre gewonnen, daß man in der Schweiz dann freie Zeitungen schreiben und von

dort nach Deutschland verbreiten könnte: Aber was hilft mich alle Freiheit, wenn ich keinen Tabak habe? Ich bin überzeugt, daß wenn mir noch sechs Monate der Tabak fehlte, ich ein vollkommener Aristokrat würde. Ich fühle leider schon, wie ich täglich sauberer und höflicher werde.

– Der Artikel im Constitutionnel: *Le Faubourg St.-Germain* ist freilich nicht versöhnlicher Art; aber das will und soll er auch nicht sein. Die Regierung und ihre Anhänger werden durch die halsstarrigen edlen Vorstädter in wirkliche Verlegenheit gesetzt, und sie sind ärgerlich darüber, weil sie es nicht ändern können. Die Ultras haben sich fast alle aus Paris zurückgezogen und wohnen diesen Winter auf ihren Gütern. Dadurch (und das ist ihre edle Absicht) leiden die Gewerbsleute ganz ungemein. Man hat berechnet, daß durch die Abwesenheit der Ultras und eines Teiles von der gewöhnlichen Anzahl der Fremden, der durch die Revolution verscheucht worden ist, Paris in diesem Jahre fünfundsiebenzig Millionen verliert und daß, wenn nicht glücklicherweise der reiche B. angekommen wäre, der Verlust auf hundert Millionen steigen würde. Der Constitutionnel ärgert sich darüber, und das macht ihn bitter. Es amüsiert mich sehr, daß mich der Constitutionnel, sonst mein lustiger Rat, seit der Revolution so sehr ennuyiert. So auch die andern Kameraden. Sie sind erschöpft, ihre Zeit ist aus, und ihr fortgesetztes Liberal-Tun stehet ihnen so lächerlich wie alten Weibern das Kokettieren an. Man muß sich an die jungen Zeitungen halten; *Le Temps, National, La Révolution*. Selbst der *Figaro* ist nicht mehr so witzig als ehemals: Es geschehen nicht Dummheiten genug mehr. Warum geht er nicht nach Deutschland? – – H. hat mir gesagt, seine Mutter hätte ihm geschrieben, die St... hätte ihr gesagt, Sie hätten ihr gesagt, ich hätte Ihnen geschrieben, ich ginge in Paris noch nachts zwei Uhr auf der Straße herum. Ist das wahr? das ist ja ein schöner Klatschknäul.

– Sie haben Angst vor den zwölf Löwen und Tigern? Das wundert mich gar nicht, Sie haben schon vor weniger Angst gehabt. Hören Sie, was neulich dem Dr. *** begegnete. Er wird abends zu einer Kranken gerufen. Die Frau lag im Bette, und der Schirm vor dem Lichte machte das Zimmer unhell. Während nun *** seine Kranke ausfragte, fühlte er auf seiner herunterhängenden Hand den heißen Kuß einer breiten stechenden Zunge. Er blickt hin und gewahrte einen lieblichen großen Tiger. Behutsam zieht er die Hand zurück. Dann erhebt sich der freundliche Tiger, stellt sich auf die Hinterfüße und legt seine Vorderfüße auf ***'s Schultern. »Fürchten Sie sich nicht« – sagte die kranke Frau – »Der Tiger ist zahm.« Die Kranke war die Frau eines gewissen Martin, der hier eine Menagerie zeigt und durch die Kühnheit, mit welcher er mit seinen Bestien spielt, vieles Aufsehen macht. Ich glaube, er war früher auch in Frankfurt. Der zahme Tiger, den er in seinem Wohnzimmer frei herumlaufen läßt, gehörte früher dem Marineminister. Ich, an Dr. ***'s Stelle hätte große Angst gehabt. Er erzählte folgendes: »Der verstorbene B. in Rom glaubte die Gabe zu besitzen, jedes Menschen künftiges Schicksal aus dessen Gesichtszügen zu erkennen. Dabei wurde er wie von einer dämonischen Gewalt wider seinen Willen angetrieben, allen seinen Bekannten ihr Schicksal vorherzusagen.« Dr. *** bat ihn oft, ihn mit solchen Sachen zu verschonen, er wolle sein Schicksal nicht wissen. B. aber konnte sich nicht bezwingen und sagte ihm endlich: *er solle sich vor wilden Tieren hüten*. Ich habe Martins Menagerie noch nicht gesehen, habe mir aber vorgenommen, nur in Dr. ***'s Gesellschaft dahin zu gehen, damit wenn einer von uns gefressen werden soll, er es werde, wie es prophezeit worden.

– Sonntag habe ich einem Konzerte im Conservatoire beigewohnt. Ein junger Komponist namens Berlioz, von dem ich Ihnen schon geschrieben, ließ von seinen Kompositionen aufführen; das ist ein Romantiker. Ein ganzer Beethoven steckt in diesem Franzosen. Aber toll zum Anbinden. Mir hat alles sehr gefallen. Eine merkwürdige Symphonie, eine dramatische in fünf Akten, natürlich bloß Instrumentalmusik; aber daß man sie verstehe, ließ er wie zu einer Oper einen die Handlung erklärenden Text drucken. Es ist die ausschweifendste Ironie, wie sie noch kein Dichter in Worten ausgedrückt, und alles gottlos. Der Komponist erzählt darin seine eigene Jugendgeschichte. Er vergiftet sich mit Opium, und da träumt ihm, er hätte die Geliebte ermordet und würde zum Tode verurteilt. Er wohnt seiner eigenen Hinrichtung bei. Da hört man einen unvergleichlichen Marsch, wie ich noch nie einen gehört. Im letzten Teile stellt er den Blocksberg vor, ganz wie im »Faust«, und es ist alles mit Händen zu greifen. Seine Geliebte, die sich seiner unwürdig zeigte, erscheint auch in der Walpurgisnacht; aber nicht wie Gretchen im »Faust«, sondern frech, hexenmäßig... In der Kunst und Literatur wie in der Politik geht die Frechheit der Freiheit voraus. Das muß man zu würdigen wissen, um die jetzigen französischen Romantiker nicht ungerecht zu verurteilen. Sie sind oft rein toll und schreiben Sachen, wie man sie im romantischen Deutschland niemals liest. Das wird sich geben. Sie werden wieder zurückpurzeln, es ist noch kein Franzose in die Sonne gefallen. Neulich bei der Macbethvorlesung fragte ich nach einem bekannten romantischen Dichter, und man sagte mir, er wäre gegenwärtig in Spanien. Das nämliche hörte ich von einigen andern. Es scheint, dies junge Volk geht nach Spanien, romantische Luft einzuatmen. Ich mußte darüber lachen.

– Gestern war ich bei Franconi. Da wurde ein neues Spektakelstück gegeben: *L'Empereur*; alle seine Schlachten und Lebensbegebenheiten bis zu seinem Tode. Als ich diesen Morgen aufwachte, war ich verwundert, daß ich keine zwölf Kugeln im Leibe hatte und überhaupt noch lebte. Aus so vielen blutigen Schlachten ist noch keiner unverwundet gekommen. Denn es war kein Spiel, es war die Wirklichkeit. Ich saß hart an der Bühne in einer Loge, und da ich jetzt so sehr kriegerisch gestimmt bin, war ich ganz selig über das Kanonen- und Gewehrfeuer. Man kann wirklich die Täuschung nicht weiter treiben. Welche Szenerie! Welche Dekoration! mehr Soldaten als das ganze Frankfurter Militär beträgt; aber nicht übertrieben. Ich will Ihnen die wichtigsten Begebenheiten nennen, die man vorgestellt (nicht alle): wie Napoleon aus dem Hafen von Toulon nach Ägypten absegelt. In meiner Loge waren junge Leute, die Toulon kannten, die waren außer sich über die Ähnlichkeit. Die ganze Flotte, einige hundert Segel, sieht man vorbeifahren – die Schlacht bei den Pyramiden – die Höllenmaschine – die Krönung Napoleons – Szene aus Madrid – der Brand von Moskau – der Übergang über die Beresina; das war am graulichsten und zum Weinen. Die Armee im jammervollsten Zustand zieht über die Brücke. Nach und nach stopft sie sich. Gegenüber der Feind. Endlich stockt alles. Da gehen die übrigen, Reiter, Fußvolk, Weiber, über die gefrorene Beresina. Das Eis bricht, die Weiber kreischen, die Brücke stürzt zusammen, alles versinkt unters Eis. – Abschied in Fontainebleau – Napoleon an Bord des »Northumberland« – Napoleons Tod auf Helena. Er stirbt im Bette. – Außer den Chören, dem Volke, waren 103 Hauptrollen, alle berühmte Leute aus jener Zeit und alle naturtreu dargestellt. Napoleon, wie er lebte. Alle seine Manieren, alle seine Tics waren nachgeahmt. Und jetzt denken Sie sich dazu den Lärm der Zuschauer. Franconis Theater ist das größte in Paris, und der meiste Pöbel ist dort. Sieben Franken hat mich mein Platz gekostet. Erst ging ich hinein zu drei Franken, weil keine Loge mehr zu haben war. Die Galerie war aber schon ganz voll, und ich ging wieder fort. Vor dem Hause schrie ich laut: *qui est-ce qui achète un billet de balcon?* Ich ward von einem ganzen Trupp Billetthändler umringt. Da kam einer und bot mir einen Logenplatz an für mein Balkonbillett, und ich mußte noch 4 Fr. darauf legen. Ich ging wieder zurück, zankte mich zur Übung im Französischen mit einem Dutzend Menschen, die mir keinen Platz machen wollten, setzte es mit Unverschämtheit durch und saß und sah sehr gut. Aber wie höflich sind jetzt die Gendarmen! Früher wäre ich wegen meines Lärmens gewiß arretiert worden. Dies machen die Pflastersteine.

Siebzehnter Brief
Paris, Samstag, den 11. Dezember 1830
Bis von uns einer auf den Brief des andern antwortet, verstreichen gewöhnlich neun Tage, so daß wir oft beide nicht mehr wissen, worauf sich die Antwort bezieht. Das ist verdrießlich, aber nicht zu ändern, wenn man weit voneinander entfernt lebt. Diderot in seinen Briefen ärgert sich auch oft darüber und sagt: es ist mir wie jenem Reisenden, der zu seinem Gesellschafter im Wagen sagte: »Das ist eine sehr schöne Wiese.« Eine Stunde darauf antwortete dieser: »Ja, sie ist sehr schön.«

Wissen Sie schon, daß Benjamin Constant gestorben ist? Morgen wird er begraben. Kränklich war er schon seit mehreren Jahren. Der Kampf für die Freiheit hielt ihn aufrecht, dem Siege unterlag er. Der Gram getäuschter Hoffnung hat sein Leben verkürzt; die Revolution hat ihm nicht Wort gehalten; die neue Regierung vernachlässigte den, der so viel getan, die alte zu stürzen. Benjamin Constant hatte unter allen Liberalen die reinste Gesinnung, und er war der gediegenste Redner. Es gab andere, die glänzender sprachen, aber es war doch nur alles vergoldetes Kupfer. Er hatte recht, durch und durch. Er hatte einen deutschen Kopf und ein französisches Herz.

Gestern sind die Minister nach dem Luxembourg gebracht worden. Sie sollen sehr niedergeschlagen aussehen und Polignac sehr mager geworden sein. Mittwoch geht der Prozeß an, und bis Weihnachten wird er geendigt sein. Ich durfte nicht daran denken, mir ein Billett für die Pairskammer zu verschaffen, es war nicht durchzusetzen. Der Plätze sind zu wenige. Vierzig Journalisten, die Diplomaten und andere solche Privilegierten müssen untergebracht werden. Wie wäre wohl einem deutschen Minister zumute, wenn er in einem Saale mit vierzig Zeitungsschreibern sitzen müßte. Er wäre lieber unter Menschenfressern. Es dürfen keine Frauenzimmer in die Pairskammer; man fürchtet, sie möchten den Mund nicht halten können. Große Ehre für das Geschlecht! – Von Polen wußte ich schon seit gestern. Das geht gut. Es ist mir aber doch nicht ganz recht; es wäre besser, die Polen hätten noch gewartet mit ihrer Empörung. Ich wünsche Krieg, und ich fürchte, durch die polnische Revolution wird der Krieg mit Frankreich verhindert. Jetzt ist nicht allein Rußland beschäftigt und abgehalten, an Frankreich zu denken, sondern auch Österreich und Preußen, die auch Teile von Polen besitzen und fürchten müssen, daß sie sich ebenfalls insurgieren. Übrigens ist mir bange, die Polen möchten ihre Sache nicht so leicht durchsetzen als die Belgier. Die Russen sind zu mächtig. Es wird dort ein erschreckliches Gemetzel geben. Sie werden aber sehen, daß nach und nach alle Staaten sich frei machen werden, nur Deutschland wird in seinem miserablen Zustande bleiben. Solange der Bundestag besteht, ist keine Hoffnung zum Bessern. Die kleinen Staaten gingen vielleicht vorwärts; aber Österreich und Preußen dulden es nicht. Hat sich bei uns denn eine Stimme aus den höhern Klassen für die Freiheit erhoben? Man überläßt alles dem Pöbel. Ob sie in Braunschweig einen Wilhelm oder einen Karl zum Fürsten haben, das ist alles eins.

Von der Schweiz schrieb ich Ihnen schon. Wenn dort die Zensur aufgehoben wird, kann die Zensur in Deutschland nicht viel mehr schaden. Dann könnte man wohl eine vernünftige Zeitung schreiben. Ich denke viel daran. Neulich im Palais Royal reichte ein Arbeitsmann dem Könige die Hand, der sie ihm freundschaftlich drückte. Der entzückte Maurer sagte: *Quel brave homme! je jure de ne jamais la laver!* Wenn mir einmal ein König die Hand drückte, im Feuer wollte ich sie reinigen, das kann gefährlich werden, wenn der Druck in das Blut übergeht.

Neulich war eine Auktion von den Möbeln, Kleidungsstücken und andern Hinterlassenschaften der Herzogin von Berry. Das hätte ich nicht versäumen sollen. Die treuen Royalisten waren alle da und kauften Reliquien zu ungeheuren Preisen. Für ein Paar Handschuhe, welche die Berry getragen, wurden sechzig Franken bezahlt. Gleich interessant waren auch die Versteigerungen der Sachen des Königs: der Krönungswagen unter andern; 7000 Flaschen Wein des königlichen Privatkellers, Weine enthaltend, welche seit fünfzig Jahren von allen Fürsten der Welt an

Ludwig XVI., Napoleon, Ludwig XVIII., Charles X. geschenkt worden. Die Geschichte dieser Weine soll merkwürdig gewesen sein. Alle solche humoristische Stoffe für eine geschickte Feder werden aber von den hiesigen Blättern selten und ungeschickt benutzt. Es fehlt diesen Herren an deutscher Philosophie und Tiefe der Empfindung. Es ist wahr, der Figaro zum Beispiel hat angenehmen Witz und ist schön fassoniert: liest man ihn aber einige Zeit, so sieht man, daß alles nur plattiert ist; man braucht nur zu reiben, und das Gold geht ab. Nichts gediegen, nichts durchgehend. Eins der besten Journale ist die Revue de Paris. – Von Lafayette stand vor einigen Tagen in der Zeitung: er wäre krank; seitdem ist aber keine Rede mehr davon. Wenn der jetzt während des Prozesses der Minister krank würde, oder er stürbe, ich glaube, die Regierung wäre imstande und hielte das geheim. Er ist der einzige, der im Falle eines Aufruhrs das Volk im Zaum halten könnte. Ich glaube, daß es ruhig bleiben wird, aber die Regierung hat große Furcht und trifft alle möglichen Vorsichtsmaßregeln. Ganze Regimenter Nationalgardisten tun den Dienst, kein Nationalgardist, auch wenn er nicht die Wache hat, darf seine Uniform während des Prozesses ablegen; man wird also in den nächsten vierzehn Tagen nichts als Soldaten sehen, und Paris wird einem Lager gleichen. Sie glauben nicht, wie komisch das aussieht, wenn in den Läden die Krämer in Uniform Zucker wiegen, Stiefel anmessen. Ich habe oft darüber lachen müssen. – Ich bin begierig – welche neue Revolutionen zwischen diesem und meinem nächsten Briefe vorfallen werden. – Auf dem Bastillenplatz wird ein neues Theater gebaut. Adieu bis zur nächsten Revolution.

Achtzehnter Brief

Paris, Dienstag, den 14. Dezember 1830

Die Polen! ... Das Theater Français hier könnte Gott verklagen, daß er auf seinem Welttheater Stücke aufführen läßt, wozu es allein privilegiert ist – hohe Tragödien. Ich begreife nicht, warum die Leute noch ins Theater gehen. Mir ist die Zeitung wie Shakespeare, wie Corneille. Das Schicksal spricht in Versen und tut pathetisch wie ein Schauspieler. Die Nacht der Rache in Warschau muß fürchterlich gewesen sein! Und doch, als die Geschichten in Brüssel und Antwerpen vorfielen, glaubten wir, alle Schrecken wären erschöpft. Ja, der Tag des Herrn ist gekommen, und er hält ein fürchterliches Gericht. In den hiesigen Blättern stand, es wäre ausgebrochen in der Militärschule, als man zwei jungen Leuten die Knute geben wollte. Hier war es auch so; auch hier haben die Zöglinge der Polytechnischen Schule alles angefangen und das meiste geendigt. Das gefällt mir, daß jetzt die Jugend dem Alter die Rute gibt. Wie wird es aber den armen Polen ergehen? Werden sie es durchfechten? Ich zweifle; aber gleichviel. Verloren wird ihr Blut nicht sein. Und unsere armen Teufel von Deutschen! Sie sind die Lampenputzer im Welttheater, sie sind weder Schauspieler noch Zuschauer; sie putzen die Lichter und stinken sehr nach Öl.

Wie können Sie mir nur jetzt mit den Juden kommen und verlangen, daß ich für sie schreibe? Sie sollen Lärm machen, sie sollen schreien. Mit guten Worten richtet man nichts aus, aber mit Drohungen viel. Die Regierungen sind jetzt so schreckhaft, daß man alles von ihnen erlangen kann, wenn man nur selbst nicht zaghaft ist.

In Warschau haben die Weiber und Kinder auch mitgefochten. Konstantin soll am Kopfe verwundet sein; aber das sind alle Fürsten. – Die preußische »Staatszeitung« lese ich, wie auch die meisten deutschen Blätter. Gestern habe ich sogar das »Frankfurter Journal« und die »Didaskalia« aufgefunden. Ich habe sie mit Küssen bedeckt.

– Diese Cholera Morbus ist eine prächtige Erfindung. Das ist etwas, was auch die Deutschen in Bewegung setzen könnte. Möchte es nur bei uns friedlich abgehen; denn eine Revolution der Deutschen wäre selbst mir ein Schrecken. Diese Menschen wissen noch gar nicht, was sie wollen, und das ist das Gefährlichste. Sie wären imstande und metzelten sich um einen Punkt über das I. Vielleicht geht es besser, als ich erwarte: vielleicht wenn der Sturm heftiger wird, werfen sie freiwillig von ihren schweren Dummheiten über Bord. An unsern Fürsten liegt es nicht allein; die Aristokratie, die Beamten.

Gestern las ich in einer deutschen Zeitung: in Selters hätte das Landvolk auch eine kleine Revolution haben wollen und Unruhen angestiftet, und man hätte sogleich Truppen hingeschickt. Ich erwarte nun, daß der Bundestag den Selterswasserbrunnen, die wahrscheinliche Quelle der Nassauer Revolution, verschütten lassen wird. Das käme mir gar nicht lächerlicher vor als die bisherige Hilfe, die man gegen Revolutionen angewendet. Soldaten, Gewalt, Aderlassen, das sind ihre einzigen Heilmittel. Es einmal auf eine andere Art zu versuchen, fällt ihnen nicht bei. Im Badischen scheint man nachgeben zu wollen. Die Revolution in der angrenzenden Schweiz hat wohl die Regierung ängstlich gemacht. Die Stände kommen nächstens in Karlsruhe zusammen, und da hat man sich geeilt, ein liberales Ministerium zu bilden. Herr v. Berstett, Minister der auswärtigen Angelegenheiten und Metternichs guter Freund, ist abgesetzt, und noch ein anderer Minister. Ich möchte jetzt in Karlsruhe sein. Ich weiß gar nicht, wohin ich mich wenden soll; gewiß gibt es keinen Minister in Europa, der so beschäftigt ist wie ich, und gar kein Weg, etwas zu tun. Gäbe es nur ein Mittel für den Geist, wie das Aderlassen eines ist für den Leib, ich würde es gern gebrauchen. Ich bin so vollselig, daß mir das Herz pocht. Doch ist das ein angenehmes Gefühl. Und warum ich so froh bewegt bin? Von meiner Gesinnung brauche ich Ihnen nicht zu sprechen, die kennen Sie. Daß ich mich freue über den Sieg der guten Sache, mich freue, daß der Mensch seinen Prozeß gewonnen gegen die Hölle, das wissen Sie. Aber das ist es nicht allein, es ist auch die Schadenfreude, zu sehen, wie das armselige Dutzend Menschen in Europa, das klüger zu sein glaubt als die ganze Welt, mächtiger als Gott, gefährlicher als der Teufel – wie es Zuschanden wird und von uns, die sie wie Hunde behandelt, in die Waden gebissen und aus Haus und Hof gejagt werden. Das elende Volk!

Gestern las ich die neueste »Didaskalia«, und als ich darin immer noch die »*Szenen aus den Kreuzzügen*« fand, mußte ich laut auflachen, und ein grämlicher Engländer sah mich mit Erstaunen an, als wolle er mich fragen: wie kann man lachen? Hätte ich ihm mein Vergnügen so recht klarmachen können, es hätte ihm gewiß seinen Spleen vertrieben. – Der Senator *** hatte doch so unrecht nicht, als er vorigen Sommer sagte, er wolle lieber Schweinehirt sein als französischer Minister. *Heute* hat er gewiß recht. Heute beginnt der Prozeß der Minister. Welch ein Gefühl muß das für einen alten Edelmann wie Polignac sein, vor allen Diplomaten Europens, mit denen er früher unter einer Decke gespielt, vor vierzig Lumpenkerls von Zeitungsschreibern auf dem Armensünderstuhl zu sitzen und Rede und Antwort zu geben. Die spätere Strafe ist nichts gegen dieses Verhör. Man hat bei der Untersuchung den Polignac am schuldigsten gefunden. Die andern waren verführt. Am 25. Dezember wird das Urteil gesprochen werden. Eine schöne Weihnachtsbescherung! Viele glauben, Polignac allein werde zum Tode verurteilt, aber der Gnade des Königs empfohlen werden. Wie wird man sich heute abend um den Messager reißen, der um acht Uhr erscheint und die heutige Sitzung enthalten wird!

Vergangenen Sonntag war Benjamin Constants Leichenbegängnis, dessen ausführliche Beschreibung Sie wohl im Constitutionnel gelesen haben werden. Ich setzte mich auf den Boulevards in eine Kutsche und sah alles bequem mit an. Länger als zwei Stunden dauerte der Zug. Was mir an Franzosen auffiel und gefiel, war, daß in der ganzen Feierlichkeit durchaus nichts Theatralisches war, sondern alles sah ernst, gesetzt und kleinbürgerlich aus. Die Masse gab den Pomp. So wurde noch kein König begraben. Ich sprach einen Mann, der vor vierzig Jahren Mirabeaus Leichenbegängnis mit angesehen; der sagte, so feierlich sei jenes nicht gewesen. Constant hat vom König Philipp bei seiner Thronbesteigung 150000 Fr. zum Geschenke erhalten, und seine Witwe wird eine Pension bekommen. Madame Constant hat drei Männer gehabt. Den ersten verlor sie durch Tod, von dem zweiten ließ sie sich scheiden, der dritte war Constant. Der zweite lebte in Paris und war Mitglied der Deputiertenkammer. Nun geschah es einmal, daß er zugleich mit seinem ehelichen Nachfolger, Benjamin Constant, in der Kammer das Wort forderte, beide zugleich auf die Tribüne sprangen und, ehe es zu verhindern war, Nase gegen Nase da standen, worüber das ganze Haus in lautes Lachen ausbrach. Der Gram, von der Académie française nicht als Mitglied aufgenommen worden zu sein, und daß die Regierung ihn nicht nach Verdienst behandelte, soll sein Ende beschleunigt haben. Die letzten Worte vor seinem Tode verrieten seine Gemütsstimmung. Er sagte: *Après une popularité de douze ans justement acquise – oui justement acquise –* und mit dem Worte acquise hauchte er seine Seele aus. – Die Geschichte mit Polen macht die Leute hier wie betrunken. Es war immer eine große Freundschaft zwischen beiden Nationen. Ein Pole in Uniform mit einem langen Säbel hat eine Rede bei Benjamin Constants Grabe gehalten. Ich bin sehr begierig auf die nächste Revolution. Wo wird es zuerst losbrechen?

Es wird Sie nicht überraschen, daß ich Ihnen Victor Hugos Gedichte schicke, welche Sie gewünscht haben. Sie haben zwar nur von *einem* Bande Gedichte gesprochen, und ich schicke Ihnen drei Bände, aber dafür kann ich nichts. Es ist nicht meine Schuld, daß Hugo drei Bände Gedichte geschrieben. Wer kann einem Dichter Einhalt tun? Lieber in ein Mühlenrad greifen. Das kostbarste aller Weihnachtsgeschenke, so kostbar, daß es kein König bezahlen kann; kostbarer als alles, was alle Frauen der Welt erhalten, seitdem Christus geboren, wird diese Weihnachten eine Pariserin bekommen: Frau von Polignac – *das Leben ihres Mannes*. Gerade am 25. abends, wenn die Lichter angezündet werden zum Bescheren, wird das Urteil gesprochen werden, und Polignac, hofft man, würde das Leben behalten. Behüte einen Gott vor solchen angenehmen Überraschungen!

Neunzehnter Brief

Paris, Samstag, den 18. Dezember 1830
... An der preußischen Konstitution will ich wohl glauben; sie wissen dort vor Angst nicht mehr, was sie tun. Es wird ein Spaß sein, ihre Gesichter zu sehen, wenn sie in den sauren Apfel beißen. Aber was wird das auch für eine allerliebste Konstitution werden! Frankreich hat großes Glück. Wer wird jetzt wagen, es anzugreifen? Vielleicht in der Verzweiflung tun sie es doch. Ich möchte jetzt einmal in Frankfurt bei *** sein, wo ich dieses alles schon vor zehn Jahren vorausgesagt habe und wo man mich ausgelacht. Und doch ist das alles noch nichts gegen das, was kommen wird. Näher darf ich mich darüber nicht erklären; aber Sie werden sich wundern. Ein Sperling wird zwei Tiger verzehren, und gebratene Fische werden verschiedene Arien singen. Und ein Tintenfaß wird austreten und wird eine ganze Stadt überschwemmen. Und... aber, um des Himmels willen, nicht geplaudert!

Ich mache Sie aufmerksam, im Constitutionnel den Gesetzvorschlag über die Zivilliste zu lesen; besonders die Einleitung, wo von der göttlichen Bedeutung eines Königs so süß-romantisch gesprochen wird, daß man meinen sollte, es wäre in Deutschland geschrieben. Ich habe mich erschrecklich darüber geärgert. Man will achtzehn Millionen für den König. Das ist zwar nur die Hälfte von dem, was der vorige König bekommen, aber es ist immer noch die Hälfte zuviel. Es ist eine Krankheit, König zu sein, und man muß darum die Könige Diät halten lassen. Zehn Millionen sind genug. Auch hat das allgemeines Mißfallen erregt, es heißt heute, das Gesetz soll zurückgenommen werden, und man wolle der Kammer freistellen, wieviel sie dem Könige geben wolle.

– Ich tröste mich wegen des Tabaks. Die ganze Welt dampft jetzt, das ersetzt mir die Pfeife. – Ich lese täglich das »Deutsche Journal« und die »Didaskalia«, was mir großen Spaß macht. Wie wenig geht in Frankfurt vor. Dies merkt man erst hier recht, wenn man die dortige Zeitung liest. – Ich habe mich der Neugierde wegen in eine Art Kasino aufnehmen lassen. Ich gehe heute Abend zum ersten Male hin. Es ist kostspielig; man zahlt monatlich dreißig Franken; aber die Einrichtung soll auch prächtig sein. Ich will Ihnen, der Kuriosität wegen, einige Stellen aus den Statuten abschreiben:

Ancien cercle de la rue de Grammont.
Art. III. Les salons du cercle seront ouverts tous les jours, celui de lecture à 9 heures, les autres à midi; et fermés les salons de lecture à minuit, les autres à deux heures après minuit. – Un dîner sera servi tous les jours à l'heure fixe. – Il sera servi tous les jours, et sans frais, des raffraîchissements convenables, et un thé dans la soirée. – Art. XIII. Il pourra être fait des abonnements mensuels, en faveur des Français et des étrangers, habitant momentanément Paris. – Le prix de l'abonnement est de 30 francs par mois. – Art. XX. La société n'ayant d'autre but que de former une union d'hommes de bonne compagnie, ayant la faculté de lire les journaux, brochures et livres nouveaux, de dîner ensemble, et de jouer les seuls jeux de commerce, Messieurs les sociétaires et abonnés s'interdisent toute discussion politique, et il est du devoir rigoureux des Messieurs les commissaires de maintenir cette règle et de la rappeler s'il arrivoit qu'un sociétaire l'oubliât. Ist das nicht auffallend, daß man nicht von Politik sprechen darf? Das ist ja gerade wie bei uns.

Dienstag, den 21. Dezember 1830

Gestern war wieder ein unglückschwangerer Tag für Paris, Frankreich, die Welt, und heute, morgen kann das Gewitter losbrechen. Die Regierung hat schon seit acht Tagen eine Verschwörung entdeckt, und viele Menschen sind arretiert worden. Man fordert das Leben der Minister, deren Prozeß sich wahrscheinlich morgen entscheidet. Gestern versammelten sich einige tausend Menschen vor der Pairskammer mit drohenden Äußerungen, und heute fürchtet man größern Aufruhr. Ich bin doch ein rechter Unglücksvogel! Ich mußte mir gestern einen Zahn herausnehmen lassen und kann noch heute wegen meines dicken Gesichts nicht ausgehen. Ganz Paris kann heute in Flammen stehen, und ich werde nichts erfahren, bis heute Abend die Zeitung kommt. Sie freuen sich vielleicht darüber und wünschen mir meine Zahnschmerzen von ganzem Herzen. Ich ärgere mich, und dazu habe ich noch 20 Franken für das Zahnherausziehen bezahlen müssen. Was man hier geprellt wird! Wie die Blutsauger hängen sich die Pariser an den Fremden und ziehen ihm das Geld aus. Ich hoffe, daß die Regierung Kraft genug haben wird, die Unruhen zu dämpfen; es bleibt aber immer eine bedenkliche Sache. Man kann auf die Nationalgarde nicht fest zählen; ein großer Teil derselben ist rachedürstig gegen die Minister und würde einem Volksaufstande keinen ernstlichen Widerstand leisten. Dazu gesellen sich noch 1. überspannte Köpfe, die eine Republik haben wollen. 2. Mäßigere, die mit dem Gange der Regierung nicht zufrieden sind und eine liberalere Kammer und ein liberaleres Ministerium wünschen. 3. Die Anhänger Karls X. 4. Endlich die Emigrierten aus allen Ländern, Italiener, Spanier, Polen, Belgier, die Frankreich in einen Krieg verwickeln wollen, damit es in ihrem eignen Lande auch endlich einmal zur Entscheidung komme. Diese letztern sollen besonders großen Teil an der Aufhetzung haben. Heute wird die Pairskammer von dreiunddreißigtausend Mann Nationalgarden und Linientruppen beschützt sein. Wenn es nur zu keiner neuen Revolution kommt, mir täte das bitter leid; denn es könnte alles wieder darüber zugrunde gehen. Sie werden die Verteidigungsrede der Minister wohl im Constitutionnel lesen. Am besten nach meiner Ansicht hat Peyronnet gesprochen, der doch gewiß der schuldigste ist. Aber er ist ein Mann von festem Willen, und darum hat er auch am meisten gerührt; er hat geweint und weinen gemacht. Polignac zeigt sich als ein solcher Schwachkopf und seelenloser Höfling, daß man ihn bemitleiden muß. Er verdient es gar nicht, geköpft zu werden. Der Advokat und Verteidiger des Guernon Ranville, namens Crémieux, der gestern gesprochen, ist aus Gemütsbewegung in Ohnmacht gefallen und mußte weggebracht werden. In welcher schrecklichen Lage sind doch die vier unglücklichen Minister! Und ihre armen Weiber und Kinder! Gewöhnliche Verbrecher dürfen doch hoffen, die Richter würden ihnen das Leben schenken; aber die Minister müssen vor ihrer Freisprechung zittern, weil sie dann schrecklicher als durch das Schwert des Henkers, durch die Hände des Volks, ihr Leben verlören. Am meisten dauert mich der Guernon Ranville. Dieser ist der schuldloseste von allen; er hat an den Ordonnanzen den wenigsten Teil genommen, er war nur schwach und ließ sich verführen. Und dieser ist krank und hat eine Krankheit, die ich kenne, die ich vor zwei Jahren in Wiesbaden hatte, kann ohne Schmerzen kein Glied bewegen, und so, bleich, leidend, fast ohne Kraft der Aufmerksamkeit, muß er täglich sieben Stunden lang in der Pairskammer schmachten und zuhören, wie man sich um sein Leben zankt! Dagegen war doch mein Rheumatismus, von Ihnen gepflegt, gewiß eine Seligkeit. Und doch stähle ich mich wieder und mache mir meine Weichherzigkeit zum Vorwurfe, wenn ich mich frage: aber jene Könige und ihre Henkersknechte, wenn wir aus dem Volke *ihnen* in die Hände fallen, haben sie Mitleiden mit uns? Diese Minister, die dem Volke zur Rede stehen, werden doch wenigstens öffentlich gerichtet. Sie sehen sich von ihren Freunden umringt, sie lernen ihre Feinde, ihre Ankläger kennen, sie dürfen sich verteidigen, und das Gesetz verurteilt sie, nicht die Rache. Und wenn sie auch als Opfer der Volkswut fallen, weiß man doch, daß sie unschuldig gemordet. Wer aber in Mailand, Wien, Madrid, Neapel, Petersburg wegen eines politischen Vergehens gerichtet wird, der geht aus der Dämmerung des Kerkers in die Nacht des Grabes über, und ob schuldig oder unschuldig, das weiß nur Gott.

Vormittag halb zwölf
Mein Barbier (mein Minister der auswärtigen Angelegenheiten) erzählt mir eben, es sehe schlecht aus in der Stadt. Das Militär und die Nationalgarden ziehen durch die Straßen. Das Volk schreit: *Vive la ligne! à bas la Garde Nationale! à bas Lafayette!* (da sieht man doch ganz deutlich, wie diese Bewegung von den Kar-

listen angelegt) *la mort des ministres!* Vielleicht ist es doch gut für mich, daß ich heute nicht ausgehen kann, und wenn Sie mir versprechen, mir die zwanzig Franken zu erstatten, die mir meine Zahnschmerzen kosten, will ich mit allem zufrieden sein und Gott preisen. – Mein heutiger Brief wird auch nicht viel größer werden, als er jetzt schon ist, ich habe keine Geduld zum Schreiben. Ich bin neugierig, was in der Stadt vorgeht, und ärgerlich, daß ich nicht ausgehen kann. – Wie konnten Sie nur glauben, daß mich Polen nicht interessiert! Das ist ja der Hauptakt der ganzen Tragödie. Ich meine doch, ich hätte Ihnen darüber geschrieben und genug vorgejubelt. Aber seit acht Tagen hörte ich von keiner neuen Revolution; das ist sehr langweilig. Ich bin wie die Branntweintrinker; nüchtern bin ich matt. Die Revolution, die heute Paris bedroht, schmeckt mir nicht. Das ist Gift und verderblich. Doch ich hoffe, es geht alles gut vorüber.

Zwanzigster Brief

Paris, Freitag, den 24. Dezember 1830

Das war wieder eine merkwürdige Pariser Woche! Aber Sie in Frankfurt, wenn Sie nur die Zeitungen gelesen, wissen nicht weniger davon als ich hier; denn ich habe gar nichts selbst gesehen. Seit dem vorigen Samstag habe ich wegen meines dicken Gesichts das Zimmer nicht verlassen, und erst gestern abend war ich zum erstenmal wieder aus. Ist das nicht ein einziger Ort, in dem man mitten in einem Volksaufruhr, umringt von einem Lager von mehr als vierzigtausend Soldaten, so still und so einsam leben kann wie auf dem Lande? Jetzt ist alles vorüber. Wollen Sie genau wissen, was eigentlich der Kampf dieser Tage für eine Bedeutung gehabt, und genauer als es irgendein europäisches Kabinett von seinem Gesandten erfahren wird? Es war ein Kampf zwischen der alten klassischen und der neuen romantischen Partei in der Politik, und letztere, die schwächste, weil sie die jüngste und unerfahrenste ist, unterlag. Die romantische Partei will individuelle Freiheit, die klassische nur nationelle haben. Wenn Sie von Karlisten lesen, glauben Sie kein Wort davon. Natürlich haben diese den Zwiespalt benutzt, aber angestiftet haben sie ihn sicher nicht. Aber wie schade, daß ich diese schöne Oper nicht mit angesehen. Vierzigtausend Mann Nationalgarden, wie Riesenbesen die Straßen säubernd, und so unverletzend wie diese; denn es ist kein Tropfen Blut vergossen worden. Dann nachts bei Wachtfeuer auf der Straße biwakierend; die tobende Menge, der König selbst patrouillierend, die vereinigten Studenten, über fünftausend, umherziehend und Ruhe und Ordnung *schreiend* – welche Szenen! Das einzige an der Sache ist romantisch schön, daß die Minister nicht am Leben bestraft worden. Das wird freilich die Despoten in Lissabon, Mailand und Petersburg nicht abhalten, ihre wehrlosen Gefangenen zu morden; aber das wird doch der Welt zeigen, daß Völker edler sind als Fürsten. Gestern Abend dachte ich noch nicht daran, auszugehen, ich wollte es erst heute; da sah ich zufällig durch die Spalte des Fensterladens und bemerkte etwas ungewöhnlich Helles. Ich öffnete den Laden und sah zu meiner Überraschung, daß das gegenüberstehende Haus illuminiert war. Da zog ich mich schnell an, ließ einen Wagen kommen und fuhr eine Stunde lang in der Stadt herum. Viele Häuser waren illuminiert, teils aus Freude, daß die Ruhe wiederhergestellt, teils zur Ehre des Königs, der, noch spät von einer Revue der Nationalgarde zurückkehrend, zu Pferde die Straßen durchzog. Er hatte von gestern mittag bis gestern abend neun Uhr alle Quartiere der Stadt besucht und in jedem Quartier die Nationalgarden gemustert. Über den König ist nur eine Stimme. Alle Parteien (natürlich nur die Karlisten nicht) lieben ihn. Auch ist er ganz, wie die Franzosen einen König lieben und brauchen. Er ist ein Bürgerkönig. Zwar ist er das aufrichtig, und so viel aus Temperament und Gesinnung als aus Politik; aber dabei ist er es auch zugleich theatralisch. Er spricht gut, leicht, von Herzen, aber doch mit Pathos und Gebärden, wie man es hier gern hat. Es ist so leicht, ein guter König sein, und es kostet die Fürsten viel größere Anstrengung, sich verhaßt zu machen bei ihren Untertanen, als es sie kosten würde, ihre Liebe zu erwerben! ... Der einzige schöne Charakter der neuesten Zeit ist und bleibt doch Lafayette. Er ist die *altgewordene Schwärmerei*, wie sie nie, nicht einmal gemalt worden ist. Er ist bald 80 Jahre alt, hat alle Täuschungen, alle Verrätereien, Heuchelei, Gewalttätigkeit jeder Art erfahren – und noch glaubt er an Tugend, Wahrheit, Freiheit und Recht! Solche Menschen beweisen besser, daß es einen Gott gibt als das Alte und Neue Testament und der Koran zusammen. Noch heute, zwar von vielen geliebt, von allen geachtet, aber auch von allen verkannt, wird er nur von seinen Feinden nicht betrogen, die ihren Haß offen aussprechen; aber von seinen Freunden gebraucht, mißbraucht, getäuscht und oft verspottet. Er ist wie ein Gottesbild im Tempel, in dessen Namen heuchlerische Priester fordern, wonach ihnen selbst gelüstet, und die heimlich das gläubige Volk und seinen Gott auslachen. Er aber geht seinen Weg unveränderlich wie die Sonne und unbekümmert, ob die Guten sein Licht zu guten Handlungen oder die Bösen zu schlechten gebrauchen. Wie lange wird es noch dauern, bis Frankreich Lafayettes würdig ist! Aber es wird einmal kommen. Er erscheint mir wie die Mauer einer neu zu gründenden Stadt, die man rundumher gezogen, und inwendig ist noch alles öde, und kein Haus ist gebaut.

Samstag, den 25. Dezember 1830
Als ich gestern über die *Rue de la paix* ging, begegnete ich einem Trupp Nationalgarden, Trommel voraus, die auf einer Bahre die lorbeerbekränzte Büste des Königs trugen, ich weiß nicht wohin, wahrscheinlich in eine Wachtstube. Lustig Volk, die Franzosen; den ganzen Tag Komödie. – Jetzt macht die Schuljugend der Regierung wieder viel zu schaffen, und ich habe meine herzliche Schadenfreude daran. Die Schulen haben in dem Aufstande dieser Tage zur Herstellung der Ruhe sehr viel beigetragen. Nun hat vorgestern die Kammer den Schulen feierlichsten Dank votiert. Diese aber haben gestern abend in einer Zeitung Proklamationen drucken lassen, worin sie höhnisch der Kammer sagen: Euren Dank begehren wir nicht, gebt uns die Freiheit, die ihr uns versprochen, *la liberté*

qu'on nous marchande maintenant et que nous avons payée comptant au mois de juillet. O wie recht haben sie! Ihr in Deutschland braucht gar nicht so stolz zu sein, wir haben hier so dumme Leute als dort auch. Hier sagen sie auch, die Franzosen sind noch nicht reif zu mehr Freiheit, als sie jetzt besitzen, das müsse der Zukunft überlassen bleiben. Und so bleiben sie nun stehen; bis die Zukunft im Galopp herkommt und sie umwirft, statt wenn sie der Zukunft entgegengegangen wären, alles friedlich wäre geordnet worden. Ganz gewiß, Frankreich wird früher oder später noch eine Revolution erleiden. Es ist der Fluch der Menschen, daß sie nie freiwillig vernünftig werden, man muß sie mit der Peitsche dazu treiben. Es ist zum Verzweifeln, daß Lafayette, der einzige, der es aufrichtig mit der Freiheit meint, einen so schwachen Charakter hat. Er, wenn er wollte, könnte alles durchsetzen. Er brauchte nur zu drohen, er würde das Kommando der Nationalgarde aufgeben und sich zurückziehen, wenn man den Franzosen nicht gebe, was man ihnen versprochen, und der König, die Minister und die Kammer müßten nachgeben.

Der König von Bayern glaubt wahrscheinlich, weil er so viel gereimt hat in seinem Leben, dürfte er sich auch Ungereimtes erlauben. Der Liesching, den ich viel kenne, ist der fünfte Schriftsteller, der seit kurzem auf so schnöde Weise von München verjagt worden. *»Vorderhand als unpassend ausgewiesen«*, ist sehr schön gesagt. Der deutschen Despotie werden vor Altersschwäche die Glieder steif. Dieses Betragen der bayrischen Regierung ist so ganz über die Maßen dumm, so ganz ungewöhnlich verkehrt, daß ich denken möchte, es steckt unter der Dummheit eine Art Superklugheit; daß sie nämlich unter dem Scheine des Einverständnisses mit der jetzt völlig toll gewordenen Bundesversammlung ihre eigenen Pläne verfolgt. Anders kann ich mir es nicht erklären. Aber vielleicht irre ich mich auch; es gibt nichts Genialischeres als der Blödsinn einer deutschen Regierung, er ist gar nicht zu berechnen.

Was mir an der polnischen Revolution am besten gefällt, ist, daß man in Warschau den Chef der geheimen Polizei gehenkt hat und daß man die Liste aller Polizeispione drucken läßt. Das wird, hoffe ich, den Spionen anderer Länder zur Warnung dienen. Diese geheime Polizei gibt einer despotischen Regierung weit mehr Sicherheit, als es ihre Soldaten tun, und ohne sie wäre die Freiheit schon in manchem andern Lande festgestellt. Die geheime Polizei hat in Warschau täglich 6000 Gulden gekostet. Diese Notizen und andere Papiere, die sich auf die Polizei beziehen, hat man in Konstantins Schlosse gefunden. Dreißig junge Leute von der Kadettenschule drangen in das Schloß. Die Hälfte davon ist geblieben. Drei Generale wurden im Vorzimmer Konstantins getötet. Dieser rettete sich mit Mühe. Die Verschwornen begegneten Konstantins Frau, vor der sie sich sehr artig verneigten und sagten, mit ihr hätten sie nichts zu schaffen, sie suchten nur ihren Mann. Ich fürchte aber, den armen Polen wird es schlecht gehen. Der Kaiser Nikolaus zieht ihnen mit Macht entgegen, und ich weiß nicht, wie sie widerstehen können. Doch verlasse ich mich auf Gott. – – – Gemütsbewegung! nein. Das ist nicht wie früher, wo wir in einer schweren Kutsche saßen und mit der guten Sache langsam fortrollten, gestoßen wurden, langsam den Berg hinaufschleichen mußten, auch manchmal umgeworfen wurden – jetzt trägt uns ein großes Schiff schlafend über das Meer, und der Wind treibt schnell. Kein Staub, kein Rütteln, keine Müdigkeit. Stürme können kommen, Klippen; aber das macht mich erst recht munter. Die kleinen Zänkereien, das weibische Keifen des Schicksals, nur das konnte mir Gemütsbewegung geben. Die Tyrannei kann uns noch einmal besiegen; aber dann wird es doch im offnen Kampfe geschehen, nachdem wir uns gewehrt haben. Uns wie Hunde prügeln und an die Kette legen, damit ist es aus. Nur nicht wehrlos fallen. Ich bin sehr ruhig und schwimme vergnügt wie ein ungesalzener Hering im Weltmeer herum.

Einundzwanzigster Brief
Paris, Sonntag, den 26. Dezember 1830

Ich scherze und bin doch ganz von Herzen betrübt, und aus Verzweiflung ließ ich mir eine Tasse Schokolade holen. Ich will denken, die Schokolade habe mir dickes Blut gemacht, sonst nichts. Aber meine Träume von Frankreichs Freiheit sind auch dahin. In der Politik ist weder Sommer noch Winter, es ist der erbärmlichste Revolutionsfrühling, der mir je vorgekommen. Nicht warm genug, des Feuers zu entbehren, und nicht kalt genug zum Einheizen, fröstelt man ohne Rettung. Bei uns zu Hause weiß man doch, woran man ist; es ist Winter, und man trägt Flanell. Es ist doch ein schönes Land, wo, wie ich gestern in deutschen Zeitungen gelesen, man sich auf der Straße und in den Kasinos bang und freudig einander fragt: »Wird der Herzog von Koburg wieder heiraten oder nicht?« und man schweigt und lächelt – und wo der Staatsrat Niebuhr in Bonn, da er gedruckt gelesen, er habe früher in Rom mit de Potter Umgang gehabt, mit Händen und Füßen gegen diese Lästerung zappelt, wie ein Kind gegen das kalte Waschen, und behauptet auf Ehre, er habe diesen *Unheilstifter* nie mit den Fingern berührt! Aber hier? die Wiesen waren schon grün, und jetzt schneit es wieder darauf. Die Kammer, diese alte Kokette, die sich schminkt, Mäulchen macht und auf die Jugend lästert – ich könnte sie auspeitschen sehen. Als sie noch selbst jung war, war sie so schlimm als eine. Man hat Lafayette als Kommandant der Nationalgarde abgesetzt, und der Kriegsminister hat der ganzen Polytechnischen Schule Arrest gegeben! Diese jungen Helden waren es, welche den Kampf im Juli gelenkt, und ohne sie wären alle Deputierten und alle diese Minister vielleicht eine Speise der Raben geworden. Lafayette war es, der die Revolution rein erhalten und vor Anarchie bewahrt, und ihm hat Orléans seine Krone und die Fürsten Europas zu verdanken, daß Frankreich keine Republik geworden. Er hat dem Volke gesagt, es wäre möglich, daß ein König die Freiheit liebe, und man hat es ihm geglaubt. Behüte mich Gott, daß ich je teil an der

Staatsgewalt bekomme! Ich sehe es hier an den Besten, daß, sobald man zur Macht kommt, man erst das Herz, dann den Kopf verliert, und daß man vom Verstande nur so viel übrigbehält, als man braucht, das Herz nicht wieder aufkommen zu lassen. Es ist hier keine Zweideutigkeit, kein Unverstand, keine Deutelei – man hat wörtlich nicht Wort gehalten, man hat dem Volke nicht gegeben, was man ihm versprochen. Die Machthaber reden hier ganz so wie bei uns: von wenigen Unruhstiftern, die das Volk verführten, von jugendlicher Schwärmerei, von Republikanern. Aber kein Mensch will Republik, man verlangt nur die republikanischen Institutionen, die man in den Tagen der Not versprochen. Für die Machthaber hier (wie bei uns) fängt da, wo ihr eigner Vorteil aufhört, die Schwärmerei an. Eben erzählte mir jemand, man spräche heute davon, Laffitte und Dupont würden aus dem Ministerium treten und der Präfekt von Paris abgesetzt werden. Ich zweifle nun zwar gar nicht, daß die Regierung mächtig genug ist, es durchzusetzen und jeden gefährlichen Ausbruch zu verhüten. Aber was wird dabei gewonnen? die Ruhe, die sich auf eine allgemeine Zufriedenheit aller Bürgerklassen gründet, die einzig wünschenswerte und dauerhafte, wird sie auf diese Weise nicht gründen. Die Unzufriedenheit wird sich aufhäufen, die Mißvergnügten werden sich vermehren, bis sie stärker werden als die Regierung, und dann geht der Kampf von neuem an. Wenn ich einmal Minister werde, halten Sie mir meine demokratischen Briefe vor die Augen. Ich weiß schon jetzt, was ich Ihnen antworten werde – nichts werde ich antworten. Ich werde lächeln und Sie auf meinen nächsten Ball einladen, und dann werden Sie auch lächeln. Wir Minister und ihr Menschen, wir sind nun einmal nicht anders. Jetzt will ich mich ankleiden und die Zeitungen lesen, neuen Ärger zu sammeln. Im Roggen ist mehr Nahrungsstoff als in Kartoffeln, im Weizen mehr als im Roggen, aber am meisten ist im Ärger. Schnee und Weh ist hier das Neueste. Habt ihr auch Schnee? Nach Weh brauche ich wohl nicht zu fragen.

EINUNDZWANZIGSTER BRIEF

Dienstag, den 28. Dezember 1830

Ich glaube nicht, daß ich Talent zu poetischen Naturbeschreibungen habe; ich grüble zuviel und sammle mehr Wurzeln als Blüten. Aber mit der Reise, nach wiederhergestellter Ruhe, damit haben Sie recht. Ich möchte wohl gern einmal Seelenfrieden genießen. Bis künftiges Jahr sind die Österreicher aus Italien verjagt, und dann könnte man hinreisen. Zwar wird es alsdann in Italien noch nicht ruhig sein, aber nur die schreckliche Ruhe unter Österreich könnte mich aus dem Lande entfernt halten, nicht die Unruhe der Freiheit, noch die der erzürnten Natur. Was der *** prophezeit, ist auch mir offenbart worden. Man wird es in Frankfurt früher als in Paris erfahren. Fürchterlich! Es steht mir klar vor Augen, wie die Schnitter der Zeit mit ihren kleinen Messern die großen Sensen wetzen. – Hiesige Blätter sagen bestimmt, im nächsten Monate würde in Preußen eine Konstitution promulgiert werden, und ein Brief aus Berlin, den ich gestern gelesen, behauptet das nämliche. Aber eine Konstitution, die man im Dunkeln macht, kann nur ein Werk der Finsternis werden. Die Freiheit, die man von Herren geschenkt bekommt, war nie etwas wert; man muß sie stehlen oder rauben.

Es ist doch gar zu traurig mit Briefen, die so weit auseinander stehen wie die unsrigen; man wünscht einem viel Vergnügen zum bevorstehenden Schmause, und wenn man den guten Wunsch liest, hat man schon den Katzenjammer. Sie wissen in Ihrem Briefe noch den Ausgang des Prozesses nicht, und was ist seitdem nicht alles vorgegangen! Paris hat jetzt wirklich den Katzenjammer vom Schmause im Juli, und bei mir tut der Ekel vom Zuschauen dieselbe Wirkung wie bei den andern das Trinken. Die Regierung ist jetzt ganz in den Händen von Mechanikern, die den Staat als eine Uhr betrachten, wozu sie den Schlüssel haben, und die gar nichts wissen von einem Leben, das sich selbst aufzieht. Das Herz soll schlagen zur bestimmten Minute, und das nennen sie Ordnung! Es ist alles wie bei uns, nur daß bei uns Werk und Zifferblatt bedeckt sind, hier aber sich in einem gläsernen Gehäuse befinden, das alle Bewegungen sehen läßt; der

Gang ist der nämliche. Mit dem hiesigen Kasino bin ich sehr getäuscht worden. Das sind meistens alte, reiche und vornehme Leute, die miteinander flüstern und sehr aristokratisch aussehen. Der Fluch geschlossener Gesellschaften ist sehr deutlich ausgedrückt in diesen verschlossenen Gesichtern. Man meint, es wären Diplomatiker. Ich werde nicht wieder hingehen, und für die fünfzehn Franken, die ich bezahlen mußte (für 14 Tage), habe ich doch ein neues Beispiel zu meiner alten Theorie gefunden: Langeweile ist die Tochter des Zwanges, und Freiheit ist die Mutter geselliger Freuden. Wie kann es anders sein? In diesem Kasino darf nicht von Politik gesprochen werden. Und dürfte man nicht vom Monde sprechen, doch sonst von allem, das hätte die nämlichen Folgen. Jeder Zwang ist Gift für die Seele.

Wir haben jetzt prächtiges Wetter! Auf die Kälte eines Tages folgte gleich Tauwetter. Dreck bis an die Knie (es ist ein gutes, ehrliches deutsches Wort), die Gassen ein Eismeer. Es ist doch sonderbar, daß sich die Franzosen aus dem Drecke nichts machen! Sie gehen lustig durch, als gingen sie über eine Blumenwiese. Aber ein paar Grade Kälte bringt sie zur Verzweiflung. Sie sperren sich dann gleich ein. Was bin ich so vergnügt, daß ich acht Paar gute wasserdichte Stiefel mit hierher gebracht. Es macht mir die größte Freude, ihre deutsche Treue auf die Probe zu stellen und damit durch den Schlamm zu waten. Pariser Sohlen sind nicht dicker als zwei übereinander gelegte Oblaten, man könnte den Puls hindurch fühlen.

Ich hoffe doch mit vielen hier, die Polen werden es durchsetzen. Man gewinnt immer, wenn man keine andere Wahl hat als zwischen Sieg oder Tod. Vom Kaiser Nikolaus ist keine Gnade zu hoffen, die Polen müssen *ihn* begnadigen. Wie es im Preußisch-Polen aussieht, weiß ich nicht, die heutigen Zeitungen sprechen auch von einer Revolution, die sich dort begeben haben soll. Von Österreichisch-Polen darf man, wie ich glaube, etwas erwarten. Das kluge Österreich kann sich da vielleicht eine dumme Falle gelegt haben. Die italienischen Regimenter, welchen sie nicht trauten, haben sie schon vor mehreren Jahren aus ihrem Vaterlande gezogen und sie nach Galizien versetzt, und jetzt, wenn sich die Polen insurgieren, sind diese Regimenter wahrscheinlich geneigt, mit ihnen gemeinschaftliche Sache zu machen. Sei einer klug heute; betrüge einer den lieben Gott!

Nun Glück zum Neuen Jahre! und möge es uns und unsern Freunden im neuen Jahre besser gehen als Kaisern und Königen. Das sind bescheidene Wünsche, die wohl der Himmel erhören wird. Ich werde dem Konrad sagen: wenn ein Kaiser kommt, sehen Sie ihm auf die Hände und lassen ihn nicht allein im Zimmer. Im nächsten Jahre wird das Dutzend Eier teurer sein als ein Dutzend Fürsten.

Zweiundzwanzigster Brief

Paris, Freitag, den 31. Dezember 1830

Die polnischen Juden zeigen sich brav, sie wollen sich ein Vaterland erkämpfen. Waffen in der Hand, das sind bessere Gründe, Freiheit zu gewinnen, als Prozeßschriften beim Deutschen Bundestage eingereicht. Schon im Jahre 1794 haben sich die polnischen Juden gut gehalten; sie bildeten damals ein eigenes Regiment, das, als der wilde Suwarow nach Warschau kam, ganz ausgerottet worden. Wie wird es dieses Mal werden? – *Heute, diese Nacht* wird etwas Großes, etwas Entsetzliches geschehen. Es wird ein Sturm sein, der die Menschheit dahin schleudern wird, wohin sie der Kompaß, selbst bei der günstigen Fahrt dieser Zeit, erst spät geführt hätte. *Wenn das Schicksal die Stunde nicht verschläft*, wird es eine entscheidende Nacht werden.

Gestern abend war ich in einer Gesellschaft, die man in Paris nicht suchen würde – in einer *philosophischen: Conversations philosophiques* steht über den gedruckten Einlaßkarten. Junge Leute, Schriftsteller und andere, aber sehr elegante Herren, mit den feinsten Röcken und Krawatten, versammeln sich an bestimmten Tagen in einem sehr eleganten Lokale und philosophieren bei Limonade, Orgeade und Himbeersaft. Mir war das amüsanter als die Variétés. Immer zwei stehen beisammen, um sie bildet sich eine

Zuhörergruppe, und wird dann gestritten über Gott, Unsterblichkeit, äußere Sinne, innere Sinne, Natur, Attraktion, daß es eine Lust ist. Hegel würde vergehen vor Lachen. Keiner weiß, was er will. Es gibt nichts komischer. Und doch begreife ich nicht recht, warum diese guten Leute darin so zurück sind. Zwar waren die Franzosen nie tiefsinnige Philosophen auf deutsche Art; doch hatten sie im vorigen Jahrhundert in einer gewissen praktischen Philosophie viel Gewandtheit erlangt, und die Schriften und die Gesellschafter der damaligen Zeit waren ganz parfümiert davon. Es scheint aber, in der Revolution haben sie das alles wieder vergessen, und die jungen Leute fangen jetzt von vorn an. Einer fragte mich, ob ich mich auch mit Philosophie beschäftigt. Ich sagte: »O gewiß, uns Deutschen ist die Philosophie Kinderbrei.« Ein anderer fing mit mir an von *Kant* zu sprechen, und als er glaubte, ich hätte den Namen nicht verstanden, dachte er wohl, er hätte ihn falsch ausgesprochen und wiederholte *Känt*. Ein dritter sagte mir, Anatomie wäre die Hauptsache in der Philosophie. Ich antwortete: »Ganz gewiß.« Wären Sie kein Frauenzimmer, ich könnte Ihnen noch die schönsten Dummheiten erzählen; aber Sie verstehen das nicht. Und mit welcher Leidenschaftlichkeit wurde gestritten! Ich dachte, sie würden sich einander in die Haare fallen. Aber die Franzosen haben eine bewunderungswürdige Gewandtheit, einen Streit bis an die Grenze der Beleidigung zu führen, ohne diese zu überschreiten, und mit den Händen sich einander unter die Nase zu gestikulieren, ohne sich Ohrfeigen zu geben. Ich saß auf einem Sofa von blauer Seide, unter den Füßen eine Decke von Pelz, trank ein Glas Orgeade nach dem andern und beneidete das glückselige Volk, das gar nichts weiß von dem, was es nicht weiß, entgegengesetzt uns armen Deutschen, die wir am besten kennen, was wir nicht kennen. *Eh bien, je vais vous exposer ma doctrine*, sagte einmal ein junger blasser Mensch mit einem Schnurrbarte zu einem andern ohne Schnurrbart... und da sagte er ihm etwas, was in jedem deutschen Abcbuche steht.

Samstag, den 1. Januar 1831

»Prost Neujahr!« Aber es ist eine dumme Geschichte, ich bin schon gewohnt daran, es ist schon Mittag. Dieses Jahr ist mit Zähnen auf die Welt gekommen und will sich nicht wickeln lassen. Es wird mit Blut getauft werden. Könnte ich nicht einen Kalender schreiben? Ich spräche wie ein Prophet: Ein großer Fürst wird sterben in diesem Jahr. Aber das ist falsch prophezeit; es lebt gegenwärtig kein großer Fürst. Aber der Frühling wird naß werden (nicht von Wasser), der Sommer heiß (nicht bloß von der Sonne) und der Herbst gut (nicht bloß an Wein). – Unser König hier soll und will in die Tuilerien ziehen, weil das Palais Royal wirklich zu klein ist und auch sonst zur königlichen Wohnung nicht schicklich. Aber die Königin sträubt sich mit aller Macht gegen die Tuilerien. Sie sagt, das wäre *une maison de malheur*. Die Frau hat recht, und ich hätte auch abergläubische Furcht davor. – Beim Conseil in Genf wurde von einem Deputierten der Antrag gemacht, den Juden die bürgerliche Freiheit zurückzugeben, die sie bis zum Jahr 1816, wo die französische Herrschaft aufhörte, genossen haben. Der Antrag wurde von vielen unterstützt. Die Zeit wird auch bald für Deutschland kommen, wo die bürgerlichen Verfassungen Verbesserungen erfahren werden, und das nicht bloß durch Revolution, sondern auch auf friedlichem Wege, weil die Regierungen nicht länger werden ausweichen können. Dann wird auch wieder von Juden die Rede sein, und unsere Juden tun so vieles, sich bei den Freunden der Freiheit unbeliebt zu machen. Ich begreife das nicht recht. Diese Menschen sind doch sonst so klug auf ihren Vorteil und wissen immer den Mantel nach dem Winde zu hängen. Was wollen sie denn jetzt noch von den Fürsten und Ministern haben? Es ist nichts mehr an ihnen zu verdienen. Sie sollten sich jetzt dem Volke zuwenden, ihre Geldkasten verschließen und den großen Herren den Rücken zukehren.

Dreiundzwanzigster Brief

Paris, Dienstag, den 4. Januar 1831

Saphir ist hier, und sein Anfang ist nicht schlecht. Schon haben einige Blätter von ihm gesprochen als von einem, den der Zorn seines Königs verfolgte. Da wird nun natürlich auch gelogen, soviel nötig ist, um einen guten Witz zu machen. Im Figaro stand ohngefähr folgendes: Der König von Bayern, selbst Poet, habe aus poetischer Eifersucht den Saphir verjagt... Der Vorwand seiner Verbannung wäre gewesen, weil er gegen das Theater geschrieben, der eigentliche Grund aber, weil Saphir dem König ein hübsches Mädchen abwendig gemacht. Sie hätten sich entzweit *pour une bavaroise* (das bekannte Kaffeehausgetränk). Der König von Bayern wird genannt: *Sa Majesté brutale*. Als ich das las, habe ich treuer deutscher Untertan aller Fürsten ohne Unterschied mich gekreuzigt. Aber der König von Bayern beträgt sich doch gar zu wunderlich. Das ist ein Gelehrter, der bringt seine Verirrungen in ein System, und da ist keine Hilfe mehr... Es ist gar keine Möglichkeit, die deutschen Regierungen zu parodieren. Erinnern Sie sich, daß ich Ihnen vor einiger Zeit, als ich mich darüber geärgert, daß man hier für die Zeitungen die Kautionen beibehalten, geschrieben: es wäre recht spaßhaft, wenn sie in Deutschland das mit den Kautionen nachahmten. Zensur und Kaution! Das sollte ein Witz von mir sein, im Ernste hielt ich das für nicht möglich. Aber es ist eingetroffen. In einem hiesigen Blatte las ich heute aus Bayern, daß man von einem gewissen *Coremans*, der eine Zeitung herausgeben will, Kaution verlangt habe. Das ist gerade, als wolle man von einem, den man in den Kerker wirft und an Händen und Füßen kettet, noch eine Kaution fordern, daß er nicht fortläuft.

Ich habe in der »Berliner Zeitung« die Proklamation des russischen Kaisers an die Polen gelesen. Sie ist im *alten Stile* datiert und im alten Stile geschrieben. Der spreizt sich! der will den Helden machen und den europäischen Fürsten zeigen, wie man mit Revolutionen fertig wird. Schlimm für die Polen, wenn es ihm gelingt, aber dann noch schlimmer für die andern Fürsten. Sie werden es ihm nachmachen wollen, sie werden die Zügel loslassen, durch welche sie bis jetzt mit so großer Anstrengung ihre eigene Leidenschaft gebändigt, sie wird durchlaufen und sie abwerfen. – In München und Göttingen waren auch wieder Unruhen. Deutschland zahnt. Das arme Kind! Nichts ist komischer als die Art, wie die deutschen Regierungen von solchen Unruhen Bericht erstatten. Sie stellen sich an, als wäre ihnen an solchen unbedeutenden Vorfällen nicht viel gelegen, und sind doch voll tödlicher Angst. Sie machen Gesichter wie Menschen, die Leibschmerzen haben und sich lustig stellen wollen. – – Die alte Genlis ist gestorben. Sie starb den schönen Tod auf dem Schlachtfelde – die Feder in der Hand. Sie hat viel gelebt und viel erlebt. Wenn die an das Himmelstor kommt, welch merkwürdigen Paß kann sie vorzeigen, von allen Regierungen visiert, von allen Zeiten gestempelt! Sie kann sich nicht beklagen, sie hat ein empfängliches Herz gehabt und hat tausend Jahre gelebt.

Was glauben Sie wohl, das mich hier täglich am meisten daran erinnert, daß jetzt Frankreich mehr Freiheit hat als sonst? Der *Telegraph*. Unter der vorigen Regierung war ich zwei Jahre in Paris, und ich kann mich keinen Tag erinnern, wo ich den Telegraphen aus dem Tuileriengarten nicht in Bewegung gesehen. Aber seit einem Vierteljahre, das ich jetzt hier bin, habe ich, sooft ich auch in den Tuilerien war, den Telegraphen noch nicht einmal arbeiten gesehen. In Friedenszeiten hat der Telegraph nur gesetzwidrige Befehle zu überbringen. Die Herrschaft der Gesetze bedarf keiner solchen Eile und duldet keine solche Kürze. Wie schön und frühlingswarm war es gestern in den Tuilerien! Dort habe ich Paris am liebsten. Die Wege sind so breit, und breite Wege sind zu eng für Philister; da fürchte ich keinem zu begegnen, schlenkere sorglos umher und sehe jedem ins Gesicht. Es ist nicht möglich, in den Tuilerien kleinstädtisch zu bleiben. – Gestern bemerkte ich wieder eine artige Pariser Scharlatanerie. Auf der Straße sah ich eine Art Diligence, angefüllt mit Knaben, und auf allen Seiten des Wagens stand mit großen Buchstaben geschrieben: Institut von Herrn N. zu Passy, Straße, Nr., und so wurden die fröhlichen Kinder als lebendige Musterkarten eines Instituts in Paris herumgefahren, andere Kinder und ihre Eltern anzulocken. Hier versteht man die Geschäfte.

Vierundzwanzigster Brief

Paris, Donnerstag, den 6. Januar 1831

Suchen Sie sich Diderots Briefe zu verschaffen. Ich bin jetzt mit dem zweiten Teile fertig. Daß so breite Briefe zugleich so tief sein könnten – ich hätte es nie gedacht. Sie nehmen kein Ende, und doch hört das Vergnügen, sie zu lesen, nur mit jeder letzten Zeile auf. Alles ist darin, das Schlechte und Gute, Schöne und Häßliche, Gift und Balsam, Gestank und Wohlgeruch, Ekel und Erquickung des achtzehnten Jahrhunderts. Denn man muß jene Zeit als die Apotheke betrachten und die französischen Schriftsteller als die Apotheker, welche unser Jahrhundert geheilt haben. Sollten Sie wohl glauben, daß ich Mensch, ein Vierziger, der alle sieben Farben durchgelebt hat, mehr als zwanzig Male dabei rot geworden bin? und ich war doch allein – aber allein mit Gott und der Natur. Ein Frauenzimmer darf das ohne Furcht lesen; kann sie das verstehen, kann sie nicht mehr erröten. Welche Unsittlichkeit. Es ist wahr, die französische Sprache ist eine Art Flor, der den häßlichen Anblick blässer und milder macht; aber der Deutsche, der sich beim Lesen das übersetzt, zieht den Flor weg und schaudert zurück. Jene Menschen hätten doch wenigstens aus Dankbarkeit die Zucht mehr schonen sollen, da sie ihnen das Vergnügen verschafft, sie zu verspotten und mit Füßen zu treten. Und wo sie recht haben, das ist am schrecklichsten! Den schönen Aberglauben der Unschuld, der eine irdische Freude zur himmlischen macht, zerstören sie, und von der ganzen Ewigkeit bleibt nichts übrig als eine Minute. Und so verfuhren sie mit der Tugend und mit der Religion. Waren jene Schriftsteller des achtzehnten Jahrhunderts darum sittenlos, entartet, schlecht, gottlos? Gewiß nicht. Sie führten Krieg. Die Heuchelei hatte sich mit der Sittsamkeit umhüllt; sie mußten diese zerreißen, um jene in ihrer häßlichen Nacktheit zu zeigen. Die Priesterschaft hatte sich hinter der Religion verschanzt; sie mußten über die Religion wegschreiten, um zu den Pfaffen zu gelangen. Der Despotismus führte das Schwert der Gesetze; sie mußten ihn entwaffnen, um ihn zu besiegen. Daher jene Zeit der Sittenlosigkeit, des Unglaubens, der Anarchie. Sie ist vorüber, Frankreich gesunder als je gewesen, und Doktor und Apotheker sind verschmäht, vergessen.

Samstag, den 8. Januar 1831

Heute ist es sehr kalt, ganz Winter. Wie geht es euch? Aber was liegt daran! Gegen Frost hat man Kamine und warme Kleider; wenn nur das Herz nicht friert. Die deutschen Frostkünstler (so übersetze ich sehr sauber das französische *Glacier*) mögen nur diesmal ihren Eiskeller recht reichlich versehen, hoch hinauf bis an das Gewölbe; denn es wird ein heißer Sommer werden. Und wer weiß, ob es im nächsten Jahre wieder friert. Ich denke, die Bären sollen es in unserm Lande nicht lange mehr aushalten können. – Haben Sie Victor Hugos Gedichte schon gelesen? Ich empfehle Ihnen auch seine Romane: *le dernier jour d'un condamné; Bug-Jargal; Han d'Islande*. Alles herrlich, voll Sonnenglut; aber man sehnt sich manchmal nach Schatten und Kühle, und die fehlen. Kaum geht die Geschichte auf, so steht sie schon im vollen Mittagsglanze da, geht im vollen Mittagsglanze unter; die Augen tun einem weh, und man verschmachtet vor Hitze. Hugo ist erst einige und zwanzig Jahre alt, aber das Alter kann ihn nicht ändern; denn die romantische Poesie (wie man das hier nennt) ist erst in ihrer Jugend, und das ganze Geschlecht wird darüber hingehen, bis sie besonnener wird und sich mäßigen lernt und lernt Gründe annehmen. Ich habe den Hugo etwas weniges gesprochen, bin aber gar nicht begierig, ihn näher zu kennen; denn es ist nicht nötig und nicht möglich. Dem geistreichsten französischen Schriftsteller liegt die ganze Seele vorne im Munde; sie hat kein geheimes Kabinett, keine Hintertüre, wozu man bloß nach genauerer Bekanntschaft dringt. Hugo ist mündlich nicht anders wie die andern. Das ist nicht wie bei uns. Ein deutscher Dichter ist ein frommer treuer Knecht der Poesie, und er trägt ihre Farbe. Aber ein französischer Dichter ist Herr der Poesie, sie trägt seine Livree und geht hinter ihm, wo er öffentlich erscheint.

Sie fragen, ob Frankreich den Polen beistehen wird; wahrscheinlich geschieht es. Frankreich wäre ja ganz von Sinnen, wenn es diese Gelegenheit, Rußland zu schwächen, die nicht zum zweiten Male wiederkehrte, ungebraucht vorübergehen ließe. Würden die Polen besiegt, dann kehrte sich Rußland gegen Frankreich. England hat gleiches Interesse, und ich hoffe, sie vereinigen sich, den Polen zu helfen. Sie können zwar Rußland nicht zu Lande, aber doch zur See angreifen und können es beschäftigen, indem sie durch Geld und Intrigen Unruhen auch in den andern russischen Provinzen anzetteln. Es ist zwar gegründet, daß die polnische Revolution von dem Adel ausgegangen, ich glaube aber darum nicht, daß das Volk gleichgültig dabei geblieben. Die Armee, die den größten Enthusiasmus zeigt, besteht ja aus Bauern, übrigens sind die Bürger in den Städten keine Leibeigne, und auf diese kommt alles an. Denn die Polen können sich in keine Gefechte auf dem offnen Lande einlassen, sie müssen sich in den Städten verschanzen und wehren; tun sie das nur standhaft, sind die Russen, wenn auch noch so mächtig, verloren. Ich hoffe das beste; denn ich zähle auf die Weisheit Gottes und auf die Dummheit seiner sogenannten Stellvertreter. Hier geht es schlecht, man hat die Suppe kalt werden lassen, und dabei rufen die Väter des Volks demselben wie einem Kinde noch ganz ironisch zu: verbrenne dich nicht! Das gute Volk hat sich mit Blut und Schweiß die Freiheit erworben, und die spitzbübische Kammer, die in Pantoffeln in ihrem Comptoir saß, sagte ihm: Ihr wißt mit dem Gelde doch nicht umzugehen, wir wollen es euch verwalten. Und ich sehe nicht, wie die Sache besser werden kann, außer durch eine Art neuer Revolution. Nach dem bis jetzt bestehenden Wahlgesetz wählen nur die Reichen, also die aristokratisch Gesinnten, und nur die Reichsten können Deputierte werden. Löst das Ministerium, welches liberaler ist als die Kammer, diese auf, so werden die nämlichen Deputierten wieder gewählt. Um dieses zu verhindern, müßte das Wahlgesetz geändert, demokratischer gemacht werden. Allein die Kammer votiert die Gesetze und wird natürlich kein Wahlgesetz genehmigen, das ihnen die Macht aus den Händen zieht. Das Ministerium hat wirklich vor einigen Tagen ein demokratisches Wahlgesetz der Kammer vorgelegt, und diese wird es, wie man gar nicht zweifelt, verwerfen. Wo also der Ausweg? Der König müßte durch Ordonnanz ein Wahlgesetz promulgieren. Das wäre aber *Gewalt*, und die Franzosen sind zu gewitzigt, ihrem Fürsten eine solche zu erlauben, und wäre es auch für die Freiheit.

Man sagt heute mit ziemlicher Bestimmtheit, der zweite Sohn des Königs von Bayern sei zum Könige von Belgien erwählt worden. Ist dieses wahr, kann das nur eine Folge von Frankreichs Verwendung sein, welches die belgischen Angelegenheiten nach Belieben leitet, und das würde dann beweisen, daß Bayern mit Frankreich einen geheimen Vertrag abgeschlossen, und daß es im Falle eines Krieges *gegen* den Deutschen Bund auftreten würde. Und dann Baden und Württemberg auch. Es wäre recht komisch! Was würden Stein, Görres, Arndt und der *alte Vater Rhein* dazu sagen! Und zum Lohne für die Dienste, die jene Fürsten Frankreich leisten, wird dieses ihnen beistehen, ihre Untertanen in Gehorsam zu unterhalten. Wir bezahlen immer die Zeche. Der *Tugendbund* hat viel ausgerichtet! Jeder Mensch hat das Recht, ein Dummkopf zu sein, dagegen läßt sich nichts sagen; aber man muß selbst ein Recht mit Bescheidenheit benützen. Die Deutschen mißbrauchen es. Die Mittel, welche die Franzosen gebraucht, die Freiheit zu erwerben, werden von den deutschen Regierungen benutzt werden, um die Despotie zu verstärken. Ich muß nur lachen über die Unwissenheit der hiesigen Zeitungsschreiber. Sie erzählen es im Triumph: in Deutschland, in Österreich sogar, würden Nationalgarden eingeführt, und sie meinen, das wäre ein Fortschritt der Freiheit; die Esel begreifen nicht, daß das ein neues Werkzeug der Gewalt ist, das alte abgenutzte damit zu ersetzen. Die Deutschen! – nicht einzusehen, daß die Uniform eine Art Gefängnis ist, die Disziplin eine Kette an Händen und Füßen – nicht einzusehen, daß, wenn man Schildwache steht, man am meisten selbst bewacht wird – den sogenannten Pöbel im Zaum halten, das heißt die armen Leute, das heißt die einzigen, welchen das verfluchte Geld nicht die ganze Seele, allen Glauben abgehandelt; die einzigen, denen der Müßiggang nicht alle Nerven ausgesogen, und die einen Geist haben, die Freiheit zu wünschen, und einen Leib, für sie zu kämpfen – sich wie ein toter Ofenschirm vor der Glut des Volkes zu stellen, damit die Großen hinter uns nicht schwitzen und gemächlich ihr Eis verzehren – und sich noch weismachen zu lassen, das geschähe für die Freiheit – sich so foppen zu lassen, ein solcher Tölpel zu sein – es ist unglaublich!

Montag, den 10. Januar 1831

Kann man es besser haben als ich? Die Tage wachsen schnell und mit ihnen meine Hoffnungen. Das Wetter ist sehr gelinde; schon sind die Wandervögel dem Norden zugezogen; bald endet der Winter, bald taut der Deutsche Bund auf, bald *blüh'n alle Veilchen*; über meinem Kopfe Saphirs Fußtritte, und eine deutsche Küche. Ja, ich habe eine deutsche Köchin entdeckt, eine vortreffliche Augsburgerin, die eine Table d'hôte hält, wo man lauter vaterländische Gerichte und Gäste findet. Rindfleisch mit roten Rüben und Kräutersauce, Kartoffeln, Sauerkraut mit Schweinefleisch, Reisauflauf und Kommis in Menge. Man wird doch satt, und es kostet nicht viel. Was aber mein Glück stört, ist, wie man hier mit Bestimmtheit behauptet, daß Metternich das Ruder verliert. Darüber bin ich sehr verdrießlich; es ist ein Unglück. Metternich war eine reine Farbe, die, der feindlichen entgegengesetzt, es bald zu irgendeiner Entscheidung gebracht hätte; wenn aber nach ihm die graue Neutralität regiert, wird keiner wissen, wo seine Fahne ist, alle werden durcheinander laufen und keiner das Ziel finden. Metternich war starr, eigensinnig, und der Sturm hätte ihn bald gebrochen; sein Nachfolger wird auch nicht weichen, nur vielleicht sich etwas biegen, und alles wird krumm bleiben. Es ist sehr schlimm. Gott erhalte nur meinen Metternich!

Der Enthusiasmus der Polen soll ganz unbeschreiblich sein. In der heutigen Zeitung steht, die Vorsteherin eines Mädcheninstituts in Warschau habe mit ihren Zöglingen von Morgen bis Abend an den Festungswerken gearbeitet. In dem Schreiben eines Polen, worin die schändlichen Tyranneien der russisch-polnischen Regierung erzählt werden, heißt es unter andern: man habe eigens einen Kommissär nach Wien geschickt, um das System der österreichischen Regierung, wie man das Volk dumm erhalte (*Stock-deutsch*, heißt es wörtlich), in allen seinen Teilen zu studieren, um es dann in Polen einzuführen.

Fünfundzwanzigster Brief

Paris, Donnerstag, den 13. Januar 1831

Gestern abend habe ich mich im *Odeon* recht satt gehört und gesehen; das ganze Gesicht ist mir noch rot und dick davon. Von halb sieben bis halb zwölf Uhr bei Tische, und zwanzig Schüsseln! Dreißig Jahre dauert die Geschichte, Napoleons Anfang und Ende ist darin; aber die größte aller seiner Taten ist gewiß die: daß er mich sechs Stunden weniger zehn Minuten auf einer Stelle festgehalten, so daß ich nicht einmal in den Zwischenakten hinausging. In einem deutschen Theater habe ich nie drei Stunden aushalten können. Den Hunger zu stillen, war es zu viel, und den Appetit über den Hunger zu reizen, fehlte es an Würze. Ja das ist ein großer Unterschied! – – –

Eine starke halbe Stunde mußte ich das Schreiben unterbrechen, und meine Wut war grenzenlos. Da ich Napoleon gestern abend hatte sterben sehen und ich vergessen hatte, in welchem Jahre er gestorben, wollte ich das im Konversationslexikon nachsuchen. Ich schlug den Artikel *Napoleon* auf, da hieß es: suche *Bonaparte*. Ich suche Bonaparte auf, da hieß es: suche *Buonaparte*. Ich suche Buonaparte auf und sehe nach dem Ende seines Lebens, da hieß es: suche *Helena*. Ich suche Helena auf, da hieß es:

suche *St. Helena*. Ich suche *Saint*-Helena und St. Helena und kann beides nicht finden. Endlich entdeckte ich *Sanct-Helena*. Da war aber von Napoleon gar keine Rede, sondern es hieß: suche *Longwood*. Ich suche Longwood, finde aber nichts über Napoleons Tod, und da entdecke ich endlich, daß mein Konversationslexikon nur bis 1819 geht. Da lebte Napoleon noch. Das sind die Leiden des menschlichen Lebens! wozu noch gehört: des Morgens harte Butter auf weiches Brod schmieren, mein täglicher Schmerz. Mein Zorn war aber schrecklich und erhaben. Ohnedies bin ich seit einem Jahre voll Gift und Haß gegen das Konversationslexikon; denn der Verleger Brockhaus hat in der neuesten Auflage aus Krämerei alles, was das Buch an Geschichten und Meinungen Freisinniges enthielt, auslöschen oder bedecken lassen; wahrscheinlich, damit es, so gesäubert, im Österreichischen erlaubt werde. Ist es nicht entsetzlich, daß es in Deutschland Gelehrte gibt, die Geist, Herz und Ehre bogenweise einem Buchhändler verkaufen; daß das nützlichste und ausgebreitetste Buch in Deutschland, welches so vieles Gutes gestiftet hat und noch ferner hätte bewirken können, die Farbe der Lüge angenommen, und daß es von der schnöden Gewinnsucht eines Krämers abhängen soll, was er das Volk lehren oder ihm verschweigen will? ... Jetzt zurück zum Odeon.

Napoleon tritt zum erstenmal 1793 auf, da er in Toulon als Artillerielieutenant diente. Da ist er noch ganz mager und trägt einen Zopf, das Haar ungepudert. In der vorausgehenden Ouvertüre wurde der Marseiller Marsch und Ça-ira gespielt, Melodien, die mir seit meinen frühesten Kinderjahren im Herzen schlummerten. Es sind vielleicht vierzig Jahre, daß ich sie nicht gehört, und ich weinte Tränen des Entzückens. Frei *sein*, es ist nichts. Aber es *werden*, die Genesung, da ist das Glück. In Toulon waren auch Kommissäre des Nationalkonvents, die damals bei allen Kriegen den Generalen als Aufpasser zur Seite standen. Merkwürdig diese Mordphysiognomien, und wie die Kerls gekleidet waren; sie sahen ganz aus wie Räuberhauptleute. Dieser erste Akt war mir der schönste: was nachher folgte, war für Ohr,

Auge und Geist, aber nichts mehr für das Herz. Der Kaiser, der Ruhm, goldgestickte Kleider, Bücklinge bis auf die Erde, und die uns wohlbekannten Märsche der kaiserlichen Garde, und der lange Hanswurst von Tambourmajor, den wir so oft gesehen. Aber gewiß, das ist die beste Art, Geschichte zu lernen, und vergangene Zeiten und Menschen und entfernte Länder uns so frisch und nahe vor die Augen zu bringen, als hätten wir sie gekannt, darin gelebt. Keine Erzählung, kein Gemälde, selbst kein Drama in seiner eigentümlichen Bestimmung ersetzt das. Es ist alles vereinigt. Jedes Schlachtfeld, jeder Palast, jede Stadt; Lager, Soldaten, Waffen und Kleidung, alles, wie es wirklich gewesen. Napoleon, wie er aussah, wie er gekleidet war, wie er stand, saß, sprach, in den Tuilerien, und in seinem Zelte, vor, in, nach der Schlacht; welche Gesichter er machte, wie er schnupfte, wie er bei guter Laune seinen Leuten das Ohr kneipte, seine Marschälle, Rustan, alles. Mein Widerwille gegen Napoleon fing (auf dem Theater – denn im Leben erst zehn Jahre später) 1804 an. Da erscheint er als Kaiser in St-Cloud. Da kommen goldene Tintenfässer, schwervergoldete Lakaien. Er trug damals einen roten Rock. Noch einmal liebte ich ihn; es war 1812. Er kommt in Moskau an, tritt in ein Zimmer im Kremlin. Ich wußte vorher, es war die Grenze seines Glückes. Einige Stunden später brach der Brand los. Fürchterlich auch im Spiele. Er ist allein im Zimmer, die Fenster werden rot vom Feuer und immer röter. Die Flamme kommt immer näher. Einer nach dem andern stürzt herein, ihn zur Flucht zu bewegen. Er will nichts hören von Rettung, wirft sich verzweiflungsvoll in einen Sessel, und dumpfbrütend senkt er den Kopf auf den Tisch wie zum Schlafen. Die Fenster werden geöffnet, und man sieht Moskau brennen. Das übertrifft an naturwahrem Schrecken alles, was ich bis jetzt gesehen. Beim Rückzuge stellt die Szene eine große leere Bauernhütte vor. Einzelne Soldaten, Marketenderinnen, halb erfroren, schleichen wie Gespenster herein. Sie nähern sich der Flamme und fallen tot hin. Dann kommt Napoleon. Jetzt beginnt der Kanonendonner der Schlacht, die Hütte stürzt zusammen, wer noch Kraft hat, flüchtet, und jetzt sehen wir das Schlachtfeld an der Beresina. Es schneit, die Franzosen ziehen über die Brücke, neben ihr, über den gefrornen Strom, er bricht unter ihnen und verschlingt sie. Die Dekorationen übertreffen aber auch alles, was sich die Phantasie erfinden kann. Eine der schönsten Szenen ist Napoleons Abfahrt von Elba, um nach Frankreich zurückzukehren. Er mit seinen Soldaten steht auf dem Verdecke eines Kriegsschiffes, und die Fahrt des Schiffes wird im höchsten Grade täuschend dadurch nachgeahmt, daß die Seegegend sich immer ändert, von Fels zu Fels fortschreitend bis in die offne See, so daß man glaubt, daß feste Schiff bewege sich. Es ist, ein Kind darüber zu werden vor Freude. Dann die Szene in den Tuilerien am Abend, da man Napoleon erwartet. Ludwig XVIII., dick, alt und lahm, watschelt durch ein Vorzimmer, sich zu flüchten, hinter ihm die Hofleute. Die gute Art der Franzosen und ihr Zartgefühl verleugnete sich bei dieser gefährlichen Probe nicht. Im Odeon sind die jungen Leute, die Schüler der Polytechnischen Schule, Meister; da herrscht der Liberalismus unbeschränkt. Aber die Szene mit Ludwig XVIII. war unanständig, der Spott grausam, und im ganzen Hause wurde gepfiffen und gezischt, und nicht einer hat applaudiert, und das Klatschen hörte doch sonst den ganzen Abend nicht auf. Des freute ich mich, und die komischen Szenen jenes Abends in den Tuilerien! Wie die heißesten Bourbonisten, als Napoleon kam, schnell die weiße Kokarde abnahmen und sie in die linke Westentasche steckten und aus der rechten eine dreifarbige zogen, die sie für jedes Ereignis bereit hielten. Und wie ein Ultra-Dicker eine dreifarbige Fahne herbeibrachte und die legitimsten Kehlen *Vive l'empereur!* schrien. Es war schön und lehrreich.

Jetzt die Hauptsache. Eine Deputation der Pairskammer erscheint vor dem wiederaufgegangenen Napoleon. Der schnauzt sie grimmig an; denn sie waren es, die ihn verraten. »Wo sind die Deputierten?« schreit er mit einer Löwenstimme. »*La chambre des Députés s'est rendue indigne de la France*« ... Götter! und wenn in diesem Augenblicke tausend Jupiter gedonnert hätten, es wäre nicht gehört worden, vor dem Beifallklatschen des ganzen Hauses. Es war ein Sturm, es war, als stürzte das Dach ein. Man hatte die Saite berührt, die jetzt durch das Herz jedes freiheitsliebenden Franzosen zieht: der Haß und die Verachtung gegen die jetzige Deputiertenkammer. In den ersten Reihen des Parterres saßen die Schüler der Polytechnischen Schule. Wenn diesen nicht die Hände bluteten, müssen sie lederne Hände haben. Aber – ich habe genau achtgegeben – nicht bloß diese, nicht bloß die Studenten waren es, die so offen und laut bei diesem Anlasse ihre Herzensneigung kundgetan, sondern auch alte, bedächtige Männer, alle klatschten, und ich war vielleicht der einzige, der es nicht getan. Ich sah frohlockend umher, denn das ist...

Freitag, den 14. Januar 1831

Mitten im Satze, der die vorige Seite endigt, wurde ich gestern unterbrochen, und heute habe ich vergessen, was ich sagen wollte. Als ich sah, wie die edle Gesinnung der Jugend sich hier so frei und laut äußern durfte und keiner wagte, sich ihr zu widersetzen, fragte ich mich: träume ich denn, ist es Wahrheit? Liegt Frankreich in dem nämlichen Europa, in dem auch Deutschland liegt? Ein Fluß, über den jeder Hase schwimmt, kann er die Freiheit von der Tyrannei abhalten oder Sklaven, herüberzukommen? Unsere deutschen Polizeiärzte würden gewaltig zornig werden, wenn sie den Lärm gehört: sie würden sagen, die Regierung sollte nicht dulden, daß man im Theater so die Leidenschaften aufrege. Aber sie irren sich; das besänftigt gerade gereizte Leidenschaft. Ich habe das an mir selbst erfahren. Noch morgens, da ich mein Journal las und mich wie gewöhnlich über die seelenlose Deputiertenkammer ärgerte, welche der französischen Jugend gern alles Blut auspumpen möchte, hatte ich den sehnlichsten Wunsch, den hochmütigen deutschen Pedanten Royer Collard und den Goldfuchs Dupin dafür durchzuprügeln; als ich sie aber am Abend durchklatschen sah, war ich ganz zufrieden, und ich hätte ihnen nichts zuleide getan, wenn ich ihnen gleich darauf in einem Salon begegnet wäre. Ich wünschte mir auch unsern Senator aus Soden herbei, der lieber Schweinhirt sein möchte als französischer Minister. So einem deutschen Polizeikönig muß in London und Paris zumute sein wie einem Nordländer in Neapel. Die Freiheit hat wohl ihre rauhen Tage; da sie aber selten sind, ist nicht gesorgt für Kamin und Pelz. Und jetzt spricht der Russe, wäre ich nur zu Hause, da ist es wärmer und besser, und der Tölpel macht sich lustig über die schöne Natur im Süden! ...

Nach dem Akte, der Napoleons Rückkehr von Elba spielt, fällt ein Vorhang, auf welchem die Stadt Paris in der Vogelperspektive gemalt ist, und hoch in der Luft schwebt ein Adler, im Schnabel einen Lorbeerzweig, in der Klaue die dreifarbige Fahne tragend, und Ruhm und Freiheit nach Frankreich zurückbringend; das ist von unglaublich schöner Wirkung... Manchmal waren die Zuschauer auch wie die Kinder. Als auf Helena Hudson Lowe auftrat, wurde er ausgezischt mit einer Bosheit, mit einer Erbitterung, als wäre er der wahre Lowe und nicht ein armer unschuldiger Schauspieler im roten Rocke. Man sieht Napoleon sterben; Krämpfe, Phantasien, Röcheln, alles nach der medizinischen Natur. Diese widerliche und lächerliche Spitalszene wird auf allen Theatern dargestellt. Es gibt nichts Sinnloseres... Nachdem der Kaiser in seiner letzten Minute getan, was seine Brüder, die andern Kaiser und Könige, schon gleich bei ihrem Regierungsantritte tun – nämlich den Geist aufgeben, fällt ein Vorhang von schwarzem Flor, welches artig und schauerlich war... Das ganze Orchester erschien in der Nationalgarde-Uniform, auch befanden sich viele Offiziere darunter. Der Kapellmeister, der wohl Hauptmann oder Major sein mochte, trug schwere silberne Epaulettes. Das sah wunderlich aus an seinem Platze und in seiner Beschäftigung.

Endlich war das Stück aus und ich satt. Es war ohnedies die zweite Mahlzeit, die am nämlichen Tage mein Herz genommen. Ich sah vorher eine Reihe panoramaartiger Gemälde, die Schlachttage im Juli vorstellend. Die Gefechte auf den Boulevards, auf dem Grève-Platze, die Barrikaden, das Pflastergeschoß, die schwarzen Fahnen und die dreifarbigen, die königlichen Soldaten, die abgehauenen Bäume, die Leichen auf der Straße, die Verwundeten und neben ihnen die gutmütigen Französinnen, die sie laben und verbinden. Man bekommt von allem eine klare Anschauung, es ist, als wäre man dabei gewesen, und es ist zum Totweinen! Denn ich habe die Kämpfenden gemustert, ich habe die Leichen betrachtet und gezählt und die Verwundeten – es waren viele junge Leute; die meisten Alten aber gehörten zum sogenannten, so gescholtenen Pöbel, der jung bleibt bis zum Grabe. Einen bejahrten Mann in einem guten Rocke, ich sah keinen, weder unter den Streitenden noch unter den Gefallenen. Die Männer in guten Röcken sitzen in der Pairs- und Deputiertenkammer und halten sich die Nase zu vor den stinkenden Pöbelleichen und sagen: *Wir* haben Frankreich gerettet, es gehört uns wie eine gefundene Sache, wie eine Entdeckung, und sie ließen sich ein Patent darüber geben. Und die reichen Leute, die verfluchten Bankiers kamen und sagten: halb part! und haltet uns nur den Pöbel im Zaum, damit die Renten steigen. An diese muß die Rache auch noch kommen. In Basel sind sie jetzt eingesperrt, die hochmütigen Ellenritter. Sie wollen allein regieren, das Landvolk soll gehorchen. Aber das Landvolk kennt seine Rechte und will sie geltend machen und belagert die Stadt. Das ist wie in Frankfurt, wo das Landvolk auch unmündig ist und weder an der Regierung noch an der Gesetzgebung teilhat.

Wie gefällt Ihnen der Moskowiter? Seinem Gesandten nach Warschau gab er ein Zettelchen an die Polen mit, worauf er eigenhändig in französischer Sprache und mit Bleistift geschrieben: »*Au peuple polonais; soumission ou la mort! Nicolas.*« O, was ist Gott für ein Phlegmatikus! Aber ich bin selbst nicht besser. Diesen Morgen las ich etwas von der neuen hessischen Konstitution. Und sehen Sie es dem Briefe an? Ist er zerknittert? naß von Tränen der Wut? habe ich Komma, Punktum vergessen? O blödes Vieh! nicht einem Ochsen würde man so etwas weismachen! Ein Ochs ist dumm, aber er ist eigensinnig und hat Hörner. Schafe sind wir, arme, geschorene, zerfetzte Schafe... Daß die Deutschen ihren Fürsten und Sängerinnen die Pferde ausspannen, fällt mir nicht auf. Sind sie besser als Pferde? Sie werden sehen, die guten Hessen ziehen auch noch die Gräfin Reichenbach von Frankfurt bis nach Kassel. Eine solche Konstitution, wie man den Hessen gegeben, hätten sich die Pferde nicht gefallen lassen. Mit den guten Deutschen wird noch schlimmer verfahren als mit dem Heiland. Dieser mußte zwar auch das Kreuz selbst tragen, woran man ihn gepeinigt, aber es selbst auch zimmern, wenigstens das mußte er nicht. Ich kann in Paris Französisch lernen; aber, guter Gott! wie lerne ich Deutsch vergessen? Der Mensch hat überhaupt viel Deutsches an sich. Heute las ich: in England hat die französische Regierung 500000 Flinten bestellt, die russische 600000, die preußische 900000. Werden damit anderthalb Millionen Mörder bewaffnet, die, drei bis vier Fürsten einen Spaß zu machen, sich wechselseitig die Eingeweide aus dem Leibe reißen. Diese Flinten kosten 38 Millionen Franken, und die närrischen Völker dürfen nicht eher sterben, als bis sie ihre eignen Leichenkosten vorausbezahlt! Ich möchte diesen Sommer in einem stillen Tale wohnen, aber so still, so heimlich, so abgelegen, daß kein Mensch, keine Zeitung hinkommt, und im Oktober wieder hinaustreten in die Welt und sehen, wie es aussieht. Vielleicht würde ich da nicht mehr erkennen, ob ich im Monde oder auf der Erde bin.

Es hat sich eine Zahl Damen vereinigt, worunter auch die Königin, und haben Handarbeiten verfertigt, die zum Besten der Armen ausgespielt werden. Ich habe auch einen Zettel, und wenn Sie glücklich sind, bekommen Sie vielleicht eine Arbeit von der Königin Hand. Der Postwagen, der diese allerhöchste Arbeit nach Frankfurt brächte, würde sicher von Kehl nach Frankfurt vom Volke gezogen werden, erführe es davon. Verharre voll Gift und Galle Ihr ganz Ergebenster.

Sechsundzwanzigster Brief
Paris, den 16. Januar 1831
Lachen Sie mich aus! Ich bin gar nicht liberal mehr, sondern seit gestern abend ein vollständiger Narr und lachender Gutheißer. Was geht mich die Not der Menschen an, wenn ich froh bin? Was ihre Dummheit, wenn ich selbst klug bin und das Leben genieße! Mögen sie weinen, wenn es singt um mich herum. Ich habe bei den Italienern Rossinis »Barbier« gehört, und darin *Lablache* als Figaro, die *Malibran* als Rosine. Und, schlimmer als gehört, auch gesehen. Ich war entzückt und bin es noch, daß ich mich totschämen sollte. Stunde auf Stunde, diese so bittern Pillen unserer Zeit schluckte ich fröhlich hinunter, so vergoldet waren sie mir. Ich dachte nicht mehr an die hessische Konstitution und ließe jede fünf gerade sein, würde die Lüge immer so gesungen. Welch ein Gesang! Welch ein Spiel! Figaro in den besten Jahren – die Weiber zum besten zu haben, und dick. Ich weiß nicht, ob Lablache so ist von Natur, oder ob er sich durch Kunst so gemacht. Aber gewiß, mit dieser Gestalt muß sich ein Figaro ausstatten. Ja nicht flink, ja nicht jung, sich ja nicht zu schön gemacht, wie es alle die andern waren, die ich noch gesehen. Wie ist es möglich, fröhlich zu sein, solange man den Weibern gefährlich ist? Wer Ruhe stören kann, dem kann man sie auch stören. Das Fett der guten Laune umgab diesen Figaro von allen Seiten, beschützte ihn und ließ keine feindliche Minute durch. Sie hätten den Spitzbuben sehen sollen mit seinen Augen! Er hätte bis auf die Augen das ganze Gesicht verhüllen, er hätte kein Glied zu bewegen brauchen, und man hätte ihn doch verstanden. Wenn er Rosinen, den Grafen, den Alten ansah, wußte man vorher, was diese sagen würden: man erkannte es aus Figaros Gesicht, der sie durchschaute und uns sein Erraten erraten ließ. Welch unvergleichliche Mimik! Seine Worte waren eigentlich nur die Vokale, zu welchen seine Bewegungen die Konsonanten fügten. Und der Gesang! Schnell, leicht und glänzend wie Seifenblasen, stiegen ihm die Töne aus der Brust. Und Rosine! – ich bin verliebt, verliebt, verliebt:

Schön ist sie gar nicht, bis auf die Augen. Aber diese wonnesüße Schelmerei, dieses zaubervolle Lächeln, das man trinkt und trinkt und nie berauscht wird; und so ohne alle Tücke, man sieht es, sie will ihren alten Vormund einen Tag betrügen, nur um ihn nicht jahrelang betrügen zu müssen; so ohne alles Streben zu gefallen! Kein Hauch von Koketterie an der Malibran. Wäre es aber doch, käme ihr Zauberlächeln nicht aus der Seele, – dann seid ihr Weiber fürchterliche Geschöpfe. Ihr Gesang! Er kam aus dem Herzen des Herzens. Ich mußte mich daran erinnern, gerecht zu sein, um mich zu erinnern, daß die Sontag ebenso schön gesungen. Ich will Kenner fragen, die beide gehört. Aber das will ich verbürgen: die Sontag singt schön, weil sie gefallen will, und die Malibran gefällt, weil sie schön singt... Ich werde sparen, und reicht das nicht hin, werde ich stehlen, und reicht das nicht hin, werde ich rauben, und reicht das nicht hin, werde ich in die »Didaskalia« schreiben; aber ich versäume die Malibran nicht mehr, solange ich hier bin. Zwölf Franken kostet mich mein Platz, den vornächsten zu ihr, den man haben kann. Ehe ich die Malibran gehört, ahndete ich gar nicht, daß ein musikalischer Vortrag auch genialisch sein könne; ich dachte, der Gesang stände im Dienste der Komposition, und wie der Herr, so der Diener. Aber nein. Aus der Spielerei Rossinischer Musik machte die Malibran etwas sehr Ernstes, sehr Würdiges. Dem schönen Körper gibt sie auch eine schöne Seele. Von ihr habe ich begreifen lernen, wie es möglich war, daß einst der Schauspieler Garrick das Abc so deklamierte, daß alle Zuhörer weinen mußten... Lablache mußte ich bewundern wegen seiner Mäßigung in seiner Kraft. Wie kann man nur eine Stimme, die so große Gewalt hat, so meistern, wie man will? Es stürmt aus seiner Brust, und er sagt jeder Tonwelle: so hoch und nicht höher. Gleiche Mäßigung in seinem Spiele, und wie schwer das in dieser leichtsinnigen Rolle! Es ist wie ein Eiertanz. Er bewegt sich im kleinsten Raume, kühn zwischen zarten, leicht verletzlichen Verhältnissen, berührt sie alle und verletzt keines.

– Unter allen Späßen dieser spaßhaften Zeit gefällt mir keiner besser als der, den die Nationalversammlung in Brüssel mit der europäischen Diplomatik treibt. Alles, was die Herren Diplomatiker über die belgische Angelegenheit in ihrem Schlafzimmer oder in ihren Ratsstuben gesprochen, versprochen, gelogen, geheuchelt, geleugnet oder eingestanden, versagt oder bewilligt, wird von jenen dummen Bürgersleuten öffentlich vor allem Volke mitgeteilt. Vergebens schreien die diplomatischen Köche: Wartet ins Teufels Namen, bis das Essen gar ist! Die Belgier erwidern: Wir wollen nicht warten, bis die Suppe verbrannt, das Essen ist uns gar genug, und wir haben Hunger. Die Diplomatiker sind in Verzweiflung darüber. Stellen Sie sich vor, in welche Wut *Janchen von Amsterdam* käme, wenn auf der Frankfurter Messe in jedem Bier- und Weinhause einer hinter ihm stände und den anstaunenden Zuschauern erklärte, wie man ein zerschnittenes Band wieder ganz mache, eine Karte verändere, eine kleine Muskatnuß in einen großen Federball verwandele, und wie das alles so natürlich zuginge! Er würde jammern, daß man ihn um Brot und Ansehen bringe. So ist es hier. Es ist zum Totlachen; sie wissen sich vor Angst nicht mehr zu helfen. Ich erinnere mich, in welchen Zorn es die Diplomatiker versetzte, als vor sieben Jahren, während der spanischen Revolution, der damalige Minister der auswärtigen Angelegenheiten in Spanien über einen diplomatischen Gegenstand einen *aufrichtigen und verständlichen* Brief drucken ließ. Sie hatten schon, wenn auch mit saurem Gesichte, die ganze Revolution verschluckt; aber diesen Brief – das konnten sie nicht hinunterbringen. Göttliche Leute sind die Belgier! O dahin muß es kommen: die Kellerlöcher der Diplomatik müssen geöffnet werden, und dann erst wird es frisch und hell im ganzen Hause sein. Die Gazette hier, die über jene Unverschämtheit des belgischen Kongresses auf ihre Art spricht und lästert, endigt mit den Worten: *Tout cela prouve combien une nation est petite, quand elle n'a pas de Roi!* Ich bin wahrhaft erschrocken, wie ich das gelesen habe. Wie ist es möglich, dachte ich, daß zwei Menschen, von welchen nicht wenigstens einer im Tollhause sitzt, so verschiedene Meinungen haben können? Wer von uns ist verrückt, die Gazette mit den ihrigen oder ich mit den meinigen?

Montag, den 17. Januar 1831

Haben Sie es gelesen, daß die Stunde in Kassel gleich damit angefangen, den Kurfürsten um seine allergnädigste Erlaubnis zu bitten, daß ihm sein getreues Volk eine Statue errichten dürfe? Haben Sie es denn wirklich auch gelesen, und hat mir das nicht ein neckischer Geist auf einem Zeitungsblatte vorgegaukelt? Nein, daß sich die Freiheit in Deutschland so schnell entwickeln würde, das hätte ich nie gedacht! Ich hatte den guten Leuten doch unrecht getan. Wenn das so rasch fortgeht, werden wir in drei Wochen den Vereinigten Staaten nichts mehr zu beneiden haben. In Hannover haben sie sich auch erhoben. Das wird dem armen Lande wieder sechs Schimmel, einen schönen Wagen und eine Statue kosten. Hätten sie nicht gleich damit anfangen können, dem Herzog von Cambridge die Pferde auszuspannen und als Vize-Schimmel seinen Wagen zu ziehen? Was brauchen sie erst vorher eine Revolution zu machen? Ist aber ein treuer Gimpel, der Deutsche! Man kann ohne Sorge den Käfig offen lassen, der Vogel fliegt nicht fort... Haben Sie auch gelesen, daß der König von Bayern seinen Soldaten, welche in seine Bürger eingehauen, einen dreitägigen Sold geschenkt? Ich verstehe nicht mehr. Sie schüren das Feuer, und ihr eigenes Haus brennt; sie gießen Öl in die Wunde, und es ist ihr eigener Schmerz! Ich verliere mich darin.

Dienstag, den 18. Januar 1831

– Was ich von der hannövrischen Revolution erwarte, habe ich Ihnen schon oben geschrieben. Wenn freilich das englische Ministerium selbst die Sache angestiftet hat, so ändert das die Verhältnisse – aber auch nur etwas, aber nicht viel. Doch kann ich mich hierin irren. Von dem hannövrischen Volke selbst, wenn es sich allein, ohne geheime Anregung von London erhoben, erwarte ich nicht viel. Hat doch die neue Regierung in Göttingen in ihrer Proklamation auf die Freiheit von Hessen angespielt! Diese Konstitution schwebt ihren Wünschen als Ideal vor, und sie ist doch die unverschämteste Betrügerin, die man sich nur ersinnen kann. Es wäre ein Meisterstreich von Politik, wenn das englische Ministerium dem Königreiche Hannover eine wahre vollkommene Freiheit gäbe. Es würde dadurch diesen kleinen Staat zum mächtigsten in ganz Deutschland erheben. Dann könnte England Preußen und Österreich trotzen, wenn diese ihm einmal den Krieg erklärten – ein Fall, der leicht und bald eintreten kann. Ist dieses so, dann müßte das englische Ministerium natürlich im geheimen agieren und das hannövrische Volk gegen den Adel in Bewegung setzen, der, eigensinnig und hochmütig, wie er dort ist, die Emanzipation des Bürgerstandes nie bewilligt hätte. Im heutigen *Temps* steht eine ausführliche und richtige Erzählung von den Göttinger Vorfällen. Sie müssen sich das Blatt zu verschaffen suchen; denn in deutschen Zeitungen werden die Vorfälle natürlich entstellt werden. Ein Göttinger Bürger, der die Schlachtsteuer zu bezahlen verweigert, soll die erste Anregung zum Aufstande gegeben haben. Diese Schlachtsteuer wird im *Temps* zu meiner großen Belustigung *Schlacrstener* genannt.

Mittwoch, den 19. Januar 1831
– Die Nachricht, die Sie mir gestern gegeben, daß das englische Ministerium selbst die Revolution in Hannover angestiftet, habe ich auf der Stelle nebst einigen Bemerkungen in die Zeitungen setzen lassen, und sie steht gestern im *Messager*. Wahr oder nicht, man muß die Spitzbuben hintereinander hetzen. Es ist aber doch schön, daß man hier alles gleich in die Zeitung bringen kann, und die Redacteurs küssen einem für jede Nachricht die Hände und für jede Lüge die Füße. Was mich gegen die deutsche Zensur am meisten aufbringt, ist nicht, daß sie das Bekanntwerden der Wahrheit verhindert – diese macht sich früher oder später doch Luft –, sondern daß sie die Lüge unterdrückt, die nur einen armen kurzen Tag zu leben hat und, einmal tot, vergessen ist. Am interessantesten, und merken Sie sich das, sind die hiesigen Blätter immer am Montage; denn da Sonntag keine Kammersitzung ist,

bleibt den Tag darauf den Zeitungen kein anderes Mittel, ihre Seiten zu füllen, als soviel Lügen als möglich herbeizuschaffen. Wie angenehm beschäftigt das die Einbildungskraft. Und was liegt daran! Was heißt Lüge? Kann einer in unsern Tagen etwas ersinnen, was nicht den Tag darauf wahr werden kann! Es gibt in der Politik nur eine mögliche Lüge: *Der Deutsche Bund hat die Preßfreiheit beschlossen.*

– Also *** hat sich gescheut, nach Pest zu gehen, und schon in Ungarn fürchtet man die *Cholera morbus*? In Galizien, drei Tagereisen von Wien, und in Russisch-Polen ist sie nach bestimmten Nachrichten auch schon ausgebrochen. Mir macht das sehr bange. Nicht wegen der sinnlichen Schrecken, welche die Pest begleiten – das ist ein Schrecken, der sich selbst verzehrt, das ist zu furchtbar, um sich lange davor zu fürchten – aber die verderblichen Folgen! Die Lähmung des Geistes, welche im Volke nach jeder Pest zurückbleibt! Das kann alten Frost zurückführen, und die Freiheit, die noch auf dem Felde steht, zugrunde richten. In solchen Zeiten der Bedrängnis braucht man Gott und ruft ihn an, und da kommen gleich die Fürsten und melden sich als dessen Stellvertreter. Was kein Kaiser von Rußland, kein Teufel verhindern könnte, das kann die Pest verhindern. Dann kommen die Pfaffen und verkündigen Gottes Strafgericht. Dann lassen die Regierungen fort und fort im ganzen Lande räuchern, um Nebel zu machen überall. Strenge Gesetze sind dann nötig und heilsam. Die Pest geht vorüber, die Strenge bleibt. Bis das erschrockene Volk wieder zur Besinnung kommt, sind die alten Fesseln neu genietet, die Krankenstube bleibt nach der Genesung das Gefängnis, und zwanzig Jahre Freiheit gehen darüber verloren. Hessische Konstitution, Schimmel, Kosaken, Bundesversammlung, Zensur, was Gott will, nur keine *Cholera morbus*.

– Es ist köstlich mit der »Hanauer Zeitung«: *Gnädigste Freiheit*, statt *gnädigste Erlaubnis!* Ich wollte, der allergnädigste Teufel holte sie aufs allergeschwindeste alle miteinander. *Il faut tous lier, juges et plaideurs.*

Siebenundzwanzigster Brief
Paris, Donnerstag, den 20. Januar 1831
Gestern las ich zu meinem Erstaunen in der Allgemeinen Zeitung: »Der geniale Schriftsteller Heine, von dem es früher hieß, er würde eine Professur der Geschichte auf einer preußischen Universität erhalten, bleibt in Hamburg, wo man ihm das erste erledigte Syndikat zugedacht.« Heine Syndikus? Was sagen Sie dazu? Heine Professor? Aber es ist gar nicht unmöglich. In dieser gefährlichen Zeit durfte man wohl daran denken, die Genies in ein Amt oder in eine Professur zu sperren. Aber ein Narr, wer sich fangen läßt.

Ich habe Grimms *Correspondance littéraire* zu lesen angefangen, die durch vierzig Jahre geht. Ich bin noch nicht weit hinein, hoffe aber es ganz durchzulesen. Das Buch hat zwölf Bände und ist noch nicht fertig. Man lernt viel daraus und wird an vieles erinnert. Paris war damals die Küche, worin die Revolution gekocht wurde. Da sieht man noch die ursprünglichen Bestandteile der Mahlzeit, das rohe Fleisch, gerupfte Vögel, Salz, Gewürz und die Schweinerei der Köche. Aus dem saubern Mischmasch später ist nicht mehr klug zu werden. Grimm zeigt Verstand genug, aber gar keinen Geist und nicht so viel Wärme, daß man eine feuchte Adresse daran trocknen könnte. Dieser Mensch war mir immer unleidlich; er hat eine geräucherte Seele. Welch eine guter Gimpel mußte Rousseau sein, daß er, obzwar älter als Grimm, diesen Menschen nicht durchschaute und eine Zeitlang mit ihm in Vertraulichkeit lebte! Nie standen zwei Seelen so weit auseinander, und die Natur scheint Rousseau und Grimm gleichzeitig geschaffen zu haben, um darzutun, welche verschiedenartige Talente sie hat. Merkwürdig bleibt es immer, daß so ein deutscher blöder Pfarrerssohn, der im gepuderten Leipzig studiert hatte, sich unter den kühnen und glänzenden Geistern des damaligen Paris bemerkt machen, ja sich auszeichnen konnte! das kam aber daher: der deutsche Junge war Hofmeister in adligen Häusern, wo man das Einmaleins, das unserm Glücke oft im Wege steht, leicht verlernt. Es macht dem deutschen Adel Ehre, daß Grimm unter den französischen Spitzbuben so schnell bis zu einem der Hauptmänner hinaufstieg. Er begriff leicht, daß alles darauf ankomme, die Weiber zu gewinnen, und es gelang ihm mit einem Streiche. Er stellte sich in ein schöne Schauspielerin verliebt, die ihn abwies. Grimm legt sich ins Bett und bekommt eine Art Starrkrampf. Er bewegt sich nicht, spricht nicht, ißt und trinkt nichts, außer wenige eingemachte Kirschen, die er aber mit nicht ganz unsichtbarem Vergnügen herunterschluckt. Seine besorgten Freunde, worunter auch Rousseau, umgeben sein Bett. Einer derselben beobachtet ängstlich die Miene des Arztes, wie man es in solchen Fällen gewöhnlich tut. Der Arzt sagt, es hätte nichts zu bedeuten, und man sah ihn lächeln, als er wegging. Eines Morgens stand Grimm auf, kleidete sich an und war gesund. Jetzt war sein Glück gemacht. Er wurde als das Muster treuer Liebe gepriesen. Seine Korrespondenz machte ihn reich, er stand mit einem Dutzend nordischer Fürsten und Fürstinnen in Briefwechsel, die sich die Früchte des französischen Geistes, wie Apfelsinen, kommen und schmecken ließen. Er bekam einen großen Gehalt dafür. Übrigens machte er auch noch für Privatleute Abschriften von den literarischen Berichten für ein Abonnement von 300 Fr. monatlich. Zweimal monatlich, den 1. und den 15., schrieb er solche Briefe, die gewöhnlich keinen Druckbogen groß sind. Viel Geld für wenig Arbeit. Ich wollte, es fände sich auch ein dummer Prinz oder eine kluge Prinzessin, die mich auf solche Weise beschäftigte und bezahlte. Ich beneide den Grimm um diese Stellung. Was haben wir armen Teufel heute von allem unserm Schriftstellern? Den besten Teil verschlingen die Grundsteuern und Zehnten der Zensur vorweg, und für das übrige wenig Geld und späten Beifall, der uns kalt und abgestanden zukommt. Grimm war auch eine Zeitlang Frankfurter Gesandte mit 24 000 Franken Gehalt.

Die kindische Regierung hier hat wieder ein großes Stück Freiheit abgebissen; denn sie kommt mir vor wie ein Kind, das einen Apfel in der Hand trägt, den es sich vorgenommen, auf später zu verwahren. Erst leckt es daran, seine Enthaltsamkeit zu prüfen; dann schält es ihn etwas dick mit den Zähnen; dann beißt es tiefer hinein, dann ißt es ein herzhaftes Stück herunter, und endlich bleibt vom ganzen Apfel nichts mehr übrig. Nach der Revolution hat sich das Volk auch die Theaterfreiheit genommen. Die Regierung sah dieses als eine Sache an, die sich von selbst verstände. Nun ist es seitdem geschehen, daß die Theaterdirektionen die Freiheit, soviel Geld als möglich zu verdienen, als die beste angesehen haben. Um die Leute anzulocken, spielen sie die Geschichten gleichzeitiger Personen. Napoleon, Josephine, Robespierre, Lavalette, der Herzog von Orléans, Benjamin Constant, sie mußten alle auf die Bretter. Das war nun freilich oft unanständig. Allein, wenn das Gesetz sogar Unanständigkeiten verbietet und bestraft, was bleibt dann der Sittlichkeit und der Moral übrig? Übrigens hatte jeder, der sich selbst durch jene Theaterinjurien oder einen Angehörigen seiner Familie oder das Andenken eines Verstorbenen verletzt fühlte, Mittel genug, bei den Gerichten Hilfe zu suchen, und die Regierung brauchte sich nicht hineinzumischen. Auch wären nach einem Vierteljahre diese albernen Wachsfiguren-Komödien wieder außer Mode gekommen. Aber die Regierung benutzte das, um eine Gewalt mehr zu erwerben. Jetzt haben die Minister ein Gesetz vorgelegt, diese Freiheit zu beschränken. Zwar haben sie nicht gewagt, die Theaterzensur wieder einzuführen, doch sind sie dem heißen Brei so nahe als möglich gekommen. Wer ein neues Stück spielen läßt, muß es vierzehn Tage vor der Aufführung dem Minister oder dem Präfekten vorlegen. Verboten kann zwar die Aufführung auf keine Weise werden; wird es aber aufgeführt und es kommen Beleidigungen darin vor (und jetzt wird die endlose Reihe der Vergehungen aufgezählt: gegen den König, gegen die Kammer, gegen fremde Fürsten, gegen Privatpersonen), dann treten die Strafen ein. Bis zu fünf Jahre Gefängnis, bis zu 10000 Franken Geldstrafe. Kurz, es ist, die Leute zugrunde zu richten. Nachgeahmt oder auch nur kenntlich bezeichnet darf niemand mehr werden auf dem Theater. Es ist zum Verzweifeln. Und jetzt gibt es dumme gute Leute genug, hier wie bei uns, die gar nicht begreifen, was denn an einem so löblichen Gesetze zu tadeln sei. Diese Menschen sehen nicht ein, daß solche hemmenden Gesetze den Faschinen gleichen. Anfänglich fließt das Wasser frei durch, aber nach und nach führen Zeit und Arbeit so viel Sand und Erde herbei, daß endlich ein fester Damm daraus wird. Und jetzt wird noch die Kammer kommen, die sich darüber ärgert, daß sie alle Tage im Odeon ausgeklatscht wird, und wird das Gesetz noch strenger machen. So wird eine Freiheit nach der andern zurückgedrängt, und ich glaube, daß bei unsern Machthabern viel Eitelkeit, ja mehr als böser Wille dabei im Spiele ist. Die Regierung, von bürgerlicher Abstammung heraufgekommen, wie sie ist, will zeigen, daß sie so gut zu regieren versteht als die älteste Regierung, und daß sie das Volk im Zaum zu halten weiß. Die fremden Gesandten mögen wohl in freundschaftlicher Unterhaltung die Minister necken, sie ständen unter der Zucht des Volks. Diesen wird dadurch der Ehrgeiz aufgeregt, sie stellen sich auf die Fußspitze und zeigen ihre Größe. Die fremden Höfe lassen gewiß nicht ab, die französische Regierung aufzumuntern, strenge Ordnung im Lande zu erhalten. Nicht etwa als nennten *sie* das strenge Ordnung, womit hier die Regierung sich bis jetzt begnügte, und über die hinaus sie wahrscheinlich auch nicht gehen will – in den Augen jener Höfe ist das immer noch die greulichste Anarchie –; sondern weil sie hofft, das französische Volk werde sich das ewige Hofmeistern nicht gefallen lassen, und es würde endlich die Geduld verlieren und wieder losbrechen.

Freitag, den 21. Januar 1831

Gestern war ich im italienischen Theater und habe die Malibran wieder gesehen. Aber entzückt wie das vorigemal im »Barbier« war ich nicht, was aber gar nicht unsere Schuld ist, denn wir hatten gewiß beide den besten Willen. »Cenerentola« von Rossini wurde gegeben. Musik bis auf einige Stücke, besonders ein herrliches Sextett, sehr matt und leer; das Gedicht langweilig, schwerfällig. Keine Spur von der Grazie und der Laune, die im

»Aschenbrödel« von Nicolo und Etienne herrschen. Die Malibran sang und spielte zwar gut, aber es war keine Rosine. Lablache spielte den Hofmann, welcher beide Schwestern den Prinzen vorstellt. Es ist merkwürdig, was dieser Mann spielt, merkwürdiger, was er *nicht* spielt. Eine solche Entsagung ist mir noch bei keinem Schauspieler vorgekommen. Seinen Gesang bewundere ich immer mehr und mehr. Alle andere Sänger, die ich noch gehört, selbst die göttliche Malibran – es bleibt doch immer ein Instrument, das sie spielen. Sie und die Töne sind getrennt, sie bringen sie hervor. Lablache aber ist eins mit seinem Gesange, er ist wie ein Singuhr, die, einmal aufgezogen, von selbst fortsingt. Den Abend hörte ich auch zum ersten Male zwei andere vortreffliche Sänger, *Donzelli* und *Zuchelli*. Ich sage *zum ersten Mal*, obzwar der eine im »Barbier« den Grafen, der andere den Bartolo machte. Aber ich hörte sie damals nicht über die Malibran. Zuchelli, der hochmütige Vater der eitlen Töchter, hat ein komisches Duett mit Lablache, das einen, der unter dem chirurgischen Messer schmachtet, zum Lachen bringen müßte. Welch ein Leben, welch ein hohes Mienenspiel, was wird da nicht alles eingesetzt! Ich hätte nicht geglaubt, daß das Menschengesicht so reich an Zügen wäre. So ein italienischer Bouffon ist doch ganz anders wie ein deutscher oder französischer. Letztere, selbst in ihrer ausgelassensten Laune, auch wenn sie sich der Fröhlichkeit noch so keck und unbedacht hingeben, verraten doch eine versteckte Ängstlichkeit. Es ist, als hätten sie ein böses Gewissen, als fühlten sie, daß sie etwas Unrechtes, etwas Unschickliches begingen, indem sie so fröhlich sind. Der Italiener aber hat den echten katholischen Glauben, er sündigt getrost fort und verläßt sich auf die Absolution. Ich habe *** gefragt, wie sich die Sontag zur Malibran verhalte? Er sagte mir: Man dürfe die Sontag gar nicht nach dem beurteilen, was sie war, ehe sie nach Frankreich gekommen; sie habe sich in Paris ungemein entwickelt und ausgebildet. Es ist schade, daß sie nicht alle ihre deutschen Bewunderter mit sich hieher geführt, damit sie auch etwas lernen. Die Sontag war mir ganz zuwider, wegen der mir verhaßten Anbetung, die sie in Deutschland gefunden hat. Dort haben sie eine hohe Obrigkeit aus ihr gemacht, und man weiß doch, was das heißt – eine hohe Obrigkeit ist dem Deutschen eine höchste Gottheit. Hier ist das ganz anders. Sie haben es früher selbst gesehen, welcher Aufregung die Franzosen im Theater fähig sind. Es ist nicht bloß wie bei den Deutschen ein Toben mit dem Körper, ein Klatschen, ein Schreien, es ist ein inneres Kochen, ein Seelensturm, der nicht mehr zurückgehalten werden kann und endlich losbricht. Aber wenn der Vorhang fällt, ist alles aus. Man verehrt keine Sängerin wie eine Königin, man betet sie nicht wie eine Heilige an. In keiner Gesellschaft hier werden Sie je vom Theater sprechen hören, in Berlin nie ein Wort von etwas anderm. – Die italienische Oper hier mögen viele Kenner, wenigstens viele geübte Dilettanten besuchen. Man merkt dieses bei der Aufführung bald an der Sicherheit und Bestimmtheit des Urteils. Manchmal brach ein Beifallsgemurmel aus, manchmal tat sich ein tadelndes Stillschweigen kund, ohne daß ich entdeckte, was die Veranlassung zu diesem und jenem war. Und diese entscheidenden Kenner schienen mir sehr streng zu sein. Im Orchester (was man hier so nennt, die ersten Reihen der Parterresitze) bemerkte ich einige musikalische Grauköpfe, die gewohnt da saßen, als wären sie in ihrem Schlafzimmer. Sie horchten ernst und streng auf, als wären sie Geschworne bei den Assisen. Sie kamen mir wie Invaliden vor, die noch den musikalischen Krieg zwischen den Italienern und Franzosen mitgemacht. Jene ganze Zeit, Rousseau schwebte mir vor, ich sah nach der *Ecke der Königin!* und in dem Sturme jener Zeit, der in meiner Erinnerung lebte, ging mir eine ganze Arie zugrunde.

Mit Niebuhr mag es sich wirklich so verhalten, wie die preußische Staats-Zeitung erzählt. Das hat aber die preußische Staats-Zeitung weislich verschwiegen, daß Niebuhrs Gram daher floß, weil er die Gefahren voraussah, welchen der preußische Staat entgegeneile. Die Wahnsinnigen in Deutschland – sie eilen dem Abgrunde entgegen. Schon vor einigen Monaten erzählte mir ein Bekannter hier, der entweder selbst mit Niebuhr oder doch mit dessen vertrauten Freunden in Verbindung steht: dieser gelehrte Mann wäre seit der Französischen Revolution in brütenden Gram versunken und ganz *aus dem Häuschen*. Aber eine Seele, die in einem Häuschen wohnte, die konnte nicht sehr groß sein. Heute Abend auf den Ball. Ich erwarte den Friseur. Ich lasse mich *à la* Franz Moor frisieren. Der Ball wird so glänzend wie der im vorigen Jahre. Ich werde Ihnen alles genau beschreiben. – In Hessen geht es gut. Vorwärts, Kinder! die Göttinger Bibliothek verbrennen! Es ist ein erhabener Gedanke! Das hat Gott herabgerufen! Eine halbe Million Bücher weniger, das kann die Deutschen weiser machen! Es lebe die Freiheit!

Achtundzwanzigster Brief

Paris, den 24. Januar 1831

Sie warten gewiß schon diese vier Tage lang auf eine herrliche Beschreibung des Opernballes; aber kehren Sie nur gleich um. Ich weiß von dem Balle nicht mehr als jeder Fürst von seinem Lande; denn ich habe ihn nur von oben herab gesehen. Nun, ich bin da gewesen, und – *bin noch da*. Das ist das Wunder! Der Ball scheint nur eingerichtet worden zu sein, um zu zeigen, wie wenig Raum und Luft ein Mensch braucht, um zu leben. Das nennen sie ein Vergnügen! Wenn ich einmal einen Kriminalkodex mache, würde ich die schweren Verbrecher verurteilen, dreißig Nächte hintereinander auf solchen Bällen zuzubringen. Nach den besten medizinischen und chirurgischen Handbüchern hätten von den Anwesenden 7000 Menschen 2000 ersticken, 2000 erdrückt werden und die drei übrigen Tausend mehr oder weniger krank werden müssen. Doch von dem allen ist nichts geschehen, und die 7000 leben sämtlich noch. Von den Weibern begreife ich das; die erhält auf jedem Balle die Religion, der Märtyrerglaube, der den Körper ganz unempfindlich macht und wie vernichtet. Aber wie hielten es die Männer aus? Es hatte keiner mehr Platz und Luft als in einem Sarge. Die Franzosen müssen mit Springfedern gefüttert sein. Aber es ist wahr, der Anblick war herrlich, bezaubernd, es war ein Märchen aus Tausendundeine Nacht. Dieser sonnenhelle Lichterglanz, dieses strahlende Farbengemisch von Gold, Silber und Seide, von Weibern, Kristall und Blumen, und das alles mit so viel Sinn und Kunst angeordnet, daß es das Auge erquickte und nicht blendete, und die Musik dazwischen, wie hineingestickt in den großen Teppich, eins damit – es war zu schön. Das Parterre, verlängert durch die Bühne, hatte Reihen von Bänken, auf welchen die Damen saßen, oder hinter Balustraden an den Wänden herum. Zwischen schmalen Gassen bewegten sich die dunkeln Männer, oder (sollte ich sagen) zog der *Mann*; denn sie waren alle wie zusammengewachsen. Und jetzt vom Boden an aufwärts saßen die Frauenzimmer in ungeheuren Kreisen immer höher übereinander, in den Logenreihen, bis hinauf zur Decke, wo sonst nur das letzte Volk sitzt. Die einzelnen Bewegungen waren unerkennbar, der Mensch verlor sich in eine Sache, das Leben ward zum Gemälde. Aus der Mittelreihe der Logen sah ich hinab, hinauf, umher, aber der Anblick von unten, vom Hintergrunde des Theaters zumal, muß noch viel schöner gewesen sein. Ich konnte nicht hineindringen, und mich wie die andern hineindrängen zu lassen, das wagte ich nicht. Der große Foyer der Oper war gleich herrlich wie das Theater selbst beleuchtet und ausgeschmückt. Da wurde auch getanzt. Da sammelte sich alles, was Theater und Logen nicht fassen konnten und was überströmte. Korridor und Treppen, sonst nur bestimmt durchzugehen, hinauf- und hinabzusteigen, dienten zum bleibenden Aufenthalte und waren so gedrängt voll Menschen wie der Saal selbst. Unten beim Eingange wurde man von einem Musikchore empfangen; die Treppen waren mit großen Spiegeln und Blumen geschmückt, der Boden mit Teppichen belegt. Durch zwei Reihen Nationalgardisten stieg man hinauf. An mehreren Orten waren Buffets eingerichtet. Erfrischungen aller Art im reichsten Überflusse. Das kostete nichts, das war mit dem Billett zugleich bezahlt. Königliche Diener servierten auf dem Silbergeschirre des Königs. Am Buffet unterhielt ich mich sehr. Da stand ich oft und lange; nicht um zu genießen, sondern in den reinsten Absichten, nämlich um reine Luft einzuatmen. Von den Buffets führten offenstehende Türen zu zwei Balkons nach der Straße, die nur mit Zelttuch bedeckt waren und zur Küche dienten. Da, und nur da allein im ganzen Hause, konnte man frei atmen. Das Schauspiel bei den Buffets war auch ohnedies ergötzlich. Es ist doch etwas Erhabenes, eine so große Menschenmenge essen und trinken zu sehen! Hohe Bergen von Kuchen, Torten, Konfitüren, Früchten; Ströme von Limonade, Himbeersaft, Orgeade; ganze Schollen von Eis – das war in einer Minute wie verschwunden, man wußte nicht, wo es hingekommen, es war wie eine Taschenspielerei. Augenblicklich wurde alles wieder ersetzt, erneuert, und augenblicklich war alles wieder verschwunden, und so immer fort, und alles in den kleinen Mund hinein! Ich sah, wie ein Offizier der Nationalgarde seinen kriegerischen Mut zeigte, indem er seinen Säbel zog und damit eine ungeheure Torte zusammenhieb. Er hörte nicht eher auf mit Hauen und Verschlingen, bis er das Gebiet seines Körpers erweitert hatte. Das nennt aber ein Franzose nicht erobern, sondern seine natürliche Grenze wieder bekommen. Und so werden sie nächstens das süße Belgien anschneiden und den Rhein austrinken wie ein Glas Limonade. Sehr bald! *Nous n'aimons pas la guerre, mais nous ne la craignons pas* – das heißt: wir lieben den Krieg, aber bis jetzt haben wir ihn gefürchtet, weil wir noch nicht gerüstet waren.

Die Ordnung auf dem Balle war musterhaft, es war ein Meisterstück von Polizei. Es waren sogar zwei allerliebste kleine Feldspitäler eingerichtet, bestimmt zur Aufnahme und Pflege verwunderter Weiber. Es war zu artig! Dunkelgrün drapierte Zimmerchen, Dämmerlicht, Servietten, frisches Wasser, alle möglichen Salze und riechenden Sachen, Scheren zum Aufschneiden der Korsetts, Essig, Zitronen, kurz alles, was man braucht, um Weiber wieder zur Besinnung zu bringen. In jedem Spitälchen eine geübte Krankenwärterin, erfahren in allen Geheimnissen weiblicher Ohnmacht; draußen ein Türsteher zur Wache. Ich, der das Schlachtfeld gesehen, dachte, es müßten

Scharen von gefallenen Weibern herbeigetragen werden; es kam aber bis Mitternacht nicht eine. Ich hätte freilich wissen sollen, daß Frauen öfter in Kirchen als auf Bällen in Ohnmacht fallen... Der König mit der ganzen königlichen Familie waren auch anwesend. Ich sah sie zum ersten Male ganz in der Nähe. Die jungen Prinzen sehr charmant. Wären sie nur legitim gewesen, ich hätte sie küssen mögen. Sie wurden mit lauter und herzlicher Liebe empfangen. Ich war auf dem Vorplatze und hörte auch den Jubel von innen heraus. Es soll ein ganz herrlicher Anblick gewesen sein, wie beim Eintritte des Königs alle die vielen tausend Menschen sich von ihren Sitzen erhoben und ihn begrüßten. Dieses eine nicht gesehen zu haben, tat mir am meisten leid. Um Mitternacht lag ich schon im Bette, ganz herzlich froh, daß mein Vergnügen ein Ende hatte, und die armen Menschen bejammernd, die noch auf dem Balle waren. Die Hitze war zum Ersticken. Lieber in einer arabischen Sandwüste weilen, wo man doch wenigstens nicht den verdorbenen Atem anderer Menschen einzuhauchen braucht. Ich habe so viele französische Luft eingesogen, daß ich begierig bin, was es für Folgen haben und welche Veränderung es in meiner deutschen Natur hervorbringen wird. Ich wollte, ein Aerostat hinge mir ein Schiffchen an die Beine und versuchte mich. Um halb acht Uhr morgens fuhren die letzten Wagen fort. Ich habe kleine Berechnungen angestellt, wie viel ein solcher Ball kostet, und wie viel Geld er in Umlauf bringt. In Paris geht alles gleich ins Große, und die kleinste Ausgabe eines einzelnen wird für die Menge ein hohes Budget. 7000 Billetts wurden verkauft zu 20 Fr. Außerdem gab die königliche Familie 8000 Fr. für ihren Eintritt, und mehrere Privatleute haben ihre Billetts mit 1000 Fr. bezahlt. 7000 Paar Handschuhe zu 50 Sous im Durchschnitt machen 17 500 Fr.; 2500 Weiber (so viele waren auf dem Balle) zu frisieren, der Kopf im Durchschnitt zu 4 Fr., 10 000 Fr.; 2500 Paar Schuhe zu 4 Fr. macht 10 000 Fr.; Mietkutschen hin und her wenigstens 16 000 Fr.; das bisherige allein macht schon über 200 000 Fr.; und jetzt dazu gerechnet, was Damen und Herren an andern Putzsachen und Kleidern verwendet haben! Auf dem Balle habe ich auch zum ersten Male alle Figuren des Frankfurter Modejournals (nur mit schönern Gesichtern) lebend gesehen. Ach, was für schöne Kleider! Ich wollte, ich wäre eine Putzmacherin, um Ihnen das alles beschreiben zu können. Besonders habe ich ein Kleid bemerkt, gemacht ich weiß nicht wie, von einer Farbe, die ich vergessen, und darüber einen Kopfputz, den ich nicht verstanden – Sie werden mich schon verstehen – aber das war einzig! Doch habe ich auch Putzwerke gesehen, sinn- und geschmacklos und so kleinstädtisch, als kämen sie aus Friedberg. Das mögen wohl Bürgersweiber und Bürgerstöchter aus dem Marais und der Rue St.-Denis gewesen sein, die reich sind, aber nicht an Geschmack. Auch erinnere ich mich, nie auf deutschen Bällen so viele alte häßliche, ja mißgestaltete Weiber gesehen zu haben, die sich so unverschämt jung und schön gekleidet hätten, als ich hier sah.

Neunundzwanzigster Brief

Paris, Dienstag, den 25. Januar 1831

In diesen Tagen wird das Schicksal Belgiens entschieden sein. So eine lächerliche Thronversteigerung ist mir noch nicht vorgekommen. Daß es Fürstensöhne gibt, die um diese Krone betteln! Lieber streckte ich meine Hand nach einem Sou aus. Betteln um eine Krone! Jupiters Donner als Almosen empfangen! Eine Krone muß man rauben, oder sie annehmen aus Barmherzigkeit. Frankreich wird Belgien ganz gewiß bekommen, oder doch den größten Teil davon. Das ließ sich vorhersehen. Die große Verwirrung, welche beim belgischen Kongreß herrschte, hatte so viel Methode, daß man wohl merkte, daß alles verabredet war. Frankreich wird nie zugeben, daß der kleine Beauharnais König von Belgien wird, und ich gebe es noch weniger zu. Behüte mich Gott! Mir ist nichts verhaßter; denn nichts ist verderblicher als diese Mischung von buonapartischem und deutschem Blute. Frankreich hat das erfahren unter Napoleon, hatte aber das Glück, früher unglücklich als schuldig zu werden. Was! einen

König, der sein Volk verwundete und vergiftete zugleich, zugleich Sklaverei und Dienstbarkeit über es brächte? Diese beiden Übel waren doch bis jetzt in keinem Staate vereinigt. Die Spanier, Italiener, Russen und andere sind Sklaven; die Völker deutscher Zunge sind Bediente. Aber Sklaverei macht nur unglücklich, entwürdigt nicht, doch Dienstbarkeit erniedrigt. Lieber einen Don Miguel zum Herrn haben, als einen sogenannten milden und gerechten deutschen Fürsten. Man ehrt doch noch die Kraft, indem man sie fürchtet, ihr Fesseln anlegt; wir zahmen Haustiere aber dürfen frei umhergehen, weil man recht wohl weiß, daß wir jeden Abend in den Stall zurückkehren und zu jeder Tageszeit kommen, sobald man uns pfeift. Lassen Sie so einem Schafe einmal in den Sinn kommen, den Löwen zu spielen, und Sie werden sehen, wie der milde und gerechte Hirt zum Tiger wird. Die weiche Nachgiebigkeit macht selbst eine Kanonenkugel mild; sie dringt durch Stein und Eisen und bleibt in einem Misthaufen stecken. Nichts erwarte ich von dieser Schafherde. Was wir in den letzten Zeiten gesehen, das war die bekannte Drehkrankheit. Woher kommt dieser Lakaiencharakter der Deutschen? – Ich weiß es nicht; aber sie waren immer so gewesen. Man glaubt, das Volk stamme aus Asien. Vielleicht waren sie dort eine Art Pariakaste, die es endlich nicht mehr aushalten konnte und wegzog. Aber der Hund, der sich von der Kette losreißt, bleibt immer Hund, er wechselt nur den Herrn. Die alten Deutschen waren zwar freier, aber nicht freigesinnter als die heutigen. Wer nicht viel hat, kann nicht viel besteuert werden, und die alten Deutschen waren rohe Wilde; ohne leiblichen, ohne geistigen Besitz. Aber was sie hatten, gaben sie immer hin für ihre Anführer, die sie freiwillig suchten. Sie lebten und starben für sie, und zu Hause verwürfelten sie ihren eigenen Leib, wenn sie kein Geld mehr zu verlieren hatten. Dienstbarkeit, Trunkenheit, Spielsucht, das sind die Tugenden unserer Ahnen. Ich erinnere mich aus meinen Schuljahren eines Deklamationsgedichts; das fing so an: Die alten Deutschen waren – nicht schmeidig wie der Aal – doch Löwen in Gefahren – und Lämmer beim Pokal. – Geschmeidig sind wir noch heute nicht; Löwen sind wir noch in Gefahren, aber nur nicht in unseren eigenen, und Lämmer sind wir das ganze Jahr, nur nicht beim Pokal. Da sind wir grob, und wenn das ganze deutsche Volk nur einmal vier Wochen hintereinander betrunken wäre, oder wenn es ebenso lange nichts zu essen hätte, da ließe sich vielleicht etwas mit ihm anfangen.

Mittwoch, den 26. Januar 1831
Das muß einen ganz eignen Grund haben, daß Sie gestern nicht hier waren, daß Sie nicht den »Othello« und die Malibran als Desdemona gehört haben! So hart ist doch Gott sonst nicht gegen seine guten Kinder. Sie, die Sie das alles mit hundert Lippen einsaugen, mit hundert Seelen empfinden! Wie wäre Ihnen geworden, da es schon mich in solche Bewegung setzte! War es doch, als wäre das eigne Herz zur Harfe geworden, auf welcher Engel spielten – das Ohr horchte nach innen. So klagen die Seligen, wenn sie Schmerzen haben! So stürmen die Götter, wenn sie zornig sind, gegen Unsterbliche wie sie. So weinen, lächeln, lieben, bitten und trauern die Engel. Mit wahrer Seelenangst klammerte ich mich an die irdischen Worte fest, damit ich nur den Boden nicht verlor und von den Geistertönen hinaufgezogen würde. Die Malibran, die hat Gott beurkundet mit der Unterschrift seiner Schöpfung, die kann keiner nachmachen. Es war wie eine Blumenflur von allen milden und stolzen, stillen und hohen, süßen und bittern Gefühlen des Menschen, mit aller Farbenpracht, allen Wohlgerüchen und allen Betäubungen der mannigfachen Blumen. Dieses Weinen, dieses Weinen ohne Tränen, habe ich nie gesehen, möchte ich nie sehen im Leben. Als ihre Tränen zu fließen anfingen, war mir die Brust wie erleichtert. Hat die Liebe so viel süße Schmeichelei, kann der Schmerz so edel sein, durchbohrt Verachtung so tief, kann der Zorn so erhaben, der Schrecken so erschrecklich, die Bitte so rührend sein? Ich wußte das alles nicht. Fragen Sie mich: hat sie das gesprochen, gesungen, mit Gebärden so dargestellt? Ich weiß es nicht. Es war alles verschmolzen. Sie sang nicht bloß mit dem Munde, alle Glieder

ihres Körpers sangen. Die Töne sprühten wie Funken aus ihren Augen, aus ihren Fingern hervor, sie flossen von ihren Haaren herab. Sie sang noch, wenn sie schwieg. Ich habe mich für unverbrennlich gehalten und habe erfahren, daß ich es nicht bin; ich will künftig auf Feuer und Licht mehr achtgeben.

Im dritten Akte hätte ich es nicht länger aushalten können, stände nicht zum Glücke ein kleiner Hanswurst hinter meinem Herzen auf beständiger Lauer, der immer mit seinen Späßen hervortritt, sobald das Herz zu betrübt und ernst wird. Als die Szene kam, wo Othello Desdemonen den Tod ankündigt und diese, ehe sie niedersank und sich dem Dolche hingab, sich in die Wolken erhob und wie ein Sturmwind die ganze Welt der Leidenschaften umbrauste, Liebe, Haß, Zorn, Schrecken, Spott, Trotz, Verachtung, und dann wieder zur Liebe kam und noch einmal alles umkreiste – da wurde mir heiß am ganzen Körper. Ein vernünftiger Mensch hätte ruhig fortgeschwitzt und sich nicht stören lassen; aber ein Philosoph wie ich will durchaus wissen, warum er denn eigentlich schwitzt. Und ich wußte es nicht, denn ich hatte aus der Psychologie vergessen, welche Leidenschaft, welche Gemütsbewegung den Menschen in Schweiß bringt. Da fiel mir ein, in Goethes Leben gelesen zu haben, wie in der Schlacht von Valmy, zwar in bescheidener Entfernung vom Schlachtfelde, doch nahe genug, daß er den Kanonendonner hören konnte, dem Dichter ganz heiß geworden war, wie mir im »Othello«. Daraus schloß ich denn, daß es die *Furcht* sei, die den Menschen schwitzen mache. Darüber mußte ich lachen, und das erleichterte mir das schwere Herz. Und als darauf die Malibran herausgerufen worden und erschien und ich sah, daß alles nur Spiel gewesen, ging ich froh nach Hause und segnete die Künstlerin, die Gott so gesegnet. Shakespeares »Othello«, wie ihn der italienische Operntext zugerichtet, ist dumm bis zur Genialität. Man hat seine Lust daran. Die Musik scheint mir noch das Beste, was Rossini gemacht. Übrigens bekümmerte ich mich nicht darum, und ich glaube, die Malibran auch nicht. Was aber die Weiber schwache Nerven haben, wenn sie nicht prapariert sind! Diese Malibran, die doch den ganzen Abend so unerschrocken durch Wasser und Feuer ging und alle Elemente aushielt, ohne zu zucken – ich sah sie vor Schrecken zusammenfahren wie ein Schäfchen, als einmal hinter den Kulissen etwas wie ein Leuchter von der Decke herabstürzte!... Es Ihnen prosaisch zu wiederholen: die Malibran ist die größte Schauspielerin, die ich je gesehen. In der heftigsten Bewegung zeigte sie jene wahre antike Ruhe, die wir an den griechischen Tragödien bewundern und welche wahrscheinlich auch die Schauspieler der Alten hatten. Darum, des rechten Maßes sich bewußt, spielt sie auch mit einer Kühnheit, die eine andere sich nicht erlauben dürfte. Sie klammert sich flehend an den Mantel des wütenden Othello oder ihres erzürnten Vaters, sie umschnürt ihre Hände mit den Falten des Kleides, sie zerrt daran – eine Linie weiter, und es wäre lächerlich, es sähe aus, als wolle sie ihnen die Kleider vom Leibe reißen; aber sie überschreitet diese Linie nicht, und sie ist erhaben. Und ihr Gesang! Gibt es denn mehr als eine Art, darf man denn anders singen? Spricht man im Himmel auch verschiedene Dialekte? Nun, dann hat sie *hoch* himmlisch gesungen, meißnisch, und die andern singen *platt* himmlisch. Sie sehen, ich kann auch ein Narr sein – zu meinem Glücke nur ein prosaischer; denn ich kann keine Verse machen. Ich gehe nächstens einmal in die große französische Oper, und das wird mich wieder heilen.

– Nächstens gibt man zum Besten der Polen ein großes Konzert. Die ersten Künstler und Künstlerinnen nehmen daran teil. Eine Dame von Stande aus Brüssel, bewunderte Harfenspielerin in ihrer Stadt, wird die Reise nach Paris machen, ihre schöne Kunst zur schönsten Bestimmung zu verwenden. Dieser edlen Frau verzeihe ich alle ihre Ahnen. Auch werden, zu gleichem Zwecke, in allen Teilen der Stadt Bälle gegeben werden. Eine polnische Kommission hat sich gebildet, an deren Spitze Lafayette steht. Unter den Mitgliedern sind auch Delavigne und Hugo. Diese wollen durch Gedichte begeistern. Der Referendar Simrock in Berlin wird sich hüten, sich das zweitemal zu verbrennen; der besingt die polnischen Farben gewiß nicht... Hat man in Frankfurt auch die jüdisch-polnische Zeitung, deren erste Nummer hier angekommen ist? Sie wird von Rabbinern geschrieben, und es werden darin alle jüdischen Glaubensgenossen aufgefordert, mit Geld beizustehn. Unsere deutschen adligen Juden, die auf Du und Du mit allen Ministern und fürstlichen Mätressen sind und darum auf Ehre halten, werden lachen über die Zumutung jener polnischen Canaillen und sich um die stinkenden Polen und ihre stinkende Freiheit wenig bekümmern.

Dreißigster Brief

Paris, Donnerstag, den 27. Januar 1831

Sie fragen mich, ob denn die hessische Konstitution wirklich so gar arg wäre, als ich behaupte? Was arg! Das ist das Wort gar nicht. Es ist die unverschämteste Prellerei, die mir je vorgekommen. Die Erzjuden hier auf den Boulevards, wenn sie sie läsen, würden mit Neid ausrufen: nein, das können wir nicht! Gewährte die Konstitution noch so wenig oder auch gar nichts von dem, was heute die Völker von einer erwarten, dagegen ließe sich nichts sagen. Die Freiheit wurde von einem Fürsten nie geschenkt noch verkauft; ein Volk, das sie haben will, muß sie rauben. Dem Geduldigen gibt man nichts, dem Drohenden wenig, dem Gewalttätigen alles. Die Hessen haben nur etwas gedroht. Aber diese Konstitution ist eine Betrügerei, man hat das schlechte Zeug gelb gemacht, daß man es für Gold halte, und so dumm ist unser Volk, daß unter hundert Käufern nur einer merkt, daß er betrogen worden. Was ist das für eine Konstitution, die den Satz enthält: *Das Briefgeheimnis ist unverletzlich*, für nötig hält, ausdrücklich zu erklären, die Regierung dürfe keine schlechten Streiche machen? Es heißt: *Die Presse ist vollkommen frei*, ausgenommen, wo sie die deutsche Bundesversammlung beschränkt; die deutsche Bundesversammlung aber hat sie in allem beschränkt. Es heißt: *Alle Religionen sind gleich vor dem Gesetze*, und gleich darauf: *die Rechte der Juden werden unter den Schutz der Konstitution gestellt*. Das heißt: einem, der in Ketten liegt, zu seiner Beruhigung eine Wache zur Seite stellen, damit ihm ja niemand seine Ketten stehle! Die Juden haben es jetzt viel schlimmer als vorher. Früher konnte doch ein Fürst die Rechte der Juden erweitern, sie den übrigen Staatsbürgern ganz gleich stellen. Jetzt kann er aber das nicht mehr, da der rechtlose Zustand der Juden unter dem Schutze der Konstitution steht, die von dem Fürsten nicht übertreten werden kann. Und so die Wahlen, so alles. In der ganzen Konstitution sind die Rechte zwischen Regierung und Volk so geteilt, wie jener Jude mit einem dummen Bauer den Gebrauch eines gemeinschaftlich gemieteten Pferdes teilte: »Eine Stunde reite ich, und du gehst, die andre Stunde gehst du und ich reite.«

– Warum wundert Sie, daß es dem *** in Wien gefallen, und warum wundert das ihn selbst? Wien ist ein ganz hübscher Ort, und ich möchte wohl dort wohnen, wenn ich ein fetter Antonius wäre und kein magerer Cassius. Wenn er sagt, er habe es dort ganz anders und besser gefunden, als er erwartet, so ist das seine Schuld; er hat falsch gesucht und falsch gefunden. Er glaubte wahrscheinlich, in Wien bekäme jeder die Knute, der ein Wort von Politik spräche, und man fände dort keine anderen Bücher als Koch- und Gebetbücher. Aber so ist es nicht. Campe schrieb mir neulich, daß meine Schriften in Österreich am meisten Abgang hätten. Das muß aber keinen irremachen. *** ließ sich täuschen, wie sich die Wiener selbst täuschen lassen. Die glauben auch, daß sie sich eine Freiheit *nehmen*, die ihnen die Regierung eigentlich *gibt*, wobei aber diese klug genug ist, sich anzustellen, als ließ' sie sie nehmen, weil sie weiß, daß verbotene Früchte am süßesten schmecken. Der österreichische Staat ist eine seelenlose Dampfmaschine, aber keine *mit hohem Drucke*. Sie wissen dort genau zu berechnen, wie weit man es treiben darf, ohne daß der Kessel platze, und lassen darum zuweilen Rauch aus dem Schornsteine – nach oben, in den höhern Ständen, in der Residenz; nach unten nie.

– Ich habe herzlich darüber lachen müssen, daß die hannövrischen Soldaten beim Einzuge in Göttingen den Marseiller

Marsch gespielt. Ich glaube, die Spitzbuben haben das mit Bedacht getan. Sie wollten sich wohl über die Revolutionärs lustig machen. Vielleicht war es auch Gutmütigkeit. Sie dachten, da habt ihr euern Marseiller Marsch, ihr wollt ja nicht mehr. Und vielleicht wollten sie wirklich nicht mehr. Haben Sie aber auch die Unterwürfigkeitsakte der Stadt Göttingen gelesen, den Brief, den sie an den General geschrieben. Das ist zu schön. Vor lauter Demut und Zerknirschung wissen sie nicht genug *Hochgeburt* und *Hochwohlgeburt* aufzutreiben. Sie kriechen unter die Erde. So ist der gute Deutsche! Wenn einmal ein müder Bürger seinen schweren Bündel Untertänigkeit abwirft, gleich hebt ihn sein Nachbar auf und hockt die Last zu seiner eigenen. Und in dieses Land soll ich zurückkehren! Hätten sie nur wenigstens eine italienische Oper wie hier! Aber keine Freiheit und keine Malibran, keinen Styx und keinen Lethe!

– Ich schrieb Ihnen neulich von einem Gemälde, die Schlachttage im Juli darstellend, das ich gesehen. Da war aber doch mehr der Stoff, der mir Freude gemacht, die Phantasie mußte sich das übrige erst selbst verschaffen; denn vieles fehlte, das Gemälde hatte keinen großen Kunstwert. Jetzt ist aber im Diorama ein Gemälde gleicher Art aufgestellt, das alles selbst leistet und von der Phantasie nichts fordert. Die Verteidigung und Eroberung des Stadthauses wird vorgestellt, und die Täuschung ist auf das Höchste getrieben. Es ist ganz ein Schlachtfeld, nur ohne Gefahr. Die Sonne liegt heiß auf dem Pflaster und brennt auf dem Gesichte der Streitenden. Die Luft ist so rein, daß man durch den zarten Pulverdampf sieht. Menschen und Pferde bluten und verbluten. In der Mitte des Platzes sieht man einen Zögling der Polytechnischen Schule, in der linken Hand die dreifarbige Fahne, in der rechten den Degen haltend. Er steht mit dem linken Fuße auf einer Kiste, mit dem rechten auf einem höheren Fasse, und ist eben im Begriffe, sich hinaufzuschwingen, um oben die Fahne hinzupflanzen. Es gibt nichts Theatralischeres als diese Stellung, und doch hat sie der Maler gewiß nur nachgeahmt, nicht erfunden. Darin haben es die Franzosen gut, daß sie vermögen, mit jeder Großtat im weiten Felde zugleich das Drama zu dichten, das jene Großtat im engen Felde darstellt. Sie sind zugleich Helden und Schauspieler. Man sieht es ganz deutlich an diesem Jüngling mit der Fahne, wie er seiner Kühnheit und seiner theatralischen Stellung zugleich froh war. Noch eine andere schöne Gruppe zeichnet sich aus. Ein Mann aus dem Volke, Brust und Schultern nackt, kniet auf die Erde, in dem rechten Arm einen verwundeten hinsinkenden Knaben haltend, die linke Faust gegen die hintenstehenden Soldaten ballend, die den Knaben wohl eben getroffen. An der Schwelle eines Hauses liegt die Leiche eines Frauenzimmers. Daß mitten im Kugelregen mehrere Frauenzimmer unerschrocken weilen, um den Verwundeten beizustehen, hat mich weniger gewundert (sie trieb das Mitleid), als daß andere ohne Furcht zu den Fenstern hinaussehen. Im Hintergrunde, am Wasser, stehen die königlichen Soldaten. Jenseits schießen die Studenten herüber. Ich habe unter den Kämpfern wieder gute Röcke gesucht, vornehme und reiche Leute, die mehrere hundert Franken Steuern zahlen und Wähler sein können – ich habe aber keine gefunden. Ich will den Herren nicht unrecht tun, vielleicht hatten sie an jenen Tagen, ihre guten Kleider zu schonen, diese zu Hause gelassen und schlechte Röcke für die Schlacht angezogen. Aber auch die Hemden waren schwarz und grob; haben sie die auch gewechselt?

Freitag, den 28. Januar 1831
Soeben komme ich vergnügt aus dem Lesekabinette – vergnügt, weil ich mich geärgert habe. Sooft mir dergleichen Ärgerliches begegnet, halte ich es gleich fest und mache mir den Ärger ein; denn in Paris ist er nicht alle Tage frisch zu haben; die deutschen Zeitungen kommen so unregelmäßig hier an. Sie werden vielleicht in meinen Briefen einen Widerspruch mit meiner Klage finden; Sie werden meinen, über französisches Wesen hätte ich mich doch oft genug geärgert. Das ist aber etwas ganz anders. Das war nicht Ärger, das war Zorn; Ärger aber ist zurückgetretener Zorn. Man ärgert sich nicht, wenn einem der Gegner an

Macht überlegen ist – das merkt und berechnet man in der Leidenschaft nicht –, sondern wenn uns der Gegner entweder an Unverschämtheit überlegen ist, so daß er uns unter die Beine kriecht und uns umwirft, oder an Autorität, so daß er uns das Sprechen verbietet und wir uns nicht wehren dürfen. Der Zorn aber ist wohlgemut, stark und darf seine Kraft gebrauchen. Darum gerate ich in Zorn über das Treiben hier; denn ich darf dagegen eifern, und hundert Gleichgesinnte tun es für mich alle Tage; darum ärgere ich mich über deutsches Treiben, weil ich dulden und schweigen muß. Nun, es war ein Artikel in der »Allgemeinen Zeitung« mit einem Kreise, der einen Mittelpunkt hat, bezeichnet – so: ⊙. Wahrscheinlich hat das der Redakteur vorgesetzt, um zu verstehen zu geben, sein Korrespondent habe das Schwarze in der Scheibe getroffen. Schon lange sitze ich an der Wiege des guten lieben deutschen Kindes und warte, daß es einmal die Äuglein aufschlage. Endlich erwacht es und greint sanft wie ein Kätzchen. Jener Korrespondent macht einen Katzenbuckel und sagt leise, leise: er müsse ganz gehorsamst bemerken, es wäre doch endlich einmal Zeit, auch ein deutsches Wort über Krieg und Frieden zu sprechen, und er werde sich die untertänige Freiheit nehmen, dieses zu tun, und auch, wenn man es ihm gnädigst erlauben wolle, darauf hindeuten, wie unser Vaterland in gegenwärtige Angelegenheit verwickelt sei und wie es sich herauswickeln könne. Ich machte große Augen und dachte: der Kerl hat Courage! Jetzt tappt er hin und her, herüber und hinüber, spricht im allgemeinen von jenem Staate, von diesem Staate; der noch ungelesene Teil des Artikels wird immer kürzer, die letzte Zeile rückt immer näher, und noch kein Wort von Deutschland. Endlich kommt die letzte Zeile, und da ruft unser Held: *von Deutschland ein andermal!* und läuft, was er laufen kann. Ich spuckte ganz sanft auf Deutschland, die »Allgemeine Zeitung« und den heroischen Artikel und nahm den Ärger mit zu Tische. Ärger, in gelinden Gaben genommen, das weiß ich aus Erfahrung, befördert die Verdauung ungemein.

Samstag, den 29. Januar 1831

Über die *Briefe eines Verstorbenen* werde ich Ihnen meine Meinung sagen, sobald ich sie fertig gelesen ... Ich höre, das polnische Manifest habe in Frankfurt nicht gedruckt werden dürfen. Der Frankfurter Bürgermeister und Anstett haben Gott ein Bein gestellt; das ist doch recht unartig.

Einunddreißigster Brief

Paris, Sonntag, den 30. Januar 1831

Ei! das Volk hat ja wieder einen König gemacht; der Herzog von Nemours ist in Belgien gewählt worden. Nürnberger Ware! Aber warum nicht, solange die Völker Kinder bleiben und Kinderspiele lieben? Diese Frechheit des Volkes, einen König zu machen, muß unsern Altgläubigen noch viel entsetzlicher vorkommen als die, einen König zu zerstören. Gottes Werke zugrunde richten, das kann freilich jeder, aber Gottes Werke nachschaffen wollen – das ist verwegene Sünde. Ich bin nun jetzt begierig, was die französische Regierung tun wird, oder eigentlich was sie sagen wird; denn was sie tun wird, darum war niemand je in Zweifel; es war gleich von der ersten Stunde der belgischen Revolution alles darauf angelegt, das Land mit Frankreich zu vereinigen. Aber was sagen? Sébastiani hat erst vor einigen Tagen in Gegenwart ganz Europas erklärt, seine Regierung würde weder den Herzog von Nemours gewähren noch die Vereinigung Belgiens mit Frankreich annehmen! So sind die Diplomaten! Sie wissen recht gut, daß sie einander nicht betrügen können – es ist Liebhaberei, es ist eine Kunstliebe.

Sie schreiben mir, Heine habe in seinem vierten Bande von der Französischen Revolution gesprochen. Ich denke, er hat nur zu sprechen versucht, es nicht ausgeführt. Welche Rede wäre stark genug, diese wildgärende Zeit zu halten? Man müßte einen eisernen Reif um jedes Wort legen, und dazu gehörte ein eisernes Herz. Heine ist zu mild. Mir auch schrieb Campe, er erwarte, ich würde im achten Bande etwas *Zeitgemäßes* sagen. Dieser achte

Band, den ich machen sollte, hier in Paris, eine Viertelstunde von den Tuilerien, eine halbe vom Stadthause entfernt – es gibt nichts Komischeres! Was, wo, worauf, womit soll ich schreiben? Der Boden zittert, es zittert der Tisch, das Pult, Hand und Herz zittern, und die Geschichte, vom Sturme bewegt, zittert selbst. Ich kann nicht wiederkauen, was ich mit so viel Lust verzehrt; dazu bin ich nicht Ochs genug. Prophet wollte ich ihm sein, zwölf Bände durch. Und was kann der Deutsche anderes sein als Prophet? wir sind keine Geschichtsschreiber, sondern Geschichtstreiber. Die Zeit läuft wie ein Reh vor uns her, wir, die Hunde, hintendrein. Sie wird noch lange laufen, ehe wir sie einholen, es wird noch lange dauern, bis wir Geschichtsschreiber werden. Doch – ich will jetzt gehen, Beethoven hören. Fünf, sechs solcher Menschen hat das Land, unter denen wir Schatten gegen Hitze, Schutz gegen Nässe finden. Wenn die nicht wären! Das Konzert beginnt um zwei Uhr. Das scheint mir besser als abends. Ohr und Herz sind reiner vor dem Essen. Vielleicht besuche ich diese Nacht den Maskenball. Nicht den in der Großen Oper; den kenne ich von früher, das ist zum Einschlafen; sondern den im Theater an der Porte St.-Martin. Da finde ich mein gutes Volk in der Jacke, das im Juli so tapfer gekämpft. Da ist Lust und Leben. Lange Röcke, lange Weile – das habe ich immer beisammen gefunden.

Dienstag, den 1. Februar 1831

Das Konzert Sonntag im Conservatoire, ist, wie ich mir denke, sehr schön gewesen. So ganz aus Erfahrung weiß ich es nicht. Ich saß in der zweiten Reihe Logen, warm wie in einem Treibhause und versteckt hinter Frauenzimmern wie ein Gärtner hinter Blumen. An der Seite sperrten mir dumme dicke Säulen, vor mir dumme große Hüte die Aussicht. Wir haben Revolutionen erlebt, die tausendjährige Könige umgeworfen – wird sich denn nicht einmal eine Revolution erheben, die diese fluchbelasteten Weiberhüte fortjagt? Sie werden mich fragen: Aber was hat man in einem Konzert zu sehen? Aber eben darum darf das Sehen nicht gehindert sein; denn das Nicht-sehen-*können* beschäftigt die Augen am meisten. Was mich aber am verdrießlichsten machte, war, daß ich keine Lehne für meinen Rücken hatte, so daß ich immerfort steif dasitzen mußte, wie vor fünfzig Jahren ein deutsches Mädchen unter der Zucht einer französischen Gouvernante. Das bißchen, was mir von guter Laune noch übrigblieb, schenkte ich einer jungen Engländerin, die neben mir saß. Blaue Augen, blondes Haar, ein Gesicht von Rosenblättern, und was sie in meinen Augen am meisten verschönte, ein Hut mit einem flachen italienischen Dache. Sie mochte wohl eine große Musikfreundin sein; denn sie hatte sich aus ihrem eigenen Körper ein schönes Häuschen gebaut, um daraus ungestört zuzuhören. Die Füße hatte sie auf die Bank vor ihr hoch aufgestellt, und die Knie an sich gezogen. Die Brust vorgebeugt, verbarg sie den rechten Ellenbogen in den Schoß und ließ den Kopf auf den zusammengeknickten Arm sinken. Die schöne Dame, so gerundet, hatte keinen Anfang und kein Ende. Sie verstand gewiß etwas von Mathematik und wußte, daß die Kugelform unter allen möglichen Gestalten mit der flachen Welt am wenigsten in Berührung kommt. Ihre Schwester vor ihr hatte den Hut abgelegt und saß ganz vorn, in der Loge allen Blicken ausgesetzt, in purem Nachthäubchen da. Ich machte so meine Betrachtungen, woher es komme, daß nur allein die Engländer und Engländerinnen ihre Sitten und Kleider mit in das Ausland bringen und sich nicht genieren? Gewiß war im ganzen Saale keine Dame, die in einer so häuslichen Stellung dasaß wie meine schöne Nachbarin, und keine, die es gewagt, sich in einem Nachthäubchen zu zeigen wie deren Schwester. Aber trotz meiner Philosophie und Verdrießlichkeit merkte ich doch zuweilen, daß man da unten schöne Musik machte. Die Symphonie Eroica von Beethoven (ich fand die Musik mehr leidend als heroisch). Eine Arie aus dem »Freischütz« (mein deutsches Herz ging mir dabei auf wie eine trockene Semmel in Milch). Sextett von Beethoven. Chor aus Webers »Euryanthe«. Ein Musikstück für Blasinstrumente. Trio aus Rossinis »Wilhelm Tell«. Klaviersolo, gespielt und komponiert von Kalkbrenner. Ouvertüre aus »Oberon«. Aber diese Stadt der Sünden, Paris – der liebe Gott muß sie doch liebhaben; was er nur Schönes hat, was Gutes, alles schenkt er ihr. Die schönsten Gemälde, die besten Sänger, die vortrefflichsten Komponisten. Dieses eine Konzert – was hörte man da nicht alles zugleich! Das beste Orchester der Welt. Die Aufführung der Symphonie so vollendet, daß, wie mir *** sagt, man dieses gar nicht merkt. Ich erkläre mir das in dem Sinne: um einzusehen, wie vollkommen etwas sei, muß daran noch etwas mangeln. Ist die Vollkommenheit ganz erreicht, verliert man den Standpunkt der Vergleichung. In *einem* Konzert hörten wir: *Kalkbrenner*, den ersten Klavierspieler; *Baillot*, den ersten Violinspieler; *Tulon*, den ersten Flötenspieler; *Vogt*, den ersten Oboisten, und *Nourrit*, den besten französischen Sänger. Das ganze Orchester erschien in der Nationalgarde-Uniform. Baillot ist Offizier, Nourrit auch. Der eine geigte, der andere sang mit Epaulettes. Ich wollte, hannövrische Offiziere von den Siegern von Göttingen wären in meiner Loge gewesen und hätten nicht gewußt, daß ich deutsch verstehe!

– Also Israel in Frankfurt hat wieder einen guten Tag gehabt, sein Lebenspuls hat sich wieder einmal gehoben? Israel jammert mich manchmal, seine Lage ist gar zu betrübt. Kurse oben, Kurse unten, wie der tolle Wind das Rad schwingt – es sind die Qualen des Ixion. Aber ist es nicht furchtbar lächerlich, daß die niedrigste und gemeinste aller Leidenschaften so viele Ähnlichkeit hat mit der erhabensten und edelsten, die Gewinnsucht mit der Liebe? Jawohl, Gott hat das Volk verflucht, und darum hat er es reich gemacht. Aber von den ekelhaften Geschichten mit den jüdischen Heiratserlaubnissen und jüdischen Handwerksgesellen erzählen Sie mir nichts mehr. Ich will nichts davon hören, ich will nichts damit zu tun haben. Wenn ich kämpfen soll, sei es mit Löwen und Tigern, aber vor Kröten habe ich einen Abscheu, der mich lähmt. Es hilft auch nichts. Man muß den Sumpf ausrotten, dann stirbt das Schlammgezücht von selbst weg. Unsere Frankfurter Herren, finde ich, haben ganz recht. Sie denken, Gott ist doch nun einmal im höchsten Zorne, ob wir ihn ein bißchen mehr, ein bißchen weniger ärgern, das kann nichts verschlimmern. Den Juden in Frankfurt ist jetzt am wenigsten zu helfen, wenn sie klagen bei den großen Herren der Bundesversammlung oder bei den kleinen im Senate, weiß ich, was man ihnen sagt – es ist, als wäre ich gegenwärtig. Öffentlich wird man sie barsch abweisen, unter vier Augen aber wird man den Diplomaten, den Pfiffigen unter den Juden sagen: »Liebe Leute, jetzt ist gar nicht die Zeit, an diese Sache zu rühren. In Deutschland ist ohnedies alles in Bewegung, das Volk ist aufgeregt, die allgemeine Stimmung gegen euch, so daß, wenn wir euch jetzt Freiheiten bewilligten, dieses üble Folgen hätte für die allgemeine Ruhe und für euch selbst.« Und unser jüdischer Adel wird das sehr gut verstehen und beifällig mit den Augen blinzeln und beim Heruntergehen dem jüdischen Pöbel vor der Türe zurufen: »Packt euch zum Teufel, ihr seid dumm und unverschämt!« ... Von einem jüdischen Komitee und dessen Schreibereien erwarte ich nichts. Es sind eben Deutsche, wie die andern auch. Sie sind in einem unseligen Wahne befangen. Ihre Ehrlichkeit richtet sie zugrunde. Sie meinen immer noch, es käme darauf an, recht zu haben, zu zeigen, daß man es hat. Jetzt sprechen sie für die Freiheit wie ein Advokat für einen Besitz. Als käme es hier noch auf Gründe an, als wäre seit einem halben Jahrhunderte nicht alles ausgeschöpft worden, was man für Freiheit, für Menschenrechte, für Bürgerrechte der Juden sagen kann. Das alles weiß der Tyrann so gut als der Sklave selbst. Gewalt wie Freiheit kommt aus dem Herzen. Der Räuber, der uns unser Gut nimmt, täuscht sich nicht; er weiß, was er tut. Nicht an den Verstand, an das Herz muß man sich wenden, an das der Gegner wie an das der Gleichgesinnten. Die Herzen muß man rühren, die unbeweglichen durchbohren. Das Wort muß ein Schwert sein; mit Dolchen, mit Spott, Haß, Verachtung muß man die Tyrannei verfolgen, ihr nicht mit schweren Gründen nachhinken. Das verstehen aber unsere deutschen liberalen Schriftsteller nicht, und noch heute sowenig als vor dem Juli. Ich sehe es ja. Unter den Büchern, die Sie mir geschickt, ist auch eine Broschüre über die hessischen Juden, und eine über die deutsche Preßfreiheit. Gelesen habe ich sie noch nicht, aber einen Blick auf die erste Seite geworfen. Ich hatte genug; es ist ganz die alte Art. Der Hanauer Jude hat das Motto von Schiller: *Der Mensch ist frei geschaffen, ist frei* – und so weiter die Litanei. Dann fängt er an: »Die höchste Glücksstufe, die nach menschlichen Begriffen einem Staate erreichbar ist, hat Kurhessen rühmlich betreten. In allen ihren Teilen hat man den aufgeklärten und freisinnigen Ideen der Gegenwart gehuldigt.« Der Jude soll *Matze* backen aus diesem ungesäuerten Teige; Brot wird nie daraus. Der christliche Ritter der Preßfreiheit, Professor Welcker, schrieb folgendes auf der Titelfahne seines Buches: »Die vollkommene und ganze Preßfreiheit nach ihrer sittlichen, rechtlichen und politischen Notwendigkeit, nach ihrer Übereinstimmung mit deutschem Fürstenwort und nach ihrer völligen Zeitgemäßheit dargestellt, in ehrerbietigster Petition an die hohe deutsche Bundesversammlung.« ... Die Herren von der deutschen Bundesversammlung werden den ehrerbietigen Professor auslachen. Wenn ich über die Preßfreiheit schriebe, würde ich anfangen: »Die Preßfreiheit, oder der Teufel holt euch alle miteinander, Volk, Fürsten und deutsches Land!« Ich meine, das müsse einen ganz andern Effekt machen. Je mehr Gründe, je mehr Füße; je mehr Füße, je langsamer der Gang; das sieht man an den Insekten. Doch genug – und habe ich nicht recht, daß ich in die italienische Oper gehe?

Mein Tagebuch aus Soden habe ich, seit ich es geschrieben, nicht mehr gelesen. War es gut, so ist es noch gut; das hat keine Not. Älter ist darüber wohl manches in Deutschland geworden, aber alt nichts. Es blühen alle Veilchen, vor wie nach.

Sie können sich wohl denken, daß ich den Unfug, den die Studenten in der Sorbonne sich gegen den Minister Barthe zuschulden kommen ließen, nicht billigen werde. Die Studenten selbst haben sich gegen dieses tadelnswürdige Betragen, das nur auf einige unter ihnen fiel, laut geäußert. Aber selbst dieser sträfliche Übermut ist lehrreich genug; denn er zeigt den lobenswerten tiefen Unmut in der Jugend. Die Studenten hier sind gar nicht wie unsere deutschen, phantastisch ungezogen, dem Bürgerleben und seinen Regeln fremd, alle Konvenienz verspottend; und in wenigen Jahren alle Kraft, alles Feuer der Jugend vertrinkend und vertobend, um gleich nach der Universität die abgelebtesten zahmsten Philister zu werden. Sie sind vielmehr die stillsten und bescheidensten jungen Leute, die sich von der Jugend der andern Stände nur durch die Einfachheit ihres Äußeren auszeichnen. Man sollte sie oft für deutsche Handwerksburschen halten. Was sie in Bewegung setzt, ist etwas sehr Edles, mag immerhin die Bewegung einmal im Gange unregelmäßig werden.

Mittwoch, den 2. Februar 1831
Gestern kam in der Pairskammer das Gesetz über die Besoldung der jüdischen Geistlichen vor. Es wurde zwar angenommen, fand aber doch viele Gegner. Der Admiral Verrhuell hielt eine Rede gegen die Juden. Das Volk Gottes hat doch Feinde zu Wasser und zu Lande. Der Admiral sagte: »Ich habe die Juden in allen vier Teilen der Welt kennen gelernt; sie taugen überall nichts; überall denken sie nur an Geldverdienen.« Schändliche Verleumdung! Gerade das Gegenteil. Die meisten Juden streben nach nichts, als Geld zu *verlieren*, und darum kaufen sie österreichische Staatspapiere.

Aber ist die Begeisterung der Polen nicht höchst erhaben, höchst rührend? Gab es je etwas Großes, das zugleich so schön war? Unter den rauhen Blättern der Geschichte ist es ein Blatt auf Velinpapier geschrieben... Die Polen haben jetzt alle nur ein Geschlecht, nur ein Alter. Weiber, Kinder, Greise, alles rüstet sich; viele gaben ihr ganzes Vermögen hin und nannten sich nicht und gaben keine Spur, auf der man ihre Namen entdecken konnte. Einen silbernen Löffel im Hause zu haben, ist eine Schmach, man gebrauchet nur hölzerne. Die Frauen liefern ihre Trauringe in die Münze und erhalten dafür kleine silberne Medaillen mit der Schrift: *La patrie en échange*. Ist das nicht schön? Im Polnischen lautet das wahrscheinlich noch schöner. Aber ach! das ernste

Schicksal liebt die Kunst nicht. Die Polen können untergehen trotz ihrer schönen Begeisterung. Aber geschieht es, wird so edles Blut vergossen, dann wird es den Boden der Freiheit auf ein Jahrhundert befeuchten und es tausendfältige Früchte tragen. Die Tyrannen werden nichts gewinnen als einen Fluch mehr. Wer jetzt einen Gott hat, der bete, und wer beten kann, der bete nur für die Polen. Die sind oben im Norden, und die Freiheit, wie jede Bewegung, kommt leichter herab, als sie hinaufsteigt.

Zweiunddreißigster Brief

Paris, Donnerstag, den 3. Februar 1831

Ich bin jetzt mit den *Briefen eines Verstorbenen* zu Ende, und ich will Ihnen mitteilen, was ich mir darüber gemerkt. Ich könnte mir die Mühe des Abschreibens ersparen und Ihnen das Blatt selbst schicken. Aber es ist mit Bleistift geschrieben, und ich bin klüger als der Kaiser von Rußland, Preußens Mephistopheles, der seine hohen Meinungen mit Bleistift niederschreibt und dabei ruhig ist – ich denke: der liebe Gott kann das mit dem leisesten Hauche wieder auslöschen. Ich halte mich an Tinte: die ist fest. Aber wie konnten Sie nur glauben, die toten Briefe wären vom lebendigen Heine? Kein Atemzug von ihm darin. Es ist eine gewöhnliche Reisebeschreibung – ich sage aber nicht: die Beschreibung einer gewöhnlichen Reise. Der Verfasser hat mehr gesehen als andere, also auch mehr beobachtet. Als vornehmer Herr wurde er von den hohen und höchsten Ständen freundlich angezogen, und da er oft inkognito reiste (er führte sogar wie ein Gauner doppelte Pässe mit falschen Namen) und ein deutscher Edelmann, wenn er seinen Adel ablegt, bescheiden glaubt, es bliebe dann nichts mehr von ihm übrig, drängte er sich mit der Zuversicht eines Unsichtbaren auch in die niedrigsten Stände. Dadurch mußte das Buch gewinnen. Solche Vorteile hat ein deutscher bürgerlicher Reisender nie. Der Verfasser hat empfänglichen, aber keinen erzeugenden Sinn. Sein Stoff ist reich, aber seine Bearbeitung sehr arm, und von dichterischer Kunst keine

Spur. Er schreibt leicht, sehr leicht. Das ist manchmal recht angenehm, doch darf es nicht den ganzen Tag dauern. In häuslichem Kreise, zu häuslichem Gespräche ist das gut; wenn aber die Gedanken unter die Leute gehen, müssen sie sich mit Würde und Anstand kleiden. Wer in Deutschland mit so leichtem Fuhrwerke fährt, läßt vermuten, daß er nicht schwer geladen. Ein guter deutscher Schriftsteller schreibt, daß der Stil unter ihm bricht und daß er mitten im Wege liegen bleibt. Der Verfasser gebraucht französische Redensarten da, wo es weder nötig noch schön ist. Er sagt: *aventure – Je dévore déjà un œuf – adieu – Sur ce n'ayant plus rien à dire.* – Kaum ein Brief, den er nicht mit einem französischen Satze anfinge oder endigte; das ist sein Morgengebet, sein Abendsegen, sein Amen. Doch verzeihen wir ihm das; das Französische ist sein adliges Wappen, womit er die Briefe versiegelt. Auch daß die Briefe oft zu lang, die Berichte oft zu umständlich sind, wollen wir ihm nicht zu hoch anrechnen. Wir bürgerlichen Reisebeschreiber würden auch oft längere Briefe an unsere Freundinnen schreiben, wenn das Porto nicht zu hoch käme. Aber der verstorbene Edelmann hatte *unsern Gesandten* in London, der die dicksten Pakete portofrei an seine Julie besorgte. Wir bürgerlichen Reisenden haben es so gut nicht; wir bekommen in der Fremde von *unserer Gesandtschaft* nichts zu sehen als beim Pässevisieren den Rücken eines Sekretärs, der uns über seine Schultern weg, ohne uns anzusehen, den Paß zureicht. Den Herrn Gesandten selbst bekommen wir nie zu sprechen; er bekümmert sich nicht um uns, wir müßten denn *Spione* sein. Dieser Stand, wie [der] der Spieler, adelt in Deutschland. Gerecht zu sein, muß ich sagen, die Briefe haben viel Gutes und haben mir Vergnügen gemacht. Nur habe ich nicht darin gefunden, was ich erwartet. Von einem Manne von Stande, dem seine Geburt die groben Erfahrungen des Lebens erspart, hätte ich feine erwartet, feine Bemerkungen über Welt und Zeit. Aber nichts habe ich ihm abgelernt als eine feine Wendung, die ich in der Folge einmal benutzen werde. Wenn Sie einmal alt werden und klagen dann über Welt und Zeit und knurren, daß es nicht auszuhalten, würde ich bürgerlicher Tölpel Ihnen dann wahrscheinlich sagen (bis dahin, hoffe ich, duzen wir uns): »Liebe Freundin! Du siehst alles mit trüben Augen an; denn du bist alt! Aber von unserem verstorbenen Edelmann habe ich gelernt, wie man eine solche Grobheit zarter ausdrückt. Er schreibt seiner Julie, die in ihrem Briefe knurrt: ›*Deine älter werdende Ansicht* ist schuld an Deiner Grämlichkeit.‹« Das ist alles. Von den Briefen eines Verstorbenen erwartet man, Dinge aus einer andern Welt zu erfahren; zu hören, was kein Lebender zu sagen wagt. Nichts von dem. Daß diese Briefe solches Aufsehen machen konnten, daß ich sogar hier in Paris davon sprechen hörte und sie in Deutschland, wie Ihnen der Buchhändlerjunge sagte, »*rasend* abgehen«, verdanken sie wahrscheinlich nicht dem Guten, sondern dem Schlechten, das sie enthalten. Es sind den adligen Briefen einige Satiren eingeschaltet, aber von der gemeinsten bürgerlichen Art. Da ist erstens eine gegen deutsche Titelsucht, gegen Rang- und Beamtenstolz. Nun kann zwar eine geschickte Hand von solchem ausgedroschenen Stroh artige Sachen flechten, Hüte, Körbe und andere Spielereien; aber in den toten Briefen ist es rohes Lagerstroh geblieben, es gerade in den Stall zu werfen; und nicht aus Liebe zur Gleichheit eifert der hohe Herr gegen den lächerlichen Dienerstolz der Deutschen, sondern aus adligem Hochmute. Er will, daß nicht Amt oder Titel, sondern Geburt allein den Rang in der bürgerlichen Gesellschaft bestimme. Dann kommt eine Satire gegen die Berliner Mystiker, die wahrlich eine bessere verdient hätten. Da wird das ganze Alphabet durchgeklatscht und hundert Anekdötchen erzählt. Braucht es mehr in dem preßzahmen Berlin, um Aufmerksamkeit zu erwecken? Und den Verstorbenen trieb die Preßfreiheit noch weiter – er sagt es gerade heraus: der Graf Brühl in Berlin, der Generaldirektor der Schauspiele, zu seiner Zeit der zweite Mann im preußischen Staate – kostümiere auf dem Theater die Tempelritter ganz falsch, wie er sich aus dem Grabsteine eines Templers, den er in Irland gesehen, vollkommen überzeugt habe! Der Verfasser soll ein Fürst sein; das ist schön. Da unsere bürgerlichen Schriftsteller nun einmal keine Leute von Welt werden wollen, so bleibt, diesen näher zu kommen, nichts übrig, als daß die Leute von Welt Schriftsteller werden. Er soll kein Geld haben; noch schöner, er sei uns herzlich willkommen. Das ist der wahre Stempel des Genies. Einem guten deutschen Schriftsteller ist nichts nötiger als die Not. Der Fürst mag zwar keinen Überfluß an Mangel haben, wie Falstaff sagt, sondern nur Mangel an Überfluß. Aber nur immer herein. Ist er kein armer Teufel, kann er es doch noch werden. Doch müssen wir ihm, wie allen adligen Schriftstellern, sehr auf die Finger sehen. Nicht damit sie nichts mitnehmen, was nicht ihnen gehört (was wäre bei uns zu holen?), sondern daß sie nichts da lassen, was nicht uns gehört – keinen Hochmut, keinen Adelstolz. Der blickt, der dringt aber nicht selten in den »Briefen eines Verstorbenen« durch. Ruft er doch einmal, als er im Gebirge zwei Adler über seinem Haupte schweben sah, aus: »*Willkommen meine treuen Wappenvögel!*« Hinaus mit ihm! Was Wappenvögel! Will er etwas Besonderes haben? Ein deutscher Schriftsteller hat kein anderes Wappen als einen leeren Beutel im blauen Felde. Wappenvögel! Hinaus mit ihm aus dem Meßkatalog! Der Hochmut soll Manuskript bleiben, nicht gedruckt werden. Wenn er oben auf dem Snowdon, dem höchsten Berge Englands, Champagner trinkt auf die Gesundheit seiner Julie und den Namen der Freundin durch Sturm und Dunkel ruft – dann sind wir dem Fürsten gut. Wein, Liebe und Adler sind auch für uns; aber die Wappen sind gegen uns. Seid vorsichtig, laßt unsern Zorn schlafen! Nur zu bald erwacht er euch!!

Samstag, den 5. Februar 1831
Einige von den Haupt-Brandstiftern in Göttingen (spreche ich nicht, als hätte ich 10000 Taler Gehalt und wäre der wirkliche geheime Staatsrat von Börne?) haben sich nach Straßburg gerettet und in dortigen Zeitungen Proklamationen bekanntgemacht, die aber gar nicht schön und würdevoll sind. So renommistisch-philiströs, so rauh und holprig! Es dauert einem herzlich. Sie lachen und spotten wie Sklaven, die glücklich der Zuchtpeitsche entlaufen sind. »In Nürnberg hängt man keinen, bis man ihn

hat« – sagen sie unter andern. Wenn der Blitz, der andere traf, unschädlich zu unsern Füßen niederschlug, dann mögen wir Gott danken, aber nicht den Blitz verhöhnen. Diese jungen Deutschen sind die Luft der Freiheit nicht gewohnt; sie haben schnell getrunken, und sie ist ihnen in den Kopf gestiegen. Wie ganz anders hätten junge Franzosen in solchen Fällen gesprochen.

Der Herzog von Nemours ist jetzt wirklich zum König von Belgien gewählt. Jetzt kocht's und wirft Blasen wie Welthalbkugeln groß. Sie werden erfahren, wie bald es überläuft.

Der junge ***, von dem ich Ihnen schon einmal geschrieben, trat gleich, als er herkam, aus jugendlichem Mutwillen in die Nationalgarde, und zwar unter die Kavallerie. Vor einigen Tagen, als er den ersten Dienst hatte, bekam er die Wache im Palais Royal. Gerade den Abend war Ball beim König, und die Wache wurde, wie gewöhnlich in solchen Fällen, dazu eingeladen. *** war also auch da und tanzte, Gott weiß, mit welchen Prinzessinnen und Herzoginnen. Was hundert Stunden Wegs für Unterschied machen. Denken Sie nur, wie lange es noch dauern wird, bis in Berlin, Wien oder München ein bürgerliches Judenbübchen in gemeiner Reitertracht auf einem Hofballe tanzen wird! Gott ist wie Shakespeare: Spaß und Ernst läßt er aufeinander folgen.

Die zehn Stämme in Frankfurt werden wieder einen Bußtag gehabt haben. Seit gestern sind die Renten um 4 pCt. gefallen. Man spricht mehr als je vom Kriege, sogar mit England wegen Belgien. Narren, die je daran gezweifelt; oder Heuchler, die daran zu zweifeln sich angestellt! – Für die Polen wollen wir beten. Sie können in Frankfurt gar nichts, und ich hier nichts anders für sie tun, als meine 20 Franken steuern, die das Konzert, das nächstens gegeben wird, kostet. Außer den ersten Künstlern und Künstlerinnen werden sich auch Liebhaberinnen von hohem Stande hören lassen. Die Pariser wissen sich aus allem Vergnügen zu bereiten, selbst aus dem Ungeheuersten.

Dreiunddreißigster Brief
Paris, den 11. Februar 1831

Es gibt bestimmt Krieg. Ich habe zwar keinen Tag daran gezweifelt, seit ich in Paris bin; hier aber wollten viele nicht daran glauben. Doch jetzt hat sich die Meinung geändert, jedermann sieht den Krieg als unvermeidlich an. Zwar hat man in Preußen Heines Schriften verboten; aber die besten Politiker in Frankreich und England zweifeln, daß diese Maßregel hinreichen werde, die Welt in ihrem Laufe aufzuhalten... Freuen wir uns; den Polen ist wieder eine Hilfe von oben gekommen. Man hat hier ziemlich sichere Nachrichten, daß in einigen russischen Provinzen ein Aufruhr ausgebrochen. Auch in mehreren Orten Italiens ist das Volk aufgestanden. Die armen Deutschen! die werden neue Ohrfeigen bekommen, weil das Volk in Finnland und Bologna wieder unartig gewesen.

– Ich habe Heines vierten Band in einem Abende mit der freudigsten Ungeduld durchgelesen. Meine Augen, die Windspiele meines Geistes, liefen weit voraus und waren schon am Ende des Buches, als ihr langsamer Herr erst in der Mitte war. Das ist der wahre Dichter, der Günstling der Natur, der alles kennt, was seine Gebieterin dem Tage Häßliches, was sie ihm Schönes verbirgt. Auch ist Heine, als Dichter, ein gründlicher Geschichtsforscher. Doch verstecken Sie meinen Brief in den dunkelsten Schrank; denn läse ein historischer Professor, was ich soeben geschrieben, er ließe mich totschlagen, auf seiner eigenen oder einer andern Universität – obzwar die deutschen *Heeren* keine Freunde vom Totschlagen sind, weder vom aktiven noch vom passiven, wie man neulich in Göttingen gesehen. Diesmal hat der Stoff Heine ernster gemacht, als er sonst den Stoff, und wenn er auch noch immer mit seinen Waffen spielt, so weiß er doch auch mit Blumen zu fechten. Das Buch hat mich gelabt wie das Murmeln einer Quelle in der Wüste, es hat mich entzückt wie eine Menschenstimme von oben, wie ein Lichtstrahl den lebendig Begrabenen entzückt. Das Grab ist nicht dunkler, die Wüste ist nicht dürrer als Deutschland. Was ein seelenloser Wald, was ein toter Felsen vermag: uns das eigne Wort zurückzurufen – nicht einmal dazu kann das blöde Volk dienen. Kann man es besser schildern als mit den Worten: Der Engländer liebt die Freiheit wie seine Frau; der Franzose wie seine Braut; und der Deutsche wie seine alte Großmutter! Und: »wenn zwölf Deutsche beisammen stehen, bilden sie ein Dutzend, und greift sie einer an, rufen sie die Polizei!« Ich sprach so allein in dieser Zeit, und Heine hat mir geantwortet. Alles ist schön, alles herrlich, das aus Italien wie das aus England. Was er gegen den Berliner Knechtphilosophen (Hegel) und gegen den geschmeidigen Kammerdiener-Historiker (Raumer) sagt, die ein seidenes Bändchen fester an die Lüge knüpft als das ewige Recht an die Wahrheit, das allein könnte einem Buche schon Wert geben. Und hat man je etwas Treffenderes von den Monopolisten des Christentums gesagt: wie die Erbfeinde der Wahrheit Christus, den reinsten Freiheitshelden, herabzuwürdigen wußten, und als sie nicht leugnen konnten, daß er der größte Mensch sei, aus ihm den kleinsten Gott gemacht? – Wenn Heine sagt: Ach! man sollte eigentlich gegen niemanden in dieser Welt schreiben – so gefällt mir zwar diese schöne Bewegung, ich möchte ihr aber nicht folgen. Es ist noch Großmut genug, wenn man sich begnügt, gegen Menschen zu schreiben, die uns peinigen, berauben und morden. Was mich aber eine Welt weit von Heine trennt, ist seine Vergötterung Napoleons. Zwar verzeihe ich dem Dichter die Bewunderung für Napoleon, der selbst ein Gedicht; aber nie verzeihe ich dem Philosophen Liebe für ihn, den *Wirklichen*. Den lieben! Lieber liebte ich unsere Nürnberger Wachtparaden-Fürsten, öffnete ihnen mein Herz und ließ' sie alle auf einmal eintreten als diesen einen Napoleon. Die andern können mir doch nur die Freiheit *nehmen*, diesem aber kann ich sie *geben*. Einen Helden lieben, der nichts liebt als sich; einen herzlosen Schachspieler, der uns wie Holz gebraucht und uns wegwirft, wenn er die Partie gewonnen. Daß doch die wahnsinnigen Menschen immer am meisten liebten, was sie am meisten hätten verscheuen sollen! Sooft Gott die übermütigen Menschen recht klein machen wollte, hat er ihnen große Menschen geschickt. – – Sooft ich etwas von Heine lese, beseelt mich die Schadenfreude: wie wird das wieder unter die Philister fahren, wie werden sie aufschreien, als lief' ihnen eine Maus über ihr Schlafgesicht! Und da muß ich mich erst besinnen, um mich zu schämen. *Die!* sie sind imstande und freuen sich über das Buch und loben es gar. Was sind das für Menschen, die man weder begeistern noch ärgern kann!

– Habt ihr denn in Frankfurt auch solches Wetter, von Zucker, Milch und Rosen, wie wir hier seit einigen Tagen? Es ist nicht möglich. Ihr habt trübe deutsche Bundestage, manchmal einen kühlen blauen Himmel, von finstern Wolken halb wegzensiert – und das ist alles. Aber wir Götter in Paris – es ist nicht zu beschreiben. Es ist ein Himmel wie im Himmel. Die Luft küßt alle Menschen, die alten Leute knöpfen ihre Röcke auf und lächeln; die kleinen Kinder sind ganz leicht bekleidet, und die Stutzer und die Stutzerinnen, die der Frühling überrascht, stehen ganz verlegen da, als hätte man sie nackt gefunden, und wissen in der Angst gar nicht, womit sie sich bedecken sollen. Gestern, im *Jardin des Plantes*, wimmelte es von Menschen, als wären sie wie Käfer aus der Erde hervorgekrochen, von den Bäumen herabgefallen. Kein Stuhl, keine Bank war unbesetzt; tausend Schulkinder jubelten wie die Lerchen, der Elefant bekam einen ganzen Bäckerladen in den Rüssel gesteckt, und die Löwen und die Tiger und Bären waren vor den vielen Damen herum nicht zu sehen. Man konnte kaum hineinkommen vor vielen Kutschen am Gitter. So auch heute in den Tuilerien. Man sucht nicht die Sonne, man sucht den Schatten. Es ist ein einziger Platz, oben auf der Terrasse, wo man auf den Platz Louis XVI. hinabsieht! Und da unter einem Baume zu sitzen, diese Luft zu trinken, die wie warme Limonade schmeckt, und dabei in der Zeitung zu lesen, daß die Russen ihre Ketten schütteln und die heißen Italiener ihre Jacken ausziehen – nicht eine Einladung bei Seiner Exzellenz dem Herrn von Münch-Bellinghausen vertauschte ich damit!

– Die neusten und die wichtigsten politischen Neuigkeiten erfahre ich durch Konrad, der sie vom Restaurateur, wo er mir zuweilen das Essen holt, mitbringt. Dort scheinen lauter politische Köche zu sein. Seitdem Konrad das Haus besucht, ist er so vertraut wie Metternich mit den europäischen Angelegenheiten; ja ich glaube, er weiß viel mehr. Da er heute eine Suppe holte, sagte ihm ein Koch oder Kellner: er würde bald zu ihm kommen und eine deutsche Suppe mit ihm essen. Daran denkt Metternich gewiß nicht. Welch ein Unterschied aber zwischen Frankfurt und Paris! Vorigen Winter schickte ich den Konrad monatelang täglich in den »Russischen Hof«, mein Essen zu holen, und nie brachte er mir aus der Küche eine europäische Begebenheit mit nach Hause, außer einmal die Neuigkeit, daß die Wirtin mit Zwillingen niedergekommen. In meiner Restauration hier gehen acht Kellner oder Köche freiwillig unter die Soldaten, wie sie dem Konrad erzählt.

– Die Sammlungen für die Polen sind jetzt in vollem Gange, Konzerte, Bälle, Theater, Essen zu ihrem Besten; es nimmt kein Ende. Eine berühmte Harfenspielerin aus Brüssel, eine Dilettantin, machte bloß die Reise hierher, um im Konzert, das morgen über acht Tage für die Polen gegeben wird, mitzuspielen. Der alte Lafayette leitet das alles. Das ist doch gewiß der glücklichste Mensch in der ganzen Weltgeschichte. Ihm ging die Sonne heiter auf, sie geht ihm heiter unter, und bei jedem Sturme in der Mitte seines Lebens fand er ein Obdach unter seinem Glauben. Für die Polen fürchte ich jetzt nichts mehr als sie selbst. Ich kann nicht wissen, wie es im Lande aussieht. Mächtig dort ist nur der Adel allein, der Bürgerstand ist noch schwach. Wenn nun dem Adel mehr daran gelegen wäre, Polens Unabhängigkeit als Polens Freiheit zu erlangen! Ich las schon einigemal in den Blättern, man habe die polnische Krone dem Erzherzog Karl angeboten, und Österreich wolle sie annehmen und hunderttausend Mann gegen die Russen schicken. Es wäre entsetzlich. Österreich zum Vormunde einer jungen Freiheit! Ich kann nicht einmal lachen darüber! Mich beruhigt nur Metternichs Pedanterie und kindische Furcht; er fürchtet selbst die Maske der Freiheit auf seinem eigenen Gesichte. Auch in Belgien war der Erzherzog Karl der dritte Thronkandidat und hatte nach dem Herzog von Leuchtenberg die meisten Stimmen! Mit Zittern habe ich da gesehen, welch einen mächtigen Einfluß noch Österreich hat.

– Mit dem Bürgermeister Behr in Würzburg, das ist – wenn ich sagte *schändlich*, das wäre zu matt; ich sage: es ist *deutsch!* Aber ich nehme es dem König von Bayern durchaus nicht übel. Ein Volk, das so geduldig auf sich herumtrampeln läßt, verdient getreten und zertreten zu werden. *Aide-toi; et le ciel t'aidera.*

Vierunddreißigster Brief

Paris, Montag, den 14. Februar 1831

Italien! Italien! Hören Sie dort meinen Jubel? Daß ich eine Posaune hätte, die bis zu Ihren Ohren reichte! Ja, der Frühling bezahlt hundert Winter. Die Freiheit, eine Nachtigall mit Riesentönen, schmettert die tiefsten Schläfer auf. In meinem engen Herzen, so heiß es ist, waren Wünsche so hoch gelegen, daß ewiger Schnee sie bedeckte und ich dachte: niemals taut das auf. Und jetzt schmelzen sie und kommen als Hoffnungen herab. Wie kann man heute nur an etwas anderes denken, als für oder gegen die Freiheit zu kämpfen? Auch ein Tyrann sein ist noch groß, wenn man die Menschheit nicht lieben kann. Aber gleichgültig sein! Jetzt wollen wir sehen, wie stark die Freiheit ist, jetzt, da sie sich an das mächtige Österreich gewagt. Spanien, Portugal, Rußland, das ist alles nichts; der Freiheit gefährlich ist nur Österreich allein. Die andern haben den Völkern nur die Freiheit geraubt; Österreich aber hat gemacht, daß sie der Freiheit unwürdig geworden. Wie das Herz der Welt überhaupt, so hat auch jedes Herz, auch des besten Menschen, einen Fleck, der ist gut österreichisch gesinnt – er ist das böse Prinzip. Diesen schwarzen Fleck in der Welt wie im Menschen weiß Österreich zu treffen, und darum gelingt ihm so vieles. Jetzt wollen wir sehen, ob ihm Gott eine Arche gebaut, die es allein rettet in dieser allgemeinen Sündflut. Aber wie wird uns sein, wenn Spanien und Portugal, Italien und Polen frei sein werden und wir noch im Kerker schmachten? Wie wird uns sein, wenn im Lande Loyolas und des Papstes die Preßfreiheit grünt, diese Wurzel und Blüte aller Freiheit, und dem Volke Luthers wird noch die Hand geführt, wie dem Schulbübchen vom Schreibmeister? Wo verbergen wir unsre Schande? Die Vögel werden uns auspfeifen, die Hunde werden uns anbellen, die Fische im Wasser werden Stimme bekommen, uns zu verspotten. Ach, Luther! – wie unglücklich hat der uns gemacht! Er nahm uns das Herz und gab uns Logik; er nahm uns den Glauben und gab uns das Wissen; er lehrte uns rechnen und nahm uns den Mut, der nicht zählt. Er hat uns die Freiheit dreihundert Jahre ehe sie fällig war ausbezahlt, und der spitzbübische Diskonto verzehrte fast das ganze Kapital. Und das wenige, was er uns gab, zahlte er wie ein echter barloser deutscher Buchhändler in Büchern aus, und wenn wir jetzt, wo jedes Volk bezahlt wird, fragen – wo ist unsere Freiheit? antwortet man: Ihr habt sie schon lange – da ist die Bibel. Es ist zu traurig! Keine Hoffnung, daß Deutschland frei werde, ehe man seine besten lebenden Philosophen, Theologen und Historiker aufknüpft und die Schriften des Verstorbenen verbrennt... Als ich gestern die italienischen Nachrichten las, ward ich so bewegt, daß ich mich eilte, in die Antikengalerie zu kommen, wo ich noch immer Ruhe fand. Ich flehte dort die Götter an, Jupiter, Mars und Apollo, den alten Tiber und selbst die rote böse Wölfin, Roms Amme, und Venus die Gebärerin, Roms Mutter, und Diana und Minerva, daß sie nach Italien eilen und ihr altes Vaterland befreien. Aber die Götter rührten sich nicht. Da nahte ich mich den Grazien, hob meine Hände empor und sprach: »Und sind alle Götter stumpf geworden, rührt sie das Schöne, bewegt sie das Mißgestaltete nicht mehr – Ihr holden Grazien müsset Österreich hassen; denn unter allen Göttern haßt es am meisten euch! Schwebt nach Italien hinunter, lächelt der Freiheit und zaubert die deutschen Brummbären über die Berge hinüber!« Und wahrlich, sie lächelten mir... Die glücklichen Griechen! Noch im Marmorsarge sind ihre Freuden schöner als unsere, die im Sonnenlichte atmen! Der Himmel war ihnen näher, die Erde war ihnen heller, sie wußten den Staub zu vergolden! Statt wie wir jammervollen Christen Leidenschaften als empörte Sklaven zu züchtigen, gaben sie sie frei, fesselten sie durch Liebe und beherrschten sie sicherer als wir die unsern in den schweren Ketten der Tugend. – Dieser Bacchus – er ist Meister des Weins, nicht sein Sklave wie ein betrunkener Christ; es ist Tugend, so zu trinken. Dieser Achill – er ist gar nicht blutdürstig, er ist edel, sanft, es scheint ihm ein Liebeswerk, seine Feinde zu töten. Dieser Herkules – er ist kein plumper Ritter; ihm ist der Geist zu Fleisch geworden, und sein Arm schlägt mit Macht, weil ihm das Herz mächtig schlägt. So zu lieben wie diese Venus – es ist keine Sünde, wie die fromme Nonne glaubt. Dieser lächelnde Faun – er übt keine Gewalt, er gibt nur einen Vorwand und schützt die Unschuld, indem er sie bekämpft... Wenn es nur die Grazien nicht vergessen haben, daß um vier Uhr das Museum zugeschlossen wird; dann können sie nicht mehr hinaus. Ich aber dachte daran und eilte fort. Auf dem Karussellplatz begegnete mir der Zug des *fetten Ochsen*, der mich an den fetten Sonntag erinnerte. Da setzte ich mich in einen Wagen und ließ mich von der Madeleine bis zum Bastillenplatz und zurück die ganze Länge der Boulevards fahren. Himmel! welche Menschen. Nein, so viele habe ich noch nie beisammen gesehen. Ich dachte, die Toten wären aufgestanden, die Bevölkerung zu vermehren. Dann ging ich nach Hause und rauchte eine Pfeife. Das ist ein herrliches Mittel gegen Rom, Freiheit und Götter! Das ist *mein* österreichischer Fleck... Mir fiel noch ein, daß vor mehreren Jahren mir Herr v. Handel in Frankfurt keinen Paß nach Italien geben wollte. Damals dachte ich: nun, ich werde warten; jetzt denke ich: nun, ich habe gewartet. Nächsten Winter, hoffe ich, leben wir in Rom.

Dienstag, den 15. Februar 1831

Was ich über die »Briefe eines Verstorbenen« gesagt, ist alles gerecht. Ich habe nichts mit Unrecht getadelt. Freilich hätte ich das Gute im Buche stärker loben können; aber wozu? Es ist eben Krieg, und da kann man keine Rücksicht darauf nehmen, was das für ein Mann ist, der uns gegenübersteht. Er steht uns gegenüber und ist unser Feind. Puff! Daß Goethe und Varnhagen das Buch eines *Vornehmen* gelobt, hat ihm bei mir nichts geholfen. Ich kenne diese Herren und weiß, wie sie, ihr eignes Gewicht nicht zu verlieren, diplomatisch bemüht sind, das literarische Gleichgewicht in Deutschland zu erhalten. Darum stärken sie mit so viel Liebe alle schwachen Schriftsteller.

Die Würzburger Adresse ist sehr schön, ohngeachtet des allergehorsamsten Puders auf dem Kopfe und der alleruntertänigsten seidnen Strümpfe an den Füßen. Meine Pappenheimer werden munter. Der Constitutionnel heute hat wieder die schöne Lüge: in München sei der Teufel los, und der König habe sich geflüchtet. Was hilft's? alle diese Bewegungen führen zu nichts als – zurück. *Einmal Mut* hat wohl auch der feigste Mensch! aber nur der Held hat ihn alle Tage. Es gibt im Lateinischen ein Epigramm, das heißt ohngefähr: »Glaube nicht frei zu sein, weil du dich einen Tag frei gemacht. Der Hund reißt sich auch von der Kette los; aber ein Stück der Kette schleppt er am Halse mit, und daran faßt ihn sein Herr und führt ihn zurück.« –

Der Plan mit den Universitäten ist wieder ein recht alberner Polizeispaß. Wenn sie ihn nur ausführen! Es ist gar zu schön dumm! Dann bringen sie die Bürger von zwanzig Städten gegen sich auf. Und was mehr ist: dann ärgern sie die unärgerbaren deutschen Professoren, die freilich das Pulver nicht erfunden, die aber doch einen großen Vorrat davon besitzen, in das sie einmal im Zorne ihre Pfeife können fallen lassen. Wahrhaftig, sie dauern mich. Gott gab ihnen den schwächsten Kopf, und damit sollen sie diese ungekochte Zeit verarbeiten! Es kommt alles wieder so roh aus ihrem Kopfe, als es hineingekommen. Das ist *unser* Verdienst, liebes Kind; das hat unsere gute vaterstädtische Luft getan. Die alten Griechen hätten sich wohl gehütet, ihre Amphiktyonen in Abdera zu versammeln; die neuen Deutschen aber schicken die ihren nach Frankfurt; solche erschreckliche Angst haben sie, sie möchten einmal etwas Kluges beschließen.

Die Straßburger Studenten haben den beiden Göttinger Doktoren, die sich dorthin geflüchtet, ein Gastmahl gegeben, wobei Frankreich und Deutschland sich Brüderschaft zutranken. Die französische Freiheitsfahne wurde mit der deutschen verschwistert und den andern Tag eine deutsche dreifarbige Fahne den Göttingern durch eine Deputation feierlich überreicht und geschenkt. Diesen Freiheitshelden muß ja in Straßburg zumute sein wie den Fischen im Wasser. Hätten sie die Hannoveraner gefangen, wären sie tüchtig eingesalzen worden.

Gestern habe ich im Théâtre Français zwei Molièresche Stücke gesehen: *L'étourdi* und *Le malade imaginaire*. Da darf man doch mit Ehren lachen und braucht sich den andern Morgen nicht zu schämen. Es ist wie ein Wunder, daß ein Blitz, der vor 170 Jahren die Wolken verlassen – so lange ist Molière tot – noch heute gezündet! Wie lange wird man über Scribe lachen? Aber so sind unsere heutigen Komödiendichter. Sie zeigen uns die Modetorheiten; doch Molière zeigte uns die ewigen Torheiten des Menschen. Ich betrachtete mit Liebe und Andacht Molières Büste, die im Foyer der Büste Voltaires gegenübersteht. Molière hat einen sanften durchwärmenden Blick, einen freundlich lächelnden Mund, welcher spricht: ich kenne euch, ihr guten törichten Menschen. Voltaire zieht höhnisch die Unterlippe in die Höhe, und seine heißen stechenden Augen sagen: ich kenne euch, ihr Spitzbuben! Um Molières Stücke recht zu fassen, muß man sie in Paris aufführen sehen. Molière spielte selbst, und was und wie er spielte, das hat sich bis auf heute so unverändert auf der Bühne erhalten als das gedruckte Wort im Buche. Seit ich hier Molière aufführen gesehen, bemerkte ich erst an seinen Komödien die Haken, die er angebracht, das szenische Spiel daran zu hängen, und die ich vor dieser Erfahrung gar nicht bemerkt. Und wie vortrefflich wird das hier alles dargestellt! Das beste Orchester kann nicht übereinstimmender spielen. Es ist etwas Rührendes darin, diese alten Kleider, diese alten Sitten zu sehen, diese alte Späße zu hören, und das unsterbliche Gelächter der Franzosen – ja, es ist etwas Ehrwürdiges darin! Im *L'étourdi* wird einmal ein Nachttopf aus dem Fenster über den unten stehenden Liebhaber ausgegossen, und als die Zuhörer darüber lachten, machte es auf mich eine wahrhaft tragische Wirkung. Es war kein lebender Spaß, kein Spaß, wie er heute noch geboren wird; es war das Gespenst eines Spaßes, das einen erschrecken könnte. Der *malade imaginaire* ist gewiß ergötzlich zum Lesen; aber man kennt ihn nicht, hat man ihn nicht darstellen sehen. Dann wird das Spiel die Hauptschönheit, dem die Worte nur als Verzierungen dienen.

– Es ist 11 Uhr abends, und ich besinne mich, ob ich überhaupt auf einen Maskenball und auf welchen ich diese Nacht gehen soll. Mir bleibt die Wahl unter acht. Morgen die Entscheidung. Gute Nacht.

Mittwoch, den 16. Februar 1831

Guten Morgen! Die Tugend, meine Trägheit, hat gesiegt. Ich war auf keinem Maskenballe. Wie süß habe ich geschlafen nach dieser edlen Un-Tat!

– – Lassen Sie mich schweigen von den merkwürdigen Ereignissen des gestrigen und vorgestrigen Tages. Sie werden das aus den Zeitungen erfahren. Es war ein Roman von Walter Scott, der zurückging und wieder lebendig wurde; es war eine Symphonie von Beethoven, die unter Tränen lacht; es war ein Drama von Shakespeare. Solche humoristische Schicksalstage hat man noch nie gesehen. Ich Unglückseligster möchte mich totschießen; ich sehe nur immer den Spaß, und den Ernst muß ich mir erzählen lassen. Man sollte nicht mehr lieben, wenn man alt geworden, nicht einmal die Freiheit. Die Revolution läuft vor mir fort wie ein junges Mädchen und lacht mich aus mit meinen Liebeserklärungen. Während ich vorgestern im *Théâtre Français* über Mascarills Schelmereien lachte, krönten die Karlisten in der Kirche das Bild des Herzogs von Bordeaux, und statt einer Verschwörung beizuwohnen, sah ich einem verliebten Marquis einen Nachttopf über die Frisur fließen. Während ich gestern auf den Boulevards mich wie ein Kind an den Mummereien ergötzte, zerstörte das Volk die Kirchen, warf von den Türmen die liliengeschmückten Kreuze herab und verwüstete den Palast des Erzbischofs. Das hätte ich alles mit ansehen können, wäre ich kein solcher Unglücksvogel. Zu jeder andern Zeit bin ich in dem entlegensten Winkel von Paris zu finden, aber sobald etwas vorgeht, bin ich auf der Stube. Wo ich hinkomme, ist Frieden, ich bin ein wahres krampfstillendes Mittel, und die Regierung sollte mich anstellen, Revolutionen zu verhüten. Wer nur von einem Turme herab diese Kontraste mit einem Blicke hätte übersehen können! Die Seine hinab schwammen die Möbel und Bücher des Erzbischofs, das Wasser war weiß von Bettfedern. Auf der einen Seite des Stromes trug das Volk in Prozession das Bild des Erzbischofs und beräucherte es aus Spott mit Kirchengefäßen, auf der andern jubelte der Zug des *Bœuf gras* vorüber, umringt von Amoretten, Göttern und Narren. Hier hielt die Nationalgarde mit großer Mühe die Wut des Volkes im Zaum, dort machte sie mit noch größerer Mühe seinem Jubel Platz. Solche kühne Sprünge haben Shakespeare, Swift, Jean Paul nie gewagt. Aber es war wieder ein strenges und gerechtes Volksgericht! Mehrere meiner Bekannten, die, glücklicher als ich, im Gedränge waren, haben mir erzählt von den Reden und Äußerungen des Volks. Man muß erstaunen über diesen gesunden Menschenverstand. Wahrlich, unsere Staatsmänner, die Herren Sébastiani, Guizot, sogar Talleyrand, könnten bei ihm in die Schule gehen. Und dieses sogenannte, so gescholtene *Volk* verachtet man überall; man verachtet die Mehrzahl einer Nation, der weder der Reichtum das Herz verdorben noch das Wissen den Kopf! Man klagt dessen wilde Leidenschaften an, weil es zu edelmütig ist, gleich den Vornehmen seinen Haß in eine kleine Pille zu verschließen, die man dem sorglosen Feinde mit Lächeln beibringen kann! Man verspottet seine Dummheit, weil es nicht immer so klug ist, seinen eignen Vorteil dem Rechte vorzuziehen! Ich finde wahre menschliche Bildung nur im Pöbel, und den wahren Pöbel nur in den Gebildeten.

– Unter dem Namen *Neorama* wird hier ein Rundgemälde von unglaublicher Wirkung gezeigt. Das Ihnen bekannte Diorama stellt das Inwendige der Kirchen vor, aber nur im Halbkreise, der Beschauer steht außer ihnen. Im Neorama aber wird man mitten in die Kirche gestellt. Es ist wie Zauberei. Man steht auf dem Chore und sieht unter sich den Boden der Kirche und auch die Säulen, die Grabmäler, die Menschen, und über sich das Gewölbe. Ganz die Natur. So lernt man die Paulskirche in London und die römische Peterskirche kennen. Wie alltäglich werden doch die Zaubereien! An der Peterskirche sind die großen Tore offen, die auf den herrlichen Petersplatz führen. Die Sonne scheint, die Paläste glänzen. Es war mir, als müßte ich mich vom Chore herabstürzen, mich durch die Betenden drängen, hinauszueilen auf den Platz, und »Brutus, Brutus! Freiheit, Freiheit!« rufen.

– Haben die italienischen Nachrichten nicht auf der Frankfurter Börse eingeschlagen? Sind nicht die Métalliques davon geschmolzen? Schreien die Juden: »*O wai geschrieen!*« Wanken die Mauern Jerusalems? Lächelt der Herr Baron bei seiner Kolik? Sagen die Helden Levis von den Italienern: was wollen *die Gäscht?* Schreiben Sie mir das alles, das wird mich erquicken. Den Herzog von Modena haben sie gefangen auf der Flucht. Ich hoffe, sie knüpfen ihn auf. Ein Haus, worin sich 130 der angesehensten jungen Leute versammelt, hatte er mit Kanonen zusammenschießen lassen. Vierundzwanzig Stunden lang hat er sich verteidigt mit der Verzweiflung eines Tyrannen, der keine Gnade kennt. Zwei österreichische Tirolerregimenter, dem Herzog zum Beistande gesendet, sollen sich mit dem Volke vereinigt haben. Der Narr, unter allen Fürsten Europas der einzige, hat es gewagt, den König von Frankreich nicht anzuerkennen.

– Vornehme Royalisten sind arretiert: Herr von Vitrolles, von Berthier, der Erzbischof von Paris. Die Regierung ist in einer gefährlichen Lage. Die Weigerung, die belgische Krone anzunehmen, die gestern feierlich erteilt werden sollte, hat man aus Furcht vor der gereizten Stimmung des Volkes aufgeschoben. Ich sehe keine Hilfe. Die Kammer zeigt sich täglich erbärmlicher, und das besser gesinnte Ministerium muß nachgeben: denn es kann die Majorität nicht entbehren. Gott schütze den König; Europa ist verloren auf zehn Jahre, wenn er zugrunde geht. Ich strenge mich an, meine Furcht zu unterdrücken. Und mit zehn Ellen Hanf wäre der Welt Friede, Glück und Ruhe zu geben! Ich will bald die Malibran als Zerline sehen; das wird mir etwas das Blut versüßen. Darf ich?

Fünfunddreißigster Brief

Paris, den 17. Februar 1831

Gestern fuhr ich in der Stadt herum, die Schlachtfelder vom 13. und 14. Februar zu sehen. Das ganze Pariser Volk war aus Unruhe oder Neugierde, die ganze Nationalgarde und Garnison aus Vorsicht auf den Beinen. Es war wie das Meer, wenn es nach gelegtem Sturme schäumt. Aber zu den zerstörten Kirchen und Gebäuden konnte ich nicht gelangen. Alle Plätze und Straßen, die dahin führten, waren von Wachen umstellt, die keinen durchließen. Der Karussellplatz war so dicht bedeckt von Bürgern und Soldaten, daß man kaum einen Pflasterstein sah. Im Hofe der Tuilerien, der geschlossen war, hielt der König Musterung über die Nationalgarde und die Linie. Um den Triumphbogen hatte man in aller Eile ein Gerüst gebaut, und Arbeiter waren beschäftigt, unter Leitung der Behörde die gipsernen spanischen Siege des Herzogs von Angoulême abzuschlagen. Wachen verhinderten den Zutritt; denn am Morgen waren welche vom Volke schon hinaufgeklettert, Frankreichs Ehrenfleck dort abzukratzen. Von allen Kirchtürmen wurden die Kreuze abgenommen, wegen ihrer unheiligen Allianz mit den Lilien. Das katholische Pfaffentum hat in diesen Tagen eine große Niederlage erlitten; die Bourbons hatten nicht viel mehr zu verlieren. Der König läßt die Lilien aus seinem Wappen nehmen, die er früher als das Erbe seiner Ahnen beizubehalten gesonnen war. Nun ist es zwar lächerlich und frevelhaft, daß Menschen in ihrer Zerstörungswut ihre kurzen Arme nach etwas ausstrecken, was selbst der allmächtige Gott nicht erreichen kann – nach dem *Geschehenen, Vollendeten*; doch wo Tyrannen sich nicht scheuen, den Kindermord an der Zukunft noch zu allen ihren Verbrechen zu fügen, da darf man das Volk nicht tadeln, wenn es den Leichnam der Vergangenheit aus dem Grabe holt und ihn beschimpft. Der Gewinn in diesen Vorfällen ist nicht eine neue Niederlage der Karlisten; denn es ist Wahnsinn, zu denken, daß diese je wieder sich erheben könnten, sondern, daß das Volk sich wieder in seiner Kraft gezeigt und der Regierung, welche die Ruhe übermütig zu machen drohte, einen heilsamen Schrecken beigebracht hat. Und daß dieses geschehen, merkt man an dem nachgiebigen Tone in den Proklamationen der Behörde. So lauteten sie nicht im Dezember; denn so kräftig war auch damals das Volk nicht aufgetreten. Es war noch müde vom Juli und hatte wie halb im Schlafe revolutioniert. Bei alledem mag es sein, daß die Regierung selbst diese Ereignisse herbeigeführt. Erstens um die Schuld des Karlistenhauptes straffrei werden zu lassen, und zweitens, um einen guten Vorwand zu haben, Belgien anzunehmen. Denn freilich kann jetzt die französische Regierung zu verstehen geben, sie dürfe bei der gereizten Stimmung des Volkes gar nicht wagen, Belgien abzuweisen. Wir wollen abwarten, wie es geht.

Freitag, den 18. Februar 1831

Gestern war ich in der italienischen Oper, weil mir jemand ein Billett dazu schenkte; denn sonst wäre ich viel zu sehr Pariser Dandy, dahin zu gehen, wenn die Malibran nicht singt. Das Haus war nur halb gefüllt, und von dieser Hälfte schlichen sich die meisten lange vor dem Ende fort. Manchen jungen Herrn sah und hörte ich schlafen. Und doch war die ganze Oper vortrefflich besetzt. Madame Lalande wäre eine glänzende Sängerin, würde sie nicht von der Malibran verdunkelt. Man gab »Zelmire«, eine tragische Oper von Rossini. Nach meinem *Gefühle* (denn *Urteil* habe ich freilich keines in der Musik) Rossinis beste Oper, wenigstens unter allen, die mir bekannt sind. Eine Musik, ganz von Stahl, wenn auch poliertem. Man wird einigemal an Gluck erinnert. Dreißig Minuten hintereinander vernünftig zu sein, das ist dem lieben Rossini freilich unmöglich. Hat er sich eine halbe Stunde männlich betragen, wird ihm vor seiner eigenen Ritterlichkeit bange; er lüftet das Visier und zeigt das alte freundliche Gesicht. Horaz sagt: »Man mag die Natur mit Heugabeln hinausjagen, sie kehrt immer wieder zurück.« Aber sagen Sie mir, woher kommt es, daß die Deutschen nicht singen können? Es ist wirklich kein Gesang zu nennen, wenn man es mit dem der Italiener vergleicht. Liegt es in dem, was die Natur oder in dem, was die Kunst gibt? Fehlt es ihnen an Stimme oder an Vortrag?

– Vorgestern habe ich mich im *Gymnase dramatique* nach den Gesetzen der Natur und nach den Regeln der Kunst zugleich gelangweilt – als gewöhnlicher Zuschauer aus Neigung, als Kritiker aus Pflicht. Man gab drei Stücke, alle drei von Scribe. *Zoé, ou l'amant prêté; Les trois maîtresses, ou une cour d'Allemagne; La famille Riquebourg, ou le mariage mal assorti*. Ich hätte nie gedacht, daß der liebenswürdige Scribe so ein verdrießlicher Mensch sein könnte. Die *Trois maîtresses* lockten mich, weil ich hörte, es käme eine deutsche Revolution darin vor. Eine deutsche Revolution! Ich dachte, nichts Drolligeres könne es geben auf der Welt. Aber die Revolution hat mich geprellt, freilich viel erträglicher als andere – nur um einige Franken. Die neueste Zeit wurde in eine alte Liebesgeschichte geworfen, wie Salz in die Schüssel. Wenn aber das Essen nichts taugt, macht es das Salz nicht besser. Eine französische Komödie ist wie ein ewiger Kalender; ein kleiner Ruck mit dem Finger, und aus Juli wird August und aus 1830 1831. Der Rahmen von Pappe bleibt immer der nämliche. Ein glückliches Volk, die Franzosen! Sie leben leichter, als wir Deutschen sterben. Hören Sie! Ein junger deutscher Großherzog hat drei Mätressen – versteht sich in chronologischer Ordnung, eine nach der andern – eine italienische Gräfin, eine italienische Sängerin und ein deutsches Nähmädchen. Dreiunddreißig und ein Drittel Prozent Patriotismus – das ist viel an einem Fürsten! Diese drei Damen lieben aber den Fürsten nicht, sondern einen seiner Offiziere, den Grafen Rudolf, und da dieser wegen dummer Streiche arretiert werden soll, befreien und verbergen sie ihn. Der Offizier liebt aber nur das Nähmädchen, den andern macht er bloß den Hof. Als er mit der Geliebten allein ist, entdeckt er ihr, er, an der Spitze der Kadettenschule, gehe mit einer Revolution um, dem Volke *privilèges et franchises* zu verschaffen. Henriette sucht ihn von dem gefährlichen Vorhaben abzubringen und fragt ihn: was dabei herauskomme? (Die Nähmädchen sind pfiffig!) Rudolf antwortet: *Vois-tu Henriette, la liberté ... cela regarde tout le monde ... on nous en avait promis, il y a quelques années, quand Napoléon avait envahi notre Allemagne et qu'on voulait nous soulever en masse contre lui. Mais dès qu'on eut repoussé le tyran, nos petits princes et nos petits grand-ducs qui étaient tous comme lui, à hauteur près, ont bien vite oublié leurs serments ... quand quelques-uns de leurs sujets se plaignent de ce manque de mémoire, on les appelle séditieux ... et on les poursuit ... et on les condamne ... et ils ont tort, jusqu'au jour où ils deviennent les plus forts ... et alors ... ils ont raison.* Nach dieser unverschämten Prosa singt Graf Rudolf noch unverschämtere Verse:

> *Le torrent grossit et nous gagne,*
> *Chaque pays a sa force et son droit;*
> *Bientôt viendra pour l'Allemagne*
> *La liberté que l'on nous doit.*
> *Ces rois dont nous craignons le glaive*
> *Combien sont-ils? ... Peuples, combien?*
> *On se regarde, on se compte, on se lève,*
> *Et chacun rentre dans son bien.*

Dies patriotische Lied wird nach der Melodie: *De la robe et les bottes* gesungen. Endlich bricht der Aufruhr los. Der Großherzog, ein junger starker Mann in Uniform, zittert – aber was man zittern nennt, zum Umfallen. Er verliert den Kopf und stammelt: *C'est ainsi que cela a commencé chez mon cousin le duc de Brunswick.* (Ich glaube Ihnen schon geschrieben zu haben, daß der leibhaftige Herzog von Braunschweig gerade im Theater war, als das Stück zum ersten Male aufgeführt wurde, und daß er nach jener lieblichen Anspielung eilig das Haus verließ, aus Furcht, erkannt und ausgelacht zu werden.) *Si ma garde refuse de donner ... si elle fait cause commune avec eux, mon dieu, mon dieu ... que devenir! une sédition! ... une révolte!* Der Fürst jammert so erschrecklich, daß er einem alle Revolutionen verleiden kann. Wozu? Man sieht, eine ausgestopfte Revolution als Fürstenscheuche täte die nämlichen Dienste. Des Fürsten erste Mätresse, die Gräfin, eine feurige entschlossene Italienerin, sucht ihn zu beruhigen, verspricht ihm Rettung. Sie öffnet das Fenster und ruft hinunter, der Fürst bewillige dem Volke eine Konstitution. Und sogleich schreit das Volk hinauf: »Es lebe unser Großherzog!« Der dankbare Fürst heiratet seine Retterin; Rudolf heiratet sein Nähmädchen, und die italienische Sängerin geht zum englischen Gesandten, der sie auf den Abend eingeladen. So nimmt alles ein gutes Ende, und wahrscheinlich wurden den andern Tag dem vielversprechenden Fürsten die Pferde ausgespannt.

Das dritte Stück: *La famille Riquebourg* (das zweite, *Zoé*, ist keine zehn Tropfen Tinte wert) wäre so übel gar nicht, aber es ist sentimental auf deutsche Art, und wenn man Franzosen bürgerliche Tränen vergießen sieht, möchte man sich gerade totlachen; es gibt nichts komischer. Und dann die Vaudevilleform, die leichten Liederchen zwischen den schwersten Empfindungen. Das ist gerade das Gegenteil von unsern deutschen Opern. Wenn bei uns die Sänger die Höhe einer Arie erreicht haben, bleiben sie stehen, um auszuschnaufen, und sprechen zu ihrer Erholung prosaisches dummes Zeug. Die Franzosen aber in den Vaudevilles keuchen den prosaischen Steg hinauf, und oben machen sie halt und singen, bis ihnen das Herz wieder ruhig geworden.

– Im *Gymnase* sah ich auch die Léontine Fay wieder, die uns vor sieben Jahren in Kinderrollen so vieles Vergnügen gemacht. Aus dem artigen Kinde ist eine große schöne und prächtige Dame geworden, aus dem Kolibri ein Vogel Strauß. Sie spielt gut, auch verständig; aber etwas steif, etwas schwer. Sie ist zugleich Gouvernante und Zögling und ruft sich immerfort zu »Grade gehalten, Fräulein, Sie sind kein Kind mehr!« Sie hat große herrliche Augen und weiß es, und damit bombardiert sie das Haus, daß man jeden Augenblick erwartet, es werde zusammenbrechen. Dieses Kokettieren gibt ihrem Gesicht, ihrem Spiele eine ganz falsche Art. Um ihre großen Augen zu zeigen, nimmt sie oft eine nachdenkende, tiefsinnige, träumerische Miene an, wo es nicht hingehört. Es war etwas an ihr, das mich wie schmerzlich bewegte. Ich habe sie als gedankenloses Kind gekannt, aber ach! mit der Jugend verlor sie das Paradies, sie hat vom Baume der Erkenntnis gegessen und weiß Gutes vom Bösen zu unterscheiden. Man sollte nur Särge machen, drei Fuß lang, damit die Menschen sterben müssen, ehe sie ausgewachsen.

Samstag, den 19. Februar 1831
Versäumen Sie ja nicht, von heute an die Kammersitzungen zu lesen: Das ist höchst wichtig und wird noch wichtiger werden. Die Wolke ist endlich geplatzt, und es strömt herunter. Was man für die Asche des Herzogs von Berry gehalten, war die Asche, die ein Vulkan ausgeworfen. Das Ministerium hat gestern erklärt, mit dieser Kammer wäre nicht mehr zu regieren. Es herrscht eine allgemeine Mißstimmung unter dem Volke, unter der Nationalgarde. Frankreich sähe sich getäuscht und verlange die Freiheit, um die es im Juli gekämpft. Wer wird siegen, die Regierung oder die Kammer? Es ist eine gefährliche Krisis. Ich sehe nicht ein, wie die Regierung ohne Staatsstreich sich und dem Lande helfen kann, und ein Staatsstreich, wenn auch für die Freiheit, würde alles auf das Spiel setzen. Ich habe das vorhergesehen und gesagt; lesen Sie nur meine früheren Briefe nach. Eine Revolution aufhalten, ehe sie von selbst stillesteht, das heißt ihren Weg verlängern, ihr Ziel entfernen. Man hat, mehr aus einer lächerlichen Eitelkeit als aus Politik, sich dem Auslande stark zeigen wollen. Man wollte zeigen, daß man Herr des Volkes sei, seine Leidenschaft meistern könne. Mir fiel dabei gleich anfänglich der alte Goethe ein. Als er die Nachricht von dem Tode seines einzigen Sohnes erfuhr, glaubte er seinen Schmerz zu mäßigen, wenn er ihn verberge. Er bekam einen Blutsturz davon, der ihn an den Rand des Grabes führte. Ich fürchte, Frankreich bekommt einen Blutsturz. Das Herz wird mir doch manchmal bange bei allen diesen Geschichten. Zwar weiß ich, wer besiegt wird am Ende;

aber wird ein Sieger übrigbleiben? Der Despotismus, so blind er ist, ist doch riesenstark; und wenn er seinen Untergang unvermeidlich sieht, wird er, seinen Tod zu rächen, wie Simson die Säulen der Welt umstoßen und mit sich selbst auch alle seine Feinde begraben.

– In Berlin werden sie noch ganz verrückt vor Angst und Verzweiflung. Neulich enthielt die preußische »Staats-Zeitung« einen langen Artikel, worin behauptet wird, Preußen sei eigentlich der wahre republikanische Staat; dort wäre der Thron von republikanischen Institutionen umgeben, und Frankreich hätte nichts von der Art, und die Franzosen sollten sich schämen, solche Knechte zu sein. Ich glaube, es war Malice von der preußischen »Staats-Zeitung«, und sie hatte es darauf angelegt, daß alle Liberalen in Deutschland und Frankreich vor Lachen ersticken sollen. Welche Zeiten! und ach, welche Menschen! Und sie wissen recht gut, daß sie keinen täuschen, am wenigsten die Preußen selbst. Aber sie haben solche Freude an Lug und Trug, daß sie denken: und wenn unter zehn Millionen Lesern nur zehn Dummköpfe uns glauben, es ist immer ein Gewinn.

– Ich habe neulich einen Brief gelesen, den der Professor Raumer in Berlin hierher geschrieben über die deutschen und französischen Angelegenheiten, natürlich in der Absicht, daß er hier herumgezeigt werde. Es ist ein $^1/_{113}$ offizieller Brief. Dieser Professor der Geschichte... ist eben Königlich Preußischer Professor. O! O! sein Maßstab für diese große Zeit ist nicht länger als sein Ordensbändchen. Und das alte Lied endigt mit dem ewigen Triller: Die Liebe der Preußen zu ihrem Könige sei in diesen Tagen noch gewachsen. Und doch sagen sie das ganze Jahr durch, diese Liebe könne gar nicht mehr wachsen! Dieser Raumer gibt Briefe über die Französische Revolution heraus. Er war damals hier, er hat alles selbst mit angesehen; aber Schmeichler sind so blind als die Geschmeichelten. Der Herr von Raumer wird uns schöne Sachen erzählen!

Sechsunddreißigster Brief

Paris, Montag, den 21. Februar 1831

Es lebe Italien! Es geht alles prächtig her; es kann in keiner Oper schöner sein. Die Herzogin von Parma, Marie Louise, die kleine Frau des großen Mannes, die nicht wie einst Brutus' Gattin Feuer schluckte, sondern sich wie eine Witwe von Ephesus betrug, bekam, als sie beim Frühstück saß, von einer Bürgerdeputation die höfliche Einladung, sie möchte sich aus dem Lande begeben. Und als sie sich bedanken wollte, sagte man ihr, das sei gar nicht nötig, die Wagen ständen schon angespannt im Hofe. Der Herzog von Modena hatte den Henkersknecht von Reggio kommen lassen, die Verschwornen hinzurichten. Man hat den Henkersknecht zusammengehauen und den Kerkermeister fortgetrieben. Was fehlt? Ein bißchen Musikstaub von Auber daraufgestreut, und die Oper ist fertig. Bologna, Ferrara, Modena, Faenza, – ich möchte das alles von der Malibran singen hören. Die zehn Plagen Ägyptens werden über die neuen Pharaonen kommen, und die fronenden Völker werden sich befreien. Ach! ihr Weg geht auch über ein Rotes Meer, über ein Meer von Blut; aber es wird sie hinübertragen, und ihre meineidigen Verfolger werden darin ihr Grab finden.

– Jawohl habe ich gelesen und gehört von den frühzeitigen, unzeitigen und überzeitigen Dummheiten, die in Bayern vorgehen. Das hat mich betrübt, aber nicht gewundert. Der König von Bayern hat zunächst an seinem Throne eine vertraute Person, die verblendetste, wo sie selbst ratet, die bestechlichste, wo sich jemand findet, der sie lenkt, um ihren Herrn zu lenken – seine *Phantasie*. Dümmere Fürsten handeln bei weitem klüger. Nichts ist gefährlicher als Geist ohne Charakter, als das Genie, dem es an Stoff mangelt. Hat das Feuer einmal sein Holz gefunden, bleibt es ruhig, und man braucht sich ihm nur nicht zu nähern, um sicher zu sein. Aber die Flamme ohne Nahrung streicht hungrig umher, leckt hier, leckt dort und entzündet vieles, ehe sie ihre Beute festhält und die Beute sie. Die Poesie macht keinen Fürsten satt, und hat er ein schwaches Herz, das nichts Kräftiges verdauen kann, wird er selbst schwach werden. Der König von Bayern sieht zu weit. Solche Fürsten sind wie die Augen; sie zucken mit den Wimpern, sobald nur ein Stäubchen von Gefahr sich ihnen nähert, und während der Sekunde, daß sie die Augen verschließen, werden sie betrogen auf ein Jahr hinaus. Doch bekümmern wir uns um keine Fürsten, sie haben nichts zu verantworten. Es ist eine Krankheit, einen König zu haben, es ist eine schlimmere, einer sein. Wir wollen sie heilen und nicht hassen. Ihre heillosen Ratgeber, *die* müssen wir bekämpfen.

– Von welch einem erhabenen Schauspiele kehre ich eben zurück! Und welch eine Stadt ist dieses Paris, wo Götter Markt halten und alltäglich ihre Wunder feilbieten! Ich stand auf dem höchsten Gipfel des menschlichen Geistes und übersah von dort das unermeßliche Land seines Wissens und seiner Kraft. Ich kam bis an die Grenze des menschlichen Gebietes, da wo die Herrschaft der Götter beginnt – ich habe eine *Seeschlacht* gesehen. Der Himmel war blau wie an Feiertagen und mit der schönsten Sonne geschmückt. Das Meer schlummerte und atmete sanft und ward nur von Zeit zu Zeit vom Donner des Geschützes aufgeschreckt. Es war ein Tag zu lieben, und nicht zu morden. Es muß weit sein vom Himmel bis zur Erde; denn könnte die Sonne die Greuel der Menschen sehen, sie flöhe entsetzt davon und kehrte nie zurück! Eine Schlacht auf dem Lande ist ein Liebesspiel gegen eine Schlacht auf der See. Dort stirbt der Mensch nur einmal und findet dann Ruhe in seiner mütterlichen Erde; hier stirbt er alle Elemente durch, und keine Blume blüht auf seinem Grabe. Dort trinkt die Erde warm das verschüttete Blut; hier auf dem dürren Boden der Schiffe stehet es hoch, dick, kalt. Die Menschen werden zerquetscht, zerrissen; nicht Kälber, die man schlachtet, werden so grausam zugerichtet. Das französische Linienschiff, der *Scipion*, auf dem ich mich befand, war in einer schrecklichen Lage; wir waren von Feuer und Rauch umgeben. Ein feindlicher Brander hatte sich angehängt, und jede Minute brachte uns dem Untergange näher. Wir erwarteten, in die Luft gesprengt zu werden. Die ganze Mannschaft eilte nach dem Verdeck und bemühte sich, durch Beile das Schiff vom Brander loszumachen. Drei Boote stachen in die See und suchten durch Seile den Brander ab- und ins Weite zu ziehen. Auf dem Schiffe und in den Booten standen Offiziere, hoch aufrecht, als fürchteten sie eine Kanonenkugel zu verfehlen, und kommandierten so ruhig, wie der Kapellmeister im Orchester kommandiert. Und jetzt rundumher, nah und fern in einem weiten Kreise, die französische, englische und russische Flotte, und diesen gegenüber die türkische. Aus den Mündungen der Kanonen stürzten Feuerströme hervor. Das Schiff des Admirals Codrington, halb in Trümmern mit zerrissenen Segeln, hat soeben ein türkisches Linienschiff in den Grund gebohrt. Es sinkt, es ist schon halb gesunken, die ganze Besatzung geht zugrunde. Die Türken mit ihren roten Mützen, roten Kleidern und mit ihren blutenden Wunden gewähren einen schauderhaften Anblick; man weiß nicht, was Farbe, was Blut ist. Viele stürzen sich in das Meer, sich durch Schwimmen zu retten. Andere rudern Boote umher und fischen Tote und Verwundete auf. Mehrere Schiffe fliegen in die Luft. Himmel und Erde lächeln zu diesen Schrecken wie zu einem unschuldigen Kinderspiele! Rechts sieht man auf einer Anhöhe Stadt und Zitadelle von Navarin, und eine Wasserleitung, die über den Berg hinzieht, erinnert an die altgriechische Zeit. Das war ein Anblick! Ich werde ihn nie vergessen. Man schwebt zwischen Himmel und Erde, man wird zwischen Schrecken und Bewunderung, zwischen Abscheu und Liebe gegen die Menschen hin- und hergeworfen. Und wie die Leute sagen, ist dieses alles nur *gemalt*; es ist das *Panorama von der Schlacht bei Navarin*. Ich mußte es wohl glauben; denn man kann nicht von dem Schiffe herunter, um alles mit den Händen zu betasten. Aber das Schiff, auf dem man sich befindet, das gesteht man ein, ist nicht gemalt, sondern von Holz und Eisen. Es ist ein Kriegsschiff von der natürlichen Größe, und in allen seinen Teilen genau eingerichtet wie der *Scipion*, der in der Schlacht von Navarin mitgekämpft. Man tritt in das Gebäude des Panoramas und gelangt über einen schmalen dunklen Gang an eine Treppe. Diese steigt man hinauf und kommt in ein großes Zimmer, das zwar mit allen Möbeln häuslicher Bequemlichkeit, aber auch mit Beilen, Pistolen, Flinten, Fernröhren, Kompassen und Schiffsgerätschaften aller Art versehen ist. Das ist das Zimmer der Offiziere. Die bretterne Wand, welche dieses Zimmer von einer Batterie trennt, ist, da die Schlacht begonnen, weggenommen. Man sieht eine Reihe von Kanonen und im Hintergrunde Matrosen beschäftigt, einen verwundeten Kameraden vom Verdecke in den unteren Schiffsraum herabzulassen. Dann geht man die zweite Treppe hinauf und gelangt in die Wohnung des Kommandanten, Speisezimmer, Galerie, Schlafzimmer, Küche. Das Bisherige müssen Sie sich denken als die zwei untern Stockwerke des Schiffsgebäudes. Endlich führt eine dritte Treppe zum Verdecke des Schiffes, und von dort oben sieht man das Meer, die Schlacht und was ich Ihnen beschrieben. Die Zuschauer stehen auf dem Hinterteile des Schiffes, der leer ist, weil die ganze Mannschaft wegen des Brandes sich nach dem Vorderteile gedrängt. Neulich hatte der König mit seiner Familie das Panorama von Navarin besucht und war von den Admiralen Codrington und Rigny, die in jener Schlacht kommandiert hatten, begleitet. Wer dabei hätte sein können, wie die Admirale dem König alles erklärten, der hätte eine recht genaue Vorstellung von der Schlacht bekommen. Lebhaft ist das Schauspiel auch ohne Erklärung.

– In meinem vorigen Briefe sagte ich Ihnen viel Gutes von Rossinis Oper »Zelmira« und nannte die Musik eine *stählerne*. Heute lese ich im Constitutionnel. *La belle musique de la Zelmira, qui gagne tant à être souvent entendue, cette musique si* cuivrée, *et faite pour les oreilles allemandes,* ... Ich mußte lachen über das sauersüße Lob! *Schöne* Musik – das ist der Zucker; *Deutsche* Musik – das ist der Essig; und *cuivrée* – das ist das Gemisch von beiden; cuivrer heißt eigentlich »falsch vergolden«, »mit Kupfer vergolden«. Bitte, meine Herren Franzosen! den Rhein mögt ihr uns nehmen; aber unsere Musik werdet ihr so gut sein, uns zu lassen. Die gehört nicht dem Deutschen Bunde, die gehört uns, und wir werden sie zu verteidigen wissen.

Dienstag, den 22. Februar 1831
– Die italienische Revolution greift um sich wie ein Fettfleck, und nicht mit der ganzen Erdkugel wird Österreich das reinigen können. Savoyen, Tiroler rühren sich. Was wird Immermann dazu sagen? Das sind ja seine treuen Tiroler, die »*wie Hunde geheult an Österreichs Grabe!*« ...

– – Daß Sie die »Briefe eines Verstorbenen« so unaufhörlich gegen mich in Schutz nehmen! Ich habe dem Manne nicht im geringsten unrecht getan und habe ganz nach Gewissen geurteilt. Was am Buche zu loben ist, habe ich gelobt; was am Verfasser zu tadeln, getadelt. Sein aristokratischer Hochmut war Ihnen entgangen, mir nicht, und jetzt ist die Zeit heiß, man muß sie schmieden, ehe sie wieder kalt wird. – Man sagt, Don Miguel sei verjagt, Donna Maria in Lissabon als Königin ausgerufen. Es ist ein Herbst der Tyrannei, und die dürren Blätter fallen. – Über die Salons habe ich Ihnen meine Meinung schon gesagt. Ich habe mehr Neigung für Massen, für das öffentliche Leben. Ich liebe die Kerzen nicht. Vergnügen fand ich nicht viel in den Salons, in welchen ich noch war. Bleibt das Belehrende. Aber jedes Wort, das in den Salons gesprochen wird, besonders über Politik, kommt den folgenden Tag in die öffentlichen Blätter, da die Redakteure überall ihre Agenten haben, die ihnen alles berichten. Ein Salon in Paris ist nichts anders als eine Zeitung mit Himbeersaft. Der Himbeersaft wäre freilich gewonnen; aber ändern Sie mich trägen Menschen! – Die Kammer wird aufgelöst, das Ministerium wahrscheinlich geändert im liberalen Sinne, und dann wird alles besser gehen und schneller, und die Revolution wird ihre Früchte tragen – auch für uns. Körbe herbei!

Siebenunddreißigster Brief
Paris, Donnerstag, den 24. Februar 1831
Die Krönung Napoleons, von David gemalt, durfte unter der vorigen Regierung nicht an das Tageslicht; jetzt wird das Gemälde wieder gezeigt. Was half ihnen ihr blinder Groll? Nichts ist doch

lächerlicher und grausamer als die strenge Diät, welche kranke Fürsten, die nichts vertragen können, ihren Völkern auflegen, die alles vertragen! Sie meinen, wenn man die Herzen fasten ließe, davon würden die Köpfe und Arme schwach, und sie wären dann leichter zu regieren. Aber der Hunger des Herzens sättigt den Kopf und stärkt die Glieder. Napoleons Bild kehrte nach fünfzehn Jahren zurück, und die Bourbons werden ewig verbannt bleiben – – gewiß ewig; denn am dritten Schlagflusse stirbt der Mensch, und wenn er auch ein König ist. Ich sah gestern das Gemälde, es hat sehr gelitten; Farbe, Zeit, Bewunderung, alles ist verblichen. Es ließ mich so kalt, als sähe ich eine Abbildung von der Arche Noah, in die mit hängenden Ohren alles ehegepaarte Vieh zieht. Der Maler war nicht begeistert, so wenig als jene Zeit, so wenig als Napoleon selbst, so wenig als das Volk, das ihn umgibt; es ist eine vielfarbige glänzende Leerheit. Das Gemälde ist von solcher Ausdehnung, daß es in dem kleinen Theater, wo man es sieht, den Vorhang bildet. Es enthält mehr als sechzig Figuren in Lebensgröße, alle Porträts. Der Moment ist gewählt, wo Napoleon der vor ihm knienden Kaiserin die Krone aufsetzt. Er kniet vor nichts, nicht vor seinem Gotte, nicht vor seinem Glücke; weder Triumph ist in ihm noch Demut. Es ist eine Krönung wie die eines marklosen Erbfürsten. Nichts als Weiber, Pfaffen und goldene Knechte. Gibt es etwas Lächerlicheres, als daß sich Napoleon in der Kirche Notre-Dame von einer angstzitternden Geistlichkeit Brief und Siegel darüber geben ließ, daß er ein Held gewesen? Gibt es etwas Herzempörenderes als diese Hochzeit zwischen dem Manne des Lebens und der Leiche der Vergangenheit? Napoleon hätte sich zu Pferde sollen krönen lassen, sich die Krone hinaufreichen lassen, nicht herabreichen. Er sollte den Thron zieren, der Thron nicht ihn. Keiner von jenen Soldaten war anwesend, die ihn so groß gemacht; nichts als Schleppenträger und Hofhanswürste. Man hätte gerne gesehen, daß seine Marschälle sich stolz auf ihre Schwerter stützten und mit unterdrücktem Spotte auf die gefälligen Kardinäle blickten. Aber sie trugen Degen wie die Kammerherren und waren geputzt wie die Hofnarren. Die Porträts sind alle geistreich, das ist wahr: aber es hat jeder sein eigenes Gesicht, keiner ein Krönungsgesicht. Jeder sucht seine Gefühle zu unterdrücken, das sieht man deutlich. Herz und Augen gehen weit auseinander.

Unter allen Figuren waren nur drei, die mich anzogen. Napoleons Schwester, damals Großherzogin von Berg, später Königin von Neapel. Sie sieht ihrem Bruder ganz ungemein ähnlich, nur sind ihre Züge edler und zeigen den schönen Stolz des Sieges, den man in den Zügen des Kaisers vergebens sucht. Dann: der Papst. Er sitzt so bedeutend abgespannt und duldend in seinem Sessel wie eine gläubige und kränkliche Seele, die Gott nicht bloß anbetet in dem, was er tut, sondern auch in dem, was er nicht tut, geschehen läßt. Endlich Talleyrand. Ich habe ihn nie gesehen, nicht einmal gemalt. Ein Gesicht von Bronze, eine Marmorplatte, auf der mit eisernen Buchstaben die Notwendigkeit geschrieben ist. Ich habe nie begreifen können, wie noch alle Menschen aller Zeiten so diesen Mann verkannt! Daß sie ihn gelästert, ist schön, aber schwach, tugendhaft, aber unverständig; es macht der Menschheit Ehre, aber nicht den Menschen. Man hat Talleyrand vorgeworfen, er habe nach und nach alle Parteien, alle Regierungen verraten. Es ist wahr, er ging von Ludwig XVI. zur Republik, von dieser zum Direktorium, von diesem zum Konsulat, von diesem zu Napoleon, von diesem zu den Bourbonen, von diesen zu Orléans über, und es könnte wohl noch kommen, ehe er stirbt, daß er wieder von Louis Philipp zur Republik überginge. Aber verraten hat er diese alle nicht, er hat sie nur verlassen, als sie tot waren. Er saß am Krankenbette jeder Zeit, jeder Regierung, hatte immer die Finger auf dem Pulse und merkte es zuerst, wenn ihr das Herz ausgeschlagen. Dann eilte er vom Toten zum Erben; die andern aber dienten noch eine kurze Zeit der Leiche fort. Ist das Verrat? Ist Talleyrand darum schlechter, weil er klüger ist als andere, weil fester, und sich der Notwendigkeit unterwirft? Die Treue der andern währte auch nicht länger, nur ihre Täuschung währte länger. Auf Talleyrands Stimme habe ich immer gehorcht wie auf die Entscheidung des Schicksals. Ich erinnere mich noch, wie ich erschrak, als nach der Rückkehr Napoleons von Elba Talleyrand Ludwig XVIII. treu geblieben. Das verkündigte mir Napoleons Untergang. Ich freute mich, als er sich für Orléans erklärte; ich sah daraus, daß die Bourbons geendet. Ich möchte diesen Mann in meinem Zimmer haben; ich stellte ihn wie einen Barometer an die Wand, und ohne eine Zeitung zu lesen, ohne das Fenster zu öffnen, wollte ich jeden Tag wissen, welche Witterung in der Welt ist.

Talleyrand und Lafayette sind die zwei größten Charaktere der Französischen Revolution, jeder an seiner Stelle. Auch Lafayette weiß Sein vom Schein, Leben vom Tode zu unterscheiden; aber jedes Grab war ihm eine Wiege, und er verließ die Gestorbenen nicht. Er glaubt an eine Fortdauer nach dem Tode, an eine Seelenwanderung der Freiheit; Talleyrand glaubt nur, was er weiß. Wäre nur Napoleon wie Talleyrand gewesen! Da er nur der Zeit zu dienen brauchte, keinen Menschen, weil er selbst der Höchste war: hätte er mit besserer Einsicht sich selbst besser gedient, er wäre noch auf dem Throne der Welt. Was habe ich dem Kaiser nicht alles gesagt! Heine hätte es hören sollen! Ich war allein im Saale und stellte mich mit verschränkten Armen vor ihn hin, wie er es zu tun pflegte. Ich wollte ihn damit verspotten, und – *Narr!* habe ich ihn geheißen. Ich hätte ihn *Bösewicht* nennen können, aber das hätte ihn nicht beleidigt. Nein, nie verzeihe ich dem Manne, was er sich selbst getan, wollte ich ihm auch verzeihen, was er der Welt getan. Sich mit der Gemeinheit zu besudeln und sich aus Eitelkeit mit Schmutz zu bedecken, um sich einen Schein von abgenutztem Alter zu geben! Er hat die Freiheit um ihre schönsten Jahre gebracht, er hat sie um ihre Jugend betrogen, und jetzt muß sie mit grauen Haaren noch auf der Schulbank sitzen und erst lernen, was sie längst könnte vergessen haben. Ehe ich ging, lachte ich ihm noch einmal freundlich zu. Für die Dummheit, die du andere begehen machtest, will ich dir deine eigne verzeihen. Du warst der starke eiserne Reif, der die Faßdauben der Welt zusammengehalten. Und die Narren-Fürsten haben dich zerschlagen, und gleich hat der gärende Wein das Faß auseinandergesprengt, und schweres Holz ist an hohle Schädel gefahren! Das war schön.

Von Napoleons Krönung weg ging ich zu einem andern Schauspiel, das meinem Herzen wohler tat. Ich besuchte den edlen *Medor*. Wenn man auf dieser Erde die Tugend mit Würden belohnte, dann wäre Medor der Kaiser der Hunde. Vernehmen Sie seine Geschichte! Nach der Bestürmung des Louvre im Juli begrub man auf dem freien Platze vor dem Palaste, auf der Seite, wo die herrlichen Säulen stehen, die in der Schlacht gebliebenen Bürger. Als man die Leichen auf Karren legte, um sie zu Grabe zu führen, sprang ein Hund mit herzzerreißendem Jammer auf einen der Wagen, und von dort in die große Grube, in die man die Toten warf. Nur mit Mühe konnte man ihn herausholen; ihn hätte dort der hineingeschüttete Kalk verbrannt, noch ehe ihn die Erde bedeckt. Das war der Hund, den das Volk nachher Medor nannte. Während der Schlacht stand er seinem Herrn immer zur Seite, er wurde selbst verwundet. Seit dem Tode seines Herrn verließ er die Gräber nicht mehr, umjammerte Tag und Nacht die hölzerne Wand, welche den engen Kirchhof einschloß, oder lief heulend am Louvre hin und her. Keiner achtete auf Medor; denn keiner kannte ihn und erriet seinen Schmerz. Sein Herr war wohl ein Fremder, der in jenen Tagen erst nach Paris gekommen, hatte unbemerkt für die Freiheit seines Vaterlandes gekämpft und geblutet und war ohne Namen begraben worden. Erst nach einigen Wochen ward man aufmerksamer auf Medor. Er war abgemagert bis zum Gerippe und mit eiternden Wunden bedeckt. Man gab ihm Nahrung, er nahm sie lange nicht. Endlich gelang es dem beharrlichen Mitleid einer guten Bürgersfrau, Medors Gram zu lindern. Sie nahm ihn zu sich, verband und heilte seine Wunden und stärkte ihn wieder. Medor ist ruhiger geworden, aber sein Herz liegt im Grabe bei seinem Herrn, wohin ihn seine Pflegerin nach seiner Wiederherstellung geführt, und das er seit sieben Monaten nicht verlassen. Schon mehrere Male wurde er von habsüchtigen Menschen an reiche Freunde von Seltenheiten verkauft; einmal wurde er dreißig Stunden weit von Paris weggeführt; aber er kehrte immer wieder zurück. Man sieht Medor oft ein kleines Stück Leinwand aus der Erde scharren, sich freuen, wenn er es gefunden, und dann es wieder traurig in die Erde legen und bedecken. Wahrscheinlich ist es ein Stück von dem Hemde seines Herrn. Gibt man ihm ein Stück Brot, Kuchen, verscharrt er es in die Erde, als wollte er seinen Freund im Grabe damit speisen, holt es dann wieder heraus, und das sieht man ihn mehrere Male im Tage wiederholen. In den ersten Monaten nahm die Wache von der Nationalgarde beim Louvre jede Nacht den Medor zu sich in die Wachtstube. Später ließ sie ihm auf dem Grabe selbst eine Hütte hinsetzen und folgende Verse darauf schreiben, die besser gemeint als ausgeführt sind:

> *Depuis le jour qu'il a perdu son maître,*
> *Pour lui la vie est un pesant fardeau:*
> *Par son instinct il croit le voir paraître;*
> *Ah! pauvre ami, ce n'est plus qu'un tombeau.*

Medor hat schon seinen Plutarch gefunden, seine Rhapsoden und Maler. Als ich auf dem Platz vor dem Louvre kam, wurde mir Medors Lebensbeschreibung, Lieder auf seine Taten und sein Bild feilgeboten. Für zehn Sous kaufte ich Medors ganze Unsterblichkeit. Der kleine Kirchhof war mit einer breiten Mauer von Menschen umgeben, alle arme Leute aus dem Volke. Hier liegt ihr Stolz und ihre Freude begraben. Hier ist ihre Oper, ihr Ball, ihr Hof und ihre Kirche. Wer nahe genug herbeikommen konnte, Medor zu streicheln, der war glücklich. Auch ich drang mich endlich durch. Medor ist ein großer weißer Pudel, ich ließ mich herab, ihn zu liebkosen; aber er achtete nicht auf mich, mein Rock war zu gut. Aber nahte sich ihm ein Mann in der Weste oder eine zerlumpte Frau und streichelte ihn, das erwiderte er freundlich. Medor weiß sehr wohl, wo er die wahren Freunde seines Herrn zu suchen. Ein junges Mädchen, ganz zerlumpt, trat zu ihm. An diesem sprang er hinauf, zerrte es, ließ nicht mehr von ihm. Er war so froh, es war ihm so bequem, er brauchte, um das arme Mädchen etwas zu fragen, es nicht wie eine vornehme geputzte Dame, sich erst niederlassend, am Rande des Rockes zu fassen. An welchem Teile des Kleides er zerrte, war ein Lappen, der ihm in den Mund paßte. Das Kind war ganz stolz auf Medors Vertraulichkeit. Ich schlich mich fort, ich schämte mich meiner Tränen. Wenn ich ein Gott wäre, ich wollte viele Freuden unter die armen Geschöpfe der Welt verteilen; aber die erste wäre: ich weckte Medors Freund wieder auf. Armer Medor! ... Könnte ich den treuen Medor nur einmal in die Deputiertenkammer locken! Hörte er dort die Verhandlungen dieser Tage, vernähme er, sein guter Herr hätte nie können Deputierter werden, weil er nicht 750 Franken Steuern bezahlt, er, der doch sein Blut dem Vaterlande gesteuert – wie würde er bellen, wie würde er dem jämmerlichen Dupin und den andern allen in die Beine fahren! –

Freitag, den 25. Februar 1831

Ich empfehle Ihnen das Buch: *Théâtre de Clara Gazul, Comédienne Espagnole*, von *Mérimée*. Der Verfasser hat sich nicht genannt. Er nimmt den Schein an, als wären die Komödien aus dem Spanischen übersetzt. Es sind eigentlich nur Skizzen und Szenen: aber mit großer Kunst werden durch wenige Striche ganze Charaktere gezeichnet und mit ein wenig Rot und Gelb die glühendsten spanischen Naturen treu gemalt. Man kann sich nichts Liebenswürdigeres denken. Der Verfasser hat eine unbeschreibliche Grazie, eine Phantasie gleich einer Lerche, wenn sie in der Abenddämmerung um grüne Kornfelder fröhliche Kreise zieht. Es sind Komödien, wild wie junge Mädchen; aber wie wohlgezogne; sie sind sittsam dabei und erröten leicht. Der Dichter hat, was die Deutschen Ironie nennen und was ich noch bei keinem Franzosen gefunden. Seine Ironie ist wie die unsere, nur geflügelter. Und was in den Dichtungen fehlt, macht sie so schön als das, was sie besitzen; es sind reizende Nachlässigkeiten.

Gestern habe ich *Comtes* Kindertheater besucht, oder wie es jetzt eigentlich heißt: *Théâtre des jeunes acteurs*. Es ist lange nicht mehr so artig, als es vor mehreren Jahren war, da wir es gesehen. Die damaligen Kinder sind seitdem lange Jungen und Mädchen geworden, meistens treten bejahrte Personen auf, und die wenigen Kinder spielen zu altklug. Mich lockte eigentlich ein Stück, von dem man seit einiger Zeit viel gesprochen, ein buckliges Lustspiel. Es heißt *Mayeux ou le bossu à la mode*. Mayeux ist eine Pariser Volkstradition von einem geistreichen Buckel, dem man alle mögliche guten Einfälle aufgebürdet! Ich weiß nicht, ob ein solcher Mayeux wirklich einmal gelebt oder ob er bloß ein Geschöpf der Phantasie ist. Aber seit der letzten Revolution wurde dieser Mayeux wieder aus der Vergessenheit hervorgerufen, und man legte ihm in Liedern und Bildern die witzigsten Worte in den Mund. Das Vaudeville, von welchem hier die Rede, ist mit Geist und Laune geschrieben; auch haben nicht weniger als drei dramatische Dichter daran gearbeitet. Mayeux ist ein kleiner verwachsener Kerl, voll scharfer, doch gutmütiger Laune, der im Juli mitgefochten und trotz seiner verkrüppelten Gestalt als Grenadier unter der Nationalgarde dient. Es gehört nun viel Feinheit und Gewandtheit dazu, diesen Charakter und diese Mißgestalt so zu behandeln, daß er Lachen erregt, ohne sich lächerlich zu machen. Davor müsse man sich hüten; denn das wäre auf die Revolution und auf die Nationalgarde zurückgefallen. Den Verfassern ist es gelungen. Aber es wurde bei Comte gar zu schlecht gespielt, und ich konnte es nicht zu Ende sehen. Die Mißgestalt Mayeux' wurde so karikiert, daß sie widerlich wurde. Auch ein Buckel hat seine ästhetischen Regeln, die man nicht übertreten darf. Was mich in diesem Theater am meisten ergötzt, war der Jubel der hundert Kinder in ihren weißen Häubchen, und deren Mütter, und die tausend Küsse den ganzen Abend, und die unzähligen Stangen Gerstenzucker, die der Konditorjunge absetzt. Aber wie kommt es, daß auch Kinder lachen, gleich den Erwachsenen, sie, denen doch noch alles ernst und wahr erscheint; und die keinen Widerspruch und keinen Zufall unterscheiden? Ich begreife das nicht. Es hat gewiß seine Erklärung; aber ich als Gelehrter darf das vergessen haben. Doch Sie, unwissende

Freundin, müssen es wissen. Erklären Sie mir, warum Kinder lachen?

– Bald wird das Eis überall brechen, nach und nach, und es wird eine tolle Wirtschaft geben. Ich sehe es für ein Glück an, daß jetzt eine so feindliche Spannung zwischen der französischen Kammer und der Regierung eingetreten ist, daß ein gefährliches Mißbehagen sich im ganzen Lande zeigt; denn Frankreich kann nur durch einen Krieg von innerem Verderben gerettet werden. Es mögen entscheidende Dinge sich bereiten.

Die englischen Blätter, die nicht bloß vernünftig über die Sache sprechen – heute müßte einer dumm sein, der nicht vernünftig wäre –, sondern auch kalt, weil sie der Krieg unmittelbar nichts angeht, sagen, der Krieg wäre unvermeidlich. Die zwei Prinzipien, welche die Welt beherrschen, Freiheit und Tyrannei, ständen sich feindlich einander gegenüber, und an eine friedliche Ausgleichung wäre nicht zu denken; denn nie würden absolute Fürsten ihren Völkern gutwillig liberale Institutionen geben. Und so ist es. Tausendjährige Leidenschaften, Vorurteile von so alten und tiefen Wurzeln zerstört man nicht so leicht, nicht einmal dann, wenn selbst die, die sie haben, von ihnen befreit sein möchten. Der Mensch ist nicht frei, auch der beste nicht. Er kann alles lernen wollen, aber nichts vergessen, und solange Kopf und Herz vom Alten besetzt sind, findet das Neue keinen Platz. Darum Krieg! –

Achtunddreißigster Brief

Paris, den 1. März 1831

– Der Geist freier Untersuchung und der Opposition hat sich hier so mächtig entwickelt, daß er sogar bis in die Schulen gedrungen ist. Im Collège Henri IV (nach deutschem Ausdrucke ein Gymnasium) werden von den Schülern zwei handschriftliche Journale redigiert, die in den Schulzimmern täglich zirkulieren. Das eine Journal, *Le Lycéen* genannt, kämpft unter Racines Fahne, also für die klassische Literatur; das andere, mit dem Titel

Le Cauchemar, streitet unter der Fahne Victor Hugos. Die romantische Literatur mit dem Worte Cauchemar (das Alpdrücken) zu bezeichnen, ist eine geistreiche Naivität, und die Feinde der Romantik hätten nichts Besseres erfinden können. Diese Zeitungen enthalten nun zwar literarische Gegenstände, aber am Schlusse des Blattes werden auch freimütige Bemerkungen über Lehrer und Professoren hinzugesetzt. Das hat die Schulobrigkeit übelgenommen, und sie hat den *rédacteur-en-chef du Lycéen* aus der Schule entfernt. Die Zöglinge klagen, das wäre eine offenbare Verletzung der Preßfreiheit! Ich habe über diesen komischen Kinderliberalismus herzlich lachen müssen. Die kleinen Jakobiner haben es hier noch gut. Ihre höchste Strafe ist, daß man sie nach Hause zu ihren Eltern schickt, wo sie, statt über den Büchern zu sitzen, den ganzen Tag frei umherlaufen und spielen dürfen. Im Österreichischen würde man solche anarchische Buben als Trommelschläger und Pfeifer unter die Soldaten stecken. Wenn sich die Kinder hier untereinander streiten und zanken, schimpfen sie sich Charles X. und Polignac. O! es ist eine böse Welt.

– Österreich!... Es muß eine Wonne sein, dieser fluchwürdigen Regierung auf einem Schlachtfelde der Freiheit gegenüberzustehen! Es muß eine tugendhafte Schadenfreude sein, der dummverzagten Welt zu beweisen, daß Gott mächtiger ist als der Teufel! Die heiße Wut eines Tyrannen wie Don Miguels kann meine Nerven in Aufruhr bringen; aber nie vermochte sie meine innere unsterbliche Seele so zu empören, als es die kalte abgemessene Tücke Österreichs tut, das, ohne Leidenschaft, gleich Goethes Mephistopheles, die Menschen verführt oder verdirbt, nur um zu zeigen, daß es keine Tugend gibt, daß die Tugend ohnmächtig sei, dem Bösen zu widerstehen. Gestern stand eine Geschichte im *Courrier Français*, die ich Ihnen mitteile, und zwar übersetzt; ich muß die Probe meiner Augen machen, ich muß mich überzeugen, daß ich nicht falsch gelesen.

Behandlung der Staatsgefangenen in Brünn. – Ein junger Italiener, Herr *Maroncelli*, aus seinem Vaterlande verbannt und verstümmelt durch die Marter, die er in den österreichischen Gefängnissen erduldet, ist soeben in Paris angekommen. Die Qualen, welche er erlitten, die, welche seine Leidensgefährten noch ertragen, würden, wenn dieses noch nötig wäre, den Abscheu der Italiener gegen die österreichische Regierung und ihre Anstrengung, ein verhaßtes Joch abzuschütteln, vollkommen rechtfertigen. Maroncelli ward wegen eines Briefes angeklagt, den er seinem Bruder geschrieben, einem jungen Arzte, der von Griechenland, wo er den Hellenen den Beistand seiner Kunst angeboten, zurückgekehrt. Das geheime Tribunal von Mailand glaubte darin unter einer sinnbildlichen Form den Ausdruck eines versteckten Wunsches für die Freiheit zu erkennen. Der junge Patriot wird arretiert, gerichtet und auf das Zeugnis dieses einzigen Briefes zum Tode verurteilt. Aber vor diesem Spruche, nachdem er gefällt, entsetzten sich die Richter selbst und verwandelten die Todesstrafe in zwanzigjähriges *hartes Gefängnis*. Herr von Maroncelli wird mit vier seiner Freunde nach der Festung Brünn geführt, wo zwanzig andre italienische Patrioten ihnen bald nachkommen. Das Gefängnis ist vollgepfropft, und man entscheidet, daß der jüngste in den Keller geworfen werden soll. Hier, auf feuchter Erde, bringt Maroncelli einsam, ohne Verbindung mit irgendeinem Menschen, ein ganzes Jahr zu. – Er war dem Tode nahe, als ein anderer Verurteilter, der sein Kerkerloch mit einem Leidensgenossen teilte, starb. Maroncelli kommt an seinen Platz. Er hat endlich einen Freund zur Seite; aber seine physischen Leiden haben nicht aufgehört. Eine Eiskälte durchdringt ihn; eine ekelhafte Nahrung richtet seine Gesundheit vollends zugrunde; seine Glieder werden steif; sein linkes Bein, durch den schweren Ring, der zwanzigpfündige Ketten zusammenhält, eng umschnürt, schwillt auf eine fürchterliche Weise auf; bald zeigt sich der Brand, man muß das Bein abschneiden! Aber der Gouverneur sagt kalt, indem er das kranke Bein, dessen geschwollenes Fleisch den eisernen Ring ganz bedeckte, nachlässig in der Hand wiegt: man hat uns einen Gefangenen mit zwei Beinen geschickt, wir können ihn nicht mit einem Beine wieder abliefern. Man muß erst nach Wien schreiben und um die Gnade der Operation bitten, die jede Verzögerung tödlich machen kann. In vierundzwanzig Stunden könnte man Antwort haben, aber sie läßt vierzehn Tage auf sich warten. Endlich wird die Operation im Kerker, wo der Gefangene acht Jahre geschmachtet hat, vorgenommen. Der Gefängnisbarbier nimmt das verfaulte Bein über das Knie ab, und einige Zeit darauf wird Maroncelli in Freiheit gesetzt. Der junge Patriot, auf zwei Krücken gehend, kehrt nach seinem Vaterlande zurück, er wird aber hinausgestoßen. Er wendet sich nach Rom, Rom verweigert ihm den Aufenthalt. Der Großherzog von Florenz will ihn dulden, aber der österreichische Gesandte läßt ihn fortjagen. Maroncelli findet in Frankreich eine Freistätte, und bald wird es es verlassen, sein verjüngtes Vaterland wiederzusehen. Von den fünfundzwanzig Verurteilten, die nach und nach Maroncellis Kerker teilten, sind zwei, Vicomte Oroboni und M. A. Villa, vor Hunger gestorben! Wir übertreiben nicht, es ist die Wahrheit. Eine mit Unschlitt zubereitete Suppe, zwei kleine Stücke Brot von Fingersdicke und ein Lappen verdorbenes Fleisch machen noch heute die einzige Nahrung der Gefangenen aus. Vergebens erbaten sie sich als eine Gnade, daß man aus ihrer ekelhaften Suppe wenigstens den Talg weglasse; man antwortete ihnen, das sei die Nahrung von zwei- bis dreihundert Galeerensklaven und man könne für sie keine Ausnahme machen. Von dem Gelde, das ihnen ihre Familien schickten, erhalten die Gefangenen keinen Heller. Gegenwärtig befinden sich noch neun Italiener in Brünn, worunter der Graf Confalonieri, der an jedem Jahrestage seiner Verurteilung fünfundzwanzig Stockschläge bekommt.«

Mittwoch, den 2. März 1831
– Saphir fängt künftige Woche Vorlesungen an, nach Art derjenigen, die er in München gehalten. Ich teile Ihnen einige gute Einfälle aus seinem Prospectus mit. »Frankreich ist mir eine Entschädigung schuldig; ich komme, sie einzukassieren, nicht mit dem Degen, aber mit der Feder in der Hand... Die drei ruhmvol-

len Tage Frankreichs haben viele schlaflose Nächte in Deutschland hervorgebracht... ich wurde allergnädigst verbannt, und es wurde mir huldreichst angewiesen, binnen drei Tagen Witz und Land zu verlassen. Zum Glücke waren weder Witz noch Land so groß, um dieses in drei Tagen nicht mit aller Bequemlichkeit bewerkstelligen zu können. Ich schnürte meine Satire und ging... Zuerst hatte ich die Idee, nach Rußland zu gehen, weil man noch kein Beispiel hat, daß je ein freimütiger Schriftsteller von dort verbannt wurde, und zwar aus dem einfachen Grunde, weil nie einer dort lebte. Allein Personen, welche die Knute und die *Cholera morbus* aus näherem Umgange kennen, versicherten mich, daß diese zwei russischen Gesellschaftsspiele keinen besondern Sinn für Witz und Poesie haben. Ich nahm mir also vor, die Preßfreiheit persönlich kennen zu lernen, und kam nach Paris, welches die eigentliche Essigmutter meiner sauern Tage in Deutschland war... Ich habe ein gegründetes Recht auf eine Entschädigungsklage, allein alles Klagen ist kläglich. Ich will es also lieber versuchen, den Parisern deutsche Vorlesungen zu halten.«

– Ich zittere, wie Sie, für die Polen und bin auf das Schlimmste gefaßt. Aber den Russen würde dieser Sieg verderblicher sein, als es ihnen eine Niederlage wäre. Der erhabene Nikolaus würde dann übermütig werden und glauben, mit Frankreich wäre ebenso leicht fertigzuwerden als mit den Polen, man brauche nur *energisch* aufzutreten. Wehe dem armen Deutschland, wenn die Russen siegen.

Neununddreißigster Brief

Paris, Donnerstag, den 3. März 1831

Die Romane des *Paul de Kock*, die man Ihnen empfohlen und von welchen Sie mir neulich geschrieben, habe ich seitdem kennen gelernt. Ein prächtiger Mann! Trotz den vielen Sorgen und Mühen, die mir jetzt Europa macht, habe ich in vier Tagen, in meinen kurzen Friedensstunden, acht von seinen fünfzig Bänden gelesen. Aber das ist genug für uns beide. Nur in Paris kann man

Kocks Romane mit Lust lesen, draußen verlieren sie ihren Wert. Mir haben sie viele Freude gemacht. Man lernt darin die Sitten der Pariser Kleinbürger kennen, mit welchen ein Fremder, sowenig als die eingebornen Pariser der höhern Stände selbst, im Leben in gar keine Berührung kommt. Wenn Jouy in seinem *Hermite de la Chaussée-d'Antin* Szenen aus der Pariser kleinen Welt schildert, scheint er dabei so weit hergekommen, holt er dabei so weit aus, als beschreibe er Sitten und Gebräuche der Hottentotten. Eine ganze Reisebeschreibung schickt er voraus, erzählt, wie er in früher Jugend – Jugend hat keine Tugend – aus Übermut und Zufall in das ferne wilde Land geraten; kurz, gibt sich die größte Mühe, zu erklären und zu entschuldigen, daß *er*, ein feiner Mann der großen Welt, einige Male ein grobes Bürgerhaus besucht. In Paris sind die Straßen Provinzen, und man lernt viel Geographie und Statistik aus Kocks Romanen. Es gehen an uns vorüber: *un riche passementier de la rue St.-Martin – un riche épicier de la rue aux ours – un tabletier de la rue St.-Denis – un parfumeur de la rue St.-Avoie* – mit Weibern, Töchtern, Kindermädchen, Kommis. Und ihre Sonntagspartien auf das Land und ihre Hochzeiten, ihre Galanterien, ihre Intrigen. Die Liebe spielt natürlich eine Hauptrolle, wie in allen Romanen. Aber es ist keine deutsche Liebe, keine Liebe unseres Lafontaines, die noch heißer ist als der Kochbrunnen zu Wiesbaden; sondern es ist eine angenehme warme Liebe, welche die natürliche Blutwärme des Herzens nie übersteigt. Monsieur Paul de Kock sagt: *C'est une bien jolie chose d'aimer et d'être aimé.* – dabei kann man sich nicht verbrennen. Und Philosophie hat er auch, Lebensphilosophie! Zwar gibt er uns nicht wie Goethe im »Wilhelm Meister« Lehrbriefe mit Trüffeln; aber es ist eine recht kräftige Philosophie, bürgerlich zubereitet. Man kann von ihm lernen. So sagt er einmal, die Ehen wären tausendmal besser und schöner, als sie sind, wenn nicht Mann und Frau einen großen Teil des Tages in so nachlässiger Kleidung vor einander erschienen. Das Kind Amor fürchte sich vor baumwollenen Nachtmützen und ungewaschenen Morgenhauben; bei den Weibern nehme mit der Liebe die Sorge für ihren Putz ab. Er gibt uns jungen Leuten die Lehre: *Jeunes gens, méfiez-vous de votre maîtresse, lorsque vous la verrez venir en papillottes au rendez-vous que vous lui auriez donné.* Kock ist die Wonne der Pariser Nähmädchen; auch ist das Papier ganz weich von den vielen Händen und Tränen, und kein Band in der Leihbibliothek, in dem nicht einige Blätter fehlten. Was der Mann aber auch schlau ist, und wie er sich bei allen beliebt zu machen weiß! Den Liebenden und jungen Leuten überhaupt gibt er immer recht gegen die Eltern und Alten! aber mit den letztern verdirbt er es darum doch nicht. Jungen Mädchen gibt er, was sie verlangen, und wiegt ihnen gut; aber wenn er die Ware abliefert, wickelt er sie in ein Blatt Moral, das die Kinder mit nach Hause nehmen, und woran sich die Mütter erquicken. In Zeichnung komischer Charaktere hat Kock viele Fertigkeit. Welche himmlische Späße! und man kann, ohne Furcht zu ersticken, nach Herzenslust dabei lachen. Denn sie gleichen nicht Scribes und Jouys Epigrammen, bei welchen man nur lächeln darf, weil sie einem leicht wie Fischgräten im Halse steckenbleiben. Kurz, mein Paul de Kock ist ein prächtiger Mann – aber lesen Sie ihn nicht.

Samstag, den 5. März 1831
Die armen Polen werden wohl jetzt gestorben sein. Sie sind glücklicher als ich. Dem entsetzlichen Schauplatz näher, wissen Sie schon das Schlimmste. Seit vorgestern habe ich keine Kraft, eine Feder zu führen, ich konnte nicht lesen, nicht denken, ich konnte nicht einmal weinen und beten; nur fluchen konnte ich. Gesiegt haben die Polen schon vier Tage lang, aber entschieden ist noch nichts, und gestern sind gar keine Nachrichten gekommen. Man sprach von einem Kuriere, den der russische Gesandte erhalten; die Russen wären in Warschau eingerückt. Aber wenn das wahr wäre, hätte man schon den Jubel der besoffenen Knechte gehört an den Festtagen ihrer Herren, und die deutschen Blätter von gestern erzählen nichts. Nicht wie Menschen, wie Kriegsgötter selbst haben die Polen gekämpft. Sie jagten singend den Feind, wie Knaben nach Schmetterlingen jagen; sie stürzten

sich auf die Kanonen und nahmen sie, wie man Blumen bricht. Männer, Kinder, Greise, drei Geschlechter, drei Zeiten waren in der Schlacht, und die Russen, wie feige Meuchelmörder, schossen aus dem Dickicht der Wälder heraus. Was wird es helfen? Jeder Sieg bringt die Polen ihrem Untergange näher. Sie sind zu schwach, zu arm an Menschen. Der reiche Kaiser Nikolaus haut immer neue Soldaten heraus, wie Steine aus Brüchen, und das geht so immer unerschöpflich fort; was sind einem Despoten die Menschen? Seine Wälder schont er mehr. Nicht Gottes Weisheit, nur die Dummheit des Teufels allein kann noch die Polen retten. Ach! gibt es denn einen Gott? Mein Herz zweifelt noch nicht, aber der Kopf darf einem wohl davon schwach werden, und wenn – was nützt dem vergänglichen Menschen ein ewiger Gott? Wenn Gott sterblich wäre wie der Mensch, dann wäre ihm ein Tag ein Tag, ein Jahr ein Jahr, und der Tod das Ende aller Dinge. Dann würde er rechnen mit der Zeit und mit dem Leben, würde nicht so späte Gerechtigkeit üben und erst den entferntesten Enkeln bezahlen, was ihre Ahnen zu fordern hatten. Die Freiheit kann, sie wird siegen, früher oder später; warum siegt sie nicht gleich? Sie kann siegen, einen Tag nach dem Untergange der Polen; soll einem das Herz nicht darüber brechen? Die Polen im Grabe, fühlen sie es denn, haben sie Freude davon, wenn ihre Kinder glücklich sind? Die Tyrannei wird untergehen, die Kinder der Tyrannei werden gezüchtigt werden für die Verbrechen ihrer Väter; aber die Knochen der begrabenen Könige, haben sie Schmerzen davon? Gibt es einen Gott? heißt das Gerechtigkeit üben? Wir verabscheuen die Menschenfresser, dumme Wilde, die doch nur das Fleisch ihrer Feinde verzehren; aber wenn die ganze Gegenwart, mit Leib und Seele, mit Freude und Glück, mit allen ihren Wünschen und Hoffnungen gemartert, geschlachtet und zerfetzt wird, um damit die Zukunft zu mästen – diese Menschenfresserei ertragen wir! was ist Hoffnung, was Glaube? durch die Augen wird kein Hunger gestillt, gemalte Früchte haben noch keinen satt gemacht... Ich las etwas in den englischen Blättern – es ist, sich tot darüber zu schämen, wenn man ein

Deutscher ist; es ist, sich die Hände im Dunkeln vor die Augen zu halten. Der Londoner Kurier sagte: »Wenn Polen wird besiegt sein, wenn, was die Schlacht verschont, auf dem Schafotte bluten wird, dann werden die *deutschen Zeitungen* die weise Gerechtigkeit des russischen Kaisers rühmen, und wenn der Tyrann nur einem einzigen Besiegten das armselige Leben schenkt, werden die *deutschen Blätter* die Milde des hochherzigen Nikolaus bis in die Wolken erheben.« Unter allen Völkern der Erde erwartet man solche feige hündische Kriecherei nur von *uns*! Ja, es schwebt schon vor meinen Augen, ich lese es und höre es, wie das viehische Federvieh in Berlin von jedem Misthaufen, von jedem Dache herab den großen erhabenen Nikolaus ankräht. Wie hat dieser Despot in seinen Proklamationen gesprochen! Vielleicht glaubt es die Nachwelt, was die Despoten unserer Tage getan; aber was sie geredet, das kann sie nicht glauben. Vielleicht glaubt die Nachwelt, was die alten Völker geduldet, aber was sie angehört und dazu geschwiegen, das kann sie nicht glauben. Das Schwert zerstört bloß den Besitz und mordet den Leib; aber das Wort zerstört das Recht und mordet die Seele. Zu solchen Reden, solches Schweigen! Und wenn die Polen vertilgt sind, dann voran die deutschen Hunde, gegen den Sitz der Freiheit, gegen Frankreich! dann stellt man sie zwischen das Schwert der Franzosen und die Peitsche der Russen, zwischen Tod und Schande! ... Ist es nicht schmachvoll für uns, daß der Kaiser von Rußland, Herr über sechzig Millionen Sklaven, keinen derselben knechtisch genug gefunden hat, die Freiheit der Polen zu ermorden als den Diebitsch allein, einen Deutschen?

Ihr heutiger Brief kann mir spätere Nachrichten bringen als die hiesigen, wenn sie schlimm sind; ich meine, das Siegel müßte davon schwarz werden. O! ich kann nicht mehr, ich muß weinen.

Vierzigster Brief
Paris, Sonntag, den 6. März 1831
Wäre ich ein Dichter nur acht Tage lang! Ich wollte ein Freudenlied singen, daß Berge und Wälder dabei tanzten, oder ein Trauerlied, daß die Sterne darüber weinen müßten und erlöschten in ihren eigenen Tränen. Ich fühle es in mir, aber es will sich nicht gestalten. Nur prosaisch kann ich jubeln ... heute ist heute, und morgen ist morgen; ich will nicht weiter denken. Alles Gute und Schöne hat sich bestätigt, aber das Beste und Schönste ist noch nicht entschieden. Ein Handelshaus erhielt gestern die Nachricht: die Russen waren gänzlich zerstreut, und, was alles entscheide, hinter ihrem Rücken wäre Litauen aufgestanden. Aber das heutige ministerielle Blatt berichtet, die Regierung habe gleich spätere Nachrichten wie jenes Handelshaus, und diese, obzwar gut lautend, sprächen noch von keiner Entscheidung. Wenn es wahr würde, wenn Rußland, dieser Riese von Eisen, auf Füßen wie Ton, zur Erde stürzte, umgeworfen von Kindern, die ihm zwischen die Beine gekrochen – wie wollten wir lachen! Dann wenn ein Tyrann sich unartig beträgt, würde man, ihn zu schrecken, rufen: *der Pole kommt! warte, ich hole den Polen!* wie man Kindern droht: ich hole den Schornsteinfeger. »Wie ein Knäuel Zwirn will ich die Polen zusammenwickeln« – hat Nikolaus geprahlt. Nun, er hat sie zusammengewickelt; aber der Knäuel ist zur Bombe geworden, die ihn zerschmettert. Aber wie furchtsam macht reines Glück! Selbst die sonst so kecken Pariser Blätter, die immer so leichtfertig lügen, wagen nicht, sich ihrer Freude über den Sieg der Polen zu überlassen; sie fürchten Enttäuschung. O Vater im Himmel, schicke mir nicht solche Trauer! Laß mich diesen Brief freudig endigen, wie ich ihn angefangen. Bis Mittwoch noch beschütze die Polen! Wenn die Polen entscheidend siegen, dann wird, wie ich hoffe, Paris illuminiert. Ich beleuchte mein ganzes Haus, und merken Sie sich das – zehn Lampen stelle ich besonders an ein Fenster, die sind für Sie und Pauline. Denn Ihr Armen dürftet am Abend der herrlichen Ent-

scheidung doch nicht Eure Freude leuchten lassen; ja wenn der russische Gesandte öffentliche Trauer verlangte von unserm Römersenate, Ihr dürftet Eure gewohnten Nachtlichter nicht anzünden und müßtet im Dunkeln zu Bette gehen.

Solange das Schicksal bei guter Laune bleibt und die Tyrannen neckt, wollen wir von Possen sprechen. Die Zeit des Ernstes kommt nur zu gewiß. Verzweifelte Spieler, verdoppeln sie immer ihren verlornen Einsatz, und da können sie wohl einmal alles wieder gewinnen, ehe sie zugrunde gehen. Ich habe im italienischen Theater den »Don Juan« gehört. Seit vierzehn Tagen schon hatte ich mein Billett dazu. Dreimal wurde die Oper angekündigt und dreimal wieder abgesagt, weil die Malibran katarrhalische Launen bekam! Endlich kam es zur Aufführung. Ich rechnete so sicher auf mein Entzücken, als man auf das Entzücken jedes deutschen Landes rechnen kann, sooft ein Erbprinz wird geboren werden – morgen, übermorgen, übers Jahr, im zwanzigsten Jahrhundert, im dreißigsten, im siebentausendsten, im ersten Jahrhundert nach dem Untergange der Welt; denn die Natur kann untergehen, aber deutsche Treue nicht. Doch wie kam es ganz anders – nämlich mit »Don Juan«. Eingeschlafen bin ich nicht; denn es war die interessanteste Langeweile, die ich je empfunden. Uns Deutschen ist der »Juan« wie das Vaterunser; wir sind damit aufgewachsen: er war uns zugleich Abc und hohe Schule der Musik. Aber was haben diese Italiener, diese parisierten Italiener daraus gemacht! Die wissen noch weniger von Gott und Teufel, von Himmel und Hölle, als wir Deutschen von der Erde wissen. Es schien, als wäre ihnen die Musik zu vornehm, sie waren schüchtern, ängstlich, es war, als ständen sie auf glattem Marmorboden eines Palastes, vor einem Könige auf seinem Throne, sie schwankten und stammelten. Was sie vortrugen, war alles schön, alles richtig; aber es war einstudiert, und der Zeremonienmeister hatte jede ihrer Bewegungen geordnet. Die Brust war ihnen zwischen den beiden Taktstrichen eingeengt, und sie wagten nicht, tiefer zu atmen, als es die Note vorschrieb, und die Malibran nicht besser als die andern. Sie dauerte mich, und ich hätte ihr zurufen mögen: aber, liebes Kind, wovor fürchten Sie sich denn? Mozart ist am Ende doch auch nur ein Mensch wie Rossini, welche Zerline! Ich erinnere mich, wie ich als Junge die Flöte spielen lernte, bei Herrn *** (der Lehrer war ganz des Schülers würdig), und wir im Duette Zerlinens süßes Wundlied bliesen. Sie können sich denken, daß wir das süße Wundlied wie ein Pflasterlied herabgestrichen. Aber doch klingt es mir heute noch schöner aus jenen entfernten Jahren zurück, als es mir aus der Brust der Malibran tönte. Es war kein Glaube und keine Liebe darin. Gekleidet war sie geschmacklos bis zum Unsinn. Es war gewiß unter den Zuschauern keine Putzmacherin und kein Friseur, sonst hätte ich von einer Ohnmacht hören müssen. In den Haaren staken ihr zehn bis zwölf lange und steife messingne Stangen, die in große dicke messingne Kugeln endigten, welche nicht einmal blank gescheuert waren. Sie sah aus wie eine Gartenmauer, gegen das Übersteigen von Spitzbuben gehörig bewahrt. Zerline fürchtet sich vor Spitzbuben! – Don Juan war ein alter häßlicher Sünder, der keine Katze hätte verführen können. Elvira eine betrübte Kokette. Der Geist sah aus wie ein weißer Schornsteinfeger. Donna Anna (Madame Lalande) war gut; sie hat gewiß den Don Juan in deutscher Schule gelernt. Am Leporello fand ich zu loben, daß er nicht so den Hanswurst macht wie bei uns. Chöre und Orchester, sonst so vortrefflich, waren von der allgemeinen Kälte und Ängstlichkeit nicht frei. Der himmlische Lärm im ersten Finale, die höllische Freude im zweiten – das ging alles verloren; es war still zum Einschlafen. Wenn ich mir diese Leere und Stille nur erklären könnte! Chor und Orchester voller besetzt als bei uns; es sind die nämlichen Noten, es ist dasselbe Tempo, gleiches Forte – und doch war es still! und – stellen Sie sich vor – Don Juan beim Abendessen hat roten Wein aus einem breiten Glase getrunken! Langsamen roten Wein, wenn man den Teufel erwartet! Jeder dumme arme Sünder, ehe er zum Galgen geführt wird, trinkt wenigstens Rum. Ein Bekannter, der während der Vorstellung hinter der Szene war, erzählte mir, die Malibran hätte nach ihrem Abtreten geweint, weil sie nicht genug applaudiert worden, und sie weine immer, wenn sie kälter als gewöhnlich aufgenommen wird. Das ist gewiß eine schöne Empfindlichkeit an einer so großen Künstlerin.

Verdrießlich war ich ohnedies während der zweiten Hälfte des »Don Juan«, und die heilige Cäcilie selbst mit ihrer Baßgeige hätte mich nicht aufheitern können. Nach dem ersten Akte ging ich ins Foyer. Da fand ich eine Menge Menschen in einem dicken Knäuel zusammengewickelt, und ein kurzes Männchen in der Mitte, rund wie ein Kern, erzählte von den polnischen Angelegenheiten in der Abendzeitung. Und der Knäuel war so dick, daß ich nicht durchdringen konnte, und ich hörte nichts und mußte mit der Pein der Ungewißheit wieder heruntergehen. Mein Nachbar im Orchester, still früher, fragte mich auf Deutsch: »Nicht wahr, Sie sind ein Deutscher?« – »Ja.« – »Aus Frankfurt?« – »Ja, woher wissen Sie das?« – »Ich dachte es mir.« – »Kennen Sie Herrn Worms de Romilly?« – »Nur dem Namen nach.« – »Er ist eben vorbeigegangen, wenn er zurückkommt, will ich ihn Ihnen zeigen.« – Bald kam er, und er zeigte mir ihn. Aber ich dachte bei mir: was geht mich der Worms de Romilly an? Darauf fragte ich den Herrn, ob er nicht wisse, was im Messager stände, es verlaute, die Polen hätten gesiegt. Er machte ein mürrisches Gesicht und antwortete: »Geschwätz, es ist kein wahres Wort daran.« Ach! dachte ich, jetzt kenne ich den Herrn, und ich begreife, warum ihn der reiche Bankier Worms de Romilly interessiert. Dann fragte er mich: »Wie stehen die Kurse in Frankfurt?« Ich antwortete aus dem Stegreif – ich weiß nicht mehr ob 70 oder 72 oder 74 oder 78. Da sah er mich an, zugleich wie ein Narr und wie einen Narren, und sagte: »Das ist nicht möglich, das müssen die vierprozentigen sein«, und er zog die »Berliner Zeitung« aus der Tasche, um nachzusehen. »Ja freilich«, erwiderte ich, »es sind die vierprozentigen«, und ich murmelte: »Hole der Teufel die vierprozentigen und die fünfprozentigen und das ganze nichtsprozentige Papiervolk!« Bis halb zwölf Uhr mußte ich da sitzen, bis ich mir im Messager Beruhigung holte. Ich hätte fortgehen können, aber ich war ein Narr und geizig und berechnete, daß mich jeder Akt des »Don Juan« sechs Franken kostete. Der deutsche Kaufmann neben mir, so prozentig er auch war, liebte doch leidenschaftlich den »Don Juan« und verehrte ihn wie die Bibel. Nach jeder Szene zankte er sich mit einigen Geigern im Orchester herum und behauptete, es wäre etwas ausgelassen worden. Das machte ihn etwas steigen bei mir – um ein Drittelchen.

Dienstag, den 8. März 1831

Das deutsche Blatt, das in Straßburg erscheint, hat unsere schuldbewußten Staatsmänner aus ihrem Schlafe geweckt und sie in tödlichen Schrecken gesetzt, als wäre ein Gespenst vor ihr Bett getreten und hätte sie mit kalter feuchter Hand berührt. Das Blatt erscheint als Beilage des *Courrier du Bas-Rhin*, unter dem Titel: »*Das konstitutionelle Deutschland*«. Es enthielt unter andern genaue und getreue Berichte über die Staatsverwaltung im Württembergischen, besonders über den himmelschreienden Wucher, den die Regierung mit dem Salze treibt. Gleich wurde ein Herr von Schlitz von Stuttgart nach Straßburg geschickt, um den Redakteur des Courrier du Bas-Rhin zu bestechen, daß er nichts mehr gegen Württemberg aufnehme. Dieser aber wies den Antrag ab, erbot sich jedoch, gegründete Widerlegung aufzunehmen. Doch wie leugnen, was jedes Salzfaß im Lande bezeugt? Das Geld zu Bestechungen nimmt man aus dem Beutel des armen Volks: aber gute Gründe gibt und verweigert nur das Recht, das kein württembergischer Untertan ist. Darauf wandte man sich an den französischen Gesandten in Stuttgart und bat um Hilfe. Dieser aber zuckte seine diplomatischen Achseln und sagte, es wäre leider Preßfreiheit in Frankreich und nichts dagegen zu tun. So hat Herr von Schlitz seinen Witz verloren, die Württemberger Bauern bezahlen die Straßburger Reise und bekommen das Salz nicht wohlfeiler als bisher. Es ist himmlisch, wie man diese Sünder quälen kann durch ein einziges freimütiges Wort.

Haben Sie gelesen, mit welcher schönen Rede der König von Bayern seine lieben und getreuen Stände begrüßt? Er hat mit ihnen gesprochen wie ein Schulmeister mit seinen Jungen. Er sagte, es gäbe nichts, das himmlischer wäre, als König von Bayern zu sein. Ach, mein Gott, ich glaube es ihm. Wenn ich das Unglück hätte, ein Fürst zu sein, so würde es mich etwas trösten, wenigstens ein deutscher Fürst zu sein: denn dieser erfährt erst in jener Welt, wie schwer es ist, gut zu regieren, und wie viele Dummheiten er gemacht während seines Lebens. Der König hat ein Gesetz über die Preßfreiheit angekündigt, *über* – das heißt *gegen*. Nun möchte ich doch wahrhaftig wissen, was dieser Bettlerin noch zu nehmen wäre! Und was macht die bayrische Regierung so keck? Woher kommt's, daß sie, und sie mehr als jede andere deutsche Regierung, der öffentlichen Meinung trotzt, sie neckt, herausfordert und quält ohne allen Gewinn für sie? Es kommt daher, weil sie mit Frankreich einverstanden ist, weil sie auf diesen Schutz rechnet, wenn ihre Untertanen sich empören sollten, weil sie ihre Unabhängigkeit nach außen, um den Preis der Schrankenlosigkeit nach innen, verkauft hat. So war es unter Napoleon auch. Dieser verstand die deutschen Regierungen sehr gut. Er wußte, daß der Deutsche gern ein Knecht *ist*, wenn er nur zugleich auch einen Knecht *hat*. Er machte die deutschen Fürsten unbeschränkt ihren Untertanen gegenüber, und dafür wurden sie seine Untertanen. Das ist die schöne Zukunft des deutschen Volks! Nur seine Fürsten haben in einem Kampf mit Frankreich zu gewinnen oder zu verlieren; es selbst wird Schmach und Sklaverei finden, besiegt oder siegend – gleichviel. Doch davon genug für heute! Alle meine Sacktücher sind bei der Wäscherin, und es wäre viel dabei zu weinen.

Warum wundert Sie, daß Sie von *Medor* nicht früher gehört? Habe ich doch selbst erst nach einem Aufenthalt von fünf Monaten von ihm erfahren. In Paris ist ein Hund nicht mehr als in Deutschland ein Untertan, an den man erst denkt, wenn er Abgaben zu zahlen hat. Von Medor fing man erst an zu sprechen, als Maler, Lithographen, Biographen, Dichter, Bänkelsänger und Hundewächter die Erfahrung gemacht, daß mit dem Tiere etwas zu verdienen sei. Kürzlich hörte ich erzählen, Medor sei gar nicht der echte liberale Hund, sondern ein falscher; den rechten habe ein Engländer gekauft und fortgeführt. Es ist aber gelogen. Ich habe es aus Medors eignem Munde, daß er im Juli tapfer gefochten. Zweifeln Sie vielleicht, daß ich das Hundegebell verstände? Ich meine, das lernt man bei uns so leicht wie jede andere Sprache.

Mittwoch, den 9. März 1831

Mittwoch ist da. Es sollte nicht sein, es ist zu Ende mit den Polen! Wir wollen darum nicht verzweifeln, die Freiheit verliert nichts dabei. Die Erben haben sich vermindert, desto größer wird die Erbschaft. Schmerzlich ist es, daß Polen sich als Saatkorn in die Erde legen mußte; aber der Same wird herrlich aufgehen. So laut schreit das vergossene Blut, daß es der taube Himmel selbst hört und Gott schicken wird, wenn auch zu spät zur Hilfe, doch nicht zu spät zur Rache. Nichts Schlimmes ahndend ging ich gestern nachmittag, das Modell von Petersburg zu sehen, das hier gezeigt wird. Ich bewunderte die herrlichen Straßen, die prächtigen Paläste dieser schönsten Stadt der Welt. Ich stellte mich vor den Palast des Kaisers und dachte: da sitzt er und wartet ungeduldig auf das letzte Röcheln eines geschlachteten Volks. Von dort hatte ich nur einige Schritte zur Börse. Ich trat hinein und erfuhr das Entsetzliche. Bei allem meinem Gram erquickte mich die Schadenfreude, die ich über die Kaufleute empfand. Das französische Papiervolk ist so jammervoll und jämmerlich als das deutsche. Diese Blut- und Schweißkrämer waren nach den polnischen Nachrichten wie zwischen Hund und Wolf. Sie wußten nicht, wohinaus. Eine unterdrückte Empörung, eine besiegte Freiheit machte ihnen Freude; aber dann bedachten sie wieder, daß der Sieg der Russen einen Krieg mit Frankreich und den Renten wahrscheinlich mache, und da gingen sie umher, mit einer roten und mit einer bleichen Wange. Es war zu schön.

Einundvierzigster Brief

Paris, Freitag, den 11. März 1831

Noch immer weiß man nichts Entscheidendes von Polen; die neuesten Nachrichten haben den Schrecken der früheren sehr gemildert. Aber ich kann mich nicht darüber freuen. Mögen die Polen sich noch einige Tage hinhalten zwischen Leben und Tod, sterben müssen sie doch. Die Trauer in Paris ist nicht zu beschreiben; so tiefe Empfindung hätte ich dem Volke nicht zugetraut. Gestern sind fünfzehnhundert junge Leute mit Trauerfahnen durch die Stadt gezogen. Dem russischen Gesandten wurden die Fenster eingeworfen. Was kann das aber nützen? Es schadet eher. Die Feigheit der Machthaber wird sich jetzt in angsizitternden Entschuldigungen erst recht kundgeben. Kein Kind fürchtet so den Schornsteinfeger, als Philipp den Nikolaus fürchtet. Die Regierung wird alle Tage erbärmlicher; es macht einen ganz irre. Man weiß nicht mehr, wächst die Zeit, oder wird die Regierung kleiner; das Mißverhältnis zwischen beiden steigt mit jeder Stunde. Jetzt, da der Krieg immer wahrscheinlicher wird, immer näher kommt; jetzt, da die Begeisterung des Volkes allein Frankreich retten kann, fürchtet man dieses Feuer wie ein verzweifelter Hausvater und gießt, halbtot von Schrecken, alles Wasser hinein, was nur zu haben ist. In ihrer Angst spucken sie in den Brand. Man will ein friedliches, ein unglaubliches Ministerium bilden. Wenn der Jude Rothschild König wäre und sein Ministerium aus Wechselmäklern bildete, es könnte nicht niederträchtiger regiert werden. Ich gebe dem Orléans keine zehn Sous für seine Krone. Pfui! was ist das für ein Treiben! Man will sich bis zum ersten Flintenschusse den Schein geben, als hätte man ernstlich den Frieden gewollt, wäre aber zum Kriege herausgefordert worden, und so verklausuliert man sich auf die lächerlichste Weise vor Notar und Zeugen, damit man, wenn der blutige Prozeß beginnt, die gestempelten Beweisstücke vorzeigen und sein Recht bei allen Instanzen verfolgen könne. Als würde der Zivilrichter das Schicksal der Menschheit entscheiden! Und das tut der König des mächtigsten Volks der Welt, das Gesetze geben und nicht empfangen sollte! Frankfurt ist jetzt Paris um fünfzig Stunden näher. Und die deutsche Bundesversammlung hält ihre Dummheiten wenigstens geheim. Ich wußte immer, daß wie hier, so in allen Ländern Herz nur bei dem Volke zu finden; aber jetzt erfahre ich, daß auch der Verstand nur bei dem Volke zu suchen und daß Regierungen, wie ohne Herz, auch ohne Verstand sind. Manchmal dachte ich: es ist nur die Maske der Dummheit, es muß dahinter etwas stecken; aber jetzt sehe ich ein, daß die Dummheit ernstlich gemeint ist und daß nichts dahintersteckt als eine noch größere Dummheit.

Mit Worten kann ich Ihnen den Eindruck nicht schildern, den Paganini in seinem ersten Konzerte gemacht; ich könnte ihn nur auf seiner eignen Geige nachspielen, wenn sie mein wäre. Es war eine göttliche, es war eine diabolische Begeisterung. Ich habe so etwas in meinem Leben nicht gesehen noch gehört. Dieses Volk ist verrückt, und man wird es unter ihm. Sie horchten auf, daß ihnen der Atem verging, und das notwendige Klopfen des Herzens störte sie und machte sie böse. Als er auf die Bühne trat, noch ehe er spielte, wurde er zum Willkommen mit einem donnernden Jubel empfangen. Und da hätten Sie diesen Todfeind aller Tanzkunst sehen sollen, in der Verlegenheit seines Körpers. Er schwankte umher wie ein Betrunkener. Er gab seinen eignen Beinen Fußtritte und stieß sie vor sich her. Die Arme schleuderte er bald himmelwärts, bald zur Erde hinab; dann streckte er sich nach den Kulissen zu und flehte Himmel, Erde und Menschen um Hilfe an in seiner großen Not. Dann blieb er wieder stehen mit ausgebreiteten Armen und kreuzigte sich selbst. Er sperrte den Mund weit auf und schien zu fragen: gilt das mir? Er war der prächtigste Tölpel, den die Natur erfinden kann, er war zum Malen. Himmlisch hat er gespielt. In Frankfurt hatte er mir bei weitem nicht so gut gefallen; das machte die Umgebung. Ich hörte mit tausend Ohren, ich empfand mit allen Nerven des ganzen Hauses. In seinen Variationen am Schlusse machte Paganini Sachen, wobei er lachen mußte. Nun möchte ich wissen, ob er über das närrische Publikum gelacht, oder ob er sich selbst Beifall zugelacht, oder ob er sich ausgelacht. Das letztere ist wohl möglich; denn es schienen mir große Kindereien zu sein. Die Pariser Zeitungsschreiber sind noch gar nicht zur Besinnung gekommen; diese Wortmillionäre wissen zum ersten Male nicht, was sie sagen sollen. Nur einige Seufzer und große Redensarten haben sie einstweilen in die Welt geschickt und versprechen umständliche Kritik auf spätere Tage. Das Erhabenste, was über Paganini gesagt worden, ist: man habe zwei Stunden lang die Polen vergessen. Er habe *la figure la plus méphistophélique du monde*, so daß eine Dame, als sie ihn erblickte, einen fürchterlichen Schrei ausstieß. Der große Violinspieler Baillot wurde von Madame Malibran gefragt, was er von Paganini denke. Er antwortete: *Ah! Madame, c'est miraculeux, inconcevable; ne m'en parlez pas, car il y a de quoi rendre fou.* Glückliches Volk, die Pariser! Alles fällt auf sie herab, alles strömt ihnen zu. Glück, Jammer, Reichtum, Armut, Italien, Tränen, Paganini, Polen – und sie mengen und mischen das untereinander, und zuletzt wird's immer ein Punsch.

Gestern mittag wohnte ich einem Konzerte bei, das in der königlichen Singschule von Knaben und Mädchen von 6 bis 16 Jahren aufgeführt worden. Man gab ein Oratorium von Händel, »*Samson*«, Text von Milton, und die »*Schlacht von Marignan*«, ein Kriegsgesang. Diese Schlacht hat Franz I. im Jahre 1515 über die Schweizer gewonnen, und in dem nämlichen Jahre hat *Clément Jannequin* die Kantate komponiert. Man hörte also eine dreihundertjährige Musik. Höchst originell! Aber ich Musikignorant kann Ihnen das nicht vorstellig machen. So viel merkte ich wohl, daß diese Musik drei Jahrhunderte von Rossini entfernt ist, aber lange nicht so weit von Weber. Der »Freischütz« mag wohl viel Altdeutsches haben. Diese Singschule hieß vor der Revolution im Juli: *Institution royale de musique réligieuse*; aber seitdem hat man sie, obzwar ihre Bestimmung für die Bildung zur Kirchenmusik die nämliche geblieben, *Institution royale de musique classique* genannt. Wie gefallen Ihnen meine Franzosen?

Gestern abend war ich auf dem Maskenball der Großen Oper.

Es war da sehr voll und sehr langweilig, wenigstens für mich und die Gendarmen, die wir die einzigen tugendhaften Personen im ganzen Hause waren. In allen Theatern waren Maskenbälle, und alle sehr besucht – *zur Todesfeier für die Polen!* – Vor einigen Tagen wurde bei den Italienern eine neue Oper, *Fausto*, aufgeführt, nach Goethes Faust bearbeitet. Der Komponist ist eine Komponistin, Demoiselle *Bertin*, ein junges Frauenzimmer, Tochter des Redakteurs des Journal des Débats. Die königliche Familie kam zur ersten Vorstellung; denn das Journal des Débats ist ein ministerielles Blatt. Die Musik ist einige Male nicht langweilig, und wer noch nicht ganz tot ist, erholt sich da wieder. Die schönsten Gedanken kommen der Komponistin erst am Schlusse der Oper, wahrscheinlich wegen der weiblichen Postkriptennatur. Die letzte Szene, Gretchen im Kerker, macht guten Eindruck. Aber es wollte mir nicht aus dem Kopfe, daß ein Frauenzimmer diese Musik gemacht, und wenn im Orchester Hörner und Pauken mächtig erschallten, mußte ich jedesmal lachen. Den Text hat sie sich auch selbst zugerichtet. Man muß das freilich nicht so genau nehmen; aber komisch ist es doch, wenn Gretchen noch um 9 Uhr unschuldige Jungfrau war, und schon um 11 Uhr als Kindesmörderin im Gefängnis sitzt; das ist zum Lesen, aber nicht zum Darstellen.

Ich habe mir vorgenommen, in den wenigen Wochen, die ich noch hier bleibe, alle Theater zu besuchen, von welchen ich mehrere noch gar nicht kenne, und alle Stücke zu sehen, die diesen Winter neu verfertigt worden. Aber ich werde hingehen, schlenkernd und verdrießlich, wie ein Bübchen in die Schule geht. Es ist so weit, und ich sehe lieber zu auf der Gasse spielen, wo keiner seine Rolle verdirbt und man immer bequem Platz findet. Doch es ist lehrreich, und ich darf es nicht versäumen. Da wird einem alles vor die Augen und Ohren vorbeigeführt, was den Franzosen seit einem Jahre durch Kopf und Herz gegangen – Großes und Gemeines, Edles und Schlechtes, Hoffnungen und Täuschungen, Wünsche und Verwünschungen, Spott, Tadel, Dummheiten, alles, und die ganze Geschichte seit vierzig Jahren.

Jeder Held, jedes Schlachtopfer der Revolution wurde auf die
Bühne gebracht. Napoleon mit seiner Schar; Robespierre, die
Kaiserin Josephine, Eugen Beauharnais, die Brüder Foucher, der
Herzog von Reichstadt, die unglückliche Lavalette, Marschall
Brune, Joachim Murat, seit kurzem die Dubarry. Über alle diese
und noch viele mehr gibt es Theaterstücke. Ich entsetze mich,
wenn ich bedenke, was ich mich in Paris noch zu amüsieren habe!
– Ich erhalte soeben Ihren Brief, und gleichzeitig bringt mir ein
Freund die neueste preußische »Staatszeitung«. Gönnen wir den
Papierspitzbuben ihre letzte Betrunkenheit, der Henker wird sie
bald holen. Aber wegen der Polen wollen wir uns keinen täu-
schenden Hoffnungen überlassen. Ich danke dem St. für seine
Nachrichten; aber daß sich die Russen zurückziehen, beweist keineswegs etwas zu ihrem Nachteile. Sie wollen die polnische Armee, nämlich den armen Rest derselben, von Warschau abziehen, und Warschau wird den Barbaren doch nicht entgehen. Es
müßte ein Wunder geschehen, die Polen zu retten. Aber was liegt
dem Himmel an einem Wunder mehr? Ist die Tapferkeit der Polen nicht selbst ein Wunder? Der Krieg ist jetzt hier so gut als entschieden. Italien gab den Ausschlag, der heutige Moniteur enthält die Ordonnanz, daß 80000 Mann sich marschfertig halten
sollen. Wenn Sie heute oder morgen hören, daß hier ein noch
schläfrigeres Ministerium als das bisherige gebildet worden, soll
Sie das nicht irremachen, es gibt doch Krieg. Man will nur etwas
Wasser in den Wein gießen, daß er den Franzosen nicht zu sehr in
den Kopf steige.

Samstag, den 12. März 1831
Man fängt, wie ich merke, schon wieder an, das deutsche Volk
einzuheizen, damit es seine Fürsten warm haben, wenn das französische Schneegestöber über sie kommt. Die alte Komödie
von 1814 und 15 neu einstudiert. Sie schleppen mächtige Klötze
herbei und häufen *Nationalgefühle, Bundestreue, festen Zusammenhang, Ehre, Widmung, Tugend, Vaterlandsliebe, Montmartre-Erin-
nerungen* als Reiserbündel haushoch übereinander. Der breite

eiserne deutsche Ofen wird herhalten und sich geduldig vollstopfen lassen, wie das vorigemal, und glühen und rot werden vor Zorn gegen die Franzosen. Görres der »*alte und echte Freund und Hohepriester der Freiheit*« wie er sich selbst nennt, schreibt in der »Allgemeinen Zeitung« *vaterländische Briefe*, von welchem mir erst der Anfang unter die Augen gekommen. Das Zeug da oben, das ich unterstrichen, ist schon darin. Ich zweifle nicht, daß die Narren sich zum zweiten Male werden zum besten halten lassen. Aber wenn es geschieht, dann wird kein Engel im Himmel so weich, nachsichtig oder mitleidig sein, über die betrogenen Toren zu weinen. Lachen wird der ganze Himmel, und Gott selbst wird lachen und wird in der besten Laune Französisch zu sprechen anfangen und sagen: *Quelle grosse bête que ce peuple allemand!* und wird in die Oper gehen und sich gar nicht darum bekümmern, wenn die undankbaren Fürsten ihre Erretter zum zweitenmal nach Amerika verbannen oder in Köpenick und Magdeburg einsperren. Aber beim Himmel! Wenn es zum Kriege kommt, und Görres, Arndt und die übrigen deutschen Kapuziner fangen ihre alten Litaneien zu plärren an, dann will ich doch ein Wort mitsprechen, und wir wollen sehen, welcher Stahl bessere Funken gibt. Jetzt gilt's! Wird Deutschland diesmal nicht frei, geht ihm wieder ein ganzes Jahrhundert verloren.

Wenn Sie lesen: Odilon-Barrot, Mauguin, Lamarque sind Minister geworden – das sind die Männer, welche der Revolution vom Juli treu geblieben und sie begleiten wollen bis zum Ziele – dann packen Sie gleich ein und reisen nach Paris, ehe die Grenzen gesperrt werden; denn alsdann ist der Krieg gewiß und nahe. Aber wahrscheinlich werden Sie nichts davon lesen, sondern Casimir Périer und andere *Zitterer* werden an das Steuer kommen, bis der Sturm losbricht.

Adieu! und die Handelskammer soll Asche auf ihr Haupt streuen und soll fasten (jetzt kann sie es noch *freiwillig*) und soll sich neununddreißig Riemenhiebe geben lassen; denn Jerusalem wird untergehen. O wai geschrien!

Zweiundvierzigster Brief

Paris, Dienstag, den 15. März 1831

– Nun, Laffitte ist jetzt auch aus der Regierung getrieben, der erste und letzte Mann der Revolution. Und die Narren hier reden sich jetzt ein, Casimir Périer würde ihnen Rosen und Veilchen pflanzen, und sie würden ein Schäferleben führen und den ganzen Tag oben auf dem reinen Hügel der Renten stehen und singen und hinabschauen in das grüne Tal, wo das grasende Lämmervolk springt. Teufel! In Deutschland war ich schon längst der einzige gescheite Mensch; das war mir lästig, und ich ging darum nach Frankreich. Und mit Ärger sehe ich jetzt ein, daß ich hier auch der einzige gescheite Mensch bin. Wo flüchte ich mich hin? Wo finde ich Verstand? Und wissen Sie, warum ich allein klug bin unter so vielen Narren? Weil ich an Gott glaube, und an die Natur, und an die Anatomie, und an die Physiologie; und die andern verlassen sich auf Menschen, und auf ihre Künste, und auf die Polizei. Ich weiß freilich nicht wie die, welche einen politischen Barometer in ihrem Kabinette haben, ob morgen gutes oder schlechtes Wetter sein wird; aber ich weiß: im Winter ist es kalt und im Sommer ist es warm. Meine Briefe werden für oder gegen mich zeugen. Nicht...

Nach dem Nicht bekam ich Besuch, der eine halbe Stunde dauerte, und jetzt habe ich vergessen, was ich sagen wollte. Aber kurz, ich bin Paris überdrüssig. Soll ich in Dummheit leben, so sei es wenigstens in meiner vaterländischen. Da ist doch Genie darin; hier aber pfuschen sie nur und bringen mit dem schlechtesten Willen doch nichts Schlechtes zustande.

– Herr *** hat mir erzählt, unter den Frankfurter Juden wäre eine Insurrektion gegen ihren Vorstand ausgebrochen. Sie wollen Rechenschaft über die Finanzverwaltung haben und, solange diese nicht abgelegt würde, keine Gemeindesteuern bezahlen. Das ist ja sehr lustig! Wer sind denn die jüdischen 221, und wer ist der jüdische Polignac? Ich meine, das müßte den Krieg entscheiden. Europa wird doch endlich einsehen, daß keine Ruhe ist, solange Frankreich besteht. Wenn sogar die Juden wanken, der Throne feste Säulen, worauf kann man noch bauen? Die vermaledeite Preßfreiheit ist schuld an allem.

– Ein Bankier sagte mir neulich, Laffitte habe dreißig Millionen gehabt, und jetzt sei er zugrunde gerichtet. Wenn sich der Friede erhält und die Staatseffekten wieder zu Werte kommen, wird ihm höchstens eine Million übrigbleiben; wenn nicht, nicht so viel, daß er seine Gläubiger befriedigen kann. Laffitte ist ehrenvoll gefallen, er hat sein Vermögen dem Staate aufgeopfert. Er hat es immer gesagt, er setze allen seinen Reichtum daran, die Bourbons zu stürzen, und er hat es getan. Durch eine großmütige Neigung ohnedies getrieben, leistete Laffitte aus Politik jedem Hilfe, der ihn um Beistand ansprach. Er wollte sich dadurch Anhänger erwerben, um sie zu Feinden der Bourbons zu machen. Wer in Frankreich irgendein Gewerbe, einen Handel, eine Fabrik unternehmen wollte, benutzte Laffittes Kapitalien. Durch die Revolution wurden alle jene Schuldner unfähig, zu bezahlen, und so ist Laffitte zugrunde gegangen. Rothschild aber wird bestehen bis an den Jüngsten Tag – der Könige. Welch ein Ultimo! Wie wird das krachen.

– Ich habe meine theatralische Laufbahn angetreten, nämlich mein Laufen in die Theater. Die Beine sind mir noch steif davon. Erst wird man müde vom Gehen, dann wird man müde vom Stehen, dann wird man müde vom Sitzen. Aber einschlafen tut man doch nicht. Es ist eben die liebe Natur, die man nimmt, wie sie sich gibt; von der Kunst aber verlangt man mit Recht, sie solle schön und gefällig sein. Ein lebendiger Esel ist mir lieber als ein toter Löwe, eine gebratene Kartoffel lieber als eine unreife Ananas, ein munterer Taugenichts lieber als ein schläfriger Hofrat – und was ich Ihnen sonst noch sagen könnte, um zu entschuldigen, daß mir das Pariser Theater besser gefällt als das Berliner, worüber sich Herr von Raumer, wie ich hoffe, ärgern wird, wenn er es erfährt. Aber gottloses Zeug; greulich gottlos! Und wenn man ins Theater kommt mit Jehova, Christus und Mahomet, und mit dem ganzen Olymp, und mit allen Heiligen im

Herzen, geht man hinaus, ist keiner mehr da, alle weggelacht, und ich glaube, die Gottheiten und Götter, sie lachen im Stillen selbst mit. Sie wissen, wie ich über Religion gesinnt bin. Ich denke: wer so unglücklich ist, an keinen Gott zu glauben, ist nicht ganz unglücklich, solange er noch an den Teufel glaubt, und wer an keinen Teufel glaubt, wäre noch unglücklicher, wenn er an keine Pfaffen glaubte. Nur glauben! Was ist selbst der glücklichste Mensch ohne Glauben? Eine schöne Blume in einem Glase Wasser, ohne Wurzel und ohne Dauer. Aber was geht mich der Unglaube der andern an? Ich lache und denke: *ich* habe meinen Gott, seht zu, wie ihr ohne ihn fertig werdet, das ist euere Sache. Ich habe nie begreifen können, wie gläubige Menschen so unduldsam sein mögen gegen ungläubige. Es ist auch nur Adel- und Priesterstolz. Die Frommen sehen den Himmel für einen Hof an und blicken mit Verachtung auf alle diejenigen herab, die nicht hoffähig sind wie sie. Darum erquickt es mich, wenn in den neuen französischen volkssouveränen und zensurfreien Theaterstücken die Geistlichkeit, die schwarze Gendarmerie und geheime Polizei der Fürsten, so geneckt und gehudelt wird. Es ist eine Schadenfreude, daß man jauchzen möchte. Und was tut man ihnen denn? Sie werden nicht gemartert, nicht verbannt, nicht eingekerkert, nicht verflucht, durch keinen Höllenspuk geängstigt; man nimmt ihnen keine Zehnten ab, man macht sie nicht dumm; man lacht sie nur aus. Wahrlich, die Rache für tausend Jahr erlittener Qual ist mild genug! Es ist aber auch eine Lebensfreudigkeit, eine frisch quellende Natur in den Pariser Schauspielern, sooft sie Geistliche vorstellen, daß man deutlich wahrnimmt, wie ihnen alles aus der Brust kommt, und wie sie gar nicht spielen, sondern wie das Herz mit ihnen selbst spielt. Die Tartuffe-Natur können sie auswendig wie das Einmaleins. Die Pfaffenheuchelei in ihren feinsten Zügen zeichnen sie mit geschlossenen Augen. Und doch muß ich zu ihrem Ruhme sagen, daß sie keine Bosheit in die Rolle bringen. Sie betragen sich als großmütige Sieger, entwaffnen den Feind, tun ihm aber nichts weiter zuleide.

– Im Théâtre de l'Ambigu habe ich drei Stücke gesehen, die mich auf diese Gedanken gebracht. Das erste heißt *La papesse Jeanne*. Der Titel allein macht schon satt. Jahrhundertelang glaubte die Welt, es wäre einmal eine Frau Papst gewesen und das Geheimnis sei erst entdeckt worden, als der Heilige Vater in die Wochen gekommen. Das ist die berühmte *Päpstin Johanna*. Neue Historiker haben die alte Geschichte für ein Märchen erklärt. Aber was ändert das? Die Hauptsache bleibt immer wahr. Man hatte eine solche Vorstellung von der Verdorbenheit der päpstlichen Kirche, daß man das Mögliche für wirklich hielt. Diese Päpstin tritt im Vaudeville auf. Anfänglich ist sie erst Kardinal. Eine lange prächtige Frauensperson in Weiberkleidern ist allein mit ihrem Kammermädchen, und lachen die beide und machen sich lustig über die Kardinalität unter der Haube und unter der roten Mütze, daß die Wände zittern. Die Kardinalin Jeanne erzählt ihre frühere Geschichte. Sie war mit einem Kreuzfahrer als dessen Ehefrau in den heiligen Krieg gezogen. Dort verlor sie im Gedränge ihren Mann und wurde als leichte Ware von einem Pascha, von einem Kreuzritter dem andern zugeworfen. Sie kam als Mann verkleidet nach Rom, trat in den geistlichen Orden, und als sie es durch pfäffische Geschmeidigkeit so weit gebracht, daß sie nichts mehr rot machen konnte als der Purpur, bekam sie ihn. Die Kardinalin geht ins Seitenzimmer, sich als Mann umzukleiden. Unterdessen tritt ein alter Kardinal herein, tändelt mit dem Kammermädchen und macht ihm Liebeserklärungen. Jeanne erscheint im roten Ornate. Wechselseitige Heuchelei und christliche Bruderliebe der beiden Kardinäle. Der männliche Kardinal geht fort, und dem weiblichen wird ein Kreuzfahrer gemeldet, der aus dem Gelobten Lande kommt. Ein gemeiner Reiter tritt herein, ein geharnischter Lümmel, sieht dem Kardinal ins Gesicht und schreit: »*Meine Frau! Meine Frau Kardinal!*« Der Kerl möchte sich totlachen. Die erschrockene Johanna bittet um Gottes willen, sie nicht zu verraten. Er gelobt Verschwiegenheit für vieles Geld und vielen Wein. Er bekommt beides und betrinkt sich. In diesem Zustand vergißt er sein Wort und ruft in einem fort: »*Meine Frau Kardinal!*« und lacht unbändig. In dieser Lage der Dinge kommen sämtliche Kardinäle herein, um Johanna in das Konklave abzuholen, wo ein neuer Papst gewählt werden soll. Sie hören die wunderlichen Reden des Soldaten, werden argwöhnisch und dringen in ihn, zu erklären, wer von ihnen eine Frau und seine Ehehälfte wäre. Der Soldat bekommt einen verstohlenen Wink von Johanna, den er versteht. Er stürzt mit ausgebreiteten Armen auf den ältesten und garstigsten Kardinal los, fällt ihm um den Hals, küßt ihn und schreit: »Du bist meine Frau! Kennst du mich nicht mehr, liebe Sophie?« Die andern Kardinäle stellen sich, als glaubten sie das; denn gerade derjenige von ihnen, den sich der Reiter zur Frau gewählt, hat die meiste Aussicht, Papst zu werden, und sie möchten ihn beseitigen. Sie sperren den Verräter ein und eilen in das Konklave, wo Johanna zum Papst gewählt wird. Der Heilige Vater und die Kardinäle singen die schönsten und erbaulichsten Lieder, der Kreuzsoldat wird zum Hauptmann der päpstlichen Leibwache ernannt, und die Geschichte ist aus. Nutzanwendung: Wer den Schaden hat, braucht nicht für den Spott zu sorgen.

Das zweite Stück war »*Joachim Murat*, König von Neapel«, eine Biographie mit Musik und Dekorationen. Die dramatische Kunst, wenn hier je nach so etwas gefragt werden darf, hatte dabei nicht die geringste Arbeit; man brauchte bloß die Erinnerung auszustopfen, und Murat stand da, wie er lebte. Er war ein schöner Mann, hatte den Anstand eines guten Schauspielers, liebte den Putz und war tapfer wie ein edler Ritter. Dabei ein vortrefflicher Fürst, der sein Land gut regierte und es glücklich gemacht hätte, hätten es die Pfaffen und der heilige Januarius zugegeben. Auf der Bühne geht sein Leben mit solcher Schnelligkeit an uns vorüber, daß uns schwindelt. Im ersten Akte ist er Zögling in einer geistlichen Schule, im zweiten Husar, im dritten König, im vierten wird er totgeschossen. Aber *wie* totgeschossen! Das Kriegsgericht des dummen Ferdinands von Neapel, ein Banditengericht mit Floskeln, verurteilt Murat. Er stellt sich vor die Soldaten, kommandiert Feuer und stürzt hin. Das geschieht, wie die wahre Geschichte, *im Zimmer*. Man wagte es nicht im Freien, Gott sollte es nicht sehen. Es ist entsetzlich! Die Pariser Melodramendichter sind wahre Kannibalen, Menschenfresser; sie reißen einem das Herz aus dem Leibe. Das Ohr kann nicht gerührt werden von solchem dummen Zeug; aber die Augen müssen doch weinen, wenn sie offen sind. Lustig ist der erste Akt, wo Murat im Seminarium als junger Abbé auftritt. Ganz schwarz unter lauter schwarzen Kameraden, blickt Murats rosenrotes lebensvolles Gesicht aus der dunkeln Kleidung gar angenehm hervor. Himmel! was werden da für Streiche gespielt, von den alten und von den jungen Geistlichen, von den heimlichen und von den öffentlichen Taugenichtsen! Man könnte zehn Christentümer damit zugrunde richten. Wir sahen auch die Prozession des heiligen Januarius in Neapel. Als die Franzosen Neapel eroberten, wurde von ihnen die Statue des heiligen Januarius, der Schutzgott des Volkes, in das Meer gestürzt. Murat ließ sie später wieder herausfischen, aber die Nase fehlte. Darüber war das Volk trostlos. Der Erzbischof war einverstanden mit König Murat. Als nun der heilige Januarius ohne Nase auf dem Markte aufgestellt war, stürzten Fischer herbei und berichteten mit unbeschreiblichem Entzücken, sie hätten soeben die Nase auf dem Boden des Meeres wiedergefunden. Sie wird dem heiligen Januarius anprobiert, und sie paßt vollkommen und bleibt sitzen. Der Erzbischof schreit: »Mirakel!« und das Volk: »Es lebe Joachim!« Dabei erinnerte ich mich in »*Fragoletta*« gelesen zu haben, daß, als die Franzosen nach Neapel kamen, das Blut des heiligen Januarius zur gehörigen Zeit nicht fließen wollte. Das entsetzte Volk in der Kirche drohte, aufrührerisch zu werden. Da nahte sich ein französischer Offizier unter Lächeln und Bücklingen dem fungierenden Erzbischofe, zeigte ihm eine kleine Pistole in seinem Rockärmel und sagte ihm freundlich: »Heiliger Bischof! haben Sie die Gefälligkeit, das Blut fließen zu machen, sonst jage ich Ihnen eine Kugel durch den Kopf!« Der Bischof verstand den Wink, und das Blut floß aufs schönste.

– Die dritte Komödie war: *Cotillon III, ou Louis XV chez Ma-*

dame Dubarry. Es hat mich angenehm überrascht, in diesem kleinen artigen Dinge keine betrübte Krittelei der alten Zeit zu finden; man wird das endlich satt. Im Gegenteil, alle Personen, selbst Ludwig XV. und der alte Erzbischof von Paris, werden liebenswürdig dargestellt. Der letztere erscheint bei der Morgentoilette der Dubarry, hilft ihr beim Ankleiden und kniet nieder, ihr die Schuhe anzuziehen. Er ist sehr galant und hofft bald Kardinal zu werden. Den leichten Fächerschlag mag die katholische Geistlichkeit hinnehmen; das ist doch kein grausames Spießrutenlaufen wie in der Papesse Jeanne. Ich glaube, Friedrich der Große war es, welcher der Dubarry, als der dritten Mätresse Ludwigs XV., den Namen Cotillon III gegeben. Die erste Mätresse nannte er Cotillon I, die zweite (Frau von Pompadur) Cotillon II. Der Erzbischof sagt in einem Vorzimmer der Dubarry zu einem tugendhaften jungen Sekretär: *Sous la Durchesse de Châteauroux, Cotillon I, je n'étais qu'abbé; je voulus m'amuser à faire de la morale, on m'envoya dire ma messe. Sous madame de Pompadour, Cotillon II, je fus beaucoup plus indulgeant, on me fit évêque; sous madame Dubarry, Cotillon III, je suis archevêque, et le chapeau de Cardinal n'est suspendu que par un fil au-dessus de ma tête. Vienne un Cotillon IV, et je suis pape.*

Dreiundvierzigster Brief

Paris, Donnerstag, den 17. März 1831

Heute sind es sechs Jahrhunderte, daß ich in Paris bin. Der Kalender, der Pächter und alle, welche Hausmiete zu bezahlen oder zu fordern haben, werden zwar behaupten, es wären erst sechs Monate; aber wie ist das möglich? Hätte ein enges halbes Jahr all die großen Begebenheiten fassen können? Auch behaupten die Herren Schneider, die Zeit wäre wirklich geplatzt, und sie kommen alle herbei, sie mit ihren alten gestohlenen Lappen wieder zu flikken. Ich wollte, ich hätte eine Krone; ich würde mir einen schönen Reisewagen dafür kaufen, wenn ich ja in Paris einen Narren von Sattler fände, der das für bares Geld nähme. Was fange ich mit meiner Krone an? Soll ich Ihnen eine Kette davon machen lassen? Aber Sie trügen sie nicht, denn die Blutflecken sind nicht herauszubrennen.

– Gestern kamen Nachrichten, die Österreicher wären in Bologna und Reggio eingezogen und hätten dort die ganze Nationalgarde niedergemetzelt – das heißt: alle reichen, vornehmen und edlen Bürger. O und Ach! O und Ach! und wenn Shakespeare wieder käme, er könnte nichts Besseres sagen als O und Ach! Darum will ich es dabei bewenden lassen.

– – Ich sah gestern »Ferdinand Cortez« in der Großen Oper. Das war, nach allen den Mehl- und Fleischspeisen, welche uns die königliche Akademie der Musik diesen ganzen Winter aufgetischt, einmal Roastbeef mit englischem Senf. Auch sagte mir mein französischer Nachbar schon vor der Ouvertüre, die Musik wäre sehr langweilig. Aber ich fand das gar nicht. Im Gegenteile, sie gibt uns nur zu viel Beschäftigung. Der Ausdruck der glühenden Leidenschaft ist zu stark, zu anhaltend; das brennt uns gerade über den Scheitel, und nirgends ein kühles Plätzchen. Das Haus war ungewöhnlich voll, aber wie mein Nachbar war alle Welt nur gekommen, das nachfolgende Ballett zu sehen. Ich ballte schon zum voraus die Fäuste, denn ein Ballett bringt mich immer in den heftigsten Zorn, in einen wahren Bierhauszorn. Ich möchte den Tänzern und Tänzerinnen Arm und Beine entzweischlagen, wenn sie wie toll untereinander springen und man recht deutlich wahrnimmt, wie keiner weiß, was er fühlt, was er denkt, was er tut, wo er hin will; wenn sie sich auf ein Bein stellen, das andere in die Luft kreuzend, und so einen Wegweiser bilden; wenn sie sich wie gepeitschte Kreisel drehen und mit ihren Füßen lächerliche Triller schlagen – dann verliert man alle Geduld. Darauf war ich vorbereitet und wurde angenehm überrascht. Das Ballett war wunderschön. Es sind Gedanken, Gefühle und Handlungen darin, wie sie sich für diese zarte Kunst schicken. Ich meine, man sollte nichts anderes tanzen, als was man auf der Flöte spielen darf. Donnerwetter in den Beinen, Husarentänze, Trompetensprünge – das ist gar zu lächerlich. Man gab *Flore et Zéphire, ballet anacréontique*. Dieses Beiwort und daß die Komposition gefällig war, scheint mir zu beweisen, daß es ein *altes* Ballett ist, aus der schönen Zeit vor der Sündflut. Seit der Revolution ist in Frankreich die Tanzkunst sehr in Verfall gekommen, und ich kann mir das erklären. Früher war das gesellige Leben in Frankreich selbst ein beständiges Tanzen. Jede körperliche Bewegung war abgemessen, anständig, würdig und geschmackvoll, nach dem Geschmacke der Zeit. So fand die Tanzkunst, die ein ferneres Ziel hat als die Tanznatur, ehe sie ihre Laufbahn begann, den halben Weg schon zurückgelegt. Jetzt aber ist das ganz anders. Da alle Stände gleich sind, in der öffentlichen Achtung wie vor dem Gesetze, bemüht sich keiner mehr, durch ein feineres Äußere zu zeigen, daß er einem höhern Stande angehört. Man sucht den Weibern nicht mehr zu gefallen, und mit der Zärtlichkeit ging bei den Männern auch alles Zarte verloren. Es ist unglaublich, mit welcher Unritterlichkeit hier die Frauenzimmer von dem männlichen Geschlechte behandelt werden. Wenn nicht eine zufällige persönliche Neigung stattfindet, auf das Geschlecht als solches wird gar keine Rücksicht genommen. Die jungen Leute treten mit weniger Umständen in eine Gesellschaft als in ein Kaffeehaus ein; kaum daß sie sich verneigen, viel, wenn sie grüßen. Haben sie mit der Frau vom Hause einige unhörbare Worte gewechselt oder ihr eine Minute lang zugelächelt, ist ihre Galanterie erschöpft. Das ist sehr bequem, aber das Ballett muß dabei zugrunde gehen. Das Tanzen auf den Bällen müßten Sie sehen. Es ist gar kein Tanzen, es ist nicht einmal ein rechtes Gehen. Vier Paare stellen sich einander gegenüber, reichen sich verdrießlich, und ohne sich dabei anzusehen, die Hände und schleichen so matt auf ihren Beinen herum, als wären sie erst einen Tag vorher von der *Cholera morbus* aufgestanden. An angenehme Touren, an Pas ist nicht zu denken. Ich kann Sie versichern, daß ich mit meinen alten Pas vom Langenhans aus der Gelnhäusergasse in Paris Aufsehen machen würde. Zu spät fiel mir ein, wie dumm ich gewesen, daß ich auf dem großen Opernball, wo ich von der Hitze und dem Gedränge so vieles auszustehen hatte, nicht getanzt.

Man hätte mir, wie jedem Tänzer, Platz gemacht, und ich hätte mich ausruhen können, vom Gehen und vom Nichttanzen. Auch habe ich mir fest vorgenommen, wenn ich hier wieder in ein solches Ballgedränge komme, mich in eine Quadrille zu flüchten und dort das Glück der Ruhe zu genießen. Nicht zu vergessen, ich habe hier noch kein Frauenzimmer einen Knicks machen sehen. O Zeiten! O Sitten! O ihr schönen Tage des Menuetts! O Vestris! ... O verdammte Preßfreiheit!

Wieder auf das Ballett zu kommen. Es treten darin alle Götter des Olymps auf. Bacchus, Flora, Zephir, Venus, Amor, Hymen, und auch einige bürgerlichen Gottheiten, die Unschuld, die Schamhaftigkeit. Ach! ich schäme mich's zu sagen, meine ganze Mythologie habe ich vergessen. Ich bin sehr alt geworden. In meiner Jugend kannte ich alle Götter und Göttinnen, so gut als ich meine Onkels und Tanten kannte. Ich wußte deren Namen, deren Würden und deren Ämter, deren Wohnungen, wußte, wie sie gekleidet waren und kannte deren ganze Lebensgeschichte. Jetzt, nichts mehr. Zephir, weil er Flügel auf dem Rücken trug, sah ich für Amor an. Zwar fiel mir etwas auf, daß er ein so langer Mensch war; aber ich dachte, ich habe Amor seit zwanzig Jahren nicht gesehen, und er kann wohl unterdessen gewachsen sein. Daß Hymen, Bacchus, Venus mittanzen, sah ich aus dem Programm; aber ich konnte sie nicht voneinander unterscheiden. Die beiden Hauptrollen, Flora und Zephir, waren vortrefflich besetzt und weit davon entfernt, meinen ausgesprochenen Tadel zu verdienen. Besonders Flora entzückte mich. Eine bezaubernde Grazie und eine Mäßigung in allen Bewegungen bei so großer Beweglichkeit, die ich noch bei keiner Tänzerin gepaart gefunden. Sie umgaukelte sich selbst und war zugleich Blume und Schmetterling. Sie bewegte sich eigentlich gar nicht; sie erhob sich nicht, senkte sich nicht; sie wurde hinauf- und herabgezogen, Luft und Erde stritten sich um ihren Besitz. »Wer ist diese Tänzerin?« – fragte ich meinen Nachbar in der Loge, einen Mann von fünfzig Jahren, der sehr vornehm aussah. Er sah mich mit Augen an – aber mit Augen – und antwortete nach einigen Atemzügen: *Mais ... c'est mademoiselle Taglioni!* Hätte ich den Mann zwanzig Jahre früher bei einer Parade auf dem Marsfelde gefragt: »Wer ist der kleine Mann dort zu Pferde, im grauen Überrocke und mit dem kleinen Hute?« ... mit nicht größern Augen hätte er mich ansehen, nicht mit größerer Verwunderung hätte er mir erwidern können: *Mais ... c'est Napoléon!* Ganz recht hat der Herr, wenn er nur Geld genug hat. Kurz, das Ballett machte mir Freude. Aber zuletzt ward mir das Ding doch zu süß, und da warf ich spanischen Pfeffer hinein. Unter dem Tändeln, Kosen und Tanzen der olympischen Götter dachte ich an die polnischen Sensenmänner, welche die Köpfe der Russen, wie Schnitter das Getreide, mähen. Gräßlich! zu gräßlich! Warum denken Sie immer an die Polen, warum trauern Sie nur für sie? Sind die Russen nicht beweinenswerter? Die Polen sterben den schönen Heldentod, oder sie leben für die Freiheit. Der Russe, zwischen grausame Sense und schimpfliche Knute gestellt, kämpft nur für eigne Sklaverei, unterliegt wie ein Schlachtvieh oder siegt wie ein Metzgerhund für seinen Herrn. Die Menschen, zu Völkern vereinigt, sind dümmer, geduldiger als die Steine. Jeder Stein rächt sich, wenn ihn einer zu hart berührt, und versetzt seinem Beleidiger blutige Beulen; ein Volk aber, eine Alpenkette, läßt schimpflich mit sich kegeln, und hat es die Kegel erreicht und umgeworfen, läßt es sich geduldig in die hölzerne Rinne legen und eilt sehr, herabzurollen zu seinem Spielherrn, und läßt sich von neuem kegeln. Es ist zum Rasendwerden!

Ich will nicht versäumen, Ihnen eine Stelle aus einem Briefe aus Warschau mitzuteilen, den gestern ein hiesiges Blatt enthielt. »Der öffentliche Geist in Warschau ist herrlich; doch gibt es Menschen, die das Wohl ihres Kramladens dem des Vaterlandes vorziehen. Das darf Sie aber nicht in Verwunderung setzen, denn auf 140000 Einwohner unserer Hauptstadt kommen 30000 Juden und 10000 Deutsche. *Diese letztern verstehen gar nicht, was das heißt, Vaterland, weil sie vielleicht nirgends eins haben.* Sie kommen zu Tausenden nach Polen, zehren von dessen Brote und verlassen es, wenn sie sich bereichert haben. *Aber es hat keine Gefahr mit ihnen; es sind größtenteils Leute von schwachem, aber ehrsamem Charakter, und man braucht sie nur starr anzublicken, um ihrer Treue versichert zu sein... Was die jüdische Bevölkerung betrifft, früher so schlecht, hat sie seit dem 29. November sehr große Fortschritte im Guten gemacht. Der Geist der Verbrüderung fängt an, sie mit den wahren Polen zu vereinigen, und ich kann Sie versichern, daß, wenn die Vorsehung unsere Waffen segnet, in einem Jahre alle unsere Juden in Polen umgewandelt sein werden.«* Ist das nicht merkwürdig? Was, die schlechten, verachteten und die verächtlichen Juden, hinabgeknechtet seit zweitausend Jahren, brauchen nur ein einziges Jahr, um zum herrlichsten Volke der Erde, um Polen zu werden; nur ein einziges Jahr, um die Freiheit zu verdienen und zu erkämpfen und sich ein Vaterland zu erwerben – und die so stolzen, herrischen Deutschen, welche prahlen, die Freiheit sei ihre Wiege gewesen, die auf die Juden mit solcher Verachtung herabblicken, haben noch und wollen kein Vaterland, haben noch und wollen keine Freiheit! Ich habe es ja immer gesagt und, wie ich glaube, auch drukken lassen: Türken, Spanier, Juden sind der Freiheit viel näher als der Deutsche. Sie sind Sklaven, sie werden einmal ihre Ketten brechen, und dann sind sie frei. Der Deutsche aber ist Bedienter, er könnte frei sein, aber er will es nicht; man könnte ihm sagen: »Scher' dich zum Teufel und sei ein freier Mann!« – er bliebe und würde sagen: »Brot ist die Hauptsache.« Und will seine Treue ja einmal wanken, *man braucht ihn nur starr anzusehen*, und er rührt sich nicht! Ich habe mir vor Vergnügen die Hände gerieben, als ich das im polnischen Briefe gelesen. Dahin müßte es noch kommen, *diese* erhabene Lächerlichkeit fehlte noch der deutschen Geschichte, daß einmal Juden sich an die Spitze des deutschen Volkes stellen, wenn es für seine Befreiung kämpft!... Aber kennen Sie auch die neue Dresdner Konstitution? Das Meißner Porzellan ist eine Mauer dagegen. Gelesen habe ich sie noch nicht, man erzählte mir nur etwas davon. Das wenige machte mich schon lustig, und ich sang den »Vogelfänger«, bis ich zu fluchen anfing. Stets lustig, heisa hopsasa... hol' euch der Teufel! – –

Freitag, den 18. März 1831

Gestern war nach langer Zeit der Z. einmal wieder bei mir, blieb aber nicht lange. Ich hörte etwas von ihm, was euch in Frankfurt gar nicht gleichgültig sein kann. Ich erinnere mich nicht, ob ich es Ihnen schon früher mitgeteilt, daß mir während meines Hierseins Äußerungen von französischen Offizieren hinterbracht worden: daß, wenn sie der Krieg einmal wieder nach Frankfurt brächte, sie sich für die Mißhandlungen, die sie dort bei ihrem Rückzuge 1814 hätten erleiden müssen, fürchterlich rächen wollten. Nun erzählte mir Z., er habe einen Tag vorher mit einem General gegessen, der habe das nämliche geäußert und hinzugefügt, er habe dem Kriegsminister Marschall Soult schon den Vorschlag gemacht, Frankfurt hundert Millionen Kontribution bezahlen zu lassen. Erzählen Sie das aber nicht weiter, ehe Sie meine Stadtobligationen verkauft haben. Aber wie flink die Herren Franzosen sind! Mögen sie nur kommen, wir sind noch flinker im Gehorchen als sie im Befehlen. Wollte ich doch darauf wetten, daß der Zensor schon längst die stille Weisung bekommen, ja kein hartes Wörtchen gegen die neuen Franzosen durchgehen zu lassen.

– Merkwürdige Dinge sollen ja in Frankfurt wegen der Juden vorgehen. Ist es wahr, daß die Witwer und Witwen sollen heiraten dürfen, sooft und sobald sie Lust haben? Ist es wahr, daß Juden und Christen sollen Ehen untereinander schließen dürfen ohne weitere Zeremonien? Ist es wahr, daß der Senat dem gesetzgebenden Körper den Vorschlag gemacht, die Juden den christlichen Bürgern ganz gleichzustellen, und daß von 90 Mitgliedern nur 60 dagegen gestimmt? Das wäre ja für unsere Zeit eine ganz unvergleichliche Staatskorporation, die unter 90 Mitgliedern nur 60 Dumme zählte. Ein ganzes Drittteil des gesetzgebenden Körpers hat dem Geiste der Zeit unterlegen; das ist ja ärger als die *Cholera morbus* – werden die alten Staatsmänner jammern!

– Haben Sie etwas davon gelesen oder gehört, daß Herr von Rotteck, badischer Professor in Freiburg und Mitglied der Ständeversammlung, arretiert worden sei, als in der hannövrischen

Revolution verwickelt? Das wäre sehr merkwürdig. Zwar hat sich Rotteck immer als liberaler Schriftsteller und Deputierter gezeigt; indessen hat er die den deutschen Gelehrten eigene Mäßigung nie überschritten. Hat er sich aber wirklich in eine Verschwörung eingelassen, so würde das beweisen, daß es bei uns Leute gibt, die leise sprechen, aber im stillen kräftig handeln, und dann ließe sich etwas hoffen.

Die Lage der Dinge hier ist jetzt so, daß ich jeden Tag, ja jede Stunde den Ausbruch einer Revolution erwarte. Nicht vier Wochen kann das so fortdauern, und der Rauch der Empörung wird hinter meinem Reisewagen herziehen. Die Verblendung des Ministeriums und der Majorität der Kammer ist so unerklärlich, daß ohne sträflichen Argwohn bei einigen der lenkenden Mitglieder Verräterei anzunehmen ist. Der Eigensinn des Königs ist nicht zu erschüttern, seine Schwäche nicht aufzurichten. Er wird nicht Frankreich zugrunde richten, denn das hilft sich selbst heraus; aber er spielt um seine Krone; der einzige Mann im Ministerium, der Einsicht mit Energie verbindet, ist der Marschall Soult: aber ich für mich traue ihm nicht. Die Zeit ist so, daß es einem Kriegsmann wohl einfallen darf, den zweiten Napoleon zu spielen, und Soult mag daher die Regierung gerne auf falschem Wege sehen, damit Frankreich in eine Lage komme, in der es eines Diktators nicht entbehren kann. Dem Willen und der Kraft der Regierung mißtrauend, bilden sich jetzt überall Assoziationen der angesehensten Bürger, um durch vereinte Kräfte die alte Dynastie und den Feind vom Lande abzuhalten. Das kann dem Könige gefährlich werden. Wenn nicht bald ein Krieg die Krankheit nach außen wirft, ist Louis Philippe verloren.

Samstag, den 19. März 1831

Man fängt jetzt in den französischen Provinzen an, denjenigen Teil der Nationalgarde, der keine Flinten hat, nach Art der Polen mit Sensen zu bewaffnen. Ich halte das für sehr wichtig; es ist ein großer Fortschritt, den die Kriegskunst der Freiheit macht. Die Sense ist dem Bauer eine gewohnte, dem Soldaten eine ungewohnte und darum schreckbare Waffe und nimmt diesem den Mut, den er jenem gibt. Die Sense wird dem Lande werden, was den Städten die Pflastersteine sind.

Casimir Périer hat gestern in der Kammer als Minister debütiert. Seine Anhänger und Claqueurs haben vorausgejubelt, er werde die Revolution mit Haut und Haaren verschlingen. Aber so bestialisch ist es nicht geworden. Die Minister sprachen einer nach dem andern vom Frieden, aber der trockne Frieden blieb ihnen im Halse stecken, und wir wissen heute nicht mehr, als wir vor acht Tagen wußten. Die Renten hüpfen umher wie gestutzte Vögel; sie wollten fliegen, aber es ging nicht, sie mußten auf der Erde bleiben. Es ist ganz schön, daß die Tortur abgeschafft worden, aber für eine Art Spitzbuben hätte man sie beibehalten sollen – für die hartmäuligen Diplomaten, die Wahrheit von ihnen herauszupressen. Aber wer weiß! sie würden vielleicht selbst auf der Folter die Wahrheit nicht sagen. Die Lüge ist ihre Religion; für sie dulden und sterben sie. – Also in Frankfurt ist man mit dem faulen Treiben hier auch nicht zufrieden? Was ist zu tun? Die vielen Menschen, welche durch die letzte Revolution ihren Ehrgeiz und ihre Habsucht befriedigt, wollen Ruhe und Frieden haben. »*Ruhe und Frieden! ich glaub's wohl! den wünscht jeder Raubvogel, die Beute nach Bequemlichkeit zu verzehren*« – läßt Goethe seinen Götz von Berlichingen sagen.

Wir haben jetzt schon den schönsten Frühling hier. Alles ist grün, und die Spaziergänge sind bedeckt mit Menschen. In den Tuilerien und in den Champs-Elysées war es gestern zum Entzücken. Es ist hier überall so viel Raum, daß die Natur nirgends den Menschen verdrängt. Bäume und Spaziergänger finden alle Platz und hindern sich nicht. Unsere Frankfurter Promenade, so schön sie ist, hat doch etwas Kleinstädtisches.

Vierundvierzigster Brief
Paris, Sonntag, den 20. März 1831

Ich habe Lord Byrons Denkwürdigkeiten von Thomas Moore zu lesen angefangen. Das ist Glühwein für einen armen deutschen Reisenden, der auf der Lebensnacht-Station zwischen Treuenbrietzen und Kroppenstädt im schlechtverwahrten Postwagen ganz jämmerlich friert. Er aber war ein reicher und vornehmer Herr; ihn trugen die weichsten Stahlfedern der Phantasie ohne Stoß über alle holperigen Wege, und er trank Johannisberger des Lebens den ganzen Tag. Es ist, krank darüber zu werden vor Neid. Wie ein Komet, der sich keiner bürgerlichen Ordnung der Sterne unterwirft, zog Byron wild und frei durch die Welt, kam ohne Willkommen, ging ohne Abschied und wollte lieber einsam sein als ein Knecht der Freundschaft. Nie berührte er die trockene Erde; zwischen Sturm und Schiffbruch steuerte er mutig hin, und der Tod war der erste Hafen, den er sah. Wie wurde er umhergeschleudert; aber welche selige Insel hat er auch entdeckt, wohin stiller Wind und der bedächtige Kompaß niemals führen! Das ist die königliche Natur. Was macht den König? Nicht daß er Recht nimmt und gibt – das tut jeder Untertan auch – König ist, wer seinen Launen lebt. Ich muß lachen, wenn die Leute sagen, Byron wäre nur einige und dreißig Jahre alt geworden; er hat tausend Jahre gelebt. Und wenn sie ihn bedauern, daß er so melancholisch gewesen! Ist es Gott nicht auch? Melancholie ist die Freudigkeit Gottes. Kann man froh sein, wenn man liebt? Byron haßte die Menschen, weil er die Menschheit, das Leben, weil er die Ewigkeit liebte. Es gibt keine andere Wahl. Der Schmerz ist das Glück der Seligen. Am meisten lebt, wer am meisten leidet. Keiner ist glücklich, an den Gott nicht denkt, ist es nicht die Liebe, sei es in Zorn; nur an ihn denkt. Ich gäbe alle Freuden meines ganzen Lebens für ein Jahr von Byrons Schmerzen hin.

Vielleicht fragen Sie mich verwundert, wie ich Lump dazu komme, mich mit Byron zusammenzustellen? Darauf muß ich Ihnen erzählen, was Sie noch nicht wissen. Als Byrons Genius auf seiner Reise durch das Firmament auf die Erde kam, eine Nacht dort zu verweilen, stieg er zuerst bei mir ab. Aber das Haus gefiel ihm gar nicht; er eilte schnell wieder fort und kehrte in das Hotel Byron ein. Viele Jahre hat mich das geschmerzt, lange hat es mich betrübt, daß ich so wenig geworden, gar nichts erreicht. Aber jetzt ist es vorüber; ich habe es vergessen und lebe zufrieden in meiner Armut. Mein Unglück ist, daß ich im Mittelstande geboren bin, für den ich gar nicht passe. Wäre mein Vater Besitzer von Millionen oder ein Bettler gewesen, wäre ich der Sohn eines vornehmen Mannes oder eines Landstreichers, hätte ich es gewiß zu etwas gebracht. Der halbe Weg, den andere durch ihre Geburt voraushatten, entmutigte mich; hätten sie den ganzen Weg vorausgehabt, hätte ich sie gar nicht gesehen und sie eingeholt. So aber bin ich der Perpendikel einer bürgerlichen Stubenuhr geworden, schweifte rechts, schweifte links aus und mußte immer zur Mitte zurückkehren.

Montag, den 21. März 1831

Wenn alles das wahr ist, was man hier seit einigen Tagen von den Polen erzählt, so geht es ja auf das allerherrlichste, und Sie sollen, da Sie als Frauenzimmer keinen Jubelwein trinken können, zur Siegesfeier ein dutzend Gläser Gefrornes essen. Es wird schon warm werden an Ihrem Herzen. Die Russen sollen im vollen Rückzuge sein, aufgelöst wie die kranke alte Sünde. Achtzig Kanonen mußten sie im Stiche lassen. Die Erde verschlingt sie lebend, die Polen fallen ihnen in den Rücken, und Litauen ist im Aufstande. *Le fameux Diebitsch* hat die Rute bekommen, – *le fameux Diebitsch*, wie man hier sagt – das lautet wunderschön! Aber *wenn!* – Ich kann es Ihnen nicht länger verschweigen, daß die europäischen Angelegenheiten, die ich, wie Sie wissen, so gut auswendig kannte als das Einmaleins, anfangen, mir über den Kopf zu steigen. Anfänglich hielt ich sie unter mir, indem ich mich auf den höchsten Stuhl der Betrachtung stellte; aber da sind sie mir bald nachgekommen, und ich kann jetzt nicht höher. Die deutschen Regierungen, statt ihren Untertanen Opium zu geben, geben ihnen Kaffee, daß sie munter bleiben, und statt ihnen das weichste Bett zu machen, zupfen sie sie an der Nase, aus Furcht, sie möchten einschlafen. In Frankreich ist es noch toller. Ich weiß so wenig mehr, was hier getrieben wird, als wäre ich Gesandter. Man wird ganz dumm davon, und wenn das alltägliche diplomatische Schmausen, das ich nicht vertragen kann, nicht wäre, könnte ich im Taxisschen Palast so ehrenvoll sitzen als einer. Wenn nicht ganz was Besonders vorgeht, wenn nicht etwa die französischen Minister aus Eitelkeit, um zu zeigen, daß, ob sie zwar bürgerliche Emporkömmlinge sind, die im vorigen Jahre noch ehrliche Leute waren, doch spitzbübischer sein können als der älteste Adel – wenn sie nicht ganz etwas außerordentlich Feines spinnen, aus einem Lote Wahrheit einen Lügenschleier von drei Ellen weben – weiß ich nicht, was ich davon denken soll. Das Verderben von außen rückt ihnen immer näher, und sie lachen dazu wie ein Astronom zur Erscheinung eines Kometen. Sie haben das alle ausgerechnet. Im Innern ist es noch schlimmer. Wo Feuer, ist Rauch; sie wollen aber lieber kein Feuer als Rauch haben, und wenn es zum Kriege kommt, wenn sie die Subordination der fremden Völker mit nichts besiegen könnten als mit der Insubordination des französischen Volkes; wenn sie die Begeisterung der Franzosen brauchen, werden sie keine Kohle mehr finden, eine Lunte anzuzünden. Die frühern Minister, die durch ihre Schwäche vieles verdorben, machten zugleich durch ihre Untätigkeit vieles wieder gut. Sie ließen die Dinge ihren natürlichen Lauf gehen. Seit Casimir Périer aber fangen die Unglückseligen an, tätig zu werden. Marschall Soult, sobald er das Kriegsministerium antrat, fing an, um fünf Uhr morgens aufzustehen und zu arbeiten und seine Untergebenen arbeiten zu lassen. Nun, für einen Kriegsminister, der gegen den fremden Feind wirkt, ist das schön. Aber seit einigen Tagen, wie ich heute mit Entsetzen in der Zeitung las, steht der Minister des Innern auch schon um fünf Uhr auf. Welche unseligen Folgen wird das haben! Was in allen Staaten die Völker noch gerettet bis jetzt, war die Faulheit ihrer Regenten, die bis neun Uhr im Bette lagen. Sie regierten vier Stunden weniger, und das macht viel aus im Jahre. Wenn die Minister sich angewöhnen, mit der Sonne aufzustehen, dann wehe den Untertanen!

Mittwoch, den 23. März 1831

Ich war wieder einmal im Theater gewesen. Bin ich nicht ein fleißiger Junge? Im Vaudeville habe ich zwei Stücke gesehen: *Madame Dubarry* und *Le bal d'Ouvriers*. Die ist eine andere Dubarry als die, von der ich neulich berichtet und die im Ambigu aufgeführt wird. Es ist ein Lustspiel im höheren Stile, vom bekannten Ancelot, dem Akademiker. Ancelots Komödie hat ungemeinen Beifall gefunden; sie wird seit drei Wochen täglich gegeben, und das Haus ist jedesmal toll und voll. Die Komödie gefiel mir auch, nur durch andere Mittel, als sie den Franzosen gefällt. Diese haben ihre schlichte Freude daran, ich aber habe den Humor davon. Dem Stücke, um gut zu sein, fehlt nichts als deutsches Klima! Hier ist es nur ein Treibhausgewächs. Es kommt erstaunlich viel Sentimentalität darin vor; aber wenn französische Dichter und Schauspieler Sentimentales darstellen, machen sie ein Gesicht dazu, als hätten sie Leibschmerzen, und man möchte ihnen statt Tränen Kamillentee schenken. Stellen Sie sich vor: die Dubarry erinnerte sich mit Wehmut ihrer schuldlosen Jugendjahre, da sie noch nicht Mätresse des Königs, sondern Putzmacherin war. Putzmacherin in Paris – das nennt sie den Stand der Unschuld! Von dieser Erinnerung bekommt sie in mehreren Szenen die heftigsten Anfälle von Tugendkrämpfen, und kein Arzt in ganz Versailles die Mittel dagegen weiß. Dem guten Ludwig XV. geht es noch schlimmer. Er bekommt einen Tugendschlag, so daß man meint, er wäre tot. Aber er hat eine herrliche Natur und erholt sich wieder. Der Spaß ist: in unsern bürgerlichen Schauspielen von Iffland und Kotzebue tritt ein Dutzend edler Menschen auf, und unter ihnen ein einziger Schurke, höchstens mit noch einem Schurkengehülfen. Am Ende wird das Laster beschämt und besiegt und von der Tugend rein ausgeplündert. In der »Dubarry« aber und in andern ähnlichen Stücken tritt ein Dutzend Schurken auf und unter ihnen *ein* tugendhaftes Paar. Und zuletzt wird gar nicht das Laster beschämt, sondern im Gegenteil die Tugend; ja das Laster kommt noch zu Ehren, indem es sich großmütig zeigt und der besiegten Tugend Leben und Freiheit schenkt. Und Dichter wie Zuschauer merken das gar nicht! In der »Dubarry« findet sich eine saubere Gesellschaft zusammen. Der König, der Herzog von Richelieu, der Herzog von Aiguillon; der Herzog von Lavrillieri, alle Taschen voll *Lettres de cachet*, die er seinen Freunden bei Hofe präsentiert wie Bonbons; der Kanzler Maupeou, der päpstliche Nuntius, der Marschall von Mirepoix und endlich der Schwager der Dubarry, Graf Jean, selbst am Versailler Hof ein ausgezeichneter Taugenichts. Ich kenne aus unzähligen Memoiren alle diese Menschen so genau, als wäre ich mit ihnen umgegangen. Und jetzt kommen die treu nachgeahmten Kleider, Gesichter, Manieren und Gebräuche dazu. Das macht die Vorstellung sehr interessant. Der Kanzler Maupeou nennt die Dubarry *Cousine* und zieht ihr bei der Toilette die Pantoffeln an, der päpstliche Nuntius reicht ihr seine heilige Schulter, sich daran aufzurichten, und der Marschall Richelieu jammert, daß ihm sein Alter verbiete, an diesem Kampfe der Galanterie teilzunehmen. Aber ein Spitzbube ist er noch voller Jugendkraft. Er hat ein junges, schönes und unschuldiges Mädchen aufgefangen und sie nach dem *Parc aux cerfs* gebracht, mit dem Plane, durch die neue Schönheit die Dubarry zu stürzen. Die junge Unschuld ist ganz vergnügt; denn sie meint, sie wäre in einer Erziehungsanstalt. Dort wimmelt es von jungen Mädchen, immer eine schöner, eine geputzter, eine gefälliger als die andere. Als die junge Unschuld ankommt, singt der Mädchenchor ein Lied nach der Melodie des Brautlieds im »Freischütz«: »Wir flechten dir den Jungfernkranz, mit veilchenblauer Seide«. Ist das nicht köstlich? Aber man denke ja nicht, daß das eine Malice vom Dichter oder Musikdirektor gewesen, keineswegs. Diese Melodie wurde ganz zufällig aus bloßer Naivität gewählt, auch war ich der einzige im ganzen Hause, der darüber gelacht. Die Dubarry entdeckt Richelieus Intrige und eilt herbei mit ihrem Gefolge; das unschuldige

Mädchen bekommt zu ihrem Schrecken Licht in der Sache und jammert; der Graf Jean Dubarry sucht sie in ihren guten Vorsätzen zu bestärken und hält ihr im *Parc aux cerfs* vor allen Hofleuten folgende Tugendpredigt im feierlichen Tone: *Ecoutez jeune fille! nous admirons vos nobles sentiments, gardez-vous d'y renoncer! repoussez loin de vous les séductions, n'écoutez que la voix de la vertu! ... la vertu... eh c'est une excellente chose! ... restez dans votre obscurité; vous ne savez pas quel bonheur pur et sans mélange vous attend loin de ces coupables grandeurs empoisonnées par tant de regrets où l'on cherche en vain à ressaisir ce calme de l'âme, cette sérénité... (il s'enroue et se retourne vers la comtesse d'Aiguillon et Maupeou). Ah, ça, aidez-moi donc, vous autres, vous me laissez m'enrouer! ... ne pourriez-vous comme moi prêcher la vertu? Que diable! une fois n'est pas coutume! – Maupeou (à part) l'insolent! ... Jean (à Cécile) vous m'avez entendu jeune fille, et je me flatte ... Cécile Oui Monsieur, je les suivrai, ces généreux conseils! ... Soyez mon guide! ... vous êtes verteuex, vous! ... Jean Merci mon enfant.* Jetzt denken Sie sich das vortreffliche Spiel dazu, und Sie haben eine Vorstellung von der komischen Wirkung, welche die Tugend in Versailles macht.

Was *Le bal d'Ouvriers* gibt, zeigt schon der Name des Stückes. Sehr unterhaltend! Einer der fröhlichen Tänzer sagt statt *Cholera morbus: Nicolas morbus.* Das wird der Polenfreundin gefallen.

Paganinis letztes Konzert hat 22000 Franken eingetragen; heute spielt er zum vierten Male. Der nimmt auch seine 100000 Franken von hier mit. Das ist eine liederliche Welt. Die Taglioni ist auf vier Wochen nach London engagiert und bekommt dafür 100000 Franken (hundert Tausend). Meinen Sie, daß es für mich zu spät sei, noch tanzen zu lernen? Meine sämtlichen Schriften, so voller Tugend und Weisheit, werden mich niemals reich machen. Ach könnte ich tanzen! Man erzählt sich, die Malibran, als die Rede von Paganini gewesen, habe zwar dessen Spiel gelobt, aber doch geäußert, *er sänge* nicht gut auf seinem Instrument. Als Paganini dieses Urteil erfahren, habe er der Malibran den Vorschlag machen lassen, sie wollten beide zusammen ein Konzert geben, und dann werde sich zeigen, wer besser *sänge*, sie oder er.

Hätte Homer diesen edlen Streit erlebt, hätte er nicht von Achill und Hektor, sondern von Paganini und Malibran gesungen. Und von so etwas spricht man – spreche ich! O Sitten!

Fünfundvierzigster Brief
Paris, den 25. März 1831
Ich werde alle Tage schwankender. Soll ich hier bleiben oder nach Deutschland zurückkreisen? Krieg oder nicht – das Wort *Friede* steht nicht in meinem Wörterbuche – wird sich jetzt bald entscheiden. Habe ich sechs Monate lang hungrig und mit der größten Ungeduld das Zeug kochen sehen, und jetzt, da alles gar geworden und der Tisch gedeckt wird, soll ich mit leerem Herzen fort? Ich glaube, das wäre dumm. Hier ist man im Mittelpunkte, Europa hat die Augen auf Paris gerichtet, man sieht den Begebenheiten in das Angesicht und kann in deren Mienen lesen, was sie etwa verschweigen möchten. In Deutschland aber stehen wir in dem Rücken der Begebenheiten, und wir werden nichts erfahren, als was sie uns über die Schultern weg zurufen. Und was teilen sie uns mit? Nur unverschämte Lügen. Wenn der Krieg ausbricht, wird man den deutschen Zeitungen, die ohnedies nur unverständlich gestammelt, aus Vorsicht gar die Zunge aus dem Halse schneiden. Es kann kommen, daß der Feind nur eine Stunde von unseren Toren steht, und wir erfahren es nicht, bis er uns mit Einquartierungszetteln in die Stube kommt. Die französischen Blätter, wenn auch der Krieg die Posten nicht unterbricht, werden gewiß zurückgehalten werden. Sie können sich denken, wie mir in solcher Dunkelheit zumute sein wird. Und was haben wir in Deutschland, für wen auch der Krieg günstig ausfalle, zu erwarten? Das schöne Glück, entweder den Zwerg Diebitsch mit seinen Kosaken zu beherbergen oder französische Offiziere, die, kämen sie auch anfänglich mit den besten Gesinnungen für Recht und Freiheit zu uns, durch deutsche bürgerliche Feigheit und Kriecherei aufgemuntert, bald in den alten Übermut zurückfallen würden. Und der weibische Kriegsjam-

mer bei uns! und – *Ruhe ist die erste Bürgerpflicht!* und die dumme und tückische Polizei! und die Maulkörbe, die man uns in den Hundstagen anlegen wird! Wird man nicht jeden Liberalen, der kein Blech am Halse trägt, totschlagen? Ich ersticke, wenn ich nur daran denke. Um gehenkt zu werden für die Freiheit, dazu bringt man es doch nicht, dazu sind unsere Herren zu feig.

Können Sie sich denn nicht entschließen, hierher zu kommen, aber bald? Ich habe eine kleine Verschwörung vor, wozu ich Schere, Zwirn und Nadeln brauche. Packen Sie Ihre Schachteln und kommen Sie. Sie sollen entscheiden, wie mir die Uniform steht, und fällt die Entscheidung günstig aus, trete ich in die Nationalgarde, versteht sich, daß ich aus Patriotismus desertiere, sobald sich unsere Landsleute nahen. Ich habe neulich beim Spazierenfahren eine Barriere entdeckt, die gar nicht bewacht wird, und durch diese kann ich die preußische Armee unbemerkt in die Stadt führen. Ich bitte Sie, bedenken Sie sich nicht lange. Die Künste des Friedens gehen auch hier im Kriege nicht unter, und wenn am meisten geweint wird, wird am meisten gelacht, und die Niederlage der Franzosen wird in Paris immer noch lustiger sein als in Wien der Sieg der Deutschen. – Ich fahre in meinem Theaterberichte fort. Aber das Herz blutet mir, wenn ich daran denke, wie schön sich diese Berichte im Dresdner *»Abendblatte«* ausnehmen würden, und daß ich für den gedruckten Bogen 8 Taler bekäme, wofür ich zweimal Paganini hören könnte – ich brauchte nur 10 Franken noch darauf zu legen. Und was geben *Sie* mir dafür? Sie wollen nicht einmal nach Paris kommen, was ich so sehr wünsche. Und wie zärtlich dürfte ich schreiben, wenn ich statt Ihnen nach Dresden berichtete! Wissen Sie, wie die Korrespondenten des »Abendblattes« ihre Briefe gewöhnlich anfangen? Sie schreiben: *Liebe Vespertina! Holdes Vespertinchen!* Aber ohne darum den Verstand zu verlieren. Denn sobald sie *holdes Vespertinchen* gesagt, kehren sie gleich zu ihrer Prosa zurück und schreiben: »*Referent* will sich beeilen...«

Das hiesige Theater zieht mich mehr an, als ich erwartete. Von Kunstgenuß ist gar keine Rede, es ist die rohe Natur, und man zieht höchstens wissenschaftlichen Gewinn. Das Theater ist eine Fremdenschule. Alte und neue Geschichte, Örtlichkeiten, Statistik, Sitten und Gebräuche von Paris werden da gut gelehrt. – Es ist ein großer Vorteil, da viele Jahre dem Fremden nicht genug sind, Paris in allen seinen Teilen aus eigener Erfahrung kennen zu lernen. Und man kann nicht sagen, daß durch solches Walten auf der Bühne die dramatische Kunst zugrunde gehe, sondern umgekehrt: weil die dramatische Kunst untergegangen ist, bleibt nichts anders übrig als solches Walten, wenn man von dem Kapital, das in den Schauspielhäusern steckt, nicht alle Zinsen verlieren will. Es ist damit in Deutschland gar nicht besser als in Frankreich; nur ist man bei uns unbehilflicher, weil man nur *ein* Handwerk gelernt. Der Franzose aber weiß sich gleich in jede Zeit zu schicken. Er ist Schauspieler, Pfarrer, Schulmeister, Soldat, was am besten bezahlt wird. Wird ihm ein Weg versperrt, sucht er sich einen andern; gleich einem Regenwurm findet er immer seinen Ausweg. Kein Mann von Geist könnte jetzt ein Drama dichten, er müßte denn wie Goethe zugleich kein Herz haben; aber Geist ohne Herz, das bringt das nämliche Jahrhundert nicht zweimal hervor. Hätte es in der ersten Schöpfungswoche, da noch nichts fertig, oder nach der Sündflut, da alles zerstört war, einem vernünftigen Menschen einfallen können, eine Naturgeschichte zu schreiben? So ist es mit der dramatischen Kunst. Man kann keinen Menschen malen, der nicht stillhält, der nicht ruhig sitzt. Aber trotz der verdorbenen und grundlosen dramatischen Wege könnte doch einmal ein Franzose in seiner Dummheit leichter ein gutes Drama erreichen als ein Deutscher in seiner Weisheit. Die Leidenschaft, Geld zu verdienen, und die Gewißheit, es zu verdienen, wenn man eine gute Ware hat, ist in Paris so groß, daß wohl einmal ein anderer Scribe, in verzweifelter Anstrengung etwas ganz Neues hervorzubringen, ein Schauspiel wie Schillers »Wallenstein« dichten könnte. Was vermag die Leidenschaft nicht! Das Fieber gibt einem Greise Jugendstärke und einem Dummkopfe schöne Phantasien. Auch in solchen Fällen, wo das hiesige Theater den didaktischen Nutzen nicht gewährt, den ich angegeben, wo es sowenig Früchte als Blüte schenkt, wo es langweilig ist auf deutsche Art – auch dann noch hat es sein eigenes Interesse. Man erkennt dabei, wie die Franzosen gemütlicher und universeller werden; denn bei Völkern, wie bei einzelnen Menschen, entwickeln sich mit neuen Tugenden auch neue Fehler. So gab es noch vor vierzig Jahren in Frankfurt gar keine blonde und langweilige Juden, sie waren alle schwarz und witzig, seitdem sie aber in der Bildung fortgeschritten, findet man nicht weniger Philister unter ihnen als unter den ältesten Christen. Ein solches deutsch-langweiliges Stück habe ich neulich im *Théâtre des nouveautés* gesehen. Es heißt: *Le charpentier ou vice et pauvreté*. Wir haben ein Schauspiel, das heißt *Armut und Edelsinn*, aber ein Franzose findet diese Partie unpassend und hat vielleicht recht. Laster ist Armut des Herzens, und wo sich eine Armut findet, gesellt sich die andere bald dazu. *Le charpentier* ist ein höchst merkwürdiges Stück für Paris. In deutschen Schauspielen spielt zwar die Armut auch die erste Liebhaberrolle, aber dort sind es doch wenigstens vornehme Leute, die heruntergekommen, oder kommen auch arme Teufel von Geburt vor, so sind es doch vornehme Leute, die ihnen aus der Not helfen. Hier aber wird alles unter gemeinen Leuten abgemacht. Alle Personen im Stück sind zusammen keine tausend Franken reich. Die Armut ist nicht Schicksal, sondern Stand, Gewohnheit, Bestimmung. Es gibt nichts komischer. Und so etwas führen sie der prächtigen Börse gerade gegenüber, in der Nähe des Palais Royal und der italienischen Oper auf! Der Held des Dramas ist ein Zimmermann, und nicht einmal ein Zimmermeister, sondern ein Zimmermannsgesell. Er ist ein träger Mensch, der, statt zu arbeiten, seine Zeit in der Schenke zubringt und dort trinkt und spielt. Darüber kommt sein Hauswesen herunter, und die arme Frau muß viel ausstehen. Weiter tut der Mann nichts Böses, außer daß er einmal seine Frau prügeln will. Nun findet sich ein anderer Zimmergeselle, ein braver Mensch, der schenkt dem liederlichen Kameraden, der sein Schwager ist, 600 Franken, die er sich mit saurer Mühe erspart. Davon wird der Taugenichts so gerührt, daß er verspricht, von nun an ein ganz anderer Mensch zu werden. Und das ist die ganze Geschichte. Die Szene des ersten Akts ist ein Zimmerplatz, die des zweiten eine Wachtstube, der dritte Akt spielt in einer Schenke und der vierte in einer Dachkammer. Die Franzosen, als *parvenus* in der Gemütlichkeit, wollen es den alten Herzen nachmachen und zeigen lächerliche Manieren.

Das zweite Stück, das ich am nämlichen Abende gesehen, heißt *Quoniam*. Herr Quoniam ist Koch. Ohne allen Geist, ohne allen Witz, ohne alles Leben. Marschall Richelieu, in seiner Jugend, verliebte sich in die Frau eines Koches, und, um ihr nahezukommen, trat er als Küchenjunge in den Dienst des Herrn Quoniam. Das Sujet ist merkwürdig schläfrig behandelt und nimmt ein tugendhaftes Ende.

Das dritte Stück war *Le marchand de la rue St.-Denis ou le magasin, la mairie et la cour d'assises*. Einmal unterhaltend, immer lehrreich. Man erfährt, wie es in einer Seidenhandlung hergeht; auf der Mairie, wo die jungen Leute getraut werden, und vor dem Assisenhofe, wo sie noch schlechter wegkommen. Mehrere Schauspieler waren vortrefflich. Von den Regeln der Kunst schienen sie nicht viel zu wissen; es sind Naturalisten. Aber jeder Franzose hat den Teufel im Leibe, und wenn eine Teufelei darzustellen ist, mißlingt ihnen das nie. Auf der Mairie hat es mir gar zu gut gefallen. Es muß recht angenehm sein, sich in Paris bürgerlich trauen zu lassen. Es ist wie eine deutsche Doktorpromotion. Man antwortet, ohne von der Frage viel zu verstehen, immer mit *Ja*. Der Maire ist nachsichtig, und alles endet schnell und gut.

– Das Gesetz, das neulich vorgeschlagen wurde, Karl X. und seine Familie unter strengen Bedingungen auf ewig aus Frankreich zu verbannen, wurde gestern in der Kammer verhandelt. Nun wurde zwar das Gesetz von der Mehrzahl angenommen, aber ein Dritteil der (heimlich) Stimmenden, nämlich 122, erklärten sich dagegen. Das ist merkwürdig. Von den *offenen* Anhängern des vertriebenen Königs sind lange keine 122 mehr in der Deputiertenkammer; denn viele derselben waren nach der

Revolution entweder freiwillig aus der Kammer getreten oder gezwungen, weil sie den neuen Eid nicht leisten wollten. Unter jenen Gegnern des Verbannungsdekrets müssen also viele sein, die mit dem Mund sich für die neue Regierung erklärt, im Herzen aber der alten anhängen. Sie sehen also, wie recht ich hatte, als ich Ihnen neulich schrieb: es gehen hier Dinge vor, die ich mir nicht anders erklären kann, als indem ich annehme, daß es Verräter unter den Deputierten gibt. Was der König und sein Ministerium bisher Tadelnswertes, Beleidigendes für die öffentliche Meinung getan, dazu wurden sie doch am meisten von der Kammer verleitet, die sich für die Stimme des französischen Volkes geltend machte. Der gestrige Vorfall wird dem König wohl etwas die Augen öffnen.

Sechsundvierzigster Brief

Paris, den 29. März 1831

Chateaubriand hat eine Broschüre für die Legitimität und Heinrich V. herausgegeben. Was das aber hier schnell geht! Gestern ist die Schrift von Chateaubriand erschienen, und heute ist schon eine dagegen angezeigt. Chateaubriands Schrift ist zu gut und zu schön, Ihnen nur Bruchstücke daraus mitzuteilen; jedes ausgelassene Wort dürfte sich über Zurücksetzung beklagen. Man muß sie ganz lesen. Es ist doch ein Zauber in der Sprache des Herzens, daß sie durch einen einzigen Laut die unzähligen Lügen auch des mächtigsten Talents besiegen und beschämen kann! Selbst die Irrtümer des Herzens – doch es gibt keine Irrtümer des Herzens. Sie sind es nur, wenn man sie an dem spitzbübischen Einmaleins des Krämervolks nachrechnet, das Tugend kauft und verkauft; aber der Himmel hat eine ganz andere Arithmetik. Chateaubriand nimmt für den Herzog von Bordeaux das Wort und für sein Recht. Er verteidigt die kranke und altersschwache Legitimität. Aber die Legitimität ist ihm kein Glaubensartikel, den man blind annehmen und ausgeben muß, sondern nur ein politischer Grundsatz. Damit können wir zufrieden sein. Sobald man nur eine Lehre prüfen, dafür oder dagegen sprechen darf, mag jeder, so gut er es versteht, seine Lehre geltend zu machen suchen. Nun meint Chateaubriand, Frankreich, nach Vertreibung Karls X. und seines Sohnes (und diese wünscht er keineswegs zurück), hätte besser getan, für sein Wohl sich Heinrich V. zum Könige zu geben. Man hätte das königliche Kind für die Freiheit erzogen; man hätte Frankreichs edle Jugend um seinen künftigen Herrscher versammelt und dann statt des feigen Lispelns jetzt ein ganz anderes Wort mit Frankreichs Feinden sprechen können. Chateaubriand hat ganz recht; nur übersieht er den Rechnungsfehler, daß Frankreich keine vier Millionen ehrlicher Leute hat, die ihm gleichen, sondern höchstens vier, und daß während der Minderjährigkeit Heinrichs V. alle Leidenschaften toll gewütet und das Land zerstört hätten. Aber von den Fehlern und Schwächen der jetzigen Regierung übersah er keinen. Er wirft unter Donnern Feuerreden aus, und wie glühende Asche regnet sein Tadel auf sie herab. Er sagt nichts Neues; tausend Stimmen haben das Ähnliche vor ihm gesagt. Aber die tausend Stimmen waren tausend kleine Lichter, die nur vereint hell gemacht; aber Chateaubriands einzige Fackel wirft so großen Glanz als jene alle. Er zeigt, wie die Regierung, von ihrer Feigheit gepeitscht, in Todesangst vor drei Schreckbildern flicht: »vor einem Kinde, das am Ende einer langen Reihe von Gräbern spielt; vor einem Jünglinge, dem seine Mutter die Vergangenheit, sein Vater die Zukunft geschenkt; und...« – ich habe die Broschüre nicht mehr zur Hand, aber das dritte Gespenst wird wohl der äußere Feind sein. Chateaubriand zeigt an, daß er Frankreich verlassen werde. Auch sagte er, nie würde er Heinrich V. willkommen heißen, wenn er auf den Armen eines fremden Heeres zurückgetragen würde, und sobald ein Krieg entstände, würden seine Pflichten sich ändern und er sich nur erinnern, daß er Franzose sei. Ehrlicher Narr!... Aber er weiß, daß er ein Narr ist. Er sagt: Keinen habe die Restauration, die ihm so viel zu verdanken, mehr gehaßt als ihn, und er würde unter einer neuen Restauration kein besseres Schicksal haben. Wer kann solchen verführerischen Lockungen der Tugend widerstehen? Auch denke ich seit einiger Zeit daran, ein Schuft zu werden. Es ist mir wahrhaftig nicht um den baren Vorteil zu tun, sondern nur um meine Gemütsruhe. Einem Schufte geht es immer nach Wunsche, und er lebt in Frieden mit der Welt. Das bißchen Ehrlichkeit, das sich ihm in heißen Tagen zuweilen auf die Nase setzt, belästigt ihn nicht mehr als eine Mücke. Er schüttelt sich und ist sie los. Ja, ich will ein Schuft werden. Was halten Sie von meinem Plane?

Paganinis fünftes Konzert hat 24 000 Franken eingetragen. Er hat folgenden Vertrag mit der Theaterdirektion abgeschlossen. Er spielte Mittwoch und Sonntag. Mittwoch bekommt er drei Vierteile der Einnahme und Sonntag die ganze und gibt der Direktion 3000 Franken ab. So läßt sich berechnen, daß ihm die fünf Konzerte bis jetzt 90 000 Franken eingetragen haben. Von der Taglioni habe ich Ihnen, wie ich glaube, schon geschrieben, daß sie in London für eine monatliche Miete ihrer Beine 100 000 Franken bekommt. O! ich könnte dieser liederlichen Welt ohne Barmherzigkeit die Ohren abschneiden und die Augen ausstechen!

Siebenundvierzigster Brief

Paris, den 31. März 1831

Polen, Italien, Belgien, Frankreich, Deutschland, Freiheit, Gleichheit, Einheit, alle diese schönen Seifenblasen mit ihren Regenbogenfarben – zerplatzt sind sie, der Luftteufel hat sie geholt! *Der österreich'sche Beobachter hat das französische Ministerium gelobt.* Ich sage Ihnen, jetzt ist es Zeit, ein rotwangiger Schuft zu werden. Oder ist Ihnen die Gelbsucht lieber? Stände sie mir besser? Sie sollen für mich wählen. Aber bis Ihre Antwort Entscheidung bringt, bleibe ich provisorisch ein Schuft und rede von nichts als von der lieblichen Taglioni. Ich habe sie seitdem wieder tanzen sehen. Sie gefiel mir aber weniger als das vorigemal; ich habe Fehler entdeckt. Ihre ganze Seele ist in den Füßen, ihr Gesicht ist tot. Ich hatte das zwar das erstemal schon bemerkt, aber da sie damals die Göttin Flora spielte, nahm ich ihre Unbeweglichkeit für antike Ruhe, und ich ließ mir das gefallen. In der zweiten Rolle aber trat sie als Bajadere auf, als liebende, unglückliche, leidenschaftliche Bajadere, sie tanzte zwischen Lust und Schmerz; doch ihre Züge und ihre Augen schliefen den tiefsten Schlaf. Entweder mein Opernglas war sehr trübe, oder die holde Taglioni ist sehr dumm und versteht ihre eigenen Füße nicht. Aber kann man zugleich dumm sein und Grazie haben? Bei der Taglioni ist es vielleicht möglich. Sie ist die Schülerin ihres Vaters, des Ballettmeisters, und es mag wohl sein, daß dieser dem hoffnungsvollen Töchterchen von den frühesten Kinderjahren an die Grazie eingeprügelt hat, doch mit dem Geiste ließ sich das nicht machen. Diesen kann der Stock wohl ausprügeln, aber nie einprügeln. Es war die Oper *Le dieu et la Bajadère*, in der ich sie sah. Musik von Auber. Leichte Ware; Rossini ist Marmor dagegen. Aber schöne Tanzmusik; das Herz walzt einem in der Brust. Ich war anfänglich ganz verwundert, daß mir die Oper, ob ich sie zwar zum ersten Male hörte, so sehr bekannt vorkam. Endlich fiel mir ein, daß ich die Musik von vorn bis hinten diesen Winter oft in den Vaudevilles-Theatern und auf Bällen gehört hatte, wo man sie zu leichten Liedern und Tänzen verwendet hatte. Die Poesie ist von Scribe. Es ist die schöne Legende: *Der Gott und die Bajadere* von Goethe, gehörig *scribiert*. Ich habe nur immer meine Freude daran, wie leicht sich meine guten Franzosen das Leben machen. Der treue und geldschwere Deutsche ist ein Glaubensopfer selbst der Kunst, die doch zur Freude geschaffen ist. Will er schwere Leiden treu malen oder singen, schleppt er selbst das Kreuz den Berg hinauf, kreuzigt sich und kopiert dann aus dem Spiegel seinen eigenen Schmerz. Auber und Scribe haben eine Oper zusammen verfertigt. Die Hauptrolle ist eine Bajadere; eine Bajadere muß tanzen, ihrem Stande nach, also muß Demoiselle Taglioni die Hauptrolle haben. Aber die Taglioni kann weder singen noch sprechen, wie kann man ihr in einer Oper die Hauptrolle geben? Warum nicht? Sie tanzt und spricht nicht und singt nicht. Aber warum spricht sie nicht? Ist sie stumm wie das Mädchen von Portici? Nein, sie ist nicht stumm, aber *sie versteht die Sprache des Landes nicht.* Aber wenn sie die Sprache des Landes nicht versteht, wie kann sie sich mit den Leuten unterhalten? Man sieht doch, daß sie auf alle Fragen durch Pantomimen Antwort gibt. Die Sache ist: die Bajadere *versteht* wohl die fremde Sprache, aber bis zum Sprechen hat sie es darin noch nicht gebracht. Nicht einmal ja oder nein kann sie auf Indisch sagen. So erklärt eine Gespielin das stumme Rätsel, und so sind alle Schwierigkeiten auf das glücklichste gehoben. Und glauben Sie ja nicht, das sei leicht gewesen. Es ist das Ei des Kolumbus, und ich versichere Sie, Schiller und Goethe hätten diesen Ausweg nicht gefunden. *Vive la France!* Sterben muß man doch einmal, und darum ist es vernünftiger, singend und trinkend zum Richtplatze zu tanzen, als sich wie der betrübte Deutsche auf einer Kuhhaut unter Pfaffengeheul dahin schleppen zu lassen.

In dieser Oper hörte ich Madame Cinti, eine sehr gute Sängerin, die nach einer langen Krankheit diesen Winter zum ersten Male wieder auftrat. Sie wurde mit einer Leidenschaft, mit einer Begeisterung empfangen, die ich sehr lächerlich fand und die mich ärgerte. Wie mochte man den Napoleon empfangen haben, wenn er von seinen Siegen heimkehrte? Menschliche Hände ertragen kein stärkeres Klatschen. In ihrer Theatersucht erscheinen mir die Franzosen oft sehr kindisch; denn des Lebens ganzen Ernst wenden und verschwenden sie daran. Es ist ein großes Glück für sie, ihre Seligkeit und für die ganze Welt, daß Freiheit, Vaterlandsliebe, Heldenmut, Todesverachtung etwas Theatralisches haben; denn ich glaube nur um dieses Etwas willen lieben und üben die Franzosen jene Tugenden. Ihre Theatersucht ist eine wahre Nervenschwäche; sie bekommen Krämpfe, wenn man sie an diesem Punkte reizt. Ein weggelassenes Lied, eine Rollenverwechslung, eine Änderung der angekündigten Stücke erregt einen wütenden Sturm, der gefährlich sein muß, weil sich selbst die Polizei fürchtet, ihn zu beschwichtigen, oft den ungerechtesten Anmaßungen nachgibt und nie wagt, eine Gewalt zu gebrauchen, vor der sie sich doch außer dem Theater nicht scheut. Die Franzosen, sonst im geselligen Leben so höflich, zuvorkommend, nachsichtlich und versöhnlich, sind im Theater grob, unversöhnlich und bitter. Wer sie auch nur im mindesten, auch ohne Vorsatz und Schuld, in ihrer Leidenschaft stört, wird ohne Schonung mit Härte zurückgewiesen. Und alle, auch die, welche es nichts angeht, nehmen Partei gegen den Verfolgten. Es geht keine Vorstellung vorüber, in der nicht ein lautes und allgemeines Geschrei *à la porte! à la porte!* ertönte. Ich selbst habe schon einige solcher Händel gehabt, die mich sehr amüsierten. Ich hatte den Humor davon. Einmal setzte ich mich auf einen Platz, der mir nicht gehörte, aber ohne meine Schuld; die Logenfrau hatte mich falsch angewiesen. Als bald darauf der rechtmäßige Besitzer des Platzes kam, weigerte ich mich anfänglich, zu weichen, mußte aber bald nachgeben; denn meine Geduld und meine französischen Grobheiten waren bald erschöpft. Alles nahm Partei gegen mich, und als ich fortging, empfing mich die ganze Reihe im Balkon, an der ich vorübermußte, mit boshaftem Lachen, mit Vorwürfen und bittern Spöttereien – ich mußte bis zur Türe Spießruten laufen. Ein anderes Mal verließ ich meinen Platz, der mir nicht bequem war, um mir an der Kasse einen andern zu nehmen. Nun ist es Sitte, daß man, um sich seinen Platz zu sichern, wenn man hinausgeht, einen Handschuh oder sonst etwas darauflegt. Das wird respektiert. Mein Nachbar fragte mich, ob ich wieder käme, und in diesem Falle sollte ich meinen Platz bezeichnen. Ich gab zur Antwort, ich könnte nichts Bestimmtes darüber sagen. Nun, so sollte ich ihn bezeichnen. Das wollte ich aber nicht, um nicht wegen eines Handschuhes zurückkommen zu müssen. Der Herr war ganz in Verzweiflung, daß ich keinen festen Entschluß fassen wollte, und fing förmlich zu zanken an. Ich mußte laut auflachen, ging fort und überließ ihn seiner Pein. Und das war nicht etwa ein junger Mensch oder einer aus den ungebildeten Ständen, sondern ein Mann von fünfzig Jahren, der sehr vornehm aussah. Am nämlichen Abend ließ eine Dame aus der Loge ihren Hut ins Parterre fallen. Ihr Herr ging hinab, ihn zu holen. Die Vorstellung hatte noch nicht angefangen, und doch wurde das als unverzeihliche Störung gerügt und tobendes Geschrei *à la porte!* jagte den galanten Mann zur Tür hinaus.

– Lord Byrons Memoiren machen mir großes Vergnügen. Ich habe mir einiges für Sie gemerkt. Es sind Briefe, Tagebücher, und die Lücken in Zeit und Ort füllt Thomas Morus aus. Byron war stolz auf seinen alten Adel, und schon als Kind auf der Schule wählte er sich seine Spielkameraden nur unter Standesgenossen. Sein mißgestalteter Fuß machte ihm Gram sein ganzes Leben durch. Er war noch nicht acht Jahre alt, als er die Liebe kennenlernte. Seine erste Geliebte hieß Marie *Duff*. Das muß man aber englisch aussprechen; im Deutschen klänge der Name gar zu prosaisch für die Geliebte eines Dichters. Dante sah und liebte an einem ersten Mai seine Beatrice, da er noch ein Knabe war. Canova erzählt, daß er sich vollkommen erinnere, in seinem fünften Jahre verliebt gewesen zu sein. Alfieri, selbst ein Frühliebender, betrachtet diese frühreife Empfänglichkeit als ein unfehlbares Zeichen einer für die schönen *Künste und Wissenschaften* gebildeten Seele. Welchen schönen Enthusiasmus haben die Engländer für die Reliquien ihrer großen Männer. Für einen Brief von Lord Byrons Vater, der ein unbedeutender Mensch war, wurden fünf Guineen vergebens geboten. Wie viel zahlte wohl ein Frankfurter Bankier für einen Brief von Goethes Vater? Unter den Reliquien des Dichters, die man gefunden, befindet sich auch eine alte Untertasse von chinesischem Porzellan, wovon Byron als kleines Kind in einem Anfalle von Zorn ein Stück abgebissen hatte. In seinem neunzehnten Jahre hatte er schon über viertausend Romane gelesen, die unzähligen andern Schriften in allen Sprachen und Wissenschaften ungerechnet... »Freundschaft ist die Liebe ohne Flügel« – sagt Byron... In seiner Jugend führte er eine tolle Hauswirtschaft. Sie hätten ihn gewiß nicht besucht, und wären Sie seine Schwester gewesen. Er wohnte auf seinem väterlichen Stammgute, das ehemals ein Kloster war und das noch viel von seiner klösterlichen Einrichtung übrigbehalten hatte. Da lebte

Byron mit seinen wilden Gesellen, als Mönche vermummt. Wenn man in den Hof des Gebäudes trat, mußte man sich sehr hüten, nicht zu weit rechts zu gehen, um nicht einem Bär in die Tatzen zu fallen, der da frei in seiner Hütte lag. Zu weit links durfte man auch nicht treten; denn da war ein böser Wolf angekettet. Hatte man Bär und Wolf glücklich zurückgelegt, war man darum seines Lebens noch immer nicht sicher. Wenn man die Treppe hinaufging, mußte man die Vorsicht gebrauchen, durch starkes Schreien seine Ankunft zu verraten, sonst war man in Gefahr, totgeschossen zu werden; denn oben auf dem Vorplatze übte sich Byron mit seinen Gesellen im Pistolenschießen nach einer alten Wand. Bis zwei Uhr nachmittags dauerte das Frühstück. Wer um elf Uhr aufstand, konnte nichts haben; denn alle Bedienten lagen noch im Bette. Das Mittagessen dauerte bis zwei Uhr nachts. Zum Schlusse wurde in einem Totenschädel, der in Silber eingefaßt war, Burgunder kredenzt. Dann gingen die betrunkenen Kameraden, in Mönchskutten gekleidet, jeder in seine Zelle... Byron mußte wohl viel geliebt haben; denn er haßte das Geschlecht. Er sagte einmal: »Ich kenne nur einen einzigen Menschen, der glücklich gewesen. Das war Beaumarchais, der Verfasser des ›Figaro‹. Vor seinem dreißigsten Jahre hatte er schon zwei Weiber begraben und drei Prozesse gewonnen.« Ein andermal schrieb er einem Freunde: »Ich bitte Dich, nenne mir nie eine Frau in Deinem Briefe und enthalte Dich jeder Anspielung auf dieses Geschlecht.« Sie sehen, Byron war auch ein Bär – an der Kette... Als er hörte, daß Napoleon die Schlacht von Leipzig verloren, schrieb er folgendes in sein Tagebuch: »Von Männern besiegt zu werden, das ist noch zu ertragen, aber von drei alten Dynastien, von diesen Souveränen der legitimen Rasse! O! Barmherzigkeit, Barmherzigkeit! das muß, wie Cobbett sagt, von seiner Verbindung mit dem österreichischen Stamme, dicker Lippen und bleiernen Gehirnes, kommen. Er hätte besser getan, sich an der zu *halten,* die Barras *unterhalten.* Nein, soviel ich weiß, hat man nie gesehen, daß eine junge Frau und eine gesetzmäßige Ehe andern Glück gebracht als phlegmatischen Menschen, die von Fischen leben und keinen Wein trinken. Hatte er nicht die ganze Oper, ganz Paris, ganz Frankreich? Aber mit einer Mätresse gibt es gleiche Not, wenn man nämlich nur eine besitzt. Hat man deren aber zwei oder mehrere, macht sie die Herzensteilung geschmeidiger.« In England werden die gelehrten Weiber scherzweise *Blaustrümpfe* genannt, wahrscheinlich wegen der Vernachlässigung ihrer Toilette, die man bei ihnen voraussetzt. Darauf anspielend schrieb einmal Byron in sein Tagebuch: »Morgen, Einladung zu einer *Indigo-Soiree* bei der blauen Miß ***. Soll ich gehen? Ach! Ich habe wenig Geschmack für die *blauen Kornblumen*, für die schönen Geister in Unterrökken; aber man muß artig sein.« Seine wahre Gesinnung über die Weiber drückt folgende Bemerkung in seinem Tagebuche treuer aus: »Schon die bloße Anwesenheit einer Frau hat für mich etwas Beruhigendes, übt selbst, wo keine Liebe stattfindet, einen seltsamen Einfluß auf mich, den ich mir bei der geringen Meinung, die ich von dem Geschlechte habe, durchaus nicht erklären kann. Aber gewiß, ich bin zufriedener mit mir selbst und mit aller Welt, sobald eine Frau in meiner Nähe ist.« Diese Bemerkung Byrons hat mich sehr gefreut; denn es geht mir hierin gerade so wie ihm. Ich glaube, dieses auch erklären zu können, aber das liegt in einem Schranke meines Kopfes eingeschlossen, wozu ich in diesem Augenblick nicht den Schlüssel habe. Byron haßte die Menschen, wie er die Weiber haßte – mit den Lippen. Weiche Herzen wie das seine schützt die Natur oft durch ein Dornengeflechte von Spott und Tadel, *damit das Vieh nicht daran nage*. Aber wer kein Schaf ist, weiß das und fürchtet sich nicht, dem stechenden Menschenfeinde nahezukommen. Byron suchte eine Befriedigung der Eitelkeit darin, für einen Mann von schlechten Grundsätzen und boshaftem Gemüte zu gelten. Weil es ihm schwer fiel, die angeborene Güte seines Herzens zu besiegen, sah er es für eine Heldentat an, wenn ihm dies einmal gelang. Menschen, die wirklich und mit Leichtigkeit schlecht sind, fällt es nie ein, damit großzutun. Byron sollte einmal für Unglückliche, die, ich weiß nicht welcher Hilfe bedürftig waren, im Parlamente eine Bittschrift vorlegen. Aber aus Geistesträgheit unterließ er es. Bei diesem Anlasse schrieb er in sein Tagebuch: »Baldevin hört nicht auf, mich zu belästigen; aber ach! *ich kann nicht heraus, ich kann nicht heraus* – schrie der Starmatz in einem fort. O! jetzt steht ich auf gleicher Höhe mit dem Hunde *Sterne*, der lieber einen toten Esel beweinte als seiner lebenden Mutter beistand. Erbärmlicher Heuchler – niederträchtiger Sklave – Schuft! Aber ich, bin ich besser? Ich kann den Mut nicht finden, zum Besten zweier Unglücklichen eine Rede zu halten, und drei Worte und ein halbes Lächeln der ***, wenn sie da wäre und es von mir verlangte, hätte mich zu deren eifrigsten Verteidiger gemacht. Fluch über La Rochefoucauld, der immer recht hat.« Wußten Sie das schon, daß der empfindsame Sterne ein solcher Schuft gewesen: Ich habe das schon früher gelesen – *et puis fiez-vous à messieurs les savants!* – Was seinen Wert als Dichter betrifft, drückt sich Byron darüber sowohl in seinem Tagebuche als in seinen Briefen mit großer Bescheidenheit aus, und ich halte diese Bescheidenheit für aufrichtig. »*Ich erwachte eines Morgens und fand mich berühmt.*« Über Schriftstellereifersucht sagt er: »Ist das Gebiet des Geistes nicht unendlich? Auf einer Rennbahn, die kein Ziel hat, was liegt daran, wer vorn, wer hinten ist? Der Tempel des Ruhms ist wie der der Perser – das Universum, die Gipfel der Berge sind unsere Altäre! Ich würde mich mit einem namenlosen Berge oder dem Kaukasus begnügen, und alle, welche Lust haben, können sich des Montblanc oder des Chimborasso bemächtigen, ohne daß ich mich ihrer Erhöhung entgegensetze.«

Samstag, den 2. April 1831

Sie sehen aus den Bruchstücken von Lord Byrons Memoiren, die ich Ihnen gestern mitgeteilt, welch ein mannigfaltiges Gedankenleben sich in seinem Tagebuche und in seinen Briefen bewegt. Und ich bin noch nicht in der Mitte des Buchs, noch nicht in der Mitte von Byrons Laufbahn; das Beste und Schönste muß noch kommen. Sie sehen, daß man ein bedeutender Dichter und ein bedeutender Mensch zugleich sein kann, und ich bitte Sie, daran zu denken, wenn ich Ihnen nächstens von dem *Briefwechsel zwischen Schiller und W. von Humboldt*, den ich in diesen Tagen gelesen, berichten werde.

Achtundvierzigster Brief

Paris, Sonntag, den 3. April 1831

– – Noch einiges von Lord Byron. Charaktere solcher Art sind nicht bloß wegen ihrer selbst wichtig, sie sind wichtiger durch ihre Berührung mit der Außenwelt. Nur daß sie lehrreich sind, verschafft ihnen Verzeihung. Gewöhnliche friedliche Menschen sind elastisch, sie geben jedem Drucke des Lebens nach, erheben oder senken, erweitern oder verengen sich, gehen vorwärts oder zurück, wie sie bewegt werden. Aber in dieser stummen Verträglichkeit, ohne Haß und ohne Liebe, ohne Zorn und ohne Versöhnung, schläft das Herz, schlafen die Sinne ein, und kein Wunsch und kein Schmerz wird laut. Nicht der ungestörte, nur der Friede nach dem Kriege ist schön. Aber unzufriedne, störrige, hadernde Geister wie Byron kämpfen mit der Welt, geben oder empfangen Wunden; Sieger, drücken sie der Welt ihr eigenes Gepräge auf, besiegt, ihnen die Welt das ihrige. Krank wie sie sind, machen sie alles krank um sich her, und so offenbaren sie die Geheimnisse des Menschen und der Natur. Denn das Geheimnis jeder Kraft wird erst kund, wenn sie abweicht im Maße oder Ziele. Wie mit der Welt stand Byron mit Gott feindlich. Zum Glauben geht der Weg über den Unglauben. *Die Nichtgläubigen*, die Gleichgültigen, die leugnen Gott nicht, sie denken gar nicht an ihn und sterben wie die Kinder ohne Sünde und ohne Tugend. Aber die Ungläubigen, die leugnen Gott. Sie kämpfen mit dem Glauben, ehe sie ihn gewinnen; denn hier ist die Niederlage der Sieg. Walter Scott hatte einst dem Byron prophezeit, er würde in reifern Jahren noch katholisch werden. Das wäre auch ganz gewiß eingetroffen, wenn Byron ein höheres Alter erreicht hätte. Er lästert manchmal recht lustig: »Wie, zum Teufel, hat man eine Welt wie die unsrige machen können! In welcher Absicht, zu welchem Zwecke, zum Beispiel Stutzer schaffen, Könige, Magister, Weiber von einem gewissen Alter und eine Menge Männer von jedem Alter und gar mich! Wozu?« Es ist doch sehr galant von Byron, daß er nur die alten Weiber, die Männer aber von jedem Alter für schlechtes Machwerk erklärt! Dagegen schrieb er einmal aus Hastings, einem Badeorte, wo er mehrere Wochen verlebte, folgendes an Thomas Moore: »Ich begegnete einem Sohn des Lord Erskine, der mir ankündigte, daß er seit einem Jahre verheiratet und der glücklichste Mensch von der Welt sei. Freund Hodgson sagt auch, er wäre der glücklichste Sterbliche. Oh! welch eine schöne Sache ist's, hier zu sein! und wäre es auch nur, um die superlativen Glückseligkeiten aller dieser Füchse mit anzuhören, die, weil sie sich den Schwanz haben abschneiden lassen, andere bereden möchten, das nämliche zu tun, um ihnen Gesellschaft zu leisten.« Der arme Spötter! Der dumme Fuchs! Ganz kurze Zeit nach diesem Briefe heiratete Byron selbst! Als er den stillen Vorsatz, sich zu verheiraten, seinen vertrauten Freunden mitteilte und ich als Leser das Geheimnis erfuhr, kam ich in eine wahrhaft komische Angst. Es war mir, als müsse ich Byron beim Rocke zurückhalten, und fast hörbar sprach der Gedanke in mir: Um Gotteswillen, Byron, tue es nicht, heirate nicht, du taugst nichts für die Ehe! Und wenn alle Weiber Engel wären, jede würde doch deine Hölle, und du würdest der Teufel werden jeder Frau. Ach! er folgte mir nicht und heiratete. Nach einem Jahre, da er Vater geworden war, verließ ihn die Frau, und sie trennten sich auf immer. Dieser Vorfall brachte die große Welt von ganz England in Aufruhr. Verleumdungen, Haß und Verachtung hetzten den armen Byron fast zu Tode. Selten fand sich ein Freund, der es wagte, ihn leise zu verteidigen. Byron selbst verteidigte sich nicht, und ohne sich anzuklagen, sprach er seine Frau von aller Schuld frei. Diese letztere und deren Familie schwiegen auch aus berechneter Bosheit und gewannen sich durch diesen Schein von großmütiger Nachsicht alle Stimmen. Man hat Thomas Moore vorgeworfen, er habe, ich weiß nicht ob im Interesse von Byrons Familie oder der seiner Frau, wichtige Dokumente unterdrückt, in deren Besitz er gewesen und die das Geheimnis und das Rätsel jener unglücklichen Ehe hätte aufdecken können. Aber, mein Gott, wo ist das Geheimnis, wo das Rätsel! Ich begreife nicht, wie sich Moore so große Mühe geben mochte, Byron zu entschuldigen, was doch, nachdem er folgendes gesagt, sich ganz unnötig zeigte. Moore sagt: »Die Wahrheit ist, daß Geister von höherem Range sich selten mit den stillen Neigungen des Familienlebens vertragen. ›Es ist das Unglück großer Geister (sagt Pope), mehr bewundert als geliebt zu werden.‹ Das beständige Nachdenken über sich selbst, die Studien und alle Gewohnheiten des Genies streben dahin, den, der es besitzt oder, wahrer zu reden, den, der von ihm besessen wird, von der Gemeinheit der Menschen abzusondern. Opfer seiner eignen Vorzüge, versteht er keinen und wird von keinem verstanden. Er wirft in einem Lande, wo nur kleine Münze im Umlaufe ist, Gold mit vollen Händen aus. Man fühlt wohl seine Größe; aber es gehört eine Art Gleichheit dazu, wenn sich wechselseitige Neigung bilden soll. Die Natur hat es nun einmal so gewollt, daß auf dieser Erde keines ihrer Werke vollkommen sein soll. Derjenige, der mit den glänzenden Gaben des Genies auch jene Sanftmut des Charakters und jene friedlichen Empfindungen verbände, welche die Grundlagen des häuslichen Glückes machen, er wäre mehr als ein Mensch. Man betrachte das Leben aller großen Männer, und man wird finden, daß der Ausnahmen, wenn es je welche gab, sehr wenig waren.« Wie wahr ist das alles, und wie recht haben die Eltern heiratbarer Töchter, wenn sie bei der Wahl ihrer Schwiegersöhne mehr auf Geld als Genie sehen. Mir ist keine Frau bekannt, die ein dummer Mann unglücklich gemacht hätte, und keine, die mit einem genialischen glücklich gelebt. Moore, wie gesagt, bemüht sich, den Lord Byron von aller Schuld freizusprechen. Aber unter der Beschuldigung, die er anführt, um sie zu widerlegen, ist eine, die er besser nicht erwähnt hätte. Denn sie gründet sich so sehr auf Byrons Charakter, auf seinen Stolz und seine Reizbarkeit, daß selbst ein Billiger und Fremder wie ich sehr geneigt wird, sie für mehr als Verleumdung zu halten.

Lord Byron hatte um das Frauenzimmer, das er später geheiratet, schon früher angehalten, aber das erstemal einen Korb bekommen. Nun sagt Moore: »Man behauptete und glaubte selbst allgemein, daß der edle Lord den zweiten Heiratsantrag an Miß Milbanke nur in der Absicht gemacht habe, um sich für den Schimpf der früheren Abweisung zu rächen; und man ging sogar so weit, zu sagen, daß er dies der Neuvermählten, als er mit ihr von der Trauung aus der Kirche kam, selbst gestanden habe. Diesem Plane treu, habe er auf nichts gesonnen, als Mittel zu finden, seine Gemahlin durch alle mögliche niederträchtigen und lächerlichen Bosheiten zu kränken. So erzählten es die sehr glaubwürdigen Chronikmacher.« Das wäre aber gewiß eine teure Rache gewesen, und ich möchte auf meinen Todfeind keine so großen Kosten wenden. Wenn mir es begegnete, daß mir ein Frauenzimmer, deren Hand ich forderte, einen Korb gäbe, würde ich all mein Leben ihr zu Füßen legen und allen Leuten erzählen: seht, das ist meine Wohltäterin, ich habe ihr mein ganzes Glück zu verdanken! Mit welchen romantischen Gefühlen, mit welcher ätherischen Stimmung Byron zur Ehe schritt, verraten folgende wenige Worte. Einen Tag vor seiner Hochzeit schrieb er einem Freunde, aber mit der größten Ernsthaftigkeit: »Man sagt mir, man könne sich nicht in einem schwarzen Kleide trauen lassen, und ich mag mich nicht blau anziehen; das ist gemein, und es mißfällt mir.« Den häßlichen Ehemann vergessen zu machen, zum Schlusse noch ein Wort vom schönen Geiste. Er schrieb in sein Tagebuch: »Ich erinnere mich, *Blücher* in einigen Londoner Gesellschaften gesehen zu haben, und nie sah ich einen Mann seines Alters, der ein so wenig ehrwürdiges Ansehen hatte. Mit der Stimme und den Manieren eines Werbsergeanten macht er Ansprüche auf die Ehre eines Helden. *Es ist gerade, als wenn ein Stein angebetet sein wollte, weil ein Mensch über ihn gestolpert ist.*«

Neunundvierzigster Brief
>Luneville, Mittwoch, den 21. September 1831

– Als ich mich Straßburg näherte, ward mir sehr bange vor Quarantäne und Douane. Es ist etwas Grünes und Gelbes, afrikanisch Schlangenartiges in diesen Worten. Ich zitterte vor dem *gelben Hause* auf der Rheininsel, das, wie ich hörte, zum Kontumazgefängnisse bestimmt ist und, wie uranfänglich zum Tempel der Langeweile bestimmt, verdrießlich und schläfrig zwischen den Bäumen hervorsah. Es ging aber alles sehr gut und schnell vonstatten. Ich und meine Koffer wurden für gesund und loyal erklärt. Nicht einer wurde aufgemacht, sondern bloß etwas oberflächlich im Wagen nachgesehen. Das vorigemal, da ich mit einer Mietkutsche nach Straßburg kam, wurde mir alles durchstöbert. Der Douanier fragte mich, ob es mein eigener Wagen wäre, und als ich es bejahte, traute er mir. Als wenn nur reiche Leute ehrlich wären! O, ihr armen Seelen habt es doch gar zu schlimm! Wir Diebe, oder Enkel eurer Diebe, fürchten jede Stunde, ihr, von uns Bestohlenen oder Enkel der von uns Bestohlenen, möchtet einmal so klug werden, euer Eigentum zurückzufordern – welche diebische Gesinnung wir an euch sehr unmoralisch finden; und darum trauen wir euch nicht und passen sehr auf.

Ich verliere immer den Kopf, sooft ich mit einer Polizei oder Douane zu tun habe; denn mir ist sehr gut bekannt, daß mit einem Spitzbuben niemand größere Ähnlichkeit hat als ein ehrlicher Mann. Als mich der Zöllner fragte, ob ich nichts zu deklarieren hätte, antwortete ich: *Rien que quelques paquets de tabac pour ma consommation.* Darauf fragte er: *Votre qualité?* Ich verstand, er wollte die Qualität des Tabaks wissen, und erwiderte: *Qualité ordinaire.* Er hatte aber nach meinem Stande gefragt. Am Wachthause erkundigte sich der Torschreiber nach Neuigkeiten bei mir, und als ich von Polen zu erzählen anfing, lief er schnell zurück und holte einen Gendarmen und noch einen Herren aus der Wachstube. Letzterer, wahrscheinlich ein Polizeibeamter, forschte mich sehr gründlich nach Neuigkeiten über Polen aus.

Ich berichtete Tröstliches, wofür er mir sehr artig dankte. Dieser Herr schien eigens an den Eingang der Stadt beordert worden zu sein, um die Reisenden, die von Deutschland kommen, auszufragen. Die Regierung mag große Unruhe haben. Auf meine Bemerkung über die Volksbewegung, welche die Geschichte von Warschau wahrscheinlich in Paris hervorbringen werde, gab mir der Polizeimann recht; doch lächelte er dabei.

In Straßburg sprach ich viele Deutsche und einige französische Patrioten. Sie haben bei zwölf Flaschen Wein sechs Fürsten weggejagt. Den König von Preußen wollte ich beibehalten, ward aber überstimmt. Höflich, wie Sie mich kennen, disputierte ich nicht lange. Mein Plan, den Prinzen von Koburg zum Könige von Deutschland zu machen, fand großen Beifall. Sie werden bald mehr davon hören.

Ich habe Glück mit dem Wetter. Gestern in Straßburg regnete es; ich brauchte es nicht besser. Heute aber ist einer der schönsten Tage, die ich diesen Sommer noch gesehen. Gestern abend führte mich *** in das Kasino und dann in sein Haus zum Abendessen. Mein Kritiker, Professor ***, war auch unter den Gästen. In einem zweiten Artikel aus meinen Schriften sind Pariser Sachen übersetzt, unter andern die Erzählung vom Grève-Platz. Ganz vortrefflich. *** las daraus vor. Er fragte mich, was er ferner übersetzen sollte. Ich antwortete, die Wahl sei schwer, es sei alles schön.

Die Vorfälle in Paris werden Sie erfahren haben. Man zweifelt jetzt nicht mehr an der Abdankung des Ministeriums. Ob Frankreich in dieser Stunde ein Königreich ist oder eine Republik, das mag der Himmel wissen. Ich habe heute noch keine Zeitung gelesen.

– Ist Maria noch *mutig und beharrlich*? (In der Wasserkur.) Auf jeder Post begleite ich die Pferde an die Tränke und saufe mit ihnen gemeinschaftlich.

Fünfzigster Brief
Paris, Dienstag, den 27. September 1831

Schon Nr. 4! Ach hielten wir nur schon an Nr. 74, womit unsere vorjährige Korrespondenz geendigt! Ihren Brief habe ich gestern erhalten, also erst am sechsten Tage! Hu! Der war schauerlich und roch nach Pest. Sie hätten ihn gewiß nur mit Handschuhen berührt. Er hatte zwölf mit einem Messer gemachte Einschnitte, war so stark in Essig getränkt, daß man ihn auf eine Kopfbeule mit dem schönsten Erfolge hätte legen können, und die Tinte war von der Schärfe des Essigs ganz aufgelöst. Es war ein schwarzes Meer. Doch konnte ich ihn deutlich lesen.

In Wien soll die Cholera schrecklich wüten, auch unter den höhern Ständen. Sie ist dort ganz jakobinisch und ruft: *A bas les aristocrates!* Das hat man von keinem anderen Orte gehört, und an dieser Bösartigkeit mag wohl die bekannte Schlemmerei der Wiener schuld sein. Zwar wird sie die Furcht mäßig gemacht haben; aber die Mäßigkeit eines Wiener Magenmenschen ist immer noch eine halbe Indigestion. Auch gestehen sie dort selbst, daß ihre Krankenanstalten noch nicht vollendet gewesen, als sie von der Cholera überrascht worden. Ich aber bin überzeugt, daß die verdammte Scheu der österreichischen Regierung vor jeder Öffentlichkeit die Cholera in Wien verheerender gemacht hat als sonst überall. Der »Österreichische Beobachter«, den ich erst gestern gelesen, erzählt kein Wort von der Cholera. Der Tod, wie das Leben, ist dort ein Staatsgeheimnis.

*** ist auch noch hier, in Baden war er so kränklich, hier ist er ganz gesund. Er fragte mich nach *meinen Damen*. Es ist sein leidenschaftlicher Wunsch, mit seiner Familie hier wohnen zu können. Paris gefällt ihm ungemein, aber, wie mir, mehr das öffentliche Leben; Gesellschaften besucht er wenig. Von den Franzosen in politischer Beziehung hat er die schlechteste Meinung bekommen, auch von der Oppositionspartei. Sie wären ganz wie vernagelt, und von dem Auslande, besonders von deutschen Verhältnissen, hätten sie nicht die gemeinsten Schülerkenntnisse.

Ein italienischer Sänger Rubini ist jetzt hier; der soll ein Wunder sein; alle, die strengsten Kenner, sind entzückt von ihm. Meine Malibran ist noch abwesend. Inzwischen hat die Pasta, die viel verloren haben soll, deren Rollen übernommen. Die Devrient ist diesen Winter am italienischen Theater engagiert. Meyerbeers Oper kommt bald zur Aufführung... O pfui! was krieche ich da auf dem Papiere herum wie eine Abendblatt-Laus!

Ich denke immer noch daran, ein Journal herauszugeben und von Neujahr damit anzufangen, bis dahin aber den Stoff vorzubereiten. Ich will auch suchen, in die Kunst einzudringen, die mir bis jetzt fremd war. Ich muß auf ein ruhiges Asyl für meinen Geist bedacht sein: denn aus dem Gebiete der Politik, wie ich vorhersehe, werden wir Deutsche bald vertrieben werden.

Das Wetter wird alle Tage schöner. Gestern habe ich bei *** in Passy gegessen. Er wohnt am Bois de Boulogne, in einem schöngelegenen Hause, das eine herrliche Aussicht auf Stadt und Land hat. Über der Türe ist ein italienischer Name eingehauen, der eines Arztes, dem vor dreihundert Jahren Franz I. dies Haus geschenkt. In dem nämlichen Hause wohnte vor sechzig Jahren Franklin, und der erste (bekanntlich von ihm erfundene) Blitzableiter, den Paris bekam, wurde auf dies Haus gesetzt.

Einundfünfzigster Brief
Paris, Samstag, den 8. Oktober 1831

Nun, schmeckt Ihnen Frankfurt? Ich denke wie Kamillentee. Nicht gerade erst jetzt wegen dieser cholerischen Zeit; mir hat es immer so geschmeckt. Eine Apotheke – alles getrocknet, alles zerstoßen, alles in Büchsen und Schachteln. Nichts frisch, nichts ganz, nichts frei. Und der vornehme Moschusgeruch, den der Bundestag zu uns gebracht, der macht einem gar übel. Ist noch nichts verordnet, wie viele Juden an der Cholera sterben sollen? Wie viele Einheimische, wie viele Fremde? Geht es nach der Anciennität der Leibschmerzen oder wird nach Gunst verfahren?

Was es mir in dieser Pest- und Kriegszeit für Verdruß macht, daß ich so wenige Naturkenntnisse habe, kann ich Ihnen nicht genug klagen, und nie verzeihe ich es Ihnen, daß Sie mich so schlecht erzogen haben. Eigentlich bin ich ganz auf die Natur angewiesen; ich habe einen unbeschränkten Kredit bei ihr, und sie hat noch alle meine Forderungen bewilligt. Ich bin ein geborener Naturphilosoph. Ich habe von meiner frühesten Jugend an Gott und Menschheit vom Standpunkte der Natur betrachtet; die Religion war mir das All-Element, die Geschichte eine Art höherer Magnetismus; Geist und Materie unterschied ich nie; der Geist war mir eine unsichtbare Materie, die Materie ein unsichtbarer Geist. Dieser Naturglaube gab mir eine gemeinschaftliche Regel, gemeinschaftliches Maß und Gewicht für alles. Darum setzte mich nie etwas in Verwirrung: darum verwunderte ich mich nie über etwas. Komete, Peste, Kriege, Revolutionen und Erdbeben wußte ich immer in die natürlichsten Verbindungen zu bringen, und wenn mir die Anmaßung der unwissenden Menschen, die das alles für Aberglauben erklären, nicht lächerlich erscheint, so habe ich diese Nachsicht eben auch meiner Naturphilosophie zu danken, die mich lehrt, daß Dummheit und Menschendünkel Elemente sind wie andere. Nun habe ich zwar ein glückliches Ahndungsvermögen, das mich Blinden auf den rechten Weg führt; aber den Weg kenne ich nicht, und ich weiß weder andern noch mir selbst zu beweisen, wovon ich doch so fest überzeugt bin. Und daran sind Sie schuld.

Ein Aufsatz über die Cholera, den die »Allgemeine Zeitung« in den letzten Tagen enthielt, hat mich von meiner Unwissenheit in den Naturwissenschaften recht betrübt überzeugt. Der Verfasser hat ganz meine Ansicht, daß die epidemischen Krankheiten der Menschen mit den Krankheiten der Erde zusammenhingen. Nur spricht er von feuerspeienden Bergen, von Erdbeben, Elektrizität, ungewöhnlicher Abweichung der Magnetnadel und anderen Dingen, die ich wenig verstehe, und was Sie mir in Ihrem nächsten Briefe, wie ich hoffe, alles erklären werden. Der Verfasser kommt zu dem Resultate, daß die Cholera höchstens in sehr gelinder Art, vielleicht aber gar nicht weiter nach dem westlichen Europa vordringen würde. Er meint, die unterdessen stattgehabten Erdbeben und Ausbrüche der Vulkane, sowie die Entstehung neuer vulkanischer Inseln bei Sizilien hätten diesen Teil der kranken Erde geheilt. Wir werden sehen. Ich möchte den Vorschlag machen, Kamillen- und Pfefferminztee, statt ihn den Menschen einzugeben, lieber der Erde selbst einzugießen, indem man große Löcher hineingräbt; und um die ganze Erde in die Gegend des Äquators eine Flanellbinde zu legen, sie vor Erkältung zu schützen. Dann würde die Cholera aufhören. Was sagen Sie dazu?

– Die Juden sind dümmer wie Vieh, wenn sie sich einreden, bei entstehender Revolution würden sie von den Regierungen geschützt werden. Nein, man würde sie dem Volkshasse aufopfern; die Regierungen würden suchen, sich um diesen Preis von der Revolution loszukaufen. Wenn man in Indien die greuliche Boaschlange erlegen will, jagt man ihr einen Ochsen entgegen; den frißt sie ganz auf, und dann, wenn sie sich nicht mehr bewegen kann, tötet man sie. Die Juden werden die Ochsen sein, die man der Revolution in den Rachen führt, und wenn sie sich nicht auf mein Journal abonnieren, mag ihnen Gott gnädig sein.

Gestern abend war *** bei mir, um Abschied zu nehmen. Er reist heute zurück. Es gibt nichts Komischeres als die Verzweiflung dieses Mannes, wieder in den deutschen Kerker eingesperrt zu werden und nicht in Paris bleiben zu können. Mich beneidet er wie einen Gott. Mit *** ist es das nämliche. Vor einigen Tagen sprach ich von seiner baldigen Abreise mit ihm; darüber ward er ganz wild und fast boshaft und bat mich um Gotteswillen, doch von dieser Sache nicht zu sprechen.

List hat ein sehr gutes Büchelchen in französischer Sprache über Eisenbahnen hier drucken lassen. Es soll sich eine Aktiengesellschaft bilden, welche Eisenbahnen von Paris nach Havre und Straßburg führe, so daß man in zwölf Stunden von hier nach Straßburg wird reisen können und, weiter nach Frankfurt gezogen, in achtzehn Stunden dorthin. Wenn ich morgens von hier abreiste, könnte ich abends Tee bei Ihnen trinken und den andern Abend wieder hier sein. Welch ein reizender Gedanke! Heine sagt zwar, es sei eine schreckliche Vorstellung, in zwölf Stunden schon in Deutschland sein zu können. Diese Eisenbahnen sind nun meine und Lists Schwärmereien wegen ihrer ungeheuern politischen Folgen. Allem Despotismus wäre dadurch der Hals gebrochen, Kriege ganz unmöglich. Frankreich, wie jedes andere Land, könnte dann die größten Armeen innerhalb vierundzwanzig Stunden von einem Ende des Reichs zum andern führen. Dadurch würde der Krieg nur eine Art Überrumpelung im Schachspiel und gar nicht mehr auszuführen.

Ich freue mich, daß Sie jetzt wegen der Cholera beruhigter sind. Aber ich mußte laut auflachen, als Sie mir Vorwürfe machten, *ich* hätte Ihnen die Angst eingeredet. Das wäre Wasser in den Main tragen. Merkur, der Gott der Beredsamkeit, wenn er ein paar Bouteillen Champagner getrunken hat und besonders begeistert ist, könnte Ihnen vielleicht eine Furcht *ausreden*; aber *einreden* – das vermag kein Gott; da ist alles so vollgepfropft, daß nicht für die kleinste Furcht mehr Platz ist. Ich kann mir wirklich nicht anders erklären, wie Sie die Cholerafurcht in Ihrem Angstmagazin haben unterbringen können, als daß ich annehme, Sie haben vorher andere Ängste herausgeworfen. Sehen Sie, das nennt man in der Ästhetik *satirische* Schreibart! Verlassen Sie sich darauf, daß unser Professor Oertel mit seiner Wasserkur gegen Cholera recht hat. Ich habe keinen Augenblick daran gezweifelt. Ich habe gestern wieder zwei neue Hefte von Oertels Wasserbibel bekommen, worin schöne Beispiele vorkommen. Unter andern: Vor kurzem starb in Ansbach eine alte Jungfer von 97 Jahren. Die Totenweiber, die mit diesem armen alten Hunde keine Umstände machen wollten, wuschen sie, statt wie üblich mit warmem, mit kaltem Wasser. Davon wachte die Jungfer aus dem Scheintode wieder auf und lebte noch drei Tage.

Ein Baron von Maltitz, seit kurzem hier, hat mich vorgestern besucht. Es ist der Schriftsteller, dessen Buch *Gelasius, der graue Wanderer* ich kritisiert und der mir in irgendeiner Zeitung dafür gemütlich gedankt und mich dabei »*Alter Börne!*« angeredet hat. Seine Schriften machen Glück und werden viel gekauft. Vor mehreren Jahren ließ er in Berlin ein Schauspiel *Der alte Student* (es ist gedruckt) aufführen. Das Stück enthielt Anspielungen auf die frühere Unabhängigkeit Polens. Diese wurden bei der Aufführung von jungen polnischen Studenten gehörig gedeutet und mit Enthusiasmus beklatscht. Zur Strafe wurde Maltitz, obzwar sein Stück die Zensur passiert hatte und er ein geborener Preuße ist, aus dem Lande verbannt. In der letzten Zeit schrieb er ein episches Gedicht *Polonia*, was sehr viel gelesen wird. Selbst in Paris wurden 200 Exemplare verkauft.

Goethes Tagebuch, von dem ich Ihnen neulich geschrieben, habe ich nun geendigt. So eine dürre leblose Seele gibt es auf der Welt nicht mehr, und nichts ist bewunderswürdiger als die Naivität, mit welcher er seine Gefühllosigkeit an den hellen Tag bringt. Das Buch ist eine wahre Bibel des Unglaubens. Ich habe beim Lesen einige Stellen ausgezogen, und ich lege das Blatt hier bei. Viele Bemerkungen hierüber waren gar nicht nötig; Goethes klarer Text macht die Noten überflüssig. Und solche Konsuln hat sich das deutsche Volk gewählt! Goethe, – der, angstvoller als eine Maus, beim leisesten Geräusche sich in die Erde hineinwühlt und Luft, Licht, Freiheit, ja des Lebens Breite, wonach sich selbst die totgeschaffenen Steine sehnen – alles, alles hingibt, um nur in seinem Loche ungestört am gestohlenen Speckfaden knuppern zu können – und *Schiller*, der, edler, aber gleich mutlos, sich vor Tyrannei hinter Wolkendunst versteckt und oben bei den Göttern vergebens um Hilfe fleht und, von der Sonne geblendet, die Erde nicht mehr sieht und die Menschen vergißt, denen er Rettung bringen wollte. Und so – ohne Führer, ohne Vormund, ohne Rechtsfreund, ohne Beschützer – wird das unglückliche Land eine Beute der Könige und das Volk der Spott der Völker.

– Fragen Sie mich, sooft Sie wollen, nach dem Straßenkote; aber fragen Sie mich nie nach der französischen Politik. Es ist ein gar zu schmutziges Ding. Voriges Jahr sagte ich: Der König ist verloren; jetzt sage ich: Frankreich ist verloren. Wenn nicht der

Senator *** oder sonst so ein Frankfurter Philister besser Frankreich regierte als das Ministerium, will ich ein Schurke sein. Gelobt wird auch die Regierung von allen fremden Kabinetten wie ein Kind, das sich artig aufgeführt. – Es ist eine Schmach! und stolz sind sie auf dieses Lob – es ist Wahnsinn. – Der König wohnt jetzt in den Tuilerien. Er wollte es sich bequem machen; er ist jetzt dem Place Louis XV. etwas näher als im Palais Royal.

In Berlin ist ein junger Referendarius zu einjähriger Festungsstrafe verurteilt worden, weil er mehrere Artikel, die im Messager über die preußische Regierung gestanden, ins Deutsche übersetzt und einigen Freunden zu lesen gegeben hatte. Das Urteil lautet: »weil er versucht, Mißvergnügen gegen die Regierung zu erregen«. Jetzt ist es sogar ein Verbrechen, wenn einem die Regierung kein Vergnügen macht! Da müßte man die Regierungen zuerst einsperren, denn diese verbreiten am meisten Mißvergnügen gegen sich selbst. Alles geht zurück, teure Freundin. Der Jammer ist nur, daß wir nicht mit zurückgehen und wieder jung und dumm werden. Adieu, ich gehe ins Louvre. Ich studiere jetzt Gemälde und Tiere. Vorgestern im Jardin des Plantes war ich ganz verloren in dem Anblicken der herrlichen Löwen. Der eine hat ein junges Hündchen zum Zeitvertreibe in seinem Käfig. Der Löwe schlief, das arme Hündchen saß in dem entferntesten Winkel, betrachtete den Löwen mit unverwandten Blicken, rührte sich nicht und sah betrübt, aber unterwürfig aus. Es war ein rührendes Bild der Willenlosigkeit, wie der Löwe ein schreckliches der Willkür. Ich wünschte, Löwe oder Hündchen zu sein; aber so in der Mitte stehen, den Stolz des Löwen und die Schwäche des Hündchens – das ist die Langeweile.

Tag- und Jahres-Hefte als Ergänzung
meiner sonstigen Bekenntnisse, von 1789–1806
(Goethes Werke, 31ster Band.)

»Der Geist näherte sich der wirklichen, wahrhaftigen Natur, durch Gelegenheitsgedichte.« – Wie einen Gelegenheitsgedichte zur wahrhaften Natur führen können, begreife ich nicht, Goethe müßte denn auch die *Liebe* zu den Gelegenheiten rechnen – was ihm leicht zuzutrauen ist. Aber wer ein so wetterwendisches Herz hat, daß ihn die Gelegenheit leicht in ihre Kreise fortzieht, wem die Gelegenheit das Herz nicht *bricht*, der hat die Dichtkunst gefunden, gestohlen, erworben, vielleicht mit seiner Händearbeit, geschenkt wurde sie ihm nie.

1789.

Kaum hatte sich Goethe nach seiner Rückkehr aus Italien in die weimarischen Verhältnisse wieder eingesponnen, als die Revolution losbrach. »Schon im Jahr 1785 hatte die Halsbandgeschichte einen unaussprechlichen Eindruck auf mich gemacht. In dem unsittlichen Stadt-, Hof- und Staatsabgrunde, der sich hier eröffnete, erschienen mir die greulichsten Folgen gespensterhaft, deren Erscheinung ich geraume Zeit nicht los werden konnte; wobei ich mich so seltsam benahm, daß Freunde, unter denen ich mich eben auf dem Lande aufhielt, als die erste Nachricht hievon zu uns gelangte, mir nur spät, als die Revolution längst ausgebrochen war, gestanden, daß ich ihnen damals wie wahnsinnig vorgekommen sei. Ich verfolgte den Prozeß mit großer Aufmerksamkeit, bemühte mich in Sizilien um Nachrichten von Cagliostro und seiner Familie und verwandelte zuletzt, nach gewohnter Weise, um alle Betrachtungen los zu werden, das ganze Ereignis unter dem Titel *Der Groß-Cophta* in eine Oper, wozu der Gegenstand vielleicht besser als zu einem Schauspiele getaugt hätte.« Die Ausbrüche der Revolution zu einer Oper begeistert! Wer jedes Gefühl, sobald es ihm Schmerzen verursacht, gleich ausziehen läßt wie einen hohlen Zahn, den wird freilich nichts in seinem Schlafe stören; aber mit Gefühllosigkeit, mit einer hohlen Seele, ist der Schlaf doch etwas zu teuer bezahlt!

O welch ein *Klein-Cophta!* Statt in der Hofgeschichte eine Weltgeschichte zu sehen, sieht er in der Weltgeschichte eine Hofgeschichte. Und wie ihn seine Philister-Ehrfurcht vor den Großen wie blind und taub, so auch stumm gemacht. Den Kardinal Rohan verwandelt er in einen Domherrn. Die Königin in eine unvermählte Dame! Es ist gar kein Sinn in dieser Geschichte, so dargestellt. Aber *Cagliostro!* Es ist nicht zu leugnen, daß ihn Goethe mit Freundschaft behandelt. Es war Dankbarkeit. Einem moralischen Gourmand wie Goethe mußte Cagliostros Lehre, die er im höchsten Grade seiner Mysterien, nach langer, langer Prüfung, endlich dem Eingeweihten offenbarte – die Lehre: – »Was du willst, das die Menschen für dich tun sollen, das tue für sie *nicht*«, – diese Lehre des Antichrists mußte wohl einem Goethe munden.

1790.

Kehrte mit der Fürstin Amalie von seiner zweiten Reise in Italien zurück. »Kaum nach Hause gelangt, ward ich nach Schlesien gefordert, wo eine bewaffnete Stellung zweier großen Mächte den Kongreß von Reichenbach begünstigte. Erst gaben Kantonierungsquartiere Gelegenheit zu einigen Epigrammen... In Breslau hingegen, wo ein soldatischer Hof und zugleich der Adel einer der ersten Provinzen des Königreichs glänzte, wo man die schönsten Regimenter ununterbrochen marschieren und manövrieren sah, beschäftigte mich unaufhörlich, so wunderlich es auch klingen mag, die *vergleichende Anatomie*, weshalb mitten in der bewegtesten Welt ich als Einsiedler in mir selbst abgeschlossen lebte. Dieser Teil des Naturstudiums war sonderbarlich angeregt worden. Als ich nämlich auf den Dünen des Lido, welche die venezianischen Lagunen von dem Adriatischen Meere sondern, mich oftmals erging, fand ich einen so glücklich geborstenen Schafschädel, der mir... jene große, früher von mir erkannte Wahrheit, die sämtlichen Schädelknochen seien aus verwandelten Wirbelknochen entstanden, abermals bestätigte...«

Was? Goethe ein reichbegabter Mensch, ein Dichter; damals in den schönsten Jahren des Lebens, wo der Jüngling neben dem Manne steht, wo der Baum der Erkenntnis zugleich mit Blüten und mit Früchten pranget – er war im Kriegsrate, er war im Lager der Titanen, da, wo vor vierzig Jahren der zwar freche, doch erhabene Kampf der Könige gegen die Völker begann – und zu nichts begeisterte ihn dieses Schauspiel, zu keiner Liebe, zu keinem Hasse, zu keinem Gebete, zu keiner Verwünschung, zu gar nichts trieb es ihn an als zu einigen Stachelgedichten, so wertlos, nach seiner eigenen Schätzung, daß er sie nicht einmal aufbewahrte, sie dem Leser mitzuteilen? Und als die prächtigsten Regimenter, die schönsten Offiziere an ihm vorüberzogen, da – gleich der jungen blassen Frau eines alten Mannes – bot sich seinem Beobachtungsgeiste kein anderer, kein besserer Stoff der Betrachtung dar als die vergleichende Anatomie? Und als er in Venedig am Ufer des Meeres lustwandelte – Venedig, ein gebautes Märchen aus Tausendundeiner Nacht; wo alles tönt und funkelt: Natur und Kunst, Mensch und Staat, Vergangenheit und Gegenwart, Freiheit und Herrschaft; wo selbst Tyrannei und Mord nur wie Ketten in einer schauerlichen Ballade klirren; die Seufzerbrücke, die Zehenmänner; es sind Szenen aus dem fabelhaften Tartarus – Venedig, wohin ich sehnsuchtsvolle Blicke wende, doch nicht wage, ihm nahezukommen, denn die Schlange *österreische Polizei* liegt davorgelagert und schreckt mich mit giftigen Augen zurück – dort, die Sonne war untergegangen, das Abendrot überflutete Meer und Land, und die Purpurwellen des Lichtes schlugen über den felsigen Mann und verklärten den ewig Grauen – und vielleicht kam Werthers Geist über ihn, und dann fühlte er, daß er noch ein Herz habe, daß es eine Menschheit gebe um ihn, einen Gott über ihm, und dann erschrak er wohl über den Schlag seines Herzens, entsetzte sich über den Geist seiner gestorbenen Jugend; die Haare standen ihm zu Berge, und da, in seiner Todesangst, »nach gewohnter Weise, um alle Betrachtungen los zu werden« – – verkroch er sich in einen *geborstenen Schafsschädel* und hielt sich da versteckt, bis wieder Nacht und Kühle über sein Herz gekommen! Und den Mann soll ich verehren? Den soll ich lieben? Eher werfe ich mich vor Vitzliputzli in den Staub; eher will ich Dalai-Lamas Speichel kosten. Hätte Deutschland, ja hätte die ganze Welt nur zwei Dichter, nur zwei

Brunnen, ohne die das Herz verschmachten müßte in der Sandwüste des Lebens – nur Kotzebue und Goethe – tausendmal lieber labte ich meinen Durst mit Kotzebues warmer Tränensuppe, die mich doch wenigstens schwitzen macht, als mit Goethes gefrorenem Weine, der nur in den Kopf steigt und dort hinauf alles Leben pumpt.

1792.

»In der Mitte des Sommers ward ich abermals ins Feld berufen, diesmal zu ernsteren Szenen. Ich eilte über Frankfurt, Mainz, Trier und Luxemburg nach Longwy, welches ich den 28. August (Goethes Geburtstag – das vergißt er nie) schon eingenommen fand; von da zog ich mit bis Valmy, sowie auch zurück bis Trier; sodann, um die unendliche Verwirrung der Heerstraße zu vermeiden, die Mosel herab nach Koblenz. Mancherlei Naturerfahrungen schlangen sich für den Aufmerksamen durch die bewegten Kriegsereignisse. Einige Teile von Fischers physikalischem Wörterbuche begleiteten mich; manche Langeweile stockender Tage betrog ich durch fortgesetzte chromatische Arbeiten...«
Kein Wort über die Kriegsereignisse! Interessiert ihn auch die Politik nicht, konnte ihn doch als Dichter und Beobachter das Kriegsleben, dem es an beliebter plastischer Dickleibigkeit gewiß nicht fehlt, Stoff zu Wahrnehmungen und künstlerischen Darstellungen geben. Aber die ehrfurchtsvolle Scheu, von höchsten und allerhöchsten Personen und ihren höchsten und allerhöchsten Dummheiten zu reden, läßt ihn noch nach vierzig Jahren verstummen.

1793.

Während der Blockade von Mainz, der er bis zum Ende der Belagerung beiwohnte, beschäftigte er sich mit *Reinecke Fuchs* und übte sich im Hexameter. Warum sagt er nicht, was er zu jener Zeit so oft im Hauptquartier gemacht? Hat er vielleicht an der Abfassung des berühmten Manifests des Herzogs von Braunschweig teilgehabt? Auch fuhr er fort, am Rhein unter freiem Himmel die Farbenlehre zu treiben.

»Und so hielt ich für meine Person wenigstens mich immer fest an diese Studien, wie an einen Balken im Schiffbruch; denn ich hatte nun zwei Jahre unmittelbar und persönlich das fürchterliche Zusammenbrechen aller Verhältnisse erlebt...«

»Einen tätigen, produktiven Geiste, einem wahrhaft vaterländisch gesinnten und einheimische Literatur befördernden Manne wird man es zugute halten, wenn ihn der Umsturz alles Vorhandenen schreckt, ohne daß die mindeste Ahnung zu ihm sprach, was denn besseres, ja nur anderes daraus erfolgen solle. Man wird ihm beistimmen, wenn es ihn verdrießt, daß dergleichen Influenzen sich nach Deutschland erstrecken, (die Französische Revolution eine *verdrießliche Geschichte!*) und verrückte, ja unwürdige Personen das Heft ergreifen. In diesem Sinne war der *Bürgergeneral* geschrieben, ingleichen die *Aufgeregten* entworfen, sodann die *Unterhaltungen der Ausgewanderten...*«

»*Der Bürgergeneral* ward gegen Ende von 1793 in Weimar aufgeführt... aber die Urbilder dieser lustigen Gespenster waren zu furchtbar, als daß nicht selbst die Scheinbilder hätten beängstigen sollen.«

Nun wahrhaftig, die in Weimar müssen unerhört schwache Nerven gehabt haben, wenn sie dies Scheinbild der Französischen Revolution, das Goethe im erwähnten Lustspiele darstellt, in Angst versetzt hat. Ich glaube es aber nimmermehr. Sie werden sich wohl bei der Aufführung jener Possen ebenso gelangweilt haben, als ich es beim Lesen getan, mit dem ich soeben fertig geworden; und Goethe schrieb das Gähnen statt der Langeweile den Vapeurs zu. Des *Bürgergenerals* großer Inhalt ist folgender: *Gevatter Schnaps*, ein Dorfbarbier, ließ sich weismachen: Zu den Jakobinern in Paris, welche alle gescheite Leute in allen Ländern aufsuchten, an sich zögen und benutzen, wäre sein Ruf erschollen, und seit einem halben Jahre gäben sie sich alle erdenkliche Mühe, ihn für die Sache der Freiheit und Gleichheit zu gewinnen. Man kenne in Paris seinen Verstand und seine Geschicklichkeit. Ein Spaßvogel, der sich für einen Abgesandten der Jakobiner ausgibt, ernennt den Barbier zum Bürgergeneral und beauftragt ihn, in seinem Dorfe die Revolution anzufangen. Man gibt ihm eine Freiheitsmütze, Säbel, Uniform und einen falschen Schnurrbart. Die ganze Freiheitskomödie geht aber darauf hinaus, den Bauer Martin *um einen Topf Milch zu prellen.* Und in diese alberne Milchsuppengeschichte wollte Goethe den Weimaranern einen Abscheu vor der Französischen Revolution einbrokken! Und die Weimarer sollen wirklich Krämpfe davon bekommen haben! Es ist nicht möglich.

Noch lächerlicher ist das Lustspiel *Die Aufgeregten.* Auch in diesem dramatischen Bilde wollte Goethe die Greuel der Französischen Revolution darstellen, um die Deutschen vor Freiheitsschwindel zu bewahren. Nun lese man die Folgen, welche das unglückselige Revolutionsfieber in einem Dörfchen gehabt. *Erste Folge.* Luise sagt: sie habe vergangenen Winter ein Paar Strümpfe mehr gestrickt, weil ihr Vater, der Barbier, ihr Muße dazu gegeben, da er wegen der Zeitungen später nach Hause gekommen. *Zweite Folge.* Das Kind der Gräfin fällt sich ein Loch in den Kopf, weil sein Hofmeister, der die Zeitungen las, nicht auf dasselbe achtgegeben. Und das ist alles! Die Berliner freilich werden manches in diesem Drama sehen, was einem kurzsichtigen Süddeutschen entgeht. Sie haben einen Herschelschen Goethoskop – wir nur unsere Augen.

1794.

»Man sendete mir aus dem südlichen und westlichen Deutschland Schatzkästchen, Spar-Taler, Kostbarkeiten mancher Art zum treuen Aufbewahren, die mich als Zeugnisse großen Zutrauens erfreuten, während sie mir als Beweise einer beängstigten Nation traurig vor Augen standen.«

Guter Gott, welche Gewichte sind es, die den zentnerschweren Haß Goethes gegen die Französische Revolution bildeten! Seine liebe Mutter in Frankfurt hatte ein bequemes Haus mit schönen Möbeln, mit wohlversorgtem Keller, mit Büchern, Kupferstichen und Landkarten. Durch die Feindseligkeiten der Franzosen geängstigt, wollte die Mutter ihren Besitz veräußern, sich eine Wohnung mieten; aber eben wegen der unruhigen Zeiten wurden unvorteilhafte Kaufanträge gemacht; das Beraten mit Freunden und Mäklern war von unendlicher Verdrießlichkeit. Und das der Schmerz eines Dichters! Ist der ein Mann des Jahrhunderts, der mit solchem Herzen einer Eintagsfliege die Welt umfaßt?

Er erzählt, wie er sich über Fichtes Lehrweise in Jena entsetzte, daran verbrannte; wie Fichte sich in seinen Schriften »nicht ganz gehörig über die wichtigsten Sitten- und Staatsgegenstände erklärt« habe. Wie »uns dessen Äußerungen über Gott und göttliche Dinge, über die man freilich besser ein tiefes Stillschweigen beobachtet, von außen beschwerende Anregungen zuzogen«.

1795.

Mit Kapellmeister Reichardt zerfiel er, mit dem er, »ungeachtet seiner vor- und zudringlichen Natur, in Rücksicht auf sein bedeutendes Talent, in gutem Vernehmen gestanden: er war der erste, der mit Ernst und Stetigkeit meine lyrischen Arbeiten durch Musik ins Allgemeine förderte, und ohnehin lag es in meiner Art, aus herkömmlicher Dankbarkeit unbequeme Menschen fortzudulden, wenn sie mir es nur nicht gar zu arg machten, alsdann aber meist mit Ungestüm ein solches Verhältnis abzubrechen. Nun hatte sich Reichardt mit Wut und Ingrimm in die Revolution geworfen; ich aber, die greulichen, unaufhaltsamen Folgen solcher gewalttätig aufgelösten Zustände mit Augen schauend und zugleich ein ähnliches Geheimtreiben im Vaterlande durch und durch blickend, hielt ein für allemal am Bestehenden fest, an dessen Verbesserung, Belebung und Richtung zum Sinnigen, Verständigen ich mein Leben lang bewußt und unbewußt gewirkt hatte, und konnte und wollte diese Gesinnung nicht verhehlen.«

Goethe, wie alle Grenzmenschen das Stadttor seiner Welt, sie schließend, verteidigend. Die Gemeinde erweitert sich, das Tor wird niedergerissen oder überbaut und dient zum Durchgange wie früher zur Abwehr.

Reichardt war »von der musikalischen Seite unser Freund, von der politischen unser Widersacher; daher sich im stillen ein Bruch vorbereitete, der zuletzt unaufhaltsam an den Tag kam«.

Ich kannte Reichardt etwas. Er war ein Preuße, das heißt ein Windbeutel. Wo er sich befand, entstand gleich ein Luftzug, selbst im verschlossensten Zimmer. Er hatte bewegliche Gefühle, doch er fühlte; man konnte ihn herbeiziehen und wegschieben. Er stand nicht, gleich Goethe, wie eine Mauer im Leben da, die, wenn auch mit Obstspalieren bedeckt und verziert, doch unbeweglich, undurchsichtig bleibt, uns die Aussicht versteckt und uns zu einem Umwege nötigt, sooft wir in Gottes freie Welt gehen oder sehen wollen. Und naiv ist Goethe! Er gesteht, er habe Reichardt liebgehabt, solange er ihm nützlich gewesen, indem er durch Kompositionen seiner Lieder diese verbreiten half; den Reichardt außer Diensten aber habe er gehaßt. Das ist *sachdenklich!*

1799.

Entwurf der *Natürlichen Tochter*. »In dem Plane bereitete ich mir ein Gefäß, worin ich alles, was ich so manches Jahr über die Französische Revolution und deren Folgen geschrieben und gedacht, mit geziemendem Ernste niederzulegen hoffte.« Ich will diese Natürliche Tochter, dieses vieljährige Werk geziemenden Ernstes wieder einmal lesen; aber jetzt nicht, nicht in diesen rauhen Herbsttagen. Im nächsten Sommer, im Juli, in den Tagen, wo man Gefrornes liebt.

1800.

»Der *Propyläen* drittes und letztes Stück ward, bei erschwerter Fortsetzung, aufgegeben. Wie sich bösartige Menschen diesem Unternehmen entgegengestellt, sollte wohl zum Troste unserer

Enkel, denen es auch nicht besser gehen wird, gelegentlich näher bezeichnet werden.«

Nun, warum bezeichnet er es nicht näher? Warum? Darauf ist leicht die Antwort gegeben. Goethe besann sich, daß etwas zum Troste der Enkel zu sagen, wie jeder Menschenfreundlichkeit, *nebulistischer* Natur und eines so *realen* Mannes wie er ganz unwürdig sei.

1802.

Goethes Gesinnung über Preßfreiheit spricht sich hier gelegentlich aus. Schlegels *Jon* kam zur Aufführung, und schon am Abende der Vorstellung trat »ein Oppositionsversuch unbescheiden hervor; in den Zwischenakten flüsterte man von allerlei Tadelnswürdigem, wozu denn die freilich etwas bedenkliche Stellung der Mutter erwünschten Anlaß gab. Ein sowohl den Autor als die Intendanz angreifender Aufsatz war in das Modejournal projektiert, aber ernst und kräftig zurückgewiesen; denn es war noch nicht Grundsatz, daß in demselbigen Staat, in derselbigen Stadt es irgendeinem Glied erlaubt sei, das zu zerstören, was andere kurz vorher aufgebaut hatten.«

1803.

Nichts Lächerlicheres als bald der ernste dürre Ton, bald die breite kunstschmausende Behaglichkeit, mit welchen Goethe in diesem seinen Büchelchen über das kleinstädtische Hof- und bürgerliche Stadtbauwesen in Weimar sich so oft ausläßt. Was der Kunstfreund an solcher Puppenarchitektur so Erquickliches finden mochte, daß er noch nach vielen Jahren sich damit beschäftigt, wäre ganz unerklärlich, wenn man Goethes Charakter nicht kennte. Des Lebens Behaglichkeit war ihm das Leben selbst. Darum ist ihm nichts klein, was diesen Kreis berührte, darum ist ihm alles klein, was von diesem Kreise ablag.

1805.

Und in diesem Büchelchen auch, wie in den größten und bedeutendsten Werken Goethes, trat mir, was mich immer beleidigt, halb lächerlich, halb ärgerlich entgegen. Zuvörderst die holländische *Reinlichkeit* des Stils, die jeden Zimmerboden mit gekräuseltem Sande bedeckt und oft die Bäume vor den Häusern mit Ölfarbe anstreicht. Dann die aufgenötigte *Ruhe*, das Bleigewicht, das Goethe an jede Empfindung, jeden Gedanken seiner Leser hängt. Endlich die tyrannische *Ordnung*, die Geist und Herz nach dem Takte eines Mälzelschen Metronomen sich bewegen heißt.

1806.

Man dachte daran, Oehlenschlägers Tragödie *Hakon Jarl* auf die weimarische Bühne zu bringen, und schon war alles dazu vorbereitet. »Allein späterhin schien es bedenklich, zu einer Zeit, da mit Kronen im Ernst gespielt wurde, mit dieser heiligen Zierde sich scherzhaft zu gebärden.«

Denkwürdigkeiten, die Goethe von diesem wichtigen Jahre bemerkt. Am 30. Januar der Geburtstag unserer Großherzogin, und wie das Trompeterchor eines preußischen Regiments in dem Theater Proben seiner außerordentlichen Geschicklichkeit gegeben. – Theater-Repertoire – geschenkte Zeichnungen und andere Kunstnachrichten. – Vollständiges Verzeichnis der von Goethe durch Gefälligkeit erworbenen Kunstgegenstände. – Reise nach Karlsbad und dort genossene Kupfersammlungen. Farbenlehre. Bei jeder Gefahr hält Goethe ein Prisma vor die Augen, um jene nicht zu sehen, und sonderbar genug versteckt er sich vor dem Lichte hinter Farben. – In Karlsbad: »Fürst Reuß XIII., der mir immer ein gnädiger Herr gewesen, befand sich daselbst und war geneigt, mir mit diplomatischer Gewandtheit das Unheil zu entfalten, das unsern Zustand bedrohte.« – Mineralien.

»Über eine pädagogisch-militärische Anstalt bei der französischen Armee gab uns ein trefflicher aus Bayern kommender

Geistlicher genaue Nachricht. Es werde nämlich von Offizieren und Unteroffizieren am Sonntage eine Art von Katechisation gehalten, worin der Soldat über seine Pflichten sowohl als auch über ein gewisses Erkennen, soweit es ihn in seinem Kreise fördert, belehrt werde. Man sah wohl, daß die Absicht war, durchaus kluge und gewandte, sich selbst vertrauende Menschen zu bilden; dies aber setzte freilich voraus, daß der sie anführende große Geist dessenungeachtet über jeden und alle hervorragend blieb und von Räsoneurs nichts zu fürchten hatte.« Daß man ja nicht denke, indem er solche Schulen lobend erwähnt, er sei der Meinung, daß man aus einem Soldaten einen denkenden Menschen machen sollte. Der Unterricht ist nur das Öl, womit man das Rad einer Maschine schmieret, daß diese besser gehe. Räsonieren soll das Rad nicht, sondern nur geschmeidiger werden, um der lenkenden Hand zu folgen. –

»Die prägnante Unterhaltung mit meinem Fürsten im Hauptquartier zu Niederroßla« möchte schwer auszusprechen sein.

Und als beim Herankommen des Ungewitters jedermann ängstlich einen Schlupfwinkel suchte, rief Goethe, als man eben die ersten Lerchen speiste, aus: »*Nun, wenn der Himmel einfällt, so werden ihrer viele gefangen werden.*« –

1807.

Schrieb in Karlsbad eine kleine mineralogische Abhandlung. »Ehe der kleine Aufsatz nun abgedruckt werden konnte, mußte die Billigung der oberen Prager Behörde eingeholt werden, und so hab' ich das Vergnügen, auf einem meiner Manuskripte das Vidi der Prager Zensur zu erblicken.« In Karlsbad erwies ihm die Fürstin Solms »ein gnädiges Wohlwollen«.

1808.

Bekennt, *daß er seit einigen Jahren keine Zeitungen gelesen*. Nach Karlsbad aber nahm er die Jahrgänge 1805 bis 1807 der »Allgemeinen Zeitung« mit, ein Blatt, das er wegen seiner *klugen Retardation* noch leiden mag.

Schrieb ein Gedicht »zu Ehren und Freuden« »der Frau Erbprinzessin von Hessen-Kassel«.

1810.

»Die Gegenwart der Kaiserin von Österreich Majestät in Karlsbad rief gleich angenehme Pflichten hervor, und manches andere kleine Gedicht entwickelte sich im stillen.«

1811.

Er und andere gingen nach Weheditz, einem Dorfe bei Karlsbad, und tranken Ungarwein. »Man trug sich über eine solche Wallfahrt mit folgender Anekdote. Drei bejahrte Männer gingen nach Weheditz zum Weine:

Obrist Otto, alt	87 Jahr
Steinschneider Müller	84 Jahr
Ein Erfurter	82 Jahr
	253 Jahr

Sie zechten wacker, und nur der letzte zeigte beim Nachhausegehen einige Spuren von Bespitzung; die beiden andern griffen dem Jüngeren unter die Arme und brachten ihn glücklich zurück in seine Wohnung.«

1813.

Durch die Kriegsereignisse geängstigt, suchte er Ruhe, indem er sich mit ernstlichstem Studium dem chinesischen Reiche widmete. »Hier muß ich noch einer Eigentümlichkeit meiner Handlungsweise gedenken. Wie sich in der politischen Welt irgendein ungeheures Bedrohliches hervortat, so warf ich mich eigensinnig auf das Entfernteste.«

Unter den kleinen Bemerkungen über die Ereignisse des Tages findet sich: »Die Freiwilligen betragen sich unartig und nehmen nicht für sich ein.«

1816.

Man verzeiht Goethe fast die kindische Aufregung, in welche ihn jeder Widerspruch seiner Farbenlehre versetzt, weil er doch da einmal aus seinem engen Egoismus, wenn auch auf verbotenem Wege, heraustritt, weil ihn doch da einmal das Urteil der Menschen kümmert. »Professor Pfaff sandte mir sein Werk gegen die Farbenlehre, nach einer den Deutschen angebornen unartigen Zudringlichkeit.« Das kann doch den Deutschen wahrlich ihr ärgster Feind nicht nachsagen, daß sie unartig zudringlich wären. Nur zu schüchtern und artig sind sie! Goethe legte das Buch ungelesen beiseite!

Goethe war vergnügt und wie in Baumwolle gehüllt, als ihn ein Donner aufschreckte. »Ein solcher innerer Friede ward durch den äußern Frieden der Welt begünstigt, als nach ausgesprochener Preßfreiheit die Ankündigung der Isis erschien und jeder wohldenkende Weltkenner die leicht zu berechnenden... weitern Folgen mit Schrecken und Bedauern voraussah.«

1817.

»Ein Symbol der Souveränität ward uns Weimaranern durch die Feierlichkeit, als der Großherzog vom Thron den Fürsten von Thurn und Taxis, in seinem Abgeordneten, mit dem Postregal belieh, wobei wir sämtlichen Diener in geziemendem Schmuck nach Rangesgebühr erschienen...«

Zu jener Zeit studierten in Jena und Leipzig viele junge Griechen. »Der Wunsch, sich besonders deutsche Bildung anzueignen, war bei ihnen höchst lebhaft, sowie das Verlangen, allen solchen Gewinn dereinst zur Aufklärung, zum Heil ihres Vaterlandes zu verwenden. Ihr Fleiß glich ihrem Bestreben, nur war zu bemerken, daß sie, was den Hauptsinn des Lebens betraf, mehr von Worten als von klaren Begriffen und Zwecken regiert wurden.

Papadopulos, der mich in Jena öfters besuchte, rühmte mir einst im jugendlichen Enthusiasmus den Lehrvortrag seines philosophischen Meisters. ›Es klingt‹, rief er aus, ›so herrlich, wenn der vortreffliche Mann von Tugend, Freiheit und Vaterland spricht!‹ Als ich mich aber erkundigte, was denn dieser treffliche Lehrer eigentlich von Tugend, Freiheit und Vaterland vermelde, erhielt ich zur Antwort, das könne er so eigentlich nicht sagen, aber Wort und Ton klängen ihm stets vor der Seele nach: Tugend, Freiheit und Vaterland.« Gott welch ein Spott! Die Griechen haben es wohl gezeigt, was sie darunter verstehen, wenn auch der edle Jüngling Tugend, Freiheit und Vaterland nach Goethes dürrer Weise nicht zu *schematisieren* verstand.

»Hierauf ward mir das unerwartete Glück, Ihro des Großfürsten Nikolaus und Gemahlin Alexandra Kaiserliche Hoheit im Geleit unserer gnädigsten Herrschaften bei mir im Haus und Garten zu verehren. Der Frau Großfürstin Kaiserliche Hoheit vergönnten einige poetische Zeilen in das zierlich prächtige Album verehrend einzuzeichnen.« Das schrieb er in seinem 71sten Jahre. Welche Jugendkraft!

Zweiundfünfzigster Brief

Paris, den 13. Oktober 1831

Diese Woche war wieder sehr reich an Begebenheiten: die Verwerfung der Reformbill in England und die abgeschaffte Erblichkeit der Pairs in Frankreich. Dort hat die Aristokratie gesiegt, hier hat sie eine Niederlage erlitten. Es ist eine Kompensation, und es wird dabei für die gute Sache nichts gewonnen und nichts verloren. Der Sieg des Adels in England kann dort eine Revolution und die Volksherrschaft zur Folge haben; dagegen kann die Abschaffung der Erblichkeit der Pairs in Frankreich wieder zum Absolutismus führen. Wenn es noch eines Anlasses bedürfte, den Haß der großen Mächte gegen Frankreich zu entflammen, so ist er jetzt durch Herabwürdigung der französischen Aristokratie gefunden. Die Familie *Von* in Österreich und Preußen wird ihre Verwandtschaft rächen. In Deutschland nimmt alles so eine schlechte Wendung, wie ich es vorhergesehen. Die badische Kammer ist dem preußischen Mautsysteme beigetreten, das heißt, es hat sich der preußischen Politik unterworfen. Und alle Deputierten, die ich diesen Sommer in Karlsruhe gesprochen, haben doch gegen diese verderbliche Allianz mit Preußen wie gegen Gift geeifert. Welche Menschen! Mit ihrer Preßfreiheit ist es auch nichts. Ein in Karlsruhe erscheinendes französisches Blatt, ob es zwar unter Zensur stand, ist auf Antrag des Bundestags unterdrückt worden. Ich habe mit der Hoffnung auch alle Mäßigung aufgegeben. Ich werde künftig über Politik nicht mehr schreiben, wie ich es bis jetzt getan. Mäßigung wird ja doch nur für Schwäche angesehen, die zum Übermute, und Rechtlichkeit für Dummheit, die zum Betruge auffordert. In dem ersten Artikel meines projektierten Journals trete ich mit einer trotzigen Kriegserklärung hervor. Ich sage unter andern: »In frühern Zeiten hatten wir die friedliche *Waage* in unserm Schilde geführt. Glühendes Gefühl, unsere Liebe und unsern Zorn, unsere Hoffnung und unsere Furcht, den wilden Sturm des Herzens – alles brachten wir unter Maß und brachten Ordnung in jede Leidenschaft. Zwar wurden die Machthaber immer von uns verwünscht, weil sie trotzig behaupten, das Glück und die Freiheit der Welt sei ihr Eigentum, und von ihrem guten Willen, von ihrer eigenen Schätzung hinge es ab, wieviel sie den Völkern davon zurückhalten, davon überlassen, und welchen Preis sie dafür verlangen mögen. Aber wir dachten: es sei! mit Krämern muß man feilschen; da ist Gold, da ist die Waage. Aber sie strichen das Geld ein und warfen höhnisch das Schwert in die Schale. Wollt ihr's so? Nun, es sei auch. Schwert gegen Schwert... Denn seit wir gesehen, daß der jüngste König um die Gunst der ältesten Tyrannen buhlt, und die ältesten Tyrannen selbst den Raub einer Krone lächelnd verzeihen, wird nur zugleich mit der Krone die Freiheit auch geraubt – seitdem hoffen wir nichts mehr von friedlicher

Ausgleichung. Die Gewalt muß entscheiden. Besiegen könnt ihr uns, aber täuschen nicht mehr.« Ich werde das Journal die *Glocke* nennen.

Das Wetter hier macht einen ganz verwirrt. Im Oktober zwanzig Grad Wärme! Vielleicht hat der Himmel beschlossen, daß sich die Fürsten noch diesen Herbst die Hälse brechen. Man fürchtet Unruhen in England. Nach gestern angekommenen Nachrichten hat das Volk in der Provinz das Landhaus eines Pairs abgebrannt, der gegen die Reform gestimmt. Wellington soll sein Haus verrammelt haben. Wenn es in England Revolution gibt, werden die Alliierten über Frankreich herfallen, wovon sie bis jetzt nur die Furcht vor England abgehalten.

Ich war vor einigen Tagen zum ersten Male im neuen Theater des Palais Royal, wo einige ganz allerliebste Stücke mich sehr unterhalten und mir das saure Blut etwas versüßt haben; besonders tat das ein Vaudeville: *Le Tailleur et la Fée, ou Les chansons de Béranger*. Bérangers Großvater, ein armer Schneider, sitzt und näht. Neben ihm in der Wiege flennt der künftige Dichter, der eben auf die Welt gekommen. Die herbeigerufene Amme erscheint, verwandelt sich in eine Fee und zwar in die Gestalt der Göttin der Freiheit, den Spieß in der Hand, die rote Mütze auf dem Kopfe. Sie gelobt dem alten Schneider, seinem Enkel das schönste Lebenslos zu schenken, ihn zum Freiheitsdichter zu machen. Jetzt erscheinen, von dem Zauberstabe der Fee herbeigerufen, die Hauptlieder Bérangers, unter allegorischen Personen. Zuletzt wird seine Büste bekränzt. Es ist eine vollkommene Apotheose.

Bérangers Herkunft und Geburt sind im Vaudeville historisch dargestellt. In seinem Liede *Le Tailleur et la Fée* erzählt der Dichter:

>»Dans ce Paris plein d'or et de misère,
>En l'an de Christ mil-sept-cent-quatre-vingt,
>Chez un tailleur, mon pauvre et vieux grand-père,
>Moi nouveau-né, sachez ce qu'il m'advint.
>Rien ne prédit la gloire d'un Orphée

A mon berceau, qui n'était pas de fleurs;
Mais mon grand-père, accourant à mes pleurs,
Me vit soudain dans les bras d'une Fée.
Et cette Fée avec de gais refrains,
Calmait le cri de mes premiers chagrins.«

Es ist etwas, das die heutige französische Regierung lauter verdammt als die Millionen der Getäuschten; schwärzer färbt als alle Tagesblätter der Unzufriedenen: – *Béranger hat seit der letzten Revolution nicht ein einziges Lied gesungen.* Gleich in den ersten Tagen machte ihm die böse Ahndung dessen, was kommen werde, das Herz und bald darauf die Erfüllung der schlimmsten Besorgnis die Zunge schwer. Selbst die Hoffnung mochte ihm nicht geblieben sein, die ihn doch unter dem Drucke der Zeiten, da die ältern Bourbons herrschten, zu Wein-, Liebes-, Freiheits- und Spottliedern begeistern konnten. Die neuen Machthaber warfen auch nach Béranger ihre goldene Angel aus; doch er ließ sich nicht ködern und schwieg; und dieses stumme Lied schallt lauter gegen die Tyrannei, als es irgendeines seiner frühern Lieder getan.

Ich habe Ihnen schon gesagt, daß ich anfange, mich mit der bildenden Kunst zu beschäftigen, und wie ernst es mir damit ist, habe ich neulich an meinem ersten Besuche im Museum selbst erprobt. Ich habe zum ersten Male in meinem Leben alles so bedächtig, so genau betrachtet, daß ich nach zwei Stunden nicht über das erste Zimmer hinausgekommen, obzwar wenig Bedeutendes und Erfreuliches an Kunstwerken darin aufbewahrt wird. Es ist etwas, meinen alten Geist aufzurichten, ihm einen neuen Standpunkt für alte Betrachtungen zu verschaffen. Das Licht wird mir mit der Zeit wohl aufgehen, und ich mache mich jetzt schon über mich selbst lustig, wie ich mich einmal später öffentlich über Kunst werde vernehmen lassen. Freilich fehlt mir etwas, was zum vollkommnen Verständnis der Kunstwerke ganz unentbehrlich ist, nämlich die *Technik*. Aber ich werde diese Unwissenheit, wie manche andere, schon durch rote, grüne und gelbe Worte zu bedecken wissen.

– Die Gnade des Kaisers von Rußland gegen die unglücklichen

Polen steht in voller Blüte. In Warschau sind schon fünfzehnhundert Personen eingekerkert worden, und alle Flüchtlinge werden mit Steckbriefen verfolgt, wozu der gute Schwiegervater behilflich ist. Wird denn die Zeit niemals kommen, daß sich die Völker auch verschwägern und einander in der Not beistehen?

– Der Baron *** aus Wien, dessen ich schon erwähnt, sagte mir, in Wien wäre kein gebildet Haus, in dem man nicht meine Schriften hätte. Voriges Jahr war er in der Schweiz und blieb vier ganze Wochen oben auf dem Rigi. Ich fragte ihn: ob er Gesellschaft bei sich gehabt. Er erwiderte: »Ich war in Ihrer Gesellschaft dort.« Er hatte nämlich meine Werke bei sich. Eigentlich habe ich die Wiener gern. Sie lesen weniger, besonders Journale, und haben darum keinen verschlemmten, abgenutzten Geist. Wenn sie Verstand haben, ist er selbständiger, origineller als der der Nordländer. Dabei sind sie gutmütig und sind ganz glücklich, wenn man ihren Kaiser lobt.

Freitag, den 14. Oktober 1831
Auf den Boulevards und, was noch wunderlicher ist, auf dem Platze vor der Börse findet man jetzt sehr häufig Bibeln zum Verkaufe ausgestellt. Die heilige Ware liegt auf der Erde unter andern profanen Büchern oder sonstigem schlechten Trödel. Sie sind sehr wohlfeil und gehen gut ab. Sie stammen von der hiesigen Bibelgesellschaft, die sie unentgeltlich austeilt, worauf sie denn, wie billig, von den Geschenknehmern verkauft werden. Gestern sah ich einen wohlgebildeten Mann von etwa fünfzig Jahren, der sich eben auf der Straße eine ungerupfte wilde Ente gekauft, die er mit Mühe in die linke Rocktasche zwängte, gleich darauf auch eine Bibel kaufen, die er unter dem rechten Arme forttrug. Es gefiel mir ungemein, daß er sich weniger schämte, die Bibel als die Ente öffentlich zu tragen und daß er um die letztere länger gefeilscht als um die erstere. – *Ah, je respire!* Da ist Ihr Brief. Was kann ich dafür. Ich bin Ihr gelehriger Schüler immer gewesen, ich kann die Angst nicht lassen.

Aber was fällt Ihnen ein? Warum zweifeln Sie, daß ich in Paris vergnügt sei? Paris gefällt mir wie immer. Da ich mich aber wie zu Haus fühle, hat es natürlich – zwar immer noch den *Reiz*, aber nicht mehr den Überreiz der Neuheit. Ich genieße ruhiger, und Deutschland liegt so ferne von meinem Sinne, daß ich es, wie früher geschehen, mit Frankreich gar nicht mehr vergleiche.

Dreiundfünfzigster Brief

Paris, Mittwoch, den 19. Oktober 1831

Es ist wieder von Stiftung einer deutschen Zeitung in Paris die Rede, und wenn sie zustande kommt, werde ich wahrscheinlich besonders tätig dabei sein. Einflußreiche Franzosen fangen an einzusehen, wie wichtig für Frankreich selbst deutsche liberale Zeitungen werden können, und man zeigt sich geneigt, mit Geld und auf andere Weise zu unterstützen. Ich werde da freilich sehr vorsichtig sein müssen, daß ich meine Unabhängigkeit nicht verliere. Doch brauche ich nicht zu ängstlich zu sein; denn ich höre Ketten schon im siebenten Himmel rasseln und habe immer Zeit, meine Freiheit sicherzustellen. Wer von den hohen Personen die Sache angeregt, das weiß ich eigentlich noch gar nicht; denn was man mir zu verstehen gegeben, glaube ich nicht. Ich werde mich aber gewiß in nichts einlassen, bis ich die Hand gedrückt, die den ersten Ring faßt; sonst könnte geschehen, daß ich glaubte, mit dem Teufel zu tun zu haben, und hätte doch mit Beelzebub zu tun gehabt. Das wird der ganze Unterschied sein zwischen meinen verschiedenen Vermutungen. Doch das schreckt mich nicht ab; man muß leben und leben lassen, und wenn ich der guten Sache nützlich sein kann, mögen andere auch ihren persönlichen Vorteil dabei finden.

Intrigen, die ich in Baden schon geahndet, wurden mir hier bestätigt. Die Wohlfeilheit, bei einer an deutschen Zeitungen ungewöhnlichen Schönheit des Drucks und Papiers, der in München erscheinenden *»Tribüne«*, – der mysteriöse Umstand, daß ein Pforzheimer Kaufmann (württembergischer Untertan) aus Patriotismus die Fonds dazu hergibt – der Geist der Widersetzlichkeit gegen die bayrische Regierung, der das Blatt beseelt – gab mir allerlei Vermutungen. In Paris, wo man alles erfährt, habe ich denn endlich erfahren, daß der *König von Württemberg* die »Tribüne« gestiftet und bezahlt, um sie als Waffe gegen Bayern zu gebrauchen. Bayern hat sich nämlich im künftigen Kriege gegen Frankreich an die heilige Allianz angeschlossen. Baden, Württemberg und andere kleine Staaten sollen ganz aufgelöst und zwischen Österreich, Preußen und Bayern geteilt werden. Und so weiter.

In Stuttgart läßt jetzt die Regierung auch eine Zeitung errichten, um der Opposition widerstehen zu können (so wird gesagt); wohl eigentlich aber mehr, sich der Despotie des Deutschen Bundes entgegenzusetzen. Sie hat zum Redakteur einen guten Schriftsteller, Professor *Münch*, berufen und gibt ihm dreitausend Gulden Gehalt. *Lindner* ist Mitredakteur. Auch an der »Tribüne« schreibt er viel. Wo auch immer im geheimen etwas Moralisches vorgeht, – er muß dabei sein.

Der König von Bayern, den man neulich fragte, welche Anstalten man für ihn und sein Haus gegen die Cholera treffen solle, hat darauf zur Antwort gegeben: »*Gar keine. Bin ich nicht an den Ständen gestorben, wird mich auch die Cholera verschonen.*« Also Freiheit und Pest sind einem Könige ganz einerlei! Auch der Freiheit Pest und König.

       Donnerstag, den 20. Oktober 1831

Ich war seit einer Woche zweimal im italienischen Theater und habe die Pasta und den vergötterten Rubini gehört, beide im »Othello« und »Tankred«. Die Pasta soll an dem einen Ende ihrer Stimme einige Töne verloren, dafür aber an dem andern einige Töne gewonnen haben. Ob oben oder unten, weiß ich nicht. Die Pasta singt immer noch herrlich, aber ihre Stimme drang mir nicht in das Herz. Ihr Vortrag ist höchst edel, aber kalt, plastisch, antik; sie singt nicht christlich. In Glucks Opern wäre sie an ihrer Stelle. Das ist *mein* Urteil. Die andern finden nichts an ihr zu wünschen übrig. Als Desdemona verglich ich sie mit meiner unmer noch angebeteten Malibran, und diese Vergleichung konnte sie nicht ertragen. Rubinis verherrlichter Gesang ließ mich auch kalt; ich liebe diese stählernen Stimmen nicht, und dann hat seine Stimme etwas Räsonierendes, eine Art Echo hinter sich. Aber meine Ignoranz bleibt unter vier Augen. Als Tankred gefiel mir die Pasta besser; das *Fra tanti palpiti* hätten Sie hören sollen. Es war, närrisch darüber zu werden. O ihr armen deutschen Kleinstädter mit euern Achtzehn-Batzen-Primadonnas! Eine dicke deutsche Dame, und wahrscheinliche Berlinerin, die hinter mir saß und die ich, noch ehe sie Deutsch sprach, daran als Landsmännin erkannte, daß sie *bravo* statt *brava* schrie, – *schwitzte* Entzücken. Ich mußte ihr geradezu ins Gesicht lachen. Diesen Winter ist die italienische Oper auf allen Vorplätzen, Treppen, Korridors, von unten bis oben, mit scharlachrotem Tuche bedeckt. Man glaubt in einem Palaste zu sein. Das hat noch gefehlt, diesem adeligen Vergnügen völlig ein aristokratisches Ansehn zu geben. Zwischen den Akten habe ich, wie es die jungen Leute pflegen, in alle Logen hineingesehen. (Sie erinnern sich, daß die Logentüren Fenster haben.) Die Pracht und der Geschmack der weiblichen Anzüge gewährte wirklich einen herrlichen Anblick, selbst männlichen, alten und schon beschäftigten Augen, wie die meinen. Aber beim Ausgange aus dem Theater ließ ich alle die geputzten Damen die Musterung passieren, und es fanden sich nicht zwei schöne Gesichter darunter, – wahrhaftig nicht zwei!

Sagen Sie mir, was hat das für einen Grund, daß in der letzten Zeit der Frankfurter Senat einige außergewöhnliche Heiratserlaubnisse erteilt? Ist das kontagiös oder miasmatisch? Auf jeden Fall ist es eine kometenartige Erscheinung und Vorläufer der Cholera. Der Senat und der gesetzgebende Körper sollten sich Flanellbinden um den Kopf wickeln, vielleicht schwitzen sie die rostrote Philisterei aus und werden gesund.

*** ist gestern nach Amerika zurückgereist. Das ist ein unordentlicher Mensch! So arg habe ich es doch nie getrieben. Um fünf Uhr wollte er abreisen, und um drei Uhr traf ich ihn ganz

atemlos auf der Straße laufen, erst bei seinem Bankier das nötige
Geld zu holen. Dann begleitete ich ihn nach Hause. Seine zwei
großen Koffer wurden erst gepackt, und wie! Noch nasse Federn, mit denen er eben erst geschrieben, wurden im Koffer auf
die Wäsche gelegt. Während gepackt wurde, schrieb er eine Vorstellung an den König. Kein Akzent im ganzen Briefe. Dann
legte er ihn zusammen wie einen Wäschezettel und ließ die Besorgung an den König dem Portier zurück. Dazwischen kamen
Rechnungen, Besuche – es war, den Schwindel zu bekommen.
Wenn er den Postwagen nicht versäumt, hat er Glück gehabt.
Denn er wollte auf dem Wege noch Seidenwaren für seine Familie einkaufen. Eine glückliche Natur! Bei Tische hätten Sie ihn sehen sollen, wenn ich und *** Witze machten. Da er nie weniger
als ein halbes Pfund Fleisch auf einmal in den Mund nimmt,
brachte ihn sein Lachen oft dem Ersticken nahe.

Warum ist denn der dumme *** nach *** zurück? Warum hat
er sich fangen lassen? Hoffte er, seine Dummheit würde ihn vor
Verfolgung bewahren? Dann kannte er wenig unsere Zeit.
Dumm zu sein, auch ohne weiteres Vergehen, wird heute als ein
Eingriff in die Majestätsrechte angesehen und als solches bestraft.

Montag, den 24. Oktober 1831

Seit der Revolution sind die Theater völlig frei, und alle Zensur
der aufzuführenden Stücke ist aufgehoben. Nun hatte vorgestern
das Theater *des Nouveautés* ein neues Drama *Procès d'un maréchal
de France* angekündigt. Der Prozeß des Marschalls Ney sollte
darin vorgestellt werden, die Pairskammer erscheinen, vollständiges Gericht gehalten und alle Pairs beim Namen aufgerufen
werden, die für oder gegen Neys Tod gestimmt. Die Regierung
fürchtete die üblen Folgen und daß hierdurch der Haß, den man
hier gegen die Pairs hat, noch mehr angefacht werden möchte.
Sie ließ also durch die Polizei die Aufführung des Stückes verbieten. Der Theaterdirektor erklärte, er werde sich an das Verbot
nicht kehren, da es gesetzwidrig wäre, und ließ abends sein Haus
öffnen. Da wurde aber das Theater von der Polizei umstellt, je-

dem der Eingang ins Haus verwehrt und so die Aufführung mit
Gewalt verhindert. Gestern war das Stück abermals angekündigt
und das Haus abermals gesperrt. Ich war beide Abende zugegen.
Der ganze Börsenplatz war von der bewaffneten Macht und dem
Volke besetzt; letzteres verhielt sich aber ruhig. Der Theaterdirektor hat gegen diese Gewalt protestiert und erklärt, er würde
jeden Abend das Stück ankündigen lassen, die Polizei bei den Gerichten belangen und um Schadenersatz anhalten. Nun will ich
zwar gerne glauben, daß das Drama skandalös sein, daß es Unruhe erregt haben mag, und daß die beleidigten Pairs Grund genug bekommen hätten, den Theaterdirektor und den Verfasser
vor Gericht zu ziehen. Aber die Aufführung durfte nicht verhindert werden; denn durch die neue Charte ist alle vorhergehende
Zensur aufgehoben, und die Regierung hat sich hierbei einer
wahren Verletzung der Konstitution schuldig gemacht. Es ist
eine Ordonnanzgeschichte in kleinem Fuße.

Vierundfünfzigster Brief

Paris, den 29. Oktober 1831

Von einem merkwürdigen Werke, das zehn Bände haben wird,
ist gestern der erste Teil erschienen. Er liegt vor mir auf meinem
Tische, ich habe ihn aber noch nicht gelesen. Sie sollen später darüber genaue Rechenschaft bekommen. Das Buch heißt: *Paris, ou
Le livre des cent-et-un*. Wie auch das Buch beschaffen sein mag, auf
jeden Fall ist es eine von den Erscheinungen, wie sie nur Paris
hervorbringt, und die allen, die im Geiste leben, den hiesigen
Aufenthalt so angenehm machen. Das Buch ist auf folgende Art
entstanden. *Ladvocat*, einer der bedeutendsten hiesigen Buchhändler, ist durch den Druck dieser Zeit in Not und Verlegenheit
gekommen. Ihm aufzuhelfen, haben alle die Schriftsteller, die
ihre Werke früher von ihm herausgeben ließen, sich vereinigt, gemeinschaftlich ein Buch zu schreiben und es dem Ladvocat unentgeltlich zu überlassen. Sie haben zu diesem guten Werke noch
andere Schriftsteller eingeladen, so daß der Verein bis zu hundert-

undsechzig angewachsen ist. Das erlassene *Circulaire* lautet wie folgt: »*Les sous-signés, voulant donner à Mr. Ladvocat, libraire, un témoignage de l'intérêt qu'il leur inspire dans les circonstances fâcheuses où il se trouve par toutes les pertes qu'il a éprouvées depuis un an, ont résolu de venir à son secours en s'engageant à lui donner chacun au moins deux chapitres qui devront composer un ouvrages intitulé: Le Diable boiteux à Paris, ou Paris et les mœurs comme elles sont. Ils invitent tous les hommes de lettres qui n'étaient pas présents à leur réunion, à venir se joindre à eux pour secourir un libraire qui a si puissamment contribué à donner de la valeur aux productions de l'esprit, et à consacrer l'indépendance de la profession des hommes de lettres.*« Darauf folgt das alphabetische Verzeichnis von hundertundsechzig Schriftstellern, worunter alle bedeutende, die Frankreich hat: *Béranger, Chateaubriand, Cuvier, De Lamartine, Delavigne, Salvandy, Etienne, Guizot, Victor Hugo, Jouy, Kératry, Mignet, Royer-Collard, Scribe, Thiers, Villemain* usw. Ladvocat sagt: »*Dans l'impossibilité où se trouve l'Editeur de témoigner sa reconnaissance à la littérature contemporaine pour la bienveillance toute paternelle qu'elle lui a prodiguée, il se borne à imprimer l'engagement et la liste des hommes de lettres, qui sont venus à son aide avec tant de zèle et de chaleur; il conserve cette liste chargée de leurs noms comme on conserverait des lettres de noblesse aquises sur le champ d'honneur.*« Das Buch kann nur höchst interessant sein. Denn sind auch unter dessen Verfassern Schriftsteller von minderer Bedeutung, wie unser Paul de Kock und solche andere, so muß doch das dem Werke, wegen seiner besondern Art und Beschaffenheit, einen Wert mehr geben. Es wird nämlich ein neues *Tableau de Paris* gleich dem von Mercier, Jouy und andern. Aber diese sind alt und, da die Sitten sich verändert, nicht mehr treu. Übrigens wurden jene *Tableaux* immer nur von *einem* Verfasser geschrieben; die Ansichten der Pariser Dinge und Verhältnisse mußten daher individuell bleiben. Jetzt aber beobachten hundertundsechzig Menschen, jeder von seinem Standpunkte aus; das Gemälde muß daher treuer werden. Und es sind Schriftsteller von den verschiedensten Geistesrichtungen und bürgerlichen Verhältnissen und Gesinnungen. Prosaiker und Dichter,

Philosophen und Dramatiker, Staatsmänner, Deputierte, alte und junge, Männer und Weiber, Klassiker und Romantiker, Liberale, Ministerielle, Ultras, Royalisten, Karlisten, Buonapartisten. Diese werden sich selbst zeichnen, und das ist der Gewinn. Selbst gemeine Schriftsteller, wie Pigault-Lebrun, Paul de Kock müssen dem Buche zum Vorteile gereichen; denn solche Naturen bemerken vieles in der Welt, was bessern und geistreichern Menschen entgeht.

Warum die »Tribüne« nicht im Frankfurter Kasino gehalten wird, will ich Ihnen erklären. *Erstens:* durfte sie die Frankfurter Post wahrscheinlich nicht kommen lassen, und *zweitens:* war das auch nicht der Fall, so haben die Herren Gesandten ihre Anhänger im Kasino, die es anzustellen wissen, daß jenes Blatt nicht angeschafft wird. Übrigens hat die »Tribüne« aufgehört. Wie ich gestern erfahren, hat der Redakteur *Wirth* sich geflüchtet, weil er erfahren, daß er gleich nach der Auflösung der Kammern arretiert werden solle, und daß es ihm dann schlecht ergehen würde. O, wie habe ich alles vorhergesehen, vorhergesagt, und wenn meine Briefe nicht schön sind, werden sie doch wahr sein! Haben Sie in den Zeitungen die Note des russischen Kaisers an die kleinen deutschen Höfe gelesen? Gleich nach dem Falle Warschaus stieg seine Sprache vom kalten Null bis zu 20 Grad Unverschämtheit. Er sagt ihnen: es wäre endlich einmal Zeit, daß sie dem revolutionären Unfug in ihren Staaten ein Ende machten; er droht ihnen mit seinem Beistande, wenn sie sich allein nicht zu helfen vermöchten. Und gleich haben die kleinen Vögel gepiepst wie der alte Vogel gesungen. Die kleinen Ministerchen in Karlsruhe, die diese ganze Zeit über gelispelt wie eine Kindbetterin nach schwerer Geburt, fangen jetzt an und brüllen wie die Löwen. Lachen muß man immer über eine deutsche Bestie, sie mag noch so wild und gefährlich sein. Der badische Finanzminister, den neulich ein Deputierter in der Kammer an die Vorlage einer Finanzrechnung erinnert, die man schon längst erwartet habe, erwiderte, man solle ihn mit solchen Fragen *ungeschoren* lassen. »Ja, *sie* wollen scheren, aber sich scheren *lassen*, das wollen sie nicht.« Aber der Deputierte (Buchhändler Winter aus Heidelberg) hat ihm tüchtig darauf geantwortet. Er sagte: das Volk habe ihn nicht gewählt, damit er die Minister ungeschoren lasse. Noch eine merkwürdige Sitzung fand neulich in Karlsruhe statt. Der Deputierte Welcker, der für seinen Geist, seinen Mut und seine Beharrlichkeit die Bewunderung und den Dank von ganz Europa verdient (denn die Freiheit selber des kleinsten Staats ist eine Angelegenheit der ganzen Welt), hat die Motion gemacht: die badische Regierung solle bei der deutschen Bundesversammlung den Antrag machen, daß neben den Diplomaten, die doch eigentlich nur die Fürsten repräsentieren, auch eine deutsche Volkskammer gebildet werde. Die Karlsruher Minister, als diese Motion von Welcker angekündigt wurde, hatten nicht einmal den Mut, sie mit anzuhören, und sind vor Angst aus der Kammer gelaufen. Ist das nicht köstlich, deutsch, eine in Spiritus zu verwahrende Geschichte? Auch Rotteck und Fecht haben sich bei dieser Gelegenheit herrlich benommen. Aber alle diese kühnen Redner, wie Mauguin neulich in der Kammer sagte, »*stehen schon auf der Proskriptionsliste*«, und, wie ich im vorigen Winter prophezeit – wenn Prophetengeist dazu gehört, eine tausendjährige Vergangenheit zu beurteilen – es wird in Deutschland mit einer großen Hängerei endigen. Auch habe ich aller Mäßigung, ja aller Gerechtigkeit entsagt. Vorgestern fing ich einen Aufsatz an, mit dem mein projektiertes Journal beginnen sollte. Darin heißt es: »Auf dem Wege nach Paris fing ich an, ein eitler Narr zu werden, und bin es geblieben diese vier Wochen lang, die ich hier schon zugebracht. Erst gestern schüttelte ich mich und kam wieder zur Besinnung. Ich wollte es dem großen Goethe nachtun, ich wollte das Unnachahmliche nachahmen. Ich wollte werden, sein wie er – unnahbar, kalt, wurzelfest, teil*nehmend*, aber nicht teil*gebend* und gefühlloser als selbst eine Steinwand, die doch Empfindung schwitzt, wenn sich der Frühling naht. Schlachten und Stürme und jammervoller Schiffbruch, Tyrannenwut, atemlos gehetzte Freiheit, gemordete Unschuld, Himmel und Erde, Feuer und Frost, die Natur und die Geschichte – alles wollte ich mir in behaglicher Ordnung in meinem Zimmer aufstellen und mir dann aus Wahrheit und Lüge, aus Recht und Betrug, aus Treue und Verrat, aus Liebe und Haß, aus Gott und Teufel ein köstliches Ragout bereiten und kunstschmausend alle Stunden aller meiner Tage verleben und nur während der Verdauung milde und leise beklagen, daß der Arm des Teufels viel zu kurz, und daß Gott der Vater etwas nachgedunkelt... Titanenübermut! Kindische Vermessenheit! Nicht bis an die ersten Wolken kam ich. Ich fiel hinunter; aber mit blutigem Munde küßte ich meine gute Erde und vergaß meine Schmerzen. Ich will lieben und streiten wie vor. Und keine Milde, ja keine Gerechtigkeit mehr! Sie haben Milch in Blut, Blut in Essig verwandelt und haben den Essig vergiftet. Ein Tor, wer noch in unsern Tagen die Schamlosen durch Großmut zu beschämen, die Hartherzigen durch Bitten zu erweichen gedenkt! Teufel gegen Teufel! ... Weil sie die Völker so lange wie Kinder behandelt, sind sie bis zu Kindermädchen herabgesunken. Sie dahlen und tändeln und lügen und drohen und patschen und schmeicheln und kitzeln und windeln und waschen mit dem Schwamme. Aber das Sprudeln und Weinen der Kinder macht sie leicht ungeduldig. Sie ziehen dann ihr weißes Häubchen ab und zeigen die düstere Krone darunter; sie legen die Rute weg und holen den Szepter. Nun wohlan! An der Grenze eurer und unserer Geduld erwarten wir euch! ... Zwar sollten die Menschen verstummen, wenn Gott selbst spricht, wenn der Himmel mit der taubstummen Welt in Zeichen redet. Aber die Unglückseligen haben nur Französisch gelernt; die Sprache des Himmels verstehen sie nicht, seine Zeichen verspotten sie. Wir wollen Dolmetscher des Himmels sein, wir wollen deutsch mit den Herrn sprechen. Ihres Dankes sind wir nicht gewärtig, um ihre Verzeihung, daß wir sie zu retten gesucht, werden wir nicht betteln. Der Löwe bezahlte den Storch, der ihm den Tod aus dem Halse gezogen, zwar mit Löwentrotz – doch er bezahlte ihn. Aber das war ein König der Tiere; die Könige der Menschen sind so großmütig nicht.«

Kann ich aber in einer solchen Stimmung ein Journal schreiben? Es ist nicht möglich. Mit dieser Wut ist man ein guter Soldat, aber ein schlechter Feldherr. Nun wohl, ich entsage lieber der Ehre und will lieber ein gemeiner Soldat sein; denn ich will streiten wie ein Bär. Ich habe es mit dem Journal ernstlich versucht, aber es ging nicht. Ich konnte den Stoff nicht bemeistern. Ich hatte mir verschiedene Kapitel bestimmt über diesen und jenen Gegenstand. Wenn ich nun Materialien zu meinem Aufsatze genug hatte, brachte mir der Tag wieder neuen Stoff, den ich zum alten gesellte, und so kam ich nie zum Anfange. Auch bin ich zu bewegt, ich muß mir täglich Luft machen, ich muß einen haben, mit dem ich alle Tage, zu jeder Stunde spreche; kurz, ich kann nur auf Briefpapier schreiben. Und jetzt werden Sie mich wieder auslachen und triumphieren. Tun Sie das, Sie haben doch den Schaden davon. Ich werde Ihnen also wieder Briefe schreiben wie vorigen Winter und weiter nichts arbeiten.

Samstag, den 30. Oktober 1831
In London hat man jetzt angefangen, Zeitungen auf baumwollene Schnupftücher zu drucken. Dadurch erspart man die drückende Stempeltaxe, die auf den Papierzeitungen liegt. Wenn diese Erfindung sich außer England verbreitet, wird die deutsche Bundesversammlung, weil es schwer zu verhindern ist, daß unter die unschuldigen Schnupftücher sich nicht auch jene staatsgefährlichen mischen, den Beschluß fassen, daß einstweilen auf fünf Jahre alles Nasenputzen verboten sei. O Gott! weit davon entfernt ist man nicht. In Preußen sind sie toll zum Binden. Sie wollen es Österreich nachmachen! Die Dummköpfe! Sie sehen es nicht ein, daß, mehr als zu irgendeiner Kunst, zur Dummheit angebornes Genie gehört. In Berlin wird bald eine Verordnung erscheinen, die jede Anzeige eines Buches im ganzen Lande verbietet, wenn sie nicht vorher in einer Berliner Zeitung stand. Wenn ich sage, daß unsere deutschen Regierungen sämtlich verrückt sind, so meine ich das im wirklichen medizinischen Sinne. Sie haben eine unheilbare fixe Idee, die Französische Revolution ist ihnen in der Kopf gestiegen, und ich fürchte, sie können selbst

durch viele Schläge nicht mehr kuriert werden. O wie traurig! Denn wenn die Regierungen verrückt sind, werden alle vernünftige Leute eingesperrt.

Die Griechen haben sich von ihrem Tyrannen Kapodistrias auf echt antike Weise befreit. Nicht durch Zeitungen und feiges Liberalgeschwätz, sondern durch das Schwert. Das ist plastische, das ist nicht unsere romantische gemalte Freiheit! Es war kein Meuchelmord, wie die Hof- und Ministerzeitungen verleumden; es war ein ehrlicher offener Kampf. Kapodistrias war von seinen Trabanten umgeben, und mitten unter ihnen haben ihn zwei kühne Spartaner erschlagen. Sie rächten das Land, sie rächten ihr eigenes Blut. Der eine war der Sohn, der andere der Bruder eines der edelsten Griechen, den Kapodistrias, weil er sich seiner Tyrannei widersetzte, schon seit lange in einem Kerker gefangenhielt. Es war mir immer in der tiefsten Seele zuwider, diesen listigen, abgefeimten, in der Schule des Despotismus ergrauten Staatsmann an der Spitze eines edlen Volkes zu sehen, das nur für Freiheit und Glauben lebte und starb. So regierte er auch. Es war ein unaufhörlicher Kindermord, es war ein täglicher Vergiftungsversuch der Freiheit. Mit allen Schlechten unter den Griechen verband er sich, die Guten zu unterdrücken, mit allen kleinen Tyrannen, die Helden der Freiheit in Fesseln zu schlagen. Jeden Aufschwung des Geistes suchte er durch alle Höllenkünste der russischen und österreichischen Polizei niederzuhalten. Hohe Schulen, die über das Rechnen und Schreiben hinausgingen, unterdrückte er; die Preßfreiheit wurde mit der Wurzel ausgerissen, und einen Kindervolke wurde schon sein Stammeln zensiert. Aber wie wird es den unglücklichen Griechen jetzt ergehen! Sich auf Kapodistrias' Zuchtrute verlassend, ließen die despotischen Mächte die Griechen einige Jahre unbeobachtet. Jetzt werden sie sie wieder unter eigne Aufsicht nehmen. Alle, alle Völker, und das französische zuerst, werden wieder schändlich betrogen. Der Ländertausch, der Länderschacher wird wieder im stillen getrieben. Und gewiß gründet sich darauf die freche Sprache Casimir Périers und seine kecke Friedensversicherung. Bald wird er mit einer Provinz in Papier vor die Kammer treten und triumphierend ausrufen: Seht, das haben wir im Frieden gewonnen; wer hat nun recht? Das Volk wird wieder in Zentnern, das Vaterland morgenweise verkauft. Was sie im geheimen brüten, wer kann das wissen? Die öffentliche Meinung hat sich schon fürchterliche Dinge erdacht; aber die Furcht der öffentlichen Meinung ist die einzige, die nicht trügt und die immer lange vorher weiß, zwar nicht auf welchem Wege die Gefahr kommt, aber daß sie kommt. So spricht man: Polen solle an Preußen kommen – das wäre die Sklaverei statt in Essig in Zucker eingemacht, die weit verderblichere, hoffnungslosere, weil sie mundet. Und dafür Griechenland an Rußland, und so weiter den Völkertrödel. Möchte einem nicht die Brust zerspringen vor Wehmut, möchte einem nicht das Herz ausbluten, wenn man bedenkt, daß die edlen, hochherzigen, geistreichen Griechen – verkannt nur von jenem zahmen Viehe, das ein polizeistörriges Herz für ein ruchloses Herz hält – verkannt nur von allen törichten Flitter-Götzendienern, die den ungeschliffenen Diamanten als schlechtes Gestein verwerfen – verkannt nur von den schuldbewußten, abergläubischen Machthabern, welchen ein Geist das Ende ihrer Tage verkündet –, daß dieses edle Volk darum sieben Jahre lang soll mit seinem Blute das Land getränkt, das Meer gefärbt, soll alles aufgeopfert haben, Leben und Gut, Weib und Kind und oft die Hoffnung selbst, um endlich nach allem die Herrschaft der Bastonade gegen die Herrschaft der Knute zu vertauschen?

– Über die Anzeige eines deutschen Buchhändlers habe ich gestern herzlich lachen müssen. Er spricht auf die kläglichste, weinerlichste, herzzerreißendste Art von den schrecklichen Folgen der Cholera. Doch setzt er unbegrenztes Vertrauen auf Gott, daß nächstes Jahr glücklicher sein werde. Und warum jammert der Mann, warum wendet er sich in seiner großen Not zum Himmel? Seine zwei Taschenbücher »*Die Rosen*«, und »*Das Vergißmeinnicht*« von *Clauren* sind fertig, aber er fürchtet, in dieser betrübten Zeit zu geringen Absatz zu haben, und will daher die Taschenbücher erst im nächsten Jahre versenden. Er endigt seine Klage und sein heißes Gebet mit den Worten: »Ich halte mich in der Hoffnung überzeugt, daß dann die wiedergewonnene Ermutigung und Erheiterung über das Beginnen einer bessern Zukunft diesen beiden Werken der freudige Zuruf – Willkommen! – sowie eine freundliche Aufnahme bereitet sein wird.« Schöne Rekonvaleszenz! Sich an Claurens »Vergißmeinnicht« nach langen Leiden zu erholen.

Fünfundfünfzigster Brief
Paris, Mittwoch, den 2. November 1831
Ich bin ein rechter Unglücksvogel, daß ich die Frankfurter Revolution nicht mit angesehen. Vor einigen Tagen schrieb mir Dr. D... ein kurzes Billett: »In Frankfurt haben die Bürger mit der Linie einen Kampf gehabt.« – Was! rief ich voll Erstaunen aus, die Frankfurter haben die Linie passiert, sie, die seit Jahrhunderten nicht über die Warttürme hinausgekommen? Komet!

Verflossenen Sonntag war ein Konzert im italienischen Theater, dem ich aber selbst nicht beigewohnt. Es begann mit einer *Ouverture à grand orchestre* – und erraten Sie von welchem Komponisten? Von *Don Pedro*, dem Kaiser von Brasilien. Es ist überflüssig, noch zu bemerken, daß die Musik erbärmlich war. Der Herr Kaiser täte auch besser, seinen Mordbruder aus Portugal zu verjagen als die friedlichen Leute aus dem Theater. Ich habe wenigstens einen gesprochen, dem auf die kaiserliche Musiksudelei ganz übel geworden und der darum aus dem Konzerte lief. Was aber Paris ein närrischer Ort ist! Es ist das wunderlichste Ragout von Scherz und Ernst. Der Dey von Algier gab auch Stoff zu mehreren Theaterstücken. Einmal, wie er eine Mädchenpension besucht; das muß lustig sein. Im neuesten Hefte der *Revue de Paris* steht eine Novelle von dem ehemaligen Minister von Martignac. Eine neue Oper: *La marquise de Brinvilliers* (die berüchtigte Giftmischerin unter Ludwig XIV.) haben *neun* hiesige Komponisten gemeinschaftlich verfertigt: Cherubini, Boieldieu, Herold, Paër,

Auber und andere. Ist das nicht toll! Und eine tragische Oper! Melpomene in der Harlekinsjacke. Die Sinnlichkeit, höhere wie niedere, ist aber bei den Parisern so abgestumpft, daß ihnen Teufelsdreck noch zu fade vorkommt; man muß ihnen täglich neuen Gestank erfinden. Neulich wurde im *Théâtre des Nouveautés an einem und demselben Tage* ein neues Stück zu schreiben beschlossen, entworfen, ausgeführt, die Musik dazu gemacht, einstudiert, aufgeführt, und – ausgepfiffen! Es war eine Wette. Kotzebues berüchtigter »*Rehbock*« wird unter dem Namen *Le chevreuil* in den *Variétés* aufgeführt und hat großen Beifall. In Deutschland sorgt man auf eine edlere Weise für das Vergnügen des Publikums. In Berlin ist erschienen (durch die Cholera veranlaßt): »*Begräbnisbüchlein zum Gebrauche bei Beerdigungen in den Städten und auf dem Lande. Nebst einem Anhange von Grabschriften.*« Schönes Stammbuch! Eines der hiesigen kleinen Blätter enthält heute einen Aufsatz über die in Berlin erscheinende *Cholerazeitung*, worin es unter anderm heißt: »*C'est une invention prussienne; on n'eût pas dit que le domaine de la presse s'aggrandit ainsi dans les domaines de Fréderic-Guillaume. Peut-être aussi le titre n'est-il qu'un épigramme pour montrer et désigner le venin de la presse et la contagion du journalisme.*«

Donnerstag, den 3. November 1831

In Deutschland haben sie das Geheimnis gefunden, die Dummheiten in ewig blühender Jugend zu erhalten. Es gibt keine Götter mehr, sonst müßte man sie auf der Erde lachen hören; denn der alte Olymp war ein lustiger Himmel. Soeben las ich in der »Preußischen Staatszeitung«, daß im königlichen Theater am 26. Oktober, zum *ersten Male*, »*Der dumme Peter*, Originallustspiel in zwei Akten« aufgeführt wird. Ein Stück, das seit sechzehn Jahren in allen deutschen Residenzen gegeben wird, nennen sie ein Originallustspiel! Unglückliches Land! Die Sonne sinkt, die Fledermäuse steigen auf. Polens Revolution war die Abendröte der Freiheit. Von Hannover schreiben sie: das schöne Oktoberwetter habe den besten Einfluß auf den Gesundheitszustand gehabt, und die *politische Entzündung habe sich gleichfalls merklich gelegt*. Man fange an einzusehen, daß man im hannöverischen Lande *so viel Freiheit und Sicherheit als in England genieße*, und darum habe es mit einer Konstitution gar keine Eile. Wenn nur der Adel eine festere Einrichtung bekomme, dann sei allen Übeln abgeholfen... Und die »Allgemeine Zeitung« nimmt solche Unverschämtheiten auf, und jedes Wort verdienter Zurechtweisung weist sie zurück. Die badischen Stände bekommen *keine* Preßfreiheit. Die Deputierten haben sich bis jetzt kräftig benommen, obzwar die guten deutschen Seelen immerfort »*von den Hallen*« der Volkskammer reden. Jetzt wollen wir sehen, ob sie beharrlich sind, eingedenk der Heiligen Schrift: »Aber wer beharret bis am Ende, wird selig werden.« Nichts gleicht der Frechheit, mit welcher das Preßgesetz abgefaßt ist, welches die Minister in Karlsruhe der Kammer vorgelegt. Die Presse sei frei – mit Ausnahme aller Bücher unter zwanzig Bogen, mit Ausnahme aller Werke, die von der Bundesversammlung reden. O Schmach über das Volk, das sich diesen Hohn gefallen läßt! Einen dummen Karpfen fängt man mit mehr Witz. O Beaumarchais, hättest du deutschen Stoff gehabt, das wäre ein ganz anderer »Figaro« geworden! In Kassel liegen die Beamten und Offiziere der neuen Mätresse zu Füßen, und bald wird auch die Konstitution da liegen. Um diesen Preis wird die Dame von dem Durchlauchtigen Deutschen Bunde gegen die Kurfürstin und gegen die Hessen beschützt und geschützt. – Bei euch ist ja »*unbegrenzte Trauer*«, wegen des Todes des Fürsten von Hohenzollern-Sigmaringen. Steht Ihnen die schwarze Kleidung gut?

Freitag, den 4. November 1831
Sie reden immer noch von der »Bockenheimer Zeitung«, als wenn die lange dauern würde! Lassen Sie nur erst die belgische Angelegenheit in Ordnung gebracht sein und die Gräfin Schaumburg Wurzel gefaßt haben, und man wird die »Bockenheimer Zeitung« nur noch im *Kuchengarten* finden. Für jetzt ist alles verloren. Nur der König von Holland kann noch retten,

wenn er so klug ist, ein Narr zu sein. Die Revolution, die sich jetzt mit großen Schritten in England naht, gereicht uns Deutschen gar zum Verderben. Deutschland ist das ewig offene Fontanell, wodurch alle aus dem übrigen Europa verjagte Despotie abfließt; und je reiner die übrigen Länder werden, je schmutziger werden wir. Sie glauben mir das noch nicht, aber Sie werden es erfahren. Meine Pariser Briefe vom vorigen Winter werden erst Ende künftigen Sommers ihre Bedeutung bekommen, und was ich unter *Vespertinchen* verstanden, wird dann erst der Welt klarwerden. Von Frankreich mag ich gar nicht reden. Es mag sein Testament machen. König Philipp trägt eine Schlafmütze *unter* seiner Krone, und der Kaiser von Österreich eine Schlafmütze *über* der seinigen. Es ist eine neue Freundschaft zwischen beiden, welche die alten Früchte tragen wird. König Philipp kann seine Nachtmütze nicht mehr abziehen, ohne daß ihm die Krone vom Kopfe fällt, Österreich aber kann jeden Augenblick seine Mummerei wegwerfen und steht dann gerüstet da. Die Papiere stehen hoch, die Börse jauchzet. Ich rufe wie Fiesko aus: »*Wohl bekomm euch die Verdammnis!*«

Sechsundfünfzigster Brief

Paris, Freitag, den 4. November 1831

Das Buch der *hundertundein* Schriftsteller hat meinen Erwartungen nicht entsprochen. Es wird hier freilich von allen Parteien gelobt, weil Schriftsteller aus jeder Partei daran gearbeitet haben. Aber für mich, fürchte ich, wird es ein Buch der hundertundein Täuschungen werden. Gleich anfänglich ärgerte ich mich darüber, daß diese Sittenmaler so verächtlich von ihrem alten Meister Mercier sprechen, aus dessen Schule sie alle hervorgegangen. Sie sagen: »*Il faut faire pour le Paris d'aujourd'hui ce que Mercier a fait pour le Paris de son temps, avec cette différence que cette fois les tableaux de mœurs seront rarement écrits sur la borne.*« Mercier nennen sie einen Gassenjungen! Wahrhaftig, er sagt mehr in einer einzige Zeile als die neuen auf einem ganzen Bogen. Er malte in Öl;

Jouy und seine Nachahmer malten mit Pastellfarben. Das sieht freilich ganz artig aus, aber man kann es wegblasen. Auch war Merciers Zeit günstiger zur Sittenmalerei als die jetzige. Damals fingen gerade die Stände an sich zu vereinigen, und da konnte man eben am besten ihre Trennungen kennen lernen; jetzt aber, da sie vereinigt sind, kann man nur noch ihre Naht zeichnen. Doch liest sich das Buch immer angenehm weiter; man lernt daraus, man reist darin und kommt weiter.

Eines einzigen Artikels im ganzen Bande muß ich als Ausnahme mit großem Lobe gedenken. Es ist das Kapitel: *Le Bourgeois de Paris* von *A. Bazin*, einem Schriftsteller, der mir ganz unbekannt ist. Das ist eine vortreffliche Zeichnung, mit Geist und Gemüt entworfen. Von den übrigen Kapiteln sind zwei zu erwähnen, bei welchen der Reichtum des Stoffes die Armut der Kunst vergütet; nämlich: *L'abbaye-aux-bois* von der Herzogin *von Abrantes*, und *Une fête au Palais Royal* von *Salvandy*. *L'abbaye-aux-bois* heißt das Haus, ein ehemaliges Kloster, worin Madame Récamier wohnt, seit sie die große Welt verlassen. Aber die große Welt ist ihr dorthin nachgezogen oder eigentlich *nachgestiegen*, ich glaube bis in den dritten Stock hinauf. In dem Hause wohnen noch mehrere Frauen, die sich aus dem Glanze und dem Geräusche der großen Welt zurückgezogen, um – nicht übersehen und überhört zu werden. Alle diese frommen Weiber bilden ihren eigenen Mittelpunkt, haben ihren eigenen Zirkel. Die Herzogin erzählt nun, wie es in diesen verschiedenen Gesellschaften, besonders bei Madame Récamier, hergeht, welche Staatsmänner, Schriftsteller, Künstler sich da versammeln, welche Werke da vorgelesen, welche Kunstwerke vorgezeigt werden und was sonst da getrieben wird. Madame Récamier wird wegen ihrer Liebenswürdigkeit, Bescheidenheit, Entsagung, Mildtätigkeit gepriesen. Ich habe das von dieser berühmten Frau seit zwanzig Jahren schon oft gelesen und will es auch alles glauben; nur fürchte ich immer, daß die Tugend, der es nicht gelingt, unbemerkt zu bleiben, es gar nie mit Ernst versucht hat. Die Herzogin Abrantes (sie hat auch verflossenen Sommer Memoiren aus den Zeiten des Kaiserreichs herausgegeben) ist übrigens eine rechte Klatschlies und erzählt alles im Tone einer bürgerlichen Frau Base. Sie mag eine muntere Französin sein; denn die Sentimentalität, die sie manchmal versucht, gelingt ihr gar nicht; sie bringt keine Träne zustande, und wenn sie darauf hinarbeitet, sieht es so komisch aus wie ein Mensch, der niesen möchte und nicht kann. *Une fête au Palais Royal* von Salvandy, dem Schüler Chateaubriands in Stil und Politik, beschreibt das glänzende Fest, welches der Herzog von Orléans vier Wochen vor der Revolution dem Könige von Neapel gegeben, wobei Charles X. zugegen war. Das war leicht schön beschreiben; schon dieses mein kurzes Inhaltsverzeichnis ist ein Gemälde, ein Gedicht, ein Drama. Salvandy ist einer von den bequemen Carlisten, die in Pantoffeln und im Schlafrock die Rückkehr Heinrichs V. abwarten und unterdessen manche Träne in ihren Wein fallen lassen. Er erinnert sich mit Wehmut jenes herrlichen Festes, das auf *der Grenze zweier Monarchien gegeben worden*. Weil ihm das Herz so schwach, traut er seinem Kopfe nicht. Er fragt: »*De quel style décririez-vous les danses dont retentissait peut-être Herculanum la veille du jour qui se leva le dernier sur la cité condamnée?*« So sind die Legitimisten. Wenn sich Peter statt Paul auf einen Thron setzt, sehen sie darin den Untergang eines verfluchten Landes. Viertausend Gäste waren versammelt. Charles X. trat zwischem dem Herzoge von Orléans und dem Könige von Neapel in den Saal. Nach wenigen Wochen war der eine vom Throne gestürzt, der zweite tot, der dritte König! Charles X. sagte, den Himmel betrachtend, zu Salvandy: »*Il fait beau temps pour ma flotte d'Alger.*« ... »*Au moment que j'écris, le pirate que Charles X. décréta de punir, se promène au milieu de nous, paraît dans le même Palais Royal d'où Charles X. suivait son foudre vengeur lancé sur l'aile des vents, le dey d'Alger enfin peut vivre dans nos murs. Charles X. ne pourrait pas y mourir.*« Salvandry sprach mit einem der Minister Karls über die Gefahren des Kampfes, worin die königliche Gewalt sich eingelassen. »*Nous ne reculerons pas d'une semelle*«, m'avait-il dit. – »*Eh bien*«, lui répondis-je, »*le roi et vous reculerez d'une frontière.*« Das ist schön, wenn es wahr ist... – Auch unser Béranger hat ein Gedicht in das Buch geliefert, und ein recht schlechtes. Es ist eine Ode an Chateaubriand in Genf, die ihn freundlich bittet, nach Frankreich zurückzukehren:

> »*Chateaubriand, pourquoi fuir ta patrie,*
> *Fuir son amour, notre encens et nos soins?*
> *N'entends-tu pas la France qui s'écrie:*
> *Mon beau ciel pleure une étoile de moins?*«

Pleure une étoile de moins! Was ist nur dem schlichten Béranger eingefallen, sich mit solchem abscheulichen *eau de mille fleurs* zu parfümieren! Wer hieß aber auch den ehrlichen Mann Lobgedichte schreiben? Wer nicht zu schmeicheln gewohnt ist, dem gelingt es schwer, selbst das Verdienst zu loben. Chateaubriand antwortete ihm in einem Briefe, der, obzwar in Prosa geschrieben, weit dichterischer ist als Bérangers Gedicht. Chateaubriand weiß die Lobpreisung eines unbestechlichen Mannes zu schätzen. »*Comment serais-je invulnérable à la flatterie d'une Muse qui à dédaigné de flatter les rois?*« Aber nein, sagte er, ich werde nicht zurückkommen. »*Jamais je ne me rapprocherai de ces hommes qui ont dérobé à leur profit la révolution de juillet, de ses écornifleurs de gloire, de courage et de génie.*« *Schmarotzer des Ruhms* – man kann das nicht besser sagen: »*Malgré les génuflexions de notre diplomatie et à cause même de ses mains mendiantes, il ne me paraît pas très certain qu'on nous aumône la paix.*« Périer und seine Leute nennt er »*la coterie colérique, sans dignité, sans élévation*«. Übrigens verspricht er, über die Lage Frankreichs bald eine neue Broschüre herauszugeben. Diese ist auch bereits erschienen, und ich werde darauf zurückkommen. Es wird einem doch immer warm, sooft man Chateaubriand liest, zuweilen auch schwül; aber was liegt daran? Besser als kalt; das Fenster ist leicht geöffnet.

– Ich hätte so gerne nachholen mögen, was während meiner Abwesenheit von Paris an bedeutenden Komödien auf die Theater gekommen, was an guten Büchern erschienen ist; aber nicht möglich, nachzukommen. Nicht einmal das Neueste jedes Tages ist zu verbrauchen. Es ist zu verzweifeln. Das ist gar nicht Leben zu nennen, wenn die Vergangenheit stündlich wächst und die Gegenwart gar nicht aufkommen kann und gleich nach der Geburt stirbt. Da ist es doch in unserm guten Vaterlande besser; da steht die Gegenwart mit ihrem dicken Bauche und breiten Rücken fest auf den Beinen und nimmt so viel Platz ein, daß nicht die schmalste Zukunft vorbei kann. Gestern las ich das Verzeichnis der in diesem Herbste erschienenen neuen deutschen Bücher. Hundert und mehr Schriften über die Cholera! Ich bekam Leibschmerzen nur vom Lesen des Katalogs. Sonst habe ich nichts von Bedeutung angezeigt gefunden, außer dem folgenden Werke, wonach ich sehr schmachte. Es ist wahrscheinlich eine Satire gegen den deutschen Bundestag; denn unsere maliziösen Landsleute, man kann es nicht leugnen, mißbrauchen die Preßfreiheit gar zu arg. Das Buch hat den Titel: »Das Schabbes-Gärtle von unnere Leut; eppes mit e Rorität Geblumes füre Brautschmuck. E Chetisch meloche, von Itzig Feitel Stern. Mit eppes neun Stück ganz feine gillmelirte Kupferstichlich etc.« Es ist in Meißen erschienen, wo man gutes Porzellan macht und das beste Deutsch spricht. Unter Schabbes-Gärtle wird gewiß die Bundesversammlung gemeint, und unnere Leut, das sind Baden, Bayern und die andern kleinen Fürsten, welche sechs Monate lang bei ihren sauren Ständearbeiten sehr geseufzt und geschwitzt, jetzt aber im siebenten sich ausruhen und im Schabbes-Gärtle spazierengehen. Chetisch meloche ist der Untergang der Polen und Rorität Geblumes sind die schönen Reden der patriotischen Deputierten in Karlsruhe und München. »Ein Pferd, ein Pferd – nein einen Esel, einen Esel, ein Königreich für einen Esel!« Was ich damit machen will? Die Haut will ich ihm abziehen und jemanden hineinnähen. Wen? Das ist ein Geheimnis. Es ist nur gut, daß ich über dreißig Jahre alt bin; jetzt brauchte ich nur badischer Staatsbürger zu werden, dann kann ich in Karlsruhe eine Zeitung herausgeben, sobald ich Kaution geleistet. Einen Esel, einen Esel, meine sämtlichen Schriften für einen Esel! Man kann aber über Deutschland gar keinen dummen Spaß mehr machen. Man soll den Teufel nicht rufen, auch nicht im Scherze. Als ich Ihnen voriges Jahr geschrieben: Geben Sie acht, man wird bei uns Zensur und Kaution zugleich festsetzen, schämte ich mich ehrlicher Narr später und dachte bei mir: du bist aber auch gar zu argwöhnisch; so dumm, so schlecht sind sie nicht, über das Schabbes-Gärtle darf man gar nicht sprechen, und sooft jetzt unsere Fürsten die Klagen ihrer Völker nicht werden hören wollen, werden sie sich in das Schabbes-Gärtle zurückziehen. Der Deputierte Seuffert in München hat mit deutscher Bangigkeit die Kammer aufgefordert, sich zurückzuziehen und den Kampf um Freiheit aufzugeben. Sie wissen ihre Hände nur zum Schreiben zu gebrauchen, diese unglückseligen Gelehrten! Er sagte: »Warschau ist gefallen, die Reformbill ist gefallen, die Feinde der fortschreitenden Entwicklung freisinniger Staatseinrichtungen erheben mit frischem Mute das Haupt, die Vorstellungen und Reklamationen der Diplomaten, welche den Absolutismus repräsentieren, werden dem Vernehmen nach zu dringlicher und hochfahrender.« So spricht ein Mann, der sich einen Verteidiger des Volkes nennt! Also weil wir Widerstand gefunden, sollen wir gleich die Waffen strecken? Haben sie denn erwartet, daß man ihnen die Freiheit auf goldenen Schüsseln mit einem artigen Komplimente in das Haus bringen werde? Wie feige macht doch die Gelehrsamkeit! Tausende von edlen Polen haben Armut und Verbannung einer schmachvollen Unterwerfung vorgezogen. Die Unglücklichen! Das Korps des Generals Rybinski, das sich nach der preußischen Grenze zurückgezogen, ist dort im jammervollsten Zustande angekommen. Alle, die Mitglieder der Nationalversammlung, Minister, Generale, Magistratspersonen, Offiziere, Soldaten, sogar die Weiber und Kinder, wanderten barfuß durch den Kot, und sehr wenige hatten eine Kopfbedeckung. Selbst der Generalissimus Rybinski hat weder Hut noch Mantel. Und als sie in solcher Erschöpfung das preußische Gebiet erreicht, war die erste Sorge der preußischen Behörden, alle Minister und Senatoren in ein Kloster zu sperren, und dort mußten sie fünfzehn Stunden ohne Nahrung zubringen! Und so ein Würzburger Professor, der im Schlafrocke am

Kamin sitzt und, Bier trinkend, seine Reden ausarbeitet, sagt seinen Federgenossen, sie hätten lang genug gekämpft, Heldenmut genug gezeigt und sie sollten sich der Notwendigkeit unterwerfen! Welche Welt ist das! Sie zu ertragen, haben wir einen Gott zu viel oder einen zu wenig. Christus muß den Himmel verlassen, daß wir alle Hoffnung und allen Glauben verlieren, Liebe und Freiheit als törichte Träume vergessen und in der Menschheit nicht mehr erblicken als mechanische und chemische Kräfte, die sich wechselseitig verdrängen und zerstören, sich aus Eigennutz verbinden und aus Habsucht verschlingen. Oder ein anderer Christ muß kommen, der uns für neue Leiden neuen Glauben, neue Hoffnung bringt.

Mittwoch, den 9. November 1831

Ein ministerielles Blatt ärgert sich sehr über das Fallen der Renten, das Montag stattgehabt, und scheltet die reichen Leute Poltrons. Der Krämer-Minister Périer hat seinen Puls auf der Börse, und zwischen zwei und vier Uhr nachmittags ist er immer krank. – O Schande über die Nation! Schmach über Israel! Herr von Rothschild ist von den hiesigen Gerichten zu zweitägiger Gefängnisstrafe verurteilt worden, weil er trotz wiederholter Ermahnung sein Cabriolet nicht wollte numerieren lassen. Wahrscheinlich trotzt er auf den diplomatischen Charakter, den ihm sein Generalkonsulat gibt. Ein Rothschild soll sich gegen das Numerieren wehren. Hätte er niemals numeriert, wäre er nicht geadelt und diplomatisiert worden. Um seiner schönen Augen willen ist es nicht geschehen.

Gestern abend habe ich doch einmal wieder eingesehen, wozu Gott den Menschen Ohren geschaffen hat; man vergißt das leicht und oft. Ich habe die Malibran in der »Diebischen Elster« gehört Nun, jetzt bin ich doch wieder verliebt, und Casimir Périer kann froh darüber sein; das wird ihm etwas Ruhe vor mir verschaffen. Sie trat nach langer Abwesenheit zum erstenmal wieder auf und wurde vom Publikum mit noch mehr Liebe als Geräusch empfangen. Das war deutlich zu merken. Auch mußte sie die angefangene Arie wieder unterbrechen; denn die Rührung unterdrückte ihre Stimme. Nun möchte ich wissen, ob das Natur oder Kunst war: dem Teufel kann man trauen, aber keiner Komödiantin. Ich kann ganz mit Ernst versichern, daß ich verliebt in sie bin, nicht in ihre Person, aber in ihren Gesang und noch mehr in ihr Spiel. Und Spiel in einer Oper! wer denkt nur an so etwas, wer erwartet es? Nie habe ich eine Schauspielerin gesehen, die so aufmerksam ist auf sich und auf die andern. Sie vergißt nichts, weder bei der leidenschaftlichsten Bewegung noch in der gleichgültigsten Ruhe. Sie vergaß nicht einmal die Servietten auszuschütteln, als sie den Tisch abdeckte. Es steht keiner auf der Bühne und es mögen der Mitspielenden noch so viele, deren Rollen noch so unbedeutend sein, für den sie nicht einen eigenen Blick, eine eigene Bewegung hätte. Sie spielt für alle. Die Darstellung der *tätigen* Leidenschaften, des Hasses, des Zorns, der Verachtung, der *handelnden* Verzweiflung gelingt ihr meisterhaft, und ganz durchsichtig wie sie ist, sieht man die Leidenschaften nicht bloß in ihrer Reife, sondern man kann sie vom ersten Keime an bis zu den Früchten verfolgen. Sie muß viel studieren, viel nachdenken, viel lesen, sogar Medizinisches. Woher wüßte sie sonst alle pathologischen Bewegungen des Körpers so naturtreu darzustellen? Ich mußte manchmal die Augen von der Bühne abwenden, um nur wieder Atem zu schöpfen; denn wenn man die Pulsschläge zählt, die zu solchen Gemütsbewegungen gehören, wird einem ganz Angst bei der Rechnung. Mein kühles Urteil: daß die Malibran oft zu *natürlich* spiele, hieß ich mit Unwillen schweigen, so recht es auch hat. In der Tragödie, sowohl im Gedichte als in der mimischen Darstellung, darf zwar die *Person* handeln; aber leiden darf nur der *Mensch*. Die *Person* leiden zu sehen – was hat man davon? (Es ist doch schön, daß ein Kritiker nichts zu fürchten hat; hätte das: »was hat man davon?« ein anderer gesagt, ich wollte mich schön über ihn lustig machen.) Der Körper soll die Leiden der Seele durchblicken lassen; wird er aber selbst trübe, wie kann da die Seele durchscheinen? Das vergißt die Malibran zuweilen, und ihre leidenschaftlichen Bewegungen werden dann zu Nervenkrämpfen. Aber ach! wenn man mit der Geliebten schmollt, es dauert nicht lange. Sie spielt doch himmlisch. Und Rubini, Lablache! Was soll ich noch viel sagen? Ich könnte doch nicht mehr herausbringen als unsere deutsche Morgen- und Abendblätter: »der gestrige Abend war ein genußreicher Abend«.

Jetzt Adieu Malibran II., Malibran I. kommt. So schrieb ich, als ich Konrad mit Ihrem Briefe hereintreten sah. Aber ich bitte, gebrauchen Sie künftig statt vier nur drei Oblaten. Dann könnte ich doch wenigstens satirisch sein und Ihr fürchterliches Gesiegel mit dem dreiköpfigen Cerberus vergleichen, der grimmig alle Neugierigen abwehrt. Lieber Satan, sagen Sie mir doch, wer, der nicht muß, wird denn in Ihren sauren Brief hineinsehen? O wie verwünsche ich die Cholera, daß sie mir durch ihre Räucherungen mein Glück so versäuert! Sie fragen mich: wie es denn meine Bekannten hier machen, wenn die Cholera kommt? Mein Gott, wenn Sie darunter fremde Deutsche verstehen, so sind ja das meistens sorgenlose junge Leute, die erstens solche Gefahren gar nicht beunruhigen und die, da es ihnen oft an Geld fehlt, an weite Flucht nicht denken können. Heine sagt mir, er würde nicht hierbleiben, sondern nach der Schweiz gehen. Sie können sich denken, daß die reichen lebenslustigen Pariser, die keine Notwendigkeit an Paris fesselt, fortlaufen werden. Was mich betrifft, so will ich mir voraus gar nicht darüber den Kopf zerbrechen. Da die Nachricht von der Cholera in England heute widerrufen wird, sehe ich nicht ein, wie sie so schnell nach Paris kommen soll, und das wird sich wohl noch bis zum Frühlinge hinziehen. Vor einiger Zeit habe ich recht angenehm geschwärmt mit meiner Flucht. Ich wollte nach Marseille reisen und von da nach Genua, damit ich doch einmal das Meer und italienischen Himmel zu sehen bekäme. Es ist doch eine rechte Sünde, daß ich hier sitze und das viele Geld verzehre, und für das nämliche Geld, ja für weniger, könnte ich den Winter im südlichen Frankreich oder im nördlichen Italien verträumen. Ich habe die größte Sehnsucht, einmal aus diesem nordischen Klima der Politik und des Verstandes zu wandern und unter einem Himmel der Natur und Kunst zu atmen. Was halten Sie davon?

Die Schröder-Devrient hat vor einigen Tagen beim italienischen Theater als Donna Anna debütiert und hat in hohem Grade mißfallen. Sie wird in den öffentlichen Blättern streng beurteilt, und man scheint recht zu haben. Im deutschen Theater gefiel sie den Parisern sehr, und da kam die Eitelkeit über sie und stach ihr die Augen aus. Jetzt begeht sie gar noch den tollen Übermut und tritt nächsten Sonntag zugleich mit der Malibran und zwar in einem Stücke auf, worin sie deren Rolle übernimmt. Sie wird im »Othello« die Desdemona singen und die Malibran den Mohr. *** sagte mir heute: die Malibran (es ist ihr *Benefiz*) habe das so angezettelt, um die Devrient auf einmal und für immer zu stürzen. Mein vaterländisches Herz blutet mir bei dieser traurigen Aussicht. Ich bin in einer schrecklichen Lage. Ich wünsche den Triumph der Malibran und würde doch den Fall der Devrient beweinen. So zwischen Liebe und Patriotismus geklemmt – was soll ich tun, wie soll ich mich erleichtern? Teure Freundin, helfen, raten Sie. Welche Zeit! wohin soll man sich wenden? wo findet das zerrissene Herz einen geschickten Schneider? Wo? Im Weimarischen, in dem glücklichen Lande, *»wo die Liebe befiehlt und die Liebe gehorcht«*.

Donnerstag, den 10. November 1831

Das Verbot der »Bockenheimer Zeitung« – das ist die graue Narrheit, die vor Alter kindisch geworden. Sie wollten keine Blitzableiter; nun, um so besser. Dann wird das Donnerwetter statt in die Erde auf die Dummköpfe selbst herabfahren, und wir werden sie los. Selbst der türkische Kaiser läßt jetzt eine Zeitung schreiben! Wenn die türkische Regierung im Liberalismus so weit vorschreitet, als Deutschland zurückgeht, dann werden Frankfurt und Konstantinopel bald aufeinander treffen. Wahrhaftig, ich bewundere den Sultan, ob ich zwar das gar nicht nötig hätte, um unsere christliche Fürsten zu verachten. Bei diesen, wo ihr böser Wille aufhört, beginnt erst ihre Schwäche. Keiner von ihnen hat den Mut, dem Widerstreben ihres Hofes, ihres Adels gegen die Entwicklung der Volksfreiheit sich entgegenzusetzen. Der Kaiser von Rußland ist so feige und schwach, daß er nicht wagt, die Polen freizugeben, weil es seine russischen Hofbären nicht wollen. Und der Sultan steht ganz allein, hat kein Volk auf seiner Seite, gegen sich aber den Pöbel, die Geistlichkeit und die Aristokratie, und doch läßt er sich nicht einschüchtern und geht auf dem Wege der Verbesserungen mutig vorwärts! Und der Adel, der dem Sultan feindlich entgegensteht, ist kein entnervter, hasenfüßiger, an seidenen Bändern wie Hündchen geführter europäischer Adel; es sind keine parfümierten Diplomaten in seidenen Strümpfen und glasierten Handschuhen – es ist eine Militäraristokratie, es sind die reichen wilden Janitscharen. Aber freilich ist Mahomet nicht am Kreuze gestorben, und Dulden und Warten wird seinen Gläubigen nicht als Heldenmut gelehrt. Ich begreife nur nicht, wie sich der Sultan jetzt schon so viele Jahre unter seinen zahllosen Feinden, gegen die, im Dunkeln schleichend, kein Mut schützt, hat erhalten können. Ganz gewiß ließ er sich von Wien einen Kunstverständigen kommen, der ihm eine geheime Polizei auf christlichem Fuße eingerichtet hat.

Der König von Württemberg hat einen öffentlichen Befehl erlassen, wodurch den Offizieren streng untersagt wird, von Politik zu sprechen und Gesellschaften zu besuchen, worin dieses geschieht. Ich habe doch in dieser unglücklichen Zeit wenigstens die Schadenfreude, wahrzunehmen, wie sehr sich die deutschen Fürsten seit einem Jahre geärgert haben. Jetzt steigt ihnen die Säure auf, so stark, in solcher Menge, daß man die ganze nordische Briefpost an der französischen Grenze damit desinfizieren könnte. Es gibt doch nichts Komischers als solch eine altväterische Regierung. Von der Cholera, die doch gewiß kontagiös ist, haben sie aus politischen Gründen behauptet, sie sei miasmatisch, und von der Politik, die miasmatisch ist, behaupten sie aus cholerischen Gründen, sie sei kontagiös. O! Doch will ich mit diesem O! keineswegs gesagt haben, daß mir der König Philipp nicht auch soll gestohlen werden. Hat mir dieser Volkskönig, der sich ein halbes Jahr lang den Parisern nie anders zeigt als wie ein deutscher Opernkönig mit der Hand auf dem Herzen, ein großes Stück von meinen Tuilerien weggenommen, und ich betrete nie den Garten, ohne zu erstaunen über diese Kühnheit und über diese Nachsicht auf beiden Seiten. Das hat keiner der legitimen Könige von Orléans zu tun gewagt, zu tun je Lust gezeigt. Er läßt sich einen Privatgarten für sich und seine Kinder aus dem usurpierten Teile machen. Er hat gar nicht das Recht dazu; denn die Tuilerien gehören ihm nur als König, und was ihm als König gehört, daran hat das Volk auch teil. Und was noch bedenklicher ist, nicht die Habsucht, die Furcht hat Louis-Philippe zu dieser Usurpation verleitet. Er läßt hohe Terrassen aufwerfen, Mauern und Graben ziehen, um das Schloß von der Gartenseite gegen einen Andrang zu schützen. *Er fürchtet sich* – Frankreich mag sich vorsehen. Die Verkleinerung des Tuileriengartens, das wäre also die einzige Folge der Französischen Revolution, die sich mathematisch bezeichnen läßt; alles übrige ist Metaphysik. Die Folgen, welche die Julirevolution für Deutschland gehabt, sind viel deutlicher. 1. Die Cholera. 2. In Braunschweig hatten sie sonst einen Fürsten, der es wenigstens nicht mit dem Adel hielt; jetzt haben sie einen, der sich vom Adel gängeln läßt. 3. Die Sachsen haben statt einen Fürsten jetzt zwei. 4. Die Hessen haben statt der alten fürstlichen Mätresse eine junge bekommen. 5. In Baden konnte man früher eine Zeitung schreiben ohne Kaution, jetzt muß man eine leisten. 6. Wer in Bayern den König beleidigte, mußte früher vor dessen Ölbilde Abbitte tun; jetzt kommt der Beleidiger auf fünf Jahre in das Zuchthaus. Da weiß man doch wenigstens, woran man ist.

Siebenundfünfzigster Brief
                    Paris, Freitag, den 11. November 1831
Die Geschichte mit Belgien ist noch nicht zu Ende, auch nicht einmal in dem Sinne der guten kurzsichtigen Menschen, die in der Ausgleichung dieses Streites das Ende aller Verwirrung sehen. Was mich betrifft, werde ich die Annahme des aufgezwungenen Friedens von beiden Parteien doch nur als einen Waffenstillstand für diesen Winter ansehen. Und auf dieses miserable Fundament von Backsteinen glaubt Casimir Périer das schwache Gebäude des europäischen Friedens stützen zu können, und ehe es noch aus der Erde herausgearbeitet, steckt er schon ein Bäumchen auf und hält eine betrunkene Kranzrede, als wäre das Dach fertig! Die Waage des Schicksals in der *bemehlten* Hand eines Krämers zu sehen, – nein, man könnte darüber von Sinnen kommen! Gibt es denn etwas Lächerlicheres als das Schmunzeln dieses Ministers, sooft er eine Nachricht erhalten, Preußen oder Österreich vermindere seine Truppen, beurlaube sie! Es ist wie die Freude eines Kindes, wenn es wahrnimmt, daß Mama die Rute wieder hinter den Spiegel steckt, die sie drohend hervorgeholt. Es ist wie die Heiterkeit, wie das aufblühende Gesicht eines Bauchflüssigen, wenn er erleichtert vom Nachtstuhle aufsteht, wohin ihn Leibschmerzen getrieben, und ach! ruft. Dieses Frankreich, vor dem, es ist noch kein Jahr, zwanzig Fürsten hinter den zwei Millionen ihrer Wachen zitterten; dieses Frankreich der drei Tage, das ein erschrecktes Jahrtausend vor sich hertrieb – es ist folgsam wie ein Schulbube und lernt alle Tage seine Lektion und läßt sich alle Tage examinieren, um zu zeigen, daß es seine Lektion gelernt hat. Und was zum Lohne für alle diese schmachvollen Opfer? Daß der junge König Philipp mit den alten Königen wird spazierengehen dürfen, wenn diese nach einer sauren Woche wieder einen Feiertag bekommen! Aber Sie müssen die neue Schrift von Chateaubriand lesen. Sie hat mich erquickt durch alle Adern. Mein ganzes Herz hat er ins Französische übersetzt, und wie viel schöner ist die Übersetzung als das Original! Ich weiß

nicht, was die schönste Freude des Lebens ist; aber die größte ist gewiß die Schadenfreude, die wir über die Niederlage und Beschämung unserer Feinde empfinden. Chateaubriand schlägt mit eisernen Keulen, die er in seinem Zorn glühend gemacht, auf die französische Zwergregierung, die ich hasse, ob ich sie zwar verachte. Frankreich hat sie nur der Gegenwart beraubt, und wie groß der Raub auch ist, man kann ihn zählen, berechnen, man weiß, was man verloren, was man wiederzubekommen suchen muß. Uns, uns Deutschen aber hat König Philipp eine ganz unberechenbare Zukunft gestohlen. Gestern hörte ich, der Kaiser von Österreich habe dem Casimir Périer den Stephansorden schenken wollen, aber der österreichische Gesandte hier, darüber vorläufig um Rat gefragt, habe erwidert: *es sei noch nicht die Zeit.* Wie tief wird Frankreich noch sinken, wie hoffnungslos wird noch Deutschland werden müssen, bis Périer den Stephansorden verdient! Wie verhöhnt ihn aber auch Chateaubriand. *»Redet nicht von Ehre, die Renten würden um zehn Centimen fallen!«* Wegen seines Mutes, seiner Treue und seines glühenden Eifers für Recht und Wahrheit darf man diesem Schriftsteller die Kinderei nachsehen, daß er für das Kind Bordeaux sich bemüht, und man soll nur lächeln darüber als über eine Schwachheit. Die Menschen haben immer wunderliche Gottheiten gehabt; der eine betet Vitzliputzli, der andere die Legitimität an. Aber alles, was er gegen das französische Ministerium sagt, gegen dessen Verwaltung im Innern und nach außen, ist klar wie die Sonne und rein wie Gold. »Die Wahlmonarchie hat der Fahne, der sie sich bemächtigt, bis jetzt noch wenig Ruhm verschafft. Sie weht nur über der Türe der Minister und *unter* den Mauern von Lissabon; sie wurde nur von den Winden zerrissen; der Regen färbt seinen Purpur und sein Himmelblau ab, und übrigbleibt ein schmutzig weißer Lappen, die natürliche Farbe der Bastardlegitimität... Der Scepter des jungen Heinrichs, gestützt von den Händen des jungen Frankreichs, wäre für die Ruhe Frankreichs, ja für das Glück seines jetzigen Beherrschers selbst, weit ersprießlicher gewesen als eine um einen Pflasterstein gewundene und aus dem Fenster geschleuderte Krone; eine Krone, die zu leicht, wenn sie sich von ihrem Gewichte trennt, zu schwer, wenn sie daran befestigt bleibt... Ehrwürdige Personen, die Prälaten der Quasilegitimität, betrachten uns als tolle Hunde, immer bereit, auf Europa loszufahren, wenn nicht tüchtige Knechte uns an der Kette hielten. Das haben Franzosen öffentlich geäußert! Sie haben ihr Vaterland aufgedeckt, sie haben mit dem Finger auf dessen geheime Schäden gezeigt; sie haben es dem Hohne der Mächte bloßgestellt; sie haben uns diesen als eine leichte Beute gezeigt oder als Menschen, denen nur der Schrecken Energie geben würde. Also unser Mut von einst, bezeugt durch so viele Eroberungen, wäre nur das Ergebnis der Furcht gewesen, die hinter uns stand: unser Ruhm nur die Folge unserer Verbrechen! *Seid artig*, hat man uns zu sagen sich erfrecht, *und man wird nicht über euch herfallen*. Und ein solches Wort konnte aus dem Munde eines Franzosen kommen! Und das Herz derer, die es gehört, das Wort, hat nicht gezuckt! Und das Blut hat nicht gekocht in ihren Adern! Wenn das Gebäude vom Juli nur auf der Hingebung der Nationalwürde ruht, wird es zusammenstürzen; man baut kein dauerhaftes Denkmal auf Unehre. Triumphbogen, die man mit Kot zusammenknetete, würden nicht auf die Nachwelt kommen.«

Über die törichten Friedenshoffnungen des Ministeriums, und wie sie, von Furcht geblendet, der Gefahr zueilen, die sie fliehen möchten, drückt sich Chateaubriand wie folgt aus: »Zweifelt nicht daran, die fremden Mächte, welche die Freiheit unsrer Presse und Rednerbühne schon *mit* der Legitimität mit Mühe aushielten, werden sie mit dem eingestandenen Prinzipe der Volkssouveränität und einer auf der Straße zugeschlagenen Krone noch schwerer ertragen. Sie mögen sich verstellen, abwarten, vielleicht auf einige Zeit bis auf einen gewissen Grad entwaffnen; sie mögen euch sagen, daß ihr durch euer friedliches System die Retter Europas seid, und euer Stolz ist vielleicht naiv genug, an diese grobe Schmeichelei zu glauben. Wenn ihr aber den verschiedenen Mächten Zeit laßt, die Revolutionen, Töchter der eurigen, zu ersticken; wenn ihr ihnen ganz laut erklärt, ihnen dartut, daß ihr keinen Krieg führen könnt ohne in einen Bankerott oder in eine Schreckensregierung zu stürzen – dann habt ihr gegen die einfachsten Regeln eurer Selbsterhaltung gefehlt. Nicht die, welche die Ehre Frankreichs verteidigen, führen den Krieg herbei; ihr seid es, die durch euer albernes Betragen Frankreich einem neuen Einfalle bloßstellt. Ihr werdet für jetzt den Frieden haben, ich will es wohl glauben; man kann keinem den Degen in den Leib stoßen, der uns den Rücken zukehrt. Aber fordert man in Frankreich, in dem Vaterlande der Ehre, auf solche Weise den Frieden?«

Die Cholera ist jetzt wirklich in England und wird dort, wenn sie sich einmal verbreitet, verheerender werden als in jedem andern Lande, weil England, Gott sei Dank, eine schlechte Polizei hat. Hat die Nachricht auf der Frankfurter Börse keinen Eindruck gemacht? Der Dr. *** hier will ein *sicheres* Mittel gegen die Cholera gefunden haben: man soll jeden Morgen Tisane von Sauerampfer trinken. Das ist ein saures Frühstück. *** hat sich gegen die Cholera tausend Stück Blutigel ins Haus genommen – où peut-on être mieux qu'au sein de sa famille?

Dienstag, den 15. November 1831

Ihr heutiger Brief hat mir sehr großes Vergnügen gemacht, und besonders freue ich mich über Ihre Freude an dem guten Erfolge meines Buches. Ich hätte das nicht erwartet. Ich sehe daraus wieder, wie wenig Kunst das Herz bedarf, um zu gefallen; daß die Aufrichtigkeit immer bewegt, und daß man der Wahrhaftigkeit selbst den Mangel der Wahrheit verzeiht. Denn weiß ich es nicht, wo oft ich mich geirrt haben kann? Weiß ich es nicht, daß tausend Leser anderer Meinung sind als ich? Aber sie sehen, sie fühlen, daß ich meine Gesinnung treu ausgesprochen, und darum sind sie zufrieden mit mir und glauben *mir*, wenn sie auch nicht meinen Reden glauben. Es wäre doch erschrecklich, wenn ich wirklich nicht mehr wagen dürfte, nach Deutschland zu kommen! Dann könnte ich ja auch Deutschland nicht mehr *verlassen*, und ich wäre um die schönsten Stunden meines Lebens geprellt. Es wird aber so schlimm nicht sein, ihr seid zu ängstlich. Man hat jetzt größere Dummheiten, größere Missetaten zu begehen; zu solchen kleinen Betisen und Spitzbübereien hat man keine Zeit. Was das diplomatische Geschwätz heißen soll, ich hätte hier vielen nichtsnutzigen Deutschen Stellen verschafft, weiß ich wahrhaftig nicht. Vielleicht meint man Anstellungen bei Zeitungsredaktionen. Und auch dieses hat keinen Sinn. Es wird wohl nichts anders sein, als daß ich mehreren Deutschen Nachrichten und Stoff zu mißfälligen Zeitungsartikeln geliefert habe.

Mittwoch, den 16. November 1831

Eines der kleinen hiesigen Blätter enthielt gestern folgendes: »*Au cimetière Montmartre, on lit cette inscription sur une tombe nouvelle: Ci-gît M. le Baron Jean de Bruckmann, conseiller actuel de sa Majesté le roi de Prusse. La place qu'occupe actuellement M. Bruckmann, ne lui sera enviée par personne.*« Es ist schon traurig genug, daß deutsche Hofräte nicht unsterblich sind; aber daß sie gar in Paris sterben, das ist herzzerreißend. Man sieht die schrecklichen Folgen. Erfrecht sich ein unverschämter Franzose, sich über einen königlich-preußischen wirklichen Rat lustig zu machen; was würde er sich nicht erst gegen einen unreellen erlauben! Es muß doch ein unerklärlicher wunderbarer Zauber in einem Titel sein! Es ist das dritte edle Metall. Mancher, der dem Silber widersteht, widersteht doch dem Golde nicht, und wer dem Golde widersteht, unterliegt oft einem Titel. Da ist ein gewisser *Münch*, ein politischer Schriftsteller von einigen Talenten; der war früher ein heißer Demagog, sein Liberalismus stand auf 30 Grad Réaumur im Schatten. Der König der Niederlande machte ihn vor einigen Jahren zum Professor, und augenblicklich sank sein Liberalismus auf 15 Grad. Kürzlich wurde er vom Könige von Württemberg zum Geheimen Hofrat ernannt, darauf kam Herr Münch dem Gefrierpunkte sehr nahe. Wird er einmal Geheimer Regierungsrat, sinkt er gar unter Null herab. Zwar erwarb er sich durch sein Sinken nicht bloß einen Titel, sondern auch einen jährlichen Gehalt von dreitausend Gulden; aber das

Geld ist doch hier nur das Gebackene zur Schokolade, dazugegeben, um sie bequemer auszutunken; die Hauptflüssigkeit bleibt der Geheime Hofrat. Für den Gehalt besorgt Herr Münch die Stuttgarter Bibliothek, aber für den Geheimen Hofrat arbeitet er an der Hofzeitung und sucht alle Tage zu beweisen, daß die Regierung immer recht hat dem Volke gegenüber und daß es sehr löblich ist, wenn sie alles Schlimme ohne langes Zaudern auf einmal tue, damit das Volk den bittern Trank schnell hinunterschlucke; das Gute aber nur allmählich, daß man es mit langsamen Zügen hinunterschlürfe und der Genuß um so dauernder sei. Mit welcher rastlosen Feindseligkeit in Deutschland die öffentliche Meinung verfolgt wird, mit welcher Unverschämtheit die Zensur jede Wahrheit unterdrückt und sich zur unverlangten Beschützerin selbst jeder ausländischen Lüge hervordrängt, sobald diese Lüge zum Vorteile einer Regierung gereicht – davon liegt eben ein neuer Beweis mir unter den Augen. Dr. ***, der ein Korrespondent der »Allgemeinen Zeitung« ist, berichtete kürzlich von dem Prozesse des Journalisten Marrast, der in seiner Zeitung, die »Tribüne«, den Ministern Soult und Périer öffentlich vorgeworfen: sie hätten bei dem Waffenankauf in England ihren großen Vorteil gehabt. Der Bericht sagt: »Von Soult glauben viele Leute, es sei nicht unmöglich, daß er neben seinen militärischen Beschäftigungen auch auf Profit ausgehe; man erinnert an sein Benehmen in Spanien, an seine unbezahlte Bildergalerie. Périer steht ebenfalls im Rufe, als lasse er sich nicht gern einen Profit entgehen; auf ihn bezieht man allgemein das Wort des Figaro: »*D'autres ont prêté à la petite semaine. Doch wir halten beide Minister in Betracht ihres allgemein rechtlichen Charakters für unschuldig.*« Zu diesen unterstrichenen Worten bemerkte ***, von dem ich die »Allgemeine Zeitung« leihe, mit der Feder: »*Dies habe ich nicht geschrieben.*« Das hat also die Augsburger Zensur hinzugesetzt. Oder vielleicht hat es der Redakteur der »Allgemeinen Zeitung« selbst getan, – ein talentvoller, aber wunderlicher Mann, der seit zwanzig Jahren mit wahnsinniger Beharrlichkeit den Stein der Weisen sucht und sich abmüht, die

Diplomatik mit der Wahrheit zu amalgamieren, um eine goldene Zeitung hervorzubringen.

Achtundfünfzigster Brief

Paris, Donnerstag, den 17. November 1831

In dem Buche *Des cent-et-un* ist auch ein Kapitel: *La première représentation*. Der Verfasser Merville, selbst ein dramatischer Dichter, beschreibt die Nöte und Ängste, die der Dichter während einer ersten Aufführung erleidet: die unberechenbare Laune des Publikums, der Eigensinn, die Willkür und der Unverstand der Schauspieler, die geheimen Schliche der Feinde, die Falschheit der Freunde – es ist wirklich schauderhaft. Ein Tor, wer nach Ruhm strebt und sein Glück den Winden, seine Ruhe dem Wasser anvertraut!

Nun, euere Allerheiligenrevolution ist ja schon wieder gedämpft! Du brauchst dich nicht zu schämen, Frankfurt; auch Warschau ist gefallen und war doch mehr als du. Die rätselhafte Geschichte war mir ganz klar, noch ehe ich in einem öffentlichen Berichte aus Mainz gelesen, daß man einen Teil der Bundesgarnison, um Platz zu gewinnen, nach Frankfurt verlegen wolle. Das ist's. Vierzig Jahre der Kriege und Revolutionen sind durch Frankfurt gezogen, und nicht einmal während solcher stürmischen Zeit hat dort das Militär eine Gewalttätigkeit, die Bürgerschaft sich eine Empörung gegen die Gesetze zuschulden kommen lassen. Ganz gewiß wurde hier oder dort der schwache Funke der Unzufriedenheit angeblasen und Brennmaterialien darauf geworfen. Das war leicht zu machen. Frankfurt ist ja seit 1814 das Hauptquartier der vaterländischen geheimen Polizei, und der Generalstab ist aus den vortrefflichsten Schurken zusammengesetzt. Unsere weise Regierung wird nun von den zehntausend Bücklingen, die sie seit fünfzehn Jahren der Bundesversammlung verehrt hat, nichts als die Rückenschmerzen übrigbehalten. Jetzt ist wieder die verdammte »Bockenheimer Zeitung« schuld an allem! Sie werden in Deutschland noch verrückt über die Zeitungen; es sind die Furien, die das Gewissen unserer Regierungen verfolgen. Ich las mit gespenstischem Grausen, daß der Senat den Schatten einer Verordnung von 1660 aus dem Grabe hervorgerufen, um die »Bockenheimer Zeitung« damit zu vertilgen; die Hexe von Endor hätte es nicht schauerlicher machen können. Aber die Naivität, die unbeschreiblich heitere Naivität: daß jene alte Verordnung von 1660 mit der jungen Gesetzgebung der deutschen Bundesversammlung in der liebevollsten Eintracht lebe – wie unser Senat erklärte –, verscheuchte alle Schrecken der Nacht von mir, und ich mußte laut auflachen. Hätte ich so etwas gesagt, hätte man es für frevelhaften Spott und Preßfrechheit erklärt. Alle Arretierungen in Frankfurt während der Unruhen würden bei Nacht vorgenommen. Was mich betrifft, so erkläre und entschuldige ich einen solchen schändlichen Friedensbruch leicht damit, daß dort die Regierung wie überall der Antipode des Volks ist und sie daher Tag hat, während jenes Nacht. Wie aber unsere Bürger, unsere Advokaten, die sich mit mathematischer Geographie und Moralphilosophie nicht viel beschäftigen, eine solche schauderhafte Gewalttätigkeit, einen solchen finstern Übermut aus dem Mittelalter ertragen – das begreife ich, das verzeihe ich nicht. In Frankreich ist man ja freier im Gefängnis als bei uns in der Freiheit. Der Polizei, die nur von Willkür lebt, die fürchterliche Gewalt zu geben, jeden, den sie anschuldigt, jeden, den sie beargwohnt, aus seinem selbst bei jedem Mörder heiligen unverletzlichen Asyl, aus seiner Ruhestätte zu reißen, den Unschuldigen oft von dem einzigen Zeugen seiner Unschuld, vom Tageslicht zu trennen – ist eine Tyrannei so schändlicher Art, daß, wer sie schweigend duldet, noch strafbarer ist, als wer sie übt. Und das in einem Staate, wo die Gerichte im Dunkeln Recht sprechen, und wo die Presse unter der schmählichsten Sklaverei steht! Wenn eine solche nächtliche Arretierung einen Fremden trifft, dann ist er verschwunden von der Erde; denn kein Tagesblatt darf Nachricht geben von dem Werke der Finsternis, und der Tod gewährte dann einem solchen größere Sicherheit als die Gefangenschaft; denn einem Verstorbenen wird doch wenigstens ein öffentlicher Todesschein ausgestellt. Was machen denn in Frankfurt unsere jungen Gesetzgeber, unsere jungen Senatoren? Wie dulden sie solche Schändlichkeiten? Wozu denn haben sie die Universitäten des neunzehnten Jahrhunderts besucht? Wenn sie sich in Frankfurt mit einem Staatsrechte und einer Gesetzgebung aus dem sechzehnten Jahrhundert begnügen, hätten sie ihren Eltern die Studienkosten ersparen können. Das eben ist der Jammer – wir haben keine Jugend. Sobald sie in den gesetzgebenden Körper kommen, werden sie dickbäuchig; sobald in den Senat, werden sie grau; sie beginnen mit geheuchelter Sympathie und endigen mit aufrichtiger.

– Sind Sie heute bei Verstand? Diese Frage darf Sie nicht beleidigen; ich würde Sie nie fragen: Sind Sie heute bei Herz? Nun, wenn Sie bei Verstand sind, will ich Ihnen ein Rätsel aufgeben, das mich gestern abend eine halbe Stunde lang beschäftigt hat, und das der erste Philosoph in der *rue de Provence* nicht zu lösen vermochte. Beschämen Sie mich. In den hiesigen Blättern stand vor einigen Tagen folgende öffentliche Ankündigung, die aus der Gazette *de la vallée Cherry* entnommen war. Ob dieses Tal in Frankreich oder in der französischen Schweiz liegt, weiß ich nicht. »*Il est dès à présent interdit à toute personne quelconque d'épouser ma fille Betzy.* Unterzeichnet: J. G. Miller.« Welche Ursache kann ein Vater haben, jedem ohne Ausnahme zu verbieten, seine Tochter zu heiraten? Eines der erwähnten Blätter zerbricht sich auch den Kopf darüber und stellt allerlei Vermutungen auf, von welchen aber eine immer dümmer ist als die andere. Selbst die letzte, die der Zeitungsschreiber festhielt, befriedigte mich nicht, ob sie zwar etwas für sich hat. Der Zeitungsschreiber sagt: nachdem er viele gelehrte Personen, unter andern Apotheker, Lastträger, Schriftsteller und Zahnärzte zu Rate gezogen, sei er endlich bei der Idee stehengeblieben: *daß die Tochter des J. G. Miller ein Sohn sei*. Diese Sache ist für einen Franzosen zu tief, in Deutschland wird man es leichter herausbringen. Machen Sie sich also an das Werk. Ich hätte große Lust, die Sache in eine Frankfurter Zeitung zu setzen, um die dortigen Gelehrten aufzufordern, sich mit dieser wichtigen Angelegenheit zu beschäftigen: aber die Zensur würde den Artikel streichen. Denn das Mädchen aus dem Tale heißt unglücklicherweise *Betzy*, und diesen Namen führt auch in Frankfurt ein Pastetenbäcker. Es wäre Preßfrechheit, so etwas drucken zu lassen.

Nichts Pikanteres gibt es zum Frühstücke als die täglich hier erscheinenden kleinen Blätter nichtpolitischen Inhalts. Es ist wie Austern und Kaviar. Mich wundert nur, daß bei dem großen Beifalle, den sie notwendig finden müssen, deren nicht mehrere herauskommen. Ich kenne nur drei: Der *Figaro* ist mit unendlich viel Geist geschrieben und hat das ganze Jahr durch aber auch nicht einen trüben Tag. Die beiden andern, ob sie zwar keinen solchen Luxus von Witz ausbreiten, lesen sich doch auf das angenehmste, und ich erinnere mich nicht, daß ich je eine einzige Zeile darin hätte übergehen mögen. Dabei kann ich mich nun nie enthalten, diese Blätter mit unsern deutschen ähnlicher Art zu vergleichen, und ich komme dann immer auf ein Resultat, das mir nicht ganz klar ist. Alles, was die hiesigen Blätter, den deutschen gegenüber, an äußern günstigen Verhältnissen voraushaben: die Freiheit der Presse, die ungestörte Benutzung der Politik, besonders der reich zusammengehäufte täglich wechselnde Stoff, den ihnen die große Hauptstadt in Kunst, Wissenschaft, Theater, Literatur, geselligem Leben und Tagsgeschichten darbietet – das alles stelle ich den deutschen Blättern zur Rechnung und bringe es in Abzug ihrer Schuld. Aber selbst nach dem allen haben sie mir wegen ihrer ewigen Einförmigkeit und unendlichen Langweiligkeit noch Rede zu stehen. Es liegt eben eine Monatssammlung von einem der erwähnten Blätter vor mir auf dem Tische; es heißt *L'Entr'acte* und ist das unbedeutendste von allen. Ich nehme die ersten acht Blätter zur Hand, um deren Inhalt zu zählen, zu messen und zu wiegen. Das Blatt ist gleich dem »Morgenblatte« in Quart gedruckt, aber etwas weitläufiger, so daß es weniger enthält als jenes. Von den vier Seiten des Blattes fallen erstens zwei Seiten weg, die ganz mit den Anzeigen der Theaterstücke des Tages und den Namen der darin auftretenden Personen ausgefüllt sind. Von den zwei übrigen Seiten bringe ich täglich eine Spalte in Abzug, welche sogenannte Miszellen, hier *causeries* genannt, enthalten. Gegen diese könnte man freilich einwenden, daß die unbeschränkte satirische Freiheit ihnen zustatten komme. Hier darf man die Übermütigen und die Narren mit Nadeln stechen, in Deutschland nur zuweilen mit dem Kopfe eines Nagels tüpfen. Bleiben also für jedes nur noch drei Spalten übrig. Und in dem engen Raume dieser drei Spalten enthalten die acht ohne Wahl herausgerissenen Blätter: 5 Bücherkritiken, 3 Theaterkritiken, 2 Romane und 12 Aufsätze, deren Titel ich Ihnen mitteile, damit Sie daraus sehen, daß es freigewählte Formen sind, allgemeine Stoffe, die den deutschen Schriftstellern der kleinsten Stadt auch zu Gebote ständen. *Die Musik, wie ich sie liebe. Der Tag nach der Hochzeit. Erörterungen unter Freunden. Der finstere Mann. Der fröhliche Mann. Die Cholerazeitung. Die Kunst, von dem Daumen zu lesen. Warum der Fußgänger mehr Ideen hat, als der im Wagen sitzt. Das Ende der Welt. Der Eck am Kamin. Der ehrliche Mann wider Willen. Über die verschiedenen Arten, wie die Menschen mit ihren Kleidern verfahren.* Und was solche Artikel besonders auszeichnet, ist deren Kürze. Das Kurze mißfällt nie; man kann in zwei Minuten nicht langweilig sein, es gehört Zeit dazu. Ist ein solcher Artikel unangenehm, so war es doch eine Pille, keine Mixtur, man schluckt es hinunter; denn der Kopf hat, wie der Magen, seine Geschmacksnerven; was einmal darüber hinaus ist, schmeckt dem Geist nicht mehr. Warum können oder wollen nun unsere deutschen Schriftsteller in ihren Journalen keine solchen kurzen Aufsätze machen? Ich kann nicht klug daraus werden und bitte Sie daher, wenn Sie nach Auflösung des großen Rätsels von der *Betzy Miller* noch etwas Verstand übrigbehalten, auch über dieses dunkle Geheimnis nachzudenken.

Samstag, den 19. November 1831

In einer Anzeige von Heines Adelsbriefen heißt es unter andern: »Auch setzt man einigen Zweifel in die Aufrichtigkeit der Gesinnungen Heines, indem es einiges Aufsehen macht, den burlesken

Satiriker oder den niedern Komiker auf einmal als Freiheitsapostel wiederzufinden.« Das steht in den Leipziger »*Blättern für literarische Unterhaltung*«, dem größten Viehstall, den ich je gesehen.

– Haben Sie denn wirklich gemeint, das Loben meiner Briefe würde immer so fortgehen? O, lassen Sie nur erst die preußischen Rezensenten kommen und den Leipziger Viehstall auftun; da werden Sie noch ganz andere Dinge hören. Wenn ich Wunden scheute, hätte ich den Kampf vermieden. Die Leute tun mir gar nicht unrecht, die in den Briefen meine frühere Mäßigung nicht finden; aber sie tun sich selbst unrecht, daß sie sie suchten. Die Zeiten der Theorien sind vorüber, die Zeit der Praxis ist gekommen. Ich will nicht schreiben mehr, ich will kämpfen. Hätte ich Gelegenheit und Jugendkraft, würde ich den Feind im Felde suchen; da mir aber beide fehlen, schärfe ich meine Feder, sie soviel als möglich einem Schwerte gleichzumachen. Und ich werde sie führen, bis man sie mir aus der Hand schlägt, bis man mir die Faust abhaut, die mit der Feder unzertrennlich verbunden ist. Die Mäßigung ist jetzt noch in meiner Gesinnung, wie sie es früher war; aber sie soll nicht mehr in meinen Worten erscheinen. Damals, als ich so ruhig schrieb, stürmte es gerade am heftigsten in mir; weil ich noch nicht wußte, was ich wollte, ging ich langsam und sprach bedächtig. Jetzt aber, da mir klar geworden, was *sie* wollen, weiß ich auch, was ich will, ich darf mich dem Strome meines Herzens überlassen, habe nichts mehr zu wählen und nichts mehr zu bedenken.

Was fällt nur den Leuten ein, daß ich ein Feind von Rothschild sei? Ein Glück für mich, daß ich es nicht bin; denn wäre ich es, hätte ich nicht von ihm gesprochen und hätte die Wahrheit meiner Ehre aufgeopfert. Gegen den Menschen Rothschild habe ich gar nichts, aber weil er Rothschild ist, setze ich ihn den Königen gleich, und das kann ihn doch gewiß nicht verdrießen, wenn er auch nicht zu ihnen gehören möchte, da er am besten weiß, wie tief jetzt ein König unter Pari steht. Aber er ist der große Mäkler aller Staatsanleihen, welcher den Fürsten die Macht gibt, der

Freiheit zu trotzen und den Völkern den Mut nimmt, sich der Gewalt zu widersetzen. Rothschild ist der Hohepriester der Furcht, die Göttin, auf deren Altar Freiheit, Vaterlandsliebe, Ehre und jede Bürgertugend geopfert werden. Rothschild soll in *einer* Börsenstunde alle seine Papiere losschlagen, daß sie in den tiefsten Abgrund stürzen; dann eile er in meine Arme, und er soll es spüren, wie fest ich ihn an mein Herz drücke. Wahrhaftig, es scheint, daß diese Menschen die Freiheit der andern noch mehr fürchten als ihre eigene Armut, sonst würden sie nicht mit so ängstlicher Eile ihr Geld zu den Füßen der Könige werfen, sobald sie es verlangen. Ob wir einmal frei werden, weiß ich nicht, aber für die künftige Armut der Papier-Reichen will ich mich verbürgen.

Der hohe Senat erzeigt mir zu viel Ehre, wenn er ungehalten gegen mich ist. Habe ich denn wirklich gesagt, die Franzosen wären bei ihrem Rückzuge in Frankfurt schlecht behandelt worden? Soviel ich mich erinnere, habe ich nur erzählt, daß es so von den Franzosen hier behauptet worden. Meine Pension können sie mir nicht entziehen; denn sie haben mir sie nicht gutwillig zuerkannt, sondern waren durch einen Beschluß der deutschen Bundesversammlung dazu verpflichtet worden. Freilich würde ich in solcher Gefahr auf den Schutz der hohen deutschen Bundesversammlung nicht rechnen dürfen; denn diese greift nie in die Ungerechtigkeit eines einzelnen deutschen Staates ein, sondern nur in die Gerechtigkeit. Aber fürchten Sie doch nicht, daß sie mir in Frankfurt etwas zuleide tun! Geschieht es, geschieht es ja nur aus Rache, und Menschen solcher Gesinnung würden mich nach sich selbst beurteilen und sich fragen, was gewinnen wir dabei, wenn wir ihm seine Pension entziehen? Er würde uns dann erst recht feindlich entgegentreten. Hat doch, wie sie behaupten, die einzige »Bockenheimer Zeitung« Mord und Totschlag in Frankfurt erregt, was könnte ich nicht erst anstiften, dem alle Blätter offenstehen! Und um jährlich vierhundert Gulden herauszumorden, würde Frankfurt nicht genug sein, der Untergang von ganz Deutschland müßte dazu beitragen. Das würde man bedenken.

Gestern fand ich in einem deutschen Blatte, als ganz kürzlich erschienen, angezeigt: »*Iom Kipur, der Versöhnungstag*. Novelle von *David Russa*.« Es ist das erste Werk eines jungen Schriftstellers und wird (freilich vom Verleger selbst) sehr gelobt. Empfehlen Sie das Buch unsern Juden! Es soll ihr Herz auflockern, damit man nach ausgejäteten *Métalliques* etwas Liebe und Menschlichkeit hineinsäen könne. Es ist in Leipzig erschienen.

Sonntag, den 20. November 1831

Die Teilnahme der Pariser für die unglücklichen Polen zeigt sich ebenso warm als früher für die Kämpfenden. Es macht ihnen Ehre, ich hätte es kaum erwartet. Die kämpfenden Polen gewährten ein schönes *Schauspiel*, die besiegten, vor der Tyrannei flüchtigen Polen zeigen nur den nackten, häßlichen Ernst. Alle Theater wollen nach der Reihe Vorstellungen zum Besten der Polen geben, und sie bereiten dazu eigene, aus der neuesten polnischen Geschichte bearbeitete Stücke vor. Gestern machte das Theater *De la Porte St.-Martin* den Anfang. Sie gaben *La vieillesse de Stanislas*. Das Stück wird seit ungefähr vierzehn Tagen gegeben, und bei jeder Vorstellung wird den Polen eine eigene Loge unentgeltlich überlassen. Die Minister in ihren Blättern ärgern sich gar sehr darüber und lassen sagen: ob denn das Mitleid wäre, wenn man den unglücklichen Polen jeden Abend das Bild ihrer Leiden vor die Augen bringe. Bis zur Gemeinheit zeigen sie ihren Ärger. Die Hauptrolle im »Stanislas« hat der zwar alte, aber noch immer frische Pottier, und da sagen die ministeriellen Theaterartikel, das Stück sollte nicht heißen *La vieillesse de Stanislas*, sondern *La vieillesse de Pottier*. Sie möchten gern ihre zugleich niederträchtige und wahnsinnige Politik, die sie gegen Polen und Rußland befolgt haben, vergessen machen, und es muß sie darum aufbringen, jeden Abend im Theater die Begeisterung, den Spott und den Groll der Pariser neu angefacht zu sehen. Die vielen Polen, die jetzt hier zusammentreffen, machen den Ministern grausame Kopfschmerzen, und sie gehen mit dem Gedanken um, sie alle nach dem südlichen Frankreich zu verweisen. Es ist ihr warmes Sibirien. Der Kaiser Nikolaus preßt seinen Sieg aus bis auf den letzten Tropfen und wirft dann dem König Philipp die Schalen vor die Füße. Es wundert mich nicht, und ich nehme es ihm gar nicht übel. Die deutschen Diplomaten und ihre Federknappen haben seit einem Jahre die Milde, Großmut und Gerechtigkeit, welche künftig Kaiser Nikolaus gegen die Polen zeigen würde, so hoch in den Himmel erhoben, daß Nikolaus, in der Verzweiflung, das erhaltene Lob zu erreichen, lieber gar nicht darnach strebt, sondern bleibt, wo, was und wie er ist – der Beschützer und Verbündete jedes Tyrannen und der Feind und Unterdrücker jeder Freiheit in Europa. Die ganze polnische Armee, die sich nach Österreich und Preußen zurückgezogen, ist verbannt und darf nie in ihr Vaterland zurück. Schon dreitausend Polen wurden nach Sibirien geschickt. Viele wurden hingerichtet, unzählige ihrer Güter beraubt und mit ihren Kindern dem Hungertode preisgegeben. Sie machen gar kein Geheimnis aus ihrer Rache. Die Namen der Hingerichteten, Verbannten, Beraubten werden in den Zeitungen amtlich mitgeteilt. Es ist fürchterlich zu lesen. Die naive »Preußische Staatszeitung« teilt dieses alles mit, wahrscheinlich damit die deutschen unartigen Kinder Furcht vor der großen russischen Rute bekommen. Es liegt grade so ein Racheverzeichnis vor mir. Man schaudert, wenn man liest, daß in Rußland die Landgüter nach Seelen *gemessen* werden, wie bei uns nach Morgen. So heißt es in einem Konfiskationsregister von Gütern polnischer Rebellen: ein Gut von hunderteinundsiebzig männlichen Seelen, ein jährliches Einkommen 1318 Rubel, 80 Kopeken Silber bringend, dem N. N. gehörig – ein Gut von hundertachtundneunzig Seelen, – ein Gut von zweihundert männlichen Seelen. Das sind schöne männliche Seelen, die sich eine solche Behandlung gefallen lassen und sich dabei nicht so viel rühren als die Scholle hinter dem Pfluge! Nichts macht einen komischeren Eindruck, als wenn man nach den prächtigen kaiserlichen Strafen der polnischen Rebellen die armseligen Belohnungen liest, mit welchen man die treugebliebenen Polen erfreut. So wurde ein litauischer Edelmann, »der beim Ausbruch des Aufstandes seinen Bauern die Waffen abnahm und selbst als einfacher (sollte heißen einfältiger) Freiwilliger in der russischen Armee gegen die Insurgenten kämpfte, worin er sich augenscheinlichen Gefahren aussetzte, in Betracht seiner so ausgezeichneten treuen Dienstleistungen« – zum *Titularrat* ernannt. Da sind doch unsere deutschen Hofräte klüger; sie setzen sich für ihre Titel keiner größern Gefahr aus, als höchstens zum Narren gehalten zu werden. Was mich nun, nach solchen schändlichen Handlungen der Despotie, wie immer, am meisten bewegt, das sind ihre schändlichen Reden, ihr Spott, der, ohne ihre Macht zu vermehren, nur den Schmerz der Unterdrückten vergrößert. Wenn man jetzt die Artikel liest, welche alle Tage die russische »Warschauer Zeitung« enthält, muß man sich den Kopf zusammenhalten, daß er nicht auseinanderfällt. Es ist eine genialische Unverschämtheit. Ein solcher Artikel sprach in diesen Tagen über die Ursachen der polnischen Revolution und untersucht, welche gegründete Beschwerden denn die Polen gegen die russische Regierung gehabt hätten? Der Kaiser hätte sie mit *Wohltaten überschüttet*, und hätten sie auch kleine Beschwerden gehabt, wo es denn ein reines Glück in der Welt gäbe? Man wolle nun die vermeintlichen Beschwerden der Polen über die Verletzungen der Konstitution besprechen und sonnenklar zeigen, wie ungegründet sie waren... *Die Unterdrückung der Preßfreiheit?* Aber seit wann können wir uns ohne dieselbe nicht mehr behelfen?... *Der Mangel eines konstitutionellen Budgets!* Aber die Minister haben den Kammern das Budget nicht vorgelegt, weil sie vorhersahen, es würde verworfen werden... *Die geheime Polizei!* Aber wie gelind muß diese gewesen sein, da sie den Ausbruch der Revolution nicht verhindern konnte... *Die Aufhebung der Öffentlichkeit in den Reichstagverhandlungen!* Nun, was ist's denn weiter? Dadurch hat das Publikum nur eines seiner unentgeltlichen Schauspiele verloren. Und darum eine Revolution anfangen? »*Selbst England* (hören Sie, hören Sie) *würde gern einwilligen, daß die Türen seines Parlaments dem Publikum verschlossen werden, und daß man seine Preßfreiheit beschränkt, wenn es sich gegen ein so geringes Opfer eines Teiles seiner Nationalschuld entledigen und seinen Fabrikanten den Markt des ganzen Nordens eröffnen könnte.«* O! das ist himmlisch! Wenn der österreichische Beobachter das liest, wird er ausgerufen: *»Pends-toi, Figaro, tu n'as pas deviné celui-là!«* Aber die »Preußische Staatszeitung«, die die Streiche mitteilt, scheint sich über die Schelmerei ihrer russischen Suzanne nicht zu wundern; denn sie denkt wohl, bei Gelegenheit könne sie es noch schöner machen.

Jetzt heißt es, der Kaiser Nikolaus sei darum nach Moskau gereist, um mit seinen getreuen Edelleuten dort zu überlegen, ob er seinen Völkern etliche Freiheiten und welche er geben solle. Und das tut er, um die Eifersucht der Russen zu beschwichtigen, daß sie nicht murren, wenn den Polen nicht alles geraubt wird. Wir wollen sehen! Ist es aber nicht wunderlich, daß die Fürsten, sooft sie die Freiheit unterdrücken wollen, keines Menschen Rat brauchen, sondern auf der Stelle mit sich einig und entschlossen sind; sobald sie aber ihren Völkern Freiheit geben wollen, bei allen Leuten herumfragen, was sie davon halten, und sehr herablassend dem geringsten ihrer Untertanen erlauben, nur ohne Scheu seine Meinung zu sagen? Die künftige polnische Freiheit wird man in Wien auf der Straße predigen dürfen; so unschuldig wird sie sein. Darin aber irren sich so viele Menschen, daß sie glauben, Rußland, Österreich und Preußen versagten ihren Völkern konstitutionelle Freiheit und verhinderten deren Entwicklung in den kleinen Staaten, bloß aus Haß gegen die Freiheit allein und aus Liebe zur unbeschränkten Herrschaft. Das ist freilich ein Hauptbeweggrund, aber es ist nicht der einzige. Der andere liegt darin: daß, wenn die großen Mächte ihren Staaten Konstitutionen gäben, sie unfehlbar ihren politischen Einfluß auf die kleineren Mächte verlieren würden – einen Einfluß, den sie nur dadurch erwerben und erhalten, daß die Aristokratie in diesen kleinen Staaten, in ihrer Angst vor dem Andrang der Demokratie, sich um Schutz flehend nach Petersburg, Wien und Berlin wenden – ein Schutz, der ihnen auch verkauft wird, und den sie mit Verrat ihres Vaterlandes und ihres Fürsten teuer bezahlen. Darin ist die Hoffnungslosigkeit der gegenwärtigen Lage Europas, und darin ist die Torheit der hiesigen Minister, welche träumen, alle Verwirrung könnte friedlich gelöst werden.

Montag, den 21. November 1831
Gestern abend trat die Devrient in Rossinis »Othello« auf. Sie spielte die Desdemona, Madame Malibran den Mohren. Allen *Dilettanti* und den vielen *Amanti* der schwarzen Schönen war sehr bange vor dem kühnen Unternehmen, und ich fand, daß ihre Furcht noch lange nicht groß genug gewesen. Wäre nicht eine der Grazien, aus gewohnter Liebe, der Malibran treu geblieben, sie hätte sich sehr lächerlich gemacht. Was doch die Eitelkeit schlecht rechnet! Sie wollte donnern und blitzen wie ein afrikanisches Gewitter, aber die Stecknadelnatur des weiblichen Zornes stach überall hervor, und das dünne spitze Grimmchen war gar zu komisch. Die Malibran hat eine zarte feine Gestalt, und so blieb ihr nichts anders übrig, um einen Mann vorzustellen, als alles, was ihr von männlicher Kraft bekannt war, um Mund und Augen anzuhäufen. Sie warf in einem fort die Lippen höhnisch aus, rollte die Augen, zog die Augenbrauen finster zusammen. Das sollte Eifersucht, Wut, Rachedurst vorstellen; aber es glaubte ihr niemand ein Wort. Ihrer schönen Stimme tat sie Gewalt an, daß man sich erbarmen mußte. Ich sah doch, daß die Leute hier unparteiisch sind und sich von keiner vertrauten Vorliebe bestechen lassen. Der Beifall war kalt, noch mehr, er war kühl, und man konnte merken, daß die alte Gewohnheit verführen wollte, man ihr aber kein Gehör gegeben. Die Devrient, noch eine schöne Frau, hat eine volle, klangreiche Stimme, die mir nur manchmal zu heldenmäßig vorkam. Ich glaube, sie hat einigemal geschrien. Haben Sie nichts gehört? Ihr Spiel ist zu loben; sie hat gelernt und gebraucht schöne akademische Stellungen. Den Schmerz der Desdemona spielt sie oft edler als die Malibran; die gläubige Deutsche hat einen Zug von der schmerzensreichen Mutter um ihre Lippen, den die ungläubige Französin nicht auszudrücken vermag... Selbst der Zufall machte sich über diese lächerliche Vorstellung lustig. Als am Schlusse

Desdemona und Othello tot auf dem Boden liegen und der Vorhang fallen sollte, blieb er hängen. Die Devrient, die als Fremde wohl nicht recht wußte, wie sie sich zu betragen habe, erhob ihren Kopf und sah nach der Malibran hin, um ihrem Beispiele zu folgen. Diese aber ließ sich gar nicht irremachen und blieb tot. Da gab es denn ein unbändiges Gelächter, und auf diese Weise konnte jeder Unzufriedene mit Anstand seinem Spott Luft machen... Nach »Othello« kam noch eine kleine komische Oper: *La prova d'un opera seria*, so eine Art von *Kapellmeister von Venedig*, den man in Deutschland spielt. Lablache und die Malibran waren unvergleichlich. Aber das ist ein altes Wort für eine ganz neue Empfindung, und das ich bloß aus Not gebrauche. Die Malibran und das Haus vergüteten sich reichlich an Verdienst und Lohn, was sie in der vorhergegangenen Vorstellung einander schuldig geblieben. Ich will aber weiter kein Wort darüber sprechen. Ich wäre ja ein Narr, wenn ich Ihnen immer aufrichtig berichtete, was ich für ein Narr gewesen!

Unser König hat gestern sechsunddreißig Stück Pairs gemacht, neue Säulen, den Thron zu stützen, neue Faschinen, in den Strom der Zeit zu legen, daß der demokratische Schlamm sich daran festsetze. Gestern war Sonntag, aber die Gewalt hat keinen Feiertag. Mir war diese Sache immer gleichgültig gewesen. Sie mögen Pairs haben oder keine, erbliche oder nur lebenslängliche: das ändert nichts. Neue Ruinen, wie in den englischen Gärten, das sind unschädliche Spielereien. Man mag einem Kinde eine graue Perücke aufsetzen, es wird nicht alt davon. Was ich in dieser Sache nur wichtig finde, ist, daß der König, indem er Pairs ernannte, wozu ihn die Konstitution von 1830 nicht berechtigte, einen Staatsstreich begangen. Und hat er einmal dem Teufel einen Finger gegeben, wird er ihm auch später die Hand reichen und sich endlich ganz überlassen.

– Soeben lese ich in der neuesten »Hamburger Zeitung« folgende Broschüre angezeigt: »*Gegen L. Börne, den Wahrheit-, Recht- und Ehrvergessenen Briefsteller aus Paris, von F. Meyer Dr.*« Ich kann es mir nicht erklären; aber sobald ich den Titel gelesen, bekam ich gleich einen heftigen Appetit, und ich schickte den Konrad weg, mir vom Restaurateur ein *Tête de veau au naturel* zu holen. Ich pflege sonst nie *à la fourchette* zu frühstücken. Ach! könnten nur viele Menschen, wie ich, Wahrheit, Recht und Ehre noch *vergessen* – es stünde besser mit der Welt! Wenn ich nur diese Schrift bald in Paris haben könnte; ich würde wahrscheinlich darauf antworten. Zwar liegt das sonst nicht in meiner Art, aber ich muß diesmal zum Schutz der guten Sache das schwere Opfer bringen, mich gegen persönlichen Angriff zu verteidigen. Vielleicht können Sie in Frankfurt erfahren, wer dieser Dr. Meyer ist. Es ist immer gut, das zu wissen. Sie sehen aber daraus wieder, was ein Gelehrter aussteht, und sein Sie froh, daß Sie dumm sind.

Dienstag, den 22. November 1831
Eben erhalte ich zwei dicke Briefe von Hamburg. Genannte Schrift von *Dr. Meyer* und noch andere Kriegsmanifeste liegen darin. Hurra! Ich habe bis jetzt weder Briefe noch Broschüren gelesen; aber ich brenne vor Begierde, und schließe darum. Acht Franken kosten mich die Hamburger Grobheiten!

Neunundfünfzigster Brief
Paris, Freitag, den 25. November 1831
Lange hat mir nichts so viele Freude gemacht als die Schrift des *Dr. Eduard Meyer* in Hamburg. Man schrieb mir von dort, er wäre ein langer Mensch mit ganz unerreichbarem Kopfe: aber ich will ihn schon erreichen, und wenn ich einmal mit ihm zusammentreffe, steige ich auf einen Stuhl und küsse ihn herzlich. Er hat seinen Nachfolgern alle großen und schweren Steine weggenommen, und wenn noch einer nach mir werfen will, muß er leichten Kies dazu gebrauchen. Gesteinigt zu werden – es ist wenigstens ein heiliger, biblischer Tod. Nie hätte ich gedacht, daß die deutsche Sprache eine solche Kraft besitzt; man könnte damit den Montblanc in Staub verwandeln. Hören Sie nur, was ich in der Schrift des Dr. Meyer alles bin, wie ich genannt werde.

Elendseicht – greulich – ruchlos – lächerlicher Tor – superkluger Schreier – ditto eingebildeter – heilloser Gesell – Haupträdelsführer einer jämmerlichen Skriblerbande – Mensch – ditto gottloser – Kerl – jämmerlicher Wicht – entarteter Bursch – Mordbrenner – schamloser Bube – Jude. – »Eduard, Eduard! *warum ist dein Schwert so rot?*« Verglichen mit dem, was ich *bin, habe* ich sehr wenig, wie es allen edlen Naturen zu gehen pflegt. Ich habe nichts als: *Anmaßung – Frechheit – Unverschämtheit – ditto unerhörte – grundschlechte Gesinnung – Schaudererregende Naivität.* Daß mich Herr Dr. Meyer wenigstens *Herr* nennte, daß er *Herr* Mordbrenner, *Herr* jämmerlicher Wicht zu mir sagte! Aber nicht ein einziges Mal tut er das. Diese Herrnlosigkeit gibt seiner Schrift ein ehrwürdiges deutschamtliches Ansehen. Auch schrieb mir einer von Hamburg, sie wäre auf Befehl des Mufti verfaßt worden. Nach allen seinen unvergleichlichen Kraftäußerungen hat Eduard Meyer noch die Bescheidenheit, zu fürchten, man möchte seine Art, sich auszudrücken, mit »*gemeinen Schmähungen*« verwechseln, und er bittet seine Leser, dieses nicht zu tun. Er meint: man wundere sich vielleicht, daß er, als zahmer Deutscher, mit einem Male so wild geworden; aber man kenne die Deutschen noch gar nicht. »Der Deutsche ist geduldig, aber doch nur bis zu einem gewissen Grade. Wenn die Geduld ihm *reißt*, wenn er das Schweigen bricht und einen Entschluß gefaßt hat, so wird sich mancher wundern über die scheinbare Verwandlung seiner Natur. *Und ich fühle es, daß auch ich ein Deutscher bin.*« *Anch' io sono pittore!* Er habe nie Freude an literarischen Streitigkeiten gefunden, aber »*was zu arg ist, ist zu arg*«. Man müsse »dem Gesindel einmal auf die Finger klopfen, *daß etwas Furcht hineinfährt*«. Aber, guter Gott! was hilft da *etwas*, was hilft selbst *viel*? Es mag noch soviel Furcht in die Finger hineinfahren, ein tapferes Herz jagt sie wieder in die Schlacht zurück. Vor die Brust hätte er mich stoßen, auf den Kopf hätte er mir klopfen sollen, daß da Furcht hineinfährt. Der Mann ist zu gutmütig.

Er sagt: In meinem Buche wäre keine neue *Idee.* »Nichts als leeres, langweiliges Kaffeehaus- und Zeitungsgeschwätz, von der Oberfläche geschöpfte Bemerkungen, wie tausend vorlaute Räsonärs sie täglich machen.« Da haben Sie den alten Deutschen wieder! Neue Ideen wollen sie haben! Eine Idee, wenn sie sie achten sollen, muß eine Handschrift sein, auf Pergament geschrieben, in Schweinsleder gebunden, und als einziges Exemplar in einer einzigen Bibliothek verwahrt werden. Was in tausend Jahrbüchern der Geschichte gedruckt zu lesen, was der Himmel selbst herabgedonnert, was drei Weltteile widerhallten, was der Lastträger auf der Gasse wie der Denker in seinem Zimmer, was der Bürger in seiner Werkstätte, der Bauer hinter dem Pfluge, der Soldat unter seinem Joche, der Bettler in seinen Lumpen spricht, denkt, fühlt, klagt, wünscht und hofft – das verschmähen sie, das ist ihnen Kaffeehaus- und Zeitungsgeschwätz! Was alle wissen, verdiente keiner zu lernen! Gut, ihr sollt neue Ideen haben, zeigt nur erst, daß ihr deren würdig seid; gebt Rechenschaft, wie ihr die alten verwendet.

Mein Eduard ist zwar ein bescheidener junger Mensch, aber an Welterfahrung scheint ihm noch viel zu fehlen. Er sagt: er müsse sich gegen den Vorwurf verwahren, als hasse er die Sache einer gesetzmäßigen Freiheit, doch deren Verteidigung müsse man dem Himmel überlassen. »Wenn Fürsten ihre Zeit und ihre Völker verkennen oder gar der Schlechtigkeit huldigen, wird gerechte Vergeltung ihrer Mißgriffe sie selbst am schwersten treffen. Dies wünsche, hoffe und weiß ich.« Dieses wünsche, hoffe und weiß ich auch. Aber, mein lieber Eduard, *wer* soll denn jene gerechte Vergeltung an den Fürsten vollziehen? Selten schickt Gott ein himmlisches Strafgericht herab, die Verwaltung seiner Stellvertreter zu untersuchen, und sooft es noch geschah, wurde nichts dadurch gebessert. Die himmlischen Kommissäre waren auf der Erde fremd, gingen irre oder ließen sich wohl gar bestechen. Das haben wir ja kürzlich erst an der Cholera Morbus gesehen, die, statt die Unterdrücker, die Unterdrückten züchtigte. Nur dem hilft Gott, der sich selbst hilft; *Aide-toi, et le ciel t'aidera.*

Noch ein anderer Herr hat gegen mich geschrieben, *Wurm* genannt, in den »*Kritischen Blättern der Börsenhalle*«. Der ist aber sehr sanft in Vergleich mit Dr. Meyer und gebraucht nur milde Adjektive und Nominative, und diese nur in geringerer Zahl. *Fadäsen, Niäserien, politisches Geschwätz, Effronterie, sanskulottischer Witz, Geselle, Auswürfling* – und das ist alles! Einmal neckt er mich mit einem schönen Milchmädchen, das ich in England hätte heiraten wollen, das mir aber einen niedlichen Korb gegeben. Auf Ehre, ich weiß nicht, worauf sich das bezieht; ich will aber in der Chronik meines Lebens nachschlagen. Herr Wurm schließt seinen Artikel – doch gewiß nur in der Absicht, daß man trotz seiner Freiheit merke, es habe ihn ein Deutscher geschrieben – mit folgenden Worten: »Wenn dieser Löwe [Börne], *oder wie er sonst heißen möchte*, auf guten Rat hören will, so wird er bleiben, wo er ist, wo man ihn nicht kennt. Ob eine deutsche Regierung von seinen politischen Lästerungen Notiz nehmen würde, wissen wir nicht. Aber laßt ihn keinen Versuch machen, sich in gute Gesellschaft einzudringen. Er wird aus jeder Gesellschaft, in der man auf Ehre hält, auf beschimpfende, und wenn es not tut, *denn dieses Geschlecht ist zudringlich*, auf physisch empfindliche Weise entfernt werden. Das ist die Sprache, die man mit diesen Gesellen reden muß: eine andere verstehen sie nicht.« ... Daß diese Toren mich noch daran erinnern, daß sie mir unter die Augen bringen, was mich vergessen zu lassen ihnen noch wichtiger sein müßte, als es mir gleichgültig ist, ob sie selbst es vergessen oder nicht! Wenn ich nicht kämpfte für das geschändete Recht und die mißhandelte Freiheit aller Menschen, dürfte ich ein Herz haben für die Leiden eines Volks, eines Geschlechts, für meine eignen allein; dürfte ich mir nach den Tagesmühen saurer Gerechtigkeit einen Feierabend süßer Ruhe verstatten; dürfte ich das, wollte ich das; wollte ich meine Kraft gebrauchen diesem Zwerggeschlechte gegenüber – wahrlich, es bliebe nichts von ihm übrig, es als kleines Siegeszeichen an den Hut zu stecken. Manchmal überschleicht es mich; aber dann, die menschliche Schwachheit an mir selbst erfahrend, lerne ich sie an andern verzeihen, und ich ermanne mich wieder. Diesen Sommer in Baden, als ich unter meinen Papieren suchte, fiel mir ein altes Blatt in die Hand, das mich auf das heftigste bewegte. Das Herz befahl meiner Hand, die Hand ergriff die Feder – nach fünf Minuten legte ich sie weg; ich konnte nie zu meinem Vorteile schreiben. Es war ein Paß. Im Jahre 1807, da ich Student war, ließ ich mir in Frankfurt einen Paß ausstellen, um über Mainz nach Heidelberg zu reisen. Ich kam aus dem Leben der Freiheit, kehrte in dasselbe zurück und berührte das Land der Gleichheit. Der Schreiber auf dem Römer, der den Paß ausfertigte, war eine Mißgestalt, mit einem giftigen Krötengesichte. Als ich den Paß in die Hand nahm, las ich darin: *Juif de Francfort*. Mein Blut stand stille; doch durfte ich nichts sagen noch tun; denn mein Vater war gegenwärtig. Damals schwur ich es in meinem Herzen: *Wartet nur! ich schreibe euch auch einmal einen Paß, euch und allen!* ... Und nicht wahr, nicht wahr, ich habe meinen Schwur gehalten?

Sonntag, den 27. November 1831
Lyon hat mich günstiger rezensiert als Hamburg – doch davon später. Ich will zuerst auf Ihren gestrigen Brief antworten. Das Buch ist noch nicht hier angekommen, doch schrieb mir Campe, es wäre abgeschickt worden. Aber auf die hiesigen Urteile brauchen Sie nicht begierig zu sein. Die wenigen Deutschen meiner Bekanntschaft werden mir wohl ihre Meinung nicht immer aufrichtig sagen; Franzosen lesen es nicht; da kann sich also keine öffentliche Meinung bilden und höchstens eine individuelle laut werden. Campe schreibt mir: »Sonderbar sind die Elemente in diesem Augenblicke angeregt, angeregt durch diese Briefe. Die Aristokraten werden keck und rücken heraus und kämpfen... Ich kann Ihnen die Bemerkung über den Eindruck, den Ihre Briefe bei *vielen der Bessern* gemacht haben, nicht verhehlen, die aufrichtig bedauern, daß Sie sich so ganz rücksichtslos haben gehen lassen, so daß Sie den Platz als Zuschauer verließen und selbst Akteur wurden! Dadurch haben Sie einen beträchtlichen Teil Ihres wohlerworbenen Ruhms eingebüßt, der Ihnen schwer wieder zu erringen sein möchte. Dieses Urteil ist die allgemeine

Stimme, und Sie werden von vielen Seiten so zurechtgewiesen werden, daß dieses der Refrain durchweg bleiben wird. Das Volk ist gläubig und sagt Amen!« Wie mich dieser Mann kennt! Ich habe nie für meinen Ruhm, ich habe für meinen Glauben geschrieben. Ob ich den Lesern gefalle oder nicht – will ich denn gefallen? Ich bin kein Zuckerbäcker, ich bin ein Apotheker. Es ist wahr, daß ich den Platz als Zuschauer verlassen und unter die Handelnden getreten, aber war es nicht Zeit, dem faulen Leben eines Theaterkritikers endlich zu entsagen? Sie sehen, wie ich wirke, an meinen Gegnern am meisten. Ich habe den zähen deutschen Boden aufgewühlt; es ziehe jeder seine Furche wie ich; für die Saat wird Gott sorgen. Wenn nun eine aufgebrachte Scholle an meinen Füßen, an meinem Pfluge hängen blieb und sie beschmutzte – was schadet mir das?

Campe war wegen des Buches in einer Woche viermal vor Gericht. Man legte ihm ein Exemplar vor, worin mehr als fünfzig verdammliche Stellen mit Bleistift angestrichen waren. Eine Stelle, worin es vom Bundestage heißt: *der sei toll geworden*, war doppelt und noch einmal so dick als die übrigen angestrichen. Die Stelle war im Buche mit einem Papierstreifen bezeichnet. Diesen ließ Campe, als er das Buch in die Hand nahm, wie zufällig herausfallen, so daß der Untersuchungsrichter die toll gewordene Stelle nicht mehr finden konnte. Das muß recht komisch gewesen sein.

Ein Kaufmann namens ***, den ich in Hamburg vor einigen Jahren kennen gelernt, hat mir die zwei gegen mich gerichteten Artikel zugeschickt. Er schreibt unter andern: »... Die Hamburger Kaufleute erklärten darauf, ohne gerade die Skribler zu loben, daß in den Börneschen Briefen zerstörende Ideen enthalten sind, die nur ein Aufwiegler oder Sansculotte ans Tageslicht befördern kann. Dies hat das Verbot der Briefe herbeigeführt.«

– Sehen Sie doch, von dem Brillantring, den ich vor einigen Jahren vom Herzog von Weimar erhalten haben soll, etwas Näheres zu erfahren. Das Ding kann schon werden. »Ringe sind es, die eine Kette bilden« – sagt Königin Elisabeth. Aber *ein* Ring!

Was kann der nützen? Zum Halseisen ist das doch zu eng, und meine Feder zu erwürgen viel zu weit.

Den *** bedaure ich; es gibt wenige Menschen, die den Mut haben, anders als der Pöbelausschuß zu denken, der an jedem Orte die öffentliche Meinung verwaltet. Eigentlich sind es weniger übelwollende als unwissende Menschen, die nicht zu rechnen verstehen. Für die Hälfte von Mühen und Sorgen, die es sie kostet, ihrem Geiste einen Ehrendienst bei der vornehmen Dummheit zu verschaffen, könnten sie dessen Freiheit behaupten und gewönnen dabei, selbst an sinnlichem Glücke. Die Frankfurter mögen nur schweigen und dem Himmel danken, daß einer unter ihnen lebt, der besser ist als sie. Die Zeit kann, die Zeit wird kommen, und bald vielleicht, wo man ihre Freiheit, so anspruchslos und demütig sie auch ist, in dem Edelmannsklube des Deutschen Bundes nicht länger wird dulden wollen, und dann werden wir sehen, wer von jenen Römerpatrioten, wer von jenen Zunfthelden, wer von jenen Stadtgerichts-Schreiern den Mut haben wird, sich den stolzen und mächtigen Räubern entgegenzustellen! Dann kommen sie vielleicht und streicheln meine Katzenpfote. Ich erwarte sie.

Sechzigster Brief
                     Paris, Mittwoch, den 30. November 1831
Vorgestern besuchte mich ***. Er blieb aber nur eine Viertelstunde, er war auf dem Wege nach der Kammer. Der Mann ist klar wie ein Waldbach, der über Kieseln fließt; doch ist es nicht erfreulich, einer menschlichen Seele bis auf den Grund zu sehen. Eine Tiefe ist nicht klar. ***, weil er so klare Augen hat, glaubt, alles wäre ihm klar, was er nur flüchtig ansieht, und er urteilt zu schnell, um immer richtig zu urteilen. Ich habe in ... manchmal darüber lachen müssen: man mag ihm noch so kurz antworten auf seine Fragen, so war ihm die Antwort noch immer um die Hälfte zu lang; er verstand sie schon um die Mitte. Das ist Franzosenart, die für alle Verhältnisse fertige mathematische Formeln

haben. Sage ich zwei mal zwei – fällt mir *** in die Rede und fährt fort: ist vier. Als wäre nicht möglich, daß ich etwas anders hätte sagen wollen. Er mißversteht einen zwar nie, aber er versteht einen nur halb, weil er nicht zu Ende hört. Die Verhältnisse von Frankreich, eben weil es franzosenartige Verhältnisse sind, die kennt er freilich gut. Er versicherte mich auf das bestimmteste, daß die hiesige Regierung auf nichts anders sinne und nach nichts anderem trachte, als die Dynastie Karls X. zurückzuführen, und König Philipp selbst sei damit einverstanden. So wird freilich alles verständlich. Mir wäre es selbst recht, sie versuchten es. Ich liebe die großen Massen auch in der Dummheit; ein Narrenhaus ist mir lange nicht so erschrecklich als ein einzelner verrückter Mensch. Glauben Sie mir auf mein ehrliches Wort: ich kenne alle Tollheiten, die seit dreitausend Jahren von den Königen begangen worden sind, von Saul bis auf Karl X., aber unsere gegenwärtige Zeit ist reicher an Wahnsinn, als es jene dreitausend Jahre waren. Wenn man alle fürstlichen Paläste Europas nebeneinander stellte, es gäbe eine ganze Narrenstadt. Täglich vermehren sich meine Nachrichten aus Deutschland, daß man den Plan gefaßt, Frankreich zu verteilen wie eine Pastete; ja, König Philipp selbst soll ein Stück davon bekommen. Die alten Bourbons sollen die Schüssel mit der Kruste behalten. Die köstliche Naivität finde ich nicht darin, daß sie glauben, es ausführen zu können, sondern, daß sie glauben, *wenn* sie das ausgeführt, wäre ihnen geholfen. Kindern macht man weis, die Kinder, und den Fürsten, die Revolutionen kämen aus den Brunnen. Jetzt denken sie, sie brauchten den Brunnen nur zuzuschütten, und dann wäre alles aus. Wer gibt mir Geduld genug, mit Narren zu räsonieren? Ich muß wohl selbst ein Narr sein. Frankreich war seit vierzig Jahren der Krater Europas. Wenn der einmal aufhört, Feuer zu werfen, wenn der einmal aufhört, zu rauchen, dann wehe den Naturpfuschern, dann ist kein Thron der Welt auf eine Nacht sicher. Sie zittern, wenn einige Franzosen mit liberalen Reden in ihrer Maultasche durch Deutschland reisen, und schreien entsetzt: Propaganda, Propaganda! Und sie wollen ganze Völkerteile von

Frankreich mit ihren alten Ländern vereinigen! Sie denken: mit ihren alten abgeschmackten Regierungskünsten, mit ihren Taschenspielerstreichen, womit man kein Kind mehr betrügt, würde es gelingen, ihre neuen wilden Untertanen zahm zu machen! – sie, die nicht einmal die Polizei verstehen, die doch die einzige Kunst ist, die sie mit Fleiß und Liebe gelernt. Als sie 1814 in Paris waren, wohin Petersburg, Wien und Berlin ihre schlauesten Köpfe geschickt hatten, wurden alle diese schlauen Köpfe der heiligen Allianz von jedem niedrigen französischen Mouchard zum besten gehabt, und hätte es die Übermacht nicht getan, mit List hätten sie Paris nicht unterjocht. Nichts war verderblicher für die Könige als der Untergang Warschaus. Weil sie ein Wunder zerstört, glauben sie, sie könnten auch Wunder machen.

In Berlin ist mein Buch von der Polizei in Beschlag genommen worden. Als wenn der Regen davon aufhörte, wenn einige unter den Schirmen gehen. Ginge es an, sie konfiszierten freilich am liebsten das ganze Weltall. Die Münchner »Tribüne« gibt Auszüge der Pariser Briefe. Der Dr. Wirth, der sie schreibt, ist ein Mann, dem man Hochachtung, ja Bewunderung nicht versagen kann. Hochachtung – weil er für die Freiheit kämpft wie ein Held in der Schlacht, nicht bloß wie ein Maulritter mit Worten. Bewunderung – weil er mutig erträgt, was sonst den tapfersten Mann niederwirft: die kleinen Bosheiten, die kleinen Quälereien der kleinen Knechte. Gefängnis, Geldstrafe, die jämmerlichen Tücken der jämmerlichen Polizei, das Knurren und Bellen der Hofhunde, nichts schreckt ihn ab. Jetzt aber, wo ihm in München alle Luft benommen und die Frechheit der Gewalt jeden Widerstand unmöglich macht, ist er nach Rheinbayern gezogen, wo noch die französischen Gesetze regieren, welchen die deutschen Minister nicht hohnzusprechen wagen. Dort wird er sein Journal fortsetzen. Auch hat er in vielen Orten in Deutschland Unterstützung gefunden, um sich eine eigene Presse anzuschaffen. Ist es aber nicht sehr ehrenvoll für eine deutsche Regierung, daß sich ein deutscher Bürger unter französische Gesetze flüchten muß, um Schutz gegen deutsche Tyrannei zu finden?

Donnerstag, den 1. Dezember 1831

Die Regierung hat bis heute noch keine Nachricht mitgeteilt, ob sie der Bewegungen in Lyon Herr geworden oder nicht. Sie sagen, der Nebel hindere den Telegraphen. Es gibt nichts Gefälligeres als so ein Nebel, der noch keinen Minister in der Not verlassen. Die Ruhe, die jetzt in Lyon herrscht, hat sich von selbst hergestellt; aber das Volk ist noch Meister der Stadt. Man hat den Herzog von Orléans als Friedensengel, den Marschall Soult als Würgengel dahin geschickt. Nun bin ich begierig, wie sie Leier und Schwert zusammendichten werden. Der Marschall Soult kann sich täuschen; Napoleons Zeiten sind vorüber und der Bulletindonner schreckt keinen Hasen mehr. Der Herzog von Orléans kann sich auch täuschen. Eine fürstliche gnädige Herablassung tut keine Wunder mehr; das Volk gibt keine Bratwurst für die allerhuldvollsten Redensarten, es will bares Geld sehen. Die Neigung der Minister ist für Gewalt; aber die Furchtsamkeit des Königs wird wohl verhindern, was seine Weisheit und Gerechtigkeit nie verhindert hätten. Casimir Périer, der König von Israel, der Hohepriester der Renten, der Held des Friedens, hat sich in der Kammer gebärdet wie Moses, als er vom Berge Sinai herabkam und das Volk um ein goldenes Kalb tanzen sah. Er hat den Götzendienern seine zehn Gebote an den Kopf geworfen und das goldene Kalb in Pulver verwandelt. Er ist ein kompletter Narr! Auch haben die Leviten der Börse ein Jubelgeschrei erhoben, als sie ihren strahlenden Moses wiedersahen, daß man betäubt davon wurde. Dieser Casimir Périer hat darüber gefrohlockt, daß in den blutigen Geschichten von Lyon gar nichts von Politik zum Vorschein gekommen, und daß es nichts als Mord, Raub und Brand gewesen! Es sei nichts weiter als ein Krieg der Armen gegen die Reichen, derjenigen, die nichts zu verlieren hätten, gegen diejenigen, die etwas besitzen! Und diese fürchterliche Wahrheit, die, weil sie eine ist, man in den tiefsten Brunnen versenken müßte, hielt der wahnsinnige Mensch hoch empor und zeigte sie aller Welt! Die dunkeln Triebe des Volks hat er ihm klar gemacht; seiner wilden Laune des Augenblicks hat er durch Grundsätze

Dauer gegeben; seinen kurzsichtigen Sorgen des Tages den Blick in ewige Not eröffnet. Den höchsten Grad des Wahnsinns mögen jetzt die Ärzte *Staatskunst* nennen. Um den reichen Leuten sagen zu können: Seht, ihr seid bedroht, ihr müßt es um eurer Sicherheit mit *mir* halten – um diese elenden Krämervorteile eines Tages opfert Casimir Périer das Glück Frankreichs, Europas, vielleicht um ein Jahrhundert auf. Es ist wahr, der Krieg der Armen gegen die Reichen hat begonnen, und wehe jenen Staatsmännern, die zu dumm oder zu schlecht sind, zu begreifen, daß man nicht gegen die Armen, sondern gegen die Armut zu Felde ziehen müsse. Nicht gegen den Besitz, nur gegen die Vorrechte der Reichen streitet das Volk; wenn aber diese Vorrechte sich hinter dem Besitze verschanzen, wie will das Volk die Gleichheit, die ihm gebührt, anders erobern, als indem es den Besitz erstürmt? Schon die Staaten des Altertums kränkelten an diesem Übel der Menschheit; dreitausend Jahre haben das Unheil gesät, und das Menschengeschlecht nach uns wird es ernten. Frei nannten sich die Völker, wenn die Reichen ohne Vorrang untereinander die Gesetze gaben und vollzogen; die Armen waren niemals frei. Über die kurzsichtigen Politiker, welche glaubten, in den Staaten, wo Adel und Geistlichkeit ihre Vorrechte verloren, sei der ewige Friede gesichert! Eben diese, wie Frankreich und England, stehen der fürchterlichsten Revolution näher als die andern Staaten, wo noch keine freien Verfassungen bestehen. In den letztern wird dem niedern Volke durch seinen benachbarten Stand, die Bürgerschaft, die Aussicht nach den höhern, bevorrechteten Ständen versteckt. Es vermißt daher keine Gleichheit. Da aber, wo der Mittelstand sich die Gleichheit erworben, sieht das untere Volk die Ungleichheit neben sich, es lernt seinen elenden Zustand kennen, und da muß früher oder später der Krieg der Armen gegen die Reichen ausbrechen. Die heillose Verblendung des Bürgerstandes zieht das Verderben schneller und fürchterlicher herbei. Seit er frei geworden, blickt er, halb aus Furcht, halb aus Hochmut, beständig hinter sich und vergißt darüber, vor sich zu sehen, wo ein besiegter, aber noch lebendiger Feind nur darauf wartet, daß er den Blick wegwende. Diese Furcht und diesen Hochmut wissen die Aristokraten in Frankreich und England sehr gut zu benutzen. Den Pöbel hetzen sie im stillen gegen die Bürger auf und diesen rufen sie zu: Ihr seid verloren, wenn ihr euch nicht an uns anschließt. Der dumme Bürger glaubt das und begreift nicht, daß seine eigene Freiheit, sein eigener Wohlstand schwankt, solange das arme Volk nicht mit ihm in gleiche Freiheit und gleichen Wohlstand eintrete; er begreift nicht, daß, solange es einen Pöbel gibt, es auch einen Adel gibt und daß, solange es einen Adel gibt, seine Ruhe und sein Glück gefährdet bleibt. Wäre diese Verblendung nicht so unheilbringend, es gäbe nichts Lächerlicheres als sie. Diese reichen Ladenherrn von Paris, diese Bankiers und Fabrikanten, die, es sind noch keine fünfzig Jahre, sich von jedem Lump von Ludwigsritter *Canaille* mußten schelten lassen, reden, wie sie es gehört, den ganzen Tag von der Canaille, wozu sie jeden rechnen, der keinen feinen Rock trägt und keine andere Renten hat, als die ihm jeden Tag die Arbeit seiner Hände einbringt! Die Regierung, welche über die menschliche Schwäche erhaben sein sollte, benutzt sie nur, ihre Herrschsucht zu befriedigen, und statt die bürgerliche Ordnung auf Weisheit, Gerechtigkeit und Tugend zu gründen, bauen sie sie über hinfälliges Holzwerk, das sie in den Schlamm der Leidenschaften einrammeln. Die Nationalgarde, die Wache der französischen Freiheit, suchen sie zu entnerven, durch eiteln Flitter zu gewinnen. Erst kürzlich hat der König an einem Tage dreihundert Ehrenkreuze unter sie verteilt. Der *Ehre* haben sich die Fürsten immer als eines Gegengiftes der Tugend bedient, vor der sie zittern. Die so leicht bekreuzte Nationalgarde wird hinter die Arbeitsleute mit den schweren Kreuzen gejagt, sobald diese murren. Die Arbeitsleute, um sie doch auch zu etwas zu gebrauchen, werden gegen die Juliushelden, die man Republikaner schilt, gehetzt, und diese, die sich zu nichts gebrauchen lassen, werden mit Haß und Spott verfolgt, bis ihnen der Kerker eine willkommene Zuflucht bietet. Casimir Périer, der sich wie ein Schulbube zu den Füßen aller fremden Diplomaten setzt und zu ihren Lehren hinaufhorcht, hält sich für einen großen Staatsmann, weil er Ehre und Scham weit von sich gewiesen. Nichts ist bewunderungswürdiger als die Offenheit, mit der er alles gegen sich selbst bekanntmacht, was er hätte verschweigen sollen und können – so fest ist er überzeugt, daß Unverschämtheit die erste Tugend eines echten Staatsmannes ist! Erst heute ist wieder etwas an der Tagesordnung, was diese seine Tugend in das glänzendste Licht setzt. Am letzten vierzehnten Juli, am Jahrestage der Bestürmung der Bastille, fürchtete man eine Bewegung von den getäuschten und erbitterten Juliushelden, die man, noch aus einem Überreste von Scham, Republikaner schilt. Nun sah man an jenem Tage mit Erstaunen, daß Arbeitsleute aus den Vorstädten der Polizei beigestanden und über alle junge Leute herfielen und sie mißhandelten, die man an grauen Hüten, an Juliuskreuzen oder andern Zeichen als Republikaner zu erkennen glaubte, und die sich ganz ruhig verhielten. Darauf beschuldigten einige öffentliche Blätter den Polizeipräfekten und den Minister des Innern: sie hätten jene Arbeitsleute angeworben und bezahlt, um die ihnen verhaßten Republikaner zu mißhandeln. Casimir Périer hätte den Vorwurf ruhig hinnehmen sollen; aber nein, die Tat, die er begangen, war ihm noch nicht unverschämt genug, er wollte sie noch durch Leugnen verherrlichen. Er klagte jene Zeitungsredaktoren der Verleumdung an. Der Polizeipräfekt führte die nämliche Klage. Seit gestern haben die gerichtlichen Verhandlungen begonnen. Und was stellte sich hervor? Es war klar wie die Sonne, fünfzig Zeugen sagten es aus, daß die Polizei wirklich das Gesindel der Vorstädte (nicht die Arbeiter, sondern die Müßiggänger) angeworben und täglich mit drei Franken besoldet habe, um über die friedlichsten Menschen herzufallen. Auf solche Weise buhlt dieser Minister um das Lob des »Österreichischen Beobachters« und der »Preußischen Staatszeitung«. Die Brustwehr, welche in den Julitagen errichtet wurde, Frankreich vor dem Abgrunde zu schützen, hat er leichtsinnig niedergerissen; er meint, das wäre nur ein Loch, das er mit seinen Händen allein ausfüllen wolle. Das niedere Volk, das aus den Juli-

Kämpfen geläutert hervorgegangen, sucht er durch die schändlichsten Verführungen wieder in den Kot hineinzuziehen, um sich daraus brauchbare Werkzeuge für alle die Gewalttätigkeiten zu bilden, die er gegen Frankreich noch im Sinne hat.

Der fürchterliche Krieg der Armen gegen die Reichen, der mir so klar vor den Augen steht, als lebten wir schon mitten darin, könnte vermieden, die Ruhe der Welt könnte gesichert werden; aber alle Regierungen sind vereint bemüht, das Verderben herbeizuführen. Wenn die Staatsmänner zittern vor einem Übel, meinen sie, sie hätten das Ihrige getan. Die armen Leute in Frankreich haben in der Kammer keine Stellvertreter. Die neueste französische Konstitution hat die alte Torheit, die alte Ungerechtigkeit, die alte erbärmliche Philisterpolitik beibehalten, das Wahlrecht an den Besitz gebunden und die Besitzlosen auch ehrlos gemacht. Die Reformbill in England hat nur den Zustand der Mittelklassen verbessert und das Helotenverhältnis des niedern Volks von neuem befestigt. Im Parlament wie in der Deputiertenkammer sitzen nur die reichen Gutsbesitzer, die Rentiers und Fabrikanten, die nur ihren eigenen Vorteil verstehen, welcher dem der Arbeitsleute gerade entgegensteht. Die graubärtige Staatsweisheit, vor Alter kindisch geworden, geifert gegen den Wunsch der Bessern und Einsichtsvolleren: daß man auch die niedern Stände an der Volksrepräsentation möge teilnehmen lassen. Sie sagen: Menschen, die nichts zu verlieren haben, könnten an dem allgemeinen Wohle des Landes nie aufrichtigen Anteil nehmen; jeder Intrigant könne ihre Stimme erschleichen oder erkaufen. So *sprechen* sie, um das Gegenteil von dem zu sagen, was sie *denken*. Weil es unter den armen Leuten mehr ehrliche gibt als unter den Reichen, weil sie seltener als die andern sich bestechen lassen, wollen sie die Minister nicht unter den Volksvertretern sehen. Sie mögen uns ihre geheimen Register öffnen, sie mögen uns die Namen ihrer Anhänger, ihrer Angeber, ihrer politischen Kuppler, ihrer Spione lesen lassen – und dann wird sich's zeigen, ob mehr Reiche, um ihren Ehrgeiz und ihre schnöden Lüste zu befriedigen, oder mehr Arme, um ihren Hunger zu stillen, das

SECHZIGSTER BRIEF

Gewissen verkauft haben. Die reichen Leute machen allein die Gesetze, sie allein verteilen die Auflagen, davon sie den größten und schwersten Teil den Armen aufbürden. Das Herz empört sich, wenn man sieht, mit welcher Ungerechtigkeit alle Staatslasten verteilt sind. Hat man denn je einen reichen Städter über zu starke Auflagen klagen hören? Wer trägt denn nun alle die Lasten, unter welchen die europäischen Völker halb zerquetscht jammern? Der arme Taglöhner, das Land. Aber was ist dem Städter das Land? Gott hat es nur zu Spazierfahrten und Kirchweihfesten geschaffen! Der Bauer muß seinen einzigen Sohn hergeben, den frechen Überfluß der Reichen gegen seine eigene Not zu schützen, und unterliegt er der Verzweiflung und murrt, schickt man ihm den eigenen Sohn zurück, der für fünf Kreuzer täglich bereit sein muß, ein Vatermörder zu werden. Alle Abgaben ruhen auf den notwendigsten Lebensbedürfnissen, und der Luxus der Reichen wird nur so viel besteuert, als es ihre Eitelkeit gern sieht; denn ein wohlfeiler Genuß würde sie nicht auszeichnen vor dem niedrigen Volke. Die fluchwürdigen Staatsanleihen, von denen erfunden, welchen nicht genügt, das lebende Menschengeschlecht unglücklich zu wissen, sondern die, um ruhig zu sterben, die Zuversicht mit in das Grab nehmen wollen, daß auch die kommenden Geschlechter zugrunde gehen werden – entziehen dem Handel und den Gewerben fast alle Kapitalien, und nachdem sie dieses Verderben gestiftet, bleiben sie, zu noch größerem Verderben, unbesteuert, und was dadurch der Staat an Einkommen verliert, wird von dem armen Rest der Gewerbe verlangt. Der reiche Fabrikant hält sich für zugrunde gerichtet, wenn nicht jede seiner Töchter einen türkischen Schal tragen kann, und um sich und seiner Familie nichts zu entziehen, wirft er seinen Verlust auf die Arbeiter und setzt ihren Tagelohn herab. Die Stadt Paris braucht jährlich vierzig Millionen, von welchen ein schöner Teil in den räuberischen Händen der begünstigten Lieferanten und Unternehmer zurückbleibt. Jetzt brauchen sie noch mehr Geld und sie besinnen sich seit einiger Zeit, ob sie die neuen Auflagen auf den Wein, die Butter oder die Kohlen legen sollen. Der Reiche soll nicht darunter leiden, der Arme soll bezahlen wie immer. Eine Flasche Wein zahlt der Stadt fünf Sous; ob es aber der geringe Wein ist, den der Arme trinkt, oder ein kostbarer, den der Reiche genießt, das macht keinen Unterschied. Die Flasche Wein, die zwanzig Franken kostet, zahlt nicht mehr Abgaben als eine zu acht Sous. Eine Sängerin, die jährlich vierzigtausend Franken Einkommen hat, zahlt nichts, und ein armer Leiermann muß von dem Ertrage seiner Straßenbettelei der Polizei einen großen Teil abgeben. Das fluchwürdige Lotto ist eine Abgabe, die ganz allein auf der ärmsten Volksklasse liegt. Dreißig Millionen stiehlt jährlich der Staat aus den Beuteln der Tagelöhner, und eine Regierung, die dies tut, hat noch das Herz, einen Dieb an den Pranger zu stellen und einen Räuber am Leben zu bestrafen! Und nach allen diesen Abscheulichkeiten kommen sie und lästern über die Unglücklichen, die nichts zu verlieren haben, und fordern die reichen Leute auf, gegen das wilde Tier, Volk, auf seiner Hut zu sein! Geschieht das alles sogar in Frankreich, wo die freie Presse manche Gewalttätigkeit verhindert, manche wieder gutmacht – was mag nicht erst in jenen Ländern geschehen, wo alles stumm ist, wo keiner klagen darf, und wo jeder nur den Schmerz erfährt, den er selber fühlt! Wie man dort das arme Volk betrachtet, wie man es dort behandelt, wie man es dort verachtet, das hat ja die Cholera, diese unerhörte *Preßfrechheit* des Himmels, uns sehr nahe vor die Augen gestellt. Wie haben sie in Rußland, Österreich und Preußen gelächelt, gespottet und geschulmeistert – und ihr Lächeln war ein blinkendes Schwert, ihre Belehrung kam aus dem Munde einer Kanone, und ihr Spott war der Tod – über die wahnsinnige Verblendung des Volks, welches glaubte, die Vornehmen und Reichen wollten sie vergiften, und die Cholera sei ein Mischmasch des Hasses! Aber die Wahrheit, die mitten in diesem Wahne verborgen, der dunkle Trieb, der das Volk lehrt, es sei nur ein schlechtes Handwerkszeug, zum Dienste der Reichen geschaffen, das man wegwirft, wenn man es nicht braucht, und zerbricht, sobald es unbrauchbar geworden – diese Wahrheit ist den Spöttern und Schulmeistern entgangen.

Geschah es denn aus Zärtlichkeit für das Volk, daß man sie mit Kolbenstößen gezwungen, sich in die Spitäler bringen zu lassen, ihre Wohnung und ihre Familie zu meiden? Es geschah, um der Ängstlichkeit der Reichen zu frönen. Haben sie sich denn nicht in allen Zeitungen den Trost zugerufen, haben sie nicht gejubelt darüber: die Krankheit treffe nur die Armen und Niedrigen, die Reichen und Vornehmen hätten nichts von ihr zu fürchten? Hört, liest denn das Volk solche Reden nicht, wird es nicht darüber nachdenken? Ja freilich, das beruhigt sie, daß das Volk nicht denkt. Aber ihm ist der Gedanke Frucht, die Tat Wurzel, und wenn das Volk einmal zu denken anfängt, ist für euch die Zeit des Bedenkens vorüber, und ihr ruft sie nie zurück. – Genug mich geärgert. In Rußland lebt ein Schäfer, der ist hundertachtundsechzig Jahr alt. Aber ein Russe ärgert sich nicht. Er gibt oder bekommt die Knute, überzeugt oder wird überzeugt. So wohl ist uns zivilisierten Deutschen nicht. Doch kann es noch kommen.

Freitag, den 2. Dezember 1831
Ein englisches Blatt teilte kürzlich die Nachricht mit, Lord Grey, der Verfechter der Reformbill, habe Gift bekommen und kränkele dem Grabe zu. Das hätten die nämlichen getan, die auch den freisinnigen Canning aus dem Wege geräumt. Vor einigen Tagen wurde ein Mordversuch gegen die Königin Donna Maria gemacht, die mit ihren Eltern im Schlosse Meudon wohnt. Aus einem gegenüberliegenden Hause wurde in das Zimmer der Prinzessin geschossen. Die europäische Aristokratie spielt ein *Va banque*. Desto besser; so werden wir ihrer in einem Satze los. Glauben Sie mir, das ist es auch, wovor die Fürsten sich fürchten. Manche sind gutwillig und würden dem Volke sein Recht gewähren; aber sie kennen ihre Umgebungen, sie kennen zu gut die Freunde des Throns und wissen recht gut, daß mancher ihrer Schmeichler sich die eigenen Lippen vergiften könnte, um durch einen untertänigen Handkuß ihren Herrn zu töten. Sie verdienen ihre Angst. Warum muß man ein Edelgeborner oder Schurke sein, um hoffähig zu werden?

Der Verleumdungsprozeß, von dem ich Ihnen gestern geschrieben, ist noch in voriger Nacht entschieden worden. Die beiden angeklagten Zeitungsredaktoren wurden freigesprochen. Sie haben also Casimir Périer *nicht* verleumdet, und die Anschuldigung, daß er die Vorstädter angeworben und bezahlt, um sie gegen die Verräter seines weisen Regierungssystems zu hetzen, wurde gegründet gefunden. Also ist Casimir Périer verurteilt, und doch wird er ungestraft bleiben. Er lacht darüber und trägt diese Last noch zu seinen andern Lasten. *Der* wird nie vergiftet.

Wie es in Frankreich mit der Volkserziehung ist, zeigt folgende schöne Rechnung. Unter 294975 jungen Leuten, die im vorigen Jahre zur Konskription erzogen worden, fanden sich 12804, die nur lesen konnten; 121079 konnten lesen und schreiben und 153636 konnten weder lesen noch schreiben. 7460 blieben ungewiß. Also mehr als die Hälfte wuchs in der größten Unwissenheit auf. Die jetzige Regierung hat versprochen, dem Übel abzuhelfen und künftig besser für den Volksunterricht zu sorgen. Wir wollen aber abwarten, ob sie Wort hält. Casimir Périer kann Fortschritte machen, er kann noch einmal die Jesuiten einholen.

Seit einigen Tagen wird in der Kammer das neue Strafgesetzbuch verhandelt. Die Menschlichkeit hat auch hier endlich Eingang gefunden, wo sie so lange und so unerbittlich ausgeschlossen war. Die Verletzungen des Eigentums werden nicht mehr so blutdürstig gerächt. In einigen Fällen wurde die Todesstrafe abgeschafft; auch die Strafen anderer Verbrechen wurden gemildert. Es ist ein Fortschritt, und daß das jetzt in Frankreich, auf dieser großen Eisenbahn der Freiheit und Sittlichkeit, noch überraschen muß! Gestern wurde über die Prangerstrafe gestimmt. Man hat sie *beibehalten*. Die Menschen haben vor nichts mehr Furcht als vor ihrer eigenen Vernunft und sehen sich vor, daß sie ihnen nicht über den Kopf wachse. Ein Deputierter trug darauf an: man möchte den Pranger wenigstens für die Minderjährigen, Greise und Weiber abschaffen. Die beiden ersten Milderungen wurden angenommen, die letzte aber verworfen. Und da fand sich nicht einer, der die Verteidigung des armen Weibes übernommen hätte. Ja, mehrere Stimmen riefen spöttisch: »*Ah! les femmes!*« Mir tat diese Gleichgültigkeit wehe. Der Mann, der seine Ehre verliert, kann sie auf hundert Wegen wiederfinden. Sein ganzes Leben ist öffentlich, das Feld der Taten steht ihm frei. Aber die Frau, deren Schande der Welt gezeigt worden, wie kann sie je die Ehre wiederfinden? Je aufrichtiger ihre spätere Tugend, je inniger ihre spätere Reue ist, je verborgener wird sie sich halten, und die Welt, die ihre Schuld erfuhr, erfährt ihre Buße nie. Wenn man den Greisen und Minderjährigen den Pranger erläßt, sollte man um so mehr die Frauen damit verschonen, welche die Schwäche des Alters und der Kindheit in sich vereinigen. Habe ich nicht recht, oder verdiente ich wegen meiner Meinung von den Frauen selbst an den Pranger gestellt zu werden?

Der Präfekt von Lyon hat eine Proklamation erlassen, die, wie folgt, beginnt: »*Lyonnais, Quittez votre deuil et revêtez vos habits de fête, S. A. R. le duc d'Orléans arrive dans nos murs. C'est l'arc-en-ciel qui annonce la fin de l'orage.*« Lautet das nicht wie deutsch? Könnte man nicht glauben, es wäre in Berlin geschrieben? Von einem Kronprinzen zu sagen: »es ist der Regenbogen«, tönt freilich noch etwas familiär und revolutionär – der Deutsche hätte dafür gesagt: *Höchstdieselben geruhen ein Regenbogen zu sein* – doch übrigens ist gar nichts daran auszusetzen.

Samstag, den 3. Dezember 1831
Herr Rousseau muß ja seinen Hofrat verdienen, und da war es seine Amtspflicht, den Artikel aus der »Börsenhalle« mitzuteilen. In der »Münchner Hofzeitung« habe ich ihn auch abgedruckt gefunden. Ich habe nur immer meine Freude daran, wenn ich wahrnehme, daß die aristokratische Partei nicht einen Schriftsteller von nur erträglichem Talente finden kann, der öffentlich ihre Sache verteidigt. Heimlich, namenlos mag es zuweilen für Geld geschehen, aber frei hervortretend, eine schlechte Sache zu verteidigen, hat noch keiner gewagt, dessen Namen guten Klang hat. Jeder fürchtet, sich verhaßt und lächerlich zu ma-

chen. Und so sind es immer einige arme Teufel von verlornem Geiste, die nichts mehr zu verlieren haben, welche dem Adel ihre Fäuste leihen. Zwar gibt es einige Männer von ausgezeichnetem Talente, wie Görres ist, und wie Schlegel und Adam Müller waren, die sich gegen den Liberalismus ausgesprochen; aber sie kämpften weder für die Aristokratie noch für den Absolutismus, sondern für die geistliche Macht, die dem Liberalismus feindlich gegenübersteht.

Habe ich denn behauptet, die Franzosen wären bei ihrem Rückzuge in Frankfurt mißhandelt worden? Da ich das Buch nicht habe, bitte ich Sie, die Stelle genau nachzulesen und mir darüber zu schreiben. Ich kann das unmöglich gesagt haben, weil mir gar nichts davon bekannt ist und ich es auch nicht einmal glaube. Ich habe nur erzählt, wie sich einige Franzosen hier geäußert. Auch habe ich nie geglaubt, daß Marschall Soult, der als Minister im Sinne seiner Regierung friedliche Gesinnung und Friedenszuversicht äußern mußte, an öffentlichem Tische von der Hoffnung der Franzosen, wieder nach Frankfurt zu kommen, gesprochen. Was ich gehört, habe ich Ihnen berichtet, und ich habe es in der guten Absicht drucken lassen, die Frankfurter Regierung aufmerksam zu machen, daß eine Zeit kommen könnte, wo es, mit den Franzosen feindlich zu stehen, der Stadt Schaden bringen möchte und sie sich daher nicht mehr als sie *muß*, gegen das französische Volk unfreundlich zeigen solle. Mißverstanden kann man das in Frankfurt nicht haben, und wenn man mich doch getadelt, so war es gewiß aus jener alten engherzigen Philisterei geschehen, deren ganze Weisheit darin besteht, nichts Unangenehmes *aufzurühren*, sondern den ungesunden Schlamm sich anhäufen zu lassen, lieber als daß man ihn wegführe und die Nasen der Nachbarn dadurch belästige.

Die Geschichte mit der Gräfin *** werde ich in keine Zeitung bringen lassen. Das hätten Sie nicht nötig gehabt, mir zu untersagen. Ich werde nie gegen einzelne Menschen als öffentlicher Ankläger auftreten, auch nicht wenn ich sie für schuldig halte. Was nicht Volksmassen sind oder Menschen, die ganze Massen und allgemeine Interessen repräsentieren, liegt ganz außer meinem Wirkungskreise; denn es liegt außer meiner Pflicht.

Der *** ist nur das Mundstück einer diplomatischen Trompete, das gar nicht weiß, was es bläst. Hätte ich aber den spielenden Mund selbst vor mir, würde ich ihm sagen: Sie glauben, es wäre mir bloß um Geld zu tun! *A la bonne heure.* Das beleidigt wenigstens meinen Kopf nicht, und mein Herz nimmt so leicht nichts übel. Sie meinen aber auch, mich ärgert, daß ich noch keinen *Orden* bekommen! *Vous n'y pensez pas, mon cher Baron.* Ich gäbe den Heiligengeistorden, den Hosenbandorden, die roten und die schwarzen Adler und wie diese Zeichen der Dienstbarkeit sonst heißen, alle für einen Zahnstocher hin, den ich gerade in diesem Augenblicke nötig brauche. Außer, sie müßten mit Brillanten besetzt sein, für welche ich die Hälfte ihres Wertes bezahlte, weil sie in solcher Fassung die Hälfte ihres Wertes in meinen Augen verlören.

Sei'n Sie ruhig; Gott selbst rezensiert meine Schriften; der erste Artikel ist schon erschienen, die Fortsetzung wird bald folgen. Der Bundestag, der sich, solange er den Weichselzopf gehabt, ganz still, ganz ruhig, ganz warm gehalten, sich die Schlafmütze bis über den Mund herabgezogen, nichts sah, nichts hörte, nichts sprach, nicht an die freie Luft zu gehen wagte – er ist wieder munter geworden, seitdem die Polen besiegt; seit dem Falle Warschaus ist ihm das Herz gestiegen. Die kleinen deutschen Fürsten werden wie die Schulbuben zurechtgewiesen, sie sollten auf die Vollziehung der Karlsbader Beschlüsse künftig besser achten; ein neues Preßgesetz wird angekündigt; die Zensurkommission in Frankfurt hat ihre Mannschaft ergänzt und sich auf den Kriegsfuß gesetzt; die »Straßburger Zeitung« wurde verboten. Kann man schmeichelhafter von meinen Briefen sprechen? Gerechter Gott! Nicht einmal *den* Mut hatten sie, eine kleine ausländische Zeitung zu unterdrücken, die ihnen seit dem ersten Tage ihrer Erscheinung wie der Tod verhaßt war, ehe sie die ganze Macht Rußlands zu ihrem Schutze bereit sahen. Jetzt wird man noch an größere Sachen gehen. Und ist man mit den *Sachen* fertig, sobald man alle Hoffnungen des Vaterlandes niedergerissen, wird man unter deren Schutt hervor auch die *Menschen* zerren, die in den Gebäuden wohnen, und sie dafür züchtigen, daß sie zu edel waren, solange sie die Macht gehabt, sich gegen jede Rache zu schützen. An meinem Schmerze hat wenigstens getäuschte Hoffnung keinen Teil; ich wußte vorher, daß es so kommen würde. Aber die andern! Der gute, feurige Welcker hat zu früh »Triumph!« gerufen. Diese edlen oder schwachen Männer haben mich ausgelacht, als ich ihnen schon vor neun Monaten sagte: Seht euch vor, ihr werdet betrogen, benutzt die Zeit, seid schnell! Sie haben sich bedacht, als hätten sie die Ewigkeit gepachtet; sie sind den Schneckenweg des Rechts, der zaudernden Überlegung bergauf geschlichen und haben in ihrem Vertrauen den Verrat, in ihrer Gründlichkeit den Abgrund gefunden und haben uns mit hineingezogen. Geschmaust haben sie mit den Edelleuten, gezecht haben sie mit den Ministern und haben ihre geheimsten Gedanken dem Weine anvertraut, der sie den ewig Nüchternen verraten.

Warum haben denn die Polen Frankfurt nicht berühren dürfen? War es wegen der Cholera oder wegen der Freiheit? Die Amnestie des Kaisers Nikolaus gleicht der bekannten Rarität Lichtenbergs. Sie ist ein *Messer ohne Klinge, woran der Stiel fehlt*. Die Gnade! die Gerechtigkeit!

In Berlin haben sie Rottecks »Weltgeschichte« verboten. O! die Zeit wird kommen, wo sie alle Weltgeschichten verbieten und der Natur drei Jahreszeiten streichen. Das ist der *status quo*. Was ist der *status quo*? So nennen sie jeden Ort, wo *sie* stehengeblieben, und stünde auch die ganze Welt hundert Meilen weit davon entfernt.

Der König von Bayern läßt sich aus allen Städten, Flecken und Dörfern des Landes von den Magistratspersonen im Namen der Gemeinde untertänige Adressen schicken. Dieses papierne Heer soll gegen die rebellische öffentliche Meinung zu Felde ziehen. In einer solchen Adresse aus *Wasserburg* heißt es sehr naiv: »Den ausgesprochenen Grundsatz einer weisen Sparsamkeit empfangen wir – jedoch ohne Beschränkung der Allerhöchsten Person im Wohltun und im Glanz des Hofes und des Staates, mit ewigem Danke.« Die Wasserburger haben zwar einen schlechten Stil, aber ein gutes Herz. Das ist die Hauptsache. Weiter. Ein bayrischer Staatsbeamter schloß seine Rede, die er bei einer öffentlichen Feierlichkeit gehalten, mit folgenden Worten: *Haß und Verachtung jenen Abgeordneten, die es wagten, die Zivilliste des Königs zu schmälern.* Hu! das ist wahrhaftig melodramatisch.

Sonntag, den 4. Dezember 1831
Die Sache der Emanzipation der Juden hat auch in der bayrischen Kammer wieder eine deutsche ungeschickte Wendung genommen. Es ist das alte harte Rätsel, an dem ich mir schon fünf Jahre die Zähne stumpf beiße. Die Kammer hatte beschlossen, die Juden sollten den christlichen Staatsbürgern gleichgesetzt werden. Was war nun nach einer solchen Erklärung zu tun? Nichts. Man hatte nur alle Gesetze, welche eine Ungleichheit der Juden aussprechen, aufzuheben. Das war der Stoff einer einzigen Formel, einer einzigen Zeile. Aber was geschah? Nach Beendigung der Debatten beschloß die Kammer: »Sr. Majestät den König in verfassungsmäßigem Wege zu bitten, vor allen eine genaue Revision der über die Verhältnisse der jüdischen Glaubensgenossen bestehenden Verordnungen vornehmen und den Entwurf eines auf Beseitigung der gegründeten Beschwerden der Judenschaft und die Erleichterung ihrer bisherigen bürgerlichen Verhältnisse zielenden Gesetzes den Ständen des Reiches vorlegen zu lassen.« Da verliere einer die Geduld nicht! Einer deutschen Regierung Zeit zu Verbesserungen zu geben, das heißt mit dem Jüngsten Tage einen Vertrag abschließen. Wozu ins Teufels Namen alle diese Umständlichkeiten? Wenn die Juden emanzipiert werden sollen, wozu denn noch vorher die langweilige Musterung alter Ungerechtigkeit? Soll man denn die bürgerliche Gesellschaft wie eine Uhr behandeln, die, wenn sie vorwärts soll, nachdem sie lange stehengeblieben, jede versäumte Viertelstunde nachschlagen muß? Darüber sterben ganze Menschengeschlechter in Elend

und Kummer. Die Verteidiger der Juden haben in München so wunderliche Reden geführt als ihre Ankläger. Einer der ersten sagte: die Juden seien zur Zeit ihrer Selbständigkeit ein tapferes Volk gewesen, und die hartnäckige Verteidigung von Jerusalem sei mit der von Saragossa zu vergleichen. Aber, gerechter Gott! darauf kommt es ja hier gar nicht an. Die staatsbürgerliche Gleichheit soll ja den Juden nicht als ein Verdienst, als ein Lohn, sie soll ihnen als ein unveräußerliches Recht zuerkannt werden. Schlimm ist für die Juden, daß der Deutsche in dieser Sache wie immer unter der strengen Regierung seines Herzens steht. Selbst um gerecht zu sein, muß der Deutsche lieben. Nun liebt man aber die Juden nicht. Aber der starke Mann der Wahrheit und des Rechts muß auch sein Herz zu meistern wissen. Sie wissen, wie meines für die Juden schlägt! Und habe ich sie darum nicht doch immer verteidigt?

Einundsechzigster Brief

Paris, Donnerstag, den 8. Dezember 1831

Von meinen Briefen ist in allen Blättern, sogar in englischen die Rede. Im Constitutionnel heißt es unter andern: »*C'est le nec plus ultra de la presse allemande libérale. Personne n'a encore osé écrire ainsi. C'est la témérité personnifiée. Nos Allemands peu éclairés ressemblent à un homme longtemps emprisonné et privé de lumières, qui dès qu'on lui ouvre les portes pour le délivrer, est offusqué par lumière qu'il ne peut supporter.*« Der »Temps« nennt mich einen »*écrivain courageux*« und hebt es heraus, daß ich gesagt: besser einen Don Miguel zum Herrn haben als einen mild väterlichen deutschen Fürsten. Der Artikel aus der »Börsenhalle« geht nach und nach in alle ministerielle und aristokratische Blätter über. Gestern las ich ihn in der »Zeitung von Bern«, – ein Kirchhof, wo der Hochmut von fünf Jahrhunderten begraben liegt, und wo in dieser unserer Mitternacht alle Geister der alten Raubritter herumwandeln und heulen, daß einem die Haare zu Berge stehen. Ihr tapfern Ritter, ihr Hofleute in eurer Narrenjacke, erhabene Säulen des Throns, treue Schildträger der Fürsten, brave Dämme gegen das wildbrausende Volk – wo seid ihr denn? Junker, Legationsräte, Kammerherrn, tretet heraus, tretet hervor, erhebet euch. Höret, wie ein niedriger Knecht euch verhöhnt, euch trotzt! ... Sie sind stumm, und fände sich nicht zuweilen ein Ochse von Bürger, der ihnen aus Dummheit seine gesalzene Zunge liehe; sie würden ersticken vor Wut. Ich aber habe meine Freude daran, und ich möchte die ganze Junkerei mit mürben Brezeln bewirten.

Freitag, den 9. Dezember 1831
Ich kann Sie versichern, daß die schönste Posse auf dem Theater mich nie so sehr ergötzt hat als die Schrift des Eduard Meyer. Und was an der einen Lust fehlte, ersetzte die Schadenfreude. Ich dachte bei mir: welch eine Sache muß es, welche Menschen müssen das sein, die solche Beschützer suchen und nur *solche* finden! Auch habe ich bei dieser Gelegenheit einem teilnehmenden, aber von dem gegen mich erregten Lärm etwas betäubten Manne geschrieben: »So sind eure Verteidiger, so ist eure Sache, so seid ihr selbst!« Wenn Sie in meinen Worten etwas Wehmütiges gefunden, so ist der gute Eduard ganz unschuldig daran. Ich erinnere mich nicht mehr, in welcher Stimmung ich damals geschrieben; aber es kann wohl sein, daß ich bei diesem Anlasse einen trüben Blick in unser trübes Vaterland geworfen, und daß mich das etwas bewegte. Den Alexis Häring, den schicken Sie mir ja sobald als möglich; der erspart mir fünfzig Sous und fünf Stunden Zeit für ein Boulevardtheater. Ich kenne ihn von Berlin her, es ist ein ungesalzener Hering. Vor meiner Rache ist er sicher. Wäre er ein Milchner, salzte ich ihn vielleicht; aber solch einen Rogner kann ich zu gar nichts brauchen. Auch würde ich mich wohl hüten, dem Leipziger Viehstalle zu nahe zu kommen. Ich bin kein Herkules, und dessen Keule war es auch nicht, die das Wunder getan. Die Pleiße aber ist so dumm und flach, daß nur ein Paar Schnupftücher damit zu reinigen sind. Guter Gott! Wenn man diese Menschen erst persönlich kennt, dann ist man gar entwaffnet und wehrlos. Dieser Willibald Alexis – pfui, es ist mir, als sollte ich

mit Rühreiern Krieg führen. Ein platter, abgeschmackter Osterfladen, eingeschrumpft und altbacken, wie er am zweiten Pfingsttag aussehen und schmecken würde... Nun, wie gefalle ich Ihnen? Habe ich nicht schon viel profitiert von meinem Eduard? Also den Häring schicken Sie mir!

Die schönen Frankfurter Mädchen werden sich wohl zu trösten wissen, wenn sie in keiner Leihbibliothek meine Briefe werden bekommen können. Clauren ersetzt mich ihnen vom Samstag abend bis Montag morgen. Die andern Leser werden Mittel finden, sich das Buch auf andere Art zu verschaffen. Fünfzig Taler Strafe! das ist ein starkes Lesegeld! Mir fällt dabei nur immer ein, daß in Frankfurt, Hamburg und andern deutschen Landen, wo man nie nach Talern rechnet, doch immer nach Talern bestraft wird. Das beweist, daß man Gesetze in Anwendung bringt, deren Form, wie deren Geist, veraltet ist. So wäre denn mein Buch in Deutschland vogelfrei erklärt. Das war gar nicht nötig, ich habe es ja selbst getan. Frei wie ein Vogel sollte es in den Lüften schweben, erhaben über dem stinkenden Nebel der Polizei und dem feuchten Dunstkreise angstschwitzender Bürger. Es wird schon herabpfeifen durch Nebel und Dunst, und sieht man es auch nicht, wird man es doch immer hören.

Die Affenkultur hat hier seit der letzten Revolution große Fortschritte gemacht. Sonst beschränkte sich die Kunstfertigkeit der Affen auf den Schauplatz der ebenen Erde. Sie tanzten, zogen den Hut ab, zerrten die Mädchen an den Röcken, putzten den Herrn die Stiefel und forderten höflich Geld ein. Das war alles gut und einträglich. Doch entging den armen Savoyarden die Teilnahme und das Soustück der Hausbewohner, die in den obern Stocken wohnten und nicht gerade am Fenster lagen. Jetzt aber haben sie die Affen abgerichtet, an langen Stricken festgehalten, die Häuser hinaufzuklettern, auf den Geländern der Balkone herumzuspazieren, vor das Fenster zu springen und an die Scheiben zu klopfen. Diese geniale Industrie ist höchst ergötzlich. Doch muß ich sagen, daß es oft eine unangenehme Überraschung für die Leute im Zimmer sein mag. Denken Sie sich, eine junge schöne

Dame säße auf dem Sofa neben ihrem Vetter, durchblätterte mit ihm *Les feuilles d'automne* von Hugo und wäre sehr zerstreut – und jetzt pochte plötzlich ein garstiger Affe an das Fenster und guckte neugierig und spöttisch in das Zimmer hinein – das wäre ja ein größerer Schrecken, als wenn der Mann unerwartet aus dem Comptoir wieder herauskäme, weil er seine Brille vergessen. Ich begreife nicht, wie die Polizei solche Friedensstörung dulden kann; es müßte denn sein, daß sie selbst die Affen zu Hausspionen angestellt. Es wäre gar nicht unmöglich. So ein Affe hat Verstand genug dazu.

Zweiundsechzigster Brief

Paris, Mittwoch, den 14. Dezember 1831

Gestern hat sich Mauguin mit dem Deputierten Viennet geschlagen. Mauguin vergaß sich und nannte die Kammer eine ministerielle; Viennet, selbst ein Ministerieller, vergaß sich auch und nannte den Mauguin einen schamlosen Menschen. Das beleidigte ihn, und er forderte Viennet. Ich finde es aber lächerlich, daß er einen Vorwurf, den er andern gemacht, nicht selbst annehmen wollte. Darauf wurden zwei Pistolen geladen, und mit nicht mehr und nicht weniger als zwei Schuß Pulver wurden zwei Ehren wiederhergestellt. In England und Deutschland wird so etwas gewöhnlich mit mehr Ernst betrieben, hier aber wird oft eine Komödie daraus gemacht; denn ich vermute sehr, daß man falsch ladet. Wäre ich Sekundant, ich täte eine Kugel hinein. Zwar wäre der Welt mit einem Narren weniger nicht geholfen; aber ich täte es aus Bosheit.

Meine Pariser Briefe sind jetzt bei den hiesigen Buchhändlern angekommen, und ich habe sie gelesen mit einer Ruhe und einer Gleichgültigkeit, mit der man die Rechnung eines Schneiders liest, wenn, um sie zu bezahlen, es weder an Geld noch gutem Willen fehlt. Ich würde kein Wort zurücknehmen, wenn ich sie heute schriebe, und keine einzige Rede nur um einen Lichthauch blässer machen. Grob sind sie freilich, wie man sie gefunden.

Wer hieß aber auch die dummen Menschen ihnen so nahe treten und sie durch die Brille betrachten? Sie sind grob, wie Freskogemälde sind und sein müssen, die in einiger Entfernung angeschaut werden sollen. Auf der frischen, noch feuchten Gegenwart gemalt, mußten die Züge schnell der entschlossenen Hand nachstürzen, durften nicht hinter zaudernder Bedenklichkeit nachschleichen. Dem Volke, das in weiten Kreisen umhersteht und kein Vergrößerungsglas gebraucht, fällt es gerade mit dem rechten Maße in die Augen. Wie freue ich mich, daß mir das gelungen; wie froh bin ich, daß ich der pastellfarbigen Artigkeit entsagt, die den verzärtelten Diplomaten so gut gefällt, weil sie es weglächeln, sobald es ihnen nicht mehr behagt. Nein, diesmal habe ich tiefe Furchen durch ihre Empfindung gezogen, und das wird Früchte tragen; denn selbst für ihre eigenen Felder ist die Saat nicht in ihrer Hand – Gott sorgt dafür. Daß man mir nur das Herz öffne, feindlich oder freundlich, gleichviel; beides ist mir willkommen, denn beides nützt der guten Sache.

Heine hat gegen die zwei Hamburger Künstler Meyer und Wurm, die noch freskoartiger gemalt als ich selbst, einen Artikel geschrieben. Gelesen habe ich ihn nicht; er sprach mir bloß von seinem Vorsatze. Es war ihm aber gar nicht darum zu tun, mich zu verteidigen, sondern sich selbst, da er zugleich mit mir angegriffen worden. Heine hat darin eine wahrhaft kindische Eitelkeit; er kann nicht den feinsten, ja nicht einmal den gröbsten Tadel vertragen. Er sagte mir, er wolle jene Menschen vernichten. Das dürfte mir gleichgültig sein. Zwei Spatzen weniger in der Welt, das hilft zwar nichts, kann aber doch nichts schaden. Den Artikel schickte er an Cotta für die »Allgemeine Zeitung«; nun schrieb ihm dieser zurück: Es möchte doch seine Bedenklichkeit haben, eine Schrift zu verteidigen, worin mit ausdrücklichen Worten stünde, jedes Volk dürfe seinen König absetzen, sobald ihm seine Nase nicht mehr gefiele. Geduld, himmlische Geduld! Was fange ich nun mit solchen Menschen an, die ganz ernstlich glauben, ich hätte den Völkern geraten, ihre Fürsten zu verjagen, sobald sie mit deren Nasen unzufrieden würden? Wie würde es mir ergehen, wenn ich gegen solche Anschuldigungen mich vor deutschen Richtern zu verteidigen hätte? Wenn ich sagte: Meine Herrn, Sie müssen das nicht so wörtlich nehmen – nun, ich glaube, das glaubten sie mir vielleicht. Was würde mich das aber nützen? Sie würden erwidern: Sie hätten aber bedenken sollen, daß Sie nicht bloß für gebildete Leser schreiben, sondern daß auch eine große Zahl Ungebildeter Ihre Werke liest, die, keiner Überlegung fähig, sich nur an den Wortverstand halten. Zu dieser Bemerkung würde ich schweigen und sagen: Laßt mich in das Gefängnis zurückführen. Alles Reden wäre doch vergebens. Stünde ich aber vor keinem deutschen heimlichen Gerichte, wären Geschworne da und säße Volk auf den Galerien, würde ich mich, wie folgt, verteidigen: Meine Herrn! Der Deutsche ist ein Krokodil (Allgemeines Geschrei des Unwillens, Krokodil! Krokodil! zur Ordnung, zur Ordnung!) ... Meine Herrn, der Deutsche ist ein Krokodil. (Zur Ordnung, zur Ordnung! *Der Präsident:* Sie mißbrauchen das Recht der Verteidigung...) Meine Herrn, der Deutsche ist ein Krokodil – aber ich bitte Sie, lassen Sie mich doch zu Ende reden. Wenn ich sage, der Deutsche ist ein Krokodil, so meine ich gewiß nicht damit, der Deutsche sei ein wildes, grausames, räuberisches Tier wie das Krokodil und weine heuchlerische Kindestränen. Ich denke gerade das Gegenteil. Der Deutsche ist zahm, gutmütig, räuberlich, aber gar nicht räuberisch, und weint so aufrichtige Tränen als ein Kind, wenn es die Rute bekommt. Wenn ich das deutsche Volk ein Krokodil genannt, so geschah es bloß wegen seiner Körperbedeckung, die ganz der eines Krokodils gleicht. Sie hat dicke harte Schuppen und ist wie ein Schieferdach. Was Festes darauf fällt, prallt ab, was Flüssiges, fließt hinunter. Jetzt denken Sie sich, meine Herrn, Sie wollten ein solches Krokodil tierisch magnetisieren; zweitens, um es später von seinen schwachen Nerven zu heilen; erstens, um es früher hellsehend zu machen, daß es in sein Inneres hineinschaue, seine Krankheit erkenne und die dienlichen Heilmittel errate. Wie würden Sie das anfangen? Würden Sie mit zarter, gewärmter Hand auf dem Panzer des Krokodils herumstreicheln? Gewiß nicht, Sie wären zu vernünftig dazu. Sie würden begreifen, daß solches Streicheln auf das Krokodil so wenig Eindruck machte als auf den Mond. Nein, meine Herrn, Sie würden auf dem Krokodil mit Füßen herumtreten, Sie würden Nägel in seine Schuppen bohren, und wenn dies noch nicht hinreichte, ihm hundert Flintenkugeln auf den Leib jagen. Sie würden berechnen, daß von dieser großen angewendeten Kraft neunundneunzig Hundertteile ganz verloren gingen, und daß der Hundertteil, der übrigbliebe, gerade die sanfte und bescheidene Wirkung hervorbrächte, die Sie bei Ihrem tierischen Magnetisieren beabsichtigen. So habe ich es auch gemacht. Wäre aber das deutsche Volk kein Krokodil, sondern hätte es eine zarte Haut, wie die schöne Fürstin von ***, dann hätte ich ihm nicht gesagt, es dürfe einen Fürsten vertreiben, der eine unangenehme Nase hat, sondern ich hätte wie folgt mit ihm gesprochen: ›Die Fürsten – mag sie nun Gott oder der Teufel, oder mögen sie sich selbst, mag die weise Vorsehung, oder mag der Narr Zufall sie eingesetzt haben – sind bestimmt, die Völker, welche ihnen anheimfallen, nicht bloß mit Gerechtigkeit, sondern auch mit Weisheit, nicht bloß mit Weisheit, sondern auch mit Stärke, nicht bloß mit Stärke, sondern auch mit Milde zu regieren. Wo sie dieses nicht tun oder nicht vermögen; wo sie das Recht schmählich verletzen, ihren eigenen Sünden oder denen ihrer Lustgesellen zu frönen; wenn sie statt der ernsten Stimme der Klugheit den Possenliedern der Torheit ihr Ohr hingeben; wenn sie zu schwach oder zu feige sind, den Verführungen oder Drohungen fremder Fürsten zu widerstehen; wenn sie jedes Vergehen als eine Beleidigung ihrer Macht blutig und tückisch rächen – ein so mißhandeltes, so mit Füßen getretenes Volk darf und muß seinen verbrecherischen Fürsten vom Throne stoßen und aus dem Lande jagen.‹ Hätte ich aber so mit dem deutschen Krokodil gesprochen, wie viel von meinen Worten wäre in sein Inneres gedrungen? Wenig, nichts, ja weniger als nichts. Ein Defizit des Widerstandes wäre dabei herausgekommen, und das Krokodil hätte meine Lehre so gedeutet: einem Fürsten, der despotisch regiere, *müsse man die Zivilliste* *verdoppeln.* Darum sagte ich ihnen: ›Ihr dürft jeden Fürsten verjagen, sobald euch seine Nase nicht mehr gefällt.‹ Deutsche Gutmütigkeit bringt von solcher Lehre neunundneunzig Hundertteile in Abzug, und dann bleibt gerade so viel übrig, als ihnen zu wissen gut ist, als ich ihnen beizubringen mir vorgesetzt« ... (allgemeines Beifallklatschen). *Der Präsident:* Alle Zeichen des Beifalls oder der Unzufriedenheit sind untersagt; wenn die Ruhe noch einmal gestört wird, werde ich den Saal räumen lassen... Darauf ziehen sich die deutschen Geschwornen in ihr Zimmer zurück. Nach zehn Monaten, elf Tagen, zwölf Stunden und dreizehn Minuten treten sie wieder in den Saal und erklären den Angeklagten für *nicht schuldig.* Todesstille. Die Geschwornen sehen sich um und werden bleich. Während ihrer Beratschlagung waren Angeschuldigte, Richter, der Prokurator des Königs, der Verteidiger, sämtliche Advokaten und Zuhörer, alle Hungers gestorben und schon in Fäulnis übergegangen. Diese traurige Geschichte hatte in Deutschland großes Aufsehen gemacht, und Herr von Kamptz in Berlin benutzte sie geschickt und ließ in Jarckes antirevolutionärem Tendenzblättchen einen Aufsatz drukken, worin er aus der neuesten Erfahrung bewies, daß ein Schwurgericht für Deutschland gar nicht passe.

Sie aber, *Sie,* was halten Sie davon? Finden Sie nicht, daß ich recht habe? Aber mein Gott! Sie haben gar nicht achtgegeben. Sie waren zerstreut, und ich weiß auch warum. Während meiner langen Rede haben Sie an nichts gedacht, als wer die Fürstin sei, deren schönen Teint ich gelobt. Ich werde mich wohl hüten, das zu gestehen. Indem ich es verschweige, werden alle deutschen Prinzessinnen die Schmeichelei auf sich beziehen, und ich werde dadurch sechsunddreißig regierende Herzen gewinnen, welches mir sehr nützlich sein kann, wenn ich einmal früher oder später in die rauhen Fäuste irgendeiner deutschen Polizei plumpe.

– Gestern habe ich einem Weltessen beigewohnt. Nicht einem Essen, wo, wie in manchen Ländern Europens, die Welt von wenigen Mäulern gespeist wird; sondern wo die Welt durch ihre Repräsentanten selbst speist. Ich habe Nord- und Südamerikaner,

Ägyptier und Ostindier, Schweden, Polen, Franzosen, Engländer, Deutsche, Schweizer, Italiener um einen Tisch versammelt gesehen. Nur Russen waren keine da; denn diese, mit den Markknochen der Polen angenehm beschäftigt, verschmähen jetzt die magern Beefsteaks von gewöhnlichen Ochsen. *Herr Jullien*, Herausgeber der bekannten *Revue encyclopédique*, versammelt seit vielen Jahren seine Freunde und die es werden sollen – das will sagen: alle Welt – monatlich einmal zu einem enzyklopädischen Diner. Die Gesellschaft ist gewöhnlich mehr als hundert Personen stark; gestern aber waren es höchstens dreißig. Ihnen die kleinen Götter, die berühmten Polen, Italiener, Franzosen zu nennen, wäre zu weitläufig; die berühmten Frankfurter herzuzählen, wäre kürzer, aber das verbietet mir die Bescheidenheit. Von europäischem Rufe war nur ein einziger Mann gegenwärtig, *Sir Sidney Smith*, dessen Biographie Sie im Konversationslexikon finden. Er ist ein schöner und für sein Alter noch rüstiger Mann, und, was an einem Seehelden auffällt, er hat ganz die Art und Haltung eines feinen Parisers. Der würde nie, wie Jean Bart, Tabak im Vorzimmer eines Königs rauchen. Ich habe mich sehr unterhalten. Aber, mein Gott, ich erstaune über die Menschen, welchen in Paris nicht aller Ehrgeiz zu Ekel wird. Diese Stadt ist eine Kloake des Ruhms, die ihn auf dunkeln und schmutzigen Wegen in den nächsten Bach schwemmt, worin er immer weiter und weiter, bis in das Meer der Vergessenheit fließt. Sidney Smith wohnt seit vielen Jahren in Paris. Seine Tochter wohnt auch hier und ist an den Baron Delmar (Ossianischer Name), einem getauften Juden und geadelten Lieferanten aus Berlin, verheiratet. Man erzählte mir von ihm, daß er nur Personen vom höchsten Stande empfange und man, um in seinem Hause Zutritt zu erhalten, mehr Ahnen bedürfe, als man ehemals von einem deutschen Domherrn forderte. So ist es aber in allen Ländern; christlicher Adel und jüdisches Geld haben eine unglaubliche Affinität gegen einander, und darum ist die *Faubourg St.-Germain* jeder Residenz eigentlich eine Vorstadt Jerusalems.

Ein junger Mensch aus Genf ließ, als er meinen Namen hörte,

sich mir vorstellen und äußerte: er habe schon längst den Wunsch gehabt, mich kennen zu lernen. Sie wissen ja, wie ich bei solchen Gelegenheiten mit meinem Pagodenkopf wackele; ich lache mich immer selbst aus und erst später den andern. Der junge Neugierige nahm bei Tische seinen Platz neben mir. Ich fragte ihn, wie es ihm in Paris gefiele. Er erwiderte, die Politik verleide ihm seinen ganzen Aufenthalt. Ich stutzte; doch weiß ich mich leicht in solche Denkungsart zu finden. In meinem eigenen Kopfe ist eine große Landstraße ganz mit dieser Gesinnung gepflastert. Ich erwiderte, jawohl wäre es traurig, daß Politik, Regierung, Staat, Gesetz, Freiheit, alles nur Werkzeuge, das Glück der Menschen zu bereiten; alles nur Wege, sie zur Kunst, Wissenschaft, zum Handel, zu häuslichem Glücke, zu brüderlicher Gesellschaft, zum Vollgenusse des Lebens zu führen – daß diese Werkzeuge mit dem Kunstwerke selbst, daß die Wege mit dem Ziele verwechselt werden; daß man vor lauter Arbeiten es zu keiner Arbeit bringt; daß die grausamen Kriege der Regierungen gegen ihre Völkchen und die törichten Völker unter sich selbst alle Kräfte der Menschheit verzehren; daß die letzte Verwünschung den letzten Atemzug ausgeben und der Frieden keinen mehr finden wird, der ihn genießt. Aber zu diesem Standpunkte der Betrachtung folgte mir der junge Mann nicht; die Politik war ihm zuwider wie dem Dichter Robert in Baden-Baden. Darüber verwunderte ich mich. Ich fragte ihn, ob er in Paris studiere und was. Er erwiderte, daß er sich der *deutschen Philosophie* ergeben und jetzt beschäftigt sei, ein Werk von Schelling ins Französische zu übersetzen. Er kannte die ganze philosophische Literatur der Deutschen, sogar die Werke Carovés, des Biographen Gottes. Im nächsten Frühling will er nach München gehen. Also *das war's*! Es ist nicht nötig, daß ich mich darüber auslasse; ich habe das schon oft besprochen. Als ich ihm einmal Salat präsentiert, der noch nicht angemacht war, dachte ich: Als deutscher Philosoph hätte er es vielleicht gar nicht bemerkt.

Beim Dessert wurden wie üblich Toasts ausgebracht. Zuerst: »*A l'union des peuples!*« Dann wurden alle Völker durchgetrunken. Zuerst die Polen. Herr Jullien kündigte an, die Gesellschaft würde den Generalen Ramorino, Langermann und Schneider und der Gräfin Plater, der polnischen Amazone, die in diesen Tagen hier ankommen würde, im nächsten Monate ein Fest geben. Darauf stand ein junger Pole auf, Herr von Plater, Vetter der Gräfin, und dankte im Namen seiner Nation. Endlich kam auch die Reihe an die Deutschen – ganz zuletzt. Herr Jullien trank aber nicht auf die Gesundheit des ganzen deutschen Körpers, sondern nur auf die seiner schwachen Füße, auf das Wohl »de cette partie de l'Allemagne«, welche Freiheit habe, fordere, verteidige. Ich, *** und ein Berliner, den ich nicht kenne, waren die drei anwesenden Deutschen. Der Berliner war wohl ein Hegelianer oder dachte an die Cholera oder an Köpenick und schwieg. Mir durfte zu reden gar nicht einfallen, weil ich schlecht Französisch spreche. Aber ***, der es gut spricht, forderte ich auf zu antworten. Doch er schwieg. Und er schwieg nicht allein, er ward noch rot, als hätte er gesprochen. Stumm und rot wie ein Krebs! Ich schämte mich – nein, das ist das rechte Wort nicht – es schmerzte mich. Und warum habe ich nicht gesprochen? Der Pole vor mir sprach viel schlechter Französisch als ich. Und mir war das Herz so voll, daß ich eine ganze Stunde hätte sprechen können, und ich hätte vermocht, alles so schnell niederzuschreiben, als es hätte gesprochen werden müssen. Aber mir kam in den Sinn, was wohl meine Ängstlichkeit entschuldigt, aber das Gefühl derselben nur noch bitterer macht. Ich bedachte: ein Pole, ein Spanier repräsentiert ein Vaterland, sein Volk steht hinter ihm; was er spricht, sind nicht Worte, er berührt Tasten, die Taten widerklingen, er erinnert, man hört nicht ihn, man hört die Vergangenheit, man sieht das weit entfernte Land. Aber was repräsentiere ich, an welche Taten erinnere ich? Ich stehe allein, ich bin ein Lakai und trage, wie alle Deutsche, die Livree des Grafen von Münch-Bellinghausen. Man hätte mich als einen Schriftsteller, als einen Redner beurteilt; man hätte mich, nachdem ich gut oder schlecht gesprochen, wie einen Schauspieler beklatscht oder ausgepfiffen. Da stockt das Blut, da steht die Zunge still. Mag sich schämen, wem es zukommt. Arndt wäre freilich nicht in Verlegenheit gekommen. Er hätte gesprochen von den Sigambern und Cheruskern, von den Katten und Franken, von Alemannen, Friesen, Chaucen, Vandalen, Burgundionen, Quaden, Markomannen, Bojoariern, Hermunduren und Teutonen. Er hätte gesprochen – von Gauen, von Hermann dem Cherusker, vom Teutoburger Wald, von Maroboduus und den Hohenstaufen. Aber ich bin nicht Arndt. Ich kenne nur die Deutschen des Regensburger Reichstags und des Wiener Friedens, und die sind nicht weit her.

Bei Tische wurde auch angekündigt, daß eine aus polnischen und französischen Gelehrten gebildete Gesellschaft den Vorsatz gefaßt, alle klassischen Schriften der Polen, etwa fünfzig bis sechzig Bände, in das Französische zu übersetzen, um mit dem Ertrage des Werkes die dürftigen Polen zu unterstützen. Gewiß, die Franzosen haben eine gute Art, wohlzutun. Die Rauheit ihrer Regierung gutzumachen, tut das auch not. Schmach und Unglück über die heuchlerischen Erbschleicher der Julirevolution! Keiner der vertriebenen Polen darf nach Paris; sie werden wie Vagabunden auf vorgeschriebenen Wegen nach dem südlichen Frankreich gewiesen und dort unter Aufsicht der Polizei gestellt. Man will sie an das Mittelländische Meer führen, um sie dann bei Strafe des Hungertodes zu zwingen, unter den Truppen von Algier Dienste zu nehmen. Afrika oder Sibirien – diese Wahl gibt ihnen Louis-Philippe! Um diesen Preis erkauft sich der Krämer Périer den Bruderkuß des Grafen von Nesselrode!

Vor einigen Tagen hat man einen Menschen festgenommen, der vor dem Theater sich an den Wagen des Königs zu drängen suchte. Man fand Pistolen und einen Dolch bei ihm. Mag nun sein, daß die Polizei diesen Menschen abgerichtet, um den König zu schrecken und zur Tyrannei zu führen; oder mag ernstlich ein Mordversuch stattgefunden – beides sind schlimme Zeichen. Dieser König leidet an einem bösen innern Geschwüre, und er wird nie mehr gesunden.

Freitag, den 16. Dezember 1831

Was ist denn das für eine Geschichte mit dem Oehler, wovon die heutigen Blätter sprechen? Lassen Sie mir doch durch *** über die Sache genau berichten, und der Wahrheit gemäß. Es heißt, der Oehler habe schwören müssen, daß er nie darüber sprechen wolle, aus welchem Grunde er arretiert worden sei. Das ist eines der teuflischen Mittel, welche deutsche Regierungen seit fünfzehn Jahren oft angewendet, ihre verborgenen Missetaten mit ewiger Nacht zu bedecken. Ein Tor und ein pflichtvergessener Mensch, wer einen solchen abgefolterten Eid hält! Es ist der Eid, zu dem ein Räuber mit gezücktem Dolche uns zwingt, daß wir seine Missetat nicht verraten, damit er ferner ungestört rauben und morden könne. Jeder gute Bürger ist es seinem Vaterlande, dem mißhandelten Rechte, dem beleidigten Himmel schuldig, an den Tag zu bringen, was gottvergessen im Dunkeln waltet, und einen Eid zu brechen, der ihn zum Mitschuldigen einer Schandtat macht und ihn an die Sünder kettet. Wie! Könige haben den Eid gebrochen, den sie ungezwungen der Freiheit geschworen, und ein Bürger sollte verpflichtet sein, zum Vorteile der Tyrannei einen Schwur zu halten, den ihm die grausamste Gewalt abgepeinigt? Nimmermehr. Das fordert der Himmel nicht, ja das weist er zurück.

Dreiundsechzigster Brief

Paris, Samstag, den 17. Dezember 1831

Meine Briefe, wie ich gestern hier vom Buchhändler hörte, werden besonders viel von Engländern gekauft. So wäre ja die Zeit schon gekommen, die ich vorhergesagt, wo die neugierigen Reisenden, ihre *Antiquités de l'Allemagne* in der Hand, unser Vaterland besuchen. Die Engländer sind hier wie immer voraus; ich bin ihr Vasari, sie kaufen mich und stecken mich in die Tasche.

Ich glaube es nimmermehr, daß Herr von *** gesagt hat: »*Dieser Dr. Börne verdiente, daß man ihm fünfundzwanzig aufzählte.*« Ich kenne Herrn von *** sehr genau; ich habe vor einigen Jahren in

Schlangenbad ihm täglich das Essen bringen sehen; es ist nicht möglich, daß ein Edelmann die Gesinnung eines Lakaien habe, daß ein Minister wie ein Stallknecht spreche. Indessen habe ich doch für den möglichen Fall, daß es wahr sei, dem Herrn von *** die fünfundzwanzig Stockprügel in Rechnung gesetzt, und ich werde sie ihm früher oder später vergüten.

Die »Pariser Briefe« hat der Buchhändler hier schon alle verkauft. Sie werden in das Englische übersetzt. Dagegen habe ich nichts. Geist und Sprache der Engländer weiß sich mit allem Deutschen innigst zu verschmelzen. Aber die französische Übersetzung, an die man auch denkt, würde ich hintertreiben, wenn es in meiner Gewalt stünde.

In der »Nürnberger Zeitung«, ein *Unter-Blättchen*, wo die Hühneraugen und Frostbeulen der ärmsten Teufel von Schriftstellern sich versammeln, heißt es in einem Schreiben aus Berlin: »Börnes Briefe aus Paris, die hier großes Aufsehen gemacht, wurden allgemein mit *Verachtung und Abscheu* aufgenommen, und es ist erstaunlich, wie dieser Börne, der sonst bei den Berlinern so hoch gestanden, plötzlich so tief sinken konnte.« Sooft ich solchen Bettelvogt-Stil lese, bekomme ich die größte Lust, einmal gegen mich selbst zu schreiben, um den armen deutschen Ministerialkanzlisten zu zeigen, wie man lügen könne, ohne sich lächerlich zu machen. Ich weiß es besser, wie ich in Berlin gewirkt. Für gar viele war ich ein Pfropfenzieher, und mancher eingeschlossene Geist ist hoch hinauf bis an die Decke gesprungen, nachdem ich ihn von der Angst des Eisendrahts befreit.

Montag, den 19. Dezember 1831

Neulich war ich im Theater *de la Gaieté*, welches ich früher noch nie besucht. Seitdem haben Wind und Frost meine Augen wieder getrocknet; denn wahrhaftig, gleich darauf hätte ich Ihnen gar nicht davon schreiben können. Nie in meinem Leben habe ich so viel geweint als in diesem *Théâtre de la Gaieté*. Ich hatte mich nicht vorgesehen, hatte meine Augen nicht verriegelt, und jetzt stürzte die spitzbübische Rührung herein und raubte allen Verstand in meinem Kopfe. Dieses Theater ist das vornehmste unter den gemeinen, unter den Boulevardtheatern. Das volle Haus gewährte einen wohltuenden, sanft erwärmenden Anblick, und nie habe ich mich zwischen den Akten so behaglich gefühlt als hier. Das Aufziehen des Vorhangs störte mich jedesmal. Die Zuschauer gehörten alle zu den niedern Bürgerklassen, die den Mittelstand von dem Pöbel trennen. Meistens Weiber und Mädchen, sehr wenige Männer. Sie trugen alle weiße Häubchen. Sie können sich nichts Lieblicheres denken. Alle Galerien rundumher, von oben bis unten, und das ganze Parterre waren weiß. Ich wußte vor lauter Wohlgefallen gar nicht, womit ich diesen schönen Anblick vergleichen sollte. Bald erschien es mir wie ein beschneiter Wald; bald wie ein Bleichgarten, wo die Wäsche zum Trocknen aufgehängt ist; bald wie eine Herde (aber gutmeinender) Gänse; bald wie eine Lilienflur, auf welcher die wenigen vornehmen und farbigen Hüte als Tulpen hervorstanden. Jetzt war zu bewundern der Fleiß und die Aufmerksamkeit dieser Zuschauerinnen den ganzen Abend. Diese guten Mütter und Töchter sind nicht abgestumpft, sie gehen selten in das Theater und sehen wohl nur einmal das nämliche Stück. Sie kommen mit einem tüchtigen Hunger und wollen sich satt hören und sehen. In der Mitte der ersten Galerie, ganz genau in der Mitte, wo bei uns die Prinzessinnen sitzen, saß, wie ein Solitär in einem Ringe, ein Marktweib, fleischig, rotwangig, mit Armen wie junge Tannen. Ich konnte kein Auge von ihr abwenden. Sie hatte ihre verschränkten Arme auf die rotgepolsterte Lehne gelegt und starrte regungslos fünf Stunden lang mit durchbohrender Aufmerksamkeit nach der Bühne hin. Es war, als hätte sie die Worte schockweise gekauft und bezahlt und zählte ängstlich nach, ob sie keines zu wenig bekomme. Und jetzt das allgemeine Weinen! Nein, einen solchen Augenbruch habe ich nie gesehen. Wer Augen hatte, weinte; wer ein weißes Schnupftuch, trocknete seine Tränen; wer ein farbiges (das ist keine Erfindung), ließ sie fließen. Ich selbst, als ich mich umhergesehen und wahrnahm, wie wenige Menschen im Hause waren, die das Recht hatten, mich auszulachen, weinte auch. Der Polizeikommissär des Theaters, der neben mir saß, sah mich recht freundlich und gutmütig an und dachte wohl bei sich: gäbe es doch keine schlimmere Volksbewegung als diese, dann wäre es ein Vergnügen, Polizeikommissär im *Quartier du Temple* zu sein! Warum haben wir so viel geweint? Sie sollen es erfahren! Vorher aber ziehen Sie auf eine Viertelstunde einen Überrock an, setzen einen runden Hut auf – kurz – ich bitte Sie, machen Sie mir durch weibliche Bedenklichkeiten die Arbeit nicht so sauer. Ich habe wenig Zeit; Europa wartet auf mich.

Das Drama heißt: *Il y a seize ans*, den Stoff mögen sie wohl aus Deutschland geholt haben; aber die Bearbeitung scheint eigentümlich. Sie ist gut genug und für Paris von einer seltenen Vollendung. Ich habe nie ein Schauspiel gesehen, das, ohne den geringsten Kunstwert zu haben, doch eine theatralische Wirkung hervorbringt, der man sich den andern Tag nicht zu schämen schämen braucht. Hören Sie! Amalie, die Tochter des Grafen von Claireville, 32 Jahre alt – vergessen Sie dieses Alter nicht; sind es doch nur Jahre einer andern! – wird gleich bei ihrem ersten Auftreten als ein höchst liebenswürdiges, höchst achtungswertes Frauenzimmer erkannt. Sanft, bescheiden, von der zartesten weiblichen Sittsamkeit, hat ihr das reifere Alter nichts genommen als die Leidenschaftlichkeit, mit der man in der Jugend jedes Leid erträgt, und der unvermählte Stand ihr nichts gegeben als einen Reichtum von aufgesparter Liebe. An dem Tage, wo wir sie kennen lernen, erwartet sie den Baron von Saintval, den ihr bestimmten Gatten, um sich mit ihm zu verloben. Der Baron ist vierzig Jahre alt und ist nicht bloß ein untadelhafter Mann, sondern auch ein Mann von den angenehmsten und schätzenswertesten Eigenschaften. Die Gräfin erkennt seinen Wert, aber sie fühlt keine Liebe für ihn. Sie liebt nicht einen andern, sie hat nie geliebt. Doch sie hat eine tiefe Abneigung gegen die Ehe, und nur um ihren Vater vor Verarmung zu schützen, in die ihn ein erlittener Unglücksfall zu stürzen droht, reicht sie dem reichen Baron die Hand. Es ist aber hier keiner von den gemeinen Händeln, wo ein pflichtvergessener Vater das Glück und die Seligkeit seines

Kindes seiner eigenen Behaglichkeit aufopfert, und wo ein unerfahrnes, pflichtmißdeutendes Kind ein solches Opfer bringt; sondern es findet ein edleres Verhältnis statt. Graf Claireville hatte im Jahre 1814, als der Feind nach Frankreich kam, von dem alten Baron Saintval eine halbe Million in Papieren anvertraut bekommen. Er verschloß das Portefeuille in eine geheime Schublade seines Sekretärs, und von dort wurde es ihm auf eine unerklärliche und unerklärt gebliebene Weise entwendet. Der alte Baron starb unterdessen; keiner wußte von dem anvertrauten Vermögen, nicht einmal der Sohn des Barons. Aber Graf Claireville verkannte keinen Augenblick die Stimme der Ehre und der Pflicht und beschloß, mit Aufopferung seines ganzen Vermögens dem Erben seines verstorbenen Freundes den Verlust zu ersetzen. Doch durfte ihn seine Verarmung in alten Tagen und die Hilflosigkeit seiner Tochter schmerzen und, als der Baron um deren Hand anhielt, ihm erlaubt sein, ihre Abneigung gegen die Ehe zu überwinden, um seine Pflicht mit seinem Vorteile zu vereinigen.

In dem Hause des Grafen Claireville, und unter dem Schutze der Tochter, lebte ein 16jähriger Knabe, namens Felix. Die Gräfin hatte ihn als Findelkind aufgenommen und ihn erzogen. Sie war dem Knaben mit mütterlicher Liebe zugetan, und dieser hing an ihr mit der zärtlichsten Neigung eines Sohnes. An dem Tage, der zu ihrer Verlobung bestimmt war, sehen wir die Gräfin in der heftigsten Gemütsbewegung. Sie hat den unvermeidlichen Entschluß gefaßt, den Knaben vor Ankunft ihres Verlobten aus dem Hause zu entfernen. Sie ruft Felix herein, drückt ihn mit Schmerz und Liebe an ihre Brust und kündigt ihm an, er müsse sie verlassen. Der Knabe jammert verzweiflungsvoll. Die Gräfin kann nicht anders – den Knaben zu beruhigen, ihm die Notwendigkeit seines harten Geschicks zu erklären, ihr eigenes Herz zu rechtfertigen, muß sie ihm gestehen, *daß sie seine Mutter sei.* Jetzt vermähle sie sich; ihre Ehre, ihr Glück, ihre Ruhe hänge von dem Geheimnisse ab, das den achtsamen Blicken eines Gatten nicht lange verborgen bleiben könne. Sie müßten sich trennen. Felix ist entzückt, in der geliebten Pflegemutter seine wahre Mutter zu finden. Er hat alles verstanden, er begreift alles, mit männlicher Fassung erträgt er sein trauriges Geschick und ist zum Opfer entschlossen. Er verspricht seiner Mutter, er werde das Geheimnis ewig bewahren, ihre Ehre ihm heilig sein. Felix wird der Begleitung eines alten Pächters anvertraut, der von dem Geheimnisse weiß. Er soll nach Paris geführt werden, wo die Gräfin für ihn sorgen will. Bei der Trennung gibt sie ihm Diamanten von großem Werte und vieles Geld mit. Der Knabe geht, und der Verlobte kommt an. Baron Saintval hat immer eine Art Kälte in dem Betragen der Gräfin gefunden, eine unerklärliche Zurückhaltung, und der versteckte Kummer in ihren Zügen war ihm nicht entgangen. War es Abneigung gegen ihn, war es etwas anderes – er wußte es nicht zu deuten. Jetzt im Begriffe, ein unauflösliches Band zu knüpfen, sucht er die Gräfin auf die liebevollste und zarteste Weise dahinzubringen, daß sie ihm ganz ihr Herz öffne. Aber selbst die edelste Frau kennt den engen Schmugglerpfad, der sich zwischen der Wahrheit und der Lüge hinschlängelt, und weiß sich durchzuschleichen. Der Baron ist beruhigt, ist glücklich und hofft, die Freundin werde ihn noch lieben lernen. Der Ehevertrag wird unterzeichnet. –

Im zweiten Akte sehen wir die Szene in einem Walde. Dort, zwischen Felsen, ist eine Bande jener Brandstifter versammelt, die im letzten Jahre der Regierung Karls X. einen Teil Frankreichs verwüsteten und deren Treiben man damals einer höllischen Politik der Regierung zuschrieb. Die Brandstifter waren benachrichtigt, daß sie von Soldaten verfolgt würden, und da der Weg zu ihrem Schlupfwinkel über eine schmale Brücke führte, die über einem Abgrund hing, sägten sie die Balken, welche die Brücke trugen, so durch, daß man es äußerlich nicht wahrnahm, damit sie unter den nacheilenden Soldaten einbräche. Jetzt kam Felix mit seinem Begleiter. Der alte Pächter betrat zuerst die Brücke, sie brach, und er stürzte in die Tiefe, rettungslos. Felix springt entsetzt zurück, schreit nach Hilfe und sinkt mit herzzerreißendem Jammer besinnungslos zu Boden. Ein alter Bettler von der Mordbrennerbande gibt dem Knaben liebreiche Worte und bietet sich an, ihn bei hereinbrechender Nacht in eine nahe Pächterswohnung zu bringen. Der Bettler wollte diese gute Gelegenheit zu einer Schandtat benutzen. Ihm war von seinen Obern der Auftrag erteilt worden, eben in jener Pächterswohnung Feuer anzulegen, und Felix mußte ihm dazu dienen, sich mit guter Art dort einzuführen. Er begleitet den Knaben dahin. Dort, bei dem reichen Pächter, war man gerade mit einem fröhlichen Erntefeste beschäftigt. Der Knabe, dessen Unglück der Bettler erzählt, wird aufs liebreichste aufgenommen; man sucht ihn zu beruhigen, man tröstet ihn. Um seine Herkunft, um seine Eltern befragt, schweigt Felix und weist sanft, doch entschlossen die Teilnahme zurück. Das befremdet; doch die guten Leute schreiben es dem Schrecken, der Verwirrung des Knaben zu. Der Bettler wird von den Pächtersleuten für seine gutmütige Sorge um den Knaben gelobt, beschenkt und eingeladen, die Nacht im Hause zuzubringen. Er lehnt das Anerbieten unter einem Vorwande ab und entfernt sich. Dem krankmüden Felix wird ein Lager bereitet. Als dieser eingeschlafen und alles im Hause ruhig war, schleicht sich der Bettler ins Haus zurück, wirft eine Brandbüchse auf ein Strohdach und eilt davon. Der Vorhang fällt.

Im folgenden Akte sehen wir die Pächterswohnung, noch den vorigen Tage ein Sitz des Wohlstandes, des Glücks und der Fröhlichkeit, in eine wüste Brandstätte verwandelt und hören das Jammergeschrei der zugrundegerichteten Landleute; Felix, von Gendarmen bewacht, bleich und zerstört, steht vor dem Maire und wird von ihm vernommen. Der Verdacht der Brandstiftung fiel auf ihn. Er war der einzige Fremde im Hofe, sein geheimnisvolles Wesen hatte gleich bei seinem Eintritt Aufmerksamkeit erregt, und übrigens war bekannt, daß Knaben zu solchen Brandstiftungen gebraucht wurden. Felix soll dem Untersuchungsrichter seinen Namen, Wohnort und seine Herkunft angeben; er sagt: das müsse er verschweigen. Man untersucht seine Taschen und findet Diamanten und Geld darin. Woher er sie bekommen, erklärt er nicht. Endlich wird er von einem der umherversammelten Landleute erkannt, der ihn früher auf dem Gute des Grafen Claireville gesehen. Felix behauptet standhaft, er kenne den Grafen Claireville nicht. Es wird ihm angekündigt, er würde dahin geführt werden. Der unglückliche Knabe, eingedenk seiner Mutter und ihres fürchterlichen Geheimnisses, gerät in Verzweiflung, fleht jammervoll, man möchte ihn nur nicht auf das Gut des Grafen Claireville bringen, er wolle alles eingestehen. Ja, er habe die Diamanten und das Geld dort gestohlen, er habe das Feuer angelegt. Nach diesem Geständnisse war es um so nötiger, ihn auf das Gut zu bringen, und Felix wurde unter Bewachung, von dem Maire begleitet, nach Claireville geführt. Dort wurde am nämlichen Morgen die Trauung der Gräfin Claireville mit dem Baron Saintval vollzogen. Die Neuvermählten kommen aus der Kirche, eine glänzende Gesellschaft war im Salon versammelt, die Zeit vor dem Hochzeitsmahle mit Spiel, Musik, Tanz zu verbringen. Die Gräfin war heiter, ihr Mann glücklich. Da wurde der Maire gemeldet, der in einer Sache, die das allgemeine Wohl beträfe, den Herrn und die Dame des Hauses sprechen müsse. Man läßt ihn eintreten (Felix, in einem Wagen bewacht, bleibt unten im Hofe). Der Maire wendet sich an die Gräfin und fängt seine Geschichte zu erzählen an. Diese begreift anfänglich nicht. Man hält ihr die Diamanten und den Geldbeutel vor Augen, die man bei Felix gefunden. Da wird es bei der Gräfin fürchterlich Tag; doch noch faßt sie sich. Sie erklärt, sie habe wirklich das alles dem Knaben geschenkt. Der Maire erwiderte: der Knabe selbst bekenne, es gestohlen zu haben. Die Gräfin begreift Felix' Edelmut, der, ihr Geheimnis nicht zu verraten, lieber freiwillig ein Verbrechen auf sich nahm. Der Maire erwidert, wie sie aus zartem Mitleide den Diebstahl, den der Knabe begangen, verschweige; aber die Gerechtigkeit dürfe sich nicht abwenden lassen; der Knabe habe sich auch der Brandstiftung schuldig gemacht, und er müsse ihn den Gerichten überliefern. Auf seinen Wink wird Felix in den Saal geführt. Die Gräfin drückt ihn leidenschaftlich, angstvoll an ihre Brust. Felix flüstert ihr zu, sie möge sich nicht verraten, er habe nichts ausgesagt. Sie aber kann ihr Herz nicht mehr bemeistern, ihre Mutterliebe bricht in lichte Flammen aus, und ihr Gatte, ihr Vater, die fremden Gäste alle vernehmen mit Entsetzen aus ihrem Munde den Schmerzensruf: »*Felix ist mein Sohn!*« Es war eine fürchterliche Szene. Ich erleichterte mir sehr das Herz, indem ich die alberne Figur betrachtete, die der frische Ehemann machte, als ihm die lebendige Mitgift seiner Frau vorgezählt wurde. Der alte Vater gerät in Verzweiflung. Er zieht den Degen und will seine Tochter durchbohren, die ihn entehrt hat. Er reicht den Degen dem Baron und bittet ihn, in seinem Blute die erlittene Beschimpfung abzuwachsen. Die Gräfin sinkt ohnmächtig nieder, und der Vorhang fällt. –

Im letzten Akte erscheint die Gräfin gefaßt. Sie hatte den Schmerz ausgeleert, und es blieb ihr nur noch ihre Pflicht übrig. Sie hat beschlossen, in ein Kloster zu gehen und von allen Sorgen des Lebens nur noch die für ihren Felix zu behalten. Sie schreibt ihrem Vater einen Brief, ihm die dunkle traurige Geschichte zu erklären. Sie erwartet den Besuch ihres Mannes, der schon alle Anstalten zu seiner Abreise hat treffen lassen und sie zum Abschied noch einmal sehen wollte. Es ist eine dumpfe Szene, wobei einem wehe wird. Der Baron liebt Amalie, aber hier war keine Rettung für sein Herz; es mußte entsagen. Die Gräfin erklärt: es werde ihren eigenen, es werde den Schmerz, den, wie sie hoffe, er selbst empfinde, mildern, wenn sie ihm die Überzeugung gebe und er sie mitnehmen könne, daß sie seiner Achtung nie unwürdig war. Sie wolle ihm darum ihre unglückliche Geschichte erzählen. Achtung! Der Baron macht ein Gesicht wie ein Schaf. Er bittet sie, um Gottes willen zu schweigen; er wolle nichts hören; er liebe sie, und es wäre ihm zu schmerzlich, erfahren zu müssen, daß, früher als er, schon ein anderer ihre Liebe besaß. Die Gräfin erwidert mit leidenschaftlicher Heftigkeit: »Liebe? ich geliebt? Jamais!« Der arme Baron wird ganz verwirrt im Kopfe. Die Gräfin, von Schmerz und Scham niedergeworfen, fällt zu seinen Füßen und erzählt folgendes: Vor 16 Jahren, im

Jahre 1814, als sich der siegende Feind Paris nahte, habe sie ihr Vater, sie in Sicherheit zu bringen, auf ein Gut eines seiner Pächter geführt. In einer Nacht wurde das Dorf überfallen; alles ging in Rauch und Flammen auf, alles wurde geplündert, niedergemetzelt. Der Pächter verbarg sie, das sechzehnjährige Mädchen, schnell in eine dunkle Höhle; kein Lichtstrahl drang hinein... Sie war noch nicht dunkel genug für die Erinnerung... Die Gräfin hält sich die Hände vor die Augen – wir wissen alles. Felix, ihr Sohn, ist 16 Jahre alt. Die Gräfin erhebt sich und bricht in einen Strom von Tränen aus. Der aufhorchende Baron wird immer starrer und starrer, bis er wie zerschmettert zu den Füßen der Gräfin niedersinkt. Er wolle die Geschichte zu Ende erzählen. Er frägt nach dem Namen des Dorfes; sie nennt es ihm. Da zieht er einen Ring vom Finger. Die Gräfin, als sie ihn erblickt, schreit: »Es ist der Ring von meiner verstorbenen Mutter, den ich damals getragen.« Der Graf: »*Ein Verbrechen hat dich vor sechzehn Jahren zu meiner Gattin gemacht!*...« Und nun dieses Gemisch von Wonne und Schmerz! Es war nicht zu dichten und nicht zu spielen, aber es war zum Weinen. Felix tritt herein; der Baron durchwühlt seine Gesichtszüge, erkennt seine eigenen und drückt entzückt den Knaben an sein Herz, dem er kurz vorher das Herz hätte durchbohren mögen... Ist das nicht die schönste garstige Geschichte von der Welt, und muß man nicht erstaunen, daß der Mensch seine Phantasie foltert, um Leiden von ihr zu erfahren, die das boshafteste Geschick dem Menschen nie angetan?

Mittwoch, den 21. Dezember 1831

Die Unglückseligen! Sie lassen uns ja keine Ruhe, sie verhöhnen unsere Friedlichkeit und fordern uns zu einem Kampfe heraus, den sie fliehen, sobald wir ihn angenommen! War ich doch vorgestern auf dem Wege, ein ordentlicher Mensch zu werden und ein Schriftsteller von Gerstenzucker. Ein Märchen hatte ich im Kopfe und eine Novelle, und beide – ich schmeichle mir gewiß nicht zu viel – hätten in der »Wiener Theaterzeitung« gedruckt werden dürfen. So *war* ich, und heute bin ich wieder ein schrecklicher Nußknacker. Alle zerbrochene Schalen mögen über die kommen, die mich verhindert, mein Märchen und meine Novelle zu vollenden. Montag ging ich um zwei Uhr aus dem Hause, um mein tägliches Bewegungspensum abzulaufen: die Boulevards entlang bis auf den Bastillenplatz, und von da am Wasser zurück. In der *Passage de l'Opéra* kaufte ich mir ein Zahnpulver, *Poudre-Naquet, dentifrice balsamique, pour donner aux dents la blancheur de l'ivoire*. Ich las im Gehen den Zettel, in den das Schächtelchen gewickelt war. Es war Wiegen-Eijapopeija für mein unruhiges Herz. Wie Herr Naquet sagt: »Als ich wegen herannahenden Greisenalters und meiner hinfälligen Gesundheit meinen Parfümeriehandel aufgab, wollte ich ein Kunstwerk zum Vorschein bringen, auf das ich die Sorgen meines ganzen Lebens verwendet, ohne doch je das gewünschte Ziel erreichen zu können... Auf dem Lande, wohin ich mich zurückzog, im Schoße der Einsamkeit und des süßen Friedens, gelang es mir endlich, nach einer unzähligen Menge von Versuchen, ein *balsamisches Zahnpulver* zustande zu bringen... Weder die glänzenden Anerbietungen meiner Nachfolger, weder die Sorgen noch die unermüdete Geduld, die ein so großes Werk erfordert, noch die große Zahl der angeblichen *Philodentes*, die man unter prächtigen Titeln der Welt darbietet – nichts, nichts konnte meinen Entschluß wankend machen. Und ich hatte recht... Der Menschheit nützlich zu sein, den Frauen zumal, war immer mein einziger Wunsch und wird es immer bleiben... Der Mund, die Wohnung der Grazien und der zauberischen Schönheit, zog schon von der frühsten Jugend an all mein Denken auf sich, ich weihte ihm meine Sorgen und meinen Eifer, und ich war glücklich genug, der Welt einige Erzeugnisse darzubieten, die mir ihren Beifall erwarben. Doch, ich darf es kühn behaupten, nie gab ich ihr ein Zahnpulver, das diesem gleicht; ein Zahnpulver, das, indem es die Zähne weiß macht, ihren Schmelz bewahrt, das Zahnfleisch befestigt und in dem Munde ein schimmerndes Hochrot und einen Balsamduft verbreitet... Soll ich von der Allmacht jenes Zauberbüchleins sprechen, wenn es dem entzückten Blicke eine Doppelreihe von Perlen darbietet, die zwischen glänzenden Korallen schimmern? Nein, hochberühmte Dichter, anmutige Federn haben diesen Gegenstand behandelt, meine Farben werden bleich erscheinen neben jenen. Ich habe mehr getan. Ich habe mich mit etwas beschäftigt, das nicht weniger schwer, doch weit nützlicher ist als die Beschreibung eines schönen Mundes; ich habe das Mittel gesucht und nach langen mühevollen Arbeiten es gefunden, wie man den Mund immer schön erhalte. Die Schachtel kostet 3 Fr. 50 c., eine halbe 2 Fr. ...« Und so träumte ich mich in das Märchen hinein: Von der schönen holdseligen *Fee Konferenz*, deren Mund lächelte wie Morgenrot, deren Zähne glänzten wie Sonnenstrahlen, und wo sie vorüberschwebte, verwandelte sie Tag in Nacht. Die schlafenden Vögel erwachten und sangen ihr Morgenlied. Die Blumen neigten ihr Haupt vor ihr. Was lebte, zog ihr jubelnd entgegen. Und sie fesselte einen Königssohn, der sich in Liebe für sie verzehrte. Er ermordete seinen Vater, und dann führte sein eignes Volk ihn auf das Blutgerüste. Ehe sein Haupt fiel, rief der Unglückliche die Rache des Himmels an. Die Fee war eine böse giftige Zauberin. Da berührte sie ein guter Geist, der mächtiger war als sie, mit leichter Hand, und sie zerstiebte in ein blutrotes Pulver... An der Ecke der Richelieustraße war das Märchen fertig.

Einige Schritte weiter, bei den *Variétés*, umgab ein großer dichter Menschenkreis ein Frauenzimmer von etwa vierunddreißig Jahren, in deren blassen Zügen Spuren einer großen Schönheit zu erkennen waren. Sie war nicht vornehm, aber anständig und reinlich gekleidet. Sie kniete auf dem regenfeuchten Boden und herzte einen alten garstigen Pudel, der frohlockend an sie heraufsprang. Was um ihr her gesprochen, gelacht wurde, kümmerte sie nicht, sie hatte die Welt vergessen über ihren Fund. Am Morgen hatte sie ihn auf der Straße verloren und nach einigen Stunden, an dieser Stelle – ein Wunder in Paris –, ihn wieder gefunden. Ich machte eine Novelle daraus. *Von dem Hunde des treulosen Geliebten*. Er kam nicht wieder. Am dritten Abend vergeblichen, schmerzlichen Erwartens scharrte es an Antoniens Türe. Sie öffnete sie und blieb mit sprachlosem Entzücken stehen. Es war der Hund des Geliebten. Sie horchte nach seinem Tritte, sie lehnte sich über das Treppengeländer und schaute hinab. Er kam nicht. Da verfiel sie in stillen Wahnsinn. Jeden Abend setzte sie, wie sie es gewohnt war, zwei Gedecke auf den Tisch. Auf einem Stuhle neben ihr saß der Hund, dem sie den Namen Heinrich gab. Sie legte ihm das Essen auf den Teller. »Willst du denn davon nicht, Heinrich? das hast du ja immer gern gehabt«; dann brach sie in Tränen aus und warf sich jammernd auf die Erde. Der Hund sprang vom Stuhle und wimmerte zu ihren Füßen...

Jetzt kam ich an die Montmartrestraße. Da sah es aus wie in einem Feldlager. Dragoner, Husaren, Gendarmen, Fußvolk, zahllose Scharen von Polizeiwachen hielten die Straßen besetzt, die von den Boulevards seitwärts führen. Große Soldatentrupps zogen auf und ab. Ich fragte einige aus dem zahlreich versammelten Volke, was das bedeute. Die Studenten hatten sich vereinigt, in feierlichem Zuge dem General Ramorino, der in der Straße Montmartre wohnte, eine Ehrenfahne zu überreichen. Die bewaffnete Macht jagte sie zurück und zerstreute sie mit unerhörter Mißhandlung. Da ergrimmte ich wieder, und fort Märchen, fort Novelle! Ich verstand das gleich. Wort für Wort wußte ich vorher, was Casimir Périer an diesem Tage (er sollte über die Lyoner Greuel Rechenschaft geben) in der Kammer sagen, was seine Papageien auf der Börse und in den Zeitungen ihm nachplaudern würden. Schon den Tag vorher waren die Studenten in gleich großer Zahl zu den polnischen Generalen gezogen. Die Polizei setzte sich nicht entgegen, und alles lief ruhig ab. Kein Bürger zeigte Furcht, kein Laden wurde geschlossen, der Verkehr nicht im geringsten gestört. Den folgenden Tag hatten die Minister sich gegen den vorausbekannten Angriff der Opposition zu verteidigen. Es tat ihnen not, ihren Söldnertrupp und ihr Angstgefolge enge zusammenzuziehen und zum Kampf anzufeuern. Der Zug der Studenten kam ihnen erwünscht entgegen. Man stellte sich, als habe man Furcht, um bei den Bürgern Furcht zu erregen. Man ließ die bewaffnete Macht auf den Straßen toben.

Schrecken verbreitete sich. Die Läden wurden geschlossen. Das wollte man. Die Kaufleute, die gerade um diese Weihnachtszeit mehr verkaufen in einer Woche als sonst in ganzen Monaten, sollten gegen die Männer der Freiheit, der Bewegung, gegen die Unruhestifter murren und ihren Schmerz und ihren Zorn der Rache ihres Krämergottes, Casimir Périer, überlassen. Bei solchem schändlichen, kleinlich tückischen Treiben der Staatsgewalt – kann man da Novellen schreiben? Nein. Ich verfaßte eine donnernde Zornrede, breit und erhaben wie keine früher; zehn Galgen hoch. Nicht diesen Périer allein, alle Périers Europas hatte ich niedergeschmettert. Ich hatte mich abgekühlt und war zufrieden mit mir. Aber wie wurde ich beschämt! Ich kam bis auf den Boulevard du Temple. Wie wurde ich da beschämt von einem Manne, der sprachlos dastand, aber mit einer einzigen Bewegung die Regierung beredsamer strafte, als ich mit tausend Worten es getan. Es war ein stattlicher kräftiger Mann aus dem Volke, mit sonnenbraunem Gesichte, feurigem Blicke, buschigen Augenbrauen. Er trug Beinkleider und Hausmütze eines Nationalgardisten; den Rock hatte er abgelegt, und die zurückgestülpten Hemdärmel zeigten nervige Arme, zum Dreinschlagen geübt und stets bereit. Dieser Mann war eine *Wachsfigur*. Erfahren Sie vorher, daß man hier seit einem Jahre die abgenutzten, altherkömmlichen Wachsfiguren vervollkommnet hat. Durch mechanische Vorrichtung hat man ihnen Bewegung gegeben; ob allen oder nur denjenigen, die außer den Buden zum Anlocken stehen, weiß ich nicht, da ich nie in eine solche eingetreten. Der Mann, von dem ich spreche, der Musterfranzose, stand, so wie ich ihn beschrieben, mit verschränkten Armen unter einem kleinen Zelte, dessen Inneres eine Landschaftsdekoration vorstellte. Es war eine Felsengegend, im Hintergrunde das Tor einer Stadt oder eines Dorfes. Der Mann schien aus der Fremde in die Heimat zurückgekehrt zu sein. Jetzt erhob er den Kopf und sah sich im Vaterlande umher. Trauer und Schmerz, Zorn und Verachtung malten sich in seinen schwarzen Augen. Jetzt senkte er Kopf und Blick zur Erde, und eine Bewegung des Mitleids zuckte ihm durch Arme und Schultern, leise und trübe wie der Schatten einer Wolke. Doch, hat vielleicht meine Phantasie das alles in den Mann hineingedichtet oder mein Spott hineingelogen? Nein, nein. Über seinem Kopfe hing eine Tafel, worauf mit großen Buchstaben: *France* geschrieben war. Hätte Louis-Philippe dieses trauernde Frankreich von Wachs gesehen, es wäre ihm durch Mark und Bein gedrungen – oder er wäre kein Mensch, und dann wäre nichts Menschliches von ihm zu fordern. Ich aber schämte mich meiner Rede aus Worten. Wäre sie geschrieben gewesen, hätte ich sie verbrannt; da sie nur gedacht war, warf ich sie in den Lethe.

Donnerstag, den 22. Dezember 1831

Guten Morgen, ob Sie es zwar nicht verdienen. So heruntergebracht haben Sie mich, so demütig haben Sie meine Hoffnung gestimmt, daß ich nicht einmal heute einen Brief erwarte, ob es zwar der sechste Tag ist, daß ich Ihren letzten erhalten.

Also mein Eduard hat Ihnen so sehr gefallen, daß Sie ihn umarmt haben? Der glückliche Eduard! Er ist jünger als ich.

In der »Münchner Hofzeitung« wurde gestern wieder einmal gerasselt. Ich glaube, man sieht die deutschen Leser für Vögel an. Ach, daß es nicht wahr wäre! Es ist zum Erstaunen, wie gemein und schlecht jenes Aristokratenmanifest wieder geschrieben ist. Es scheint, die Minister dort lassen ihre Kriegsartikel von ihren Köchen verfertigen. So sehr hat die Macht allen Kredit verloren, daß sich nicht einmal ein Worttrödler findet, der, die Armut ihrer Gesinnung zu bedecken, ihnen auf einen Tag einen anständigen Rock leiht. Wie habe ich es diesmal getroffen, wie genau habe ich alles vorherberechnet! Es war mir klar, daß es jetzt darauf ankäme, jetzt, wo der Kampf in Deutschland beginnt, kein Justemilieu aufkommen zu lassen, das, die Streitenden trennend, sich bald dort, bald hier hinneigend, um von beiden Seiten Vorteil zu ziehen, einen sumpfigen Frieden bildet, der die Luft verpestet und nur den quakenden Fröschen wohltut. Die Franzosen haben kein Temperament zum Justemilieu. Was wir jetzt sehen, ist nur ein künstliches Schaukelsystem, das keine Dauer haben wird. Bald wird das Brett den Schwerpunkt verlieren und auf der einen oder andern Seite überschnappen. Die Deutschen aber bilden einen gebornen *Mittelstand*. Die schaukeln nicht, sie nageln den Waagebalken fest, schmieden eiserne Klammern darüber, legen noch Felsenstücke darauf, und zu größerer Beruhigung sich selbst mit ihrer ganzen Breite, und solche gutverwahrte, nichts entscheidende Gleichgültigkeit könnte noch manche zehn Jahre überdauern. Darum schien mir gut, meine Gesinnung und deren Ausdruck auf das Äußerste zu treiben, um meine Gegner zu verleiten, daß sie das nämliche tun. O, ganz prächtig ist mir schon mancher in die Falle gekommen! Es gibt keinen besseren Jagdhund, das Lager der Tyrannei aufzufinden, als ich einer bin; ich wittere sie auf hundert Stunden weit. Die Münchner Sau habe ich auch herausgestöbert. In meinen Briefen ereiferte ich mich darüber, daß kein Deutscher in Paris an den Kämpfen der Julitage teilgenommen. Von den deutschen Handwerksburschen, bemerkte ich, wundre mich das nicht. Diese hätten bei Freiheit und Gleichheit nichts zu gewinnen; denn während ihrer Jugend dürften sie betteln und im Alter die Zunfttyrannen machen. Das machte den bayrischen Diplomaten-Lehrjungen den Kopf verlieren, und er schrie auf: »Seht ihr, seht ihr, wie töricht ihr seid mit eurer Staatsreform? Seht ihr, wie die Zunftverfassung gedankenlose, folgsame, leicht zu regierende Untertanen bildet? Und ihr wollt die Zünfte aufheben? . . .« So haben sie früher nicht gesprochen. Das Zunftwesen war der Herrschsucht immer lieb gewesen; aber sie verteidigten es mit schönen Worten von Bürgerwohlstand, Flor der Gewerbe; das Geheimnis ihrer schlauen Staatskunst verrieten sie nie dem Volke. Ich werde Ihnen in meinem nächsten Briefe noch andere Geschichten erzählen, wie ich durch Feuer und Rauch die verborgene Schelmerei aus ihrer Höhle hervorgelockt. Die ministerielle Klatschliese in München, um meine Ehre zu verdächtigen, um meinen Mut herabzusetzen, erinnert mich an einen »gewissen Vorfall auf dem Frankfurter Komödienplatz« und meint, es käme mir nicht zu, den

Deutschen ihre Feigheit in Paris vorzuwerfen. Wenn man etwas Beschämendes von mir wußte, warum erzählt man denn den Vorfall nicht? Sollte man etwa auf eine alte Geschichte mit dem Schauspieler Heigel anspielen? Aber damals hat sich das Christentum sehr hundsföttisch benommen; ich aber habe mich als tapferer Makkabäer gezeigt. *Jude, Jude!* das ist der letzte rote Heller aus der armseligen Sparbüchse ihres Witzes. Aber nach allem, ich wollte, es gäbe mir einer die drei Louisdor zurück, die ich für mein Christentum dem Herrn Pfarrer verehrt. Seit achtzehn Jahren bin ich getauft, und es hilft mich nichts. Drei Louisdor für ein Plätzchen im deutschen Narrenhause! Es war eine törichte Verschwendung.

Freitag, den 23. Dezember 1831

Gestern bin ich gestört worden, den Brief zu endigen und abzuschicken, wie ich es gedacht. Erstens durch Ihren prächtigen fünfseitigen Brief. Dann gestört durch einen Brief, den ich gleichzeitig von Campe erhielt; dann durch überschickte Zeitungen; dann durch einen andern Zeitungsartikel aus Deutschland, den man mir mitgeteilt; endlich durch die Bewegung, die das alles in mir hervorgebracht. Es war eine *freudige* Bewegung, das schwöre ich Ihnen. Es geht ja alles herrlicher, als ich zu träumen gewagt. Wenn Sie hoffen, die Nachricht von der Entziehung meiner Pension würde ich nicht als eine persönliche Sache ansehen, sondern es zum großen Ganzen rechnen – lassen Sie meinem Herzen Gerechtigkeit widerfahren. Nicht genug Gerechtigkeit lassen Sie aber meinem Kopfe widerfahren, wenn Sie glauben, ich würde das zu den Unglücksfällen dieser trüben Tage zählen. Es ist ja keine Niederlage, es ist ein Sieg der guten Sache. Kann mir denn etwas willkommener sein, als daß ich ihre Leidenschaft entflammt, sie dahin gebracht, in ihre hölzerne mechanische Tücke Blut und Leben zu bringen und aus glühendem Hasse zu tun, was sie früher nur mit eiskalter Politik begangen? Die Frankfurter Regierung hatte gar nicht das Recht, mir die Pension zu entziehen; denn nicht sie, sondern die deutsche Bundesversammlung hatte mir, wie allen Staatsdienern des Großherzogtums

Frankfurt, die Pension zuerkannt. Der Senat glaubte auch gewiß nicht, das Recht zu haben, dachte auch nimmermehr daran, es sich anzumaßen; aber irgendein Diplomat befahl, drohte vielleicht, und der feige Senat gehorchte angstzitternd wie immer. Daß man mir sagen ließ, ich solle nach Frankfurt kommen, um ein Amt zu übernehmen, das – ich glaube es gern, um meiner Verachtung eine Grenze zu setzen – war ein Vorwand, um, wenn ich der Einladung nicht folgte, mir die Pension nehmen zu können. Der Senat weiß recht gut, daß noch weniger, als ich mich dazu verstünde, in Frankfurt ein Amt zu bekleiden, er sich dazu verstehen würde, mir eins zu übertragen. *Das* glaube ich. Aber nimmermehr kann ich glauben, daß man mich nach Frankfurt hat locken wollen, um mich der Rache Österreichs oder Preußens auszuliefern. Es wäre zu schändlich, zu niederträchtig! Daß Herr von Guaita gleich nach Erscheinen meiner Briefe geäußert, man werde mir meine Pension entziehen, das war natürlich. Er konnte es früher wissen als der Senat, denn er ist das Sprachrohr der lispelnden Diplomatik, und was man in Wien flüstert, schreit er den alten Bürgern im »Römer« zu. Den Senator von Heyden, ich kenne ihn. Ja, ich sehe ihn rot werden; er ist ein edler Mensch. Ich selbst errötete darüber, ich, den doch die Schandtat getroffen, der sie nicht begangen. Ruhen lassen will ich die Sache gerade nicht. Helfen wird mir keine Klage; der Bundestag, der hier entscheidet, ist selbst Partei. Zuerst wäre abzuwarten, daß mir der Senat ein Dekret seines Beschlusses zukommen läßt. Reden Sie mit *** darüber, ob ein solches zu erwarten; wenn nicht, wie ich eine solche Mitteilung erzwingen kann. Er möge mir auf jeden Fall eine Vollmacht zum Unterzeichnen schicken, dann wollen wir uns darüber besprechen. Die Sache soll öffentlich werden, das ist meine gute Absicht. Zu gewinnen ist unmöglich. Wenn die Frankfurter Advokaten etwas in Masse für mich täten, so wäre es schön; aber ich hoffe es nicht. Wenn es R. gut findet, will ich einen offenen Brief an die Advokaten drucken lassen und ihn nach Frankfurt schicken. Ich muß aber darin sprechen dürfen auf *meine* Weise. Das, fürchte ich, schüchtert ihren guten Willen zurück. R***s Rat werde ich auf keine Weise in dieser Sache verschmähen, sobald er mir nur frei läßt, *meine* Angelegenheit an die allgemeine zu knüpfen. Für meinen persönlichen Vorteil allein habe ich eine schwache Zunge und eine stumpfe Feder. – Die Angst für mein Nassauer Geld ist lächerlich. Wie können Sie denken, daß ein Staat aus einer kleinlichen Rache seinen ganzen Kredit umstoßen solle? Aber euere Furcht ist bezeichnend genug. Wie weit muß es in Deutschland gekommen sein, daß man solche Gewalttätigkeiten für möglich hält?

Aus Campes Brief teile ich Ihnen in meinem nächsten einiges mit. Heute nur, soviel das Papier verstattet. *Menzel* schrieb ihm: »Sie werden meine in diesen Tagen erschienene Kritik der Börneschen Briefe erhalten. Kein Verbot, keine Winkelkritik wird je imstande sein, Börne den wohlverdienten Lorbeerkranz zu entreißen. Sein Genie sichert ihm für alle Zukunft eine der ehrenvollsten Stellen unter den ersten unserer Literatur. Sein edles Zornfeuer macht ihn jedem wahren Patrioten im höchsten Grade achtungswert. Selbst das frivole Hundegebell, das sich gegen ihn erhebt, ehrt ihn, und die Nachwelt wird es erkennen.«

In einem neuen Zeitungsartikel gegen meine Briefe heißt es unter andern Merkwürdigkeiten: ich wäre erbost gegen alle Leute von Rang und Stand, weil ich selbst kein Hofrat wäre; erbost gegen die Reichen, weil ich arm sei; erbost gegen die Fürsten, weil ich *keine Hoffnung hätte, je selbst ein Fürst zu werden*. Ist das nicht himmlisch? Reden Sie. Ich arm? Ist mein Herz allein nicht eine Million wert? Ich lege die ganze Million zu Ihren Füßen. Verschmähen Sie sie nicht; ich kann doch noch einmal Fürst werden. In Versteigerungen kauft man oft die kostbarsten Sachen um weniges Geld.

Vierundsechzigster Brief
Paris, Samstag, den 24. Dezember 1831

Dr. Riesser in Hamburg hat für mich gegen meinen Eduard geschrieben; aber weder in Hamburg noch in Altona wollte die Zensur den Druck der Schrift erlauben. Sie wird jetzt in Braunschweig gedruckt. So sind die deutschen Regierungen! So schamlos ist ihre Zensur! So sind die freien Städte – welche die Monarchen nur darum fortbestehen ließen, um republikanische Regierungsformen lächerlich und verächtlich zu machen; um zu zeigen, daß ein Senat von Bürgern so knechtischer Gesinnung sein könne als ein Staatsrat von Edelleuten. Der nämliche Zensor, der es doch geschehen ließ, daß eine Schrift voll der unerhörtesten Schimpfreden gegen mich erschien, deren Titel schon eine Beleidigung war, verbot die Schrift, die meine Verteidigung übernahm! Und solche Regierungen verlangen noch, daß man sie achte! Campe schreibt mir ferner: »Denken Sie sich die Tollheit der Menschen; einige behaupten steif und fest, Sie hätten diese Briefe im österreichischen Solde geschrieben, damit man der Presse beikommen könne. Ist das erhört?« Glauben Sie mir, so dumm das ist, so gibt es doch Menschen, die noch dümmer sind als das, und es ist darum gar nicht unmöglich, daß irgendein Lohnbedienter irgendeines Kommis-Voyageur der Diplomatie ein solches Gerücht vorsätzlich in den Gang gebracht.

Sechzehnmal ist Campe schon verhört worden. Ich habe eine Vorstellung davon, was sie ihn alles ausfragen. So oft stand Louvel nicht vor Gericht. Es kostet viele Arbeit, bis man in Deutschland gehängt wird. – Der Artikel gegen meine Briefe, dessen ich gestern erwähnt, steht in der »Zeitung von Bern«, wie ich Ihnen schon geschrieben, einen Trödelmarkt, wo die aristokratischen Lumpen von ganz Europa aufgehäuft liegen. Er lautet wie folgt: »*Noch ein Urteil über Börnes Briefe.* Die ›Mannheimer Zeitung‹ schließt eine kurze Kritik dieser politisch-literarischen Monstrosität folgendermaßen: ›Was hier mit dürren Worten, von allen hochtrabenden Phrasen befreit, gesagt wird, ist leider die Geschichte der heutigen Tage. Geld- und Ehrgeiz bilden die Grundlage der Börnischen Ausfälle und erwecken in ihm den tödlichen Haß, welcher sich auf jeder Seite ausspricht. Weil er nicht Hofrat, Staatsrat, Minister ist, haßt er alle Beamten; weil er selbst kein Geld hat, so trifft sein Haß alle Begüterte, Bankiers oder wohlhabende Bürger; und weil er endlich nie Fürst werden kann, so fällt das größte Gewicht seines Hasses auf die Großen dieser Erde. Was er auszusprechen, in so furchtbarer Wahrheit laut zu denken wagt, verzehrt im stillen Tausende. Es ist daher die Wut ganz begreiflich, mit der alle seine Geistesverwandten über den Unverschämten herfallen, welcher in so ganz unbegreiflich naiven Geständnissen der Zeit vergißt und den Schleier lüftet, welchen bisher ein erkünstelter Patriotismus so fein gewoben hatte. Es war daher nur ein Schrei des Entsetzens unter seinen Freunden, als sie ihr klug bewahrtes Geheimnis so leichtsinnig verraten und alle die zarten Fäden aufgedeckt sahen, mit denen sie ihre Pläne umsponnen. Sie mußten, und wohl nicht mit Unrecht, fürchten, daß, ist einmal die Maske gefallen, die öffentliche Meinung, welche sie bisher schlau für sich benutzt, sich gegen sie richten und so den Nimbus zerstören würde, der sie umgibt. Solche Fingerzeige bleiben für den Triumph der guten Sache nicht verloren! Es ist daher Börnes Werk ein lehrreiches und nützliches Buch!« Das merkt euch, Kinder, und stellt die Pariser Briefe neben eure »Andachtsstunden«!

– Mein Kamin raucht nicht mehr, er ist geheilt worden, und gründlich. Ich habe da wieder erfahren, daß man gegen diese spitzbübischen Franzosen, will man sein Recht behaupten oder erlangen, grob sein muß. Ist man artig, wird man besiegt; denn sie verstehen noch artiger zu sein als wir. Diese ihre Waffen wissen sie so geschickt zu gebrauchen; sie geben uns freundliche Worte, süße Versprechungen, um uns einzuschläfern und unsere Ansprüche zu entwaffnen. Ich aber, der das kannte, ließ mich nie irreführen und wußte durch periodisch abgemessene, regelmäßig wiederkehrende Grobheit immer zu erlangen, was mir gebührte. Acht Tage lang schickte ich täglich viermal den Konrad zum Hausherrn mit der Ermahnung, für den Kamin zu sorgen. Da dies nichts half, kündigte ich das Logis auf. Das wirkte.

– Herolds Artikel in den »Zeitschwingen« hat mir sehr gut gefallen. Darin ist jugendlicher Mut und Übermut, wie ihn der Kampf dieser Zeit erfordert. So eine Butterseele wie dieser Alexis will es ja nicht besser, als geschmiert zu werden – freilich mit goldenen Messerchen, von zarter Hand, auf zartgeröstetes Weißbrötchen. Nun kommt eine tüchtige Bürgerfaust und schmiert sie mit einem Kochlöffel auf Haberbrot; das wird der Berliner Butterseele ihre Schmiegsamkeit etwas verleiden.

Ob ich die *Wiener Gedichte* kenne? Wie sollte ich sie nicht kennen! Sie wohnen seit zwei Monaten in meinem Herzen, und ich sehe und höre sie täglich. Aber zanken muß ich mit Ihnen, daß Sie durch solches unzeitiges Fragen mich in meiner Druckerei stören. Ich wollte nächstens mit Ihnen davon zu sprechen anfangen, ich wollte Sie fragen: »Haben Sie die *Spaziergänge eines Wiener Poeten* gelesen?« und dann, trott, trott, weiter. Jetzt muß ich erst zu vergessen suchen, daß sie Ihnen bekannt sind. Wenn das noch einmal geschieht, wenn Sie noch einmal durch ungerufenes Entgegenkommen mir meine schüchterne Schriftstellerei verwirren, lasse ich künftig Ihre eigenen Briefe statt der meinigen drucken. Da wird sich auch wohl für Sie ein weiblicher Eduard finden, und dann wollen wir sehen, wie Sie mit dieser Hamburger Megäre fertig werden.

Der *Constitutionnel*, seit vielen Jahren das mächtigste Blatt der Opposition, ist jetzt in Casimir Périers Hände gefallen. Er hat ihn für eine halbe Million Aktien gekauft und kann daher mit ihm verfahren, wie ihm beliebt. Sie müssen das bekanntmachen, und die andern sollen es auch weiterverbreiten, damit sich keiner täuschen lasse. Es wird noch einige Zeit dauern, bis der *Constitutionnel* seine Maske völlig abwirft. Das Blatt hat seit vier Wochen schon viertausend Abonnenten verloren.

Montag, den 26. Dezember 1831
Soeben verläßt mich ein Besuch, dessen Veranlassung mir sehr erfreulich war, dessen Erfolg noch erfreulicher werden kann. Es war ein junger freundlicher Mensch, aus Hof in Bayern gebürtig, seit einigen Jahren in einer hiesigen Handlung als Kommis angestellt. Er sagte, daß er im Namen seiner zahlreichen Freunde käme, die erst kürzlich aus der Zeitung erfahren, daß ich in Paris sei, um mir zu danken für den Eifer, den ich in meinen Schriften für die Sache des Vaterlandes an den Tag gelegt – und so fort. Ich suchte das abzukürzen. Darauf weiter: er sei beauftragt, mich um Rat zu fragen. Er, seine Freunde und Kameraden, wohl zwei- bis dreihundert an der Zahl, alle *junge Kaufleute*, hätten sich vorgenommen, an die bayrischen und badischen Stände eine Adresse zu erlassen, um ihnen für den Mut und die Beharrlichkeit, mit welcher sie für Recht und Freiheit gestritten, die Gefühle ihrer Bewunderung und ihrer Erkenntlichkeit auszudrücken. Auf meine Bemerkung, daß eine solche Adresse zu spät käme, weil in wenigen Tagen die Stände in München und Karlsruhe auseinandergehen würden, erwiderte man mir: daran läge nichts; es wäre ihnen ja bloß darum zu tun, auch ihrerseits ihre Gesinnung öffentlich kundzutun. Der ausdrücklichen Bitte zuvorkommend, erklärte ich, daß ich herzlich gern eine solche Adresse aufsetzen würde. Ich bemerkte: der Schritt, den sie zu machen dächten, würde von den heilsamsten Folgen sein. Uns andern, aus dem Stande der Gelehrten und Schriftsteller, sooft wir von verfassungsmäßigen Rechten, von Freiheit und Staatsreformen sprächen, machte man den Vorwurf der Unruhestiftung und heillosen Zerstörungssucht, und wo man einmal so gnädig sei, uns milder zu betrachten, spottete man unserer luftigen Schwärmereien, die mit dem wahren Glück des Volkes, das auch für solche hohe Ideen nirgends Sinn habe, in gar keiner Verbindung stünde. Jetzt aber kämen sie, alle Kaufleute, die durch Stand, Gewerbe und tägliche Beschäftigung an das Positive gewiesen, ja durch Maß, Gewicht und Zahlen an die Wirklichkeit, wenn sie sie je vergessen möchten, stündlich erinnert würden, und wünschten

und forderten das nämliche. Sie sprächen es aus, daß die materiellen Interessen, wo die Sorge für dieselben löblich wäre, innigst an die moralischen Interessen gebunden wären, und daß nach allem das sinnliche Wohlbefinden und Wohlbehagen der Menschen nicht ihre höchste Bestimmung sei. Dieses würde eine große Wirkung machen und die ewigen Feinde der Freiheit in Verwirrung bringen, die, deren Freunde um so leichter zu besiegen, den Stand der Handelsleute und den der Gelehrten zu entzweien suchten... In diesem Sinn werde ich nun für die jungen Leute die Adresse abfassen.

Dienstag, den 27. Dezember 1831

Dreimal lese ich Ihren Brief. Aber wie kann ich auf alles antworten? *Ein* Frauenzimmer fragt mehr, als hundert Männer beantworten können.

Von Schlegels Epigrammen habe ich einige vorlesen hören, keine gegen Arndt, aber welche gegen Menzel. Ganz erbärmlich. Der Geck ist jetzt hier. Solche Leute schickt seit der Revolution die preußische Regierung eine Menge hierher. Aber statt zu spionieren, welches ihre Sendung ist, werden sie spioniert. Die französische Regierung erspart dadurch Geld, Spione in Berlin zu besolden. Bequemer und besser kann man es nicht haben. Schlegel wohnt, aus alter Freundschaft von der Staël her, bei deren Schwiegersohn, dem Herzog von Broglie, und wird dort, wie man mir erzählt, zum besten gehabt und *en bas* behandelt.

Die Damen hier und eine große Zahl von Künstlern haben sich vereinigt, Handarbeiten, kleine Kunstwerke zu verfertigen und sie zum Vorteile der Polen auszuspielen. Die Gegenstände der Lotterie werden bis zur Ziehung in einem Saale öffentlich ausgestellt. Der Zettel kostet zwei und einen halben Franc. Wie gewöhnlich bei solchen Unternehmungen, stehen die Namen der Frauenzimmer in der Zeitung, bei welchen die Lose zu haben sind. Frau von *** ist dieses Mal nicht dabei. Es ist keine legitime Barmherzigkeit, und Revolutionärs verhungern zu sehen, tut auch einem sanften weiblichen Herzen wohl. Die schöne Dame in ihrem Boudoir denkt, wie es einer zärtlichen Gattin ziemt, an den Mann auf dem Bureau und begreift, daß an einer Anleihe für Könige mehr zu verdienen sei als an einer für den Himmel.

Fünfundsechzigster Brief

Paris, Freitag, den 30. Dezember 1831

Ihre Frage wegen der Simonisten möchte ich Ihnen gern klar und genau beantworten; aber ich weiß nicht viel davon. Da ich mich nicht schämte, unwissend hierin zu bleiben, will ich mich auch nicht schämen, meine Unwissenheit zu gestehen. Sie ist um so weniger zu entschuldigen, da mir bekannt, daß der Simonismus eine der wichtigsten Erscheinungen, ja noch mehr ist: der Inbegriff von vielen wichtigen Erscheinungen dieser Zeit. Das schwebte vor mir in der Luft, und genauer untersuchte ich es nicht. Es ist nicht zu ändern. Hier in Paris braucht man nur einen halben Magen; denn der gefällige Kochtopf übernimmt die Hälfte der Verdauung. Hier in Paris braucht man gar kein Herz; denn da alle öffentliche Gedanken in öffentliche Empfindungen übergegangen, ist das Klima davon warm geworden, und man braucht die Brust nicht einzuheizen. Aber tausend Beine braucht man hier, um nach allem Merkwürdigen zu gehen, tausend Augen und Ohren, alles Merkwürdige zu sehen und zu hören, und tausend Köpfe, um alles aufzufassen, sich anzuzeigen und zu verarbeiten. Die Simonisten halten jeden Sonntag öffentliche Vorlesungen, in welchen sie ihre Lehren zusammenstellen und erläutern. Ich habe aber diesen Predigten nie beigewohnt. Man muß zwei Stunden vorher da sein, um Platz zu finden, und so viele Zeit mochte ich nicht darauf verwenden. Aus gleichem Grunde war ich auch noch nie in einer Kammersitzung, bei den Verhandlungen der Assisen, noch in einer der öffentlichen Versammlungen, die hier fast jede Woche gehalten werden. Das bürgerliche Leben, das in seinem ganzen Umfange und in allen seinen Stockwerken öffentlich geworden, hat die Architektur hinter sich gelassen, die monarchisch und aristokratisch geblieben. Es gibt in

Paris kein öffentliches Gebäude, das selbst für das bescheidenste Bedürfnis einer Volksversammlung Raum genug hätte. Es ist lächerlich, wie wenige öffentliche Sitze in der Deputiertenkammer sind. Die Regierungen, wenn sie die Freiheit mit keinen moralischen Schranken mehr umziehen dürfen, engen sie wenigstens soviel und solang als möglich mit Steinmauern ein. Der Saal, den die Simonisten haben, der ist nun besonders klein, und ich glaube, daß sie ihn aus Schelmerei so gewählt, damit die Zuhörer um so begieriger herbeiströmen. Wo die Pariser keinen Platz finden, da eilen sie am liebsten hin, besonders die Frauenzimmer; es ist ihre Wonne, gestoßen und gedrückt zu werden.

Was mich bis jetzt von einer nähern Bekanntschaft, nicht mit den Grundsätzen, sondern mit den Lehren der Simonisten, abgehalten, ist die monarchische Verfassung ihrer Kirche. Sie haben einen Papst; vor solchem kreuze ich mich wie vor dem Satan. Sie haben eine Autorität; die fürchte ich noch mehr als den Räuber im finstern Walde. Ich lasse mich von keiner Wahrheit gern einschränken; ich trinke, wie der goldgelockte Felix im »Wilhelm Meister«, am liebsten aus der Flasche. Wenn ein Papst mir sagt: zweimal zwei ist vier – glaube ich es ihm nicht, und habe ich es früher gewußt, fange ich an, daran zu zweifeln. Zwar weiß ich recht gut, daß keine neue Kirche der monarchischen Leitung entbehren kann; das Christentum selbst blieb schwach, ward verfolgt und geschlagen, solange es republikanisch war, und wurde erst stark, siegend und erobernd, als es einen höchsten Bischof an seine Spitze stellte. Jedem Staate ist die monarchische Gewalt in seiner Kindheit die Laufbank, in seinem Greisenalter eine Krücke; Freiheit gehört dem Jünglingsalter und den männlichen Jahren. Aber, ob ich auch das begreife, verabscheue ich doch die Monarchie für jedes Verhältnis und für jede Zeit. Ein junger Staat soll lieber auf allen vieren kriechen und etwas später gehen lernen, soll lieber, sobald er das Greisenalter erreicht, sich freiwillig den Tod geben, als gemächliche und schnellere Entwicklung seiner Glieder, als einige Jahre Frist jämmerlichen Daseins mit der Freiheit bezahlen. Wie einem die Regierung oft alle bürgerliche

Gesellschaft, das System die schönste Philosophie verleiden kann; so verleidet einem die Kirche jeden Glauben. *Muß* ich selig sein im Paradiese, dann *will* ich lieber in der Hölle leiden. Es liegt gar nicht so viel daran, daß eine neue Wahrheit sich schnell und weit umherverbreite; sie wird leicht an Würde verlieren, was sie an Macht, im Werte verlieren, was sie im Preise gewinnt.

Sie fragen mich: ob die Simonisten etwa das reine Christentum herzustellen suchen. Ich glaube es. Aber was heißt *reines Christentum*? Es gibt nur *eine* reine Quelle des wahren Glaubens, und aus dieser fließen die mannigfaltigen Ströme der Religionen, die nach und nach den Schlamm der Ufer abspülen und sich mit allem besudeln, was die schmutzigen Menschen hineingeworfen. Die Simonisten mögen wohl in Frankreich sein, was die Carbonari in Italien sind. Was diese wollen, weiß ich zwar auch nicht klar; doch daß sie einen edlen Zweck haben, daß sie suchen, Licht in das dunkle Lügengebäude des Papsttums zu bringen und die Zwingburgen der Gewalt niederzureißen: das erfahre ich von der unbeschreiblichen Wut, mit welcher die geistliche und weltliche Macht in Italien den Carbonarismus verfolgt.

Der hier erscheinende *Globe* ist das Apostelblatt der Simonisten; eine Art hausierende Bibel, die alle Tage den wahren Glauben frisch und warm in die Häuser bringt. Doch ich kann keine Milch vertragen und lese darum das Blatt nicht. Von den drei stereotypen Lehren, die der Globe als Mottos täglich hinter seinem Titel hat, kann ich nur die erste annehmen; die zweite ist mir zu trivial; die dritte finde ich falsch, und eine vierte, mir die erste, mangelt gänzlich. *Erste Grundlehre. Les institutions sociales doivent avoir pour but l'amélioration du sort moral, physique et intellectuel de la classe la plus nombreuse et la plus pauvre.* Daß die bürgerliche Gesellschaft *nur* für die Mehrzahl, *nur* für die ärmeren Klassen zu sorgen habe, diesem Grundsatze kann man dann erst beitreten, nachdem man stillschweigend angenommen, daß die Minderzahl der Geist- und Güterbegabten, daß jene Glücklichen, für welche schon die Natur gesorgt, den Schutz und den Beistand der bürgerlichen Gesetze entbehren können. Dann aber bleibt in jenem Grundsatze die reinste, heiligste unverletzlichste Vorschrift, wie der Sittlichkeit, so der Religion übrig. Weil sie rein ist, wird sie von allen besudelt; weil sie heilig ist, wird sie verspottet; weil unverletzlich, täglich übertreten. Doch ich mag nicht davon sprechen. Wer nur etwas gelebt hat, und nur einen Tag nicht sich allein, der konnte wahrnehmen, wie man überall und zu allen Zeiten das niedre Volk als unorganisches Produkt betrachtet, als Erde, Steine, Sand, Wasser – von Gott, dem Hofarchitekten der Vornehmen und Reichen, herbeigeschafft, diesen das Leben wohnlich und angenehm zu machen. Aber der Tag wird kommen, wo der zum Himmel gestiegene Tränendunst aller der Millionen Unglücklichen als Sündflut niederstürzen und die Reichen mit allen ihren aufgesparten Gütern bedrohen wird, und dann werden Schrecken und zu späte Reue die hohle Brust der Hartherzigen ausfüllen, und sie werden das Erbarmen, dessen Rufe sie nie gefolgt, selbst anrufen.

Zweite Grundlehre. *Tous les privilèges de la naissance, sans exception, seront abolis.* Werden hier die altertümlichen bekannten Privilegien gemeint, wie die des Adels, der Pairs oder sonst eines bevorrechteten Standes, so ist das eine so entschiedene Wahrheit, ein so fest gegründetes Recht, daß man durch ein schadenfrohes Erwähnen derselben nicht die Anmaßung des Widerspruchs herausfordern sollte. Nicht die Vernunft ist auf der Seite der Gleichheit, sondern auf der Seite der Ungleichheit ist der Wahnsinn. Aber der Vernunft ziemt es nicht, dem Wahnsinn entgegenzutreten, ihm den Weg zu versperren; sondern sie soll warten, bis er herbeikommt, bis er losbricht. Dann soll sie ihn besprechen, heilen und, wenn er sich unheilbar zeigt, ihn an die Kette legen und unschädlich machen. Jedes Wort, noch ferner gegen den Adel gesprochen, ist ein Schwertstreich, dem Schlachtfelde entzogen; die Zeit des Redens ist vorüber.

Dritte Grundlehre. *A chacun selon sa capacité, à chaque capacité selon ses œuvres.* Eine heillose Irrlehre! Die Wahrheit ist ganz auf der entgegengesetzten Seite. *Je mehr Verdienst, je weniger Lohn*; das ist die Regel der Vernunft. *Verdienst* ist die reine Vorausbezahlung, welche die Natur solchen Menschen leistet, denen sie vertraut, und der, dem sie geworden, hat keinen weitern Lohn zu fordern. Bezahlung werde dem Verdienstlosen, der nichts von der Natur geerbt. *»Jeder Kapazität nach ihren Werken«*, ist auch falsch. Was der Mensch *ist*, bestimmt seinen Wert und also seinen Preis, nicht das, was er *tut*. Ist das, was er tut, seiner Natur gemäß, ist es bloß Lebensäußerung, Selbsterhaltungstrieb, und er hat dafür keinen Lohn zu fordern; ist es seiner Natur zuwider, kann es nichts Gutes sein. Diese Irrlehre der Simonisten entspringt aus einer andern, zu welcher sie sich bekennen, der von einer *Gütergemeinschaft*, – eine Lehre der verderblichsten Art, weil sie den Menschen nicht allein in der bürgerlichen Gesellschaft, sondern auch in seinen reinmenschlichen Verhältnissen zugrunde richtet. Freiheit und Gleichheit bestehen darin, daß jeder einzelne Mensch in seiner Lebenssphäre, sei nun dieser Kreis so eng gezogen als man wolle, *Despot* sein darf; nicht aber darin, daß man alle diese Persönlichkeiten zerstört und daraus einen allgemeinen Menschenteig knetet, den man Staat, Kirche, Gemeinde, Volk nennt. Wenn die Lebensgüter gemeinschaftlich sind, wenn das Recht sich alles nehmen darf, was bleibt dann noch dem schönen Vertrauen zu fordern, was der Liebe zu geben übrig? Man wirft den Simonisten vor – ob der Vorwurf gegründet, weiß ich nicht –, sie wollten die Ehe aufheben. Es fällt mir schwer, das zu glauben. Manche Religionen, mancher politische Bund haben im Verlaufe späterer Entartung sittenverderbliche Grundsätze angenommen; aber eine neue Religion, eine neue Gemeinde wurden nie auf Sittenlosigkeit gegründet. Doch einen andern Grundsatz sprechen die Simonisten deutlich aus: den der *Emanzipation der Weiber*. Wollen sie damit täuschen, oder täuschen sie sich selbst – ich weiß es nicht. Vielleicht heucheln sie diesen Grundsatz, um die Frauen für ihre Sekte zu gewinnen. Ist es ihnen aber Ernst, dann sind sie in einem Wahne befangen, der nur darum nicht verderblich ist, weil er nie zur Wirklichkeit werden kann. Bei einer flüchtigen Betrachtung scheint es zwar Gewinn, wenn das weibliche Geschlecht emanzipiert würde, wenn es gleiche sittliche, gleiche politische Rechte mit den Männern erhielte; der Kreis der Menschheit, scheint es, würde dadurch erweitert werden. Aber es ist Täuschung. Selbständigkeit des Weibes würde nicht allein die Bestimmung des weiblichen, sondern auch die des männlichen Geschlechts vereiteln. Nicht das Weib, nicht der Mann allein drücken die menschliche Natur aus; nur Mann und Frau vereinigt bilden den vollkommenen Menschen. Nur in der Ehe, nur im Familienleben wird der Zweck der Menschheit erreicht.

Sechsundsechzigster Brief
                    Paris, Mittwoch, den 4. Januar 1832
Wie können Sie nur glauben, ich wünschte darum nicht, daß meine Briefe in das Französische übersetzt würden, weil ich fürchte, der Regierung zu mißfallen? Wie sollte ich simpler Bürgersmann die Anmaßung haben, mich zu *fürchten*? Das ist jetzt ein Prärogativ der Krone, ein Regal der Fürsten. Ich wäre eine Art Falschmünzer, wenn ich mich mit Fürchten beschäftige; das könnte mich den Kopf kosten. Es wäre mir darum unlieb, hier übersetzt zu werden, weil mir Angst ist, die Arbeit, von irgendeinem ökonomischen Buchhändler aus Gewinnsucht veranstaltet, möchte in die wohlfeilen Hände eines Taglöhners fallen und ich verunstaltet werden. Mein kleiner weicher Geist ist leicht außer Form gebracht. Wenn aber ein Mann, wie der Professor Willm in Straßburg, der Bruchstücke aus meinen ältern Schriften in der *Revue Germanique* so vortrefflich übersetzt hat, auch die Briefe Französisch herausgeben wollte, würde ich mich sehr darüber freuen.

– Wäre Herr von Raumer darum aus der preußischen Zensurbande getreten, um die Schande, Mitglied derselben gewesen zu sein, abzuwaschen – auch dann würde ihm das nicht zur Ehre gereichen; denn sein Ruf stünde immer nur erst auf dem Gefrierpunkte der Tadellosigkeit. Aber nein, nicht aus Buße, nicht um der beleidigten Menschheit Abbitte zu tun, hat er aufgehört,

Zensor zu sein; sondern aus gereizter Eitelkeit, weil er sich persönlich gekränkt fühlte, daß die Zensur sein Werk über Polen anzuzeigen verboten, tat er den angstzitternden Schritt. Ich begreife es nicht, ich werde es niemals fassen, wie ein Mann, der sich nur ein wenig selbst achtet, der nicht schamlos seine ganze Menschenwürde von sich geworfen, um nackt wie ein Tier im warmen Stalle zu lagern, dort seinen Bauch zu füttern oder bei gutem Wetter auf der Gunst der großen Glückspächter herumzugrasen – wie ein solcher Mann sich dazu verstehen kann, ein Zensor, ein Henker zu werden – nein, schlimmer als ein Henker; denn dieser tötet nur die schuldig Gerichteten – ein Meuchelmörder der Gedanken, der im dunkeln lauert und trifft, der das einzige, was göttlich ist am Menschen: *die Freiheit des Geistes*, zerstört, daß nichts an ihm übrigbleibe als das blöde Vieh, das vor der Peitsche seiner Treiber hergeht und kaut und wiederkaut, was ihm seine Herren in die Krippe geworfen! Und auch hier wieder, wie immer, empört sich mein Herz gegen die Dummheit des Volks überall, das gar seine Macht und Übermacht nicht kennt; das gar nicht ahnt, daß es nur zu wollen braucht, um jede verhaßte Tyrannei umzustoßen. Wenn unter den Tausenden in jeder Stadt, welche die Zensur als einen schändlichen Übermut verabscheuen, als eine erbärmliche Feigheit verachten, sich nur zwanzig angesehene Familienhäupter zu dem Bunde vereinigten, jeden Zensor als einen ehrlosen Menschen zu betrachten und zu behandeln, unter keinem Dache mit ihm zu wohnen, an keinem Tische mit ihm zu essen, seine Umgebungen nicht zu berühren, ihn zu fliehen wie einen Verpesteten, ihn immerfort mit Verachtung zu bestrafen, mit Spott zu necken – dann würde sich bald kein Mann von Ehre mehr finden, der Zensor würde sein wollen; ja selbst der Gefühllose, wenn er nur von einem gewissen Range ist, würde nicht den Mut haben, der öffentlichen Meinung zu trotzen, und die Regierungen würden genötigt sein, ihre Zensur den Schindersknechten anzuvertrauen, und der Anger vor dem Tore würde bedeckt werden mit Pferdeknochen, Schafschädeln und konfiszierten Büchern. Aber wie die Menschen zum Guten vereinigen? Das ist der Jammer. In jedem Lande, in jeder Stadt, in jeder Gemeinde, in jeder Regierung und in jeder Amtsstube gibt es edle Menschen genug; aber jeder glaubt, er sei allein gut gesinnt, und so fürchtend, alle gegen sich zu haben, wagt es keiner, mit seiner Stimme hervorzutreten, und der Sieg bleibt den Schlechten, die sich besser erraten, sich leichter finden. Das ist's, was mir vor vielen andern den Mut gibt, für Recht und Freiheit so laut das Wort zu führen: daß ich weiß, ich stehe nicht allein, daß ich weiß, es gibt Tausende, die so gut und besser sind als ich, die meinem Rufe folgen und sich mir anschließen. Wüßte ich das nicht, glaubte ich im selbstverliebten Dünkel allein zu stehen im Vaterlande, wahrlich, ich wäre nicht der Tor, einer dummen, feigen und undankbaren Menge meine Ruhe fruchtlos aufzuopfern, und ich schweige und duldete wie die andern alle.

– Gleich nach Empfange Ihres Briefes schrieb ich nach Stuttgart und bestellte dort das Hofblatt, das die »Donau- und Nekkarzeitung« gewaschen hat. Ich behalte mir vor es zu bläuen und zu bügeln. Erwünschter konnte mir nichts kommen. Da finde ich den Generalstab und das Geniekorps der süddeutschen Ministerialarmee auf einem Flecke beisammen. In Württemberg bereitet man sich auf die schrecklich drohende unvermeidliche Landplage der Stände mit einer Bedächtigkeit vor, zu der in unsern Tagen die Cholera alle deutsche Regierungen gewöhnt hat. Die besten Ärzte gegen den Liberalismus, die um so besser sind, weil sie die Krankheit selbst früher überstanden, werden herbeigerufen und zu Rate gezogen. Die Doktoren *Münch, Pahl, Lindner, von Wangenheim* werden am Ständelazarette angestellt. Da die Regierung den Liberalismus nicht für kontagiös hält, sondern miasmatisch, wird sie die Angestellten keiner strengen Absonderung unterwerfen und sich darum dem Eintritte in die Kammer von liberalen Männern wie *Uhland, Pfizer* und *Schott* nicht allzuängstlich widersetzen. Um aber den üblen Folgen einer solchen Gemeinschaft zwischen Gesunden und Kranken zu begegnen, will die Regierung in *einigen Punkten* freiwillige Verbesserungen vorschlagen und hofft dadurch, »*der zweiten Kammer die Gelegen-*

heit zu benehmen, sich auf Kosten der leitenden Staatsgewalt eine unruhige Popularität zu erwerben«. Kurz, es ist zum Totlachen, und alle die komischen Präservative gegen die Cholera sind erhaben dagegen. Die »Allgemeine« und die »Stuttgarter Zeitung« sind die zwei großen Rauchfässer, aus welchen in einem fort Chlorwolken sich erheben. Herr Münch ist der Lindenblütentee, dessen Heilsamkeit gegen Erkältung er im feuchten Holland oft erprobt; Herr Lindner ist die Kupferplatte auf dem Magen, ein Minimum von diplomatischem Gifte, das homöopathisch heilt; Herr von Wangenheim wird wohl reiben, und wenn nichts hilft, wird die Bundesversammlung den Württemberger Ständen das Dampfbad bereiten. Die Cholerapolitik! Ich bekomme Leibschmerzen, wenn ich nur daran denke.

Die Stuttgarter Hof- und Cholerazeitung gehört dem Herrn von Cotta, und das auch kommt mir sehr gelegen. Mit dem Vater der »Allgemeinen Zeitung« habe ich ohnedies ein ernstes Wort zu sprechen. Seine unverschämte Tochter sprach neulich ein freches Wort gegen mich aus, und hätte ich etwas darauf erwidern wollen, wäre es vom zärtlichen Vater zurückgewiesen worden, wie vor kurzem Heine es erfahren. Nun aber werde ich nicht länger mehr der Tor sein, aus prunkender Großmut den Vorteil der allgemeinen Sache zu vernachlässigen, weil zufällig mein eigner damit verbunden ist. Dann brauchte ja jeder schlechte Schriftsteller, jeder feile Zeitungsschreiber mich nur zu beleidigen, um vor meinem Urteile sicher zu sein! Ich kenne die geheime Lebensgeschichte der »Allgemeinen Zeitung« sehr genau, von den Jahren des französischen Direktoriums bis zum Untergange Warschaus; und es hängt bloß von mir ab, ihr den Namen der deutschen Phryne zu verschaffen. Die »Allgemeine Zeitung« ist freilich ohne Vorliebe die gefällige »Allgemeine« für alle, *die bezahlen*; aber das Recht hat selten Geld und das Unrecht immer, und wenn das Recht ja einmal die Gunst der Allgemeinen bezahlen kann, ist die Schöne so schlau, ehe sie das Recht einläßt, das Unrecht durch die Hintertüre zu entlassen, damit die beiden Nebenbuhler sich nie begegnen, sich messen und die

Schöne auffordern können, endlich einmal zwischen ihnen zu wählen.

– Die Briefe von Cormenin habe ich noch nicht gelesen. Sind sie aber wirklich so herrlich, als Sie sie gefunden, dann werde ich, Ihrem Rate folgend, sie übersetzen und mit deutschen Bemerkungen verzieren. Ich begehe jedes Staatsverbrechen, wozu Sie mich anreizen, mit tausend Freuden. Kann mir denn etwas erwünschter sein, als früher oder später auf der Frankfurter Hauptwache Ihre schöne und gute Gesellschaft zu genießen? Zwar hat die freie Stadt Frankfurt keine Zivilliste zu bezahlen, aber unsere Regierung muß ihr Kontingent zu jeder Bundestyrannei stellen, und der Senat würde meine Gotteslästerung über die *großen Königsmagen* so streng bestrafen, als ob er selbst ein König wäre. Ja, wohl ist die Sache von der größten Wichtigkeit. Nicht darauf kommt es an, ob man einem Fürsten für seine ungemeine Gefälligkeit, zu regieren, einige Millionen mehr oder weniger gibt – man gebe ihm, soviel er braucht, soviel er wünscht, daß er zufrieden sei und uns zufrieden lasse; denn die üblen Launen eines Fürsten sind dem Lande verderblich, und zu allen Zeiten mußte das Volk sein Glück und seine Freiheit erkaufen. Sondern das ist zu bedenken: jeder überflüssige Sold, den ein Volk seinem Fürsten gibt, den dieser nicht für sich und seine Familie verwenden kann, wird dazu gebraucht, einen *Hof* zu bilden und zu nähren, der als giftiger Nebel sich zwischen Fürst und Volk hinzieht und eine traurige Thronfinsternis hervorbringt. Vielleicht ist es wahr, was die Fürstengläubigen behaupten: eine Krone sei etwas Himmlisches, eine Art Sonne, die im reinsten Lichte strahle; aber woher wollen wir Bürger das wissen? Man zerstreue den Hofdunst, der jede Krone umgibt, und dann werden wir sehen, was daran ist. Dann ist zu überlegen, daß man ganz falsch rechnet, wenn man bloß die Millionen, die man einem Fürsten als Zivilliste bewilligt, zählt. Diese Millionen sind nur das Saatkorn, das dreißigfachen Ertrag gibt; diese Zivilliste ist nur die Waffe, womit ein Fürst sich alles erbeutet von seinem Volke, wonach ihm gelüstet. Ludwig XVIII. hatte fünfunddreißig Millionen; aber mit diesen fünfunddreißig Millionen holte er sich tausend andere, womit er sich und seine Kreaturen für den durch die Emigration erlittenen Verlust entschädigte. Hätte er keine fünfunddreißig Millionen gehabt, sondern nicht mehr, als er zu seinem Unterhalte bedurfte, hätte er die Kammer nicht bestechen können, und das heillose Gesetz der Emigrantenentschädigung wäre nicht angenommen worden. Louis-Philippe, der Pflasterkönig, hat zwölf Millionen jährlicher Einkünfte aus seinem Privatvermögen, und doch verlangt er eine Zivilliste von achtzehn Millionen. Die Einwohner der Stadt Bourges haben der Kammer eine Bittschrift übersendet, worin sie darauf antragen, man möchte dem Könige nicht mehr als eine halbe Million geben. Das ist nach meiner Gesinnung eine halbe Million zuviel; ich würde ihm gar nichts geben. Wer die Ehre haben will, ein großes Volk zu regieren, der mag es sich etwas kosten lassen. Frankreich konnte unter sechs Millionen Bürgern einen König wählen; aber König Philipp konnte sich kein Volk wählen; die Völker sind selten. Die Kommission der Kammer war in ihren Ansichten geteilt. Vier Mitglieder derselben stimmten für vierzehn Millionen, die vier andern für zwölf und eine halbe, und das neunte Glied, eben Ihr verehrter Cormenin, stimmte für eine so kleine Summe, daß der ministerielle Berichterstatter der Kommission sich schämte, sie in der Kammer laut anzugeben. Dem Kronprinzen wurde überdies, daß ihm die Zeit nicht lange werde, bis er den Thron besteigt, eine Million bewilligt. Nichts empört mich mehr, als diese unverschämte Apanagierung der Erbprinzen überall. Mein Gott, wer gibt denn dem armen Volke Wartegeld, wenn es auf den Tod eines bösen Fürsten ängstlich harrt? Aber die Höfe sorgen dafür, daß die Kronprinzen schon in ihrer frühesten Jugend an Verschwendung gewöhnt werden, sie fürchten: in den reifern Jahren der Thronbesteigung möchten sie vielleicht für das Laster nicht genug Empfänglichkeit mehr haben.

Der jetzige König wird also vierzehn Millionen bekommen, eine Zivilliste, die jedem Deutschen, der, wenn auch mit seinen Füßen, doch nie mit seinem Kopfe Deutschland verlassen, sehr winzig erscheinen muß. Und nach dieser Vergleichung ist sie es auch. Das Budget von Frankreich beträgt vierzehnhundert Millionen, die Zivilliste mit vierzehn Millionen würde also den *hundertsten* Teil der Staatsausgaben betragen. Das Budget von Bayern beträgt siebenundzwanzig Millionen und die Zivilliste des Königs drei Millionen, also den *neunten* Teil des ganzen Staatshaushalts. Wenn der König von Frankreich in gleichem Verhältnisse wie der König von Bayern ausgestattet wäre, würde seine Zivilliste auf 155½ Millionen steigen; und wenn der König von Bayern dem Könige von Frankreich gleichgesetzt würde, sänke sein Einkommen auf 270 000 Gulden herab. Und wäre das nicht genug? Die ungeheuren Summen, die der König von Bayern verschwendet, seinen Wohnort zum neuen Athen zu machen, könnten erspart werden: München war die Stadt der Nachteule, schon ehe es Statuen und Gemälde besaß. Ist es nicht ein herzzerreißender Jammer, daß der arme Häusler im Spessart, der sich glücklich schätzt, wenn ihm nur drei Tage in der Woche die Kartoffeln mangeln, den Schweiß seiner Hände versilbern muß, damit in einer sechzig Stunden entfernten Stadt, die er nie gesehen, wohin er nie kommen wird, eine Glyptothek, eine Pinakothek, ein Odeon – Dinge, deren Namen er nicht einmal kennt – die eitle Ruhmsucht eines Königs befriedige? Und dieser kunstliebende König, der Zögling des alten freien Griechenlands, der Nacheiferer eines Perikles, hat den Stellvertretern des bayrischen Volks sagen lassen: *Er würde sie auseinandertreiben, wenn sie sich unterständen, ihm noch so wenig von seiner Zivilliste zu streichen!* Und er hat später seiner Adelskammer kundgetan, er wolle sich mit drei Millionen *begnügen!* und die Minister dieses Königs haben in öffentlicher Sitzung der Kammer zu verstehen gegeben: ihr Herr würde der Kammer manche Forderung bewilligen, wenn sie sich gegen die Zivilliste billig zeigten! Sie – Königin der Unglücklichen, wenn diese sich je ihren Herrscher wählen dürften – haben Sie das auch wohl verstanden? Der König von Bayern ließ seinem Volke sagen, er würde ihm dieses und jenes Recht gewähren, diese und jene Freiheit bewilligen, die man doch unmöglich geschenkt verlangen könnte, wenn man sie ihm *bezahlte – bezahlte*! Und was hat die Kammer geantwortet? und was hat die badische getan? und... doch davon später. Ich will warten, bis die von Kassel auch dazukommt, noch eine kurze Zeit warten. Und dann? Nun, dann werde ich trauern, daß ich recht behalten. Ich werde nicht Triumph! Triumph! rufen, wie es der feurige Welcker schon vor dem Siege, ja schon vor dem Kampfe getan! Nicht für meine Eitelkeit, für mein Vaterland habe ich die Stimme erhoben, und darum wehklagt mein Herz über den Sieg, den mein Geist errungen...

Ich habe es vergessen: wir glücklichen Deutschen haben einige und dreißig Fürsten, einige und dreißig Zivillisten. Rechnen Sie, was das kostet, und atmen Sie dabei, wenn Sie können. Und Tausende wandern jährlich nach Amerika aus, wandern gedankenlos vorüber an einigen und dreißig duftenden Küchen und schiffen sich ein, um in einem fremden Weltteile ihren Hunger zu stillen! ... Ich will noch einmal zur Zivilliste des Königs von Frankreich zurückkehren, um Ihnen zu zeigen, wie unrecht Sie hatten, als sie mich so oft einen Verschwender genannt. Vergleichen Sie meinen Haushalt mit dem Louis-Philippes, und Sie werden erfahren, wer von uns ökonomischer ist. Die Verschiedenheit der Verhältnisse mögen Sie immer dabei berücksichtigen. Freilich ist Louis-Philippe König, und ich bin keiner, und habe auch, wie die »Mannheimer Zeitung« meint, wenig Hoffnung, einer zu werden. Freilich hat König Philipp eine Frau und sieben Kinder, und ich bin, Gott sei Dank, unverheiratet. Aber auf der andern Seite hat König Louis-Philippe freie Wohnung, und ich muß die meinige bezahlen; er hat freies Holz aus seinen Wäldern; er hat eine Frau, die ihm die Wirtschaft führt, und ich muß alles selbst besorgen und werde geprellt. Also das gleicht sich aus. Und jetzt stellen Sie unsere Bedürfnisse nebeneinander. Die meinigen sind Ihnen bekannt, ich brauche Ihnen also bloß die des Königs mitzuteilen, wie sie vor einiger Zeit bekanntgemacht wurden. *Für Doktor und Apotheker jährlich 80 000 Fr.* Ich bin viel krank das Jahr durch und weiß, was es kostet – nicht geheilt zu werden. Der

Hofstaat des Königs soll aus tausend Personen bestehen (doch das ist viel zu viel). Nun wird angenommen, daß unter tausend Menschen *einer* das ganze Jahr durch krank ist. Ich will zugeben, daß die Hofkrankheiten immer von der gefährlichsten Art seien, die täglich zwei ärztliche Visiten erfordern. Jede Visite zu 10 Fr. gerechnet, also täglich 20 Fr., macht das jährlich 7900 Fr. Arztlohn. Täglich für 2 Fr. Medizin, beträgt jährlich 730 Fr., also Arzt und Apotheker zusammen kosten jährlich 8630 Fr., woher nun 80000? Das ist Verschwendung. – *Livreebediente*, 200000 Fr., zu viel. *Besoldete Tagediebe von Rang*, 650000 Fr., unerhört! *Küche* 780000 Fr., davon werde ich in meinem künftigen Werke: *Von den Königs-Magen* weitläufiger sprechen. *Keller* 180000 Fr.: die Flasche zu 5 Fr. gerechnet, käme auf das Jahr 36000 Flaschen, und auf den Tag 100. Können Mann und Frau und Schwester und sieben Kinder, meistens Frauenzimmer, täglich 100 Flaschen Wein trinken? Und denken Sie nicht etwa, daß darunter der Gebrauch für fremde Tischgäste mitbegriffen sei, denn die Ausgaben für diese werden unter dem Artikel *Feten* besonders mit 400000 Fr. berechnet. – Für 300 *Pferde* jährlich 900000 Fr.; also jedes Pferd 3000 Fr. Ein Pariser Blatt bemerkte: »Tausende in Paris würden sich glücklich schätzen, wenn sie zu ihrem Lager das Stroh jener Pferde hätten.« Und erinnern Sie sich noch des herrlichen Marstalles in Hannover, des dortigen Museums, das alle Reisende, alle neugierigen Damen besuchen? Einige hundert Pferde zum Gebrauche eines Königs, der seit hundert Jahren nicht in Hannover residierte, werden dort gefüttert mit dem Brote, getränkt mit dem Schweiße der unglücklichen Untertanen, damit die Majestät des Thrones auch in Abwesenheit des Königs sichtbar werde. Und wenn es kalt ist in Hannover, aber recht kalt, so daß die Tränen der Unglücklichen zu Eis werden, dann – wird in der Nacht Stroh gestreut auf den Steinboden des Marstalles, quer über die durchlaufende trübe Gosse gelegt, und die armen Leute, die kein Holz haben und kein Bett und keine Suppe haben, ihre erfrornen Glieder zu wärmen, dürfen dahin kommen und dort schlafen zwischen den königlichen Pferden, bis der Tag graut. Es ist keine

Verschwendung, wie man sie oft den Höfen vorwirft; o nein. Das Stroh kann man den andern Tag für die Pferde gebrauchen, und den Stellvertretern der königlichen Majestät ist der warme Dunst so vieler Menschen ohnedies gedeihlich. Gott, Gott! nein, Teufel! Teufel! Da wir doch keine Heiden mehr sein dürfen, welche die menschlichen Götter anriefen!

Weiter. Für *Heizung* 250000 Fr. Damit könnte man ganz Sibirien wärmen, und das Holz wäre dort besser verwendet, damit unsere armen Polen nicht erfrieren. Übrigens steht die ganze Ausgabe betrügerisch da, da der König sein Holz aus seinen Domänenwaldungen zieht und es also nicht zu bezahlen braucht. *Beleuchtung* 370000 Fr., und trotz den vielen Kerzen lebt König Philipp wie jeder König, immer im Dunkeln! *Wäsche* 160000 Fr. Rechnen Sie mir aus, wie das möglich ist. *Musik, Theater*, 300000 Fr. *Reisen* eine Million; *Geschenke* 160000 Fr. Ein Fürst hat gut schenken! Und alle diese Ausgaben zusammen nennt man an den *Höfen: die kleinen Vergnügungen* der Fürsten, *les menus plaisirs*. Was kosten ihnen nicht erst ihre *großen Freuden*, Kriege, Eroberungen, Mätressen, Leibgarden, Günstlinge, Bestechungen, geheime Polizei! Und fragen Sie vielleicht, aber im Ernste, wie sind solche große unmögliche Bedürfnisse nachzuweisen? ist die Antwort: höchstens der vierte Teil dieser Summe wird zu angegebnem Gebrauche verwendet; drei Vierteile werden gestohlen, kommen in die Hände einiger begünstigten Lieferanten, die den Vorteil mit dem Hofminister teilen. Aber nicht der König, das Volk wird betrogen, welches die Zivilliste bezahlen muß.

Neulich las ich einige merkwürdige Beispiele von Hofgaunereien. Die Kaiserin Katharina von Rußland, welche ihren Haushalt selbst übersah, fand einmal in der Rechnung 28 000 Fr. für Talglichter angesetzt. Diese große Summe fiel ihr um so mehr auf, da sie den strengsten Befehl gegeben hatte, daß an ihrem Hofe kein Talglicht gebrannt werden sollte. Sie stellte Untersuchungen an, und da fand sich, daß der junge Prinz, nachmaliger Kaiser Alexander, sich *ein* Talglicht hatte kommen lassen, um damit seine aufgesprungene Lippe zu bestreichen. Der Lakai, der das Licht kaufte, stellte vier Pfund in Rechnung, der Vorgesetzte über ihm machte eine Summe von 300 Fr. daraus, und so, von Diener zu Diener hinaufsteigend, schwoll die Summe immer höher an, bis endlich der Oberhofintendant die runde Summe von 28 000 Fr. zu Papier brachte. Ludwig XVIII. hat berechnet, daß ihm jedes frische Ei, das er verzehre, auf 30 Fr. zu stehen komme. Es ist wahr, die Hofdiebe treiben ihr Handwerk mit großer Genialität, und ich selbst, wenn ich Richter wäre, würde mich bedenken, solche große Künstler an den Galgen zu bringen. Solche Geschichten wären sehr spaßhaft, sehr unterhaltend, wenn nur das Volk den teuern Spaß nicht bezahlen müßte.

Donnerstag, den 5. Januar 1832

Gestern war in diesem Winter der erste Abend bei ***. Das ganze *Perpetuum Mobile* der Kammer war da; Odilon-Barrot, Pagès, Clauzel, Lamarque, Mauguin, und wie sie sonst alle heißen. Auch die Generale Romarino und Langermann, Lelewel und noch viele andere konfiszierte Polen. Wenn man den Lelewel sieht und hört, sollte man es ihm nicht zutrauen, daß er den Geist und Mut hätte, vor einer Revolution herzugehen. Er sieht so zerquetscht aus, spricht so matt und gebrochen, hat ein so furchtbares Organ, daß man ihn für einen deutschen Stubengelehrten halten sollte. Doch vielleicht hat ihn das Unglück seines Vaterlandes niedergeworfen; vielleicht auch (und das ist das Wahrscheinlichste) ist er bedenklich, an öffentlichen Orten frei zu sprechen. Denn ein anderer Pole klagte mir, es wäre ein Jammer und eine Schande, wie viele Spione es unter ihnen in Paris gäbe. Unter den anwesenden Deutschen war auch *Börne*, der Verfasser »der berüchtigten Briefe aus Paris«, wie sie die *berühmte* »Allgemeine Zeitung« nur allzu gelinde nennt. Er mußte mich wohl für einen Franzosen gehalten haben; denn er unterhielt sich mit einem Deutschen über Dinge, die gewiß keiner hören sollte, und es hinderte ihn gar nicht, daß ich ganz nah dabeistand. Und so habe ich denn gehört, wie dieser Freiheitsheld, dieser Demagog, dieser Fürstenknacker, zu dem andern sagte: er verspräche, wenn er ihm ein Pfund Rauchtabak und ein halbes Pfund Schnupftabak aus Deutschland verschaffte, dafür seinen Fürsten, soviel und solange er wolle, öffentlich zu loben. Und für einen so heillosen Menschen, der für anderthalb Pfund Tabak sein Gewissen verkauft, können Sie eingenommen sein? Der Deutsche, dem er dies Anerbieten machte, war Herr von *** aus ***.

Es herrschte eine besonders große Bewegung in der Gesellschaft. Die Herrn waren noch ganz heiß von der Kammersitzung, in der an diesem Tage ein heftiger Aufruhr stattfand, weil Montalivet die Franzosen *Untertanen* des Königs genannt. Sie werden das in der Zeitung gelesen haben. *** ließ die seitdem bekannt gewordene Protestation in der Gesellschaft zirkulieren, welche die anwesenden Deputierten unterschrieben. Um Mitternacht rief mich *** in ein abgelegenes Kabinett, wo ich ***, den General *** und *** an einem Tische mit Schreiben beschäftigt fand. Die deutschen Angelegenheiten kamen da zur Sprache. Was dort verhandelt worden, wage ich nicht dem Papiere anzuvertrauen, und es in unsere Sprache zu übersetzen, habe ich heute keine Zeit. Doch *eine* wichtige Äußerung des Generals *** muß ich Ihnen mitteilen. (P. 414. T. 4. Monat 18.) »Soli Branz, Resseo pariam vorum catibis, press ar littotas massica plissos, vorissilo caruss ab itanis. Os? per vens politan. Ciro! navira canti babus sirneos romarinos; vertel. Cassus iran poplita poplites, varina Faessionibus. Venamos pur? valemi naro incitamentamus. Pasti? marmorum quesitan. Cass ab, papiron gash.« Ich fragte ***, welche Garantie man den Deutschen gäbe. Darauf brach er in ein lautes boshaftes Lachen aus und sprach: »Ihr seid ein Volk und verlangt Garantie?« Ich schämte mich meiner Übereilung, und um meine Verlegenheit zu verbergen, erzählte ich ihm eine bekannte deutsche Anekdote. Kaiser Joseph errichtete zwei Regimenter von lauter Juden. Als diese einmal in Friedenszeiten nachts durch einen Wald marschieren sollten, baten sie den General, er möchte ihnen Bedeckung mitgeben, weil, wie das Gerücht ging, Räuber den Wald unsicher machten. Praxas kuhu, praxas kuhu – sagte ich noch. Mündlich das Nähere.

– Heute schickte mir der hiesige Gesandte der freien Städte ein Protokoll der Frankfurter Polizei mit, das ihm für mich zugeschickt worden war. Ich habe es aber auch gar zu gut und bequem in dieser Welt, über die alle Menschen klagen, und mein *Hôtel des menus plaisirs* ist viel reicher versorgt wie das des Königs. Wie glücklich war ich, als ich den guten alten Kanzleistil wiedersah! Ich drückte ihn an mein Herz, ich küßte ihn. Ein Ruf zu einem Staatsamte in Form eines Steckbriefes abgefaßt! Das Protokoll ist geschrieben »in Gegenwart Sr. Hochwohlgeboren des wohlregierenden jüngern Herrn Bürgermeisters Herrn *Senatoris D^{ris}* Miltenberg; S. T. Herrn *Senatoris D^{ris}* Behrends; S. T. Hofs, des Rats, und meiner, des *Actuarii* Münch«. *Herr* wird meinem Namen niemals vorgesetzt, sondern ich heiße immer der *Dr. Ludwig Baruch modo Bœrne*. Das »Herr«, das sie mir gestohlen, schenkten sie dem jüngern Bürgermeister, so daß dieser zweimal »Herr« vor seinem Namen hat. Er hätte es nicht annehmen sollen. Heißt das »wohlregieren«? Ich mußte in *Gegenwart meiner, des D^{ris} Ludwig Baruch modo Bœrne*, herzlich lachen über das Polizeiprotokoll. Es hat 57 Zeilen und nur ein einziges Punktum. Es fängt an: »Als vorkam, daß des zufolge«, und endet: »zu sistieren habe«. Hat man je eine Schrift gelesen, die anfängt: *Als vorkam, daß des zufolge?* Konnte da je etwas Gutes daraus werden? In der Mitte des Protokolls heißt es, nach dem Reichs-Deputations-Schluß von 1803 *müsse* ich als Pensionär ein Amt annehmen, und nach meiner Vorstellung an den Senat vom 19. Juli 1815 *wollte* ich eines annehmen. Da ich nun zugleich müßte und wollte, *sollte* ich mich *sistieren*, um der Frankfurter Polizei in ihrer großen Verlegenheit auszuhelfen; denn sie könnte ohne mich länger nicht mehr fertig werden. Ich schicke morgen dem Dr. Reinganum das Protokoll, und bei dem können Sie es lesen. Bringen Sie aber einige Punkte hinein, es könnte sonst Ihrer Brust schaden. *Siebenundfünfzig Zeilen* und *ein Punktum*! Es ist *greulich*, wie Eduard Meyer in Hamburg sagt; und, *was zu arg ist, ist zu arg*, wie er ebenfalls sagt; und, da muß einem *die Geduld reißen*, wie er nicht minder sagt. Siebenundfünfzig Zeilen und ein

Punktum! Das ist ja noch ärger wie Falstaffs Wirtshausrechnung. Ein Penny für Brot, und dreißig Schilling für Sekt. O Herr Aktuarius Münch, warum haben Sie nichts von mir profitiert? Ich war drei Jahre Ihr Kollege, und Sie hätten von mir lernen können, wie man Punkte setzt, Fallen stellt, Schlingen legt.

Dem *** werde ich nicht schreiben, das habe ich mir schon früher vorgenommen. Glauben Sie doch ja nicht, daß mir solche Dinge Gemütsbewegung machen. Unangenehme Berührungen von Menschen weiß ich leicht zu heilen. Sooft mir ein Narr oder ein Bösewicht vorkommt, erhebe ich ihn zu einem Narrenkönig oder zu einem Könige der Bösewichter. Dann sehe ich sein ganzes Volk hinter ihm, und mit der Menschheit darf man nicht rechten. Gott hat sie geschaffen, wie sie ist, und hat allein alles zu verantworten. *** ist mir ein solcher Narrenkönig. »*Ich kann dich nur beklagen*« – kommt das nicht in einer Oper, ich glaube in der »Zauberflöte« vor? Nun, ich sage dem ***: Ich kann dich nur beklagen, eitler Narrenkönig!

Den »Cormenin«, und was Sie sonst wünschen, werde ich Ihnen durch die erste Gelegenheit schicken. Drei Briefe sind erschienen und jetzt in einer Broschüre vereinigt herausgekommen. Den dritten Brief habe ich gelesen. Es ist die Weisheit in Zahlen und ist die Torheit in Zahlen. So, und nur so allein muß man die Menschen belehren; denn sie sind so dumm, daß sie nichts begreifen, was sie nicht zählen können. Sie sind gar zu dumm, die Menschen! Wenn sie nur einen einzigen Tag wollten, oder nur einen einzigen Tag *nicht* wollten, dann wäre wenigstens allen Leiden ein Ende gemacht, die von den Menschen kommen, und blieben dann nur noch Überschwemmungen, Erdbeben, Krankheiten übrig, welche Plagen nicht viel bedeuten. Aber *wollen*! Das ist's. *Nicht wollen*; das ist's noch mehr. Kaiser Maximilian hatte einen Hofnarren, der sagte ihm einmal: *Wenn wir nun alle einmal nicht mehr wollen, was willst du dann tun?* Ich weiß nicht, was der Kaiser darauf geantwortet; aber der Narr, der schon vor länger als drei Jahrhunderten einen solchen großen Gedanken haben konnte, mußte ein erhabner Geist gewesen sein.

Siebenundsechzigster Brief

Paris, Montag, den 9. Januar 1832

Gestern war ein schönes Konzert im italienischen Theater, wobei mir, wie gewöhnlich, das letzte Musikstück am besten gefiel; denn ich bin immer froh, wenn ein Konzert zu Ende ist. Es ist mit dem Kunstgenusse wie mit dem sinnlichen: Ohr, Auge, die Seele haben einen Punkt der Sättigung, den erreicht, alles weitere nicht mehr mundet noch gut bekommt. Die vielen und besonders verschiedenartigen musikalischen Gerichte, eines nach dem andern vorgesetzt, stumpfen die Empfänglichkeit ab und richten das Urteil ganz zugrunde. Es ist eine abscheuliche Üppigkeit, die den Menschen endlich empfindungsarm macht. Dieses im Vorbeigehen; denn man soll jede Gelegenheit benutzen, einer Freundin etwas Philosophie in Verwahrung zu geben. Die Zeit kann kommen, daß man sie bei ihr braucht, und dann ist der überraschende Vorrat sehr angenehm.

Meine Malibran hatte einen starken Husten und sang schlecht. Das verzieh ich ihr auf der Stelle. Aber sie trug ein Kleid von rotem Sammet, das einen reifrockartigen Umfang hatte, und das konnte ich ihr anfänglich nicht verzeihen. Als aber darauf Herr von Bériot erschien, verzieh ich ihr das auch. Es ist das liebenswürdigste Gesicht, das mir je an einem Manne vorgekommen. Er ist bescheiden, sinnig, voll Geist und Gemüt. So ist auch sein körperlicher Anstand und so sein Spiel. Paganinis Humor hat er nicht, vielleicht auch nicht seine Tiefe; aber seine Höhe und eine Harmonie, die Paganini nicht hat. Grazie möchte ich in seinem Spiel nicht nennen, was ein besseres Wort verdiente; denn mit Grazie verbindet man doch immer die Vorstellung einer weiblichen Kraftlosigkeit; doch weiß ich nicht, wie ich es nennen soll. Was mir an Bériot am meisten gefiel, war seine Anspruchslosigkeit, sowohl in seinem Vortrage als in seiner Komposition. Ich habe an andern großen Komponisten und Virtuosen oft bemerkt, daß sie ihrer gelungensten Stellen sich selbst bewußt sind und, wenn sie an diese kommen, gleichsam zur Bewunderung herausfordern. Bériot bleibt sich immer gleich, gibt keinem Teile seines Spieles und seiner Komposition einen Vorzug vor dem andern und fordert keinen für ihn. Kurz, Bériot ist ein Nebenbuhler, der meiner würdig ist, und da Madame Malibran das Unglück hat, mich gar nicht zu kennen, konnte sie keine bessere Wahl treffen.

Schon seit zehn Jahren komme ich nach Paris, und erst vor vierzehn Tagen habe ich die berühmte Mars zum erstenmal spielen sehen. Aber daß Sie ja meine Ungeschicklichkeiten keinem verraten! Ich hätte Ihnen früher über jenen Abend geschrieben, aber ich wußte nicht, was ich Ihnen sagen sollte, und ich weiß es heute noch nicht, was ich davon denken soll. Die Sache ist: ich habe alle Übung im Kunsturteile verloren. In frühern Jahren war ich, wie mich mehrere dramatische Dichter und Schauspieler, deren Stücke und deren Spiel ich gelobt, versichert haben, ein sehr guter Theaterkritiker; aber seitdem hat das unverschämt prosaische Europa mich aus aller Ästhetik geworfen. Ich *glaube*, daß die Mars die größte Künstlerin ist, als welche sie den Ruhm hat; aber ich weiß es noch nicht. Doch weiß ich auch nicht im geringsten, was diesen Glauben schwankend machen könnte. So viel merke ich wohl, daß sie in den gewöhnlichen Momenten des Spiels sehr ökonomisch ist mit ihren Mitteln und man darum, den Reichtum ihrer Kunst zu beurteilen, erst jene Feierlichkeiten des Herzens abwarten soll, in welchem sie Glanz und Aufwand zeigen muß. Zu solchen Feierlichkeiten boten aber die beiden Stücke, in welchen sie auftrat, keinen Anlaß. Es waren: *L'École des Vieillards* von Delavigne, und *Les fausses confidences* von Marivaux. Mir behagen die neuen Lustspiele nicht, auch nicht die bessern. Die alten guten Komödien gaben uns Federzeichnungen, geistreiche Umrisse von Charakteren, die Leser, Zuhörer und Schauspieler ausmalten. Das beschäftigte den Geist und gab der Kunst Beschäftigung. Die neuen Komödiendichter aber, ohne Geist und ohne Erfindung wie sie sind, zeigen ihre Kunst nur in den Farben, und darum bleibt dem Schauspieler nichts weiter übrig, als ein Stück, das ihm nichts zu ergänzen gelassen, zu kopieren. Das Drama Delavignes ist solcher modernen Art, und selbst eine Mars konnte die Feinheit ihrer Rolle nicht noch feiner ausspinnen, und wer daher, wie ich, das Stück gelesen und gut verstanden, erfuhr nichts Neues von ihr. In dem alten Lustspiele *Les fausses confidences* fand ich die Mars zu modern. Was allen männlichen Rollen in dem Stücke gelang, ihren Empfindungen etwas Perückenartiges zu geben, mußte einem schöntuenden Frauenzimmer mißlingen. Tut denn die Mars schön? – werden Sie mich vielleicht mit Verwunderung fragen. Doch vergessen Sie nicht, daß es zehn Jahre sind, daß Sie sie gesehen, und zehn Jahre sind ein Jahrhundert im Leben eines Frauenzimmers. Ich will es bekennen, daß die Mars mir nicht gefiel, weil sie alt ist. Zu meinem Unglücke saß ich ihr ganz nahe und glaubte überdies meinem boshaften Vergrößerungsglase, das selbst eine Hebe verleumdet. O die Runzeln, diese Särge ohne Deckel! Und das graudämmernde Lächeln, das mit dem letzten Strahle der untergegangenen Schönheit gemischt ist! Lächeln aber ist die ganze Kunst einer Schauspielerin in diesen modernen Komödien, wo Tugend und Laster, Treue und Verrat, Liebe und Haß, Kraft und Mattigkeit zu dem bequemen und leichtverdaulichen Ragout, das man gesellschaftliches Leben nennt, zusammengelächelt sind. Die Schauspielerin, die nicht mehr gut lächeln kann, soll die Medea spielen, die Klytämnestra – oder die Antigone, aber nicht die junge Frau eines alten Mannes in diesem rekonvaleszierenden, noch schwachen Jahrhunderte. Ach die Weiber, welchen höchstens der Spiegel sagt, daß sie alt geworden, aber nie das Herz! Und wenn nun die müden alten Züge des Gesichts der Empfindung nicht mehr nachkommen können – es ist gar zu traurig. Ich hätte der alten Mars gern die Jugend und Schönheit meiner achtzehnjährigen Geliebten auf den Abend geliehen und hätte mit einer zahnlosen Braut den ganzen Abend gekost; so gerührt war ich. Die abscheulichen Runzeln! Ich könnte darüber weinen, wenn ich nicht lachen müßte, daß ich ein Mann geworden. Und wenn ich den Spiegel küßte, ich sehe keine Runzeln in meinem Gesichte. Und doch sind sie da; aber wir Männer haben keine Augen dafür. Ja, die Weiber haben keinen bessern Freund als mich, und einen der seltensten Art; einen Freund in der Not, und nur in der Not, nicht im Glücke. An euern Freuden will ich nicht teilhaben, ich habe keinen Sinn dafür; aber eure Leiden von verratener Liebe bis zum Schmerze eines besiegten Hutes: sie sind mir alle heilig.

Die Mars hatte wegen Krankheit seit einem Jahre nicht spielen können, und da sie nun zum ersten Male wieder auftrat, wurde sie mit lebhaftem, aber doch nicht mit jenem stürmischen Beifalle empfangen, welcher im Anfange des Winters der Malibran zuteil ward, als sie von einer Kunstreise von einigen Monaten, die sie in Gesellschaft des Herrn von Bériot gemacht, zurückkehrte. Jugend und Schönheit haben Kredit, die alte Mars mußte den Beifall mit ihrem Spiele bar vorauszahlen. Nicht wegen, aber trotz der Mars hätte ich mich diesen Komödienabend sehr gelangweilt, hätte nicht *Monrose* mitgespielt in Marivauxs Stücke. Monrose ist ein unvergleichlicher Schauspieler für alle spitzbübische Bedienten, welche in neuerer Zeit, durch die Konkurrenz ihrer Herrn, ganz zugrunde gerichtet worden. Die Schelmerei ist so wenig schändlich mehr, daß man die vertrauten Bedienten nicht mehr braucht; denn man tut alles selbst, und öffentlich. Auch dadurch hat die neue Komödie viel verloren. Monrose ist ein herrliches antikes Kunstwerk. Der König war auch im Theater. Den vorigen Winter sah ich ihn in den *Fourberies de Scapin* – nicht den König, sondern Monrose – und erstaunte über sein Talent. Er wurde mit Beifallsäußerungen empfangen – nicht Monrose, sondern der König – der Zorn über meine dicke Tinte hat mich ganz verwirrt gemacht, und ich weiß gar nicht, was ich schreibe – aber es waren einstudierte Choristen, das merkte man gleich.

Von den *Briefen eines Verstorbenen* im »Morgenblatte« habe ich die, welche mich betreffen, aber nur flüchtig, gelesen; die andern noch gar nicht. Ich werde sie mir zu verschaffen suchen und dann auch darüber sprechen. Ich glaube, daß sie Robert geschrieben. Der unglückliche Robert, der an den Ufern der Oos trauert, daß in den Stürmen der Julirevolution seine nicht assekurierten Vaudevilles untergegangen! Dort sinnt und sinnt er, wie zu machen, daß von ihm gesprochen werde. *Dem Manne kann geholfen werden* – sage ich, wie Karl Moor in den »Räubern«.

Achtundsechzigster Brief

Paris, Mittwoch, den 11. Januar 1832

Gestern war ich wieder bei dem monatlichen enzyklopädischen Diner. Die Gesellschaft war gut, das Essen schlecht. Es kompensiert sich alles; bei den Aristokraten speist man besser. Ich habe mich viel mit Polen unterhalten, mit den Generalen Langermann und Uminski. Letzterer war erfreut, mich kennen zu lernen; er hatte in Straßburg meine Briefe gelesen. Mehreren Anwesenden wurde ich vorgestellt als ein Allemand *très distingué*. Bei Tische wieder die gewöhnlichen Toasts auf alle Völker des Erdenrundes und die Deutschen zuletzt, wie immer. Jullien hat eine halbe Stunde sehr schön gesprochen. Der Trinkrefrain »*A l'union des peuples*« kettete Volk an Volk und nahm sich in der Wiederholung recht musikalisch aus. Und wäre es auch bloß eine Komödie – ist nicht die Bühne eine Beglaubigung des Lebens? Von den Mitgliedern der letzten polnischen Revolutionsregierung waren auch zwei anwesend, der Minister der auswärtigen Angelegenheiten und der der Finanzen. Der letztere war sehr freundlich gegen mich und wird mich besuchen. *** war poetisch und hat ihm erzählt: jedes Wort in meinen Briefen wäre ein Träne, den Polen geweint. Und das geschah vor dem Essen, da er noch nicht getrunken! Die Tränen machten Eindruck auf einen Finanzminister; ist das nicht merkwürdig? Bei dem Toaste auf die Deutschen wurde des Herrn *Bo-erne*, des *Allemand distingué*, und seiner *Lettres de Paris* gedacht. Zum Glücke für uns Deutsche haben auch mehrere andere Nationen auf die Gesundheit nicht geantwortet, und man bemerkte unsere Blödigkeit nicht. Nach dem Toaste auf die Spanier wurde ein Gedicht *L'Espagne et Torrijos, à Ferdinand VII.* von Barthélémy gelesen. Barthélémy und Méry geben seit einem

Jahre eine politische Wochenschrift in Versen unter dem Namen *Némésis* heraus. Der schändliche Mord des Torrijos und fünfzig seiner Unglücksgefährten, die kürzlich in Malaga erschossen wurden, gab Stoff zu erwähntem Gedichte. Da Sie es in Frankfurt sicher nicht haben, will ich Ihnen diejenigen Stellen mitteilen, die von der Versammlung mit stürmischem Beifalle aufgenommen wurden.

> Voilà ce roi chrétien, que sa mère appelait
> Ferdinand cœur de tigre et tête de mulet:
>
> C'est le type incarné de l'absolu pouvoir
>
> – D'un clergé despote orgueilleux mannequin,
> Il pare le gibet d'un cordon Franciscain,
>
> L'Espagne est pour l'Europe une place de grève.
>
> Chose horrible! on dirait que depuis neuf années
> Comme sur des gradins, assise aux Pyrénées,
> L'Europe, par plaisir, contemple avec effroi
> La liberté qui meurt sous les griffes d'un roi.
> Et nous, pour admirer ce long martyrologe,
> Nous nous sommes placés dans la première loge –
>
> Et nous, nous peuple fier qui, sous le grand drapeau,
> Chassons les rois mauvais comme un lâche troupeau,
> Nous qui pouvons si bien leur tendre une main forte,
> Nous souffrons qu'on les pende au seuil de notre porte,
> Et les pieds convulsifs de ceux qui vont mourir
> Sont comme les marteaux qui nous disent d'ouvrir!
>
> Et quel est donc le Dieu, le Baal espagnol,
> Pour qui fume ce sang repandu sur le sol?
> Quel est l'homme assez fort pour que dans ses domaines
> On recrute pour lui des victimes humaines?
> Eh bien! connaissez donc le monarque puissant
> Qui reçoit en tribut l'holocauste de sang.
> C'est un Bourbon qui suit de ses aïeux la trace
> Imbécile héritier d'une stupide race;
> Un roi capuchonné qui dans une oraison

Mêle un verset d'eglise avec la pendaison;
Comme Charles son père, en hurlant il dévore
Les bœufs amoncelés qui palpitent encore[1].
Signe de son instinct, il a sous un front chauve
Le cerveau déprimé, comme une bête fauve.

Roi fangeux, que le ciel pétrit dans sa colère
Voilà pourtant celui que l'Europe tolère!

Triste peuple, cadavre empoisonné d'ulcères
La vermine du cloître a rongé ses viscères.

Dans les jours solennels, courbé sur son chemin
L'ambassadeur Français va lui baiser la main;
Fi!!! par son envoyé, quand cet affront la touche,
La France avec horreur doit essuyer sa bouche;
La main de l'Egorgeur! la main de Ferdinand!
Il n'est rien de plus vil dans tout le continent!

Oh! des peuples souffrants la justice est tardive
Elle a le pied boiteux, mais enfin elle arrive;
Le peuple est patient; car il est éternel.
Nos pleurs ont tant coulé sur le sang fraternel!
Il ne faut pas juger ce roi par contumace,
La France contre lui doit se lever en masse;
Cette fois nous avons le droit d'intervenir,
Qui, quand un criminel si grand est à punir;
Quand son nom fait bouillir la haine universelle,
Il faut le réclamer au sol qui le recèle;
Si cet infâme roi, fuyant de son palais,
Court chercher un asile au Gibraltar anglais,
Car le vrai droit des gens demande qu'on le tue.
Car il faut voir la fin d'un règne de forfaits;

---

[1] Les Bourbons sont des rois mangeurs. On sait quelle énorme consommation de viandes faisait en Angleterre Louis-le-Désiré. Charles IV a surpassé par sa voracité tous les rois de sa race. Nous l'avons vu à Marseille et nous avons même assisté à ses repas; au moment où l'on apportait les filets de bœuf saignant, il s'agitait avec convulsion sur son fauteuil et poussait des rugissements rauques comme ceux du tigre. Son fils Ferdinand n'a pas dégénéré; il conserve encor ce royal appétit.

Les peuples de l'Espagne, une fois satisfaits
Epouvantant les rois d'un juste régicide
Suspendront son cadavre aux colonnes d'Alcide.

Freitag, den 13. Januar 1832

Wie war ich mit Ihrem gestrigen Briefe überrascht, ehe ich ihn geöffnet! Aber als ich ihn las, mußte ich heulen wie ein Kind, das sich ein Loch in den Kopf gefallen. Schreiben Sie mir keine solchen Briefe mehr; man kann nicht Mann genug sein in dieser kriegerischen Zeit... Wollen Sie sich denn Ihre Ängstlichkeit niemals abgewöhnen? Habe ich Ihnen nicht erst kürzlich erklärt, wie es jetzt ein Majestätsverbrechen geworden, sich zu fürchten, weil es ein Eingriff in die Rechte der Krone ist? – Die englischen Blätter lese ich nicht; ich kann also nicht sagen, ob Übersetzungen meiner Briefe darin angekündigt oder überhaupt davon gesprochen worden. Aber hier in Paris erscheinen zwei Übersetzungen. Die eine ist im *Courrier* von gestern angezeigt. Lesen Sie selbst, was dabei gesagt ist. Welcher Buchhändler die andere herausgibt, weiß ich nicht. Im *Literaturblatte* (der Beilage zum »Morgenblatte« vom 19. Dezember 1831) sagt Menzel bei Gelegenheit einer Beurteilung über *Wilhelm Müllers* Schriften etwas über mich, das Sie erfreuen wird. Lesen Sie es ja! Er vergleicht die Verfolgungen, die ich jetzt von den Philistern zu ertragen habe, mit denen, welchen Lord Byron ausgesetzt war, und wie wir beide aus gleichem Grunde verkannt werden. Ich bin dem Menzel für seinen guten Willen und seine schmeichelhafte Zusammenstellung sehr großen Dank schuldig; aber die Vergleichung muß ich zurückweisen, ich habe sie weder verdient noch verschuldet. So zerrissenen Herzens bin ich nicht wie Byron. So wie er habe ich nie an der Menschheit verzweifelt. Sie ist mir klar, und darum ist sie mir schuldlos. Gott ist in ihr, der Teufel nur in ihren Quälern. Und gegen diesen sich nicht bloß zu bekreuzigen, sondern ihm mit Wort und Schwert entgegenzutreten; denn er hat ein Ohr, das man schrecken, Fleisch und Bein, das man treffen kann – dazu muntere ich die Schläfrigen auf, dazu mache ich die Abergläubigen beherzt. Auch an Deutschland verzweifle ich nicht, wie Menzel glaubt. Man schilt keinen Bettler wegen seines Geizes, den Reichen schilt man. Ein Volk ist ein einziges Kind. Auch mit Liebe im Herzen muß man es schelten; schelten über jeden Fehler, und wenn der Fehler auch der Dorn einer Tugend wäre. Es ist nicht meine Schuld, es ist mein Verdienst, wenn ich ein besserer Pädagog bin, als es mancher andere ist. Es gibt nachtwandelnde Völker; aber die Nacht eines Volkes ist lang, sehr lang, sie zählt Tage und Jahre und Jahrhunderte, und besser, daß man solch ein nachtwandelndes Volk anrufe, und könnte auch geschehen, daß es den Hals darüber bräche, als es so fortdämmern zu lassen, in schwankender Mitte zwischen Tier und Pflanze, in schwankender Mitte zwischen Schlaf und Tod.

Samstag, den 14. Januar 1832

Nachfolgendes Gedicht von *Béranger* zirkuliert in der Handschrift. Dem guten Manne mag es in Ste.-Pélagie nicht gefallen haben, und darum läßt er es wohl nicht drucken.

> *La Paix*
>
> J'aime la paix, je haïs la guerre,
> La guerre ne va qu'aux héros;
> Et moi par goût, par caractère,
> Je cherche avant tout le repos.
> Les seuls conseils de la prudence
> Doivent me régler désormais.
> Pour moi d'abord et pour la France
>   Je veux la paix.
>
> Grâce a mes flatteurs, je l'avoue,
> J'ai de la gloire à bon marché
> Et de maint exploit on me loue
> Où mon courage a trébuché.
> Aussi de Valmy, de Jemappes
> Pour ne point gâter les hauts faits
> Gardons bien qu'on ne m'y rattrape,
>   Je veux la paix.

De l'empire on veut les frontières,
On veut l'agrandir, et pourquoi?
Mon dieu! la France de nos pères
Est déjà trop grande pour moi.
Si quelque voisin le propose
De grand cœur ici je permets
Qu'on en rogne encore quelque chose;
    Je veux la paix.

Un conquérant dans sa manie
Fit une France exprès pour lui,
Aussi vaste que son génie.
Il en faut une autre aujourd'hui.
Formons loin des champs de bataille
Sans jaloux, sans peine, sans frais,
Un petit royaume à ma taille.
    Je veux la paix.

D'un œil sec j'ai vu la Belgique
Briser le sceptre de Nassau,
Je vois la Pologne héroïque
Lutter au bord de son tombeau;
L'Italie en vain nous appelle,
Tranquille au fond de mon palais
Qu'autour de moi le sang ruisselle;
    Je veux la paix.

Oui, je redoute les alarmes,
J'abhorre le bruit du canon,
Et je vous ai donné pour armes
Non pas un coq, mais un chapon.
Ma couronne est mieux affermie
Par ce repas où je me plais,
Et même...
    Je veux la paix.

Viele Verse im heutigen Briefe. *C'est pour former le cœur et l'esprit aux jeunes Allemands.* Der Schatten an der Oos schrieb in das »Morgenblatt«: ich hätte die »Briefe eines Verstorbenen« (das

Buch) *benutzt*. Sollte er wohl damit meinen, daß ich den leichten Briefstil nachzuahmen gesucht? Nun, ist es nicht geschehen, so kann ich es noch tun. *Adieu, ma bonne amie, je dévore un œuf. Sur ce, n'ayant plus rien à dire – Salut, fraternité, ou la mort.* Ach! ich plumper Bürgersmann kann die Feinheit keine zwei Zeilen lang ertragen. Gott zum Gruß, und wann kommt mein Knaster?

Neunundsechzigster Brief
Paris, Sonntag, den 15. Januar 1832
O, es ist himmlisch! Ich hatte *vermicelle, cotelettes de veau aigredoux, épinards* – nein, in allen Dingen die Wahrheit; ich hatte keine *épinards*, sondern *choucroûte garnie*; mögen mich die Diplomaten immerhin verachten – und *poulet au cresson*. Ich war in reiner kalter Luft lange spazierengegangen und hatte einen herrlichen Hunger mit nach Hause gebracht. Und als ich mit dem Essen fertig war, blieb noch ein kleiner Hunger übrig, und es tat mir leid, daß ich nicht auch *omelette soufflée* bestellt hatte. Da schickte Freund D... ein Zeitungsblatt mit Empfehlung, die »Allgemeine Zeitung von Stuttgart«, und darin fand ich: *Rhapsodien, veranlaßt durch Herrn Börnes Briefe*, von *Pittschaft*. Da hatte ich meine *omelette soufflée*! Es ist nicht der Philosoph Pittschaft, der im Tollhause sitzt; denn er sitzt nicht mehr im Tollhause, weil er sich erhängt hat. Es ist dessen Bruder, der Medizinalrat Pittschaft in Baden an der Oos. Hätte ich nur meinen Himmel mit Ihnen teilen können; die andere Hälfte ist noch groß genug. Mein Tischchen schwankte unter der Last des aufgehäuften Desserts; mein Salzfaß ward süß davon. Zuerst: Während der Jahre, die ich in Halle bei Reil wohnte, erschien das bekannte Buch dieses großen Arztes: *Rhapsodien über die psychische Behandlung der Wahnsinnigen*. Lange vor und nach Erscheinung dieses Werkes, das seinem Verfasser besonders lieb war, hörte ich alle Tage von Rhapsodien sprechen, so daß seitdem und bis heute, sooft ich das Wort Rhapsodien lese oder höre, ich gleich an verrückte Menschen denke. Ferner: Ich dachte, wie viel zweckmäßiger es wäre, wenn statt

meiner Herr Pittschaft sich am Frankfurter Polizeiamte anstellen ließe, weil dann Polizeiamt und Medizinalrat sich wechselseitig ihren Stil verbessern könnten. Von dem Polizeiprotokoll neulich habe ich, wie Sie aus meinem Briefe mit Kummer ersehen haben werden, das Asthma bekommen, wegen gänzlichen Mangels an Punkten, und an den Rhapsodien des Herrn Pittschaft wäre ich beinahe erstickt, wegen des Überflusses an Punkten. Nein, so ein pünktlicher Mann ist mir noch gar nicht vorgekommen. Nur folgende kurze Stelle: »Es kann dem Kennerauge nicht entgehen, daß der Teufel sich nur durch seine Klugheit hält. Der Teufel selbst verstellt sich in einen Engel des Lichts. So sagt der Apostel. Dem Schlechten stehen viel mehr Waffen zu Gebote als dem Edlen. Dieser muß zur Erreichung seines Zweckes sich selbst einsetzen. Jener setzt andere ein. Jede Geburt hat ihre Wochen. Wenn nur das Kind beim Leben bleibt und zu einem großen kräftigen Manne heranwächst. Unsere Zeit leidet an einem ungebührlichen Heißhunger. Macht sie es doch wie Saturn und verzehrt die eignen Kinder. Wenn sie nicht mäßiger wird, wird sie sich den Magen überladen.« Sancho Pansa hat nicht mehr Sprichwörter und nicht mehr Punkte; und so geht es in einem fort. Dann fand ich so schön, daß Pittschaft und der Schatten Robert beide in Baden wohnen, und ich konnte mir so herrlich ausmalen, wie der Medizinalrat, der im Winter keine Kranke hat, und Robert, der in keiner Jahreszeit Leser hat, sich gegenseitig in diesen langen Ferien mit einem Kranken und einem Leser ausgeholfen, und wie sie beide auf dem Berge und auf dem Sofa einander gegenübersäßen und Robert dem Medizinalrate seine verstorbenen Briefe vorgelesen und dabei vor und nach jedem Komma einen prüfenden Blick auf ihn geworfen, um zu untersuchen, ob er nicht außer sich gekommen; und wie der Medizinalrat wirklich außer sich gekommen vor Ungeduld und nach Hause gegangen, seine Rhapsodien gegen mich geschrieben, den andern Tag wiedergekommen und sie aus Rache dem Robert auch vorgelesen – ist das nicht alles schön vom Anfange bis zum Ende, mit Ausnahme der Punktarmut im langen Satze, welcher erst die Hälfte seines Wegs zurückgelegt, die ich aber vorsätzlich mildtätig aufgenommen, um mich auf das Polizeiamt würdig vorzubereiten, und dann den Medizinalrat, seine Vollpünktlichkeit nämlich, damit homöopathisch zu heilen und ihn dabei an das zu erinnern, was Horaz sagt in seiner Poetenkunst: *Omne tulit punctum qui miscuit utile dulci*, welches auf Deutsch heißt für Frauenzimmer: Punkte sind nützlich und angenehm, doch nicht zu viel und nicht zu wenig? Und fragen Sie mich nicht, was das Fragezeichen bedeute am Ende des Satzes, ich habe es vergessen; und fragen Sie mich gar nichts, bis ich mich ausgeruht... Jetzt fragen Sie aber nicht, was Herr Pittschaft eigentlich will? denn ich weiß es nicht. Er sagt: Ich wäre eine *Leuchte*, und ein *Prophet*, und ein *brennender Busch*, und ein *Repräsentant der sieben fetten Kühe*, (Ach, hätten alle Volksvertreter nur solche fette Kommittenten, dann brauchte man gar keine repräsentative Verfassungen!) und ein *Dornbusch*. Und ich wäre darum ein Dornbusch, weil ich haben wollte, daß etwas von den andern daran hängenbliebe. Freilich bin ich ein Dornbusch, und von den Flocken, die an mir hängengeblieben, könnte ich mir einen weiten Schafpelz machen lassen. Aber wer hieß den Medizinalrat mir so nahe kommen? Und wenn etwas von ihm hängengeblieben, ist das meine Schuld? Der Dornbusch steht, die Herde geht; sie kann ausweichen. Ferner wäre ich der *Engel mit dem Schwerte* und ein *Würgeengel*. Dann spricht er von Schuhen und vom Schuhputzen. Erstens sagt er, ich verlangte, die Deutschen sollten ihre Schuhe vor mir ausziehen, und zweitens sagt er, ich sähe Deutschland für eine Kratzbürste an und putzte meine Schuhe daran ab. Jedermann weiß, daß ich nie Schuhe trage. Sie sehen, Pittschaft ist ein Demagog, er will das Volk aufklären, er schreibt für Stiefelputzer. Wie oft habe ich Ihnen zu Baden gesagt: dieser Ort ist ein wahres Carbonaronest; aber Sie wollten mir es nicht glauben. Was macht Robert dort? Warum kehrt er nicht zum Königstädtischen Theater zurück? Warum ist er kein unschuldiger Waldfrevler geblieben? Warum ist er der Macht der Verhältnisse untreu geworden; und liebäugelt jetzt mit allen deutschen Mächten? Warum hat er seine schmerzstillenden Didaskalien unterbrochen? Zehn aufrührerische Völker hätte man damit beruhigen können. Diebitsch hätte sie ins Polnische übersetzen lassen und hätte dann Warschau im Schlafe überrumpelt. Noch einmal: was hat Robert in Baden zu tun? Töricht, das zu fragen. Wer hat die Badener Bürger aufgehetzt, bei der Ständeversammlung eine Bittschrift um Preßfreiheit einzureichen? Wer hat diese Bittschrift verfaßt? Das hat der nämliche getan, der auch die Berliner Briefe in den Messager geschickt. O, ich habe das gleich verstanden! Ich durchschaute den und jenen und manchen und gar viele. Ich ließ mich nicht von ihren ehrlichen Gesichtern irreführen; es täuschte mich nicht, daß sie sich für Polizeispione ausgaben; ich erkannte sie auf der Stelle als geheime Karbonari. Und jetzt schreibt Robert gegen mich; aber ich bedanke mich dafür; ich will nicht seine Maske sein, ich mag nicht sein Gesicht berühren. Und Pittschaft gesellt sich ihm bei; der undankbare Medizinalrat! Undank! Undank! Wenn er den Deutschen sagt: »*Ihr habt immer den Saft zu dem Punsche hergeben müssen, womit sich andere gütlich getan*« – von wem hat er das gelernt? Er rede! Wer gab ihm den Mut, Deutschland zu warnen vor Rußlands Joche? Er rede! Wer gab ihm den Mut, schon im Sommer für die Kontagiosität der Cholera zu schreiben und der preußischen Regierung zu trotzen? Er rede! Und was nützt ihm die Heuchelei? Seine russische Praxis ist ihm auf immer verloren; denn er hat Rußland gelästert. Seine französische Praxis ist ihm auch verloren; denn er hat Frankreich gelästert. Seine preußische Praxis ist ihm auch verloren; denn er hat Preußen für ansteckend erklärt; und was ihm von deutschen Bundeskrankheiten noch übrigbleibt, wird ihm zur Strafe entzogen werden, weil er, ein badischer Untertan, ein Staatsdiener, ein Medizinalrat, sich erlaubt hat, von Politik zu sprechen, ehe er zweitausend Gulden Kaution geleistet hat. Darum werfe er sich ganz in meine Arme; er hat sich mir verschrieben, mein ist er und mir gehört er zu. Es wäre nicht dazu gekommen, wenn ihn Robert nicht verführt.

Daß beide mich getadelt, kann ich ihnen verzeihen; aber daß sie mich gelobt, das verzeihe ich ihnen nie. Sie rühmen meine

Unbestechlichkeit. Pittschaft sagt: er wolle nicht glauben, daß die Herausgabe der Briefe eine Geldspekulation gewesen, und Robert verbürgt sich, daß ich nicht feil bin. Wer wird eine solche Bürgschaft verschmähen? Auch danke ich schön für die gute Meinung. Aber das Lob der Unbestechlichkeit muß man keinem Freunde öffentlich geben; das ist ein Tadel für Tausende, erweckt den Neid und ruft nur den Widerspruch hervor. Nun werden meine Gegner sagen: »Er ist *wohl* feil (ich tue es, um zu zeigen, daß ich selbst einen Affen nachäffen kann); aber *wohlfeil* ist er nicht. Er würde sich nie so geringe schätzen, in den Hundstagen jedes Jahres um zwanzig Friedrichsdor seine Ehre zu vermieten...« Der unglückselige Robert! Eine Welt hätte er setzen sollen zwischen sich und mir, und jetzt, das Glück verschmähend, daß ich ihn vergesse, sucht er mich auf und zwingt mich, seiner zu gedenken. Was gab ihm den kecken Mut, mich herauszufordern? Ist es etwa, daß ich ein Herz habe und seine eigne Brust nichts zu durchbohren darbietet? Ist es, daß er seine Brieftasche, seine polnischen Lose gut verschlossen weiß und daß ich sie nicht durchlöchern kann und seine Seele nicht berühren? Daß der Unglückselige es wagt, den tiefbegrabenen Schmerz aus meiner Brust heraufzuwühlen; daß jener Würmer einer, die von Polens Leiche schmausen, über meinen Weg zu kriechen wagt! Wenn ich der Polen gedenke und des Sommers und Badens und wie oft ich dort aus dem Lesezimmer in das nahe Gebüsch wankte, meinen Schmerz oder mein Entzücken auszuweinen; und wie ich mit krampfbewegtem Herzen der Stunde entgegensah, welche die Zeitung brachte; – und wenn ich nun endlich das Blatt in meiner zitternden Hand hielt und es nicht zu lesen wagte; nicht zu erfahren wagte das Urteil jener furchtbaren, namenlosen Macht, die größer als das All, höher als der Himmel, älter als die Ewigkeit; den Richterspruch: *ob es einen Gott gibt oder nicht* – und kam dann jener Robert, riß mir das Blatt aus der Hand, bat, »*um Gotteswillen nur eine Minute*«, wendete das Blatt herum, sah unten nach dem Kurszettel; Warschau war gefallen, und die polnischen Lose waren gestiegen, und ein Höllenschein verklärte sein silbergraues Gesicht – – wenn Wünsche Dolche wären, er lebte nicht mehr! Und jetzt wagt es solch ein vermaledeiter Goldanbeter, der die Blätter der Geschichte ungelesen und verächtlich überschlägt, um am Ende vor dem Kurszettel niederzufallen und ihn anzubeten; der seinen Blick von dem schönen Gesichte der Zeit, so voll erhabnen Lächelns, schöner Trauer und blinkender Tränen, abwendet, um sie herumgeht und ihren... küßt – ein solcher Mensch wagt es, ungerufen vor mir zu erscheinen und zu sagen: »Da bin ich!«

Montag, den 16. Januar 1832
In der nämlichen »Stuttgarter Zeitung«, in welcher Herr Pittschaft sein Herz erleichtert, standen auch kurz vorher zwei Briefe, welche Herr *Wurm*, der Redakteur der »Börsenhalle«, einer der verlornen Vorposten der feindlichen Armee, und Herr *Mebold*, Redakteur der »Stuttgarter Zeitung«, wegen meiner gewechselt. Herr Mebold hatte früher etwas zu meiner Verteidigung gegen Herrn Wurm, seinen alten Freund und Duzbruder, in seinem Blatte geschrieben. Herr Wurm beklagt sich darüber und fragt seinen alten Freund: wie er ihn nur verkennen möge, ihn, einen freisinnigen Mann, einen Patrioten, der *»gegenwärtig an einem Kommentar über Preßgesetzgebung nach englischen und amerikanischen Grundsätzen arbeitet«*? Ist das nicht wieder recht schön deutsch; während die Freiheit sich auf dem Schlachtfelde verblutet, statt sie zu verbinden und zu rächen, an einer Chirurgie nach englischen und amerikanischen Grundsätzen zu schreiben? Auch Herr Dr. *Schott* in Stuttgart, ein sehr achtungswürdiger freisinniger Mann, Chef der dortigen liberalen Partei, schrieb seinem Freunde Wurm einen Brief, den ich Ihnen mitteilen will. »Mein lieber Freund! da Sie in dem Schreiben an unsern Freund Mebold meiner mit Namen und zugleich des Umstands erwähnen, daß Sie mir die Kritik über Börne zugesendet, so glaube ich Börne, den ich persönlich kenne und dessen Talent ich bewundere, die Erklärung schuldig zu sein, daß ich, für meine Person, Ihre Kritik seiner Briefe nicht billigen kann. Wie ist denn Aristophanes mit den Atheniensern und mit Sokrates, dem edelsten aller Men-

schen, umgegangen? Und was hat Swift dem englischen Volk und seinen Machthabern nicht geboten? Dessenungeachtet sind und werden sie die Bewunderung aller Zeiten bleiben. Beide, wenn sie lebten, würden Börne als ebenbürtig anerkennen. Sein ausgezeichnetes Talent darf da nicht mit der moralischen und noch weniger mit der politischen Elle gemessen werden. Das deutsche Vaterland sollte es sich vielmehr zur Ehre rechnen, daß an seinem literarischen Himmel ein solcher Stern der Satire und des Humors aufgegangen ist. Bei dieser Überzeugung konnte ich für meine Person dieses Blatt Ihrer Zeitschrift nicht als Probeblatt auf dem Museum auflegen.«

Es kommt mir spaßhaft vor, daß man in Deutschland schon einige Monate lang von meinen Briefen spricht und schreibt; daß ich fast so berühmt geworden wie die Sontag. Und dabei gebrauchen alle meine Gegner den Polizeipfiff, zu sagen: es verlohne sich gar nicht der Mühe, des Buches zu erwähnen. Auch Robert gebraucht ihn. Er sagt, die Briefe wären zu platt, für Deutschland verführerisch zu sein; das Buch wäre gar nicht der Rede wert. Aber warum spricht er davon? Warum reden die andern davon? Das ist leicht zu erklären. Bei stürmischem Wetter setzen sich die Mücken auf den Rücken des Wanderers, um wärmer, schneller und sicherer fortzukommen. Ich mag deren Tausende auf dem Rücken haben, aber ich spüre es gar nicht.

Siebzigster Brief

Paris, Donnerstag, den 19. Januar 1832

Lassen Sie die Leute immerhin sprechen von meiner Heftigkeit, die nicht nütze, die nur schade; das sind alles Worte ohne Sinn, wären sie auch noch so gut gemeint. Wer nützt? Wer schadet? Die See geht hoch, der Wind ist gut, und Gott sitzt am Steuer. Ich armer Schiffsjunge schwanke oben im Mastkorbe und rufe: »Klippe und Sandbank und feindliche Segel und Land« herab. Als wenn ich mit dem Rücken gelehnt stünde an der Mauer der Welt und nur so vor mir mich zu bewegen brauchte, wie und wohin ich wollte! Ich habe keine Freiheit hinter mir, und darum keine vor mir. Ich treibe, weil ich werde getrieben, ich reize, weil ich werde gereizt. Der Wind ist heftig, der mich schüttelt; ist das *meine* Heftigkeit? Habe ich den Wind gemacht? Kann ich ihn schweigen heißen? Gibt es Menschen ohne Brust, die nicht zu atmen brauchen – gut für sie; aber sie mögen nicht rechten mit mir; ich brauche die Lebensluft der Freiheit, um fortzudauern. Und wenn Sie wieder einmal von einem meiner *guten Freunde* sagen hören: er dauert mich, er darf es gar nicht wieder wagen, nach Deutschland zu kommen, er würde in jeder Gesellschaft, an jedem öffentlichen Orte beschimpft werden – so mißtrauen Sie dem Herzen oder dem Kopfe dieses guten Freundes. Er ist entweder einer jener Gossen, welche die Verleumdungen der Polizei weiterschwemmen, oder ist ein matscher Schwamm, der jedes, worin man ihn getaucht, gedankenlos aufnimmt und es bei der Berührung behaglich wieder abtröpfelt. Wir haben das gleich vom Anfange bemerkt und verstanden, wie jene, die ich in das Herz getroffen, das Volk gegen mich aufzuwiegeln suchen. Alle Hunde, die ihren Hof bewachen, haben sie von der Kette losgelassen; alle hungrigen Zeitungsschreiber mußten ein Geschrei erheben, ehe man ihnen die Schüssel füllte, und dieses Gebell und dieses Geschrei sollen das Konzert der öffentlichen Meinung bilden! Seien Sie nur ruhig, wie ich es auch bin; ich bin ganz der Mann, solche Gauklerkünste zu vereiteln. Die Aristokraten möchten den Streit aus ihrem Gebiete entfernen; denn sie wissen recht gut, daß er sie gilt und nicht das Volk; aber wir kennen das und spotten ihrer vergebenen List. Das Vaterland herabwürdigen! Deutsches Volk beschimpfen! Hätte ich wirklich getan, was sie durch ihre Ausrufer mich beschuldigen lassen – die Hände küßten sie mir dafür! Vaterland, Volk, Ehre, Schande, das sind den Aristokraten nur mythologische Geschöpfe, und sie hätten mich glücklichen Jäger bewundert, dem solche Fabeltiere einmal wirklich in den Schuß gekommen und der sie getroffen und dann abgetan. Ihr Vaterland ist der Hof; ihre Ehre ist in der Unterwürfigkeit des Volks; ihre Schande in dessen Freiheit, und das Volk ist nichts, ein Stuhl, ein Tisch, ein Ofen, das man weder schänden noch ehren kann. Vor *solchen* Menschen soll ich mich fürchten? Sie, ohne Herz und ohne Gott, was vermögen sie *mir* gegenüber, der ich liebe und glaube? Mit einem einzigen Worte durchbreche ich den Nebel ihrer Verleumdungen; mit einer einzigen Zeile zünde ich ihre Lügenbände an und verbrenne sie zu Asche. Ich erwarte sie, wenn ich nach Deutschland komme.

Gestern las ich wieder in hiesigen Blättern von Mautzerstörungen im Hessischen, ich weiß aber nicht, ob das die alten oder neuen Geschichten sind. Indessen wahrscheinlich das erstere, da Sie mir in Ihren letzten Briefen von keinen spätern Vorfällen schreiben. Das sind recht traurige Verhältnisse, und am traurigsten ist, daß sich die Regierungen nicht zu helfen wissen. Immer Gewalt, immer Blutvergießen! Warum suchen sie das Volk über die wahre Beschaffenheit der Maut, ihre Notwendigkeit und Nützlichkeit nicht aufzuklären? Warum suchen sie es nicht durch Sanftmut zu beruhigen, durch Überredung zu gewinnen? Warum tragen sie den Geistlichen nicht auf, von der Kanzel herab ihre Gemeinden im Zollwesen zu unterrichten? Wäre ich Pfarrer von Fechenheim, Bergen oder Bockenheim, hätte ich am ersten Sonntage nach dem monarchischen Gemetzel an der Mainkur ungefähr folgende Predigt gehalten und dadurch gewiß zur Erhaltung der Ruhe mehr beigetragen, als zehn Schwadronen Husaren imstande sind.

»Liebe Gemeinde!
Am Freitag wart ihr wieder rechte Esel gewesen und habt euch totschießen lassen. Wißt ihr, warum? Ich will die ganze Woche keinen Tropfen Wein trinken, wenn ihr es wißt. Dummköpfe seid ihr und Schwerenöter! Ihr jammert über die Maut, ihr wollt keine Maut bezahlen! Wißt ihr denn, was die Maut ist heutzutage? Wißt ihr, was sie sonst gewesen? Begreift ihr denn gar nicht, wie viel besser ihr es jetzt habt als in frühern Zeiten? Nun, so gebt acht; ich will euch eine Laterne in den Kopf hängen.

Viele von euch sind doch schon einmal den Rhein hinabgefahren; der Hans dort, das weiß ich, ist oft als Flotzknecht nach Holland gekommen, ehe er sich eine Frau genommen – ein kreuzbraves Weib, sie hat mir gestern eine fette Gans geschickt. Und wer von euch nicht am Rhein war, der ist doch einmal in Königstein gewesen und am Falkenstein vorbeigekommen. Nun, das ist alles eins. Oben auf den Bergen an beiden Seiten des Rheins, da seht ihr viele verfallene alte Schlösser, die man Burgen nennt. Sie waren aber nicht immer so öde und verfallen, wie sie jetzt sind. Ehemals waren es prächtige Schlösser, worin die Ritter wohnten, und es ging lustig daher. Liebe Kinder! Die Ritter, das waren prächtige Leute! An denen hatte doch der liebe Herrgott noch seine Freude. Wenn sie sich recht wild herumtummelten in ihres Vaters Garten, und er lag am Sonnenfenster und sah zu, wie sie spielten, lachte er und sagte: Jugend hat keine Tugend, das will sich austoben; aber es ist mein Herz und mein Blut. Wenn aber der liebe Herrgott uns jämmerliche Wichte sieht, seine jüngsten Kinder, die den ganzen Tag hinter den Büchern hocken und heulen, wenn sie der gestrenge Herr Schulmeister mit seinem Lineal anrührt, dann schämt er sich, unser Vater zu sein, schlägt das Fenster zu und brummt: Ja, ja, ich bin alt geworden! So ein Ritter war kerngesund, stark wie ein Stier, und wenn er sein Kreuz gegen den Teufel geschlagen hatte, fürchtete er sich vor nichts mehr in der Welt. So ein Kerl hat euch den Tag zehn Pfund Rot- und Schwarzwildbret gegessen, sechs Pfund Hammelfleisch, ein schön Stück Schinken, einen großen Rosinenkuchen, aber wenig Brot. Dazu hat er getrunken zwei Eimer Bacharacher oder Rüdesheimer und abends vor dem Schlafengehen ein paar Maß warmen Gewürzwein. Ich sage euch, Kinder, es ist nichts gesünder als warmer Wein mit Zucker, Nelken und Zimt gemacht. Gestern hatte ich einen starken Schnupfen, und ich legte mich früh zu Bette. Wie ich nun das Licht auslöschen wollte, wer kommt herein? Meine Haushälterin. Sie hatte mir kein Wort davon gesagt, war in die Küche gegangen und hatte mir eine Kumpe Glühwein gemacht. Den setzt sie vor mein Bett und sagt: Herr Pastor, das wird Euch guttun. Ich habe den Glühwein getrunken, habe tüchtig geschwitzt, und heute morgen war der Schnupfen weg. Merkt ihr noch was davon? Seht ihr, solch ein lustig Leben haben die alten Ritter geführt: gut gegessen, gut getrunken und gut geschlafen. Und die übrige Zeit haben sie gejagt und sich untereinander herumgebalgt. Das war aber kein Kriegführen wie heute, es war ein wahrer Spaß. Man schlug sich einander auf Helm und Schild, und war einer tüchtig getroffen, so ging er zum Schmied, und den andern Tag war alles wieder gut. Das hundsföttische Pulver war noch nicht erfunden.

Nun hört weiter! Die Ritter hatten zwar große Schlösser, schöne Pferde, viele Jagdhunde und Knechte; aber sie hatten kein Geld. Woher wollten sie Geld haben? Sie arbeiteten niemals und verdienten also nichts. Aber alle Menschen sind Gottes Kinder, und wenn es einen Menschen gibt, der nichts arbeitet, ist es Christenpflicht, daß der andere, welcher arbeitet, ihn ernährt. Die frommen Ritter, welche Gottes Gebot kannten und ehrten, richteten sich auch danach, und sooft sie Geld brauchten, nahmen sie es von den Arbeitsleuten, die welches hatten; und das machten sie so. Auf die hohen Türme ihrer Burgen stellten sie einen armen Knecht mit einem Horn, der mußte Tag und Nacht achtgeben und umherschauen, und sobald ein Schiff mit Waren den Rhein hinauffuhr oder ein Wagen auf der Chaussee kam, um ihre Ladung auf die Frankfurter Messe zu bringen, stieß der Knecht ins Horn. Die Ritter, die das Zeichen verstanden, sprangen darauf vom Tische oder aus dem Bette auf, ergriffen ihr Schwert und eilten die Burg hinab. Schiff und Wagen wurde angehalten, Schiffer, Fuhrleute und Kaufherrn wacker durchgebläut, Kisten und Kasten aufgeschlagen und alles herausgenommen. Darauf sagten die Ritter: Viel Glück zur Frankfurter Messe, Ihr Herrn, und kehrten mit ihrem Fange jubelnd zur Burg zurück. Und weil sie auf diese Art ihr Brot verdienten, nannte man sie *Raubritter*. Die Waren verkauften sie dann um einen Spottpreis an Juden, und so hatten sie Geld. Die Juden verkauften den geplünderten Kaufleuten ihre eigenen Waren wieder, und darauf zogen sie zur

Frankfurter Messe, und alles war gut. *So ist die Maut entstanden, und was damals die Raubritter waren, das sind heute die Zöllner.*

Jetzt gebt weiter acht. Die Kaufherrn überlegten endlich bei sich: Wäre es nicht gescheiter, wir gäben den Rittern lieber gleich so viel bar Geld, als sie für unsere Waren von den Juden bekommen? Diese Spitzbuben lassen sich von uns zweimal soviel bezahlen, als sie selbst bezahlt. So wäre die Hälfte Profit, und die Prügel wären auch gespart. Sie schickten also dem Ritter Kunz eine Deputation; die trug ihm vor: Herr Ritter, *Ihr* seid ein ehrlicher Mann, *Ihr* habt uns nie etwas zuleid' getan; aber Euer Nachbar, der Ritter Ruprecht, ist ein Spitzbube und ein Räuber, der, sooft wir vorbeikommen, uns mißhandelt und beraubt. Wir kommen also, Euch einen Vorschlag zu machen. Sooft wir an Eure Burg kommen, begleitet uns mit einem Fähnlein bis vor der Burg Eures bösen Nachbarn vorüber, beschützt uns und duldet nicht, daß er uns beraube und zugrunde richte. Für Euern guten Willen geben wir Euch jedesmal hundert Goldgulden. Ritter Kunz erwiderte: Ihr seid kluge Leute, und ich will es bedenken, heute abend gebe ich meinen Nachbarn einen Schmaus: Habt ihr nicht vielleicht ein Fäßchen Bacharacher auf euerem Schiff? Die Kaufleute holten das Fäßchen, gingen darauf zu Ritter Ruprecht und sagten ihm: Herr Ritter, *Ihr* seid ein ehrlicher Mann, *Ihr* habt uns nie etwas zuleid' getan; aber Euer Nachbar, der Ritter Kunz, ist ein Spitzbube und ein Räuber, der, sooft wir vorbeikommen, uns mißhandelt und beraubt. Wir kommen also, Euch einen Vorschlag zu machen. Sooft wir an Eure Burg kommen, begleitet uns mit einem Fähnlein bis vor der Burg Eures bösen Nachbarn vorüber, beschützt uns und duldet nicht, daß er uns beraube und zugrunde richte. Für Euern guten Willen geben wir Euch jedesmal hundert Goldgulden. Ritter Ruprecht erwiderte: Ihr seid kluge Leute, und ich will es bedenken; morgen mittag gebe ich meinen Nachbarn einen Schmaus, habt ihr nicht vielleicht einige gute Schinken auf euerm Wagen? Die Kaufherrn holten die Schinken und gingen darauf zum Ritter Eberstein, und so gingen sie von einem Ritter zum andern von Rüdesheim bis nach Bonn und sprachen mit allen auf die nämliche Weise. Und wie abends viele Ritter zum Ritter Kunz zum Schmause kamen und jeder seinem Nachbarn erzählte, wie die Kaufherrn ihn ins Gesicht einen ehrlichen Mann gescholten und seinen Nachbarn als Spitzbuben gelobt, lachten sie alle ganz unbändig und zechten, bis der Morgen graute. Die Handelsleute hatten es aber jetzt viel besser als früher.

So währte das einige Jahrhunderte lang. Endlich merkten die Kaiser, Könige, Herzöge, Fürsten, Landgrafen, die Vorfahren unserer gnädigsten Landesherrn, daß sie lang dumm gewesen. Sie dachten: Ei, die Ritter verdienen ein schön Stück Geld an den Bürgers- und Landleuten, sind wir nicht rechte Narren, daß wir es nicht selbst verdienen? Wer ist Herr im Lande, wir oder die Ritter? Das muß anders werden. Sie sagten also den Kaufleuten: Ihr untersteht euch nicht mehr, euch von den Rittern loszukaufen; das Geld, das ihr ihnen gegeben, gebt ihr künftig uns selbst, und dagegen beschützen wir euch gegen jede Gewalt. Die Kaufleute mußten das zufrieden sein, und den Rittern wurde von den Landesherrn untersagt, sie zu beunruhigen. Diese ließen sich aber nicht wehren, und wenn die Kaufleute vorüberkamen und nicht bezahlten, wurden sie wie früher geplündert und totgeschlagen. Sie mußten also, wollten sie Ruhe haben, die Ritter auch bezahlen. Unsere gnädigsten Landesherrn erfuhren dies und dachten bei sich: Unsere Kaufleute geben für jede Ladung Ware den Rittern hundert Goldgulden und uns hundert Goldgulden; wäre es nicht klüger, sie gäben uns zweihundert Goldgulden und den Rittern gar nichts? Sie ließen also die Kaufleute rufen und sagten ihnen: Ihr gebt uns künftig zweihundert Goldgulden für jede Fuhre und den Rittern gar nichts; und diesen wollen wir schon das Handwerk legen. Auch hielten sie Wort, zerstörten alle Raubburgen, nahmen die Ritter gefangen und führten sie an ihren Hof, wo sie durch gutes Futter bald zahm gemacht wurden. Den Kaufleuten aber gaben sie das *Geleit*, sooft sie auf die Messe zogen. Als es nun keine Ritter und keine Räubereien mehr gab und die Kaufherrn keine Furcht mehr hatten, gingen sie zu ihren Landesherren und sagten ihnen: wir danken untertänigst für den bis jetzt geleisteten Schutz; aber wir brauchen ihn nicht mehr, denn die Straßen sind sicher. Die Fürsten erwiderten darauf: es freut uns, daß ihr uns nicht mehr braucht, wir brauchen aber euer Geld, und den Geleit müßt ihr bezahlen nach wie vor, und das ist jetzt altes Herkommen. Nach einiger Zeit bedachten die Fürsten: Ist es nicht ganz überflüssig, daß wir den Kaufleuten Husaren zur Begleitung mitgeben, da doch die Wege sicher sind? Die Kosten des Geleits könnten wir ja sparen. Sie hoben also das Geleit auf und ließen sich statt *Geleitsgeld Zoll* bezahlen. An allen Ein- und Ausgängen des Landes wurden *Zollhäuser* errichtet, und sooft da Waren vorüberkamen, mußten sie den alten Raub und das alte Geleit abkaufen, welche Abgabe man Zoll nannte. Beklagte sich nun ein benachbarter Fürst, daß man seine Untertanen drücke, antwortete der diesseitige: Herr Bruder, macht es mit meinen Untertanen, wie ich es mit den Eurigen mache; laßt Euch auch Maut von ihnen bezahlen; Schafe wollen geschoren sein, sonst gedeihen sie nicht.

Jetzt werdet ihr deutlich einsehen, daß ihr Ochsen seid, wenn ihr euch über die Maut beklagt. Habt ihr es nicht ehemals noch viel schlimmer gehabt? Sonst wurdet ihr beraubt und mißhandelt; jetzt werden euere Kisten mit Ordnung geöffnet, man nimmt euch mit Höflichkeit euer Geld ab, und ihr bekommt keine Schläge mehr. Zwar werdet ihr noch jetzt, wie zu den Zeiten der Raubritter totgemacht, wenn ihr die Maut nicht bezahlen wollt und euch zur Wehr setzt; ihr werdet aber nicht mehr wie damals totgehauen, welches grob war, sondern totgeschossen, welches viel höflicher ist und gar nicht wehe tut; und da ihr auf Befehl eueres gnädigen Landesherrn totgeschossen werdet, so ist das noch eine Ehre für euch. Wenn ihr aber fragt: warum nimmt unser gnädigster Landesherr, der doch so reich ist, uns armen Teufeln ihre paar Pfennige weg; warum müssen wir das Pfund Zucker mit dreißig Kreuzer bezahlen, das uns noch vor acht Tagen nur achtzehn gekostet? so zeigt ihr wieder, daß ihr Ochsen köpfe seid. Behält denn unser gnädigster Landesvater euer Geld für sich? Ei bewahre! Das braucht er nicht, er hat mehr als genug. Aber mit euerm Geld ernährt er die Nachkommen jener Raubritter, die wie ihre Vorfahren nicht arbeiten und nichts erwerben, als Müßiggänger an seinem Hofe leben, und für die ihr, da sie euch nicht mehr berauben dürfen, wie billig, sorgen müßt. Und nicht bloß für diese Räuberbrut braucht unser gnädigster Landesfürst euer Geld, sondern auch, seine vielen Soldaten zu bezahlen. Und jetzt seid mir keine Esel und fragt: wozu braucht er so viele Soldaten? Das habt ihr ja am Freitag selbst gesehen, wozu er sie braucht! Hätte er keine Soldaten gehabt, hätte er ja mit euch nicht fertig werden können, als ihr die Maut gestürmt. Nun sagt ihr aber vielleicht: aber wäre keine Maut da, wären wir ruhig geblieben; sind wir ruhig, braucht man keine Soldaten; hat man keine Soldaten, braucht man unser Geld nicht, ist die Maut unnötig. In dem, was ihr da sagt, ist etwas Verstand, und ich sehe, ihr seid gar nicht so dumm, wie ihr aussieht. Aber, liebe Kinder, ihr müßt noch etwas bedenken. Unser gnädigster Landesvater braucht nicht bloß seine Soldaten gegen euch, seine Kinder, sondern er braucht sie auch gegen Fremde, gegen den äußern Feind. Fragt ihr nun: Wer ist sein Feind, wer will ihm etwas zuleide tun? muß ich euch aufrichtig antworten: es denkt keiner daran. Aber unser gnädigster Landesherr hat eine große Familie, für die er auch sorgen muß. Alle Kaiser, Könige, Großherzoge, Herzöge und Fürsten sind seine nahen Verwandte, denen er in der Not beisteht; das ist Christenpflicht. Macht ihr es nicht auch so? Der Kaiser von Rußland ist sein Bruder, der Kaiser von Österreich ist auch sein Bruder, der König von Preußen ist sein Schwager. Nun seht: der Kaiser Nikolaus will Polen haben, der Kaiser Franz will Italien haben, der König Friedrich Wilhelm weiß selbst nicht, was er haben will; denn er will alles haben. Nun ist aber das mächtige Frankreich drüben; dort ist der König nicht Herr über alles, er ist nicht mehr als jeder andere, er ist nur der erste Bauer im Lande. Das Volk ist dort alles, und für das Volk geschieht alles. Nun sagen die Franzosen: alle Völker sind mit uns verwandt, wir sind alle von einer Familie. Die Polen sind unsere Brüder, die Italiener sind unsere Vettern, die Deutschen sind unsere guten Nachbarn. Und wir wollen nicht leiden, daß ihnen jemand etwas zuleide tue, sondern ihnen helfen. Darum leiht unser gnädigster Landesfürst den Kaisern und Königen seine Soldaten, damit sie mit den Franzosen fertig werden, und darum müßt ihr Maut bezahlen. Und die Soldaten, die man gegen Frankreich schickt, das sind euere eigenen Söhne und Brüder, und damit sie gern marschieren – denn wer könnte sie zwingen, wenn sie nicht wollten –, lügt man ihnen vor, die Franzosen wären Feinde der Deutschen und wollten unser Land erobern. Glaubt es nicht! Die Franzosen sind euere besten Freunde, und wenn sie kommen, kommen sie bloß, den Polen und euch beizustehen, und ihr müßt sie mit Jubel empfangen und gleich in die Schenke führen. Aber schließt eure Mädchen ein, bis sie wieder fort sind!

Jetzt habe ich euch erklärt, was die Maut ist; nun geht und bessert euch. Wie wollt ihr es denn vor Gott und euerem Gewissen verantworten, wenn ihr widerspenstig seid gegen euren gnädigsten Landesherrn und ihn zwingt, Soldaten gegen euch zu schikken, die ja alle euere Brüder und Söhne sind und die, wenn sie euch erschießen, Vater- und Brudermörder werden? Geht und bezahlt die Maut. Und wollt ihr ja einmal wieder kommen und die Maut zerstören, so seid keine Ochsen und bleibt weit von den Soldaten stehn, was ihnen Herz macht, auf euch zu schießen, sondern geht ihnen ganz nahe auf den Leib, damit sie euch erkennen. Bringt eure Töchter mit. Die Liese dort wird unter den Jägern gewiß mehr als einen Schatz finden – brauchst nicht rot zu werden, Liese, wir waren alle einmal jung –, und wenn sie nun zu ihnen tritt und sagt: aber Peter, aber Hans, seid ihr denn stockblind? Seht ihr denn nicht, daß ich es bin? Haben wir nicht auf der vorigen Kirchweih miteinander getanzt? Peter, da ist ja mein Vater, der dir manchen Apfel von seinem Baume geholt? Hans, da ist ja mein Bruder, dem du erst neulich den Bierkrug an den Kopf geworfen? Lieber Peter, kennst du deine Liese nicht mehr? Willst du um ein Stück Kommißbrot ein Mörder werden? Bist du nicht selbst ein Bauernkind? Was gehen dich die Fürsten, was geht dich die Maut an? Komm zu uns, lieber Hans! Du sagst nichts? Nun, da steh' ich, schieß mich armes Mädchen tot, wenn du das Herz hast. Aber ich sage euch, meine geliebten Kinder, Hans und Peter werden nicht das Herz haben zu schießen, sondern das Gewehr wird ihnen aus der Hand fallen, und sie werden anfangen zu weinen. Und alle ihre Kameraden werden das Gewehr wegwerfen, euch in die Arme stürzen und heiße Tränen vergießen, daß sie so gottlos verblendet gewesen. Dann braucht ihr keine Maut mehr zu bezahlen. Jetzt geht nach Hause und bessert euch. Wer mich nicht verstanden, ist ein Esel. Amen!«

Einundsiebzigster Brief

Paris, Sonntag, den 22. Januar 1832

Es widerfährt mir seit einigen Tagen das Sonderbare, daß ich an zwei Briefen für Sie zu gleicher Zeit schreibe. Der eine gegenwärtige liegt auf dem Pulte, vor dem ich stehe, und der andere liegt auf dem Schreibtische, an dem ich sitze. Die Abwechslung ist artig und unterhält mich. Nach einigen Sätzen gehe ich vom Stehbriefe zum Sitzbriefe oder zurück und setze bald den einen, bald den andern fort. Die Sache verhält sich so. Der Tischbrief behandelt einen Gegenstand, der zwar kurzweilig, aber langwierig ist und sich sehr ausdehnt, den ich aber aus Gründen der Kochkunst nicht unterbrechen darf. Darum habe ich ihn vom Pultbriefe getrennt, und Sie werden ihn einige Tage später erhalten als diesen. Es gibt nämlich einen *Herings-Salat*. Den Hering habe ich aus Berlin bekommen, und den will ich zwiebeln und zurechtmachen. Einen Artikel im »Literarischen Unterhaltungsblatt«, den der Referendar Häring unter dem Schäfernamen *Willibald Alexis* gegen mich geschrieben und von dem ich früher schon gehört, habe ich jetzt erhalten und ihn gelesen. Nun weiß ich wahrhaftig selbst nicht, wie mir in den Sinn gekommen, diesem Männchen zu antworten; aber eine innere Stimme riet mir dazu. Dabei machen mir meine ungeschickten Versuche, die Sprache solcher Gegner nachzuahmen, tausend Spaß. Ich bin an gar keine grobe Arbeit gewöhnt, und meine rechte Hand ist mir wund von dem wenigen Schimpfen. Ich bin dabei eigentlich in einer wunderlichen Lage. Warum ich mich mit solchen unbedeutenden Menschen und auf solche Weise einlasse, darf ich nicht deutlich machen; denn sonst würde ich meine beabsichtigte Wirkung verfehlen. Und doch möchte ich aus Eigenliebe durchschaut und erraten sein. Das setzt mich in Verlegenheit. *Härings-Salat, Zwiebeln, Zurechtmachen, Schäfer, Männchen, unbedeutender Mensch* – Sie werden sehen, daß mein Wörterbuch von Schimpfwörtern viel reicher werden wird als das von Meyer, von Wurm, von Robert und von Alexis.

Montag, den 23. Januar 1832
Gestern, Sonntag, hat Casimir Périer wieder einen Bubenstreich begangen. An dem Tage, wo die Kirche seines Glaubens geschlossen ist, wo die Börse keinen Gottesdienst hält, vergißt er am leichtesten Gott und sein Gebot und folgt seinen bösen Neigungen. An Börsetagen bedenkt er sich doch noch etwas, die Renten, das zarte, leicht verletzliche Geschöpf, durch allzu rauhes Wesen zu schrecken. Ich kenne kein Land in der Welt, ich kenne keine Zeit in der Geschichte, wo ein Volk unter so schmachvoller Herrschaft gestanden als jetzt das französische. Tausendmal, ja zehntausendmal lieber möchte ich einen Thron unter dem Galgen errichtet sehen, von Henkersknechten bedient und von Raben umschmeichelt, als sehen, wie ein König auf dem Drehstuhle thront, und wie sein erster Minister Glück, Ruhm und Ehre eines großen Volks wie ein Buchhalter unter Soll und Haben bringt. Ich habe mich nie so sehr erniedrigt, vor einem Könige *Vivat!* zu schreien; nicht, da ich als gedankenloses Kind Kaiser Franz im Krönungszuge gesehen, wo alles schrie; nicht als Napoleon an mir vorüberzog, den ich mit dem Glauben eines Jünglings wie einen Gott anstaunte; aber kehrte morgen Karl X. nach Paris zurück mit seinem alten Herzen und seinem neuen Hasse, mit dem ganzen Gefolge aller seiner Laster, aller seiner Torheiten, umgeben von den Trabanten seiner Rache, – ich, jetzt

ein alter Mann, kletterte auf einen Baum und würde, wie ein betrunkener armer Teufel, den die Polizei bezahlt, Vivat schreien, bis ich die Stimme verlöre. Was ist's mit der Tyrannei? Sie macht unglücklich, und das ist alles. Wie der Winter drängt sie Blut und Leben zurück; aber das stille Herz ist dann der Kerker, nicht der Sarg der Freiheit. Aber diese giftige Geldwirtschaft hier trocknet wie der Sirokko alle Adern aus, und könnte sie zehn Jahre fortdauern, würde dann kein Tyrann es der Mühe wert halten, solch ein Volk von Mumien zu unterjochen?

Ich wollte von den Simonisten sprechen, über die man gestern wie über eine Diebsbande hergefallen, aber Sie können das in den Zeitungen lesen, und Sie wissen so gut als ich, was dabei zu denken und zu fühlen ist.

Zweiundsiebzigster Brief

Paris, Samstag, den 28. Januar 1832

– Rothschild hat dem Papste die Hand geküßt und beim Abschiede seine hohe Zufriedenheit mit dem Nachfolger Petri unter allergnädigsten Ausdrücken zu erkennen gegeben. Jetzt kommt doch endlich einmal alles in die Ordnung, die Gott beim Erschaffen der Welt eigentlich hat haben wollen. Ein armer Christ küßt dem Papste die Füße, und ein reicher Jude küßt ihm die Hand. Hätte Rothschild sein römisches Anleihen, statt zu 65 p.c. zu 60 erhalten und so dem Kardinalkämmerling zehntausend Dukaten mehr spendieren können, hätte er dem Heiligen Vater um den Hals fallen dürfen. Wie viel edler sind doch die Rothschild als deren Ahnherr Judas Ischariot! Dieser verkaufte Christus für dreißig kleine Taler, die Rothschild würden ihn heute kaufen, wenn er für Geld zu haben wäre. Ich finde das alles sehr schön. Louis-Philippe, wenn er in einem Jahre noch König ist, wird sich krönen lassen; aber nicht zu Reims in St. Remi, sondern zu Paris in *Notre-Dame de la bourse*, und Rothschild wird dabei als Erzbischof fungieren. Nach der Krönung wird man, wie üblich, Tauben auffliegen lassen, und eine unter ihnen, eine lustige Lachtaube, wird nach St. Helena hinüberfliegen, sich auf das Grab Napoleons setzen und seinen Gebeinen lachend erzählen, sie habe gestern seinen Nachfolger salben sehen, aber nicht vom Papste, sondern von einem Juden, und der jetzige Beherrscher Frankreichs habe den Titel angenommen: *Empereur des cinq pour Cent, Roi des trois pour Cent, protecteur des banquiers et médiatiseur des agents de change*. Ich weiß aber wahrhaftig nicht, was die dumme Taube dabei zu lachen findet. Wäre es nicht das größte Glück für die Welt, wenn man alle Könige wegjagte und die Familie Rothschild auf deren Throne setzte? Man bedenke die Vorteile. Die neue Dynastie würde keine Anleihen machen; denn sie wüßte am besten, wie teuer ihnen das zu stehen käme, und schon dadurch allein würde die Abgabenlast der Untertanen jährlich um viele Millionen erleichtert werden. Die Bestechungen der Minister müßten aufhören, die aktiven wie die passiven; denn womit sollten sie, wofür sollte man sie bestechen? Das wird dann alte Regel. Dadurch würde die Moral sehr in Flor kommen. Alle Zivilisten würden aufhören, bis auf die der Rothschilde, welche aber für die Völker keine neue Last wäre; denn die Rothschilde hatten sie als Privatleute auch schon bezogen, und zwar eine stärkere als die irgendeines andern Fürsten.

Wenn das Haus Rothschild auf dem französischen Throne säße, wäre die Welt von der großen Furcht des Kriegs befreit, der zwischen diesem mächtigen Hause und dem Hause Habsburg auszubrechen droht. Österreich und Rothschild sollen, wie die englischen Blätter aus guten Quellen berichten, seit einiger Zeit sehr gereizt gegeneinander sein. Österreich hat nämlich die Entdeckung gemacht, daß die Freundschaft, mit welcher die Brüder Rothschild es beehren, ihm teuer zu stehen komme. Das letzte vierprozentige Anleihen schloß jenes Haus zu 85 oder 86 ab. Aber gleich nach Abschluß des Vertrags gewann es 6 bis 7 p.c. Ein so außerordentlicher Umstand mußte die Aufmerksamkeit des österreichischen Kabinetts erwecken. Es beschloß daher, für seine Finanzen künftig wohlfeilere Agenten zu wählen oder seinen Geldunternehmungen eine Konkurrenz zu eröffnen. Das

Haus Rothschild, um solche Schritte zu vereiteln und der österreichischen Regierung zu zeigen, daß man seine Allianz nicht ungestraft brechen dürfte, wußte darauf durch seine Verbindungen und Spekulationen das bare Geld in Wien, Frankfurt und andern Städten so selten zu machen, daß kein anderes Haus imstande war, eine Staatsanleihe zu unternehmen. Österreich mußte um Verzeihung bitten.

Schon früher fand eine Spannung zwischen beiden Häusern statt. Österreich hatte nämlich dem Hause Rothschild die Summen überlassen, die ihm aus den französischen Kontributionsgeldern für seinen Anteil zugefallen. Diese Summen sollten in französischen Renten, die damals niedrig waren, angelegt und solche verkauft werden, sobald sie einen hohen Stand erreicht hätten. Nach einigen Jahren verkaufte das Haus Rothschild jene Renten und verrechnete sie zu 95. Österreich aber entdeckte, daß zur Zeit des Verkaufs die Renten al pari gestanden. Es war eine kleine Differenz von acht Millionen Gulden. Österreich war darüber empfindlich und schmollte; Rothschild aber wußte durch Vermittlung beiderseitiger Freunde alles wieder auszugleichen.

Das französische Blatt, welches diese Friedens- und Kriegsgeschichten nach englischen Blättern umständlich erzählt, bemerkt darauf folgendes: »Durch welche Mittel wissen jene Bankiers die österreichische Regierung zu zwingen, sich nach ihren Anmaßungen zu bequemen? Es sind dieselben Mittel, welche sie unter dem Minister Villèle angewendet, mit welchem die Herrn Rothschild ungeheuren Gewinst geteilt haben, wie wir es in der Folge beweisen werden, sind die nämlichen Mittel, die sie neulich beim Anleihen des Ministeriums Périer in Bewegung gesetzt. Hat man nicht durch fortdauernde Verkäufe, von jenen bewirkt, welche die Anleihe zu einem unbilligen Satze haben wollten, die französischen Fonds erdrücken sehen? Diese Darleiher haben unter unsern Augen das nämliche getan, worüber die österreichische Regierung sich beklagte, als sie mit ihnen brechen wollte. Unsere fünfprozentigen wurden unter 80 Fr. hinabgedrückt, um das Anleihen zu diesem Preise zu haben, und sobald die Anleihe

zu 84 zugeschlagen war, stiegen die Fonds bis über 88 Fr. Es ist immer das nämliche Spiel, welches diese Rothschild treiben, um sich auf Kosten des Landes, das sie ausbeuten, zu bereichern...
Wir haben es schon früher gezeigt, daß die Geldleute die gefährlichsten Feinde der Völker sind. Sie haben am meisten dazu beigetragen, den Grundbau der Freiheit zu untergraben, und ohne Zweifel wäre der größte Teil der europäischen Völker schon in vollem Besitze der Freiheit, wenn die Rothschild, die Ouvrard, die Aguado, die Casimir Périer und andere mit ihrem Gelde nicht die absolute Gewalt unterstützt hätten.«

Dupin hat diese Woche in der Kammer die Bankiers *loupcerviers*, Luchse genannt! Das sind Raubtiere, die zum Katzengeschlechte gehören. Casimir Périer hat ihm über seine unzeitige Naturgeschichte die bittersten Vorwürfe gemacht. Das führt mich auf die Rothschilde zurück. Noch einmal – wäre es nicht ein Glück für die Welt, wenn alle Kronen auf deren Häuptern säßen, statt daß sie jetzt zu ihren Füßen liegen? Es kommt auch noch dahin. Sitzen die Rothschild noch auf keinen Thronen, so werden sie wenigstens, sobald ein Thron frei wird, um Rat gefragt, wen man darauf setzen solle. Herr von *Gagern* hat dieses neulich öffentlich in der »Allgemeinen Zeitung« erzählt. Es ist eine schöne Geschichte. Herr von Gagern war früher Gesandter beim Bundestage. Dieser große Staatsmann, der den Aristokratismus ganz allerliebst romantisch zu machen weiß und zwischen den Gräbern alter Ritter mit seinem Adelstolze im Mondscheine spazierengeht, hat sich auf einer solchen nächtlichen Wanderung schon vor vielen Jahren erkältet. Seit der Zeit leidet er an einem politischen Mundflusse, einer Krankheit, die unter den Diplomaten ebenso selten gefunden wird, als die Mundsperre häufig unter ihnen vorkommt. Diese seltene Krankheit des Herrn von Gagern gibt uns aber über die verborgene Physiologie der Diplomaten und Aristokraten lehrreiche und nützliche Aufschlüsse. Der große Staatsmann schreibt der kleinen »Allgemeinen Zeitung« über Griechenland aus Hornau einen Brief. Hornau liegt aber nicht in Griechenland, sondern im Taunus, und ich glaube, daß wir vor zwei Jahren, als wir den Sommer in Soden zugebracht, eines Abends in der Schenke von Hornau Eierkuchen gegessen. Herr von Gagern schreibt: er, Herr von *Stein* und *Kapodistrias* hätten sich in Nassau und Ems oft von Griechenland unterhalten. Ich kann das bezeugen. In Ems habe ich zwei nacheinander folgende Sommer diese Herrn sehr oft eifrig miteinander sprechen hören. Ich hätte aber, ob ich zwar viel gehorcht, nie gedacht, daß von Griechenland die Rede sei. Es schien mir, als sprächen sie von ihren eignen Angelegenheiten und denen ihrer Familie. Sie gehörten »zu den wärmsten und eifrigsten Verteidigern Griechenlands oder *der griechischen Frage*«. Warum Herr von Gagern das allgemein bekannte Wort Griechenland ganz ohne Not mit *griechische Frage* übersetzt, will ich Ihnen erklären. Es gibt nichts Weichherzigeres, Warmblütigeres, Nervenzarteres, Tränenreicheres, kurz Gefühlvolleres als ein Diplomat, und ein solcher hat sich sehr in acht zu nehmen, bei seinen starken und häufigen Gemütsbewegungen seine zarte Gesundheit nicht ganz zugrunde zu richten. Strenge Diät ist ihm unentbehrlich. Wenn daher Tausende der edelsten Portugiesen vom Fleischer Miguel geschlachtet und zerfetzt werden; wenn die Italiener, von der Treibjagd der List und Gewalt in ihr Todesnetz gejagt, von feigen und bequemen Jägern erlegt werden; wenn Belgien wie ein Käse zerschnitten, zugewogen und, in Protokollpapier gewickelt, den hungrigen Käufern stückweise eingehändigt wird; wenn Polen den Keulenschlägen des Tyrannen unterliegt und sterbend den Helfershelfern flucht – wie wollen die Diplomaten es ertragen, täglich solche Greuel und Schändlichkeiten zu sehen und zu hören? Und doch ist ihnen das Schicksal der Völker anvertraut; wie erleichtern sie sich den Schmerz? Durch eine einfache Veränderung der Worte. Sie stellen sich an, als gebe es kein Land und kein Volk in der Welt; sie suchen das zu vergessen, und es gelingt ihnen durch Übung. Sie sagen darum nie: Portugal und Portugiesen, Italien und Italiener, Belgien und Belgier, Polen und polnisches Land; sondern sie sagen: *die portugiesische Frage, die italienische Frage, die belgische Frage, die polnische Frage.* Es ist eine Art Salpetersäure, welche das Blut abkühlt und das Herz ruhiger macht. Aus diesem diätetischen Grunde spricht Herr von Gagern von *der griechischen Frage*; aber sein Herz ist gut.

Jetzt weiter; und verlasse mich nicht, lieber Scherz! denn mir graut vor diesen Seelenverkäufern. *»Monarchische Verfassung, deutsche Leibwache, hinreichender Kredit waren die großen Grundsätze, worüber wir einverstanden waren.«* Hört! Hört! vernehmt doch die großen Grundsätze dieser großen Männer! Ein edles Volk, Erbe des schönsten Jahrtausendes der Zeit, Nachkommen von den Lieblingen der Götter, noch immer verklärt von der Abendröte einer vor zwanzig Jahrhunderten untergegangenen Sonne, noch immer duftend von den Wohlgerüchen eines verblichenen Paradieses – dieses edle Volk, verarmt, verschmäht, vergessen, zu Boden gedrückt, erinnert sich, was es gewesen, und schüttelt seine Ketten; will wieder werden, was es war, und wirft seine Ketten ab. Es ergreift sein rostiges Schwert und kämpft. Männer, Weiber, Kinder, Greise stürzen und füllen den Abgrund aus, der die Knechtschaft von der Freiheit trennt. Die Übriggebliebenen ziehen darüber weg, treten ihr eignes Herz mit Füßen, suchen den Feind und siegen. Einer kämpft gegen hundert. Die christlichen Könige Europens erfahren, ein kleines Christenvölkchen habe sich gegen Mohammed empört – sie lachen. Das Völkchen siegt – sie werden aufmerksam. Der Sieg wird entscheidender – sie werden bedenklich. Ein Volk soll die Freiheit erwerben ohne sie und trotz ihnen? Nein! Sie lassen den Griechen sagen: Ihr seid zu schwach, wir wollen euch helfen. Sie schicken ihre Flotten ab, die Griechen von ihren Feinden zu trennen, damit sie nicht den letzten Sieg erringen. Ein edelmütiger Staatsmann läßt sich von seinem Herzen hinreißen und gibt den Befehl, daß man die Flotte der Türken zerstöre. Codrington siegt, und die christlichen Mäche trauern und zürnen. Der Admiral wird zurückgerufen und wie ein Schulbube ausgescholten. *Die Griechen sind frei!* Dieser Angstruf schallt von Hof zu Hof. Wie ist dem Verderben Einhalt zu tun? Darauf sinnen jetzt die Räte der Fürsten. Es gibt viele magere Fürstensöhne in Europa; die kann man mästen mit dem Fleische und Blute der Griechen – *also monarchische Verfassung.* Die Griechen sind begeistert, sie leiden an der gefährlichsten Brustentzündung; schnell, nur ja recht schnell das stärkste freiheittreibende Mittel – also *deutsche Leibwache.* Aber kein Königssohn wird der Narr sein, sein eignes Geld nach Griechenland zu bringen, die Griechen müssen ihn aus ihrem Beutel bezahlen, wenn er sie glücklich machen soll; aber die Griechen sind arm, sie müssen also borgen; ihr König tut es in ihrem Namen – also *hinreichender Kredit.* Viele Fürstensöhne meldeten sich, die Griechen glücklich zu machen. Wen unter ihnen wählen? das ist die *griechische Frage.* Den Edelsten, den Tapfersten, den Geistreichsten, den Mutigsten? Nein! Den, *der am meisten Kredit hat*; den, der seine Minister, Oberstallmeister, Gesandte, Hofmarschälle, Oberkammerherrn und adligen Gardeoffiziere am besten bezahlen kann. Herr von Gagern erkundigt sich also sorgfältig »bei dem ersten europäischen Wechselhause« (also bei Herrn von Rothschild), welcher Fürst den meisten Kredit habe? Herr von Rothschild schlägt in seinem Kreditbuche nach; es standen alle Fürsten Europas darin, nur der einzige *Prinz Friedrich der Niederlande* nicht. Herr von Rothschild schließt mit Recht daraus, daß ein Fürst, der nie Kredit bei ihm gesucht, des Kredits am allerwürdigsten sei. Er gibt also dem Herrn von Gagern den Bescheid: Prinz Friedrich der Niederlande hat den größten Kredit. »Also ist Prinz Friedrich der Niederlande am würdigsten, König der Griechen – ich will sagen König der griechischen Frage – zu werden«, ruft Herr von Gagern aus. Er eilt, diesen *großen* Grundsatz dem Grafen Kapodistrias mitzuteilen. Dieser aber ist auf Reisen, angeblich einen griechischen König zu suchen, eigentlich aber, um zu erlauschen, gegen welche künftigen Ansprüche er das moskowitische Interesse werde zu verteidigen haben. Herr von Gagern reist dem Compagnon seiner großen Grundsätze nach. In Paris verfehlt er ihn, in Brüssel erwischt er ihn und erzählt ihm atemlos: Herrn von Rothschild habe erklärt, Prinz Friedrich der Niederlande habe am meisten Kredit, und er solle daher gleich zu dessen Vater, dem Könige, gehen und die griechische Frage mit ihm in Ordnung bringen. Kapodistrias gehörte aber unglücklicherweise zu denjenigen Diplomaten, welche die Mundsperre im höchsten Grade haben, und Herr von Gagern konnte nichts von ihm herausbringen. Er bekam zur Antwort: ich kann nicht zum Könige gehen, *ich habe kein Kleid*. Nun bei den Göttern! ich habe Cornelius Nepos und Plutarch gelesen und habe darin nicht einen einzigen großen Mann des Altertums gefunden, der so arm gewesen, daß er kein Kleid gehabt, wo es darauf ankam, für das Glück eines großen Volks zu reden und zu handeln! Warum hat Herr von Gagern, *einer der wärmsten und frühsten Verteidiger der griechischen Frage*, nicht dem Grafen Kapodistrias ein paar hundert Franken vorgeschossen, daß er sich ein Kleid machen lasse? Jeder geschickte Schneider verfertigt in einem halben Tage einen vollständigen Anzug. Kapodistrias erbot sich jedoch, zum niederländischen Minister zu gehen, »aber nicht als Staatsmann, sondern *Mann zu Mann*«. Er geht. Herr von Gagern stirbt vor Ungeduld, bis der Mann vom Manne zurückkommt; was hat er gesagt? »... *j'ai trouvé la fibre un peu molle*«, erwiderte Kapodistrias... »*was ich mit der Pflicht des wirklichen Staatsmannes explizierte*«, bemerkt Herr von Gagern. Er aber dürfe seinen Mundfluß haben, weil er nur »*in der Rolle des Dilettanten erschien*«. Aber in meinem Leben hätte ich nicht erraten, daß eine *lockere Fiber* das Wesen eines wahren Staatsmannes bilde und daher der vierwöchentliche Gebrauch des Schwalbacher Brunnens, da die Fiber spannt, einen Talleyrand zum Esel machen würde! Kurz, die einzige Sorge des Herrn von Stein, des Grafen Kapodistrias und des Herrn von Gagern war: einen Prinzen mit Griechenland zu apanagieren, Rothschild zu einem neuen Anleihen zu verhelfen und den Prinzen und die Kurse der griechischen Papiere durch deutsche Leibwachen zu schützen. Kürzer und kräftiger hat noch keiner das seelenlose, mechanische, selbstsüchtige, schacherhafte Treiben der neuern europäischen Staatskunst, des Monarchentums und der Hofschwänzelei dargetan als dieser Herr von Gagern in Hornau, wo wir vor zwei Jahren Eierkuchen gegessen.

Montag, den 30. Januar 1832

Lassen Sie den *** tausend, ja zehntausend Male von mir grüßen und danken für die herrliche Gesundheit, die er ausgebracht: *Allen Völkern ohne König!* hier sagen sie: *Les Rois s'en vont.* Diese Taugenichtse von Franzosen finden doch gleich das rechte Wort für jede Sache, sobald wir guten Deutschen die rechte Sache gefunden. Wir wollen unsere Töchter mit ihren Söhnen, unsere Ideen mit ihren Worten vermählen, dann haben wir eine mächtige Verwandtschaft, und wehe dann jedem, der uns zu nahe kommt mit feindlichen Gedanken. Was Sie mir von den Polen geschrieben, und wie herrlich sie in Frankfurt aufgenommen worden, hat mich bis zu Tränen gerührt. Dem Manne, der auf der Brücke einem Polen seinen Mantel umgehängt und stillschweigend fortging, dem sollte man auf dieser Stelle ein Denkmal errichten; keinen schönern Zug des Herzens weiß die alte Geschichte zu erzählen. *So* mögen sie meine Briefe widerlegen! Ich will unter Männern der Wahrheit gern der einzige Lügner, in einem Lande des Glaubens gern der einzige Spötter, unter einem starken Volke der einzige Schwächling sein, und bin ich erst der Schlechteste aller Deutschen geworden, dann ist keiner seliger als ich. Guter Gott, was ist an einem einzelnen Menschen, was an mir gelegen? Bessere als ich sind verkannt worden. Das Leben ist kurz und der Tod noch kürzer. Aber der Tag der Wahrheit kommt einmal, und keinem wird Gerechtigkeit zu spät ausgezahlt, der, wie ich, als er seinem Vaterlande diente, nicht einmal Gerechtigkeit als Lohn verlangte.

Von den herrlichen Reden Raspails und der übrigen jungen Republikaner, die neulich vor Gericht standen, aber richteten statt gerichtet zu werden, habe ich einiges übersetzt, das ich Ihnen später mitteilen werde. Der und jener Ball, bei dem und jenem Bankier diesen Winter, hat Sie doch vielleicht etwas glaciert. Eine kleine republikanische Vorlesung zum Erwärmen kann immer gut sein.

Noch einmal – was Sie mir von Frankfurt geschrieben, hat mich bis tief in das Herz gefreut. Möge es fortgehen auf diesem

Wege; möge es sich emsig auf seine große Bestimmung vorbereiten und sich deren würdig zu machen suchen. Denn Frankfurt ist bestimmt, einst die Hauptstadt des Deutschen Reichs und der Sitz der deutschen Nationalversammlung zu werden. Dort, wo jetzt die Tyrannei auf dreißig Stühlen thront, wird in wenigen Jahren die Freiheit gekrönt werden. Den Taxisschen Palast, die deutsche Bastille, wird man niederreißen, und nachdem der Boden von allen Trümmern der Zwingburg gesäubert, wird auf dem Platze eine hohe Säule sich erheben, welche die Inschrift trägt: *Hier liegt Deutschlands Schande!*

Dreiundsiebzigster Brief

Paris, Donnerstag, den 2. Februar 1832

In dem letzten Hefte der *Revue de Paris* (vom 29. Januar) stehen Proben aus der bald erscheinenden Übersetzung meiner Briefe. Es ist das Krönungsgemälde von David und ein Stück von Lord Byron. Ich finde das alles sehr matt; zum Glücke habe ich eine gute Natur. Der kleine Ärger macht mir eine Gänsehaut; aber nach innen dringt die Erkältung nicht.

– Ich habe schon in einer andern Rezension gelesen, daß man mich *gereizt* und *nervenschwach* genannt. Das wunderte mich nicht. Die Gemeinen im Volke haben so gar keine Vorstellung davon, wie man anders als sie selbst denken und fühlen könne, daß, finden sie es einmal, sie die wundervolle Erscheinung einer Krankheit zuschreiben. Sie kennen so wenig die Macht und Wirksamkeit des Geistes, daß sie es lächerlich finden, wenn ein körperschwacher Mensch die hohe und dicke Mauer der Gewohnheit zu erschüttern sucht. Ich erinnere mich, daß, als vor mehreren Jahren eine Verschwörung gegen die russische Regierung entdeckt wurde und die Hauptverschwornen hingerichtet wurden, man von einem derselben nichts Verächtlicheres glaubte sagen zu können als, er sei nervenschwach und habe doch gesucht, ein Reich umzustürzen! Auch Robert hat mich einen *nervenschwachen Athleten* genannt. Über die Spötter! weil sie, wie jener Krotoneser, von Kindheit an gewöhnt, ein Kälbchen mit sich herumzuschleppen, in ihrem Alter es dahingebracht, einen ganzen lebendigen Ochsen zu tragen, halten sie sich für stark, weil sie dumm sind. Diese Menschen, die, weil sie sich nie der Außenwelt widersetzt, auch niemals Widerstand gefunden, sehen nicht die nächste Grenze ihrer Kraft und halten sich für mächtig, weil sie zur allgemeinen Materie gehören. Der Johanniter Meyer in Hamburg kennt mich besser. Er nennt mich *so ein Kerl*, was doch auf eine sechs Fuß hohe Seele hindeutet. Ach! wäre ich nur *so ein Kerl!* nicht wie jetzt, ein jämmerlich *übersetzter Kerl*, sondern ein *untersetzter Kerl*, mit breiten Schultern, breiter Brust, breiten Zähnen, breiten Fäusten und breiten Gedanken – Hei! wie wollte ich sie zurichten! Denn wahrlich, stünden mir alle Waffen der olympischen Götter frei, ich wählte nicht Jupiters königliche Blitze, nicht Dianens ferntreffenden Pfeil, nicht Merkurs Rednerlist, nicht Apollos Leier, nicht das Lächeln der Grazien, nicht Aphroditens Zauberblick, nicht Amors Schelmerei – ich wählte mir nur die Keule des Herkules und Silens groben Spaß. Sie schrieben mir neulich, es sei meiner unwürdig, wie ich mich gegen Robert und Pittschaft ausgesprochen. Freilich ist es meiner unwürdig: aber es ist ganz meiner würdig, in solcher Zeit nicht an meine Würde zu denken. Sind es Worte, die man braucht in diesen Tagen der Entscheidung? Soll ich daran denken, wie Leute von Geschmack über meine Schreibart urteilen, was Weiber von meiner Ästhetik halten? Wenn ich Ruhe, Blut und Leben an die Sache des Vaterlandes wage, soll ich ängstlich besorgt sein, mir meine Kleider nicht zu verunreinigen? Wenn die Feinde der Freiheit im Kote lagern, soll ich fernbleiben und sie nicht angreifen, um meine Stiefel nicht zu beschmutzen? Wenn es darauf ankommt, von den feinsten Worten ein Filigran zu flechten, ein Drahtnetz für Mückenseelen – ich verstehe das so gut als einer. Wenn es darauf ankommt, eine Satire zu spitzen, so spitz, daß sie durch die Pore eines Glases dringt – ich verstehe das so gut als einer. Wenn es darauf ankommt, ein Gift zu mischen, klar, hell, rein, durchsichtig, ohne Farbe, Geruch und Geschmack, unschuldig wie frisches Quellwasser, ein Verleumdungsgift, eine *aqua tofana* – ich verstehe das so gut als einer. Aber nein, ich will die Kerls totschlagen, am hellen Tage und vor aller Augen; denn alle sollen es wissen und sie selbst, daß sie von meiner Hand gefallen. Wie? wenn ein dummer Bauerlümmel mir in der Schlacht gegenübersteht, der gar nicht weiß, wo er sich befindet, nicht weiß, woher er gekommen, wohin er geht, für was, für wen er streitet – soll ich ihn schonen, weil er dumm ist? Er gilt seinen Mann, und seine Kugel trifft so gut, als kenne er ihr Ziel. Darum schlage ich ihn zu Boden. Soll ich ihm verächtlich den Rücken wenden, daß er mich von hinten treffe? Fein tun mit solchen plumpen Tieren, unter Scherz und Lachen Kirschkerne schnellen gegen solche Elefanten – ist es lächerlich. Sie spüren es gar nicht. Oder glauben Sie vielleicht, daß alle die Plumpheit, die Roheit, die Gemeinheit meiner Gegner fühlten? Glauben Sie das nicht. Nicht einmal die Bessern alle. Ich habe das erfahren. Ein wohlmeinender Freund brachte mir das Blatt aus Stuttgart; ich las es in seiner Gegenwart und ergötzte mich unter lautem Lachen an dem Fischweiberwitze einer deutschen Hofzeitung. Aber der Freund bemerkte mit bedenklichem Gesichte: ja, es bleibt doch immer etwas hängen. Ich erwiderte: Pah! das bürstet mein Bedienter wieder aus. Als ich aber später darüber nachgedacht, fand ich, daß ich nur eine leere Floskel gebraucht, um etwas zu sagen, und daß der Freund recht gehabt. Selbst Heine, der doch so fein ist in seinen Ausdrücken und ein plumpes Wort gar nicht verstehn sollte, bemerkte, als er sah, wie ich mich lustig machte über ein anderes jener rohen Tabaksblätter, es wäre *Perfidie* darin. Und hätte ich mich blind gelesen, ich hätte die Perfidie nicht gefunden. So urteilen aber die Leute, die entweder selbst zur rohen Menge gehören oder aus Erfahrung besser wissen als ich, wie man auf sie wirkt. Die ministeriellen Blätter, die Hofzeitungen, warum schreiben sie denn so plump, warum schimpfen sie so pöbelhaft gegen die Verteidiger der Freiheit? Glauben Sie, weil sie nicht fein zu sein verstehen? O nein! Sie verstehen es nur zu gut. Wenn sie einen Streit unter sich haben, Hof gegen Hof, Fürst gegen Fürst, Macht gegen Macht, dann kocht selbst ihr heftigster Zorn nie so stark über, daß der trübe Schaum der Wut zum Vorschein käme. Haß im Herzen, haben sie die liebevollsten Worte auf den Lippen, und mit der ausgesuchtesten Höflichkeit stoßen sie dem Feinde ein schönes Schwert in die Brust. Wo es aber darauf ankommt, die Freiheit niederzureden, da wo die öffentliche Meinung, die Menge entscheidet, sind sie grob und plump, um auf die grobe, plumpe und gedankenlose Menge zu wirken, die in allen Ständen, vom Hofmanne bis zum Bauer, die Mehrzahl bildet. Was sie gegen uns, sollten wir gegen sie tun. Seit fünfzehn Jahren hat die Freiheit den Sieg, den sie siebenmal errungen, siebenmal wieder verloren, weil sie zu mäßig war, wie in ihren Handlungen, so in ihren Reden. Die Völker glauben noch nicht fest genug an ihr eigenes Recht und daß sie allein alles Recht besitzen. Sie kennen noch nicht genug ihre eigene Macht, und daß keiner Macht hat neben ihnen. Sie wissen noch nicht genug, daß die Welt ihnen allein gehört und Königen nicht der kleinste Teil davon, der sich weiter erstreckte als ihr väterliches Erbe, und daß sie darum von allem, was sie wollen und was sie tun, keinem Rechenschaft zu geben haben als Gott allein. Darum, weil sie das nicht wissen, ihr Recht und ihre Macht nicht kennen, wollen die Völker in den Augen ihrer Fürsten gut und billig erscheinen, rechtfertigen sich, statt Rechtfertigung zu begehren, fordern, wo sie nehmen sollten, fordern nicht alles, was ihnen gebührt, und fordern es mit so leisen höflichen Worten, daß man sich anstellt, die Hälfte nicht verstanden zu haben, und die verstandene Hälfte abzuschlagen den Mut bekommt; das muß anders werden. Keine Schonung mehr, nicht im Handeln, nicht im Reden. Liegt die Freiheit hinter einem Meere von Blut – wir holen sie; liegt sie tief im Kote versenkt, wir holen sie auch. Darum siegt die Bosheit überall, darum wissen Dummheit und Gemeinheit immer den Vorsprung zu gewinnen, weil sie den kürzesten Weg zum Ziele nehmen, unbekümmert, ob er rein sei oder schmutzig. *Sie* hält die Reinlichkeit nicht ab, *sie* gebrauchen selbst edle Mittel, wenn etwas Schlechtes dadurch zu erreichen, und *wir* sollten den Kot meiden, auch wenn er zum Guten führt? Wir suchen reinliche Umwege, verlieren die Zeit und alles; denn wo wir auch den Feind einholen, wo und wann wir auch zu ihm stoßen, wir finden ihn immer im Schlamme, den wir früher oder später durchwaten müssen, wollen wir siegen für das Recht. Was andere tun für die Tyrannei, warum sollen wir es nicht für die Freiheit tun? Schwert gegen Schwert, List gegen List, Kot gegen Kot, Hundegebell gegen Hundegebell. Heine sagt: auch die Freiheit müsse ihre Jesuiten haben; ich sage das auch. Aber nicht das allein, die Freiheit muß alles haben, was im Lager der Tyrannei zu finden: Stückknechte, Rotmäntel, Baschkiren, Marodeurs, Paukenschläger und Troßbuben. Lernen wir begreifen, daß die Tyrannen nur solche Waffen fürchten, die sie selbst gebrauchen; denn nur diese kennen sie. Darum der List ja keine Offenheit, dem Laster keine Tugend, der Frechheit keine Milde, der Plumpheit keinen Anstand gegenüber.

Ist es wie in den großen Kämpfen dieser Zeit, wo Macht gegen Macht streitet, nicht auch in den kleinen Kämpfen aller Zeiten, wo jeder Mensch für sein besonderes Leben gegen das andere besondere Leben kämpft? Siegt nicht immer der Dumme über den Weisen, der Bösewicht über den edlen Mann? Das geschieht, weil die edlen Menschen den Sieg mit dem Kampfe, die Beute mit der Waffe verwechseln und mit Recht für das Recht streiten. Nur mit Unrecht gewinnt man das Recht; denn man kann selbst im Kampfe für die Wahrheit die Söldlinge nicht entbehren, und diese bezahlt man mit Tugend nicht. Sehen Sie Rousseau! Es gab keinen Menschen, der das Gute mehr geliebt, das Schlechte mehr gehaßt als er. Er kämpfte sein ganzes Leben für Freiheit und Recht, und warum wurde er so verkannt? Warum wurde er so verspottet? Warum war sein Leben so voll Schmach und Not? Er verspottete die Gemeinheit und war gutmütig gegen die Gemeinen; er bekämpfte den Trug und lebte in Frieden mit allen Betrügern; er verfolgte alles Schlechte und schonte die Schlechten. Über die Sache verschwand ihm der Mensch; er liebte das Gute und verstand die Guten nicht zu lieben; aber man muß Feinde haben, um Freunde zu finden, man muß hassen, um lieben zu können. Rousseau haßte und liebte keinen, darum stand er allein; er verschonte jeden; darum wurde er nicht verschont; er verfolgte keinen, darum wurde er von allen verfolgt. Gott und Welt, Himmel und Erde verteidigte er, aber sich selbst wußte er nicht zu verteidigen. Das schien ihm schnöder Lohn für freien Liebesdienst, und den verschmähte er. Darum ging er zugrunde. Alle Blitze seiner Beredsamkeit gebrauchte er für andere; für sich selbst war er wehrlos und stumm. Einmal sagt er in seinen Bekenntnissen: »Hätte ich meine Kraft gebrauchen wollen gegen meine Feinde, ich hätte gewiß die Lacher auf meiner Seite gehabt.«

Ich habe mir das gemerkt. Die Lacher will ich auf meine Seite ziehen; die *Lacher*, die gutes Herz und gute Fäuste haben, und nicht die feinen *Lächler*, die, ob sie zwar tausendmal mir recht gäben, doch tausend Male mich totschlagen ließen, ohne die Hand für mich aufzuheben; aber mir immerfort recht gäben und immerfort lächeln würden. Göttliche Grobheit! vor dir falle ich nieder.

Abends. Soeben habe ich die Abendzeitung, den »*Messager*« gelesen. Gestern war sie noch ministeriell, heute hat sie die Farbe gewechselt. Die Aktionairs haben sich nicht gut gestanden bei dem bisherigen Ministerialismus der Zeitung und haben darum die Redaktion geändert. Es ist merkwürdig! Läse ich keine andere Zeitung als nur den Messager, hätte ich denken müssen, daß seit gestern sich die ganze Welt geändert, daß ein Komet an die Erde gestoßen und sie in eine neue Bahn getrieben. Daraus sah ich wieder, wie weit die Meinung der Regierenden von der des Volkes absteht. Und wer von beiden auch irre, gleichviel. Der Abstand bleibt immer der nämliche. Und so ist es überall. Wie kann das gut enden?

Verflossene Nacht hat man eine Verschwörung entdeckt. Aber keine von den neuen dummen Gassenverschwörungen beim hellen Sonnenscheine, sondern eine von der guten alten Art, schauerlich, mitternächtlich, blutdürstig, wie sie in den Melodramen vorkommen. Einige hundert Menschen, mit Dolchen und Pistolen bewaffnet, wurden um Mitternacht in einem Hause überfallen. Sie setzten sich zur Wehre. Der erste eindringende Soldat wurde erschossen. Einige hundert sind arretiert. Die Verschwornen sollen starke bewaffnete Trupps in verschiedenen Stadtteilen aufgestellt haben. Man wollte in die Tuilerien dringen; General Bourmont soll in Paris sein. Doch ist alles noch schwankendes Gerücht. Waren es Republikaner? Waren es Karlisten? Man sagt das letztere. Wäre das – der König hatte am nämlichen Abend einen Ball –, dann muß in der Gesellschaft doch mehr als einer gewesen sein, der von der Verschwörung wußte. Es ist eine interessante Situation! *Heuer* gedeiht aber nichts. Warum sind sie nicht so klug wie Joseph von Ägypten gewesen und haben in den Jahren der Fruchtbarkeit besser für die Hungerjahre gesorgt? Jetzt kommt die Bescherung.

– Habe ich Ihnen vor einiger Zeit nicht einmal geschrieben: in Österreich würden sie erschrecken über die furchtbaren Fortschritte des Liberalismus, wenn sie erfahren, daß sogar in Konstantinopel eine Zeitung erscheint? Nun das war damals freilich gescherzt; aber es war ein Scherz im Geiste des Ernstes. Und jetzt ist es wirklicher Ernst geworden. Der österreichische Gesandte in Konstantinopel hat der Hohen Pforte eine sehr eindringliche Note überreicht, worin er im Namen seines Hofes vorstellt, welch eine schrecklich gefährliche Sache es um eine Zeitung wäre, selbst wenn sie im Sinne der Regierung geschrieben. Gäbe man dem Teufel einen Finger, bekomme er bald die ganze Hand. Was sagen Sie dazu? Und wenn ich mich auf den Kopf stelle, ich kann nicht mehr lügen, kann nicht mehr satirisch sein. Alle Phantasie geht dabei zugrunde. Bei dieser Gelegenheit will ich Ihnen eine artige Geschichte von der russischen Zensur erzählen. Hängt euch, deutsche Zensoren! das da hättet ihr nie erfunden. Im Jahre 1813 wollte ein Russe die Beschreibung einer Reise drukken lassen, die er im Jahre 1812 durch Frankreich gemacht. Die Zensur fand auch an dem Buche nichts auszusetzen außer dem Titel; denn es war nicht schicklich, daß ein Russe 1812 in Frankreich reise, zu einer Zeit, wo Rußland und Frankreich Krieg führten. Um diesem Mißstande abzuhelfen, strich die Zensur den Titel *Reise durch Frankreich* aus und schrieb dafür *Reise durch England*, und wo im Buche das Wort Frankreich vorkam, setzte sie England an dessen Stelle.

Jetzt noch zwei chinesische Anekdoten *zum Einschlafen;* denn ich will zu Bette gehen. Der Kaiser von Rußland ließ dem Kaiser von China sagen, er möchte doch an der Grenze seines Reichs einen Cordon gegen die Cholera ziehen lassen. Darauf ließ der Kaiser von China erwidern: er werde das bleiben lassen; denn er habe gehört, daß die Krankheit nur Müßiggänger, Trunkenbolde und unreinliche Menschen befalle, und es wäre ihm ganz lieb, wenn er fünf Millionen solcher Untertanen verlöre. Auch an einer andern Grenze des chinesischen Reichs wollte der Regierungsbeamte von Maßregeln gegen das Eindringen der Cholera nichts hören, weil er sie als fruchtlos und den Müßiggang begünstigend ansah. Um seine Meinung zu unterstützen, erzählte er folgende Anekdote:

»Im Jahre 1070 brach in Peking eine sonderbare Krankheit aus, deren Wirkung sich an den Haaren derjenigen zeigte, die in freier Luft lebten. In kurzer Zeit verlor der Kranke die Hälfte seiner Haare, und darauf starb er. Als der damalige Kaiser Tschang-Lung dieses erfuhr, sagte er mit bestimmten Worten, *er wolle von dieser Krankheit nichts hören.* Dieser höchste Wille, mit Festigkeit ausgedrückt, machte die Seuche verschwinden.« Gute Nacht.

Freitag, den 3. Februar 1832
Ist denn das alles wahr, was ich in einer Stuttgarter Zeitung gelesen, wie neulich die Frankfurter beim Durchzuge der Polen durch manches schöne Wort eine noch schönere Gesinnung offenbart? Einer, der vor dem Wagen der Polen zog, sagte: »Dir helf' ich ziehen, Philipp, was geht mich Kaiser und König an? Das hier sind brave Kerle, das weiß ich.« Ein anderer, den man abwendig machen wollte, antwortete: »Ei, ihr habt die *Sontag* ziehen wollen; *die* haben den Russen noch etwas ganz anderes

vorgesungen.« Ein dritter äußerte: »*Wir müssen den juten Leuten zeigen, daß wir keine Preußen sind.*« Der Berichterstatter in der Stuttgarter Zeitung bemerkte hierbei, daß die Frankfurter, die sich so geäußert, aus den niedrigen Ständen gewesen. Diese Bemerkung war ganz überflüssig. Man weiß recht gut, daß bei uns, wie überall, die höheren Stände weder so viel Verstand noch so viel Herz haben. Der Polenzug durch Deutschland wird die schönsten Früchte tragen. O, die klugen Leute! O, die schlauen Staatsmänner! Vor dem großen Freiheitsmagazin im fernen Warschau war ihnen bange; sie zerstreuten es, und jetzt geht die Freiheit hausieren im ganzen Lande, von Stadt zu Stadt, von Dorf zu Dorf! Von der Schmach und Tücke, die Österreich und Preußen den edlen Polen angetan, mußten die öffentlichen Blätter schweigen; und jetzt schicken sie zwanzigtausend Prediger im Lande herum, die erzählen, was sie geduldet, und lehren, wie man zu dulden aufhöre. Kommen jetzt die Russen, dann wird man lange reisen müssen, um von Frankreich aus ihre Gräber zu besuchen.

Was sich aber Preußen für Mühe gibt, sich verhaßt zu machen! So viel Bescheidenheit hätte ich ihm gar nicht zugetraut. Große Genies brauchen nicht zu studieren.

Daß aber meine guten Deutschen ihren Preußenhaß auch gut verwenden! Es ist in ihrer schönen Art, über ihr Herz doppelte Buchhalterei zu führen: was sie dem Hasse geliehen (und sie leihen ihm nur und nehmen später zurück), setzen sie gleich der Liebe in die Einnahme. Tut das nicht. Ihr mögt Preußen hassen, aber liebt darum Österreich nicht mehr. Preußen klappert und warnt; Österreich zischt nicht eher, bis es gebissen. Preußen watschelt wie ein Bär auf die Freiheit los; Österreich wartet, bis sie an dem Dickicht vorbeikommt, wo es verborgen lauert. Hasset Preußen, aber fürchtet Österreich. Österreich *kann*, was Preußen nur *will*. Preußen ist nur Österreichs Mund; rechtet mit dem Herzen und nicht mit den Lippen. Österreich findet die Weichsel rot genug, es ist ganz zufrieden, und jetzt will es den Rest der Polen dazu benutzen, im deutschen Volke Haß gegen Preußen zu erregen, das es fürchtet mehr als Rußland. Dieses ist doch ein *Körper*, aber Preußen ist ein schauerlicher Geist. Hätte Österreich nicht diesen Zweck, wäre es nicht damit einverstanden, hätte die Begeisterung des deutschen Volks für die edlen Polen in gar manchem deutschen Lande, in gar mancher Stadt sich so ungestört nicht zeigen dürfen; hätte man nicht gesehen, daß selbst die feigsten aller Regierungen an dieser Begeisterung teilgenommen. Gar manche von den edlen Männern, die im milden Wirken für die Polen sich ausgezeichnet, sind der österreichischen Regierung mit ganz besonderer Liebe zugetan, durch ganz besondere Bande an sie geknüpft. Hasset eure offnen Feinde, aber *fürchtet die Danaer, auch wenn sie Geschenke bringen*!

Samstag, den 4. Februar 1832

Heine wurde neulich von jemand gefragt: worin er sich in seinen politischen Ansichten von mir unterscheide? Er antwortete: »Ich bin eine gewöhnliche Guillotine, und Börne ist eine Dampfguillotine.«

– Mehr als zweihundert Personen sind wegen der letzten Verschwörung arretiert worden, und darunter Leute von Namen, wie der General Dubourg. Das ist der nämliche General Dubourg, welcher in den Julitagen, als der Herzog von Orléans vor dem Rathause um die Gunst des Volkes bettelte, zu ihm sagte: »Sie sehen, gnädiger Herr, welch ein schlechtes Ende schlechte Könige nehmen, und das diene Ihnen zur Lehre!« Worauf der Herzog von Orléans ganz prächtig die Hand auf sein Herz legte und, nachdem er eine der schönsten Stellungen Talmas ausgewählt, zu Dubourg sagte: »Es bedarf Ihrer Ermahnung nicht; ich bin ein guter Franzose, habe die Freiheit immer geliebt, immer für sie gekämpft.« Fast geweint hat der gute Herzog vor edlem Zorne. Jetzt sitzt er auf dem Throne und Dubourg im Kerker.

Auf Périers Ball hätte ich leicht kommen können wie jeder andere auch. Man konnte sich ein Billett dazu verschaffen wie zum Theater; aber ich wollte nicht. Ich will nicht wandeln, wo Sünder gehen, und mich nicht setzen, wo Spötter sitzen.

– Bei dem Anlasse neulich, wo die Simonisten in die rauhen Fäuste der Gewalt gefallen, haben sich die Franzosen hier wieder auf eine sehr liebenswürdige Art gezeigt. Die öffentliche Meinung war zum großen Teile gegen die Simonisten; fast alle Blätter, am meisten aber die liberalen, waren ihnen entgegen. Der *Figaro* besonders, dieses reiche Nadelkissen, stach sie täglich auf das grausamste. Aber seit dem Tage, daß die Regierung sich plump, wie jede, in ein zartes Verhältnis des Geistes gemischt, hat sich alles geändert. Alle bisher feindlichen Blätter nehmen sich der Simonisten auf das freundlichste an. Der *Figaro* erklärt auf eine edle und rührende Weise, er werde von nun an kein Wort mehr gegen sie schreiben, sondern all seinen Spott der rohen Gewalt zuwenden. Ein Blatt für die protestantischen Interessen, das die religiöse Lehre der Simonisten stets mit Kraft und Ernst bekämpft, machte gleich am andern Morgen bekannt, es entsage von nun an seinem Kriege und werde die Waffen nun gegen die gemeinschaftlichen Feinde führen. Ein Mann, der eine Schrift gegen die Simonisten zum Drucke fertig hatte, erklärte öffentlich, er werde sie unter solchen Umständen nicht bekanntmachen. Ist das nicht alles wie bei uns? Auch dort, sobald die Regierung einen Menschen, ein Buch, eine Lehre verfolgt, erheben sich gleich die lieben, guten, hochherzigen Deutschen zum Schutze und zum Beistande der Schwachen.

Das Gedicht auf den Preußengalgen ist wunderschön. Ich werde es dem General Uminski mitteilen.

Schrieb ich Ihnen nicht schon im Anfange dieses Winters, es würde noch dahinkommen, daß die französische Regierung, von der man früher erwartet, sie würde andern Völkern beistehen, ihre Freiheit zu erkämpfen, sich mit allen despotischen Mächten verbindet, die Freiheit überall zu unterdrücken? Nun, heute erzählt man, Schiffe mit Mannschaft wären aus einem französischen Hafen ausgelaufen, um Ancona zu besetzen und gemeinschaftlich mit Österreich und dem Papste die Italiener unter das alte schmähliche Joch zu bringen! Wahrhaftig, ich schäme mich. Mein Argwohn hinkt lächerlich hinter der Tyrannei her, die,

Hand in Hand mit der Torheit, schneller als der Wind seinen Blikken enteilt.

Vierundsiebzigster Brief

Paris, Dienstag, den 7. Februar 1832

Vor einigen Tagen wurden hier, zum ersten Male seit der Revolution, zwei Menschen hingerichtet. Da verlosch der letzte Strahl eines schönen Tages. Als damals das Volk über das Leben aller seiner Feinde gebot und es schonte, dachten einige edle Männer daran, diese Tugend des Volkes, solange sie noch regierte, zum künftigen Gesetze zu erheben, damit, wenn die Macht wieder an jene käme, die nie geschont, sie ihren Rachedurst doch wenigstens nicht mit Blut sollen stillen dürfen. Sie trugen daher in der Kammer auf die Abschaffung der Todesstrafe an. Doch jene andern, die es genau berechneten, wieviel in dieser betrübten Zeit, da ihr Gewerbe ganz darniederlag, ihnen an Kapital und Zinsen verloren ginge, und daß sie das später alle wieder herbeischaffen müßten, es zum alten Schatze zu legen, erschraken über die Abschaffung der Todesstrafe. All ihr Glück liegt in der Hoffnungslosigkeit des Unglücks – wie kann man regieren ohne Tod? Doch schwiegen sie. Denn damals standen ihre unglücklichen Freunde vor Gericht, die Minister Karls X., die ganz in ihrem Geiste und nach ihrem Herzen gehandelt, denen es aber mißlungen war. Man wollte sie vom Tode retten und ließ darum die Wünsche des Volks für die Abschaffung der Todesstrafe nicht kalt werden. Sobald aber die Minister zur Gefangenschaft verurteilt waren, befreite man sich von der schweren Heuchelei und führte für die Beibehaltung der Todesstrafe alle die Gründe an, welche die Mächtigen, Vornehmen und Reichen seit jeher geltend gemacht, weil ihnen der Schutz ihrer Macht und die unbestrittene Herrschaft ihrer Leidenschaften und eine mathematische Sicherheit ihrer Reichtümer höher gelten als Christus' Lehre und als das Gebot der Menschlichkeit. Ihr eignes Herz zum Maßstabe nehmend, hatten sie ausgemessen, nach einem Jahre würde das Herz des Volks so klein geworden sein, daß die große Idee von der Abschaffung der Todesstrafe nicht mehr Platz darin findet. Aber sie täuschten sich.

Vor einigen Monaten wollte man auf dem Grève-Platze einen Verbrecher hinrichten; als aber das Volk die Vorbereitungen sah, zeigte es sich so aufgeregt und widersetzlich, daß man die Hinrichtung nicht vorzunehmen wagte. Jetzt haben sie den Richtplatz an das Ende der Vorstadt St-Jacques verlegt, außerhalb des Gesichtskreises des Volks, eine Stunde vom Mittelpunkte der Stadt entfernt. Die letzte Hinrichtung haben sie ganz im stillen vollzogen; erst zwei Tage später erfuhr Paris davon. Die Zeitungen der Minister haben es im Triumphe erzählt, wie schön alles gelungen, und wie der Schleier des Geheimnisses alles dicht bedeckte. Das Schafott wurde *in der Nacht* aufgerichtet und die Verbrecher morgens acht Uhr auf den Richtplatz geführt. Diese waren schon seit vielen Monaten verurteilt, auf die Begnadigung *hofften* sie nicht mehr, sie war ihnen Gewißheit. Noch am Nachmittage gingen sie im Hofe der Conciergerie ruhig und rettungsfroh spazieren, und als sie sich abends zu Bette legen wollten, kündigte man ihnen für den andern Morgen den Tod an. Der eine Verurteilte sagte am Fuße der Guillotine zum Henker: *Eilt euch! Eilt euch!* Aber sie haben ihn nicht verstanden, diesen Donner des Himmels. *Eilt euch! Eilt euch!* ruft es ihnen von oben herab; kurz ist eure Zeit! Die heillos verblendeten Toren! Als der edle Tracy in der Kammer auf die Abschaffung der Todesstrafe angetragen, da hätten sie nicht ruhen und rasten, sie hätten ihre Kinder nicht wiedersehn, nicht eher essen, trinken und schlafen sollen, bis das rettende Gesetz angenommen und verkündigt worden. Die Unglückseligen! Für wen denn haben sie das Schafott aufgerichtet, für wen haben sie das verrostete Beil des Henkers wieder blank geschliffen? *Für sich selbst.* Nicht zum zweiten Male wird das Volk seine Freiheit Tyrannen anvertrauen, nicht zum zweiten Male wird es seinen Feinden das Leben schenken.

— Wenn Pfeilschifters *Blätter für den deutschen Adelstand* nicht ebenso unsichtbar sind, als es noch alle seine frühern Schriften waren, wenn man sie in Frankfurt finden kann, bitte ich Sie, mir einige davon hierherzuschicken. Es ist ein Werk der Menschlichkeit, und ich wäre imstande, selbst daran zu arbeiten. Scharpie für den deutschen Adelstand – er wird sie bald nötig haben. Zupft! Zupft! Ihr habt es nicht für die Polen getan, doch wir rächen uns nicht. Auch ein Edelmann wird zum Menschen, sobald er krank und unglücklich geworden. Ach, wie schön ordnet sich das jetzt alles; wir dummen Demokraten hätten das nie gefunden. In den frühesten Zeiten war das Volk nichts, der Fürst wenig, der Adel alles. Aber die Fürsten wollten mehr werden und verbanden sich mit dem Volke, den Adel zu unterdrücken. Das gelang nach einigen Jahrhunderten. Die Fürsten wurden viel, der Adel sank zu wenig herab, das Volk erhob sich zu etwas. Nun aber wollten die Fürsten alles werden und verbanden sich wieder mit dem Adel, um das Volk in sein altes Nichts zurückzustürzen. Das gelang nicht; ja, das Volk wurde immer mächtiger und gelangte endlich zu der späten Einsicht, daß ihm allein alles gebühre und den Fürsten und Edelleuten, solange sie außer dem Volke stehn, nicht das geringste. Jetzt, in unsern Tagen, ist die Not und Gefahr für die Fürsten so groß geworden, daß sie, wie immer in Gefahren, sich hinter die Fronte der Streiter begeben. Den Adel, an dessen Spitze sie sonst standen, stellen sie vor sich hin, und das ändert die Lage des Kampfes auf das allervorteilhafteste für uns. Den Völkern war eine Art religiöser Scheu vor ihren Fürsten anerzogen, und darum, ob sie zwar immer wußten, daß der Adel ihr eigentlicher Feind sei, trugen sie doch Bedenken, denselben mit aller Macht zu treffen, aus Furcht, die Fürsten zu verletzen, die vor ihm standen. Jetzt aber, da die Fürsten zurücktreten, wird die Völker nichts mehr abhalten, ihren ewigen Feind mit aller Kraft zu bekämpfen, und ihr Sieg ist sicher. Nach dem polnischen Kriege hat sich der mächtige Kaiser Nikolaus ganz erschöpft in die Arme seines Adels geworfen; der absolute König von Preußen organisiert die Aristokratie der Schweiz und dient als gemeiner Ritter in ihren Reihen. Der englische Adel drängt seinen König zurück, und der französische rüstet sich mit dem Gelde der dummen Bankiers. Darum schreibt, ihr Pfeilschifter! Zupft, ihr gnädigen Fräulein von Neuchâtel! Zupft, das ist Weiberarbeit, das kommt euch zu! Aber errötet, daß ihr die alten Fischweiber von Paris übertroffen und furienartiger als jene einst die Aristokraten mißhandelt, mit euern zarten adlichen Händen den Demokraten das Gesicht zerkratzt, die der galante Herr von Pfuel, einst der Bayard des Tugendbundes, gefesselt vor euer Sofa geschleppt. Zupft, während wir die Schwerter wetzen!

– In der »Allgemeinen Zeitung« – nicht in der des Herrn von Cotta, sondern in der »*Deutschen* Allgemeinen Zeitung« – steht: »*Noch ein Wort über Börne*«; ein sehr verdienstvoller Artikel, der wegen der vielen Wunden, die er empfangen, mit dem Zensurorden geschmückt worden ist. Das ist nun einer der Wohlwollenden, der froh und emsig alles herbeigeholt, was er zu meiner Verteidigung für nötig hielt, und der es herzlich bedauert, daß er mich nicht in allem verteidigen kann. Nun wohl, er hat mich besser verstanden als die andern; aber auch nur besser verstanden, was ich *gesagt*, was gedruckt zu lesen war. Doch was ich *nicht* gesagt, was *nicht* gedruckt worden, das entging ihm, wie es den übrigen entgangen. Haben euch denn die täglichen Gedankenstriche eurer Zensur nicht wenigstens im Erraten einige Übung gegeben? Ach! das ist eben der Jammer mit den Deutschen. Weil sie immer so gründlich, so vollständig sind; weil sie alles, was sie tun, mit dem Anfange anfangen und mit dem Ende aller Dinge endigen; weil, sooft sie lehren, sie alles lehren, was sie wissen über alles; weil sie, wäre auch nur zu reden von der Angelegenheit dieser Stunde, von den Verhältnissen eines beschränkten Raumes, sie die ganze Ewigkeit, die ganze Unendlichkeit durchsprechen; weil sie hinausschiffen in den großen Ozean, sooft sie sich die Hände waschen wollen – urteilen sie, findet sich einmal ein Mann, der sagt, was zu wissen nur eben not tut, es sei ein oberflächlicher, einseitiger Mensch, der luftige Worte spräche und nichts *Gründliches* sage. Was ist da zu tun? Ach! gesteht es nur, wenn wir uns wechselseitig unerträglich sind, so ist doch meine Last viel größer als die euere. Meine kleine Bürde unter dreißig Millionen Menschen verteilt: das gibt jedem von euch gar wenig zu tragen. Aber mir hocken dreißig Millionen Deutsche auf dem Rücken, und die sind sehr schwer, sehr schwer! Gesteht es nur, ich brauche mehr Geduld mit euch, als ihr Geduld mit mir braucht.

Mein wohlmeinender Freund in der »Deutschen Allgemeinen Zeitung« sagt, man möge nicht vergessen, daß ich ein *Jude* bin. Aber das spricht er nicht als Vorwurf wie die andern aus; nein, er gedenkt dessen zu meiner Entschuldigung, ja, zu meinem Lobe. Er sagt: mit Recht wäre ich gegen die Deutschen erbittert, die mein Volk so gedrückt und geschändet; nicht der Haß, die Liebe habe mich verblendet. Ferner: »Der Ironie *Börnes* ist das Franzosentum der Riesenmaßstab geworden, mit welchem gemessen die deutsche Nationalität in ihrer ganzen Zwerghaftigkeit und Verkrüppelung erscheinen soll.« Ferner: »Auch die Ironie bedarf eines Gegensatzes, wie alles in dieser Welt voll Licht und Schatten, und sie muß daher, um ihren Gegenstand in seiner ganzen Kleinheit darzustellen, ein wirklich oder scheinbar Großes ihm entgegensetzen.« Ferner: »Die ernsten schlagenden Worte eines *Rotteck* und *Welcker*, aber wahrlich nicht die fliegenden Witze eines *Heine* und *Börne*, streuen den Samen künftiger Taten über unser Vaterland aus... Hat man Börnes Briefe zu Ende gelesen, so ist auch der Eindruck vorüber, und es ist uns nicht anders zumute, als hätten wir einem glänzenden Feuerwerke zugesehen... Allein alle diese einzelnen Winke können doch nimmer die Bahn bezeichnen, auf welcher die Nationen vorwärtszuschreiten haben; das vermögen keine blendenden, zuckenden Gedankenblitze, sondern nur das Licht der klaren *unwandelbaren* Sonne.« Und noch mehrere Dinge solcher Art spricht der Freund, auf welche ich Dinge meiner Art erwidern will.

Es ist wie ein Wunder! Tausend Male habe ich es erfahren, und doch bleibt es mir ewig neu. Die einen werfen mir vor, daß ich ein Jude sei; die andern verzeihen mir es; der dritte lobt mich gar dafür; aber alle denken daran. Sie sind wie gebannt in diesem magischen Judenkreise, es kann keiner hinaus. Auch weiß ich recht gut, woher der böse Zauber kommt. Die armen Deutschen! Im untersten Geschosse wohnend, gedrückt von den sieben Stockwerken der höhern Stände, erleichtert es ihr ängstliches Gefühl, von Menschen zu sprechen, die noch tiefer als sie selbst, die im Keller wohnen. Keine Juden zu sein, tröstet sie dafür, daß sie nicht einmal Hofräte sind. Nein, daß ich ein Jude geboren, das hat mich nie erbittert gegen die Deutschen, das hat mich nie verblendet. Ich wäre ja nicht wert, das Licht der Sonne zu genießen, wenn ich die große Gnade, die mir Gott erzeigt, mich zugleich ein Deutscher und ein Jude werden zu lassen, mit schnödem Murren bezahlte – wegen eines Spottes, den ich immer verachtet, wegen Leiden, die ich längst verschmerzt. Nein, ich weiß das unverdiente Glück zu schätzen, zugleich ein Deutscher und ein Jude zu sein, nach allen Tugenden der Deutschen streben zu können und doch keinen ihrer Fehler zu teilen. Ja, weil ich als Knecht geboren, darum liebe ich die Freiheit mehr als ihr. Ja, weil ich die Sklaverei gelernt, darum verstehe ich die Freiheit besser als ihr. Ja, weil ich in keinem Vaterlande geboren, darum wünsche ich ein Vaterland heißer als ihr, und weil mein Geburtsort nicht größer war als die Judengasse und hinter dem verschlossenen Tore das Ausland für mich begann, genügt mir auch die Stadt nicht mehr zum Vaterlande, nicht mehr ein Landgebiet, nicht mehr eine Provinz; nur das ganze große Vaterland genügt mir, soweit seine Sprache reicht. Und hätte ich die Macht, ich duldete nicht, daß Landgebiet von Landgebiet, daß deutschen Stamm von deutschem Stamm auch nur eine Gosse trennte, nicht breiter als meine Hand; und hätte ich die Macht, ich duldete nicht, daß nur ein einziges deutsches Wort aus deutschem Munde jenseits der Grenzen zu mir heruberschallte. Und weil ich einmal aufgehort, ein Knecht von Bürgern zu sein, will ich auch nicht länger der Knecht eines Fürsten bleiben; ganz frei will ich werden. Ich habe mir das Haus meiner Freiheit von Grunde auf gebaut; macht es wie ich und begnügt euch nicht, das Dach eines baufälligen Staatsgebäudes mit neuen Ziegeln zu decken. Ich bitte euch, verachtet mir meine Juden nicht! Wäret ihr nur wie sie, dann wäret ihr besser; wären ihrer nur so viele, als ihr seid, dann wären sie besser als ihr. Ihr seid dreißig Millionen Deutsche und zählt nur für dreißig in der Welt; gebt uns dreißig Millionen Juden, und die Welt zählte nicht neben ihnen. Ihr habt den Juden die Luft genommen; aber das hat sie vor Fäulnis bewahrt. Ihr habt ihnen das Salz des Hasses in ihr Herz gestreut; aber das hat ihr Herz frisch erhalten. Ihr habt sie den ganzen langen Winter in einen tiefen Keller gesperrt und das Kellerloch mit Mist verstopft; aber ihr, frei dem Froste bloßgestellt, seid halb erfroren. Wenn der Frühling kommt, wollen wir sehen, wer früher grünt, der Jude oder der Christ. –

Sie sagen: die Franzosen erschienen mir als Riesen, und die Deutschen stellte ich als Zwerge neben sie. Soll man da lachen oder trauern? Wem soll man begegnen? Was soll man beantworten? Unverstand und Mißverstand sind Zwillingsbrüder, und es ist schwer, sie voneinander zu unterscheiden, für jeden, der nicht ihr Vater ist. Wo habt ihr klugen Leute denn das herausgelesen, daß ich die Franzosen als Riesen anstaune und die Deutschen als Zwerge verachte? Wenn ich den Reichtum jenes schlechten Bankiers, die Gesundheit jenes dummen Bauers, die Gelehrsamkeit jenes Göttinger Professors preise und mich glücklich schätze, solche Güter zu besitzen – bekenne ich denn damit, daß jene glücklicher sind als ich, und daß ich mit ihnen tauschen möchte? Ich, mit ihnen tauschen? Der Teufel mag sie holen alle drei. Nur ihre Vorzüge wünsche ich mir, weil mir diese Güter fehlen. *Mir* würden sie zum Guten gereichen; aber jenen, die sie besitzen, gedeihen sie nicht, weil es die einzigen Güter sind, die ihnen *nicht* fehlen. Wenn ich den Deutschen sage: Macht, daß euer Herz stark genug werde für euern Geist; daß eure Zunge feurig genug werde für euer Herz; daß euer Arm schnell genug werde für euere Zunge; eignet euch die Vorzüge der Franzosen an; und ihr werdet das erste Volk der Welt – habe ich denn damit erklärt, daß die Deutschen Zwerge sind und die Franzosen Riesen? Austauschen, nicht tauschen sollen wir mit Frankreich. Käme ein Gott zu mir und spräche: Ich will dich in einen Franzosen umwandeln mit allen deinen Gedanken und Gefühlen, mit allen deinen Erinnerungen und Hoffnungen – ich würde ihm antworten: Ich danke, Herr Gott. Ich will ein Deutscher bleiben mit allen seinen Mängeln und Auswüchsen; ein Deutscher mit seinen sechsunddreißig Fürsten, mit seinen heimlichen Gerichten, mit seiner Zensur, mit seiner unfruchtbaren Gelehrsamkeit, mit seinem Demute, seinem Hochmute, seinen Hofräten, seinen Philistern – – auch mit seinen Philistern? – Nun ja, auch mit seinen Philistern. Aber ich sage euch, es ist schwer, ein gerechter Richter zu sein!

Ihr sagt: die Ironie bedürfe eines Gegensatzes, der der meinigen fehle. Wie! Merket ihr, was ihr fehlet, dann fehlt ihr ja nichts mehr, und merkt ihr nichts, dann fehlt ihr wieder nichts. Ihr ja seid selbst der Gegensatz! Soll ich euch, breit wie ihr seid, auf das schmale Papier hinstellen, das ja kaum für meine kleine Ironie groß genug ist? Man malet den Schatten, man malet nie das Licht. Soll ich euch etwa *loben*, ein Volk loben? Seid ihr denn mehr als Sonne und Mond? Nun, wenn die Sternkundigen von Mond und Sonne lehren, dann reden sie nicht lange und breit davon, daß Mond und Sonne leuchten – das sieht jeder dumme Hans – von ihrem Schatten, ihren Flecken reden sie. Das ist, was gelernt werden muß, darin ist die Wissenschaft. Von den Tugenden der Franzosen konnte ich sprechen; denn das sind *Lichtflekken*. Ihr seid ein Ganzes mit meinem Buche. Beurteilt es, aber beurteilt euch mit, daß ihr es nicht falsch beurteilet. Ihr sagt: mit solchen fliegenden Witzen streue man nicht *den Samen künftiger Taten* über unser Vaterland aus! O schont mich! Ich bekomme Krämpfe, wenn ich von *Samen ausstreuen* reden höre. Jetzt reden sie noch von säen, da doch ihr Korn schon längst geschnitten ist und es nur an Dreschern fehlt, die es ausschlagen! Nun, ich war einer von den Flegeln, die euch gedroschen; dankt es mir! *Samen ausstreuen!* Man verliert alle Geduld. So macht euch auch eine neue Erde für euern Samen, das wäre noch viel gründlicher. So wirkt man nicht – meint ihr. Wenn man meine Briefe gelesen, bliebe nichts übrig, es war ein glänzendes Feuerwerk! Bin ich ein Gott? Kann ich euch den Tag geben? Ich kann euch nur zeigen, daß ihr im Dunkeln lebt, und dazu leuchtet ein Feuerwerk lang und hell genug. Es bliebe nichts übrig? Wenn man meine Briefe gelesen, bleibt noch die ganze Göttinger Bibliothek übrig. Wie! Ich hätte nichts gewirkt? Hört doch die argen Schelme an! Sie zanken mit mir, daß ich ihnen Wasser statt Wein einschenkte, und können doch vor Trunkenheit kaum den Vorwurf stammeln. Was nennt ihr wirken? Was nennt ihr die Menschen bewegen? Heißt ihr das, sie bewegen, wenn es euch gelingt, sie zu eueren Gesinnungen hinüberzuziehen? Wenn so, dann bin ich bescheidener als ihr. Ich nenne es auch die Menschen bewegen, wenn es mir gelingt, sie fortzutreiben, entfernten sie sich auch von meiner Gesinnung. Sie gingen doch, sie blieben nicht länger stehen. Und das ist mir gelungen. Welche Begebenheit der Welt hat denn seit der großen *Sontag* das deutsche Volk so in Bewegung gesetzt als mein Buch? Nun freilich, der Sängerin haben sie den Wagen gezogen, und nach mir, der gepfiffen, haben sie mit faulen Äpfeln geworfen; aber sie haben sich bewegt für mich wie für sie, und die Bewegung war ihnen gut. Freilich haben sie die Sängerin mit Flötenliedern in den Schlaf gelullt, und mich haben sie mit einer greulichen Katzenmusik aus dem Schlafe geweckt; aber bis vor Mitternacht haben sie vor meinem Hause gekesselt und geklappert, sie sind später zu Bette gegangen, *sie haben drei Stunden weniger geschlafen.* Ist das nicht Gewinn? Habe ich nicht die Röte des Zorns in tausend blutleere Wangen gejagt, und seid ihr denn so ganz gewiß, daß nicht manche schüchterne Schamröte das benutzt, sich leise, sachte auch darüberhin zu schleichen? Habe ich nicht manches kalte Herz entflammt? Mag nun die Flamme meinen Scheiterhaufen anzünden oder den Weihrauch, den man auf meinen Altar gestreut – was geht das euch an? Das ist meine Sache. Genug, es flammt. Seid nicht undankbar gegen einen euerer treusten Diener, der mit den andern geholfen, euch aus dem Schlafe zu rütteln. Als der große Friedrich in seinen hohen Jahren schlafbegierig geworden, da, seiner Fürstenpflicht eingedenk, befahl er seinem Kammerdiener, ihn früh zu wecken und, wenn er nicht gleich das Bett verließe, ihm die Decke vom Leibe wegzuziehen. Er murrte immer über die Gewalt; aber war er einmal munter geworden, dann lobte er seinen Diener. Trinkt nur erst eueren Kaffee, und dann werdet ihr es mir danken, daß ich euch die Bettdecke vom Leibe weggezogen. Die Zeit wird kommen, wo ihr alle meine Vorwürfe ungerecht gemacht; und dann werdet ihr die ersten sein, es zu gestehn, daß sie einst gerecht gewesen. –

Sie verlangen, ich soll ihnen *die Bahn bezeichnen*, auf welcher sie *vorwärtszuschreiten haben*. Wenn ich ein Narr wäre! Ich weiß oft nicht: spottet ihr über euch selbst, oder wollt ihr mich zum besten haben? Wie? Soll ich euch Bücher schreiben? Soll ich reden von Preßfreiheit und Zensur, ja nicht zu vergessen die Kaution; von öffentlichen Gerichten; von Geschwornen; von Abschaffung des Neubruchszehnten, des Blutzehnten und anderer Teufelszehnten; von Aufhebung der Fronden und Zünfte; von Aufhebung der Universitätsgilden; von persönlicher Freiheit; von einem gemeinschaftlichen deutschen Gesetzbuche; von gleichem Maße und Gewicht und gleichem Münzfuße; von Freiheit des Handels; von wahrer freier Volksvertretung; von starker Wehrverfassung gegen das Ausland? Von dem allen sollte ich euch sprechen? Hat es denn noch keiner vor mir getan? Habt ihr geschlafen die letzten fünfzig Jahre? Dankt es mir doch, daß ich euch den Buchbinderlohn erspare. Positives wollen sie haben! Wahrhaftig, sie haben es mir vorgeworfen, es sei gar nichts *Positives* in meinen Briefen. Positives! Und ihr Postament ist die ganze Erde! Ist es euch noch nicht hoch, noch nicht breit genug? Traut ihr seiner Dauerhaftigkeit nicht und bittet mich, noch eine Lage Positives aufzusetzen? Ich verbürge mich für seine Dauerhaftigkeit. Wagt es, wagt es endlich einmal, die Bildsäule der Freiheit daraufzusetzen. *Oldenburger!* – Doch nein, ich will mich nicht ärgern und euch auch nicht. Doch könnt ihr's nicht mit Freundschaft anhören, was ich euch mit Freundschaft sage, daß ihr alle wie die Oldenburger Herrn seid? Diese arbeiten jetzt an guten Kommunalschuhen, und sind diese fertig nach hundert Jahren, stecken sie die Füße hinein; und nach hundert Jahren stellen sie den Leib auf die Füße; und nach hundert Jahren stellen sie den Hals auf den Leib; und nach hundert Jahren setzen sie den Kopf auf den Hals; und nach hundert Jahren setzen sie den Freiheitshut auf den Kopf; und dann hat Oldenburg eine Konstitution, so gut und so schön wie eine. O Oldenburger! Oldenburger!

Neue Ideen wollen sie auch von mir haben! Ein anderer Narr hat erzählt, er habe in meinem Buche nicht eine, nicht eine einzige *neue Idee* gefunden. Spannet alle euere Professoren auf die Folter, und wenn sie euch beim dritten Grade eine neue Idee bekennen, dann hat ihnen der Schmerz die Lüge abgepreßt, die sie widerrufen, sobald ihr sie von ihrer Qual befreit. – Schweigt! Ihr wißt nicht, wie man Völker erzieht. Ich verstehe es besser. Ein Volk ist ein Kind! Habt ihr einen hoffnungsvollen Knaben, geschmückt mit allen Vorzügen des Körpers, ausgestattet mit allen Gaben des Herzens und des Geistes; aber eine unheilbare Schwäche, eine schlimme Angewohnheit verunziert des Knaben gute Natur, oder für einen gemeinen Fehler hat er Strafe verdient – werdet ihr, wie folgt, mit ihm reden? »Komm her, Junge, küsse mich. Du bist ein herrliches Kind, meine Freude und mein Stolz; deine Mutter lobt dich, deine Lehrer rühmen dich, deine Kameraden bewundern dich. Und jetzt hast du eine Ohrfeige, denn du warst unartig gewesen. Und jetzt küsse mich wieder, teures Kind!« Nein, so handelt ihr, so redet ihr nicht, so töricht seid ihr nicht. Ihr gebt dem Knaben eine Ohrfeige, und von dem übrigen schweigt ihr. Darüber gehen seine schönen Eigenschaften nicht zugrunde. War aber ein reifer und verständiger Mann bei der Züchtigung des Knaben, dann vernahm er wohl etwas in der schwankenden Stimme des Vaters, das wie eine frohe Rührung klang; dann sah er wohl etwas in seinem Auge, das wie eine Hoffnungsträne schimmerte. Dann küßte vielleicht der fremde Mann den weinenden Knaben, doch ganz gewiß tadelte er den Vater nicht.

Donnerstag, den 9. Februar 1832

Es erzählte mir jemand aus der Zeitung, die Juden in Frankfurt würden mehrere Freiheiten bekommen; statt fünfzehn Paare jährlich sollen künftig achtzehn Paare heiraten dürfen. O Zeitgeist! Zeitgeist! Wer kann dir widerstehen?

– Wenn *** zu Ihnen kommt, binden Sie sich einen dicken Schal um den Hals; denn er haut einem den Kopf ab, ehe man sich's versieht. Das ist ein Jakobiner!

– In Preußen hat man den Juden das deutsche Predigen verboten. Ach ja, ich will es wohl glauben. Wie glücklich wären sie, wenn sie auch in den Kirchen, den Gerichten, auf dem Markte, in den Zeitungen und sonst überall, wo man mit der Menge spricht, die deutsche Sprache verbieten und dafür die hebräische einführen könnten, die keiner versteht! *Hebräisch regieren* – das wäre etwas Himmlisches! Ein Punkt kann den ehrlichsten Mann an den Galgen bringen; ein Punkt, ein Strich mehr oder weniger, da oder dort, gibt dem Gesetze einen ganz andern Sinn; man kann das Recht kneten wie Butter und eine grobe Konstitution so fein machen, daß sie durch ein Nadelöhr geht. Denkt daran, ihr christlichen Minister! werdet Rabbiner, und *ich* habe es erfunden! Auch will man jetzt in Preußen allen Zivilbeamten Uniformen geben. Das ist die rechte Höhe der Tyrannei, der Superlativ, der deutsche Superlativ des Monarchismus; es ist eine allerhöchste Spitzbüberei. Dadurch will man die Regierung ganz vom Volke trennen, die Beamten unter den Korporalstock der Disziplin bringen, Vaterlandsliebe in blinden Gehorsam verwandeln und aus dem sitzenden Heere der Schreiber ein stehendes Heer machen; aus Richtern und Hofräten Soldaten, welche die Feder statt der Flinte schultern, statt Patrontaschen Wappen tragen und Verordnungen und Strafen wie Patronen gebrauchen. Die Kammergerichtsassessoren werden Schildwache stehen müssen und die Referendare des Nachts patrouillieren. Das Ministerium wird das Hauptquartier und jedes Amt eine Wachtstube. So verknechtet man das Volk, so verknechtet man seine Hüter, so verknechtet man alles von der Hütte bis zum Throne, vom Bettler bis zum Oberknechte. Ach! so viele Umstände wären gar nicht nötig. Die Preußen sind gute Menschen und leitsam wie die Hämmel. Der Kühnste unter ihnen, der Herr Professor von Raumer, ist noch furchtsam wie ein Spatz. Er hatte einmal den Mut, von der Galeerenbank der Zensur wegzulaufen. Es war in den Schreckenstagen der Cholera, wo jeder den Kopf verlor. Er hätte ihn freilich nicht gehabt, wäre nicht Se. Exzellenz der Geheimerat von Raumer Galeerenhauptmann und sein Onkel gewesen, auf dessen Schutz er rechnen durfte, wenn man ihn wieder erwischte. Indessen, er hatte ihn. Gleich ließ er seine Heldentaten, als sein eigner Homer, in die »Allgemeine Zeitung« setzen. Das war zu viel. Dagegen konnte ihn auch sein gnädiger Onkel nicht schützen, das griff die preußische Monarchie zu gefährlich an. Man befahl dem Professor Raumer, seinen kühnen Schritt zu leugnen, und er hatte die Feigheit, es zu tun und öffentlich bekanntzumachen, *er* habe die Nachricht nicht in die »Allgemeine Zeitung« geschickt, er wisse nichts davon. Und hätte er wirklich nichts davon gewußt, er hätte das doch nicht erklären dürfen. Braucht man Uniformen gegen oder für solche Menschen? Herr von Raumer kam wieder zu Gnade, und zu größerer als vorher. Denn nicht aufrichtige, treuergebene Diener will man haben, Menschen, die mit Herz und Glauben dem Absolutismus dienen; nein, Herz und Glauben sind der Tyrannei verhaßt, auch wenn sie ihr dienen. Man will freigesinnte, aber gottvergessene Menschen, die ein Gewissen zu verkaufen, die eine ursprünglich gute Gesinnung dem Teufel zu verschreiben haben. Die sucht man, die belohnt man am besten. Die kann man dem Volke zur Verführung aufstellen, als hohnlächelnde Beweise vorzeigen, daß Tugend nichts ist und Ehre eine Ware. So verknechtet, so entadelt man die Menschheit, daß sie Gott selbst nicht mehr erkennt und sie der Gewalt der Tyrannei überläßt.

Freitag, den 10. Februar 1832

Heute bin ich ganz vergnügt, daß ich gestern keinen Brief bekommen. Dafür bekomme ich ihn heute, oder jeder Funke der Menschlichkeit müßte in Ihnen erloschen sein. Haben Sie meine erschütternden Ermahnungen vom Neujahrstage schon vergessen? Warten Sie nur, dann schreibe ich Ihnen wieder einen Brief, der Ihnen das Herz in tausend kleine Stücke brechen soll.

Den gestrigen Abend brachte ich in einer *Soirée St-Simonienne* zu, bis gegen Mitternacht. Es ist eine wöchentliche Zusammenkunft, die, wie jede andere, der geselligen Unterhaltung gewidmet ist und keine besondere religiöse oder doktrinäre Bestimmung hat. Ich kann Ihnen nicht beschreiben, welchen wohltuenden Eindruck das Ganze auf mich gemacht. Es war mir, als wäre ich aus der Winterkälte einer beschneiten nordischen Stadt in ein Glashaus gekommen, wo laue Frühlingslüfte und Blumendüfte mich empfingen. Es war etwas aus einer fremden Zone und aus einer schönern Jahreszeit. Und doch war ich mit keinem vorbereitet günstigen Gefühle, sondern ganz anders, mit unfreundlichen Gedanken, dahin gekommen. Ich hatte mir fest versprochen: dort findest du Menschen, die einem Jahrhunderte und einer Welt vorausgeeilt oder die Jahrtausende zurückgegangen, um das Kinderparadies der Menschheit aufzusuchen; und du findest sie mit den neuesten Gesichtern vom 9. Februar 1832, mit den Meinungen, Reden, Gesinnungen, Witzworten, Fragen und Antworten und dem ganzen ewigen Kalender aller Franzosen und Pariser. Ich fand sie nicht so. Es schwebte ein Geist heitern Friedens über diesen Menschen, ein Band der Verschwisterung umschlang sie alle, und ich fühlte mich mit umschlungen. Eine Art Wehmut überschlich mich, ich setzte mich nieder, und unbekannte Gefühle lullten mich in eine Vergessenheit, die mich dem Schlummer nahebrachte. War es der magnetische Geist des Glaubens, der auch den Ungläubigen ergreift wider seinen Willen? Ich weiß nicht. Aber schweigende Begeisterung muß wohl mehr wirken als redende, denn die Reden der Simonisten haben mich nie gerührt. Dabei war alles Lust und Freude, nur stiller. Es wurde getanzt, Musik gemacht, gesungen; man spielte Quartetts von *Haydn*. Es waren wohl hundert Menschen, ein Dritteil Frauenzimmer. Die Männer waren mit ihren Weibern gekommen! Das sieht man freilich in andern Pariser Gesellschaften auch; aber dort *kommen* und *gehen* die Männer mit ihren Weibern; während sie aber beisammen sind, findet eine Art Ehescheidung zwischen ihnen statt. Hier aber konnte ich erkennen, welcher Mann zu welcher Frau gehörte. Im Vorzimmer saß eine ganze Reihe Kammer- und Dienstmädchen. Sie kamen oft in das eine Gesellschaftszimmer, um durch die offne Türe des Salons ihre Herrschaften tanzen zu sehen und singen zu hören. Diese Gleichheit gefiel mir sehr. Noch beim Nachhausegehen auf den Boulevards fühlte ich mich seelenwarm, und ich ging zu Tortoni und aß ein Glas Plombières, wobei ich Ihrer gedachte, besonders als ich an die Vanille kam. –

Es geht dem *** wie vielen Deutschen, welche die Nebensache zur Hauptsache gemacht. Die französische Leichtigkeit ist bei ihnen zum Leichtsinn, das so notwendige und darum verzeihliche *Sichhervorstellen* zur Zudringlichkeit geworden, und wenn sie sich als die gemeinsten Scharlatane betragen, glauben sie Leute von Welt, feine Pariser zu sein.

An der *Deutschen Tribüne* zu arbeiten, dazu habe ich keine Zeit jetzt. Aber ich tue es, sobald ich frei werde. Das ist ein Schlachtfeld, auf dem kein Mann, der sein Vaterland liebt, fehlen soll. Aber die Zeitung, wird sie noch lange bestehen? Sie hat bis jetzt der Zensur getrotzt, wofür der Redakteur zu sechsmonatlicher Gefängnisstrafe verurteilt worden.

Ich schicke Ihnen heute den Herings-Salat. Es ist eine große Schüssel, und Sie werden Durst darauf bekommen.

Herings-Salat

Beim *Thor*, beim hohen *Odin* und beim höchsten *Bör*, meinem erhabenen Ahn, dieser Knabe Alexis kämpft mit einer Berserkerwut, für die ihm einst in Walhalla ein Zwiebelkuchen duften wird! Aber noch bedenke ich mich. Soll ich, oder soll ich nicht? Kennten mich nur die Menschen alle, fühlten es nur alle mit, welch einen Stolz ich aufzuopfern habe, wenn ich solchen niedrigen Troßbuben das Gesicht zuwende. Aber auch diesen Stolz lege ich auf den Altar des Vaterlandes, und wahrlich, hätte ich ihm alles zu verdanken, was ich ihm zu verzeihen habe – ich wäre ihm jetzt nichts mehr schuldig. Oder glaubt ihr, es wäre nichts, mit einem Philisterchen zu rechten, daß es geworden, wie es die Natur in einer langweiligen Stunde aus dem Kern einer Haselnuß geschnitzelt? Wenig für einen Mann von Ehre und Gefühl, sich vor ein Nürnberger Schächtelchen hinzustellen, wie es beschaffen, wenn eben der letzte Nachtlichtdocht herausgenommen: offen und leer – und es ernsthaft zu fragen, warum es nichts enthalte und wo seine Seele hingekommen? Es ist viel. Und doch dauert mich der arme Schelm! Sie haben ihm heimlich Branntwein in seine Bierkaltschale gegossen, und der blasse blöde Junge, der früher nicht den Mut hatte, eine rotwangige Bauerndirne zum Tanze aufzufordern, stürzt hervor, wird ein Held, fliegt die Sturmleiter hinauf und erwacht nicht eher aus seinem Taumel, bis eine starke Faust dort oben ihn mit einer Ohrfeige lachend in den Graben hinunterstürzt. Dann jammert er: »Ach, Papa Schlesinger! Ach, lieber Papa Schlesinger! Ach, wäre ich doch freimütig und zu Hause geblieben! Ach, hätte ich doch kein Handgeld genommen! Ach, wäre ich nur fort von hier, man erwischte mich kein zweites Mal!« Törichter Knabe! Trinke Milch und gehe nicht hin, wo Werber zechen. Sie haben dir wohl versprochen, du solltest Hauptmann werden; aber du bliebst Trommelschläger dein ganzes Leben. Du dauerst mich.

Ich habe des großen *Bör*, meines göttlichen Ahns, gedacht.

Das war er, und darum nenne ich mich *Börne* (Sohn des Bör). Mütterlicher Seite stamme ich von *Bestla* ab, des Riesen Bälthorn Tochter und Gattin des Bör. Keiner, der mich kennt, wird mich des Ahnenstolzes fähig halten; ich erwähne nur meine Abstammung, um jenen törichten Menschen, welche glauben, daß eine hohe Geburt ein niederes Leben gut mache und eine niedrige Geburt ein hohes Leben verderben könne, mir vorwerfen, ich sei als Jude geboren und darum weniger als sie – um ihnen zu zeigen, daß ich mehr bin als sie, wie durch mein Leben, so auch durch meine Geburt. Der Ursprung meiner Familie geht hoch über das Christentum hinaus und ist noch älter als das Judentum. Wir stammen aus der Lichtwelt, *Muspelheim* war unser Wiegenland; ihr aber stammt aus der Nebelwelt, von *Niflheim* seid ihr hergekommen, seid *Ymirs* böse Kinder und die verzwergten Enkel der langweiligen, aber einst gewaltigen *Eisriesen*. Einst heiratete ein Mann aus meiner Familie eine Frau aus der eurigen, die *Kuh Audhumla*, und diese Verwandtschaft spüre ich bei naßkaltem Wetter in allen meinen Gliedern.

Zweitausend Jahre vor Christus zog der mächtige *Heimdallr*, Nachkomme Börs und einer meiner glorreichen Vorfahren, mit einem zahllosen Heere dem Mittage zu, um dort die Teutonen, die Nachkömmlinge Ymirs, aufzusuchen und mit diesen seinen tückischen Vettern einen alten Rechtsstreit auszukämpfen. Nach langem und beschwerdevollen Zuge kam Heimdallr mit seinem Heere an der Grenze des feindlichen Landes an. Die Nacht war angebrochen, aus allen Städten und Dörfern schallten die Sturmglocken, und zahllose Wachtfeuer brannten ringsumher. Heimdallrs kampfbegierige Streiter jauchzten dem kommenden Morgen entgegen. Als der Held eben sein letztes Horn ausgeleert und sich unter einer Eiche zur Ruhe legen wollte, wurde ihm eine Botschaft gemeldet. Es erschienen fünfundzwanzig Zwerge in seidnen Kleidern und mit hundert Bändern und Goldblechen behangen. Der Kleinste derselben trat hervor, warf sich Heimdallr zu Füßen, küßte sie, stand dann wieder auf und sprach: »Allerdurchlauchtigster Fürst und Herr, Allergnädigste Geißel Gottes!

Mein Herr, *der König der Hofräte*, sendet mich zu Allerhöchstderen allerhöchster Person und fleht Allerhöchstdieselben, ihn in diesen kritischen Zeiten mit keinem Kriege zu überziehen, weil deren heilige Person gerade beschäftigt ist, mit ihren getreuen Untertanen die ›Stumme von Portici‹ einzustudieren. Allerhöchstdieselben mögen geruhen zu bedenken, oder wollen geruhen zu bedenken, wie es meiner schuldigsten Ehrfurcht am angemessensten lautet, daß von dieser neuen Oper das Glück des ganzen Volkes der Hofräte abhängt, und darum geruhen, gefälligst umzukehren und Allerhöchstderen Königreich, das gesegnete Muspelheim, wieder mit Allerhöchstderen Gegenwart zu beglücken. Mein Herr und König übersendet Ew. glorreichen Majestät durch meine unwürdigen Hände dieses blaue Band der schönen Sängerin, deren Hausorden, als ein Zeichen seiner Freundschaft und unwandelbaren Gesinnung, und bittet Allerhöchstdieselben mit Allerhöchstdenselben einen Allerhöchsten Zollvertrag abzuschließen, zu wechselseitigem Vorteile der beiderseitigen Höfe.« Als darauf der Zwerg dem großen Heimdallr das kleine Ordensband umhängen wollte, aber kaum seine Knie erreichen konnte, brach darüber Heimdallrs Heer in solch ein donnerndes Gelächter aus, daß achtzehn von den Zwergen vor Schrecken umfielen und starben. Deren Anführer und Vormund riß sich die Haare aus dem Kopfe, warf sich Heimdallr abermals zu Füßen und sprach mit tränenden Augen: »Allerdurchlauchtigstes göttliches Wesen! Mächtiger Beherrscher von Muspelheim! Mögen Allerhöchstdieselben in Allerhöchstderen gerechtem Zorne, wenn ich mich alleruntertänigst so ausdrücken darf, es unserm unglücklichen Lande nicht anrechnen, daß einige schlechte Hofräte sich erkühnt, in Gegenwart Allerhöchstderen geheiligter Person umzufallen und zu sterben. Es sind junge Leute, die erst vor zehn Jahren von Jena zurückgekommen, wo ihnen die Burschenschaft heillose demagogische Schwärmereien in den Kopf gesetzt. Wollen Allerhöchstdieselben Gnade für Recht ergehen lassen und sich damit begnügen, daß wir zu Allerhöchstderen Satisfaktion gleich morgen früh unsern Zensor aufknüpfen, weil er, wie dieses Beispiel der frechsten majestätsschändenden Todesart lehrt, den revolutionären Grundsätzen nicht streng genug Einhalt getan. Gnade! Friede! O, wäre die Stumme von Portici hier, daß sie selbst für uns reden könnte!« Heimdallr geriet in den heftigsten Zorn und sprach: »Ihr feigen Hunde habt nicht den Mut, mit uns zu kämpfen, und wollt uns meuchelmörderisch in den Rücken fallen! Ihr sprecht von Frieden, und im ganzen Lande erschallen die Sturmglocken! Ihr sprecht von Ergebenheit, und ringsumher verraten zahllose Wachtfeuer ein zahlloses Heer!« – Der Zwerg schlug sich vor die Stirn und erwiderte: »O jammervolles, o allerhöchstbetrübtes Mißverständnis! Allerhöchstdieselben geruhen nicht zu wissen, was sie sprechen! Allerhöchstdieselben geruhen falsch zu hören und falsch zu sehen! Was Serenissimus für Sturmglocken gehalten, ist nichts als das festliche Geläute, womit wir Allerhöchstderen erfreuliche Ankunft feiern, und was Allerhöchstdieselben geruhten für Wachtfeuer anzusehen, waren die Illuminationen, die im ganzen Lande der Hofräte von der Polizei anbefohlen worden. O Gnade! O Barmherzigkeit!« Heimdallr gab dem Zwerge einen Fußtritt und sprach: »Fort, Hunde, mit Tagesanbruch seht ihr mich wieder!«

Nach Aufgang der Sonne stand Heimdallr mit seinem ganzen Heere im Gebiet der Hofräte. Der Zwerg vom vorigen Tage trat abermals hervor und sprach: »Allerdurchlauchtigster, ich wünsche wohl geruht zu haben. Allerhöchstderen heiterer Blick verkündet uns Ruhe und Frieden. Der Zensor ist gehenkt, und die Güter der achtzehn Demagogen, die gestern abend eines revolutionären Todes gestorben, sind konfisziert worden. Ich bin von meinem Könige und Herrn bevollmächtigt, dem durchlauchtigsten Beherrscher von Muspelheim eine Operallianz anzubieten. Die beiderseitigen respektiven Höfe sollen auf ewige Zeiten ihre Sängerinnen und Tänzerinnen miteinander austauschen, zum größten Vorteile des Handels, der Industrie, der Moral, Gesundheitspolizei und Bevölkerung der beiden Staaten. Um Allerhöchstdenselben die Kosten der Kriegsrüstung zu ersetzen, will mein König und Herr die Hälfte seiner Staaten an Ew. Majestät abtreten. Höchstderen alleruntertänigster Zwerg hat seinem Herrn dazu geraten. Wir sind unserer Hofräte, Domänenverwalter, Gardeoffiziere, Minister, Kammerherrn, Oberstallmeister, Oberzeremonienmeister, Hofdamen, Mätressen, Generalintendanten und Hofbankiers, in allem nur 814. Für diese bleibt die Hälfte des Landes groß genug, und wenn die uns bleibenden Untertanen zweimal soviel Steuer bezahlen als früher, verlieren wir nichts an den andern. Geruhen jetzt Ew. Majestät ein ganz untertäniges Frühstück einzunehmen und dann der Generalprobe der ›Stummen von Portici‹ huldreichst beizuwohnen.«

Nachdem der Zwerg-Hofrat so gesprochen, erhob sich im Hintergrunde ein wildes Geschrei: »*Zu den Waffen, zu den Waffen! Keinen schmachvollen Frieden! Auf Brüder! Es lebe Teutonia! Es lebe die Freiheit!*« Heimdallr schob die Hofräte, welche die Aussicht hemmten, weg, um zu sehen, was hinter ihnen vorging. Da gewahrte er eine Schar edler Jünglinge, welchen der Mut in den Augen blitzte, welchen Kampfbegierde die Wangen rötete, und [die], den Ruf zur Schlacht erwartend, freudig mit den Schwertern auf den Schild schlugen. Heimdallr mit seiner Heldenschar streckten froh bewegt ihre Arme den Heldenbrüdern entgegen und riefen: »Gruß, Liebe und Dank euch Brüdern! Wir kommen, ihr seid es wert, mit uns zu streiten, und, Sieger oder besiegt, in Walhalla trinken wir aus *einem* Horn!« Da erbleichte der Zwerg, sprang auf einen Stuhl, sah die tapfern Jünglinge zornig an und sprach: »*Ruhe ist die erste Bürgerpflicht!*« Heimdallrs Kriegern bot sich darauf ein Schauspiel dar, worüber sie zu Bildsäulen erstarrten und ihnen Schwert und Schild mit donnerndem Getöse aus den leblosen Händen fiel. Sobald die teutonischen Jünglinge gehört: »*Ruhe ist die erste Bürgerpflicht!*« legten sie ihre Rüstung ab, zogen Schlafröcke an, stopften ihre Pfeifen und fingen an zu lesen und zu schreiben. Heimdallr sprach darauf zu seiner Schar: »Auf, tapfere Genossen, flieht, fort von hier. Wir sind gekommen, mit Männern zu kämpfen, nicht mit Schulmeistern und ihren Knaben. Fort von jener bedauernswürdigen Jugend, fort von diesen verächtlichen Alten! Flieht und schaut nicht rückwärts, bis wir nach Muspelheim gekommen.« So verließ Heimdallr mit seinem Heere Teutonia, ließ aber zur Bewachung der Hofräte sechs Mann und einen Unteroffizier zurück.

Dieser Unteroffizier war Heimdallrs jüngster Sohn, der aber trotz seiner königlichen Abstammung nicht besser gehalten wurde als der gemeinste Krieger. Nachdem aber sein Vater fortgezogen war und der junge Mensch sich selbst überlassen blieb, konnte er den Schmeicheleien und Kriechereien der Hofräte nicht lange widerstehen. Er verweichlichte, sein reines skandinavisches Blut artete aus, und von dem vielen Essen und Trinken, das man ihm alle Tage vorsetzte, bekam er die Gicht, welche Krankheit sich durch länger als zweitausend Jahre in seiner Familie fortgeerbt. Vierundzwanzighundert Jahre nach Heimdallr reiste ein Nachkömmling jenes Unteroffiziers, namens *Widar*, wegen seines Podagras nach Baden bei Rastatt. Auf dem Wege dahin, im württembergischen Städtchen Mergentheim, lernte er ein schönes Mädchen kennen, namens *Goldchen*, Tochter des Juden *Baruch*. Er verliebte sich in sie und verlangte sie zur Gattin. Er erhielt sie unter der Bedingung, ein Jude zu werden und den Namen Baruch anzunehmen. Widar lernte in Baden den berühmten Dichter Robert kennen, der ihn Tag und Nacht um Stoff zu einem Drama quälte. Widar erzählte ihm seine eigene Lebensgeschichte, und daraus entstand Roberts europäisches Schauspiel »*Die Macht der Verhältnisse*«. Darauf zog Widar oder Baruch an den Main, da, wo später Frankfurt erbaut wurde. Die Gegend gefiel ihm, und er ließ sich da nieder. Sein Haus stand an der Stelle, wo jetzt in Sachsenhausen die untere Mühle liegt. Nach und nach siedelten sich viele Heiden und Juden dort an, und es entstand eine Stadt, die Widar nach seinem Namen nannte. Dieses zeigt auch das Wort Frankfurt ganz deutlich; denn *Frank* heißt im Skandinavischen *Wi*, und *furt* heißt *dar*. Also waren es Juden, die Frankfurt gegründet, und S. T. der Herr Senator Dr. Schmid Wohlgeboren waren daher im größten Irrtum, als sie gegen mich, der die Rechte der Juden verteidigte, vor einigen Jahren im

Gelehrtenvereine bemerkten: die Juden könnten keine Bürger sein in Frankfurt, weil es vor 1500 Jahren Christen gewesen, welche Frankfurt erbaut. Gerade im Gegenteile. Wenn hier die Religion ein Recht geben oder nehmen könnte, wären die Frankfurter Juden die einzigen Bürger, und die Christen wären bloß Schutzchristen, welche die Juden in eine Christengasse einsperren und ihnen verbieten dürften, mehr als zwölf Ehen jährlich zu schließen, damit sie nach und nach aussterben und den Handel der Juden nicht ganz zugrunde richten.

Auf diese Weise ist meine früher heidnische Familie eine jüdische geworden und ist es geblieben bis auf den heutigen Tag. Ich aber, als im Jahre 1818 die jüdische Familie Rothschild so übermächtig wurde, beschloß zum Christentume überzugehen; denn es war immer meine Neigung, es mit der schwächern und unterdrückten Partei zu halten. Der Pfarrer wollte mich aber unter dem Namen *Baruch* nicht taufen, und darum nahm ich den Namen *Börne* an, um hiedurch das zerrissene Band mit meinem Ahnherrn, dem göttlichen Bör, wieder festzuknüpfen. Seitdem heiße ich also *Börne* und nicht *Baruch modo Börne* wie das Frankfurter Polizeiprotokoll ohne Punkte vom 5. Dezember sagt. Ich habe den Namen mit Wissen und gnädigster Erlaubnis meiner hohen Obrigkeit angenommen. Wenn ich von mir selbst spreche, heiße ich kurzweg *Börne*; wenn aber andere von mir sprechen, heiße ich *Herr* Börne. Und ich heiße mit viel größerem Rechte Herr als irgendein Frankfurter Senator der drei Bänke, den ältern und jüngern Bürgermeister nicht ausgenommen. Denn ich bin wahrer Herr, ich diene keinem, ich bin keiner Macht Untertan. Ich diene nur der Wahrheit und dem Rechte, ob es mich zwar nur so weit angeht, daß ich selbst es nicht zu verletzen habe. Wäre ich aber eine obrigkeitliche Person, ein Richter, ein Senator, ein Bürgermeister; wäre das Recht meiner Mitbürger meinem Schutze anvertraut und irgendeine zahnstochernde Exzellenz, dem etwa einer meiner Schutzbefohlenen wegen der Form seiner Nase mißfallen, lächelte mir beim Dessert den Befehl zu, dessen Recht zu kränken, ließ' ich lieber meinen armen

Leib in tausend Stücke hauen und ihn als Fraß den Schweinen vorwerfen, als daß ich meine unsterbliche Seele um das Spottgeld eines solchen Lächelns verkaufte. Also *Herr* Börne heiße ich und werde jedem zu begegnen wissen, der mir mein *Herr* anrührt. Als vor einiger Zeit einige junge Leute von der Gesellschaft der *Volksfreunde* wegen Vergehen, die mit fünfjähriger Einsperrung bestraft werden können, vor ihren Richtern standen und, angeschuldigt auf diese Weise, ihre Verteidigung auf eine wenn auch nicht strafwürdige, doch höchst straffällige Weise führten; Recht und Ordnung, ihre eigenen Richter, den König und die Verfassung verhöhnten und bei dem Verhör der Gerichtspräsident die Angeklagten beim Namen rief, ohne *Herr* vorzusetzen; da sprach *Raspail*, einer derselben, zum Präsidenten: »Wenn ich das Wort an Sie richte, nenne ich Sie *Herr Präsident*; wenn Sie mit uns sprechen, sagen Sie bloß *Raspail, Hubert, Thouret*. Doch sind wir gleich vor dem Gesetze; geben Sie uns die Eigenschaft, die wir Ihnen selbst erteilen. Die Achtung, die Sie von uns selbst zu fordern das Recht haben, sind Sie auch uns schuldig.« Lautes Bravorufen der Zuhörer folgte auf diese Anrede. Der Präsident aber nahm keine Rücksicht darauf und fuhr fort, *Raspail* zu sagen, ohne Herr. Darauf sprach Raspail: »Herr Präsident, nennen Sie mich *Herr Raspail*, ich verlange es; nicht für mich (man weiß, wie wenig wir auf so nichtige Dinge halten), aber ich fordere es im Namen der Würde der Verteidigung und der Achtung, die man den Angeklagten schuldig ist. Die Beklagten, die man alle Tage auf diese Bänke schleppt, sind gewohnt, vor Ihnen zu zittern. Nun wohl! Sie mögen sich selbst achten lernen, es ist ein gutes Beispiel, das wir ihnen geben.« So wie Raspail vor den Assisen, stehe ich jetzt vor der Frankfurter Polizei. Mein Verbrechen ist mir unbekannt; aber die mir drohende Strafe ist fürchterlich. Wenn ich verurteilt werde, muß ich den Galeerendienst bei diesem Amte versehen. Darum sage ich im Gefühle meiner Würde dieser Polizei: »Madame! Wenn ich Sie anrede, nenne ich Sie *Madame*; nennen Sie mich *Herr*. Die Achtung, die ich Ihnen bezeuge, sind Sie auch mir schuldig. Den Doktor erlasse ich Ihnen, auch meine übrigen Titel, deren ich viele habe, brauchen Sie mir nicht zu *salvieren*, auch dem *Wohlgebornen* entsage ich. Aber nennen Sie mich *Herr Börne*, ich bestehe darauf.«

– Auf dieses Tutti lasse ich ein Solo folgen; denn ich spiele ein unparteiisches Doppelkonzert, in dem ich zwar als Komponist und Konzertgeber mir die erste Stimme vorbehalte, doch zur gehörigen Zeit mit der zweiten abwechsle. Jetzt kommt die Reihe zu geigen an den Meister Alexis. »Noch nie habe ich ein Buch mit so steigendem Widerwillen, bis es zuletzt völliger Ekel wurde, durchgelesen. Börne ist ein deutscher Ultraliberaler, sagen Sie! Mein Gott, reicht denn das Wort aus, diesen Inbegriff von knabenhafter Wut, pöbelhafter Ungezogenheit, diesen bodenlosen Revolutionsgeist, diese hohle, ans Alberne streifende Begeisterung für negierende Begriffe auszudrücken, ja nur zu bezeichnen? Tut man nicht unsern Liberalen unrecht, Börne als einen ihresgleichen zu nennen? Mich dünkt, so etwas von erschütternd Nichtigem, in einer abschreckenden Gestalt, ist noch nicht dagewesen, wenigstens nicht in der deutschen Literatur ... Er wälzt sich in Gemeinplätzen, in einem bacchantischen Taumel, oder wie jener irische Häuptling, der sich vor der Fronte in den Kot warf, um sich abzukühlen, wenn ihn das Fieber brannte. Es juckt ihn, und er kratzt sich, daß es eine Lust ist.« Noch einmal, mich dauert der arme Schelm! Vor vierzig Jahren hatte irgendein pfuschender Naturgesell von Lappen, die er seiner Meisterin gestohlen, dem kleinen hagern Seelchen Röckchen und Höschen zusammengeschneidert. Zur Ruhe, zum Sitzenbleiben und zum Referieren geboren, war dem Seelchen das enge Kleidchen weit genug, und die Nähte hielten. Aber da schlägt ein Blitz in seiner Nähe nieder, das Seelchen erschrickt, springt auf, zum ersten Male bewegen sich die Glieder, *die knappe Sprache platzt*, Lumpenworte hängen herum, und dem armen nackten Seelchen kann man alle Rippchen zählen. Edler! Warum bist du erschrocken? Nicht dir galt der Blitz; Lorbeeren verschont er. Übrigens nehmen Sie mir es nicht übel, wenn ich mehrere Male Du zu Ihnen sage. Zuweilen rede ich in Streckversen, und dann duze ich jeden ohne Unterschied des Ranges, der mir in den Weg kommt. Aber eines bitte ich Sie mir zu erklären. Ich erinnere mich ganz genau: es war im Jahre 1819, nach dem Karlsbader Kongresse; da nahm ich Asafötida ein, und zwar in Mixtur; denn ich verabscheue die feigen Pillen. Es war ein einziger Löffel voll, es war der Ekel einer Minute und der Schauer von fünf Minuten. Aber hing mein Leben davon ab, ich nähme keinen zweiten Löffel Asafötida. Sie aber, mein Bester, haben mehrere Stunden an meinem Buche mit immer steigendem Ekel gelesen! Wie ertrugen Sie das? Wer hieß Sie das? Wer bezahlte Ihnen das? Oder finden Sie solche Freude am Ekel, daß Sie ihn gutwillig suchen, warum erbrechen Sie sich vor den Augen aller Welt? Ist das artig? Tut das ein wohlerzogener Mensch? Zwar haben es die alten Römer auch getan, aber Sie sind kein alter Römer, sondern im Gegenteil ein Referendär. Zweitens, beantworten Sie mir die Frage: ist das literarische Unterhaltungsblatt ein Nachtgeschirr? Endlich möchte ich wissen, wo Sie gelesen, daß ein irischer Häuptling sich durch ein Schlammbad vom Fieber geheilt? Ich habe eben das Fieber, aber es nützt mir nichts.

Alexis: »Von diesem in ihm kochenden Grimme merkte man wenig, als er vor einigen Jahren eine Reise durch Norddeutschland machte. Man wußte bis dahin nicht viel mehr von ihm, als daß er um Frankfurt herum berühmt sei... Die meisten hörten zum ersten Male von ihm, weil er ins ›Morgenblatt‹ eine Kritik über die Sontag einrücken lassen, und so wurde er in Berlin präsentiert.« »*Es ist der Mann, der über die Sontag geschrieben.*« Teurer Freund! Du gleichst dem Geiste, den du begreifst. Du saubergewaschenes, kuchenlächelndes, bimmbammelndes Sonntagskind, erkennst nur den müßigen, schöngeputzten, lustigen Sonntag in mir; aber die Wochentage voll schwerer Sorgen, saurer Arbeit und lohngeiziger Bezahlung, die hast du nicht erkannt. Ja, es kochte damals wie später der Grimm in mir, nur heißer noch; denn als in den Julitagen der Vulkan sich in einem Feuerstrome Luft gemacht, da wurde mit Millionen Herzen auch das meinige friedlicher und stiller. Damals aber, da die Freiheit nur erst rauchte und knabenhaft mit Steinen warf nach der Tyrannei, da, zu stolz zum Kinderspiele, verschloß ich meine Brust und ließ den Grimm darin kochen zum spätern Gerichte. Hättest du meine Glut geahndet, schwammiger Alexis, du wärest entsetzt von mir weggelaufen und hättest dich vor Angst in ein Wasserfaß gestürzt. Vielleicht hörtest du zuweilen, wie es siedete in mir; aber du dachtest wohl, ich summe ein Sonntagsliedchen, und liebtest mich darum. Doch über den Narren! daß er noch selbst herbeischleppt, was er verstecken sollte, damit es mein Spott nicht finde. Ja freilich, so ist es; man wußte in Berlin nichts von mir, als daß ich über die Sontag geschrieben, und so wurde ich jedem vorgestellt: *es ist der Mann, der über die Sontag geschrieben!* Wenn ich jener Tage gedenke – doch ich will erst das Feuer schüren; mich friert, wenn ich daran denke. Komme her, Muse, setze dich zu mir beim Kamin und erzähle mir von jenen Tagen. Aber sei vernünftig und kichere nicht!

Ich wohnte in der Stadt Rom, und doch war es fürchterlich kalt. Aber es war die Stadt Rom Unter den Linden. Am zweiten Tage nach meiner Ankunft, morgens zwischen zehn und zwölf Uhr und 22 bis 24 Grade, kamen *Robert* und *Hering* zu mir, schwarz gekleidet, in seidenen Strümpfen und überhaupt sehr festlich zubereitet. Ich saß gerade beim Kaffee. »Börne!« sagte Robert, »trinken denn die Geister Kaffee?« Darauf sah er Hering an und wartete auf eine günstige Rezension seines Einfalls. Hering aber, der seinen Beifall für sich selbst aufsparen wollte, sprach: »Warum nicht? Im Kaffee ist Geist, schöne Geister begegnen sich, darum trinkt Börne Kaffee.« Darauf sagte er: »O Börne! Sontag! Göttlich!« und fiel mir laut schluchzend um den Hals. Robert aber sprach mit bewegter, doch fester Stimme: »Ermannen Sie sich, Referendär; wir wollen gehen, das Volk harrt Ihrer, Börne.« Wir gingen. Vor dem Hause begegnete uns ein Mann; wir blieben stehen. Hering sprach: »Hofrat! Börne!« Der Hofrat war erstarrt und rief: »Börne? Sontag – göttlich!« dann ging er. Nach zehn Schritten kam wieder ein Mann. Robert sprach: »Hofrat! Börne!« Der Hofrat war erstarrt und rief: »Börne? Sontag – göttlich!« Etwas weiter begegnete uns wieder einer. Hering sprach: »Hofrat! Börne!« Der Hofrat war erstarrt und rief: »Börne? Sontag – göttlich!« So wurde ich Unter den Linden vierunddreißig Personen vorgestellt, die alle Hofräte waren. Endlich erreichten wir den Pariser Platz. Ich hoffte, meine Leiden würden jetzt geendigt sein; aber nein. Man schleppte mich dem Tiergarten zu. Unter dem Brandenburger Tore machten wir halt. Hering blieb mir zur Seite, damit ich nicht entwischte; Robert aber stellte sich mir gegenüber, zog ein dickes Manuskript aus der Tasche, es waren gewiß hundert Bogen, ich zitterte wie ein Espenblatt, und er fing zu lesen an. »Heil dir im Siegeskranz, Vater des Vaterlands!« – Da schlug sich Robert vor die Stirn und rief: »Ich Esel! da habe ich ›den Waldfrevel‹ statt der Rede eingesteckt! Schadet aber nichts, ich weiß sie auswendig. Edler Börne! Hier unter diesen Pferden, die einst die Franzosen schmachvoll nach Paris geführt, die wir aber glorreich wieder zurückgebracht; hier unter diesen Pferden, wo Jahn einem Turnjungen Ohrfeigen gegeben, weil auf die Frage: was er jetzt denke, der Junge geantwortet: er denke gar nichts; worauf Jahn gesagt, er solle daran denken, wie man die Pferde wieder schaffe; hier unter diesen Pferden denke ich...« »Lieber Robert«, fiel ich ins Wort, »ganz Berlin weiß, daß Sie unter Pferden ein denkendes Wesen sind, aber...«, doch Robert ließ sich nicht einhalten und fuhr fort: »Hier unter diesen heiligen Hallen, glücklich nachgebildet den Propyläen in Athen, welche ebenso viele Talente zu erbauen gekostet, als Sie besitzen, nämlich tausendundzwölf; hier unter diesen schönen Talenten – ich wollte sagen Propyläen –, wo einst die verdienten Männer des Altertums auf Kosten unsers geliebten Königs verpflegt worden, freie Kost, Wohnung, Heizung und Wäsche hatten, täglich eine Flasche Champagner und monatlich hundert Taler Taschengeld...« Der Referendär fiel hier dem Robert ins Wort und sagte: »Lieber Robert, Sie faseln. Sie verwechseln Propyläen mit Prytanäen.« Robert aber erwiderte ärgerlich: »Prytanäen oder Propyläen, das ist mir alles eins.« Er wollte fortfahren; ich aber, halbtot vor Hunger und Durst, raffte alle meine Kraft zusammen und sprach: »Lieber Robert! In den Prytanäen oder Propyläen (denn weil es Ihnen alles eins ist, ist es mir auch alles eins) bekamen die verdienten Männer des Vaterlandes, wenn sie Hunger hatten, ein Gebackenes zu essen, das man *Madsa* nannte. Sind Sie der Meinung, daß das Wort *Mazza*, womit Ihre Glaubensgenossen das ungesäuerte Brot bezeichnen, das sie an ihrem Pascha essen, mit jenem griechischen *Madsa* verwandt sei? Ich bin nicht der Meinung, sondern ich stimme mit der des berühmten seligen Wolf überein, der in seinen ›Prolegomenen‹ zum Homer gezeigt, daß das griechische *Madsa* nichts anders gewesen als ein Berliner Pfannkuchen. Ach, lieber Robert! Ach, teurer Alexis! wie glücklich wäre ich, wenn ich jetzt ein Dutzend Pfannkuchen hätte! Aber wohlverstanden, von den guten in der Jägerstraße, mit einer Zuckerglasur und mit Aprikosen gefüllt.« Robert, an den Rest seiner Rede denkend, sagte schmerzlich lächelnd: »Herr, dein Wille geschehe!« Sie führten mich zurück. Bald kam ein Mann, wir blieben stehen, und Hering sagte: »Justizrat! Börne!« Der Justizrat erstarrte und sagte: »Börne? Sontag – göttlich!« Das wiederholte sich alle zehn Schritte, bis unter die Stechbahn. Dieses Mal aber waren es lauter Justizräte. Endlich traten wir bei Josty ein, und dort wurde ich im Namen der preußischen Monarchie von deren Stellvertretern mit Pfannkuchen, Schokolade und Madera bewirtet. Hering überreichte mir den ersten Pfannkuchen auf silbernem Teller und sprach: »Börne! Dieser Pfannkuchen ist ein Bild Ihrer schönen Seele!« Darüber mußte ich aber in ein so unbändiges Lachen ausbrechen, daß ich die Schokolade umstieß, die herabfloß und mir ein ganz neues schwarzes Kleid zugrunde richtete, das mir am nämlichen Morgen erst der Schneider gebracht hatte. Denn am Tage vorher, dem zweiten meiner Ankunft in Berlin, waren mir meine Kleider aus dem Zimmer gestohlen worden, woraus ich erkannte, daß Preußen wirklich eine von republikanischen Institutionen umgebene Monarchie sei; denn je freier ein Volk, je schlechter ist seine Polizei. In Paris wurde mir nie etwas gestohlen.

Und diese Menschen, die mir einen Purpurmantel umgeworfen, mich Unter den Linden im Triumphe herumgeführt, vor mir hergingen wie Haman vor dem Mardochai und ausriefen: *»So ehrt Ahasverus den Mann, der über die Sontag geschrieben!«* – diese Menschen, die mir tausendundzwölf Talente angeschmeichelt und meine Seele mit einem Pfannkuchen verglichen – machen mir jetzt die größten Grobheiten, aus Todesfurcht, Herr von Arnim, der Polizeipräsident, möchte es erfahren, daß sie bei einem Essen, das sie mir im *Café Français* Unter den Linden gegeben, allen Königen den Tod zugetrunken!

Alexis: »Ihm zitterte das Herz *unter* seiner Brust, und die Brücke *unter seinem Gesäß* beim Gedanken, daß auf derselben Brücke der erste Freiheitskämpfer des Juli gefallen.« ... Ach, die Nase! Die Königsnase – darauf sitzen jetzt schon dreihundert Mücken! ... Meinen Jammer, daß *»deutsche Genies«* hungern mußten, den lobt und billigt der Philister; doch das ist seine einzige Unparteilichkeit... »Man kann ihm keine größere Freude machen, als wenn man ihm deutsche Dummheiten mitteilt.« Danke, lieber Herr! – »Der Patriot *fingiert*, daß ihm jemand aus Österreich folgendes schreibt.« Das haben die andern Philister auch gesagt: ich hätte den Brief erdichtet; denn ich hätte den Mut nicht gehabt, in meinem eigenen Namen gegen Goethe zu schreiben; sie wollen mich nur allein stellen, alle Schuld auf mich allein häufen; das ist ein Pfiff, den sie von irgendeinem abgesetzten Polizeidiener gelernt. Vielleicht hoffen sie auch, auf diese Weise mir den Namen des braven Mannes abzulocken, der den Brief geschrieben. O! geht, geht. Ich bin ein gerader schlichter Mann, aber für euch bin ich noch zehntausendmal zu schlau.

Der Referendär hat mir auch vorgeworfen, ich hätte nichts gelernt, ich wäre ein unwissender Mensch! Oder hat es mir Robert vorgeworfen, oder Pittschaft oder ein anderer? Die vielen Grobheiten haben mich ganz verwirrt gemacht; daher kann ich unmöglich darüber Buch und Rechnung führen. Ich muß es mit meinen Gegnern machen, wie es einmal Schinderhannes mit einem Trupp Juden gemacht, der ihm in seine Hand gefallen. Er zwang sie alle, ihre schmutzigen Stiefel auszuziehen; diese warf er untereinander und befahl ihnen, sie jetzt wieder anzuziehen. Nun hätte man das Geschrei und Zanken der Juden hören müssen, wie sie einander in die Haare fielen und sich die Stiefel aus den Händen rissen. Schinderhannes stand dabei und hielt sich die Seiten. Wie kommt es aber, daß mich noch keiner von euch *Schinderhannes* genannt? Ihr seid doch im S eures Schimpfwörterbuchs und schon über die *Schmeißfliege* hinaus. Aber jetzt ist es zu spät. Wer mich jetzt Schinderhannes nennt, der ist nichts als ein schlechter Nachdrucker. Ich verwahre feierlich meine Rechte auf den Schinderhannes, und der hohe Deutsche Bund wird es gewiß nicht zugeben, daß man den 18. Artikel der Bundesakte übertrete und meine Schriften ganz oder zum Teile nachdrucke.

Also einer von meinen Gegnern sagte, ich wäre ein unwissender Mensch. Ich? Wie viele Gelehrte gibt es denn in Deutschland außer mir, die einem armen Skribenten zu raten wissen, wie er es zu machen hat, mit seinem Einkommen auszukommen, daß er nicht nötig habe, für Tagelohn zu schimpfen? Er muß es machen wie der Thrazier *Paräbius*, der Freund des Königs *Phineus*. Er muß der Nymphe Thynis einen Altar errichten, dann wird es ihm nie mehr an Lebensmitteln fehlen. Ich weiß freilich nicht, wer der *Apollonius* ist, der die Geschichte des Paräbius erzählt – ob *Apollonius Licinius*, des Crassus Freigelassener, der korrekteste Schriftsteller aller Zeiten, denn er hat nie etwas herausgegeben; oder *Apollonius der Rhodier*, von dem man ein berühmtes Heldengedicht vom Argonautenzuge besitzt; oder *Apollonius Cronus*, der Philosoph aus der Megarischen Schule; oder *Apollonius von Perga*, der berühmte Mathematiker, welcher ein Meisterwerk von den Kegelschnitten herausgegeben; oder *Apollonius von Tyana*, der Pythagoräer, von dem man die unglaublichsten und lächerlichsten Wunder erzählt (so soll er in der kurzen Zeit von zehn Jahren einen ganzen Monat des »Freimütigen« zweimal durchgelesen haben) – aber ein einzelner Mensch kann nicht alles wissen. Dagegen weiß ich, daß *Carme* die Tochter *Eubulus'* und Enkelin *Carmanors* war, und daß *Jupiter* mit ihr die *Britomartis* erzeugte, und daß diejenigen Gelehrten, welche, wie Schwabe in seinem Mythologischen Lexikon, behaupten, die *Carme* wäre eine Tochter des *Phönix* und Enkelin des *Agenors* gewesen, krasse Ignoranten, jämmerliche Wichte, verfluchte Kerls und elende Schmeißfliegen sind, welchem Gesindel man einmal auf die Finger klopfen muß, daß etwas Furcht hineinfährt. Ich habe gelernt, daß man sich sehr hüten müsse, die Δεῖπνα ἀπὸ σπυρίδος der Griechen mit dem Sportulis der Römer zu verwechseln, daß man ungebetene Gäste σχιάς nannte, und ich weiß auch den Grund davon. Nicht weniger ist mir aus meinen Studien bekannt, daß man bei den Römern diejenigen Causarii nannte, welche wegen Kränklichkeit vom Kriegsdienste befreit werden mußten, daß aber, weil dabei oft Betrügereien vorgingen, bei ausbrechendem Kriege strenge Untersuchungen angestellt wurden, weswegen der hohe Frankfurter Senat, als er den Beschluß gefaßt, mich bei der Polizei anzustellen, welches ein Kriegsdienst ist, ein Platz im Geniekorps; und da einer der Senatoren die Einwendung gemacht, meine Kränklichkeit verstatte mir nicht, diesen Dienst zu versehen, erklärte: nun, so solle ich im Dezember von Paris nach Frankfurt reisen, um mich von dem dortigen Stadtphysikus untersuchen zu lassen. Und weiß ich nicht, daß, tät' ich dies auch, es mir nichts nützen würde, weil, wenn auch der Frankfurter Stadtphysikus mich aus alter Freundschaft krank machte, ich doch dienen müßte, da, sooft ein Tumult entsteht oder die Stadt in höchste Not gerät, gar keine Entschuldigung angenommen wird? War aber nicht neulich in Frankfurt ein Tumult wegen der Torsperre, und ist nicht die Stadt durch die preußische Maut in die höchste Not geraten? Das alles weiß ich, und ich wüßte noch tausendmal mehr, wenn ich außer Funkes Real-Schullexikon, worin ich das Zeug gestern abend gelesen, noch einige andere klassische Werke von zu Hause mitgenommen hätte, wie: Eschenburgs »Handbuch der klassischen Literatur«, »Heliodore, die Lautenspielerin aus Griechenland«, Thibauts »Pandekten« und Roberts »Waldfrevel«. Und jetzt kommen solche Mordbrenner, solche Mauerbrecher, Dornbüsche, lächerliche Toren, heillose Gesellen und jämmerliche Wichte, und erfrechen sich zu sagen, ich hätte nichts gelernt! Aber ich werde dem seichten Geschwätze dieser elenden Schmeißfliegen bald ein Ende machen. Ich beschwöre Sie, lassen Sie auf der Stelle aus meinem Hause den großen Koffer holen, der in der Dachkammer steht. Nicht den englischen Koffer; denn da drin liegen bloß meine Novellen, Romane, Tragödien, Vaudevilles, Romanzen, Xenien und eine deutsche Übersetzung von Willibald Alexis' Schriften – welche mir alle zu meinem ernsten Zweck nicht dienen können. Sondern den größern deutschen Koffer, welcher mit einem Felle überzogen ist, den drei Latten festhalten. Darin liegen meine gelehrten Manuskripte. Ferner ein großes gelbes Felleisen, worin die zu meinen Werken gehörigen Zitate gepackt sind. Ganz oben im Koffer liegt ein Verzeichnis sämtlicher Manuskripte, wovon ich eine Abschrift mit nach Paris genommen. Ich bitte Sie nun inständig, aus dem Koffer diejenigen Manuskripte zu nehmen, die ich Ihnen mit den Nummern bezeichnen werde, und sie mir durch die Post hieherzuschicken. Nur vier oder fünf will ich drucken lassen: das wird ganz hinreichen, der Welt zu zeigen, wer ich bin. Aber, um des Himmels willen, lassen Sie den Koffer und das Felleisen in Ihrer alleinigen Gegenwart öffnen und untersuchen, aber ja keinen Ihrer gelehrten Freunde dabeisein. Es könnte mir einer ein Manuskript oder gar einen Gedanken oder gar ein Zitat stehlen; denn die Gelehrten haben in solchen Dingen weder Scham noch Gewissen. Ich wünsche also zu haben: »Nr. 189. »*De Confectione tractarum Berolinensium.*« Auctore L. Boerne 1826. – Nr. 214. »*De captura harengorum.*« 1831 – Nr. 215. Deutsche Übersetzung des nämlichen Werkes: »*Von dem Heringsfange.*« Mit Zeichnungen. – Nr. 333. »*Kommentar über die Gesetzgebung der geheimen Polizei, nach englischen und nordamerikanischen Grundsätzen bearbeitet.*« Mit Anmerkungen von *Wurm.* Endlich mein Hauptwerk: Nr. 709. *Vollständiges Verzeichnis aller Trauerspiele, Lustspiele, bürgerlichen Schauspiele, Liederspiele, Melodramen und Opern, welche auf sämtlichen deutschen Bühnen vom Jahre 1774 bis zum Jahre 1827 aufgeführt worden sind, nebst Angabe der darin aufgetre-*

tenen Schauspieler und Schauspielerinnen, Sänger und Sängerinnen, und Nachweisungen aller über die theatralischen Leistungen Deutschlands erschienenen Kritiken.« Nach den Quellen bearbeitet von Ludwig *Börne* und mit einer Vorrede von Ludwig *Robert*, zwölf Teile. Ich wollte dies Werk schon verflossenen Sommer in Baden drucken lassen, ließ mich aber durch Robert davon abwendig machen. Er widerriet mir wegen der stürmischen Zeit, in welcher alle Talente untergingen. Ich hätte mich aber von Robert nicht sollen abwendig machen lassen. Grobe und schwere Talente wie die seinigen gehen freilich leicht unter; aber meine, leicht wie Nußschalen, schwimmen oben und haben keinen Sturm zu fürchten. Ich werde das Manuskript dem Herrn Brockhaus anbieten, der es gewiß gern verlegt, da es ein deutsches Nationalwerk ist und gleichsam eine Fortsetzung von Ludens »Geschichte der Deutschen«. Es ist nur ein Jammer, daß er so schlecht bezahlt.

Der Referendär Hering oder Willibald Alexis, wie er mit seinem Süßwasser-Namen heißt, baut ein Pantheon für die großen deutschen Männer und stellt die Büsten von *Menzel, Pustkuchen, Heine* und *Börne* hinein... Wie kommt Pustkuchen hieher? Pustkuchen hat gegen Goethe geschrieben, und wer gegen Goethe schreibt, den Hohenpriester von Karlsbad, ist ein Revolutionär. Hering macht die Inschrift für genannte Büsten. Als er aber an die von Heine kommt, zupft ihm einer am Rock. Ich weiß nicht, wie er heißt, es ist aber jemand von der hohen Polizei. Der sagt ihm etwas ins Ohr, worauf der Referendär ein pfiffiges Gesicht macht und lispelt: *»Ich verstehe!«* Der Weißbinder des deutschen Pantheons schreibt nun, statt der Inschrift zu Heines Büste, folgendes von ihm: »Heine hat – doch halt! ich denke lieber an das, was Heine noch tun wird. Heine hat, solang es eine kitzliche Opposition war, als Liberaler gefochten; jetzt ist er es nur noch aus jugendlichem Mutwillen. Sein Talent will Beschäftigung haben. Ich hoffe, die Zeit zu erleben, wo er denselben Kitzel dareinsetzt, *gegen den jetzt bequemen Liberalismus sich in Ungelegenheit zu setzen.* Ich lasse den Schleier über seiner Büste im Pantheon der deutschen Republik ruhen und denke an seine Büste in der deutschen Literatur.« Ist das nicht merkwürdig? Eine ähnliche Äußerung über Heine, einem andern Artikel entnommen, den man auch aus Berlin eingeschickt und auf den ich zurückkommen werde, lautet wie folgt: »Ein Schriftsteller (Heine), nicht ohne Geist und auch nicht ganz ohne Poesie (obwohl der Funke schon zu erlöschen beginnt), und den man früher gern mit Börne oder Lord Byron zusammenstellte, wandelt eine ähnlich gefährliche Bahn, und wir wünschen es aufrichtig zu seinem Besten, *daß er zeitig umkehre*. Schon das Streben, der Mode und der Tagesneigung beständig zu huldigen, ist äußerst bedenklich. Überschreitet er auch einst nur um ein Haarbreit die Grenze, so stürzt er (wie jetzt Börne) erbarmungslos von seiner Höhe herab, und hinter ihm erschallen Verachtung und Hohngelächter.«

Diese Zwerge fühlen selbst, daß sie dem Kampfe der Zeit nicht gewachsen sind, und darum möchten sie Heine anwerben. Nun, was gewönnen sie dabei? Wäre ein kleiner Vorteil der guten Sache mit der Schande eines verdienstvollen Mannes nicht zu teuer bezahlt, so wünschte ich, Heine ließe sich von den Polizeiwerbern verlocken. Nicht ihnen, uns würde das nützen. Die Wahrheit würde ihn treffen, wie die andern auch, nur tödlicher, weil er stark ist und Widerstand leistet; während der Kleister der andern sich um die Schärfe des Schwerts legt, sie einwickelt und manchen guten Streich abhält.

Wie konnte gegen alle Naturgeschichte unter den literarischen Hasen, die gar keine Stimme haben, sich ein solches Geheul erheben? Ein anderer Artikel in dem nämlichen Blatte, ein *Brief aus Berlin*, wahrscheinlich von dem nämlichen Hering, erklärt die wunderbare Erscheinung und gibt die besten Aufschlüsse. Mir brauchte er sie nicht erst zu geben; die Naturgeschichte der deutschen Hasen im gesunden und im kranken Zustande war mir zu genau bekannt, als daß mir jene Erscheinung hätte unerklärlich bleiben können. Aber andern, die weniger belehrt als ich, werden die Aufschlüsse nützlich und willkommen sein. Der zweite Alexis schreibt von mir: »Der Verfasser genoß hier früher eines außerordentlich guten Rufes, der viel über seine Verdienste hinausragte... Der Mann wurde hier *verehrt* und *vergöttert*... Und jetzt auf einmal dieser ungeheure Abfall! Man spricht nur mit Abscheu und Widerwillen von ihm. *Jeder möchte seine Hand in Unschuld waschen und nie bekannt mit ihm gewesen sein.* Gewiß sind die in jenen Briefen niedergelegten Ansichten durchaus verwerflich, aber ebenso gewiß ist es, *daß die jetzt hier vorherrschende persönliche Erbitterung nicht allein aus dieser Quelle fließt.* Teils tritt bei vielen gekränkte Eitelkeit ins Spiel, teils bei andern *die Furcht, man möchte nun auch sie nach einem neuen Maßstabe zu beurteilen versucht werden...* Die Julirevolution hatte ihn völlig berauscht, und in diesem Rausche zeigte er sich auf einmal, wie er war. *Daß ihn dies gereut, bezweifle ich gar nicht.*« O der große Menschenkenner!... Doch ich will das Wichtigere besprechen. Ja freilich, das ist es. Sie haben mich verehrt und vergöttert in Berlin. Als ich aber anfing, gegen die Gewaltigen im Lande zu reden, da ward ihnen todesangst. Sie dachten an die Hausvogtei, an Magdeburg, Köpenick, den Galgen und *Pilatus-Kamptz*. Sie verleugneten mich und werden mich noch hundertmal verleugnen, ehe der Hahn kräht. *Kräht aber einmal der deutsche Hahn*, werden sie sich wie die Würmer zu meinen Füßen winden und von denen mit Haß und Abscheu sprechen, welche sie jetzt verehren und vergöttern.

O Berliner! O Hasenpasteten! O Kuchenfresser! O ihr dreizehn Bühnendichter, welchen erst die Knochen wieder hart geworden, und die ihr, seit die Katze nicht zu Hause ist, ganz lustig auf den Tischen herumspringt! – wenn ich jetzt unter euch erschiene, mit meinem alten Herzen zu eurem alten Herzen träte, würdet ihr nicht entsetzt vor mir fliehen wie vor dem Dämon der Cholera und mit tränenden Augen vor eurem Pilatus wimmern: »O wir Unglücklichen! Wir kennen den Mann gar nicht!« Ich komme! Wenn ihr nicht artig seid, komme ich. Wahrhaftig, ich muß nach Berlin; das Herz hüpft mir vor Freude, wenn ich daran denke. Ich muß diese Menschen in Angstschweiß verwandeln, daß ihr ganzes Dasein in den Gossen abfließe. Den einen suchte ich in dem Buchladen auf, wo nichts geheimbleibt, fiele ihm um den Hals und spräche: »Du siehst, teurer Freund, ich habe Wort gehalten und kam, sobald mich Preußens Söhne riefen!« An den andern drängte ich mich in der Oper, zeigte ihm den *Messager* und sagte ganz laut: »Du bist ein Schelm, dein Stil ist gar nicht zu verkennen.« Dem dritten schriee ich bei Stehely zu: »Deine gestrige Nachricht, daß der König abdanke, bestätigt sich; um desto besser.« Meinem vertrautesten Freunde aber, dem Referendär Hering, schriebe ich folgenden Brief: »Teurer Brutus! Himmlisch warst Du wieder gestern abend. Warum mußtest Du uns wegen Deiner Diarrhöe so bald verlassen? Als Du fort warst, tranken wir auf die Gesundheit des preußischen Marats. Deine Epigramme auf Herrn von Witzleben und den Prinzen von Mecklenburg wurden zum zweiten Male vorgelesen und mit jauchzendem Beifall aufgenommen. Der österreichische Gesandte läßt Dich erinnern, daß Du ihm eine Abschrift davon versprochen. Ich habe heute Briefe vom General Uminski bekommen. Tausend Grüße für Dich. Nie wird er es vergessen, daß Du ihn drei Tage in Deinem Hause versteckt gehalten und er seine Flucht von hier nur Deinen Anstrengungen zu verdanken hat. Morgen versammeln wir uns wieder zum Abendessen. Wir feiern den 21. Januar, den schönen Tag, an dem das Haupt eines Tyrannen gefallen. Du wirst doch kommen? Noch eine andere, noch eine schönere Begebenheit feiern wir. Aber Du erfährst das erst morgen. Doch nein, Du lieber ungeduldiger Mensch, noch heute, Du sollst es gleich erfahren. Rate! Wie, Dein Herz sagt Dir, Du ahndest nichts? Du hast gewiß wieder Leibschmerzen. *Die Sontag ist in die Wochen gekommen*, und die hohe Kindbetterin und das neugeborne Kind befinden sich sehr wohl. Und jetzt? Bist Du heute imstande, ein vernünftiges Wort in den ›Freimütigen‹ zu schreiben, dann will ich zwölf Dutzend Austernschalen ohne ihren Inhalt hinunterschlingen. *Dein Spartakus*. N. S. Die Kisten mit den Dolchen werden heute abend bei Dir abgeholt werden.« Dieses Billett würde ich an den Referendär Hering adressieren, versiegeln, wieder aufbrechen und damit auf die Polizei gehen, meinen Permissionsschein gegen acht Groschen erneuern zu lassen. Da ließ' ich das Billett unbemerkt aus der Tasche fallen. Ein Polizeibeamter würde es aufheben und es ganz natürlich finden, daß es der Referendär dort verloren. Und jetzt die Untersuchung, die Herings-Angst! Das alles müßte köstlich sein.

– Gott stehe mir bei! Ich wollte das Brock-Narren-Haus verlassen, in dem ich mich einige Stunden aufgehalten, da stürzte mir auf dem Korridor ein verrückter Philolog entgegen und hielt mich fest und drehte mir alle Knöpfe am Rocke. Ich weiß nicht, wie der Narr heißt; es muß aber ein ausgezeichneter deutscher Philolog sein; denn er versteht kein Deutsch. Der Narr hat Nr. 97 im Hause. Der läßt sich, wie folgt, vernehmen. »Börne (der Philosoph, wie er sich selbst nennt) hat in den ›Briefen aus Paris‹ einen Beitrag zur *forcierten Judenliteratur* geliefert, zu welcher auch Heine, sein Freund und Idol, schon manches steuerte, und damit ein sehr widerliches Buch geliefert, welches einer scharfen Geißel wird standhalten müssen. Diese Briefe ganz zu durchlesen, ist ein Opfer, zu dem man sich nun in gerechter Indignation und mit großem Unwillen entschließen kann. Wenn sich glückliche Anlagen und Scharfsinn so mit Frechheit und Anmaßung paaren, vergißt man darüber das Hassenswürdige und Verworfene, was jedem Abtrünnigen, jedem Renegaten und jedem an seinem angestammten Glauben seiner Väter zum Verräter Gewordenen anklebt. Daß ein solcher auch sein Vaterland und was seinen Landsleuten heilig und verehrungswürdig erscheint, zu beschimpfen versucht, ist darum kein Wunder, und wird sich diese Untreue gewiß empfindlich strafen. Ein Herr Dr. Meyer hat in einer kleinen Schrift, betitelt... *schlagend und tiefgreifend*, doch fast zu flüchtig den ersten Streich dagegen geführt. Wie kann auf so wenigen Seiten mit zwei *Bänden Auswurf* gekämpft werden? Doch vielleicht findet ein tüchtiger Mann Ruhe und Resignation, um für Deutschland gegen Börne in die Schranken zu treten. Darum sei auch hier ein einzelner Fleck, der uns anzuhangen zugedacht wird, beleuchtet.« Sehen wir jetzt, was diese Flecklaterne beleuchtet! *Ich hätte die deutsche Sprache geschmäht und verächtlich herabgesetzt und die französische über sie erhoben, diese fände ich sublim!* Und das müsse *»eine Verachtung bei jedem Freunde seiner Muttersprache unter uns hervorbringen, die höher steigen muß, als irgendeine Skala auszudrücken vermag«.* Wo der Narr in meinen Schriften das gelesen, möchte ich wissen. O Schulmeister!

> Mascula sunt panis, piscis, crinis, cinis, ignis,
> Funis, glis, vectis, follis, fascis, lapis, amnis,
> Sic fustis, postis, sic axis, vermis et unguis,
> Et penis, collis, callis, sic sanguis et ensis.
> Mugilis et mensis, pollis, cum caule canalis;
> Et vomis, sentis, pulvis, sitis, cucumisque,
> Anguis, item cossis, torris, cum cassibus orbis.

So wollen wir künftig miteinander korrespondieren; aber nur ja nicht Deutsch! Sie verstehen mich nicht, und ich verstehe Sie nicht. Habe ich außer den Schimpfwörtern, worin ich seit einigen Monaten bei dem ersten deutschen Schullehrer fleißigen Unterricht genommen, sonst ein Wort in Ihrem Artikel verstanden, will ich kein ehrlicher Mann sein. Schreiben wir uns Lateinisch!

– Jetzt will ich der *»Stuttgarter Hofzeitung«* einen Besuch machen. Ich habe mich über und über mit Kölnischem Wasser gewaschen, meine Kleider gewechselt und bin herzlich froh, daß ich von der Bürgerkanaille einmal loskomme. So eine Hofzeitung, die hat doch eine ganz andere Art und Sprache, und noch in ihrem Morgenanzug von Löschpapier ist sie reizender als eine bürgerliche Abendzeitung in ihrem Velinkleide. Ihr Zorn ist zarter Champagnerschaum; ihr Spott Prickeln auf der Zunge, das mehr schmeichelt als wehe tut; und ihr Unmut ein trübes Wölkchen über der Sonne, an seinem Rande von ihrem Liebesblick gefärbt. Sie straft durch Vergebung und schweigt, wenn sie verachtet. Und alle, die einer so lieben, gnädigen Hofzeitung nahekommen, werden übergossen von ihrem Rosenschimmer, verzuckert, waren sie vorher noch so bitter; und fein, artig und gewandt, waren sie früher die plumpsten Grobiane und die schwerfälligsten Tölpel gewesen. Seht den ehrlichen *Münch* und den ehrlichen *Lindner*. Es sind, wie allgemein bekannt, ehrliche und brave Männer; es sind aber eben Bürgersleute, gerade, aber knorrig, treu, aber knurrig. Doch wie hat sie die Hofzeitung umgewandelt! Wie fein sind sie geworden, seitdem sie daran arbeiten! In diese Schule müßt ihr gehen, ihr Meyer, ihr Würmer, ihr Heringe, ihr Roberts, ihr Pittschaft, und wie ihr sonst alle heißen mögt. Dieser »Stuttgarter Hofzeitung« haben meine Briefe aus Paris auch nicht gefallen; aber wie fein gibt sie das zu verstehen! Und wendet nicht ein: Ja, die Herren, welche die ›Stuttgarter Hofzeitung‹ schreiben, bekommen einen jährlichen Gehalt von dreitausend Gulden, und für dreitausend Gulden kann man schon fein sein; aber wir armen Schlucker, womit sollen wir die Artigkeit bestreiten? Das sind leere Entschuldigungen. Stehen nicht in dem nämlichen Wörterbuche die feinen Worte und Redensarten wie die groben? Was hält euch ab, sie zu wählen? Schlingels seit ihr. Bedenkt nur, welche gemeine Schimpfreden ihr gegen mich geführt, und vergleicht damit die zarten Ausdrücke, deren sich die »Stuttgarter Hofzeitung« bedient. *Frivoler Jude, herzloser Spötter, elender Schwätzer, toller Schwätzer, erbärmliche Judenseele, ehrlos, schamlos, seichtes Geschwätz, inhaltloses Geschwätz, leichtfertiges Geschwätz, armer Revolutionsjäger, schamlose Frechheit, seichte Frivolität, ungeheure Anmaßung, jüdische Anmaßung, schmutziges Buch, ekelhaftes Buch, niederträchtiges Buch, elende Schmeißfliege.* Stand euch das nicht alles auch zu Gebote? Schämt euch! Und jetzt erst die unvergleichliche Syntax, mit welcher die artigen Worte zusammengesetzt sind! »Überall zeigt sich der frivole Jude, dem nichts heilig ist, der herzlose Spötter auf Geist und Charakter *der deutschen Nation*, der elende Schwätzer ins Blaue hinein, *der der Menge gefallen will* und der Erbärmlichkeit der Leidenschaften des Tages und im Grunde doch selbst nicht weiß, was er eigentlich will. Wohl kann man sagen, daß sich Börne durch dieses Buch in jeder Rücksicht selbst gebrandmarkt hat; *kein Deutscher, dem die Ehre seines Landes heilig ist, wird ihn fortan mehr in seiner Gesellschaft dulden können.*« Lieber alter

Freund! Sie sind alt geworden und wissen nicht, was Sie sprechen. Um *der Menge zu gefallen*, hätte ich die deutsche Nation verspottet? Das wäre doch ein sonderbares Mittel! Was ist denn die Nation anders als die *Menge*? Verspottet man einen, wenn man ihm gefallen will? Sie freilich und Ihre Bande, Sie verstehen unter Nation nicht die Menge, sondern nur die dreißigtausend unter dreißig Millionen Menschen, welche die Blutsauger des Volkes sind, die, ohne Vaterland und selbst ohne Fürsten, nur den Hof kennen, an den sie festgeschlossen, und keinen andern Gott haben als den Hofknecht, der ihnen ihr Futter vorwirft. Diese Nation würde ich wohl verspottet haben, wenn sie eine Ehre hätte, die man verwunden könnte, und wenn sie nicht, sobald sie satt ist, jedes Spottes spottete. Ach, bester Freund, es wäre recht schön, wenn mich künftig kein Deutscher in seiner Gesellschaft duldete; aber ich fürchte, man duldet mich nach wie vor. Wie oft waren wir nicht in frühern Zeiten in der Gesellschaft manches braven Mannes, dem die Ehre seines Landes heilig ist, und doch wurden wir nicht zur Türe hinausgeworfen! Man wußte, daß wir betrügerische Schuldenmacher, unverschämte Bettler, lausige Schmarotzer, ehrlose Kuppler, feile Lohnschreiber und die niederträchtigsten Spione aller europäischen Höfe wären und daß wir unser deutsches Vaterland für tausend Silberrubel zehntausendmal verraten – und doch warf man uns nicht zur Tür hinaus! Es ist aber ein geduldiges Volk, das deutsche! Wie gerne ließe ich mich zur Tür hinauswerfen, wenn nur das zur heilsamen Übung unter den Deutschen würde, daß sie nicht länger niederträchtige Schurken, die sie im Grunde ihrer Seele verachten, aus weibischer Ängstlichkeit wie ehrliche Leute und Menschen, die sie hassen, aus dummer Höflichkeit mit Achtung behandeln! – »Bevor Ref. dieses im Vergleich zu der Niederträchtigkeit des Buches noch sehr gelinde Urteil nur durch einige Belege, wie sie ihm gerade in die Augen fallen, motiviert, hat er sich dagegen zu verwahren, als ob er zu den Judenfeinden gehöre, zu welchen man seine Landsleute so gerne rechnet... Er *schätzt* den braven aufgeklärten redlichen Mann, wessen Religion er auch sein möge. Wenn er aber alle die Verworfenheit, welche man gewöhnlich dem jüdischen Volke schuldgibt, so schamlos ausgesprochen sieht, wie in diesem Buche des Herrn Baruch Börne... dann kann er auch, tief empört über solche Schändlichkeit, gegen den Juden auftreten. Auch er muß am Ende überzeugt werden, daß solcher schamlosen Frechheit und seichten Frivolität nur der Jude fähig ist.« Seht ihr, ihr gemeinen bürgerlichen Rezensenten! Ihr habt euch gegen mich, den Juden, ereifert; aber ihr habt es mit eurer gewöhnlichen tölpelhaften Art getan. Lernt von diesem Hofzeitungsschreiber, wie man mit Hofmanier grob sei. Als er gegen den *Baruch* in *Börne* losziehen wollte, durch welche Teilung er nichts gewann, als was Goethes Zauberlehrling durch Spaltung des Besenstiels gewonnen: daß er von zweien bedient wird, statt früher von einem – bedachte er: Halt! Dem Herrn von Moses bin ich Geld schuldig; von Herrn von Aaron will ich Geld borgen; bei Herrn von Jakob werde ich oft zu Tische geladen, Herr von Abraham zahlt mir meine russischen Gelder aus; Herr von Isaak hinterbringt mir, was am Münchner Hof vorgeht; Herr von Joseph besorgt mir meine Wiener Korrespondenz – ich muß diese kostbaren Leute schonen und nun sagen, die Juden wären brave charmante Leute, und der Baruch Börne mache eine Ausnahme. Von dem lernt, ihr Flegel. Und fragt ihr mich, wie viele Dukaten und Flaschen Champagner es mich gekostet haben würde, den Stuttgarter Hofzeitungsschreiber zu meinem Lobredner zu machen? so sage ich euch: »Ich bin ein Lump, wie ihr alle seid; aber diese kleine Ausgabe hätte mich nicht belästigt.«

Der arme Teufel fühlt es manchmal selbst, daß zum Schreiben die Finger allein nicht hinreichen, wie auch ein *Geist* dazu gehöre, und dann, im Gefühle seiner Armseligkeit, ruft er den Geist Mendelssohns aus dem Grabe hervor, daß er ihm beistehe in seiner Not. »O edler Moses Mendelssohn, im Grabe mußt du dich umwenden, daß länger als ein halbes Jahrhundert nach dir einer deines Volkes also schwatzen kann!« Und da der edle Moses Mendelssohn auf die Beschwörung eines Taugenichts natürlich nicht erschien, wurde er zum zweitenmal hervorgerufen. »Nochmals rufe ich den Schatten des edlen Mendelssohns an. Zürnend erscheine deinem entarteten Enkel und bessere ihn, wenn es möglich ist!« Vielleicht wundert man sich darüber, daß ein Hofzeitungsschreiber so romantisch ist; aber was kann man nicht alles sein für dreitausend Gulden jährlich? Gebt dem Manne sechstausend Gulden, und er wäre imstande und würde ein ehrlicher Mann dafür.

Der Stuttgarter Hofzeitungsschreiber wie die ganze Schafherde, die gegen mich geblökt, fürchtet mich mehr als den bösen Wolf und sähe daher gar zu gern, daß ich keine Gelegenheit versäumte, mich totschießen zu lassen. So ein Schuß ist freilich eine Kritik, die keine Antikritik zu fürchten hat. Darum sucht der Narr auch meinen Ehrgeiz rege zu machen und sagt: »Bald will Herr B. nur Revolutionen und zappelt krampfhaft darnach, bald fürchtet seine erbärmliche Judenseele sie ängstlich, wie im 19ten Brief. Sooft Spektakel und Auflauf war in Paris, hatte er Zahnweh oder dicke Backen und jammert dann hinterdrein wahrhaft kindisch-komisch, nicht dabei gewesen zu sein.« Mein guter alter Freund, wo haben Sie denn im 19ten Brief Furcht gefunden? Unser Mut und unsre Bangigkeit sind freilich sehr verschieden voneinander. *Sie* fürchten alles, nur die Polizei nicht, weil Sie unter deren besonderem Schutz stehen; ich aber fürchte nichts als den Meuchelmord der Polizei, eine offene Kugel fürchte ich nicht. Wenn ich Sie früher oder später einmal in Stuttgart besuche, werde ich Ihnen beweisen, daß eine dicke Backe einen wirklich am Ausgehen hindern kann und daß, wenn man in Paris zu Hause bleibt und man als Oberspion keine andern Spione unter sich hat, man nicht erfährt, was sich in der Stadt ereignet.

Es gab noch mehrere solcher Narren, die, um mich loszuwerden, einen kindischen Ehrgeiz in mir aufzuregen suchten. Als sie erröten mußten, daß ich, ich allein unter all den Stummen und Verschnittenen, es gewagt, den Unterdrückten des Volks die Wahrheit zu sagen, da meinten sie: *Welch ein großer Mut, sich in Paris hinzusetzen und dort gegen deutsche Regierungen zu schreiben.*

Und jetzt hoffen sie, ich würde hurtig wie ein törichter Knabe in die Höhle des Tigers laufen. Und was ist die Höhle des Tigers gegen das dunkle und heimliche Gericht, worin deutsche Regierungen die Beleidigung ihrer himmlischen Allmacht rügen? In dunkler Nacht aus dem Bette gezerrt werden von Räubern, die sich Gerichtsdiener nennen; dummen, tückischen, abergläubischen Staatspfaffen, die, ihren Gott im Bauche, der sie füttert, verehrend, die kleinste Beleidigung ihres Gottes grausam strafen – ihnen Rede stehen, während sie sitzen und verdauen; und dann aus der Welt zu verschwinden, wie eine Seifenblase, nicht Luft, nicht Erde zeigt unsre Spur; ausgelöscht im Gedächtnisse seiner sehr deutschen Mitbürger, welchen der kleinste Schreck den Kopf trifft, welchen Polizeifurcht wie ein Sirokko das Herz ausdörrt; und dann zu schmachten in einem feuchten Gewölbe, ohne Licht, ohne Luft, ohne Buch, ohne Freundestrost, erfrierend von dem kalten Blicke der Kerkerwärter – *den* Mut verlangt ihr von mir? Gebet mir offenes Gericht, gebet mir den Schutz, den in Frankreich noch der Mörder hat, gebet Preßfreiheit, daß meine Freunde aus den Zeitungen ersehen können, wo ich hingekommen, und dann will ich euch zu Rede stehen. Aber ihr werdet euch wohl hüten, das zu tun; denn ich stünde dann euch nicht Rede, ihr müßtet mir und dem Volke Rede stehen. Fragt Massenbach, fraget Ypsilanti, fraget die andern Schlachtopfer alle, wie sie im Kerker gelebt, warum sie gestorben? Gehet hin, fragt sie, sie stehen jetzt vor Gott und brauchen nicht mehr zu schweigen. Fraget *Jahn*, der endlich freigekommen, was seine Richter ihn gefragt! Er schweigt, er darf nicht reden. An einer langen Kette hält man ihn fest – das ist seine Freiheit. Fraget *Murhard* in Kassel, der schuldlos erklärt worden, warum er im Kerker geschmachtet? Er ist stumm. Er hat *schwören* müssen, die Geheimnisse der Tyrannei nicht zu verraten. Die törichten Menschen! Solch einen Eid halten, den man ihnen, den Dolch auf der Brust, abgezwungen? Der lästert Gott und verrät die Liebe, der lebendig aus der Höhle der Tyrannei kommt und seinen Brüdern nicht erzählt, was im Dunkeln die Bosheit übt und die Unschuld leidet. Ich hielte solchen Schwur nicht; es ist Sünde, ihn zu halten. Ich habe in meinen Briefen gesagt: im nächsten Jahre würde das Dutzend Eier teurer sein als das Dutzend Fürsten – und jetzt, lieber alter Freund, machen Sie sich lustig über mich, weil von dieser Prophezeiung *»gerade das Gegenteil eingetroffen«*. O ich möchte mich aufknüpfen! Das da habe ich nicht erfunden! Ich räume Ihnen ganz beschämt den ersten Platz ein, Sie sind ein viel feinerer Spaßvogel als ich. Warum sind Sie nicht immer so fein? Warum – Sie, ein Hofzeitungsschreiber, ein Dietrich zu den größten wie zu den kleinsten Kabinettskasten aller Fürsten Europas, ein Meisterschelm, der die Polizei selbst betrügt – warum sind Sie zuweilen so grob, daß Sie in Verdacht geraten, ein ehrlicher Mann zu sein und Ihren wohlerworbenen Ruf gefährden? Wie konnten Sie sich nur vergessen, *»Ei, ei«* zu rufen? *Ei, ei* – ist das nicht die Essenz der Dummheit? Riecht das nicht den Philister eine Meile im Umkreise? Ich ließe mich lieber totschlagen, ehe ich *ei, ei* sagte oder schriebe. Und Sie haben *ei, ei* drucken lassen – leugnen Sie es nicht! Um mich über die Eleusinien der deutschen Höfe lustig zu machen, erzählte ich, daß der profanste aller Sterblichen, ein deutscher ungeadelter jüdischer Jüngling, in gemeiner Reitertracht auf einem Hofballe des Allerchristlichsten Königs getanzt. Und Sie bemerkten darauf: *»Ei, ei,* Herr Baruch Börne, man sollte fast glauben, daß Ihnen doch die Zeit ein wenig lange wird, bis Sie sich herablassen können, einer Prinzessin oder Herzogin die Hand zum Tanze zu reichen!!« Ich bitte Sie, zeigen Sie mir die Brücke, die von meinem Spotte zu Ihrem führt; ich kann sonst nicht hinüberkommen. Und *ei, ei!* Ehe ich Ihr *»Ei, ei«* gelesen, war es mir eine Belustigung, mich mit Ihnen zu necken, aber dieses *Ei, ei* hat mich ganz verstimmt, und unwillig rufe ich aus: es ist eine Schmach! Mit solchem Ei-ei-Gesindel muß ich mich herumschlagen!

Der Stuttgarter Hofzeitungsschreiber, als er den höchsten Gipfel der Begeisterung erreicht – dort oben in jener reinen Höhe, wo der Hofzahlmeister wohnt; in jener seligen Stunde, wo er sein Quartal empfangen, sagt er, schreibt er als heiße, gefühlausströmende Quittung: »*O du elende Schmeißfliege!*« Nein das ist zu arg, und »*was zu arg ist, ist zu arg*«, sagt Eduard Meyer in Hamburg. Erst jetzt verstehe ich das große Wort. Und *du* mit einem kleinen d – so alles Herkommen und deutsche Sitte verhöhnend! Und O! Hätte er wenigstens gesagt: *Ach*, du elende Schmeißfliege! Eine Grobheit, die mit *Ach* anfängt, kann ein vernünftiger Mensch eigentlich gar nicht übelnehmen. *Ach* ist ein Ausatmen, und von einer Grobheit zeigt es an, daß die Grobheit in dem Menschen gesteckt und daß er, bloß sich Luft zu machen, sie ausgesprochen. O aber ist ein Einatmen und verrät, daß eine Grobheit, die damit beginnt, außer dem Menschen gewesen, daß er sie vorsätzlich aufgenommen und daß, wenn der Grobian das Maul gehalten, er nicht grob gewesen wäre. Man wird daher finden, daß alle Grobheiten in meinen gesammelten Schriften mit ach anfangen, in einigen wenigen Fällen ausgenommen, wo ich als Ironie *o* gebrauchte.

Der Freund, der mir aus Stuttgart das Hofblättchen mit dem Stallartikel schickte, schrieb: er wäre von *Lindner*, und er erkenne seine Art in der *Schmeißfliege*. Aber das beweist nichts; es gibt oft täuschende Ähnlichkeiten, und ich glaube es nicht. Doch wer ihn auch verfaßt! *O du elende Schmeißfliege!* ist zu arg, und das lasse ich mir nicht gefallen. Glaubt ihr denn, weil ich so lange geschwiegen, ich würde das fort geduldig anhören? Warum glaubt ihr das? Etwa weil ich ein Deutscher bin? Aber höret, was Eduard Meyer sagt: »*Der Deutsche ist geduldig, schweigsam und bedenklich, aber doch nur bis zu einem gewissen Grade. Wenn ihm die Geduld reißt, wenn er das Schweigen bricht und einen Entschluß gefaßt hat, so wird sich mancher wundern über die scheinbare Umwandlung seiner Natur. Und ich fühle es, daß auch ich ein Deutscher bin... Man muß dem Gesindel einmal auf die Finger klopfen, daß etwas Furcht hineinfährt!*« Ja, ich fühle es, daß auch ich ein Deutscher bin! Wehe euch, wenn mir die Geduld reißt! Wehe dem Gesindel, wenn ich ihm auf die Finger klopfe, daß Furcht hineinfährt! Ich gebe euch mein Wort: sie fährt nicht wieder heraus. Ja, ich bin ein Deutscher! Ja, mir reißt die Geduld! Ja, ich klopfe! Ihr Schlingels, ihr Flegels, ihr

Ochsen, ihr Esel, ihr Schweine, ihr Schafe, ihr Mordbrenner, ihr Spitzbuben, ihr jämmerlichen Wichte, ihr Sch – doch ohne Leidenschaft! Alles mit Ordnung. Ihr!

A. – Aalquappen, Aasfliegen, Abdecker, Abendländer, Aberwitzige, Achselträger, Affen, Alltagsgesichter, Ameisenfresser, Anfänger, Angeber, Anschwärzer, Aristokraten, Auerochsen, Aufpasser, Aufschneider, Aufwischlumpen, Auskundschafter, Ausreißer, Ausrufungszeichen, Austerschalen, Auswurf, Autoren;

B. – Bagage, Bandwürmer, Bängel, Bärenhäuter, Bauchdiener, Bauchredner, Bedienten, Bestien, Beutelschneider, Blattläuse, Blutigel, Bösewichter, Brecheisen, Brechpulver, Brotdiebe, Brudermörder, Brummbären, Brunnenschwengel, Büffel, Buschklepper, Butterfässer;

C. – Cabalenmacher, Censoren, Charlatane, Chinesen, Correkturbogen;

D. – Dachshunde, Delinquenten, Demokraten, Despoten, Dichterlinge, Diebe, Diebslaternen, Dienstboten, Diplomatiker, Doggen, Dompfaffen, Dornbüsche, Dreckkäfer, Druckfehler, Dubletten, Duckmäuser, Dummköpfe, Düten;

E. – Eintagsfliegen, Eisschollen, Elentiere, Esel, Eselsköpfe, Eulen;

F. – Falschmünzer, Ferkel, Filzläuse, Fischweiber, Fladen, Fledermäuse, Flegel, Fratzengesichter, Frostbeulen, Fußschemel;

G. – Galgenvögel, Gaudiebe, Gecken, Gegenfüßler, Geheimschreiber, Geifermäuler, Gelehrte, Gemeinschreiber, Giftmischer, Gimpel, Gliedermänner, Glockenschwengel, Grobiane, Grundeln, Grundsuppen;

H. – Halunken, Hasenfüße, Heringe, Hofhunde, Hofnarren, Hunde, Hundsfötter, Hungerleider;

J. – Janitscharen, Insgesamt, Johanniswürmchen, Irrwische;

K. – Kammerdiener, Käsemaden, Kellerwürmer, Kerls, Kellerhunde, Kipper und Wipper, Kleckse, Kleinstädter, Klöße, Klötze, Knechte, Kostgänger, Kotkäfer, Krähen, Krautköpfe, Krebse, Krüppel, Kundschafter, Kürbisse;

L. – Laffen, Lästermäuler, Laxiermittel, Lebkuchen, Lehrjungen, Leibeigene, Lichtstumpen, Lieferanten, Lohnbedienten, Lotterbuben, Luder, Luftpumpen, Lümmel, Lumpen, Lumpenhunde;

M. – Makulatur, Maden, Mamelucken, Mastvieh, Maultrommeln, Maulwürfe, Mispeln, Milchbrötchen, Mistkäfer, Mordbrenner, Murmeltiere;

N. – Nachtgeschirre, Nachtmützen, Nachtwandler, Narren, Nudeln;

O. – Ochsen;

P. – Papageien, Pedanten, Pharisäer, Philister, Pinsel;

Q. – Quantitäten, Quappen, Quarke, Quintaner, Quitten;

R. – Rapunzeln, Räucherkerzchen, Rezensenten, Rekruten, Referendare, Renegaten, Resonanzböden, Rohrdommeln, Rotznasen;

S. – Schafe, Schafsköpfe, Schandbuben, Scheuerlappen, Schinderknechte, Schindmähren, Schlaraffengesichter, Schlingel, Schlucker, Schmarotzer, Schmeißfliegen, Schnitzel, Schufte,

Schulfüchse, Schurken, Schweine, Skribler, Siebenschläfer, So so, Söldner, Spanferkel, Speichellecker, Spione, Spürhunde, Stiefelknechte, Stimmgabeln, Stockfische, Stöpsel, Sudler;

T. – Tagediebe, Tagelöhner, Taugenichtse, Teekessel, Tintenkleckse, Tölpel, Trampeltiere, Tremulanten, Trommelschläger, Trompeter, Troßjungen, Trüffelhunde, Tuckmäuser;

U. – Unleserliche, Untertanen, Unverschämte;

V. – Verschnittene, Verjagte, Vielschreiber, Vorhängschlösser;

W. – Wachsbilder, Waldfrevler, Wandläuse, Wanzen, Wassergeister, Wasserköpfe, Weihrauchfässer, Wespen, Wetterhähne, Wichte, Windmühlen, Wische, Wohledelgeborne, Wohlgeborne, Würmer, Wurstmäuler;

Z. – Zahnstocher, Zeitungsschreiber, Zeloten, Zeugdrucker, Zitteraale, Zwerge. – Ihr sollt sehen, daß ich mit euch fertig werden kann.

Jetzt aber bitte ich den ersten Kunstkenner seiner Zeit, den Herrn Geheimen Kabinettssekretär *Saphir* in München, öffentlich zu entscheiden, wer von uns gröber gewesen. Nicht der Herr Saphir oder ich – so anmaßend bin ich nicht, sondern Herr Meyer, Herr Wurm, Herr Hering, Herr Robert, Herr Pittschaft, die »Münchner Hofzeitung«, die »Stuttgarter Hofzeitung«, die »Mannheimer Zeitung«, die »Berner Zeitung« und alle die andern Menschen und Blätter, die ich nicht gelesen, sie alle für einen gezählt – oder ich, jenen allen der einzelne gegenüber.

Ende des Herings-Salats.

Fünfundsiebzigster Brief

Paris, Montag, den 13. Februar 1832
Ich las kürzlich in einem englischen Journale eine gute Kritik von meinem Buche, mit sehr vielen Auszügen. Ich mußte im Lesekabinett laut auflachen, als ich den Konrad mit seinen Abenteuern übersetzt fand. Was der Mensch Schicksale haben kann! Wurde es denn Konrad bei seiner Wiege vorgesungen, daß einst in einem Londoner kritischen Journale von ihm die Rede sein würde? Die Übersetzungen lesen sich sehr schön, und viel schöner als das Original. Die englische Sprache eignet sich sehr für diese Art zu schreiben. Sie hat etwas Kräftiges, schwer Treffendes, braun und blau Schlagendes. Jedes Wort ist ein Knotenstock, jede Rede eine Prügelei.

Der Mädchenverein für die Polen in Mainz hat an das hiesige polnische Komitee (nämlich das aus Polen selbst zusammengesetzte, an dessen Spitze *Lelewel* als Präsident steht) ein Schreiben erlassen, das diese hochgeprüften unerschütterlichen Männer mit tränenden Augen gelesen. Ganz deutsch und fromm im schönsten Sinne des Wortes, ganz unterwürfig und mädchenhaft und, wie Mondesblick, freundlich, aber wehmütig auf die deutschen Männer herabschend, welche *schlafen*. Der Brief wird von hier in die deutschen Blätter geschickt werden, und Sie werden ihn darin lesen. Diesen Mädchenbrief haben die jungen deutschen Patrioten hier an sämtliche Universitäten, mit folgendem Rundschreiben begleitet, geschickt: »Nachstehendes Schreiben deutscher Jungfrauen haben uns mit tränenden Augen die Polen gegeben, damit wir es unserm Volke bekanntmachen und insonderheit Euch akademischen Brüdern, in deren höhern Bildung und veredelten Gefühlen das Vaterland zweier Nationen den Keim seiner großen Hoffnungen niederlegte. Mit Stolz und Schamgefühl erfüllen wir den Wunsch der *Männer*. Er wird einen gewaltigen und folgereichen Widerhall finden; denn es sind Worte der Wahrheit, aus *deutscher Jungfrauen* Munde hinüberströmend in *deutscher Jünglinge* Brust. Als wir sie lasen, diese deutschen Worte, da schwuren wir bei unserer Ehre und bei unserm Vaterlande, uns würdig zu machen der Jungfrauen, welche sie dachten. Diesen Schwur, Brüder, wir senden ihn Euch! *Polen, Deutsche, Männer* – diese Worte wird hinfort keine Verschiedenheit der Bedeutung trennen!« Ich kenne die Jünglinge, die das geschrieben. Kennte ich sie nicht und hätte ich sie nicht erkannt, würde ich spotten, wie ich es oft getan, über die hohlen Reden, die wie Seifenblasen glänzen und zerfließen. Aber ich kenne sie. Sie haben in Deutschland und in Belgien für die Freiheit mutig gekämpft, und ob sie zwar unglücklich waren und kein beredsamer Sieg für sie sprach, sind sie doch bescheiden und fromm geblieben und haben nur Worte für ihre künftigen Taten, keine für ihre vergangenen. Wenn das deutsche Volk viele solcher zählt, nun, dann kann es wohl fallen im Kampfe gegen Tyrannei, aber in die alte Gefangenschaft gerät es nimmermehr.

Der Doktor Gartenhof sollte mir eigentlich zur Warnung dienen. Der hat lange nicht so heftig geschrieben als ich, und doch haben sie ihn eingesperrt. Dabei hat er noch das Glück, daß der konstitutionelle Geist in Hessen ihn gegen gesetzwidrige Gewalttätigkeiten schützt. Wie würde es mir ergehen, wenn ich mich in Frankfurt der schnödesten Willkür preisgäbe? Ich werde mich sehr bedenken, nach Deutschland zu kommen.

Lesen Sie denn die deutsche »Tribüne« nicht? Sind Sie nicht erstaunt, was der kleine Herkules, den Sie noch in der Wiege gesehen, für ein prächtiger Mann geworden? Ich war der kleine Herkules in der Wiege, der einige Schlangen zerdrückt, aber der Wirth, der schwingt die eiserne Keule und schlägt Ochsen und Löwen tot. Ach! wie bald werden sie kommen und werden mich wegen meines sanften Wesens, wegen meiner mäßigen und bescheidenen Schreibart loben. Wie bald wird der Meyer drucken lassen: »*Was zu arg ist, ist zu arg.* Die Börneschen Briefe hatten meinen Unwillen in hohem Grade erregt, aber die Reden von *Wirth* übertreffen doch noch die dort aufgetischten Frechheiten. *Man muß dem Gesindel einmal auf die Finger klopfen, daß etwas Furcht hineinfährt.*«

Das ist ein braver Wirt, der gibt seinen Gästen reinen Wein, und sie werden sich gesunden Mut daran trinken. Endlich, endlich findet sich doch einmal einer, der einen deutschen Mann steckt in das hohle deutsche Wort, und jetzt hat es eine Art. Das Wort *hinter* der Tat, der Diener hinter seinem Herrn, das ist feine Sitte. Die große Idee einer deutschen Nationalassoziation zur Verteidigung der Presse hat Wirth zugleich ausgeführt und besprochen. Man unterzeichnet monatliche Beiträge, die kleinste Summe wird angenommen, sogar ein Kreuzer monatlich. Mit diesem Gelde werden die liberalen Bücher und Zeitungen befördert, die Geldstrafen für Preßvergehen bezahlt und nötigenfalls für die Familien derjenigen Schriftsteller gesorgt, die wegen Preßvergehen eingekerkert werden. Das Eigentum der Blätter gehört der Gesellschaft. Der Redakteur eines liberalen Journals wird aus der Kasse bezahlt. Die Journalisten werden als *Beamte des Volks* angesehen und können, wenn sie sich unfähig oder des Vertrauens unwürdig zeigen, abgesetzt werden. Diese Idee, die öffentliche Meinung förmlich zu organisieren, um sie der Standesmeinung der Regierung entgegenzusetzen und die Organe derselben, die Journalisten, als die Beamten des Volks zu betrachten, schwebte mir schon längst vor. Wenn dieser Plan, dessen Ausführung in Rheinbayern schon begonnen, sich über ganz Deutschland verbreitet und Wurzel faßt, kann noch alles gerettet werden, sogar auf friedlichem Wege.

Donnerstag, den 16. Februar 1832

Ich gehe heute abend in Gesellschaft und habe mich noch gar nicht entschieden, wie ich meine Halsschleife binden soll. Man knüpft sie jetzt: *en porte-manteau, en bec-de-lièvre* und *en chauvesouris*. *Mantelsack* ist sehr bequem, und so trage ich sie gewöhnlich. Fledermaus ist eine uralte Mode. Ich erinnere mich, daß ich an dem Tage, wo ich konfirmiert worden, eine Fledermausschleife getragen. Aber was *Hasenmaul* ist, weiß ich nicht. Ich will *** fragen, der alles, was sich auf Hasen bezieht, sehr genau kennt.

... Man muß jetzt mit den Schuften persönlich Krieg führen;

ich tue es auch, ob es zwar sonst meine Art nicht war. Es ist notwendig. Im kleinen Kriege ist ein Mann ein Mann, und einer weniger ist auch schon ein Sieg.

Es ist schön von den Frankfurtern, daß sie Bockenheim in Bann getan. Das ist ganz in meinem Geiste gehandelt. Dadurch wird Bockenheim gegen seine Maut und Regierung aufgeregt, und das kann gute Folgen haben. Sie werden sehen, die Leute lernen etwas aus meinen Briefen.

Sehen Sie, welch eine traurige und zugleich lächerliche Sache es mit der Zensur ist. Frankfurt ist nur vier Stunden von Hanau entfernt, und man weiß nicht genau, was dort vorgeht, und Sie schreiben mir, *vorgestern sollen* dort Unruhen stattgefunden haben!

Sechsundsiebzigster Brief

Paris, Sonntag, den 19. Februar 1832

Alle Deutsche hier warnen mich aufs dringendste, ja nicht nach Deutschland zu reisen, weil man ganz ohne Zweifel mich einkerkern würde. Mir schaudert vor dem Gedanken, unter die Bärentatzen einer aufgebrachten deutschen Regierung zu fallen.

Die *Frankfurter Jahrbücher* haben mir sehr gefallen, und überhaupt macht mir die Sache große Freude. Es ist doch wenigstens ein Dämmerlicht, und da es in Frankfurt bis jetzt Nacht gewesen, kann es keine Abenddämmerung, es muß eine Morgendämmerung sein. Die Artikel sind alle gut geschrieben, und bei der nötigen Mäßigung fehlt es doch auch nicht an der erforderlichen Kraft. Dieses Lüftchen von Freiheit, wäre es denn je zu uns gekommen, hätten die Franzosen keinen Sturm gehabt? Hätten die deutschen Regierungen je etwas gehört von der Stimme des Himmels, hätte Frankreich nicht gedonnert? Schlimm genug für das deutsche Volk, daß die Furcht der Könige seine einzige Hoffnung, ihr Schrecken sein einziger Trost ist.

SECHSUNDSIEBZIGSTER BRIEF

Montag, den 20. Februar 1832

Friede! Friede! Friede! Nicht Casimir Périer seufzt so nach Frieden, wie ich seufze! Doch mein Friede ist wohl ein anderer. Wie bin ich dieses Kampfes müde! Wie ängstigen mich die Blutflekken, die mir vor den Augen flimmern! Ich möchte spielen, und sollte ich darüber zum Kinde werden. Ich möchte in einem Kolleg bei meinem Schoppen sitzen, das Wochenblättchen lesen und Anekdoten erzählen, bis ich darüber zum Philister würde. Die Zunge ist mir trocken; ich bin so durstig, daß ein Morgenblatt, ein Abendblatt mir Labsal wäre. Ich bin nicht dumm und faul geworden, wie ich neulich meinte; ich bin der Politik überdrüssig geworden. Bestellen Sie sich etwas Lustiges bei mir, schlechte Witze, wohlfeile Späße; es wird mir alles gut tun. Soll ich Ihnen kleine Geschichten erzählen? Kürzlich verteidigte ein Advokat einen Angeschuldigten vor Gerichte. Es war ein Preßvergehen und die Sache von keiner großen Bedeutung. Der Advokat hatte schon zwei Stunden gesprochen und war noch so ferne vom Ziele als zwei Stunden früher. Da erhob sich einer der Geschwornen und sagte: »Müßte ich auch fünfhundert Franken Strafe bezahlen, ich halte das nicht länger aus. Ich bekomme Krämpfe, ich falle in Ohnmacht, wenn der Advokat noch länger spricht; meine Langeweile ist unerträglich!« Der Advokat lächelte und schwieg. Der Präsident und die Richter lächelten; alle Zuhörer lächelten und waren des Scherzes froh, der allen wohl tat. Aber den folgenden Tag erfuhr man, daß der gute Geschworne, als er nach Hause gekommen, einen Anfall von Schlag gehabt und daß man ihm zu Ader lassen mußte. Das vermag die Langeweile!

In ein Kaffeehaus in Mailand traten vor einiger Zeit zwei österreichische Offiziere in bürgerlicher Kleidung. Der eine fragte den andern, ob er Schokolade trinken wolle. Dieser antwortete: er möge lieber Tee. Gleich darauf wurden die Offiziere vor die Polizei geladen und ihnen vorgehalten, sie wären Revolutionäre, Carbonari, Liberale, und sie sollten nur alles gestehen, dann würde man ihnen vielleicht das Leben schenken. Die Offiziere sahen sich einander verwundert an und beteuerten ihre Unschuld.

»Unschuldig?« donnerte der Polizeidirektor. »Herbei, Zeuge!« Da kam ein italienischer Spion und sagte den Offizieren ins Gesicht, sie hätten im Kaffeehause von Freiheit gesprochen. Der gute Spion hatte *lieber Tee* gehört und das für *Liberté* verstanden. Die Offiziere wurden mit einem ernsten Verweise wegen ihrer Unvorsichtigkeit entlassen. Den andern Morgen wurde bei der Parade dem Offizierskorps die Parole gegeben: es solle bei Strafe der Degradation künftig keiner mehr in einem Kaffeehaus sagen: »Ich trinke *lieber Tee*«, sondern: »Ich trinke *Tee lieber*.« Der Spion bekam eine Extragratifikation von zehn Dukaten.

Im preußischen Lande Posen haben zwei Brüder der heiligen Hermandad *Rottecks Weltgeschichte* verbrannt. Sie sind dafür zu Hofräten ernannt worden. – Gestern ist hier ein Roman in zwei Bänden erschienen, mit dem Titel: »*Crac! Pchcht! Baounhd!!!*« Wie fordert man das Buch in der Leihbibliothek? – In Hannover erscheint ein Journal, worin dem hannöverischen Volke periodisch bewiesen wird, daß es durch seine unvergleichliche Regierung das glücklichste Volk der Welt sei. Das Journal wird von drei Hofräten redigiert. Sie heißen: *Hüpeden, Wedemeier, Ubbelohde*. Wer solchen Namen nicht glaubt, der ist schwer zu befriedigen. – Der Rektor der Berliner Universität (ich glaube er heißt *Marheineke*) hat an alle deutsche Universitäten geschrieben, sie möchten doch subskribieren auf die Werke des *Königlich Preußischen Hofphilosophen Hegel*, die in einer *stilverbesserten* Ausgabe erscheinen werden.

– Soeben verläßt mich einer, der im Namen des Verlegers der angekündigten Übersetzung meiner Briefe zu mir kam und mich um biographische Notizen bat, die man dem Buche vordrucken wolle. Ich musterte in Gedanken alle Merkwürdigkeiten und Erinnerungen meines Lebens, um einige davon hinauszuschicken. Aber da erging es mir wie der Viertelsmeisterin Wolf in den »Hussiten vor Naumburg«. Ich fand, daß es alle meine lieben Kinder sind, und ich konnte nicht wählen. Ich ließ den Mann wieder gehen und sagte ihm, daß ich gar nichts von meinem Leben wisse, und er solle sich an andere wenden, die besser unterrichtet wären als ich in dieser Sache. Im Ernste, ich begreife gar nicht, wie einer so unverschämt sein kann, von sich selbst zu reden, außer er müßte sich über sich lustig machen. Das wollte ich aber auch nicht. Darin sind meine Franzosen ganz andere Leute. Dr. *** hat vom Buchhändler Brockhaus den Auftrag, für ein biographisches Lexikon das Leben der hier wohnenden berühmten Männer zu schreiben. *** wendete sich schriftlich an diese selbst, und gleich den andern Tag hatte er von allen die vollständigsten Selbstbiographien, worin sie ohne alle Satire sich auf das schönste lobten. Mancher besuchte außerdem *** und firnißte noch mündlich sein schriftliches Lebensgemälde. In dem Namensverzeichnisse der Personen, deren Biographien geliefert werden sollen, welches Brockhaus dem *** geschickt, wählte dieser auch meinen Namen aus. Aber Brockhaus entzog ihm diesen Artikel. Gewiß aus Furcht, er möchte als mein guter Bekannter Gutes von mir sagen. Jetzt läßt er sich ohne Zweifel meine Biographie von einem Hering oder einem andern solchen Vieh schreiben. Ich lache jetzt schon darüber. Solche Narren meinen, sie könnten einen jeden beliebigen Ruf machen. Von der siegenden Macht der Wahrheit haben sie gar keine Vorstellung.

Ich freue mich sehr auf Ihren nächsten Brief, worin Sie mir ganz gewiß von dem Aufruhr in Wiesbaden erzählen werden und von den Gefahren, welchen dort unser Geld ausgesetzt ist. Nun, was mich angeht, so kann ich es gar nicht erwarten, bis sie mir den letzten Kreuzer genommen. Habe ich erst nichts, dann bin ich alles, was ich habe, und das gäbe mir frische Lebenskraft und machte mich ganz wieder jung. Man fühlt die Leiden des armen Volks doch nicht ganz, solange man sie erraten muß. Und Sie gar, ein Frauenzimmer, wie können Sie fürchten für Ihr Geld? Möchten Sie nicht jung bleiben bis zum Grabe? Ach! der Reichtum macht einen alt, sehr alt. Wissen Sie, warum man den Deputierten in Wiesbaden arretiert hat oder arretieren wollte? (Ich weiß nicht, wieweit es gekommen.) Weil man ihn in Verdacht hatte, Artikel gegen die Nassauer Regierung in die »Hanauer Zeitung« geschrieben zu haben. Sehen Sie, die sind klug! Sobald sie eine Henne gackern hören, suchen sie die Revolution in dem Dotter des frischen Eis auf; sie warten nicht, bis sie herauskriecht. Und das ist das Geheimnis: *die kleinen deutschen Fürsten alle sind von ihrem Adel an Österreich und Preußen verkauft.* Die Minister dieser kleinen Fürsten drücken das Volk noch über ihre eigne Neigung hinaus, damit es sich empöre und Österreich und Preußen Anlaß bekämen, die Staaten mit ihren Truppen zu besetzen. Dann jagt man die kleinen Fürsten fort, und die Judasse von Minister werden gut besoldet. Sind aber die kleinen Fürsten so dumm, daß sie das nicht einsehen? O nein, sie sind gar nicht so dumm; sie sehen das recht gut ein. Wenn sie aber ihre Bürger nicht wie Hunde regieren können, wollen sie lieber gar nicht regieren und treten darum ihre Herrschaft gern an Mächtigere ab, denen es mit der Unterdrückung des Volks besser gelingt als ihnen. Ich kann es nicht verantworten, bis mein lieber Graf Bellinghausen von Wien zurückkommt und seine Pandorabüchse öffnet. Es möchten wohl Übel herauskommen, von denen er sich gar nicht erinnerte, sie eingeschlossen zu haben.

Höchst merkwürdig ist ein Artikel in den neuesten Blättern der deutschen »Tribüne«: »*Der Kampf des Deutschen Bundes mit der deutschen Tribüne.*« Der Verfasser sagt, ohne Zweifel werde die deutsche Bundesversammlung ihren neuen Feldzug gegen die deutsche Freiheit damit beginnen, daß sie die »Tribüne« verbietet! Was wird nun darauf erfolgen? Die »Tribüne« wird sich nicht wehren lassen und fort erscheinen. Die bayrische Regierung wird dann durch Soldatengewalt die Presse zerstören wollen; dann aber werden die Bürger in Rheinbayern sich bewaffnen und werden zur Verteidigung ihrer Freiheit gegen die Königssoldaten kämpfen. Gelingt es ihnen nicht und sind sie zu schwach, dann wird man die benachbarten Franzosen zu Hilfe rufen, die, trotz und entgegen ihrer »*verächtlichen Regierung*«, den Deutschen beistehen werden. Und dann allgemeiner Krieg... Dieser offene Trotz muß einen ganz besondern Grund haben. Und hätte er keinen, wäre er bloß aus der sehr edlen Leidenschaftlichkeit des Redakteurs hervorgegangen, auch dann wäre er von den besten Folgen. In der jetzigen Lage der Dinge können wir für die Freiheit gar nichts Vernünftigeres tun; unsere ganze Hoffnung beruht auf der Unvernunft der Tyrannei. Diese herauszufordern, zu reizen, muß der Zweck jedes liberalen Schriftstellers sein, der von der Sache etwas versteht. *Österreich und Preußen müssen die Revolution machen.* Und man kann ihnen gerade heraussagen, was man von ihnen erwartet; denn sie werden uns zum Trotze und um unsere Erwartung zu täuschen gewiß nicht vernünftig werden.

Von dem ersten März an erscheinen im Badischen zwei neue liberale Blätter, ohne Zensur. Das eine in Heidelberg vom Deputierten von Itzstein redigiert, das andere in Freiburg von den Deputierten Duttlinger, von Rotteck und Welcker. Das ist nun zum erstenmal in Deutschland, daß bedeutende und angesehene Männer ein politisches Blatt schreiben. Das wird glückliche Folgen haben. Was aber wird die hohe Bundesversammlung tun? Die Art, wie ich geschrieben, und die »Tribüne«, war den Herrn für einige Zeit wenigstens gewiß willkommen. Das gab ihnen Vorwand, gegen die Preßfreiheit mit Strenge zu verfahren, und Tausende von deutschen liberalen Philistern, die früher in der Abenddämmerung ein leises Wort mitgesprochen, sind von unserm lauten Worte am hellen Tage so in Schrecken versetzt worden, daß sie seitdem schweigen. Das war jenen in Frankfurt auch Gewinn. Wenn aber Männer, wie die Genannten, mit Festigkeit, doch mit Mäßigung auf eine dem ängstlichen und frommen Gemüte der Deutschen entsprechende Weise – – und sie wirken doch, nur langsamer – die konstitutionelle Gesinnung zu verbreiten suchen, dann werden Österreich und Preußen, deren bisheriger Einfluß auf die kleinen deutschen Mächte hierdurch bedroht wird, alles anwenden, dem, was sie als ihr Verderben ansehen, Einhalt zu tun. Und was dann? Geduld. Wir werden sehen, wer am nächsten ersten April den andern in den April schickt.

Dienstag, den 21. Februar 1832

Diesen Morgen besuchte mich jemand aus Wiesbaden, und der von dort kommt. Der erzählte mir, man habe nicht einen Deputierten, sondern einen Beamten arretiert, den man in Verdacht hatte, Artikel gegen die Nassauer Regierung in die »Hanauer Zeitung« geschrieben zu haben. Der eigentliche Verfasser jener Artikel sei der Papierhändler Schulz in Wiesbaden, und als dieser von der Arretierung jenes Beamten erfahren, sei er *vor Schrecken gestorben*. Wir Deutschen empfinden jetzt die üblen Folgen, daß man Polignac und seine Gesellen nicht aufgeknüpft hat. Ein solches Beispiel hätte die deutschen Ministerchen doch etwas stutzig gemacht. Wie bequem es aber unsere Regierungen haben! Wie wohlfeil die Tyrannei bei uns ist! Die Regierungen können ein *Schreckenssystem* ohne Guillotine einführen. Sie brauchen ihre untertänigen Philister nur mit Gefängnis zu bedrohen, und da sterben sie gleich vor Schrecken. So kriecht, kriecht, ihr Regenwürmer, die ihr nach dem Gewitter in Frankreich euch aus der Erde hervorgewagt – kriecht, bis euch der Fuß der Tyrannei zerquetscht! *Welcker* hat in der Ankündigung seiner neuen Zeitung, die der *Freisinnige* heißen wird, gesagt: »*Das neue Blatt wird zeigen, daß Baden wert ist, das unschätzbare Gut der Preßfreiheit zu genießen.*« Zeigen – wert ist – wem zeigen? Der Regierung? Der Bundesversammlung? Diesen zeigen, daß ein deutsches Volk der Freiheit würdig sei? Um den Beifall der Regierungen buhlen? Großer Gott! Wie kann man nur so wenig die Würde des Bürgers, so wenig die Würde eines Volks fühlen, in dessen Namen man spricht, daß man sagt, man wolle zeigen, daß das Volk des Beifalls seiner Regierung würdig sei? Die Regierungen müssen um den Beifall ihrer Völker buhlen; sie, aus dem Volke hervorgegangen, von ihm erhoben, von ihm teuer bezahlt – sie müssen zeigen, daß sie des Vertrauens würdig sind, das man in sie gesetzt, daß sie die Macht verdienen, die man ihnen geliehen zum Besten aller. Das Volk braucht nicht zu bitten, das Volk braucht nicht zu schmeicheln, ihm ist alle Macht, sein ist alle Herrschaft, und die Regierung ist sein Untertan.

In einem deutschen Blatte las ich: in Preußen wäre ein junger Patriot wegen seines Patriotismus (welches man in der Schindersprache *demagogische Umtriebe* nennt) zu *lebenslänglicher Untersuchung* verurteilt worden. Man kann nicht wahrer und geistreicher die himmelschreiende Grausamkeit der deutschen Gerichte bezeichnen, die, überlegend, ob sie einen armen gefangenen Vogel fliegen lassen oder braten sollen, ihn rupfen sein ganzes Leben lang. – In dem nämlichen Blatte stehen einige Strophen eines Ring- oder Dosengedichts, welches der Hofrat *Rousseau* in Frankfurt an den Kaiser Franz gemacht hat. Er sagt darin: die Welt habe den Schwindel, und wenn sie Kaiser Franz nicht am Arme festhielte, wäre sie schon längst umgefallen. Dann sagt er: Jakob hätte *sieben* Söhne gehabt, – soviel mir bekannt, hat er *zwölf* Söhne gehabt; aber weil zwölf nur eine Silbe hat und sieben zwei Silben, hat der zarte Lyriker fünf Menschen totgeschlagen. Also Jakob habe sieben Kinder gehabt, und nur *einen* Benjamin. Aber Kaiser Franz mache keinen Unterschied zwischen seinen Kindern, und Ungarn, Böhmen, *Italia* stünden ihm in gleicher Liebe *nah*! Ich habe die größte Lust, das Gedicht ganz zu lesen. Bringen Sie mir es mit! Nicht schicken – es wäre schade um das Kreuz!

Siebenundsiebzigster Brief
Paris, Sonntag, den 26. Februar 1832
Der deutsche Bund zur Verteidigung der Preßfreiheit hat hier die größte Teilnahme gefunden; mit steigender Wärme wird diese Angelegenheit behandelt, und der Kreis der Mitglieder erweitert sich täglich. Die hier befindlichen deutschen Handlungskommis, von deren Gesinnung und Streben ich Ihnen schon früher geschrieben, haben sich vereinigt, und ihre Liste mit Unterschriften ist schon bedeutend angewachsen. Die deutschen Handwerksgesellen haben schon, ehe diese Veranlassung kam, ihren Patriotismus an den Tag gelegt. In dem Speisehause, das sie gewöhnlich besuchen, wo der Wirt ein Deutscher ist, wird der

»*Westbote*« (ein in Rheinbayern erscheinendes, im Geiste der »Tribüne« geschriebenes Blatt) schon längst gehalten und mit einem Eifer gelesen und mit einer Wärme und einem Verstande erklärt, daß es zum Bewundern ist. Diese tragen auch ihren Sou monatlich zur Assoziation bei. Der Advokat *Savoye* aus Zweibrücken, einer der Gründer des Vereins, ist seit einigen Tagen hier und setzt für die gute Sache alles in Bewegung. Die Polen haben begriffen, daß diese Angelegenheit nicht bloß eine deutsche, sondern eine europäische und, mehr als alles, eine polnische sei. Sie bedachten, daß der Rückweg nach Polen über Deutschland gehe und daß nur ein freies Deutschland den Durchzug gewähre. Darum werden auch sie sich der Assoziation anschließen und im Namen des hiesigen polnischen Komitees eine Bekanntmachung erlassen. Die italienischen Flüchtlinge werden diesem Beispiele folgen; denn noch mehr als die Deutschen selbst drückt *sie* die deutsche Tyrannei. Die spanischen Patrioten werden es auch tun. Alle begreifen, daß Deutschland der Wall ist, der die Freiheit des westlichen Europas gegen die Angriffe des östlichen schützt. Wenn wir nur drei Monate Zeit hätten! Jeder Tag ist ein Sieg. Denn nichts zu schaffen ist in Deutschland, es ist nur wegzuschaffen: das kleine Hindernis, das die größte Bewegung aufhält. Es ist Mittag, das Volk sieht hell; doch ein Fensterladen macht Tag zu Nacht und macht das Volk blind. Ein schlechtes Stück Holz zerschlagen, und alles ist gewonnen. Aber wir werden keine drei Monate Zeit haben! Das Gewitter in Frankfurt steigt schwarz empor und wird die Frucht auf dem Halme zerschlagen. Eins wird immer gewonnen, und das eine rettet die Zukunft. Durch die Bewegungen der deutschen Patrioten, die trotz ihrer Heftigkeit und scheinbaren Unregelmäßigkeit doch kalt und sehr gut berechnet sind, werden die in Frankfurt völlig den Schwindel bekommen, die letzte Haltung verlieren und ganz ohne Kopf tun, was sie bis jetzt mit wenig Kopf getan. Völker sind wie die Oliven. Dem leichten Drucke geben sie süßes Öl, dem starken bitteres. Die Herren Diplomaten in Frankfurt pressen sie nun um einen Grad stärker, als sie es bis jetzt getan, bereiten sich einen bittern Salat, und sie werden den Mund verziehen. Haben denn nicht auch Frauenzimmer, und besonders jüdische, in Frankfurt für den Verein unterschrieben? Letzteren muß man vorstellen, das sei das einzige Mittel, die *Heiratsfreiheit* (woran ihnen wohl mehr als an der Preßfreiheit liegt) zu gewinnen. Tun Sie das.

Montag, den 27. Februar 1832
Gestern abend hatten wir ein patriotisches Essen, etwa sechzig Deutsche, meistens Handlungskommis. Der Zweck der deutschen Assoziation für die Preßfreiheit wurde besprochen, und da zeigte sich denn wieder, was sich in jeder Gesellschaft zeigt. Einige sind begeistert; die andern, der Wärme froh, die ihnen fehlt, sonnen sich gern; die meisten sind kalt, bleiben es gern und müssen mit Gewalt ins Feuer geworfen werden. Deutsche Bedenklichkeiten ohne Ende. Von den Julitagen wollte der eine nicht gesprochen haben: das könne uns verdächtig machen. Andere unterschrieben, aber nur mit Buchstaben, und erklärten alle Teilnahme zu verweigern, wenn sie ihre Namen nennen müßten. Es war zum Lachen. Sie stürzten nach dem Essen, als sie warm geworden, wie blind nach dem Tische zu, worauf der Subskriptionszettel lag, gleich einem, der in Gefahr, vor der er zittert, die er aber nicht fliehen kann, mit geschlossenen Augen stürzt. Deutsche Art trat in dem Antrage mächtig hervor: sie müssen doch eine Regierung haben, ein Komitee, Präsidenten, Sekretär. Sie wollten für eine Freiheit kämpfen, die ihnen fehlt, und wurden gleich anfänglich ihrer eigenen Freiheit müde und suchten sich unter dem Namen eines Komitees eine Herrschaft. Ich stellte ihnen das Gefährliche einer Kommission vor; wie dann alle Bewegungen, alle Geheimnisse und Papiere in die Hände weniger kämen, wie dann leicht die Polizei Einfluß erhalte, durch wenige gewonnene Mitglieder alles leiten, alles verhindern könne; wie sie dann wisse, wo sämtliche Papiere zu finden. Wieviel Eindruck meine Vorstellung gemacht, muß ich abwarten. Savoye hielt eine schöne Rede, die mit größerm Enthusiasmus hätte aufgenommen werden sollen. Auf Vaterland, Freiheit wurden mit mäßiger

Wärme Toasts ausgebracht. Als aber – kann ich es doch ohne Lachen kaum schreiben –, veranlaßt durch einige anwesende Polen, die Gesundheit der Polen ausgebracht wurde, folgte stürmischer lauter Beifall. So sind sie! Für fremde Freiheit hellflammend, für eigne muß man sie erst einheizen. Die hiesigen deutschen Handwerker sollen sich aber vortrefflich benehmen. Gestern wurde an einem ihrer Versammlungsorte eine Liste aufgelegt, und gleich in den ersten Stunden waren dreißig unterschrieben. Ob man ihnen zwar gesagt, der monatliche Beitrag von einem Sou sei willkommen, wollte doch keiner weniger als einen Frank unterzeichnen, und sagten dabei: gingen die Geschäfte besser, würden sie mehr geben.

Nachmittags sagte ich zu Konrad: »Geben Sie acht. In der *Rue Tirechape No. 7*, am Ende der *Rue St-Honoré*, es ist eine kleine finstere Gasse, ist ein Speisehaus. Der Wirt ist ein Deutscher. Dort gehen Sie heute hin essen. Fordern Sie von dem Wirt die iste für die Deutschen. Viele Handwerker und andere haben unterschrieben. Wir machen Geld zusammen und wollen die Fürsten wegjagen. Sie unterzeichnen auch mit einem Franken monatlich, und ich will das Geld für Sie bezahlen.« Konrad lachte und war sehr vergnügt über die Revolution und sagte: ich brauche ihm das Geld nicht wieder zu bezahlen, er gebe das selbst gern. Sein Freund, der Schreinergesell aus Kassel, habe schon gestern mit ihm von der Sache gesprochen. Und er möchte gern wissen, »*wann der Spektakel losgeht*«, damit er gleich fort nach Deutschland eile. Also Konrad hat da gegessen, es waren schon 69 Unterschriften, und meistens mit einem Frank. Das sind *arme Leute*. Die Kommis, die doch alle guten Gehalt haben und oft Söhne reicher Eltern sind, haben auch nur einen Frank gegeben! Konrad ein Verschworner! O Zeitgeist!

Es interessiert mich sehr, zu wissen, wer im Gelehrtenverein *ja*, und besonders wer *nicht* unterschrieben. Daß es *** getan, ist ein gutes Zeichen; denn es beweist, daß die Sache *Mode* ist.

Das Pereat: *Der Deutsche Bund, der tote Hund* hat mir sehr gut gefallen. Vivat Pereat!

Dienstag, den 28. Februar 1832

O, prächtig, da haben wir sie schon! Sie heulen mit den Wölfen, damit sie selbst für Wölfe gehalten und nicht gefressen werden. Den einzelnen deutschen Regierungen wird bange vor der allgemeinen deutschen Assoziation, die von Rheinbayern ausgeht; sie wollen dieser fürchterlichen Einigung aller Deutschen zuvorkommen, und was tun sie jetzt in ihrer Schlauheit? Sie erfinden eine badische, eine württembergische, eine Darmstädter Freiheit, daß nur keine *deutsche* sich bilde. Herr von Fahnenberg, Oberpostdirektor in Karlsruhe, sonst ein achtungswerter Mann, aber ein *Mitglied der Regierung*, also in ihrem Geiste, auf ihren Befehl und zu ihrem Vorteile handelnd, stellt sich an die Spitze einer Großherzoglich-Badischen-Preßfreiheits-Assoziation. Im Falle also der Absolutismus in seinem Kampfe unterläge – berechnen unsere vorsichtigen Regierungen –, haben wir doch im schlimmsten Falle nur einen Großherzoglich badischen, einen Königlich bayrischen, einen Herzoglich nassauischen Liberalismus, und mit diesen kleinen Freiheitchen werden wir in einer günstigeren Zeit schon fertig werden. Unterdessen genießt die badische Regierung einen Finanzvorteil bei dieser Sache. Die Bundeskasse der Preßfreiheits-Assoziation vermehrt die Kaution der Journalisten und sichert ihre Bestrafung. Alles schön, alles gut; es kommt nun darauf an, wieweit die Dummheit des deutschen Volkes geht. Und geht sie so weit, daß sie ihren Patriotismus provinzialisieren und mit 39 dividieren lassen, dann wären ja alle diese schlauen Mittelchen ganz unnötig. Sind wir denn wirklich so dumm, als die Regierungen glauben? –

Gestern steht in der »Allgemeinen Zeitung«, daß in Berlin wegen Heines, zwischen einem Anhänger und einem Gegner desselben, ein Duell vorgefallen. Die politischen Duells sind seit einiger Zeit sehr häufig, auch hier zwischen den Polen. Das ist ein gutes Zeichen. Je größer die Erbitterung zwischen den Parteien, je näher der Kampf; je näher der Sieg.

Achtundsiebzigster Brief

Paris, Donnerstag, den 1. März 1832

Da ist die Adresse nach Zweibrücken. Sie hat mir den ganzen Vormittag verzehrt, und ich muß darum über alles übrige heute schweigen. Sie sollen sich in alphabetischer Ordnung unterschreiben. Wenn nur nicht unglücklicherweise der wahrscheinliche *Abraham* in der Gesellschaft ein furchtsames Herz hat und sich bedenkt, den Anfang zu machen! Vorwärts, Israel! Die Mauern Jerichos sind von Trompeten eingefallen – aber es ist kein wahres Wort daran. Unter *Trompete* verstand die Heilige Schrift die *Preßfreiheit*. Vor ihr werden auch die Mauern der Tyrannei fallen. Und leset das Kapitel von Samuel und Saul zweimal, zehnmal, hundertmal. Adieu!

An die Herren Vorsteher des Deutschen Preßvereins in Zweibrücken.

Wir haben die Ehre, Ihnen eine Liste von Einwohnern Frankfurts, die dem schönen Bunde für *das freie deutsche Wort* beigetreten, zugleich mit dem Betrage der Sammlung des ersten Monats zu übersenden. Alle die Unterzeichneten sind *jüdischen Glaubens*. Wenn dieses Verhältnis unserer Teilnahme eine besondere Bedeutung gibt, die sie ohne dies nicht hätte: so ist das weder unsere Schuld noch unser Verdienst, es ist nur unser Mißgeschick.

Wir hätten vorauseilen sollen in einem Kampfe, der uns mehr verspricht als den übrigen Deutschen, weil uns alles fehlt; doch wir sind die Minderzahl, und es ziemte uns daher, die Beschlüsse der Mehrheit abzuwarten und ihrer Leitung zu folgen. Ihr dürft unserem Mitgefühle vertrauen; den Schmerz, kein Vaterland zu haben, kennen wir seit länger als ihr.

In dem Kriege, den sie den *Befreiungskrieg* genannt, der aber nichts befreit als unsere Fürsten von den Banden, in welche die große, mächtige und erhabene Leidenschaft eines Helden ihre kleinen schwachen und verächtlichen Leidenschaften geschmiedet, haben auch wir die Waffen geführt. Ehe der Kampf begann, genossen wir in Frankfurt, wie überall in Deutschland, wo französische Gesetzgebung herrschte, gleiche Rechte mit unsern christlichen Brüdern. Und nicht etwa dem Murren des Volkes wurde diese neue Gleichheit aufgedrungen. Sie überraschte wie alles Fremde, doch sie ward willkommen wie alles, was die Liebe bringt. Die nämlichen Bürger tranken herzlich aus einem Glase mit uns, die noch den Tag vorher uns mit Verachtung angesehen oder mit Haß den Blick von uns gewendet. Denn das ist der Segen des Rechts, wenn es mit Macht gepaart, daß es wie durch einen Zauber die Neigungen der Menschen umwandelt: Mißtrauen in Vertrauen, Torheit in Vernunft, Haß in Liebe. Dem Wasser gleichet Gerechtigkeit; sie fällt schnell herab und steigt nie hinauf. Jede Regierung vermag in allem, was gut und schön ist, die Meinungen und Gesinnungen, das Herz und den Willen der Völker umzuwandeln; aber Völker brauchen Jahrhunderte, ihre Regierungen zu veredlen, und nie der friedlichen Mahnung, nur der Gewalt gelingt es endlich, ihre Wildheit zu bezähmen.

Als wir aber aus dem Kampfe zurückkehrten, fanden wir unsere Väter und Brüder, die wir als freie Bürger verlassen, als Knechte wieder, und das sind wir geblieben bis auf heute. Nicht bloß die Rechte des Staatsbürgers, nicht bloß die des Ortsbürgers hat man uns geraubt, wir genießen nicht einmal die Menschenrechte, die, weil sie älter als die bürgerliche Gesellschaft, kein Recht unterdrücken noch modeln darf. *Man hat sich uns gegenüber das Recht der Pest angemaßt, das Recht, unsere Bevölkerung zu vermindern, und um dieses fluchwürdige Ziel zu erreichen, verstattet man uns, die wir in Frankfurt fünftausend an der Zahl sind, jährlich nur fünfzehn Ehen zu schließen.* Höre es, deutsches Volk! Und wenn *Freiheit, Recht, Menschlichkeit* in Deinem Wörterbuche stehen, erröte, daß Du ohne Erröten diese Schmach, die das ganze Vaterland schändet, so lange ertragen konntest.

So wurde uns gelohnt. Wir waren nicht die einzigen, aber wir waren die am meist Betrogenen; und wahrlich, nicht die einzigen zu sein, hat uns mehr geschmerzt, als die am meist Betrogenen zu sein.

Verdienten wir unser Schicksal? Sowenig, als Ihr es verdientet. Doch hat es jeder Tyrannei an Unverschämtheit gefehlt, wenn sie aus Spott eine Rechtfertigung sucht, über die sie ihre Gewalt erhob? Dich, christlich deutsches Volk, haben Deine Fürsten und Edelleute als ein besiegtes Volk, Dein Land als ein erobertes Land behandelt. Und uns jüdisch deutschem Volke sagte man, wir wären aus dem Orient gekommen, hätten zur angenehmen Abwechslung die babylonische Gefangenschaft mit der deutschen vertauscht, wir wären fremd im Lande und wir betrachteten ja selbst unsere Mitbürger als Fremdlinge. Doch das ist unser Glauben, was auch die Verleumdung gelogen, das ist die Lehre unserer Väter; was auch die Schriftgelehrten herausgedeutet! Als Gott die Welt erschuf, da schuf er den Mann und das Weib, nicht Herrn und Knecht, nicht Juden und Christen, nicht Reiche und Arme. Darum lieben wir den *Menschen*, er sei Herr oder Knecht, arm oder reich, Jude oder Christ. Wenn unsere christlichen Brüder dieses oft vergessen, dann kommt es uns zu, sie mit Liebe an das Gebot der Liebe zu ermahnen – uns, die wir älter sind als sie, die wir ihre Lehrer waren, die wir den einen und wahren Gott früher erkannt und der reinen Quelle der Menschheit näher stehen als sie.

Viele unserer Glaubensgenossen, und wie hier so gewiß auch überall, zögern noch, dem Vereine beizutreten. Sie teilen unsere Gesinnungen, ihr Herz schlägt so warm als das unsere für die Freiheit des Vaterlandes; aber sie sind bedenklich, sie, die Reichen unter uns, weil sie, den Räten der Gewaltherrscher näher stehend, sich einflüstern ließen, wenn das Volk zur Macht käme, werde es die Ketten der Juden noch enger schließen.

Schenkt diesen Einflüsterungen kein Gehör, geliebte Glaubensgenossen! So sprechen jene nur, um Bürger von Bürger zu trennen, damit sie das so getrennte, sich wechselseitig mißtrauende Volk leichter nach ihrer Willkür beherrschen können. Tretet dem Bunde bei. Die Freiheit der Presse gründet die Herrschaft der Vernunft, und unter dieser Herrschaft sind alle gleich, gibt es keine Knechte.

Sie aber, würdige und mutige Männer, die für das deutsche Volk das Wort genommen, sprechen Sie es aus, was unsere Glaubensgenossen zu erwarten haben von der Freiheit des Vaterlandes. Reden Sie klar und offen, nicht für uns, nur für die andern, die ängstlich noch zurückgeblieben.

Doch wie auch Ihre Antwort falle, günstig oder nicht, *wir* treten nicht zurück. Als die Polen ihren Kampf begannen, so erhaben er auch war, lud man dort die Juden nur zum Kampfe ein, aber nicht einmal zur Hoffnung der Siegesbeute. Polen unterlag! Beginnt jetzt euren Kampf, wir teilen ihn und vertrauen auf Gott. Wir wissen: das Schuldbuch des Himmels hat nur noch wenige leere Blätter, die Torheiten und Sünden der Menschen in Rechnung zu bringen. Dem Undanke, dem verratenen Vertrauen folgt bald die Strafe nach. Ihr werdet frei *mit* uns, oder ihr werdet *nicht* frei.

Euch aber, geliebte Glaubensgenossen, sei es gesagt: wenn einst unsere christlichen Brüder die Freiheit sich gewonnen, und wir teilen, wie den Kampf, so die Beute des Sieges mit ihnen, dann – nichts vergessen, nichts vergeben, keine Versöhnung, die nur die Grenze des Hasses ist. All unser Gedächtnis liege bei den Gebeinen unserer Väter; nur in der Zukunft wollen wir leben, nur für die Zukunft wollen wir sterben.

Neunundsiebzigster Brief
Paris, Montag, den 5. März 1832

Der Lindner ist zum Legationsrat in München ernannt worden und hat *die allergnädigste Erlaubnis, die Uniform des königlichen Hauses tragen zu dürfen, taxfrei* bekommen. Ich möchte ihn sehen in seiner Livree. Dieser Lindner ist die vollendetste Lakaienseele, die ich je kennen gelernt; er ist mit gelben Aufschlägen und geprägten Knöpfen auf die Welt gekommen. Er und Hormayr schreiben die neue »Bayrische Staatszeitung«, und der letztere hat das Feld der Literatur zu bebauen übernommen. Das wird eine schöne Landwirtschaft werden!

– Ach, was habe ich für einen schönen neuen Überrock! Haselnußfarbe, bequem über den Frack zu tragen, wattiert, lang, ein Meisterstück. Sie hätten Ihre Freude daran. Auch hat ihn der berühmte Staub gemacht, der Rothschild der Schneider. Als ich ihm sagte: Noch nie hätte mir ein Pariser Schneider einen Überrock nach Wunsch gemacht, und ich bäte ihn darum, die Sache mit Ernst zu bedenken, lächelte er ganz mitleidig und sagte: »*Une maison comme la nôtre!*« Und der Mann hat recht, stolz zu sein. Was die Natur an mir verdorben, hat er wieder gut gemacht. Meine Taille sollten Sie sehen! – –

Mit diesem schönen Überrock ausgeschmückt (und in dieser Absicht schone ich ihn und ziehe ihn selten an) werde ich künftigen Sommer den Redakteur der »Mannheimer Zeitung« in Heidelberg besuchen und werde ihm sagen: Ich bin der Verfasser der Briefe aus Paris, zu dem die Stuttgarter Hofzeitung gesagt hat: *O, du elende Schmeißfliege!* Die zwei Hauptredakteurs an dieser Zeitung sind der ehrliche Lindner und Geheime Hofrat Münch, von denen jeder dreitausend Gulden Gehalt bekommt. Dafür müssen sie grob sein. Sie aber werden weit schlechter bezahlt und sind daher auch weit weniger grob. Indessen haben Sie von mir gesagt: Ich hasse die Fürsten, weil ich keine Hoffnung hätte, selbst ein Fürst zu werden, und haßte die Reichen, weil ich kein Geld hätte. Das eine ist dumm, und darum verzeihe ich es Ihnen; aber das andere ist gelogen. Betrachten Sie mich in diesem Rocke; sehe ich aus wie ein Mann, der arm ist? Der Rock hat eine Haselnußfarbe, einen Samtkragen und ist mit Seide gefüttert und wattiert von oben bis unten. Er hat fünf Taschen und eine sechste geheime für Verschwörungslisten und kann bis am Halse zugeknöpft werden. Fühlen Sie einmal dieses Tuch an; fragen Sie Herrn Zimmern daneben, wieviel die Elle von solchem Tuche kostet, und Sie werden erstaunen. Und Sie nennen mich arm? Wenn Ihre ganze Garderobe so viel wert ist als mein einziger Rock, sollen Sie mich zum Fenster hinaus in den Neckar stürzen. Hundertunddreißig Franken hat er gekostet. Überhaupt, für wie reich halten Sie mich? ... Der Redakteur, dem mein grimmiges

Gesicht ganz angst gemacht, möchte gern höflich sein und mich für sehr reich erklären; aber so ein armer Teufel von Pescheräh hat nicht weit zählen gelernt, und er antwortete: O, Herr von Börne, Sie sind gewiß drei- bis vierhundert Gulden reich... – Vierhundert Gulden! Sie sind ein Narr. Eine Million bin ich reich, sowohl an barem Gelde als an Manuskripten und guten Eigenschaften. Sie aber, wieviel sind Sie wert?... – O! ich bin wenig wert... – Wenig wert? Gar nichts sind Sie wert. Sie sind nicht wert, daß Sie der Teufel holt! Dann ginge ich fort und lachte mich tot. Nur eines ist mir unerklärlich: Warum der Redakteur der »Mannheimer Zeitung« von den Heidelberger Studenten noch niemals Prügel bekommen.

– Soviel ich das undeutlich geschriebene Motto aus dem Tacitus lesen kann, heißt es in deutscher Übersetzung ungefähr wie folgt: »Nicht bloß gegen die Schriftsteller, sondern auch gegen deren Werke wurde auf Befehl der Triumvirn mit Erbitterung verfahren, und die Denkmäler der erhabensten Geister wurden auf dem Forum verbrannt – als könnten durch Feuer die Klagen des römischen Volks, die Freiheit des Senats und das Gefühl des ganzen Menschengeschlechts vernichtet werden!«

Mittwoch, den 7. März 1832

Nicht auf Myrons Kuh wurden zu ihrer Zeit so viele Epigramme gemacht, als in Deutschland seit einigen Monaten auf mich gemacht wurden! Und es sind nicht bloß kleine Schaumuster von Witz, von Fingerslänge, wie jene griechischen waren; sondern es sind ganz lange, breite, schwere Witzstücke, woran drei Blei hängen, das bekannte Fabrikzeichen der deutschen Satire. Es ist aber merkwürdig, was ich bei den Fabrikanten Kredit habe! Sie schikken mir Ware unbestellt, unverlangt, und scheinen ganz unbekümmert, ob ich sie einmal bezahlen werde oder nicht. Aber ich bezahle sie – ehrlich währt am längsten.

Ein solches Witzstück erhielt ich gestern in einem Briefe, der das Postzeichen »*Hamburg*. 15. Nov.« trug. Der Mensch denkt's, Gott lenkt's. Ich wollte darauf schwören, daß der Briefsteller acht Tage nach dem 15. November sich morgens vergnügt die Hände rieb und jubelte: heute kommt mein Brief nach Paris, heute wird er braun, rot, gelb und weiß vor Ärger und zerbricht sich den Kopf, wer das Sonett gemacht haben mag. Goethe oder Platen, oder Uhland, oder Heine, oder Chamisso – und kann es nicht erraten. Aber es kam ganz anders. Den Brief erhielt ich erst gestern, also vier Monate später, weil die Adresse falsch war. Die Straße *Rue de Provence* war zwar richtig angegeben, aber die Hausnummer war falsch. Ich wohne No. 24, und die Adresse hatte No. 21. Vier Monate suchte mich der Briefträger, bis er mich endlich fand! Und ich wohne doch der Nr. 21 gerade gegenüber! Und ich erhielt den Brief zugleich mit dem ersten Veilchen, zu einer Zeit, wo mich nichts ärgern kann, weil ich dann meinem Ost entgegendämmere, weil ich dann des baldigen Wiedersehens froh bin. So weise hat mein Schutzgeist alles gelenkt, um die Bosheit des Hamburger Sonettiers zu vereiteln!

Aber so ist der Deutsche! Dieser unbekannte Hamburger – ein Mensch, der so gar keine Schulkenntnisse hat, der so wenig von Geographie, Statistik, Historie, Topographie, Biographie gelernt hat, daß er nicht einmal weiß, daß ich in der *Rue de Provence* No. 24 wohne und nicht No. 21 – nimmt sich heraus, ein Dichter sein zu wollen, nimmt sich heraus, ein Sonett auf mich zu werfen! Und mit welcher Bosheit ging er dabei zu Werke! Daß ich ja nichts ahnden möchte; daß ich ja in der Erwartung schwelgte, das Innere des Briefes werde so rücksichtsvoll und artig sein als sein Äußeres, und die Überraschung, der Schrecken mich so fürchterlicher darniederwerfe – schrieb er auf die Adresse »*A Monsieur L. Bœrne, savant Allemand*« und *frankierte* den Brief. Wie man einem Grobheiten *frankiert* schicken mag, begreife ich nicht; nie hatte ich das Herz dazu.

Hier folgt die Abschrift des Sonetts. Das »*Entwichner Wechselbalg*« wird Ihnen gefallen. Ich bitte, sehen Sie in meinem Schimpfwörterbuche nach, ob in *W.* »*Wechselbalg*« steht; wenn nicht, tragen Sie es nach.

An L. Börne,
den Briefsteller aus Paris.

Ist der ein *Deutscher*, der mit frechem Hohne
Den deutschen Namen schändet, ihn entehrt,
Was Deutschen heilig ist, giftig zerstört,
Es *richtend nicht, hin*richtend gleich dem Frone! –
Schütz', Himmel, uns vor dem verworfenen Sohne
Des Vaterlands, der Jud' und Christ empört,
Der Lug und Trug zu lehren nur begehrt,
Sich flechtend selbst der ew'gen Schande Krone! –
Du wähnst dich sicher im Asyl der Franken,
Und nicht zu Deutschen, nicht in deutsche Schranken,
Entwichner Wechselbalg, kehrst du zurück!
Doch wohin dich die flücht'gen Sohlen tragen,
Solang im Busen deutsche Herzen schlagen,
Ist auch Verachtung dein gerecht Geschick!

Donnerstag, den 8. März 1832

Als ich gestern den »Wechselbalg« suchte, war er nicht zu finden. Erst einen Tag in meinem Zimmer und schon verschwunden! Darum heißt er auch mit Recht ein *flüchtiger* Wechselbalg. Endlich fand ich ihn unter meinen Papieren versteckt und niedergekauert. Und als ich so Nachsuchung hielt, fiel mir noch ein anderes Blatt in die Hände, ein köstliches Blatt, eine wahre papierene Krone, und ich kann darum wie Saul sagen: Ich war hingegangen, einen Esel zu suchen, und habe eine Krone gefunden. Doch nein! O Gott nein! Jetzt nicht scherzen, nicht lachen! Lesen Sie, lesen Sie! Dieses schwefelfarbige Aktenstück aus dem Archive der Hölle wurde mir im Winter vor unserem Aufenthalte in Soden von *** vertraulich mitgeteilt. Ich sollte es zum Drucke befördern. Nun hatte mich wohl damals meine schwere Krankheit unempfindlich, später die französische Revolution hoffnungstrunken gemacht. Es war mir ganz aus dem Sinne gekommen. Jetzt, gesund genug und nur zu nüchtern, fand ich das Papier wieder. Jetzt will ich es drucken lassen. Schreiben Sie mir es ab und verbrennen Sie sogleich das Original. Die Handschrift möchte vielen in Frankfurt wohlbekannt sein. O! es kocht, es kocht in mir! Aber meine bevorstehende Reise läßt mir nicht Zeit zu warten, bis meine Zorn-Suppe gar geworden. Unglückliches Volk! Unglückliches Vaterland! Kein Wahnsinniger wird so bevormundet und gepeinigt. Es ist mir, als sähe ich das ganze deutsche Volk im Drillhäuschen. Doch genug, genug!

Bericht des österreichischen Generals von Langenau an den Fürsten von Metternich.
(Frankfurt, 1823.)

In die Majorität der Bundesgesandten ist ein Geist des Widerspruchs gefahren, der sich in zweifacher Beziehung in der Form des Liberalismus manifestiert, obwohl er durch und durch *politischer* Natur ist.

Die *erste* Form ist die *Gesetzlichkeit*. Kein Antrag darf ohne strenge Prüfung zur Abstimmung gebracht werden. An jeden wird der Buchstabe des Gesetzes als Maßstab gelegt; jede Diskussion wird auf Grundsätze zurückgeführt. Alles wird unter die Lupe der Bundesversammlung gebracht; kein Gesetz wird *für* oder *wider* angeführt, ohne durch künstliche Exegese den Sinn desselben auf so folgenreiche Weise auszudenken, daß der Konvenienz bald gar kein Spielraum mehr übrigbleiben wird. Aber nicht die Gesetzlichkeit, die Verfassungsmäßigkeit ist der letzte Zweck dieser Sophisten. Dieser liegt vielmehr darin, den großen Bundesmächten die formale Rechtsgleichheit aller Bundesglieder so unerträglich zu machen, daß sie, um sich in ihren Interessen nicht binden zu lassen, sich genötigt sehen, im Bunde nur eine passive Rolle zu spielen und nur durch diese Passivität gegen die Aktion der Mindermachtigen zu reagieren. Allein dies gerade fördert ihren Zweck, indem die kleinern Staaten, eben durch diese Tätigkeit, die öffentliche Meinung in dem Grade für sich gewinnen, in welchem die größern durch ihre Untätigkeit, die als hemmendes Prinzip erscheint, dieselbe verlieren.

Die *zweite* Form ist die der *Nationalität*. In dieser Form suchen sie die verschiedenen, oft sich widerstrebenden Interessen der einzelnen kleinen Staaten in Separathandlungen auszugleichen und zur Erhaltung der so errungenen gemeinsamen Interessen förmliche Bünde im Bunde zu stiften. Warum wird mit so großem Eifer, mit so vieler Umsicht an der Organisation der gemischten Armeekorps gearbeitet? Warum der Vereinigung darüber alle Rangverhältnisse so leicht geopfert? Warum stehen die Teilhaber dieser Korps, sobald sie die Selbständigkeit derselben nur von weitem gefährdet glauben, gleich für einen Mann? Warum hat man in den Staaten, welche von Protestanten regiert werden, mit so unwandelbarer Hartnäckigkeit allen Schwierigkeiten, die sich der Gründung eines gemeinsamen Systems für die katholischen Kirchenangelegenheiten in den Weg stellten, Trotz geboten? Hat nicht, um nur das System zustande zu bringen, Württemberg seinen Landesbischof einem badischen Erzbischof untergeordnet, Darmstadt der Metropolitanwürde, welche Mainz so lange zierte, entsagt, Kurhessen dem Großherzogtum Hessen den Vorrang eingeräumt? Hat man nicht selbst die kleinen Staaten Norddeutschlands in den süddeutschen Verein zu locken gewußt? Warum wird auf einmal jede Finanzrücksicht und jedes Provinzialinteresse für nichts geachtet, um nur den süddeutschen Handelsbund, an welchem in Deutschland so eifrig gearbeitet wird, zustande zu bringen? – *Die öffentliche Meinung soll damit gewonnen werden, die Völklein sollen an die Möglichkeit glauben, daß sie ein Volk werden könnten; sie sollen in solchen Vereinen ihr Wohl gegründet finden, sie sollen Partei nehmen gegen die, welche, weil sie andere Interessen haben, den gleichen Weg nicht nehmen können, und in dieser neuen Liebelei mit den Völkern und der öffentlichen Meinung wollen jene Liberalen dem Einflusse ein Ziel stecken, den, zu ihrem großen Verdrusse, die großen Mächte noch immer auf die innern Angelegenheiten der einzelnen deutschen Staaten ausüben und auszuüben berufen sind.* Diese Menschen, die oft weniger liberal sind, als sie, um zu ihrem Zwecke zu gelangen, sich darstellen, teilen sich zwar wieder in zwei verschiedene Klassen, in die *Idealisten* und *Realisten*; allein, wenn auch von verschiedenen Gesichtspunkten ausgehend, streben sie doch beide nach dem einen Ziele, gegen die beiden großen Mächte einen Antagonismus zu organisieren.

An der Spitze der *Idealisten* steht der Freiherr von *Wangenheim*. Ihm schließen sich mehr oder weniger an die Herrn von *Carlowitz* und *Harnier*. *Realisten* sind der Freiherr von *Aretin* und der Herr von *Lepel*. Jener läßt die Idealisten sprechen und zieht, indem er sie zu bekämpfen scheint, die Conclusa, wie sie es wollen, gegen Österreich; dieser stimmt offen und unverhohlen für alles, was gegen die großen Mächte ist. – Ihm folgt, wenn irgend möglich, der Herr von *Both*. Auf Graf *Eyben*, Graf *Grünne*, Graf *Beust* und Baron *Pentz* ist nicht zu rechnen; sie sind den Idealisten und Realisten persönlich befreundet, und wenn sie auch *gegen* die großen Mächte nichts unternehmen, sind sie doch auch nicht *für* sie zu gebrauchen. Macht man Ansprüche auf sie, so schützt der eine die Forderungen der Ehre, der andere gar die des Pandektenrechtes vor – im Grunde liebäugeln auch sie mehr oder minder mit der Popularität. Aus Freiherrn von *Blittersdorff* ist nicht klug zu werden; er lebt in allen Elementen mit gleicher Leichtigkeit.

Was bleibt uns? Ein Präsident, der zwar sagen muß, was wir wollen, es auch gern und mit Heftigkeit sagt, aber es nicht verteidigen kann, so daß er mit dem besten Willen oft das Gegenteil von dem selbst mitbeschließen hilft, was er durchsetzen sollte; ein Graf *Goltz*, der das, was Graf *Buol* bejaht, zwar nie verneint, aber zur Verteidigung der Sache nie auch nur das mindeste beizutragen vermag; der Herr von *Hammerstein*, der uns nur bei seinem ersten Auftritte liberal und also gefährlich erschien, jetzt aber sich täglich besser zeigt. Er hat Kenntnisse, Verstand und einen gewissen Geist der Intrige und den Stolz, der über die Kleinen hinwegsieht; er wird uns, wenn Sie ihn mit dem Bande, das er uns selbst darreicht, vollends fesseln, wichtige Dienste leisten können. Der Minister *Marschall*, auf den unter allen Umständen und für jeden Zweck zu bauen ist; der Freiherr *Leonhardi*, der nicht mucksen darf, und die Gesandten der sogenannten Freien Städte, obwohl auch diese, der Mehrzahl nach, die Faust in der Tasche machen.

Hieraus folgt, daß, so gute Elemente wir auch haben, dennoch an der Begründung des Stabilitätssystems, und mithin an Herstellung der Ruhe, nicht zu denken ist, wenn man nicht die Idealisten zusamt den Realisten bannen kann. – Die Bundesversammlung muß epuriert werden. Darauf müssen Österreich und Preußen vor allen Dingen wirken. Die auf diesen Zweck berechneten Schritte müssen zwar gemeinschaftlich verabredet, aber nur abwechselnd von einem dieser beiden Staaten allein und sehr nach und nach gemacht werden, damit nicht andere als die angegriffenen sich in ihrer Würde gefährdet glauben mögen. Deshalb darf man die Epuration auch nicht beim Freiherrn von *Aretin* anfangen, obwohl seine Entfernung, weil er vor allen andern der Verstockteste und daher der Gefährlichste ist, am wünschenswertesten wäre. Bayern hält am meisten auf seine Unabhängigkeit, würde also am ersten Lärm blasen und nicht ohne großen Anhang bleiben. Daher muß das bayrische Gouvernement nicht gereizt, sondern ins Interesse gezogen und für die Epuration gewonnen werden. Dies ist zum Glück gar nicht so schwer, da der Minister *Rechberg* das bayrische antiösterreichische System vergißt, sobald man ihm in irgendeinem magischen Spiegel die Revolution und den Fürsten *Metternich* als deren Bändiger zeigt.

Nicht ohne Erfolg hat Preußen in seinen Zirkularbemerkungen über die Köthensche Streitangelegenheit den Freiherrn von Aretin nicht nur geschont, sondern sogar gelobt. Rechberg findet diese Bemerkungen vortrefflich, das Benehmen der Mehrzahl der Bundesgesandten abscheulich. Gelingt es, das bayrische Gouvernement in dieser Stimmung zu erhalten, so wird der Epuration kein großes Hindernis im Wege stehen. Es kommt dann nur darauf an, immer nur *einen* Gesandten auf einmal und zuerst einen solchen zu attackieren, dessen Hof von den übrigen aus irgendeinem Grunde am leichtesten zu isolieren ist. Es ist ziemlich gleichgültig, wer dieser erste sei. Alles ist gewonnen, wenn *um seines Benehmens gegen die großen Mächte willen* nur einer rappelliert wird. Zeigt man dann nur den festen Entschluß, daß, wenn es sein muß, der nämliche Prozeß sofort werde von vorn angefangen werden, so darf man mit Sicherheit darauf rechnen, daß der böse Geist, der jetzt in der Bundesversammlung sein Unwesen treibt, bald gebannt sein wird. Keinem Gesandten wird es alsdann so leicht wieder einfallen, in seinen Berichten, die wir ja meistens perlustrieren können, den Geist der Opposition, der allerdings in den deutschen Fürsten zu leicht nur geweckt werden kann, zu nähren; vielmehr werden sie, um sich in ihren einträglichen und zugleich ruhigen Posten zu befestigen, selbst dazu mitwirken, ihre Höfe den österreichischen, also auch den preußischen An- und Absichten, aus treuer Anhänglichkeit an das alte Kaiserhaus entgegenzuführen.

Dies ist der einzige Weg, auf welchem meines Dafürhaltens wir das wiedererobern können, was wir uns in unbegreiflicher Sorglosigkeit haben entreißen lassen.

Achtzigster Brief

Paris, Samstag, den 10. November 1832

Diesen Brief, vom Samstag datiert, fange ich heute Sonntag erst an. Ich habe mich einer Treulosigkeit gegen Sie schuldig gemacht; nicht wegen Mademoiselle *** – denn diese besuchte ich erst um zwei Uhr, ich hätte also den ganzen Vormittag Zeit gehabt, Ihnen zu schreiben – sondern wegen eines Buches, das mich so angezogen. Ich empfehle Ihnen *Scènes de la vie privée par Mr. Balzac*. Ich glaube, es sind vier Bände. Ein moralischer Erzähler von seltener Vortrefflichkeit, und der die Tugend so liebenswürdig darzustellen weiß, daß man sie, zu seinem eignen größten Erstaunen, noch vierzig Jahre nach der Kindheit liebgewinnt. Sie hatten also einen ganzen Tag lang keine andere Nebenbuhlerin als die Tugend selbst.

Montag, den 12. November 1832

Sie wundern sich gewiß, daß ich noch kein Wort Politik gesprochen in diesen sechs Briefen; ich wundere mich selbst darüber, und ich weiß nicht, wie es kommt... O! es ist so langweilig, so langweilig! ich knurre wie ein alter Hund, der unter dem Ofen liegt, und kann es vor lauter Bosheit nicht zum Bellen bringen. Bosheit gegen wen? Nicht gegen den bürgerfreundlichen Großherzog von Baden, der die Professoren Rotteck und Welcker abgesetzt; sondern gegen die letzteren, die aus Schafsgutmütigkeit ein aktives Verbum haben zum passiven werden lassen. Nicht gegen den Minister Winter in Karlsruh, der sich für einen freisinnigen Mann ausgegeben und den ich immer für einen Pascha von drei Fuchsschweifen gehalten; sondern gegen die Narren, die ihm das geglaubt. Nicht gegen die Schamlosigkeit der bayrischen Regierung, die Landeskinder nach Griechenland schickt, um deutsches zahmes Kuhpockengift in das edle griechische Blut zu bringen, damit ein Heldenvolk bewahrt werde vor dem Fieber und den Blatternarben der Freiheit und ein hübsches, weibliches, polizeiglattes Gesicht behalte; sondern gegen die Bayern, die ruhig und breit dastehen wie die Bocksbierfässer und, ohne sich zu rühren, sich anzapfen lassen von dem unersättlichen Gewaltsdurste ihres Königs. Nicht gegen die hessische Mätressenregierung, welche alle freisinnigen Deputierten mit Fächerschlägen aus der Kammer jagt; sondern gegen diese selbst, die sich wie Spatzen durch ein Husch! Husch! vertreiben lassen. Die in Kassel begreife ich nicht. Die Cholera ist dort, und, wie ich gelesen, haben sie große Furcht davor. Wenn man aber die Cholera fürchtet, wie kann man zugleich Gefängnis und Geldstrafen fürchten? Aber der Deutsche hat ein großes Herz! Als einst Napoleon einen Offizier ausschmähte, antwortete dieser: »Ihr Zorn ist nicht gefährlicher als eine Kanonenkugel« – und darauf schwieg der Kaiser und lächelte. Es war freilich Napoleon; wäre es ein deutscher Wachtparadenfürst gewesen, er hätte den Offizier kassiert und ihn auf die Festung geschickt. Es ist doch etwas sehr Geheimnisvolles in der Furcht; den Heldenmut begreift man viel leichter. Hunderte von freisinnigen Bürgern in Frankfurt lassen sich dort von der Polizei schulbübisch examinieren und abstrafen und denken gar nicht daran, daß wenn sie Hunderte wie ihrer sind, sich alle in eine Reihe stellen, alle für einen für jeden sprächen und handelten, man ihnen ja gar nicht beikommen könnte, da Frankfurt nicht genug Gefängnisse hat, sie einzusperren.

So knurre ich; ich wollte aber, ich wäre im Ernste ein Hund. Wenn ein Hund von seinem Herrn geprügelt wird, so ist es doch ein höheres Wesen, das ihn beherrscht; der Mensch ist der Gott des Hundes, es ist seine Religion, ihm treu und gehorsam zu sein. Läßt sich aber je ein Hund von einem andern Hunde beißen, ohne sich zu wehren? Oder hat man gar je gesehen, daß tausend Hunde einem einzigen gehorchen? Der Mensch aber läßt sich von einem andern Menschen prügeln; ja tausend Menschen erdulden es von einem einzigen und wedeln dabei mit den Schwänzen! und *Jarcke* in Berlin ist an die Stelle von *Gentz* nach Wien gekommen. Erinnern Sie mich an diesen Jarcke, wenn ich ihn vergessen sollte. Ich habe etwas über ihn zu sagen. Zwar hat mich Heine gebeten, ich möchte ihm den Jarcke überlassen; aber ich denke, es ist genug an ihm für uns beide.

Die andere europäische Tyrannei gefällt mir weit besser als die deutsche. Ich weiß nicht – es ist etwas Genialisches, Großes darin. Es ist wenigstens eine hohe Mauer, die jeder sieht, der jeder ausweichen kann, und es müßte einer sehr zerstreut sein, mit dem Kopfe dagegen zu rennen. Unsere aber – das ist ein Scheitholz mitten auf dem Wege, in der Nacht und keine Laterne dabei; man fällt darüber und bricht das Bein. So fiel neulich der Geburtstag des Kaisers von Rußland ein, oder solch ein anderer heilloser Tag, und da befahl die Polizei in Warschau: es müßte jeder illuminieren, und für jedes Fenster, das dunkel bliebe, müßte man dreißig Gulden Strafe bezahlen. Das ist deutlich! Eine Dame in Neapel schrieb an ihren Sohn nach Marseille, sein alter Vater säße schon einige Monate im Kerker, weil er, der Sohn, liberale Artikel in eine Marseiller Zeitung schriebe! So weit bringt es der Bundestag in seinem Leben nicht. Doch wer weiß!

Schreiben Sie mir ja recht oft und viel und freundlich, daß mir gar nichts von meinem Herzen übrigbleibe; denn ich wüßte nicht, wie ich diesen Winter auch nur den kleinsten Rest verwenden sollte. Die Malibran ist nicht hier, und sie kommt auch nicht.

Ich wollte, ich wäre zwanzig Jahre jünger, daß ich darüber weinen dürfte. Während der Schneetage von Paris log sie mir den Sommer vor; wenn sie sang, sah ich blitzen, hörte ich donnern, und wo in meiner Brust noch ein altes Körnchen Pulver lag, da kam ihr Feuer hin und verzehrte es! Ihr armer Freund! Jetzt bleibt meine einzige Lust, die Seifenblasen der Bundesknaben steigen sehen und nach den Schuldoktrinairs mit Schneebällen werfen.

Einundachtzigster Brief
Paris, Montag, den 12. November 1832
... Fragen Sie doch allerlei und verschiedenartige Leute – es müssen aber natürlich solche sein, welchen hierin ein Urteil zuzutrauen: ob sie mich für fähig halten, eine Geschichte der Französischen Revolution zu schreiben? Ich selbst habe es oft überlegt, konnte es aber noch zu keiner entschiedenen Meinung bringen. Ich weiß nur, daß ich Lust dazu habe; welches aber gar nicht beweist, daß ich auch das Talent dazu habe. Zu den Speisen, die man am wenigsten vertragen kann, hat man oft den größten Appetit. Ich möchte eher urteilen, daß ich die Fähigkeit nicht habe, als daß ja. Zu einer Geschichtsschreibung gehört ein künstlerisches Talent, und die Leute sagen, daß mir das durchaus fehle. In einer Geschichte müssen die Dinge dargestellt werden, wie sie sind, wie sie sich im natürlichen Tageslichte zeigen; nicht aber, wie sie, durch das Prisma des Geistes betrachtet, als Farben erscheinen, noch weniger, wie sie in der Camera obscura des Herzens sich abschatten. Glauben Sie nicht auch, daß ich zuviel denke und empfinde? Die gefährlichste Klippe in einer Geschichte der Französischen Revolution ist: daß diese noch nicht geendigt ist, ihr Ziel noch nicht erreicht hat; daß man also, je nach der Gesinnung, ohne Furcht und Hoffnung von der Sache gar nicht sprechen kann; und Furcht und Hoffnung drücken sich oft als Haß und Liebe aus, und das darf nicht sein. Ein Geschichtsschreiber muß sein wie Gott; er muß alles, alle lieben, sogar den Teufel. Ja, er darf gar nicht wissen, daß es einen Teufel gibt. Also

fragen Sie den und jenen, und teilen Sie mir genau mit, was jeder von ihnen sagt. Es ist ein Werk langer und schwerer Arbeit, und ich möchte es ohne Hoffnung, daß es gelinge, nicht unternehmen. Ich bin jetzt schon gerührt, wenn ich daran denke, wie ehrwürdig ich mich ausnehmen werde, wenn ich als großer Gelehrter und Narr unter tausend Büchern sitze und sie eines nach dem andern durchlese und ausziehe, und wie mir dabei heiß wird und ich seufze: Ach! wie glücklich war ich in frühern Zeiten, da ich noch leicht wie ein Schneidergesell, dem man in der Herberge das Felleisen gestohlen, durch Feld und Wald zog und überall ohne Geographie und Führer den Weg und jeden Abend ein Wirtshaus fand. Aber es ist Zeit, daß ich das Schwärmen einstelle und mich in eine Arche zurückziehe; denn ich sehe die Sündflut kommen. Vierzig Monate wird sie dauern, und dann, wenn die Gewässer abgelaufen sind und der Regenbogen am Himmel steht, werde ich mit einer versöhnlichen Geschichte der Französischen Revolution hervortreten, voller Liebe und Feuchtigkeit – und da alsdann alle Rezensenten ersoffen sein werden, das einzige Rezensentenpaar ausgenommen, das ich aus Liebe zur Naturgeschichte in meine Arche gerettet, so wird auch mein Werk allgemeinen Beifall finden, wenn es ihn verdient. Auch denke ich daran, wie ich meine baldigen grauen Haare verberge, sei es unter einem Lorbeerkranze, sei es unter einer Schellenkappe – gleichviel. Nun gefragt.

Von den bedeutenden Männern, welche in der Französischen Revolution eine wichtige Rolle gespielt, lebt noch mancher, wie Lafayette, Talleyrand, die Lameths. Aus diesen lebendigen Quellen schöpfen zu können, ist ein großer Vorteil. Aber man muß die noch kurze Zeit benutzen, ehe sie der Tod entführt oder sie altersschwach werden. So lebt Sieyès noch, aber, wie ich höre, in großer Geistesschwäche. Auch von den Volksmassen, welche die Revolution unter freiem Himmel getrieben, leben in Paris noch ganze Scharen. Man sollte es nicht denken – kürzlich hat die Regierung allen, welche an der Bestürmung der Bastille teilgenommen, eine Pension bewilligt, und es fanden sich noch fünf- bis sechshundert von jenen Sappeurs der Monarchie, die noch am Leben sind und deren Namen der Moniteur mitteilte. Auch diese zu beraten, ist nützlich, um von den entscheidenden Gassengeschichten und den seitdem so sehr umgestalteten Schauplätzen der Französischen Revolution eine lebhafte Anschauung zu gewinnen.

Dienstag, den 13. November 1832

Ein herrliches deutsches Buch habe ich hier gelesen; schicken Sie gleich hin, es holen zu lassen. *Briefe eines Narren an eine Närrin*. Auch in Hamburg bei Campe erschienen, der seine Freude daran hat, die Briefe aller Narren an alle Närrinnen drucken zu lassen. Es ist so schnell abwechselnd erhaben und tief, daß Sie vielleicht müde werden, es zu lesen; ich bin es selbst geworden und bin doch ein besserer Kopfgänger als Sie. Aber es ist der Anstrengung wert. Der Narr ist ein schöner und edler Geist und so unbekümmert um die schöne Form, welcher oft die besten Schriftsteller ihr Bestes aufopfern, daß diese, wie jede Kokette, weil verschmäht, sich ihm so eifriger zudringt. Der Verfasser schreibt schön, ohne es zu wollen. Er ist ein Republikaner wie alle Narren; denn wenn die Republikaner klug wären, dann bliebe ihnen nicht lange mehr etwas zu wünschen übrig, und sie gewönnen Zeit, sich zu verlieben und Novellen zu schreiben. Nichts kommt ihm lächerlicher vor als das monarchische Wesen, nichts sündlicher gegen Gott und die Natur. Er teilt meinen Abscheu gegen die vergötterten großen Männer der Geschichte und meint, die schöne Zeit werde kommen, wo es wie keine Hofräte so auch keine Helden mehr geben wird. Die Klügsten unter den Gegnern des Liberalismus haben diesem immer vorgeworfen, es sei ihm gar nicht um diese oder jene Regierungsform zu tun, sondern er wolle gar keine Regierung. Ich trage diese Sünde schon zwanzig Jahre in meinem Herzen, und sie hat mich noch in keinem Schlafe, in keiner gefährlichen Krankheit beunruhigt. Die Tyrannei der Willkür war mir nie so verhaßt wie die der Gesetze. Der Staat, die Regierung, das Gesetz, sie müssen alle suchen, sich überflüssig zu machen, und ein tugendhafter Justizrat seufzt gewiß, sooft er sein Quartal einkassiert und ruft: O Gott! wie lange wird dieser elende Zustand der Dinge noch dauern? Und bei dieser Betrachtung hat der Verfasser eine schöne Stelle, die ich wörtlich ausschreiben will. »Freilich ist das Firmament ein Staat, und Gott ein Monarch, der sich die Gesetze und die Bahnen unterordnet; aber die Sterne des Himmels werden einst auf die Erde fallen, und Gott wird sein strahlendes Szepter und die Sonnenkrone von sich werfen und den Menschen weinend in die Arme fallen und die zitternden Seelen um Vergebung bitten, daß er sie so lange in seinen allmächtigen Banden gefangen gehalten.« Küssen Sie den Unbekannten in der Seele, der über die Wehen, die Geburten und Mißgeburten dieser Zeit so schöne Dinge gesagt. Auch eine betrübte rätselhafte Erscheinung unserer Tage erklärt der Verfasser gut. Woher kommt es, daß so viele in Deutschland, die früher freisinnig gewesen, es später nicht geblieben? Spötter werden sagen: sie haben sich der Regierung verkauft; ich aber möchte nie so schlecht von den Menschen denken. Ich war immer überzeugt, daß ein Wechsel der Hoffnung gewöhnlich dem Lohne vorausginge, mit dem Regierungen, zur Aufmunterung der Tugend, diesen Wechsel bezahlten. »Sie konnten den Nachwuchs eines neuen Geschlechtes nicht ertragen; sie wollten nicht, daß man munterer, dreister dem gemeinschaftlichen Feinde die Spitze bieten könne. Es ist in Frankreich ebenso gegangen. Die in der alten französischen Kammer einst die äußerste Linke bildeten, die ausgezeichnetsten Glieder der ehemaligen Opposition, sind nur darum in die rechte Mitte des Zentrums hinaufgerückt, weil sie nicht ertragen mochten, daß eine Weisheit, die ihnen geborgt war, sich in jugendlichen Gemütern lebendiger betätigte. So sind in Deutschland die ehemaligen Heerführer des Liberalismus die loyalsten Organe der Regierung geworden. Früher sprachen sie allein über gewisse Wahrheiten, jetzt tun es ihnen hundert andere nach.«

An dem Buche habe ich nichts zu tadeln als seinen Titel. Man soll sich nicht toll oder betrunken stellen, wenn man die Wahrheit sagt. Auch nicht einmal im Scherze soll man eine solche Maske vorhalten; denn es gibt unwissende Menschen genug, welche die Vermummung als einen Beweis ansehen, daß man nicht jeden Tag das Recht habe, die Wahrheit zu sagen, sondern nur während der Fastnachtszeit und in der Hanswurstjacke. Überhaupt sollten wir jetzt keinen Spaß machen, damit die großen Herren erkennen, daß uns gar nicht darum zu tun sei, witzig zu sein, sondern sie selbst zu witzigen.

Mittwoch, den 14. November 1832

Ich muß noch einmal auf die »Briefe eines Narren« zurückkommen; das Wichtigste hätte ich fast vergessen. Stellen Sie sich vor, es wird in dem Buche erzählt: der goldene Hahn auf der Frankfurter Brücke sei abgenommen worden, und unsere Regierung habe es auf Befehl der Götter des Taxisschen Olymps tun müssen, weil der Hahn ein Symbol der Freiheit sei, der, ob er zwar nicht krähen könnte, sintemal er von Messing ist, doch als Kräh-Instrument in dem Munde eines Sachsenhäuser Revolutionärs Staats- und Diner-gefährlich werden könnte. Es wäre merkwürdig! aber ich glaube es nicht. Vielleicht war es ein Scherz von dem Verfasser, oder er hat es sich aufbinden lassen. Aber was ist in Frankfurt unmöglich? Ich bitte, lassen Sie doch *** auf die Sachsenhäuser Brücke gehen und nach dem uralten Hahne sehen. Ist er noch da, dann werde ich den närrischen Briefsteller öffentlich als einen Verleumder erklären.

Donnerstag, den 15. November 1832

Heute marschieren die Franzosen in Belgien ein, angeblich nur um Antwerpen zu erobern, vielleicht aber auch, um den König Leopold gegen sein eigenes Land zu schützen, das seiner in den nächsten Tagen überdrüssig werden dürfte. Den Franzosen gegenüber ziehen sich die Preußen zusammen, darauf zu wachen, daß das Volk in seiner Lust nicht übermütig werde und sich nicht mehr Freiheit nähme, als man ihm zugemessen. Was ist dieses Frankreich gesunken! Wenn noch ein Stäubchen von Napoleons

Asche übrig ist, es müßte sich jetzt entzünden. Gleich schwach und verächtlich wie heute, war Frankreich unter den Direktoren; aber die Ohnmacht damals war zu entschuldigen, sie war Erschöpfung nach einem ungeheuern Tagewerke. Die jetzige Regierung aber ist schwach und schlaff von vielem Schlafen. Und der Ernst gegen Holland soll nur Komödie sein, gespielt, der doktrinären Regierung Gelegenheit zu geben, mit Kraft zu paradieren, daß sie sich befestige; denn von den Doktrinairs erwartet die heilige Allianz den Ruin Frankreichs. Es ist die wohlfeilste Art, Krieg zu führen. Schon um acht Uhr diesen Morgen erhielt ich ein Billett von einem guten Freunde von Rentier, der mich auf heute zu Tische bittet, um ihm den Triumph des Justemilieus feiern zu helfen. Ich werde essen und lachen. Ich fange an einzusehen, daß die Menschheit kein Genie hat für die Wissenschaft. Seit einigen tausend Jahren geht sie in die Schule, und sie hat noch nichts gelernt. Gott hätte sie nicht sollen zum Studieren bestimmen, sondern ein ehrliches Handwerk lernen lassen.

Die arme Berry! Ihr verzeihe ich alles; denn sie ist Mutter, und sie glaubt an ihre Rechte. Das ist ihr von der frühesten Kindheit an gelehrt worden wie der Katechismus. Die heillosen Königspfaffen aber, die Bürgerblut für Wasser ansehen, womit sie ihren verkümmerten Thronsprößling begießen – diese möchte ich alle in dem Stübchen hinter dem Kamine einsperren, in welchem die Berry sich versteckt hatte, und dann wollte ich das Feuer recht schüren. Was aber die neue Geschichte schöne Romane schreibt! wer es ihr nachtun könnte! Es tat mir noch niemals so leid als jetzt, daß ich keine Geschicklichkeit zu so etwas habe. Das Ereignis mit der Berry, welch ein herrlicher Stoff zu einem Romane. Ihr Verräter, der getaufte Jude, welch ein schönes Nacht- und Rabenstück! Man begreift nicht, warum dieser Judas katholisch geworden ist. Als hätte er als Jude nicht auch ein Schurke werden können. Ich glaube, es ist kein gewöhnlicher Bösewicht; sein Gewissen hat eine halbe Million gekostet, und er ist blaß geworden, als er den Verrat vollendete.

Ein Münchner Bierbrauer und der Dr. Lindner werden mit

dem Könige Otto nach Griechenland ziehen, um dort bayrisch Bier und russische Treue einzuführen. Griechenland soll ein Teil des Deutschen Bundes werden, und die griechischen Zeitungen müssen alle in deutscher Sprache geschrieben werden, damit sie der Hofrat Rousseau verstehe, der zum Zensor in Nauplia ernannt worden ist. Carové tritt zur griechischen Religion über und wird Konsistorialrat in Athen. Der Professor Vömel wird Zensor aller griechischen Klassiker, die ohne Zensur nicht neu gedruckt werden dürfen. Diese Neuigkeiten standen gestern abend im Messager.

Adieu für heute.

Zweiundachtzigster Brief

Paris, Mittwoch, den 21. November 1832

Schon gestern wollte ich zu schreiben anfangen; aber da lag mir der Schrecken von vorgestern zehn Pfund schwer in den Fingern, und ich konnte nicht. Sie wissen jetzt, daß man unsern guten König hat umbringen wollen, und daß die beste aller Republiken in großer Gefahr war. Nie hat sich die Vorsehung so glänzend gezeigt als dieses Mal. Sie hat nicht allein verhindert, daß der König getroffen werde, welches ihr als Leibwache der Fürsten Pflicht war; sondern sie hat auch verhindert, daß keiner von den Hunderten von Nicht-Königen, die den König eng umschlossen, und um die sie sich nicht zu bekümmern hat, verletzt werde. Sie hat noch mehr getan. Sie hat, was ihr ein leichtes gewesen wäre, den Mörder (oder den *Elenden*, wie die Minister in allen Blättern sagen) nicht den Händen der Gerechtigkeit überliefert, sondern ihn entwischen lassen, damit er ohne Buße sterbe und jenseits in ewiger Verdammnis leide. Der Mörder gab sich alle mögliche Mühe, entdeckt zu werden, aber es half ihm nichts. Statt einen andern Tag zu wählen, wo dem Könige, da er weniger bewacht ist, so leicht beizukommen wäre, wählte er gerade einen Tag, wo viele tausend Soldaten alle Straßen besetzt hielten, wo unzählige Polizeiagenten unter dem Volke gemischt waren und der König selbst von einem dichten undurchdringlichen Gefolge umpanzert war. Statt sich auf die freie Straße hinzustellen, wo nach der Tat Hoffnung zur Flucht blieb, stellte sich der Mörder auf die Brücke, wo auf zwei Seiten nicht auszuweichen war und die zwei engen Zugänge augenblicklich gesperrt werden konnten, wie es auch wirklich geschehen. Die Kugel war nirgends zu finden, und der König war naiv genug, abends bei Hofe zu erklären, er habe die Kugel nicht zischen hören. Sehen Sie, das nennt man *regieren*, und wenn Sie das jetzt nicht begreifen, bleiben Sie dumm ihr Leben lang. Bei dieser Gelegenheit aber konnte ich mich schämen, daß ich, ein Liberaler, erst mit anderthalb Jahren begreife, was die Absolutisten schon längst verstanden und erklärt haben: daß nämlich nichts lächerlicher sei als eine konstitutionelle Monarchie. Wenn in Petersburg, Wien und Berlin solche Polizeikomödien aufgeführt werden, dort, wo nur Kinder und unerfahrene Menschen auf der Galerie sitzen, die alles für Ernst nehmen und, gleich Kotzebues Landedelmann in der Residenz, imstande sind, einen Schauspieler durchzuprügeln, der als Graf Leicester die schöne Maria Stuart verraten – dort hat doch der Spaß einen Zweck, und findet sich ja einmal ein naseweiser Theaterkritiker, der das Spiel beurteilt, dreht man ihm den Hals um. Hier aber, wo Öffentlichkeit, wo Preßfreiheit herrscht, wo tausend Menschen es laut aussprechen, es sei ein Polizeischuß gewesen – wozu? Darum ist eine konstitutionelle Monarchie ein lächerliches Ding, darum bin ich Republikaner geworden und verzeihe es den andern, wenn sie Absolutisten sind. Einer von uns wird den Sieg davontragen; das Justemilieu aber, diese Mißgeburt mit zwei Rücken, bestimmt, auf beiden Seiten Prügel zu bekommen – wird sie bekommen und wird, nachdem ihm aller Saft ausgedrückt worden, wie eine Zitronenschale auf die Gasse geworfen werden.

Aber in diesem Augenblicke erhalte ich Ihren Brief und ich will mich eilen, ihn zu beantworten, ehe das Gemetzel in Antwerpen angeht, das vielleicht die Sperrung des Postenlaufs nach Deutschland zur Folge haben kann. Die Holländer in der Zitadelle haben zweihundert Mörser, die Franzosen in der Stadt vierhundert. Diese sechshundert Mörser können in Zeit von einer Stunde zwölftausend Menschen zerstoßen. Dann gäbe es zwar zwölftausend Narren weniger in der Stadt; aber sie dauern mich doch, die armen zerquetschten Menschen! Es bleiben so viele Narren noch übrig, daß man den kleinen Abgang nicht spüren wird. Sich totschießen zu lassen um einen Taufnamen, daß ein König Wilhelm oder Leopold heiße! Die Erde ist das Tollhaus der Welt, und alle Narren des Firmaments sind da versammelt.

Es darf Sie nicht wundern, daß die vier Bände Tugend von Balzac mir keine Langeweile gemacht. Denn erstens ist es weibliche Tugend, die mich nicht hindert, ich meine *nicht mehr*. Dann sind es gerade nicht immer tugendhafte Personen, die auftreten, sondern im Gegenteil. Nachdem man aber mit den andern den Blumenweg der Untugend gewandert, stellt der Verfasser tugendhafte Betrachtungen an, die man sich gefallen läßt, weil sie nichts kosten; denn man hat den Profit voraus. Aber ich kann Ihnen den Balzac nicht genug loben. Noch ein anderes Werk liegt auf meinem Tische von dem nämlichen Schriftsteller; ich habe es aber noch nicht gelesen: *Physiologie du mariage ou méditations de philosophie éclectique sur le bonheur et le malheur conjugal. Publiées par un jeune célibataire*. Zwei Teile. Es wird aber noch lange dauern, bis ich mit Ihnen von dem Buche sprechen kann; denn ich will es nicht bloß lesen, sondern studieren. Und warum *studieren?* Darüber hängt noch der Schleier des Geheimnisses; aber man wird erstaunen zur gehörigen Zeit. Wichtige Dinge sind im Werke.

Schicken Sie mir doch künftig zur Erleichterung des Briefportos ein Verzeichnis derjenigen Personen in Frankfurt, die noch nicht arretiert sind. Sie treiben es dort ins Große, und es fehlt ihnen wenig mehr zu einer Macht des ersten Ranges. Wenn sie in Frankfurt einen *Jarcke* gebrauchen, sollten sie sich an mich wenden; ich habe hier einen guten Freund, der gar zu gern ein Spitzbube werden möchte; er hat aber bis jetzt noch keine Gelegenheit dazu gefunden. Er besucht mich um keinen Preis und weicht mir aus, soviel er kann, aus Furcht, für einen ehrlichen Mann gehalten zu werden und dadurch seinem Fortkommen zu schaden. Nach dem Eschenheimer Turm wässert mir der Mund, ich möchte gar zu gern darin sitzen. Welch ein romantisches Gefängnis! Auf der einen Seite die Aussicht nach der Promenade, auf der andern in die Zimmer des Herrn von Nagler. Sein erster Legationssekretär stünde den ganzen Tag am Fenster, meine Seufzer zu dechiffrieren. Welch einen schönen Roman könnte unser Frankfurter Walter Scott daraus machen! Ist es wahr, daß der Senat den Mühlberg will befestigen lassen, angeblich gegen die Franzosen, eigentlich aber, um die rebellischen Frankfurter im Zaume zu halten, und daß man alle Staatsverbrecher nach der Brückeninsel deportieren will? Gestern in der Kammer hat man davon gesprochen.

Hören Sie. Ein Deutscher hier, der sich für die Auswanderung nach Amerika interessiert und dafür schreibt, forderte mich neulich auf, auch dahin zu ziehen. Ich antwortete ihm: das täte ich wohl gern, wenn ich nicht fürchtete, daß, sobald unsere vierzigtausend am Ohio wären und nun der neue Staat organisiert werden sollte, von diesen vierzigtausend guten deutschen Senaten neununddreißigtausendneunhundertneunundneunzig den Beschluß fassen möchten, sich aus Deutschland ein geliebtes Fürstenkind zum Oberhaupte kommen zu lassen. Es war ein Scherz des Augenblicks; aber nachdem er verschallt, fiel mir bei, wieviel Ernst in der Sache sei. O! wäre ich nur sicher in meiner Vermutung – auf der Stelle ginge ich nach Amerika, bloß um unsterblich zu werden; denn es wäre ein gewürzhafter Spaß, der mich einbalsamierte, meine Gebeine ein Jahrtausend gegen Verwesung schützte – es wäre ein unsterblicher Spaß.

Donnerstag, den 22. November 1832

Die Rede, mit welcher der König die Kammer eröffnet, ist wieder die alte Vorrede der Tyrannei. Die Regierung erklärt sich für schwach und verlangt Kraftbrühen. Man weiß, aus welchen Bestandteilen diese zusammengesetzt werden: förmliches Recht zu jedem beliebigen Unrechte, Unterbrechung der Konstitution und Belagerungszustand, sooft man Furcht hat, besonders Beschränkung der Preßfreiheit, um der heiligen Allianz eine Bürgschaft für Frankreichs Ohnmacht zu geben. Vielleicht fällt aber noch heute eine Bombe aus Antwerpen in den Topf. Die Kammer hat gestern ihre Majorität ausgesprochen. Sie hat sich nicht für die linke Seite erklärt, aber auch nicht für die Doktrinairs. Dupin ist zum Präsidenten ernannt worden, er wird also Minister werden. Sein Blatt ist der *Constitutionnel*, daraus können Sie also sein System kennen lernen. Es ist aber besser, Sie lesen den Balzac. Ich bin so kleinlaut und genügsam geworden, daß ich mit Dupin zufrieden genug bin. Da mir eigentlich nur an Deutschland liegt, so hoffe ich, daß Dupin Casimir Périers Krämerpolitik gegen das Ausland nicht fortsetzen wird.

Daß sich Dr. Bunsen steif gemacht, das hat mich sehr amüsiert. Wenn sich alle steiften, ginge alles besser. Aber wenn man einen Deutschen ins Gefängnis führt, ist er imstande und zieht Schuhe an, um recht flink zu gehorchen.

Adieu. Ich gehe auf die Börse, um Neuigkeiten zu erfahren. Das tue ich jetzt oft. Man hat gestern einen jungen Mann arretiert, der den Schuß nach dem König getan haben soll. Er hat dadurch sich verdächtig gemacht, daß er seine großen Backenbärte abschneiden ließ. Was man vorsichtig sein muß! Gerade heute wollte mir der Barbier auch meine Backenbärte stutzen; aber aus Furcht, die Polizei könnte denken, ich wollte mich unkenntlich machen, ließ ich es nicht geschehen. Ich warte damit, bis der Mörder eingestanden; dann bin ich sicher.

– Ich danke es den unbekannten Freunden sehr, daß sie mir die Polizeihunde angeben, die nach Paris geschickt werden. Zwar bringt mir selbst die Warnung keinen Nutzen, da ich nichts zu vertrauen habe und auch keinem trauen würde als dem Teufel selbst, der eigentlich ein ehrlicher Mann, weil er sich für nichts anders ausgibt, als was er ist. Aber es gibt andere hier, die etwas zu verschweigen haben, und welche von der schwarzen Magie der heiligen Allianz nicht viel wissen. Diese werde ich warnen. Übrigens sooft ein Liberaler als ein Judas ausgegeben wird, muß man das ohne Untersuchung nicht annehmen. Es ist eine von den Künsten der Polizei, um unter den Patrioten Mißtrauen zu erregen und Verbindungen zu verhindern. Ich werde sehen. Es ist etwas in den Augen eines Menschen, was der geübteste Schurke nicht in seiner Gewalt hat. Dieses Etwas verrät ihn. Adieu!

Dreiundachtzigster Brief
Paris, Samstag, den 24. November 1832
Abends. Heute mittag ging das Ungeheuer von Briefträger an meinem Hause vorbei und brachte mir nichts. Darüber war ich sehr verdrießlich, ging früher als gewöhnlich aus und besuchte die ***. Aber es gelang mir nicht, Sie dort zu vergessen. Auch war es töricht, daß ich es versucht. Ist ein Frauenzimmer langweilig, kommen Sie mir zurück; ist sie liebenswürdig, noch mehr; es ist keine Rettung, als ich bleibe bei Ihnen. Gegen sieben kam ich nach Hause. Da lag der Brief auf meinem Pulte...

Den Gedanken des ***, statt einer förmlichen französischen Revolutionsgeschichte französische Revolutionscharaktere zu beschreiben, hatte ich früher selbst schon gehabt. Er hat aber auch darin recht, daß dieses ebensoviel Arbeit als eine vollkommene Geschichte nötig machen würde. Robespierre war die höchste Spitze der Revolution, und da hinaufzukommen, müßte ich auch den ganzen Weg zurücklegen; nur brauchte ich freilich mich nirgends so lange aufzuhalten, als wenn ich die ganze Geschichte beschriebe. Aber *** hat unrecht, wenn er meint, ich wäre zuviel Patriot, nicht unbefangen genug. Ich bin es nur zu sehr, zu sehr Fatalist. Ich würde den Adel entschuldigen, wie es noch keiner getan; aber freilich auch Robespierre. Ich übernähme es, alle rein zu waschen von ihren Sünden, die Aristokraten von ihren Rostflecken, die Demokraten von ihren Blutflecken – nur nicht die, welche Geld genommen, wie Mirabeau. Diesen Schmutz nimmt keine Liebe weg.

Also mit dem Brückenhahn war es gelogen? Da sehen Sie, da sehen Sie, so sind die Liberalen! Mit Feuer und Schwert sollte man das Gesindel ausrotten. Nichts als Lug und Trug und Brand und Mord und Plünderung! So ist es auch vielleicht nicht wahr, was in einigen französischen Zeitungen steht: daß die Sachsenhäuser die Staatsgefangenen zu befreien gesucht, und daß darüber ein Aufruhr stattgefunden: warum schreiben Sie mir denn gar nichts davon? Sie glauben es nicht, welche lächerliche Lügen über Deutschland täglich in den hiesigen Blättern stehen. So las ich heute in der Tribüne: der bekannte Vidocq sei als Professor der Spitzbüberei nach Heidelberg berufen worden, mit dreitausend Gulden Gehalt und dem Titel als Geheimer Hofrat. Soviel ist gewiß, daß Vidocq von der Pariser Polizei seinen ehrenvollen Abschied bekommen, und daß er weggereist, man weiß nicht wohin? Nur geschwind von etwas anderem, sonst komme ich in die Fronderie hinein – und in die Effronterie.

Von Diderots Briefen an seine Freundin (Mademoiselle *Volland* hieß sie) habe ich Ihnen im vorletzten Winter geschrieben. In diesen Tagen las ich die Fortsetzung. Da wir – Diderot und ich – seitdem zwei Jahre älter geworden, bewunderte ich noch mehr die Jugendlichkeit dieses Mannes. Soviel Punkte, so viel Küsse sind in seinen Briefen. Und die unnachahmliche Kunst, daß man durch die zehn Jahre, die der Briefwechsel dauert, nie merkt, wie alt *sie* denn eigentlich ist. Anfänglich war ich ein dummer tugendhafter Deutscher und urteilte: weil er mit ihr von gewissen Dingen auf eine gewisse Art spricht, muß sie wohl ihre Jugendzeit hinter sich haben. Als ich aber den dritten Band las, sah ich ein, wie ich mich geirrt. Da spricht Diderot einmal von und mit seiner eigenen Tochter, die sechzehn Jahre alt ist. Nein, das Blut kann einem dabei gefrieren! Über Dinge, in welchen ein Frauenzimmer nicht eher Schülerin werden darf, als bis sie Meisterin geworden, und worin sie nur die Erfahrung belehren soll, wird Diderots Tochter von ihrem Vater wissenschaftlich unterrichtet. Und er erzählt seiner Freundin umständlich und mit väterlichem Entzücken, wie verständig sich seine Tochter dabei benommen. Gut – sagt sie zuletzt – wir wollen keine Vorurteile haben; aber der Anstand, die Übereinkunft, der Schein ist zu achten. Dann spricht sie von Geist und Materie wie Holbach und die andern. Der Satan von sechzehn Jahren erkennt keine Seele an. Sie trägt an dem Tage eine Art Haube, die man damals *Kalesche* nannte. Sie lächelt, sagt ihrem Vater, wie auf der Straße sie alle jungen Leute schön fänden, und wie ihr das Freude mache. »Ich will lieber vielen ein wenig gefallen, als einem viel.« Der Vater weint vor Freude. Gott! wenn ich eine solche Tochter hätte – es käme auf die Jahreszeit an – sommers würde ich sie in das Wasser, winters in den Kamin werfen. Doch genug moralisiert. »*Ich bin des trocknen Tones satt, muß wieder einmal den Teufel zeigen.*« Hören Sie. –

Damals kam ein König von Dänemark, blutjung, erst neunzehn Jahre alt, nach Paris. »*Les deux rois se sont vus. Ils se sont dit tout plein des choses douces: – Vous êtes monté bien jeune sur le trône! – Sire, vos sujets ont encore été plus heureux que les miens. – Je n'ai point encore eu l'honneur de voir votre famille. – Cela ne se peut pas: vous ne nous restez pas assez de temps, ma famille est si nombreuse; ce sont mes sujets. – Et puis tous les crocodiles qui étaient là-présents se sont mis à pleurer.*« – Über den Brutus! der König von Dänemark besuchte Diderot in seiner Wohnung im vierten Stocke und blieb zwei Stunden bei ihm. An dem nämlichen Tage traf er ihn abends bei Holbach. Dieser wußte nicht, daß Diderot den König schon gesehen, und hatte seine heimliche Freude daran, daß Diderot glaube, er spräche mit einem gewöhnlichen Menschen. Und Diderot lachte heimlich über Holbachs Täuschung. Und wie liebenswürdig dieser König sei (er war den größten Teil seines Lebens und starb 1808 wahnsinnig). Und was er Schönes während seines Aufenthalts in Paris gesprochen – über alle diese Erbärmlichkeiten zu sprechen, wird der Philosoph Diderot nicht müde. So sind die Liberalen!

Etwas, was ich früher nicht bemerkt, ist mir beim Lesen von Diderots Briefen plötzlich klar geworden. Es ist zum Erstaunen! Voltaire starb elf Jahre, Diderot fünf vor dem Ausbruche der Französischen Revolution. Andere berühmte Staatsphilosophen des achtzehnten Jahrhunderts haben noch länger herab gelebt. Und keiner dieser Schriftsteller (wenigstens soviel ich mich erinnere) hatte auch nur eine Ahndung von dem Herannahen einer sozialen Umwälzung Frankreichs. Ja man kann nicht einmal sagen, daß sie einen deutlichen systematischen Wunsch darnach ausgesprochen. Sie tadelten zwar viel und stark die bestehende Ordnung der Dinge; aber ihr Eifer war doch mehr gegen die Staatsverwaltung als gegen die Verfassung gerichtet. Rousseaus System machte auf praktische Wirkung gar keinen Anspruch. Voltaire schrieb nie auch nur ein einziges Wort gegen den Adel. Nur von Chamfort ist mir bekannt, daß er aufrührerische Wünsche und Hoffnungen ausgesprochen; aber das geschah sehr spät, nur in vertrauter mündlicher Unterhaltung, und seine Gleichgesinnten selbst haben ihn wie einen tollen Menschen angehört. Der Haß und der Kampf aller jener revolutionären Schriftsteller waren nur gegen die Geistlichkeit gerichtet. Es scheint also, daß die geistliche Macht, wenn auch nicht die stärkste, doch die vorderste und höchste Mauer bildete, welche als Befestigung die Tyrannei umzog, und daß man erst, nachdem diese Mauer durchbrochen war, dahinter Adel und Fürstentum, als Graben und Wall, gewahrte, ausfüllte und stürmte. Waren selbst damals die Philosophen so blind, darf man sich über die Verblendung des Adels und der Fürsten gewiß nicht wundern. Wie wurden die französischen Schriftsteller des achtzehnten Jahrhunderts von allen Großen geliebkost! Freilich stellten sie sie nicht höher als gute Schauspieler und schöne Opertänzerinnen; aber sie wären gewiß nicht so freundlich gegen sie gewesen, hätten sie deren Gefährlichkeit eingesehen. – »*Quand la raison vient aux hommes?*« – wollte Diderots Freundin wissen. »*Le lendemain des femmes, et ils attendent toujours ce lendemain*« – antwortete er.

Vierundachtzigster Brief

Sonntag, den 25. November 1832

Ist es wahr, was heute die hiesigen Blätter erzählen, daß die Polizei in Frankfurt so unverschämt gewesen, dort den Frauenverein vor ihr brutales Gericht zu laden, weil er für die vertriebenen und eingekerkerten Patrioten Geldbeiträge gesammelt, und daß der Frauenverein sich die große Freiheit genommen, die Polizei auszulachen und nicht zu erscheinen? Es wäre gar zu schön, und daß die Männer erst von ihren Frauen lernen müssen, wie man den Mut habe, sich dem Übermute entgegenzusetzen. Ich sage nicht, die Deutschen wären feige; denn ich bin ein warmer Anhänger von Lichtenbergs menschenfreundlicher Moral. Lichtenberg aber behauptet, es sei boshaft und lächerlich, eine Tugend, die irgendein Mensch nur im kleinen Grade besitzt, Laster zu nennen. Statt zu sagen, ein Mensch habe einen kleinen Grad von Tätigkeit, einen kleinen Grad von Verstand, sage man, er sei faul, dumm. Ich tue das nicht. Ich lobe die Deutschen, daß sie einen kleinen Grad von Mut haben. Nur das tadle ich, daß sie nicht alle ihren Pfennigsmut in eine gemeinschaftliche Kasse werfen, wodurch sich die Nation zu ihrem eignen Erstaunen eine Million von Heldentum sammeln könnte. Es ist unglaublich, was man durch eine beharrliche und allgemeine Assoziation, selbst der kleinsten Kräfte, für eine große Macht bilden kann. Kürzlich wurden den englischen Ministern, welche für die Reformbill gestimmt, von *einem Teile* der Stadt London große goldene Becher als Zeichen des Dankes überreicht. Jeder der Beitragenden hatte nur *einen Pfennig* gegeben. Aber es waren dreimal hunderttausend Pfennige. Wenn unter den dreißig Millionen Deutschen nur sechs Millionen, jeder nur eine Minute lang, Mut hätte – und so lange hat ihn selbst ein Hase, der, von Hunden verfolgt, sich zuweilen auf die Hinterfüße setzt –, so hätten die sechs Millionen Helden zusammengerechnet Mut auf zwölf Jahre, und reichte der auch nicht hin, den Senator Miltenberg und den Herrn von Guaita einzuschüchtern, so würde doch der Bundestag dieser imposanten Macht nicht widerstehen können. *Assoziation* – das ist das ganze Geheimnis. Die tapfern Württemberger Liberalen haben alle eine Minute Mut, sie verstehn aber nicht Stunden und Tage daraus zu machen, wodurch sie den falschen, aber traurigen Schein gewinnen, als wären sie feige. Neulich hat der König von Württemberg einigen hochgeachteten Deputierten in Stuttgart auf ihr alleruntertänigstes Ansuchen die allergnädigste Erlaubnis erteilt, sich *jede Woche einmal*, an *einem bestimmten Tage*, in einem Hause *außerhalb der Stadt* zu versammeln, um die Paragraphen der Verfassung juristisch zu erläutern – *juristisch* nur, beileibe nicht politisch – setzte das menschenfreundliche königliche Reskript, mit aufgehobnem Finger lächelnd drohend, hinzu. So verfährt eine gute Polizei auch mit dem Schießpulver und allen stinkenden Gewerben. Zur Stadt hinaus! Nun, ich nehme die allergnädigste königliche Erlaubnis nicht übel, im Gegenteile, ich finde sie sehr erhaben. Aber daß die Deputierten um solche Bewilligung alleruntertänigst nachgesucht, das empört mich. Ich mag mich gegen den guten Staberl, der mir so viele frohe Stunden gemacht, nicht undankbar bezeigen; sonst würde ich das deutsche Volk mit ihm vergleichen. Ich sah einmal Staberl als Ehemann. An einem rauhen Wintermorgen saß seine Frau vor dem Ofen und trank Schokolade. Da kam Staberl mit einem großen Korbe, der mit Gemüsen, Eiern, Hühnern angefüllt war, vom Markte zurück. Die Frau lobte oder schmähte den Gimpel, je nachdem sie mit seinen Einkäufen zufrieden oder unzufrieden war. »Wo sind denn die Krebse?« fragte die Frau. »Ach« – erwiderte Staberl – »sie sind aus dem Korbe gesprungen, ich ihnen nach; da sie aber rückwärts gingen, konnte ich sie nicht einholen.« Darauf gibt ihm die Frau eine Ohrfeige. Aber Staberl ärgert sich nicht, sondern bittet seine Frau untertänigst freundlich um einen Kreuzer, sich damit eine Brezel zu kaufen... Ist das deutsche Volk nicht ein echter Staberl? Seine Regierung, wie jede, ist seine Frau, bestimmt, seine Wirtschaft und Haushaltung zu führen, Statt dessen aber geht das Volk, der Mann, auf den Markt, während die Frau Regierung sich gütlich tut, und das Gimpelvolk bettelt bei seiner Regierung um einen Kreuzer und ist glücklich, wenn es ihn erhält! ... Und die Krebse? Nun, das sind die konstitutionellen Fürsten, und die Staberl von Liberalen entschuldigen sich, daß sie sie nicht hätten einholen können, weil sie rückwärts gelaufen. Ohrfeigen den Gimpeln!

– Victor Hugo hat vor einigen Tagen ein neues Drama *Le roi s'amuse* auf das *Théâtre Français* gebracht. Hineinzukommen war mir nicht möglich an diesem Tage; denn alle brauchbare Plätze waren lange vorher bestellt. Das Stück wurde fast ausgepfiffen, und nur mit der größten Anstrengung vermochten die Freunde des Dichters es von gänzlichem Sturze zu retten. Ich habe gestern einen flüchtigen Blick in die Zeitungskritiken geworfen. Alle Blätter, und von den verschiedensten Farben, verdammen das Drama. Doch ich traue nicht recht. Sie sagen, Hugo habe Scherz und Ernst, Possen und erhabene Reden untereinander gemischt. Nicht Aristoteles', nicht Racines Lehren habe er gekränkt – über solche Pedanterien sei man längst hinaus. Nein, die Natur selbst habe er beleidigt. Es muß etwas Ungeheures sein, was Hugo begangen; er muß eine entsetzliche Schuld auf sich geladen haben – seit Müllner ist Hugo ein Name schlimmer Vorbedeutung. Wir werden sehen; in einigen Tagen wird das Stück gedruckt erscheinen. Dazu kommt noch, daß – auf *allerhöchste Veranlassung*, wie wir in Deutschland sagen würden, die fernere Aufführung des Dramas von dem Minister verboten worden ist. Um Aristoteles und die Natur bekümmert sich kein Minister, das Verbot muß also einen andern Grund haben. Adieu.

Fünfundachtzigster Brief

Paris, Montag, den 26. November 1832

... Dabei fiel mir ein, wie nötig und nützlich es wäre, einmal mit Ernst und Würde, doch in einer faßlichen, Kindern und Weibern und kindisch weibischen Männern verständlichen Sprache, die Greuel und Verrücktheiten der monarchischen Regierungen zu besprechen. Es ist unglaublich, mit welcher Unverschämtheit die Fürsten und deren Götzendiener die Fieberphantasien und Krämpfe der Französischen Revolution zu vorbedachten Verbrechen stempeln und diese Verbrechen als Notwendigkeit, als angeborne Natur jeder Republik darstellen! Es ist unglaublich, mit welcher blöden Geistesträgheit so viele Menschen diese dummen Lügen annehmen; denn sie brauchten nur die Hand nach ihrem Bücherschranke auszustrecken, sie brauchten nur eine Stunde lang die Weltgeschichte zu durchblättern, um mit Schamröte zu erfahren, wie grob man sie getäuscht. Drei Jahre haben die Greuel der Französischen Revolution gedauert, diese rechnet man; aber daß die schweizerische Republik jetzt schon fünfhundert Jahre schuldlos lebt, daß die amerikanische Republik keinen Tropfen Bürgerblut gekostet, daß Rom ein halbes Jahrtausend, daß Athen, Sparta, die italienischen Republiken des Mittelalters, die vielen freien Städte Deutschlands ein vielhundertjähriges Leben glücklich und ruhmvoll vollendet, das rechnet man nicht! Seitdem der letzte Römer fiel, von Augustus bis Don Miguel, durch neunzehn Jahrhunderte, haben tausend Königsgeschlechter die Welt gemartert, durchmordet, vergiftet – das rechnet man nicht! und die Gewalttätigkeiten der Französischen Revolution haben nur das sinnliche Glück derer zerstört, welche jene betroffen; aber die Gewalttätigkeiten der Monarchien haben die Sittlichkeit der Bürger verdorben, haben Treue, Recht, Wahrheit, Glaube und Liebe rundumher ausgerottet und haben uns nicht bloß unglücklich gemacht, sondern uns auch so umgeschaffen, daß wir unser Unglück verdienten. Am Grabe der Schlachtopfer der Revolution darf man doch weinen; die Schlachtopfer der Fürsten verdienen keine Tränen. Darum habe ich mir vorgenommen: es soll mein nächstes Werk sein, die Unschuld der Republiken zu verteidigen und die Verbrechen der Monarchien anzuklagen. Zwanzig Jahrhunderte werde ich als Zeugen um mich herumstellen, vier Weltteile werde ich als Beweisstätte auf den Tisch legen, fünfzig Millionen Leichen, denke ich, werden den Tatbestand des Verbrechens hinlänglich feststellen, und dann wollen wir doch sehen, was die Advokaten der Fürsten, die wortreichen Jarckes, darauf zu antworten finden. – Dieser Jarcke ist ein merkwürdiger Mensch. Man hat ihn von Berlin nach Wien berufen, wo er die halbe Besoldung von Gentz bekommt. Aber er verdiente nicht deren hundertsten Teil, oder er verdient eine hundertmal größere – es kommt nur darauf an, was man dem Gentz bezahlen wollte, das Gute oder Schlechte an ihm. Diesen katholisch und toll gewordenen Jarcke liebe ich ungemein; denn er dient mir, wie gewiß auch vielen andern, zum nützlichen Spiele und zum angenehmen Zeitvertreibe. Er gibt seit einem Jahre ein politisches Wochenblatt heraus. Das ist eine unterhaltende Camera obscura; darin gehen alle Neigungen und Abneigungen, Wünsche und Verwünschungen, Hoffnungen und Befürchtungen, Freuden und Leiden, Ängste und Tollkühnheiten und alle Zwecke und Mittelchen der Monarchisten und Aristokraten mit ihren Schatten hintereinander vorüber. Der gefällige Jarcke! Er verrät alles, er warnt alle. Die verborgensten Geheimnisse der großen Welt schreibt er auf die Wand meines kleinen Zimmers. Ich erfahre von ihm, und erzähle jetzt Ihnen, was sie mit uns vorhaben. Sie wollen nicht allein die Früchte und Blüten und Blätter und Zweige und Stämme der Revolution zerstören, sondern auch ihre Wurzeln, ihre tiefsten, ausgebreitetsten, festesten Wurzeln, und bliebe die halbe Erde daran hängen. Der Hofgärtner Jarcke geht mit Messer und Schaufel und Beil umher, von einem Felde, von einem Lande in das andere, von einem Volke zum andern. Nachdem er alle Revolutionswurzeln ausgerottet und verbrannt, nachdem er die Gegenwart zerstört hat, geht er zur Vergangenheit zurück. Nachdem er der Revolution den Kopf abgeschlagen und die unglückliche Delinquentin ausgelitten hat, verbietet er ihrer längstverstorbenen, längstverwesten Großmutter das Heiraten; er macht die Vergangenheit zur Tochter der Gegenwart. Ist das nicht toll? Diesen Sommer eiferte er gegen das Fest von Hambach. Das unschuldige Fest! Der gute Hammel! Der Wolf von Bundestag, der oben am Flusse soff, warf dem Schafe von deutschem Volke, das weiter unten trank, vor: es trübe ihm das Wasser und er müsse es ausfressen. Herr Jarcke ist

Zeuge des Wolfes. Dann rottet er die Revolution in Baden, Rheinbayern, Hessen, Sachsen aus; dann die englische Reformbill; dann die polnische, die belgische, die französische Julirevolution. Dann verteidigt er die göttlichen Rechte des Don Miguel. So geht er immer weiter zurück. Vor vier Wochen zerstörte er Lafayette, nicht den Lafayette der Julirevolution, sondern den Lafayette vor fünfzig Jahren, der für die amerikanische und die erste französische Revolution gekämpft. Jarcke auf den Stiefeln Lafayettes herumkriechen! Es war mir, als sähe ich einen Hund an dem Fuße der größten Pyramide scharren, mit dem Gedanken, sie umzuwerfen! Immer zurück! Vor vierzehn Tagen setzte er seine Schaufel an die hundertundfünfzigjährige englische Revolution, die von 1688. Bald kommt die Reihe an den älteren Brutus, der die Tarquinier verjagt, und so wird Herr Jarcke endlich zum lieben Gotte selbst kommen, der die Unvorsichtigkeit begangen, Adam und Eva zu erschaffen, ehe er noch für einen König gesorgt hatte, wodurch sich die Menschheit in den Kopf gesetzt, sie könne auch ohne Fürsten bestehen. Herr Jarcke solle aber nicht vergessen, daß, sobald er mit Gott fertig geworden, man ihn in Wien nicht mehr braucht. Und dann Adieu Hofrat, Adieu Besoldung! Er wird wohl den Verstand haben, diese eine Wurzel des Hambacher Festes stehen zu lassen.

Das ist der nämliche Jarcke, von dem ich in einem früheren Briefe Ihnen etwas mitzuteilen versprochen, was er über mich geäußert. Nicht über mich allein, es betraf auch wohl andere; aber an mich gedachte er gewiß am meisten dabei. Im letzten Sommer schrieb er im »Politischen Wochenblatte« einen Aufsatz: *Deutschland und die Revolution*. Darin kommt folgende Stelle vor. Ob die artige Bosheit oder die großartige Dummheit mehr zu bewundern sei, ist schwer zu entscheiden.

»Übrigens ist es vollkommen richtig, daß jene Grundsätze, wie wir sie oben geschildert, niemals schaffend ins wirkliche Leben treten, daß Deutschland niemals in eine Republik nach dem Zuschnitte der heutigen Volksverführer umgewandelt, daß jene Freiheit und Gleichheit selbst durch die Gewalt des Schreckens niemals durchgesetzt werden könne; *ja, es ist zweifelhaft, ob die frechsten Führer der schlechten Richtung nicht selbst bloß ein grausenhaftes Spiel mit Deutschlands höchsten Gütern spielen, ob sie nicht selbst am besten wissen, daß dieser Weg ohne Rettung zum Verderben führt, und bloß deshalb mit kluger Berechnung das Werk der Verführung treiben, um in einem großen welthistorischen Akte Rache zu nehmen für den Druck und die Schmach, den das Volk, dem sie ihrem Ursprung nach angehören, jahrhundertelang von dem unsrigen erduldet.*«

O Herr Jarcke, das ist zu arg! Und als Sie dieses schrieben, waren Sie noch nicht österreichischer Rat, sondern nichts weiter als das preußische Gegenteil – wie werden Sie nicht erst rasen, wenn Sie in der Wiener Staatskanzlei sitzen? Daß Sie uns die Ruchlosigkeit vorwerfen, wir wollen das deutsche Volk unglücklich machen, weil es uns selbst unglücklich gemacht – das verzeihen wir dem Kriminalisten und seiner schönen Imputationstheorie. Daß Sie uns die Klugheit zutrauen, unter dem Scheine der Liebe unsere Feinde zu verderben – dafür müssen wir uns bei dem Jesuiten bedanken, der uns dadurch zu loben glaubte. Aber daß Sie uns für so dumm halten, wir würden eine Taube in der Hand für eine Lerche auf dem Dache fliegen lassen – dafür müssen Sie uns Rede stehen, Herr Jarcke. Wie! Wenn wir das deutsche Volk haßten, würden wir mit aller unserer Kraft dafür streiten, es von der schmachvollsten Erniedrigung, in der es versunken, es von der bleiernen Tyrannei, die auf ihm lastet, es von dem Übermute seiner Aristokraten, dem Hochmute seiner Fürsten, von dem Spotte aller Hofnarren, den Verleumdungen aller gedungenen Schriftsteller befreien zu helfen, um es den kleinen, bald vorübergehenden und so ehrenvollen Gefahren der Freiheit preiszugeben? Haßten wir die Deutschen, dann schrieben wir wie Sie, Herr Jarcke. Aber bezahlen ließen wir uns nicht dafür; denn auch noch die sündevolle Rache hat etwas, das entheiligt werden kann.

Dienstag, den 27. November 1832

Meiner Wohnung gegenüber ist eine gute und große Leihbibliothek, und weil ich es so bequem habe, lese ich viel und verschlinge alles durcheinander wie ein heißhungriger Gymnasiast. Zu zwei Tassen Tee verzehrte ich gestern den ersten Band eines neuen Romans: *Indiana, par G. Sand*. Er ist aber nicht von dem dummen Sand, der nur den Kotzebue umgebracht; der Verfasser ist weder ein Deutscher noch ein Franzose, sondern eine Französin, die diesen Namen angenommen. Ich habe mich nach der Verfasserin erkundigt und erfuhr, sie sei eine junge schöne, geistreiche und liebenswürdige verheiratete Dame, die aber von ihrem Manne sich getrennt habe, um ungestört mit ihrem Liebhaber Apollo zu leben. Nun äußerte ich irgendwo, ich möchte die Verfasserin des Romans kennen lernen. Darauf bemerkte mir eine Dame: das würde für mich schwer zu erreichen sein. Denn um von jenem Frauenzimmer empfangen zu werden, müsse man jung, schön und liebenswürdig sein. *»Mais comme vous n'êtes qu'aimable«* ... Es ist doch ein jämmerlicher Kurs, mit dem Leben 66 Prozent unter pari zu stehen! Es wäre tausendmal klüger, gar Bankerott zu machen und sich eine Kugel durch den Kopf zu jagen.

Mittwoch, den 28. November 1832

In Frankfurt haben sie ja den »Wilhelm Tell« verboten! Sie verbieten auch noch die Baseler Lebkuchen wegen der Unruhen im Lande. Es ist merkwürdig, was die deutschen Regierungen für ein Talent besitzen, in die schrecklichsten Geschichten Lächerliches zu bringen. Wenn ich höre, was sie tun und sprechen, weine ich mit dem rechten Auge und lache mit dem linken. Der König von Bayern läßt sich von allen Städten, Dörfern und Flecken seines Reiches Deputationen schicken, die ihm, seinem Sohn, den Bayern, am meisten aber Griechenland selbst Glück wünschen, daß ein bayrisches Kind den griechischen Thron besteigt. Was mich am meisten kränkt, ist, daß auch die Bürger von Feuchtwangen stolz auf Griechenland sind; daß ich aber als Kind eine Zeitlang unter ihnen gelebt – darauf sind sie nicht stolz, die dummen Philister. O welche Zeiten! Jetzt muß man die bürgerlichen Reden und die königlichen Antworten hören. Hellas, Dinkelsbühl und deutsche Gauen! Denn um keinen Preis der Welt würde König Otto Griechenland anders nennen als Hellas, und die deutschen Schmachfelder anders als deutsche Gauen. Und wie König Otto dem Bürgermeister von Nürnberg sagte, er möge nicht daran vergessen: daß einst Nürnberg für die deutschen Gauen war, was Hellas für die Welt gewesen, und weil einst Hellas die Welt mit Künsten und Wissenschaften versorgt, müsse auch Nürnberg die deutschen Gauen mit Künsten und Wissenschaften versorgen, und Hellas und Nürnberg, die wären wie zwei Brüder!

– Mit den »Briefen eines Narren« haben Sie recht, was die Form betrifft. Sie ist affektiert, und man merkt gleich, daß die Briefe nicht wirklich geschrieben. Übrigens sind sie gut und schön, und man muß solche Gesinnungen aufmuntern. Die Xenien und das Goethe-Büchlein und die »Didaskalia« schicken Sie mir doch, wenn sich eine Gelegenheit findet.

– Das neue Drama von Victor Hugo, dessen fernere Aufführung untersagt worden ist, wurde aus keinem politischen Grunde verboten, sondern wegen seiner Unmoralität. Alle Minister, welche die Cholera nicht gehabt haben, werden jetzt moralisch. Das ist eine merkwürdige Influenz! In einem der Zeitungsartikel, die aus dem Berliner Kabinette eingeschickt worden, beklagte man sich neulich über Talleyrand, daß er die Preußen bei der Londoner Konferenz betrogen habe, und er wäre sozusagen ein Spitzbube. Talleyrand ein Spitzbube! Was die Unschuld leiden muß! Und die ehrlichen Preußen jammern, daß sie der Spitzbube überlistet habe. Die verächtliche Schwäche der französischen Regierung hat es dahin kommen lassen, daß die noch verächtlichere preußische wieder eine Rolle spielt. Schon ist sie ganz von Sinnen aus Hochmut; sie steht wieder im Mai 1806 und hat nur noch ein halbes Jahr bis zum Oktober. Damals wurde an Preußen der Verrat Deutschlands, diesmal wird der Verrat Polens bestraft.

Sechsundachtzigster Brief
Paris, Dienstag, den 4. Dezember 1832
O teure Freundin! was ist der Mensch? ich weiß es nicht. Wenn Sie es wissen, sagen Sie es mir. Vielleicht ein Hund, der seinen Herrn verloren. Das Leben ist ein Abc-Buch. Ein bißchen Goldschaum auf dem Einband ist all unser Glück, unsere Weisheit nichts als ba, be, bi, und sobald wir buchstabieren gelernt, müssen wir sterben, und die Unwissenheit fängt von neuem an. Wer ahndet meinen Schmerz? Wer sieht den Wurm, der an meinem Herzen nagt? O! man kann essen und lachen und Zahnschmerzen haben und doch unglücklich sein! Wenn ich auf die Straße hinuntersehe, und sehe die Tausende von Menschen vorübergehen, und keiner weicht meinem Fenster aus, und keiner fürchtet zerschmettert zu werden – – – sollte nicht jeder Mensch, wie ein Dachdecker, ein Warnungszeichen vor seine Wohnung hängen? Ist man denn nur eine einzige Stunde seines Glückes sicher? Ist einer sicher, daß er sich nicht in der nächsten Stunde zum Fenster hinausstürzt und dabei einen Vorübergehenden totschlägt? Aber morgen, übermorgen entscheidet sich mein Schicksal, und ich bin jetzt ruhiger. Hören Sie meine jammervolle Geschichte. – – –

– Ich habe Sonntag im *Théâtre Français* »Hamlet« gesehen – einen Hamlet. So etwas kann mich recht traurig machen. Was ist Schönheit, was Hoheit, ja, was jede Tugend? Sie sind nichts mehr, als was sie erscheinen, nichts anders, als wofür sie jeder hält. Wenn aber dieser *Jeder* ein Volk ist, ein ganzes Land, ein Jahrhundert? Dann ist der Schein alles und die Wirklichkeit nichts für alle. Können nicht große Menschen, ja Völker und Jahrhunderte gelebt haben, die wir gar nicht erkannt, oder falsch, oder nicht genug? Vielleicht wird der wahre Christ erst einem kommenden Geschlechte geboren. Das ist die Traurigkeit. Was ist Shakespeare den Deutschen, und was den Franzosen? Ducis hat diesen Hamlet vor siebzig Jahren zurechtgemacht. Aber Ducis ist kein einzelner Mensch, er ist ein Volk, er ist Frankreich, und das Frankreich des achtzehnten Jahrhunderts, wo die Philosophie der Kunst und jede Wissenschaft in der schönsten Blüte stand. Es reicht nicht aus, zu sagen, Ducis habe den Shakespeare französiert – nein. Er hat britische Formen, welche mit französischen Sitten im Widerspruche standen, geändert; sonst aber hat er den Shakespeare ganz wiedergegeben, wie er ihn gefunden. Aber seine Augen? Hat er denn nicht mehr gelesen? Nein, was sind Augen? die Diener des Geistes; sie sehen nicht mehr und nicht anders, als was ihnen ihr Herr zu sehen befiehlt.

Ducis' Hamlet sieht auch den Geist seines Vaters; aber nur er allein, der Zuschauer nicht. Daß man mit roten Backen und einem guten Magen Geister sehen könne, davon hat ein Franzose keine Vorstellung. Also ist Hamlet verrückt, und weil der Wahnsinn eine körperliche Krankheit immer zur Ursache oder Folge hat, ist Hamlet auch krank. Das ist nun schauderhaft zu sehen. Hamlet trägt einen schwarzen Überrock, ist leichenblaß, hat ein wahres Choleragesicht, schreit wie besessen und fällt alle fünf Minuten in Ohnmacht. Wie nur der Lehnstuhl nicht brach unter den vielen Ohnmachten; denn Hamlet fiel immer mit seinem ganzen Gewichte hinein. Sein Freund und Vertrauter sucht ihm seine Einbildung auszureden. Er erklärt ihm sehr vernünftig und psychologisch, woher es komme, daß er glaube, den Geist seines Vaters zu sehen. Kürzlich wäre ein König von England gestorben, und, dem Gerüchte nach, am Gifte, das ihm seine Gemahlin gereicht. Ihn, Hamlet, habe diese Erzählung sehr erschüttert; er denke von morgens bis abends daran, und womit sich der Mensch bei Tage beschäftige, das komme ihm im Traume vor. Der Schauspieler Ligier, Talmas Nachfolger – im Amte, aber nicht im Gehalte –, hat den Hamlet auf französische Art gut genug gespielt, aber mir ward ganz übel dabei; es war eine Lazarett- und Tollhausszene, die zwei Stunden gedauert. Als ich nach dem Schauspiel im Foyer Voltaires Büste betrachtete, da ward mir Ducis' Hamlet erst recht klar. Ein Gesicht wie Scheidewasser, der wahre Anti-Hamlet. Man sollte einen Tempel für Unglücklichliebende bauen und Voltaires Bild als den Gott hineinstellen. Auch ein Werther käme geheilt heraus. Darum liebe ich ihn so sehr, weil ich ihn hassen müßte, wenn ich ihn nicht liebte, und er hat mir doch so wohl getan. An einigen der wenigen unglücklichen Tage meines Lebens warf er einen Strahl seines Geistes in mein dunkles Herz, ich fand den Weg wieder und war gerettet. Unglück ist Dunkelheit. Wem man die Gestalt seiner Schmerzen zeigt, dem zeigt man deren Grenzen. Daher begreife ich auch, wie es so viele gibt, die Voltaire tödlich hassen. Wie den Schmerz, zerstört er auch die Freude; denn Glück ist auch Dunkelheit!

– Die Börse ist heute selig wie eine Braut. Die Renten sind um einen Franken gestiegen, weil der König der Deputation der Kammer gesagt hat, der Friede gedeihe herrlich und *unsre Kinder* würden bald von Antwerpen zurückkommen.» Unsre Kinder«! Wie man nur so etwas sagen und anhören kann, ohne zu lachen, begreife ich nicht. Was die Regierung Furcht hat vor ihrem eignen Mute, was sie zittert, sie möchte Ruhm erwerben, das glaubt keiner. Gott weiß, auf welche Justemilieu-Art sie Antwerpen belagern mögen! wahrscheinlich sind die Bomben, mit welchen sie schießen, nur halb gefüllt. Aber wie undankbar zeigt sich die Regierung und die Börse gegen mich! sie denken gar nicht daran, daß, wenn sie den Frieden behalten, sie es mir zu verdanken haben – ganz im Ernste, mir. Wir, *wir Hambacher* verhindern den Krieg. Die heilige Allianz fürchtet uns, sie zittert vor uns. Zwar sind viele Hambacher eingesteckt, aber viele sind noch frei. Solange ich frei umhergehe, wird es Preußen gewiß nicht wagen, Frankreich den Krieg zu erklären. Eigentlich sollten die Renten steigen, sooft ich auf der Börse erscheine. Aber die französische Regierung versteht nichts von der deutschen Politik, sie ist noch zu vernünftig dazu; es kann noch kommen. Nun gute Nacht. Victor Hugos Drama *Le roi s'amuse* habe ich heute bekommen. Vor dem Schlafengehen lese ich noch eine Stunde darin.

Mittwoch, den 5. Dezember 1832

Was ich diese ganze Zeit über, unter Freunden, im Scherze vorhergesagt: die Polizei würde endlich für den fünften Akt der Königsmordkomödie einen herbeischaffen, der freiwillig bekennt: er habe den Pistolenschuß getan, das ist jetzt wirklich eingetroffen. Ein junger Mann aus Versailles ist gestern zum Polizeipräfekten gekommen und hat erklärt, er sei der Mörder, und alle die als verdächtig Eingekerkerten wären unschuldig. In einem zweiten Verhör nahm er sein Bekenntnis zurück und erklärte weinend, er sei unglücklich, des Lebens überdrüssig und habe diese schöne Gelegenheit, guillotiniert zu werden, benutzen wollen. So wird die Geschichte gestern abend in den ministeriellen Blättern erzählt. Nun bin ich begierig, ob der König von Bayern, um eine Macht des ersten Ranges zu werden, nicht auch eine solche Mordkomödie aufführen und bei irgendeiner feierlichen Gelegenheit auf sich schießen lassen wird. Es geht fürchterlich in diesem Lande her! Dem Könige ist Hellas in den Kopf gestiegen, und er sieht alle Liberalen für antike Statuen und die Gefängnisse seines Landes für Museen an, in welchen er sie aufstellt. Ja, es ist wirklich wahr: diesem geist- und körperschwachen Könige ist Hellas in den Kopf gestiegen. Um den Preis dieser Krone hat er die Ehre, das Glück, die Freiheit seines Volkes und seine eigne Unabhängigkeit verkauft. Um diesen schnöden Tagelohn (denn nach Tagen, nicht nach Jahren wird man die Regierung Ottos zählen) ist er ein Helfershelfer der heiligen Allianz, ein Knutenmeister Rußlands, ein Polizeischerge Österreichs geworden.

Siebenundachtzigster Brief

Paris, Samstag, den 8. Dezember 1832

In der heutigen Zeitung steht, in Heidelberg wäre ein Aufruhr gewesen mit Blut und Fensterscheiben; aber die deutschen Blätter dürften nicht davon sprechen. Was ist Wahres an der Sache?

Alle hiesigen Blätter sprechen von der Versteigerung der Frankfurter Mittwochsgesellschaft, von den fünfzehn Gulden, von den ledernen Hosen und dem Senate. Es ist schade, daß die Zeitungen, wegen Antwerpen und den Kammersitzungen, so wenig Platz haben, sonst wären die Hosen länger geworden. Es ist ein herrlicher Spaß, aber der Ernst in der Sache ist noch schöner. Nur ist es betrübt, daß man über dem Spaß den Ernst vergessen wird. Ich habe es immer gesagt: wenn zweihundert Bürger zusammenhalten in gerechten Dingen, sind sie unbesiegbar. Aber zusammenhalten auf die rechte Art. Nicht wie ein langer Faden – er sei noch so lang, das macht ihn nicht stärker, ein Kind zerreißt ihn –, sondern wie ein Knäuel. Und nicht zusammengehalten in seltenen und großen Dingen – zu seltenen und großen Dingen finden sich seltene und große Menschen, die das allein vollbringen –, sondern in kleinen Dingen, die alltäglich wiederkehren. Um zu lernen, wie man die Freiheit erwerbe und behaupte, beobachte man, wie die Tyrannei ihre Macht erlangt und erhält. Wodurch? Man glaubt gewöhnlich, durch die bewaffnete Macht, durch physische Gewalt; es ist aber Täuschung. Wo noch so despotisch, wird durch eine sittliche Gewalt regiert. Wodurch wird eine bewaffnete Macht zusammengebracht, zusammengehalten? Durch moralische Einflüsse, Furcht, Eigennutz, Ehre, Gemeingeist. Alle diese Hilfsmittel der Tyrannei stehen der Freiheit auch zu Gebote. Und wie selten wird die bewaffnete Macht gebraucht, und wo es geschieht, da ist es schon ein Kampf auf Leben und Tod zwischen der Tyrannei und der Freiheit. Eine Patrouille, womit man eine große Versammlung Bürger auseinandertreibt, ist keine physische, sondern eine moralische Gewalt; denn sie ist nur ein Symbol der Macht. Die *Polizei*, in ihr ist die Macht der Tyrannei. Sie ist die Krämerei des Despotismus, die ihn stündlich, aber den ganzen Tag und alle Tage, lotweise ausgibt und die Freiheit pfennigweise einnimmt. Dieser Krämerei des Despotismus muß man eine Krämerei der Freiheit entgegensetzen. Man kann in Frankfurt alle Tage Hambacher Feste feiern, ohne daß es die Polizei verhindern oder bestrafen kann. Wie dort Zwanzigtausende auf einem Berge sich versammeln, mögen sich hier fünfhundert freisinnige Bürger täglich in den verschiedenen

Gasthöfen zerstreuen. Statt wie dort lange Reden, mögen hier kurze Sätze für die Freiheit gesprochen werden. Sie sollen nur unbekümmert sein, das Wort im »Schwanen« findet sich mit dem Worte im »Englischen Hofe« zusammen – es gibt einen Gott, der das redigiert. Man muß die Polizei müde machen, man muß Blindekuh mit ihr spielen; es ist nichts leichteres da als das. Besonders bei der Frankfurter; der fehlt zur blinden Kuh nichts als ein Schnupftuch. Freilich pflügt sie jetzt mit dem Kalbe des Herrn von Münch-Bellinghausen und kann manches Rätsel erraten, so verstockt sie sonst auch ist. Aber wenn auch!

Nicht zu vergessen. *Le roi s'amuse... Les rois s'amusent* – aber Geduld!... Sehen Sie, es gibt Schriftsteller, die man liebt, deren Werke nämlich; liebt mit freier Liebe, nicht bloß, weil sie Achtung verdienen. Mir ist Victor Hugo ein solcher. Seine Vorzüge sehe ich mit großen Augen, seine Fehler wie zwischen Schlafen und Wachen an. Ich entschuldige sie, und wenn ich das Buch zu Ende gelesen, habe ich sie vergessen. Aber dieses Mal kann ich nicht. Ich habe das vor fünfzehn Jahren kommen sehen, ich habe seitdem oft davon gesprochen. Es herrscht jetzt ein Terrorismus, ein Sansculottismus, ein Jakobinismus (drei Worte wie Kampfer, die Zensurmotten abzuhalten) in der französischen Literatur. Es ist der Übergang vom Despotismus zur konstitutionellen Freiheit. Sie haben noch nicht gelernt Freiheit mit Ordnung paaren. Jede Regel ist ihnen Tyrannei, jeder Anstand Aristokratismus, Tugend, Schönheit und Würde – in der Kunst – sind ihnen Vorrechte. Sie nivellieren alles, sie duzen alles. Sie sagen: Bürger Gott, Bürger Teufel, Bürger Pfarrer, Bürger Henker. Sie dulden keine Kleidung an nichts, und hätte sie die Natur selbst angemessen. So führt Despotie auch in der Kunst zur Anarchie. Die alte französische Kunst ging im Reifrocke; das war lächerlich, abgeschmackt, ungesund, naturwidrig. Aber zwischen Reifrock und Haut liegt noch manches Kleidungsstück, man soll die Kunst nicht bis auf das Hemd ausziehen. Sie wollen sie nackt – gut es sei; man kann sich daran gewöhnen. Aber geschunden! Die neuen französischen Dramatiker schinden alles: Die Liebe, den

Haß, das Verbrechen, das Unglück, Schmerz und Lust. Das ist abscheulich! Die Natur selbst gibt jedem Dinge eine Haut, jedem Dinge wenigstens eine Farbe zur Hülle. Das farbenlose Licht, das ist der Tod, die Fäulnis, das ist gräßlich.

Sonntag, den 9. Dezember 1832

Ich habe aufhören müssen. Seit einigen Tagen werde ich von grausamen Zahnschmerzen geplagt. Am Tage sind sie leidlicher; da bin ich aber müde von der schlaflosen Nacht. Es ist ein Fluß, und ich werde sehen, wie ich hinüberkomme. Der unschuldige Hugo kann wohl darunter leiden; ein Rezensent ist ein Wolf; einer, der Zahnschmerzen hat, gar ein toller Wolf. Ich habe oben die äußerste Grenze des Verderbens bezeichnet, der man freilich noch viel näher kommen kann als Victor Hugo. Er hat eine Grazie, die ihn am Ärmel zupft, sooft er es gar zu toll macht.

Die Handlung spielt in der Zeit und am Hofe Franz' I. Das ist der französische König, der in seinem vierundfünfzigsten Jahre an einer unglücklichen Liebe starb. Damals war eine unglückliche Liebe noch nicht heilbar. König Franz liebt sein ganzes Leben und das ganze Drama durch. Das Kosen, das Küssen, das Umarmen nimmt kein Ende. Und alles in Gegenwart der Hofleute und der Tausende von Zuschauern, unter welchen Leute sind wie ich. Es ist abscheulich. Racines Fürsten und Helden schmachten und weinen, wenn sie lieben; ihre Krone schmilzt ihnen auf dem Kopfe und tröpfelt in goldenen Tränen herab. Das ist Unnatur; denn ein König ist früher König als Mensch. Victor Hugos Franz I. überläßt das Weinen seinen Geliebten, er schmachtet nicht, sondern er lacht, er liebt wie ein König – *le roi s'amuse*. Das ist Natur, aber es ist die häßliche Natur, und was häßlich, ist unsittlich. Bis jetzt die komische Unmoralität; jetzt kommt die tragische, die tragische Häßlichkeit... Jetzt kommt aber auch der Zahnarzt, nach dem ich geschickt habe. Fortsetzung im nächsten Briefe.

Achtundachtzigster Brief

Paris, Montag, den 10. Dezember 1832

Le roi s'amuse; Fortsetzung. Vielleicht mache ich den Beschluß erst in einem dritten Briefe. Sie hätten es dann immer noch besser als die Leser des Abendblattes und Morgenblattes, die mit himmlisch deutscher Geduld vier Monate lang an einer Novelle buchstabieren und längere Zeit brauchen, die Geschichte zu lesen, als die Geschichte selbst brauchte, um zu geschehen. Ich bin heute noch etwas satirisch, ich habe noch Zahnschmerzen. *Triboulet* ist der Hofnarr des Königs. Er ist klug und boshaft, wie alle Hofnarren, und hat einen Buckel. Victor Hugo sagt (in der Vorrede), er sei auch kränklich; woher er das weiß, weiß ich nicht. Er sagt ferner: Triboulet hasse den König, weil er König sei; die Hofleute, weil sie Vornehme wären; alle Menschen, weil sie keine Buckel hätten. Ich habe aber von dem allen nichts gemerkt, und ich halte es für Verleumdung. Es ist überhaupt merkwürdig, wie wenig der Dichter sein eignes Werk verstand, oder vielmehr, wie er es zu verkennen sich anstellt, um sich gegen die Beschuldigung der Unsittlichkeit zu verteidigen. Sooft Triboulet aufspürt, daß einer der Hofleute eine schöne Frau, Tochter oder Schwester hat, verrät er es dem Könige. Der Kuppelei bedurfte es übrigens nicht viel; denn König Franz, wie die Könige aller Zeiten und die Vornehmen der damaligen, machte wenig Umstände. Franz geht verkleidet auf nächtliche Abenteuer aus, besucht die Weinschenken und garstigen Häuser und taumelt singend und betrunken in sein Louvre zurück. Aber der Dichter ließ dem Könige von seiner ganzen fürstlichen Natur nichts als die Schonungslosigkeit, und man begreift nicht, warum er seinen liederlichen jungen Menschen gerade unter den Königen wählte. Wie ganz anders hat Shakespeare es verstanden, als er einen liebenswürdigen Kronprinzen den kurzen Karneval vor der langen und traurigen königlichen Fastenzeit lustig und toll durchleben ließ. Bei Heinrich ist die Gemeinheit eine Maske, bei Franz ist die Krone eine.

Die Hofleute hassen diesen Triboulet, weil er sie alle ungestraft necken und ihnen boshafte Streiche spielen darf. Da machen sie die Entdeckung, daß sich der Narr oft des Nachts verkleidet in ein abgelegenes Haus schleiche. Es kann nichts anders sein, meinen sie, Triboulet hat eine Geliebte, und sie nehmen sich vor, das lustige Geheimnis aufzudecken. Beim Lever des Königs war von nichts anderm die Rede: Triboulet hat ein Schätzchen. Der König und der ganze Hof wollen sich tot darüber lachen.

Eines Abends im Dunkeln macht Triboulet seinen gewohnten geheimnisvollen Gang und schleicht sich mit ängstlicher Vorsicht in ein Haus, zu dem er den Schlüssel hat. Wir wollen uns mit hineinschleichen; es muß schön sein, zu sehen, wie der bucklige und tückische alte Narr liebt. Schön war es auch, nur ganz anders, als die schurkischen Hofleute es sich vorgestellt. (Die Erde liege schwer auf ihnen, weil sie meinen Triboulet, den ich liebe, so unglücklich gemacht.) Nachdem Triboulet die Türe hinter sich verschlossen, setzt er sich im Hofe, der das Haus umgibt, auf eine Bank nieder und weint. Doch weint er nicht vor Schmerz, er weint vor Lust; das Weinen ist sein Feierabend, und er weint alle Tränen, die er zurückhalten muß, solange die Sonne scheint. Er klagt im Selbstgespräche, jeder Mensch, der Soldat, der Bettler, der Galeerensklave, der Schuldige auf der Folter des Gewissens, der Verbrecher im Kerker, diese Unglücklichen alle hätten das Recht, nicht zu lachen, wenn sie nicht wollten, das Recht zu weinen, sooft sie wollten, nur er hätte diese Rechte nicht. Er tritt in das Haus, ein junges holdes Mädchen kommt ihm entgegen und wirft sich in seine Arme. Unter Weinen und Lachen drückt er sie an seine Brust. Es ist seine Tochter. Jeder weiß, wie ein Vater sein Kind liebt; wenn es aber in der ganzen großen Welt das einzige Geschöpf ist, das ihn, das er liebt; wenn er sonst überall nur Haß, Spott und Verachtung findet und austeilt – wie dann ein Vater seine Tochter liebe, das kann nur ein Dichter erraten. Diese Szene, gleich noch einigen andern des Dramas, ist herrlich, und man muß sie vergessen, um den Mut zu behalten, das Ganze zu verdammen. Triboulet ließ seine Tochter in stiller Verborgenheit aufblühen, um sie vor der bösen Luft in Paris zu schützen. Sie kennt die Welt nicht, kennt die Stellung nicht, die ihr Vater darin hat, weiß nicht einmal seinen Namen. Sie ahndet nur, er müsse unglücklich sein. Sie spricht:

> »Que vous devez souffrir! vous voir pleurer ainsi,
> Non, je ne le veux pas, non, cela me déchire.«

worauf der Vater antwortet:

> »Et que dirais-tu, si tu me voyais rire.«

Darauf verläßt er das Haus, nachdem er seine Tochter gewarnt, sich nie in das Freie zu wagen. Auf der Straße hört er Geflüster mehrerer Menschen, er horcht, er kennt die Stimmen bekannter Hofleute, erschrickt, tritt endlich zu einem von ihnen und fragt, was sie vorhätten. Dieser nimmt Triboulet beiseite und vertraut ihm lachend an, sie wären gekommen, die Frau eines Hofmannes, die der König liebt, und deren Haus auf dem Platze stand, zu entführen und ins Schloß zu bringen. Triboulet fällt gleich in seine alte Bosheit zurück und erbietet sich schadenfroh, bei der Entführung behilflich zu sein. Alle waren vermummt, man legt Triboulet auch eine Maske auf und ist dabei so geschickt, ihm zugleich mit einem Tuche Augen und Ohren zu verbinden. Es ist dunkle Nacht, und Triboulet merkt nicht, daß er nichts sieht. Man gibt ihm die Leiter zu halten, auf der man in das Haus steigen wollte. Die Leiter wird an die Mauer gelegt, hinter welcher Triboulets Tochter wohnt, und diese geraubt. Triboulet wird endlich ungeduldig, reißt sich Maske und Binde vom Gesicht weg, findet die Leiter an seinem eignen Hause gelehnt, und zu seinen Füßen liegt der Schleier seiner Tochter. Die Räuber waren schon weg; sie brachten die arme Taube in ihres Königs Küche, aus der sie der unglückliche Vater gerupft wiederbekam. –

Triboulet ist seiner Sache noch nicht ganz gewiß, er vermutet nur erst, wohin man seine Tochter geführt. Am andern Morgen erscheint er im Louvre, zeigt sich wie immer, aber er lauert. Das Flüstern und Lachen der Höflinge wird ihm immer deutlicher, und bald weiß er, daß seine Tochter beim Könige ist. Er weint und fleht und droht, man solle ihm sein Kind zurückgeben. Es muß in den Tränen, den Bitten und dem Zorne eines Vaters etwas sein, was selbst den Spott und Übermut der Höflinge entwaffnet. Alle schweigen und sind bestürzt. Triboulets Mut steigt, und *er kehrt mit seinen Blicken* die ganze Rotte zum Saale hinaus. So drückt sich der Dichter aus. Bald stürzt Triboulets Tochter aus des Königs Zimmer und sinkt, unter Todesblässe errötend, in die Arme ihres Vaters. Sie will ihm alles erzählen, er erläßt ihr den Schmerz, er weiß schon alles. Er führt seine Tochter fort, kehrt zum Hofe zurück und macht den lustigen Rat wie vor. Er sinnt im stillen auf Rache.

Triboulet hatte früher schon einen Banditen kennengelernt, der um einen bestimmten Preis jeden Lusttragenden von seinen Feinden befreit. An diesen wendet er sich. Der Bandit hat zwei Manieren, zu morden: entweder im Freien der Straße oder in seinem Hause, wie man es wünscht. Für das Haus hat er eine junge schöne Schwester, eine liebliche Zigeunerin, welche die Schlachtopfer anlockt und sie unter Lächeln und Kosen dem Messer ihres Bruders ausliefert. Triboulet erfährt, daß der König verkleidet und ungekannt die schöne Zigeunerin besuche. Er kauft seinen Tod, bezahlt die eine Hälfte des Preises voraus und wird auf Mitternacht bestellt, wo ihm die Leiche des Königs in einem Sacke gesteckt ausgeliefert werden solle, daß er sie dann selbst in die nahe Seine werfe. Gegen Abend führt Triboulet seine Tochter (sie heißt *Blanche*) auf den Platz, wo das Haus des Banditen steht. Er sagt ihr, doch nicht ganz deutlich, die Stunde der Rache an ihrem Verführer nahe heran. Blanche liebt den König, der schon früher als unbekannter Jüngling in der Kirche ihr Herz gewonnen. Sie bittet ihren Vater um Schonung, schildert die Liebe des Königs zu ihr, wie heiß sie sei, und wie oft er das in schönen blühenden Worten zu erkennen gegeben. Triboulet, seine Tochter zu enttäuschen, führt sie an das Haus des Banditen, durch dessen zerrissene Mauern und unverwahrte Fenster man von außen alles hören und sehen kann, was sich innen begibt. Da sieht die unglückliche Blanche den König Franz mit der leichtfertigen Zigeunerin kosen, hört, wie er dem Mädchen die nämlichen süßen und schönen Worte schenkt, die er ihr selbst gegeben. Das betrübt sie, sie jammert und willigt schweigend in die Rache ihres Vaters. Triboulet heißt sie nach Hause eilen, sich in Männerkleider werfen, sich zu Pferde setzen und in das Land flüchten, wo er sie an einem bestimmten Orte einholen wolle. Vater und Tochter gehen fort.

König Franz sitzt im Hause und scherzt und tändelt mit der Zigeunerin. Müde und trunken, verlangt er ein Bett, sich auszuruhen. Man führt ihn in eine Dachkammer, wo er einschläft. Unten trifft der Bandit die Vorbereitungen zum Morde. Die Zigeunerin, gewöhnlich kalte Mitschuldige ihres Bruders, bittet dieses Mal um Schonung; denn der junge Offizier, von so seltenem edlen Anstande, hatte Eindruck auf sie gemacht. Der Bandit weist sie kalt zurück, sagt, er sei ein ehrlicher Mann, habe seinen Lohn erhalten und müsse den versprochenen Dienst leisten. Doch ließ er sich so weit bewegen, daß er versprach, den Offizier zu schonen, wenn unterdessen ein anderer käme, den er statt jenes ermorden und im Sacke gesteckt ausliefern könnte. Der Brotherr werde es ja nicht merken, da es Nacht sei und der Sack in den Fluß geworfen werde. Wo sei aber Hoffnung, daß noch um Mitternacht sich jemand hierher verirre?

Unterdessen hatte Triboulets Tochter über die dunkeln drohenden Worte ihres Vaters nachgedacht. Da wird ihr erst klar, der König solle in dieser Nacht ermordet werden. Schon zur Flucht gerüstet und als Offizier gekleidet, jagt sie die Angst vor das Haus des Banditen zurück. Sie will beobachten, was sich da begebe. Sie horcht, vernimmt das Gespräch zwischen dem Banditen und der Zigeunerin und entschließt sich, für den König zu sterben. Sie klopft an die Türe, sie wird geöffnet, und sobald sie eintritt, fällt sie unter dem Messer des Banditen.

König Franz taumelt singend zu seinem Louvre hin.

Unterdessen kommt Triboulet, zahlt dem Banditen die andere Hälfte des bedungenen Lohnes aus und empfängt den Sack mit der Leiche. Der Monolog, der jetzt folgt, ist herrlich. Es ist grause dunkle Nacht, ein Gewitter tobt am Himmel. Der Sturm heult durch die Luft. Der Sack liegt auf der Erde, Triboulet, Racheglut und Freude im Herzen, setzt seinen Fuß auf den Sack, verschränkt stolz die Arme und triumphiert in die Nacht hinaus: wie er endlich, er, der schwache, verachtete, verspottete Triboulet, seinen Feind unter sich gebracht. Und welch einen Feind! einen König. Und welch einen König! einen König der Könige, den herrlichsten unter allen. Und wie jetzt die Welt aus allen ihren Fugen gerissen werde, und morgen werde die zitternde Erde fragen: wer denn das getan, und da werde er rufen, das habe Triboulet getan; ein kleiner schlechter Zapfen im Gebäude der Welt habe sich losgemacht von der Harmonie, und der Bau stürze krachend zusammen.

So zecht Triboulet fort, und immer trunkener durch seinen Sieg will er noch das Gesicht seines verhaßten Feindes sehen, ehe er ihn in den Wellen begräbt. Aber es ist finstere Nacht; er wartet auf einen Blitz, der ihm leuchten soll. Er öffnet den Sack, der Blitz kommt, der ihn zerschmettern soll; er erkennt seine Tochter. Im Anfange hofft er, es sei ein Gaukelspiel der Hölle, aber ein zweiter Blitz raubt ihm diese Hoffnung. Er zieht seine Tochter zur Hälfte aus dem Sacke, mit den Füßen bleibt sie darin. Sie ist entkleidet, nur ein blutiges Hemd bedeckt sie. Sie röchelt noch, spricht noch einige Worte und verscheidet. Der Vater sinkt zu Boden, der Vorhang fällt. Beschluß morgen.

Neunundachtzigster Brief
Paris, Donnerstag, den 13. Dezember 1832
Le roi s'amuse; Beschluß. Dieses Schicksal im Sacke; diese schauderhaften Fußtritte des Vaters auf das Herz seiner geliebten Tochter; diese Tochter im blutigen Hemde tot, nein, schlimmer als tot, im Röcheln des Todes; und dieses alles, bald vom falben Scheine der Blitze beleuchtet, bald von finstrer Nacht umhüllt, daß sich zum Schrecken der Wirklichkeit auch noch die Angst des Traumes geselle – hat das nicht in seiner gräßlichen Verzerrung

auch einen Zug von Lächerlichkeit? Wenigstens als ich diese Szene las, so sehr sie mich auch erschütterte, fiel mir ein: der Narr Triboulet, wie hat er sich prellen lassen; man soll doch nie eine Katze im Sacke kaufen! Ich weiß nicht, woran es liegt. Shakespeare hat ähnliche, er hat noch viel schrecklichere Schrecken; aber bei ihm ist der Schmerz gesund, das Ungeheure hat seine Art Wohlgestalt; denn selbst die Krankheit hat eine Gesundheit, die ihr eigen ist, selbst das Verbrechen hat seine moralische Regel. Bei Victor Hugo aber ist das Mißgestaltete mißgestaltet. Ich weiß nicht; es ist darüber nachzudenken. Das ist die tragische Häßlichkeit, von der ich sprach, die tragische Unsittlichkeit. Die komische war in den Liebeleien des Königs, die im Sonnenlichte und beim noch hellern Scheine der Kerzen auf das unverschämteste dargestellt werden. Victor Hugo hätte aus dem allem einen Roman machen sollen. Erzählen kann man alles, auch das Häßlichste; die Vergangenheit, die Entfernung mildert das Mißfällige, und ein Buch kann man ja zu jederzeit wegwerfen. Erzählen kann man das Unglaublichste; wer es nicht glauben will, braucht es ja nicht zu glauben, er denkt: es ist ein Dichter, und er hat gelogen. Aber dieses in ein Drama bringen, dieses alles unter unsern Augen geschehen lassen, daß wir Ohr und Blick davon abwenden, daß wir nicht daran zweifeln können – nein, das dürfen wir nicht dulden.

Aber die Minister! was geht die Minister Louis-Philippes die Ästhetik, die Dramaturgie, die Moral an? Warum haben sie die Aufführung des Stückes verboten? Bin ich nicht da? Hören wir jetzt, was Victor Hugo darüber sagt. Am Morgen nach der ersten Aufführung erhielt der Dichter ein Billett vom Theaterdirektor; er habe soeben vom Minister den Befehl erhalten, das Stück nicht ferner geben zu lassen. »*L'auteur, ne pouvant croire à tant d'insolence et de folie, courut au théâtre*« ... *Insolence – folie* – von einem Minister! das wäre nach dem bayrischen Strafrechte ein Verbrechen, das von einem Majestätsverbrechen nur durch eine Brandmauer geschieden ist, der Hausnachbar eines Königsmordes. Victor Hugo eilt in das Theater; es ist wirklich so; er liest den Befehl des Ministers. Das Drama wäre unmoralisch befunden worden. *»Cette pièce a révolté la pudeur du gensd'armes, la brigade Léotand y était et l'a trouvée obscène; le bureau des mœurs s'est voilé la face; monsieur Vidocq a rougi.«* Aber war es von seiten des Ministers mit der Einwendung der Unmoralität ernst gemeint? Hugo sagt: das sei nur ein Vorwand gewesen, der eigentliche Grund aber des Verbotes sei ein Vers im dritten Akte: *»où la sagacité maladroite de quelques familiers du palais a découvert une allusion à laquelle ni le public ni l'auteur n'avait songé jusque-là, mais qui, une fois dénoncée de cette façon, devient la plus cruelle et la plus sanglante des injures.«* Er wolle für jetzt den Vers nicht bezeichnen, treibe ihn aber die Not der Verteidigung dazu, werde er sich deutlicher erklären. Ich suchte mit dem größten Eifer den im dritten Akte enthaltenen, für den König beleidigenden Vers auf und glaubte ihn im folgenden gefunden zu haben: *»Un roi qui fait pleurer une femme! O mon dieu Lâcheté!«* Ich dachte, das könnte auf die Gefangenschaft der Herzogin von Berry bezogen werden, und das denkend kam mir die Ängstlichkeit der Minister um so toller vor. Wer bekümmert sich um die Berry? Wer denkt an sie? Und die wenigen Legitimisten, die im Theater Français sitzen, würden in Gegenwart des demokratischen Parterres und der Philippistenlogen nie wagen, eine solche Anspielung laut werden zu lassen. Aber ich bin fehlgegangen. Ich hörte später erzählen, es sei eine andere Stelle im dritten Akte, die den Minister stutzig gemacht. In der Szene nämlich, wo Triboulet im Vorzimmer des Königs um seine geraubte Tochter jammert und die Hofleute ihn verlachen, wendet er sich an diese der Reihe nach und sagt ihnen mit Grimm und Hohn: was wollt Ihr? Du da hast eine Frau, du eine Tochter, du eine Schwester, du Page dort eine Mutter – Frau, Tochter, Schwester, Mutter, der König hat sie alle. Und die Großen, welchen er das vorwirft, sind die vornehmsten historischen Familien des Landes, Triboulet nennt sie alle bei Namen, und unter diesen Bastardahnen wird auch die Familie genannt, von welcher die Bourbons herstammen. Ich habe das Buch schon weggegeben, und ich kann die betreffende Stelle nicht selbst beurteilen.

Der Dichter, in seinem Zorne gegen die Minister, triumphiert, daß, so viele Kunstfeinde er auch habe, diese doch, nachdem er eine so schnöde Behandlung erfahren, alle gleich auf seine Seite getreten wären. »*En France, quiconque est persécuté n'a plus d'ennemis que le persécuteur.*« Alles wie bei uns! Victor Hugo hat das Theater Français beim Handelsgerichte verklagt, es zur ferneren Aufführung des Dramas zu zwingen oder zu einer Entschädigung von vierhundert Franken für jeden Theaterabend zu verurteilen. Odilon Barrot wird für den Kläger das Wort führen. Was wird er gewinnen? nichts; auch weiß er das, und es ist ihm nur um den Skandal zu tun. Aber was gewinnen die Minister dabei? Der Dichter sagt es offen heraus: er habe sich bis jetzt nur mit den stillen friedlichen Musen beschäftigt; er habe sich von der Politik immer entfernt gehalten; von nun aber, weil gereizt, werde er gegen die Regierung feindlich auftreten. Ist nun Victor Hugo ein ehrlicher Mann, wie er wirklich einer ist, werden durch ihn die Feinde der Regierung um einen der gefährlichsten, der talentvollsten vermehrt. Wäre er kein ehrlicher Mann, dann würde seine Feindschaft der Nation hunderttausend Franken kosten, welche die Minister aus ihrem Beutel zögen, einen neuen Feind auf die alte Art zu versöhnen. Was gewinnen also die Minister? Ich glaube aber, sie sind nicht so dumm, wie sie aussehen. Sie gewinnen, was der Dichter auch gewinnt: den Skandal des Prozesses. Das beschäftigt Paris drei Tage, und für die folgenden Tage wird der liebe Gott auch sorgen. Sie sind immer noch klüger als unsere deutschen Minister; sie lassen zuweilen Rauch aus dem Schornsteine, daß der Kessel nicht platze.

Sehen Sie aber, was ein deutscher Gelehrter ist! Vorgestern morgen beim Frühstücke hatte ich den Kopf dicht voll, von Politik und Zahnschmerzen, von den aristotelischen Einheiten, der Abwesenheit der Madame Malibran und der Anwesenheit der ***, von dem König Otto, von bayrischer Treue, Antwerpen, dem alten Turme am Metzgertore und der Unmoralität des Herrn d'Argout. Da kam ich in der Vorrede Victor Hugos an die Stelle: »*Il fut même enjoint au théâtre de rayer de son affiche les quatre* *mots redoutables: le roi s'amuse.«* Gleich alle Gedanken hinaus, den Kopf auf beide Arme gestützt und eine halbe Stunde darüber nachgedacht. *Ces quatre mots le roi s'amuse.* Wie? *le roi s'amuse,* sind das vier Worte, sind es nicht bloß drei? kann man s mit einem Apostroph *ein* Wort nennen? ist *s'a...* *ein* Wort? Freilich man kann auch nicht behaupten, *le roi s'amuse* wären nur drei Worte. Aber wo ist die Wahrheit? wo ist das Recht? ... Darüber ward mir mein Tee kalt, und Konrad nahm mir unbemerkt die Zeitung von dem Tische, ehe ich sie ausgelesen. So ist der deutsche Gelehrte! dem Victor Hugo auf das Wort zu glauben, der die Sache mit den vier Worten doch besser verstehen muß als ich, das kam mir nicht in den Sinn; auch hätte mein protestantisch deutsches Gewissen dieses nie zugegeben.

Aber zum Schlusse: der Handelsminister hatte recht, das Stück ist unmoralisch. Wie kam es mit Victor Hugo dahin? Ich habe es schon gesagt; es ist der Jakobinismus der romantischen Literatur. Victor Hugo ist einer der edelsten unter den Sklaven, die ihrem Herrn Boileau entlaufen; aber er ist doch ein Sklave. Im Übermute seiner jungen Freiheit weiß er diese nicht weise und männlich zu gebrauchen und sündigt links, weil sein alter Tyrann rechts gesündigt hat.

Das Gericht ist aus, ich habe Recht gesprochen; jetzt Perücke herunter. Ich habe das Drama vom Anfange bis zum Ende mit dem größten Vergnügen gelesen, und alles hat mir gefallen.

Freitag, den 14. Dezember 1832

Heute gehe ich zum ersten Male wieder aus, nachdem ich wegen meiner Zahnschmerzen drei Tage das Zimmer nicht verlassen. Ich habe dabei gewonnen, daß ich drei Tage lang den stinkenden Nebel auf der Straße nicht zu trinken und so lange die stinkenden deutschen Zeitungen nicht zu lesen brauchte. Der Geschmack der letzten, die ich vor einigen Tagen las, liegt mir heute noch auf der Zunge. Nein, es ist nicht zu ertragen. Die Deutschen müssen Nerven haben wie Eisendraht, eine Haut von Sohlleder und ein gepökeltes Herz. Diese Unverschämtheit der Fürstenknechte, dieses freche Ausstreichen eines ganzen Jahrhunderts, dieser weintolle Übermut, dieses Einwerfen aller Fensterscheiben, weil das Licht dadurch fällt, als wenn sie mit dem Glase auch die Sonne zerstörten – es übersteigt meine Erwartung. Aber das steigert auch meine Hoffnung. Man muß mit den dummen Aristokraten Mitleiden haben, man muß ihnen nicht eher sagen, daß das Kassationsgericht dort oben ihre Appellation verworfen hat, bis an dem Tage, wo sie hingerichtet werden. Das deutsche Volk wird einst gerächt werden, seine Freiheit wird gewonnen werden; aber seine Ehre nie. Denn nicht von ihnen selbst, von andern Völkern wird die Hilfe kommen. Ich sehe es schon im Geiste: wenn einst die finstern Gewitterwolken sich werden über den deutschen Palästen zusammenziehen, wenn der Donner zu grollen anfängt, wird das geschmeidige deutsche Volk wie ein Eisendraht hinaufkriechen zu allen Dächern seiner Tyrannen, um die geliebten Herrscher vor dem Blitze zu bewahren und ihn auf sich selbst herabzuziehen. Wem daran gelegen ist, verhöhnt und betrogen zu werden, der braucht nur großmütig gegen seine Feinde zu sein, zumal gegen die Fürsten, welche die Feinde aller Menschen sind. Wenn in Frankreich ein Don Miguel und ein Robespierre zugleich regierten; wenn an jeder Straßenecke rechts ein Galgen, links eine Guillotine stünde – die Franzosen ertrügen vielleicht lange das Morden von ihren Tyrannen geduldig; aber ihren Spott, ihre Verachtung, ihr unverschämtes Hofmeistern, ihre Ohrfeigen und ihre Rute, das, was der Deutsche das ganze Jahr erduldet – sie ertrügen es keine Stunde lang. Die Franzosen waren jahrhundertelang Sklaven unter ihren Königen; aber sie durften doch singen in ihren Ketten, sie durften ihre Kerkermeister verspotten. Zur Schreckenszeit wurden edle und schuldlose Menschen auf das Blutgerüst gebracht, aber nie fand Robespierre ein Gericht, das so feige und unmenschlich gewesen, einen Aristokraten zu verurteilen, daß er vor dem Ölbilde der Freiheit kniend Abbitte tue. Unter der Despotie der Könige wie unter der der Republikaner erkannte man etwas im Menschen an, das, weil von Gott gesandt, heilig und unverletzlich ist und nie zur Verantwortung gezogen werden darf. Aber dieses Göttliche, Heilige und Unverletzliche im Menschen: seine Ehre, seinen Glauben, seine Tugend, das wird in Deutschland am meist[en], zuerst bestraft, am boshaftesten gezüchtigt. Ein Dr. Schulz in München wurde wegen seines politischen Glaubens *auf unbestimmte Zeit* zum Zuchthause verurteilt, und zu der schlimmern Züchtigung, vor dem Bilde des Königs kniend Abbitte zu tun. Sie werfen die Freiheit in den Kot, daß sie aussehe wie die Knechtschaft, damit man keinen Mann von Ehre ferner von einem Hofmanne unterscheiden könne und gemeinschaftlicher Schmutz Volk und Land und Regierung bedecke.

Würde in Paris die Todesstrafe darauf gesetzt, wenn einer es wagte, im Theater einen Laut des Mißfallens zu äußern, und es versuchte einmal ein schamlos schmeichelnder und bettelnder Hofdichter, die Leidenschaften, Torheiten und Verbrechen seiner Fürsten durch Poesie, Musik, Tanz und Malerei auf der Bühne zu verherrlichen und so ein ganzes Volk zu Mitschuldigen seiner niederträchtigen Gesinnungen zu machen – und stünde die Todesstrafe auf ein Lächeln –, es fänden sich hier Hunderte von Zuschauern, die lachen, zischen und pfeifen und ihr Leben an die Ehre setzen würden. Man jauchzte keinem schamlosen, tollen Schauspiele zu wie das, was neulich ein Herr von Poißl in München zur Feier der Thronbesteigung des Königs Otto dichtete und auf der Bühne vorstellen ließ. *Vergangenheit und Zukunft* hieß das Schauspiel, welches alle das dicke Bocksbier, das seit dem vorigen Sommer in der bayrischen Adern stockte, in die freudigste Wallung brachte. Hellas, Bavaria, Glaube, Liebe und Hoffnung treten auf. Sooft ein deutscher Hofdichter etwas Politisches singt, umgibt er sich mit Glaube, Liebe und Hoffnung. Es sind seine Grazien und seine Parzen zugleich. Mit ihnen versüßt er die Tyrannei, mit ihnen spinnt er die Freiheit zu Tode. Übrigens ist es eine nützliche Bedeckung; denn ohne Glaube, Liebe und Hoffnung ertrüge man keinen Tag, ein deutscher Untertan zu sein. Jetzt werden die alten olympischen Spiele dargestellt, in dem Augenblicke, wo die Verteilung der Preise stattfindet. Hundert

Dichter atmen schwer; die, welche den Gott in sich fühlen, jauchzen dem Siegeskranze entgegen. Mich dauern die armen Teufel! *Bavaria* kommt und deklamiert Gedichte des *Königs von Bayern*, und Sappho-Bavaria erhielt den Kranz.

Das zweite Bild stellt die Gegend von Athen vor. »Mit erst düsterem Himmel, verbrannten Olivenwäldern und verdorrten Fluren. Nach und nach kleidete sich der Himmel in *Bayerns Nationalfarbe*. Die Olivenwälder begannen zu grünen. Die Fluren bedeckten sich mit Blumen und Blüten, aus Ruinen entstanden Paläste. Und in diesem Augenblicke erschien, von der Liebe getragen und den Glauben und die Hoffnung zur Seite, das als Segensgestirn über Hellas aufgehende Bildnis des Königs Otto, vor dem sich Griechenlands Volk in freudiger Huldigung neigte.« Bavaria-Sappho ist verrückt, sie ist verliebt, weiß nicht mehr, was sie spricht, und ich sehe sie schon vom leukadischen Felsen hinab in die Isar springen. Aber Herr von Poißl hat nicht die geringste Lebensart, daß er den König Otto, der ein Mann ist, von der *Liebe*, die ein Frauenzimmer ist, tragen ließ. Ich begreife nicht, wie das zarte Wesen diese Last von München bis zum Himmel, einen so weiten Weg, hat aushalten können; König Otto muß sehr leicht sein! Warum hat er den König nicht dem *Glauben* auf die breiten Schultern gesetzt? Der hat schon in seiner Dummheit viel schwerere Lasten getragen. Dann wäre die Liebe an der Seite der Hoffnung, hinter dem Glauben und dem König Otto, leicht hergeflogen, und dann wäre doch Symmetrie dabei gewesen, und das Ganze wäre ein Meisterstück geworden. O Herr von Poißl! ich weiß nicht, ob Sie Verstand haben, aber Geschmack haben Sie nicht den geringsten. Wie freue ich mich, daß die verbrannten Olivenfelder wieder grün werden; jetzt können doch die armen Griechen wieder Salat essen. Aber die *bayrische Nationalfarbe*, in welche sich der Himmel kleidete, als er Audienz beim König Otto hatte – ist das nicht himmlisch? ja, ja, so ist es. Den Himmel selbst möchten Sie gern zum Lakaien machen, und sein heiliges Blau soll die Livreefarbe eines deutschen Fürsten sein! Verdammnis! es kommt mir manchmal vor, als wäre die

Erde ein großer Pfeifenkopf, aus dem Gott raucht, und Deutschland wäre der Wassersack der Pfeife, bestimmt, um diese rein zu erhalten, allen Schmutz, alle stinkenden Säfte aufzunehmen. Die Zeit wird kommen, daß jeder europäische Fürst mit einem Stücke seines Landes in den Deutschen Bund treten wird, um sich mit einem solchen heilsamen Wassersacke zu versehen. Hannover ist der Wassersack Englands, Luxemburg der Wassersack der Niederlande, Holstein der Wassersack Dänemarks, Neufchâtel der Wassersack der Schweiz. Wie heute die englischen Blätter erzählen, soll ein anderer Sohn des Königs von Bayern Donna Maria heiraten. So verspricht Portugal der Wassersack der spanischen Halbinsel zu werden, und Griechenland ist voraus zum Wassersack des Orients bestimmt, wenn dieser, wie sie fürchten, der Zivilisation und Freiheit entgegenreift.

Der schönste Spaß in dieser bayrisch-griechischen Komödie ist: daß König Otto, oder vielmehr sein Vater in dessen Namen, die griechische Konstitution nicht hat beschwören wollen, daß Miaulis, der Chef der griechischen Deputation, erklärt hat, nur unter der Bedingung eines solchen Eides sei er beauftragt, dem Prinzen die Krone anzubieten, daß er also, da man sich weigere, ihn zu leisten, den Otto nicht als König anerkennen dürfe. Die Deputation kehrt allein nach Griechenland zurück, und König Otto zieht an der Spitze seiner Bayern hin und nimmt von seinem Lande mit Gewalt Besitz. Ich fürchte sehr, daß, wenn der griechische Himmel das wahre Verhältnis der Sache erfährt, er sein Bayrisch-Blau wieder ausziehen und seinen grauen Schlafrock anziehen wird.

Ich sage Ihnen, ich sage Ihnen, es ist mit dem lieben Gott nichts mehr anzufangen. Da sitzt der alte Herr den ganzen Tag auf seinem Lehnstuhle, liest die Erdzeitungen und brummt über seine entarteten Kinder. Es ist ihm kein Lächeln abzugewinnen. Da er noch ein Jüngling war, da er als Jupiter, noch mit dem Honige seiner Kindheit auf den Lippen, durch alle Welten schwärmte, welche himmlische Pagenstreiche machte er, wie liebenswürdig war er damals! wie er seinem Vater, dem Fresser

Kronos, ein Brechmittel eingab; wie er sich als Gans, als Ochs, als Mensch, als Regen verkleidet zu den Schönen schlich, wie er neun ganze halbe Tage sich mit der gelehrten Mnemosyne einschloß und mit ihr alle die Millionen Bücher schrieb, die seitdem in die verschiedenen Sprachen der Menschen übersetzt erschienen sind – es ist alles vorbei, es ist nichts mehr mit ihm anzufangen! Ach! wenn ich Gott wäre, welche Späße wollte ich mir machen mit Bavaria-Hellas! Ich ließ in einer Nacht alle die herrlichen Griechen aller Zeiten und aller Städte aus dem Grabe hervorsteigen und alle Tempel auch, und die alten Götter rief ich herbei. Und an einem schönen Frühlingstage, da der Spaziergang am Ilysseus gedrängt von Menschen war, kommt ein Sklave atemlos herbeigestürzt und schreit: »König Otto ist angekommen!« Alles gerät in Bewegung. Die Kinder springen von der Erde auf und vergessen ihr Knöchel mitzunehmen. Die schöne Lais macht die Rosen in ihren Haaren zurecht, Diogenes putzt das Licht in seiner Laterne, Epaminondas ballt die Faust, Plato bekommt Angst und versteckt seine Republik, Perikles reicht seiner Freundin Aspasia den Arm, Aristoteles zieht seine Schreibtafel heraus, alles zu notieren, die Blumenmädchen suchen eine der anderen vorzukommen, und jetzt alle eilig zum pyräischen Tor hinaus. Nur Sophokles geht seinen ernst langsamen Schritt; er dichtet seine »Antigone«. Als die Athenienser am Hafen ankamen, war König Otto mit seinen blauen Bayern schon gelandet. Das erste, was er tat, war, daß er dem Perikles den großen Hubertusorden umhing. Aristoteles erhielt das Diplom als geheimer Hofrat und die Berufung als Professor der Naturgeschichte nach München an Okens Stelle. Phidias bekam den ehrenvollen Auftrag, die Büste des Herrn Jarcke für das Regensburger Walhalla zu verfertigen. Herr Oberbaurat von Klenze zeigte dem Kallikrates die Risse seiner schönsten Gebäude in München, und dieser fragte: hat Euer Basileus so viele Pferde? Alcibiades bekam den Kammerherrnschlüssel, und ein bayrischer Obrist fragte Epaminondas, wieviel Furagegelder ein hellenischer Obrist bekäme. Professor Thiersch unterhielt sich mit Plato und wurde von den

Blumenmädchen wegen seiner schlechten Aussprache verspottet. Herr von Poißl wollte Sophokles gerade sein Festspiel *Vergangenheit und Zukunft* überreichen, als Trommelwirbel Stille gebot. König Otto tritt majestätisch hervor und hält folgende Rede:

»Hellenen! Schaut über euch! Der Himmel trägt die bayrische Nationalfarbe; denn Griechenland gehörte in den ältesten Zeiten zu Bayern. Die Pelasger wohnten im Odenwalde, und Inachus war aus Landshut gebürtig. Ich bin gekommen, euch glücklich zu machen. Eure Demagogen, Unruhestifter und Zeitungsschreiber haben euer schönes Land ins Verderben gestürzt. Die heillose Preßfrechheit hat alles in Verwirrung gebracht. Seht, wie die Ölbäume aussehen. Ich wäre schon längst zu euch herübergekommen, ich konnte aber nicht viel früher, denn ich bin noch nicht lange auf der Welt. Jetzt seid ihr ein Glied des Deutschen Bundes. Meine Minister werden euch die neuesten Bundesbeschlüsse mitteilen. Ich werde die Rechte meiner Krone zu wahren wissen und euch nach und nach glücklich machen. Für meine Zivilliste gebt ihr mir jährlich sechs Millionen Piaster, und ich erlaube euch, meine Schulden zu bezahlen.« Die Griechen, als sie diese Rede hörten, erstarrten alle zu Bildsäulen. Diogenes hielt dem König Otto seine Laterne ins Gesicht, die schöne Lais kicherte, und Aristoteles war in Verzweiflung, daß sein Griffel brach und er die merkwürdigen Naturbeobachtungen, die er machte, nicht mehr notieren konnte. Hippokrates sah die Sache gleich vom rechten Standpunkte an, schickte eilig einen Diener in die Stadt zurück und ließ sechs Karren voll Nieswurz holen. Die Bayern setzten sich in Marsch. Vor dem Tore wurden sie von hundert Apothekern aufgehalten, die jedem Bayer ein Pulver überreichten. Ein Major schrie: »Verräterei! Gift!« und ließ unter das griechische Gesindel schießen. Dann zog König Otto über Leichen in die Stadt. Gleich den andern Tag wurde eine Zentral-Untersuchungskommission gebildet. Hippokrates wurde wegen seines dummen Spaßes als Medizinalrat nach Augsburg versetzt; die geistreiche Aspasia, die griechische Frau von Staël, nach Ägypten verbannt, und Diogenes wurde auf unbestimmte

Zeit zum Zuchthause verurteilt und mußte vor dem Bilde des Königs Otto kniend Abbitte tun. Die Schuldigsten waren schon vor der Untersuchung erschossen worden.

Jetzt ging das Regieren an. Eine Zeitlang ertrugen es die Griechen. Aber eines Morgens brauste das Volk wie ein wogendes Gewässer durch die Stadt. Herr Oberbaurat von Klenze hatte in der Nacht anfangen lassen, durch mehrere hundert bayrische Maurer den Tempel der Minerva abtragen zu lassen. Das Bild der Göttin, von Phidias, und andere Kunstwerke, die der Tempel enthielt, lagen schon auf der Straße, von Stroh umwickelt, um eingepackt zu werden. Man fragte Herrn von Klenze, was diese Tollheit bedeuten solle. Er erwiderte: seine Majestät der König haben zu beschließen geruht, den Tempel der Minerva, das Parthenon, das Pompejon, die Phöcile, noch zwanzig andere Tempel und mehrere hundert Statuen Allerhöchst Ihrem Königlichen Vater nach Bayern zu schicken, zufolge eines mit Allerhöchstdemselben abgeschlossenen geheimen Vertrags, und Hellas, übervölkert mit Tempeln, Statuen und Gemälden, solle nach Bayern Kunstkolonien schicken und dafür von dort Naturkolonien erhalten unter Anführung des Herrn von Hallberg, des bayrischen Cecrops, und das alles gereiche zur Wohlfahrt beider Länder und sei überhaupt sehr charmant. Aber die Athenienser fanden dieses gar nicht charmant, sondern ergriffen einige der schönsten antiken Steine, mit Basreliefs verziert, und warfen sie dem armen Herrn von Klenze an den Kopf, bis er tot blieb. Dann stürzten sie die Akropolis hinauf, ergriffen den König Otto, der gerade mit seinem Frühstücke beschäftigt war und dabei Saphirs »Deutschen Horizont« las, bei dem Arme, setzten ihn in eine Sänfte und ließen ihn an den Hafen tragen und übergaben ihn dort dem Admiral Nicias, daß er ihn zu Schiffe nach Corcyra bringe. Die bayrischen Soldaten blieben zurück und nahmen Dienste im szythischen Corps. Ihr bayrisch Bier braute ihnen ein von München gekommener Bierbrauer, und ihre bayrische Treue hatten sie vergessen. So endigte das bayrisch-russisch-englisch-französisch-hellenische Reich.

Neunzigster Brief

Paris, Sonntag, den 16. Dezember 1832

Die Berry ist krank; aber wie man sagt, wäre es nicht ihr hoffnungsloser Zustand, der sie niedergeworfen, sondern gerade das Gegenteil. Wahrscheinlich ist das Verleumdung. Wenn man in Frankfurt etwas davon weiß, warum die Herzogin gefangen sitzt und warum Karl X. nicht mehr in Paris lebt, schreiben Sie mir es doch, ich will es in die Zeitung setzen lassen. Hier kann man sich die Sache gar nicht erklären. Diese Abneigung der Völker gegen gewisse Namen, und diese Vorliebe für andere, ist ganz unbegreiflich. Wenn nicht die Cholera daran schuld ist, muß die Welt schwanger sein; sie hat wunderbare Gelüste. Sehen Sie, man hat es mir zum Vorwurfe gemacht, daß ich gesagt: ein Volk dürfe seinen Fürsten verjagen, wenn ihm seine Nase nicht gefiele. Nun, vielleicht war das zuviel behauptet. Aber man muß mir doch zugeben, daß eine Nase eine sehr wichtige Sache ist. Eine Nase ist ein bedeutender Teil des menschlichen Körpers; eine Nase kann einen Menschen entstellen und zieren; man kann seiner Nase willen einen Menschen lieben oder hassen; kurz, eine Nase ist eine Nase; aber ein Name? Guter Gott! Was liegt an einem Namen? Die Braunschweiger wollten keinen Karl und gaben sich einen Wilhelm; die Belgier wollten keinen Wilhelm und gaben sich einen Leopold; die Franzosen wollten auch keinen Karl und gaben sich einen Philipp. Der Name Karl scheint besondert unbeliebt zu sein. In Spanien handelt sich's auch um Karl oder nicht Karl; in Portugal ist der Streit zwischen Peter und Michel. Meine Nase ist mir tausendmal lieber. Nun haben sie zwar vor zwei Jahren behauptet, man habe den König Karl vom Throne gestürzt, weil er die Charte verletzt habe. Hat das der jetzige König nicht auch getan? Also weil er Philipp heißt und nicht Karl, wäre ihm alles erlaubt? Ja, er hat tausendmal schlimmer gehandelt als Karl X. Dieser tat es in der Leidenschaft, er konnte sich wenigstens damit entschuldigen, er konnte alles auf seine Minister wälzen, die Kränkung wieder gutmachen, er wollte das wirklich tun. Aber

Louis-Philippe begnügt sich nicht bloß mit dem Rechte der Leidenschaft, er will auch die Leidenschaft zu einem Rechte erheben, er verlangt das Recht, zu jeder Zeit, sooft es ihm beliebt, ungerecht sein zu dürfen. Und er begnügt sich nicht, das Verbrechen allein zu begehen, er sucht auch die ganze Nation in deren Stellvertretern zu seinen Mitschuldigen zu machen. Nun gibt es zwar hier Leute genug, die nicht schlecht sind, sondern nur dumm, welche behaupten, der jetzige Fall wäre doch ganz ein anderer. Karl X. habe die Konstitution aus eigner Machtvollkommenheit verletzt. Louis-Philippe tue es in Gemeinschaft mit den Kammern. Bei jenem sei die Aufhebung der Charte Willkür gewesen, dieser wolle sie gesetzlich machen. Aber was ändert das die Sache? O ja, es ändert die Sache, es macht sie weit, weit schlimmer. Ist ein Verbrechen weniger ein Verbrechen, weil es zweihundert Menschen teilen? Ist die Tyrannei der Gesetze weniger Tyrannei als die der Willkür? Und wenn alle die dreißig Millionen Franzosen in der Kammer säßen, und sie alle stimmten Mann für Mann für ein Gesetz, das der Regierung verstatte, die persönliche Freiheit, die Freiheit der Presse aufzuheben, das heilige Asyl des Hauses zu verletzen – sie hätten das Recht nicht dazu. Keine Nation hat das Recht, der Täuschung, der Furcht, dem Schrecken, der Selbstsucht, der Ermüdung des Tages die bessere Einsicht, die Wahrheit, die Besonnenheit, die Liebe und Kraft der folgenden Tage, die unveräußerlichen Rechte eines kommenden Geschlechts aufzuopfern. Hier ist der Jammer, hier ist die Trostlosigkeit, das ist's, was die wahre Freiheit Europens noch um ein Jahrhundert hinausschickt. Erst fehlt die Kraft, dann fehlt der Mut, dann fehlt die Einsicht. Wenn einmal die Völker Europens sich der Tyrannei ihrer Fürsten werden entledigt haben, werden sie in die Tyrannei ihrer Gesetzgeber fallen, und sind sie diese losgeworden, geraten sie in die Tyrannei der Gesetze. – Diese Tyrannei der Gesetze ist aber gerade die feste Burg, welche von der Freiheit seit fünfzig Jahren belagert wird. Was sie seitdem erobert, das sind bloß einige Außenwerke, wobei noch nichts weiter gewonnen, als daß die Hoffnung der Einnahme der

Festung etwas näher gerückt ist. Es muß Menschenrechte geben, die von keiner Staatsgewalt, und hätte jedes Bettlerkind im Lande teil an deren Ausübung, zu keiner Zeit, in keinem Verhältnisse, um keines Vorteils, um keiner Beseitigung einer Gefahr willen vernichtet, geschmälert oder eingestellt werden dürfen. Auf der See, wenn Gefahr des Schiffsbruchs eintritt, wirft man die Waren über Bord, die Menschen zu retten; man wirft aber nie die Menschen über Bord, die Waren zu retten. In politischen Stürmen aber opfert man das, was der Mensch *ist*, dem auf, was er *hat*, man wirft den Menschen über Bord, den Bürger zu erhalten – das ist Wahnsinn. Und wenn es auch alle Staatsbürger zufrieden wären, wenn sie alle so verdorben wären, das, was sie haben, dem vorzuziehen, was sie sind – es bliebe doch Wahnsinn.

Mit besserer Einsicht als Europa ließen die Amerikaner, als sie ihre Freiheit gründeten, der Verfassungsurkunde eine Erklärung der Menschenrechte, nämlich derjenigen Rechte vorangehen, die weder der Heiligung der Gesetze bedürfen, um Gültigkeit zu haben, noch je durch ein Gesetz eingeschränkt oder aufgehoben werden dürfen. Die französische Nationalversammlung hat es auch damit versucht. Aber jetzt denkt keiner mehr daran, und wenn man mit einem Staatsgelehrten von Menschenrechten spricht, lacht er einen aus, und wenn man in Paris zwischen zwei und vier Uhr nachmittags das Wort »Menschenrechte« ausspricht, werden vor Schrecken alle Wangen bleich, und die Renten fallen. Menschenrechte – das ist die Guillotine!

– Gestern abend sah ich zum ersten Male Demoiselle *Georges* spielen; nicht zum ersten Male diesen Winter, sondern zum ersten Male im neunzehnten Jahrhunderte. Dieses Schicksal habe ich schon oft in meinem Leben gehabt: daß ich den Sonnenaufgang und den Mittag verschlafen und erst beim Sonnenuntergang munter geworden bin. Demoiselle Mars habe ich voriges Jahr zum ersten Male gesehen, Talma kurz vor seinem Tode, mich selbst lernte ich erst nach dem dreißigsten Jahre kennen, und ohne Sie hätte ich wahrscheinlich erst zehn Jahre später meine angenehme Bekanntschaft gemacht. Als ich vor zwei Jahren nach Paris kam, war die Freiheit schon im Untergehen, und ich mußte sogar auf einen hohen Berg der Begeisterung steigen, um noch ihre letzten Strahlen zu erwischen; denn im Tale war es schon dunkel. So immer zu spät. Ein politischer Ketzer bin ich geworden, seitdem man nicht mehr verbrennt und vierteilt, sondern bloß mit dem Zuchthause auf unbestimmte Zeit und mit einer Abbitte vor dem Konterfei eines Königs bestraft. Dieses Abbitten vor dem Bilde des Königs von Bayern will mir gar nicht aus dem Kopfe. Es ist zu fürchterlich, es ist zu lächerlich! Das ist ja ein christlich-türkischer Despotismus, ein Despotismus in seidenen Strümpfen und den Turban auf dem Kopfe. Nun möchte ich doch wissen, wie sie einen, den sie zum Zuchthause verurteilt, zwingen können, Abbitte vor dem Bilde des Königs von Bayern zu tun, wenn dieser nicht will. Ich täte es nicht; ich spräche wie der Geiger Miller in »Kabale und Liebe«: »Da ich doch ins Zuchthaus muß, will ich euch sagen, daß ihr Schurken seid.« Der Präsident antwortet, glaube ich, darauf: »Vergeß Er nicht, daß es auch Staupbesen und Pranger gibt!« O! es kommt auch noch zu Staupbesen und Pranger; es kommt auch noch dazu, daß einer barfuß und eine brennende Kerze in der Hand es vor der Kirchtüre büßen muß, wenn er gesagt, der Leib und das Blut des Herrn sei nicht in dem Fürsten! Die wahnsinnige Tyrannei hat keine Grenzen; es kommt nur darauf an, welche Grenze die wahnsinnige Geduld des deutschen Volkes hat... Aber wo bin ich? Ich bin weit von Demoiselle Georges abgekommen. Zurück!

Sie sieht bei ihren Jahren noch gut genug aus, oder mein Glas müßte trübe gewesen sein. Auch ist in den Rollen, die ihr anzugehören scheinen, ein Alter, das an Ehrwürdigkeit grenzt, gar nicht störend. Sie hat eine schöne, volltönende Stimme, ihre Gebärden sind anständig, und ihr Mienenspiel ist sehr reich; freilich glaube ich bemerkt zu haben, daß sie beim Mischen ihrer Züge die Volte schlägt und jede Farbe der Leidenschaft, die sie will, obenauf bringt. Das ist nun nicht die rechte Art.

– Die Leidenschaft, auch in ihrer entschiedensten Richtung, hat keine bestimmte Farbenleiter, und sie ist sehr zufällig gemischt. Ich kann aber die Georges durchaus noch nicht beurteilen, ich muß sie öfter sehen. Auch ist das Stück, in welchem sie auftrat, halb unbedeutend, halb dumm, das heißt: seit einigen Wochen, das es gegeben wird, ist das Haus gedrückt voll, jeder will es sehen. *Perrinet Leclerc, ou Paris en 1418, drame historique.* Was die Leute Schönes daran finden, begreife ich nicht. Außer den Dekorationen und den weiblichen Kleidungen der damaligen Zeit gefiel mir doch gar nichts. Diesen Winter ist das Mittelalter Mode, oder vielmehr das dramatische Vieh wurde durch Not die Alpen hinaufgetrieben, dort zu weiden, weil sie in den letzten zwei Jahren die untere Region, das Kaiserreich, die Republik und das Zeitalter Ludwigs XV. ganz abgegrast haben. Jedes Theater bringt der Reihe nach ein Pariser Mittelalter zur Vorstellung. Gestern kam die komische Oper, auch ein solches Mittelalterstück, zum erstenmal: *Le Pré aux clercs*, Musik von Hérold. Die heutigen Zeitungen rühmen diese neue Oper sehr. Ich lasse mir das alles sehr gern gefallen; denn ich profitiere davon. Seit zwei Jahren leiten die Boulevardstheater meine historische Studien. Sooft ich ein historisches Schauspiel gesehen, ließ ich mir den folgenden Tag alle die Geschichtsbücher, Memoiren und Chroniken holen, die von der Zeit und der Geschichte handeln, die auf der Bühne vorgestellt werden, und ich las sie. Jungen Leuten möchte ich diese Art, Geschichte zu studieren, freilich nicht empfehlen; aber für Kinder und bequeme Leute ist das die rechte Art, und ob ich zwar schlecht bestehen würde, wenn mich Schlosser examinierte, so bin ich doch im *Ambigu Comique* der gründlichste Historiker.

Das Stück, von welchem die Rede ist, spielt zur Zeit Karls VI., und die Georges spielte die Isabeau von Bayern. Darüber brauchte ich aber nichts nachzulesen; denn die Geschichte war mir aus Schillers »Jungfrau von Orléans« schon längst bekannt. Leider! Der Mensch weiß immer zu viel; denn daher kam es, daß mir das Drama lächerlich vorkam. Diese Isabeau ist verliebt, aber nicht wie ein weiblicher Satan, nicht wie eine alte Frau, nicht wie eine Ehrgeizige, nicht wie eine Königin, nicht wie eine

Rabenmutter, nicht wie eine ausschweifende Frau; sondern wie ein junges unschuldiges Bürgermädchen. Und als ihr politischer Feind, der Connetable von Armagnac, ihren jungen Geliebten foltern und dann in einen Sack stecken und nachts in die Seine werfen ließ, weinte sie, als ginge sie das was an, und als gäbe es keine Männer mehr in der Welt. Aber die Georges wußte sich mit guter Manier aus der Dummheit des Dichters herauszuziehen. Also der Sack mit dem Schatze wird ins Wasser geworfen, aber wieder herausgefischt. Der Sack wird geöffnet und der sterbende junge Mensch im Hemde halb herausgezogen. Das ist seit einigen Tagen das zweitemal, daß ich einen sterbenden Menschen im Hemde aus einem Sacke habe kommen sehen. Das ist die historische Treue! Aber die Henkersknechte kehren zurück, werfen den Sack mit Inhalt zum zweitenmal ins Wasser und drohen mit einer Geisterstimme in die Nacht hinaus: »*Laissez passer la justice du Roi!*« Das war die damalige Formel. Es ist recht schauerlich.

Um das Alter der Georges genau zu erfahren, ließ ich mir den Band der *Biographie des contemporains* holen, worin ihr Artikel steht. Da las ich etwas, was mich stutzig machte. Sie wird dort nicht allein getadelt, sondern auch mit einer gewissen Bitterkeit getadelt, die ich mir nicht erklären konnte. Darauf las ich den Artikel im Konversationslexikon, der sie betrifft, und der mich etwas auf die Spur brachte. Der deutsche Berichterstatter bemerkt, die Georges habe sich eine *romantische* Darstellungsart angeeignet. Das mag es sein. Die Verfasser der *Biographie des contemporains* waren Arnault, Jouy, Jay und andere solche gedörrte Klassiker, welche der Georges ihr frisches romantisches Wesen nicht verzeihen konnten. Daß ihr dieses eigen sei, nehme ich übrigens bis jetzt nur auf Glauben an. Nicht so ihr Alter. Sie war gestern abend 47 Jahre, 7 Monate und 13 Tage alt. Wie viel Stunden, weiß ich nicht, da die Stunde nicht angegeben, in der sie auf die Welt gekommen.

Aber mein Gott, was ist die Georges hinabgerückt. Früher im Theater Français, bis voriges Jahr im Odeon, spielt sie jetzt im Porte-St.-Martin, in einem Boulevardtheater. O hätte ich sie in meiner Kammer! Ich würde mit ihr verfahren, wie einst ein Buchhändler mit Rousseau und Voltaire zu verfahren wünschte. Ich gäbe ihr gut zu essen und zu trinken, aber sie müßte mir arbeiten. Sie müßte mir diktieren, von Paris, von Erfurt, von Wien, von Petersburg, von Kaiser Napoleon, vom Kaiser Alexander und von hundert andern Dingen und Menschen. Doch, es ist merkwürdig! Wenigstens nach mehreren Erfahrungen, die ich gemacht, haben die schönen Schauspielerinnen gar keine Beobachtungsgabe und Menschenkenntnis, und sie verstehen gewöhnlich ihr eignes, oft so interessantes Leben nicht kunstreich aufzufassen. Haben Sie, als Sie in Paris waren, die Georges nicht spielen sehen?

Außer dem erwähnten Drama gab man den Abend noch ein Melodrama *L'Auberge des Adrets*; eine ganz gemeine sentimentale Mörder- und Räubergeschichte. Aber ein Schauspieler namens *Frédéric* führte eine komische Rolle vortrefflich durch. Ich habe lange nicht so sehr gelacht. Das Merkwürdige bei der Sache ist, daß das Komische gar nicht in der Rolle liegt, sondern in dem selbsterfundenen Spiele des Schauspielers, und das zu seinem Charakter und den Reden, die er führt, gar nicht paßt. Es ist ein zerlumpter, niederträchtiger, boshafter, ganz gemeiner Dieb, Räuber und Mörder. Er bringt einen Mann im Stücke selbst um, ihm sein Geld zu nehmen. Und Frédéric machte einen gutmütigen Schelm daraus, der höchst ergötzlich ist. Zuletzt freilich werden die Possen, doch wahrscheinlich, dem Pöbel und der Kasse zu gefallen, etwas gar zu weit getrieben. Stellen Sie sich vor: Am Ende werden beide Räuber von Gendarmen gepackt, sie entspringen aus dem Zimmer, die Gendarmen ihnen nach. Der Vorhang fällt. Das Stück ist aus. Auf einmal gewahre ich, daß die Leute nach der Galerie hinaufsehen und lachen. Ich hebe den Kopf in die Höhe und sehe in einer Loge des zweiten Ranges die beiden Räuber mit den sie verfolgenden Gendarmen sich herumbalgen. Endlich wird ein Gendarm (ein ausgestopfter) von einem der Räuber hinab ins Orchester gestürzt. Und auf diesem Theater spielt die Georges, einst die Königin so vieler Königinnen!

Dienstag, den 18. Dezember 1832

Als ich gestern Abend nach Hause kam, fand ich eine schwarze Visitenkarte vor, mit dem Namen weiß darauf. Es war ein Schauer, wie sie da lag auf dem schwarzen Marmortische im rötlichen Scheine der Lampe; es war wie der Besuch eines Geistes. Es war der Name eines Polen. Ich habe solche schwarze Karten hier nie gesehen. Sollten sie vielleicht die Polen als ein Zeichen der Trauer angenommen haben? Ich werde es erfahren. Da haben Sie sie, ich schicke sie Ihnen, bewahren Sie sie gut! Und haben Sie je eine Träne für einen König vergossen, und sollte das Glück es wollen, daß Sie noch ferner eine weinten, dann sehen Sie diese Karte an, daß Ihr Herz zur Wüste werde und der Sand alle Brunnen der Empfindung verschütte. Denn wahrlich, es ist edler, die ganze Menschheit hassen, als nur eine einzige Träne für einen König weinen.

Ein sterbendes Volk zu sehen, das ist zu schrecklich; Gott hat dem Menschen keine Nerven gegeben, solches Mitleid zu ertragen. Jahre, ein Jahrhundert lang in den Zuckungen des Todes liegen, und doch nicht sterben! Glied nach Glied unter dem Beile des Henkers verlieren, und all das Blut, alle die Nerven der verstorbenen Glieder erben und dem armen und elenden Rumpfe den Schmerz des Ganzen aufbürden – o Gott! das ist zu viel! Denn einem Volke, wenn es leidet, werden nicht, wie einem kranken Menschen, Geist und Sinne geschwächt, es verliert das Gedächtnis nicht; sei es noch so bejahrt, wird es im Umglücke wieder zum Jüngling, zum Kinde, und die Jugend mit all ihrer Kraft und Hoffnung, die Kindheit mit ihrer Lust und allen ihren Spielen kehren ihm zurück. Als Gott die Tyrannen erschuf, diese Folterknechte der Welt, hätte er wenigstens die Völker sollen sterblich machen.

Man hat jetzt den Deutschen eiserne Reife um die Brust geschmiedet, sie dürfen nicht mehr seufzen um die Polen; aber die Franzosen brauchen noch nicht zu schweigen. Es kommt dahin auch noch, aber bis dahin kommt auch die Hilfe. Haben Sie in den französischen Blättern von dem neuen Jammer gelesen, den man auf die Polen gehäuft? Aus jeder polnischen Provinz werden fünftausend Edelleute eingefangen und nach dem Kaukasus getrieben, um dort unter die Kosaken gesteckt zu werden. Sie dürfen auf ihre Verbannung nicht vorbereitet werden; sie müssen unvermutet nachts aus ihrem Bette geschleppt werden. So befiehlt es ausdrücklich der kaiserliche Befehl. Und dem Belieben des Gouverneurs bleibt es freigestellt, welche sie zur Verbannung wählen wollen; nur ist ihnen auf das strengste untersagt, die Begnadigung mit dem Kaukasus auf die schuldigsten der Polen fallen zu lassen; diese kommen nach Sibirien oder werden hingerichtet oder werden im Gefängnisse erdrosselt und vergiftet. Was ich gestern gelesen, das ist noch ungeheurer. Fünfzig Polen wurden in Kronstadt, im Hafen, wie im Angesichte ganz Europas, auf Tod und Leben gegeißelt, weil sie ihr Vaterland nicht abschwören, weil sie dem Nikolaus nicht Treue schwören wollten. Und während sie die Reihen der Soldaten durchschlichen, durch Bajonette auf der Brust am schnellen Gehen gehindert, ging ein Geistlicher zusprechend neben den Verurteilten und ermahnte sie, zu schwören. Ein Geistlicher, das Kruzifix in der Hand, ermahnte im Namen des Erlösers zum Meineide! Aber wo gab es je einen Kaiser oder König, der nicht einen Pfaffen gefunden hätte, der noch schlechter war als er? Dreitausend andere Polen standen, in einen Haufen zusammengetrieben, auf dem Richtplatze, den Jammer ihrer Brüder mit anzusehen, und hinter ihnen sechstausend Russen, Kanonen vor sich, den Haufen Polen niederzuschmettern, wenn einer von ihnen murren sollte. Die anwesenden russischen Offiziere lachten – o nein, ich erzähle das nicht ihnen zum Vorwurfe, sondern daß man diese Schlachtopfer der Tyrannei auch beweine. Sie *mußten* lachen; nicht zu lachen, wäre ihnen als Kaisermord angerechnet worden. Und das duldet der Himmel? Das heißt nicht die Menschheit, das heißt Gott selbst in den Kot treten. Aber nicht an Nikolaus allein denke ich; so schuldig er ist, er hat es nicht verdient, unsern ganzen Fluch zu tragen. Er ist nur der gefällige Wirt, er gab seinen königlichen Brüdern ein königliches Schauspiel. Denn es ist kein Fürst in Europa, der nicht aus seiner Lage dieses blutige Schauspiel mit Wollust ansähe und nicht dabei auf sein eignes Volk hinabschielte und ihm den stummen Wunsch zugrinste: nun, wohl bekomme euch diese Lehre!

Der Haß und der Ekel stiegen mir manchmal bis an den Hals hinauf, und da werde ich meiner Wünsche und selbst meiner Verwünschungen überdrüssig. Es sind jetzt fünfzig Jahre, daß die europäische Menschheit aus ihrem Fieberschlummer erwachte und, als sie aufstehen wollte, sich an Händen und Füßen gekettet fand. Fesseln trug sie immer, aber sie hatte es nicht gefühlt in ihrer Krankheit. Seitdem kämpften die Völker mit ihren Unterdrückern. Und rechnet man jetzt zusammen all das edle Blut, das vergossen worden, all den schönen Heldenmut, all den Geist, alle die Menschenkraft, die verbraucht worden, alle die Schätze, die Reichtümer, drei kommenden Geschlechtern abgeborgt, die verschlungen worden – und wofür? Für das Recht, frei zu sein, für das Glück, auf den Punkt zu kommen, wo man aufhört, Schulden zu haben, und wo erst die Armut beginnt. Und bedenkt man, wie dieses Blut, dieser Heldenmut, dieser Geist, diese Kraft, diese Reichtümer, wären sie nicht verbraucht worden zur Verteidigung des Daseins, zur Veredlung, zur Verschönerung, auf die Freuden des Daseins hätten verwendet werden können – möchte man da nicht verzweifeln? Alles hinzugeben für die Freiheit, alles aufzuopfern – nicht für das Glück, sondern für das *Recht*, glücklich sein zu dürfen, für die Möglichkeit, glücklich sein zu können! Denn mit der Freiheit ist nichts gewonnen als das nackte Leben, dem Schiffbruche abgekämpft. Und gewönnen nur die Feinde der Menschlichkeit etwas durch ihren Sieg, ja teilten sie nur selbst die Hoffnung des Sieges, es wäre noch ein Trost dabei. Aber nein, der Sieg ist unmöglich. Eine neue Macht, die Widerstand findet, kann im Kampfe den Sieg finden, und im Siege ihre Befestigung; aber eine alte befestigte Macht war schon besiegt an dem Tage, wo der Kampf gegen sie begann. Wäre es nicht toll, wenn Männer, die Zahnschmerzen haben, sich einredeten, sie zahnten? Aber so toll sind unsere Tyrannen nicht. Dort die Pfaffen – sie wissen recht gut, daß der Zauber ihrer Gaukelkünste nicht mehr wirkt. Dort die Edelleute – sie wissen recht gut, daß die Zeit ihrer Anmaßung vorüber ist. Dort die Fürsten – sie wissen recht gut, daß ihre Herrschaft zu Ende geht. Ja alle diese unsere Feinde wissen das besser als wir selbst; denn ihren Untergang sehen sie durch das Glas ihrer Furcht weit näher, als wir es sehen durch das Glas unserer Hoffnung. Aber weil sie es wissen, darum wüten sie; sie wollen sich nicht retten, sie wollen sich rächen. Es gibt in Europa keinen Fürsten mehr, der so verblendet wäre, daß er noch hoffte, es werde einer seiner Enkel den Thron besteigen. Aber weil ohne Hoffnung, ist er auch ohne Erbarmen und nimmt sich die Tyrannei seines Enkels voraus, sie zu der seinigen gesellend.

– Heute kaufte ich einen schönen Geldbeutel für Sie, von der Farbe des griechischen Himmels und der Königlich bayrischen Nation; nämlich hellblau, mit einem goldenen Saume und weißer Seide gefüttert. So wonniglich weich anzufühlen, daß es einer zarten Seele schwer fiele, hartes unerbittliches Geld hineinzulegen. Aber Sie werden ihn zu Almosen bestimmen. Hören Sie, wie Sie dazu gekommen. Noch fünf Minuten vorher dachte ich nicht daran, ihn zu kaufen, ob ich zwar an Sie dachte, denn ich schrieb Ihnen gerade. Ich las die »Allgemeine Zeitung« und darin von den hannöverischen Ständen und von der Öffentlichkeit, die man ihnen bewilligt von der Größe eines Nadelstichs; und wie man doch noch Angst gehabt, es möchten Spitzbuben von außen durch diesen Nadelstich in die Kammer steigen, und wie man darum den Nadelstich mit einem eisernen Gitter verwahrte und von außen Läden anbrachte und innen eine Gardine davorhing. Darüber mußte ich so lachen, daß ich das Pult erschütterte; von der Erschütterung floß mein Stachelintenfaß über, das eben gefüllt worden war, und zu hoch. Jetzt kam ein Tintenbach von der Höhe herab und strömte über die »Allgemeine Zeitung« gerade durch das Hannöverische. Schnell rettete ich meinen Brief, faßte die »Allgemeine Zeitung« am trocknen Zipfel und warf sie ins Feuer. Dann holte ich Wasser und wusch das Pult ab. Während dem Trocknen machte ich einige Gänge durch das Zimmer und kam bei dieser Gelegenheit an das Fenster und sah die Straße hinab. Da gewahrte ich, daß in das große Haus mir gegenüber viele Menschen gingen und daß viele glänzende Equipagen davorstanden. Dann sah ich wieder viele Menschen und Wagen herauskommen, und so ging das abwechselnd immer fort. Ich ward neugierig, schickte hinunter und ließ Erkundigungen einziehen, erhielt aber keine Aufklärung. Da zog ich mich schnell an und ging selbst hinüber. Ich fragte den Portier des Hotels: »*Où est*...«, weiter wußte ich nicht, was ich fragen sollte. Er antwortete mir: im Hofe, links, im zweiten Stocke über dem Entresol. Da stieg ich hinauf und kam durch eine Reihe Zimmer, voll der schönsten Frauen und Waren; es war ein Bazar und Serail zugleich. Man sah alle möglichen Handarbeiten in Nähereien, Strickereien, Stickereien, Malereien, und wie sie sonst heißen. Auch männliche Handarbeiten, Bücher, waren zum Verkaufe ausgestellt. An jedem Tische oder Laden stand eine Dame, die verkaufte; an jedem Artikel war der Preis geschrieben. Eine Bekannte, die ich dort fand, erklärte mir: das wäre der Bazar eines Frauenvereins, der jeden Winter zum Besten der Armen diese Ware verfertigte und verkaufte. Stifterin dieses Vereins ist eine Madame *Lutteroth*, Schwiegertochter des reichen Kaufmanns, der früher in Frankfurt wohnte. Die wohltätige Neigung dieser Dame wurde durch die Religionssekte, zu welcher sich ihr Mann bekennt (ich glaube zu den Mennoniten), noch verstärkt und angetrieben. Auch ist es ihre Wohnung, in welcher die Waren ausgestellt sind. Es war recht artig, zu sehen, wie die Damen alle ihre Sachen priesen und anboten, mit einem Eifer, einer Zutulichkeit, als verkauften sie zu ihrem eignen Gewinste. Auf diese Art sind Sie zu dem blauen Geldbeutel gekommen. Jetzt aber bleiben Sie nicht länger eine verstockte Aristokratin und lernen Sie endlich begreifen, wozu die Öffentlichkeit gut ist. Ich bringe ihn mit, wenn die Lerchen und die Veilchen kommen und unter Ottos Strahlen die verdorrten Ölbäume wieder blühen.

Mittwoch, den 19. Dezember 1832

Bei den hiesigen Zivilgerichten kam neulich ein Prozeß zwischen dem Kaiser Don Pedro und einem Pariser Bürger vor. Als der Huissier die Tagesordnung ausrief: *Dumoulin contre Don Pedro!* schrie einer der Zuhörer *à Oporto*, und Gelächter im ganzen Saale. Nämlich dieser Dumoulin verlangt von dem Kaiser einige und dreißigtausend Franken für die Mühen, Reisen und Kosten, die es ihm verursacht, als er ihm seine jetzige Frau, die Beauharnais, verschaffen half. Don Pedro will nicht bezahlen. Den Kuppelpelz *nach* den Flitterwochen einfordern – eine solche Dummheit hätte ich keinem Pariser zugetraut; die eigentlichen Prozeßverhandlungen haben noch nicht angefangen; die Sache muß hübsch werden. Dem guten Don Pedro geht es sehr schlecht in Oporto, er rückt nicht vor und ist wie festgenagelt. Das ist der böse Zauber des Juste-Milieu, den sein Freund und Beschützer Louis-Philippe über ihn ausgesprochen. Dieser hat ihm gesagt: Lassen Sie sich mich zur Warnung dienen; besser keine Krone als eine aus den Händen des Volkes; lieber gar nicht regieren als mit einer Konstitution; bleiben Sie nur ruhig stehen, gehen Sie weder rechts noch links, halten Sie sich gerade, und die Krone wird Ihnen schon einmal auf den Kopf fallen. Das hat sich Don Pedro gemerkt, und er war so ehrlich, den konstitutionellen Portugiesen nicht einmal etwas zu versprechen, außer, daß er sie wahrscheinlich nicht werde hängen lassen, wenn er wieder zur Regierung käme. Diesen aber genügt die Galgenfreiheit nicht, und sie leisten ihm darum in seinem Kampfe keinen Beistand. Louis-Philippe wird ihm auch gesagt haben, er solle die heilige Allianz nicht ärgern und sich darum nicht anstellen, als wäre ihm an dem Glücke seines Volkes gelegen, sondern aufrichtig gestehen, es liege ihm bloß an seiner Herrschaft, und dann würde sie nichts gegen ihn haben. So ist er auf seine Lohnsoldaten beschränkt, und wie will er mit diesen gegen ein von Glaubenswut fanatisiertes Volk, gegen seinen von den mächtigsten Fürsten der Welt gut beratenen, gut unterstützten Nebenbuhler kämpfen?

Die Komödie, die jetzt in Spanien gespielt wird, ist auch merkwürdig. Ich nenne es Komödie, weil ich mich heute nicht ärgern will; denn es ist Mittwoch, ich erwarte Ihren Brief, und nichts soll meine Freude stören. Aber an jedem der fünf andern Tage der Woche hätte ich der Sache einen andern Namen gegeben. Es empört mich viel stärker, wenn Fürsten ihre Untertanen wie Kinder behandeln und sie mit Märchen amüsieren und sie mit groben Lügen täuschen, als wenn sie sie wie Männer und Sklaven züchtigen. Die spanische Königin hat ein Töchterchen, dem sie eine Krone verschaffen möchte. Aber ihrem Wunsche steht eine mächtige Partei entgegen, und um diese Partei zu bekämpfen, wirft sie sich in die Arme der Liberalen und verspricht ihnen Freiheit, daß es eine Lust ist. Hat sie einmal ihren Zweck erreicht oder ein anderes Mittel gefunden, ihren Zweck zu erreichen, wird sie die konstitutionellen Spanier, die so töricht waren, ihr zu trauen und in ihre Falle zu gehen, ebenso behandeln, wie es Ferdinand getan. Aber trotz der Maske, trotz der feinen List, in welcher alle Fürsten so geübt sind, bricht in den Reden und Handlungen der Königin Katharine die angeborne Natur oft komisch genug vor. Ein Fürst, der von Freiheit spricht, macht dann ein Gesicht wie Robespierre – von dem einst Mirabeau sagte: *Er sieht aus wie eine Katze, die Essig getrunken hat.* Neulich machte die Königin eine Proklamation an die Spanier bekannt, voll Honigworte, voll Freiheit, voll Glück, voll Ruhm, voll Versöhnlichkeit, kurz, voll Glaube, Liebe und Hoffnung – wie der Hofrat Rousseau in der »Postzeitung« am ersten Januar wahrscheinlich singen wird. Plötzlich wendete sie sich an die verstockten Gegner ihrer himmlischen Absichten, kratzt sie und spricht wie folgt: »Wer meinen *mütterlichen* Ermahnungen nicht Gehör gibt, auf den wird das Beil niederfallen, das schon über seinem Kopfe hängt.« Schöne, gute, liebe Mama! Die in Frankreich sich aufhaltenden Spanier, die nach erhaltener Bewilligung jetzt zurückkehren, müssen an der Grenze, angeblich wegen der Cholera, dreißig Tage Quarantäne halten. Nun kann das Lazarett nur sechzig Personen fassen, und man hat berechnet, daß es drei Jahre dauern werde, bis alle Spanier in ihr Vaterland kommen. Drei Jahre! Das ist ein Glück für wenigstens zwei Dritteile dieser Unglücklichen, die noch nach zwei Jahren Zeit haben, umzukehren und sich so vom Henkertode zu retten. Euer *Journal de Francfort* neulich eiferte mit edlem Unmute gegen die Reformen, welche die Königin von Spanien und der türkische Kaiser in ihren Staaten vornehmen wollten, obzwar ihre Völker solchen Reformen entgegen sind. Welche schöne Teilnahme, welche Zärtlichkeit für das Glück und die Wünsche der Völker! Was hat denn die hohe Bundesversammlung auf einmal so weich gemacht? Ist etwa Rothschilds Koch krank geworden? Wie konnte aber... daß ich ein Narr wäre – da ist Ihr Brief.

– Fragen Sie mich doch einmal, was die *Doctrinairs* eigentlich bedeuten. Ich weiß es selbst nicht recht, möchte mich darnach erkundigen und Ihnen davon schreiben.

– Der *** ist nicht ohne Geist und Witz, aber er schreibt etwas rauh. Er ist ein arger Hypochondrist, und seine Satire hat etwas Menschenfeindliches, das sie sauer macht.

– Jawohl, ich habe es damals schon von mehreren Vornehmen gehört, daß ihnen meine »*Postschnecke*« sehr gefallen. Die erschien ihnen als eine Oase in meinen wüsten Schriften. Es war, weil ich mich darin über einen Demagogen und seinen langen Bart und über die Turnkunst lustig gemacht. Welche Menschen!

Einundneunzigster Brief

Paris, Donnerstag, den 20. Dezember 1832

Gestern kam Victor Hugos Klage gegen den Minister bei dem Gerichte vor. Das Handelsgericht, dem diese Sache zufiel, hat im Börsengebäude seinen Sitz, und da es gerade die Stunde war, in der ich dort täglich vorbeigehe, bekam ich Lust, die Verhandlungen mit anzuhören. Als ich die Treppe hinaufging – mir pochte, wie immer, das Herz vor Zorn und Scham. Es ist eines der herrlichsten Gebäude der Welt; das Altertum kannte kaum ein schöneres; unter diesem Säulendache sollte Phidias' Jupiter thronen und strahlen und seine Menschenkinder mit hohem Stolz erfüllen auf solch einen Vater! Aber drinnen sitzt Merkur in einem gepolsterten Lehnstuhle, mit gekrümmtem Rücken, den Geldbeutel in der Hand, und klingelt. Merkur, der alte Wucherer, der Phönizier, der Jude, der Mäkler, der Betrüger, der mit falschen Renten würfelt. Merkur, der Schelm, der Meineidige, der Gott der Kaufleute und der Diebe, der am Tage seiner Geburt sich aus der Wiege schlich, hinauskroch auf das Landgut seines Stiefbruders Apollo, ihm die schönsten Ochsen stahl und dann, entdeckt, bei dem Haupte seines Vaters schwur, er wisse von gar nichts. Merkur, Feind des Schönen, der Liebesleugner, der schon als Kind den holden Amor durchgeprügelt und seiner Mutter, die ihn auf den Schoß genommen, ihren Gürtel stahl... Also, da ich die Treppe hinaufging, kam eine junge, schöne, blasse Frau an dem Arme eines Herrn die Treppe herunter, und ich hörte, wie sie einem ihr begegnenden Bekannten sagte: *on étouffe!* Ich kehrte wieder um. Mein Leben daran zu setzen, um einen halben Tag früher zu erfahren, ob Victor Hugos König sich ferner amüsieren werde oder nicht, schien mir Verschwendung. Abends bei Tische sprach ich einen, der dabei war und es ausgehalten. Es war ein junger Mensch von achtzehn Jahren mit überflüssigem rotem Blute, dem etwas zu ersticken eher gesund als schädlich war. Es soll fürchterlich gewesen sein. Über dem Lärm, dem Gedränge, dem Angstgeschrei *Hinaus, Fenster auf, wir ersticken* konnte man kein Wort von den Verhandlungen hören. Einer hat seine Hand verloren, die ihm zwischen Türe und Angel zerquetscht wurde. Der Angstruf *Fenster auf, wir ersticken* wurde immer stärker und allgemeiner. Der Präsident erklärte, er könne die Fenster nicht öffnen lassen; man höre schon jetzt wenig, bei offnen Fenstern würde man gar nichts hören. Da rief einer: *Herr Präsident, ich rufe Sie zum Zeugen auf, daß ich ersticke!* Endlich wurden die Fenster geöffnet, man trieb den überflüssigen Teil des Publikums zum Saale hinaus, und die Verhandlungen wurden ruhiger fortgesetzt. Aus dem, was ich davon in der *Gazette des Tribunaux* gelesen, will ich Ihnen einiges mitteilen. Dieses Blatt wird von Advokaten des Justemilieu redigiert. Nun kann man ihnen zwar nicht vorwerfen, daß sie die gerichtlichen Verhandlungen mit Parteilichkeit darstellten, keineswegs. Ihre Nemesis legt in beiden Waagschalen gleiches Gewicht. Sie hält aber die Waage nicht mit der Hand, sondern sie hängt ihr von der Nasenspitze herab, als der rechten Mitte zwischen rechter und linker Hand, welches zur Folge hat, daß, sooft Nemesis die Nase rümpft, die Waage etwas schwankt. Doch werde ich das schon in Abzug bringen.

Es war ein Rechtsstreit zwischen der romantischen und der klassischen Schule, es war wörtlich nichts anders als das, wie wir später aus Victor Hugos Rede sehen werden – und diesen Streit sollte ein Handelsgericht entscheiden! Ist das nicht merkwürdig? Die Anhänger der romantischen Schule hatten sich in großer Menge frühzeitig im Saale eingefunden und sollen sich sehr unanständig und ungebührlich betragen haben. Als ihr König und Feldherr Victor Hugo eintrat, wurde er von seinem treuen Heere mit rauschendem Beifallklatschen empfangen; aber es schien, daß ihn diese kleine Huldigung mehr in Verlegenheit gesetzt als geschmeichelt habe. Odilon-Barrot, der Advokat des Klägers, nahm das Wort. »Die Berühmtheit meines Klienten überhebt mich der Pflicht, Sie mit ihm bekannt zu machen. Seine Sendung, die ihm von seinem Talente, seinem Genie angewiesen, war, unsere Literatur zur Wahrheit zurückzuführen; nicht zu jener Wahrheit, die nur ein Werk zur Übereinkunft ist, zu einer gemachten Wahrheit; sondern zu der Wahrheit, die aus der Tiefe unserer Natur, unserer Sitten und Gewohnheiten geschöpft wird. Diese Sendung, er hat sie mit Mut übernommen, mit Ausdauer und Talent durchgeführt.« Nun bitte ich Sie, was das für Menschen sind! Da ist Victor Hugo, der Fürst der Romantiker, der sein Land und Volk verteidigt; da ist Odilon-Barrot, der erste Advokat Frankreichs, der ihm beisteht, und beide wissen nicht einmal, worin das Wesen der Romantik, worin ihr gutes Recht besteht. Es besteht nicht in der *Wahrheit*, wie sie sagen, sondern in der *Freiheit*. Freiheit und Wahrheit sind aber zwei ganz verschiedene Dinge... Diese goldenen Worte, die ich da aussprach, werden dem Herrn v. *** sehr gut gefallen, und er wird sie rühmen wie meine »Postschnecke« und meinen Freunden sagen, da hätte ich wieder einmal sehr schön geschrieben, und Sie sollten mich aufmuntern, auf diesem guten Wege zu bleiben. –

Odilon-Barrot forderte für seinen Klienten, daß die *Comédie Française* entweder *Le roi s'amuse* aufführe oder dem Dichter eine Entschädigung von 25000 Franken zahle. Dann geht er zur Rechtsfrage über. Wir wollen uns aber damit nicht aufhalten; uns kümmert bloß der kleine, liebe, gute Skandal. Nachdem er gezeigt, daß kein Gesetz vorhanden wäre, das einem Minister das Recht gäbe, die Aufführung eines Stückes zu verhindern, setzt er hinzu: und gäbe es auch ein solches Recht, so gehört es nicht zu den Amtsbefugnissen des Ministers der Öffentlichen Arbeiten, und Herr von Argout, indem er es in Anwendung brachte, hat sich also eine Gewalt angemaßt, die ihm nicht gebührt. – »Aber in der Tat, der Herr Minister des Handels greift sehr um sich; er hat sich die Verwaltung der Nationalgarde genommen; die Präfekturen sind ihm untergeordnet, und jetzt maßt er sich noch die Direktion der Theater an, die durch ein Gesetz der hohen Staatspolizei vorbehalten wurde. Wenn das so ist, was wird denn dem armen Minister des Innern noch übrigbleiben?« Großer Beifall und allgemeines Gelächter. Es ist nämlich zu wissen, daß unser guter Monarch Louis-Philippe von den republikanischen Institutionen, die ihn umgaben, sich so geängstigt fühlte, daß er beschloß, sich gleich Napoleon einen Polizeiminister zu geben, der auf diese republikanische Institutionen achthaben sollte. Aber es war noch um einige Monate zu frühe. Die Berry war noch nicht gefangen, Antwerpen noch nicht eingenommen und die Adresse der Kammer noch nicht erlangt. Darum begnügte er sich einstweilen, Thiers insgeheim zum Polizeiminister zu ernennen und ihm öffentlich den Titel eines Ministers des Innern beizulegen. Alle Geschäfte aber, die sonst dem Minister des Innern oblagen, wurden ihm entzogen und dem Minister des Handels zuerteilt, und Thiers behielt nur die Polizei und einige Ämter, die mit ihr verwandt sind.

Jetzt nahm Victor Hugo das Wort und sprach wie ein Poet, und zwar wie ein romantischer Poet. Ein Dutzend solcher Reden, vor einem deutschen Handelsgerichte gehalten, würden es verlernen machen, welch ein Unterschied zwischen einer Schuldverschreibung und einem Wechsel sei. Es war ein Corpus juris oder eine Frankfurter Stadtreformation in Almanachsformat gedruckt und in Seide eingebunden. Er sagte, er hielte es für seine Pflicht, die kecke und strafbare Handlung, welche in seiner Person die Rechte aller gekränkt, ohne strengen und feierlichen Widerspruch nicht vorübergehen zu lassen. Diese Sache sei keine gewöhnliche, nicht eine bloße Handelsangelegenheit, eine persönliche. »Nein, meine Herren, es ist mehr als das, es ist der Prozeß eines Bürgers gegen die Regierung. ... Ich hoffe, Sie werden, was ich Ihnen zu sagen habe, mit Teilnahme anhören, Sie werden durch Ihren Richterspruch die Regierung belehren, daß sie auf bösem Wege ist und daß sie unrecht hat, die Kunst und die Wissenschaft mit solcher Ungeschliffenheit zu behandeln; Sie werden mir mein Recht und mein Eigentum wiedergeben; Sie werden die Polizei und die Zensur, die nächtlicherweise zu mir gekommen sind und, nach Erbrechung der Charte, mir meine Freiheit und mein Geld gestohlen, auf der Stirne brandmarken.« Eine Polizei und eine Zensur brandmarken – es ist doch gar zu schauderhaft! – »Die Bewegungsgründe, welche die Gesellen der Polizei einige Tage lang gemurmelt haben, um das Verbot dieses Stückes zu erklären, sind dreierlei Art: es ist der moralische Grund, der politische Grund und, es muß gesagt werden, so lächerlich es auch ist, der literarische Grund. Virgil erzählt, daß zu den Blitzen, welche Vulkan für Jupiter verfertigt, drei verschiedene Stoffe genommen wurden. Der kleine ministerielle Blitz, welcher mein Drama getroffen und den die Zensur für die Polizei geschmiedet hatte, ist aus drei schlechten Gründen zusammengedreht, gemengt und gemischt.« Der Dichter untersucht nun diese drei Gründe. Über den Vorwurf der Unmoralität bemerkt er: »Alle vorgefaßte Meinungen, welche gegen die Moralität meines Werkes zu verbreiten der Polizei auf einen Augenblick gelungen war, sind in dieser Stunde, wo ich da spreche, verschwunden. Dreitausend Exemplare des Buches in der Stadt verbreitet, als so viele Advokaten, haben meinen Prozeß geführt und gewonnen.« Betreffend den politischen Grund des Verbots beruft sich Victor Hugo auf die Vorrede seines Damas und führt die dort befindliche Stelle an, die ich Ihnen früher mitgeteilt. Nach dieser Anführung bemerkt er: »Diese Schonung, zu welcher ich mich verbindlich gemacht, ich werde sie halten. Die hohen Personen, welchen daran liegt, daß dieser Streit würdig und anständig bleibe, haben nichts von mir zu fürchten; ich bin ohne Groll und ohne Haß. Nur daß die Polizei einem meiner Verse einen Sinn gegeben, den er nicht hatte, das, erkläre ich, ist unverschämt, und gleich unverschämt gegen den König wie gegen den Dichter. Die Polizei wisse es ein für alle Male, daß ich keine Stücke mit Anspielungen mache. Sie lasse sich das gesagt sein.

Nach dem moralischen und dem politischen Grunde kommt der literarische. Daß eine Regierung aus literarischen Bewegungsgründen ein Stück verbietet, das ist seltsam, aber es ist wirklich so. Erinnern Sie sich, wenn es sich ja der Mühe lohnte, sich einer solchen Sache zu erinnern, daß im Jahre 1829, als die ersten sogenannten *romantischen* Werke auf dem Theater erschienen, zur Zeit, wo die französische Komödie *Marion de Lorme* annahm, eine von sieben Personen unterzeichnete Bittschrift dem Könige Karl X. überreicht wurde, worin man verlangte, daß das *Théâtre Français* ohne weiteres und von wegen des Königs allen Werken, die man *Die neue Schule* nannte, verschlossen werden möge. Karl X. lachte und antwortete mit Geist, daß in literarischen Angelegenheiten er, wie wir alle, *nur seinen Platz im Parterre habe.* Die Bittschrift starb an ihrer Lächerlichkeit. Nun wohl, meine Herren, heute sind mehrere von den Unterzeichnern jener Bittschrift Deputierte, einflußreiche Deputierte der Majorität, die teil an der Macht haben und über das Budget stimmen. Um was sie 1829 ängstlich baten, das haben sie, mächtig wie sie sind, 1832 tun können. Das öffentliche Gerücht erzählt wirklich, daß sie es waren, die den Tag nach der ersten Aufführung in der Deputiertenkammer den Minister angegangen und von ihm erlangt haben, daß unter allen möglichen und moralischen und politischen Vorwänden *Le roi s'amuse* unterdrückt werden solle. Der Minister, ein schlichter, unschuldiger, gutmütiger Mensch, ging in die Falle... Es ist merkwürdig! Die Regierung leiht 1832 der Akademie ihre bewaffnete Macht! Aristoteles ein Staats-Grundgesetz geworden! Deputierte, welche Karl X. abgesetzt haben, arbeiten in einem Winkel an der Restauration Boileaus! Wie armselig!«

Jetzt erinnert sich Victor Hugo, daß er der Regierung gedroht, ihr Feind zu werden, und fängt gleich an zu zeigen, daß es ihm mit der Drohung Ernst gewesen. »Doch verhehle ich mir es nicht, daß die Zeit, in der wir sind, nicht mehr jenen letzten Jahren der Restauration gleicht, wo der Widerstand gegen die Anmaßungen der Regierung so gepriesen, so aufgemuntert, so volkstümlich war. Die Ideen von Ruhe und Macht genießen in diesem Augenblick größere Gunst als die von Fortschreiten und Freiheit. Es ist das eine natürliche Rückwirkung der Revolution von 1830, wo wir alle unsere Freiheiten im Sturmschritte zum zweitenmal genommen haben. Aber diese Rückwirkung wird nicht lange dauern. Unsere Minister werden sich eines Tages über das unversöhnliche Gedächtnis erstaunen, mit welchem selbst diejenigen Menschen, die jetzt ihre Majorität bilden, ihnen alle die Ungerechtigkeiten zurückrufen werden, die man heute so schnell zu vergessen sich den Anschein gibt... Ich muß es hier sagen, ich habe starke Gründe, zu glauben, daß die Regierung diesen Schlaf des öffentlichen Geistes benutzen wird, um die Zensur in aller Form einzuführen, und daß meine Sache nur ein Vorspiel, eine Vorbereitung, eine Bahn zur allgemeinen Achtserklärung aller Theaterfreiheiten ist. Indem sie kein Repressivgesetz gab, indem sie geflissentlich seit zwei Jahren die Ausschweifungen der Bühne alle Dämme überschreiten ließ, glaubte die Regierung in der Meinung aller gesitteten Menschen, welche jene Ausschweifungen empören mußten, ein günstiges Vorurteil für die dramatische Zensur geschaffen zu haben. Meine Meinung ist, daß sie sich betrügt und daß in Frankreich die Zensur nur eine verhaßte Gesetzwidrigkeit bleiben wird.

Und bemerken Sie, daß in dieser Reihe willkürlicher Handlungen, die seit einiger Zeit aufeinanderfolgen, die Regierung aller Größe, aller Offenheit, alles Mutes ermangelt. Dieses schöne, obzwar noch unvollendete Gebäude, welches die Julirevolution entworfen hat, die Regierung untergräbt es langsam, unter der Erde, leise, auf krummen Schleichwegen. Sie faßt uns verräterisch von hinten, in einem Augenblicke, wo wir uns dessen nicht versehen. Sie wagt mein Stück vor der Aufführung nicht zu zensieren, sie legt den andern Tag die Hand darauf. Sie macht uns unsere wesentlichen Freiheiten streitig; sie schikaniert uns in unsern besterworbenen Gerechtsamen; sie setzt das Gerüste ihrer Willkür auf einen Haufen alter, wurmstichiger, abgekommener Gesetze; sie stellt sich, uns unsere Freiheiten zu rauben, in einem Hinterhalte, in dem Spessart kaiserlicher Dekrete, durch welchen die Freiheit nie kommt, ohne ausgeplündert zu werden.« (Victor Hugo sagte *Forêt de Bondi*; aber ich habe *Spessart* daraus gemacht; denn ich bin ein guter Patriot. Ich schreibe vaterländische Briefe, wie Herr von Gagern in der »Allgemeinen Zeitung«, und bei mir hat alles eine deutsche Tendenz.)

»Ich sage, unsere Regierung nimmt uns stückweise alle die Rechte und Freiheiten, die wir in den vierzig Jahren unserer Revolution erworben haben. Ich sage, es kommt der Rechtlichkeit der Gerichtshöfe zu, sie auf diesem Wege, der so verderblich für sie selbst als für uns ist, einzuhalten... Bonaparte, als er Konsul und Kaiser wurde, wollte auch den Despotismus; aber er machte es anders. Geradezu und mit *einem* Schritt trat er hinein. Er gebrauchte keine jener erbärmlichen, kleinlichen Pfiffe, mit welchen man uns heute eine nach der andern, alle unsere Freiheiten aus der Tasche spielt, die alten wie die neuen, die von 1830 wie die von 1789. Napoleon war kein Duckmäuser und kein Heuchler. Napoleon stahl uns nicht im Schlafe unsere Rechte, eines nach dem andern, wie man es jetzt tut. Napoleon nahm alles auf einmal, mit einem einzigen Griffe und mit einer einzigen Hand. Der Löwe hat nicht die Art des Fuchses.

Damals, meine Herren, war es groß! Reich, Regierung, Verwaltung, ganz gewiß war es eine Zeit unerträglicher Tyrannei; aber erinnern wir uns, daß wir unsere Freiheit in Ruhm reichlich bezahlt erhielten. Das Frankreich von damals hatte, wie Rom unter Cäsar, eine zugleich unterwürfige und stolze Stellung. Es war nicht das Frankreich, wie wir es wollen, das freie, sich selbst beherrschende Frankreich; es war Frankreich, Sklave eines Mannes und Gebieter der Welt.

Damals, das ist wahr, nahm man uns die Freiheit; aber man gab uns ein erhabenes Schauspiel dafür. Man sagte: ›An diesem Tage, zu dieser Stunde werden wir in diese Hauptstadt hineingehen‹, und am bestimmten Tage zur bestimmten Stunde zog man dort ein. Man entthronte eine Königsfamilie mit einem Dekrete des Moniteurs. Man ließ sich alle Arten Könige in seinem Vorzimmer herumtreiben. Hatte man den Einfall, eine Säule aufzurichten, ließ man vom Kaiser von Österreich das Metall dazu liefern. Man regelte, ich gestehe es, etwas eigenmächtig die Verhältnisse der französischen Schauspieler; aber die Verordnung war von Moskau datiert. Man nahm uns alle unsere Freiheiten, sage ich; man hatte ein Zensurbureau, man zerstampfte unsere Bücher, man strich unsere Stücke von dem Anschlagzettel; aber auf alle unsere Klagen konnte man uns mit einem einzigen Worte prächtige Antworten geben, man konnte uns antworten: Marengo! Jena! Austerlitz!

Damals, ich wiederhole es, war es groß; heute ist es klein. Wie damals gehen wir der Willkür entgegen, aber wir sind keine Kolosse mehr. Unsere Regierung ist keine solche, die uns über den Verlust unserer Freiheit zu trösten versteht. Betrifft es die Kunst – wir entstellen die Tuilerien; betrifft es den Ruhm – wir lassen Polen untergehen. Doch hindert das unsere kleinen Staatsmänner nicht, die Freiheit zu behandeln, als wenn sie wie Despoten gewachsen wären; Frankreich unter ihre Füße zu stellen, als hätten sie Schultern, die Welt zu tragen. Wenn das noch wenige Zeit so fortgeht, wenn die vorgeschlagenen Gesetze angenommen werden, wird der Raub aller unserer Freiheiten vollendet werden. Heute läßt man mir von einem Zensor die Freiheit des Dichters nehmen, morgen wird man mir durch Gendarmen die Freiheit des Bürgers nehmen lassen. Heute verbannt man mich vom Theater, morgen wird man mich aus dem Lande verbannen. Heute knebelt man mich, morgen wird man mich deportieren; heute der Belagerungszustand in der Literatur, morgen in der Stadt. Von Freiheit, Garantien, Charte, öffentlichem Rechte kein Wort mehr; nichts da. Wenn nicht die Regierung, von ihrem eignen Interesse besser beraten, auf diesem Abhange einhält, während es noch Zeit ist, werden wir sehr bald allen Despotismus von 1807 haben, und ohne den Ruhm. Wir werden das Kaiserreich haben ohne Kaiser.

Noch zwei Worte, meine Herren, und möchten sie Ihnen, wenn sie beratschlagen, gegenwärtig sein. In diesem Jahrhundert gab es nur *einen* großen Menschen, Napoleon, und *eine* große Sache, die Freiheit. Wir haben den großen Menschen nicht mehr, suchen wir wenigstens die große Sache zu behalten.«

Sprach's! wie Voß im Homer zu sagen pflegt. Das Urteil wird erst in vierzehn Tagen gesprochen... Da fällt mir ein, daß ich etwas vergessen, das schön ist. Das Gesetz, aus welchem der Minister sein Recht, ein Stück zu verbieten, herleitet, stammt aus der Schreckenszeit der Republik und wurde im Jahr 1793 gegeben. Darin heißt es wörtlich: Die Theater sollten wöchentlich dreimal »Brutus«, »Wilhelm Tell«, »Timoleon« und überhaupt nur *republikanische Stücke* aufführen, aber jedes Drama von der Bühne entfernt halten, das geeignet ist, den öffentlichen Geist zu verderben und den *schmählichen Aberglauben des Königtums* wieder aufzuwecken. Wozu sich doch der Teufel nicht alles brauchen läßt – sogar zum Engel! Merkwürdig!

Zweiundneunzigster Brief

Paris, Montag, den 24. Dezember 1832

– – – Heute nachmittag verkündete der Donner der Kanonen die Übergabe von Antwerpen. Ich sage: *der Donner*, weil das so üblich ist; gehört habe ich nichts davon. Auf der Straße wurde der Sieg für zwei Sous ausgerufen; aber ich kaufte ihn nicht, sondern ging nach Hause, um mit Ihnen zu überlegen, ob die Einnahme von Antwerpen zwei Sous wert sei. Wer weiß! Was mag der König Philipp froh sein, daß der Theatervorhang endlich gefallen ist, was mag er Furcht vor seinem eignen Mute gehabt haben! Welche artigen höflichen Briefe mag er heute an alle Tyrannen Europens geschrieben und sie um Verzeihung gebeten haben für die sehr große Freiheit, die er sich genommen, eine Zitadelle zu erobern! Das war wieder ein echt monarchischer Krieg, eine Schachpartie, wo sich Bauern für den König schlugen. Zu verteidigen war Antwerpen gar nicht, nicht mit aller Tapferkeit; der König von Holland wollte seine Ehre retten. Die Ehre eines Königs erhält sich nur im Blute – das ist bekannt. Es ist mir, als wenn ich dabei wäre: der Marschall Gérard wird den General Chassé zu Tische bitten, und da werden sie sich wechselseitig die artigsten, schönsten Dinge von der Welt sagen; dem einen für seine heldenmütige Verteidigung, dem andern für seinen heldenmütigen Angriff. Es wird viel gelacht und Champagner getrunken, und vor der Türe spielt die Regimentsmusik. Unterdessen jammern die holländischen und französischen Verwundeten in den Spitälern, unterdessen jammern ihre Mütter, Weiber und Bräute. Der Herzog von Orléans zieht triumphierend in Paris ein, Marschall Gérard wird belohnt, und die Gebliebenen bekommen den Orden des Heiligen Grabes. Warum? Lesen Sie in den »*Spaziergängen eines Wiener Poeten*« das herrliche Gedicht. *Warum?* »Von dem possierlich kleinen Männlein, das sich *auf der Sprache garbenreichem, unermeßnem Ernteseld ein einziges goldnes Körnlein liebend auserwählt*, das Männerwort »*Warum?*« Ich bin selbst solch ein possierlich kleines Männlein: wenn man mir den

Kopf herunterschlüge, er murmelte immer fort: Warum? – Doch wer weiß! die heilige Allianz hat den französischen Löwen wieder einmal brüllen hören, und ist er auch noch in ihrem Käfig, so erinnert sie das doch, daß es ein Löwe sei und keine Katze. Vielleicht erschrickt sie darüber, vielleicht bekommt sie größere Furcht vor Frankreich als vor Hambach und fängt Krieg an, und dann ist uns geholfen. Ich bin so hoffnungslos, daß alles mir Hoffnung gibt. Ich habe manchmal Mitleid mit mir selber und komme mir vor wie jener schwedische Soldat, der das Rauchen so leidenschaftlich liebte, daß, als ihm einst im Kriege der Tabak mangelte, er an einem angezündeten Strohhalm dampfte. Ein bißchen Strohrauch wird mir zur Wolke, jede Wolke zum Himmel, und von jedem Himmel hole ich die Freiheit herab. Und welche Freiheit! Es ist so wenig, was ich fordere. Ich verlange nichts als Hosen, für mich und meine deutschen Kameraden, und daß uns nicht jedes alte Weib von Regierung soll immerfort duzen dürfen. Mein einziger Ehrgeiz ist, Deutschlands Ödip zu werden, der es von der Augsburger Sphinx befreit, die mich noch zu Tode ärgert. Sie ist schuld an meinen Zahnschmerzen. Täglich bringt der Berliner Korrespondent eine diplomatische Nuß zum Aufknacken; ich nehme sie in den Mund, beiße zu mit allen Kräften der Zähne – und die Nuß ist hohl, zerbricht wie Eierschalen, meine Zähne knirschen unvermutet aufeinander, und meine erschrockenen Nerven zittern von den Zehen bis zu den Haaren. Und das muß man sich gefallen lassen, muß schweigend zusehen, wie dieser Berliner Affe die Zunge gegen die französische Regierung und das deutsche Volk herausstreckt, und darf ihm nicht auf das Maul schlagen!

Dreiundneunzigster Brief
Paris, Sonntag, den 30. Dezember 1832
Louis-Philippe, der gute Friedensrichter, hat seine Gerichtsdiener, nachdem sie jetzt den König von Holland ausgepfändet, gleich wieder aus Belgien zurückgerufen. Ich fange an zu glauben: der Mann ist ein Philister. Es wäre merkwürdig! Ist er kein Bösewicht oder ist er nicht wahnsinnig, ist er ein Philister. Seine königlichen Vorfahren, durch viele Jahrhunderte, waren der Reihe nach einige groß, die meisten klein; manchmal gut, öfter schlecht; viele leer, die meisten unmäßig. Aber so glatt gestrichen wie ein Scheffel Hafer, gleich diesem Louis-Philippe, war noch kein französischer König. Die andern hatten ihre Leidenschaften, sie hatten ihre Krankheiten; aber diese Leidenschaft der Ruhe, dieses Ordnungsfieber hatte keiner von ihnen. O Gott! mußte ich das noch erleben, daß die Könige Hofräte werden! Und seine Tintenlecker, seine besoldeten Redner und Zeitungsschreiber, was sie ihm Hymnen singen! So wurde nicht Achilles und Hektor, nicht Alexander, nicht Cäsar, nicht Napoleon besungen. Sie sagen: vor Antwerpen sei ein Krieg geführt worden wie noch keiner. Die Franzosen hätten nicht für die Freiheit gekämpft wie unter der Republik, nicht für den Ruhm wie unter Napoleon, sondern für die Gesetze hätten sie gekämpft, es sei ein *legaler Heroismus* gewesen. Für die Gesetze wären Frankreichs Heldensöhne drei Wochen lang zwei Fuß tief im Wasser gestanden und hätten sich beregnen und niederschmettern lassen und hätten dabei ihren fröhlichen Mut behalten; nicht aber die Marseillaise gesungen, wie die revolutionären Blätter gelogen, sondern die guten Kinder hätten gerufen: *Vive le roi, vive le roi!* ... Und darum jene drei heißen Julitage, und darum kam uns die Sonne um drei Erdfernen näher, um zwei armselige Könige, einen Regenten und einen Herzog auszubrüten! Einen Braunschweiger Herzog, der kürzlich auf jeden falschen Zahn seiner Untertanen seine Abgabe von zwei Taler gelegt hat, vierundsechzig Taler für einen ganzen falschen Mund! (Wenn dieser gute Her-

zog viele Beamten und Höflinge hat, muß er ein reicher Fürst werden.) Und darum dieses dreitägige Fest, welches die Götter selbst mit ihrer Gegenwart beehrten, um den Namenswechsel einiger Tyrannen zu feiern! Und darum verschleuderte Jupiter in drei Tagen alle seine Blitze, um ein frommer Jurist zu werden und Götter und Menschen ferner durch Konferenzen und Protokolle zu beherrschen! Was ist da zu machen? Ich will mir einen Haarbeutel anhängen und mich von dem Fürsten von Sigmaringen zum Legationsrat ernennen lassen.

Ein deutscher Esel in London hat in einem englischen Journale von meinen Briefen gesprochen; ein deutscher Esel in Leipzig hat das im »Literarischen Konversationsblatt« übersetzt, und ein deutscher Esel in Paris hat mir den Artikel zu lesen gegeben und darauf geschworen, ein Engländer habe das gemacht. Ein Engländer soll gesagt haben: »Wir lieben eine vernünftige Preßfreiheit!« Ein Engländer soll durch vier Seiten von *Jude* gesprochen und gesagt haben, ich sei »eingestandenermaßen« ein Jude! *Eingestandenermaßen* – wie gefällt Ihnen das? Ein Engländer habe gesagt: das Ganze habe eine Satire sein sollen auf das Reden und Treiben der Liberalen! Ein Engländer: ich sei ein kalter Mensch, ohne allen Enthusiasmus, und man höre es mir an, daß mir alles gleich wäre, so oder so! Dieses Lumpengesindel ist nur zu Löschpapier zu gebrauchen; aber sie drucken ihr Bestes darauf und nennen es *gutes weißes Druckpapier*. Sie verstehen das nicht, Sie haben nicht den Witz davon; aber wüßten Sie, was das heißt, *gutes weißes Druckpapier*, das gäbe Ihnen ein lebhafteres Bild von unserm öffentlichen Leben. O das Vieh – *eingestandenermaßen!*

Vorigen Sommer unternahmen einige Deutsche in London ein freisinniges Blatt in deutscher Sprache. Als dort der österreichische und der preußische Gesandte das erfuhren, ließen sie von einem ihrer vertrauten Gesellen ein ähnliches Blatt ankündigen, das sie verschenkten oder wohlfeil weggaben, um das andere zu unterdrücken. Ihre Absicht gelang ihnen auch. Wenn man Patriotismus, Mut und Beharrlichkeit genug hätte, mich hier in Paris bei solch einem wohltätigen Unternehmen zu unterstützen, nicht dem ganzen diplomatischen Korps, den Nuntius an der Spitze, sollte es gelingen, mich niederzudrücken, zu schrecken oder zu bestechen. Aber... *aber... gutes weißes Druckpapier!*

Montag, den 31. Dezember 1832

Ein neues Journal ist auf das kommende Jahr, das heißt auf morgen, angekündigt. *L'Europe littéraire, Journal de la Littérature nationale et étrangère.* Das einzige Interessante bei der Sache ist, daß Heine die Redaktion der deutschen Literatur übernommen, alles übrige, fürchte ich, ist Wind und wird zu Wasser werden wie jeder Wind. Die Natur mag es mir verzeihen, wenn ich ihr unrecht tue, ich weiß wahrhaftig nicht gewiß, ob jeder Wind zu Wasser wird; aber es steht einmal da. Die Ankündigung des Journals liegt vor mir: *Prospectus confidentiel imprimé pour MM. les fondateurs et les rédacteurs de L'Europe littéraire.* Ich habe keine Geheimnisse vor Ihnen, und Sie sollen alles erfahren.

Pour nous faire l'écho fidèle des littératures et des arts de tous les peuples, et arriver ainsi à cette universalité qui sera le but constant de nos efforts, nous avons dû nouer d'immenses relations, non seulement avec les académies et les corps savants de nos provinces et des diverses capitales de l'Europe, qui représentent les centres d'autant de cercles partiels, mais encore nous mettre en rapport direct avec tous les comités littéraires et artistes du monde civilisé. Nous devons dire qu'en France, comme à l'étranger, tous les noms célèbres dans la littérature, la philosophie et les diverses branches de l'art ont accueilli notre projet avec le même enthousiasme, et qu'ils ont promis de contribuer de leurs travaux et de leurs noms au succès de cette grande et utile entreprise. Das ist alles Wind! Was wenigstens die berühmten deutschen Literaten betrifft, so ist nicht möglich, daß sie versprochen haben, an dem neuen Journale mitzuarbeiten, oder der Hofrat Rousseau in Frankfurt müßte ein Lügner sein, was auch nicht möglich ist. Dieser hat ja kürzlich erst bekanntgemacht, »daß die vorzüglichsten Schriftsteller Deutschlands« sich verpflichtet hätten, in sein »*Frankfurter Konversationsblatt*« zu schreiben; und um ein Journal, das der Hofrat Rousseau redigiert, interessant zu machen, das allein könnte schon alle Kraft und Zeit einiger Dutzend Voltaires beschäftigen. Was bliebe ihnen für Paris übrig? Also gelogen. Weil ich gerade von ihm spreche – neulich erzählte mir jemand, in einem neuen Bande liri-liri-lirili-lyrischer Gedichte von Rousseau stehe auch eine Ode an den berühmten Pfeilschiffer, worin diesem gesungen wird, er habe wie ein mächtiger Sturmwind alle Demagogen gleich welken Blättern vor sich hergetrieben. Wenn Sie mich liebhaben, wenn Sie mich erquicken wollen, schicken Sie mir das Gedicht!

Jetzt das Wasser! »*La politique sera complètement exclue de L'Europe littéraire. Notre feuille, ainsi concentrée dans le domaine de l'art, restera toujours placée en dehors des passions du moment: elle formera, pour ainsi, dire, un territoire, neutre, où pourront demeurer et vivre en paix tous les partis et toutes les opinions. Le premier avantage qui résultera pour notre recueil de cette exclusion totale de la politique, c'est qu'il pourra franchir toutes les frontières et trouver auprès de tous les gouvernements la protection et l'appui nécessaires au succès universel qu'il a l'ambiton d'obtenir. Déjà des hauts patronages sont assurés à L'Europe littéraire. Nous avons l'espoir de rencontrer partout cette même bienveillance qui ne manqua jamais aux publications dont l'art et le progrès furent le but unique et spécial*« ... Ich muß in der Mitte aufhören, um zu horchen; es ist zehn Minuten vor Mitternacht.

Hoch! Hoch! Hoch!

Dienstag, den 1. Januar 1833

Ich kehre zum französisch-europäisch-literarischen Winde zurück. Der Herausgeber des neuen Journals schrieb früher den Figaro mit viel Geist und Witz. Unter der Regierung Casimir Périer zog er sich mit seinem Witze, seinem Gelde und seiner Tugend zurück und hing, wie man zu sagen pflegt, die Politik an den Nagel, das haben schon viele getan; es ist eine gefahrlose Inokulation des Galgens. Seitdem lebt er von seinen Renten. Die Moral eines Schriftstellers hat in Frankreich große Fortschritte gemacht. Der argste Schelm, wenn er sein Gewerbe versteht, kann mit dem *Code moral* in der Hand sich vor die himmlischen

Assisen stellen und Gott und seine Engel keck herausfordern, ihm den Paragraphen zu nennen, den er übertreten. Ein deutscher Journalist verkauft sein Gewissen, ein französischer verkauft seine Aktien. So kommt das Journal in andere Hände, und man braucht die eignen nicht zu beschmutzen. Ein deutscher Journalist stellt sich an den Pranger, ein französischer begnügt sich, ihn zu verdienen. Der Unternehmer der *Europe littéraire*, der die Gefahren der Tugend einmal kennengelernt, meidet sie ängstlich, und, um nicht zum zweiten Male in Versuchung zu kommen, seine Aktien zu verkaufen, nahm er sich lieber vor, das neue Journal von aller Politik rein zu halten. Daher hat er auch *hauts patronages* gefunden, nämlich eine große Menge Aristokraten und Juste-Milianer, die das Unternehmen mit Geld unterstützen. Sie sind hier wie bei uns, es ist gar kein Unterschied. Sie glauben auch, es sei möglich, dem Geiste der Zeit eine andere Richtung zu geben, und wenn man die Ästhetik gut bezahlt, werde die ungereimte Politik zugrunde gehen. Sie sehen nicht ein, daß es ihnen an Verstand mangelt, sie glauben nur, es mangle ihnen an Geld. Sie begreifen nicht, daß es ihnen an Kopf fehlt, sie meinen, es fehlen ihnen nur die Köpfe anderer – zum Abschlagen. Käme ich morgen zu dem ersten Minister jedes Staates auf dem europäischen Festlande und brächte ihm tausend Million Dukaten und einen ausführbaren Plan, hunderttausend unruhige Köpfe nach beliebiger Auswahl herunterzuschlagen – er bestellte mich auf übermorgen wieder und verspräche mir, bis dahin die gute alte Zeit wiederherzustellen. Ich glaube, ihr Irren kommt daher, daß sie die Geschichte nicht kennen oder nicht verstanden haben; die Welt wurde immer von einer Idee beherrscht, und Völker wie ihre Regierungen mußten sich ihr unterwerfen. Zwischen einer und der andern Idee kam aber immer ein Jahrhundert des Stillstandes; da schlief die Menschheit. Diese Zeit des Schlafes benutzten die Machthaber, um die Völker zu unterjochen. Diese erwachten, und da gab es Revolutionen – da war erst das Christentum, dann die Völkerwanderung, dann kamen die Kreuzzüge, darauf die Rückkehr der Künste und Wissenschaften nach Europa, dann folgte die Reformation, endlich die Idee der Freiheit. Zwischen dem Frieden, der die Religionsstreitigkeiten endigte, und der Französischen Revolution war ein Jahrhundert des Schlafes, und während dieser Zeit bildete sich das ministerielle Regieren aus, das früher gar nicht stattfand. Die Menschheit erwachte endlich, und ihr neues Tagewerk war die Idee der Freiheit, für die Machthaber die gefährlichste unter allen; denn die Freiheit ist eigentlich keine Idee, sondern nur die Möglichkeit, jede beliebige Idee zu fassen, zu verfolgen und festzuhalten. Man kann eine Idee durch eine andere verdrängen, nur die der Freiheit nicht. Wenn die Fürsten ihren Völkern sagen: wir geben euch Friede, Ordnung, Religion, Kunst, Wissenschaft, Handel, Gewerbe, Reichtum für die Freiheit – antworteten die Völker: Freiheit ist das alles zugleich; wozu sie wechseln lassen, wozu uns mit der Scheidemünze unseres Glücks beschleppen? Es ist also da gar nichts zu machen, und die *Europe littéraire* wird die Welt nicht ändern. Übrigens erscheint sie viermal wöchentlich in Großfolio *sur papier grand, raisin velin, satiné*. Das würde man bei uns ein Prachtwerk nennen, ein deutsches Nationalwerk. Davon würden nur 36 Exemplare abgezogen für unsere 36 Fürsten, die andern aber bekämen das Journal auf *gutem weißen Druckpapier*.

Heute vormittag habe ich im magnetischen Schlafe die »Postzeitung« von diesem Morgen gelesen. Auf der ersten Seite steht ein Neujahrsgedicht von *Glaube, Liebe* und *Hoffnung*. Glaube ist *Friedrich Wilhelm*, Liebe ist *Franz*, und Hoffnung ist *Nikolaus*. Habe ich recht gelesen? Später ward es mir etwas dunkel, und ich konnte nicht unterscheiden, ob *»Jakob hatte sieben Söhne«* darinsteht.

Mittwoch, den 2. Januar 1833
Sie sind klug. Sie geben mir auf Neujahr ein Trinkgeld und ziehen mir es dann an meinem Lohne wieder ab. Warum habe ich heute keinen Brief von Ihnen? Ist das recht? Ist das schön?

Vierundneunzigster Brief
Paris, Mittwoch, den 2. Januar 1833
Ihr Päckchen wurde mir gestern gebracht: Die »Didaskalia«, die Xenien, der Tabak, das Büchlein von Goethe und der falsche Liberalismus. Den letztern habe ich jetzt zweimal. Es entgeht keiner seinem Schicksale: ich und der Krug, wir waren bestimmt: er, von mir gelesen zu werden, ich, ihn zu lesen. Erst vor wenigen Tagen kaufte ich ihn für dreißig Sous, weil man mir gesagt, daß ich darin stünde. Ich las die Stelle, die mich betrifft, welche mich meine Neugierde leicht finden ließ, und dann wollte ich die Schrift von vorn lesen. Aber beim Aufschneiden der Blätter fand ich: »Die Servilen wollen *sehr viel*, aber die Liberalen wollen *lieber alles*« – und das sei das Witzigste, was je aus einem deutschen Munde gekommen, und könne sich mit dem besten französischen Calemburg messen. Dann kam unter meinem Messer hervor: »*ebendeshalb*«. Da verlor ich die Geduld. Was soll ich mit so einer alten Köchin machen? Was kann ich mit einem Hofrate anfangen, der »*ebendeshalb*« schreibt? Eben deshalb warf ich das Buch in meinen Papierkorb. Da Sie mir es aber auch geschickt, erkenne ich darin den Finger Gottes. Ich werde es lesen und Ihnen dann meine Meinung darüber sagen. Dieser Krug ist Professor in Leipzig und hat nach der polnischen Revolution, weil er gegen die Polen geschrieben – ich weiß nicht, ob Prügel bekommen oder Prügel verdient oder Prügel gefürchtet. Aber eins von diesen drei Dingen hat sich ereignet. Er ist einer der breitesten Köpfe Deutschlands. Die schöne Welt hält ihn für einen großen Philosophen, weil er so langweilig ist und die Philosophen halten ihn für einen schönen Geist, weil er so seicht ist. Ich aber halte ihn weder für das eine noch für das andere, sondern für einen Lump. Er schreibt über alles, was geschieht, ganz jämmerlich, und wenn ich die Geschichte wäre, wollte ich lieber gar keine Geschäfte machen als solch einen Buchhalter haben. Er ist ein literarischer armer Teufel, der sich jeden Tag vor der Türe des Welttheaters hinstellt und, sooft ein Stück aus ist, die Hand aufhält

und bettelt. Kurz, er ist ein Ebendeshalb und ein Hofrat. Wozu Sie mir die fünf Blätter »Didaskalia« geschickt, begreife ich auch nicht recht. Ich glaube, Sie wollen mich ärgern. Da ist zuerst: »*Lionel und Arabella.* (Fortsetzung.)«: »Arabelle schauderte bei diesen Worten in sich zusammen und drängte sich näher an den Mann ihrer Liebe, als suche sie Schutz bei ihm vor unsichtbarer Gefahr. Er schloß sie fest an sich, legte ihr niedergesunkenes Haupt an seine Brust und sprach feierlich: ›Weib meines Herzens!‹« Weib meines Herzens! – um auch feierlich zu sprechen – was kommen Sie mir mit solchen Sachen: ... Ferner: *Predigt über einen Rosenstock.* (Schluß): »Wie viele Küsse würde man z. B. um so manche meiner schönen Zuhörerinnen finden?« Davon verstehe ich nicht einmal die Grammatik... Weiter: *Sitzung des Assisenhofs in Mainz* (Schluß.): »Am 29. März steckt er ein Messer in seine Hosentasche« ... *Unterhaltungen auf dem Marktschiffe zwischen Frankfurt und Mainz.* (Fortsetzung): »Hinter mir saß ein Mägdlein« ... »*Dresden den 25. Novbr.* Die erfreuliche Nachricht von der Vermählung unseres Mitregenten mit einer Prinzessin aus dem Hause Wittelsbach ist nun hier für niemanden ein Geheimnis mehr. Es ist zu hoffen, daß diese neue Verbindung zwischen zwei bereits verschwägerten Familien auch segensreich für die beiden Länder wirken werde.« Ich gratuliere und hoffe auch. –

Bitte sehr um Verzeihung! Da finde ich endlich den Artikel, den Sie mit einem Kreuzchen bezeichnet, den »*Aufruf an die Germanier*« des Herrn *von Hallberg.* Sie hätten aber ein großes Kreuz davorsetzen sollen. Danke für den guten Willen; doch ich habe den Artikel schon vor drei Wochen gelesen, ihn gerupft und gebraten wie eine Gans und ihn ganz allein verzehrt, ohne Sie zu Gaste zu bitten. Es tut mir leid, aber es ist nichts mehr davon übrig als ein Stückchen Erinnerung. Dieser Freiherr von Hallberg auf der Birkeneck bei Freising, auch unter dem Namen »*Eremit von Gauting*« bekannt, mag ein ehrlicher Mann sein, der es gut meint; aber irgendein Hof-Federfuchser, der vielleicht an dem Tage gerade bei ihm schmarotzt, hat ihm wohl den Aufruf in die Feder diktiert. Griechenland solle das bayrische Algier werden!

Dahin kann es freilich noch kommen. Die Geschichte der Deutschen »blieb leer seit siebzehn Jahren, bis ein *großer, hochherziger König* das alte unterdrückte Volk der Griechen in Schutz nahm und ihm seinen Sohne als König gab«. Schön gesagt! (Ich bin schläfrig. 11 Uhr.) Die Deutschen sollen nicht nach Amerika gehen, dort Knechte zu werden; sondern nach Griechenland, um dort unter bayrisch-russischer Regentschaft freie Männer zu sein. Da wären die besten Früchte, Wein, schöne Mädchen, »*da könnt ihr euren Mut zeigen*«. Gute Nacht!

Freitag, den 4. Januar 1833

Ich habe die Xenien gelesen und habe mich sehr daran ergötzt. Die Hauptsache ist jetzt, die schläfrigen Deutschen wach zu erhalten, sei es durch Kaffee oder Schnupftabak, sei es durch Singen oder Schreien – gleichviel; nur daß sie nicht einschlafen. Schlafend durch die Pontinischen Sümpfe zu reisen, soll lebensgefährlich sein. Viele Xenien haben mir ungemein gut gefallen, besonders die über mich – versteht sich. Grob sind sie freilich alle, grobianissimo. Aber was liegt daran, wie eine Katze die Mäuse abtut, wenn wir sie dadurch loswerden? Auch hat ja der Dichter sehr gut erklärt, warum die Grazien ausgeblieben. Aber seine hebräischen Späße sind entsetzlich einfältig. Das war wohl die Vermögenssteuer des Frankfurter Bürgers, und der Mann hat sich aus Eitelkeit für dümmer angegeben, als er ist. Er mag sich hüten, daß Heine nicht über ihn kommt, er mag seine Nachtmütze nur recht tief über die Augen herunterziehen. Erinnern Sie sich:

»*Gefährlicher Bund?*
Schmul und Heyum, sie schreiben als deutsche Männer für Freiheit;
Kommt noch der Itzig dazu, stürzen die Fürsten vom Thron.«

Nun, warum nicht? Wenn *ein* Jude stark genug ist, die wankenden Fürsten auf ihren wankenden Thronen zu halten, warum sollten *drei* Juden nicht Macht genug haben, sie herunterzustürzen? Auch Christus war ein Jude, und er hat die Götter aus dem

Olymp gestürzt, und das war doch eine ganz andere Fürstenschaft als die der heiligen Allianz und des hohen Deutschen Bundes! Wo ist jetzt Jupiter mit seinen Blitzen? Vor unserm Spotte schützt ihn nur unser Vergessen – und das hat ein Jude getan! Ich glaube, der *Schmul* bin ich, und der *Heyum* wird wohl Heine sein; aber wo bleibt der Itzig? Itzig! Itzig! Itzig! Itzig! ... Es gibt aber doch nichts Dümmeres als so ein deutscher Philister, besonders wenn er ein Gelehrter ist. Sie kennen mich, ich kenne die andern – nicht einer unter uns dachte je an den Juden; nie, sooft wir die Dummköpfe und Philister züchtigten, kam es uns in den Sinn, daß es die nämliche Peitsche sei, mit der sie selbst uns einst geschlagen! Und jetzt kommen *sie* und erinnern daran und bringen uns täglich die schönsten Schadenfreuden in das Haus! So dumm zu sein – ich verliere mich darin.

Samstag, den 5. Januar 1833

Am Neujahrstage – o! Man könnte den Verstand darüber verlieren. Die Julirevolution, ein Zornvulkan, von dem Himmel selbst geladen, damit die Könige zu schrecken und zu strafen, ist ein wasserspeiender Berg geworden, dem Völkern zum Verdrusse und den Fürsten zum Gespötte! Ich fürchte, daß ich aus Verzweiflung noch ein Dichter werde und mich blamiere. Am Neujahrstage, diesem monarchischen Erntefeste überall, wo Land und Gut des Volks das Landgut des Fürsten bilden, haben Philipps Knechte die schweren Garben Frankreichs, sein Glück und seinen Ruhm, seine Tugend und seine Ehre, seine Rosen und seine Lorbeeren – haben das duftende Heu der dürren Rednerblumen ihm auf Wagen jauchzend in den Hof gefahren. Feld und Wiese, alles dem König; wer nicht sein Kind ist, ist sein Knecht. Man schamt sich, ein Mensch zu sein. Wer weiß, ob nicht das Pferd in edlem Zorne seinem Reiter flucht; nur verstehen wir sein Wiehern nicht. Aber das gezäumte Menschenvolk küßt die Sporen seines Reiters. Sie haben den König »*Vater des Vaterlands*« genannt: dies Findelkind vom Grève-Platze! Das französische Herr in Belgien wurde glücklich gepriesen, von zwei königlichen Prinzen Beispiele der Tapferkeit zur Nachahmung zu erhalten. Die grauen Helden von Marengo wurden in die Kriegsschule zweier Milchsuppengesichter gegeben! Sie haben dem König gesagt: er hätte die Cholera besiegt, vor seiner Barmherzigkeit hätte sich die unbarmherzige Vorsehung geflüchtet – sie haben ihn vergöttert, daß er im Juni seine Feinde niedergeschlagen, und mehr als jede andere Schmeichelei hat König Louis-Philippe diese mit Wollust eingeschlürft. Er hat geprahlt und gespottet, *die Republik wäre erbleicht vor seinem Sterne.* Es war ein Bürgerkrieg, Bürgerblut war geflossen; ein König sollte das vergessen, oder kann er es nicht vor Schmerz, einen Trauerflor über seine Erinnerung hängen. Aber dieser König rühmt sich seines Sieges und jubelt darüber wie ein Schneider, der einmal Mut gehabt aus Furcht. Der Schmerz und die Verachtung der edelsten Franzosen kümmert ihn nicht, ihm lächelt der Beifall seiner Brüder in Wien, Berlin und Petersburg. Und *in der Mitte*, nicht, wie seine Schmeichler sagten, *an der Spitze* von vierzigtausend Soldaten ist er gegen dreihundert Republikaner gezogen, die sich wie Helden verteidigt.

Frankreich hat das Scharlachfieber; Blutigel rund am Halse, Purpur über den ganzen Leib, und zum Königsmantel muß es sich die Haut abziehen. Der alte Riese mit einer Kinderkrankheit! Schamroter Purpur! Herr Hofrat Frankreich! Herr, deine Hand liegt schwer auf deinem Knechte; aber ich will es für meine Sünden in Demut tragen.

Fünfundneunzigster Brief

Paris, Sonntag, den 6. Januar 1833

Über Frankfurt habe ich merkwürdige Dinge erfahren, teils aus guten gedruckten Quellen, teils aus den mündlichen Berichten eines sehr glaubwürdigen Reisenden. Von meiner teuren Gesandtschaft dort erfahre ich nie das geringste; wenn diese diniert hat, denkt sie, sie habe auch genug repräsentiert, und eine geheime Schublade ist ihr heilig. Das soll aber anders werden. Erstens habe ich aus dem Theaterrepertoire für den Monat Dezember, das in der »Didaskalia« steht, ersehen, wie in Zeit von wenigen Tagen vier verschiedene Stücke von Shakespeare aufgeführt worden sind; und nicht etwa der alte Hamlet mit seinem ewigen Sein und Nichtsein, sondern die zwei Heinriche, Richard, Lear. Das ist ja zum Erstaunen; das hat sich ja sehr zum guten geändert. Waren Sie denn nie bei einer solchen Aufführung? Wie wird gespielt? wie der junge Heinrich, wie Falstaff? In der Tat, ich freue mich darüber um Frankfurts willen. Ich bin der Meinung, daß man durch das Schauspiel auf den öffentlichen Geist einwirken könne, so abgestumpft man auch gegen solche Reizmittel sein mag. Ein guter Bürger, der aus einem Stücke von Shakespeare kommt, kann noch den nämlichen Abend seinen besten Freund totstechen, aber ihn totlangweilen, das kann er nicht.

Ferner wurde mir erzählt, man habe mehrere ausgezeichnete Juden zu Mitgliedern des Museums aufgenommen und allen ohne Unterschied erlaubt, Äcker zu kaufen und Landwirtschaft zu treiben. Sehen Sie, mein eignes Feld, das ich seit fünfzehn Jahren im Schweiße meines Angesichts bebaue, fängt an grün zu werden. Man muß nur die Geduld nicht verlieren; die geistige Erdkugel dreht sich alle Jahrhundert nur einmal um die Sonne. Aber Geduld! Ich habe schon oft daran gedacht, ob nicht möglich wäre, wie Geldanleihen, Geduldanleihen zu machen, und so wie die Fürsten durch Rothschild sich die Abgaben der Urenkel ihrer Untertanen ein Jahrhundert vorausbezahlen lassen, uns auch die Geduld, die unsern Urenkeln zufallen wird, vorauszunehmen. Das letztere wäre unschädlicher, als das erstere ist; denn unsere Urenkel werden keine Geduld brauchen. Im Gegenteile, alsdann werden die sie brauchen, gegen die wir sie jetzt brauchen. Übrigens bleibt es immer schön, was die Direktoren des Museums und der Gesetzgebende Körper getan haben. Zugleich hoffe ich aber, daß sie bei ihren Reformen mit weiser Vorsicht zu Werke gehen werden. Sie haben wegen der Juden schöne Beschlüsse gefaßt, das möge aber hinreichen für gegenwärtiges Jahrhundert, die Ausführung bleibe dem kommenden vorbehalten. Sie mögen beherzigen, was der Kaiser von Österreich kürzlich in der Rede gesagt, mit welcher er den ungarischen Landtag eröffnete. Er sagte nämlich: »Schwierig sind die Geschäfte, zu deren Verhandlungen wir euch diesmal berufen haben; sie übertreffen weit alle die Gegenstände, worüber während der vierzigjährigen Dauer meiner Regierung auf Reichstagen zu beraten war... Unsere Väter haben durch das, was sie *im 91sten Jahre des vorigen Jahrhunderts beschlossen*, ihre Sorgfalt bereits auf diesen Gegenstand gewendet, *die Art und Weise der Ausführung* aber, welche reichlichen Stoff, sich um das Vaterland verdient zu machen, darbieten, *uns ganz überlassen*.« Und jetzt fordert der Kaiser seine getreuen Stände auf, bei diesen Verhandlungen *langsam und vorsichtig* zu Werke zu gehen und den gefährlichen *Reizen der Neuerungen* zu widerstehen. Wenn nun der Kaiser von Österreich sogar einen *reichlichen Stoff, sich um das Vaterland verdient zu machen*, vierzig Jahre geschont hat, wie viel nötiger ist es, daß die Regierung des kleinen Frankfurts einen so ärmlichen Stoff, als die Verbesserung des Zustandes der Juden ist, nicht zu früh angreife, sondern durch Aufhäufung der Zinsen das Kapital wachsen lasse, damit der Stoff, sich um das Vaterland verdient zu machen, nach vierzig Jahren auch reich werde.

Ihnen aber gebe ich jetzt drei Aufträge und einen zwar freundschaftlichen, aber ernst gemeinten Rat. Erstens, gehen Sie in das Theater und sehen Sie, wie Richard hinkt. Zweitens, gehen Sie in das Museum und geben acht, ob nicht die G-Moll-Symphonie von Mozart aus Verdruß, daß sie Juden mit anhören, in das Dur überspringt. Drittens, lassen Sie auf dem Römer Erkundigungen einziehen, ob man die Äcker der Juden in dem Grundlagerbuche unter der Rubrik *Äcker jüdischer Nation* einschreibe. Mein Rat: berichten Sie mir künftig besser, sonst werden Sie zurückberufen; dann gibt es Kriegsfurcht, die Papiere fallen, und die Handelskammer-Diener erheben ein Jammergeschrei, daß alle Milch davon gerinnt.

Haben Sie »*die Thronrede*« des Großherzogs von Darmstadt gelesen? Schlafen Sie recht wohl!

Montag, den 7. Januar 1833

Von Chateaubriand ist eine neue Schrift erschienen: *Mémoire sur la captivité de Madame la Duchesse de Berry*. Sie sollen sich aus Freundschaft für mich etwas darüber freuen; denn dieser gute Mann nimmt mir jeden Winter die Hälfte meines Zornes ab. Sooft er erscheint, gehe ich in mein Zelt und lasse ihn kämpfen. Freilich muß ich diese Hilfe mit melancholischen Gedanken bezahlen. Wenn ich sehe, wie ein so geistreicher und edler Mensch von der Legitimität faselt, greife ich nach meinem Kopfe und rufe betrübt aus: Auch Chateaubriand hat den Verstand verloren und war doch mehr als du! Die *Legitimität*, diese Hoffnungslosigkeit des Unglücks, diese Erblichkeit der tiefsten menschlichen Erniedrigung – das verteidigen, das preisen! O Wahnsinn!

Als Chateaubriand von der Gefangenschaft der Herzogin erfuhr, eilte er aus der Schweiz nach Paris und bot sich ihr in einem Schreiben zu ihrem Sachwalter an. Aber die Minister erlaubten weder ihm noch seinen Briefen den Einlaß in Blaye. Schon dreimal seit der Revolution hat Chateaubriand von der Welt Abschied genommen und sich in die Einsamkeit begeben, und dreimal schon kehrte er zurück. Er sagt: »Ich habe Hunger und Durst nach Ruhe; es kann mir keiner lästiger sein, als ich es mir selbst bin; aber ich suche mich mit meiner eignen Achtung von der Welt zurückzuziehen: man sehe sich vor, welche Gesellschaft man in der Einsamkeit wähle.« Nun, warum hat er nicht gleich das erstemal, als er Paris verließ, seine Selbstachtung mitgenommen? Wie vergißt man dreimal, sein Paket zu machen? Ja, die Berry ist unterdessen gefangen worden! Nun! was geht ihn die Herzogin an? Man höre: »*Meine Denkschrift über das Leben und den Tod des Herzogs von Berry*, in die Haare der Witwe gewickelt, die jetzt im Kerker schmachtet, liegt bei dem Herzen, das Louvel dem Herzen Heinrichs IV. noch ähnlicher machte. Ich habe diese *ausgezeichnete Ehre (insigne honneur)* nicht vergessen, die im gegenwärtigen Augenblicke die Bezahlung fordert; ich fühle lebhaft meine Schuld.« Das ist artig. Ich ließ es mir selbst gut gefallen, wenn eine schöne Witwe ihr langes seidnes Haar um meine Schriften flechtete; aber sie hineinlegen in die Todesurne, zu dem Herzen ihres Mannes – nichts da! Man kann nicht wissen, ob sie nicht eine Witwe von Ephesus ist, die nach vier Wochen die Haare wieder herausnimmt, sie ihrem neuen Liebhaber zu schenken, und dann meine Schriften allein verfaulen läßt bei dem Herzen des geliebten Toten. Nichts da, und habe ich nicht recht, daß ich nach meinem Kopfe fühle? »*Notre-Dame de Blaye*« nennt Chateaubriand die Herzogin und erzählt von den Wallfahrten, die fromme Gläubige von großen Scharen dahin machten. Er sagt: »Man wirft mir vor, daß ich eine Familie dem Vaterlande vorziehe. Nein; ich ziehe die Treue des Eides dem Meineide, die moralische Welt der materiellen Gesellschaft vor. Das ist's.« Freilich ist es das, nach der Lehre der Monarchisten. Der Räuber, nachdem er sein Handgeld empfangen und dem Hauptmanne Treue geschworen, darf plündern und morden; denn Treue ist heiliger denn das körperliche Wohlbehagen der Wanderer!

Chateaubriand meint: nur die Legitimität gäbe einer Regierung und der bürgerlichen Ordnung Dauerhaftigkeit. Aber wäre dies auch, wie es nicht ist, was würde das beweisen? Nicht die Dauerhaftigkeit, der Vollgenuß ist die Bestimmung jedes Daseins. Es kommt nicht darauf an, lange, sondern viel zu leben. Nichts ist dauerhafter als ein Stein, aber die Pflanze, das Tier vergehen schnell. Wenn die österreichische Monarchie noch zehntausend Jahre lebte, und der nordamerikanische Freistaat endigte morgen, in seinem fünfzigsten Jahre, wäre darum Österreich ein besserer, ein glücklicherer Staat als Nordamerika gewesen? Napoleon sagte auf St. Helena: »Daß meine Dynastie nicht älter war, das hat mich zugrunde gerichtet. Noch vom Fuße der Pyrenäen hätte ich mich wieder emporgehoben, wäre ich mein Enkel gewesen.« Und daraus will Chateaubriand die Herrlichkeit der Legitimität beweisen! Guter Gott! Das beweist ja eben ihr Fluchwürdiges, ihre Verderblichkeit. Das große Glück, wenn Napoleon auch zwanzig Jahre länger die Völker Europens auf dem Altare seines Ehrgeizes hätte schlachten dürfen! Das schöne Los der Franzosen, wenn Napoleon, als legitimer Fürst mit seinen gekrönten Vettern befreundet, der Freiheit und Gleichheit, die er im Kriege als Waffen gegen sie gebrauchte, dann gar nicht mehr bedürftig, Frankreich völlig zur Galeere hätte machen können!

Was ist es aber, was einer legitimen Monarchie größere Dauerhaftigkeit gewährt als einer usurpierten oder einer Republik? Etwa weil erstere in den Herzen der Völker Wurzeln schlägt? O nein. Es ist nichts, als daß alle Fürsten die Sache eines legitimen Monarchen als eine Familienangelegenheit, als ihre eigne betrachten und ihm darum in Gefahren Beistand leisten. Es ist nichts, als weil die legitimen Fürsten alle Usurpatoren und Republiken als Brotdiebe hassen und sie offen oder heimlich, mit Gewalt oder mit List zugrunde zu richten suchen. Redet von der Macht der legitimen Fürsten, redet aber nicht von ihrem Rechte. Sagt, daß die Völker einen legitimen Fürsten fürchten, sagt aber nicht, daß sie ihn lieben. Die Franzosen haben drei Male die Bourbons verjagt, so legitim sie waren, und haben für den Usurpator Napoleon mehr getan als je für einen ihrer Könige; denn sie liebten ihn. Die schweizerische Republik lebt schon ein halbes Jahrtausend im Glücke und Frieden, weil sie ihre Berge gegen die Fürsten schützte oder diese über die Teilung des Raubes nicht einig werden konnten. Nordamerika genießt seit sechzig Jahren Freiheit und Ordnung, weil es die Könige nicht erreichen können. Don Pedro ist ein legitimer Fürst, warum gelingt es ihm nicht? Weil er seinem Volke die Freiheit zu geben gedenkt und ihn darum seine gekrönten Brüder als ein unwürdiges Glied aus der Familie gestoßen und ihm schaden, soviel sie können. Don Miguel ist ein Usurpator; warum erhält er sich? Weil er die Tyrannei meisterhaft handhabt und die entzückten Fürsten ihm darum heimlich Beistand leisten. Das ist der Segen der Legitimität, das ist die Ruhe und Ordnung in Monarchien: man findet sich mit den Räubern ab, und gegen den Beutel lassen sie uns das Leben. Und will einer sein Leben *und* seinen Beutel behalten, schlägt man ihn tot, und dann heißt es: Seht! das sind die blutigen Folgen der Revolutionen. Vor einigen Jahren machte Vidocq der Regierung den Vorschlag, er wolle jede gestohlene Sache gegen dreißig Prozente ihres Wertes zurückschaffen. Nun, wer sich mit zwei Dritteilen seines Glückes begnügen will, wer nicht den Verstand und den Mut hat, Diebe und Räuber von seinem Eigentume abzuhalten, der hat recht, die Monarchien zu lieben.

Chateaubriand, als Sachwalter der Berry, spricht von ihrem Rechte, nach Frankreich zu kommen, um die Krone ihres Sohnes zu fordern. *Sie ist Mutter*; er berufe sich auf das Herz jeder Mutter. Das ist stark! Ich sehe ganz deutlich, was alles in einem mütterlichen Herzen liegt, aber eine Krone sehe ich nicht darin. Eine Mutter mag für ihr Kind ein Schaukelpferd, eine Puppe kaufen; aber dreißig Millionen Franzosen zum Spielwarenlager! Aber ein Land wie Frankreich zur Schachtel! O Herr Vicomte! Es ist Ihr Ernst nicht. Nein, was wir armen Menschen jetzt geplagt sind, die Steine könnten sich darüber erbarmen! Früher hatte man es doch nur mit erwachsenen, mit regierenden Fürsten zu tun, jetzt quälen uns die fürstlichen Kinder schon während dem Leben ihrer Eltern! Da ist der Herzog von Bordeaux, da ist die Donna Maria, da ist die Tochter der Königin von Spanien, die erst einige Monate alt ist. Als gebe es kein anderes Mittel, die Schmerzen eines zahnenden Kindes zu stillen, als ihm einen Szepter in den Mund zu stecken!

Was Chateaubriand noch ferner von den Rechten der Berry sagt, das kümmert mich nicht; nicht darum habe ich seine Schrift gelesen, nicht darum schreibe ich Ihnen davon. Ich will mich nur an das halten, was er gegen unsern gemeinschaftlichen Feind hervorgebracht, daran will ich mich erquicken. Sie erkennen an Chateaubriand und mir, daß wirklich ein Bündnis zwischen den Karlisten und Republikanern besteht. Es ist die Sympathie des Hasses gegen die bestehende Ordnung der Dinge. Ob aber die Republikaner und die Karlisten sich auf der Gasse und in geheimen Klubs zu Taten vereinigt, bezweifle ich. Es wäre dumm von den Republikanern und toll von den Karlisten. Erstere könnten leicht überlistet werden, denn die Karlisten haben das Geld, also auch den Verstand; diese aber würden, sobald die jetzige Regierung gestürzt wäre, ehe ihnen Hilfe von außen käme, und würden ihnen die Armeen auf Dampfwagen zugeführt, alle totgeschlagen werden, so daß keiner von ihnen übrigbliebe, sich des Sieges der Legitimität zu erfreuen.

Sehen wir jetzt, wie der neue Jeremias siedendes Öl auf die Köpfe der Sünder herabgießt. »Wenn in dieser Wüste ohne Spur von Geist und Herz sich am Horizont ein großes einsames Denkmal zeigt, wenden sich plötzlich alle Blicke dahin. Die Frau Herzogin von Berry erscheint um so erhabener, als alles rund um sie her flach ist. Ja, sie hätte zu fürchten, verkannt zu werden; denn sie ist diesseits oder jenseits eines Jahrhunderts, das ihresgleichen hervorzubringen vermochte. Um zu bewundern, muß man fassen; der Mut bleibt der Furcht stets ein Geheimnis; die Mittelmäßigkeit knurrt den Genius an. Die Gefangene von Blaye ist nicht von ihrer Zeit, ihr Ruhm ist ein Anachronismus.« Larifari! Doch sind es respektable goldene Lügen, und ich ziehe meinen Hut vor ihnen ab. Es sind noch keine vierzehn Tage, daß Chateaubriands Schrift erschienen, und schon sind dreißigtausend Exemplare davon gekauft, die dem edlen Verfasser fünfzigtausend Franken eingebracht haben. Die Legitimisten nämlich haben auf diese delikate Weise seine Treue belohnen wollen. Jetzt kann doch Chateaubriand mit seiner eigenen Achtung nach Genf zurückkehren und in seiner Einsamkeit die sehr angenehme Gesellschaft von hundert Bankzetteln genießen. Fünfzigtausend Franken für sieben Bogen, die Arbeit einiger Tage! So viel hat mir mein dikker Liberalismus in meinem ganzen Leben nicht eingebracht. Der Mund wässert einem darnach, ein Royalist zu werden. Zum Glücke bezahlen sie einen in Deutschland schlecht. Um fünfzigtausend Franken zu verdienen, müßte ich die Schweiz, ganz Nordamerika, Kolumbien, Buenos Aires, Mexiko totschlagen und fünf oder sechs Preßfreiheiten, ebenso viele Konstitutionen, die Reformbill, den Dr. Wirth, den ganzen Hambacher Berg, Rotteck, Welcker und zum Dessert mich selbst verschlingen. Das wäre ein saurer Verdienst.

Dienstag, den 8. Januar 1833

Ich will Ihnen wieder einen Beweis geben, daß die Tugend belohnt wird, was Sie mir so oft nicht glauben wollten. Verflossenen Samstag wollte ich auf den Opernball gehen. Einige Tage vorher hörte ich, daß auf dem Theater (im *Le mari et l'amant*) eine Kusine in der Provinz ihrem Vetter, der zum ersten Male nach Paris reiste, die Lehre gab: »*Surtout Charles n'allez pas au bal de l'Opéra; on s'y perd.*« Trotz dieser Warnung aber gedachte ich doch hinzugehen, so mächtig wirkt das Laster auf junges Blut. Auf dem Wege aber fing mir an, das Gewissen zu zittern, oder was es sonst war; es war sehr kalt. An der Ecke des Boulevard stand ich am Scheidewege des Herkules. Da ging ich nach Hause zurück und schlief, wie man nach einer edlen Handlung zu schlafen pflegt. Am andern Morgen erfuhr ich, daß auf dem Balle ein greulicher Lärm gewesen. Die neue moralische Polizei des Justemilieu wollte, ich weiß nicht welchen bacchantischen Tanz verbieten. Darüber gab es Streit, die Gendarmerie drang ein, mißhandelte viele und nahm mehrere gefangen. Das lustigste bei der Sache aber war, daß die Polizei diesmal die Witterung verloren und gerade die edelste Jugend des Justemilieu, königliche Beamte, Bankierssöhne und andere solche Heilige angetastet hatte. Sie mußte den andern Tag sehr um Verzeihung bitten. Wäre ich nun dabei gewesen, ich hätte sehr leicht in die Bacchanalien, die Schläge und das Gefängnis mit hineingezogen werden können. Meine Tugend bewahrte mich davor.

Ich kehre zu Chateaubriand zurück. Ich gestehe es Ihnen aufrichtig, die fünfzigtausend Franken wollen mir gar nicht aus dem Kopfe. Was meinen Sie, würde es wohl meiner Seligkeit viel schaden, wenn ich einmal sieben Bogen gegen meine Gesinnung schriebe? Ach! wär' ich doch ein Katholik und könnte an die Wirksamkeit der Absolution glauben! Chateaubriand fährt fort: »Man entgegnet mir, die Herzogin von Berry sei in keiner so großen Gefahr, man werde sie zur gelegenen Zeit wieder freigeben. Aber die Minister des Königs sind nicht unabsetzbar. Ihr seid gutmütige Seelen, ich will es glauben; allein, kennt ihr eure

Nachfolger? Fand nicht Elisabeth, daß Maria Stuart, nach neunzehn Jahren Gefangenschaft, in der Verborgenheit ihres Kerkers nach außen Unruhen erregt und Einverständnisse mit dem Auslande und den Feinden des Staates hatte? Dann, hat man bei Volksunruhen nie in den Gefängnissen gemordet? Endlich, wenn ich Kerkermeister wäre, würde ein Gedanke mich schaudern machen. Ich würde bei mir sagen: es wäre möglich, daß Gott in seiner Barmherzigkeit die, welche auf Erden nur Trübsale gefunden, zu den Freuden des Himmels abriefe; ich würde mir sagen: man hat das Los der Waise im Tempel noch nicht vergessen. Wenn ein so großes persönliches Interesse an dem Leben einer Fürstin hängt(!), wenn aus einer Gefangenschaft, die einen undankbaren Ehrgeiz(!!) laut anklagt, eine Scham und ein tiefer Groll so natürlich fließen müssen: da kann aus dem Zusammenfluß von Umständen die Verleumdung schrecklich hervorgehen. Die Verleumdung aber kann in der Geschichte den Charakter der Wahrheit(!!!) annehmen. Seht euch vor... Die Wohltaten der Willkür, die man der Herzogin angedeihen läßt, rühren mich wenig; ich könnte fürchten, daß diese Wohltaten zu einer Quelle neuen Jammers würden. Schwer würde mir fallen, in Erinnerung zu bringen, was ich neulich von gewissen Gespenstern(!!!!) sagte, die in einem gewissen Schlosse(!!!!!) hausen. Ich hoffe, um der Ruhe der Nächte der Macht selbst willen, die ich bekämpfe(!!!!!!) – ich hoffe, nie gezwungen zu sein, jenen nächtlichen Erscheinungen, die einer halbverbrannten Frau, ihr nacktes Kind in den Armen und Ketten nach sich schleppend(!!!!!!!), zuzugesellen; eine Deputation von Schatten, die käme, einem Schattenkönige(!!!!!!!!) ihr Kompliment zu machen.« ––

††† Gelobt sei Gott und seine guten Geister; ich bin glücklich durch den Hexenwald. Ich habe, gleich einem guten Zeitungsschreiber, fromme Ausrufungszeichen geschlagen, und, wie Sie bemerkt haben werden, in steigender Angst und arithmetischer Progression. Früher habe ich mich oft über solche abergläubische Furcht lustig gemacht; aber Not kennt kein Gebot, ich konnte mir nicht anders helfen. Ich bin ein Patriot; ich zitterte, in deut-

scher Sprache zu denken, was Chateaubriand wagte, in französischer drucken zu lassen. Mündlich das weitere. Verbrennen Sie diesen Brief, oder noch sicherer: legen Sie ihn in einen Band von *Carovés* Werken.

»*Pas mal pour un Allemand.*« Wie gefällt Ihnen das? Wütend war ich darüber. Wartet nur! Wenn wir einmal das Elsaß wieder haben, Lothringen, Burgund und euren König zum Grafen von Paris gemacht – da werden wir euch zeigen, daß wir witziger sind als ihr. Da hatte einmal ein Deutscher in Paris bei Tische etwas gesagt, was seiner Meinung nach sicher nicht witzig sein sollte, und da rief ein Franzose, der dabei gewesen und dieses erzählt, gnädigst aus: »*Pas mal pour un Allemand!*« Brazier heißt die Canaille. Ich las es soeben im *Livre des cent-et-un*, im Artikel *La chanson et les sociétés chantantes*. Da ist von den Vaudevilledinern die Rede, welche man in Deutschland frömmer und romantischer »*Liedertafeln*« nennt. Zu einem solchen Singessen war einmal »*le fameux Docteur Gall*« eingeladen. »*Le jour où nous reçumes la visite de ce dernier, on lui servit un plat de friture composé seulement* de têtes de gibier, de poissons et de volailles. *On lui demanda, s'il voulait tâter les crânes de ces messieurs ou de ces dames. Le savant se dérida et répondit en riant, qu'il fallait qu'il tâtât les corps auparavant, vu qu'à table son système ne s'isolait point.* Pas mal pour un Allemand.« Aber nur Geduld bis zum Frühlinge!

Mittwoch, den 9. Januar 1833

... Es ist recht unartig von Ihnen, daß Sie mir so lange nicht geschrieben. Ich habe Ihnen schon oft gesagt, daß Sie mir außerordentlich schreiben mögen, sooft Sie wollen; aber die gewöhnlichen Brieftage müssen Sie darum nicht versäumen. Ich bin gewöhnt daran, und wenn ich an solchen Tagen nichts erhalte, verdaue ich schlecht. Seit vorigen Freitag habe ich keinen Brief bekommen, und es scheint mir ein Jahr zu sein. Sie hätten sich doch vorstellen können, daß ich vor Begierde brenne, etwas Näheres von meinem Buche zu erfahren. Die Eigenliebe hat ewige Flitterwochen, und ich liebe meine verblühten Schriften wie in den Tagen ihrer Jugend. Ich gehe voller Angst umher, gleich einem Ehemanne, dessen Frau zum ersten Male in Kindesnöten liegt. Wird es ein Sohn? Wird es eine Tochter? »Es ist weder ein Sohn noch eine Tochter geworden, sondern eine Mißgeburt.« Diese kleine schöne Satire schenke ich dem ersten Rezensenten meiner Briefe aus Freundschaft und Hochachtung. Er kann damit machen, was er will. Der Leithammel meiner Rezensenten hat sich auch schon hören lassen. In der »Leipziger Zeitung« ist in einem Berichte aus Wien von den »Pariser Briefen« die Rede, deren dritten Band Börne *eben jetzt druckt*. Zum Unglücke kann man sich gar nicht auf den Stil dieser guten Leute verlassen. Was heißt das: *eben jetzt druckt*? Auf jeden Fall soll das bedeuten: *drucken läßt*; aber sind sie schon gedruckt? oder werden sie erst gedruckt? Und wenn das letztere – woher will denn ein Wiener wissen, was darinsteht? Werden die Briefe etwa in Wien gedruckt? Das wäre ein Meisterstreich von dem Verleger. Als der schlaue Casanova aus dem Gefängnisse der Staatsinquisition von Venedig entsprang, flüchtete er sich in das Haus des Sbirrenhauptmanns; dort hielt er sich am sichersten. In dem Berichte heißt es: ich hätte mich gerühmt, daß meine *Schreibereien* am meisten von den Wienern gelesen würden; das möchte aber wohl eine *Aufschneiderei* sein. Der Himmel wolle meine Demut vor größeren Gefahren bewahren!

Jetzt bitte ich Sie aber auch, fleißiger, als es vorigen Winter geschehen, auf die erscheinenden Rezensionen achtzuhaben, sie für mich zu sammeln und mir mit Gelegenheit zu schicken. Nicht die Hälfte von dem, was über mich geschrieben worden, habe ich damals zu lesen bekommen. Einige der interessantesten Rezensionen kamen mir erst nach meiner Rückkehr in Deutschland unter die Augen, wie die von Görres und Carové und eine in der »Abendzeitung«, worin es heißt: »Börne steht jetzt auf dem Punkte, *wo der Mensch in den Tiger übergeht.*« Es wäre zwar damals noch Zeit gewesen, darüber zu schreiben und es in meine Briefe einzuschieben, aber es wäre ein Anachronismus meiner Gefühle geworden, und ich lüge nicht gern. Also tun Sie, was ich verlange, und vergessen Sie nicht, daß ich auf dem Punkte stehe, wo der Mensch in den Tiger übergeht, und daß es gefährlich ist, mich zu reizen.

Sechsundneunzigster Brief

Paris, Donnerstag, den 10. Januar 1833

... Ich wollte, ich wäre bei Ihnen, ich habe etwas Wichtiges mit Ihnen zu überlegen, etwas Gelehrtes, einen Punkt aus dem Staats- und Hausrechte. Ich kann aber ohne Sie nicht fertig werden. Hören Sie, was es betrifft. Im Jahre 1817 machte die französische Regierung den Entwurf zu einem Wahlgesetze für die Deputiertenkammer. Solche Wahlordnungen wurden natürlich im Interesse der Macht eingerichtet. Da nun die Freiheit, statt der Gesundheit gleich etwas Angebornes, Unbemerktes, Ungefühltes zu sein, stets etwas Erworbenes, Bestrittenes, kurz, ein ewiger Kampf ist und man dieses wie jedes Kampfes in den reifern Jahren teils müder, teils unkräftiger wird – sieht die Regierung überall darauf, daß die Bürger erst im höhern Alter zu Volksvertretern gewählt werden können. In jenem französischen Wahlgesetze war also bestimmt, daß ein unverheirateter Mensch erst mit dem vierzigsten Jahre, ein verheirateter mit dem fünfunddreißigsten und ein Witwer schon mit dem dreißigsten wählbar sei. Daß ein Ehemann früher erschöpft wird als ein lediger Mensch, begreift sich leicht: der Kampf für seine persönliche Freiheit läßt ihm wenige Tapferkeit zum Kriege für die öffentliche übrig. Warum aber ein Witwer schon im dreißigsten Jahre matt ist und fünf Jahre früher als ein Verheirateter, verstehe ich nicht, und darüber möchte ich Ihre Weisheit vernehmen. Wenn ich ein Wahlgesetz zu machen hätte – ich verfaßte es im Interesse der Freiheit –, würde ich festsetzen: daß ein lediger Mensch nicht mehr nach dem dreißigsten und ein verheirateter nicht mehr nach dem fünfundzwanzigsten Jahre Deputierter werden könnte. Doch was die Witwer beträfe, ließe ich sie lebenslänglich wählbar sein; denn ich würde annehmen: ein Witwer müsse das Herrliche und Köstliche der

Freiheit so lebhaft fühlen, daß er noch im siebzigsten Jahre ein Spartacus werden könnte. Was denken Sie davon?

Samstag, den 12. Januar 1833
... Spricht man denn in Frankfurt auch von einem Kongresse, der nächsten Frühling dort gehalten werden soll und wozu beide Kaiser kommen? Es wäre schön. Das würde ja der deutschen Revolution eine Eisenbahn eröffnen.

Siebenundneunzigster Brief

Paris, Samstag, den 12. Januar 1833
Ich komme auf Chateaubriand zurück, den edlen Narren, der mir aber lieber als die sieben Weisen jeder Schule; auch der Liberalen, das dürfen Sie mir glauben. Die *Treue* ist seine geliebte und verehrte Dulcinea. Nicht den Bourbons, nicht der Legitimität, *sich* ist er treu. Wäre das nur jeder in seinem Glauben, in seiner Gesinnung, wie weit besser wäre dann alles! Wollte nur jeder, was er will, ganz und immer, wie viel milder wäre der Widerspruch, wie viel menschlicher der Streit! Denn wahrlich, nicht das eigensinnige Festhalten auf jeder Meinung, wie die guten Leute glauben, sondern das furchtsame oder heuchlerische Nachgeben macht die Parteien so unversöhnlich. Gäbe es keine Royalisten, die Liebe zur Freiheit heuchelten, freilich, zur *wahren*, wie sie sagen – gäbe es keine Freisinnigen, die Anhänglichkeit für den Fürsten heuchelten – beide aus List, Trug oder Schwäche –, man könnte sich besser verständigen; denn man verstünde sich besser.

Es ist gut, daß Sie wissen, was Chateaubriand von der gegenwärtigen Lage Frankreichs, von seinen äußern Verhältnissen, was er von der Erbärmlichkeit der Regierung und der Ermüdung der Nation spricht, auf welche die Tyrannei die Hoffnung ihres Gelingens gründet. Chateaubriand ist kein Zimmerspekulant wie ich, der die Welt durch das Fenster ansieht, er hat nichts zu erraten und zu vermuten, er braucht keinen Argwohn und keine

Hoffnung; er ist ein vornehmer Mann, steht an der Spitze einer reichen und mächtigen Partei, die alles weiß, alles erfährt und vieles selbst tut oder stört. Er ist selbst ein Staatsmann, der die Mittel und Wege, die Stärke und Schwäche aller Regierungen kennt. Ihn konnte nicht wie mich die Liebe zur Freiheit verblenden; denn er ist ein guter Royalist der reinsten Art, ein Legitimist. Es könnte sich freilich finden, daß das, was er Louis-Philippe vorwirft, nur das Verderben jedes Fürsten sei; aber dann desto schlimmer für Chateaubriand und desto besser für uns. Darum noch einiges aus seiner Schrift.

»Die Revolution der Julitage, aus dem Volke hervorgegangen, hat, abtrünnig von ihrem Ursprunge, sich von dem Ruhme geschieden und um die Schande gebuhlt, als gäbe das eine ihr den Tod, als wäre die andere ihre Lebensquelle. Das Justemilieu hat sich einer ausschweifenden Macht ergeben, an welche die Regierung Karls X. nie gedacht und die man nie von ihr geduldet hätte. Verächter der Gesetze, zum Spotte der Charte vor 1830, hat er den Belagerungszustand eingeführt; zehn wichtige Artikel des neuen Vertrags sind von ihm gebrochen worden. Er trieb seinen Spott mit der persönlichen Freiheit; er hat die Gefängnisse angefüllt, die Haussuchungen, die Militärkommissionen, die Preßprozesse vermehrt und einen Schriftsteller wegen eines Wortspiels zum Tode verurteilt... Der *Fetfa*, welchen die Minister der Pairskammer vorgelegt haben, verwandelt, dem Geiste nach, die konstitutionelle Monarchie in einen orientalischen Despotismus. Es ist Konstantinopel mit den Eunuquen der Doktrine als Janitscharen; nur tragen sie, wie Mahmud, *Chalwaris* auf englische Art, als Zeichen der Fortschritte der Zivilisation. Aber wenn die Franzosen nicht bis zur letzten Staffel der Völkerleiter herabgekommen sind, wenn man noch, ohne zu erröten oder zu lachen, von Freiheit reden darf, werde ich mit meinen Betrachtungen fortfahren.

Es ist augenscheinlich, daß das Prinzip der Julirevolution und das Prinzip der Kontinentalmonarchien sich feindlich entgegenstehen, daß diese beiden unvereinbaren Prinzipien nicht lange nebeneinander fortdauern können; daß das eine notwendig das andere zerstören muß. Wenn die überraschten Fürsten im ersten Augenblick das Königtum der Barrikaden anerkannt haben, werden sie früher oder später unfehlbar davon zurückkommen; denn keinem von ihnen wird sonderlich viel daran liegen, von einem Pflastersteine umgeworfen oder von einem Vetter verdrängt zu werden. Ja, je mehr sich in Frankreich ein Anschein von Ordnung und Wohlstand zeigte, je mehr würden sich die absoluten Regierungen entsetzen; denn die Versuchung für ihre Völker wäre dann um so größer. Wie wäre auch möglich, eine freie Tribüne, freie Journale, die Gleichheit der Stände, die Teilung aller Ämter und jedes Glückes zu haben, ohne daß die Revolution, minder bedächtig als ihre schwachen Führer, über den Rhein ginge? ... Daß Souveräne, von einem dreißigjährigen Kriege ermüdet, schlafen wollen; daß Gesandte lieber in Paris bedeutende Personen sind als bei sich zu Hause hintenangesetzt und vergessen; daß sie darum in Angelegenheiten, von welchen sie sich selbst Rechenschaft geben oder nicht, sie ihrem Hofe die Wahrheit verbergen – das begreift sich. Lasset aber einen gewissen Tag kommen und einen gewissen Menschen gehen, und ihr werdet es erfahren.« Die letzte Äußerung bezieht sich auf den russischen Gesandten, den Grafen Pozzo di Borgo, von welchem gesagt wird, er liebe so sehr den Aufenthalt in Paris, daß er darum seit der Revolution sich die größte Mühe gebe, seinen Kaiser in friedlicher Stimmung gegen Frankreich zu erhalten. Dieses erregte in der letzten Zeit endlich den Argwohn des russischen Hofes, und Pozzo di Borgo wurde nach Petersburg berufen, um Rechenschaft abzulegen. Aber durch Aufopferung einer bedeutenden Geldsumme an eine einflußreiche Person soll ihm gelungen sein, seine Unschuld darzutun, und er durfte nach Paris zurückkehren.

»Die gesellige Ordnung löst sich auf; die Anarchie, die in die Köpfe eingedrungen, bedroht die materielle Gesellschaft. Man versteht sich über nichts mehr, die Verwirrung der Ideen ist unglaublich. Wenn der Nachbar nicht seinen Nachbaren erwürgt, so unterbleibt es, nicht weil ihn die Staatsgewalt hindert, sondern weil die Fortschritte der sittlichen Bildung ihm den Gedanken der Gewalttätigkeit genommen haben. Keine Partei, kein Mensch glaubt innerlich an den Bestand der gegenwärtigen Ordnung der Dinge – für eine Regierung die allergefährlichste Stimmung. Die Quasilegitimität, sich für stark, entschlossen, unerschrocken ausgebend; Willkür für Kraft, den unverschämtesten Gesetzesbruch für Gesetzlichkeit haltend, gibt über die Prinzipien nach und verträgt sich mit allem, was ihr Furcht macht. Sie erhält sich nur durch das vorgehaltene Schreckbild einer noch schlimmern Zukunft, als sie selbst ist; sie stellt sich als eine traurige Notwendigkeit dar und sagt (sonderbarer Anspruch auf das öffentliche Vertrauen!): *ich bin immer noch besser als das, was kommen wird.* Das ist so ausgemacht nicht.

Vierzigjährige Stürme haben die stärksten Seelen niedergeworfen; die Gefühllosigkeit ist groß, der Egoismus fast allgemein; man duckt sich, um unbemerkt zu bleiben und sich in Frieden durchzubringen. Wie nach einer Schlacht die Leichen die Luft verderben, so bleiben nach jeder Revolution angefressene Menschen übrig, die alles mit ihrem Eiter beschmutzen.

Die Freiheit ist nirgendsmehr als in den Herzen einiger wenigen, die würdig sind, ihr eine Zuflucht zu eröffnen. Ein Gegenstand der Spötter aller jener Elenden, die einst ihr Feldgeschrei daraus gemacht, wird diese verkaufte, geschändete, an allen Straßenecken ausgebotene und verschacherte Freiheit; diese Freiheit, welche die Possenreißer des Justemilieu sich mit Fußstößen einander zuwerfen; diese gebrandmarkte und mit der Haspel der Ausnahmsgesetze erwürgte Freiheit, wieder durch ihre Vernichtung die Revolution von 1830, in eine große Schmach und eine hündische Schurkerei verwandelt.

Die Gleichheit, diese Leidenschaft der Franzosen, scheint allen Bedürfnissen genugzutun. Der Bürger, der glaubt, einen König gewählt zu haben, der an dem Tische dieses Königs zu Mittag ißt und mit seinen Töchtern tanzt, weiß sich in seiner Pfaueneitelkeit mit Freiheit und Ruhm wohlfeil abzufinden. Wenn man ihn festhält und ihm Handschellen anlegt, denkt er, er habe sie sich selbst angeschnallt; denn er ist die Quelle der Macht, er klirrt aus Prahlerei mit eignen Ketten, als Zeichen seiner starken Unabhängigkeit. In seinen Augen ist die Monarchie eine Haushaltung und das Diadem das Band einer Nachtmütze.

Die Frau Herzogin von Berry sah einen Teil dieser Dinge vom fremden Strande aus... Man sagte der edlen Tochter Heinrichs IV., daß es in Frankreich eine Partei gebe, die mit Hundegeduld alles ertrage(!); Freiheit heuchelnd, schamlos ihre Reden durch ihre Handlungen Lügen strafend(!!); die Verachtung der Nation und die Fußtritte des Auslandes(!!!) unterwürfig hinnehme; sich gegen künftige Mißfälle in ihrer Filzigkeit(!!!!) Rettung sichere und in der Hoffnung zu leben krieche, krieche, krieche, weil es schwer ist, zu zertreten, was sich so platt macht unter den Füßen(!!!!!). Die wohlwollende Prinzessin...« – Doch genug von der Prinzessin; gute Nacht, Prinzessin!

Montag, den 14. Januar 1833

Jetzt nur noch, was Chateaubriand über den belgischen Krieg gesagt. Mir, seinem Sancho Pansa, ziemt es wie jedem treuen Diener, die edlen Reden seines Herrn zu verkünden. »Aus dem, was heute unsere mit der Klugheit der Quasilegitimität umwindelten Soldaten getan, kann man sich überzeugen, was die echten Julimänner hätten tun können. Man hat vor Antwerpen das Heldengeschlecht von Marengo, Friedland, Navarin und Algier erkannt; nur sah man mit Schmerz, daß das Justemilieu so viel Tapferkeit verschwendete, so viele Menschen aufopferte, um das Feuer der Linken zum Schweigen zu bringen, um sich eine Kammermajorität zu schaffen und, mit einer dummen Naivität, eine Festung zum Vorteil unserer Nachbarn zu erobern. Wir, uns eilend, über die Grenzen zurückzugehen, und nachdem jeder unserer Soldaten auf den Appell des englischen Kontrolleurs geantwortet haben wird, wir werden die Kosten eines glänzenden Kriegszugs übernehmen, der aber nichts endet, weder für Frankreich noch für Holland noch für Belgien – ein mörderisches Turnier, dessen mittelbare Folge früher oder später ein Krieg, dessen unmittelbare Folge sein wird, die Schelde dem Handel Großbritanniens zu eröffnen. Dieses, das in dem blutigen Spiele keinen Schiffsjungen gewagt, hat nur einige Guineen auf hohe Zinsen angelegt. Fünf- bis sechstausend von dem Geschütze oder der Krankheit hingeraffte Soldaten, mehrere tapfere und geschickte Offiziere getötet oder verwundet, einige und vierzig Millionen aus der Tasche der Steuerpflichtigen genommen, bilden die Mitgift, welche wir das Glück und die Ehre haben werden, der Eheliebsten des englischen Präfekten von Belgien anzubieten.«

Dienstag, den 15. Januar 1833
Ein preußischer Naturforscher wollte eine wissenschaftliche Reise nach Nordamerika machen und bat seinen König um Unterstützung. Dieser antwortete: Amerika sei schon genug ausgeforscht, aber in Sibirien wären noch die schönsten Entdeckungen zu machen. Als sich nun ein anderer Naturforscher fand, der sich bereitwillig zu Sibirien erklärte, bekam er achthundert Taler Reisegeld. Ist das nicht artig? Ja, dieses Amerika tut ihnen wehe wie ein hohler Zahn und stört sie im Schlafe. Wenn es nur zu plombieren wäre! Eine Republik ohne Guillotine – und sie sagen uns doch seit vierzig Jahren: Republik und Guillotine, das wäre alles eins! Freiheit ohne Blut – und sie lehren doch der Hofratsjugend in allen Schulen: die Freiheit sei eine Art Fisch, der nur im Roten Meere lebe! Aber sie hoffen sehr auf eine bessere Zukunft, auf Blut und Königtum auch in der Neuen Welt. Sie haben es längst vorhergesagt, das Band, welches die verschiedenen Länder Amerikas aneinanderknüpfe, würde bald zerrissen, und dann würden die Vereinigten Staaten aus der gottlosen Liste der Republiken gestrichen und in die heilige Zivilliste gesetzt werden. Und in diesen Tagen hat sich wirklich ereignet, daß eine Provinz der Vereinigten Staaten aus Unzufriedenheit mit einem Douanengesetze, das ihrem Handel schadet, sich von der Union gewaltsam loszutrennen droht. Schon fangen die Aristokraten zu jubeln an. *»Das Werk Washingtons und Franklins stürzt zusammen«*;

schon halten die europäischen Fürsten im stillen eine Familienmusterung und verteilen Amerika zwischen ihre Ottos, Karls, Wilhelms und Friedrichs; schon erkundigt sich Herr von Gagern vertraulich bei Herrn Rothschild, welcher Fürst am meisten Kredit habe, und arbeitet in einer schönen Rede für die hessen-darmstädtische Kammer, worin er von der Brüderschaft des Mississippi und des Rheins spricht. Unvergleichlich ist die dumme Naivität, mit welcher die Royalisten die Naturnotwendigkeit der monarchischen Regierungen dartun und ihre feste Hoffnung ausdrücken, daß Gott in seiner Barmherzigkeit auch bald den amerikanischen Völkern Könige verleihen werde. Sie sagen: ein Staat in seiner Kindheit und in seinem Greisenalter könne der Monarchie nicht entbehren. O! zugegeben mit tausend Freuden. Aber was folgt daraus? daß eine Monarchie nichts als eine Laufbank oder eine Krücke ist und daß, wenn man der Laufbank nicht mehr und der Krücke noch nicht bedarf, man keine Könige braucht. Ich gebe ihnen mehr zu, als sie verlangen, und bekenne, daß die Staaten nicht bloß in ihren Kinderjahren und im hohen Alter, sondern auch zu jeder Zeit ihres Lebens einer fürstlichen Regierung bedürfen – sobald sie krank werden. Dann ist die Monarchie das Heilmittel und der Fürst der Arzt. Aber sobald die Gesundheit zurückkehrt, wirft man das Arzneiglas zum Fenster hinaus und verabschiedet die Ärzte. In diesem Zustande der Wiedergenesung ist jetzt der größte Teil der europäischen Welt. Wozu also noch länger Doktor und Apotheker? wozu so vieles Geld für Arzneimittel ausgeben, das wir für unsere Nahrung nützlicher und angenehmer verwenden könnten? Aber da gibt es Völker, die von Gesundheit strotzen und in der Einbildung krank sind, nur da sehen wir die ganze lächerliche und traurige Geschichte von Molières *Malade imaginaire*. Lesen Sie gleich vorn die Apothekerrechnungen: es ist eine Satire auf die monarchischen Budgets. Da sind die Volksdoktoren Diafoirus Vater und Sohn, da ist der Volksapotheker Purgo, die den unglücklichen Argan anführen und abführen, daß es ein Erbarmen ist. Wohlmeinende Freunde belehren ihn, daß er gesund sei, und er möge doch Doktor und Apotheker zur Tür hinauswerfen; aber da tritt jedesmal Madame Belise, der nach dem Gelde des armen Tropfes gelüstet, zur rechten Zeit hinzu und spricht zärtlich: *Mon petit fils, mon ami, mon pauvre mouton!* und erstickt ihn unter Federbetten. Endlich aber, ich hoffe es, wird, wie Argan, auch das Volk klug werden, sich selbst zum Doktor kreieren und das erhabene und geheimnisvolle *Clysterium donare, postea segnare, ensuita purgare* – was man *regieren* nennt – selbst lernen und ausüben.

Haben Sie aber, wenn Sie Tee getrunken, je daran gedacht, daß es der Tee ist, dem wir die amerikanische Freiheit zu verdanken und alle die herrlichen Folgen, die sie für Europa gehabt? Ein Zoll, den das englische Parlament auf den Tee gelegt, veranlaßte den Abfall der amerikanischen Kolonien. Ich rede da freilich im Geiste der Monarchisten, die jede Revolution einem unglücklichen Zufalle zuschreiben; wäre es nicht der Tee gewesen, wäre eine andere Veranlassung dazu gekommen; nicht die Freiheit, die Tyrannei bedarf einer Erklärung. Doch ist es immer schön, daß es der Tee war und daß er so wieder gutmachte, was er verdarb. Nämlich der Tee, der Kaffee und andere indischen Gewürze haben erstaunlich viel dazu beigetragen, die Despotie in Europa zu begründen – einerseits, indem sie die Völker durch den Genuß körperlich, durch Gewöhnung an Üppigkeit geistig entnervt haben, und andererseits, indem das Emporblühen des Handels die Fürsten bereichert hat, so daß sie sich stehende Heere bilden konnten, mit welchen sie die Freiheit niederschlugen. Trinken Sie die nächste Tasse Tee auf die Gesundheit *Karolinens*, nämlich jener amerikanischen Provinz, die durch ihren Widerspruch das Land zu entzweien droht; trinken Sie auf das Wohl der Freiheit überhaupt; es geht dem armen Mädchen gar zu schlecht.

Weil wir gerade vom Tee sprechen, muß ich Sie doch über etwas fragen, das mich seit einigen Tagen sehr beunruhigt. Ich kaufte mir Tee, grünen und schwarzen, von beiden gleich viel an Gewicht. Ich habe für jede Sorte eine besondere Büchse. Als ich nun zu Hause die Büchsen füllte, machte der schwarze Tee die Büchse ganz voll, der grüne aber nur zur Hälfte. Es ist nun die

Frage: bin ich betrogen, oder nimmt der grüne Tee weniger Raum ein als der schwarze? Es wäre merkwürdig, wenn ein Betrug stattgefunden, es war doch ein *Maison de confiance*, in dem ich den Tee kaufte. Ein *Maison de confiance* nennt man hier einen Kaufladen, worin man geprellt wird wie in jedem; aber man darf kein Wort dagegen sagen. Beklagt man sich im mindesten, antworten sie stolz: *C'est une maison de confiance*.

Mittwoch, den 16. Januar 1833

Da ist Ihr Brief, ich kann aber heute nicht mehr auf alles antworten, ich bin gestört worden, es ist zu spät. Ein Spanier hat mich besucht, einst beim Korps des Marquis Romana. Ich erzähle Ihnen noch von ihm.

– Eine *gemischte Schulkommission* heißt eine Schulkommission, die aus Dummheit und Pedanterie gemischt ist. Adieu!

Achtundneunzigster Brief

Paris, Freitag, den 18. Januar 1833

Ich glaube, es war mein vorletzter Brief, dessen Kürze ich durch störende Besuche erklärte. Kein wahres Wort daran. Es war wieder ein schönes Buch, in dem ich herumkroch wie eine Fliege in der Zuckerdose, und ich konnte nicht heraus. Wenn Sie mir auf das heiligste versprechen wollen, es gar nicht in die Hand zu nehmen an den Tagen, an welchen Sie mir zu schreiben haben, will ich es Ihnen verraten. Es heißt: *Mémoires d'un cadet de famille*, aus dem Englischen übersetzt, bis jetzt zwei Bände. Der Name des Verfassers steht auf dem Titel, aber ich habe ihn vergessen und das Buch schon weggegeben. Er nennt sich *Freund des Lord Byron*. Der Held dieser Denkwürdigkeiten war ein Seeräuber und hat dem Lord Byron den Stoff zu seinem *Korsar* und dem *Giaur* gegeben. Freilich können diese Denkwürdigkeiten für eine Frau nicht so anziehend sein als für einen Mann... Für einen Mann? O!! Es ist mein Spott. Ich meine: für Männer, wie wir sind; ich meine: für einen Mann, wie ich bin, der glaubt etwas zu sein, weil er sich schämt, nichts zu sein. Ich schwöre es Ihnen, als ich in dem Buche las, hob ich meinen Arm hoch empor und redete ihn an: Schlingel, alter Schlingel! sage mir doch, was hast du denn getan in deinem halben Jahrhunderte? Ich saß am Kamine und starrte in die lodernde Glut. Brennen – leben! Von diesem Holze bleibt ein wenig Asche übrig, das andere alles geht als Rauch in die Luft. Aber dieser Rauch sammelt sich zu Wolken, diese Wolken stürzen als Regen herab, der die Erde befruchtet, und so ernährt der Tod das Leben. Auch von den Menschen bleibt nur ein wenig Asche übrig, auch sein ganzes Dasein geht in Rauch auf; aber dieser Rauch wird nicht zur Wolke, er kehrt nicht zurück, er befruchtet nichts. Wo kommen nun die zahllosen, unbenutzten, ungenossenen Kräfte aller der Millionen Menschen hin, die nichts waren, die nichts werden durften? Die Erziehung schlägt sie tot. Gut, ich weiß das; aber was wird aus ihnen nach dem Tode? Wehe, die Erziehung! Sobald ein Mensch geboren wird – gleich umstellen und umlauern ihn die Mutter, die Amme, der Vater, die Wärterin; später kommt der Lehrer, später der Polizeimann dazu. Die Mutter bringt ein Stückchen Zucker, die Amme ein Märchen, die Wärterin eine Rute, der Vater den Vorwurf, der Lehrer den Stock, der Staat seine Ketten, sein Henkerbeil. Und zeigt sich eine Kraft, rührt sich, stammelt nur eine Kraft – gleich wird sie fortgeschmeichelt, fortgepredigt oder fortgezüchtigt. So werden wir wohlerzogene Menschen, so bekommen wir schöne Talente. Wissen Sie, was ein großes Talent heißt? Ein Talent ist eine große fette Gansleber. Es ist eine Krankheit; der Leber wird das ganze arme Tier aufgeopfert. Wir werden in einen engen Stall gesperrt, dürfen uns nicht bewegen, daß wir fett werden; werden gestopft mit moralischem Welschkorn und gelehrten Nudeln, und dann schnaufen wir und ersticken fast vor Moral, Gelehrsamkeit und Polizeifurcht, und dann kommt eine alte Köchin von Regierung, betastet uns, lobt uns, schlachtet uns, rupft uns und benutzt unsere schönen Talente. Was nur an uns stirbt, möchte ich wissen; ich möchte wissen, was nur der Tod an uns zu holen findet! Aber der Tod ist ein armer

Hund; nichts als Knochen sein ganzes Leben lang, selten daß ihm ein voller Mensch herabfällt.

Dieser Korsar – man kann es aus den Epochen seines Lebens berechnen, er war ein Knabe, als die Seeschlacht von Trafalgar vorfiel – ist jetzt erst vierzig Jahre alt und lebt wahrscheinlich schon längst wieder in seinem Vaterlande und baut sein Feld. Ein Jahrtausend am Leben hat er schon zurückgelegt, und die dreißig Jahre, die er noch leben mag, sind ihm ein Dessert, eine Siesta. Taten, von welchen eine einzige nur das ganze arme Leben eines Menschen bereichern könnte, hat er vergessen, und jetzt in seiner Einsamkeit, da er seine Denkwürdigkeiten schrieb, war es oft eine seltene Waffe, die er erbeutet und noch besitzt, oder ein anderes Zeichen, was ihn an eine blutige Schlacht, an eine furchtbare Gefahr erinnert. Der Indische Ozean mit seinen liebeswarmen, seligen Inseln war sein Spielplatz. Dort ist die kriegerische Sonne, deren Pfeile Niobes Töchter getötet; dort ist das echte Urbild der Sonne, die wir nur aus Kupferstichen kennen. Da wachsen Ananas wie bei uns die Rüben. Der Tiger beheult die Nacht, wie bei uns die Nachtigall sie besingt. Der Pfeil eines Wilden ist Morgengruß, der vergiftete Dolch eines Malaien ist Abendgruß.

Er hatte eine Liebe, ein arabisches Mädchen, *Zela*, die Tochter eines Scheiks. Einmal in der Nacht überfiel er einen malaiischen Ort und metzelte die Einwohner nieder, sie für verübte Gewalttätigkeiten zu züchtigen. Die Gefangenen der Malaien befreite er. Unter diesen war ein Araber zum Tode verwundet, der, ehe er verschied, die Hand seiner vierzehnjährigen Tochter in die ihres Erretters legte. Der Korsar trug sie auf seinen Schultern in sein Schiff. Sie ward sein Weib, die Mutter seiner Kinder, sie begleitete ihn auf allen seinen Seezügen, teilte alle seine Gefahren, ward sein Schutzgeist. Könnte ich Ihnen die arabische *Zela* schildern! Sie ist der holde *Genius des Kaffees*, der heiße dunkle Blick des Morgenlandes, ein Brennspiegel der Seligkeit. Zela ist für den Geist des Korsaren, was der Kaffee für sein Fleisch. Denn ich muß Ihnen sagen, er trinkt Kaffee, wie ich auch, nur unter andern Umständen, und das hat mich am meisten geärgert und darüber bin ich rot geworden. Ich trinke Kaffee – nicht einmal des Morgens, da kann ich ihn nicht vertragen, sondern mittags nach dem Essen, nachdem ich etwas geschlummert, um neue Kraft zu neuer Schwäche zu sammeln; ehe ich mich wieder an den Schreibtisch setze und federfuchse und schimpfe wie ein altes Weib gegen Buben, die mit Steinen nach mir werfen. Er – wenn ihn eine tolle Meereswoge in die See schleudert und die Wellen mit ihm spielen und ihn sich einander zurollen; sein Mut und seine Stärke helfen ihm wieder empor, er wird halbtot an Bord gebracht – er trinkt Kaffee, und alles ist wieder gut. Wenn er aus sechs Wunden blutend ohnmächtig niedersinkt; der dumme Schiffschirurg kommt mit Kübeln von Arzneitränken, mit seinen Messern ihm Arme und Beine abzuschneiden – der Held schlägt die Augen auf, fordert eine Tasse Kaffee, trinkt sie und ist geheilt. Wenn – doch genug. O Schlingel! – ich. O Schlingels! – ihr.

Samstag, den 19. Januar 1833
... Auf das, was *** sagt, lassen Sie achtgeben. Er steht zwar ganz unten in der vornehmen Welt, aber unter der aristokratischen Sippschaft herrscht eine merkwürdige Sympathie, und wenn man aufmerksam ist, kann man oft unten hören, was oben gesprochen wird, und so erfahren, was sie vorhaben. Es kann recht leicht sein, daß sie diesmal meine Briefe nicht verbieten, planmäßig nicht; denn aus der Polizeilumperei kommen sie nie heraus. Sie halten immer für leicht und möglich, die öffentliche Meinung zu unterdrücken oder zu beherrschen, und wenn es ihnen mißlingt, denken sie, sie hätten nur das rechte Mittel nicht gewählt. Das Verbot der Briefe hat nichts geholfen; jetzt denken sie, die Duldung werde wirksamer sein, aber ihre Verachtung wird mir sowenig schaden als ihr Haß.

Ich habe den Artikel in der »Nürnberger Zeitung« gelesen. Er ist gut gemeint; aber ich finde mich noch schwerer in diese Menschen, als sie sich in mich finden. Da heißt es wieder: es sei doch jammerschade, daß ein so geistreicher Mann, wie ich sei, und der so unendlich viel Gutes wirken könnte, so unmäßig wäre! Guter Gott! Auf wen soll ich denn wirken? Auf die Regierungen etwa? Auf den Fürsten von Wallerstein, den Herrn von Blittersdorff, den Herrn von Nagler? Oder wohl gar auf die regierenden Fürsten, auf den Großherzog von Baden etwa, den ein Fluß, über welchen eine bequeme Brücke führt, von der Weltschule trennt und der nichts gelernt. Auf einen Fürsten, der sein Wort gebrochen und für die Klagen und Schmähungen seines Volkes reichlichen Ersatz in einem preußischen Generalstitel findet und in einem artigen Briefe, den ihm sein König geschrieben? Ich soll Gehör bei Menschen suchen, die vierzig Jahre lang den Donner des Himmels überhört? Und das noch mit freundlichen Worten, mit Höflichkeit und Bescheidenheit! Meine Hofmeister sehen eine deutsche Regierung für eine alte gute Großmutter an. Sie meinen: die Großmutter hat ihre Launen, denn sie ist alt und kränklich; aber sie ist doch unsere Großmutter, wir müssen Nachsicht mit ihr haben. Nein, nein, nein, zum Teufel! nein. Nicht Großmütter, Furien sind unsere Regierungen. Ist es großmütterlich, was Bayern tut, das jeden Mann von Gefühl auf die Folter einer peinlichen Untersuchung spannt, bis er bekenne, wer seine Mitfühlenden gewesen? Ist es großmütterlich, wenn die Nassauer Regierung eines Greis von siebzig Jahren in einer Winternacht aus seiner einsamen Landwohnung reißt und ihn auf drei Jahre zu Dieben und Räubern ins Zuchthaus sperrt, weil er in einer ausländischen Zeitung freimütig über die Finanzen des Landes gesprochen? Ist es großmütterlich, wenn die preußische Regierung, wie sie selbst bekanntmacht, Spione in Paris hält, die ihr jedes Wort der Klagen eines ihrer Untertanen berichten? Mit des Teufels Großmutter will ich höflich sein, aber mit keiner Rabenmutter von deutscher Regierung.

Ich habe mir das oben besprochene Buch aus der Leihbibliothek noch einmal holen lassen. Der Verfasser heißt Trelawney und nennt sich »*Compagnon et ami de Lord Byron*«.

Ich habe nicht Zeit mehr, das Blatt herunterzuschreiben; ich bin wieder durch Besuche gestört worden. Adieu.

Neunundneunzigster Brief

Paris, Sonntag, den 20. Januar 1833

Meine deutsche Eselshaut ist schon wieder voll, und ich muß sie aufräumen, um für die neue Woche Platz zu bekommen. *Deutsche Eselshaut* nenne ich die Pergamentblätter in meiner Schreibtafel, die dazu bestimmt sind, beim Zeitungslesen die deutschen Angelegenheiten zu merken. Wollte ich sie, wie ich es mit dem übrigen Europa mache, auf Papier zeichnen, müßte ich mir jeden Monat ein neues Taschenbuch kaufen. Sie sollten nur einmal das kleine gelbe Ding sehen, man glaubt es nicht, wie viel Ärger hineingeht. Wenn ich das nachher in Briefen ausbreite, ist es nichts mehr; es ist dann Scham, Zorn, Wut, Schrecken, in vieler Tinte aufgelöst. Aber auf dem Pergamente ist es die reine natürliche Leidenschaft, wie sie aus dem Herzen kommt. Oft nur ein Wort, ein Zeichen, ein Schrei; aber beredsamer als die schönste lange Rede. Wenn Worte, wenn ein Ach, ein O, ein Weh zünden könnten, schleuderte ich einmal mein Taschenbuch in das verfluchte Taxissche Haus, daß das ganze Sündenregister mit allen Sündenregistratoren in Rauch und Feuer aufginge. Dort ist die Büchse der Pandora, nur ohne die Hoffnung. Doch nein, nicht ohne Hoffnung! die Hoffnung ist da, aber nicht in der Büchse; ich hoffe mehr als je. Es kann nicht lange mehr so bleiben, sie machen es zu arg. Ein Volk erträgt lange den Haß, den Zorn, den Druck, wohl auch den Spott seiner Tyrannen: aber die Verachtung – nein. Was! die Milch, das sanfte, harmlose Ding, wird sauer und gerinnt, steift sich und widersteht, wenn man sie etwas tückisch anhaucht, wenn sie einer schlägt – und das stolze Blut, der edle Sohn des Körpers und der Seele, sollte sich nicht rühren, wenn freche Edelbuben in ihm herumplätschern? Es kann nicht sein, das ist nicht möglich, das ertragen sie nicht lang mehr – es ist Eisen im Blute.

Die Volkskammer in Weimar hatte die Öffentlichkeit ihrer Sitzungen beschlossen; denn was wäre selbst die Wahrheit im Verborgenen? Nur eine gefährliche Waffe mehr in den Händen der

Lüge. Aber die Edelleute in der andern Kammer haben die Öffentlichkeit verworfen; denn sie meinten in ihrer Weisheit, damit hätten noch alle Revolutionen und Republiken angefangen und alle Monarchien geendet – worin sie auch ganz recht haben. Der Hauptmann der Edelleute, der Landesfürst, hat den Antrag der Kammer auch verworfen, mit all dem lächerlichen Hochmute, dessen ein kleiner deutscher Fürst nur fähig ist, mit dem ganzen Trotze, den der Schwager eines Kosakenkaisers sich glaubt erlauben zu dürfen. Man muß die Epistel lesen, die der Großherzog seinen getreuen Ständen vor die Füße geworfen hat! Er sagt ihnen: sie möchten ihm ja mit solchem Zeuge nicht mehr kommen, und das Volk solle ja nie in Menge etwas fordern, mit zahlreichen Bittschriften nahen; *denn wenn er noch so geneigt wäre, etwas zu bewilligen, und wenn es das Billigste wäre – nie würde er tun, was viele, was alle von ihm verlangten!* Die Epistel schließt mit den Worten: »Wir bestätigen übrigens sämtlichen Abgeordneten und, durch solche, sämtlichen geliebten Untertanen noch wörtlich die Fortdauer unserer festgegründeten Huld und Gnade.« Bedanke dich, glückliches Volk! Sehen Sie, so spricht Goethes würdiger Zögling. Aber ich hoffe, die Zeit wird bald kommen, daß wir diesen deutschen Fürstchen *unsere* Huld und Gnade bezeigen und bei Gott! ich hoffe, das nicht bloß wörtlich.

In Hannover ist ganz das nämliche geschehen; auch dort hat die Adelskammer den Antrag der Volksdeputierten auf Öffentlichkeit verworfen. Die armen Hannoveraner sind am schlimmsten daran unter allen deutschen Völkerschaften. Sie müssen ihrem Könige vergüten, was er an zwölf Millionen freier britischer Bürger verliert; auf jeden Hannoveraner kommt die Tyrannei von dreizehn Seelen. So ist der deutsche Adel! Nach der Julirevolution mußte er gezwungen ein ganzes Jahr fasten, und jetzt holt er heißhungrig die 365 versäumten Mahlzeiten nach. Wohl bekomme es ihnen! Nur daß sie sich hüten, sich nicht den Magen zu verderben, daß sie sich wohl hüten; denn wahrlich, lassen sie es zum Brechen kommen, möchte es ihnen schlimm ergehen. So ist der Adel aller Länder und Zeiten, so wird er bleiben, solange man ihn duldet. Er ist immer so gewesen, er ist im Livius was in der »Mannheimer Zeitung«. Sie erkennen keinen Gott der Menschen, sie erkennen nur einen Gott der Edelleute; sie erkennen keinen Volksfürsten, sie erkennen im Fürsten nur ihren Hauptmann; sie erkennen kein Vaterland, der Hof ist ihr Wald, das Land eine Stätte ihrer Räuberei, das Volk ihre Beute. Im Jahr 1816 hielt der Vicomte von Castelbajac, ein restaurierter Emigrant, in der französischen Deputiertenkammer eine feurige Rede über die Wiederherstellung der Religion durch Vermehrung der Macht und des Reichtums der Geistlichkeit. Da, im heiligen Eifer, entwischte ihm der Ausdruck: »*das Wohl des Vaterlandes*« ... *Vaterland!* Er erschrak seines unwillkürlichen Verbrechens, und sich entschuldigend sagte er der Kammer: »*Du reste, en employant le mot patrie je n'entends point le mot dont on a tant abusé, qui a servi de prétexte à tous les intérêts, à toutes les passions, et d'excuse à tous les crimes; j'entends par ›patrie‹ non le sol où je suis attaché sous les honteuses lois de l'usurpation, mais le pays de mes pères avec le gouvernement légitime.*«

– Die Freiburger Bürger hatten den Herrn von Rotteck zu ihrem Bürgermeister gewählt, aber die badische Regierung hat diese Wahl verworfen. Nun, darüber läßt sich nichts sagen, das ist etwas Bundestägliches. Die Minister hatten ihre ganze Macht gebraucht, all ihren Einfluß geübt, alle ihre Ränke spielen lassen, diese Wahl zu verhindern; sie hatten dem Herrn von Rotteck ihren eigenen Kandidaten entgegengesetzt, und er bekam achthundert Stimmen, und der Regierungskandidat nur zweihundert. Sehen Sie, was die höchst- und allerhöchstweisen Bundestagsbeschlüsse für ganz untertänigste Folgen haben. Freiburg, in dem größten Teile seiner Bevölkerung, war gar nicht liberal. Viele waren aus alten Zeiten noch östreichisch gestimmt, die meisten waren Gegner von Rotteck und Welcker; denn die guten Bürger hatten sich von ihren Regierungspfaffen weismachen lassen, Welcker und Rotteck wären schuld an der Sündflut. Als ich verflossenen Sommer dort war, wohnte ich einem Abendessen von dreißig bis vierzig Personen bei. Darunter waren etwa zehn Bürger, alle übrigen waren aus dem gelehrten Stande. Man versicherte mich, ich sähe da alles beisammen, was in Freiburg an Liberalismus aufzutreiben gewesen. Und wie hat sich das jetzt geändert! Das haben die Bundestagsgesandten bewirkt, das sind die wahren Revolutionärs, die guten echten Hambacher. Der Großherzog von Baden hätte tausendmal eher den Herrn von Blittersdorff pensionieren sollen als Rotteck und Welcker. Aber sie sind mit Blindheit geschlagen, mit einer Blindheit, gegen welche die ägyptische Finsternis blendendes Tageslicht ist. Ich bitte Sie, tun Sie mir doch den Gefallen und fragen Sie mich in Ihrem nächsten Briefe: ob ich denn gar nichts über die Bundestagsbeschlüsse schreiben werde. Ich möchte Sie gern auslachen, das wird mich erheitern. Den vielen Narren, die seit vorigem Sommer diese Frage an mich getan, wollte ich aus Höflichkeit nicht in das Gesicht lachen; aber mit Ihnen als meiner lieben Freundin brauche ich keine Umstände zu machen. Ich soll von den Bundestagsbeschlüssen sprechen! Als hätte ich mich darüber gewundert, als wäre ich einer jener Toren, die das überrascht. Ich hatte die Bundestagsbeschlüsse schon ein Jahr früher gelesen, ehe sie gedruckt, ja ehe sie geschrieben waren. Habe ich denn in den Pariser Briefen von vorigem Winter nicht davon gesprochen? Doch vielleicht das nicht einmal; es schien mir so etwas Natürliches, so etwas zu sein, was sich ganz von selbst versteht.

Hundertster Brief

Paris, Montag, den 21. Januar 1833

Heute ist der Jahrestag der Hinrichtung Ludwigs XVI. Es sind gerade vierzig Jahre. Um diesen *jour funeste et à jamais déplorable*, wie vorgestern die Pairskammer beschloss, religiös würdig zu feiern, mit Gebet, Reue, Buße und Tränen, um zu zeigen, wie jede Republik eine Tigeressenz ist und jede Monarchie eine See von Mandelmilch und Rosenwasser – will ich Ihnen folgende lustige und herzbrechende Geschichte mitteilen. Ich habe sie aus einer französischen Schweizerzeitung übersetzt. Vorher aber will ich Sie daran erinnern, was ich Ihnen kürzlich einmal von den Wassersäcken der Welt geschrieben, und wie das Fürstentum Neufchâtel, von dem Könige von Preußen beherrscht, der Wassersack der Schweiz sei. Jetzt lesen Sie!

»*Die Patrioten in den Gefängnissen von Neuchâtel.*
Am 8. Dezember des vorigen Jahres begab sich Herr von Perrot, Maire von Neuchâtel und Präsident des Kriminalgerichts, in die Gefängnisse, um den wegen politischen Vergehen Eingekerkerten die sogenannte Amnestie zu verkündigen, mit welcher der König von Preußen in seiner unerschöpflichen Güte sie zu begnadigen geruhte. Diese Magistratsperson legte den Unglücklichen einen Eid auf, nach welchem sie auf den königlichen Szepter zu schwören hatten: ›daß sie an der Person ihrer Richter sich nicht zu rächen suchen; daß sie keinen Groll, gegen wen es auch sei, bewahren; daß sie ihrem Gefängnisse Treue hüten und während der ganzen Zeit ihrer Gefangenschaft kein Mittel zur Flucht versuchen wollen‹. Alle Gefangenen sprachen die Eidesformel aus; nur Dubois, der zum Tode verurteilt, dessen Strafe aber in lebenslängliche Gefangenschaft mit beständiger Zwangsarbeit verwandelt worden war, weigerte sich zu schwören; dieser unglückliche Patriot, als man ihm den Szepter vorhielt, erklärte, daß er sich ein solches Gelöbnis nicht auflegen könnte. Auf eine zweite Aufforderung wiederholte Weigerung, worauf der Maire befahl, Dubois in das Gefängnis zurückzuführen.

Fünf Minuten später fielen auf einen Befehl des Maires zwei Gendarmes über Dubois her, knebelten ihn, legten ihm Handschellen an, schleppten ihn die Treppe herunter, zerrten ihn über den Gefängnishof und warfen ihn in ein Loch, das man den ›*Käfig*‹ nennt, um vierzehn Tage bei Wasser und Brot darin zu schmachten. Dieses Folterinstrument, ganz genau nach dem Modelle desjenigen verfertigt, das der Kardinal de la Balue auf Befehl Ludwigs XI. ersonnen, ist ein Käfig von ungefähr fünf und einem halben Fuß ins Gevierte, in dem man weder sitzen noch stehen kann, und in einem alten Turme des Gefängnisses angebracht. Der Unglückliche, den man hineinsperrt, muß sich auf dem Stroh, das man ihm unterlegt, niederkrümmen. Der Käfig ist aus starken Eichenbohlen gezimmert, empfängt nur ein wenig Licht durch die Fensteröffnung einer innern Türe, und das bloß, wenn eine äußere Türe von Eisen, die den Eingang des Turms schließet, geöffnet wird. Im Sommer kann der Unglückliche, den man in dieses Loch sperrt, es noch aushalten; aber im strengen Winter wird es unerträglich, da die Luft von allen Seiten eindringt. Auch wurde der unglückliche Dubois, nachdem er die Folter des Winterfrostes achtundvierzig Stunden ausgehalten, von dem Gefängniswärter in dem erschrecklichen Zustande eines erfrornen Menschen gefunden. Er hatte keinen Puls mehr und war steif wie eine Leiche. Der Kerkermeister entsetzte sich über die Folgen dieser kannibalischen Grausamkeit, eilte fort, Decken und warme Speise zu holen, und bemühte sich mit Hilfe seines Sohnes, das unglückliche Schlachtopfer in das Leben zurückzurufen. Gleich darauf setzte er den Maire von den Folgen seines barbarischen Befehls in Kenntnis. Dieser ließ Dubois in sein altes Gefängnis zurückbringen und forderte ihn von neuem auf, den verlangten Eid zu leisten. Der Gefangene mußte sich in sein schmachvolles Schicksal finden, doch bei sich wohl begreifend, daß ein solcher abgefolterter Eid nur Wort und Wind sei.

Dieses ist die genaue Darstellung von der Lage des unglücklichen Dubois, die uns einer seiner Leidensgenossen, der, glücklicher als er, nach Verlauf seiner Strafzeit das Gefängnis verlassen durfte, mitgeteilt hat. Eidgenossen! Nach solchen Schandtaten dürfen wir nicht mehr allein die Henker von Modena und Lissabon verwünschen. Die Preußisch-Neuchâteler Zwergtyrannen haben sich zur Höhe jener zu erheben gewußt. Das sind die Qualen, welche unsere Brüder in den Gefängnissen von Neuchâtel, und alle die, welche die würdige Regierung dort noch hineinführen kann, täglich zu erdulden haben! Berner! das ist das Schicksal, welches jeden Augenblick Meuron bedroht. Und im Herzen der Schweiz mit seinen milden und patriarchalischen Sitten, und im Herzen der republikanischen Schweiz werden solche monarchisch-aristokratische Schandtaten geduldet!«

Und warum sie nicht dulden, wenn sie aus so guten lieben Händen kommen? Der preußische Staat ist der glücklichste der Welt, er hat die allerbesten Schulen. Dort wird das Volk gründlich zum konstitutionellen Leben erzogen; in den Schulen muß die Freiheit von der Pike auf, vom Abc an dienen. Sie halten jetzt schon am a, b ab; im zwanzigsten Jahrhunderte kommen sie an das b, a ba, und nach ebensoviel Jahrhunderten, als das Alphabet Buchstaben hat, werden die Reichsstände zusammengerufen. Was mich aber an dieser schönen Geschichte von dem Menschenkäfig am meisten ergötzte, war der Szepter, dieses heilige Kreuz, worauf man schwören ließ. Das ist ein Seitenstück zur Buße vor dem Bilde des Königs von Bayern. Die Despotie in Deutschland wird täglich orientalischer, romantischer, sie funkelt wie Smaragden und Rubinen. Man glaubt den Calderon oder ein Märchen aus Tausendundeiner Nacht zu lesen. Es kommt noch dahin, daß man die Angeschuldigten kleiner Ketzereien in ein Kristallgefängnis sperren wird oder sie zur Buße mit nackten Füßen auf Perlen wird gehen lassen – und daß man die Angeschuldigten großer Ketzereien an einen Galgen von Sandelholz hängen wird.

– Schwamm herbei! Die erste Seite der deutschen Eselshaut ist sauber; jetzt zur zweiten! Ein Eßwarenhändler in München »*a l'honneur de prévenir la haute noblesse et le respectable public*«, daß er frische Trüffeln bekomme. Es ist das erstemal, daß ich so etwas in französischer Sprache lese, und es nimmt sich ganz gut aus. Aber nicht gut nimmt es sich aus, daß das verehrungswürdige Publikum so entsetzlich einfältig ist, so etwas zu dulden. Das verehrungswürdige Publikum sollte sich vereinigen, bei keinem Handelsmanne etwas zu kaufen, der die Frechheit hat, in seinen Ankündigungen besonders von dem hohen Adel zu sprechen. Möchten sie doch endlich einmal zur Besinnung, endlich einmal zum Bewußtsein ihrer Macht kommen! Möchten sie doch endlich begreifen lernen, daß die Sitten mächtiger sind als die Gesetze und daß nur die Gesetze in den Ständen des Adels sind, die

Sitten aber in den Ständen des Volks! Wären die Sitten nicht mächtiger als die Gesetze, es stünde heute schlimm in Frankreich mit Freiheit und Gleichheit. Es gibt keinen entscheidenden Tag, es gibt kein Schlachtfeld, keinen großen Sieg der Freiheit. Ist eine Seite der Geschichte herabgeschrieben, werden die Zahlen addiert, und diese Summe nennt man eine Revolution. Fällt das Buch wieder in die Hand des Feindes, glaubt er die Revolution vernichtet zu haben, wenn er jene Summe nicht als Transport auf die neue Seite setzt. Er meint die Rechnung von vorn anzufangen, er merkt nicht, daß die alte Rechnung fortgeht – er ist ein Esel. Aber seid ihr keine Esel! Ihr werdet nie etwas zu addieren bekommen, wenn ihr nicht täglich aufschreibt, Brüche zu Brüchen, Zahlen zu Zahlen gestellt. Es gibt nur Minuten, nur kleine Händel, kleine Zänkereien der Freiheit, Spottreden, Epigramme, Prügel, Ohrfeigen, Türe hinaus, Treppe hinunter werfen. Aber jeder Tag hat vierundzwanzig Stunden, jede Familie hat fünf Seelen, und ihr glaubt es nicht, was fünf Seelen in vierundzwanzig Stunden verrichten können, wenn sie ernstlich und immer wollen... Du verehrungswürdiges Frankfurter Publikum – warum bist du denn so gar einfältig, dich in deinem Konzertsaale auf die Hinterstühle zu setzen und dem hohen Adel die vordern zu überlassen? Tut das nicht, setzt euch selbst mit euren Weibern und Töchtern vorn hin. Zwar weiß ich, wieviel es einem bescheidenen Manne kostet, sich in einen öffentlichen Kampf mit der Eitelkeit einzulassen; aber es soll auch nicht einer allein, alle Bürger sollen sich zugleich hervorstellen. Und werdet ihr auch verbannt, bringt der guten Sache das Opfer! Seid nicht demütig, seid nicht blöde, seid nicht schwach! Eure Demut ist ihr Hochmut, eure Blödigkeit ist ihre Frechheit, eure Schwäche ist ihre Stärke. Geht jede Stunde einen Schritt, aber geht diesen Schritt jede Stunde, und ihr werdet bald an das Ziel gelangen.

– *»Göttliche Gerechtigkeit, wie – lange noch wirst du deine Blitze schlafen lassen?«* Sie glauben vielleicht, *ich* hätte das gesagt? O nein, es steht im Frankfurter französischen Journale und wird bei einer, ich weiß nicht mehr welcher, Gelegenheit ausgerufen, wo die Fürstenschaft oder der Adel irgendeine Schlappe bekommen. Das Wort ist schön, aber die ganze hohe Deutsche Bundesversammlung mit allen ihren Exzellenzen, Grafen und Baronen, mit allen ihren Legationsräten und Gesandtschaftssekretären, mit dem großen Heere ihrer besoldeten Zeitungsschreiber, hatte so etwas Schönes nicht sagen können, sie mußte sich erst einen Franzosen dazu kommen lassen. Der versteht's! Er spricht wie wir, er macht unsere Stimme nach, er meint, Gott wäre blind und harthörig wie der Patriarch Isaak, werde seinen spitzbübischen Sohn Jakob für seinen Erstgebornen halten und ihm seinen Segen geben. Wahrhaftig, es gefällt mir, daß sie selbst die schlafenden Blitze der Gerechtigkeit aufwecken!

Dritte Seite. Noch einmal Preußen. *Prussia for ever.* Die preußische Regierung, wie jede germanischen Ursprungs – es ist des Tacitus wegen – besoldet Spione in Paris, um dort auf ihre geliebten treuen Untertanen etwas achtzugeben. Dagegen läßt sich nichts sagen; keine Monarchie kann der Spione entbehren, man lebt, solange man kann. Warum haben Republiken, warum haben Nordamerika, die Schweiz, die freien deutschen Städte keine Spione? Weil dort die Regierungen nicht zu befürchten brauchen, daß ihre Bürger einmal den Verstand verlieren und ihre freie Verfassung gegen einen Fürsten vertauschen möchten. Die Bewohner einer Monarchie aber wünschen sich einen Freistaat, sobald sie zu Verstande kommen; je vernünftiger sie also werden, je mehr Spione braucht ein Fürst. Das ist also ganz in der Ordnung. Außerordentlich ist es aber, eine sehr außerordentliche Naivität, daß eine Regierung es eingesteht und drucken läßt, sie treibe Spionerie, wie es die preußische getan.

Da ist ein gewisser Traxel in Köln, ein königlich preußischer Paradiesvogel, ich meine: einer der Seligen im preußischen Paradiese, das so herrliche Rüben und Schulen hat – der ließ etwas in einem Pariser Blatte von der Seligkeit aller Rheinpreußen drukken und von ihrer Anbetung gegen die Mark Brandenburg. Die preußischen Behörden entdecken den Namen des Spaßvogels und sperrten den Traxel in einen Käfig. Ein Gefängnis ist die beste Widerlegung aller Sophismen, es ist die wahre Schule der Logik. Der *Temps* (darin standen die Artikel) fragte: wie denn die preußische Regierung ohne Verletzung des Briefgeheimnisses ihren Korrespondenten habe entdecken können? Der preußische Advokat antwortete: Briefe öffnen! Pfui! so etwas erlaubt sich seine Herrschaft nicht; aber »*den klugen Maßregeln* unseres Gouvernements ist es zuzuschreiben, daß man endlich *durch Vermittlung eines Agenten der Pariser Polizei die Originalbriefe des Traxels* und mehrere von andern ähnlichen *unnützen Gesellen*, für Pariser ultraliberale Blätter bestimmt, erhielt... *Der deutlichste Beweis*, mit welchem *Vertrauen* diese Radikalreformers und *Lügenverbreiter* unsere *Regierung verehren*, daß sie nicht Scheu trugen, ihre Korrespondenzen *frank und frei durch die Post* an die vollständigen Adressen der Zeitungsbureaus abgehen zu lassen... Nur von Traxels Briefen wurde bis jetzt erst Gebrauch gemacht, die andern *sind wohl noch aufgespart* zur gelegenen Zeit... Die Landes*gesetze* dürften dies wahrhaft verbrecherische Treiben *leicht* als landsverräterisch betrachten und *eine Strafe bestimmen*, welche als Warnung für ähnliche Briefsteller der Strenge und des Ernstes nicht entbehren wird.«

Unnütze Gesellen, Lügenverbreiter – das ist der Odenstil monarchischer Begeisterung; mit dem wollen wir nicht rechten; der preußische Korrespondent, als er so schrieb, kam vielleicht eben vom Tische. Wir wollen uns an die Prosa halten. Die klugen Maßregeln der preußischen Regierung sind bewunderungswürdig! Der große Friedrich mit seinen herrlich blauen Augen stand vor mir, aber ob er lachte oder weinte, konnte ich nicht unterscheiden; denn schnell verhüllte er sich das Gesicht, als ich von seinen Enkeln erzählte... Als einen *Beweis der Verehrung*, als ein Zeichen des Vertrauens sieht es die preußische Regierung an, wenn ihre Untertanen sie nicht für so niederträchtig halten, daß sie die Briefe öffne! So sind alle Monarchien. Jede monarchische Regierung will für jedes Unrecht, mit welchem sie ihre Untertanen verschont, gelobt sein, dann soll man ihre Gerechtigkeit preisen. Jedes Gut, das sie ihren Untertanen nicht raubt, will sie als

Geschenk betrachtet wissen, wofür man Dank schuldig sei. Wenn sie den Bürgern erlaubt, jedem, so gut er es versteht, den Weg seines Glückes zu verfolgen, seinem Wohlstande nachzugehen, wenn sie ja einmal nicht hindert, rühmt sie sich, Wohlstand über das Land zu verbreiten, und die Selbstbhuldigung nimmt kein Ende. Das ist *wörtlich wahr.* War doch neulich in einem russischen Zeitungsartikel zu lesen: »Die Polen hatten *alle ihre moralischen und physischen Kräfte* der Regierung zu verdanken, die sie schmählich verrieten, *ob sie ihnen gleich die Mittel verschafft hat*, mit denen ein achtmonatlicher blutiger Krieg geführt ward.« Wenn ein unglückliches Volk, nachdem es die Tyrannei ausgesogen, noch so viel Kraft behielt, sich der Tyrannei zu widersetzen, wird ihm das als Verbrechen, als Undank angerechnet! Nichts haben sie den Polen übriggelassen; aber um für die Freiheit zu kämpfen, braucht es keiner andern Waffe als der Liebe zu ihr.

Ist das nicht artig, wenn der preußische Advokat sagt: nur den Traxel habe man einstweilen vorgenommen, die andern *gleichschuldigen* Pariser Korrespondenten werden *zur gelegenen Zeit aufgespart*? Das ist Gerechtigkeit! Sie sind wohl noch nicht fett genug, die andern? Ihr verwahrt sie wohl für euren nächsten Freiheitsschmaus? Und: die *Gesetze – dürften – leicht –* eine Strafe bestimmen – die des *Ernstes* nicht entbehren wird! Also das Gesetz der Richter, das Gesetz *wird* bestimmen! O mein Friedrich!

... Schicken Sie mir Ihre Sachen, ich werde nicht grob sein, wenigstens diese Woche nicht mehr, ich bin ganz erschöpft.

Ich freue mich, daß dem *** meine Briefe so gut gefallen. Ich will auch auf die Jugend wirken; wir Alten sind keines Punkts auf dem i der Freiheit würdig. Grüßen Sie ihn herzlich von mir, und seine Frau, und Sie sollen der *** mehr Zucker in den Tee werfen, damit sie nicht so sauer spreche. – Glauben Sie ja keinem, der sagt, ich wäre kein Gelehrter; das ist boshafte Verleumdung.

Hundertster Brief

Paris, Freitag, den 25. Januar 1833

Wenn ich nur den bösen Zauber begreifen könnte, der die Italiener hier verhindert, den »Don Juan« gehörig zustande zu bringen. Man spielte ihn vor einigen Tagen wieder, und ich habe mich gelangweilt wie immer. Es ist Mozarts Musik; aber ohne ihren Geist. Es ist die nämliche Gestalt, Haltung, Farbe; aber ohne Leben. Es ist eine Wachsfigur, es ist gemaltes Feuer. Ich wollte, unser Guhr käme einmal hierher und suchte dem ungläubigen Orchester etwas Religion beizubringen.

Als ich gestern über den Boulevard St.-Antoine, der jetzt Boulevard Beaumarchais heißt, spazierenging, sah ich mir genau drei Häuser an, die nicht weit voneinander liegen. Ich sah hinein, hinauf, und da es alle drei Eckhäuser sind, machte ich die Runde um sie, ganz wie ein Dieb, der kundschaften will, auf welche beste Art er in der Nacht einsteigen könnte. In diesen Häusern wohnten einst berühmte Menschen. Solche verödete Wohnstätten rühren mich mehr als die Gräber auf dem Kirchhofe. Dort war früher nichts, und jetzt lebt da der Tod, es ist eine Art Geburt. Hier aber war früher alles, und jetzt ist das Leben tot, da ist die wahre Vernichtung. Und welches Leben war in diesen Häusern! Alle Lust und aller Schmerz des Daseins; alle Weisheit und alle Torheit des Lebens; Reichtum, Armut, die Freuden der Jugend, die Leiden des Alters, Witz, Geist, Aberglaube, Philosophie, Edelmut, Gaunerei, Freundschaft, Treue und Verrat, aristokratische Verderbnis und demokratische Wut, zwei Jahrhunderte und beide verraucht, und das ganze Paradies und die ganze Hölle, die zwischen der glücklichen und unglücklichen Liebe liegen. Jetzt wird in allen drei gemeine Krämerei getrieben!

In dem ersten Hause hat *Cagliostro* gewohnt. Es sieht etwas labyrinthisch und theatralisch aus und ist ganz geeignet zu einem Schauplatze für Geisterbeschwörungen, Goldmacherei, somnambulistischen Spuk und andere Täuschungen. Goethes aristokratische Verstocktheit und beispiellos enge Hofbeschränkung wurden mir durch nichts klarer als durch die falsche Ansicht, unter welcher er das Leben des Cagliostro und die Halsbandgeschichte betrachtete. Er sah sie als revolutionäre Erscheinungen, als die ersten Blitze an, mit welchen das Weltgewitter begann. Und sie waren gerade das Gegenteil: das helle Aufflackern einer verlöschenden Zeit. Cagliostros Treiben war eine Parodie der monarchischen Taschenschauspielerkunst. Ganz wie er, zu gleichen Zwecken und mit gleichen Mitteln, haben die Fürsten aller Zeiten die Völker aller Länder betrogen, sooft wegen unzureichender Macht die List nötig geworden. Die Halsbandgeschichte war die Sittenverderbnis aller Höfe, nur daß sie hier zum ersten Male öffentlich geworden. Freilich wenn wahr ist, was neulich die Monteskikelchen an der Ilm und der Saale, die edlen Ritter des Thüringer Waldes, die Großherzoglich-Sachsen-Weimar-Eisenach-Moskowitsche Adelskammer behauptet: *Daß Öffentlichkeit der Anfang aller Revolutionen gewesen* – dann war die Halsbandgeschichte wohl eine revolutionäre Erscheinung. Aber an wem die Schuld, wenn keine Monarchie die Öffentlichkeit ertragen kann?

Das andere Haus gehörte einst der *Ninon de l'Enclos*, der schönen Magdalene – ohne Reue –, die alle die unendliche Barmherzigkeit Gottes erschöpfen muß, wenn er ihr so viel vergeben will, als sie geliebt hat. Ihre Zeitgenossen wunderten sich, daß sie noch im höchsten Alter Bewunderer gefunden. Wie würden diese erst erstaunen, wenn sie heute lebten und sähen, daß noch jetzt, nachdem Ninon länger als hundert Jahre tot ist, noch jeder Mann von Gefühl sie liebt? Es ist ein großer Streit unter den Gelehrten, in welchem Alter Ninon zum letzten Male glücklich gewesen, ob in ihrem siebzigsten oder in ihrem achtzigsten Jahre. Ich glaube aber weder das eine noch das andere; denn sie war neunzig Jahre alt, als sie starb. Chesterfield fragte einmal eine Dame von vierundsiebzig Jahren, in welchem Alter die Frauen zu lieben aufhörten; diese erwiderte: »Mylord, das weiß ich nicht, Sie müssen eine ältere fragen.« Ninons Haus hat drei Seiten, die nach drei verschiedenen Straßen gehen. Vorn nach dem

Boulevard ist eine Hofmauer, vielleicht früher eine Gartenmauer, die zwei Pavillons verbindet. Den einen, garstig rot angestrichen, verunziert eine Weinschenke der gemeinsten Art. Zu dem andern, höher auf einer Terrasse gelegen, der einen Balkon hat, davon herunterzuspringen, führt von der Straße aus eine kleine, holde, anliebelnde Treppe, so eng, daß in dunkler Nacht ein gehender und ein kommender Liebhaber sich unmöglich hätten ausweichen können. Doch für solche Fälle war gesorgt. Auf der entgegengesetzten Seite, nach einer anderen Straße, hat das Haus noch eine Türe. Da ist der Haupteingang, das Tor. Jetzt hängt eine Tafel davor: *Appartement à louer*. Wie würde Ninon darüber lachen, wenn sie das läse. Ein *nichtmöbliertes* Appartement, also nur jahrweise zu vermieten. Sie hat ihr Haus oft genug vermietet; aber die längste Mietzeit war nicht länger als ein Tag unserer Antipoden. Das Haus hat ungewöhnlich viele Fenster, welche die ganze Höhe der Zimmer einnehmen und von denen jetzt mehr als die Hälfte vermauert sind. Diese vielen Fenster gehören zu dem Nachruhme der Ninon. Sie heuchelte nicht; in welchem Zimmer, in welchem Winkel sie auch war, es konnte ihr jeder Nachbar in das Herz sehen. Sie war so edel, daß, sobald ein Mann ihre Gunst erhielt, er das Recht, ihr ein Geschenk zu machen, auf immer verlor. Edel und doch gestorben – wie traurig! Aber es sterben auch gewöhnliche Menschen, die nichts haben als das Leben, und das ist noch trauriger.

Das dritte Haus war das von *Beaumarchais*. Dieses suchte ich eigentlich auf, die andern sah ich nur im Vorübergehen. Ich hatte eine Wallfahrt dahin gelobt, als ich einige Tage vorher im *Théâtre Français* »Figaros Hochzeit« aufführen gesehen. Das Haus liegt oder lag vielmehr am Ende des Boulevards und am Eingang der Vorstadt St.-Antoine, sehr bezeichnend als Grenze zwischen Monarchie und Republik, wie Beaumarchais selbst eine war. Das Haus, der Garten, einst zu den Merkwürdigkeiten von Paris gehörend, die jeder Fremde zu sehen eilte, sind verschwunden. Nur die Gartenmauern stehen noch, hoch, mit Fratzenmaulern zum Abflusse des Wassers versehen; es scheint, der Garten lag auf einer Terrasse. Auch noch ein Lusthäuschen hat sich erhalten, von launischer Bauart, einen reichen Besitzer verratend. Ich trat in den geräumigen Hof. Dieser umschließt jetzt ein neues Gebäude, zur Salzniederlage bestimmt. Salz – Beaumarchais – es ist ein Erbe, der seiner nicht ganz unwürdig ist. Beaumarchais gehörte zum Salze seiner Zeit. Unser heutiges Leben hat kein Gewürz mehr, es ist wie ein Kinderbrei. Auch ist jetzt die Menschheit ein Kind, das in die Schule geht. Nichts trauriger als eine solche Zeit der Entwicklung und der Lehre wie die unsere und die schon ein halbes Jahrhundert dauert. Man ist da immer entweder zu jung oder zu alt. Ist man zu jung, ist man gedankenlos, und die Zeit geht einem verloren; ist man zu alt, ist man sorgenvoll, und man geht selbst verloren. In der ganzen französischen Geschichte war das achtzehnte Jahrhundert gewiß das glücklichste für alle genußliebenden Menschen, Philosophen und Müßiggänger. Wer aber von jenen Menschen, beim Ausbruche der Revolution, sich und die Freiheit verstanden, hätte sich unter den Trümmern der Bastille müssen begraben lassen. Auch unter den Ehen, welche die Liebe geschlossen, gibt es glückliche, wenn auch selten; aber wer die Freiheit geheiratet, nachdem er sie als Jungfrau geliebt, ist immer unglücklich. Natürlich. Die Wehen der Zeiten kommen *nach* den Geburten, und man *erkauft* die Vater- und Mutterfreuden nicht mit Angst und Schmerzen, sondern man *bezahlt* sie damit, nachdem man sie schon genossen. Beaumarchais war nicht so glücklich, einen Tag nach der Monarchie zu sterben. Er lebte lange in die Revolution hinein, hörte ihre Versprechungen, erfuhr ihre Täuschungen, dann starb er und sah ihre Erfüllungen nicht mehr.

Es ist merkwürdig, wie aller Geist der Menschen nichts hilft, wenn der Geist der Zeiten sich ändert. In *einer* Nacht war Beaumarchais ein Dummkopf geworden; in einer Nacht hatte er allen seinen schönen Mut, seine Klugheit, seine Gewandtheit, seine sonst unerschütterliche Festigkeit verloren.

Mit dem Kriege des Lebens hatten sich die Rüstungen des Lebens geändert, und die Revolution fand Beaumarchais wie im

Schlafrocke. Wie wäre es erst Voltaire ergangen, der, so viel waffenreicher als Beaumarchais, sich so viel wehrloser gefühlt hätte! Sie kennen Beaumarchais als Schriftsteller, aber wissen vielleicht nicht, daß er einer der größten und tätigsten Geschäftsmänner, einer der unternehmendsten Köpfe, einer der feinsten Hofleute und gewandtesten Weltleute gewesen, und daß er in allen Verlegenheiten, in allen Gefahren des geselligen und bürgerlichen Lebens immer den größten Mut und eine bewunderungswürdige Geistesgegenwart gezeigt. Sein Abenteuer mit Clavigo in Spanien ist durch Goethe bekannt geworden; aber erst gestern habe ich aus seinen hinterlassenen Briefen erfahren, wie er einst ganz allein in einem Walde bei Nürnberg von Räubern angefallen worden und, obzwar schwer verwundet, sich durch seine Unerschrockenheit und Tapferkeit gerettet hatte, nachdem er einen der Räuber niedergestoßen, die andern verjagt. Er war zugleich ein Ouvrard und ein Voltaire. Durch seine kühnen und glücklichen Handelsunternehmungen ward er einer der reichsten Männer von Frankreich. Im amerikanischen Freiheitskriege machte er den Insurgenten, im Einverständnisse mit der französischen Regierung, große Waffenlieferungen. Da gab es nun, wie immer bei solchen Unternehmungen, Kapereien, Schiffbrüche, verzögerte oder verweigerte Bezahlungen. Beaumarchais, durch seine Gewandtheit, wußte aus allen diesen Verwickelungen sich zu seinem Vorteile zu ziehen. Nun, dieser nämliche Beaumarchais zeigte sich in der Revolution unerfahren wie ein Kind, feige wie ein deutscher Stubengelehrter. Er unternahm auch für die revolutionäre Regierung Gewehrlieferungen, verlor aber nicht allein sein Geld, sondern fast auch seinen Kopf darüber. Früher hatte er es mit Ministern einer absoluten Monarchie zu tun. Die Kabinettstüren solcher Großen schließen und öffnen sich jedem leicht und sanft, der Schlösser und Angeln zu ölen versteht. Später hatte es Beaumarchais mit *ehrlichen*, das heißt mit *gefährlichen* Leuten zu tun; das wußte er nicht zu unterscheiden und ging zugrunde darüber.

Man hörte, daß er im Auslande Waffen aufkaufte, und er kam

in Verdacht, dieses für Rechnung der Feinde zu tun; das Gerücht verbreitete sich im Volke. In einer Nacht stürmten die Vorstädter, racheglühend, sein Haus. Sie schrien, es wären Waffen darin versteckt. Beaumarchais flüchtete sich in Todesfurcht. Das ganze Haus wurde umgekehrt, die Erde des Gartens wurde tief aufgewühlt; man fand nichts. Besonders die Weiber des heiligen Antonius waren wie rasend. Man hat sie oft die *Furien der Revolution* genannt; aber nein, sie waren die *Rachefurien der Monarchie*, sie kamen hinter der Sünde. Die Feinde der Freiheit möchten gern die Strafe für das Verbrechen erscheinen lassen. Die angstzitternden Diener Beaumarchais' waren im Hause zurückgeblieben und konnten später ihrem Herrn von dem Hergange erzählen. In dem reichen und vollen Hause wurde nichts entwendet, auch nicht von dem Werte eines Pfennigs. Kein Glas Wein wurde angenommen, die Wutentbrannten löschten ihren Durst mit Wasser. Der zerlumpte Kerl, der die Rotte anführte, erklärte, es würde jeder niedergestochen, der nur etwas anrühre.

Eine Frau hatte im Garten eine Nelke abgebrochen; sie bekam dreißig Ohrfeigen und wäre beinahe im Springbrunnen ersäuft worden. Als Beaumarchais den andern Morgen in sein Haus zurückkehrte, war er erstaunt, alle seine Schätze wiederzufinden. Er war *erstaunt* – so wenig verstand er die Revolution, er, der doch selbst dreißig Jahre daran gearbeitet! Er starb 1799 in seinem siebzigsten Jahre, bei ungeschwächter Kraft des Körpers und des Geistes; nur seine Heiterkeit hatte er verloren. Ein Freund, der ihn noch wenige Stunden vor seinem Tode ohne das geringste Zeichen von Übelbefinden gesehen, äußerte die Vermutung, er möchte sich freiwillig das Leben geraubt haben. Beaumarchais sagte ihm beim Scheiden: »*Ich bin nicht neugierig mehr*« ... Und wo sich dieses alles begab, wo solch eine Welt von Leben lebte, wird jetzt Kochsalz verkauft! Ich bin gestört worden, sonst hätte ich Ihnen noch von der Aufführung des »Figaro« gesprochen. Aber ich tue es in meinem nächsten.

Samstag, den 26. Januar 1833
... Nun, das ist schön, daß Sie mir nachkommen und von meiner Weisheit zu erfahren wünschen, was von den türkischen Angelegenheiten zu halten sei. Seit acht Tagen suche ich das mit aller Macht zurückzustoßen. Ich habe schon an Europa schwer zu tragen, und jetzt soll ich gar noch den Orient auf mich laden! Das halte ich nicht aus. Und daß Sie es nur wissen: mir hat der Zorn der Götter, das böse Geschick, oder wie man es nennen will, jetzt eine Herkulesarbeit zugeworfen, die alle meine Kraft verzehrt. Ich schreibe Ihnen ein andermal davon; die Geschichte ist merkwürdig, aber weitläufig. Nur so viel in der Kürze: Die eilfte Plage Ägyptens ist über mich gekommen; ich habe seit einiger Zeit die Pflicht, eine junge schöne Frau, fast noch ein Kind, die vor einigen Monaten geheiratet hat, in ihrer schrecklichen Eifersucht über eine erträumte Geliebte ihres Mannes zu beruhigen, und sie nennt mich alle fünf Minuten ihren *respectable ami*. Augen, rot und naß vor Liebe, und ich bin ihr ein respectable ami, ein Schneemann, an dem sie ihren heißen Schmerz abkühlen will! Braucht es da noch des halben Mondes, um mich rasend zu machen? Ich verwünsche Sonne, Mond und Sterne und die ganze dumme Astronomie, die mich zum respectable ami gemacht. Doch genug heute!

Hundertzweiter Brief

Paris, Samstag, den 26. Januar 1833
In der *Hochzeit des Figaro* spielte die alte Mars die Susanna. So etwas kann mich zugleich betrübt und zornig machen. Wenn ausgezeichnete Menschen, von echten und anerkannten Verdiensten, sich solche kleine Eitelkeiten erlauben, was bleibt dann der Gemeinheit übrig? Sechzig Jahre ist sie alt und übernimmt eine Rolle, für die man schon im dreißigsten nicht jung genug mehr ist. Eine Frau, welche die seltene glückliche Natur einer Ninon hätte, könnte vielleicht in ihrem sechzigsten Jahr noch eine Susanne *sein*; aber eine *spielen* – niemals. Und was mir am schlimm-

sten schien, war, daß die Mars besonnen genug blieb, ihr Vermögen zu berechnen, und aus Furcht es zu übersteigen, es nicht einmal zu erreichen wagte. Sie stand nun da in ihrer edlen Art wie eine betagte Königin und wagte, besorgt, die Majestät ihrer Würde oder ihres Alters zu verletzen, nicht die kleinste jugendlich heitere Bewegung, die sich doch selbst eine betagte Königin zuweilen erlauben dürfte. Sie hatte so eine vornehme Haltung, daß die Gräfin als Kammermädchen neben ihr erschien, und es war ganz wunderlich zu sehen, wenn die Dienerin saß und die Gebieterin neben ihr stand. Wenn Figaro oder der Page ihr einen Kuß raubte, ließ sie es geschehen wie ein Spalier, von dem Knaben eine Birn' abreißen. Diese Nachsicht, die freilich ein gebildetes Publikum überall mit einer beliebten Schauspielerin hat, finde ich kaum löblich. Gewiß ist es für Menschen von Gefühl eine rührende Vorstellung, sich zu ihrem Vergnügen eine Künstlerin bemühen zu sehen, die einst ihre Väter entzückt hat. Aber wir müssen auch an unsere Kinder denken und aus Dankbarkeit für den Genuß, den unsere Eltern gehabt, nicht den Enkeln den Genuß entziehen. Wenn, wie es an vielen Orten geschieht, eine Schauspielerin eine jugendliche Rolle zwanzig Jahr zu lange behauptet, so werden dadurch die jungen Künstlerinnen in ihrer Ausbildung zurückgehalten, und oft stirbt darüber ein ganzes Theatergeschlecht aus, das die bedeutendsten Rollen nie auf neue würdige Art darstellen sah.

Aber wie viel strenger noch, als es geschehen, hätte ich die Mars beurteilt, hätte nicht eine gewisse Ehrfurcht meinen Tadel bescheidener gemacht. An dem nämlichen Tage, da man »Figaro« aufführte, war es aus den Zeitungen bekannt geworden, daß die Mars von einem ihrer ehemaligen Liebhaber unvermutet eine Erbschaft von vierzigtausend Franken Renten gemacht habe. Das Geld ist der wahre Kothurn, die Mars kam mir zuweilen erhaben vor. Diese Erbschaftsgeschichte ist sehr merkwürdig und voller Moral und Philosophie; sogar etwas Religion kommt darin vor. Sollten Sie vielleicht in der Zeitung diese Geschichte nicht gelesen haben, schreiben Sie mir es, ich erzähle sie Ihnen dann. Damit Sie aber während der vierzehn Tage, die darüber hingehen werden, keine üble Meinung von der Mars hegen, will ich Ihnen gleich erklären, was hier unter Liebhaber zu verstehen sei. Der alte Herr, der unsere Susanna zur Erbin eingesetzt, war ihr Liebhaber, wie man keinem Bettler wehren kann, der Liebhaber jeder Königin zu sein. Er hatte sie, aber sie hatte ihn nicht lieb. Sie gab ihm kein Gehör und nie Zutritt in ihr Haus. Aber ein edler Mann rächt sich für weibliche Grausamkeit nie anders als durch ein Geschenk von vierzigtausend Franken Renten.

Die Rolle des Figaro wurde von *Monrose* ganz unleidlich dargestellt. Dieser Monrose ist sonst einer der besten Schauspieler des Théâtre Français, besonders ausgezeichnet in den spitzbübischen Bedienten der Stücke Molières. Aber eben die metallene Gefühllosigkeit und Unverschämtheit jener spitzbübischen Bedienten wußte er nicht loszuwerden, und Figaros Geist, Grazie und Sentimentalität verstand er nicht aufzufassen, oder verstand sie nicht darzustellen. Die Melodie seines Spiels und Beaumarchais' Worte paßten gar nicht zusammen. So war diese Aufführung eine der langweiligsten, die man sich denken kann, und was die Unlust noch vermehrte, war die Schläfrigkeit des Publikums, dessen rege Teilnahme durch Lob und Tadel eigentlich die Pariser Komödie so anziehend macht. Doch eben diese Apathie der Zuschauer interessierte mich auf eine andere Art und beschäftigte mich den ganzen Abend. Man besucht einen Freund in seiner Krankheit oder in den Tagen seiner Wiedergenesung, da hört er nicht auf, von seinen Schmerzen oder von seiner Erleichterung zu sprechen, zu jammern oder zu lächeln; man besuche ihn vier Wochen später und frage ihn, wie er sich befindet – er versteht die Frage nicht mehr. Ganz so erschien mir das heutige Frankreich, wenn ich es mit dem des achtzehnten Jahrhunderts, mit dem Frankreich Beaumarchais' verglich. Es hat seine Schmerzen, seine Genesung, seinen Arzt und seine Gesundheit vergessen. Jener Figaro, jenes große Zeughaus voll Spott, Tadel, Witz, Humor und Satire, das einst eine Welt gegen eine Welt bewaffnete, was ist aus ihm geworden? verschmähtes Kinderspielwerk; das erwachsene Volk hat keine Freude mehr daran. Wo sonst der Sturm des Beifalls tobte, da war es still; man klatschte nicht, man lächelte kaum. 1785 kam das Stück auf die Bühne, 1789 wurde es unter freiem Himmel aufgeführt. Beaumarchais hatte die Möbels der Monarchie mit zarter Pfauenfeder leicht abgestäubt; fünf Jahre später zerschlug die Nationalversammlung die Möbels, und bald stürzte das leere Haus zusammen. Staub ist die Schminke jeder alten Monarchie; den fort, und man sieht ihre Runzeln, ihr garstiges Pergament, und sie wird ein Spott der Jugend.

»Figaros Hochzeit« war eine Weltkomödie, bildete Epoche in der großen und majestätischen Geschichte Frankreichs. Und kommt mir einer und kauderwelscht von Demagogen, von Volksverführern, von Zeitungsschreibern, von Lügenverbreitern, von Revolutionsfabrikanten: so will ich ihm beweisen, bis er rot wird, daß Ludwig XIV., indem er die Aufführung des »Tartuffe«, und Ludwig XVI., indem er die Aufführung des »Figaro« gestattete – jener der Geistlichkeit, dieser dem Adel die erste Wunde beigebracht, und daß es also zwei französische Könige gewesen, welche die Französische Revolution herbeigeführt. Denn Adel und Geistlichkeit sind die beiden Enden des Balancierbaumes der Fürsten, da jede Regierung, die nicht auf dem Boden des Volkes ruht, jede monarchische Regierung nur Seiltänzerei ist; fort die Stange, Plautz der König!

Und hierin ist wieder etwas, das meine deutsche Hoffnung bis zur Unsichtbarkeit entfernt und meine Ungeduld und Verzweiflung vermehrt. Wir haben keinen Figaro auf der deutschen Bühne, wir werden nie einen bekommen, denn man wird nie seine Aufführung erlauben. Und kommt einmal die Zeit, daß man zu einem solchen Stücke keine Erlaubnis mehr gebraucht, braucht man auch das Stück nicht mehr. Um gerecht zu sein, muß man sagen: die Könige aus dem Hause Bourbon hatten alle etwas Königliches; in einer verdorbenen Zeit gingen ihnen Gerechtigkeit und Menschlichkeit nie ganz verloren; der Hof hatte sie, sie hatten nicht den Hof verdorben, und sie blieben immer die besten unter den Hofleuten. Um gerechter zu sein, muß man sagen: der französische Adel des achtzehnten Jahrhunderts war gebildet, geistreich, von milden Sitten und weit entfernt von dem düstern Hochmute des deutschen Adels. Darum aber, weil sie so gewesen, sahen sie die Revolution nicht kommen und gingen ihrem Verderben entgegen. Unsere Fürsten und unsere Edelleute spotten jetzt über solche Verblendung und überheben sich ihrer eignen Weisheit. Sie mögen spotten. Wenn sich ein Erdbeben naht, das wittert der tiefsinnigste Naturforscher nicht; aber die Hunde werden gleich unruhig und heulen.

Es ist noch etwas anders, was die deutschen Verhältnisse so mißlich macht, weil es der Freiheit ihre besten Waffen raubt: die Kunst und die Wissenschaft. Unsere Gelehrten, Schriftsteller und Dichter haben keinen Zutritt in die höhern Stände, weil unser hochmütiger und geistloser Adel sie zugleich verachtet und fürchtet. Und geschieht es selten einmal, daß man sie nicht zurückstößt, sind sie blöde und unbeholfen, weil sie arm sind und sie den Mut und den Stolz nicht gewinnen können, den nur die Unabhängigkeit gibt. Beaumarchais, der Sohn eines bürgerlichen Uhrmachers, seinen Geist zum Passe, dem damals kein Minister, keine Exzellenz, kein Edelmann das Visa zu verweigern die Unverschämtheit hatte, drang durch seine Gewandtheit bis zu den Stufen des Thrones vor und erhob sich zu einem der reichsten Männer Frankreichs. Als »Figaro« erschien, sagte man: es habe dem Dichter weniger Geist gekostet, das Stück zu schreiben, als es auf die Bühne zu bringen. Was hat Beaumarchais nicht alles getan und geduldet, um seinen Zweck zu erreichen! Unser Raupach hielte solch ein schleichend Nervenfieber keine vier Wochen aus. Zuerst las Beaumarchais seine Komödie in allen Salons, Boudoirs und Kabinetten vor und bettelte sich einen Reichtum von den schönsten, mächtigsten und galantesten Stimmen zusammen. Die Kabale war umgarnt, ehe sie sich dessen versah. Dann legte er das Stück der Prüfung von *neun* verschiedenen Zensoren vor, die es alle, einer nach dem andern, prüften und nach den vollzogenen Änderungen, die sie zur Bedingung machten, genehmigten. Aber noch standen hohe Berge von Hindernissen im Wege. Beaumarchais wandte sich an die Minister und bat, sie möchten ein Tribunal von Akademikern, Zensoren, Schriftstellern, Welt- und Hofleuten errichten, die das Lustspiel lesen und prüfen möchten. Das geschah. Es wurde gelesen, geprüft, beratschlagt, wieder verbessert und endlich genehmigt. Er war noch weit vom Ziel. Da wandte er sich an den König. Dieser beschloß, zu besserer Prüfung das Stück auf einem Hoftheater vor einem Ausschusse von Zuschauern, an welchen nichts mehr zu verderben ist, spielen zu lassen. Der Tag der Aufführung war schon bestimmt, die Zuschauer waren eingeladen, die Schauspieler angekleidet, die Lichter brannten, die Straßen waren mit Equipagen bedeckt – da kommen neue königliche Skrupel, und es wurde alles wieder abbestellt. Endlich kam der Krönungstag seiner Beharrlichkeit, und »Figaro« betrat die Bühne.

Der Grund ihrer Widersetzlichkeit, den damals die Gegner Beaumarchais' anführten, oder der Vorwand, den sie gebrauchten, war weniger die politische Bedeutung der Komödie als ihre sittliche Ausgelassenheit. So urteilten leichtsinnige Franzosen. Aber ein nordischer Fürst, der damals in Paris war, eine deutschsolide, edelmännische Natur, die zu abgehärtet in jeder Tugend ist, um das verbuhlte Lüftchen eines unsittlichen Wortes nur zu fühlen, fand gleich den wahren gefährlichen Punkt auf. Der König von Schweden, der damals in Paris war, sagte zu Marie Antoinette: »*Cette comédie n'est pas indécente, mais insolente.*« Er meinte die Keckheit, mit welcher darin die Schwächen der Regierungen und des Adels verspottet wurden. Der weise Fürst hatte es genau erraten. Sechs Jahre später lernte er in seinem eignen Lande die Bescheidenheit des Adels, der Unverschämtheit des Bürgerstandes gegenüber, kennen und schätzen. Auf einem Hof-Maskenballe, unter fröhlich rauschender Musik, unter Tanz, Scherz und Lachen, umwölkt von dem Dampfe des Punschnapfs, fiel Gustav III. meuchelmörderisch von den Händen seines treuen und insolenzwidrigen Adels. Gift, Dolch, Kugel und

Schnur sind freilich bescheidenere Wege als Figaros Monologen, eine Regierung zurechtzuweisen. Heinrich IV., Gustav III., Paul I. fielen von edlen Mörderhänden; kaum ein Land, das nicht einen Fürsten gehabt, der das Racheopfer des Adels oder der Geistlichkeit geworden. Aber solche Tage sind keine *jours funestes et à jamais déplorables*, die man bei jeder Wiederkehr mit Trauer und Buße begeht. Wenn Adel und Pfaffheit einen König *meuchelmorden*, so ist das ehrwürdiger *Richter Spur*; wenn aber, wie es nur zweimal geschehen nach tausendjähriger Geduld, ein Volk seinen König richtet, ist das *schnöder Meuchelmord*, ein *jour funeste et à jamais déplorable*! Das sagen Adel und Geistlichkeit, die ihre Privilegien klug zu wahren wissen.

Dienstag, den 29. Januar 1833

Ein Abbé *Chatel* in Paris hat seit der letzten Revolution eine neue Kirche unter dem Namen *Église catholique française primaticale* gegründet. Sie erklärt sich unabhängig von dem Papste und führt nach und nach wichtige Verbesserungen in die Glaubenslehre und den Gottesdienst ein. Die Anhänger dieser Kirche vermehren sich täglich. Kürzlich wurde darin eine musikalische Messe zum Andenken Molières, Talmas, Philipps, der Raucourt und aller andern Schauspieler und Schauspielerinnen gefeiert, welchen zur Zeit ihres Todes die katholische Kirche ein christliches Begräbnis verweigert hatte. Der Teufel mag sich freuen über eine solche späte Genugtuung, mich macht das immer toll. Die Freunde und Anverwandte Molières und der andern, jetzt selbst tot – erfahren sie denn von der heutigen Wiederherstellung, gibt sie ihnen Trost, lindert sie den alten Schmerz, den sie gefühlt, als die ewig tückische und Liebe heuchelnde katholische Kirche die Leiche eines guten Menschen beschimpfte und hinaus in den Kot der Gasse warf? Jetzt kommen sie, und das ist mein ewiger Jammer! Seit drei Jahrhunderten peinigen sich die Völker ab, ihre unwissenden und entarteten Fürsten und Regierungen zur Weisheit, Menschlichkeit und Gerechtigkeit zu erziehen, und jetzt sitzen wir schon da jahrhundertelang in Schmerzen und Ungeduld, steigen, wenn Sie wieder eine Zusammenkunft mit Egeria haben, wenn Ihnen Mahomets Taube wieder einmal in das Ohr flüstert, dann fragen Sie doch Ihr Orakel: wie es denn mit den Reformen wäre, welche die Bundestagbeschlüsse dem Widerwillen des deutschen Volkes aufgedrungen, und ob nicht eine Zeit kommen könnte, wo dieses üble Folgen hätte? Lassen Sie an dem Tore des Taxisschen Hauses, an den Palästen des Königs von Bayern, des Großherzogs von Baden, des Großherzogs von Darmstadt, des Kurfürsten von Hessen und aller übrigen weintrinkenden Sultane Ihre goldenen Worte mit goldenen Buchstaben in Marmor graben: *»Ces réformes répugnaient à son peuple, et c'est de son peuple qu'il aurait besoin aujourd'hui.«* Unten drunter lassen Sie einstweilen 183... setzen; die vierte Jahreszahl und der Monatstag sind dann schnell hinzugetan.

Mittwoch, den 30. Januar 1833
Ein Professor *Wolff* in Jena sagt in seinem Buche über die schöne Literatur: »Börne hat es in seiner letzten Zeit mit dem Publikum verdorben durch seine ›Briefe aus Paris‹, weil er den Spaß zu weit trieb und die Menge zu beschränkt war, um einzusehen, daß jene Übertreibungen wirklich nichts sind als etwas grober und zuzeiten unziemlicher Spaß.« Dieser unbeschränkte Wolff ist auch einer von *unsern Leuten*, die es in der christlich deutschen Bildung bis zur blonden Philisterei gebracht. Einer, der einmal eine Ohrfeige bekam, fragte: Mein Herr, ist das Spaß oder Ernst? – Völliger Ernst. – Nun das ist Ihr Glück; denn solchen dummen Spaß kann ich nicht ertragen. – Der schrankenlose Professor, wenn er jetzt meine neuen Briefe liest, wird auch sagen: Nun, das ist sein Glück, daß er alles für Ernst erklärt; denn solchen dummen Spaß können wir nicht vertragen. Adieu!

sehen den Schneckengang der Ausbildung mit an und schmachten und dulden, bis es der lieben Jugend, die uns beherrscht, endlich einmal gefallen wird, lesen zu lernen im Buche der Weisheit und Gerechtigkeit und sich die ersten Grundsätze der Sittenlehre einzuprägen. Man sage nicht, das Volk wäre einverstanden gewesen mit der Exkommunikation der Schauspieler; das war es nicht, wenigstens nicht im achtzehnten und neunzehnten Jahrhundert. Ob es zu Molières Zeit noch so tief stand, weiß ich nicht, doch ich zweifle; doch wäre es auch gewesen – wann hat sich denn je Ludwig XIV. um die Stimme und Meinung des Volks bekümmert? Es hätte ihm nur ein Wort gekostet, und keiner hätte zu murren gewagt, wenn Molière auch mit dem Gepränge eines Papstes wäre beerdigt worden. Jede Torheit, jeder Aberglaube des Volkes, wenn sie dazu dienen, die Tyrannei der Fürsten und die Macht der Regierungen zu verstärken, wird geachtet und geliebkost; da ist des Volkes Stimme Gottes Stimme. Wenn aber die öffentliche Meinung das Gute, das Gerechte will, verspottet man sie, und verlangt sie mit Beharrlichkeit, antwortet man ihr mit Flintenschüssen! Die Unverschämten! Man höre doch, wie sie jetzt über neue Ereignisse, wo dumme verführte Völker Tyrannei begehren, sprechen, wie sie ihrem Bruder Sultan Mahmud und ihrer Schwester, der Königin von Spanien, den Text lesen. Was! Ihr trotzt dem Volke? Ihr wollt ihm liberale Institutionen aufdringen, die es verabscheut? Ist das menschlich, ist das gerecht, ist das königlich? Könnt ihr das vor Gott und seinen Propheten verantworten? Das Volk ist gut, das Volk ist weise, das Volk ist gerecht, das liebe Volk weiß immer, was es will, was ihm gut ist; das Volk ist das Land; das Volk ist alles. We/ es mit dem Volke verdirbt, geht zugrunde...

So reden sie. Hat doch neulich euer Monsieur Duran/ Frankfurt, der französische Advokat des Deutschen Bund/ er von der mißlichen Lage des Sultans sprach, ausgerufe/ *réformes répugnaient à son peuple, et c'est de son peuple q*/ *besoin aujourd'hui.«* O mein sehr weiser, mein sehr bund/ Herr Durand – wenn Sie wieder einmal den Berg

Hundertdritter Brief
Paris, Donnerstag, den 31. Januar 1833
Béranger, die Nachtigall mit der Adlerklaue, hat wieder gesungen. Gestern wurde ein neuer Band Lieder von ihm ausgegeben. Ich hatte noch nicht Zeit, sie zu lesen; aber in meinem nächsten Briefe schreibe ich Ihnen darüber, und dann schicke ich Ihnen das Buch durch die erste Gelegenheit.

Ein Reisender, der aus Deutschland kam, hat mir meine Briefe geliehen, die hier immer noch nicht angekommen sind. Der erste Band kam mir unbedeutend vor, im zweiten habe ich einige gute Sachen gefunden! Es scheint, daß ich im Januar und Februar am meisten Verstand habe. Das kann aber nicht immer so gewesen sein; denn in einem dieser Monate habe ich Sie einst kennen gelernt. Als Konrad das Buch liegen sah, rief er aus: »Sind das Ihre neuen Briefe? Das wird wieder große Freude im Lande sein.« Schöne Freude! In der »Münchner Hofzeitung« soll stehen: wenn Deutschland noch einen Galgen übrig hat, verdiente ich wegen meiner radikalen Niederträchtigkeit daran gehangen zu werden. Ich werde mich aber um das Hofpöbel-Geschwätz und um das ganze monarchische Gesindel nicht mehr bekümmern. Nicht die geringste Lust habe ich, ein Wunder zu wiederholen und meine Rezensenten zum zweitenmale aus dem Tode zu erwecken. Friede sei mit ihren Gebeinen! Einmal war nötig, aber einmal ist auch genug.

Übermorgen wird im Theater der Porte-St.-Martin ein neues Drama von Victor Hugo aufgeführt. Ich war eben dort, mir einen Platz zu nehmen; es war aber keiner mehr zu haben. Schon auf acht Tage hinaus sind alle Plätze bestellt. So ungeschickt bin ich immer, ich komme jedesmal zu spät, und seit ich Paris besuche, ist es mir noch niemals gelungen, einer ersten Vorstellung beizuwohnen, welche immer die interessanteste ist. Das wird besonders diesmal der Fall sein; denn wegen der Verfolgung, die Victor Hugo neulich von den Ministern zu erdulden hatte, werden seine Freunde und die Feinde der Regierung gewiß Rache zu nehmen suchen. Ohnedies spielt das neue Drama in dem Hause Borgia, diesem bekannten italienischen Fürstengeschlechte, dessen Blut von der Sünde schwarz geworden war. Da werden Dichter und Zuhörer dem monarchischen Prinzip wohl wieder etwas auf den Fuß treten. Das unglückliche monarchische Prinzip! Aus Angst und Verzweiflung, daß man ihm einen Teil seiner Schätze geraubt hat, packt es sich, gleich Molières »Geizigen«, an der eigenen Brust und schreit: Halt den Spitzbuben! Mein Geld heraus! So weh tut ihm keiner seiner Feinde, als es sich selbst tut. Sie werden aus den Pariser Zeitungen halb erraten haben, welche neue Torheiten und Schändlichkeiten die Regierung wegen der Herzogin von Berry begangen hat. Sie schickte zwei hiesige Ärzte nach Blaye. Daran wäre nun weiter nichts Auffallendes gewesen, da die Legitimisten selbst laut gejammert hatten, die Berry sei krank und würde dem dortigen Klima unterliegen. Aber die Minister des Königs – es kam darauf an, die Geburt des Herzogs von Bordeaux verdächtig zu machen – ließen drucken: die Ärzte hätten eine ganz besondere wichtige Sendung, sie hätten den Auftrag, einen Punkt der *gerichtlichen Medizin* in das Reine zu bringen. Darauf schreiben die legitimistischen Blätter von Gift, sprachen von Vergiftung. Natürlich war das Verleumdung. Die Ärzte kamen von Blaye zurück, und die Legitimisten, diese dummen Pfaffen des monarchischen Prinzips, erzählten den wahren Hergang der Sache, wie sie ihn zu wissen glaubten. Die Ärzte wären verlegen, schamrot, stotternd vor der Herzogin erschienen und hätten kein Wort hervorzubringen gewußt. Sie aber, wie es der Witwe eines Märtyrers, der Mutter des Wunderkindes gezieme, wäre stolz vor die armen Doktoren hingetreten und hätte, erhaben, erhaben, sehr erhaben über alle weiblichen Schwächen, ihnen selbst den Mund geöffnet und gesagt: »Ich weiß, warum ihr gekommen; jetzt seid ihr hier, jetzt untersucht ihr alles gehörig, und nicht eher sollt ihr das Zimmer verlassen, bis ihr alles gehörig untersucht habt. Man soll wissen, woran man ist.« Die medizinischen Richter untersuchten alles gehörig und fanden alles gehörig und gingen darauf mit *roter Stirne* fort.

Mich ärgert die Geschichte. Jetzt wird nun Jarcke mit dem ganzen monarchischen Trosse frohlockend ausrufen: »Seht ihr, seht ihr, was von einer repräsentativen Verfassung herauskommt, welche schöne Folgen Öffentlichkeit und Preßfreiheit haben! Hat man in einem Lande, das nicht mit der Preßfreiheit verflucht ist, je von der Mütterlichkeit einer Prinzessinwitwe reden gehört?« Ganz recht hat Herr Jarcke. In solch einem glücklichen Lande erfährt man dergleichen nie. Nichts ist abscheulicher und furchtbarer als die Preßfreiheit; sogar einer fürstlichen verwitweten Unschuld kann sie einen bösen Leumund machen.

Was das elend kranke monarchische Prinzip immerfort an sich kuriert! Wahrhaftig, man muß Mitleid mit ihm haben. Da es sieht, daß ihm Ärzte und Apotheker nicht helfen können, nimmt es zu alten Weibern seine Zuflucht und gebraucht sympathetische Mittel. Vorgestern war ein Ball bei Hofe, und da erschienen mehrere Damen, die *»presque jolies et à peu près jeunes«* waren, zum allgemeinen Erstaunen mit Puder in den Haaren und gekleidet nach der Mode aus der tugendhaften Zeit der Regentschaft. Die königliche Familie überhäufte diese tugendhaften gepuderten, loyalen monarchischen, *fast schönen* und *ungefähr jungen* weiblichen Köpfe mit Gunstbezeugungen aller Art. Der Herzog Decazes machte ihnen den Hof im Namen der Kamarilla. Thiers sagte ihnen im Namen der Doktrinairs die schönsten Schmeicheleien. Im Namen des diplomatischen Korps überreichte ihnen der päpstliche Nuntius Konfekt und Eis. Herr Pasquier, im Namen der Pairs, erklärte diesen Tag für einen *jour heureux et à jamais mémorable*. Aber im Namen des Volks wurden sie von allen übrigen ausgelacht. Von Thiers wundert es mich, da er doch eine Geschichte der Französischen Revolution geschrieben und wissen mußte, daß Mirabeau und Robespierre sehr gepudert waren und daß Madame Roland eine steife Schnürbrust getragen. Den andern Tag schickten drei Gesandte Kuriere an ihre Höfe, und man glaubt, dieser Puder werde sehr viel zur Schlichtung der belgischen Angelegenheit beitragen, weil die heilige Allianz an dem ernsten Willen Louis-Philippes, das reine monarchische Prinzip herzustellen und die ungepuderte und ungeschminkte Preßfreiheit zu vertilgen, nun nicht länger mehr zweifeln könnte.

Aus Spanien blüht uns wieder eine neue Hoffnung entgegen. Es ist dort in mehreren Provinzen eine bedeutende Revolution ausgebrochen; zwar eine karlistische, aber die hilft auch. Sie unterscheidet sich von einer liberalen nicht mehr als Kreuz-As von Herz-As; der Wert ist der nämliche, und die Farbe des Trumpfes kann allstündlich ändern. Auf keine Weise ist zu fürchten, daß sich die Spanier in den Schlaf protokollieren lassen. Eine diplomatische Konferenz verdaut nimmermehr solch ein hartes Volk. Wenn das dort Bestand hat, werden wir es in Deutschland bald an den frischen Ohrfeigen spüren, die man uns geben wird, wir sind die *Menins* aller ungezogenen Völker – sie die Unarten, wir die Schläge.

Samstag, den 2. Februar 1833

Die Hefte von Riesser mögen Sie mir schicken. Was ich früher von ihm gelesen, deutet auf ein vorzügliches Talent; aber mit seinem Journale ist es ein großer Mißverstand. Wer für die Juden wirken will, der darf sie nicht isolieren; das tun ja eben deren Feinde, zu ihrem Verderben. Was nützt ein eignes Journal für die Juden? Ihre Freunde brauchen es nicht, denn sie bedürfen keiner Zusprache; ihre Gegner nehmen es gar nicht in die Hand. Um ihnen zu helfen, muß man ihre Sache mit dem Rechte und den Ansprüchen der allgemeinen Freiheit in Verbindung bringen. Man muß nur immer gelegentlich, unerwartet von ihnen sprechen, damit der ungeneigte Leser gezwungen werde, sich damit zu beschäftigen, weil es auf seinem Wege liegt. Ich meine auch, es wäre auf diese Weise leichter, die Juden zu verteidigen, jedem, der keine blinde Liebe für sie hat. Ich habe oft und warm für sie gesprochen; hätte ich sie aber isoliert, wäre mir die Gerechtigkeit gar zu sauer geworden. Es scheint, Riesser möchte die Nationalität der Juden gewahrt sehen. Aber die Nationalität der Juden ist auf eine schöne und beneidenswerte Art zugrunde gegangen; sie ist zur Universalität geworden. Die Juden beherrschen die Welt, wie es ihnen Gott verheißen; denn das Christentum beherrscht die Welt, dieser schöne Schmetterling, der aus der garstigen Raupe des Judentums hervorgegangen. Die scheinbeherrschte Menge, hier und dort, mag das verkennen, aber der denkende Mann begreift es. Die Juden sind die Lehrer des Kosmopolitismus, und die ganze Welt ist ihre Schule. Und weil sie die Lehrer des Kosmopolitismus sind, sind sie auch die Apostel der Freiheit. Keine Freiheit ist möglich, solang es Nationen gibt. Was die Völker trennt, vereinigt die Fürsten; der wechselseitige Haß, der die einen trennt und schwach läßt, verbindet die andern zu wechselseitiger Liebe und macht sie stark. Die Könige werden Brüder bleiben und verbündet gegen die Völker, solange ein törichter Haß diese auseinanderhält. Auch die Edelleute sind stark, weil sie kein Vaterland kennen. Deutsche! Franzosen! Ihr zumal, Schiedsrichter der Welt, laßt euch nicht länger töricht von euren Herrschern zum wahnsinnigen Patriotismus entflammen. Weil man euere Vereinigung fürchtet, soll wechselseitiges Mißtrauen euch ewig getrennt halten. Was sie als Vaterlandsliebe preisen, ist die Quelle eures Verderbens. Verstopft sie, werfet Kronen und Szepter und zerschlagene Throne hinein und ebnet den Boden mit dem Pergamentschutte eures Adels. Dann bringt die Freiheit, ihr Deutsche dem Norden, ihr Franzosen dem Süden, und dann ist überall, wo ein Mensch atmet, euer Vaterland und Liebe eure Religion.

Sie sind neugierig? Das ist merkwürdig. So etwas habe ich von einem Frauenzimmer nie gehört. In Diderots Enzyklopädie, in der von Krünitz, im Konversationslexikon, in der *Biographie universelle*, im Bayle, in der großen englischen Weltgeschichte, im Buffon, in der Bibel, im Koran, in meinen gesammelten Schriften, in keinem dieser Werke ist auch nur ein Wort zu finden, das auf die Existenz weiblicher Neugierde hindeutet. Es ist die merkwürdigste Entdeckung seit der Sündflut. Aber es tut mir leid, ich muß Sie schmachten lassen. Aufrichtig zu sprechen, es ist etwas in dieser Geschichte, das ich nicht mitteilen darf. So habe ich reiflich zu überlegen, wie ich sie Ihnen erzählen soll, ohne etwas hinzuzulügen, und doch zugleich zu verschweigen, was geheim bleiben muß. Die halbe Wahrheit zu sagen, das ist eine künstliche Drechslerarbeit; ganz zu lügen, ist viel leichter. Übrigens kann ich Sie versichern, daß die Geschichte gar nicht so romantisch ist, als Sie sich vielleicht vorstellen. Ich habe mehr wissenschaftliches als Kunstinteresse daran, und wäre ich nicht so wißbegierig, hätte ich mich schon längst dabei gelangweilt; doch das kann ich Ihnen mitteilen, daß jetzt die Tochter nicht mehr allein eifersüchtig ist, sondern auch die Mutter und daß erstere mich seit vierzehn Tagen nicht mehr *respectable* nennt, sondern *aimable*; einmal sagte sie sogar *adorable*. Ich weiß nicht, was sie mit mir vorhat, aber sie *abelt* mich in einem fort. Bald wird ihr nichts mehr übrigbleiben, als mich *exécrable* zu nennen. Jetzt schmachten Sie ruhig fort und lassen Sie sich durch nichts stören. Es wird nicht lange dauern – vier Wochen, sechs Wochen, vielleicht zehn, höchstens ein Jahr oder anderthalb.

Hundertvierter Brief

Paris, Montag, den 4. Februar 1833

Bérangers neue Lieder haben nicht das jugendliche Herz der frühern, in welchen reines Quellblut sprudelte. Wir aber, die den Dichter lieben, lesen sie wieder frisch. So blühen verwelkte Blumen neu auf, wenn man sie in warmes Wasser stellt. Béranger fühlt es selbst, daß er schwächer geworden; aber er sagt: nicht sein Alter allein, sondern auch der Ernst der Zeit hätten seine Sangesweise schwer und nachdenklich gemacht. Mir aber scheint, daß seine Verachtung nicht mehr ausgereicht für die Verächtlichkeit, sein Spott nicht mehr für die Lächerlichkeit der jetzigen Machthaber und ihres Treibens, und daß darum sein sonst so siegesfroher Kampf alle Freudigkeit verloren. Er hat die Gedichte Lucien Bonaparten zugeeignet, der ihn einst in seiner Jugend von der Armut rettete und ihm wieder forthalf. Die Worte der Zuneigung sind würdig und rührend. Da sagt er unter andern: »*J'ai toujours penché à croire qu'à certaines époques les lettres et les arts ne doivent pas être des simples objets de luxe.«* Das mögen sich unsere deutschen gelehrten Zeugfabrikanten und unsere poetischen Goldarbeiter merken, die, in der Schule Goethes gebildet, ihre Wissenschaft und Kunst und ihr edles Gewerbe herabzuwürdigen glauben, wenn sie je auf etwas anderes als auf neue Erfindungen für die Lust der Reichen und Vornehmen sinnen, wenn sie je an etwas anderem als an Kronen und Ordenssternen arbeiten. In der Vorrede sagt Béranger: das wären seine letzten Lieder, und er wolle den Rest seines Lebens verwenden, die Denkwürdigkeiten seiner Zeit aufzuschreiben. Diese Drohung braucht uns keine Sorge zu machen; Dichter und Liebende schwören oft falsch.

»*Das Glück der Menschheit war der Traum meines Lebens.*« Hätte Béranger nur das nicht gesagt! Das sagen ja eben die andern auch, die das Glück der Menschheit nicht wollen. Sie spotten: Ihr träumt, ihr schwärmt! Nein, es ist kein Traum; aber freilich, wenn man schläft, ist alles Traum. Schlummert nicht, wachet auf! Es gibt jetzt zehntausendmal mehr glückliche Menschen, als es vor vierhundert Jahren gab. Aber gewiß lebten damals auch Dichter und Philosophen, welche von dem Glücke der Menschheit träumten, und gewiß wurden sie von den Weltleuten auch verhöhnt wegen ihrer Schwärmereien. Und doch ist alles besser geworden, und ohne Zweifel übersteigt die Wohlfahrt der heutigen Welt weit die Hoffnung jener Gutgesinnten, weit die Furcht jener Schlechtgesinnten. Was hat sich geändert? Hat das Glück der Menschheit sich vermehrt? Nein. Die Summe des Glücks ist immer die nämliche, nur kommt es darauf an, wie sie verteilt ist. In jenen frühen Jahrhunderten war alles Land und Gut, aller Reichtum und alle Lust des Lebens, waren alle Waffen zur Verteidigung der Güter des Lebens in alleinigem Besitze der Edelleute, und alle Kunst und Wissenschaft und göttliche Erkenntnis waren Eigentum der Geistlichkeit. Sie hatten alles, wußten alles, konnten alles; das Volk war arm, dumm und wehrlos. Der Frühling kam, der Adel und Geistlichkeit aufgelöst, und da flossen Reichtum und Wissen von selbst auf das Land herab. Vollendet jetzt das

Werk, mit eures Geistes, mit euer Hände Kraft, und wartet nicht auf die Zeit, die langsam zerstört und noch langsamer bildet. Die Zeit ist eine Seidenraupe; wollt ihr Seide spinnen, dürft ihr nicht warten, bis sich der Schmetterling entfaltet. Gott gab dem Menschen die Zukunft, daß er sie zur Gegenwart mache; aber wir sind so faul und niederträchtig feige, daß wir die Gegenwart zur Zukunft werden lassen. Die Vergangenheit ist unsere Gegenwart, und wir Narren sind zufrieden, wenn wir altbacken Brot essen. Jeder Fürst eines großen Landes verzehrt das Glück von hunderttausend seiner Untertanen, jeder kleine Fürst nach Verhältnis noch mehr. Jede Universität macht das Land zehn Meilen in der Runde dumm. Wenige sollen alles wissen, damit alle nichts wissen. Unsere Gelehrten sind die Schatzmeister der Aufklärung. Diese Narren bilden sich ein, sie würden von den Regierungen gut bezahlt, damit sie den Schatz in Ruhe und Frieden genießen. O nein; man stellt sie an, daß sie den Schatz wohlverschlossen halten, damit nichts davon unter das Volk komme. Mit dem allein, was die Göttinger Bibliothek gekostet, könnte man in ganz Deutschland Dorfbibliotheken errichten. Wenn man dreißig Fürsten in zwanzig Millionen Bürger und Bauern, wenn man dreißig Professoren in dreißigtausend Schulmeister zerschlüge – in jedem Geheimen Hofrat stecken ihrer tausend –, wäre ein ganzes Volk wohlhabend, gebildet, sittlich und glücklich. Dann würde das Unglück der Menschheit der Traum der Schlechten sein.

Wonach ich in diesen Liedern am begierigsten sah, können Sie sich leicht denken. Nach den Gesinnungen und Äußerungen Bérangers über den Zustand Frankreichs. Mit wahrer Angst suchte ich das auf; denn ich habe seit zwei Jahren oft flüstern hören: nicht aus Mangel an Stoff ließ Béranger seinen Zorn schweigen, sondern aus einem andern Mangel. Ich glaubte das halb, und es machte mir Kummer. Ich glaubte es – denn die schöne Zeit ist nicht mehr, wo nur die Verleumdung edle Menschen beschädigen konnte; das tut auch jetzt der Argwohn der Guten, der wie ein Rost das reinste Gold der Tugend verzehrt. Der Wein, welchen die Macht in großen Strömen fließen läßt, die Vernunft und das Herz der Welt zu überschwemmen, daß sie ihre Mitschuldige werde, hat auch viele der Edelsten berauscht, und die Regierungen haben es in ihrer geheimen Scheidekunst so weit gebracht, daß sie selbst aus Rosenwasser das stärkste Gift destillieren können. Dank dem Himmel, das fand ich nicht in den Liedern; ich fand aber auch nicht alles, was ich suchte. Den Stoff, den ihm die Regierung Louis-Philippes angeboten, der viel schöner und reicher ist als der der frühern Zeit, hat Béranger träge bearbeitet. Aber es gibt außer der Bestechung durch Geld noch eine andere; die durch Worte und Schmeicheleien. Viele von den alten Freunden Bérangers teilen jetzt den Gewinst und die Sünden der Macht. Es kann ihm wohl einer derselben vorgestellt haben: er möge bedenken, welchen großen Einfluß seine Lieder auf das Volk hätten, und daß sie am meisten die Revolution vorbereitet. Er möge bedenken, in welcher gefährlichen Lage der König den Parteien und dem Lande gegenüber stehe – das bedenken und darum schonen. Vielleicht zeigte man ihm auch in einiger Entfernung ein Endchen von irgendeinem Geheimnisse der heiligen Allianz. Da ließ sich der gute Béranger überlisten und versprach zu schweigen. Später sah er wohl ein, daß er getäuscht worden, aber er hatte einmal sein Wort gegeben.

So zielen Bérangers politische Lieder zwar auf die Scheibe, aber nicht mehr wie früher auf das Schwarze. Das, was ich in meinen vorjährigen Briefen mitteilte, *La paix*, und das deutlich den Stempel des Dichters trägt, ist nicht gedruckt worden. Die Minister und die Kammer und die *unhandgreifliche* Regierung bespöttelt er etwas in dem Liede *La restauration de la chanson*. In den ersten Tagen nach der Revolution hatte Béranger gesagt: »*On vient de détrôner Charles X et la chanson.*« Darauf bezieht sich das Lied, von welchem hier die zwei ersten Strophen folgen.

> Oui, chanson, Muse ma fille.
> J'ai déclaré net
> Qu'avec Charles et sa famille
> On te détrônait.

> Mais chaque loi qu'on nous donne
> Te rappelle ici.
> Chanson, reprends ta couronne
> – Messieurs, grand merci!
>
> Je croyais qu'on allait faire
> Du grand et du neuf;
> Même étendre un peu la sphère
> De quatre – vingt – neuf.
> Mais point! On rébadigeonne
> Un trône noirci.
> Chanson, reprends ta couronne
> – Messieurs, grand merci!

Diesem Liede unmittelbar vorher geht ein anderes, dem es gleichsam als Beweis folgt. Der Minister Sébastiani wollte, so zart wie möglich, den Dichter reich machen. Er antwortete ihm in dem schönen Liede: *Le refus;* darin sagt er:

> Qu'un peu d'argent pleuve en mon trou,
> Vite il s'en va, Dieu sait par où!
> D'en conserver je désespère.
> Pour recoudre à fond mes goussets,
> J'aurais dû prendre, à son décès,
> Les aiguilles de mon grand-père.
>
> Ami, poutant gardez votre or.
> Las! j'épousai, bien jeune encor,
> La Liberté, dame un peu rude.
> Moi, qui dans mes vers ai chanté
> Plus d'une facile beauté
> Je meurs l'esclave d'une prude.
>
> La Liberté! c'est, Monseigneur,
> Une femme folle d'honneur;
> C'est une bégueule enivrée
> Qui, dans la rue ou le salon,
> Pour le moindre bout de galon,
> Va criant: A bas la livrée!

Aus einem philosophischen Gedichte *Les Fous* sind folgende schöne Verse:

> Combien de temps une pensée,
> Vierge obscure, attend son époux!
> Les sots la traitent d'insensée;
> Le sage lui dit: Cachez-vous!
> Mais la recontrant loin du monde,
> Un fou qui croit au lendemain,
> L'épouse; elle devient féconde
> Pour le bonheur de genre humain.
>
> Qui découvrit un nouveau monde?
> Un fou qu'on raillait en tout lieu.
> Sur la croix que son sang inonde,
> Un fou qui meurt nous lègue un Dieu.
> Si demain, oubliant d'éclore,
> Le jour manquait, eh bien! demain
> Quelque fou trouverait encore
> Un flambeau pour le genre humain.

Ob Sie zwar die Gedichte bald erhalten werden, habe ich mir doch die große Mühe gegeben, zwei derselben, worin Béranger seine Liebe zu den Königen herrlich tönen ließ, ganz für Sie abzuschreiben. Ich weiß, welche Freude es Ihnen macht, in meinem armen ausgetrockneten Mühlbache wieder etwas Wasser zu sehen.

> »Conseil aus Belges.
> Finissez-en, nos frères en Belgique
> Faites un roi, morbleu, finissez-en.
> Depuis huit mois, vos airs de république
> Donnent la fièvre à tout bon courtisan.
> D'un roi toujours la matière se trouve:
> C'est Jean, c'est Paul, c'est mon voisin, c'est moi.
> Tout œuf royal éclot sans qu'on le couve.
> Faites un roi, morbleu, faites un roi.
> Faites un roi, faites un roi.

Quels biens sur vous un prince va répandre!
D'abord viendra l'étiquette aux grands airs;
Puis des cordons et des croix à revendre;
Puis ducs, marquis, comtes, barons et pairs.
Puis un beau trône, en or, en soie, en nacre,
Dont le coussin prête à plus d'un émoi.
S'il plaît au ciel, vous aurez même un sacre.
Faites un roi, morbleu, faites un roi.
Faites un roi, faites un roi.

Puis vous aurez baisemains et parades,
Discours et vers, feux d'artifice et fleurs;
Puis force gens qui se disent malades
Dès qu'un bobo cause au roi des douleurs
Bonnet de pauvre et royal diadème
Ont leur vermine: un dieu fit cette loi.
Les courtisans rongent l'orgueil suprême.
Faites un roi, morbleu, faites un roi.
Faites un roi, faites un roi.

Chez vous pleuvront laquais de toute sorte;
Juges, préfets, gendarmes, espions;
Nombreux soldats pour leur prêter main-forte;
Joi à brûler un cent de lampions.
Vient le budget! nourrir Athène et Sparte
Eût, en vingt ans, moins coûté, sur ma foi.
L'ogre a diné; peuples, payez la carte;
Faites un roi, morbleau, faites un roi.
Faites un roi, faites un roi.

Mais, quoi! je raille; on le sait bien en France;
J'y suis du trône un des chauds partisans.
D'ailleurs l'histoire a répondu d'avance:
Nous n'y voyons que princes bienfaisants.
Pères du peuple ils le font pâmer d'aise;
Plus il s'instruit, moins ils en ont d'effroi;
Au bon Henri succède Louis treize.
Faites un roi, morbleu, faites un roi.
Faites un roi, faites un roi.

Prédiction de Nostradamus
pour l'an deux-mil

Nostradamus, qui vit naître Henri-Quatre
Grand astrologue, a prédit dans ses vers,
Qu'en l'an deux-mil, date qu'on peut débattre,
De la médaille on verrait le revers.
Alors, dit-il, dans l'allégresse,
Au pied du Louvre ouïra cette voix:
Heureux Français, soulagez ma détresse;
Faites l'aumône au dernier de vos rois!

Or, cette voix sera celle d'un homme
Pauvre, à scrofule, en haillons, sans souliers
Qui, né proscrit, vieux arrivant de Rome,
Fera spectacle aux petits écoliers.
Un senateur criera: ›L'homme à besace!
Les mendiants sont bannis par nos lois.‹
– Hélas! monsieur, je suis seul de ma race.
Faites l'aumône au dernier de vos rois.

Est-tu vraiment de la race royale?
– ›Oui‹, répondra cet homme, fier encore.
J'ai vu dans Rome, alors ville papale,
A mon aïeul, couronne et sceptre d'or.
Il les vendit pour nourrir le courage
De faux agents, d'écrivains maladroits.
Moi, j'ai pour sceptre un bâton de voyage.
Faites l'aumône au dernier de vos rois.

Mon père, âgé, mort en prison pour dettes
D'un bon métier n'osa point me pouvoir.
Je tends la main; riches, partout vous êtes
Bien durs au pauvre, et Dieu me l'a fait voir.
Je foule enfin cette plage féconde
Qui repoussa mes aïeux tant de fois.
Ah! par pitié pour les grandeurs du monde
Faites l'aumône au dernier de vos rois.

Le senateur dira: Viens, je t'emmène
Dans mon palais; vis heureux parmi nous.

Contre les rois nous n'avons plus de haine:
Ce qu'il en reste embrasse nos genoux.
En attendant que le sénat décide
A ses bienfaits si ton sort a des droits,
Moi, qui suis né d'un vieux sang régicide,
Je fais l'aumône au dernier de nos rois.

Nostradamus ajoute en son vieux style:
La république au prince accordera
Cent louis de rente, et, citoyen utile,
Pour maire un jour, Saint-Cloud le choisira.
Sur l'an deux-mil on dira dans l'histoire
Qu'assise au trône et des arts et des lois,
La France, en paix reposant sous sa gloire,
A fait l'aumône au dernier de ses rois.«

Dienstag, den 5. Februar 1833

Weiber heraus! Herbei mit Stecknadeln, mit Nähnadeln, mit Haarnadeln, mit Stricknadeln, mit scharfen Zungen, mit Fischbeinen, mit Zwirnknäueln, mit Haarflechten! Es gilt eure Ehre; ich führe euch an. Die Darmstädter wollen euch den Zutritt in ihre Kammer verweigern. Sie haben euch gelästert Deutsch und Französisch. Sie haben gesprochen von Ariovist, von Cäsar, von den Römern, von den Germanen, von Montesquieu, vom Orient, vom Okzident, von den spartanischen Frauen, von Goethe, Schiller, von den schätzbaren Winken, welche die philosophischen Schriften des Königlich-Preußischen Staatsministers Ancillon über diesen Punkt enthalten. Von Himmel und Erden, von Gott und Teufel. Sie haben gesprochen von dem *dröhnenden Geheule der germanischen Weiber*, und wie Cäsar vier Wochen gebraucht, seine Soldaten an den Graus zu gewöhnen, und wie er früher die Schlacht nicht gewagt. Zwar hat eure Sache durch eine kleine Stimmenmehrheit gesiegt; aber das hilft euch nichts. Die Regierung dort wird euch nie in die Kammer lassen; denn sie zittert vor euch. Sie fürchtet: manchem würde euer Lächeln mehr sein als das gnädige Lächeln des Fürsten, euer Händedruck schmeichelnder als das Achselzucken eines Ministers und euer

Spott gefährlicher als die Unzufriedenheit des preußischen Gesandten. Darum sammelt euch! In Ordnung! Die Häßlichsten im ersten Gliede! Vorwärts! ... Was ist? Ihr zaudert? Habt ihr Furcht? ... Ja so! ... Die Schönsten voraus! Marsch! ... Halt! Kehrt wieder um und geht nach Hause! Es fällt mir eben ein, daß sie recht haben; es sind schon Weiber genug in allen deutschen Kammern.

Von den Duellen, welche in diesen Tagen zwischen karlistischen und liberalen Journalisten stattgefunden, werden Sie in den Zeitungen gelesen haben. Aber bei euch mag man wohl die Bedeutung dieses Ereignisses nicht ganz fühlen. Es war sehr wichtig, es hat die Regierung aus ihrem süßen Traum geweckt. Man dachte, das Volk wäre tot, weil es nicht mehr brüllte, und da kam mancher Esel, wenn auch zitternd, herangestolpert, um durch einen Fußtritt seine Tapferkeit und seine treue Anhänglichkeit für die doktrinäre Eselei zu beweisen. Da brüllte der Löwe wieder einmal, und sie bekamen Angst. Die unverschämte Herausforderung der Legitimisten, die doch so schwach sind wegen ihrer geringen Zahl, wurde so gedeutet: daß diese Partei durch den geheimen Schutz der Regierung sich stark fühle. Hat doch der Minister Broglie in der Kammer erklärt, die Vertreibung Karls X., die ganze Revolution, sei keine Handlung des Rechts gewesen, sondern nichts als eine Tat der Gewalt, die man achten müsse, weil man *müsse*. So erkannte die öffentliche Meinung in dem Trotze der Karlisten nichts als die Arglist der Regierung, und sie sprach sich so stark aus, daß die Doktrine ihre Fühlhörner erschrocken in ihr Schneckenhaus zurückzog. *Carrel*, der Redakteur des *National*, der sich für die liberale Partei hervorgestellt, ist lebensgefährlich verwundet worden. Jetzt ist er außer Gefahr. Wäre er geblieben, hätte er vielleicht ein riesengroßes Grab bekommen. Auch haben der Hof, das Ministerium und die Gesandtschaften sich, öffentlich oder im stillen, so ängstlich um das Befinden dieses Republikaners erkundigen lassen, als wäre es ein legitimer Prinz. Von den *Amis des droits de l'homme* allein haben sich achttausend gemeldet, um, je zwanzig, es mit den Karlisten auszufechten. Ein Freund, der gestern auf dem Bureau der *Tribune* war, erzählte mir, die Zimmer wären alle von gemeinen Arbeitsleuten voll gewesen, die gekommen waren, sich unter die Duellanten einschreiben zu lassen. Ich billige sonst Duelle bei gewöhnlichen Beleidigungen nicht. Die sogenannte Ehre ist nichts als die falsche Münze der Tugend, ein kindisches und nichtswürdiges Ordensbändchen, das sich der Hochmut der Aristokratie erfunden, damit ihre Verdienstlosigkeit zu schmücken. Aber Duelle aus politischen Gründen preise ich. Man stirbt für die Freiheit so ehrenvoll in einem Zweikampfe und auf dem Schafotte als auf dem Schlachtfelde.

– So will ich Ihnen denn die Erbschaftsgeschichte der Mars erzählen. Bei dieser Gelegenheit aber muß ich die Künstlerin um Verzeihung bitten; ich habe ihr großes Unrecht getan. Wie ich gestern in einer Biographie gelesen, ist sie 1778 geboren, also gegenwärtig erst 55 Jahre alt und nicht 60, wie ich neulich gewiß nicht aus Bosheit, aber aus jugendlichem Leichtsinne behauptet hatte. Es geschah vor vielen Jahren, daß ein alter reicher Marquis sich in die Mars verliebte. Aber sie erbarmte sich seiner nicht. Er schrieb ihr seidne Liebesbriefe, hoch und weich ausgepolstert mit Bankzetteln; die Edle schickte ihm den Flaum samt dem Überzuge zurück. Kürzlich befreite der Tod den armen Marquis von seinen Liebesleiden. Einmal fuhr er über den Platz Vendôme, der Wagen wurde umgeworfen, und der Marquis brach ein Bein. Man eilte herbei, ihm zu helfen und ihn nach Hause zu tragen. Aber er erklärte mit fester Stimme den Umstehenden: »Hier liege ich und hier bleibe ich liegen und lasse mich nicht anrühren, bis der Wundarzt der Demoiselle Mars kommt und mich in seine Behandlung nimmt.« Man schickte zur Mars. Diese, zwar aufgebracht, aber doch betrübt über den alten Narren, fuhr gleich zu ihrem Freunde und Arzt Dupuytren und bat ihn, die Heilung des Marquis zu übernehmen. Nahe Verwandte hinterließ er nicht. Als seine vermutlichen Erben das Inventarium machen ließen und über die vielen schönen Sachen sich sehr freuten, fanden sie unter der reichen Verlassenschaft ein Bild der Mars, von Gérard gemalt. Die Erben dachten, die Mars werde dieses Bild wohl gern an sich bringen, und ließen sie das wissen. Sie eilte auch gleich in das Sterbehaus, ihr Bild in Augenschein zu nehmen. Während sie mit den Erben um den Preis des Bildnisses unterhandelte, kamen aus dem Nebenzimmer die Notare mit einem Testamente heraus, das sie eben erst unvermutet gefunden und gleich geöffnet hatten, und sagten der Mars, sie möge nur das Bild und alles behalten, es gehöre alles ihr, sie wäre Universallegatarin. Die Mars stand mit einem Susanne-Lächeln, die Erben standen mit Bazile-Mäulern da. So belohnt der Himmel weibliche Tugenden.

Noch eine andere Denkwürdigkeit ereignete sich bei diesem Anlasse. Als die Bücher des Marquis versteigert wurden, kam eine alte Bibel an die Reihe, vielleicht dreißig Sous im Kaufwerte. Der Auktionator durchblätterte das Buch, ehe er es losschlug, um zu sehen, ob es nicht defekt sei und der Käufer damit betrogen werde. Da fielen Bankzettel, nach und nach fünfzig Stück, heraus, die als Papierstreifen zur Bezeichnung kräftiger und erbaulicher Stellen in der Bibel lagen. Denken Sie nur, wäre diese Heilige Schrift nicht zufällig untersucht worden und ein armer frommer Teufel hätte sie gekauft für dreißig Sous und zu Hause fünfundzwanzig-, vielleicht fünfzigtausend Franken darin gefunden – das hätte vielleicht das Christentum über ganz Paris verbreiten können! *Nutzanwendung:* 1. Man weise alte Marquis zurück, ihr Tod ist einträglicher als ihr Leben. 2. Man kaufe alte Bibeln.

– Es schrieb mir heute einer aus Stuttgart: der König habe darum die Kammer nicht selbst eröffnet, weil Pfizer (Verfasser der »Briefe zweier Deutschen«) unter den Abgeordneten wäre, und den Schwur eines solchen Mannes könne er nicht annehmen. Ach! was habe ich wieder eine volle und schmutzige Eselshaut! Das ist meine wahre *Peau de chagrin*; aber eine ganz andere als *Balzacs* seine. Diese wurde kleiner nach jeder Torheit und Sünde: meine wächst nach jeder. Doch heute still davon. Ludwig XIV. schrieb ein staatsrechtliches Buch zur Belehrung seines

Nachfolgers. Darin ist der Grundsatz aufgestellt: »*Die Nation ist nichts für sich, sie ist ganz in der Person des Königs aufgelöst.*« (*La nation ne fait pas corps, elle réside toute entière dans la personne du roi.*) Ludwig der Letzte wird einst sprechen, wie Ludwig XIV. gesprochen. Der letzte Wilhelm, der letzte Friederich, der letzte Franz, der letzte Karl werden gesinnt sein, wie der erste Wilhelm, der erste Friedrich, der erste Franz, der erste Karl gesinnt waren. Es gibt keine andere Hilfe, als daß uns der letzte von allen befreie.

Hundertfünfter Brief

Paris, Donnerstag, den 7. Februar 1833

Der Journalist *Traxel* aus Köln, von dem ich Ihnen neulich geschrieben, hat sich gerettet und ist glücklich in Paris angekommen. Gestern besuchte er mich. Als er abends, da es schon dunkel war, von dem Gerichte zurückkam, wo er sein Urteil empfangen, bat er den Gerichtsdiener, der ihn in das Gefängnis führen sollte, ihn vorher in seine Wohnung zu begleiten, wo er einiges Nötige zu bestellen habe. Dem Verlangen wurde nachgegeben. Als der Huissier in das Zimmer eingetreten war, sprang Traxel hinaus, verschloß die Türe hinter sich, stürzte auf die Straße hinunter, lief ohne Hut und Mantel zum Tore hinaus und kam so glücklich über die Grenze. Auch ist in diesen Tagen ein Bierbrauer aus Leipzig hier angekommen, der zu fünfzehnjähriger Zuchthausstrafe verurteilt war. Er saß schon lange in Pirna fest, als es ihm gelang, seinen Kerker zu durchbrechen, um den weiten Weg durch Deutschland nicht unerkannt, aber unverraten zurückzulegen. So haben sich schon sehr viele Patrioten gerettet, von welchen ich sechs in Frankreich begegnet und gesprochen habe. Wenn man die Erzahlung von ihrer oft wunderbaren Rettung anhört, gewahrt man leicht und mit großer Freude, daß diejenigen, welche sie zu bewachen hatten, mit ihrer Flucht einverstanden waren, so daß, wenn sie auch nicht behilflich dabei gewesen, sie doch die Augen zugedrückt. Die Flüchtlinge dürfen zwar aus Klugheit und Dankbarkeit von einem solchen Einverständnisse nicht sprechen, doch aus den angegebenen Umständen errät man es bald. Einer dieser Patrioten aber, der das Vertrauen zu mir unbedenklich fand, gestand es, daß ein Polizeibeamter, und zwar ein solcher, der sich seit mehreren Jahren durch seine blinde Folgsamkeit gegen die Tyrannei ausgezeichnet hat und darum in der ganzen Stadt verhaßt ist, ihm, ob er ihn früher zwar gar nicht gekannt, zu seiner Flucht behilflich gewesen. Wie erfreulich ist es nicht, wahrzunehmen, daß die Karyatiden der Throne mit Menschengesichtern und steinerner Brust endlich auch warm werden und sich beklagen.

Der gute Geist in Deutschland breitet sich immer mehr aus, auch unter den Offizieren und Unteroffizieren. Und was dann? Die deutschen Fürsten werden bald keine andere Macht haben, als der Gerechtigkeit nachzugeben oder unterzugehen, und selbst diese Wahl bleibt ihnen nicht lange mehr.

Sie brüten jetzt über die Wiederherstellung der alten deutschen Reichsgerichte, aber in den alten Kessel soll neues Gebräu kommen. Man spricht von deutschen Nationalgefängnissen, von hohen deutschen Bundestürmen, die gebaut werden sollen. Ich weiß das nähere noch nicht, werde es aber bald erfahren.

In den Blättern, die Sie mir geschickt, habe ich von Weitzels *Politische Ansichten der Gegenwart* nur noch einige Bruchstücke gefunden; ich hätte aber wahrscheinlich aus dem ganzen nicht klug werden können. Wer hieß aber auch den Mann schreiben in dieser Zeit und in seinen Verhältnissen? Wenn er sagt: »Der Gedanke aber, jetzt in Europa der Monarchie, die sich mit der Aristokratie verbunden, ein Gegengewicht zu geben, kommt um manche Jahrzehnte zu früh« – so will ich mich aufknüpfen lassen, wenn das sein Ernst war. Weitzel ist einer der besten und klarsten politischen Köpfe Deutschlands, und sein Rat, mit der Ausbesserung des Hauses zu warten, weil es noch manche Jahrzehnte dauern könnte, bis uns das Dach über dem Kopf zusammenstürzt, war gewiß nicht aufrichtig. Wenn einmal Aristokratie und Monarchie von selbst zusammenfallen, dann bleibt uns nichts mehr zu tun übrig. Man verliert alle Geduld. Da bitten sie uns täglich, wir möchten doch so gut sein, die Wirkung der Zeit abzuwarten. Als wenn Zeit und Natur je etwas aus nichts schafften! Als wenn sie nicht selbst vorher zerstören müßten, um Neues zu bilden! Für solche Dummköpfe halten sie uns, daß sie uns unaufhörlich vorpredigen, wir möchten, ehe wir das verhaßte Alte zerstörten, das beliebte Neue vorher aufführen. Wo wir aber Bauplätze herbekommen sollen, wenn wir nicht vorher den alten Schutt wegräumen; wo wir Zimmerholz hernehmen sollen, wenn wir keine Bäume umhauen – das Geheimnis predigen sie uns nicht. Und wenn sie zanken: *der Liberalismus könne nur zerstören*, finden sich in Deutschland gutmütige, aber einfältige Menschen genug, die vor dem Schrecken dieses Vorwurfs zusammenfahren und, aus Furcht, für Mordbrenner gehalten zu werden, nach Hause schleichen, die Nachtmütze aufsetzen und in den »Andachtsstunden« lesen.

Es ist etwas in den Deutschen, auch in den Freisinnigen, was ich nicht verstehe, wozu, mir es begreiflich zu machen, meine Psychologie nicht ausreicht. Ich erstaune täglich über die Gefühllosigkeit, mit welcher die liberalen Deputierten der Kammer die unverschämten Reden der Minister anhören. Ich sage nicht: sie sollen der Gewalt Gewalt entgegensetzen; denn sie haben keine. Ich sage nicht: sie *sollen* der Frechheit, wie es sich gebührt, antworten und der Pflicht und Ehre ihren persönlichen Vorteil aufopfern; aber ich sage: sie sollen ihr antworten *müssen*. Ich bin auch kein Held, weder der Tapferkeit noch der Tugend; ich würde vielleicht auch zahm sein der Macht gegenüber; ich wäre wohl auch nicht aufopfernd genug für das Wohl des Volkes, das bei uns solche Aufopferung selten vergütet, mit Weib und Kindern zu verhungern; stünde ich der Anmaßung eines Mächtigen gegenüber, würde ich vielleicht auch überlegen und schweigen. Es gäbe aber Verhältnisse, in denen ich unfähig bliebe zu überlegen, in denen mein Herz den Verstand verdunkelte, und in solchen Verhältnissen, stünde ich auch der Anmaßung eines Königs gegenüber, würde ich seine Krone, seine Kerker, seine Henker vergessen und ihm begegnen, wie es sich gebührt. Ich könnte mich wie ein Knecht, wie ein Verbrecher, wie ein Dummkopf geduldig behandeln lassen; aber wie einen Schulbuben – nie.

Und warum sind sie Schulbuben, wo sie sich die Schwächeren fühlen? Weil sie Schulmeister sind, wo die Stärkeren; der ganze Unterschied besteht nur in den Jahren. Ihre Frömmigkeit, ihre Sentimentalität richtet sie zugrunde. Vor lauter Begeisterung für das Gute verlieren sie den Geist, es zustande zu bringen. Tränen der Menschenliebe und Rührung verdunkeln ihnen den Blick, und der dümmste Jäger kann sie dann mit Händen fangen. So ein edler Deputierter sitzt, ohne es zu merken, wie ein Falk auf der Faust seines gnädigen Herrn, und zeigt sich etwas hoch oben in der Luft, was der gnädige Herr mit seinem Geschosse nicht erreichen kann, nimmt er ihm die Kappe ab und läßt ihn steigen. Das edle Tier steigt, steigt, steigt, holt aus den Wolken ein Täubchen herab, und, den Blick von der Sonne geblendet, gewahrt er gar nicht, daß er wieder zur alten Faust zurückkehrt und man ihm die Kappe von neuem über die Augen gezogen. Dann lachen die Junker verstohlen.

In Kassel feierten sie den Jahrestag der Verfassung und schrieben am folgenden Tage: »*Tausend stille Gebete und Wünsche für sie steigen zu dem Ewigen.*« Aber der Ewige selbst ist nicht ewig genug, mit eurer ewigen Geduld ewige Geduld zu haben, und laute Flüche wären ihm wohlgefälliger als stille Gebete. Der Eröffnung der Württemberger Stände ging ein feierlicher Gottesdienst voraus, und ein Prälat – versteht sich ein Haas – predigte über den Psalmenvers »*Daß die Furcht des Herrn Ehre und Heil in das Land bringe*« und ging dann geschickt von dem Könige David auf den König Wilhelm über und näselte »*von der Treue gegen unsern verehrten König*«. Und die Deputierten fürchten die Furcht und laufen nicht zur Kirche hinaus! Und dann wird die Sitzung eröffnet, »*nachdem der Präsident in einer kurzen Anrede den Segen des Himmels erfleht für den bevorstehenden Landtag*«! Und dann erhebt sich ein hochherziger Deputierter, den ganz gewiß irgendein loser Schelm von Staatsrat heimlich an seiner Großmut gekitzelt, und macht den Vorschlag, man solle die Diäten der Deputierten von 5½ auf 4½ Gulden herabsetzen. Taumelnd stand gleich alles auf, was Edles auf den Bänken saß, und alle, einer nach dem andern, schrien wie die Kinder: »*ich auch, ich auch!*« Es war eine Rührung zum Ersaufen, und die Junker im Trocknen lachten wieder. Darauf nahm ein anderer Deputierter das Wort und sprach: »Ich verzichte nicht auf meine fünf Gulden dreißig Kreuzer; ich werde aber einen Gulden täglich den Armen zukommen lassen.« Auch diese schönen Worte hatten vielstimmigen Widerhall. Endlich stand einer auf und rief: »Wenn man mich zum Präsidenten der Kammer wählen sollte, werde ich mich, statt der festgesetzten fünftausend Gulden, mit dreitausend begnügen.« Und jetzt hielt die Tugend eine herzallerliebste Versteigerung, und einer forderte immer weniger als der andere. Dieses Mal aber, als die Junker sahen, wie sich die Moral in die Tausende verstieg, lachten sie nicht mehr, sondern sie murrten... Und solchen unverständigen Menschen ist das Wohl des Landes anvertraut! So lassen sie sich von ihrem Herzen zum besten haben! Sie sehen nicht ein, daß sie für einige tausend Gulden, die sie durch Verminderung der Taggelder dem Volke ersparen, ihm vielleicht Millionen an andern Lasten auflegen. Denn wenn die Diäten so gering sind, daß sie den Deputierten den Verlust ihrer Zeit nicht mehr vergüten, müssen sie zurücktreten und ihre Stellen den Reichen und den Staatsbeamten überlassen. Diese aber werden, wie immer, die Auflage soviel als möglich auf die untern Volksklassen wälzen. Es ist schön, wenn einer edel ist; aber das sei er im geheimen. Edelleuten und Ministern gegenüber soll ein Bürger seine Tugend verstecken. Sobald diese merken, daß sie es mit einem edlen Deputierten zu tun haben, übervorteilen sie ihn um so mehr und betrügen in ihm das ganze Volk. Im Gegenteile, wir müssen stets Eigennutz heucheln, damit sie Achtung vor uns bekommen.

Freitag, den 8. Februar 1833

Der Spott, den jetzt die deutschen Fürsten mit ihren Ständen treiben, empört mich nicht; ich bin dessen schadenfroh. Ein edler Mann kann oft der Gewalt unterliegen, und immer unverdient, aber der List unverdient nur das erstemal. Wen sie zum zweiten Male täuscht, der hat sein Geschick verschuldet, und es ist das zweitemal, daß sich die deutsche Freiheit betören läßt. Wieder einmal haben die konstitutionellen Fürsten die Schranken der Verfassung durchbrochen, die uns gegen ihren Übermut geschützt; wieder einmal jubeln sie wie die entsprungenen Sklaven. Die Gitterstangen, die sie eingeschränkt, dienen ihnen jetzt zu Waffen, diese Einschränkung zu rächen, und mit den Gesetzen, die sie aus dem Boden gerissen, zerstören sie die Gesetze, die noch aufrechtstehen. Und nicht mehr wie früher begnügen sie sich, ihre Widersacher, die ihnen in die Hände fallen, einzeln zu bestrafen; nein: sie bestrafen die Städte, die Gemeinden, in welchen sich Widersacher gegen sie hervorgestellt. Der König von Bayern hat die Stadt Würzburg durch Verpflanzung mehrerer Ämter, durch Entfernung der berühmtesten Universitätslehrer zugrunde gerichtet. Die Garnison, der heilige Bischof, die allerheiligsten Edelleute verlassen die kleine gewerblose Stadt Freiburg, um die Bürger zu züchtigen, daß sie Rotteck zum Bürgermeister gewählt. Der König von Württemberg, aus Unzufriedenheit, daß die Bevölkerung der Hauptstadt sich so freisinnig zeigt, will mit seinem Hofe und mit seiner Leibgarde nach Ludwigsburg ziehen. Der Magistrat von Stuttgart, um das große Unheil von dem Wohlstande der Gemeinde abzuwenden, hat dem Könige eine von der Bürgerschaft unterzeichnete Adresse überreicht, worin diese den König bittet, nicht von Stuttgart wegzuziehen.

So liegen jetzt alle Deutschen an einer gemeinschaftlichen Kette, und sie haben doch wenigstens eine Galeere zum Vaterlande. In Bayern soll es nicht mehr zu ertragen sein. Ich habe heute drei angesehene und reiche Gutsbesitzer aus Rheinbayern gesprochen, die nach Amerika reisen, um für eine große Menge ihrer Landsleute eine Niederlassung auszumitteln. In Rheinbayern, erzählen sie, steige die Tyrannei täglich, und sie wollten sich retten, während ihnen noch Kraft zur Rettung bliebe. Das sind keine Advokaten, keine Demagogen, keine Schriftsteller, keine

Journalisten, keine Freiheitstheoretiker, keine schwärmenden Jünglinge; es sind Gutsbesitzer, schlichte Landbauern – und doch können sie es nicht ertragen!

Samstag, den 9. Februar 1833
Die Erklärung von Alexis in der »Nürnberger Zeitung« hat mich sehr ergötzt. Ich hatte es noch nicht gelesen. Sie haben das nicht verstanden, wenn Sie jene Erklärung als einen Versuch ansehen, den Spott abzuwenden, der den armen Häring in Berlin wahrscheinlich getroffen hat. Das nicht. Gegen die Beschuldigungen der Demagogie, die ich aus Scherz und Satire gegen ihn vorgebracht, sucht er sich zu verteidigen, und die Regierung dort hat vielleicht darauf Rücksicht genommen. In solchen Sachen verstehen sie keinen Spaß, wie man zu sagen pflegt. Ich habe kaum gehofft, daß sie so dumm sein werden. Übrigens können Sie sich leicht denken, daß ich nichts darauf antworten werde, überhaupt keinem.

Hundertsechster Brief

Paris, Samstag, den 9. Februar 1833
Den König von Griechenland, den Sohn des bayrischen Großbüttels, vor dem, wie die Zeitungen erzählen, von München an bis Brindisi eine Rauchwolke von den köstlichsten deutschen und italienischen Schmeichelgewürzen herzog – nennt ein hiesiges Blatt einen »*roitelet idiot, sourd et bossu*«. Ich habe kein französisches Wörterbuch bei der Hand und weiß nicht, was *idiot* heißt. Ich vermute, es heißt »*dumm*« oder gar »*einfältig*«. Das wäre ein Unglück. Die Bucklichkeit hätte nichts zu sagen: auch Sokrates war bucklig. Die Taubheit aller Könige wäre eine Wonne des Menschengeschlechts; denn bei ihnen fielen dann alle akustischen Täuschungen weg, es blieben nur noch die optischen übrig; ihre Höfe könnten sie um die Hälfte weniger betrügen, und ihre Völker wären um die Hälfte weniger unglücklich. Aber *dumm* wäre dumm. Man braucht mehr Verstand, die Griechen zu

regieren als das ganze übrige Europa zusammengenommen. Diese Entdeckung von den schönen Eigenschaften des Königs Otto hat viel dazu beigetragen, die französische Kammer bedenklich zu machen, ob sie die Garantie bewilligen solle, welche die Regierung für den dritten Teil des griechischen Anleihens zu übernehmen versprochen. Der Zeitungsredakteur ging mit dem Briefe, den er von einem bayrischen geflüchteten Patrioten aus Straßburg erhielt, zu Dupin, wo an dem Tage die Deputierten versammelt waren; dort teilte er seine Nachrichten mit, von welchen er den wichtigsten Teil, ich weiß nicht warum, nicht drukken ließ, und sie machten einen großen Eindruck, der auf die Kommission der Kammer überging. Aber was liegt daran? Sowohl die alt- als die neubayrischen Herzen, die von München wie die aus dem Spessart, sind, seit ihnen der Professor Thiersch erzählt, daß Sophokles und Äschylus mit dichterischer Begeisterung vom Bier gesprochen, so entzückt über die Hellenesierung ihres Ottos, daß sie die noch fehlenden zwanzig Millionen gern hergeben werden, und sollten sie darüber verarmen und mit einer Hopfenstange in der Hand die Welt durchbetteln müssen.

Die Bayern begreifen recht gut die unermeßlich heilsamen Folgen, die der Staatsvertrag, den der bayrische Vater mit dem griechischen Sohne geschlossen, für Bier und Vaterland haben muß. Beide Majestäten verbürgen sich darin wechselseitig ihre Länder und Untertanen. Sollte einmal der König von Bayern von Österreich oder seinem eigenen treuen Volke angegriffen werden, muß ihm der König von Griechenland Hilfe schicken. Sollte dieser einmal von Österreich, Rußland, Frankreich, England, den Türken, dem Pascha von Ägypten oder von seinen eignen geliebten Untertanen, die ihn anbeten, bedroht werden: dann muß ihm der König von Bayern Hilfe leisten. Wenn ein bayrisches Regiment in Franken mit den Leiden des Volks zu sympathisieren anfängt, schickt man es schnell nach Griechenland. Mögen immerhin die Soldaten sich verzweiflungsvoll auf die Erde werfen und sich die Stirne auf dem Pflaster zerschmettern; mögen sie immerhin bei der Einschiffung sich empören – man weiß sie zu zwingen. Wenn ein griechisches Regiment in Nauplia sich merken läßt, daß es seinen König doch gar zu bucklig finde – schickt man es nach München. Die Griechen in Bayern und die Bayern in Griechenland verstehen das Volk nicht, unter dem sie leben, und hassen und mißhandeln es zum Heile und Segen des monarchischen Prinzips. Der Kaiser von Österreich übt auch diese schöne Regierungskunst. Die ungarischen Soldaten werden nach Italien, die italienischen nach Ungarn geschickt. Der Ungar versteht kein Italienisch außer dem wenigen, was ihm abends in der Kaserne beigebracht wird. Es wird ihm aber nichts gelehrt als *caro amico*, und man sagt ihm *caro amico* hieße *Hundsfott*. Wenn nun der gutmütige Ungar in einer Weinschenke sitzt, und ein gutmütiger Italiener reicht ihm die Hand und sagt: *fratello mio, caro amico!* – stößt ihm der Ungar seinen Degen in den Leib. Wenn ein junger italienischer Offizier an den Ufern der Donau gedankenvoll hinschleicht und weint Sehnsuchtstränen nach seinem unglücklichen Vaterlande, tritt ein edler Ungar zu ihm und sagt in seiner Sprache: Nicht weinen, Bruder, du wirst dein schönes Vaterland bald wiedersehen! Der schmerzbetäubte Italiener glaubt, der Ungar spotte seiner und schlägt ihm ins Gesicht. Sie duellieren sich, der Ungar bleibt tot, und das monarchische Prinzip gibt am nämlichen Abende dem italienischen Offizierkorps einen Champagnerpunsch.

Wollen Sie nächsten Sommer mit mir eine Wallfahrt zur *Madonna di bacio* machen? Der »Bayrische Volksfreund« hat neulich den Vorschlag gemacht, »an der Stelle, wo die betrübte königliche Mutter ihrem vielleicht auf immer scheidenden innigstgeliebten Sohne, dem Könige von Griechenland, den letzten Abschiedskuß gegeben, vermittelst Beiträge patriotischer Bayern eine Kapelle zu bauen«. Die Patrioten werden beitragen, die Kapelle wird gebaut werden, Cornelius wird eine *küssende Muttergottes*, den griechischen Jesus auf den Armen, malen, und wir – nun wir bewundern Cornelius. Aber so ein Teufel von Volksfreund hat kein Herz in der Brust. Was hat er nötig, eine betrübte Mutter noch mehr zu betrüben? Wäre nicht schöner gewesen, er hätte der königlichen Mutter gesagt: »Betrübe dich nicht, königliche Mutter! Du hast deinen Sohn nicht zum letzten Male geküßt, du wirst ihn bald wiedersehen –«?

Sollte die ottolästerliche Korrespondenz jenes königs-, biers- und vaterlandsvergessenen bayrischen Journalisten in Straßburg die Folge haben, daß die französische Regierung ihren Teil des griechischen Anleihens nicht übernimmt: so hätte ich wohl ein Mittel, die Garantie für die noch fehlenden zwanzig Millionen, ja eine größere herzuschaffen. Aber ich teile es nicht mit. Nicht als fehlte es mir an schuldiger Liebe und Verehrung für den König von Bayern; aber mein Herz treibt keinen Detailhandel. Ich kann nicht jeden deutschen Fürsten besonders lieben, sondern ich liebe den Deutschen Bund für alle. In Frankfurt habe ich ein großes Kommissionslager von Liebe und Anbetung, und jede Gesandtschaft kann sich dort für ihren Herrn soviel davon holen, als ihm nach Verhältnis seiner Zivilliste zukommt. Steht aber wieder einmal ein bayrischer Patriot unter dem Bilde seines Königs, das er anzubeten verurteilt worden, werde ich ihn mit meinem Geheimnisse von seiner Schande loskaufen. Mein Finanzplan geht ins riesenhafte und ist so groß als das, was ich damit zu bezahlen gedenke. Ihnen will ich ihn gleich anvertrauen.

Im menschlichen Blute ist, wie bekannt, Eisen enthalten. Jetzt hat sich neulich ein hiesiger Chemiker zu dem Versuche angeboten, aus dem Blute eines verstorbenen Menschen so viel Eisen zu ziehen, daß man daraus eine Denkmünze von der Größe eines Vierzigfrankenstücks prägen könne... Ich sehe vorher, ein Spitzbube von Königlichem Geheimen Finanzrate fällt mir hier in das Wort und sagt: der Vertrag gilt nichts, wir wissen Ihr Geheimnis schon... Das ist Betrug, Herr Geheimer Finanzrat! Freilich wissen Sie jetzt mein Geheimnis, aber haben Sie es früher gewußt? Es ist das Ei des Kolumbus. Nein, der Vertrag gilt; Ihr sollt jenem armen blassen Jüngling dort nicht das Herz brechen; er soll nicht das Götzenbild eines wahnsinnigen Tyrannen anbeten. Ihr laßt ihn frei und nehmt meinen Plan!

Ist es nicht eine Schande von liederlicher europäischer Staatshaushaltung, daß in allen Ländern so vieles kostbare Blut der Untertanen ganz ohne persönlichen Vorteil ihrer Fürsten vergossen wird? Man antworte mir nicht: das Blut, welches die Soldaten für den Fürsten vergießen, sei doch nicht ohne Nutzen. Nein. Nützt denn ein Soldat in der Schlacht durch sein eignes Blut, das er vergießt? Er nützt bloß durch das Blut des Feindes, das er vergießt. Sein eignes bringt dem Fürsten keinen Vorteil; denn sobald er tot hingestreckt oder verwundet wird, ist er kampfunfähig. Nun, warum sammelt man dieses Blut nicht in Spitälern und auf dem Schlachtfelde und bereitet Eisen daraus? Man bedenke nur, welches Meer von Blut allein in Europa, nur allein im achtzehnten Jahrhunderte, nur allein in den Kriegen vergossen wurde, die der Französischen Revolution vorhergingen! Da ist der nordische Krieg, der österreichische Erbfolgekrieg, der polnische Krieg, der schlesische Krieg, der Siebenjährige Krieg, der bayrische Erbfolgekrieg, der Krieg, den in Europa der amerikanische Freiheitskampf zur Folge hatte, der Türkenkrieg. Rußland und Schweden haben nicht soviel Eisen, als man aus all diesem Blute hätte ziehen können. Daraus hätte man Geld, Flinten, Säbel, Bomben, Kanonen bereitet. Und lacht nicht verächtlich und sagt, das sei doch nur Eisen! Ist denn eine Kanone von Eisen? Sie ist vom reinsten Golde; denn damit holt man's. Ein Potosi habt ihr verschleudert! und das ist noch gar nichts... O! Herr Geheimer Finanzrat, ich war ein Dummkopf. Mit meinem Plane hätte ich den ganzen Rheinkreis, Siebenpfeiffer, Wirth, Behr, Kurz, Wiedemann und die hundert von andern Schlachtopfern eurer monarchisch-aristokratisch-jesuitischen Tyrannei loskaufen können. Ich habe mich übereilt, doch es ist zu spät; ein ehrlicher Mann muß auch dem Teufel Wort halten.

Nicht bloß das Blut der Soldaten im Kriege, sondern auch das Blut aller Bürger in Friedenszeiten kann zur Metallbereitung benutzt und können dadurch die fürstlichen Kassen unerschöpflich gemacht werden. Wie viele Millionen Bauern gibt es nicht in Europa, die ihre Steuern nicht mehr bezahlen können. Man lege ihnen eine Blutsteuer auf, man lasse sie zur Ader. Wenn ein Bürger seine Geldbuße nicht entrichten kann, lasse man ihn zur Ader. Wie herrlich könnte man das Aderlassen benutzen, Preßvergehen zu verhindern oder zu bestrafen. Ein deutscher Journalist hat gewöhnlich weder Gut noch Geld, um Kaution zu leisten. Man setze tausend Unzen Blut als Kaution für jeden Journalisten fest. Kann ein Preßverbrecher seine Geldbuße nicht abtragen, verurteile man ihn zu einem täglichen Aderlasse, auf drei, fünf, sieben, neun, vierzehn Jahre, oder nach der bayrischen Kriminalpraxis auf *unbestimmte* Jahre. Man lasse den Journalisten Blut, bis die europäischen Verhältnisse sich gebessert haben, bis die belgische, irländische, französische, deutsche, portugiesische, spanische, amerikanische, griechische, türkische, ägyptische Frage entschieden ist. Dann braucht auch ein deutscher Fürst nicht mehr den Kaiser von Rußland um sein herrliches Sibirien zu beneiden. Er kann dann auch seine Untertanen zu den Bergwerken verurteilen; denn ein reiches Bergwerk ist das menschliche Blut.

Jetzt habt ihr meinen Finanzplan, jetzt habt ihr euer griechisch Anleihen vollständig. Komm nun mit mir, du elender armer Jüngling! Du weinst? Sehe diese Träne da, die aus deinem Auge auf deine Hand gestürzt! Brennt sie dich nicht wie Scheidewasser? Nicht einmal *die* Kraft, nicht einmal *den* Mut hattest du, deine Hand bis an die Augen zu erheben, um sie zu trocknen! Du weinst? Du flehest Gott an? Gott spottet deiner. Gott ist voll unendlicher Lieb' und Barmherzigkeit. Er hilft jedem Unglücklichen in seinen Schmerzen, er tröstet selbst den Schuldigen in seiner Herzenspein; aber er hilft und tröstet nur, wenn der Unglückliche sich zu retten alle seine Kraft verbraucht und ihm keine mehr übriggeblieben. Dem Trägen und Feigen aber leiht Gott nicht die Kraft, sondern er verläßt ihn. *Hilf dir selbst, dann wird dir der Himmel helfen!*

Dienstag, den 12. Februar 1833

Hilf dir selbst, dann wird dir der Himmel helfen! Das ist *mein* Triolett. Aber das Triolett der achtzeiligen deutschen Liberalen heißt: *Mußt kräftig protestieren, schlägt man dir ins Gesicht.* Und schlägt man so einem Pourceaugnac ins Gesicht, tut er noch groß damit und frohlockt überall herum: *il m'a donné un soufflet, mais je lui dis bien son fait*. Wie wehe macht mir dieser deutsche Protestantismus. Damals, zu Luthers Zeiten, fingen sie auch mit Protestieren an; aber endlich mußten sie zuschlagen, und da siegten sie. Es liegt in ihrer Natur, daß bei ihnen jahrelang das kalte Fieber dem hitzigen vorschleicht und daß, was bei andern Völkern Genesung ist, bei den Deutschen zu neuer Krankheit wird. Was wird bei uns nicht alles noch geschehen, welche Leiden werden erduldet werden müssen, bis sie es zu einer Revolution bringen. Die Franzosen standen mit einem Sprunge darin. Hundertmal im Tage wünsche ich: hole sie der Nikolaus! Wahrlich sie werden nicht eher spüren, daß es Winter geworden, daß die Erde kahl ist, daß die Bäume abgestorben, die Lüfte verstummt sind und die Leiche des Vaterlandes in ihrem Schneehemde unbegraben unter freiem Himmel liegt – nicht eher, bis man sie nach Sibirien schickt und sie dort für den kaiserlichen Leib Fuchspelze erjagen müssen und jeder Wunsch, der warm aus dem Herzen kam, zwischen den Lippen gefriert und als Eiszapfen aus dem Munde hängt. Es wird nicht besser, ehe es ärger wird.

Da war wieder einmal ein freisinniger deutscher Mann edel gewesen und hat durch seinen Edelmut der guten Sache mehr geschadet, als ihr hundert Schurkenstreiche hätten schaden können. Ich meine *Rotteck*. Die Bürger von Freiburg haben Rotteck, nachdem die Regierung die erste Wahl verworfen, zum zweitenmal und, wenn wieder gehindert, zum drittenmal zu ihrem Bürgermeister wählen wollen. Aber da stellte sich der edle Mann auf einen Schemel der Tugend und rief seinen Mitbürgern zu: sie möchten doch wegen seiner die väterliche Rache des Landesvaters nicht ihrer Stadt zuziehen und lieber nachgeben und die Bürgermeisterwahl einem andern zuwenden. Das liberale deutsche Philistertum wurde von solcher Hochherzigkeit bis zu Tränen gerührt und ist heimlich schadenfroh, daß die hohe deutsche Bundesversammlung erröten müsse, von solcher Großmut beschämt worden zu sein. Solch einen Mann zu verfolgen! Und daß ja nichts fehle an der vollständigen deutschen Reichsgeschichte, hat Rotteck – protestiert. Die Regierung möge sich alles nehmen, was ihr beliebt, nur *recht* soll man ihr nicht geben! So lassen sich diese edlen Menschen zum besten haben, und Rotteck, ein Meister der Weltgeschichte, der alle Gewalttätigkeiten kennt, welche von Nimrod bis zu Nikolaus die Herrn der Erde geübt, der alle ihre Schelmereien, alle ihre listigen Wege kennt, glaubt einem schönen Triebe seines Herzens zu folgen, während er nur einem Stoße nachgab, den man an einer elektrischen Kette von Karlsruhe bis nach Freiburg zu leiten wußte. War denn hier an Rotteck, an Freiburg gelegen? Darauf kam es an, daß das Volk sein Recht behaupte, seinen Willen und seine Kraft geltend mache und zeige, daß es der Naseweisheit der badischen Junker zu begegnen wisse.

Ja, sie werden nicht eher warm werden, als bis sie nach Sibirien kommen. Der Kaiser Nikolaus allein verstände es, das träge deutsche Blut in raschere Bewegung zu setzen. Unsere inländische Tyrannei bringt uns nicht weiter. Wir werden auch gefoltert, aber der Arzt steht uns zur Seite und fühlt uns von Minute zu Minute den Puls, und sooft das Leben zu entweichen droht, spannt man uns ab und bringt uns nicht eher wieder auf die Folter, bis wir neue Kräfte gesammelt. Aber in Rußland ist man so weichherzig nicht. Befahl doch neulich ein kaiserlicher Ukas, *alle Zöglinge aller Schulen im Reiche, die sich schlecht aufführten, sollten unter die Soldaten gesteckt oder, wenn wegen körperlicher Mängel dienstunfähig, nach Sibirien verpflanzt werden*! Was man in einem despotischen Lande wie dort unter schlechter Aufführung der Jugend versteht, kann man sich leicht denken. Das heißt nicht: Schulden machen, spielen, trinken, die Lehrstunden versäumen, Liebschaften haben – sondern das heißt: *freisinnige Meinungen offenbaren*. Und darum Knaben nach Sibirien verbannen! Und darum die heiligen Bande der Mutterliebe zerreißen! Und darum das Fundament der Welt untergraben! Das würde bei uns wirken! Aber was geschieht in Deutschland? Höchstens wird ein freisinniger Mann zur Abbitte vor einem goldenen Rahmen und zur Zuchthausstrafe auf unbestimmte Zeit verurteilt. Die deutschen

Höfe sollten ihre Junker nach Petersburg schicken, daß sie dort regieren lernten.

Es ist wirklich eine Schande, wie sehr die deutschen Junker noch zurück sind. Die in Sachsen haben es unter allen am weitesten gebracht; doch was ist's? In der ersten Kammer dort, in der Pagodenkammer – sooft in einer ministeriellen Mitteilung des Namens des Königs oder des Prinzen Mitregenten Erwähnung geschieht, oder sooft ein Minister in den Saal tritt, stehen die Edelleute auf und verneigen sich. Das ist alles. Ich bin nicht unbillig, ich sage nicht: das ist nichts. Es ist freilich eine Adelsperle, gegen welche die Perle, welche Kleopatra in ihrem Weine auflöste, nur eine Linse war. Aber ich sage: es ist wenig. *Eine* Perle! Schickt die edlen Pagoden nach Petersburg. Ist es nicht abscheulich, wie man im königlich mitregentlichen Sachsen den Bürgerstand verzärtelt? Die »*Biene*« enthielt eine Petition, worin man um die Abschaffung des Lehnwesens bat – ein im neunzehnten Jahrhundert unerhörtes Verbrechen. Nun freilich hat man dieser Biene nicht bloß den Stachel, sondern auch den Honig genommen; man hat sie zertreten, das Blatt unterdrückt und den Redakteur, der mit der Zeitung seine zahlreiche Familie ernährte, an den Bettelstab gebracht. Das ist etwas, aber lange nicht genug. In Rußland hätte man dem Bienen-Vater Nase und Ohren abgeschnitten und ihn nach Sibirien verbannt. Schickt die Junker nach Petersburg!

– Von deutschen politischen Monatsschriften kenne ich nur ein einziges, das zu loben wäre: das, welches der Professor *Pölitz* in Leipzig herausgibt. Es war früher schon sehr gut, da der Mann nur erst Zensor und Hofrat war; jetzt aber hat ihn der Großherzog von Darmstadt auch zum Geheimen Rate ernannt, und da wird das Journal noch viel besser werden. Diese Auskunft geben Sie einstweilen *** in meinem Namen. Über das andere werde ich ihm bald selbst schreiben.

– Heines *Französische Zustände* habe ich erst vor wenigen Tagen bekommen, auch schon darin zu lesen angefangen, ich will aber meine Bemerkungen zusammenkommen lassen. Das Buch kommt mir sehr gelegen. Es soll mir dienen, mich, vielleicht auch Heine zu ergänzen. Das ist bequem und angenehm; es ist wie ein Treppengeländer. Man legt die Hand darauf und gleitet mit geschlossenen Augen sicher hinab. Heine, mir gegenüber, kommt mir vor wie Melanchthon gegenüber Luther. (Ach, was wäre das für eine schöne Tonne für unsere lieben dummen Walfische!) Ich kann wie Luther sagen: »Ich bin dazu geboren, daß ich mit Rotten und Teufeln muß kriegen und zu Felde liegen, darum meiner Bücher viele stürmisch und kriegerisch sind. Ich muß die Klötze und Steine ausrotten, Dornen und Hecken weghauen, Pfützen ausfüllen, Bahn machen und zurichten; aber Melanchthon fährt säuberlich und still daher, bauet und pflanzet, säet und begeußt mit Lust, nachdem ihm Gott seine Gaben reichlich gegeben hat. Soll ich aber einen Fehl haben, so ist es mir lieber, daß ich zu hart rede und die Wahrheit zu heftig herausstoße, denn daß ich irgendeinmal heuchelte und die Wahrheit innebehielte.«

Mittwoch, den 13. Februar 1833

Gestern waren laue Frühlingslüfte in den Tuilerien, und man ging und saß viel spazieren. An solchen Tagen sprossen plötzlich die Stühle aus der Erde und prangen mit den schönsten Blumen. Blumen – Weiber. Schon werde ich dichterisch und habe das ganze Herz voll Veilchen. Wie freue ich mich auf den Frühling! Wie will ich lieben! Auch will ich, sobald ich meinen letzten Brief aus Paris geschrieben, eine Frühlingskur gebrauchen; Brunnenkresse, den Werther oder was sonst das Blut reinigt. Das war ein harter Winterfeldzug! Ach! und das weiße Blut der Augen, was die Menschen Tränen nennen, wird für keine Wunde, Weinen nicht für Kämpfen angerechnet! Doch es sei; glücklich wer das nicht kennt. Wie freue ich mich auf die Seen, die Berge und auf das Schellengeläute der Herden, das mich einlullt wie ein Wiegenlied.

... Ich fange an, Mitleiden mit Ihnen zu haben, und kann Ihren Schmerz nicht länger ohne Rührung wahrnehmen. Sie sollen alles erfahren, aber heute ist es zu spät. In meinem nächsten oder nachnächsten Briefe werde ich die Geschichte zu erzählen anfangen. Ich führe Sie von Fortsetzung zu Fortsetzung, bis ich Paris verlasse und Sie wiedersehe. Dann ist das Geheimnis gerettet. Mündlich kann ich lügen wie gedruckt, gedruckt aber oder schriftlich lüge ich nie. Das ist mein Amt und mir heilig. Ich unterscheide mich hierin sehr von allen Ministern, von welchen man mehrere Beispiele hat, daß sie in geselligen Verhältnissen nicht gelogen, in amtlichen aber kein einziges Beispiel – ausgenommen in dem seltenen Falle, wo sie die Wahrheit sagten, daß man sie nicht glaube. Also noch acht Tage warten.

Hundertsiebter Brief

Paris, Freitag, den 15. Februar 1833

Menzels Artikel über Saphir ist wunderschön, gemütlich und geistreich. Ich hatte ähnliche Gefühle, als ich erfuhr, Saphir wäre ein Hofmann geworden, und gar unentgeltlich. Sich den Höfen zu verschenken, das heißt sie verächtlich machen, das heißt sie ganz zugrunde richten. Es gibt keine gefährlichere Feindin des monarchischen Prinzips als die Uneigennützigkeit. Schöne Augen hat es nicht, wie bekannt, und seine Gehalte sind sein ganzer Gehalt. Aus einem Theaterkritiker ein Theaterintendant zu werden! Adam war so dumm, sich aus dem Paradiese verjagen zu lassen; aber so dumm war er nicht, daß er sich selbst mit dem flammenden Schwerte vor das Paradies stellte, um die verbotenen Früchte darin gegen sich selbst zu bewachen. Vor einigen Jahren, als ich in Berlin war, ließ man mich dort ausforschen, ob ich nicht geneigt wäre, eine ministerielle Theaterzeitung zu schreiben. Zu wie viele Taler Kurant man mein ästhetisches Gewissen abgeschätzt, erfuhr ich nicht, man wollte wahrscheinlich meiner Phantasie keine Schranken setzen. Ich kann Sie versichern, daß ich in meinem Herzen die größte Lust hatte, mich in solchen Künsten etwas zu versuchen. Es hätte mir Freude gemacht, eine Weile lang das monarchische Prinzip der Oper zu verteidigen und den Jarcke des Balletts zu spielen.

Aber ich lehnte das Anerbieten ab; denn mit dem Teufel ist nicht gut zu spaßen.

Ich hätte Saphir für klüger gehalten. Von rechtlicher Gesinnung mag ich nicht sprechen, man macht sich damit nur lächerlich; ich rede nur von der Klugheit. Saphir hätte bedenken sollen, daß man jede Achtung der Menschen, wie jede Herrschaft, nur durch die nämlichen Mittel behauptet, durch die man sie erworben. Diesen Weg zu verlassen und abtrünnig zu werden, kann durch alle Schätze der Welt nicht vergütet werden. Um zehn Kronen verriet Napoleon die Freiheit, die ihn emporgehoben; er verlor alles, und die Freiheit selbst erbte den Lohn, den er empfangen, sie zu verraten. Ich höre, Saphir wundert sich, daß man ihn nicht bezahlt und daß man ihn nicht einmal gebraucht. Wenn man ihn also bezahlte und doch nicht gebrauchte, würde er sich um so mehr wundern. Begreift er denn nicht, daß wenn die Höfe einen unabhängigen Geist kaufen, dieses gar nicht geschieht, um ihn zu verwenden? Was haben sie solchen nötig? Es fehlt ihnen an Knechten nicht. Sie kaufen ihn nur, um ihn zu zerstören, um die menschliche Würde zu entheiligen und frohlocken zu können: »Seht, so sind euere Oppositionshelden, euere Liberalen, euere Republikaner! Für Gold sind sie alle zu haben.« Die Royalisten möchten die Ansicht geltend machen, ein wahrhaft Liberaler müsse uneigennützig, ein Republikaner tugendhaft sein. Es ist Schelmerei; sie möchten dem Liberalismus und dem Republikanismus den Handel verderben; denn mit so großen Aufopferungen wird sich ihnen selten einer ergeben wollen. Ich kann aber meinen Glaubensgenossen, den Liberalen, zu ihrer Beruhigung die Versicherung geben, daß unsere politische Religion uns gar nicht verbietet, nach Herzenslust Egoisten zu sein. Es gibt sehr viele edle Menschen unter den Royalisten und sehr viele Schufte unter den Republikanern. Aber das beweist weder für die Monarchie noch gegen die Republik. Vielleicht fragen Sie mich: wenn das aber so ist, wenn der Liberalismus und die republikanische Verfassung die Menschen nicht besser macht, was wird dabei gewonnen? Darauf erwidere ich Ihnen: der Republikanismus macht *die* Menschen nicht besser, aber *den* Menschen. Der Egoismus in einer republikanischen Sphäre ist weder so breit im Raume noch so lang in der Zeit als der Egoismus in einer monarchischen Sphäre. Nicht so breit – durch *Korporationsgeist*; nicht so lang – durch *Erblichkeit*. Er beginnt und endet mit dem Leben und tritt nicht über den Kreis der Familie hinaus. Individuell, wie er ist, hat er nicht Raum genug, ungeheuer, nicht Zeit genug, trostlos zu werden für die bürgerliche Gesellschaft. Die *Person* hat die Verantwortlichkeit aller ihrer Handlungen auf sich allein zu nehmen, und dieses Gefühl wird auch der lasterhaftesten Natur Schranken setzen. Aber der *Adel* hat kein Gewissen; denn er teilt die Schuld mit den Tausenden seines Standes. Aber der schlechteste *Fürst* kann sich gerecht dünken; denn er betrachtet sich als einen treuen Verwalter, der ein Gut, das ihm von seinen Vorfahren anvertraut worden, ungeschmälert seinen Nachkommen überliefern will. Ich werde Ihnen das ein andersmal deutlicher und umständlicher auseinandersetzen. Wenn Sie wißbegierig sind, erinnern Sie mich daran; meine liberale Spitzbubenschule steht Ihnen zu jeder Zeit offen.

Es wird jetzt von sämtlichen Regierungen ein allgemeines europäisches Treibjagen auf die ehrlichen Leute gehalten, und ein edles Tier weiß gar nicht mehr, wo es sich vor all den Hunden und Jägern verstecken soll. Sehen Sie, wenn ein Tor einmal von einem Weisen etwas lernt, ein unwissender Mensch aus einem guten Buche eine Lehre zieht: können Sie sich darauf verlassen, daß es gerade eine Torheit und etwas Falsches sein wird, was sie sich aneignen. Vor vielen Jahren hat Montesquieu in seinem berühmten Werke *Von dem Geiste der Gesetze* den Grundsatz aufgestellt, *die Tugend sei das Prinzip der Republiken, wie die Ehre das der Monarchie.* Die ganze Weltgeschichte spricht dagegen. Doch glaubte man es wie ein Evangelium. Nun war in früherer Zeit von republikanischen Gesinnungen in Europa nichts zu spüren; die Tugend, wo sie sich zeigte, flößte also keine Besorgnisse ein, und die Fürsten trugen kein Bedenken, einem ehrlichen Manne ein wichtiges Staatsamt anzuvertrauen. Jetzt aber, da sich die republikanischen Neigungen täglich stärker aussprechen, erinnert man sich, daß die Tugend ihre einzige Nahrung sei, und man sucht die ehrlichen Leute wie die Wölfe auszurotten. Auch werden die Staatswälder täglich sicherer, und man wird bald mit der größten Ruhe bei Tage und bei Nacht dahin reisen können. Ein freisinniger Mann nach dem andern fällt ab, durch Bestechung oder andere Verführung. Das Traurigste hierbei ist nun, nicht daß die Feinde der Freiheit darüber frohlocken, sondern daß deren Freunde sich darüber betrüben und in ihrem Glauben wankend gemacht werden. Das ist nun auch eine Torheit und zugleich eine Ungerechtigkeit. Wer die Tugend zerstören will, braucht nur an ihr zu verzweifeln. Als der sterbende Cato sprach: *es gibt keine Tugend!* – von dem Augenblicke an gab es keine mehr. Die Schande und das Verbrechen fallen auf die, welche verführen, nicht auf die, welche sich verführen lassen. Der gesündeste, der stärkste, der blühendste Mann – ist er darum, weil er so ist, der Wirkung des Giftes weniger ausgesetzt? Er unterliegt ihm wie der schwächste. Wie mit der Gesundheit des Körpers ist es auch mit der Gesundheit der Seele. Auch der edelste Mensch hat Augenblicke in seinem Leben, in welchen er sich dem Teufel verschreiben möchte. Es sind Augenblicke der Not, des Mangels, des Zorns, der Scham, der Liebe, des Hasses, oder was es sonst ist, was einen guten Menschen aus seiner Bahn werfen kann. In solchen Augenblicken ruft er den Teufel an; aber zum Glücke kommt der Teufel nicht. Die mitternächtliche Stunde geht vorüber, der Morgen dämmert, und die Seele ist gerettet. Doch die *Polizei* kommt, sobald man sie ruft, bei Tage und bei Nacht, zu jeder Stunde durch den Schornstein und durch das Schlüsselloch. Ja, sie kommt auch ungerufen; denn sie kennt die Not jedes Menschen, und wo keine ist, weiß sie solche herbeizuführen. Keiner entgeht ihr, auf dessen Verderben sie es beharrlich angelegt. So fängt die Polizei die armen verlornen Seelen, welche die gebildete Welt in Frankreich: *Freunde der Regierung*, in Österreich: *gute Patrioten*, in Preußen *Preußen*, in Spanien *Freunde des Thrones und des Altars*, in Rußland *Altrussen*, in Bayern *Jesuiten* nennt; welche aber der grobe Pöbel überall *Spione* heißt. Gegen das Gift der geheimen Regierung gibt es nur ein Gegengift, das wirksam ist: der Stolz. Zwar ist der Stolz auch ein Laster, und vielleicht das größte unter allen. Aber eben weil es das größte und mächtigste ist, beherrscht es die andern Schwächen als Despot und unterdrückt sie alle. Den einzigen Rat, den man ehrlichen Leuten geben kann, sich zu wehren, ist: *seid stolz!* Bedenkt, daß ihr es mit Menschen zu tun habt, die ihr verachtet und die euch verächtlich machen wollen, damit ihr das Recht verliert, sie zu verachten. Bleibt fern von ihnen! Und weil man euch nur für stark hält, solange ihr brüllt wie die Löwen – so brüllt! Knurrt, beißt, kratzt den ganzen Tag, daß euch keiner nahekomme; ihr seid verloren, sobald ihr liebenswürdig seid.

Samstag, den 16. Februar 1833

»Guten Morgen, Kammerherr.« – »Ihre Hoheit geruhen wohl geruht zu haben.« – »Waren gestern bei Hofe?« – »Untertänigst.« – »Was Neues?« – »Die Gräfin Amalie war *en extase* über das schöne Wort, das Ihre Hoheit in der Kammer ausgesprochen.« – »Erinnere mich nicht.« – »Ihre Hoheit geruhten, als die Rede von der Öffentlichkeit der Sitzungen und dem Drucke der Verhandlungen war, zu sagen: ›*Taten sind besser als Worte.*‹« – »Weiter?« – »Der Graf bemerkte: ›*Vraiment le prince Jean est un Mirabeau.*‹ Die kleine gelbe Baronin Julie trat hinzu und sagte: ›*Oui monsieur le Comte, le prince est une mire – à – beau.*‹ Darauf erwiderte die Gräfin: ›*Et vous, madame, vous êtes une mirabelle.*‹« – »*C'est divin!* Meine Schokolade! Um elf Uhr der graue Wagen vor! Sie melden mich bei der Gräfin!« – »Der Hofrat Böttiger, Aufseher im Japanischen Palais, bittet Ihre Hoheit untertänigst, einen Blick auf diese lateinische poetische Zeilen zu werfen.« – »Der japanische Narr soll mich in Frieden lassen mit seinem Latein. Was will er?« – »Es ist eine *Ode Horace.*« – »*Vorace*, Kammerherr!« – »An Ihre Hoheit, über deren männlich-fürstlich-edel-hoch parlamentarisches Betragen.« – »Was ist's?« – »Wie Ihre Hoheit zu sagen geruhten. *Taten sind besser als Worte.*« – »Schicken Sie dem Hofrat zwei

Dukaten, und ich ließe danken!« – »In der ›Allgemeinen Zeitung‹ stehen Berichte über die Ständeversammlungen.« – »Worte, nichts als Worte, *Taten sind besser als Worte*. Ich werde mit dem Minister sprechen. Es darf keinem Untertanen erlaubt sein, Berichte in eine auswärtige Zeitung zu schicken, ohne sie vorher der inländischen Zensur vorgelegt zu haben. Wozu all das Geschwätz? *Taten sind besser als Worte*. Meine Reitgerte!« – »Hoheit, dieses Mal sind sie in guten Händen. Der Hofrat Böttiger läßt merken, er sei Korrespondent der ›Allgemeinen Zeitung‹.« – »Was schreibt er? *Ma bonbonnière!*« – »Er spricht von der neulichen Sitzung, wo Ihre Hoheit zu sagen geruhten: ›*Taten sind besser als Worte*‹.« – »Drei Dukaten bringen Sie ihm!« – »Ein junger Künstler wagt es, Ihrer Hoheit diese Skizze zu einem Gemälde vorzulegen. Es ist die Kammersitzung, in welcher Ihre Hoheit zu sagen geruhte: ›*Taten sind besser als Worte*.‹ Sämtliche hohen Ständeglieder sind porträtiert.« – »*Mais Diable!* man sieht ja ihre Gesichter nicht. Nichts als Rücken; man meint ja, es wäre der Grundriß zu einem Brückenbau.« – »*Délicieux! Altesse*. Der Maler wählte den Augenblick, wo der Minister in die Kammer tritt und sämtliche Mitglieder aufstehen und sich verneigen.« – »Hut! Kammerherr, Sie erwarten mich bei der katholischen Kirche, und wenn Sie mich bei der Gräfin wieder einsteigen sehen, kommen Sie mir entgegen, *prenez cette tabatière!* A Dio.« – »*Taten sind besser als Worte*.« – Mit Ausnahme Ihrer Worte, die besser sind als alle Taten. Dieser Brief ist kurz und bleibt kurz. Am Mehrschreiben verhinderte mich Victor Hugos neues Drama, das vor einigen Tagen im Drucke erschienen und worüber ich zwei Tage mit Lesen und Notieren zugebracht.

– Den *** habe ich immer als liberalen Mann gekannt. Überhaupt ist er brav und hat einen tüchtigen Charakter. Schade, daß seine Verhältnisse ihn von politischer Tätigkeit entfernt halten. In unserm verkrüppelten deutschen Philisterwalde würde er als hohe Eiche hervorragen, und man würde ihn aus den Fenstern der fürstlichen Paläste erkennen.

Hundertachter Brief

Paris, Donnerstag, den 21. Februar 1833

Lucrezia Borgia habe ich gestern aufführen sehen, nachdem ich das Drama gelesen, und ich kann jetzt gründlich davon sprechen, ob die Dame schön oder häßlich sei; denn ich habe sie am Tage und beim Kerzenlichte betrachtet. Ich muß wieder den Brutus machen. Sooft ich Victor Hugo richte, ist es mir, als sollte ich meinen Sohn verurteilen. Ich liebe den Rebellen: denn nur mit solcher Kraft und solcher Kühnheit kann man sich so weit und so hoch verirren, und ich hoffe, daß, wenn er erst ganz die Besinnung verloren, er zur Besonnenheit zurückkehren wird.

Zu besserm Verständnis sollte ich Ihnen vorher einiges aus der wahren Geschichte der fürstlichen Familie *Borgia* mitteilen, wenn auch nur mit unleserlicher Hand, daß Sie so von der Hälfte der Wahrheit, die ich Ihnen erzählte, nur die Hälfte verstünden. Doch ich fürchte, noch so unleserlich, möchte das dem monarchischen Prinzip schaden, das jetzt kränklich und reizbar ist und das man schonen muß. Auch könnte dann geschehen, daß Sie vor Marat wie vor einem Heiligen niederfielen, und Sie sollen keinen andern Mann anbeten als den einen.

Nach reiflicher diätetischer Überlegung habe ich beschlossen, Sie mit der letzten Szene der Tragödie zuerst bekannt zu machen. Wenn Sie es dort oben auf dem Gipfel der Greuel ausgehalten, ist weiter unten ein wahres Vergnügen. Einige Schritte den Berg hinab, und Sie werden glauben, in einer tugendhaften Region zu sein, und auf der Mitte des Berges, wo man nur wenig mordet, könnte Ihnen die moralische Hitze vielleicht lästig fallen. Wenn in dem Drama Personen vorkommen, die nur den Dolch gebrauchen, wird man gerührt, und man möchte ihnen um den Hals fallen. Mir erging es ganz im Ernste so. Ein Bandit, Vertrauter der Lucrezia, der alle ihre Missetaten ausführt oder einleitet, aber nur des Geldes willen, ohne Bosheit, erschien mir wie ein edler Iffländischer Justizrat, und bei seinem Anblick ward mir ganz weinerlich zumute.

Also in der letzten Szene befinden wir uns in Ferrara, wo damals Herzog Alfons von Este herrschte. Seine Gemahlin war Lucrezia Borgia. Eine junge schöne Prinzessin, eine der Nymphen der Circe Borgia, hatte in ihrem Palaste eine Anzahl venezianischer Edelleute zu einem Abendmahle eingeladen. Die Ritter tragen Rosenkränze in den Haaren, die schönsten jungen Mädchen verherrlichen das Fest, und eine Schar aufwartender Mohren erhöhen durch ihr Nachtgesicht den Glanz der Blumen, der Edelsteine und der goldenen Gefäße, die auf dem Tische prangen. Man lacht, man scherzt, man trinkt, man küßt, es ging gar nicht steif da zu, und ich möchte wohl dabei gewesen sein. Beim Dessert tritt ein artiger Page mit goldenen Flaschen herein und fragt: Meine gnädigen Herren, Syrakuser oder Zyperwein? Die Ritter wählen Syrakuser. Unter den Gästen war auch ein Ritter im schwarzen Mantel, der sich mitten im Taumel durch seine Ruhe und Besonnenheit auszeichnet, ob er sich zwar auch weintrunken anstellt. Das ist aber mein wackerer Iffländischer Mensch, den ich so sehr liebe, weil er mit justizrätlichem Pflichtgefühle seinen besten Freunden die Hälse abschneidet, da es sein Amt ist und er dafür bezahlt wird. Wenn ihn seine Gebieterin Lucrezia Borgia etwas Gutes tun heißt, tut er es auch. Kurz, er ist ein Muster von treuem Staatsdiener, und er hat zu seinem fünfzigjährigen Amtsjubiläum ganz gewiß einen Orden vierter Klasse mit einem allerhöchsten Belobungsschreiben erhalten.

Dieser schwarze Edelmann fängt plötzlich Streit an. Es war Schelmerei, es war verabredet. Die jungen Damen stellen sich erschrocken und verlassen den Saal. Die Händel werden beigelegt, und man trinkt und lacht wie vor. Ein Weinlied wird angestimmt. Da mischen sich unsichtbare Geisterstimmen in den Chor, erst fern, dann näher, erst leise, dann stärker. Die lustigen Edelleute horchen auf, kehren aber bald zum Taumel der Vergessenheit zurück. Aber der wunderliche Gesang wird immer vernehmbarer. Es war ein Kirchenlied, ein Mönchsgemurmel, ein Grabgeläute. Die Ritter werden nüchterner. Da schlagen plötzlich große Flügeltüren auf, und man sieht im Hintergrunde, durch eine Estrade von dem Saale geschieden, ein schwarz behangenes, von Kirchenlichtern erhelltes Zimmer, das Mönche in schwarzen und weißen Kutten, Fackeln in den Händen tragend, ausfüllen. Sie trugen Larven. Die weißen Gestalten steigen in den Saal hinab, und die Edelleute in die Mitte nehmend, stellen sie sich in zwei Reihen und singen ihr schauerlich Latein. Die Ritter lachen noch immer; sie meinen, die jungen Damen hätten sich einen Scherz machen wollen und sich als Mönche verkleidet. Darum hätten sie auch so schnell den Saal verlassen. Es tritt einer der Ritter zu den weißen Gestalten hin und reißt ihr die Maske ab. Da sieht er das wahrhaftige feuchte und bleierne Gesicht eines Mönchs. Den armen jungen Edelleuten gerinnt das Blut in den Adern.

Jetzt kommt aus dem Hintergrunde des Trauerzimmers eine erhabene weibliche Gestalt hervor. Ihr weites schwarzes Samtkleid, die goldene Schärpe um den Leib, das goldene Diadem in den Haaren, dessen Spitzen wie Irrlichter hin und her funkeln, geben ihr das Ansehen einer Zauberin. Sie tritt an die Stufen der Estrade und ruft mit Grimm und Spott in den Saal hinab: »Du da! Ich habe deinen Vater vergiftet. Nicht wahr, du weißt das noch? Du da! Ich habe deinen Bruder erwürgt. Du hast das gewiß nicht vergessen. Du dort! Ich habe deinen Vetter ersäufen lassen, wie dir wohl bekannt ist.« So nennt sie fünf beim Namen. »Jetzt müßt ihr auch sterben, ihr seid vergiftet. Aber beruhigt euch, ihr werdet christlich bedient werden. Mein Vater, der Papst, hat diese guten Mönche für alle solche meine Angelegenheiten gehörig ordiniert und dispensiert. Sie empfangen euere Beichte und geben euch die Absolution, und ein christliches Begräbnis wird euch zuteil. Seht dort!« Auf ihren Wink treten die schwarzen Kutten zurück, die im Hintergrund des Trauerzimmers bis jetzt verborgen, und man sieht fünf Särge nebeneinander, mit schwarzen Tüchern und weißen Kreuzen behängt und von Wachskerzen umstellt. Über jedem Sarge ist der Name seines künftigen Bewohners geschrieben. Die vergifteten jungen Leute, von den singenden Mönchen umgeben, wanken zu ihren Särgen hinab. Das Trauerzimmer schließt sich.

Lucrezia Borgia bleibt allein im Saale zurück; da gewahrt sie einen Jüngling und ruft entsetzt: *Gennaro!* Daß der auch beim Mahle gewesen, daß er auch vergiftet worden, das wußte sie nicht. Sie liebt ihn leidenschaftlich, er ist alles in der Welt, was sie liebt. Sie fleht ihn an, er möchte sein Leben erhalten, er besitze ja noch das Gegengift. Gennaro zieht ein Fläschchen aus der Tasche und fragt, ob das hinreiche, alle seine Freunde zu retten? Lucrezia jammert: nein! Da wirft er das Fläschchen weg und sagt, so wolle er sterben, aber sie sterbe vorher. Er greift nach einem Messer und zückt es nach ihr. Lucrezia wehklagt zu seinen Füßen: töte mich nicht! *Du* nicht! Gennaro bleibt entschlossen. Da gesteht Lucrezia, sie wäre seine Tante; desto schlimmer! schreit Gennaro und stößt ihr das Messer in die Brust. Lucrezia röchelt: *Ich bin deine Mutter!* und stirbt. Sie war seine wirkliche Mutter; sie war aber auch seine Tante; sie war aber auch seine Großmutter. Die Genealogie der päpstlichen und fürstlichen Familie Borgia war ein wunderliches, verwirrtes und künstliches Rätselspiel. Aber der Teufel konnte daraus klug werden.

Was der letzten Szene alles vorhergeht, ist jetzt für Sie von keiner großen Bedeutung mehr, doch will ich es kurz erzählen. Der erste Akt spielt in Venedig, auf der Gartenterrasse hinter dem Palaste eines Nobile, der ein Nachtfest gab. Einige der Ballgäste, junge Ritter, sind im Freien und erzählen sich ihre Abenteuer. Es sind die nämlichen Edelleute, die später in Ferrara von Lucrezia vergiftet worden. Unter ihnen zeichnet sich durch sein stilles und schwärmerisches Wesen der junge Gennaro aus, den wir als Sohn der Borgia auch schon kennen. Er ist in venezianischen Kriegsdiensten, kennt seine Herkunft nicht und schwärmt liebevoll mit dem Gedankenbilde seiner Mutter, die er nie gesehen. Er setzt sich auf eine Bank und schläft ein. Da naht sich eine maskierte Dame. Man hat vor uns keine Geheimnisse mehr: es ist Lucrezia Borgia. Diese hat ihren geliebten Sohn seit seiner Geburt nicht aus ihren mütterlichen Augen verloren. Sie sorgte im stillen für ihn, ließ ihn bewachen, ihre Späher folgten ihm auf allen seinen Lebenswegen. Von diesen erfuhr sie, Gennaro sei jetzt in Venedig. Sie eilte ihm nach, sich an seinem Angesichte zu erfreuen. Sie findet ihn schlafend, betrachtet ihn lange mit Entzücken und weckt ihn endlich durch einen Kuß. Gennaro schlägt die Augen auf und sieht, angenehm überrascht, eine schöne Frau zu seiner Seite. Zwar hat er schon eine Liebe, aber das im Schlafe zugefallene Glück mag er darum doch nicht verschmähen. Er ist artig gegen die Schöne, und das Heilige ihrer zärtlichen Erwiderung ahndet der Jüngling nicht. Er gesteht ihr, er fühle sich durch eine wunderbare Gewalt zu ihr hingezogen, ihr könne er alle seine Geheimnisse vertrauen. Er erzählt ihr von seiner unbekannten Mutter, liest ihr die Briefe vor, die er durch fremde Hand von ihr erhalten. Lucrezia Borgia vergißt alle ihre Verbrechen und ist einmal glücklich, weil sie sich schuldlos fühlt. Aber von dem Balkon des Palastes herab hat einer der Edelleute Lucrezia Borgia erkannt. Er teilt das Geheimnis seinen Freunden mit. Sie alle hatten eine Blutschuld an ihr zu rächen. Sie stürzen mit Fackeln in den Garten hinab, und wie die Rachegötter umringen sie Lucrezia. Einer tritt nach dem andern hervor, einer schreit nach dem andern: du hast meinen Vater, du hast meinen Oheim ermordet. Lucrezia, sonst abgehärtet gegen solchen Vorwurf, fühlt sich jetzt zerschmettert von ihm. Sie kann den Schimpf nicht in Gegenwart ihres Sohnes ertragen, vor dem allein sie rein erscheinen möchte, an dessen Achtung unter allen Menschen ihr allein gelegen ist. Die Unglückliche ringt die Hände, bittet um Schonung und Erbarmen. Aber die Zornentbrannten setzten ihr Strafgericht fort und donnern der Sünderin alle ihre Schandtaten ins Gesicht. Da tritt Gennaro als Ritter der Dame hervor und gebietet bei seinem Schwerte Ruhe und Stille. Seine Freunde fragen ihn: kennst du sie denn? Sie reißen ihr die Maske vom Gesichte. Es ist Lucrezia Borgia! schreien sie. Gennaro, unter den wilden leichtsinnigen Gesellen der einzige tugendhafte und sittliche Mensch, haßt um so stärker als sie den weiblichen Teufel Lucrezia Borgia, deren Schreckensnamen durch ganz Italien zitterte. Er verhüllt sich das Gesicht und wendet sich entsetzt von ihr ab.

In dem folgenden Akte kommen die Ritter nach Ferrara. Lucrezia, sich zu rächen, lockt sie zu einem Gastmahle und läßt sie vergiften, wie wir erfahren. Auch Gennaro kommt nach Ferrara und wird von den Sbirren des Herzogs von Este gefangengenommen. Dieser nämlich, der das Leben seiner Gemahlin Lucrezia nur zu gut kennt, läßt sie auf allen ihren Wegen beobachten, und so hatte er von seinen Spionen erfahren, daß Lucrezia in Venedig mit *Gennaro*, einem ihrer Liebhaber, eine heimliche Zusammenkunft gehabt. Der Jüngling wird von dem beleidigten Fürsten und dem eifersüchtigen Gatten dem Tode geweiht. Vorher, als er noch frei war, ging er mit seinen Kriegsgesellen vor dem herzoglichen Palaste auf und ab. Der weiche tugendhafte Jüngling in seinem glühenden Hasse gegen die verruchte Lucrezia, verflucht die Mauern, verflucht die Steine des Palastes, flucht seiner höllischen Bewohnerin. Unter dem Tore war der Name *Borgia* eingehauen. Gennaro in seiner Leidenschaft springt hinauf und sticht mit seinem Dolche den Buchstaben B ab, so daß nur *orgia* bleibt. Diesen Schimpf erfahren Lucrezia und der Herzog. Lucrezia kennt den Täter nicht; aber der Herzog kennt ihn. Er hat ihn in seiner Gewalt.

Der Herzog sitzt allein in seinem Zimmer. Da stürzt Lucrezia wutentbrannt herein, da ist sie eine Furie wie in der Geschichte, keine liebende Mutter wie in der Fabel des Dichters. Und es blitzt aus ihren Augen und donnert aus ihrem Munde. Und sie sagt ihrem Gemahl, welch ein Schimpf ihr geschehen, und sein Bettelvolk von Ferrara nehme sich gar zu viel heraus, und es sei doch sonderbar, daß er für ihre Ehre so wenig Sorge trage, daß er den Missetäter nicht aufsuchen lassen. Der Herzog hört sie kalt, ruhig und höhnisch an, und als sie ausgewütet, sagt er: der Missetäter ist gefunden. – Wie! gellt Lucrezia – er ist gefunden und noch frei? – Er ist gefangen und lebt noch? fragt Lucrezia in ihrem Grimme. Er wird sterben, erwidert der Herzog eiskalt. Lucrezia läßt ihren Gemahl bei seiner fürstlichen Würde schwören, den

Verbrecher hinzurichten, wer er auch sei. Der Herzog gibt sein Fürstenwort höhnisch lächelnd. Er winkt, der Verbrecher wird hereingeführt, und Lucrezia erkennt mit Entsetzen ihren Gennaro. Das ist der Täter nicht, spricht Lucrezia. Gennaro tritt hervor und sagt: ich bin der Täter. Lucrezia bittet ihren Gemahl um ein heimliches Gespräch. Gennaro wird abgeführt. Jetzt bittet sie ihren Gemahl um das Leben des jungen Mannes. Sie wolle großmütig sein, es sei nur eine Laune gewesen, als sie seinen Tod gefordert. Der Herzog erinnert sie, daß er ihr sein Fürstenwort gegeben, den Verbrecher zu bestrafen. Lucrezia erwidert lächelnd: *Eide sind für das Volk, nicht für uns Fürsten.* Das ganze Haus beklatscht dieses Wort. Aber der Herzog läßt sich nicht erbitten. Alle Künste des Himmels und der Hölle ruft sie auf; Liebe und Haß, Wehmut und Zorn, Lächeln und Tränen, Schmeicheleien und Drohungen. Alles umsonst. Sie droht ihrem Gemahle mit der Rache ihres Vaters, des Papstes, mit ihrer eignen; sie erinnert ihn daran, daß er ihr vierter Mann sei. Der Herzog spottet ihrer. Sie ist erschöpft, ihr Köcher ist ausgeleert. Ganz matt fragt sie ihren Gemahl, warum er ihr das Leben des Jünglings nicht schenken, ihr nicht den kleinen Gefallen tun wolle. Jetzt fängt der beschneite Herzog zu rauchen an, und ein Feuerstrom des Zorns stürzt aus seinem Munde. Er donnert: weil er dein Liebhaber ist, und jetzt hält er ihr alle Schandtaten ihres Lebens vor und endet: Deine geliebten Männer können auch künftig durch jede Türe zu dir kommen; aber die Türe, durch welche sie wieder herausgehen, werde ich bewachen lassen – von dem Henker. Gennaro müßte sterben, sie solle selbst wählen zwischen Gift und Schwert. Lucrezia wählt Gift. Der Herzog läßt zwei Flaschen holen, eine silberne und eine goldene. In der goldenen sei der zubereitete Wein, den sie recht gut kenne. Daraus solle sie dem Gennaro einschenken, sich aber ja hüten, die Flaschen zu verwechseln; denn geschehe es, stünde draußen ein Mann mit einem nackten Schwerte bereit, der auf einen Wink hereinstürzen und den geliebten Jüngling unter ihren Augen niederhauen werde.

Gennaro wird zurückgeführt. Der Herzog stellt sich gnädig,

verzeiht ihm, trinkt ihm zu. Er trinkt aus der silbernen Flasche, Lucrezia füllt mit angstzitternder Hand einen Becher aus der goldenen Flasche und überreicht ihn ihrem Sohne. Der Herzog verläßt höhnisch das Zimmer. Lucrezia schreit ihrem Sohne zu: Ihr seid vergiftet, um Gottes willen trinkt schnell aus diesem Fläschchen; es ist Gegengift, ein Tropfen, und Ihr seid gerettet. Aber Gennaro weigert sich zu trinken. Er sagt ihr, es sei ihm wohl bekannt, wie sie einst einen Fürsten vergiftet, indem sie ihm glauben gemacht, er sei es schon, und ihm im Gegengift ein Gift gegeben. Lucrezia verzweifelt über dieses verschuldete Mißtrauen; aber die Mutterliebe gibt ihr Beredsamkeit, Gennaro glaubt und trinkt. Jetzt solle er schnell aus Ferrara eilen. Aber der unglückliche Jüngling läßt sich von seinen Freunden aufhalten und sich abends zu dem Giftmahle verlocken. Dort, wie wir erfahren, stirbt er, nachdem er seine Mutter getötet.

Und wozu, wozu alle diese Greuel? Außer den Schandtaten, die auf der Bühne unter unsern Augen geschehen, werden auch alle die erzählt, welche die Borgias seit jeher begangen. Warum die Kunst zur Schinderin, die Bühne zu einem Schindanger machen? Victor Hugo sagt in der Vorrede zum Drama: »*La paternité sanctifiant la difformité physique, voilà,* ›*Le roi s'amuse*‹*: la maternité purifiant la di Fornuté morale, voilà* ›*Lucrèce Borgia*‹ ... *à la chose la plus hideuse mêlez une idée réligieuse, elle deviendra sainte et pure. Attachez Dieu au gibet, vous avec la croix.*« Unvergleichlicher Unsinn! Freilich bleibt Gott auch noch am Kreuze Gott, aber das Kreuz macht ihn nicht zum Gotte, und die Anbetung findet ihn dort nur mit Schmerz. Freilich behält der Edelstein auch noch im Kote seinen Wert, und wer ihn da findet, mag ihn aufheben; aber den Edelstein in solcher Fassung suchen und ihn darum vorziehen – käme das je einem in den Sinn? Konnte uns der Dichter den Adel und die Macht der Mutterliebe nur in einer Lucrezia Borgia zeigen? Und ihre Mutterliebe ist keine Perle im Schmutze, sie ist Schmutz im Schmutz. Ihr Sohn ist eine Frucht der Blutschande, es ist der Sohn ihres Bruders.

Ich hätte noch gar manches zu sagen; aber mit einem guten

Bruder Liberalen muß ich einige Nachsicht haben. Victor Hugo bemerkt in der Vorrede: die Minister möchten sich ja nicht schmeicheln, er habe sie vergessen. Keineswegs. Er werde zwar seine Kunst mit allem Eifer forttreiben, aber darum die Politik nicht vernachlässigen. »*L'homme a deux mains.*« Schön gesagt! In Bayern bekäme er dafür ein doppeltes Urteil. Fünf Jahr ins Zuchthaus für die rechte Hand und fünf Jahr ins Zuchthaus für die linke Hand. Doch hat unser gelehrter Frankfurter Feuerbach in seinem unvergleichlich bayrischen Kriminalgesetzbuche für das Königreich Bayern dieses, wie noch manches andere, vergessen. Wenn die rechte Hand bestraft wird, daß sie geschrieben, verdient die linke Hand dafür bestraft zu werden, daß sie das Papier festgehalten. Überhaupt könnte ich das bayrische Kriminalgesetzbuch mit vielen astronomischen Neuigkeiten bereichern. Erst kürzlich entdeckte ich einen sehr fernen entfernten Versuch zum Versuche eines Hochverratsversuchs. Es ist ein kleiner Nebelstern, aber zwei Jahr Zuchthaus wären immer dabei zu verdienen.

Samstag, den 23. Februar 1833

Gestern abend im Bette fing ich die Leidensgeschichte eines italienischen Staatsgefangenen zu lesen an. Nach dem Kapitel, worin er von den schrecklichen Gefühlen spricht, mit welchen man am ersten Morgen in einem Gefängnisse erwacht, schlief ich ein. Und als ich diesen Morgen erwachte, war mein erster froher Gedanke: *Du bist frei!* Und mein zweiter froher Gedanke war: Du bist *nicht* frei! Denn wärest du frei, würdest du nicht so froh sein, daß heute Samstag ist, der dir einen Brief bringt. Aber ich Glücklicher! Das ist kein *carcero duro*, und ich will es gern ertragen mein Leben lang. Ich erzähle Ihnen noch aus dem Buche. Es heißt: *Le mie prigioni, memorie di Silvio Pellico da Saluzzo.* Es ist ein Dichter aus Piemont, der zehn Jahre seines Lebens, von 1820 bis 1830, von seinem dreißigsten bis zu seinem vierzigsten Jahre, in verschiedenen österreichischen Staatsgefängnissen geschmachtet. Ich bringe das Buch mit. Künftigen Sommer, an solchen Abenden, wo die Lüfte trunken von den Bergen kommen, lese ich Ihnen daraus vor, Ihre Pulse zu stillen. Ich lernte Wilhelm Tell verstehen, und wie ihm vor dem Kerker eines östreichischen Landvogts schaudern mußte. Wer an solche Luft gewöhnt, hat keine Tyrannei zu fürchten – er erträgt sie nicht.

Ich hätte Ihnen noch einige Worte von der Demoiselle *Georges* sagen sollen, welche die Lucrezia Borgia ganz herrlich gespielt. Sie war ein Vulkan, und alles, was in dem dunklen Busen eines solchen Weibes kocht, kam donnernd und in Feuergüssen an den Tag. Das war freilich das Verdienst des Dichters, zugleich aber seine Schuld. Statt uns an den reinlichen gedeckten Tisch der Leidenschaft zu setzen, bringt er uns in ihre Küche, und dieses Mal war es des Teufels Küche. In mehreren Ecken des Saals wurde einigemal gezischt, bei solchen Stellen, wo alles zu nackt, zu roh, zu blutig erschien, wo einen das rote Fleisch anekelte. Victor Hugo kommt mir wie ein unmündiger reicher Erbe vor, der Wucherern in die Hände gefallen und Schulden auf Schulden häuft. Wenn er es so forttreibt, kann er, bis er volljährig und verständig wird, sich arm gelebt haben. Man soll von den Zinsen seines Geistes leben... Und wie gefalle ich Ihnen als solider Mensch?

Hundertneunter Brief

Paris, Montag, den 25. Februar 1833

Soll ich über Heines *Französische Zustände* ein vernünftig Wort versuchen? Ich wage es nicht. Das fliegenartige Mißbehagen, das mir beim Lesen des Buches um den Kopf summte und sich bald auf diese, bald auf jene Empfindung setzte, hat mich so ärgerlich gestimmt, daß ich mich nicht verbürgen kann – ich sage nicht für die Richtigkeit meines Urteils, denn solche anmaßliche Bürgschaft übernehme ich nie – sondern nicht einmal für die Aufrichtigkeit meines Urteils. Dabei bin ich aber besonnen genug geblieben, um zu vermuten, daß diese Verstimmung meine, nicht Heines Schuld ist. Wer so große Geheimnisse wie er besitzt, als wie: in der dreihundertjährigen Unmenschlichkeit der östreichischen Politik eine erhabene Ausdauer zu finden, und in dem

Könige von Bayern einen der *edelsten und geistreichsten Fürsten, die je einen Thron geziert*; den König der Franzosen, als hätte er das kalte Fieber, an dem einen Tage für gut, an dem andern für schlecht, am dritten wieder für gut, am vierten wieder für schlecht zu erklären; wer es *kühn* und *großartig* findet, daß die Herren von Rothschild während der Cholera ruhig in Paris geblieben, aber die unbezahlten Mühen der deutschen Patrioten lächerlich findet; und wer bei aller dieser Weichmütigkeit sich selbst noch für einen *gefesteten* Mann hält – wer so große Geheimnisse besitzt, der mag noch größere haben, die das Rätselhafte seines Buches erklären; ich aber kenne sie nicht. Ich kann mich nicht bloß in das Denken und Fühlen jedes andern, sondern auch in sein Blut und seine Nerven versetzen, mich an die Quellen aller seiner Gesinnungen und Gefühle stellen und ihrem Laufe nachgehen mit unermüdlicher Geduld. Doch muß ich dabei mein eigenes Wesen nicht aufzuopfern haben, sondern nur zu beseitigen auf eine Weile. Ich kann Nachsicht haben mit Kinderspielen, Nachsicht mit den Leidenschaften eines Jünglings. Wenn aber an einem Tage des blutigsten Kampfes ein Knabe, der auf dem Schlachtfelde nach Schmetterlingen jagt, mir zwischen die Beine kommt; wenn an einem Tage der höchsten Not, wo wir heiß zu Gott beten, ein junger Geck uns zur Seite in der Kirche nichts sieht als die schönen Mädchen und mit ihnen liebäugelt und flüstert – so darf uns das, unbeschadet unserer Philosophie und Menschlichkeit, wohl ärgerlich machen.

Heine ist ein Künstler, ein Dichter, und zur allgemeinsten Anerkennung fehlt ihm nur noch seine eigne. Weil er oft noch etwas anders sein will als ein Dichter, verliert er sich oft. Wem, wie ihm, die Form das Höchste ist, dem muß sie auch das Einzige bleiben; denn sobald er den Rand übersteigt, fließt er ins Schrankenlose hinab, und es trinkt ihn der Sand. Wer die Kunst als seine Gottheit verehrt und je nach Laune auch manches Gebet an die Natur richtet, der frevelt gegen Kunst und Natur zugleich. Heine bettelt der Natur ihren Nektar und Blütenstaub ab und baut mit bildendem Wachse der Kunst ihre Zellen. Aber er bildet die Zelle nicht, daß sie den Honig bewahre, sondern sammelt den Honig, damit die Zelle auszufüllen. Darum rührt er auch nicht, wenn er weint; denn man weiß, daß er mit den Tränen nur seine Nelkenbeete begießt. Darum überzeugt er nicht, wenn er auch die Wahrheit spricht; denn man weiß, daß er an der Wahrheit nur das Schöne liebt. Aber die Wahrheit ist nicht immer schön, sie bleibt es nicht immer. Es dauert lange, bis sie in Blüte kommt, und sie muß verblühen, ehe sie Früchte trägt. Heine würde die deutsche Freiheit anbeten, wenn sie in voller Blüte stände; da sie aber wegen des rauhen Winters mit Mist bedeckt ist, erkennt er sie nicht und verachtet sie. Mit welcher schönen Begeisterung hat er nicht von dem Kampfe der Republikaner in der St. Méry-Kirche und von ihrem Heldentode gesprochen! Es war ein glücklicher Kampf, es war ihnen vergönnt, den schönen Trotz gegen die Tyrannei zu zeigen und den schönen Tod für die Freiheit zu sterben. Wäre der Kampf nicht schön gewesen, und dazu hätte es nur einer andern Örtlichkeit bedurft, wo man die Republikaner hätte zerstreuen und fangen können – hätte sich Heine über sie lustig gemacht. Was Brutus getan, würde Heine verherrlichen, so schön er nur vermag; würde aber ein Schneider den blutigen Dolch aus dem Herzen einer entehrten jungen Näherin ziehen, die gar Bärbelchen hieße, und damit die dummträgen Bürger zu ihrer Selbstbefreiung stacheln – er lachte darüber. Man versetze Heine in das *Ballhaus*, zu jener denkwürdigen Stunde, wo Frankreich aus seinem tausendjährigen Schlafe erwachte und schwur, es wolle nicht mehr träumen – er wäre der tollheißeste Jakobiner, der wütendste Feind der Aristokraten und ließe alle Edelleute und Fürsten mit Wonne an einem Tage niedermetzeln. Aber sähe er aus der Rocktasche des feuerspeienden Mirabeau auf deutsche Studentenart eine Tabakspfeife mit rot-schwarz-goldener Quaste hervorragen – dann pfui Freiheit! und er ginge hin und machte schöne Verse auf Marie-Antoinettes schöne Augen. Wenn er in seinem Buche die heilige Würde des Absolutismus preist, so geschah es, außer daß es eine Redeübung war, die sich an dem Tollsten versuchte, nicht darum, weil er *politisch reinen*

Herzens ist, wie er sagt; sondern er tat es, weil er *atemreines Mundes* bleiben möchte und er wohl an jenem Tage, als er das schrieb, einen deutschen Liberalen Sauerkraut mit Bratwurst essen gesehen.

Wie kann man je dem glauben, der selbst nichts glaubt? Heine schämt sich so sehr, etwas zu glauben, daß er Gott den »*Herrn*« mit lauter Initialbuchstaben drucken läßt, um anzuzeigen, daß es ein Kunstausdruck sei, den er nicht zu verantworten habe. Den verzärtelten Heine bei seiner sybaritischen Natur kann das Fallen eines Rosenblattes im Schlafe stören; wie sollte er behaglich auf der Freiheit ruhen, die so knorrig ist? Er bleibe fern von ihr. Wen jede Unebenheit ermüdet, wen jeder Widerspruch verwirrt macht, der gehe nicht, denke nicht, lege sich in sein Bett und schließe die Augen. Wo gibt es denn eine Wahrheit, in der nicht etwas Lüge wäre? Wo eine Schönheit, die nicht ihre Flecken hätte? Wo ein Erhabenes, dem nicht eine Lächerlichkeit zur Seite stünde? Die Natur dichtet selten und reimet niemals; wem ihre Prosa und ihre Ungereimtheiten nicht behagen, der wende sich zur Poesie. Die Natur regiert republikanisch; sie läßt jedem Dinge seinen Willen bis zur Reife der Missetat und straft dann erst. Wer schwache Nerven hat und Gefahren scheut, der diene der Kunst, der absoluten, die jeden rauhen Gedanken ausstreicht, ehe er zur Tat wird, und an jeder Tat feilt, bis sie zu schmächtig wird zur Missetat.

Heine hat in meinen Augen so großen Wert, daß es ihm nicht immer gelingen wird, sich zu überschätzen. Also nicht diese Selbstüberschätzung mache ich ihm zum Vorwurfe, sondern daß er überhaupt die Wirksamkeit einzelner Menschen überschätzt, ob er es zwar in seinem eigenen Buche so klar und schön dargetan, daß heute die Individuen nichts mehr gelten, daß selbst Voltaire und Rousseau von keiner Bedeutung wären, weil jetzt die Chöre handelten und die Personen sprächen. Was sind wir denn, wenn wir viel sind? Nichts als die Herolde des Volks. Wenn wir verkünden und mit lauter vernehmlicher Stimme, was uns, jedem von seiner Partei, aufgetragen, werden wir gelobt und belohnt; wenn wir unvernehmlich sprechen oder gar verräterisch eine falsche Botschaft bringen, werden wir getadelt und gezüchtigt. Das vergißt aber Heine, und weil er glaubt, er, wie mancher andere auch, könnte eine Partei zugrunde richten oder ihr aufhelfen, hält er sich für wichtig; sieht umher, wem er gefalle, wem nicht; träumt von Freunden und Feinden, und weil er nicht weiß, wo er geht und wohin er will, weiß er weder, wo seine Freunde noch wo seine Feinde stehen, sucht sie bald hier, bald dort und weiß sie weder hier noch dort zu finden. Uns andern miserabeln Menschen hat die Natur zum Glücke nur einen Rücken gegeben, so daß wir die Schläge des Schicksals nur von einer Seite fürchten; der arme Heine aber hat zwei Rücken, er fürchtet die Schläge der Aristokraten und die Schläge der Demokraten, und um beiden auszuweichen, muß er zugleich vorwärts und rückwärts gehen.

Um den Demokraten zu gefallen, sagt Heine: die jesuitisch-aristokratische Partei in Deutschland verleumde und verfolge ihn, weil er dem Absolutismus kühn die Stirne biete. Dann, um den Aristokraten zu gefallen, sagt er: er habe dem Jakobinismus kühn die Stirne geboten; er sei ein guter Royalist und werde ewig monarchisch gesinnt bleiben; in einem Pariser Putzladen, wo er vorigen Sommer bekannt war, sei er unter den acht Putzmachermädchen mit ihren acht Liebhabern – alle sechzehn von höchst gefährlicher republikanischer Gesinnung – der einzige Royalist gewesen, und darum stünden ihm die Demokraten nach dem Leben. Ganz wörtlich sagt er: »Ich bin, bei Gott! kein Republikaner, ich weiß, *wenn die Republikaner siegen, so schneiden sie mir die Kehle ab*.« Ferner: »*Wenn die Insurrektion vom 5. Juni nicht scheiterte, wäre es ihnen leicht gelungen, mir den Tod zu bereiten, den sie mir zugedacht:* Ich verzeihe ihnen gerne diese Narrheit.« *Ich* nicht. Republikaner, die solche Narren wären, daß sie Heine glaubten aus dem Wege räumen zu müssen, um ihr Ziel zu erreichen, die gehörten in das Tollhaus.

Auf diese Weise glaubt Heine bald dem Absolutismus, bald dem Jakobinismus *kühn die Stirne zu bieten*. Wie man aber einem

Feinde die Stirne bieten kann, indem man sich von ihm abwendet, das begreife ich nicht. Jetzt wird zur Wiedervergeltung der Jakobinismus durch eine gleiche Wendung auch Heine kühn die Stirne bieten. Dann sind sie quitt, und so hart sie auch aufeinanderstoßen mögen, können sie sich nie sehr wehe tun. Diese weiche Art, Krieg zu führen, ist sehr löblich, und an einem blasenden Herolde, die Heldentaten zu verkünden, kann es keiner der kämpfenden Stirnen in diesem Falle fehlen.

Gab es je einen Menschen, den die Natur bestimmt hat, ein ehrlicher Mann zu sein, so ist es Heine, und auf diesem Wege könnte er sein Glück machen. Er kann keine fünf Minuten, keine zwanzig Zeilen heucheln, keinen Tag, keinen halben Bogen lügen. Wenn es eine Krone gälte, er kann kein Lächeln, keinen Spott, keinen Witz unterdrücken, und wenn er, sein eignes Wesen verkennend, doch lügt, doch heuchelt, ernsthaft scheint, wo er lachen, demütig, wo er spotten möchte: so merkt es jeder gleich, und er hat von solcher Verstellung nur den Vorwurf, nicht den Gewinn. Er gefällt sich, den *Jesuiten des Liberalismus* zu spielen. Ich habe es schon einmal gesagt, daß dieses Spiel der guten Sache nützen kann; aber weil es eine einträgliche Rolle ist, darf sie kein ehrlicher Mann selbst übernehmen, sondern muß sie andern überlassen. So, seiner bessern Natur zum Spotte, findet Heine seine Freude daran, zu diplomatisieren und seine Zähne zum Gefängnisgitter seiner Gedanken zu machen, hinter welchem sie jeder ganz deutlich sieht und dabei lacht. Denn zu verbergen, daß er etwas zu verbergen habe, so weit bringt er es in der Verstellung nie. Wenn ihn der Graf Moltke in einen Federkrieg über den Adel zu verwickeln sucht, bittet er ihn, es zu unterlassen; »denn es schien mir gerade damals bedenklich, in meiner gewöhnlichen Weise ein Thema öffentlich zu erörtern, das die Tagesleidenschaften so furchtbar ansprechen müßte«. Diese Tagesleidenschaft gegen den Adel, die schon fünfzigmal dreihundertfünfundsechzig Tage dauert, könnte weder Herr von Moltke noch Heine noch sonst einer noch furchtbarer machen, als sie schon ist. Um von etwas warm zu sprechen, soll man also warten, bis die Leidenschaft, der er Nahrung geben kann, gedämpft ist, um sie dann von neuem zu entzünden? Das ist freilich die Weisheit der Diplomaten. Heine glaubt etwas zu wissen, das Lafayette gegen die Beschuldigung der Teilnahme an der Juniinsurrektion verteidigen kann; aber »*eine leicht begreifliche Diskretion*« hält ihn ab, sich deutlich auszusprechen. Wenn Heine auf diesem Wege Minister wird, dann will ich verdammt sein, sein geheimer Sekretär zu werden und ihn von Morgen bis Abend anzusehen, ohne zu lachen.

Dienstag, den 26. Februar 1833
Sie fragten mich neulich, was das für eine dumme Geschichte mit den Württemberger Ständen wäre. *Dumme Geschichte* ist ein Pleonasmus. Die Geschichte der Menschheit ist nichts als eine Geschichte der Dummheit. Was aber diese besondere dumme Geschichte bedeute, will ich Ihnen erklären. Ich will Ihnen die Sache so klein und weich wie durchgeschlagene Erbsen machen, und wenn Sie meine durchgeschlagenen Stände noch nicht genießen können, so ist das nicht meine Schuld.

Als man auf dem Wiener Kongresse den Deutschen Bund bildete, gaben sich Österreich und Preußen die größte Mühe, die kleinen Fürsten dahinzubringen, ihren Staaten repräsentative Verfassungen zu geben. Die großen Mächte hatten gut berechnet, daß dieses die kleinen Mächte von ihnen abhängig machen würde. Auch kam es wirklich so. Bayern, Württemberg, Baden und die übrigen wären nicht zu Vasallen von Österreich und Preußen herabgesunken, wenn sie unbeschränkte Regierungen gehabt hätten. Um die kleinen Fürsten leichter in das Garn zu locken, stellte sich Preußen damals an, als wolle es auch eine repräsentative Verfassung einführen. Die kleinen Fürsten merkten die List nicht, und alle die Angst, die sie bei der Sache hatten, kam ihnen bloß von ihren eigenen Völkern; die andere größere Gefahr sahen sie nicht. Aber diese Angst vor Konstitutionen war fürchterlich. Schon sahen sie eine demokratische Sündflut über ihre Throne zusammenstürzen, und sie dachten gleich an Noahs Arche, in welcher sie sich im Falle der höchsten Not mit all ihrem

Viehe retten könnten. Wie es sich mit diesen Archen verhalte, an welchen die kleinen deutschen Fürsten zimmern, will ich Ihnen ein andersmal erklären. Ehe sie es nun wagten, ein kleines seichtes Wässerchen von Volksfreiheit durch ihre Ländchen schleichen zu lassen, zogen sie aus Furcht vor Überschwemmungen Kanäle, so breit und tief, daß der Rhein, die Donau und die Elbe zugleich darin Platz hätten. Und sie bauten Riesenwerke von Dämmen aus mächtigen Quadersteinen und gewaltigen Schleusen. Unsere Konstitutionen sind nichts anders als Gefängnisse der Freiheit; daß die Freiheit nicht frei im Lande herumlaufe, wird sie in eine Kammer gesperrt. In diese Konstitutionen, besonders aber in das Wahlsystem der Volksdeputierten und in die Geschäftsordnung der Kammern, wurden hundert Bestimmungen eingeführt, die alle den Zweck hatten, die kräftige Entwicklung eines wahren repräsentativen Systems zu verhindern. Bald darf man nicht sprechen, bald darf man nicht hören; die einen werden stumm, die andern werden taub gemacht. Ist ein bißchen frischer Wind in der Kammer, werden gleich alle Segel eingezogen. Wird etwas verhandelt, was das Volk nahe angeht, wird es aus der Kammer gejagt, es darf den Sitzungen nur beiwohnen, sooft sie langweilig sind. Man meint freilich, das wäre oft genug. In Bayern müssen die Deputierten, die auf sechs Jahre gewählt werden, in der ersten Sitzung um die Plätze in der Kammer losen. Diesen numerierten Platz muß jeder Deputierte wie ein Schulbube behalten, er darf ihn nicht wechseln. Dadurch wollte man verhindern, daß die Gleichgesinnten sich nicht nebeneinander setzen, sich verabredeten und Partei machten. Die liebe deutsche Schuljugend läßt sich auch das alles gefallen.

Eine andere Bestimmung ist fast in alle Konstitutionen übergegangen. Passen Sie auf! Jetzt kommt Ihre dumme Geschichte. *Keiner darf als Deputierter gewählt werden, der irgendeinmal eine Kriminalstrafe ausgestanden hat.* Hier dachte man aber keineswegs daran, gewöhnliche Spitzbuben aus der Kammer entfernt zu halten, Räuber, Mörder, Diebe; solche Fälle kommen bei den höhern Ständen selten vor, und Menschen, die nur etwas weniges gestohlen, würde man gern als ministrielle Deputierte sehen, damit sie lernen, sich vernünftiger zu betragen. Sondern es kam darauf an, ausgezeichnete Patrioten, Männer, welche den Regierungen besonders gefährlich, besonders unlenksam schienen, von der Deputiertenwahl auszuschließen. Mit einem solchen Gesetze war das eine Kleinigkeit. Nichts ist in Deutschland leichter, als jedem ehrlichen Mann eine Kriminaluntersuchung, das heißt eine Kriminalstrafe an den Hals zu werfen. Und glauben Sie ja nicht, daß hierbei die Regierungen willkürlich verführen; so glücklich sind wir nicht einmal; so glücklich sind wir nicht, daß unsere Fürsten, um Tyrannen zu sein, nötig hätten, gesetzwidrig zu handeln. Die Tyrannei liegt schon in den Gesetzen. Alle deutsche Kriminalgesetze wurden vor Einführung der repräsentativen Verfassungen, also ohne Mitwirkung der Stände, von den Fürsten allein, also im Geiste der unbeschränkten Herrschaft und nicht im Geiste der Freiheit, gemacht. Mit diesen Gesetzen können die unschuldigsten Handlungen als Verbrechen erklärt und als solche bestraft werden. Unsere guten deutschen Hofräte und Professoren, die Gott segnen möge – ich meine mit Verstand –, kennen keinen andern Liberalismus, als auf Legalität zu halten. Wenn einer von ihnen legal ins Zuchthaus kommt, weil er etwas drucken lassen, was die Gesetze als Majestätsverbrechen erklärt, sind sie es zufrieden, und wenn sie als Deputierte um den Despotismus herumschleichen und irgendwo einen Eingang suchen, und an allen Wegen steht ein Plakat mit den Worten *Legaler Weg*, nämlich *verbotener* – kehren sie wieder um und glauben das ihrige getan zu haben.

Jeder eifrige Volksfreund und Verteidiger der Freiheit muß irgendeinmal etwas tun, wodurch er seine Gesinnung öffentlich beurkundet. Er wird etwas Freisinniges schreiben, etwas drucken lassen, an einer politischen Versammlung teilnehmen, eine Protestation gegen eine Maßregel der Tyrannei unterzeichnen, oder etwas anders solcher Art. Alle diese Handlungen werden von den deutschen peinlichen Gesetzen als Majestätsverbrechen, Staatsverbrechen, Hochverrat angesehen und bestraft. Also alle

Bürger, die sich solcher Verbrechen schuldig gemacht, fallen einer Kriminaluntersuchung und einer peinlichen Strafe zu und sind daher auf ihr ganzes Leben von der Volksrepräsentation ausgeschlossen. Nun geschah es, daß für die jetzige Sitzung der Württemberger Kammer vier Männer zu Deputierten gewählt wurden, die viele Jahre vorher wegen demagogischer Umtriebe in Kriminaluntersuchung waren. Die Regierung erklärte, diese Wahl sei nach den Gesetzen ungültig! Die Opposition erwiderte, sie wäre gültig; denn obzwar jene Deputierten wirklich in einer Kriminaluntersuchung gewesen, so hätten sie doch keine Kriminalstrafe ausgestanden, weil sie damals von dem Könige begnadigt wurden. Darauf entgegneten die Minister: *das Recht der königlichen Gnade sei beschränkt, und ihre Folgen erstrecken sich nicht soweit, einem Bürger seine bürgerliche Ehre wiederzugeben.* Minister, Diener des Königs, die sonst Himmel und Erde in Bewegung setzen, wenn einer nur mit dem kleinen Finger die Rechte der Krone anrührt, beschränken selbst diese Rechte! Das einzige Recht, welches die Freiheit selbst den Fürsten lassen würde, *das Recht der Begnadigung*, läßt sich der König gern beschränken, nur um in der Kammer vier freisinnige Männer weniger zu haben! Aber die württembergischen Minister könnten es einmal bitter bereuen, das Recht der Begnadigung, das doch von den Fürsten auch auf jede andere höchste Regierungsgewalt überginge, beschränkt zu haben.

In Darmstadt ist etwas Ähnliches vorgefallen. Ein Advokat Hofmann, der vor vierzehn Jahren in demagogischen Umtrieben verwickelt war, wurde zum Deputierten gewählt. Hofmann wurde damals aber nicht verurteilt, sondern der Prozeß wurde niedergeschlagen und der Angeschuldigte, wie die Juristen sagen: *ab instantia* absolviert. Hören Sie, was *ab instantia* absolvieren heißt, es ist etwas sehr Schönes. Wenn nach dem sehr christlichen und sehr menschlichen deutschen Kriminalrechte man einem Angeschuldigten sein Verbrechen nicht beweisen und ihn also auch nicht verurteilen kann, die Richter aber haben Lust, das Schwert der Gesetze ihm sein ganzes Leben lang über dem

Haupte hängen zu lassen, sprechen sie ihn nicht frei, sondern sie absolvieren ihn *ab instantia*, so daß sie nach zwanzig Jahren den Prozeß wieder anknüpfen können. Hofmann wurde zum Deputierten gewählt. Die Regierung erklärte diese Wahl für ungültig, weil er in einer Kriminaluntersuchung verwickelt gewesen. Die Opposition erwiderte, aber Hofmann wäre doch nicht verurteilt worden. Darauf entgegneten die Minister: aber Hofmann sei nicht freigesprochen worden, und wenn er es übrigens wünsche, würde man die unterbrochene Untersuchung fortsetzen. Hofmann wurde verworfen. Da habe ich nun vor einigen Tagen aus einem Briefe aus Darmstadt erfahren, mit welchem Eifer und mit welcher Schelmerei die Ausstoßung Hofmanns von der Regierung betrieben wurde. Hofmann war in preußische, das heißt: in original-patent-demagogische Umtriebe verwickelt. Preußen verfolgte ihn am meisten. Nun müssen Sie wissen, daß seit den Bundestagsbeschlüssen Deutschland in zwei Polizeidistrikte eingeteilt ist. Das nördliche Deutschland hat den König von Preußen, das südliche den Kaiser von Österreich zum Polizeikommissär. Über beiden steht der Kaiser von Rußland als Polizeidirektor. Darmstadt gehört zum preußischen Distrikte. Daher war es die Obliegenheit der preußischen Regierung, Hofmanns Eintritt in die Kammer zu verhindern. Was geschieht also? Einem Edelmanne, Mitglied der Kammer, gab man ein Schreiben in die Hand, welches der preußische Gesandte in Darmstadt von seiner Regierung erhalten haben sollte. Darin hieß es:· Hofmann habe sich im Jahre 1819 noch ganz anderer, noch schwererer Verbrechen schuldig gemacht als die, wegen welcher er damals in Untersuchung war. Und wenn er nach Preußen käme, würde er von neuem eingesteckt, und Preußen würde es durchaus nicht dulden, daß Hofmann in die Darmstädter Kammer trete. Diesen Brief zeigte jener Edelmann einigen bürgerlichen Deputierten im Vertrauen und sagte ihnen – wir wissen ja, wie Edelleute mit Bürgern sprechen –: »Lieber Heyer – und wie sonst die andern heißen – Sie kennen mich ja, Sie wissen, daß ich liberal bin. Glauben Sie mir auf mein Wort, unser

Großherzog hat den besten Willen. Aber was wollen wir tun? Haben wir eine Armee von zweimalhunderttausend Mann? Können wir uns Preußen widersetzen? Der Großherzog hat mir gestern gesagt: ›Vor dem Heyer ist mir am meisten bange; der wird Lärm machen.‹« Dabei rieb sich der Baron die Hände, dabei zuckte er die Achseln, dabei klopfte er mit freiherrlichen Fingern auf die bürgerliche Schulter und sagte in einer Viertelstunde dreißigmal: »Lieber Heyer!« Der liebe Heyer, sonst ein braver, liberaler, verständiger Mann, ließ sich bereden, einschüchtern und stimmte mit seinen Freunden gegen Hofmann.

Jetzt nach Kassel, wo die Wahlfreiheit auf eine andere Art verletzt worden. Wenn Sie diesen Brief gehörig studieren, werden Sie eine der vorzüglichsten Publizistin[nen] von Deutschland und können Professorin des Staatsrechtes auf einer deutschen Universität werden, und wenn Sie loyale Kollegen lesen, gar Geheime Hofrätin. Was ich Ihnen aber folgend mitteile, geschieht nicht zu Ihrer Belehrung, sondern zu meiner eignen. Vielleicht können Sie mir über etwas Aufklärung geben, worin ich ganz im Dunkeln bin. In Frankreich und England sind die Regierungen froh, wenn Staatsbeamte zu Deputierten gewählt werden; natürlich, weil diese von ihnen abhängen und ihnen also am meisten anhängen; in Deutschland findet das Gegenteil statt. Wenn ein Staatsbeamter zum Deputierten gewählt wird, muß er, das Recht auszuüben, dazu die Erlaubnis seiner Vorgesetzten haben, und diese Erlaubnis wird oft verweigert. Welche Feinheit dahinter steckt, begreife ich nicht. Nun wurde Jordan, Professor in Marburg, einer der edelsten und mutigsten freisinnigen Männer Deutschlands, zum Deputierten in die hessischen Stände gewählt. Die Minister erklärten, sie erlaubten Jordan nicht, seine Stelle anzutreten, und sie verboten ihm, nach Kassel zu kommen. Jordan sagte: nach der Verfassung brauche ein gewählter Staatsbeamter nur die Erlaubnis seines unmittelbaren Vorgesetzten. Dieser sein Vorgesetzter sei die Universität, die ihn gewählt habe; die Erlaubnis des Ministers brauche er nicht. Jordan reiste nach Kassel, und die Mehrheit der Kammer entschied sich für ihn. Der Minister ließ Jordan den Befehl zukommen, *binnen 24 Stunden bei 20 Taler Strafe Kassel zu verlassen...* Stellen Sie sich vor: wenn hier ein Minister die Frechheit hätte, einem Deputierten bei 50 Franken Strafe den Befehl zukommen zu lassen, binnen 24 Stunden Paris zu verlassen! In Anklagezustand versetzte man den Narren nicht; aber man schickte ihn augenblicklich in eine Zwangsweste gekleidet nach Charenton. Aber unsere deutschen Philister hören so etwas erzählen, ohne daß sie sich darüber echauffieren, ja nicht einmal die Pfeife geht ihnen darüber aus. Gott erhalte mir meinen König Louis-Philippe! Wahrhaftig, ich mache mir Vorwürfe, daß ich je ein Wort gegen ihn geschrieben; ich tue es aber auch nicht mehr... Jordan ging nicht aus Kassel und klagte bei den Gerichten. Diese verboten den Ministern bei *fünfzig Taler* Strafe, Jordan nicht zu beunruhigen. Dieses war auch wieder ein deutsches Temperierpulver! Die Gerichte hätten erklären sollen, Jordan als Deputierter wäre unverletzlich und die Minister, die ihn antasteten, machten sich des Hochverrats schuldig. Wegen dieses Streits haben die Kammern ihre Sitzungen noch nicht eröffnen können, und man ist begierig, was die preußische Regierung, zu deren Inspektion auch Hessen gehört, in dieser Sache verfügen wird.

Mittwoch, den 27. Februar 1833

Heiland der Welt! Das monarchische Prinzip ist guter Hoffnung. Welch ein Donnerschlag für mich! Die Herzogin von Berry, *unsere liebe Frau von Blaye*, die Enkelin Maria Theresiens, die gebenedeite Mutter des Wunderkindes, ist in gesegneten Umständen, durch den Heiligen Geist in Gestalt eines italienischen Prinzen, und wird in zwei Monaten ein neues Wunderkind gebären. Die Herzogin hat es dem Gouverneur von Blaye zu wissen getan: sie könne nicht länger schweigen, es sei ihr zu eng im Schlosse; seit sieben Monaten sei sie heimlich an einen italienischen Prinzen verheiratet, den sie aus Schamhaftigkeit nicht nennen wolle, und gestern stand dieses Evangelium groß im *Moniteur* gedruckt, und es wurde im Reichsarchive niedergelegt zum ewigen Angedenken. Also war es doch wahr, was man neulich gemurmelt, als die Regierung zwei Ärzte so geheimnisvoll nach Blaye gesendet. Doch Verleumdung war es, was viele damals erzählten: der Jude Deutz sei der Heilige Geist der Berry gewesen, und er habe nicht des Geldes wegen, sondern in einem Anfalle von eifersüchtiger Wut seine Freundin verraten. Schade, daß es Verleumdung war! Wahrlich, es wäre ein Glück für die Welt, wenn einmal jüdisches Blut in christlich-monarchische Adern käme. Vielleicht stiege dann wieder ein weiser König Salomo auf den Thron, der die Sprache der Tiere verstände und seinen Hofleuten in das Herz sehen könnte...

Du gute Karoline! ich wäre dir zugetan, wenn du keine Fürstin wärest. Du hast viel geliebt, und es wird dir viel vergeben werden. Aber du bist ein törichtes Weib! Dein Sohn ist noch ein Knabe, noch siebzig Male kann er den Kreislauf der Sonne erleben – ein Tag für das Glück, eine Ewigkeit für den Schmerz – und du suchst eine Krone für ihn? Laß ihn ein Lazzarone werden! Laß ihn sich sonnen unter dem schönen Himmel deines Vaterlandes! Laß ihn Muscheln suchen am Strande des blauen Meeres. Und ein Tag kann kommen, ein Tag des Schreckens und der Trauer, wo das wildtobende Volk durch die Straßen von Neapel braust und man einen jammervollen König richtet. Dann schwankt dein Sohn zu deinem Grabe, kniet nieder und dankt es deiner Asche mit heißen Tränen, daß du ihn ein Bettler werden ließest! Du erfährst es jetzt: deine nächsten Blutsverwandten häufen Schmach auf dein Haupt und machen dich zum Gespötte der Welt. Das ist das Los der Könige! Opferpriester oder Schlachtopfer, sind sie schuldig oder unglücklich.

Hundertzehnter Brief
Paris, Mittwoch, den 27. Februar 1833
Die Frankfurter »Oberpostamtszeitung« hatte neulich, da sie etwas dumm Monarchisches erzählte, hinter der Dummheit ein *Fragezeichen* aufzustellen gewagt. Was ist das? Schon bei jeder an-

deren deutschen Zeitung sind Fragezeichen Generalbeichten, Rousseausche und Augustinische Bekenntnisse, und verraten eine tugendhafte Reue und eine große innere Zerknirschung. Aber gar bei der Postzeitung, einem der Feigenblätter der deutschen Bundesversammlung! Das muß etwas bedeuten. Sollte sie vielleicht den Rest ihrer Abonnenten verloren haben und durch die Heldentat des Fragezeichens sie zurückzuführen suchen? Erkundigen Sie sich darnach.

Was mir mein Michel für Verdruß macht, der deutsche Michel, der Dickkopf, ach! liebe Frau Gevatterin, das kann ich Ihnen gar nicht genug klagen. Der Junge bringt mich noch unter die Erde. Alle meine Vorstellungen, all mein Bitten, mein Züchtigen – es hilft alles nichts. Hören Sie, was er wieder getan hat. In Freiburg wurde Michel zum Bürgermeister gewählt; denn Michel ist liberal. Aber die Regierung verwehrte die Wahl; denn unsere Regierungen – und darüber muß ich lachen trotz meiner großen Betrübnis – haben Furcht vor Michel. Die Freiburger Bürger, die Courage haben, nicht bloß einen Tag, sondern zwei Tage lang, nehmen sich vor, Michel zum zweiten Male zu wählen. Was tut Michel? Auf seine gewohnte Art wird er gerührt, sentimental, großmütig, tugendhaft, erhaben romantisch, und bittet seine guten Mitbürger, sich wegen seiner in keine Ungelegenheiten zu setzen und einen andern Bürgermeister zu wählen. Die Bürger, deren zweitägiges Heldenfieber ohnedies vorüber war, ließen sich das nicht zweimal sagen, und aus Dankbarkeit gegen Michel, daß er sie von dem Drucke ihrer eignen Größe befreit hat, wählten sie seinen Neffen, den jungen Michel, zum Bürgermeister. Die Regierung war das herzlich gern zufrieden und froh, daß sie so wohlfeil wegkam. Sie dachte wie jede Regierung: das Volk ist ein Kind. Das eigensinnige Kind will Wein haben; Mama gießt zwei Tropfen Wein ins Wasserglas, es sieht gelb aus – da hast du Wein, jetzt sei ruhig. Das Volk will Michel haben; die Regierung gibt ihm etwas, das eine Farbe wie Michel hat, und sagt: da hast du Michel, jetzt weine nicht mehr. Das alles versteht sich von selbst.

Nun hören Sie aber, was mein Michel weiter tat. Nach geschehener Bürgermeisterwahl zogen die Freiburger Bürger mit Fakkeln und Freudengeschrei vor das Michelsche Haus und riefen: es leben beide Michels hoch! Der junge Michel konnte vor Rührung nicht sprechen, aber der alte Michel war leider nicht in solchem Maße gerührt, sondern er schrie zum Fenster hinaus: »Hoch lebe unser vielgeliebter Großherzog Leopold, *der Wiederhersteller der Verfassung und des freien Wahlrechts*!« Und die Bürger auf der Gasse schrien: »Hoch lebe unser vielgeliebter Großherzog Leopold, *der Wiederhersteller der Verfassung und des freien Wahlrechts*!« Und hoch und abermals hoch! Und der alte ernste Münster, den man noch niemals lächeln gesehen, lachte, daß er wackelte, so daß ihm eine steinerne Trottel von seiner Mütze herabfiel.

Was tat mein Michel in Stuttgart? Aber – ich bin des Spaßes müde. In Stuttgart wurde Herr von Wangenheim, ein geistreicher und freisinniger Mann, zum Deputierten gewählt. Die Regierung erkannte die Wahl nicht an wegen einer verletzten Förmlichkeit, die sie zum Vorwande eines Vorwandes nahm. – Um Deputierter sein zu können, muß man im Lande wohnen; nun wohne zwar Herr von Wangenheim im Lande, aber er habe nicht erklärt, daß er im Lande wohne. So ungefähr habe ich die Sache verstanden. Der eigentliche Grund der Widersetzlichkeit war aber: Österreich und Preußen hätten den Herrn von Wangenheim mit Zorn in der Kammer gesehen; denn er stand früher selbst hinter den Kulissen der deutschen Bundeskomödie und war der erste jener Gesandten, von welchen, weil sie Liebelei *mit der öffentlichen Meinung* trieben und die deutschen Völklein in ihrem Traume, *daß sie ein Volk werden könnten*, nicht stören halfen, die Bundesversammlung epuriert wurde. Übrigens hatte Herr von Wangenheim eine Schrift gegen die Bundestagsbeschlüsse herausgegeben. Dieser von der Regierung vorgeschützte Mangel der Form wurde aber von Herrn von Wangenheim gehoben, und die Bürger nahmen sich vor, ihn zum zweiten Male zu wählen. Was tut nun Herr von Wangenheim? ganz das nämliche, was

Herr von Rotteck in Freiburg getan. Er war großmütig, gerührt, romantisch, empfindlich. Er schmollte mit der Regierung wie mit einem Liebchen. Er schrieb seinen Kommittenten einen gerührten Brief: er entsage ihrer Wahl; denn durch deren Annahme würde er einen falschen Grundsatz, den die Minister geltend machen wollen, anerkennen, und das wolle er nicht. Er verlasse Stuttgart, wünsche ihnen wohl zu leben, danke ihnen noch einmal herzlich und vertraue übrigens auf Gott. Wäre Herr von Wangenheim in die Kammer getreten, hätte er der Opposition die wenigen Stimmen, die ihr zur Majorität noch fehlen, durch seinen Einfluß zuführen können. Aber um eines Paragraphs seines moralisch-politischen Kompendiums willen verläßt er das Schlachtfeld, mögen Volk und Freiheit darüber ganz zugrunde gehen. Möchte man sich da nicht die Haare aus dem Kopfe reißen? Ein Edelmann, und doch edel! Ein Minister, und doch großmütig! Ein Diplomat, und doch romantisch! Sooft ich mit Schmerz und Unwillen wahrnahm, daß unsere deutschen bürgerlichen Deputierten der Macht der Regierungen, die ein ungeheures Zeughaus von Listen und Schelmereien besitzen, worin alle Waffen aufgehäuft liegen, welche geistliche und weltliche Tyrannei seit dreitausend Jahren geschmiedet haben, von den Leviten bis zu den Jesuiten, von dem römischen Senate bis zu dem venezianischen, von Kaiser Augustus bis Louis-Philippe, von Mäcen bis Metternich – nichts entgegensetzen als ihren Gradsinn, ihre Aufrichtigkeit, ihre Treue, ihre Bescheidenheit – sooft ich dieses wahrnahm, tröstete es mich in meinem Kummer, daß wenigstens der deutsche Adel noch Spitzbüberei besitze und daß er einmal zu uns herüberkommen wäre, und dann wäre uns geholfen. Da kam nun wirklich einmal ein Edelmann zu uns herüber und – er war ein ehrlicher Mann!

Ich weiß gar nicht mehr, was ich tun soll. Der einzige Trost, der mich noch aufrecht hält und mich vor gänzlicher Verzweiflung schützt, ist, daß der Hofrat Böttiger in Weimar den Großherzoglich Weimarischen Falkenorden bekommen hat und daher meine Unsterblichkeit gesichert ist, die mich für alle Leiden, die ich in diesem irdischen Jammertale ertrage, entschädigen wird. Wenn ich es Ihnen nicht erkläre, begreifen Sie in Ihrem Leben nicht, wie meine Unsterblichkeit mit dem Weimarischen Falkenorden und einem sächsischen Hofrate, den sterblichsten Dingen von der Welt, zusammenhänge. Diese Dinge hatten früher nicht den geringsten Zusammenhang; aber indem ich sie nebeneinander stelle, bekommen sie einen. Schon in einem frühern Briefe hatte ich etwas gegen den Hofrat Böttiger geschrieben; aber so wenig als heute geschah es aus Bosheit; ja, was ich dort von seinen lateinischen Versen an eine höchste Erhabenheit erzählte, war wenigstens dieses Mal gelogen. Die Sache ist: *ich will ihn ärgern, damit ich unsterblich werde.* Sie werden erstaunen über die Schelmereien, die ich im Kopfe habe, und welch ein großer Staatsmann ich bin.

Herr von Cotta erzählte mir einmal, daß der Hofrat Böttiger Verfasser der Nekrologien sei, die seit vielen Jahren die »Allgemeine Zeitung« enthalte. *Nekrologie* heißt die Lebensbeschreibung einer gestorbenen Person und kommt aus dem Griechischen, von *nekros,* der Tote, und *logos,* die Erzählung. Merken Sie sich das *et embrassez-moi pour l'amour du grec.* Sooft ein berühmter Mann sein vierzigstes Jahr erreicht habe – erfuhr ich –, fange Böttiger dessen Nekrologie zu schreiben an und setze sie von Jahr zu Jahre und Tag zu Tage gelassen fort, so daß, sobald der berühmte Mann den Geist aufgibt und noch vor seiner Beerdigung die Nekrologie fertig ist und in die Zeitung geschickt wird, so daß kein anderer Nekrolog dem Hofrate zuvorkommen kann. Er, Cotta, sei einmal gefährlich krank gewesen, und man habe ihn in Deutschland totgesagt. Gleich mit der nächsten Post, nachdem sich das falsche Gerücht verbreitet, wäre sein[e] Nekrolog[ie], von Böttiger verfaßt, für die »Allgemeine Zeitung« eingegangen. Sie kam aber zu früh und brauchte glücklicherweise nicht honoriert zu werden.

Da überlegte ich nun bei mir, daß, weil ich auch ein berühmter Mann bin und mein vierzigstes Jahr zurückgelegt habe, ich ganz ohne Zweifel in des Hofrats nekrologischem Schranke in der B-

Schublade eingesargt liege. Zwar ist Böttiger viel älter als ich; da er aber einen Orden nicht bloß erhalten, sondern auch verdient hat und er überhaupt ein Mann ist, der nicht bloß fünf grad sein läßt, sondern auch vier, wenn es ein großer Herr haben will, so gehört er zu denjenigen Menschen, die ein hohes Alter erreichen. Er kann mich daher leicht überleben und meine Nekrologie schreiben. Nun muß von zwei Dingen notwendig eins geschehen: entweder er lobt mich oder er tadelt mich. Lobt er mich, so wird das auf Europa einen ungeheuren Einfluß haben; denn da es bekannt ist, daß ich sein Feind bin, wird jedermann begreifen, daß nur das große Gewicht meiner Verdienste ihn zur Gerechtigkeit zwingen konnte. Tadelt er mich aber, glaubt ihm keiner, und er wird ausgelacht, weil man weiß, daß ich ihn geärgert habe. Auf diese Weise hängt meine Unsterblichkeit und die Gemütsruhe, mit welcher ich meine Leiden ertrage, mit dem weimarischen Falkenorden und dem Hofrate Böttiger zusammen.

Freitag, den 1. März 1833

Über die neue preußische Judenordnung habe ich nicht gesprochen, weil ich gleich anfänglich vermutete, was sich auch jetzt zu bestätigen scheint, daß es damit kein Ernst gewesen. Aber ganz gewiß war es nicht der Zufall oder die Tücke eines deutsch-christlichen Narren, die diesen wahnsinnigen Gesetzentwurf bekanntgemacht. Er stand zuerst in der »Leipziger Zeitung«, in einem Blatte, das ganz unter absolutistischer Eingebung steht. Auch hätte weder die Leipziger noch eine andere Zensur verstattet, daß eine Zeitung das Geheimnis einer deutschen Regierung bekanntmache, wäre die Mitteilung nicht von einer Hand geschehen, die aller Verantwortlichkeit überhebe. Ich zweifle nicht, daß der Artikel von einem der Helfershelfer der preußischen oder einer andern Regierung eingesendet worden ist. Auch war der Gesetzesentwurf in der »Allgemeinen Zeitung« mit Bemerkungen begleitet, die den bekannten fötiden Lobgeruch haben, mit welchen allen Handlungen der deutschen Fürsten beweihraucht zu werden pflegen. Es hieß dort nach Anführung der unerhörtesten Greuel: »*Durch das ganze Gesetz blinkt ein Geist der Milde und der Versöhnung durch, vorzüglich aber das Bestreben des Staats, die Juden wieder zu dem alten Satze zurückzuführen: im Schweiße deines Angesichts sollst du dein Brot essen.*« Diese schweißtreibende Eigenschaft der Judenordnung ist das wahre Kennzeichen jeder echt deutschen Gesetzgebung. Was man aber mit diesem Karnevalsspaße bezweckte: ob es ein kleiner Luftballon war, den man, um den Wind zu erforschen, dem großen vorausteigen ließ? Ob man in Preußen oder einem andern Staate wirklich daran denkt, die Juden in den *Status quo* des fünfzehnten Jahrhunderts zurückzuschnellen, und man vorher versuchen wollte, ob sie noch Elastizität genug haben, sich das gefallen zu lassen? Ob man die Juden, und aus welchem Grunde, nur ängstigen wollte? Ob es eine Wachtparade war, das deutsche Volk überhaupt in Schrecken zu setzen? Ob der Entwurf, wie ich mich früher einmal ausgedrückt, *ein Ochse war, den man der Boaschlange der deutschen Revolution in den Rachen jagen wollte, um sie wehrlos zu machen und dann zu töten?* Oder was es sonst sein möchte – das kann ich nicht erraten. Doch es wird kund werden früher oder später.

Übrigens könnte Preußen eine solche Judenordnung einführen, und es würde gar nichts dabei verlieren, außer daß dann auch die Kurzsichtigsten vorhersehen würden, welche Zukunft dem ganzen Volke droht. Der alleinige Unterschied bliebe dann, daß man dem jüdischen Hunde mit *einem* Schnitte die Ohren kurz machte, während man sie dem christlichen nur nach und nach abschneiden würde, »um dem armen Viehe nicht auf einmal zu wehe zu tun«, wie jener Bediente sagte. Wenn man die preußische Regierung beurteilen will, muß man nicht bloß auf das achten, was sie tut – denn das zeigt nur an, was sie *kann*, sondern auch auf das, was sie spricht – welches anzeigt, was sie *will*. Wenn ich das Berliner *Politische Wochenblatt* lese, weiß ich gar nicht, was ich denken soll. Ich sage *denken* – denn glauben Sie mir: ich drücke nie eine Empfindung aus, ehe ich von der heißen Dachkammer des Gefühls in den Eiskeller der ruhigsten Besonnenheit hinabgestiegen bin und dort die Probe gehalten habe, ob der Kopf mit dem Herzen übereinstimmt. Und sooft diese Übereinstimmung fehlt, lösche ich meine Empfindung aus. In dem Berliner Wochenblatte werden despotische Grundsätze gelehrt, die mit dem Prinzipe des Protestantismus gar nicht zu vereinigen sind. Und wenn Preußen dieses Prinzip, seine Hauptstütze, erschüttert, sinkt es zum Vasallen Österreichs hinab, um später von ihm wie ein Wurm zertreten zu werden. Wenn Preußen seine Zwecke erreicht, wird es die letzte unter den despotischen Mächten, statt daß es die erste unter den freisinnigen könnte sein. Herr von Ancillon, der einzige dirigierende Minister in ganz Deutschland, der gut und schön schreiben kann – warum verteidigt er nicht einmal die Vernunftmäßigkeit des preußischen Regierungssystems gegen die Unvernunft der revolutionären Schriftsteller? Wir verlangen nicht, daß er, ein deutscher Minister, selbst, unter seinem eignen Namen, mit uns Erdenwürmern spreche. Wir wissen recht gut, daß Gott nur wenig Auserwählten erscheint und Angesicht in Angesicht mit ihnen redet. Aber Herr von Ancillon kann uns ja seine eigenhändigen Gesetztafeln durch einen seiner Moses schicken und versuchen, ob wir dem goldenen Kalbe nicht abwendig zu machen wären. Aber er rede kalt, ruhig, vernünftig mit uns, und ohne alle Grobheit. Er nehme einmal auf eine Stunde an, daß wir es gut meinten und nur in unwillkürlichen Irrtümern befangen wären. Wenn *wir* mit Worten wüten, so ist das so natürlich als verzeihlich. Was sollten wir denn anders tun, da wir keine Macht, sondern nur Recht haben und doch der Geist einen Körper haben muß, daß ihn auch die erkennen, die keine Sonntagskinder sind? Wenn aber die Organe der Regierung zornig reden, so ist das der lächerlichste und zugleich der grausamste Pleonasmus. Ihre Gewehre, ihre Kanonen, ihre Kerker – was sind sie denn anders als plastische Grobheiten von Stein, Eisen und Stahl, während die unsern ganz unschädlich nur von Luft sind? –

In Preußen geht man damit um, die Justizbeamten für *absetzbar* zu erklären. Vielleicht wissen Sie nicht, was das bedeutet. In den Staaten, wo der Despotismus nicht alle Scham von sich geworfen, wo ihm noch ein kleiner Rest, ich sage nicht von Tugend, aber von Ehre geblieben, sind die Gerichtspersonen unabsetzbar, das heißt: wenn sie einmal ihre Stelle erhalten, darf sie die Regierung ihnen nicht wieder nehmen. Dieses ist der letzte Anker der Ruhe für jeden Bürger, der nun nicht zu befürchten braucht, daß sein Richter in die traurige Lage kommen könnte, entweder seine Stelle zu verlieren und mit Weib und Kindern zu verhungern oder einen Angeklagten zum Tode, zum Kerker, zu Geldbußen zu verurteilen, sobald es einem Wahnsinnigen oder ruchlosen Minister beliebt. Dieser Schutz soll jetzt dem preußischen Volke geraubt werden. Ich will es noch nicht glauben. Was bliebe denn jenen guten Preußen, die ich im Auslande so oft habe in die Enge treiben sehen, indem man ihnen die Verderblichkeit ihres vaterländischen Regierungssystems unwiderleglich klarmachte und die dann immer auf das Wort zurückkamen: aber wir haben doch eine unabhängige Justiz – was bliebe ihnen noch für ein Vorwand übrig, ihre Loyalität, der sie sich schon halb schämen, notdürftig zu verteidigen? Freilich blieben ihnen dann noch ihre gerühmten *Abc*-Schulen übrig. Ich möchte sie aber fragen: ob man denn ihren gelehrten *Abc*-Bauern etwas anders zu lesen verstattet als die Befehle der Regierung?

Nun freilich, wenn man anfängt, sogar in der Stadt Berlin selbst Verschwörungen zu entdecken, und selbst ein Kavallerieoffizier und ein Regierungsrat sich des Hochverrats verdächtig gemacht haben, dann scheint es Zeit, die Richter unter die Zuchtrute der Polizei zu bringen. Aber was wird es sie helfen? Sie werden höchstens einige junge Leute und dunkle Personen schuldig finden, aber nie einen Menschen von Bedeutung bis zur Straffälligkeit überführen können. Denn in Berlin reichen sich die freisinnigen Männer bis zu den ersten Stufen des Thrones die Hände, und sie lassen sich nicht fallen. *Ich* freilich traute jenen Menschen nie, die seit fünfzehn Jahren ihren guten Willen zu verheimlichen und dem Despotismus, ihn zu verderben, Vertrauen einzuflößen wußten; doch gibt es andere ehrliche Leute, die ihnen trauen. Mögen sie sich nicht täuschen! Ich war immer der

Meinung, daß wer faul wartet, bis die Früchte reif herabfallen, nur faule Früchte lesen wird. Man muß die Freiheit von den Bäumen brechen.

– Herr von Rotteck hat aus dem Sächsischen wieder einen liberalen Becher bekommen; es ist der zehnte. Durch das neuliche Betragen des Herrn von Rotteck ist mir erst recht klar geworden, warum so viele deutsche Patrioten von 65 Pulsschlägen an diesem Manne hängen. Er treibt sein Becherspiel mit einer Vollkommenheit, wie ich es auf den Boulevards noch nie gesehen. Er hat eine Art, einem den Liberalismus so bequem zu machen, daß es eine Lust ist. An schönen Maitagen, wo es weder zu kalt noch zu warm ist, geht er mit seinen politischen Freunden spazieren und macht sich über die faulen Bäuche lustig, die bei so herrlichem Wetter im Zimmer eingeschlossen bleiben. Kommt aber der Sommer der Freiheit, und das Volk fängt zu donnern und zu blitzen an, wird, sobald der erste Tropfen fällt, der Regenschirm der Legalität aufgespannt, man eilt in die Stadt zurück und wimmert: *bleibt nur immer auf dem gesetzlichen Wege!* Nahen die Weihnachten der Tyrannei, und Bundestagsbeschlüsse schneien vom Himmel herab, zieht Herr von Rotteck den Fuchspelz der Loyalität an, und er schreit zum Fenster hinaus: *Hoch lebe unser vielgeliebter Großherzog, der Wiederhersteller der freien Verfassung und des freien Wahlrechts.* Dabei ist man sicher, sich weder zu erhitzen noch zu erkälten und ein Jubelsenior zu werden und ein Belobungsschreiben zu erhalten. »*Wenn ich nur was davon hätt'*« – sagt Staberl.

Samstag, den 2. März 1833

... Die öffentliche Meinung ist zu ihrer frühern Ansicht von dem Vater des Wunderkindes von Blaye zurückgekehrt. Die drei Könige, welche die gebenedeite Prinzessin begrüßten, kamen wirklich aus dem Morgenlande, und der Heilige Geist war ihr Landsmann. Als der schändliche Deutz die Herzogin verriet, rief sie, sich selbst noch schlimmer verratend, aus: *Le misérable! Je lui ai donné plus que ma vie!* Seine Wohltäterin, seine Freundin, die Mutter seines Kindes, ein unglückliches, wehrloses Weib zu verraten!

Aber nur den kleinsten Teil meines Grolls wende ich einem solchen Niederträchtigen zu. Den größten Teil spare ich für die Niederträchtigkeit der Regierungen auf, die Verbrechen, welche tausendfachen irdischen Tod und selbst den Fluch des allbarmherzigen Gottes verdienen, wie die schönste Tugend belohnen. Das ist aber das Verderben jeder fürstlichen Herrschaft: sie kann sich nicht erhalten ohne Verräterei; sie kann nicht ruhig leben, wenn nicht wechselseitiges Mißtrauen die Bürger auseinanderhält. Man trete zu jeder Stunde in das geheime Kabinett jedes Königs, und findet man einen seiner Untertanen bei ihm, mit dem er sich liebreich und freundlich wie ein Bruder unterhält – ist es ein Weib, wird es eine Sängerin, ist es ein Mann, wird es ein Spion sein. Und selbst die Opernsängerin hat nur den zweiten Platz in dem Herzen des Königs.

Hundertelfter Brief

Paris, Sonntag, den 3. März 1833

Von dem aus dem Englischen übersetzten Werke: *Mémoires d'un Cadet de famille par Trelawney*, von dem ich Ihnen schon gesprochen, ist jetzt der dritte Teil erschienen. Ich kann Ihnen nichts Schöneres zum Lesen empfehlen. Es wird einem dabei, als wäre man früher blind, taub und von tausend Banden festgehalten, regungslos gewesen; und jetzt plötzlich frei geworden mit allen Sinnen und Gliedern, erfahre man erst, was die Welt sei, was leben heiße. Was der keckste Romanschreiber in seinem Übermute nur je erdichtet, ist Blödigkeit gegen das, was dieser Korsar wirklich getan und gelitten. Und doch ist nichts Außerordentliches in ihm, als daß er sich außerordentlich viel Freiheit genommen. Nichts Ungewöhnliches ist ihm begegnet; aber er ist den gemeinen Dingen auf eine ungewöhnliche Art begegnet, und das hat ihn groß gemacht. Man sieht: es ist in jedem Menschen eine Kraft gleich der des Dampfes, und wer diese zu finden und zu gebrauchen versteht, kann mehr vollbringen als tausend andere vereinte Menschen.

Aber nicht bloß ein Held ist Trelawney, er ist auch ein Meister im Malen und im Dichten. Nichts herrlicher als seine Beschreibungen von jener zauberhaften indischen Welt; nichts epischer und dramatischer als seine Schilderungen der Ereignisse und der Menschen und Völkerschaften, die daran teilgenommen. Es begleiten ihn zwei komische Charaktere auf seinem abenteuerlichen Leben, der Koch und der Wundarzt des Schiffes, die Shakespeare nicht schöner hätte darstellen können. Sie leben beide mit Geist und Herz nur in ihrer Kunst. Auf dem Meere und in der Sandwüste, bei Sturm und Sonnenschein, in der Schlacht und im lustigen Übermute des Hafens denken sie nur an Kochen und Heilen. Und auch hier sieht man, was die Freiheit vermag. Der Koch wagt Gerichte, vor denen Vatel gezittert, der Wundarzt Heilungen, vor welchen sich Dupuytrien versteckt hätte – und es gelingt beiden. Die unerhörtesten Speisen werden schmackhaft, die verzweiflungsvollsten Krankheiten und Wunden werden geheilt.

Wie herrlich ist die Beschreibung einer Tigerjagd! Die Schlachten von Marengo, Austerlitz und Eylau sind, was den gezeigten Mut betrifft, Possenspiele dagegen. Der Korsar schließt diese Schilderungen mit den Worten: »Wie schön und glorreich wäre diese Jagd, wenn man in den Tigern die Seelen aller Tyrannen der Erde vertilgen könnte!«

Denken Sie sich einen Helden in der Schlacht mit einer Rose vor der Brust; denken Sie sich eine Harfe, die durch den heulenden Sturm spielt, und einen Löwen, an seidner Schnur von einem schönen Kinde geführt – – das war *Zela* dem Korsaren. Sie teilte alle seine Gefahren und verschönte und belohnte sie. Da verlor er sie durch den Tod. Am Strande des Meeres verbrannte er ihre Leiche und wollte sich auf den Scheiterhaufen stürzen, den ihn aber seine Schwäche nicht erreichen ließ. Man entfernte den Bewußtlosen von der Jammerstätte. Mit Zela endeten die Träume seines Lebens, er erwachte, und sein Glück war dahin. Er kehrte nach England zurück, begrub sich lebendig in dem Schoße monarchischer Erde und wehrte mit grimmiger Hand den Würmern, die an den Sarg seiner Freiheit herankrochen. Trelawney haßte die ganze Welt, und sein Herz, groß genug, die ganze Welt zu lieben, teilte er zwischen *Zela* und *van Ruyter*, seinem Freunde und Seegenossen. Van Ruyter war der edlere von beiden. Auch er kehrte nach Europa zurück, geriet in die Sonnenbahn des Kaisers Napoleon, der ihn hochhielt und ihn verwenden wollte. Aber Ruyter ließ sich nur von Napoleon gebrauchen, solange er ihn gebrauchen wollte, und wußte im Helden den Kaiser zu verachten. In einem Treffen gegen ein englisches Schiff verlor er das Leben. Sie werden gern erfahren, wie van Ruyter von Napoleon dachte.

»Er hat einige Dummköpfe von alten legitimen Königen von ihren wurmstichigen Thronen herabgeworfen; er hat ihnen den Purpur vom Leibe gerissen und sie dann wieder aufgerichtet, um mit der Menschheit seinen Spott zu treiben. Indem er dieses tat, dachte er freilich, die Tyrannei verewigen zu können, wenn er an die Stelle der vernichteten Mächte Militärdespoten setzte, aber er hoffte vergebens, hierdurch seine Macht zu befestigen und die Ehrgeizigen durch die Bande der Erkenntlichkeit an sich zu fesseln. Als wenn sich ein Ehrgeiziger je um ein anderes Glück als nur sein eignes bekümmern könnte! Napoleon kann freilich für die Welt gute Folgen haben; doch sind wir ihm keinen Dank dafür schuldig, denn er hat bei allem seinem Tun nicht das Gute beabsichtigt, sondern das Böse. Ein verrosteter Riegel ist schwer zurückgeschoben; ist es aber einmal geschehen, und es gelingt einem, ihn wieder vorzuschieben, wird er nie mehr so gut als früher schließen. Was ein Meister zu seinem Vorteile seine Arbeiter lehrt, das wenden diese später zu ihrem eignen an. Napoleon hat unsern Kindern die Taschenspielerkünste mit Päpsten, Fürsten, Königen und andern solchen Gliedermännern gezeigt. Wir Alten hängen noch zu sehr an unserem Schaukelpferde und Bleisoldaten; aber unsere Söhne werden die Puppen unserer Zeit verachten, sie auf immer wegwerfen und ein Männerspiel spielen.

Der Kaiser wollte mir als ein Zeichen seiner großmütigen Gesinnung etwas schenken, das keinen Schilling wert war – *das Band der Ehrenlegion.* Er hätte mich entehrt durch meine Ernennung zum Ritter; ich wäre lieber Glücksritter und Gauner geworden.«

Trelawney verspricht, in der Folge auch sein späteres Leben zu beschreiben. Um sich aus der verpesteten monarchischen Luft der europäischen Staaten zu retten, nahm er an allen jenen Kämpfen teil, die seit dem Sturze Napoleons in allen Ländern für die Freiheit versucht worden sind. Von der Gesinnung und der Schreibart unseres Helden mögen folgende Stellen zeugen.

»Die Gicht, der Schlagfluß, die Wassersucht und der Stein sind meine lieben Freunde und Freundinnen. Ich verehre sie, ich grüße sie mit dem Hute in der Hand als die mächtigsten unter den unversöhnlichen Feinden der Könige und Priester. Das sind *unbestechliche* Jakobiner. Wenn der Pfaff das Saatkorn eines armen Pächters gestohlen und seine Zehntenschweine verschlungen hat, fühlt er freilich keine Bisse des Gewissens; aber oft fühlt er ihre Qualen in den großen Zehen seines Fußes, und das Schwein hört nicht auf, in seinem Bauche zu grunzen, als bis es sich an seinen Rippen und an seinem Halse festgefressen hat; dann erstickt es ihn, mit allen Anzeichen eines gerechten Schlagflusses.

Ich beschäftige mich, die Geschichte meines Lebens zu vollenden. Die Folge wird zeigen, daß ich kein geduldiges Werkzeug in den Händen der despotischen Willkür war und mich nie zu jenen niederträchtigen Sklaven gesellt habe, die in Haufen zu den Füßen der Reichen und Mächtigen krochen. Nach meiner Rückkehr in Europa hatten alle Tyrannen ihre Gladiatoren versammelt, um die vermaledeite Dynastie der Bourbons wieder auf den Thron zu setzen. Das Kriegsgeschrei in Europa war die Unverletzlichkeit und Machtvollkommenheit der legitimen Tyrannen, und alle Dummköpfe, Schwärmer und Narren wurden gleich Jagdhunden hinter die Freiheit gehetzt. Überall wurden Preise auf die Köpfe der Patrioten gesetzt; man beraubte, man verfolgte, man ermordete sie mit gerichtlichen Floskeln. Dann wurden sie gleich indischen Parias aus der Gemeinde gejagt, und wer sie berührte, war wie sie der Schmach verfallen. Ich, der ich so viel von der Tyrannei gelitten, haßte aus der tiefsten Seele jede Unterdrückung. Ich stand dem Schwachen gegen den Starken bei; ich schwur, mich mit Leib und Seele dem Kriege zu weihen und in dem heiligen Kampfe gegen die gekrönten Betrüger, ihre Minister und Pfaffen auch den Dolch nicht zu verschmähen. Als die Tyrannei siegte, teilte ich das Geschick jener unüberwindlichen Geister, die durch die ganze Erde in der Verbannung umherschweiften, und ich lieh ihnen meine schwache Hilfe, die Betrügereien jener von Motten zerfressenen Legenden, welche das Menschengeschlecht so lange betrogen haben, an den hellen Tag zu bringen.« (O! hätten wir statt Rotteck und Welcker den einzigen Trelawney auf unserer Seite.)

»Ach! diese edlen und hochherzigen Menschen sind nicht mehr! Sie fielen als Schlachtopfer jener erhabenen Sache, die sie mit einer bewunderungswürdigen Kraft verteidigt; doch dauernde Denkmäler haben sie zurückgelassen, und ihre Namen werden ewig leben. Ach! lebten sie jetzt, hätten sie den Baum, den sie pflanzen halfen, blühen gesehen! – – – hätten sie das Jahr 1830 und dann das ihm so glorreich folgende Jahr 1831 erlebt, wie würden sie gejauchzt haben, die Reihe der Tyrannen durchbrochen, ihre Dummgläubigen gemaulkorbt und die Verschwörung, welche die Freiheit der Völker ersticken sollte, vereitelt zu sehen.

Ja, die Sonne der Freiheit erhebt sich über den feilen Sklaven Europens, sie wird sie aus ihrem langen Todesschlafe erwecken. Der Geist der Freiheit schwebt wie ein Adler über der Erde, und die Seelen der Menschen strahlen den Glanz seiner goldenen Flügel zurück. Möge Frankreich, dem Adler gleich, den es früher wie zum Spotte zu seinem Sinnbilde genommen, jetzt aber im Ernste annehmen muß – möge es seinen Kindern seinen erhabenen Flug lehren; möge es sie lehren, das Gestirn der Welt in den Mittagsstrahlen seines Ruhms, ohne geblendet zu werden, anzuschauen. Die Hoffnungen und die Blicke aller edlen Menschen sind jetzt auf Frankreich gerichtet, und jedes Herz, das nur ein Hauch großherziger Gesinnungen belebt, wird bei dem Klange

dieses schönen Namens das reinste Mitgefühl widerklingen«...
Auch wir! Auch uns! Wir wollen mächtig rufen, und der Ruf steige von Ort zu Ort, bis er zum Donner anwachse, bis der Taxissche Palast davon erbebe – *es lebe die Freiheit! es lebe Frankreich!*

Montag, den 4. März 1833
Wie ich heute in der Zeitung gelesen, haben die preußischen Minister das neue Judengesetz verworfen. Mit welcher Schadenfreude habe ich das so kommen sehen! Wie schlau ist der hohe deutsche Adel! Das monarchische Prinzip ist in den Talmud gefahren und hat ihn geheiligt, und heilig sind alle, die an ihn glauben. Bald wird der Messias der Juden geboren werden, bald wird das Wunderkind von Blaye das Licht der Welt erblicken. Der Jude Deutz, eines frommen Rabbiners glorreicher Sohn, ist jetzt Stiefvater des Herzogs von Bordeaux, Schwager des Königs von Neapel, nahe verwandt mit dem französischen, spanischen, portugiesischen Hause; verwandt mit Österreich, Preußen, Bayern, Rußland, Hohenzollern-Sigmaringen und hundert andern ehrlichen und natürlichen Vettern. Und er wird sein Volk erheben und es groß machen, und die Juden werden zwar fortan, wie früher, außer dem Gesetze leben; aber nicht wie früher *unter* dem Gesetze, sondern, Fürsten gleich, *über* dem Gesetze. Die schönen Tage Zions kehren zurück, und das Hohelied Salomonis wird ein allerhöchstes Lied werden. Dem armen Magistrate zu Freiberg in Sachsen, der erst kürzlich verordnete, es soll kein Jude ohne Begleitung eines Polizeidieners durch die Stadt reisen, wird es am Halse jucken; denn er wird sehr fürchten, den Galgen verdient zu haben. Wehe nun allen, die je einen Juden gehaßt, verfolgt und gelästert, sie finden keinen Stein in Europa, auf dem sie ihr müdes Haupt niederlegen können. Zwischen Sibirien und der Hausvogtei, zwischen Köpenick und Spielberg lauert auf sie alle zehn Schritte ein Hochverrat, alle zehn Schritte ein Majestätsverbrechen. Schon hat sich Deutz bei Gérard sein Porträt bestellt, vor dem jeder, der ihn einmal mit nicht gehöriger Ehrfurcht angesehen, kniend Abbitte tun muß. Der Bundestag wird eine Bundes-

lade, das Taxissche Haus eine Stiftshütte werden, und der Rote Adlerorden wird erbleichen vor dem Juwelenglanze der *Urim* und *Thumim*. Ihr Töchter Israels, lernt die Nase rümpfen, Knickse machen und Französisch sprechen; denn ihr werdet hoffähig werden. Und ihr, meine guten Deutschen, aller Fürsten treues Volk, ruft: *es lebe unser vielgeliebter Deutz I., der Wiederhersteller der weiblichen Verfassung in ihrer ursprünglichen Gestalt und des freien Herzenswahlrechts, hoch!* Hallelujah! Hallelujah!

— Nichts ist schwerer im menschlichen Leben — ausgenommen einen Zitronenkern herausfischen, wenn er am Boden eines vollen Glases Limonade liegt —, als es mit den Deutschen acht Tage hintereinander gut zu meinen, so sehr sie es auch verdienen und so unglücklich sie auch sind. Sooft ich über sie weine, haben meine Tränen nicht Zeit zu trocknen, und ich muß schon wieder lachen. Sooft ich über sie lache — nun freilich, das kann niemals lange dauern. Es ist nicht meine Schuld. Auch der beste Mensch, der doch jedes Kind, sooft es hinfällt, mitleidig aufhebt, obzwar keine Gefahr dabei ist, muß doch lachen, wenn er einen erwachsenen Menschen fallen sieht, der sich doch so leicht beschädigen kann. Das deutsche Volk ist ein solch erwachsener Mensch mit Kindesbeinen, und man muß lachen, sooft es auf den Kopf fällt. Es ist gar zu ungeschickt, zu zerstreut, zu gelehrt. Da sind Rotteck und Welcker, Männer, die es gewiß gut meinen, und auf welche sonst so viele als auf ihre Erretter sehen. Sie haben der guten Sache mehr geschadet als deren schlimmste Feinde. Sie haben sich und ihre Leidensgenossen aus der Sklaverei befreit, ließen aber ihrem Tyrannen die Pferde im Stalle zurück, waren ehrlich und flüchteten sich zu Fuße und wurden bald von den verfolgenden Reitern wieder eingeholt und mit Schimpf zurückgeführt. Sie haben das Volk mitten auf seiner Siegesbahn aufgehalten, ja, es oft zurückgehen heißen, und jetzt steht es da, weiter vom Ziele als je; denn es kennt den Weg nicht mehr und hat die Richtung verloren. Wo sie handeln sollten, sprechen sie, und wo sie reden sollten, die schlafenden Herzen aufzuwecken, sprachen sie so lange und viel, bis die wachen Herzen vor Müdigkeit wieder einschliefen. Da wurde Welcker wegen eines Preßvergehens zu zweimonatlichem Gefängnisse verurteilt. Der schuldige Artikel stand vor der Sündflut, nämlich vor den Bundestagsbeschlüssen, im »Freisinnigen«. Ich erinnere mich nicht mehr, was er Strafwürdiges enthalten; ich glaube, man fand darin ein Majestätsverbrechen, daß Welcker ausgerufen hat: *O du unglücklicher Fürst!* Welcker appellierte an das Gericht zu Mannheim, und neulich kam die Sache dort vor. Zwei Tage dauerten die Verhandlungen, täglich sieben Stunden. Welckers Verteidigungsrede dauerte fünf Stunden. Wäre die Sitzung öffentlich gewesen, dann könnte ich wohl begreifen, wie er seine Verteidigung benutzen wollte, dem Volke Dinge mitzuteilen, die ihm zu wissen gut sind. Wären Geschworene da, die man zu bewegen hat, könnte ich das auch begreifen. Aber in einem heimlichen Gerichte, vor Richtern, vor gelehrten und gebildeten Männern, die das alle ebensogut wissen als Welcker, aber es entweder nicht beachten wollen oder nicht beachten dürfen, fünf Stunden zu sprechen, das zeigt große Schwäche an. Fünf Stunden! Erinnern Sie sich noch, was ich Ihnen vorigen Winter geschrieben: wie hier einer der Geschwornen, auch bei einem unbedeutenden Preßprozesse, nachdem der Advokat des Angeschuldigten schon anderthalb Stunden gesprochen, plötzlich aufstand und rief: haltet ein, sonst rührt mich der Schlag, und wie er nach Hause ging und ihn wirklich der Schlag gerührt? Nun wahrlich, wäre ich einer von Welckers Richtern gewesen und der Schlag hätte mich verschont, hätte ich fromm die Hände gefaltet, die Augen zur Erde gerichtet und gebetet: O du heiliger Rhadamantus da unten stärke mich, daß ich gerecht bleibe, denn es gelüstet mich sehr, den armen unschuldigen Mann, der da vor mir steht, für jede Stunde, die er gesprochen, auf ein Jahr zum Gefängnis zu verurteilen!

So heimlich wurde das Gericht gehalten, daß man Wachen außen vor die Fenster stellte, aus Furcht, es möchte jemand horchen. Welcker wurde freigesprochen, und abends brachten die Bürger Musik im Fackelzuge, *um die Unparteilichkeit der Gerichte zu feiern.* Die Freude galt Welcker, aber so mußte gedruckt werden. Ließen sich hier in Paris Menschen einfallen, einem Richter zum Danke für seine Unparteilichkeit eine Nachtmusik zu bringen, würde er diesen Unverschämten seinen Code Napoléon mit allen Kommentaren auf die Köpfe werfen, oder er klagte den andern Tag wegen Amtsbeleidigung. Aber bei uns ist keine Ehre, weder im Volke noch in der Regierung.

Dienstag, den 5. März 1833

Ich denke heute, wie ich gestern dachte: es gibt keine Ehre mehr, weder im Volke noch in den Regierungen. Diese Münze der Tugend ist ganz verschwunden, und dahin ist es gekommen, daß, wer noch einen Teil von ihr besitzt, sie verstecken muß, daß er nicht beraubt und mißhandelt werde. Das Verderben ist alt, nur seine Offenbarung ist neu; früher schlich es im Dunkeln, jetzt wandelt es frech am hellen Tage umher. Solange das monarchische Prinzip seine tägliche Sättigung fand, war es zahm und mild; jetzt, da ihm oft die Nahrung mangelt, zeigt es seine angeborne wilde Natur und geht wie ein reißendes Tier auf Beute aus. Die Fürsten sind eine Art höllische Berggeister, die in den Schacht des menschlichen Herzens hinabsteigen, dort das Erz vom Golde *reinigen*, das Gold mit Füßen treten und die Schlacke zutage fördern. Wo sie einen Gang der Tugend finden, wird er verschüttet, wo eine Ader der Leidenschaft, wird sie bearbeitet und zum Laster ausgebrannt. Nicht bloß einzelne Menschen, ganze Provinzen, Städte, Gemeinden werden verführt, bestochen, besoldet, zum schnödesten Knechtdienste angeworben. Weil der einzelne Mensch, so schwach und lüstern er auch ist, doch nicht immer das Herz hat, um seines eignen Vorteils willen ein Verbrechen auf sich allein zu nehmen, gibt man ihm den willkommenen Vorwand, seine Tugend für das Beste seiner Gemeinde zu verkaufen; so beschwichtigt er sein Gewissen, so vergißt er, daß ein Teil des Sünderlohns ihm selbst zukommt. Der König von Bayern, von Österreich und den Jesuiten belehrt und gegängelt, übt diese Regierungskunst mit einer schauderhaften Unbedenklichkeit. Die Aqua Toffana der Machiavellistenpolitik wird in das reine deutsche Blut geträpfelt, daß es schwarz werde wie die Seele des Giftmischers. Die Ämter, die Behörden, die Gerichtshöfe, die der Stadt, in welcher sie wohnen, Geldvorteile bringen, werden versteigert und denjenigen Gemeinden zugeschlagen, die am meisten Niederträchtigkeit dafür bieten. So wurden Aschaffenburg und Würzburg, Zweibrücken und Kaiserslautern hinter einander gehetzt. Die Bürgerschaft, die Magistrate schickten Deputationen nach München. Diese versprachen alles, verleugneten alles, verrieten alles, was man wollte, und bettelten um einen Panisbrief. *Der König empfing sie gnädig.* Und das sind die Fürsten, die sich Stellvertreter Gottes nennen! Ein Glück für die Welt, daß es die Welt nicht glaubt – wer glaubte sonst noch an Gott?

Hundertzwölfter Brief

Paris, Samstag, den 9. März 1833

Liebe Getreue! ... Wenn Sie jetzt erwarten, ich würde Ihnen hierauf etwas Schönes sagen, haben Sie sich jammervoll verrechnet. *Liebe Getreue* bedeutet nichts anders als *Lieber Hund.* Sie sind mein *Stand* und als solcher den deutschen Ständen gleich, mit welchen die Fürsten und Minister, so sehr sie Stände sind, nicht mehr Umstände machen als mit Hunden. Also: liebe Getreue! Lieber Hund! Du... *Du* ist die einfache Zahl von *Ihr* wie *Ihr* die Mehrzahl ist von *Du.* Die deutschen Fürsten und Minister reden ihre Stände mit *Ihr* an. Wäre nur *ein* Deputierter in der Kammer, der im Namen des Volks dasäße, würden sie, weil er das Volk vorstellt, *Du* zu ihm sagen. *Du* ist der Kraftausdruck der Väterlichkeit und Schulmeisterlichkeit, das Band, welches Vater mit Kind, Schulmeister mit Schulbuben vereinigt... Also: Liebe Getreue! Lieber Hund! Du hast in deinem heutigen Briefe uns einen Antrag deines Mannes mitgeteilt, des Inhalts: wir sollten erst im Mai zusammenkommen, statt, wie es früher verabredet war, schon im März. Und hoffe er, daß, ob dies zwar unsern neuesten Bundesbeschlüssen entgegen sei, wir doch geneigt sein könnten, von unserer legislativen Machtvollkommenheit ein klein wenig nachzulassen. Darauf tun wir dir zu wissen: Dieser Antrag ist *eine Vermessenheit, welche Staunen erregen muß*. Das monarchische Prinzip ist unser Glaubensartikel, wir werden uns niemals ändern, sondern fort und fort mit unsern getreuen Hunden verfahren, wie uns beliebt. Wir erwarten demnach, daß du, sollte sie wiederkehren, *diese Motion mit verdientem Unwillen aufnehmen werdest*. Übrigens, liebe Getreue, lieber Hund, bleiben wir dir in Gnaden gewogen.

– Fragt mich einer: aber was sollten sie tun? Sie sind Beamte, von der Regierung abhängig; sollten sie, die Ehre des deutschen Volks zu retten, mit ihren Weibern und Kindern Hunger sterben? Ich sage: nein, das fordere ich nicht, ich erwarte das nicht immer. Aber wie vergißt man sich nie, wie ist man auf seinen Vorteil, bei Tage und bei Nacht immer so wachsam, daß einen niemals die Tugend überrascht und man mit Aufopferung eine schmachvolle Beleidigung abwehrt? Erst vor einigen Tagen wurden hier zwei Staatsbeamte, weil sie den Tag vorher als Deputierte gegen die Minister gestimmt, ihrer Stellen entsetzt. Gleich in der folgenden Sitzung erhoben sich darauf eine Menge ministerieller Deputierten, die auch Beamte waren, und eiferten auf das heftigste gegen jene Absetzungen, gegen jenen schändlichen Seelenverkauf, den die Regierung von den Staatsbeamten fordert. Vielleicht bereuten alle diese Männer ihre edle Aufwallung schon eine Stunde später; vielleicht, als sie nach Hause kamen, mit ihrer Familie um den vollen Tisch saßen, riefen sie schmerzlich aus: morgen müssen wir hungern! und verwünschten dann ihre Übereilung. Vielleicht war es kein ruhiges Pflichtgefühl, das sie so handeln ließ, sondern nur eine Phantasie des Tugendrausches. Doch genug, sie vergaßen sich. Wehe aber denen, die nie vergessen, daß sie schwache Menschen sind – Gott wird sie vergessen!

Und die bessern unter den deutschen Volksvertretern, die Unglückseligen! – sie verstehen den bösen Zauber mancher Worte nicht; sie vergessen, daß es ein Spott ist mit ihrer Freiheit, solange sie dulden, daß sie ihre Fürsten mit *Liebe Getreue* und mit *Ihr* anreden! Wie aufmerksam ist man hier auf solche Wortdespotie! Die *mauvais sujets* unter den französischen Ministern steifen sich, ihre Berichte an den König mit *fidèle sujet* zu unterzeichnen. Niemals lassen die Oppositionsblätter dieses ungerügt hingehen. Und bekümmert sich auch ein Minister nicht um den Tadel und kehrt zu seiner Kriecherei zurück, so wird doch durch die beharrliche Opposition der tägliche Straßenkot knechtischer Gesinnung weggekehrt, und er kann sich nicht bergeshoch anhäufen wie in Deutschland.

Hundertdreizehnter Brief

Paris, Sonntag, den 10. März 1833

Die gerichtliche Untersuchung wegen des Tumults, der im Oktober 1831 in Frankfurt am Allerheiligentore stattgefunden, ist im Februar dieses Jahres beendigt worden. Also schmachten die der verbrecherischen Teilnahme angeschuldigten Bürger schon sechzehn Monate lang im Kerker und wissen ihr Schicksal noch nicht. Jetzt hat man erst die Akten zum Richtersspruche auf eine Universität geschickt, und es ist bekannt, welche lange Zeit der Verstand deutscher Gelehrten braucht, bis er zur Reife kommt. Ist es nicht unerhört, ist es nicht schauderhaft, zwischen der Schuld und der Buße, oder zwischen der Unschuld und der Freisprechung, eine Ewigkeit der Qual zu setzen, die entweder die verdiente Strafe grausam erhöht oder die Freisprechung ganz trügerisch macht? Das ist aber der Fluch unseres Vaterlandes, daß selbst die schlechtesten Regierungen keinen Platz mehr zur Willkür finden, weil schon die böse Laune der Gesetze allen Raum einnimmt. Selbst der boshafteste Richter, wenn er einen Angeschuldigten, der in seine Hände gefallen, aus Rache peinigen wollte, vermöchte dies nicht, sobald die Anschuldigung ein Staatsverbrechen betrifft. Da hören alle Schranken zum Schutze des Unschuldigen, zum Troste des Schuldigen auf; der Richter hat keine zu übertreten. Jeder eines Staatsverbrechens Angeklagte ist vogelfrei in seinem Kerker. Glücklich, wenn er einem gewissenlosen Richter in die Hände fällt: dann hat er doch Hoffnung, ihn mit Gold zu bestechen. Ist aber der Richter ein ehrlicher Mann, ein sogenannter treuer Staatsdiener, ist der Unglückliche verloren. Ein solcher treuer Staatsdiener sieht die Bäume vor dem Walde nicht; der Mensch ist ihm nichts, der Staat ist ihm alles, und – was noch unheilbringender: er sieht den ganzen Staat in der Regierung und sieht die ganze Regierung in dem Fürsten. Auf diese Weise sind dreißig Millionen Deutsche nichts, und ihre dreißig Fürsten sind alles. Fragen Sie einen solchen wahnsinnigen deutschen Staatsgelehrten: was bezweckt denn der Staat? Er antwortet Ihnen: Die Sicherheit des *Eigentums*, der *Freiheit* und des *Lebens* der Bürger. Lachen Sie, wenn Sie nicht weinen müssen. Das Eigentum wird so sehr gesichert, daß die Abgaben, um die Kosten des Staatsschutzes zu decken, den größten Teil der Nation zu Bettlern machen. Die Freiheit wird so sehr gesichert, daß die Bürger darüber zu Sklaven werden. Das Leben wird so sehr gesichert, daß man es hinter den Riegeln eines Kerkers bewahrt und man sein bißchen Leben, was sie einem in der Freiheit lassen, zehn Male im Tage verwünscht. Was bleibt nun übrig, das verdiente, gesichert zu werden? Jede Monarchie ohne Teilnahme des Volkes an der Regierung – in der Gesetzgebung durch Deputierte, in den Gerichten durch Geschworne, in der bewaffneten Macht durch Nationalgarden – ist nichts als eine organisierte Räuberei; ich ziehe die im Walde vor, wo man mit Mut sich oft retten kann, wo einem wenigstens die Wahl bleibt, sich in die Räuberbande aufnehmen zu lassen. Sicherheit! Denken Sie sich einen Geizigen, der immer besorgt wäre, man möchte ihm seine Schätze stehlen. Er baut sich ein großes mächtiges Haus, sie darin zu verwahren, und bringt tausend künstliche Befestigungen darin an. Die Baukosten verschlingen sein ganzes Vermögen: jetzt hat er ein Schatzgebäude, aber keinen Schatz mehr. So haben wir einen Staat, aber keine Menschen darin.

Die deutschen Strafgesetze gegen Staatsverbrechen und besonders die Art und Weise, auf welche mit einem Angeklagten die gerichtliche Untersuchung geführt und die Gesetze auf einzelne Fälle angewendet werden – das alles ist fürchterlich! Sie sind ein Frauenzimmer und brauchten diese Schändlichkeiten nur zu fühlen, nicht zu verstehen; aber die Sache ist so klar, daß sie selbst ein Kind begreift und sich davor entsetzt. In einem monarchischen Staate werden Staat und Fürst für *eines* angesehen, und so wird jedes Staatsverbrechen zur Beleidigung des Fürsten und jede Beleidigung des Fürsten zum Staatsverbrechen. Und dieser Fürst, der beleidigt worden, bestimmt selbst die Strafe der Beleidigung, bestraft selbst den Beleidiger; denn die Richter, die Gesetzgeber sind des Fürsten Beamte, werden von ihm eingesetzt und abgesetzt, und ihr Schicksal und das ihrer Familie hängt von ihrer Folgsamkeit gegen die Wünsche und Launen des Fürsten ab. So nimmt jede fürstliche Rache den Schein des Rechts, und, was noch gefährlicher ist, selbst die verdienteste Strafe nimmt den Schein der Rache an. Bei aller Rechtspflege kommt es nicht bloß darauf an, daß Recht gesprochen werde, sondern auch, daß jeder Bürger im Staate die Zuversicht habe, *daß* Recht gesprochen werde. Was hilft alle Sicherheit, wenn man nicht das Gefühl dieser Sicherheit hat? Der Traum einer Gefahr kann einen im warmen, weichen Bette so sehr ängstigen als diese Gefahr selbst. Aber dieses Gefühl der Sicherheit, diese Zuversicht auf strenge Rechtlichkeit kann ein deutscher Bürger nicht haben in allen Fällen, wo es ein Staatsverbrechen betrifft. Tiefe Nacht umgibt den Kerker, die Untersuchung wird geheim geführt, der Richterspruch wird geheim gefällt, die Verteidigung bleibt verborgen, der erste Strahl des Tages fällt auf das Blutgerüst, ein bleiches, gramgefurchtes Haupt fällt – ob schuldlos oder schuldig, das wird Gott einst richten. Wie wird ein armer deutscher Staatsgefangener im Kerker behandelt? Mit Menschlichkeit? Oder wird er gefoltert? Wer kann es wissen? Kommt er endlich frei, haben oft lange Leiden die Kraft seiner Seele gebrochen, oder er hat wohl in seinem heißen Gebete um Rettung dem Himmel gelobt, wenn er ihn befreie, wolle er allen seinen Feinden vergeben, jede Kränkung vergessen – er schweigt und klagt nicht.

Vielleicht hat man ihm auch einen Schwur der Verschwiegenheit als Preis seiner Befreiung aufgelegt.

In freien Staaten, wie in Frankreich und England, werden die gerichtliche Untersuchung und die Verteidigung öffentlich geführt, und das Urteil wird öffentlich gefällt. Nicht die Beamten des Königs richten einen Angeschuldigten, sondern das Volk selbst richtet ihn, durch seine Geschwornen. Der Eingekerkerte ist keiner Willkür preisgegeben; denn die freie Presse bringt jede seiner Klagen zur öffentlichen Kunde. Minder gefahr[voll] ist es, unter reißenden Tieren wohnen als in einem Lande ohne Öffentlichkeit der Gerichte, ohne Geschworne und ohne Preßfreiheit. Ein Tiger verurteilt sein Schlachtopfer zum augenblicklichen Tode, niemals zu lebenslänglicher Pein. Sie werden die Leidensgeschichte zweier unglücklichen Jünglinge in den österreichischen Staatsgefängnissen lesen, und dann werden Sie begreifen, wie die Zunge eines Tigers zur Liebkosung werden kann.

Die Tugend und Gerechtigkeit eines deutschen Fürsten, wo sie noch gefunden wird, hilft hier gar nicht. Ist nicht der Kaiser von Österreich ein tugendhafter und ein gerechter Fürst? Wem hat das noch gefrommt? Die Bosheit, Leidenschaft und Grausamkeit liegen schon in den Gesetzen; aber diese stammen nicht von der Bosheit, Leidenschaft und Grausamkeit der Gesetzgeber, sondern von ihrer Verrücktheit. Sie vergessen, daß eine Regierung der Menschen willen da ist, und glauben, der Mensch wäre geboren, um regiert zu werden. Darin ist der Wahnsinn. Sie können täglich in der Zeitung lesen, was in Bayern geschieht. Bayern in der Schule österreichischer, Preußen in der Schule russischer Tyrannei unterrichtet, jagen uns von Süd und Nord ihre unglücksschwangern Wolken zu, und bald wird das Verderben auf das Herz des Vaterlandes niederfallen, und der Haselstock wird die Knute küssen und jeden treffen, der sich seiner Zärtlichkeit in den Weg stellt. Ein bayrischer Handelsmann, der außer Landes ist, wird vorgeladen, sich »*gegen die Anschuldigung der Hilfsleistung zum entfernten Versuche des Hochverrats*« zu verantworten! Wäre das nicht so schrecklich, sollte man nicht glauben, eine

Szene aus den *Femmes savantes* oder den *Précieuses ridicules* zu lesen? Ein anderer, ein Zeitungsredakteur, der sich geflüchtet, wurde wegen eines Preßvergehens außer der knienden Abbitte vor dem Bilde des Königs und einer dreijährigen Zwangsarbeitshaus-Strafe noch verurteilt: während seiner dreijährigen Strafzeit jedes Jahr den Tag vom dritten Juli in einem einsamen Gefängnisse zuzubringen und während vierzehn Tagen im Monat Juli abwechselnd 3 Tage bei Wasser und Brot zu fasten. Als ich das deutsch las, hatte ich es ganz mißverstanden und so gedeutet, der Gefangene bekomme drei Tage bloß Wasser ohne Brot und drei Tage bloß Brot ohne Wasser. Ich wunderte mich gar nicht darüber; denn ich dachte, es sei eine sinnreiche deutsche Rache gegen die französische Julirevolution. Aber aus dem *Constitutionnel*, der das Urteil in seiner ganzen Ausdehnung mit den Unterschriften der Richter enthielt, erfuhr ich erst seinen wahren Sinn. Es heißt dort: verurteilt... »*à observer un jeûne de quinze jours chaque mois de juillet de chaque année de son emprisonnement, de manière qu'il ne doit recevoir pendant trois jours que du pain et de l'eau, pendant les trois jours suivants la nourriture dûe aux prisonniers, et ainsi de suite et alternativement pendant la quinzaine*«. Was wird es dem Herrn *Oestreicher* (so heißt der verurteilte Zeitungsredakteur) in der Freiheit gut schmecken! Er komme jedesmal im Juli zu uns, und wir wollen ihn vierzehn Tage lang abwechselnd drei Tage mit Champagner und Austern und drei Tage mit Burgunder und Trüffelpasteten bewirten und dabei auf die Gesundheit des Herrn Staatsrats Feuerbach trinken – nämlich auf die Gesundheit seines Kopfes. Ich habe Ihnen schon früher gesagt, daß diese schönen bayrischen Kriminalgesetze keineswegs aus einer alten barbarischen Zeit herstammen, sondern daß sie im neunzehnten Jahrhundert, zwanzig Jahre nach der französischen *Erklärung der Menschenrechte*, verfaßt worden sind und daß sie größtenteils der Staatsrat Feuerbach so herrlich ersonnen. Glauben Sie aber ja nicht, daß dieser unser berühmter Landsmann darum ein boshafter oder einfältiger Mensch sein müsse. Ich kenne ihn zwar nicht, doch mag er der beste Mensch, der zärtlichste Gatte, der liebevollste Vater, der großmütigste Freund sein. Das hilft aber hier alles nichts. Sobald einem deutschen Rechtsgelehrten Staatsverbrechen auf den Kopf fallen, wird er wie vom Schlage gerührt, alle seine Geisteskräfte werden gelähmt, und er sinkt ganz zu dem irren Zustande eines kindisch und unmündig gewordenen Geistes herab. Er ist dann kein Mensch mehr, er ist nur noch ein Tier, das ißt und trinkt und – ein Staatsdiener.

Das wenigste von dem bisher Gesagten findet zwar auf Frankfurt eine Anwendung. Da dort keine monarchische, sondern eine republikanische Verfassung herrscht, konnte die Regierung nie zu dem Wahne kommen, daß sie den Staat ausmache. Aber doch sind unsere Gesetzgeber, Richter und Regenten noch in den Irrtümern einer alten Zeit gebildet. Sie haben immer noch von der Heiligkeit des Staates und der bestehenden Einrichtungen eine abergläubische Vorstellung. Wenn das nicht wäre, hätte nie geschehen können, daß man angeschuldigte Bürger sechzehn Monate lang provisorisch im Gefängnisse schmachten ließ. Wäre nicht die unselige Verehrung alles Bestehenden, hätte man längst bei Kriminalverbrechen das mündliche Verfahren eingeführt, und der Schneckengang schriftlicher Verteidigung hätte nicht länger die Qual eines Eingekerkerten zur Unerträglichkeit ausgedehnt. In Frankfurt ist nur ein einziger Kriminalrichter, und dieser konnte bei den vielen andern Geschäften, die ihm oblagen, auch mit dem besten Willen und dem angestrengtesten Fleiße, jene Untersuchung nicht schneller fördern. Hätte man aber nur die geringste Vorstellung, daß nicht bloß der Staat an den Bürger, sondern daß auch der Mensch an den Staat Ansprüche zu machen habe: dann hätte man sich keinen Tag besonnen und hätte die Zahl der Untersuchungsrichter vermehrt und die Bedenklichkeit, eine alte Gerichtsordnung umzuändern und die Staatsausgaben um einige tausend Gulden zu vermehren, wäre hier, wo es auf die Freiheit mehrerer Bürger und die Ruhe ihrer Familien ankam, gar nicht in Betracht gekommen. Wie ich aber erfahren, hat man sich erst kürzlich besonnen und dem Kriminalrichter, erst auf sein eignes Verlangen, einen Gehilfen gegeben.

Die gerichtliche Untersuchung jenes Frankfurter Tumults, an dem nur wenige hundert Menschen teilgenommen und wobei nur ein einziger das Leben verloren, hat sich durch sechzehn Monate hingeschleppt, und die Pariser Insurrektion im Juni, die den Umsturz der Monarchie bezweckte, woran viele tausend Menschen teilgenommen, wobei mehrere hundert das Leben verloren, war schon nach vier Monaten gerichtet! Und gewiß könnte sich weder der Staat beschweren, daß dem Gesetze nicht völlige Genugtuung widerfahren, noch einer der Angeschuldigten, daß er mit Unrecht verurteilt worden sei. Viele wurden zum Tode verurteilt und verdanken die Erhaltung ihres Lebens nur der königlichen Begnadigung. Viele Schuldige, die dem unerbittlichen Buchstaben des Gesetzes verfallen waren, wurden von der Barmherzigkeit der Geschworen, die den Geist der Verhältnisse berücksichtigen, freigesprochen. So fanden Strenge und Milde den ihnen gebührenden Platz, und vier Monate waren genug, alle diese Verwirrungen zu schlichten.

Siebenpfeiffer und *Wirth*, des Hochverrats durch Preßvergehen beschuldigt, schmachten schon zehn Monate im Gefängnisse, und ihr Urteil ist noch nicht gesprochen, und die Untersuchung wegen des Pistolenschusses auf den König von Frankreich war schon nach zwei Monaten und einigen Tagen geendigt. Wenn diese Sache sich bis jetzt verzögert hat, so daß erst in dieser Woche die Angeklagten vor den Assisen erscheinen, so lag das an den Angeklagten selbst, die um Aufschub baten. Und die Beschuldigung eines Königsmordes ist doch ganz etwas anderes als die Anklage wegen *Hilfsleistung zu dem entfernten Versuche eines Hochverrats – durch die Presse*! Ich mußte lachen, als ich vor einigen Wochen in einem Oppositionsblatt las: »*Enfin, après deux mois et plus d'instruction, a paru l'acte d'accusation dressé à l'occasion du coup de pistolet tiré sur le roi le 19 novembre dernier.*« Endlich *nach zwei Monaten und länger* – welch' eine närrische Ungeduld! Wenn in Deutschland einer um jeden Preis ein hohes Alter erreichen wollte, könnte er nichts Zweckmäßigeres tun, als eine blindgeladene Pistole auf einen Fürsten abzudrücken. In seinem Leben würde er nicht gerichtet werden. Nicht etwa, als zweifle man einen Augenblick an seiner Schuld und seinem bösen Vorsatz. Dieser Zweifel könnte dem Täter keinen Tag seinen Kopf sichern. Aber man würde so lang und so weit *den Fäden der Verschwörung* nachgehen, man würde so tief nach der letzten Wurzelfaser des *Geistes der Zeit* graben, daß, ehe man von dem Ende der Welt und den Antipoden, wohin man zur Entdeckung der Mitschuldigen gereist, zurückkäme, ein ganzes Menschengeschlecht aussterben müßte. Millionen Deutsche würde man konfrontieren, das ganze Volk würde man zu Protokoll nehmen. Hat man doch den unglücklichen Sand, der sein Verbrechen fast öffentlich beging, der mit blutigem Dolche auf die Straße stürzte und die Tat augenblicklich eingestand, trotz seiner schmerzlichen Wunde ein ganzes Jahr lang im Gefängnisse schmachten lassen! Man wollte damals alle Patrioten hineinverflechten und die edelsten des Volkes zu Meuchelmördern brandmarken.

Woher kommt nun dieser Unterschied zwischen Frankreich und Deutschland? In Frankreich herrscht die öffentliche Meinung, die man wohl irrezuführen sucht, der man aber nicht zu trotzen wagt. Sie ist mächtiger als die Regierung und weit mächtiger als der König. In Frankreich ist das Volk der Staat. In Deutschland hat die öffentliche Meinung sich noch nicht geltend zu machen verstanden, darum ist das Volk nichts; der Fürst ist der Staat, der Fürst ist alles. Wenn unsere Fürsten noch nicht, wie einst Ludwig XIV. mit der Reitpeitsche in der Hand, ihre Stände auseinandergejagt, so geschah es nur darum nicht, weil sie noch niemals bei ihren Ständen solchen Widerspruch gefunden, als ihn Ludwig XIV. in seinen ersten Regierungsjahren bei seinem Parlamente fand. Aber das wird noch kommen.

Montag, den 11. März 1833

Zwar – Sie werden nicht begreifen, wie hier das *zwar* herkommt, ich selbst verstehe es nicht, aber es wird sich schon ein Zusammenhang finden, und wo nicht, ist es auch kein Unglück. *Zwar*

1. hat der Kommerzienrat Hoffmann in Darmstadt, der einst den Griechen zu seinem Schaden sechzigtausend Flinten geliefert und später auch zu seinem Schaden den Preußen sich selbst, neulich in der Kammer darauf angetragen, man möchte das häufige Tanzen auf dem Lande untersagen; denn wenn die armen Bauern, noch von dem Tanzen erhitzt, am Morgen nach der Kirchweihe nach Amerika auswanderten, so möchte das ihrer kostbaren steuerpflichtigen Gesundheit schaden – worauf ein Bauer, Mitglied der hessischen Kammer und *obzwar* sehr vernünftig über diese Sache gesprochen, nämlich dagegen, worüber sich die andern Mitglieder sehr gewundert, da doch der Mann nicht studiert habe. *Zwar*

2. weigert sich der Zeitungsredakteur Wiedemann, vor dem Bilde des Königs von Bayern kniend Abbitte zu tun, wozu er verurteilt worden; denn er meint, es sei ihm ganz gleichgültig, daß man seine fünf Jahre Zuchthausstrafe, wozu er auch verurteilt worden, erst von dem Tage an zählen werde, wo er gekniet, da er von den fünf Jahren, während welcher er seiner Freiheit beraubt bleiben soll, nur die zwei ersten bedaure, die übrigen rechne er nicht. *Zwar*

3. fragt der jämmerliche Hofrat Krug, was man denn so viel Wesens aus den Bundestagsbeschlüssen mache, da sie doch *vorderhand nur auf sechs Jahre – im Leben eines Volkes weniger als sechs Tage im Leben eines Menschen – bestehen und dann über deren Fortdauer von neuem beratschlagt werden soll.* *Zwar*

4. ließ die Wiener Zensur ein Gedicht Grillparzers auf die Genesung des Kronprinzen von Österreich darum nicht passieren, weil der Dichter zuviel von der Herzensgüte des Prinzen gesprochen, zuwenig aber von seinem Verstande, und diese Nachricht durfte nicht allein in allen zensierten Blättern gedruckt werden, sondern sie stand in den absolutistischen Blättern zuerst – wie man überhaupt seit achtzehn Jahren, sowohl in Wien selbst als in ganz Deutschland, von nichts ungenierter und weniger spricht als von dem Verstande des Kronprinzen von Österreich – worüber sehr nachzudenken ist. Ich habe sehr darüber nachgedacht

und halte den Kronprinzen von Österreich für einen zweiten Josef II. *Zwar*

5. werden in Deutschland die Fürsten als Oberstallmeister, ihre Beamten als Reitknechte, ihre Staaten als Ställe und ihre Untertanen als Pferde betrachtet – weswegen auch, sooft ein Kronprinz den Thron besteigt, man zu sagen pflegt, er habe die *Zügel der Regierung* ergriffen. *Zwar*

6. eifert das »Berliner politische Wochenblatt« dagegen, daß die Pension der Bastillehelden so stark sei wie die der Ritter der Ehrenlegion, obzwar die Bastillehelden eine wahre Schandlegion wären. *Zwar*

7. hat der König Otto von Griechenland auf dem Schiffe mit englischen Offizieren eine Quadrille getanzt und sowohl in Neapel als in Korfu *nicht geringe Sensation bei dem schönen Geschlechte erregt* – und hat der König von Bayern auf untertänigste Bitte der Grenzpatrioten erlaubt, daß an der Stelle, wo König Otto die bayrisch-tirolische Grenze überschritten und wohin er den folgenden Tag zurückgekehrt war, um Abschied von seinem lieben Vaterlande zu nehmen, welches er den vorigen Tag zu tun vergessen, weil er vor Rührung eingeschlafen war – hat erlaubt, daß zum ewigen Andenken dieser Rührung, dieses Schlafes und dieses Abschieds an der dreimal gesegneten Stelle durch freiwillige Beiträge dem jungen Wittelsbacher eine Kapelle erbaut werde – jetzt schon die zweite –, so daß sehr zu vermuten ist, das neue Bayertum werde bald das alte Christentum verdrängen. *Zwar*

8. pflegen die deutschen Volksdeputierten, wenn sie von dem Kammerpräsidenten sprechen, nicht zu sagen *der Präsident*, sondern *das Präsidium* – weil sie denken, Präsident wäre ein leichtes Ding, das der Wind fortwehen könne, Präsidium aber etwas gründlich Schweres, das festhafte – welches sehr deutsche Art ist. *Zwar*

9. wurde der Buchhändler Franckh in Stuttgart, im *Theater*, also nach Sonnenuntergang, zitiert, *gleich* vor dem Kriminalgerichte zu erscheinen, und als er sich dessen weigerte, beim Aus-

tritte aus dem Theater arretiert – die Nacht trägt die Livree der Könige. *Zwar*

10. betragen die Staatsausgaben des Kurfürstentums Hessen 2 700 000 Taler, und der Kurfürst mit seiner Familie kostet dem Lande nur 467 420 Taler, also nicht mehr als den fünften bis sechsten Teil aller Staatsausgaben – welches ganz erstaunlich ist. *Zwar*

11. wurde ein Berliner Polizeirat, den man nach Posen geschickt, dort nach Verschwörungen zu jagen, im Walde vor Posen von maskierten Reitern aus der Diligence gerissen, gezwungen, seine Papiere herauszugeben, und dann fürchterlich durchgeprügelt – welche schöne Geschichte man aus dem Polnischen in das Deutsche übersetzen wollte. *Zwar*

12. hat Herr von Gagern in der Darmstädter Kammer bewiesen, die unruhige Stimmung in Rheinbayern käme von drei Ursachen her. *Erstens,* weil keine Residenzen im Lande wären. *Zweitens,* weil kein hoher Adel im Lande wäre. *Drittens,* weil keine Oper im Lande wäre; denn würde in Zweibrücken die »Stumme von Portici« aufgeführt, werde keiner aus Langerweile, Kunstliebe und Chansomanie den Masaniello machen – und die Kammer hat nicht gelacht – so traurig ist sie! Aber... da sitze ich nun mit meinem *Aber* und weiß nicht, was ich damit machen soll. Sie sehen, was dabei herauskommt, wenn man leichtsinnig in den Tag hineinschreibt und nicht das Ende bedenkt. Lassen Sie sich das zur Warnung dienen! Aber...

Ich will es Ihnen offen gestehen, es war mir nur darum zu tun, so schnell als möglich Kehraus zu machen. Mein Taschenbuch ist voll, und ich habe mir heute ein neues gekauft – in diesem Winter das dritte.

Und nachdem ich das letzte Wort herausgeschrieben, warf ich das Buch und den verfluchten Bleistift mit – er sollte mir zu keinem schuldlosen Worte dienen – in den Kamin und stieß es mit der Zange in die Glut. Garstig roch der Saffian und das Pergament, und da lachte ich. Es sei ein Fettopfer den unterirdischen Göttern gebracht! ... Als mir aber durch die Seele ging, was ich seit zwei Monaten hineingeschrieben; die unerhörte Schmach, den unerträglichen Schmerz des Vaterlandes, und dachte: und das alles dem treuesten, dem edelsten, dem geistreichsten unter den Völkern der Erde – dem Volke, das unter allen Kindern Gottes dem Vater am ähnlichsten geworden; alliebend wie er, allgegenwärtig wie er, allwissend wie er; und darum, weil es ihm so gleicht, wie Gott selbst von den Teufeln der Welt am meisten geschändet – – da mußte ich weinen. Dann dachte ich wieder: sie frohlocken über unsern Jammer, sie hören ihn für den Schrei der Verzweiflung, für das Röcheln sterbender Hoffnung – und es ergrimmte in mir, und, als könnte ich Geister beschwören, rief ich: *Trelawney!*

Hundertvierzehnter Brief

Paris, Freitag, den 15. März 1833

Schon zweitausend Süddeutsche sind diesen Winter nach Amerika ausgezogen, und das waren »*nicht verarmte heimatlose Leute, nein, wohlhabende, tüchtige und rüstige Männer*«. Dieser Stimme darf man glauben, sie ist keine liberalen Unwillens, denn sie kommt aus dem Hannöverischen, wo die Freiheit taubstumm ist. Und zur Bekräftigung ihrer Hannöverlichkeit kann es dienen, daß jene Auswanderungen eine *Modekrankheit* genannt werden. Eine Modekrankheit! Noch ein Glück, daß unsere Fürsten sich nicht, wie einst die Priester, gelüsten lassen, auch die Ärzte ihrer Untertanen zu sein; sonst dürfte man ohne ihre allergnädigste Erlaubnis nicht krank werden und sterben, und sie hätten vielleicht, wie jetzt die Auswanderungen, auch die Cholera eine Modekrankheit genannt. Aber es ist darüber zu verzweifeln! Und doch kenne ich Kinder von freisinnigen Männern, die über diese Auswanderungen frohlockten, weil sie meinen, die Fürsten müssen sich darum schämen. Die sich schämen! Eher würde die Nacht rot als ein König. Unsere Fürsten, die sich jetzt alles erlauben, weil die Furcht vor ihrem Adel sie gegen das Volk beherzt macht – würden sie denn die Auswanderung der deutschen Patrioten dulden, wenn sie ihrer Tyrannei keinen Vorteil brächte? Wer wandert aus? Der, dem die Knechtschaft am unerträglichsten ist, der die Freiheit am herzlichsten liebt und darum am tüchtigsten wäre, für sie zu kämpfen. Diese Torheit kann uns um zehn Jahre zurückwerfen. Wenn man alle die Auswanderungen überdenkt, die seit Jahrhunderten wegen religiösen oder politischen Druckes in vielen Staaten unternommen wurden, so findet man, daß sie immer zu spät geschehen und also ohne Not. Man wartete, bis das Übel den höchsten Grad erreicht, das heißt, bis es der Heilung nahekam. So geschah es immer, daß bald darauf der böse Geist der Regierungen sich besserte, entweder durch freiwillige oder durch gezwungene Bekehrung. Ist es nicht eine bejammernswerte Torheit, daß Deutsche mit Mühen und Gefahren Amerika hinter dem Meere suchen, statt bequemer und sicherer sich Amerika in das Haus zu schaffen? Mit der Hälfte des Geldes, das ihnen ihre Übersiedlung kostet, mit der Hälfte der Beschwerden und Gefahren, die sie daran setzen, könnten sie in ihrem eignen Vaterlande die Freiheit erwerben. Warum sich nicht noch wenige Jahre gedulden – wenige Jahre, welche die Begeisterung des Kampfes und die Freude mannigfaltiger Siege zu einer Stunde verkürzen werden? Denn wahrlich, nicht Jahre, nur Frühlinge werden wir zu zählen haben, bis das Jahr der Freiheit kommt. Amerika überlasse man den Fürsten, ihnen bleibe es eine Freistätte, und dort werden sie einst die Freiheit lieben lernen, wenn sie erfahren, daß sie selbst Tyrannen noch in ihrem verdienten Unglücke schützt.

Hundertfünfzehnter Brief

Paris, Sonntag, den 17. März 1833

Swift wollte eine Geschichte von England schreiben, gab aber sein Vorhaben wieder auf. Als ihn ein Freund um die Ursache seiner Sinnesänderung fragte, antwortete er ihm: alle meine Könige und Helden sind solche Schufte, daß ich nichts mehr mit ihnen zu tun haben will. – Obiges schrieb ich gestern, als mich ein Besuch unterbrach, und heute habe ich vergessen, was ich damit in Verbindung setzen wollte... Was ich in Verbindung damit setzen wollte? Ach, wie dumm! Ich hörte einmal meinen Freund seine Frau bitten, sie möchte *seinen abgefallenen Rock wieder an den Knopf nähen*.

Die kurzen Tage der langen Briefe sind jetzt vorüber. Ich danke euch, ihr Götter! Wie ich es satt bin! Übermorgen ist der 20. März, an welchem morgens 8 Uhr 16 Minuten der Frühling beginnt. Von da an will ich lieben, selbst den Teufel, und lieben, bis der Senne heimkehrt und die Blätter fallen. Nach der Traubenlese beginne ich meinen Kampf von neuem. Ach! Ich trinke ja keinen Wein mehr, und wenn es nicht die Freiheit wäre, was sollte mein altes Herz erwärmen in den kalten Wintertagen? Die Freiheit liebte ich immer; aber als ich noch jung war und den Becher liebte, da träumte ich von ihr, und da vermißte ich sie selten; denn ich trank oft. Jetzt wache ich und bin nüchtern wie ein Bach, und wenn ich dampfe, ist es nur, weil die Luft noch kälter ist als ich.

Den Tag meiner Abreise kann ich noch nicht bestimmen; das hängt von meinem Holze ab. Ja wahrhaftig von meinem Brennholze; das ist mein Kerbholz, mein Kalender. Ich habe geschworen, kein frisches mehr kommen zu lassen, sondern in den Wagen zu steigen, sobald der letzte Scheit im Kamin liegt. Nein, was ich diesen Winter Holz verbrannt habe, wage ich Ihnen nicht zu sagen: es möchte Ihrer Gesundheit schaden. Es ist *greulich*! Zehn brave deutsche Hausfrauen hätte das unter die Erde gebracht. Zum Glücke bin ich weder eine Frau noch häuslich noch brav, und ich habe es ausgehalten. Aber länger könnte ich es auch nicht ertragen. *Was zu arg ist, ist zu arg!*

Holz, Philosophie, Geld, Freiheit – *malédiction!* O das schöne *malédiction!* – Wie ich mich gefreut habe, als Heine gleich in seinem ersten Artikel über die deutsche Literatur, gleich in dem ersten Blatte der *Europe littéraire* – in dem frommen heiligen Blatte, welches das Gelübde der Keuschheit, der Armut und des Gehorsams abgelegt, und in seiner Vignette die Raubtiere aller fürstlichen Wappen Europens als seine Herren zur Anbetung aufgestellt – daß Heine gleich in den ersten Zeilen einen gefährlichen politischen Anfall bekommen und *malédiction!* geschrien hat über die ewige Armut der deutschen Schriftsteller! *Malédiction!* und doch... Darum eben ist ja der hohe deutsche Adel uns Liberalen so entgegen, weil er fürchtet, bei einer liberalen Staatsverfassung sein Monopol der Verkäuflichkeit zu verlieren. Er wäre also töricht, wenn er uns kaufte, um uns zu gewinnen; denn dieses Mittel, eine Revolution zu verhüten, wäre ja die Revolution selbst, die verhütet werden soll. Keiner von uns wird es, auch nicht mit der allerlegationsrätlichsten Gesinnung, je dahin bringen, daß man ihm für seine Ehre auch nur das nötige Brennholz liefere. Der Ehren-Handel ist kein freies bürgerliches Gewerbe; er ist ein Regal wie das Salz und wird nur wenigen Generalpächtern überlassen. Unsere vornehmen Freunde, und hätten sie auch »*Gedanken, groß wie die Welt*« teilen doch nur ihre *überirdischen* Gedanken mit uns; ihre *unterirdischen*, die mit Metallen vermischt sind, behalten sie für sich allein. Ich sagte einmal gegen Heine: wenn ich nicht ehrlich wäre aus Dummheit, wäre ich ehrlich aus Klugheit. Er hat das nicht verstanden. Später wird er es verstehen lernen und meine Erfahrung teuer bezahlen müssen, die ihm von mir unentgeltlich angeboten wurde... Ich hätte die größte Lust, wieder einmal zu sagen: »Ich bin der einzige gescheite Mensch in Deutschland« – aber ich fürchte mich vor den Rezensenten.

Es gibt noch mehrere solcher geistreichen Ochsen in Deutschland, die gar nicht begreifen, wie die Vollblütigkeit des monarchischen Prinzips mit ihrer eignen Bleichsucht, und wie die häufigen Indigestionen der Diplomaten mit dem schriftstellerischen Hunger zusammenhängen. Ich wollte wetten, es ist dem dramatischen Dichter Raupach in Berlin noch nie durch den Sinn gegangen, daß, wenn in Preußen eine Staatsverfassung gleich der französischen wäre, er eine jährliche Rente von zehntausend Taler hätte, statt daß jetzt vielleicht sein ganzes Vermögen, die Ersparnis dreißigjähriger Arbeit, nicht mehr beträgt! Und dabei könnte er dichten, wie es ihm sein Herz eingibt und nicht, wie es der Hof verlangt... *malédiction!*

Dienstag, den 19. März 1833
Die zwei jungen Leute, welche eines Mordversuches gegen den König angeklagt waren, sind gestern abend freigesprochen worden. Ich müßte noch Holz auf vier Wochen haben, um mich gehörig über alle die Schändlichkeiten der geheimen Polizei auszusprechen, die bei dieser Gelegenheit wieder an den Tag gekommen. Sie werden die Verhandlungen in den Zeitungen lesen. Wie wohl muß sich ein Deutscher in einem Lande fühlen, wo er unter dem Schutze des Volkes steht und wo ihn weder die giftigen Blicke noch die Fußtritte eines erbosten Königs erreichen können! Wahrlich, in Frankreich fühlt sich selbst ein Verbrecher im Kerker freier als in Bayern ein Unschuldiger selbst in der Freiheit. Der französischen Regierung war es natürlich nicht darum zu tun, zwei unschuldige junge Leute auf das Schafott zu bringen – von dieser Grausamkeit ist sie weit entfernt, und noch entfernter ist sie von jener Pedanterie, die in Deutschland den Despotismus so furchtbar macht. Die Angeklagten wären, selbst schuldig befunden, ganz gewiß mit dem Leben begnadigt worden. Es lag der Regierung nur daran, der öffentlichen Meinung die Ansicht aufzudringen, daß man wirklich den König ermorden wollte und daß der Pistolenschuß keine Polizeikomödie war, aufgeführt, um bei Eröffnung der Kammern dem Ministerium eine schwankende Majorität fest zu machen. Aber selbst nur diese Ehrenrettung zu erlangen, verlor die Regierung alle Hoffnung, und sie gab den Kampf freiwillig auf. Gewöhnlich werden den Geschwornen zwei Fragen vorgelegt. *Erstens:* Ist das Verbrechen begangen worden? *Zweitens:* Sind die Angeklagten des begangenen Verbrechens schuldig? Diese erstere Frage wurde gestern gar nicht vorgelegt, sondern bloß die andere: Sind die Angeklagten des Mordversuchs gegen den König schuldig?

Es ist bewundrungswürdig, mit welcher Kühnheit, Geistesgegenwart und mit welcher Zuversicht des Rechts die Angeklagten vor dem Gerichte gesprochen haben. Der königliche Prokurator, um die Angeschuldigten den Geschwornen verdächtig zu machen, wies auf deren bekannte republikanische Gesinnung hin. Sie aber suchten diese Gesinnung gar nicht zu verbergen, sondern bekannten sich laut und frohlockend zu ihr. Der eine sagte: »*Wir Republikaner achten den König viel zu wenig, um ihn zu töten. Haben wir ihn einmal vom Throne gestürzt, dann schicken wir ihn zum Lande hinaus, und das ist alles.*« Solche Äußerungen sind nach den französischen Gesetzen nicht strafbar; denn es darf jeder seine Meinung haben und aussprechen. Wenn sich einmal in Deutschland ein Republikaner gelüsten ließe, sich auf solche Weise vor einem Kriminalgerichte zu verteidigen – ich glaube, er würde auf der Stelle mit dem Federmesser des Aktuars geköpft werden.

NACHWORT

I

Ludwig Börnes einhundertfünfzehn »Briefe aus Paris«, die von 1831 bis 1834 in sechs Bänden erschienen, sind eines der spektakulärsten Presseereignisse der Jahre zwischen 1815 und 1848, die gemeinhin mit der Bezeichnung »Vormärz« etikettiert werden. Hunderte von Zeitschriftenspalten wurden mit Rezensionen und Notizen, mit Exzerpten und Hinweisen gefüllt. Die Skala der gedruckten Meinungen ist extrem breit – sie reicht von Liebeserklärungen bis zu Mordwünschen. In chronologischer Folge ergibt sich etwa folgendes Bild.

»Man wird das Buch«, schrieb Wolfgang Menzel im ›Literaturblatt‹ zum ›Morgenblatt für gebildete Stände‹ (28. November/2. Dezember 1831) über den ersten Band, »verbieten oder hat es schon verboten, denn wenn man auch die Freiheitsschwärmer Narren nennt, so gibt man ihnen doch nicht einmal die Narrenfreiheit. Arg freilich hat es der Börne wieder einmal gemacht, ärger als je zuvor; wie es die Tollen pflegen, wenn sie einmal dem Tollhause entspringen. Diese Briefe sind durchaus, wie es ehemals in Warschau hieß und wahrscheinlich jetzt wieder heißt, ›formwidrig‹, oder wie man in Berlin noch kleiderkünstlerischer zu sagen pflegt, ›unangemessen‹. Der selige Lichtenberg würde sagen: ›Es sind majestätsverbrecherische Gedanken, aber in beneidenswerten Ausdrücken.‹ Das alles ist vielleicht zu wenig gesagt. Göttlich grob, hat einmal Friedrich Schlegel gesagt. Auch das ist zu wenig. Deutsch grob, wollen wir sagen, um Börne zu ärgern. Warum nicht deutsch grob? Der Franzose ist in seinem bittersten Haß noch artig zum Küssen gegen Börne. ... Es ist schade, daß wir niemals in den Fall kommen werden, zu sehn, wie sonderbar Börne sich gebärden würde, wenn er plötzlich in Deutschland alles vollkommen fände, wenn er die Deutschen überhaupt und die Frankfurter insbesondre bewundern und loben müßte... Übrigens bleibt jedem guten Patrioten der Trost, daß eben so wenig als Klopstock uns Deutsche mit seinem ewigen Lobe besser gemacht hat, uns Börne durch seinen ewigen Tadel schlimmer machen kann.« Heftig ablehnend reagiert dagegen Willibald Alexis in den ›Blättern für literarische Unterhaltung‹ (1. Dezember 1831): »Noch nie habe ich ein Buch mit so steigendem Widerwillen, bis es zuletzt völliger Ekel wurde, durchgelesen. Börne ist ein deutscher Ultraliberaler, sagen Sie. Mein Gott, reicht denn das Wort aus, diesen Inbegriff von knabenhafter Wut, pöbelhafter Ungezogenheit, diesen bodenlosen Revolutionsgeist, diese hohle, ans Alberne streifende Begeisterung für negierende Begriffe auszudrücken, ja nur zu bezeichnen? Tut man nicht unsern Liberalen unrecht, Börne als einen ihres Gleichen zu nennen? Mich dünkt, so etwas von erschütternd Nichtigem, in einer abschreckenden Gestalt, ist noch nicht dagewesen, wenigstens nicht in der deutschen Literatur. Das Verkehrte, das Extravagante suchte doch wenigstens eine glänzende, eine erfreuliche Schale; aber solche pure, rüde Renommisterei, die sich in ihrem Schmutz wohlgefällig hingibt, steht doch einzig da.« Nicht weniger hart sekundiert ein anonymer Rezensent im gleichen Blatt am 5. Januar 1832: »In der Tat fällt uns kein zweites Beispiel ein, daß ein Schriftsteller einen so vollständigen moralischen Selbstmord begangen hätte, als es hier von Börne geschieht; und wir können ihm unbedenklich vorhersagen, daß er selbst und seinesgleichen – wir wollen sie nicht einmal mit dem Namen Partei beehren – von nun an vor der öffentlichen Meinung ab und tot ist: eine widerliche Leiche, die fortan nur durch Würmer oder Teufelsspuk bewegt werden wird.«

»Er kann sich freuen, wenn er in Frankreich bleiben darf und seine Briefe nicht – verbrannt werden«, notiert das ›Allgemeine Repertorium der deutschen und ausländischen Literatur‹ (Heft 1, 1832), die ›Deutsche Allgemeine Zeitung‹ (20. Januar 1832) hingegen kommt zu der Ansicht: »Wenn Schiller lebte, würde er auch Briefe aus Paris schreiben.« Vermittelnd und verständnisvoll schreibt Ferdinand Stolle in ›Der Komet‹ (9. März/6. April 1832): »Einem solchen reinen Schmerze über das Vaterland kann nur die innigste Liebe zu diesem zum Grunde liegen, und kein Haß, kein Judeningrimm, wie kopflose Erbärmlichkeit vorzudemonstrieren bemüht ist... Was die Briefe zur angenehmsten Lektüre macht und uns den Verfasser von der liebenswürdigsten Seite zeigt, das ist der unübertreffliche Humor, der von Anfang bis an's Ende das Buch durchweht. Unter allen Schriftstellern haben die Humoristen das beste Herz, heißt es irgendwo, und das trifft auch bei Börne ein. Wir finden in dem ganzen Buche nicht eine hämische Ironie, nichts von Heimtücke und Bosheit, ja nicht eine Silbe, die auf seinen Charakter einen Schatten werfen könnte.«

Das eine Ende des Meinungsspektrums offeriert die ›Münchener Politische Zeitung‹ (22. Januar 1833): »Wahrlich, wo irgend auf deutschem Boden ein Galgen steht, wird man kein würdigeres Subjekt daran aufzuhängen finden als diesen Herrn Baruch modo Börne«, das andere Ende formuliert Heinrich Laube in seiner großen Besprechung in der ›Zeitung für die elegante Welt‹ (7. Februar 1833): »Ich weiß in Europa jetzt keinen Menschen, der die Welt so brünstig liebte wie Ludwig Börne. Ich finde es natürlich, daß ihn seine Gegenpartei so tödlich haßt, denn Liebe ist der gefährlichste Feind; aber ich finde es dumm, daß man ihn tadelt, denn Liebe ist mehr als Tadel und Lob. Ich habe diese Dummheit selbst öfter begangen, wenn ich mich auch auf die Sonnenseite derselben legte: ich habe ihn nämlich oft gelobt; man muß die Liebe aber nicht rezensieren, man muß sie lieben oder hassen. Ich liebe Börne. Nicht weil er unser bester Humorist und Satiriker ist, nicht weil er gegen die alte Zeit und ihre vielfachen Gebrechen wie ein Herakles loskeult, nicht weil ich in vielen Dingen denke wie er – sondern weil er das beste Herz hat. Es hat seit Jahrhunderten niemand so schonungslos gesprochen wie Börne, und doch hat niemand mein Gerechtigkeitsgefühl mehr gebildet als er, weil ich selbst in den tollsten Übertreibungen, im wildesten Zorne sein vor Gerechtigkeit blutendes Herz sah. So ist es gewiß Tausenden gegangen, darum wird er von Tausenden so geliebt, von Tausenden so gehaßt; denn die Extreme berühren sich. Er ist nicht mehr ein einfacher Schriftsteller, er ist ein Stück Weltgeschichte geworden, ich kann darum die Einfalt der Leute gar nicht begreifen, die ihn, den Schriftsteller, mit ihren Knallpeitschen und verrosteten Schwertern anfallen.«

Zornig, noch einmal, ein Unbekannter in den ›Blättern für literarische Unterhaltung‹ (11. Juni 1833): »Als Lehrer, Reformator und Prophet wollte er dastehen, und da die deutsche Schule sich nicht folgsam genug zeigte, so schien die Rute unentbehrlich. So verließ er im Juli 1830 sein Vaterland, um es von Paris aus zu züchtigen, und hieb, wie es ungeschickte Schulmeister zu machen pflegen, blind in die Klasse hinein... Hatte er früher einzelne Mißbräuche und Verkehrtheiten nicht ohne Glück bekämpft, so trat er nun mit Grundsätzen hervor, die nichts geringeres als einen völligen Umsturz aller bestehenden gesetzlichen Einrichtungen zum Ziel hatten.« Auch Heinrich Laube erkennt dies, wenngleich vorsichtig lobend, in der ›Zeitung für die elegante Welt‹ (12. Dezember 1833): »Ich darf als gewissenhafter Referent nicht verhehlen, daß er den Aufstand noch niemals so energisch und praktisch als in diesen Bänden den Völkern vorgetragen und ans Herz gelegt habe, ich muß gestehen, daß die Kraft seines Geistes noch jene jugendliche Frische besitzt, welche seine Bücher so verführerisch macht. Es finden sich allerdings viele Grundideen seiner früheren Schriften in diesen Briefen wiederholt, aber man sieht leicht, daß es nicht Mangel an Erfindung, sondern die Absicht ist, das alte Grundthema fortwährend all seinen Gedanken unterzulegen. Sein Humor, seine Satire sind ungeschwächt, und sie werden durch den dunklen Hintergrund der wichtigsten Gegenstände auf eine erschütternde Art gehoben.«

Bis zum Ende der Debatte blieb diese Polarisierung erhalten. So heißt es, einerseits, im ›Literarischen Hochwächter‹ (2. Januar

1834): »Der Börne ist doch eine wunderbare Erscheinung! Wenn viele der übrigen liberalen Schriftsteller der Restaurationszeit durch die Julirevolution um zehn Jahre gealtert sind, so ist er um so viel Jahre jünger geworden. Kein deutscher Autor hat wohl der neuen Zeit so viele Opfer gebracht als Börne. Er hat sich nicht nur um seine Frankfurter Pension, um den Aufenthalt in seinem Vaterlande, das kein Deutscher inniger und schmerzlicher lieben kann als er, geschrieben; er hat, was bei einem Autor gewiß etwas sagen will, seinen ganzen schriftstellerischen Ruf, wenigstens bei einem großen Teil der Deutschen, in die Schanze geschlagen.« Und andererseits schreibt Georg Gottfried Gervinus in einem anonymen Artikel seiner Zeitschrift ›Deutsche Jahrbücher zur Aufnahme und Förderung eines gemeinnützigen Zusammenwirkens in Wissenschaft, Kunst und Leben‹ (Band 1, 1835): »Den Staat will er herstellen und bringt dazu nichts mit, als leidlichen Witz für eine Theaterkritik; ein Reich der Liebe will er gründen und gährt selbst von Haß, von Rachsucht, von blinder Leidenschaft, und heißt den Meuchelmord gut; den Egoismus will er vernichten und läßt überall Eitelkeit, ja Neid und Geldgier durchblicken; ... das Größte und Höchste reißt er in den Staub, er selber strauchelt an dem Niedrigsten; und der Katechismus seiner Philosophie heißt: Schlecht sein, damit die Schlechten gut von uns denken! Dies ist, o ihr wackern Deutschen, der neue Luther, der unsere politische Welt reformieren will!«

An diesen wenigen Beispielen aus der großen Fülle der Äußerungen wird deutlich, wie genau die »Briefe aus Paris« den Nerv ihrer Zeit und die Nerven ihrer Zeitgenossen getroffen hatten. Sie fassen, Kaleidoskop und Mikroskop in einem, die aufgeregte Zeit in Europa nach der französischen Julirevolution von 1830 zusammen, sie kommentieren Ereignisse in Deutschland, Frankreich, Polen, England und Italien. Sie analysieren, indem sie beschreiben, sie spotten, indem sie zitieren, sie klären auf, indem sie verschweigen. Dabei gibt es keine Schonung, keine Zurückhaltung. Heftig, wenn es sein muß, brutal wird das Erkannte ausgesprochen. In ihrer einfachen, leicht lesbaren, überaus präzisen Sprache kreisen die »Briefe« um drei Hauptanliegen: die Freiheit, die Wahrheit, die Gerechtigkeit. Radikal, unerbittlich und offen werden vehemente demokratische Forderungen den überkommenen Machtstrukturen gegenübergestellt, werden utopische Ideen eines zukünftigen Europa formuliert: Gedanken eines revolutionären Patrioten und sarkastischen Analytikers, an denen sich in jedem Falle die Geister scheiden mußten.

Der Verfasser dieser so immens umkämpften Publikation war einer der bekanntesten deutschen Schriftsteller jener Jahre, eine Institution auf dem kunterbunt fluktuierenden Markt der kulturellen und politischen Presse. Mit messerscharf-witzigen und hintergründig-komischen Skizzen, Kritiken, Essays und Aphorismen hatte er sich seit 1818 einen sich rasch ausbreitenden Ruf erschrieben; Beiträge in vielgelesenen Zeitschriften sicherten ihm eine immer größer werdende Leserschaft; kurz vor dem Erscheinen der ersten Bände der »Briefe aus Paris« waren seine »Gesammelten Schriften« in acht Bänden herausgekommen und von der Literaturkritik weit über dem Durchschnitt beachtet worden. So lag es nahe, daß die neuen »Brandbriefe« die erbittertsten Meinungsstreitigkeiten hervorriefen.

II

Auch im Leben ihres Autors stehen die »Briefe aus Paris« an zentraler Stelle. Er wurde am 6. Mai 1786 als Juda Löw Baruch im Ghetto von Frankfurt am Main, der »Judengasse«, geboren. Seine Jugend ist von der Tatsache, daß der Vater, Jakob Baruch, ein erfolg- und einflußreicher Bankier ist, ebenso geprägt wie vom geistigen Klima der Frankfurter jüdischen Gemeinde, die streng orthodox denkt und von den Christen der Reichsstadt in besonders enge Grenzen bürgerrechtlicher Zweitrangigkeit verwiesen ist. Erfahrungsfelder genug, um den Jungen, der sich Louis nannte, frühzeitig für ökonomische und staatsrechtliche, für politische und gesellschaftliche Fragen zu sensibilisieren.

Bald schon zeigt sich, daß er eigenwillig genug ist, um sich, väterlichen Bemühungen zum Trotz, bürgerlichen Laufbahnbestimmungen zu entziehen. Ein Studium der Medizin, dann der Jura und der Nationalökonomie, auch gelegentlich der Philosophie, wird – in Berlin, Halle und Heidelberg – lustlos vollzogen und bleibt fragmentarisch, es endet 1808 in Gießen mit der Promotion zum Dr. phil. Auf manches Thema, das ihn in diesen Jahren beschäftigt, wird er später zurückkommen. Wenig erfolgreich gerät dann der Versuch einer geregelten Berufsausübung: Von 1811 bis 1815 ist Louis Baruch als Polizeiaktuar Beamter des Großherzogtums Frankfurt, dann wird er entlassen, weil die wenige Jahre zuvor von der jüdischen Gemeinde erkauften Bürgerrechte seitens der Stadt wieder für nichtig erklärt werden und Juden somit nicht mehr Staatsdiener sein können. Aber all dies ist ohnehin nichts für Louis' Temperament. Es gibt nur einen Weg, und den geht er nun: das Schreiben. Sorgfältig beachtet er die Bedingungen für den gesellschaftlichen Erfolg. 1818 nimmt er den »christlich« klingenden Namen Ludwig Börne an, im gleichen Jahr läßt er sich evangelisch taufen. Von jetzt ab, bis zu seinem Tode, bleibt er freier Schriftsteller, lebt außer von seinen Honoraren vor allem von einer väterlichen Erbschaft und von Frankfurter Pensionsbezügen.

Schon sein erster Versuch eines eigenen Periodikums erringt ihm die Aufmerksamkeit der literarisch Interessierten. ›Die Wage‹, eine »Zeitschrift für Bürgerleben, Wissenschaft und Kunst«, die erst regelmäßig, dann sehr sporadisch zwischen 1818 und 1821 erscheint, füllt er mit einer großen Zahl bedeutender Aufsätze, Kritiken und Aphorismen. Er schreibt sie fast ganz allein, nimmt damit die Tradition der literarisch-politischen Individualzeitschriften des 18. Jahrhunderts (Wehrlin, Rebmann) und des frühen 19. Jahrhunderts (Görres) auf und führt sie glänzend weiter. Gleichzeitig zwei Intermezzi als Redakteur der Tages-›Zeitung für die freie Stadt Frankfurt‹ (Januar bis Juni 1819) und als Redakteur der Offenbacher Zeitschrift ›Zeitschwingen‹ (Juli bis Oktober 1819). Vor allem im zweiten Blatt publiziert er wiederum eine große Zahl wichtiger Texte. Eine intensive publizistische Tätigkeit folgt. Noch im gleichen Jahre 1819 erscheint eine längere Reihe von Rezensionen im Leipziger ›Literarischen Wochenblatt‹, von 1820 bis 1824 arbeitet er fast regelmäßig am Stuttgarter ›Morgenblatt für gebildete Stände‹ und an anderen Zeitschriften mit.

Einen Höhepunkt seines Ruhms bildet die »Denkrede auf Jean Paul«, die 1825 in Frankfurt gehalten wird und in mehreren Zeitschriften sowie als Sonderdruck erscheint. Ab 1828 legt er dann, wie um einen Markstein zu fixieren, die »Gesammelten Schriften« vor. Sie vereinen in einer breiten Auswahl, teilweise überarbeitet, verstreute Publikatonen, ergänzt um Neugeschriebenes. Dies ist die eine Epoche im schriftstellerischen Leben des Ludwig Börne.

Die andere Epoche ist bezeichnet durch das Jahr 1830 und seine Julirevolution, durch Börnes Reise nach Paris, die zu einem dauernden Exil werden sollte, durch die »Briefe aus Paris«, durch den fehlgeschlagenen Versuch, mit einer französischen ›La Balance‹ (1836) den Erfolg der ›Wage‹ zu wiederholen, durch die großen Auseinandersetzungen mit Heinrich Heine, durch – damals unveröffentlichte – Studien zur Revolution von 1789 und durch die glänzende polemische Schrift »Menzel, der Franzosenfresser« (1837). Kurz danach, am 12. Februar 1837, stirbt Ludwig Börne.

III

Die »Briefe aus Paris« werden zwischen dem 5. September 1830 und dem 19. März 1833 niedergeschrieben und versandt, nach jeweils etwa einem Jahr zusammengefaßt, redigiert und veröffentlicht. Sie sind Teile einer echten Korrespondenz mit Börnes langjähriger Freundin und Gesprächspartnerin Jeanette Strauß-Wohl in Frankfurt am Main, die sich auch hier, wie schon in den Jahren vor 1830, als kluge und umsichtige Anregerin und Mitgestalterin erweist. Viele ihrer Antwortbriefe sind erhalten. Eine vollständige zusammenhängende Edition aller Briefe beider Schreiber, die leider nicht existiert, würde die Bedeutung dieser Frau erst zeigen.

Für das Verständnis und für die Beurteilung der »Briefe aus Paris« ist es hilfreich zu sehen, welche literaturhistorischen Entwicklungslinien sich in diesem Werke schneiden. Formal handelt es sich zwar um Briefe, in denen Börne unmittelbar auf Tagesneuigkeiten, Zeitungslektüre, Erlebnisse und Erfahrungen reagiert – die Themenskala reicht von der Zahl seiner Stiefel bis zur Staatsphilosophie. Aber zugleich ist immer wieder das kompositorische Geschick des erfahrenen Publizisten zu bemerken, es sind natürlich Briefe, die mit dem Bewußtsein künftiger – baldiger – Publikation geschrieben wurden, Texte, deren in das öffentliche Denken eingreifende Gedanken ihr Publikum weit über die angeredete Frankfurterin hinaus suchten. Sie mußten nur noch vor der Veröffentlichung redaktionell überarbeitet, hin und wieder gekürzt und gelegentlich, zumeist aus juristischen Gründen, von der Nennung einiger Namen und der Schilderung einiger Fakten gereinigt werden. Denn gegen jenes Bewußtsein von der bevorstehenden Veröffentlichung und die damit verbundenen publikationsstrategischen Verhaltensweisen streitet Börnes aufgestaute Spontaneität, sein aufbrausendes Temperament, seine schier cholerische Formulierlust, der sinnliche Genuß einer gelungenen Sentenz, der unüberwindbare Zwang zur schlagenden Pointe.

Mit dieser Technik der Überführung privater Briefe in öffentliche Schreiben steht Börne in einer alten Tradition, die bis zu den Gelehrtenbriefen der »respublica litteraria« des 17. Jahrhunderts zurückreicht – wo man Korrespondenz als Ersatz für andere Kommunikationsmittel zu gedruckten Folianten bündelte –, die sich dann im 18. Jahrhundert – etwa in Lessings »Briefen über die Erziehung des Menschengeschlechtes« – formal verselbständigt. Auch Börnes Briefe sind »epistolae«, gerichtet an alle »homines bonae voluntatis«. Und zugleich hilft er mit, eine neue Tradition zu begründen, die bekenntnis- und reportagehaften »Briefe«, wie sie das 19. Jahrhundert in fast unübersehbarer Menge hervorbrachte, jetzt freilich gleich für den Druck verfaßt.

Da Börne zu allem Stellung nimmt, was er liest, sieht oder hört, da die Briefe in sehr dichter Folge entstehen, gehören seine Texte zugleich in die Geschichte des deutschen Tagebuchs. Die »Briefe aus Paris« sind auch dann, wenn sie sich mit politischen oder gesellschaftlichen Themen beschäftigen, in hohem Maße autobiographisch, sie stehen in engem Zusammenhang mit sehr vielen ähnlichen Texten jener Zeit.

Und schließlich sind die »Briefe aus Paris« Bestandteil einer noch jungen, erst im 19. Jahrhundert entwickelten Tradition. Sie sind häufig in der Art jener »Korrespondenzberichte« geschrieben, wie sie populäre literarische Zeitschriften seit etwa 1800 zur Information und zum Amusement ihrer Leser veröffentlichen. Die ›Zeitung für die elegante Welt‹, das ›Morgenblatt für gebildete Stände‹, die ›Abend-Zeitung‹ oder ›Der Gesellschafter‹ und mit ihnen viele andere Blätter druckten regelmäßig briefliche Mitteilungen freier Mitarbeiter aus Metropolen – Plaudereien über Gesellschaft, Theater, Mode, Musik, Literatur, Prominenz und Skandale. Solche unterhaltsame Berichterstattung findet sich auch in den »Briefen aus Paris«, freilich von einem Autor geschrieben, der sein eigener Unternehmer ist und kein redaktionsbeaufsichtigter Lohnschreiber, von einem Autor dazu, der das geschäftige Heer der Konfekt-und-Konfetti-Skribenten weit überragt.

IV

Börnes unerschütterlicher Glaube an die Instrumentierbarkeit der menschlichen Vernunft, an die prinzipielle Möglichkeit der Erklärung und Gestaltung der Welt weist ihn als einen Autor aus, dessen geistiger Horizont aus dem 19. Jahrhundert tief in das 18. Jahrhundert zurückreicht. Immerhin war er bereits vierzehn Jahre alt, als das Jahrhundert begann, das er mitbestimmen wollte. Er ist einer jener Schriftsteller, die belegen, wie weit die

»Aufklärung«, wenn auch in veränderter und modifizierter Form, noch immer die Geistesgeschichte des frühen 19. Jahrhunderts formt und prägt. Schon an Börnes literarischen Verfahrenstechniken läßt sich dies ablesen. Er gibt, im Gefolge Lessings und Wielands, dem Leser immer wieder Gelegenheit, am Entstehungsprozeß seiner Gedanken teilzunehmen, er bezieht ihn diskursiv als Partner ein, er zieht oft genug aus dem Gesagten keine unmittelbare Konsequenz, sondern überläßt dies dem Gegenüber. Eine hohe Kunst der »Unterhaltung«: Es muß alles gedacht werden, was gesagt werden soll, aber es muß nicht alles gesagt werden, was gedacht werden kann. Auch darin ist Börne ein »Aufklärer«, wenngleich nicht in der didaktisch oft penetranten Manier der Autoren des späten 18. Jahrhunderts und auch nicht in der formuliersüchtigen Vielschreiberei der Zeitgenossen vom »Jungen Deutschland«. Gerade die »Briefe aus Paris« zeigen, als Brief-Wechsel, die dialogische Intention deutlich: Wenn vom Gesprächspartner keine Gegenposition kommt, übernimmt Börne diese selbst.

Der Meister des »esprit«, des blitzlichtartig erhellenden Gedankens, des überraschend-überrumpelnden Szenenwechsels in der Argumentation bleibt eine brillante Ausnahme: ein deutscher Causeur. Börne gehört damit, als ein Begründer, und gleich als ein Höhepunkt, in die Geschichte einer besonderen Form, in eine freilich im einzelnen noch unerforschte und unbekannte Geschichte: in die des deutschen Feuilletons. Vor allem dann, wenn man »Feuilleton« nicht als zeilenschinderische Allerweltständelei abtut, sondern als seriöse Gattung definiert.

Börne hat erkannt, daß es keine Wahrheit gibt, sondern nur einzelne Wahrheiten, und daß diese Wahrheiten, wenn sie denn Wahrheiten seien, niemals lang und zeitlich formulierbar wären, sondern nur kurz und auf ewig. Das macht seine Rationalität aus, seine Skepsis und seine Lust zu Utopien. Darum ist auch – im Gefolge Lichtenbergs – der Aphorismus eine seiner bevorzugten Formen, die er von seinem ersten Auftreten als Schriftsteller an pflegt: die brisante Sentenz, der herausgemeißelte Gedanke, das »Buch in einem Satz« – ein Schreibverhalten mithin, das dem Leser ebensoviele liebenswürdig-unnötige Lektüre abzubuchstabieren erspart, als es ihm ganz neue Landschaften der Erkenntnis offenbart. Zuspitzen läßt sich nur, was formbar ist. Börne, der »Aufklärer«, hält alles für formbar. Darum sind die »Briefe aus Paris«, unter anderem, auch eine riesige Aphorismensammlung.

V

Börnes Werk, als ganzes, ist nicht leicht zu beschreiben. Wo ihn einordnen? Journalist, Publizist, Feuilletonist, Kolumnist, Humorist, Satiriker? Ungenaue, einander teilweise überlagernde Begriffe. Zwar sind fast alle Texte aus den Jahren vor 1830 für Zeitschriften geschrieben, aber ein Journalist, ein »Tages«-Schriftsteller im Wortsinn war Börne doch nur in Ausnahmefällen und des Broterwerbs wegen. Er selbst hat sich, treffsicherer als alle anderen, einen »Zeitschriftsteller« genannt: einen Autor, der in der Zeit, aus der Zeit, für die Zeit und, wenn nötig – und es war nötig –, gegen die Zeit schreibt. Er hat es der Wissenschaft von der deutschen Literatur lange schwer gemacht, ihm gerecht zu werden, denn es gibt keine Dramen und keine Gedichte von ihm, keine Romane und nur wenige Erzählungen. Er ist mithin nicht das, was man in der Literaturtheorie des 19. Jahrhunderts als »poeta vates« begreifen konnte, als seherisch begeisterten Dichter. Daher immer wieder die mühsamen Versuche, mit einzelnen Aspekten seines Schreibens das Gesamtwerk zu erklären. In der Selbstbeschreibung als »Zeitschriftsteller« steckt auch dies: Börne ist im Sinne des oft mißbrauchten und mißverstandenen Wortes ein politischer Schriftsteller. Einer, der alles, was er dachte und niederschrieb, seinem Generalthema unterordnete: »Deutschland und der politische Zustand des deutschen Volkes«. Auf diese fundamentale Leitlinie hin sind alle seine Texte ausgerichtet, auch Theater- und Literaturkritiken, auch Korrespondenz-Notizen, Feuilletons und Essays. Daß dies in einer unübertrefflich klaren und redlichen Sprache geschah, macht Börnes

Rang in der Geschichte der deutschen Prosa aus. Daß viele seiner Einsichten bis heute unverändert ihre Gültigkeit haben, erlaubt es, die eben zitierte Formel umzukehren: Börne ist ein politischer Autor höchsten Ranges, er besitzt jenes Charisma, das aus dem säkularisierten Prophetentum entspringt – vates poeta.

Doch da sind der Ort und die Zeit der Aufzeichnung der »Briefe aus Paris«. Zwar hat die Seinemetropole, nachrichtentechnisch, auch eine Hauptstadtfunktion für die deutschen Staaten. Wo in einer Stadt jenseits des Rheins kämen so viele Presseprodukte und Menschen zusammen, so viele Zeitungen, Zeitschriften, Bücher, Broschüren und Flugblätter, so viele neue Pläne, Ideen und Anregungen? Ideale Bedingungen für den grenzenlos neuigkeitsbegierigen Börne. Aber auch er erleidet den zwangsläufigen Realitätsverlust und die zunehmende Isolation aller Emigranten, die rasch sich steigernde Irritation des Exils. Zwar schreibt er in der Umbruchsituation nach 1830, als es an vielen Orten gärte und manches sich zu verändern schien. Aber er muß erleben, wie wenig von den ersten Hoffnungen übrigblieb, wie rasch die Herrschenden im Sinne des Gewesenen reagierten. An den »Briefen aus Paris« ist abzulesen, wie sich Börnes Denken verschärft und verfinstert, wie aus dem radikalen Liberalen der Jahre vor 1830 der immer weniger liberale Radikale wird.

Darauf ist es wohl zurückzuführen, daß Börne nicht selten die Kraft der Argumentation im politischen Alltag überschätzt, daß auch er von jener Krise der »Vernunft« im 19. Jahrhundert betroffen wurde. Auch ihn muß man vor dem Hintergrund der Melancholie der Restaurationszeit sehen, und man muß bemerken, daß sein existentieller Kampf für die »Freiheit« – die grundsätzlich sein sollte und nicht darin bestehen durfte, daß man lediglich die Unterdrückung wechselte – nicht naiv demagogisch ist, sondern aus einer europäischen »Fähigkeit zu trauern« entspringt.

Die Freiheit. Bis zum Ende seines Lebens konnte Börne nicht vergessen, durfte er nicht vergessen, ließ man ihn nicht vergessen: daß er Jude war. In einem Ausbruch in den »Briefen aus Paris«, im 74. Brief, hat er den engen Zusammenhang zwischen seiner Herkunft als Frankfurter »Juddebub« und dem Zentralbegriff seines politischen Denkens und Schreibens nachdrücklich dargestellt: »Es ist wie ein Wunder! Tausend Male habe ich es erfahren, und doch bleibt es mir ewig neu. Die einen werfen mir vor, daß ich ein Jude sei; die andern verzeihen mir es; der dritte lobt mich gar dafür; aber alle denken daran. Sie sind wie gebannt in diesem magischen Judenkreise, es kann keiner hinaus. Auch weiß ich recht gut, woher der böse Zauber kommt. Die armen Deutschen! Im untersten Geschosse wohnend, gedrückt von den sieben Stockwerken der höhern Stände, erleichtert es ihr ängstliches Gefühl, von Menschen zu sprechen, die noch tiefer als sie selbst, die im Keller wohnen. Keine Juden zu sein, tröstet sie dafür, daß sie nicht einmal Hofräte sind. Nein, daß ich ein Jude geboren, das hat mich nie erbittert gegen die Deutschen, das hat mich nie verblendet. Ich wäre ja nicht wert, das Licht der Sonne zu genießen, wenn ich die große Gnade, die mir Gott erzeigt, mich zugleich ein Deutscher und ein Jude werden zu lassen, mit schnödem Murren bezahlte – wegen eines Spottes, den ich immer verachtet, wegen Leiden, die ich längst verschmerzt. Nein, ich weiß das unverdiente Glück zu schätzen, zugleich ein Deutscher und ein Jude zu sein, nach allen Tugenden der Deutschen streben zu können und doch keinen ihrer Fehler zu teilen. Ja, weil ich als Knecht geboren, darum liebe ich die Freiheit mehr als ihr. Ja, weil ich die Sklaverei gelernt, darum verstehe ich die Freiheit besser als ihr.«

Alfred Estermann

Personenregister

Mitarbeit: Beate Jäger

Aberdeen, George Gordon Lord 68
Abrantes, Laura de 289
Alexander I., Zar von Rußland 577
Alexis, Willibald 343, 344, 375, 423, 424, 460, 468, 469, 470, 472, 473, 476–479, 483, 492, 499, 682
Alfieri, Vittorio 238
Ancelot, Jacques Arsène Polycorpe François 55, 224
Ancillon, Johann Peter Friedrich von 672, 727
Angoulême, Louis Antoine de Bourbon, Herzog von 165
Anna Amalia von Sachsen-Weimar 256
Argout, Antoine Maurice Apollinaire de 562
Aristophanes 412
Aristoteles 540
Arnault, Antoine Vincent 576
Arndt, Ernst Moritz 105, 205, 353, 377
Arnim, Friedrich Wilhelm Karl von 473
Auber, Daniel François Esprit 172, 235, 285, 462, 751

Baillot, Pierre Marie François de Sales 144, 202
Balzac, Honoré de 520, 531, 533, 675
Barras, Paul François Jean Nicolas de 239
Barrot, Camille Hyacinthe Odilon 205, 393, 562, 587, 588
Barthe, Felix 146
Barthélémy, Auguste 401
Bazin, Annais de Raucon, genannt Bazin 289
Beauharnais, Eugène, Herzog von Leuchtenberg 157, 204
Beaumarchais, Pierre Augin Caron 239, 287, 646–655
Beethoven, Ludwig van 57, 74, 142, 143, 162
Behr, Michael Wilhelm Joseph 686
Béranger, Jean Pierre de 270, 271, 278, 291, 405, 659, 664–672
Bériot, Charles Auguste de 397, 398, 400
Berlioz, Hector 56, 74
Berry, Marie-Caroline von Bourbon-Sizilien, Herzogin von 78, 170, 528, 561, 571, 588, 610, 613–616, 624, 660, 719

Berthier, Ferdinand de 164
Bertin, Louise Angélique 203
Blittersdorff, Friedrich Landolin Karl von 632, 636
Blücher, Gebhard Leberecht Fürst Blücher von Wahlstadt 245
Böttiger, Karl August 723–725
Boieldieu, François Adrien 285
Boileau-Despréaux, Nicolas 563, 591
Bordeaux, Henri Charles Ferdinand Marie-Dieudonné, Herzog von 162, 232, 233, 290, 613, 660, 735
Bourmont, Louis de 440
Brazier, Nicolas 617
Brockhaus, Friedrich Arnold 108, 477, 499
Broglie, Achille Charles Victor, Herzog von 377, 673
Brühl, Karl Friedrich Moritz Graf von 150
Brune, Guillaume 204
Bunsen, Gustav 533
Byron, George Noel Gordon Lord 221, 222, 238–245, 404, 434, 478, 628, 632

Cagliostro, Giuseppe Balsamo, genannt Graf Alexander von Cagliostro 255, 256, 644, 645
Calderón de la Barca, Pedro 639
Campe, Julius 137, 141, 323, 324, 370, 372, 373, 525
Canning, George 335
Canova, Antonio 238
Carové, Friedrich Wilhelm 351, 529, 617, 618

Carrel, Armand 673
Casanova, Giacomo 618
Castelbajac, Marie-Barthélemy de 635
Chamfort, Nicolas Sébastien Roch, genannt de Chamfort 537
Chamisso, Adelbert von 514
Chassé, David Henri de 61, 595
Chateaubriand, François René de 232, 233, 278, 290, 291, 300–302, 610–617, 620, 621, 624
Chatel, Ferdinand François 656
Cherubini, Luigi 285
Chesterfield, Philip Dormer Stanhope Earl of 645
Cinti, Laure Cinthie Montalant, genannt Cinti 236
Clauren, H. [Carl Heun] 284, 285, 344
Clauzel, Bertrand de 393
Clavigo [Clavijo y Fayardo] 648
Cobbett, William 239
Codrington, Sir Edward 174, 175, 430
Constant, Benjamin 43, 58, 77, 82, 83, 123
Coremaus, Victor Amadeus 100
Cormenin, Louis Marie de la Haye, Vicomte de 387, 388
Corneille, Pierre 80
Cornelius, Peter 684
Cotta, Johann Friedrich von 39, 346, 386, 448, 724, 725
Cuvier, Georges de 278

Dante Alighieri 238
David, Jacques Louis 176, 434

PERSONENREGISTER

David d'Angers, Pierre Jean 55
Decazes, Élie de 661
Delavigne, Casimir 135, 278, 398, 399
Diderot, Denis 69, 77, 102, 535–537
Diebitsch-Sabalkanski, Hans Karl Friedrich Anton von 192, 222, 227, 410
Donzelli, Domenico 125
Dubarry, Jeanne Bécu 204, 212
Dubourg-Butler, Frédéric 443
Ducis, Jean François 547, 548
Dupin, André Marie 111, 182, 428, 533, 683
Dupont, Jacques Charles 94
Duttlinger, Johann Georg 501

Eschenburg, Johann Joachim 475
Étienne, Charles Guillaume 278

Faucher, Marie François Etienne César de 204
Faucher, Pierre Jean Marie de 204
Fay, Léontine 169
Fecht, Gottlieb Bernhard 280
Ferdinand II., König beider Sizilien 290
Ferdinand VII., König von Spanien 584
Férussac, André Étienne de 59
Feuerbach, Anselm von 706, 745
Fichte, Johann Gottlieb 48, 261
Foucher →Faucher
Franckh, Friedrich Gottlob 750
Franconi 75, 76
Franklin, Benjamin 249, 625
Franz I., König von Frankreich 202, 249

Franz I., Kaiser von Österreich, König von Ungarn und Böhmen 288, 301, 424, 503, 602, 608, 609, 717
Franz IV., Herzog von Modena 164, 172
Frédéric →Lemaître, Frédéric
Friedrich II., der Große König von Preußen 212, 454, 642, 643
Friedrich Wilhelm III., König von Preußen 247, 448, 602, 717
Friedrich Wilhelm Karl, Prinz der Niederlande 431

Gagern, Hans Christoph Ernst von 489–432, 592, 626, 751
Gall, Franz Joseph 617
Garnier-Pagès, Étienne Joseph Louis 393
Garrick, David 116
Gay, Delphine 55
Genlis, Stéphanie Félicité Ducrest de Saint-Aubin 101
Gentz, Friedrich von 522, 542
George, Marguérite Joséphine Weymer, genannt Mademoiselle George 428–432, 573–578, 707
Gérard, Étienne Maurice de 595
Gérard, François de 55, 57, 675, 735
Gluck, Christoph Willibald 166, 274
Görres, Joseph 105, 205, 338, 618
Goethe, Johann Wolfgang von 55, 66, 67, 71, 72, 134, 160, 170, 185, 189, 203, 220, 229, 235, 236, 253–268, 280, 473, 477,

514, 546, 603, 644, 645, 648,
665, 672
Grey, Lord Charles 335
Grillparzer, Franz 749
Grimm, Friedrich Melchior von
121, 122
Guernon-Ranville, Martial-
Annibal de 86, 87
Guhr, Karl Wilhelm Ferdinand
644
Guizot, François Pierre
Guillaume 56, 163, 278
Gustav III., König von
Schweden 655, 656
Gutzkow, Karl 525–527, 546

Händel, Georg Friedrich 202
Hallberg-Broich, Theodor
Hubert von 604
Haydn, Joseph 459
Hegel, Georg Wilhelm Friedrich
17, 45, 98, 154, 498
Heigel, Karl 370
Heine, Heinrich 55, 59, 121, 141,
153–155, 179, 252, 296, 310,
346, 386, 436, 438, 443, 449,
477, 478, 481, 507, 514, 522, 599,
605, 606, 690, 691, 707–713,
754, 755
Heinrich IV., König von
Frankreich 610, 656
Heinrich V. →Bordeaux, Herzog
von
Herold, Johann Caspar Georg
375
Hérold, Louis Joseph Ferdinand
285, 575
Hiller, Ferdinand 55

Holbach, Paul Heinrich Dietrich
von 536
Horaz 167
Hormayr, Joseph von 511
Hubert 467
Hugo, Victor 50, 51, 71, 83, 103,
135, 185, 278, 345, 540, 546,
549, 552–563, 585–592, 659,
697–707
Humboldt, Alexander von 55
Humboldt, Wilhelm von 242

Iffland, August Wilhelm 224
Immermann, Karl 176
Itzstein, Johann Adam von 501

Jahn, Friedrich Ludwig 471, 487
Jannequin, Clement 202
Jarcke, Karl Ernst 349, 522, 531,
542–544, 568, 661, 692
Jay, Antoine 576
Jean Paul 163
Jordan, Sylvester 718, 719
Joséphine, Kaiserin von
Frankreich 123, 204
Jouy, Victor Joseph Étienne de
189, 190, 278, 289, 576
Jullien, Marc-Antoine 350, 352,
401

Kalkbrenner, Friedrich Wilhelm
144
Kamptz, Karl Christoph Albert
Heinrich von 479
Kant, Immanuel 98
Kapodistrias, Johann von 283,
429, 431, 432
Karl, Erzherzog von Österreich
32, 156, 157

Karl X., König von Frankreich 30, 32, 46, 78, 79, 85, 231, 233, 290, 326, 424, 445, 571, 572, 590, 591, 621, 667, 673
Karl II., Friedrich August Wilhelm, Herzog von Braunschweig 168, 258
Kératry, Auguste Hilarion de 278
Kleist, Ewald Christian von 71
Klenze, Leo von 568, 570
Klopstock, Friedrich Gottlieb 71
Kock, Paul de 188–190, 278, 279
Kotzebue, August von 224, 258, 286, 530, 545
Krug, Wilhelm Traugott 603, 749
Kurz, Heinrich 686

Lablache, Luigi 115, 116, 125, 296, 318
Ladvocat, Charles 277, 278
Lafayette, Marie Jean Paul Roche 41–43, 79, 87, 90, 91, 93, 135, 156, 179, 524, 543, 713
Laffitte, Jacques 94, 206, 207
Lafontaine, August 189
Lalande-Méric, Henriette 166, 195
Lamarque, Maximilien 205, 393
Lamartine, Alphonse de 278
Lameth, Alexandre de 524
Lameth, Charles-Malo-François de 524
Lameth, Théodore de 524
Langermann, Daniel Gotfryd Jerzy 352, 393, 401
La Rochefoucauld, François VI. Duc de 241
Lavalette, Antoine Marie Chamans de 123
Lavalette, Emilie de Beauharnais, Comtesse de 204
Lavillenie, Emanuel Philippe, genannt Philippe 656
Lelewel, Joachim 393, 493
Lemaître, Frédéric 577
L'Enclos, Ninon de 645, 646, 650
Leopold I., König von Belgien 527
Lessing, Gotthold Ephraim 10
Leuchtenberg, Herzog von →Beauharnais, Eugène
Lichtenberg, Georg Christoph 340, 538
Liesching, Gottlieb Samuel 91
Ligier, Pierre 548
Lindner, Friedrich Ludwig 274, 385, 386, 483, 489, 511, 512, 528
List, Friedrich 251, 252
Louis-Philippe, König von Frankreich 38, 54, 82, 129, 175, 178, 200, 219, 253, 288, 298–301, 314, 318, 326, 353, 368, 388–390, 392, 425, 529, 530, 532, 549, 560, 572, 583, 588, 595, 597, 606, 621, 661, 667, 719, 723, 747
Louvel, Pierre Louis 373, 610
Lowe, Sir Hudson 112
Loyola, Ignaz 158
Luden, Heinrich 477
Ludwig I., König von Bayern 91, 100, 105, 118, 157, 172, 173, 197, 198, 274, 340, 389, 390, 545, 550, 566, 574, 639, 658, 681–684, 738, 750
Ludwig XIV., König von Frankreich 25, 59, 653, 657, 675, 676, 748

Ludwig XV., König von Frankreich 212, 575
Ludwig XVI., König von Frankreich 32, 79, 178, 636, 653
Ludwig XVIII., König von Frankreich 79, 110, 179, 387, 393
Luther, Martin 158, 688, 691

Malibran, Maria Felicidad 115–116, 124, 125, 133, 135, 138, 165, 166, 172, 194, 195, 202, 226, 227, 249, 275, 294–297, 317, 318, 397, 398, 400, 522, 562
Maltitz, Gustav Apollonius von 252, 253
Marheineke, Philipp Konrad 498
Maria II. Da Gloria, Königin von Portugal 176, 335, 567
Maria Theresia, deutsche Kaiserin 719
Marie-Antoinette, Königin von Frankreich 655, 709
Marie-Louise, Kaiserin von Frankreich 172
Marivaux, Pierre Carlet de Chamblain de 398, 400
Marrast, Armand 305
Mars, Anne Françoise Hippolyte Boutet, genannt Mademoiselle Mars 398, 399, 400, 573, 650–652, 674, 675
Martignac, Jean Baptiste de 285
Massenbach, Christian von 487
Mauguin, François 205, 280, 345, 393
Maximilian I., deutscher Kaiser 396

Mebold, Karl August 412
Melanchthon, Philipp 691
Mendelssohn, Moses 485, 486
Menzel, Wolfgang 55, 372, 377, 404, 405, 477, 692
Mercier, Louis Sébastien 278, 288, 289
Mérimée, Prosper 182
Merville, Pierre François Camus, genannt Merville 306
Méry, Joseph 401
Metternich, Clemens Lothar Wenzel Fürst von 49, 58, 81, 106, 107, 156, 516, 519, 723
Meyer, Eduard 318–322, 343, 344, 346, 368, 395, 396, 424, 435, 481, 483, 489, 492, 494
Meyerbeer, Giacomo 55, 249
Mignet, François Auguste 55, 278
Miguel, Don Maria Evariste 132, 176, 185, 342, 429, 541, 543, 612
Milton, John 202
Mirabeau, Honoré Gabriel Riquetti, Comte de 82, 534, 584, 661, 709
Molière 161, 626, 652, 653, 656, 657, 660
Moltke, Magnus Graf von 712
Monrose, Claude Barizain 400, 652
Montalivet, Camille de 68, 394
Moore, Thomas 221, 238, 243–245
Morgan, Lady Sidney 61
Mozart, Wolfgang Amadeus 195, 196, 197, 609, 644
Müller, Adam 338

Müller, Wilhelm 404
Müllner, Adolf 540
Münch, Ernst 274, 304, 305, 385, 386, 396, 483, 512
Münch-Bellinghausen, Joachim Eduard von 21, 155, 352, 500, 552, 553
Murat, Joachim 204
Murhard, Friedrich Wilhelm August 487
Musset, Alfred de 59

Nagler, Karl Ferdinand Friedrich von 532, 632
Napoleon I. Bonaparte, Kaiser von Frankreich 15, 38, 47, 75, 76, 79, 107–110, 112, 123, 131, 154, 176–180, 199, 204, 216, 236, 239, 328, 424, 426, 521, 522, 527, 577, 579, 592–594, 597, 611, 693, 732
Napoleon Franz Joseph Karl, Herzog von Reichstadt 204
Nemours, Louis Charles Philippe Herzog von 141, 152
Neukomm, Sigismund von 57
Ney, Michel 276
Niebuhr, Barthold Georg 93, 126
Nikolaus I., russischer Zar 92, 96, 113, 148, 188, 191–193, 200, 226, 271, 279, 298, 314, 340, 447, 448, 579, 580, 602, 689, 717

Odilon-Barrot →Barrot
Oehlenschläger, Adam 264
Oertel, Eucharius Ferdinand Christian 252
Oettingen-Wallerstein, Ludwig Kraft Ernst Fürst zu 632

Oken, Lorenz 568
Orléans, Ferdinand Philippe Louis Charles Henri Herzog von 47, 54, 123, 200, 290, 328, 443, 595
Otto, König von Griechenland 529, 546, 550, 562, 565–570, 582, 682–684, 750
Ouvard, Gabriel Julien 648

Paër, Ferdinando 285
Paganini, Niccolò 201, 202, 226–228, 234, 397
Pagès →Garnier-Pagès
Pahl, Johann Gottfried von 385
Pasquier, Étienne Denis de 661
Pasta, Giuditta 249, 274, 275
Paul I., russischer Zar 656
Pedro I., Kaiser von Brasilien 285
Pellico, Silvio 706
Périer, Auguste Casimir 70
Périer, Casimir 205, 206, 220, 223, 283, 291, 294, 300, 301, 305, 328–331, 336, 353, 366, 367, 375, 424, 427, 428, 443, 497, 533, 600
Peyronnet, Charles Ignace de 86
Pfeilschifter, Johann Baptist von 446, 448, 600
Pfizer, Paul Achatius 385, 675
Pfuel, Adolf Heinrich Ernst von 448
Philippe →Lavillenie, Emanuel Philippe
Pigault-Lebrun, Guillaume Charles Antoine 279
Pittschaft, Johann August 407–412, 435, 473, 483, 492

Platen-Hallermünde, August von 514
Plater, Cäsar Graf von 352
Plater, Emilie Gräfin von 352
Pölitz, Karl Heinrich Ludwig von 690
Polignac, Jules Auguste Armand Marie de 82, 83, 86, 502
Pompadour, Jeanne-Antoinette Poisson, Marquise von 212
Pope, Alexander 244
Potter, Louis de 53, 93
Pottier, Charles Gabriel 313
Pozzo di Borgo, Charles André 622
Pückler-Muskau, Hermann von 140, 148–151, 158, 159, 176
Pustkuchen, Johann Friedrich Wilhelm 477

Quiroga, Don Antonio 43, 583, 612

Racine, Jean 184, 540, 553
Ramler, Karl Wilhelm 71
Ramorino, Girolamo 352, 366, 393
Raspail, François Vincent 433, 467
Raucourt, Françoise Marie-Antoinette Josephe Sancerotte, genannt Mademoiselle Raucourt 656
Raumer, Friedrich von 154, 171, 207, 383, 457
Raupach, Ernst 755
Récamier, Jeanne Françoise Julie Adélaide 289

Reichardt, Johann Friedrich 261, 262
Reinganum, Maximilian 395
Riesser, Gabriel 373, 662
Rigny, Henri Daniel de 175
Robert, Ludwig 351, 400, 408, 409, 410, 411, 412, 413, 424, 434, 465, 470, 471, 472, 473, 475, 477, 483, 492
Robespierre, Maximilian 123, 204, 534, 584, 661
Rohan, Louis René Edouard de 256
Roland de la Platière, Manon Jeanne 661
Rossini, Giacchino 10, 57, 115, 116, 124, 134, 143, 166, 175, 195, 202, 235, 274, 294, 317
Rothschild 15, 200, 207, 294, 311, 312, 425–427, 431, 432, 466, 626
Rotteck, Karl Wenzeslaus Rodecker von 218, 219, 280, 340, 449, 498, 501, 521, 614, 635, 636, 688, 689, 723, 729, 734, 736
Rousseau, Jean Jacques 67, 121, 122, 126, 438, 439, 537, 577
Rousseau, Johann Baptist 337, 503, 529, 584, 599, 600
Royer-Collard, Pierre Paul 111, 278
Rubini, Giovanni Battista 249, 274, 275, 296
Russa, David 313
Rybinski, Mathias 293

Saint-Simon, Claude Henri de 40, 59

Salvandy, Narcisse Achille de 278–290
Sand, George 545
Saphir, Moritz Gottlieb 67, 68, 100, 106, 187, 188, 492, 570, 692, 693
Savoye, Joseph 504, 505
Schelling, Friedrich Wilhelm Joseph von 48, 351
Schiller, Friedrich 58, 67, 71, 146, 229, 236, 242, 253, 545, 575, 672
Schlegel, August Wilhelm 263, 338, 377
Schlosser, Friedrich Christoph 575
Schott, Christian Albert 385, 412
Schröder-Devrient, Wilhelmine 249, 297, 317, 318
Schultz, Karl Heinrich 565
Scott, Walter 162, 242
Scribe, Eugène 161, 167, 190, 229, 235, 278
Sébastiani, Horace François Bastien de 141, 163, 668
Seuffert, Johann Adam von 295
Shakespeare, William 22, 71, 80, 134, 152, 162, 163, 213, 547, 548, 554, 560, 608
Siebenpfeiffer, Philipp Jacob 686, 747
Sieyès, Emmanuel-Joseph 524
Simrock, Karl 72, 135
Smith, Sidney 350
Sokrates 412
Sontag, Henriette 116, 125, 413, 441, 453, 469, 470, 471, 472, 473, 480

Soult, Nicolas Jean de 218, 219, 223, 305, 328, 338
Spontini, Gasparo 57
Staël, Germaine de 377
Stein, Karl vom und zum 105, 429, 432
Stendhal (Henri Beyle) 56
Sterne, Laurence 241
Suwarow, Alexander Wasiljewitsch 97
Swift, Jonathan 163, 413, 753

Tacitus 513
Taglioni, Maria 216, 226, 234, 235
Talleyrand-Périgord, Charles Maurice de 42, 57, 60, 163, 178, 179, 432, 524, 546
Talma, François Joseph 443, 548, 573, 656
Thibaut, Anton Friedrich Justus 475
Thiers, Adolphe 55, 278, 588, 661
Thiersch, Friedrich 568, 683
Thouret, Antony 467
Tracy, Antoine César Victor Destutt de 446
Traxel, August 641, 642, 676
Trelawney, Eduard John 632, 730–734, 752
Tulon, Jean Louis 144

Uhland, Ludwig 385, 514
Uminski, Jan Nepomucen 401, 444, 480

Varnhagen von Ense, Karl August 160
Verhuell, Charles Henri 147

Vidocq, François Eugène 535, 612
Viennet, Jean Pons Guillaume 345
Villèle, Jean Baptiste Séraphin Joseph de 427
Villemain, Abel François 278
Vitet, Louis 56
Vitrolles, Eugène François Auguste d'Arnaud Baron de 164
Vömel, Johann Theodor 529
Volland, Louise Henriette 535
Voltaire 47, 67, 161, 536, 548, 577, 600, 648

Wallerstein →Oettingen-Wallerstein
Wangenheim, Karl August von 385, 386, 722, 723
Washington, George 625
Weber, Carl Maria von 143, 202
Weitzel, Johann Ignaz 677
Welcker, Karl Theodor 146, 280, 340, 390, 449, 501, 502, 521, 614, 635, 636, 734, 736, 737, 738
Wellington, Arthur Wellesley Duke of 68, 270
Wilhelm I., König der Niederlande 287, 595, 597
Wilhelm I., König von Württemberg 274, 298, 539, 679, 681
Willm, Joseph 383
Winter, Christian Friedrich 280
Wirth, Johann Georg August 279, 327, 494, 614, 686, 747
Wolf, Friedrich August 472
Wolff, Oskar Ludwig Bernhard 658
Wurm, Christian Friedrich 321, 322, 346, 412, 424, 483, 492

Ypsilanti, Alexander, Fürst 487

Zuchelli, Carlo 125

Ludwig Börne, Briefe aus Paris
Erste Auflage 1986 in der Insel-Bibliothek
© dieser Ausgabe Insel Verlag Frankfurt am Main 1986
Alle Rechte vorbehalten
Gesetzt in der Bembo Linotronic 300
Satz: Satz-Offizin Hümmer, Waldbüttelbrunn
Druck: Nomos Verlagsgesellschaft, Baden-Baden
Papier: 40 g Persia
von der Papierfabrik Schoeller & Hoesch, Gernsbach
Die beiden Einbandarten:
Fadengeheftet und flexibel gebunden in Feincanvas
der Vereinigten Kaliko, Bamberg
und in rotem Ziegenleder
von der Buchbinderei Lachenmaier, Reutlingen
Ausstattung: Max Bartholl und Rolf Staudt
Printed in Germany

ISBN 3-458-14538-9
Leinenausgabe
ISBN 3-458-14539-7
Lederausgabe